lonely planet

Japan

Simon Richmond, Ray Bartlett, Andrew Bender, Rob Goss, Trent Holden, Kimberly Hughes, Hannah Kirshner, Jessica Korteman, Craig McLachlan, Kate Morgan, Thomas O'Malley, Winnie Tan, Phillip Tang

INHALT

Reiseplanung

Reiseziele

Japanisches Kranich-Reservat Kushiro (S. 561)

Oku-no-in (S. 347), Kōya-san

Praktisches

Storybook

Naoshima (S. 404)

JAPAN

WILLKOMMEN IN JAPAN

Ach Japan, wie schön, wieder hier zu sein! All das, was mich vor rund 30 Jahren in das Land zog und mich immer wieder zurückkehren ließ, gibt es noch immer: die geschätzten Traditionen, die dynamische Popkultur, die großartige Gastroszene und die unglaubliche allgegenwärtige Effizienz. Neu sind hingegen der durch Smartphones stets verfügbare Zugang zu Kultur und Alltag sowie der Wille der Einheimischen, Teil dieser Welt zu sein und Japan von seiner besten Seite zu zeigen. Und zu zeigen gibt es viel! Ob auffällige zeitgenössische Architektur und Kunst oder die zeitlose Schönheit von Welterbestätten und Landschaften – Japan ist wirklich gesegnet. Wer das erste Mal hier ist, kann sich freuen, und wer Japan schon kennt, wird erneut begeistert werden.

Simon Richmond @simonrichmond

Simon verbrachte einen Großteil seines Erwachsenenlebens damit, Japan und die japanische Kultur zu entdecken und darüber zu schreiben. Er verfasste das Kapitel Hiroshima & westliches Honshū ab S. 375.

Mein Lieblingserlebnis ist es, über die idyllische Insel **Naoshima** (S. 404) zu radeln, Tadao Andos Architektur und die verschiedenen zeitgenössischen Kunstwerke zu bestaunen und zum Abschluss im Binnenmeer zu baden.

LIEBLINGSPLÄTZE

Hier schlägt für unsere Autor:innen und Expert:innen das Herz Japans.

DRYADPHOTOS/SHUTTERSTOCK ©

Zu einer Japanreise gehört immer auch der Besuch eines Onsen wie dem **Kurokawa** (S. 655). Dank der alten Bäder und des sprudelnden Bachs ist ein Aufenthalt so wunderbar entspannend, dass er einer religiösen Offenbarung gleicht. Ich hatte Orte wie diesen im Kopf, als ich meinen zweiten Roman *Celadon* schrieb. Für mich sind sie die Essenz des ländlichen Kyūshū.

Ray Bartlett

@kaisoradotcom, kaisora.com

Ray ist ein renommierter Reiseschriftsteller und Romanautor, der die Memoiren In the Sunlight of Sakurajima *verfasste.*

CHRISTIAN KOBER/ALAMY STOCK PHOTO ©

Ich war skeptisch, als mir jemand erzählte, dass ich bei sorgfältiger Betrachtung der 1000 lebensgroßen, mit Blattgold überzogenen Kannon-Statuen im **Sanjūsangen-dō-Tempel** (S. 272) mein eigenes Spiegelbild entdecken würde. Als ich meine Zweifel schließlich ablegte, geschah genau das. Seither bin ich viele Male zurückgekehrt und habe mich noch nie zweimal in derselben Statue gesehen.

Andrew Bender

@wheresandynow

Andrew wohnt heute in Los Angeles, lebte lange in Japan und schreibt übers Reisen, informiert über japanische Kultur und freut sich über jede Rückkehr nach Japan.

Der **Michinoku-Küstenweg** (S. 472) hat eine besondere Bedeutung für mich. Er steht symbolisch für die andauernde Regeneration von Tōhoku nach dem Tsunami 2011. Nach der Covid-19-Pandemie, nachdem wir Tokio gefühlte Ewigkeiten nicht mehr verlassen hatten, unternahmen mein Sohn und ich hier eine zweitägige Wanderung von Fudai nach Tanohata – ohne Masken mit frischer Luft und wunderschöner Aussicht.

Rob Goss

@robgosswriter

Rob lebt in Tokio und schreibt für Medien aus der ganzen Welt mit dem Schwerpunkt Reisen und Kultur in Japan.

Seit unserer ersten Japanreise sind wir Fans der charakteristischen Kürbisse und getupften Skulpturen der avantgardistischen Künstlerin Kusama Yayoi. Entsprechend verbunden sind wir ihrem Geburtsort **Matsumoto** (S. 227). Die wunderbar kosmopolitische Stadt unterstreicht ihre künstlerische Ader mit einem exzellenten Museum für zeitgenössische Kunst.

Trent Holden & Kate Morgan

@hombreholden

Trent und Kate sind seit über zehn Jahren für Lonely Planet tätig und bereisten Ziele in Asien, Afrika, Australien, Europa und Südamerika. Sie schreiben zum zweiten Mal an einem Japan-Führer mit.

Hokkaidō wirkt so anders als das restliche Japan: Es macht 20% der Landesfläche, jedoch nur 5% der Bevölkerung aus. Und endlich wurden die Ainu offiziell als indigenes Volk Japans anerkannt. Ich liebe es, durch das Ainu-kotan (Dorf) beim **Akanko-Onsen** (S. 557; Bild oben) zu spazieren. Mittlerweile lockt außerdem das großartige **Upopoy: Ainu-Nationalmuseum & Park** (S. 519).

Craig McLachlan

@yuricraig

Craig ist durch ganz Japan gewandert, hat Bücher über seine Abenteuer verfasst und schreibt seit über zwei Jahrzehnten für Lonely Planet.

Ich bin viel zu uncool für Amerika-Mura (S. 312), ein Viertel in Osaka mit alternativen Musikbars und Geschäften für limitierte Turnschuhe und alte Schallplatten, dennoch liebe ich es. Fast jeden Abend ziehen wunderschöne Oldtimer und tiefergelegte Wagen am Dreieckspark vorbei – mit *tako-yaki* vom Kogaryu und Bier aus dem *konbini* suche ich mir eine Bank und genieße die Show ...

Thomas O'Malley

tomfreelance.com

Thomas hat an vielen Reiseführern mitgearbeitet und berichtet für den Telegraph übers Reisen.

Ich lebe schon viele Jahre in Japan, doch nach der Landung in **Okinawa-hontō** (S. 689) fühlte ich mich wie in einem anderen Land (was es tatsächlich war) mit eigener Architektur, Küche und Lebensart. Die Inselkultur ist tief mit der nährenden und zerstörenden Kraft des Meeres und des Dschungels verbunden.

Hannah Kirshner

@sweetsnbitters

Hannah verfasste Water, Wood, and Wild Things: Learning Craft and Cultivation in a Japanese Mountain Town.

Die Kunsthandwerkszene in **Tokushima** (S. 583) ist unglaublich. In einer Zeit, in der viele traditionelle Kunstformen verschwinden, schlägt die jüngere Generation der Stadt innovative Wege ein, um die lebendige Kultur neu zu erfinden. Dabei modernisiert sie sie nicht einfach, sondern bewahrt Althergebrachtes und macht es für die heutige Welt relevant.

Jessica Korteman

japanesefoodguide.com

Jessica ist Reiseschriftstellerin und Expertin für japanische Kultur. Sie setzt sich für mehr Frauen in der Reiseindustrie ein.

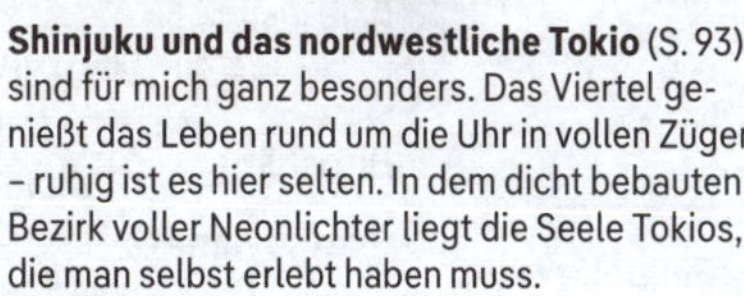

Shinjuku und das nordwestliche Tokio (S. 93) sind für mich ganz besonders. Das Viertel genießt das Leben rund um die Uhr in vollen Zügen – ruhig ist es hier selten. In dem dicht bebauten Bezirk voller Neonlichter liegt die Seele Tokios, die man selbst erlebt haben muss.

Winnie Tan

@weeniemon

Winnie zog vor zehn Jahren von ihrer Heimatstadt Kuala Lumpur nach Tokio und schreibt heute über japanische Kultur, Folklore und die Stadt, die sie liebt. Einblicke gibt ihr Podcast Monogatari: Tales from Japan.

Der Moment, in dem mein Zug Tokio verlässt und die Landschaft grüner wird, ist immer etwas Besonderes. Die Berge am Stadtrand wie der **Takao-san** (S. 166) wirken fast wie ein Teil der Hauptstadt. Hier sind die Einheimischen gelöster, lassen die Beine vom Sessellift baumeln und genießen den Kieferndufт. Am entspanntesten sind sie bei einem Tagesausflug von Tokio zu den Stränden in **Shimoda** (S. 162; Bild oben).

Phillip Tang

@mrtangtangtang, hellophillip.com

Phillip schreibt übers Reisen in Lateinamerika und Asien, seine zwei großen Lieben.

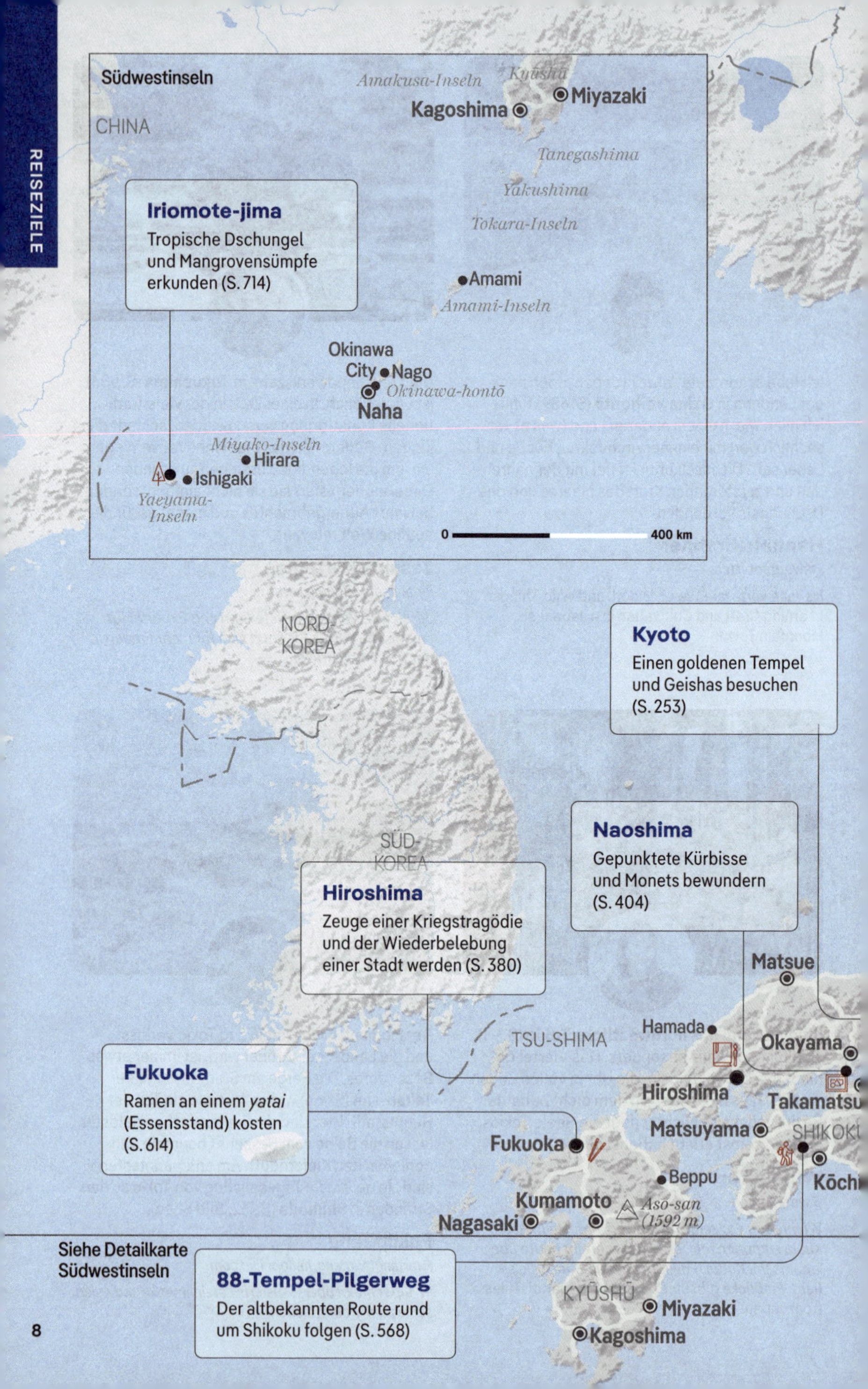

Südwestinseln

CHINA

Amakusa-Inseln
Kyūshū
Kagoshima
Miyazaki
Tanegashima
Yakushima
Tokara-Inseln
Amami
Amami-Inseln
Okinawa City
Nago
Okinawa-hontō
Naha
Miyako-Inseln
Hirara
Ishigaki
Yaeyama-Inseln

0 400 km

Iriomote-jima

Tropische Dschungel und Mangrovensümpfe erkunden (S. 714)

NORD-KOREA

SÜD-KOREA

TSU-SHIMA

Kyoto

Einen goldenen Tempel und Geishas besuchen (S. 253)

Naoshima

Gepunktete Kürbisse und Monets bewundern (S. 404)

Hiroshima

Zeuge einer Kriegstragödie und der Wiederbelebung einer Stadt werden (S. 380)

Fukuoka

Ramen an einem *yatai* (Essensstand) kosten (S. 614)

88-Tempel-Pilgerweg

Der altbekannten Route rund um Shikoku folgen (S. 568)

Matsue
Hamada
Okayama
Hiroshima
Takamatsu
Matsuyama
SHIKOKU
Kōchi
Fukuoka
Beppu
Kumamoto
Aso-san (1592 m)
Nagasaki
KYŪSHŪ
Miyazaki
Kagoshima

Siehe Detailkarte Südwestinseln

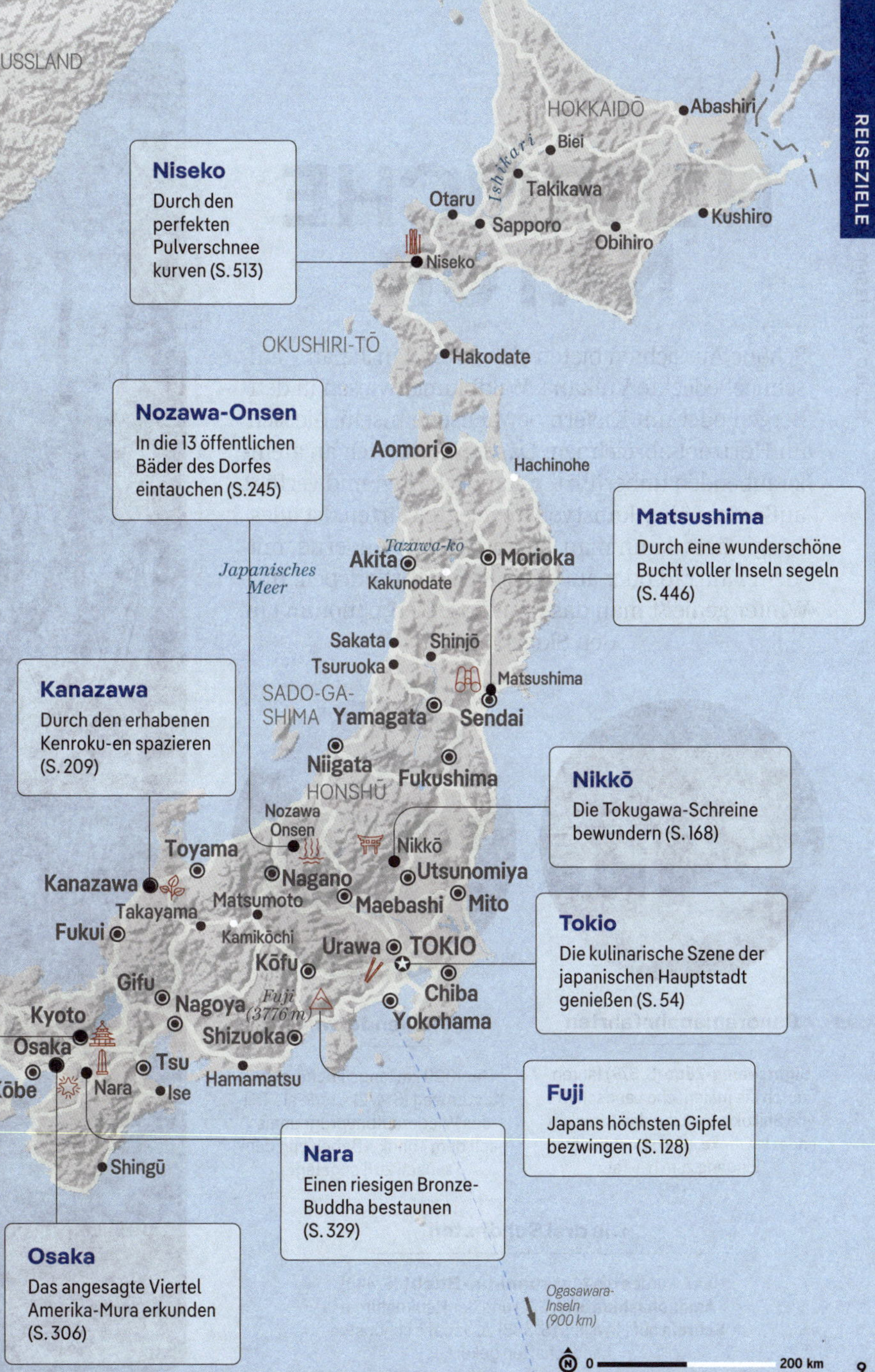
RUSSLAND
HOKKAIDŌ
Abashiri
Biei
Ishikari
Takikawa
Otaru
Sapporo
Kushiro
Obihiro
Niseko
OKUSHIRI-TŌ
Hakodate
Aomori
Hachinohe
Tazawa-ko
Akita
Morioka
Kakunodate
Japanisches Meer
Sakata
Shinjō
Tsuruoka
Matsushima
SADO-GA-SHIMA
Yamagata
Sendai
Niigata
Fukushima
HONSHŪ
Nozawa Onsen
Nikkō
Toyama
Nagano
Utsunomiya
Kanazawa
Matsumoto
Maebashi
Mito
Takayama
Fukui
Kamikōchi
Urawa
TOKIO
Kōfu
Gifu
Chiba
Fuji (3776 m)
Nagoya
Kyoto
Yokohama
Shizuoka
Osaka
Tsu
Kōbe
Nara
Ise
Hamamatsu
Shingū
Ogasawara-Inseln (900 km)
0
200 km
Niseko
Durch den perfekten Pulverschnee kurven (S. 513)
Nozawa-Onsen
In die 13 öffentlichen Bäder des Dorfes eintauchen (S. 245)
Matsushima
Durch eine wunderschöne Bucht voller Inseln segeln (S. 446)
Kanazawa
Durch den erhabenen Kenroku-en spazieren (S. 209)
Nikkō
Die Tokugawa-Schreine bewundern (S. 168)
Tokio
Die kulinarische Szene der japanischen Hauptstadt genießen (S. 54)
Fuji
Japans höchsten Gipfel bezwingen (S. 128)
Nara
Einen riesigen Bronze-Buddha bestaunen (S. 329)
Osaka
Das angesagte Viertel Amerika-Mura erkunden (S. 306)

HERRLICHE NATUR

Schöne Aussichten bieten sich überall in Japan – auf schneebedeckte Vulkane, Wildblumenwiesen in den Bergen oder mit Kiefern bewachsene Inseln, die sich am Horizont abzeichnen. Das Land ist reich an atemberaubenden unberührten Landschaften und verfügt außerdem über kunstvoll angelegte Gärten. Ist alles fotografiert, kann man Japans Natur wandernd, mit dem Fahrrad oder auf einer Rundfahrt erleben. Im Winter genießt man das grandiose Bergpanorama in den Skigebieten.

VON LINKS NACH RECHTS: AMANA IMAGES INC./ALAMY STOCK PHOTO ©, ESPERANZA SATO/SHUTTERSTOCK ©, NACHO SUCH/SHUTTERSTOCK ©

Panoramabahnfahrten

Sightseeing-Züge (S. 579) fahren durch die malerische Landschaft von Shikoku. Eine der drei Strecken endet in Ōboke, dem spektakulären Eingang zum Iya-Tal.

Fernwanderwege

Der 1000 km lange **Michinoku-Küstenweg** (S. 472) wurde als Teil des Wiederaufbauprogramms nach dem Tōhoku-Beben und dem Tsunami 2011 angelegt.

Die drei Schönsten

1643 wurden die **Matsushima-Bucht** (S. 446), **Amanohashidate** (S. 372) und der **Itsukushima-Schrein** auf Miyajima (S. 388) zu Japans schönsten Landschaften gekürt.

OUTDOOR-HIGHLIGHTS

Radle auf der ❶ **Shimanami Kaidō**-Route (S. 392) über sechs Brücken und sechs Inseln von Onomichi auf Honshū bis Imabari auf Shikoko.

Rauf auf die Piste in ❷ **Niseko** (S. 513), Asiens führendem Ski- und Snowboardgebiet mit traumhaftem Pulverschnee und Blick auf den Yōtei-zan.

Der majestätische ❸ **Fuji** (S. 128) lässt sich am besten von einem der fünf Seen drumherum aus bewundern.

Bestaune hoch aufragende, über tausend Jahre alte Japanische Zedern (Sicheltannen) auf ❹ **Yakushima** (S. 678).

Die Pazifikküste von ❶ **Nichinan** (S. 661) in Miyazaki lädt mit wunderschönen Inseln und imposanten Felsformationen zum Surfen ein.

Toyota Commemorative Museum of Industry & Technology (S. 188)

STADTLEBEN

Japan hat das Stadtleben mit hervorragendem Verkehrssystem und 24-Stunden-Geschäften perfektioniert. In quirligen Megastädten wie Tokio, Osaka und Fukuoka flackern die Leuchtreklamen und riesigen Bildschirme, und man kann überall essen, spielen und einkaufen. Eine intimere Atmosphäre bieten die kleineren Städte.

Edo-Tokyo-Museum

Das **Museum** (S. 114) zeigt anhand detailgetreuer Nachbildungen historischer Stadtbilder, wie sich Tokio vom Fischerdorf zuerst zur feudalen Hauptstadt und dann modernen Metropole entwickelt hat.

Schlag den Ball

Baseball (*yakyū* in Japan) ist der beliebteste Sport des Landes. Der Besuch eines Spiels in Stadien wie dem **Tokyo Dome** (S. 100) ist ein mitreißendes Erlebnis.

STÄDTE ERLEBEN

Trotze den Menschenmassen, die sich über Tokios Kreuzung ❶ **Shibuya Crossing** (S. 76) drängen.

Im ❷ **Toyota Commemorative Museum of Industry & Technology** (S. 188) kann man zusehen, wie Roboter ein Auto bauen.

Im Schein der Laternen schreiten in Kyotos ❸ **Gion Viertel** (S. 269) Geishas durch die Straßen.

Das ❹ **Friedensmuseum Hiroshima** (S. 382) informiert über Atomwaffen und Krieg.

Entdecke den berühmten Garten, die neu errichtete Burg, das Geisha-Viertel und das Museum für zeitgenössische Kunst in ❺ **Kanazawa** (S. 209).

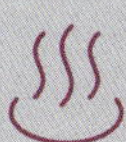

AB INS HEISSE NASS

Baden ist in Japan eine Art nationales Kulturgut. Das Land ist übersät mit Onsen (natürliche heiße Quellen), die dem entspannenden Ritual dienen. Es gibt riesige Resorts mit luxuriösen Badebecken, die das alte Rom in den Schatten stellen. Alternativ macht man sich auf die Suche nach einem urigen Wasserloch inmitten der Natur.

Unter freiem Himmel

Zu den sehenswerten *rotemburos* (Freiluft-Onsen) in Hokkaidō gehören der Pool im **Kussharo-See** (S. 558; Bild) sowie das Gezeitenbecken **Mizunashi-Kaihin-Onsen** (S. 528).

Hotspots im Süden

Neben Kyūshūs Topresorts **Beppu** (S. 625) und **Kurokawa-Onsen** (S. 655) kann man in **Ibusuki** (S. 670) bis zum Hals im heißen Sand versinken.

Kagas Dörfer

Im malerischen Yamanaka, Kaga, steht **Kiku no Yu** (S. 221), ein Badehaus, das vom Dichter Bashō im 17. Jahrhundert als eines der besten in Japan gerühmt wurde.

DIE BESTEN ONSEN

Bade im *rotemburo* im renommierten ❶ **Tenzan-Onsen** (S. 154), Hakone, und erlebe eine Tradition, die so alt ist wie die umstehenden Bäume.

Ausgestattet mit *geta* (Holzpantoffeln) and *yukata* (Baumwollgewand) geht es in ❷ **Nozawa-Onsen** (S. 245) von einem der 13 *soto-yu* (öffentliches Bad) zum nächsten.

Für ein stilvolles Onsen-Erlebnis inmitten schönster Natur steht ❸ **Nagato-Yumoto** (S. 432), das 600 Jahre alte Thermalbad in der Präfektur Yamagushi.

Man sagt, dass das Wasser in ❹ **Dōgo-Onsen** (S. 603) seit dem Zeitalter der Götter als Quelle erholsamer Entspannung genutzt wird.

Eine lange, kurvenreiche Straße führt nach ❺ **Nyūtō-Onsen** (S. 464), einem der urtümlichsten Thermalbäder Japans.

DAS JAHR IM WANDEL

Das japanische Jahr ist in 72 kleine Jahreszeiten unterteilt. Zu jeder Jahreszeit gibt es etwas zu erleben, von der kurzen, aber prachtvollen Pflaumen- und Kirschblüte im Frühling bis zur spektakulären Herbstfärbung des Laubs. Im Mai blühen die Azaleen, im Juni die Schwertlilien und Hortensien und von September bis November die Chrysanthemen. Außerdem vergeht kaum ein Tag, ohne dass eine religiöse Feier oder ein Fest stattfindet – es lohnt sich, daran teilzunehmen.

Kunst auf dem Reisfeld

Reisfelder, auf denen riesige Kunstwerke entstehen, gibt es in **Inakadate** (S. 474). Die Land-Art-Werke sind von Mitte Juli bis August am schönsten.

Sumōturniere

Bashō-Turniere, die in Tokio (Januar, Mai und September), Osaka (März), Nagoya (Juli) und Fukuoka (November) ausgetragen werden, sind zugleich Show und Sport.

Feuerwerk im Sommer

Spektakuläres Feuerwerk gibt es Ende Juli beim Sumidagawa Hanabi Taikai in Tokio und Anfang August beim Biwako Dai-Hanabi Taika nahe Kyoto.

VON LINNKS NACH RECHTS: STR/JIJI PRESS/AFP VIA GETTY IMAGES ©, J. HENNING BUCHHOLZ/SHUTTERSTOCK ©, GRACE'S PHOTO/GETTY IMAGES ©

Blumenfeld, Furano (S. 533)

SAISONALE SPEKTAKEL

In ❶ **Yoshino** (S. 342) kann man die „1000 Kirschblüten auf einen Blick" (*hito-me-sen-bon*) gemeinsam mit anderen *sakura*-Fans bestaunen.

Beim ❷ **Fest der Erde** (S. 490) auf Sado erklingen die Rhythmen der Taiko-Trommeln und anderer Perkussions-instrumente.

Das ❸ **Tokushima Awa Odori** (S. 584), Japans größtes Obon-Fest, lädt Nacht-schwärmer zum Tanz ein.

Die Blumenfelder in ❹ **Furano** (S. 533) leuchten dank verschiedener Blütezeiten von Juni bis September in allen Farben des Regenbogens.

❺ **Nikkō** (S. 168) verzaubert Ende Oktober bis Anfang November mit Herbstlaub und den zum Weltkulturerbe gehörenden Tempeln der Tokuwaga-Shogune.

Hagi (S. 425)

VON LINKS NACH RECHTS: SEAN PAVONE/SHUTTERSTOCK ©, UNTERWEGS/SHUTTERSTOCK ©, FLIER-JODAI/GETTY IMAGES ©

UNTER DEM RADAR

Japans Top-Reiseziele sind sehr beliebt, und besonders an den Wochenenden und Feiertagen ist mit Menschenmassen zu rechnen. Wer die entlegeneren Winkel des Archipels aufsucht, kann dem Trubel entrinnen und weniger bekannte Schätze entdecken. Selbst in Tokio und Kyoto findet man ruhige Ecken – sofern man weiß, wo man suchen muss.

Friedliches Tokio

In Kuramae (S. 114) mit den kleinen Kunsthandwerksläden und alteingesessenen Kaffeeröstereien sowie im Buchhändler-Viertel **Jimbō-chō** (S. 103) geht es etwas ruhiger zu.

Das ruhigere Kyoto

Saihō-ji (S. 293) schränkt zum Schutz seines berühmten Moosgartens die Besuchszahlen ein. **Shōren-in** (S. 272) ist ein kleiner, oft übersehener Tempel am Rand von Higashiyama-ku.

UNKONVENTIONELLE ERLEBNISSE

In den Gassen von ❶ **Hagi** (S. 425), das als UNESCO-Kulturerbe anerkannt ist, reist man gefühlt 200 Jahre zurück in der Zeit.

Beim Wandern im ❷ **Shiretoko-Nationalpark** (S. 551) wird schnell klar, warum die Ainu diese Halbinsel im hohen Norden das „Ende der Welt" nannten.

Im ❸ **Iya-Tal** (S. 591) sollte man nach dem Puppendorf Nagror Auschau halten.

❹ **Hirado** (S. 642), eine Insel im äußersten Westen von Kyūshū, ist ein perfekter Zufluchtsort.

Die charmante Burgstadt ❺ **Gujō-Hachiman** (S. 193) lädt zu einer Volkstanzstunde.

JAPANS KLEINERE INSELN

Neben den vier Hauptinseln gibt es noch 14121 weitere große und kleine Inseln, die darauf warten, entdeckt zu werden. Die meisten von ihnen sind über eine Länge von fast 3800 km von Nord nach Süd verstreut und völlig unterschiedlich hinsichtlich ihrer Geografie, Vegetation und Kultur. Einige erreicht man leicht, andere nur mit langfristiger Vorausplanung.

TOP INSEL-ERLEBNISSE

Mit dem E-Bike unterwegs auf ❶ **Nakanoshima** (S. 412). Hierhin wurde der dichtende Kaiser Go-Toba 1221 verbannt. Die Akiya-Küste ist atemberaubend.

Stand-up-Paddel-Fans befahren die Flüsse durch den dichten subtropischen Dschungel auf ❷ **Iriomote** (S. 714).

Japans „Galapagos", die ❸ **Ogasawara-Inseln** (S. 175), erreicht man mit der 24-Stunden-Fähre. Hier leben Meeresschildkröten, Flughunde, Delfine und Wale.

Schwimme im türkisfarbenen Meer von ❹ **Kakeroma-jima** (S. 686) und döse danach unter uralten Banyan-Feigen.

Erklimme den Vulkan auf ❺ **Rishiri** (S. 542) im hohen Norden Japans oder wandere über Wildblumenwiesen auf der benachbarten Insel ❺ **Rebun** (S. 544).

Orte des Exils

Unerwünschte Personen wurden von Japans Feudalherren auf das abgelegene **Sado** (S. 487; Bild) und die **Oki-Inseln** (S. 409) verbannt.

Kriegsschiff-Insel

Mit dem Ende des Kohleabbaus 1974 verließen alle 5000 Einwohner **Hashima** (S. 639). Die Ruinen, ein UNESCO-Weltkulturerbe, bieten ein unheimliches Ausflugsziel.

Weltnaturerbe

Beim Kajakfahren durch die Mangrovenwälder auf **Amami-Ōshima** (S. 684) gibt es heimische Arten zu entdecken. Im Winter schnorchelt man mit Walen und im Sommer mit Schildkröten.

SAKRALE & SPIRITUELLE STÄTTEN

Zuerst gab es den Shintō, dann den Buddhismus. Über die längste Zeit der japanischen Geschichte waren diese beiden Religionen eng verbunden. In jedem Viertel gab es einen Schrein und einen Tempel, teilweise am selben Ort. Auch heute kann man überall religiöse Stätten besichtigen. Die emsige Betriebsamkeit eines buddhistischen Tempels wie *Sensō-ji* (S. 112) kontrastiert dabei mit der Ruhe und Gelassenheit von *Ise-jingū* (S. 357), Japans höchstem Heiligtum, das der Sonnengöttin gewidmet ist.

VON LINKS NACH RECHTS: SANGA PARK/GETTY IMAGES ©, MANUEL ASCANIO/SHUTTERSTOCK ©, HUGO TREMOLIERE/500PX ©

Der Shikoku-Pilgerweg

Der 1400 km lange **Shikoku-Pilgerweg** (S. 568) verbindet 88 Tempel in pulsierenden Städten, abgelegenen Bergen und windgepeitschten Küstenregionen.

Drei heilige Berge

Seit mehr als 1000 Jahren meditieren *yamabushi* (Bergpriester) auf der Suche nach Erleuchtung unter eisigen Wasserfällen auf den Gipfeln der **Dewa Sanzan** (S. 477).

Nationales Ainu-Museum

Das **Nationale Ainu-Museum & Park in Upopoy** (S. 519) präsentiert das religiöse und kulturelle Leben der Ainu, der Urbevölkerung auf Hokkaidō.

Izumo-Taisha (S. 419)

SEHENSWERTE TEMPEL UND SCHREINE

❶ **Tōdai-ji** (S. 333), eine buddhistische Tempelanlage in Nara, beherbergt eine der größten Bronzestatuen der Welt.

Eine Pilgerwanderung zum ❷ **Kōya-san** (S. 344), dem Zentrum des Buddhismus in Japan, verbindet Naturerleben und Spiritualität.

Im Schrein von ❸ **Izumo-Taisha** (S. 419), wo sich die Shintō-Gottheiten jährlich versammeln, klatscht man viermal, um die Geister zu rufen.

Vor einem Besuch des herzförmigen Moosgartens von ❹ **Saihō-ji** (S. 293) in Kyoto kann man sich in japanischer Kalligrafie ausprobieren.

Genau 1368 Stufen führen zum ❺ **Kotohira-gū** (S. 580), einem Shintō-Schrein zu Ehren des Kami der Seefahrt in den Wäldern von Shikoku.

Enoura-Observatorium (S. 155), Hakone

VON LINKS NACH RECHTS: JOHN S LANDER/LIGHTROCKET VIA GETTY IMAGES ©, IM_CHANAPHAT/SHUTTERSTOCK ©, BEN PHOTO/SHUTTERSTOCK ©

DESIGNS FÜRS LEBEN

Einheimische und internationale Architekturbüros haben in Japan fruchtbaren Boden für ihre Ideen gefunden. Sowohl in den Städten als auch in ländlichen Gebieten stehen ihre zeitgenössischen Bauten, die traditionelle Motive aufgreifen oder Neues wagen. Einige beherbergen herausragende Museen für zeitgenössische Kunst, die die innovativsten Werke der kreativen Szene Japans zeigen.

Die Insel von Ando

Auf **Naoshima** (S. 404), Japans beliebtestem Reiseziel für Kunstinteressierte, stehen unzählige Gebäude des Pritzker-Preisträgers Tadao Ando.

Ikonische Türme

Der **Tokyo Tower** (S. 75) von 1958 und der **Tokyo Skytree** (S. 111), der ihn 2010 als Sendeturm abgelöst hat, prägen die Skyline der Hauptstadt.

ARCHITEKTUR VOM FEINSTEN

Vom 1 **Enoura-Observatorium** (S. 155) aus blickt man auf die malerische Sagami-Bucht.

Der Eingang zum 2 **Miho Museum** (S. 364) von IM Pei führt direkt in die Berge südlich des Biwa-Sees.

Yoshitomo Naras 8,5 m hohe Hundestatue kann im 3 **Kunstmuseum Aomori** (S. 468) bestaunt werden.

Tokios Flaniermeile 4 **Omotesandō** (S. 85) mit ihren Boutiquen steht für zeitgenössische japanische Designs und Architektur.

Mit der Rolltreppe geht es im 5 **Bahnhof Kyoto** (S. 263) zum Dachgarten mit Stadtpanorama im 15. Stock.

DER GESCHMACK JAPANS

In Japan erwartet einen das ganz große gastronomische Erlebnis. Von der Haute Cuisine des *kaiseki* in eleganten Restaurants bis zu den besten Ramen der Welt an einem Straßenstand in Fukuoka: Japanisches Essen sieht toll aus und schmeckt fantastisch. Die Getränkeauswahl ist mit regionalem Sake, Craft Beer und einer Fülle an Teesorten ebenso vielfältig.

Lebensmittelmärkte

Für Delikatessen besucht man den **Toyosu-Markt** (S. 119) in Tokio, den **Nishiki-Markt** (S. 261; Bild) in Kyoto und die *depachika*, Essensabteilungen im Untergeschoss einiger Kaufhäuser.

Milchparadies

Dank des kühlen Klimas und der ausgedehnten Weideflächen werden auf **Hokkaidō** (S. 497) rund 90 % der japanischen Milchprodukte von der Butter bis zur Eiscreme hergestellt. Unbedingt probieren!

Genusshauptstadt

Tokio verfügt weltweit über die meisten Restaurants mit Michelin-Sternen – von experimentierfreudigen Gourmettempeln bis hin zu einfachen Lokalen mit hervorragenden Nudeln.

RICHTIG GUT ESSEN

Sojasoße direkt aus der Fabrik und als ausgefallener Bestandteil von Eiscreme und Limonade gibt's auf ❶ **Shōdoshima** (S. 406).

Das ❷ **Biermuseum Sapporo** (S. 504) serviert *jingisukan* – gegrilltes Lamm nach japanischer Art.

❸ **Imayotsukasa** (S. 484) ist eine 300 Jahre alte Sakebrauerei in Niigita und ideal, um die verschiedenen Sakesorten zu verkosten.

In ❹ **Fukuokas** (S. 614) berühmten Nudelläden schlürft man Hakata-Ramen. Danach geht's zu den *yatai*-Straßenständen.

Kostproben der Okinawa-Küche genießt man in ❺ **Naha** (S. 691), vom Frühstück auf dem *Iyumachi*-Fischmarkt bis hin zum Erdnusstofu und *awamori*-Likör im Urizon.

SIEGESZUG DER POPKULTUR

Japans Popkultur – von den Polka Dots von Yayoi Kusama bis zur *kawaii* (süßen) Welt von Hello Kitty – hat das Land zu einem „Soft-Power"-Giganten gemacht. Für Generationen von Fans weltweit gehören Anime und Manga ebenso zur japanischen Kultur wie Sushi, Sumō und Samurai. Top-Manga-Titel verkaufen sich millionenfach, Anime-Filme werden regelmäßig zu Kassenschlagern und Cartoon-Maskottchen sind allgegenwärtig.

Studio Ghibli

Fans der Animationsfilme von Studio Ghibli sollten rechtzeitig Karten für das reizende **Ghibli-Museum in Mitaka** (S. 89), Tokio, und den **Ghibli-Park** (S. 195) bei Nagoya buchen.

Streetfashion

In Harajuku und Shibuya in Tokio sowie Dotombori, Amerika-Mura und Denden Town in Osaka kann man sehen, was auf japanischen Straßen gerade angesagt ist.

Treff der Monster

Die skurrile und wunderbare Welt der japanischen Geister und Monster präsentiert sich unterhaltsam im **Yōkai-Kunstmuseum** (S. 407).

VON LINKS NACH RECHTS: PIOS/SHUTTERSTOCK ©, SATOSHI-K/GETTY IMAGES ©, UINO/ SHUTTERSTOCK ©

Cup Noodles Museum (S. 142), Yokohama

HIGHLIGHTS DER POPKULTUR

❶ **Akihabara** (S. 98) in Tokio ist das Zentrum der Nerd-Kultur *otaku*. Hier kann man alte Arcade-Spiele spielen und im Cosplay-Kostüm Gokart fahren.

Entwerfe deine eigenen Instant-Nudeln im ❷ **Cup Noodles Museum** (S. 142) und bestaune einen 18 m hohen Roboter in der ❷ **Gundam Factory Yokohama** (S. 142).

Entlang der ❸ **Mizuki Shigeru Road** in Sakaiminato (S. 421) stehen 177 Bronzestatuen bekannter Manga-*Yōkai*.

Wie Bildrollen aus dem 12. Jh. zum Vorläufer von Atom Boy, Sailor Moon und Dragonball Z wurden, erfährt man im ❹ **Kyoto International Manga Museum** (S. 262).

Schnappende Piranha-Pflanzen und Giftpilze lauern in der Super Nintendo World in den ❺ **Universal Studios Japan** (S. 316).

STÄDTE & REGIONEN

Entdecke dein Sehnsuchtsziel.

Sapporo & Hokkaidō

ENTGEGEN DEM BILD EINES ÜBERFÜLLTEN LANDES

Japans nördlichste Hauptinsel hat sich einen Hauch von Grenzlandgefühl bewahrt. Hier findet man die indigene Kultur der Ainu, wenn man danach sucht, aber hauptsächlich ist Hokkaidō für seine spektakulären Landschaften bekannt, viele davon geschützt in Nationalparks. Auch das Essen, darunter hervorragende Gerichte mit Meeresfrüchten, ist etwas ganz Besonderes.

S. 497

Nord-Honshū

EIN WENIGER BEKANNTES JAPAN

Diese Region hat viele Elemente, die eine Reise nach Japan so unvergesslich machen, aber ohne die Menschenmassen, die man anderswo vorfindet. Es gibt lebendige Städte wie Sendai und Morioka, charmante alte Orte wie Aizu, Wakamatsu und Kakunodate und herrliche Landschaften von der betörenden Matsushima-Bucht bis zu den wilden Gegenden von Sado.

S. 434

Zentral-Honshū & die Japanischen Alpen

GESCHICHTE, HEISSE QUELLEN UND OUTDOOR-ABENTEUER

Nagoya und Kanazawa auf der japanischen Hauptinsel sind zwei faszinierende und unterhaltsame Städte. Die Region ist toll für ländliche Eskapaden, vom Wandern auf dem Nakasendō zwischen Dörfern, in denen die Zeit stehen geblieben ist, bis zum Aufspüren von Affen, die in Onsen baden. Die herrlichen Berge eignen sich perfekt für Sommeraufstiege oder Winterabfahrten auf Skiern.

S. 178

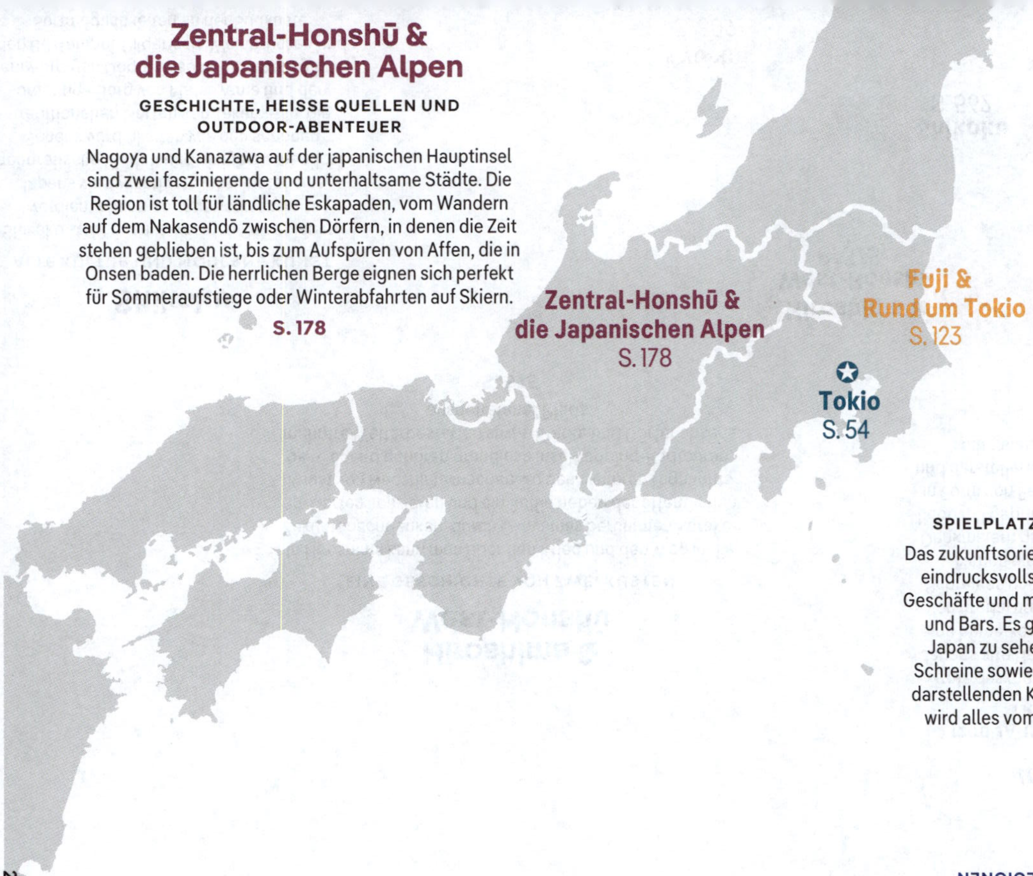

Zentral-Honshū & die Japanischen Alpen S. 178

Fuji & Rund um Tokio S. 123

Tokio S. 54

Fuji & Rund um Tokio

TAGESAUSFLÜGE ZU STRÄNDEN, SCHREINEN UND DEM FUJI

Ein ikonischer Vulkan, beeindruckende Schreine der Tokugawa-Shogune und ein ruhiger Riesenbuddha am Meer gehören zu den Sehenswürdigkeiten in der Nähe der Hauptstadt, die man gesehen haben muss. Nicht verpassen sollte man außerdem Yokohama, die zweitgrößte Stadt Japans, die Onsen und Strände der Izu-Halbinsel und, weit im Süden, die halbtropischen Ogasawara-Inseln.

S. 123

Tokio

SPIELPLATZ DES MODERNEN ENTDECKERS

Das zukunftsorientierte Tokio bietet einige der weltweit eindrucksvollsten Architektur-Highlights, stylische Geschäfte und mit Girlanden geschmückte Restaurants und Bars. Es gibt aber auch viel vom traditionellen Japan zu sehen, darunter ehrwürdige Tempel und Schreine sowie elegante Gärten und Theater, die den darstellenden Künsten gewidmet sind. In den Museen wird alles vom Holzschnitt bis zur Robotik gezeigt.

S. 54

Kyoto

1200 JAHRE JAPANISCHE TRADITION

Trotz des modernen Anstrichs ist Japans alte Hauptstadt immer noch eine bemerkenswerte Ansammlung von großartigen Tempeln, ruhigen Schreinen und makellosen Gärten.

Neben diesen historischen Denkmälern gibt's in Kyoto auch ein liebevoll gepflegtes kulturelles Erbe in Form von Festen, Essen, Geishas und darstellender Kunst. Diese Stadt sollte man nicht verpassen.

S. 253

Hiroshima & West-Honshū

EINE GESCHICHTE VON ZWEI KÜSTEN

In Hiroshima kann man über den Krieg und den Weg in die Zukunft nachdenken, durch Okayamas berühmten Kōraku-en-Garten spazieren und ein Selfie neben der öffentlichen Kunst von Naoshima machen. Zu den weiteren Highlights der Gegend gehören grandiose Inselhopping-Radtouren, mehrere Welterbestätten sowie Städte und Dörfer abseits ausgetretener Pfade.

S. 375

Shikoku

ALTE KULTUR UND MODERNE KUNST

Shikoku steht nur auf wenigen Reiseplänen, verdient aber mehr Aufmerksamkeit.

Japans viertwichtigste Insel bietet eine geografische Vielfalt und einige erstaunliche Sehenswürdigkeiten wie den schönen traditionellen Garten von Takamatsu, die prächtige Burg von Matsuyama und den ehrwürdigen Dōgo-Onsen. Außerdem gibt's den 88-Tempel-Pilgerweg, Weinbrücken und Surfmöglichkeiten an der Südküste.

Kansai

KULTUR, GESCHICHTE UND SPASS

Kansai präsentiert Japan von seiner spirituellsten *und* weltlichsten Seite. Hier gibt's den heiligen Shintō-Schrein von Ise-jingū, die Tempel von Nara und die Pilgerstätten von Kumano Kodō und Kōya-san. Im Gegensatz dazu stehen die urbanen Vergnügungen der Großstädte Osaka und Kōbe sowie das fantastische Onsen-Resort Kinosaki.

S. 300

Kyūshū

WENIGER BESUCHT, ABER VIEL ZU SEHEN

Japans südlichste Hauptinsel ist ein erstaunliches Reiseziel für sich. Die vulkanische Aktivität hält Dinge lebendig – sehenswert sind der rauchende Sakurajima, die größte Caldera der Welt und mehrere Onsen der Superlative. Außerdem lohnt es sich, Zeit in dynamischen und historischen Städen wie Fukuoka und Nagasaki zu verbringen.

S. 609

Okinawa & die Südwestinseln

HIMMLISCHE STRÄNDE UND MAGISCHE WÄLDER

Diese halbtropischen Inseln bieten Sonnenschein, Sandstrände und eine wunderschöne Natur. Einst zum Königreich Ryūkyū gehörend, sind sie heute der ideale Ort, um ein entspanntes, naturverbundenes Japan inmitten der hoch aufragenden, jahrtausendealten Bäume von Yakushima oder den Korallenriffen der umliegenden türkisfarbenen Gewässer zu erleben.

S. 672

Okinawa & die Südwestinseln
S. 672

REISEROUTEN

Die Goldene Route

Dauer: 10 Tage **Strecke:** 900 km

Wenn Japan für dich noch ein unbeschriebenes Blatt ist, kannst du auf dieser klassischen Route viele der Top-Attraktionen des Landes bestaunen und die Vorteile des Japan Rail (JR) Pass genießen, egal zu welcher Jahreszeit. Du hast etwas mehr Zeit? Dann besorge doch einen Rail Pass mit längerer Gültigkeit und ergänze die Goldene Route um weitere tolle Ziele.

❶
TOKIO 3 TAGE

Beginne deine Reise mit ein paar Tagen in der Hauptstadt, um den Jetlag auszukurieren, dich zu orientieren und ein Gefühl für die Metropole zu bekommen: Größer als Tokio (S. 54) geht es kaum noch. Mit all seinen Wolkenkratzern, dem Lärm und den Lichtern ist Tokio eine der belebtesten Städte der Welt. Die beste Sehenswürdigkeit? Die Stadt selbst!

❷
KYOTO 2 TAGE

Aktiviere den Sieben-Tage-Rail-Pass am Morgen von Tag 4 und fahre zur alten Hauptstadt Kyoto (S. 253) mit dem berühmten Shinkansen, der dank seiner Geschwindigkeit auch *Bullet Train* (Gewehrkugel-Zug) genannt wird. Um den kulturellen Reichtum der Stadt wertschätzen zu können, braucht man ein paar Tage. Überleg dir, ob du vielleicht vier Nächte in Kyoto bleiben und mit dem JR Pass Tagesausflüge nach Nara und Osaka machen willst.

❸
NARA 1 TAG

Nur einen Katzensprung von Kyoto entfernt kannst du Nara (S. 329) in Form eines Tagesausflugs besichtigen oder die Nacht dort verbringen. Die Stadt ist die Heimat des Daibutsu (Großer Buddha) und des prächtigen Nara-Parks, in dem wilde Rehe herumspringen. Ihre Geschichte reicht noch weiter zurück als die von Kyoto: Sie war Japans erste dauerhafte Hauptstadt und ist eins der lohnenswertesten Ausflugsziele des Landes.

4

OSAKA 1 TAG

Per Shinkansen nur 20 Minuten von Kyoto entfernt ist auch Osaka (S. 306) für einen Kurztrip mit Übernachtung oder auch nur für einen Tag gut. Diese dynamische, lebhafte Stadt war einst Heimat des Handelsstandes und ist stolz darauf, sich vom konservativen Rest des Landes abzuheben. Hier ist man etwas frecher und lockerer, und man braucht etwas Humor, um bei den Leuten anzukommen. Außerdem gibt's hervorragendes Streetfood.

5

HIROSHIMA 2 TAGE

Mit dem Shinkansen kommt man schnell nach Hiroshima (S. 380): Ein Name, den die Welt niemals vergessen wird. Friedensdenkmal und -museum sind Publikumsmagneten für Reisende aus aller Welt, denn sie erinnern an den ersten Atombombeneinschlag am 6. August 1945. Heute beherbergt Hiroshima eine lebendige und weltoffene Community. Von hier aus kann man auch gut einen Tagesausflug nach Miyajima machen.

6

MIYAJIMA 1 TAG

Ein exzellentes Reiseziel von Hiroshima aus, ob mit oder ohne Übernachtung, ist Miyajima (S. 388) mit seinem fotogenen See-Schrein. Man kommt dort einfach mit dem JR Pass oder der JR Ferry hin. Um den Pass richtig gut auszunutzen, kannst du an Tag 10 (bzw. Tag 7 des Passes) nach Tokio zurückfahren. Unterwegs lohnt ein Zwischenstopp in **Himeji** (S. 327), um Japans am besten erhaltenes Schloss aus der Feudalzeit zu besichtigen.

TUYOSHI/SHUTTERSTOCK ©

Nagano (S. 236)

REISEROUTEN

Nagano & die Alpen

Dauer: 10 Tage **Strecke:** 750 km

Verbinde deine Zeit in Tokio und Kyoto mit Touren ins Inland, durch die Berge und nach Kanazawa, eine der historischsten und attraktivsten Städte des Landes. Mietfahrzeuge versprechen zwar einen gewissen Grad an Freiheit, jedoch lässt sich die Tour problemlos mit öffentlichen Verkehrsmitteln zurücklegen.

1

NAGANO 2 TAGE

Nagano (S. 236) erreichst du u. a. mit dem Shinkansen von Tokio aus. Die mit Berggipfeln verzierte Hauptstadt der Präfektur Nagano konzentriert sich auf den wunderbaren Zenkō-ji-Tempel, ein nationales Kulturgut, das im 7. Jh. begründet wurde. Hier wurden die Olympischen Winterspiele 1998 ausgetragen, und nur einen Steinwurf entfernt findet man die „Schneeaffen".

2

MATSUMOTO 2 TAGE

Nicht weit enfernt liegt das pulsierende Matsumoto (S. 227) in einem fruchtbaren Tal östlich der nördlichen Alpen. Das Matsumoto-jō ist Japans ältestes Holzschloss, ein nationales Kulturgut, das man nicht verpassen sollte. Die Einwohner:innen der facettenreichen Stadt haben Freude am Leben.

***Abstecher:** Wenn du per Auto unterwegs bist, kannst du über das Outdoor-Resort von Hakuba fahren (S. 242).*

3

KAMIKŌCHI 1 TAG

Kamikōchi (S. 234) lässt die Augen japanischer Outdoor-Fans aufleuchten: In diesem entlegenen Tal am Rande der nördlichen Alpen kann man auch gleich mehrere Tage verbringen. Die Straße ist im Winter gesperrt, von Ende April bis Anfang November ist der Zugang offen. PKW sind nicht erlaubt, es fährt aber ein Bus.

VON LINKS NACH RECHTS: PITI SIRISRIRO/SHUTTERSTOCK ©, JOHN M ANDERSON/SHUTTERSTOCK ©, SUCHART BOONYAVECH/SHUTTERSTOCK ©

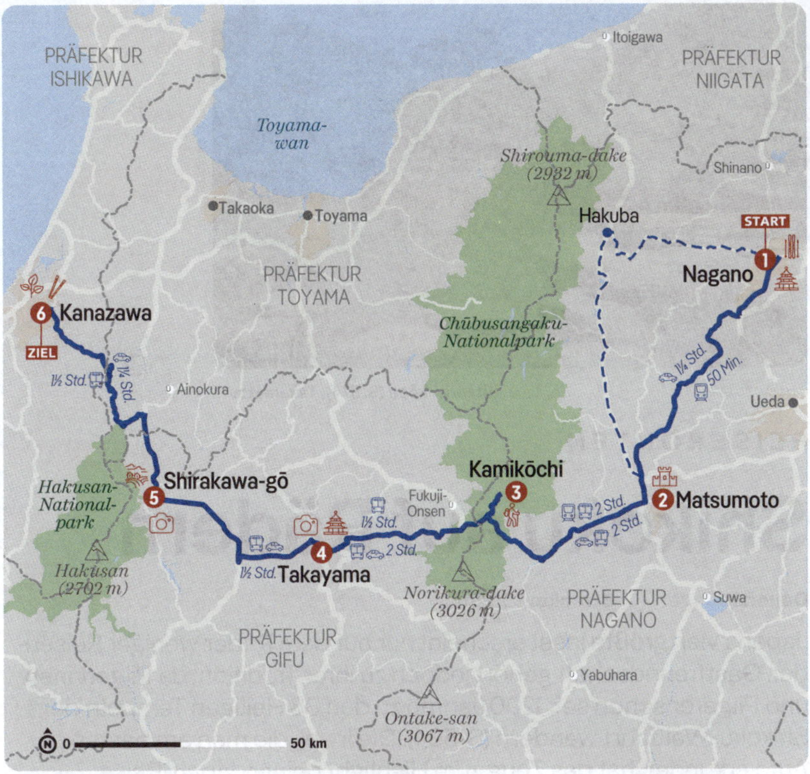

PRÄFEKTUR ISHIKAWA
Toyama-wan
Itoigawa
PRÄFEKTUR NIIGATA
Shirouma-dake (2932 m)
Shinano
Takaoka
Toyama
Hakuba
START
1 Nagano
PRÄFEKTUR TOYAMA
6 Kanazawa
ZIEL
Chūbusangaku-Nationalpark
1¼ Std.
50 Min.
1½ Std.
1¼ Std.
Ainokura
Ueda
Hakusan-Nationalpark
5 Shirakawa-gō
Kamikōchi 3
2 Matsumoto
Fukuji-Onsen
1½ Std.
2 Std.
2 Std.
2 Std.
4 Takayama
1½ Std.
Hakusan (2702 m)
Norikura-dake (3026 m)
PRÄFEKTUR NAGANO
Suwa
PRÄFEKTUR GIFU
Yabuhara
Ontake-san (3067 m)
0 50 km

4

TAKAYAMA 2 TAGE

Weiter durch die Berge geht's nach Takayama (S. 201), ein kleines Dorf, dessen Charme dich mit seinen antiken Holzhäusern und engen Gassen ganz in den Bann ziehen wird! Heute gibt's hier jede Menge Galerien und Brauereien. Beliebt sind auch der Tempeldistrikt und der Morgenmarkt. Da das Dorf inzwischen touristisch erschlossen ist, sollte man Tickets vorher buchen.

5

SHIRAKAWA-GŌ 1 TAG

Die entlegenen Bergdörfer Shirakawa-gō (S. 208) und **Gokayama** (S. 208) zwischen Takayama und Kanazawa sind bekannt für ihre mit Stroh bedeckten Bauernhäuser. Ein Besuch lohnt sich zu jeder Jahreszeit. In deiner vorherigen Reiselektüre wirst du ihnen schon begegnet sein, denn die Dörfer gehören zum UNESCO-Welterbe und sind entsprechend beliebt: Einsam wirst du dort nicht sein!

6

KANAZAWA 2 TAGE

Zu seiner Glanzzeit wetteiferte Kanazawa (S. 209) mit Kyoto um den Titel als Kunsthochburg. Die Stadt am Japanischen Meer ist berühmt für ihre Meeresfrüchte, ihre lange Kunsthandwerkstradition und ihren gemütlichen Park Kenroku-en. Sie ist der perfekte Ort, um traditionelle Kunst zu kaufen. Alles gesehen? Mit dem Zug oder dem Auto geht's weiter nach Kyoto.

MRNOVEL/SHUTTERSTOCK ©

Ritsurin-kōen (S. 574), Takamatsu

REISEROUTEN

Shikoku auf Rädern

Dauer: 10 Tage **Strecke:** 350 km

Japans viertgrößte Insel erscheint nur auf dem Radar weniger Reisender. Gastfreundschaft gehört jedoch zu ihrer Tradition, da Pilgerinnen und Pilgerer schon seit 1200 Jahren zu den 88 Heiligen Tempeln der Shikoku-Wallfahrt wandern (S. 584). Die Insel, die man am besten per Auto erkundet, hat das Zeug zum Highlight deiner Japan-Reise.

1

NAOSHIMA 1 TAG

Die Kunstinsel Naoshima (S. 404), in der Inlandsee zwischen Shikoku und dem westlichen Honshū gelegen, bietet Platz für einen Abstecher auf der Tour zwischen Okayama (S. 399) und dem Festland von Shikoku. Hier findest du die beste Kunst und Architektur des Landes sowie Museen und Skulpturen: Der Gelbe Kürbis von Yayoi Kusama ist längst ein Symbol der Insel.

2

TAKAMATSU 2 TAGE

Nimm die Fähre von Naoshima nach Takamatsu (S. 572). Die Präfektur Kagawa wird auch *udon-ken* (Udon-Präfektur) genannt, denn die Udon-Nudeln (oder die lokale Version *sanuki-udon*) findest du hier wirklich an jeder Ecke. Spaziere durch die makellosen Gärten von Ritsurin-kōen und stöbere durch die Waren in den überdachten Einkaufspassagen von Takamatsu.

3

KONPIRA-SAN 2 TAGE

Schnapp dir einen Mietwagen und auf geht's nach Südwesten zum Konpira-san (S. 580), dem bekanntesten Shintō-Schrein Shikokus. Die Ortschaft am Fuß des Berges ist einen Spaziergang wert. Unweit davon liegt der **Zentsu-ji** (S. 579), Nr. 75 der 88 Heiligen Tempel. Wenn du Zeit hast, nimm die Seilbahn hoch zum **Unpen-ji** (Tempel 66; S. 582) mit seinen 500 fesselnden *rakan*-Statuen.

VON LINKS NACH RECHTS: MIYUKI39/SHUTTERSTOCK ©, GI15702993/GETTY IMAGES ©, THANYARAT07/GETTY IMAGES ©

4 IYA-TAL ⏱1 TAG

Hinter den Bergen liegt das Iya-Tal (S. 591): Die Region ist einer von Japans verborgenen Schätzen. Seine erschreckend tiefen Schluchten und dichten Wälder boten einst geflohenen Samurai Zuflucht. Enge Serpentinen erschweren den Zugang mit dem Auto, besonders am Anfang des Tales, wo du die hübschen *kazura-bashi* (mit Kletterpflanzen bewachsene Hängebrücken) von Oku-Iya überqueren kannst.

5 KŌCHI ⏱2 TAGE

Die Hauptstadt der Präfektur am Pazifik ist Kōchi (S. 596), eine coole, kompakte Großstadt, die Reisenden eine gute Zeit bietet. Die Leute hier kennt man als stolze Freidenker; Überlebende, die über die Zeit vom Rest Japans abgeschnitten wurden. Besuche das tolle Schloss Kōchi-jō, schlendere durch die Einkaufspassagen und gönn dir Gutes aus der Region auf dem Hirome-Markt.

6 MATSUYAMA ⏱2 TAGE

Matsuyama (S. 602), Shikokus größte Stadt, ist schick und adrett, und man spürt trotz Insellage einen Hauch des Festlandtrubels. Das prächtige Schloss, eines von zwölf „Originalen“ in Japan, thront über der Stadt mit ihren Einkaufspassagen im Süden. Im Osten befinden sich die legendären heißen Quellen von Dōgo Onsen. Von hier kann man nach Hiroshima oder Kyūshū fliegen.

REISEROUTEN

Kyūshū & Yakushima

Dauer: 10 Tage **Strecke:** 700 km

Abseits der Menschenmassen hält Kyūshū, was es verspricht, und zwar nicht weniger als lebhafte Städte, eine reiche Geschichte, exzellente Onsen-Quellen und rauchende Vulkane. Wer einfach etwas ganz anderes sehen will, ist hier richtig. Es gibt einen JR Pass für Kyūshū, aber am besten herum kommt man mit dem Auto.

Yatai (Essensstand) in Fukuoka (S. 614)

1

FUKUOKA ⏱ 2 TAGE

Finde deinen Weg nach Fukuoka (S. 614), dem Tor nach Kyūshū und dessen größte Stadt (1,6 Mio. Einw.). Von nahezu jeder großen Stadt auf Honshū kann man dorthin fliegen oder nimmt den Shinkansen zum Hakata-Bahnhof. Diese frische, aufregende „Stadt der hellen Lichter" ist bekannt für Hakata-Ramen, am besten von einem Yatai-Stand am Straßenrand.

2

NAGASAKI ⏱ 2 TAGE

Die Geschichte wiegt schwer auf Nagasaki (S. 632), die zweite von einer Atombombe zerstörte Stadt. Als einziger Ort des Landes mit einem offenen Hafen während der 200-jährigen Isolationszeit vom 17. bis zum 19. Jh. verfügt Nagasaki über ein weltoffenes und handelsfreundliches Erbe, von dem heute seine Festivals, seine Küche und seine Architektur zeugen.

3

KUROKAWA-ONSEN ⏱ 1 TAG

Verweile etwas in Kurokawa-Onsen (S. 655), einem von Japans hübschesten Onsen-Dörfern am Rande einer tiefen Schlucht im Herzen von Kyūshū. Der perfekte Ort, um zu verstehen, worum es beim *onsen-ryokan* geht, ist auch nicht weit weg vom Berg **Aso** (S. 653), dem drittgrößten Vulkankessel der Welt mit dem Naka-dake-Krater und vielen umwerfenden Landschaften.

4

KUMAMOTO ⏱ 1 TAG

Weiter geht's gen Südwesten nach Kumamoto (S. 646), dem wichtigsten Ort von Zentral-Kyūshū. Kumamoto ist mehr als nur stolz auf sein Wahrzeichen, die 1601 bis 1607 errichtete Burg Kumamoto-jō. Obwohl die Stadt sich noch immer von einem verheerenden Erdbeben im Jahr 2016 erholt, ist sie beschwingt und voller verlockender Restaurants, Bars, Geschäfte und Passagen östlich der Burg.

5

KAGOSHIMA ⏱ 2 TAGE

Weiter südlich, in Kagoshima (S. 663), kannst du den mächtigen Sakurajima bestaunen, der aktive Vulkan in der Bucht. Misch dich unter die Leute, denn Kagoshima ist laut einer Umfrage die freundlichste Stadt Japans! Typisch für die lokale Küche sind *tonkatsu* (paniertes Schweineschnitzel) und *shōchū* (Branntwein). Die heißen Quellen bei **Ibusuki** (S. 670) liegen in der Nähe.

6

YAKUSHIMA ⏱ 2 TAGE

Von Kagoshima geht's per Fähre zur magischen Insel Yakushima (S. 678), 70 km vom Festland entfernt, die zum UNESCO-Welterbe gehört. Sie beheimatet moosbewachsene Urwälder, Onsen-Bäder und ein bergiges Inland. Der höchste Gipfel ist 1936 m hoch. Wandern lohnt sich, besonders zum Jōmon Sugi, dem sagenumwobenen tausendjährigen Baum.

RETIREMENTBONUS/SHUTTERSTOCK ©

Fukiage Roten-no-yu (S. 534), Furano

REISEROUTEN

Wildes Hokkaidō

Dauer: 2 Wochen **Strecke:** 950 km

Hokkaidō, Japans nördlichste Insel, hat vieles von dem, was du von dem Land erwartest: dampfende Onsen und eine angesehene Kochkunst, felsige Vulkangipfel und strahlende Skylines bei Nacht. Sie bietet aber auch die Gelegenheit für einen herrlichen Roadtrip: Der erste Schnee fällt früh, daher ist dafür Zeit von Juni bis Oktober.

1

HAKODATE ⏱ 2 TAGE

Ganz im Süden geht's los: Mit dem Shinkansen ist die Insel von Tokio aus in vier Stunden durch den Seikan-Tunnel zu erreichen. Hier wartet die charmante Stadt Hakodate (S. 521) mit ihrem berühmten Morgenmarkt, historischen Gebäuden (da sich der Hafen der Stadt 1855 als einer der ersten des Landes für internationalen Handel öffnete) sowie einer ästhetischen Skyline, deren Bewunderung bei Nacht lohnt.

2

SHIKOTSU-TŌYA-NATIONALPARK ⏱ 2 TAGE

Nimm dir einen Mietwagen und fahr nach **Tōya-ko** (S. 518), wo du 36 km um den Kratersee radelst. Weiter geht's zu Hokkaidōs bekanntesten heißen Quellen in **Noboribetsu-Onsen** (S. 518). Von hier aus lohnt sich ein Tagesausflug zum **Nationalen Ainu-Museum und Park in Upopoy** (S. 519), eröffnet 2020, nachdem die Ainu als indigene Gruppe anerkannt worden waren.

3

SAPPORO ⏱ 2 TAGE

Hol dir deine Dosis Großstadt in Sapporo (S. 502), der Hauptstadt der Präfektur, mit zwei Millionen Menschen Japans fünftgrößte Stadt. In der Innenstadt herrscht lauter Trubel, besonders in den Unterhaltungsdistrikten Susukino und Ōdori-kōen. Geh nicht, ohne ein frisches Helles im Sapporo-Biermuseum gekostet zu haben, ebenso Sapporo-Ramen und *jingisukan* (gegrilltes Lamm).

VON LINKS NACH RECHTS: SEAN PAVONE/SHUTTERSTOCK ©, KELLY CHENG TRAVEL PHOTOGRAPHY/GETTY IMAGES ©, JUNICHI MIYAZAKI/LONELY PLANET ©

4

FURANO ⏱ 2 TAGE

Fahre nach Furano (S. 529), auch genannt *heso-no-machi* (Bauchnabelstadt), da sie in der Mitte der Insel liegt. Besuche ein Käse- oder Weintasting, genieße den Duft der Blumenwiesen und nutze die Radstrecken im nahen Biei. Fukiage Roten-no-yu, eines von Hokkaidōs besten Onsen-Bädern im Grünen, ist nicht weit entfernt und liegt vor dem inspirierenden Hintergrund des Daisetsuzan-Nationalparks.

5

DAISETSUZAN-NATIONALPARK ⏱ 1 TAG

Daisetsuzan bedeutet „großer, verschneiter Berg". Der Asahi-dake bildet mit 2291 m die größte Erhebung Hokkaidōs. Erklimme ihn von der oberen Seilbahnstation (1600 m) aus beim **Asahidake-Onsen** (S. 537) im Norwesten des Nationalparks. Übernachten kannst du hier oder beim Sōunkyō-Onsen im Nordosten des Parks. Oder hast du Lust auf eine ganz entlegene Berghütte? Dann auf zum Daisetsu Kōgen Sansō!

6

SHIRETOKO-NATIONALPARK ⏱ 2 TAGE

Weiter geht's nach Osten zum Shiretoko-Nationalpark (S. 551), einem weiteren UNESCO-Welterbe. Übernachte am besten in Utoro. Die Shiretoko-Halbinsel ist ein vulkanischer Landzipfel, die Ainu nennen ihn das „Ende der Welt". Es gibt ein paar tolle Wander- und Spazierwege, außerdem Kreuzfahrten die Küste hoch. Vom Shiretoko-Pass aus kann man Russland sehen.

7

AKAN-MASHŪ-NATIONALPARK ⏱ 2 TAGE

Nur eine kurze Fahrt Richtung Südwesten liegt der Akan Mashū-Nationalpark (S. 555). Im Osten findest du den faszinierenden Schwefelberg Iō-zan, die kristallklaren Kraterseen des Kussharo-ko und des Mashū-ko sowie einige Onsen. Im Osten lernst du in Akanko-Onsen eine moderne Ainu-Community in deren *kotan* (Dorf) kennen.

BESTE REISEZEIT

Ob man nun wegen der Natur, der Festivals, der Kultur, der Outdoor-Aktivitäten oder der Küche nach Japan kommt – jede Jahreszeit hat etwas Besonders zu bieten.

Japan liebt die verschiedenen Jahreszeiten, und diese revanchieren sich großzügig. Der Frühling lockt mit dem *hanami* (Betrachten der Blüten), wenn die *sakura* (Kirschblüten) die Stadtparks und die ländlichen Hügel in Rosa tauchen. Im Sommer finden viele Festivals und Feuerwerke statt, und in den Onsen-(Thermalquellen)-Städten klappern die Besucher:innen in *yukata* (Baumwollbademäntel) und *geta* (Holzsandalen) umher oder trinken in einem Biergarten ein wohltuendes *biiru*. Im Herbst leuchten die Wälder in den strahlenden Gelb-, Orange- und Rottönen des *momiji* (Japanischer Ahorn). In der klaren Luft des Winters ist der Fuji sogar von Tokio aus zu sehen, aus den Thermalquellen steigt Dampf auf, und Schnee verwandelt die majestätischen Berge Hokkaidōs und der Japanischen Alpen in ein Wintersportparadies, ehe die Pflaumenblüte schließlich die Rückkehr des Frühlings ankündigt.

Unterkunft

Wer zur Zeit der Kirschblüte nach Japan kommt, muss darauf gefasst sein, dass die Übernachtungspreise mit am höchsten sind, ebenso wie zum Höhepunkt der herbstlichen Laubfärbung, der „Goldenen Woche" und rund um wichtige Feste. Im Winter sind die Preise generell eher günstiger, außer natürlich in Skiresorts.

LOCAL TIPP

GÖTTER & KIRSCHBLÜTEN

Kameda Tomoyuki ist ein Hersteller traditioneller japanischer Medizin in Kyoto.

Meine liebste Jahreszeit ist der Frühling, wegen des Kirschblütenfests am Hirano-Schrein, einem der meistverehrten Schreine Kyotos. Jedes Jahr am 10. April wird die Gottheit meiner lokalen Gemeinschaft auf einem kleinen Schrein bei einer Parade durch das Stadtviertel getragen. Ich beobachte gern die flüchtigen Szenen der Interaktion der Menschen mit der Gottheit, und als Einheimischer bin ich sehr stolz darauf, internationale Gäste, die hier zu Besuch sind, zu begrüßen.

Philosophenweg (S. 276), Präfektur Kyoto

SCHLIESSTAGE NACH ÖFFENTLICHEN FEIERTAGEN

Wenn ein Feiertag auf einen Montag fällt, schließen Einrichtungen wie Museen, die normalweise am Montag ihren Schließtag haben, stattdessen häufig am Dienstag.

Reisewetter (Tokio)

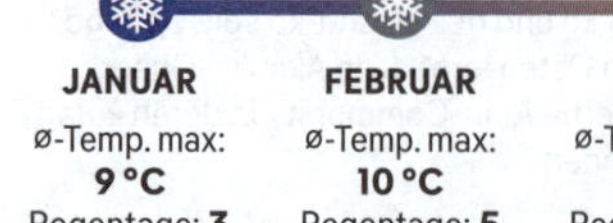

JANUAR	FEBRUAR	MÄRZ	APRIL	MAI	JUNI
ø-Temp. max: 9 °C	ø-Temp. max: 10 °C	ø-Temp. max: 13 °C	ø-Temp. max: 18 °C	ø-Temp. max: 23 °C	ø-Temp. max: 25 °C
Regentage: 3	Regentage: 5	Regentage: 8	Regentage: 9	Regentage: 8	Regentage: 11

72 JAHRESZEITEN

Der traditionelle japanische Kalender kennt nicht vier, sondern 72 Jahreszeiten, die sich nach subtilen Veränderungen im Jahresverlauf richten. Für sie gibt's nun eine eigene App: **72 Seasons** feiert jede der fünftägigen Minijahreszeiten mit Poesie, Kunst und Tipps zur besten Zubereitung von landwirtschaftlichen Produkten und Fisch.

Die drei Haupturlaubszeiten in Japan

Die meisten japanischen Feiertage (S. 731) und Feste dauern nur einen Tag. Doch zu den folgenden Hauptreisezeiten machen viele Japaner:innen mehrere Tage Urlaub, und diese Zeiten sind alles andere als normal.

Neujahr (Shōgatsu, 正月) Der wichtigste Feiertag in Japan. Geschäfte und Behörden schließen, und die Japaner:innen verbringen Zeit mit ihren Familien, essen symbolische Delikatessen und schlüpfen zum *hatsumōde*, dem ersten Besuch buddhistischer Tempel und Shintō-Schreine im neuen Jahr, in den Kimono. **Ende Dezember bis Anfang Januar**

Goldene Woche In dieser von zwei Feiertagen gerahmten Urlaubsperiode, die vom Shōwa-Tag (29. April) bis zum Kindertag (5. Mai) dauert, sind Züge, Flughäfen, Unterkünfte und Sehenswürdigkeiten überfüllt. **Ende April bis Anfang Mai**

O-bon (お盆) Die besucherfreundlichste Zeit der drei Haupturlaubszeiten. Die Japaner:innen ehren die Geister ihrer Vorfahren mit Tänzen auf den Straßen, dem Besuch von Gräbern und Papierlaternen. **Mitte August**

LOCAL TIPP

DIE SCHÖNHEIT DES HERBSTES

Okubo Naoko ist die Besitzerin des Cafés Cinnamon & More Café in Kamakura. @cinnamon_and_more_3311

Der Herbst ist die beste Jahreszeit, um meine am Meer gelegene Heimatstadt Kamakura zu besuchen, denn dann herrscht perfektes, stabiles Wetter. Wenn der Sommer endet, kehrt die friedliche Stille zurück, auf die ich mich das ganze Jahr freue. Der Herbst verleiht unseren Hügeln und dem Meer eine geradezu magische Schönheit. Wer Zeit findet, hierherzukommen, dem wünsche ich, dass er die beruhigende Schönheit Kamakuras entdeckt, einen langen Abendspaziergang macht und vielleicht ein Herbstfest an einem kleinen örtlichen Schrein erlebt.

Kōtoku-in (S. 147), Kamakura

Feste & Events

Sapporo-Schneefestival Ein 1,5 km langer Abschnitt des Ōdori Kōen (Ōdori-Park) verwandelt sich eine Woche lang in ein Winterwunderland mit bezaubernden Schnee- und Eisskulpturen, Schneerutschen, Curling und anderen Attraktionen. **Februar**

Takayama Matsuri Die Kleinstadt im Zentrum Japans beeindruckt mit spektakulären, mehrstöckigen *yatai* (Festwagen), die teils mit meisterlichen *karakuri* (mechanische Marionetten) bestückt sind, sowie *mikoshi* (tragbare Shintō-Schreine) und Löwentänzen. **April und Oktober**

Sanja Matsuri 1,5 Mio. Besucher kommen zu diesem dreitägigen Festival in Tokios *shitamachi* (Unterstadt) Asakusa, um die Parade von etwa 100 *mikoshi*, begleitet von Trommeln, traditionellen Flöten, Straßensnacks und Spielen, zu erleben. **Mai**

Kyoto Gion Matsuri Japans beliebtestes Festival stammt aus dem 9. Jahrhundert und dauert den ganzen Monat. Das Spektrum reicht von Streetfoodmärkten bis zu von den Einheimischen einfallsreich geschmückten Häusern, Höhepunkte sind die Paraden mit kunstvollen, aufwendig geschmückten Festwagen. **Juli**

DIE REGENZEIT

Japans Regenzeit, *tsuyu* (梅雨), beginnt Anfang Mai in Okinawa und wandert dann allmählich den Archipel hinauf bis nach Nord-Honshū, wo es im Juli regnet. Es regnet zwar meistens nicht jeden Tag, doch man sollte auf Regengüsse und die darauffolgende schwülheiße Luft eingestellt sein.

JULI	AUGUST	SEPTEMBER	OKTOBER	NOVEMBER	DEZEMBER
ø-Temp. max: **29 °C**	ø-Temp. max: **31 °C**	ø-Temp. max: **27 °C**	ø-Temp. max: **22 °C**	ø-Temp. max: **17 °C**	ø-Temp. max: **11 °C**
Regentage: **10**	Regentage: **8**	Regentage: **12**	Regentage: **8**	Regentage: **6**	Regentage: **3**

LINKS: PICTURE PARTNERS/SHUTTERSTOCK; © RECHTS: PICTORIAL PRESS LTD/ALAMY STOCK PHOTO

Schuhetikette

BESTENS VORBEREITET AUF JAPAN

Nützliches zum Vorbereiten und Einstimmen.

Kleidung

Stil In Japan kleidet man sich schick, doch gepflegte Freizeitkleidung ist in Ordnung. Dresscode für Männer in gehobenen Lokalen: keine ärmellose Hemden und Sandalen.

Schuhe In Tempeln, Schreinen, *ryokan* (traditionellen Gasthäusern), Privathäusern und vielen Restaurants zieht man die Schuhe aus. Slipper sparen Zeit. Trage Socken, um nicht barfuß zu laufen. Fürs Sitzen auf dem Boden empfiehlt sich entsprechende Kleidung.

Schichten Praktisch von Herbst bis Frühling. Plane im Winter dicke Socken und ein Fleece für zugige Gebäude ein.

Ryokan Gasthäuser bieten *yukata* (Baumwollbademäntel), die du auf dem Grundstück tragen kannst, mit *haori* (kurzen Überjacken).

Religiöse Stätten Kein besonderer Dresscode für Orte wie buddhistische Tempel oder Shintō-Schreine.

Etikette

Sprich leise und benutze in geschlossenen Räumen, v.a. im ÖPNV, **kein Handy**.

Schuhetikette. Es gilt: „Schuhe auf Stein, Socken auf Holz". Ziehe Hausschuhe aus, bevor du auf Tatami-Matten trittst.

Nicht im Gehen essen. Iss Street Food dort, wo du es gekauft hast.

Nimm Abfall mit. Mülltonnen sind selten.

Schnäuze dich nicht in der Öffentlichkeit.

LESEN

Sadako and the Thousand Paper Cranes (Eleanor Coerr; 1977) Jugendroman über eine Überlebende der Hiroshima-Atombombe.

Naokos Lächeln (Haruki Murakami; 2001) Roman übers Erwachsenwerden, Tokioter Studierende und die 1960er-Jahre.

Lost Japan (Alex Kerr; 1996) Der in den USA geborene Japaner schreibt über Tradition und die Zerstörung von Umwelt und Kultur.

Die Ladenhüterin (Sayaka Murata; 2018) Über den Kampf gegen die Tyrannei sozialer Normen; spielt in einem Tokioter Supermarkt.

Sprechen

Ein Makron über einem Vokal (z. B. ō) verlängert den Laut.

Kon-nitschi ua (こんにちは) Hallo, guten Tag. Zu jeder Tageszeit, v. a. von spätvormittags bis spätnachmittags.

Ohajō gosaimaßu (おはようございます) Guten Morgen.

Konban ua (こんばんは) Guten Abend.

Mata ne oder **bei bei** (またね, バイバイ) Auf Wiedersehen, bis bald. Informell.

Ojaßumi naßai (おやすみなさい) Gute Nacht. Nur vor dem Schlafengehen.

ßajōnara (さようなら) Auf Wiedersehen. Selten, klingt förmlich und endgültig.

ßumimaßen (すみません) Entschuldigung. Man sagt es, um jemandes Aufmerksamkeit zu erhaschen oder wenn man jemanden gestört (z. B. angerempelt) hat. So ruft man Kellner:innen.

Onegai schimaßu (お願いします) Bitte (im Allgemeinen).

____ o kudaßai (____を下さい) Bitte geben/bringen Sie mir _____. Wenn man etwas bestellt, z. B. Essen. Oder man zeigt auf die Speisekarte und sagt: *kore o kudasai* (Das hier bitte).

Dōso (どうぞ) Bitte. Wenn man etwas anbietet.

Arigatō gosaimaßu (ありがとうございます) Danke, verkürzt *arigatō*.

Arigatō gosaimaschita (ありがとうございました) Vergangenheitsform von „Danke", am Ende von Veranstaltungen oder Treffen verwendet.

Dō itaschimaschite (どういたしまして) Gern geschehen.

Kekkō desu (けっこうです) Nein, danke.

ANSCHAUEN

Die sieben Samurai (Akira Kurosawa; 1954) Meisterwerk über *rōnin* (Samurai) aus dem 16. Jh.

Tampopo (Jūzō Itami; 1985) Witziger Mix aus Ramen, *yakuza* und Helden mit Cowboyhut.

Lost in Translation (Sofia Coppola; 2003) Bill Murray und Scarlett Johansson in rätselhafter Beziehungsgeschichte.

Your Name (Makoto Shinkai; 2016) Animierte Fantasy über Schüler:innen und Identitätstausch.

Midnight Diner (2009–2019) Serie über die Gäste eines Restaurants in Tokio.

REINHÖREN

AKB48 Diese 48 (!) Mitglieder starke Girlgroup ist der Inbegriff des bonbonfarbenen, unermüdlich fröhlichen J-Pop.

Sakamoto Ryūichi Genresprengender Pianist, Komponist, Produzent und Denker, der mit den Besten aus Musik, Film und DJ-Szene zusammengearbeitet hat.

Yoshida Brothers (Yoshida Kyōdai) Lassen die *shamisen* (traditionelles dreisaitiges Banjo) seit 1989 wie Surf-Rock klingen.

Yuuri Japans beliebtester romantischer Sänger. Hör dir seinen Top-Hit „Betelgeuse" an und finde heraus, ob du verstehst, warum.

PIOTR MILEWSKI/SHUTTERSTOCK ©

Nyūtō Onsen (S. 464)

REISEPLANUNG

ONSEN

Die meisten Japan-Besuchenden kennen Onsen aus Broschüren oder Online-Quellen – magische Becken mit heißem Wasser, von denen viele schön an einem Flussufer, einem Bambuswald oder sogar mit Blick auf den Fuji in der Ferne liegen. Der Inbegriff einer malerischen Landschaft. Sie strahlen Ruhe und Gelassenheit aus, und für viele sind sie ein faszinierender Punkt auf der Liste der Dinge, die sie unbedingt sehen oder tun müssen.

Onsen-Bäder in Japan finden

Japan hat Tausende von wunderbaren *Onsen* (Bäder mit heißen Quellen; onsen-japan.net), aber es ist wichtig, den Unterschied zwischen dem Wasser in einem echten Onsen und dem in einem *sentō* (öffentliches Bad) zu kennen. Öffentliche Bäder werden mit erhitztem Leitungswasser betrieben. Das ist entspannend und therapeutisch, aber es ist nicht das Wahre. Jedes öffentliche Badehaus muss ein Schild mit Infos zur Wasserqualität vorweisen – da dieses fast immer auf Japanisch ist, sind Online-Übersetzer keine schlechten Helfer.

VORBEREITUNG

In den meisten Badehäusern gibt's Badeanleitungen in mehreren Sprachen und Zeichnungen, denen man entnimmt, was man tun und lassen sollte. Das Ganze ist nicht kompliziert. Zunächst zieht man sich aus und legt seine Kleidung in einen Korb. Wertsachen sperrt man zur Sicherheit in einem der Schließfächer ein. Mit einem kleinen Handtuch (das kostenlos zur Verfügung gestellt oder für ein paar Hundert Yen gekauft werden kann) geht's dann zum Waschbereich mit kleinen Hockern und einzelnen Wasserhähnen. Oft sind Seife und Shampoo vorhanden. Man schrubbt sich sorgfältig ab, spült die Seife aus und geht erst dann ins eigentliche Bad. Langsam gehen und auf seine Füße gucken, da die Böden manchmal rutschig sind und teilweise auch scharfe Mineralablagerungen haben.

MUSS MAN NACKT SEIN?

Um es kurz zu fassen: Ja. Aber für alle, die nicht gerne unter Fremden nackt baden, gibt es zwei Möglichkeiten. Eine davon ist das sogenannte „Familienbad" (*kazoku-buro*, 家族風呂). Das private Bad kann für Familien reserviert werden, und da es abgeschlossen ist, badet man nur mit den Personen, mit denen man zusammen ins Bad kommt.

Schickere Ryokan (traditionelle japanische Gasthäuser) haben ähnliche private Bäder, die *kashikiri-buro* (貸切風呂). Diese sind in der Regel für 30 Minuten oder eine Stunde ab dem Einchecken reserviert und sind eine großartige Option für Zurückhaltende ... oder Gäste mit großen, auffälligen Tattoos. Da man hier für sich badet, stört man die anderen Besucher nicht.

EINTAUCHEN & ENTSPANNEN

Dann gleitet man langsam ins Bad hinein, wobei das Waschhandtuch das Badewasser nicht berühren darf. Wer wie ein Profi aussehen möchte, faltet sein Handtuch mehrfach und balanciert es auf dem Kopf, während dem Eintauchen. Alternativ kann man es auch vorsichtig neben sich auf den Beckenrand legen. Das Einzige, was mit dem Badewasser in Berührung kommen sollte, ist der Körper. Lange Haare werden hochgebunden.

Die wohltuende Wärme genießt man, so lange man möchte – ob eine Minute oder eine Stunde lang. Manche verlassen das Becken, ruhen sich auf einem Stein oder dem Beckenrand aus und tauchen dann wieder ein. Ein Bad ist beruhigend, meditativ und friedlich.

NACH DEM BADEN

Wer fertig ist mit Baden, schnappt sich sein Handtuch und nimmt sich ein paar Sekunden Zeit zum Abtrocknen. Dann wringt man das Handtuch vorsichtig in eine Rinne aus, nicht auf den Boden (und niemals in die Badewanne selbst!). Nach dem Trocknen zieht man sich in der Umkleide wieder an.

Handtuch-Etikette

WEITERE FEINHEITEN

- Wer tätowiert ist, vor allem auf den Armen oder großflächig, sollte bedenken, dass in vielen Onsen das Baden mit Tätowierungen verboten ist. Hintergrund ist, dass Tätowierungen früher den Mitgliedern der japanischen Mafia vorbehalten waren, der *yakuza*. Durch das Verbot von Tätowierungen konnten die Betreiber von Bädern ihre Einrichtungen sicherer machen, ohne dabei Einzelpersonen ins Visier nehmen zu müssen. Die Zeiten ändern sich, aber die Grundhaltung ist oft noch vorhanden, und viele Badegäste sehen Tattoos als schmutzig oder unheimlich an.
- Viele Hotels, Ryokan und Onsen-Badehäuser verfügen sowohl über Innen- als auch Außenbäder. Die Letzteren, bekannt als *rotemburo* (露天風呂), haben den Vorteil, dass man an der frischen Luft badet. Manchmal hat man eine spektakuläre Aussicht, deshalb lohnt es sich, nach einem *rotemburo*-Zeichen zu suchen (eventuell nur auf Japanisch) und zu schauen, ob es dort tatsächlich ein Bad gibt.
- In der Umkleidekabine kann man sich so viel Zeit lassen, wie man möchte. Oft gibt's dort Rasierapparate, Parfüms, Lotionen, Wattestäbchen und Haartrockner, aber auch Waschbecken und Spiegel. Nach dem Fertigmachen geht man in die Lobby, wo es in der Regel eine Kühlbox mit Eiswasser oder einen Automaten mit Getränken und Bier gibt. Es ist ratsam, nach dem Baden den Flüssigkeitshaushalt aufzufüllen.

ARTRAN/GETTY IMAGES©

Okonomiyaki

ESSEN WIE DIE LOCALS

In der lokalen Küche dreht sich alles um saisonale Zutaten und minutiöse Präsentation. Die Aromen sind oft fein, manchmal auch deftig.

Japan ist einer der kreativsten kulinarischen Spielplätze der Welt, das Land ist geradezu verrückt nach gutem Essen. Alles vom Reisanbau bis zum Nudelnkochen wird zu einer Kunstform erhoben. Es ist kein Wunder, dass die UNESCO *washoku* (traditionelle japanische Küche) 2013 zu einem immateriellen Kulturerbe gekürt hat.

In den vielseitigen Naturlandschaften des Landes, von den hochaufragenden Hügeln Hokkaidōs bis zu den tropischen Inseln Okinawas, gedeiht eine unglaubliche Vielfalt an Zutaten. Wohin dein Weg dich auch führt, es gibt überall köstliche Speisen und Getränke plus ein erstaunliches Spektrum an *meibutsu* (regionale Spezialitäten).

Die Auswahl, die Japan bietet, ist überwältigend. Dennoch fußt die Kochtradition des Landes auf nur einer Handvoll Zutaten: Fisch, Gemüse, Miso, *shōyu* (Sojasoße) und natürlich Reis. Auf den Tisch kommen die unterschiedlichsten Speisen, ob leichte und ästhetisch angerichtete *kaiseki* (Haute Cuisine) oder geschmacksintensive scharfe Ramen. Die Meeresfrüchte sind frisch und unvergleichlich mit dem, was man im Sushi-Restaurant zu Hause bekommt, dazu gibt's eine unermessliche Auswahl an Getränken und Snacks zu entdecken. Also: Wirf deine Vorurteile über Bord und schicke deine Geschmacksknospen auf ein Abenteuer.

Schätze des Meeres

Wenn deine Erfahrung sich auf Thunfisch- und Lachsscheiben oder auf Garnelen mit Sushi-Reis beschränkt, erwarte eine Überraschung. Beim Schlendern über die Meeresfrüchte-Märkte von Tokio (S. 66 & S. 119), Hakodate (S. 523) und Shimonoseki (S. 432) versteht man erst, zu welch einer enormen Vielfalt die Köchinnen und Köche Japans

Beste japanische Gerichte

KATSU-DON
Frittiertes Schweineschnitzel auf Reis.

OKONOMIYAKI
Ein dicker, herzhafter Pfannkuchen, gefüllt mit was auch immer du willst.

RAMEN
Eine Schale gekräuselter Eiernudeln in Brühe mit Toppings.

SHABU SHABU
In Brühe gekochte Schweine- oder Rinderstreifen mit Gemüse und Tofu.

Zugang haben: *Kani* (Krabben), *tako* (Oktopus), *ika* (Tintenfisch) und *uni* (Seeigel) sind nur ein paar Beispiele. Auf dem Hirome Ichiba (S. 597) in Kōchi sollte man sich auf keinen Fall *katsuo-no-tataki* (Dörrthunfisch) entgehen lassen, während am Inlandseehafen Tomo-no-ura *taimeshi* (gegrillte Dorade auf Reis) probiert werden muss.

Dank der kälteren Strömung rund um Hokkaidō ist die Insel ein Meeresfrüchteparadies. Die süßesten Krabben, die du je essen wirst, werden hier gefangen und zubereitet.

Nudeln noch und nöcher

Eine klassische Schale Ramen besteht aus welligen Eiernudeln in Brühe, dazu Toppings wie *chāshū* (gebratenes Schweinefleisch in Streifen), *moyashi* (Sojasprossen) und *menma* (fermentierte Bambussprossen). Variationen gibt's allerdings zuhauf: Von dünneren Nudeln in Brühe mit Sojageschmack, die der Küche Asahikawas entspringen, bis zu den berühmten Hakata-Ramen (S. 616) aus Fukuoka, die in einer deftigen Schweineknochenbrühe schwimmen.

Fans von *soba* (Buchweizennudeln) schwören auf die Spezialität aus der Präfektur Nagano, wo man sie *shinshū soba* nennt, nach dem ehemaligen Namen der Region. Ganz anders sehen das Menschen aus Morioka, wo *wanko-soba*, eine von drei Arten der *sandaimen*-Nudeln, als Standard gelten. Die hauchdünnen Weizennudeln *sōmen* haben sowohl in Shōdo-shima als auch in Matsuyama Tradition, während Takamatsu (S. 575) für *sanuki-udon* bekannt ist – Nudeln, die etwas dicker sind als andere Sorten.

Chāshū-Ramen

Ein Fest für Fleisch

Das geradezu auf der Zunge zergehende japanische Rindfleisch *wagyū* hat längst

KULINARISCHE FESTIVALS

BeerFes Tokio (beerfes.jp; Juni) Das größte Craftbierfest Japans, abgehalten am Yebisu-Gartenplatz. Weitere Feste gibt's in Nagoya, Osaka und Yokahama.

Furusato Matsuri Tokyo (Januar) Genieße Festivalgerichte aus ganz Japan auf diesem kulinarischen Spektakel beim Tokyo Dome.

Austernfestival Miyajima (Februar; siehe Bild) Schlürfe ein paar frische Austern auf dieser Insel in der Bucht von Hiroshima.

Ramen Expo (ramen-expo.com; Dezember) Knapp 50 Ramen-Macher aus ganz Japan kommen an allen Dezemberwochenenden im Banpaku-kōen (Expo-Park) in Osaka zusammen.

Saijō Sake Matsuri (sakematsuri.com; Oktober) Bis zu 200 000 Gäste strömen zu diesem *nihonshu*-Fest in die Präfektur Hiroshima.

Herbstfestival Sapporo (September) Koste Speisen und Getränke aus ganz Hokkaidō entlang des Ōdōri-Parks in Sapporo.

SOBA	SUSHI	TEMPURA	YAKITORI	KARE RAISU
Buchweizen-nudeln, am besten kalt zu genießen.	Meeresfrüchten oder andere Zutaten auf mit Essig aromatisiertem Reis.	Leicht panierte Meeresfrüchte und Gemüse, frittiert in Sesamöl.	Spieße mit gebratenem Hühnchen, anderem Fleisch und Gemüse.	Das „Curry" in diesem Wohlfühl-Reisgericht ist mild gewürzte Soße.

Kultstatus. Am berühmtesten ist das Kōbe-Fleisch (S. 324), es gibt aber auch andere erstklassige Arten von *wagyū*, darunter Matsuzaka aus der Präfektur Mie und Hida aus Gifa. In Takayama (S. 204) wird Hida-Rindfleisch an der Seite der köstlichen *hōba miso* serviert, scharfe Misopaste mit einer Soße aus gegrilltem Gemüse, die mit einem Magnolienblatt garniert auf einem kleinen Tischgrill erhitzt wird.

Nagoya ist bekannt für sein saftiges *kochin*-Hühnchen, das man in den *yakitori*-Bars in der Stadt oder als *tebasaki* (scharfe, frittierte Chicken Wings) genießen sollte. Auch *tsukune* (Hühnchenhackbällchen am Spieß) oder *kara-age*, also Hühnchen in Sojasoße mariniert, in Kartoffelstärke paniert und dann frittiert, sind leckere Gerichte mit Hühnerfleisch. Nakatsu in Kyūshū gilt als bester Ort in Japan für letzteres Gericht.

Doch die Fleischart, die in der japanischen Küche außer Konkurrenz steht, ist Schweinefleisch. Es gehört zu den lokalen Küchen von Okinawa, Kyūshū und Kantō. Die bekannteste Speise mit Schweinefleisch ist *tonkatsu*, frittiertes Schnitzel, das mit Kraut, Reis und Misosuppe serviert wird. Man sagt, das beste *tonkatsu* besteht aus Kurobuta, dem Fleisch des schwarzen Berkshire-Schweins aus Kagoshima.

Kaiseki

Als Höhepunkt der japanischen Küche gilt *kaiseki*, ein Bankett, bei dem Zutaten, Zubereitung und Präsentation gemeinsam auf eine nahezu rituelle Weise zu einem ästhetischen, gehobenen Dinnererlebnis verschmelzen. Es geht um die perfekte Frische, da alle Zutaten nur zur Saison die Klimax ihres Geschmackes erreichen. Die Gewürze sind lediglich dazu da, um die Aromen nochmals fein hervorzuheben. Selbst die Tischdekorationen und Garnierungen unterstützen die Aussagekraft der Zutaten und untermalen die Frische sowie die Saisonalität.

Beim *kaiseki* werden mehrere kleine Gänge gereicht. Dazu gehören ein Appetizer, *sashimi* (roher Fisch), manchmal auch gedünstet oder gegrillt, Suppe, eingelegtes Gemüse, Reis und ein simples Dessert. Insbesondere Kyoto und Kanazawa sind für ihre *kaiseki*-Kultur bekannt.

Vegetarisch & Vegan

Als das Heimatland von Tofu und Miso und makrobiotischer Ernährung sollte man meinen, Japan sei ein Selbstläufer für Vegetarier:innen und Veganer:innen. Obwohl es für sie zwar tendenziell einfacher wird, werden in den meisten Gerichten dennoch Tierprodukte verwendet. So ist z. B. der Thunfischsud *dashi* eine Hauptzutat in Misosuppe.

Restaurants, die nur vegetarische oder vegane Speisen anbieten, werden dennoch häufiger – halte einfach Ausschau nach dem offiziellen Sticker der Japan Vegan Society (vegan.or.jp) oder der Japan Vegetarian Association (jpvs.org).

AUF DEN SPUREN DES TEES

Tee wurde im 9. Jh. von China aus in Japan eingeführt und zuerst von Zen-Mönchen geschätzt, die mit seiner Hilfe während langen Meditationssitzungen konzentriert blieben. Ab hier verwandelte sich das Teetrinken in ein Ritual, das als *chanoyu* (heißes Wasser für Tee) bekannt ist.

Bei der Zeremonie geht's um mehr als nur das Heißgetränk. Da gibt's die rustikale, naturalistische Architektur der Teehäuser mit ihren hölzernen Oberflächen, Tatami-Matten und ihren gepflegten Gärten. Die Dekorationen sind oft begrenzt auf ein saisonales Blumengebinde und eine hängende Schriftrolle im *tokonoma* (Alkoven). Das Besteck, mit dem der Tee zubereitet wird, und die Schale, in der er serviert wird, sind sorgfältig ausgewählt, um die Stimmung zu erheitern und die Sinne zu stimulieren.

Bei dem Tee handelt es sich um *matcha* (grüner Tee in Pulverform), der zu einem schaumigen Gebräu geschlagen wird. Traditionell dreht man die Tasse vor dem Genuss dreimal im Uhrzeigersinn, um seine Wertschätzung zu zeigen. Trinke den Tee in kleinen Schlücken und koste immer wieder von den *wagashi* (Süßwaren), die das Gegenstück zu der Bitterkeit des *matcha* bilden.

Lokale Spezialitäten

Streetfood & Snacks

Curry-Pfanne Frittiertes Fettgebäck mit süßlicher, japanischer Curry-Soße.

Senbei Reiscracker in verschiedenen Formen und Größen, glasiert in einer Soja- und Mirin-Soße.

Tako-yaki Frittierte Teigbällchen, gefüllt mit Oktopusstücken und bestrichen mit einer süßlich-herzhaften Soße.

Yuba-chiizu Frittierter Tofu und Käse, am Spieß serviert.

Yaki-soba Klassische Pfannennudeln, mit oder ohne Fleisch. Typisch für *matsuri yatai* (Essensstände auf Festivals).

Süßspeisen

Castella Dieser reichhaltige Biskuitkuchen ist eine Spezialität Nagasakis, wo er im 16. Jh. von portugiesischen Händlern eingeführt wurde.

Dorayaki *Anko* (rote Bohnenpaste) ist die Füllung für dieses „Pfannkuchen-Sandwich".

Mitarashi dango Reisdumplings, immer fünf am Spieß, mit einer süß-salzigen Sojasoße glasiert.

Taiyaki Pfannkuchenteig in Fischform gebacken, in der Mitte gefüllt mit *anko*, Pudding, Schokolade etc.

Inago-no-tsukudani

Warabi-mochi Klößchen aus Fischstärke, bemehlt mit *kinako* (süßes Sojabohnenmehl).

Experimentierfreudig?

Inago-no-tsukudani Heuschrecken oder Grashüpfer, in Sojasoße und Zucker kandiert. Eine Spezialität in Nagano.

Mimigā Gekochte oder eingelegte Schweineohren aus Okinawa.

Nattō Teilweise fermentierte Sojabohnen. Sie sind zäh, schleimig und stinken etwas. Zum Frühstück mit Reis gereicht.

Shiokara Stückchen von Meeresfrüchten in eigenen Innereien fermentiert: ein sehr spezieller, sehr salziger Geschmack.

Shirako Milchige, weiße Samenflüssigkeit des Kabeljaus oder *fugu* (Kugelfisch), mit Sushi oder in *izakaya* (Bars) serviert.

GESCHMACKSERLEBNISSE

Ginza Iwa (S. 68) Sushi in Tokio, das Geldbeutel und Garderobe schont.

Hakodate asa-ichi (S. 523) Meeresfrüchte auf Reis zum Frühstück auf diesem belebten Markt.

Kisetsu Ryōri Nakashima (S. 386) Exquisite *kaiseki ryōri* in diesem Restaurant in Hiroshima.

Sakurajaya (S. 205) Eine *izakaya*-Kneipe, die kreatives Essen serviert, zubereitet vor deinen Augen.

Steak House Ichigo (S. 574) Gönn dir das köstliche „Olivenrindfleisch" in Takamatsu, von Rindern, die mit Oliventrester gefüttert werden.

Takamori Dengaku no Sato (S. 655) Gegrillte Leckerbissen mit Soja, Sesam, Miso in Kurokawa-Onsen.

Yudofu Sagano (S. 293) Genieße Tofu in einem ehemaligen *ryokan* mit herrlichem Garten.

SAISONALE KÜCHE

FRÜHLING

Tai (Meerbrassen) sind genauso wie *takenoko* (Bambussprossen) und *sansei* (Berggemüse) im Frühling am besten. Schau dich in der Kirschblütensaison nach *sakura-mochi* um: pinke Reiskuchen, gewickelt in eingelegte Kirschblätter.

SOMMER

Genieße leichte und erfrischende Kost wie *reimen* (kalte Ramen) und *zaru-soba* (kalte Buchweizennudeln). Als Dessert gibt's Wassermelone und *kakigōri* (Speiseeis mit buntem Sirup).

HERBST

Probiere *shinmai*, den ersten Reis der Erntesaison, sowie die fleischigen *matsutake*-Pilze, die herbe Kaki, Ginkgo-Nüsse und *kuri* (Kastanien), geröstet und serviert mit Reis oder als *manjū*.

WINTER

Im Winter sind wärmende Gerichte wie *nabe* (heißer Eintopf) und *oden* mit deftigem Wurzelgemüse der Schlüssel zum Glück. Auch für den Kugelfisch *fugu* und Zitrusfrüchte ist jetzt die beste Zeit.

ANTB/SHUTTERSTOCK ©

Niseko (S. 514), Hokkaidō

OUTDOOR-ERLEBNISSE

Du dachtest, Japan biete nichts als Großstädte, Neonlichter und Animes? Von wegen! Mit seinen felsigen Küsten, Stränden und schneebedeckten Bergen ist das Land ein Paradies für Outdoor-Fans.

Von der Wildnis zwischen den vulkanischen Hügeln Hokkaidōs im Norden bis zum tropischen Dschungel und der warmen Strömung Okinawas im Süden erstreckt sich Japan über 20 Breitengrade. Damit hat die lange Insel ein vielseitigeres Klima als fast alle anderen Staaten Asiens! Zu jeder Saison gibt's etwas zu erleben, egal ob man in den wärmeren Monaten den Wanderwegen zu den Gipfeln des Landes folgt oder im Winter den pulvrigen Schnee hinuntersaust, der Japan zum Ziel von Wintersportbegeisterten aus aller Welt macht.

Wandern

Japan ist durch seine Lage am Pazifischen Feuerring eine der geologisch aktivsten Regionen der Welt. Das sieht man allein an den hohen Bergen, Vulkanen, Erdbeben und Thermalquellen. Der Fuji ist 3776 m hoch, und 21 weitere Gipfel erreichen die 3000-Meter-Marke. Niedriger gelegene Wanderwege sind ebenso wie die Routen im Süden ganzjährig begehbar. Bei höheren Gipfeln, etwa denen in den Alpen und auf Hokkaidō, dauert die Saison von Juli bis Oktober. Die offizielle Kletterzeit am Fuji ist vom 1. Juli bis Mitte September. In Berghütten sind Verpflegung und Bettwäsche meist im Preis enthalten, man kann mehrtägige Touren also getrost mit wenig Ausrüstung antreten. Es gibt auch viele Campingplätze entlang der Wege, dann muss man aber natürlich die ganze Ausrüstung mitschleppen. Weitere Tipps findest du auf hikesinjapan.yamakei-online.com.

Outdoor-Aktivitäten

RAFTING
Paddele durch die Schluchten und oberen Abschnitte des **Yoshino** (S. 594) in der Präfektur Tokushima auf Shikoku.

KAJAKFAHREN
Erkunde die felsige Küste der **Oki-Inseln** (S. 409) im Kajak vor der Nordküste des westlichen Honshū.

CAMPING
An einem hübschen Platz im **Akan-Mashū-Nationalpark** (S. 555) im östlichen Hokkaidō ist Platz für dein Zelt.

FAMILIENABENTEUER

Mit der ganzen Familie auf Skiern oder Snowboards im familienfreundlichen **Furano Skiresort** (S. 532), wo Kinder unter zwölf umsonst fahren.

Auf nach Kamikōchi (S. 234) am Fuße der Nordalpen für eine Talwanderung in diesem spektakulären Berggebiet.

Mit der Fähre von Naha aus zu den weißen Sandstränden von **Zamami-jima** (S. 698), wo ein Schnorchelabentuer mit kunterbunten Fischen wartet.

Erkundet das entlegene **Iya-Tal** (S. 591) auf Shikoku und überquert den Fluss auf den *kazura-bashi*-Brücken.

Buddelt euch bis zum Hals in den warmen Sand am Strand in **Ibusuki** (S. 670) ein, der Sand-Onsen von Kyūshū.

Mietet Fahrräder am **Tōya-ko** (S. 518) auf Hokkaidō und radelt die 36 km lange Strecke um den fast perfekt kreisrunden Kratersee.

Skifahren & Snowboarden

Mit über 450 Skigebieten und hervorragendem Pulverschnee hat Japan sich einen guten Ruf in der Welt des Wintersports gemacht. Die Saison geht in der Regel im Dezember los, die Konditionen variieren allerdings stark bis zur Hochsaison im Januar und Februar. Im März wird es langsam wärmer und das Ende der Saison im April wird spürbar. Auf der Seite des Japanischen Meeres fällt generell mehr Schnee als auf der Gegenseite der Bergketten. Und selbstverständlich wird es auch mehr, je nördlicher man ist. Unglaublich, aber wahr, in Niseko auf Hokkaidō fallen jährlich 15 m Schnee! Liftpässe und Unterkünfte sind erstaunlich preiswert, während der japanischen Schulferien jedoch teurer. Ausrüstung ist in Japan einfach erhältlich. Mehr Tipps gibt's auf snowjapan.com.

BESTE ORTE

Die besten Orte und Routen findest du auf der Karte auf S. 50.

Mietfahrräder, Nagoya (S. 184)

Radfahren

An den endlosen Fahrradständer-Reihen nahe der Bahnstationen erkennt man, dass Radfahren für die meisten hier eher eine Art der Fortbewegung als eine Freizeitbeschäftigung ist, jedoch gibt's eine wachsende Community, die sich dem Radsport widmet. Radverleihe findet man nahe Bahnhöfen und in Touristengegenden, viele bieten auch E-Bikes an. Oft kann man Räder pro Stunde oder auch pro Tag mieten. Besonders in weniger dicht besiedelten Gegenden wie Hokkaidō werden mehrtägige Radtouren populärer. Schau dir auch den hervorragenden Hokkaidō Cycling Tourism Guide im Internet an. Die JNTO führt ebenfalls eine Liste empfohlener Radtouren auf ihrer Website. Denk aber daran, dass Straßen eng sein können und es nicht immer einen Seitenstreifen gibt. Das Terrain kann hügelig sein und es gibt viele Tunnel. Man kann in zwei bis drei Wochen um die 88 Heiligen Tempel der Shikoku-Wallfahrt (S. 568) radeln.

SURFEN
Stürze dich auf dem Surfbrett oder Bodyboard in die Wellen vor der **Nichinan-Küste** (S. 661) in der Präfektur Miyazaki auf Kyūshū.

TAUCHEN
Tauche ein in die Unterwasserwelt vor den **Yaeyama-Inseln** (S. 708) im Süden der Präfektur Okinawa.

SCHNORCHELN
Schwimme im kristallklaren Wasser rund um **Shimoda** (S. 162) auf der Izu-Halbinsel südwestlich von Tokio.

VOGELBEOBACHTUNG
Entdecke den *tanchō-zuru* (Mandschurenkranich) im **Kushiro-Shitsugen-Nationalpark** (S. 561) auf Hokkaidō.

ACTION AREAS

Die besten Outdoor-Erlebnisse in Japan.

Radfahren

1. Rishiri-tō (S. 545), Hokkaidō
2. Biei-Patchwork-Road-Tour (S. 534), Hokkaidō
3. Tōya-ko (S. 518), Hokkaidō
4. Tazawa-ko (S. 463), Tōhoku
5. Yamanaka-ko (S. 135), Fuji
6. Kibi-Ebene (S. 401), West-Honshū
7. Shimanami Kaidō (S. 392), Westl-Honshū

Siehe Detailkarte Südwestinseln

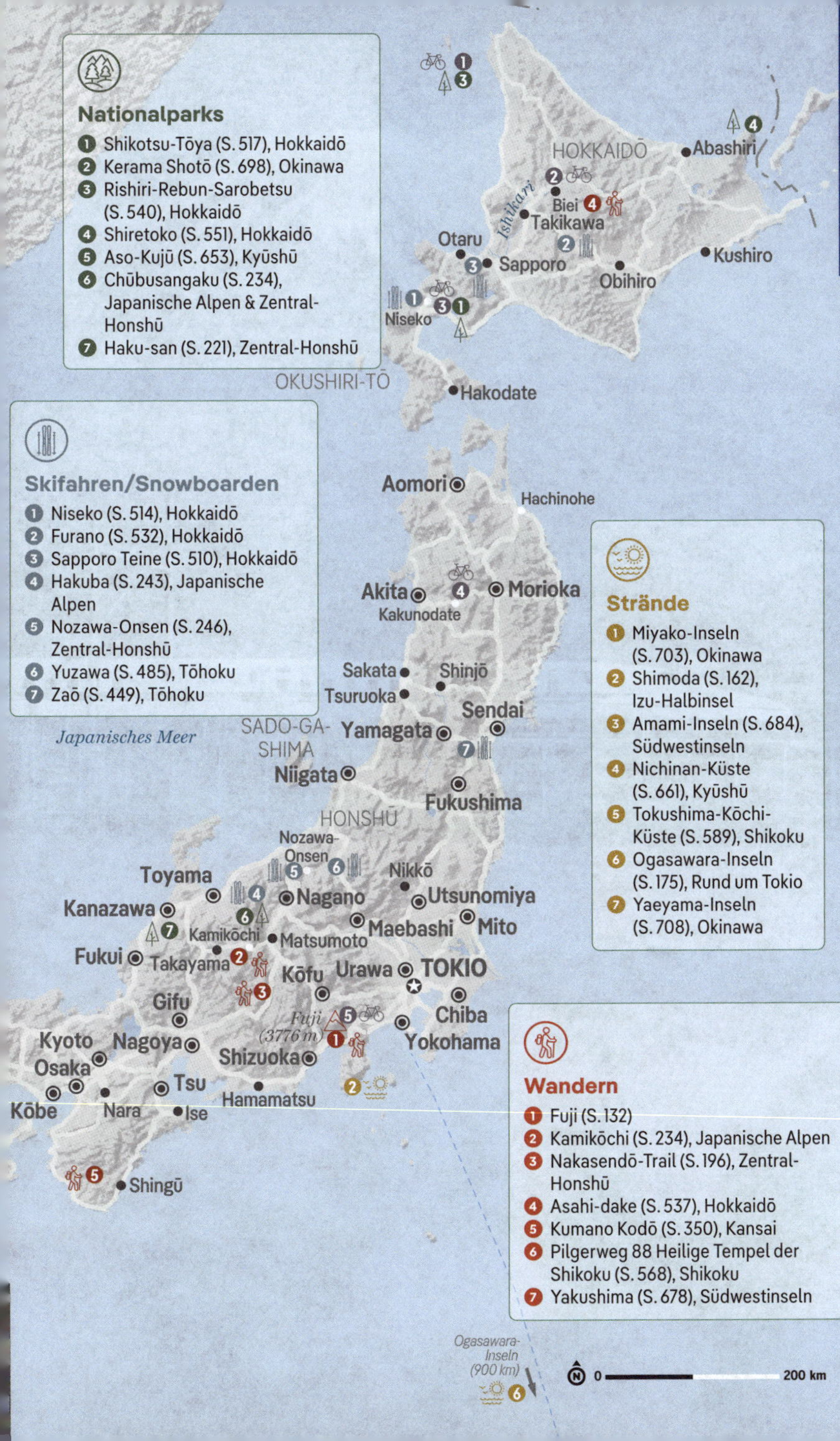

Nationalparks
1 Shikotsu-Tōya (S. 517), Hokkaidō
2 Kerama Shotō (S. 698), Okinawa
3 Rishiri-Rebun-Sarobetsu (S. 540), Hokkaidō
4 Shiretoko (S. 551), Hokkaidō
5 Aso-Kujū (S. 653), Kyūshū
6 Chūbusangaku (S. 234), Japanische Alpen & Zentral-Honshū
7 Haku-san (S. 221), Zentral-Honshū
Skifahren/Snowboarden
1 Niseko (S. 514), Hokkaidō
2 Furano (S. 532), Hokkaidō
3 Sapporo Teine (S. 510), Hokkaidō
4 Hakuba (S. 243), Japanische Alpen
5 Nozawa-Onsen (S. 246), Zentral-Honshū
6 Yuzawa (S. 485), Tōhoku
7 Zaō (S. 449), Tōhoku
Strände
1 Miyako-Inseln (S. 703), Okinawa
2 Shimoda (S. 162), Izu-Halbinsel
3 Amami-Inseln (S. 684), Südwestinseln
4 Nichinan-Küste (S. 661), Kyūshū
5 Tokushima-Kōchi-Küste (S. 589), Shikoku
6 Ogasawara-Inseln (S. 175), Rund um Tokio
7 Yaeyama-Inseln (S. 708), Okinawa
Wandern
1 Fuji (S. 132)
2 Kamikōchi (S. 234), Japanische Alpen
3 Nakasendō-Trail (S. 196), Zentral-Honshū
4 Asahi-dake (S. 537), Hokkaidō
5 Kumano Kodō (S. 350), Kansai
6 Pilgerweg 88 Heilige Tempel der Shikoku (S. 568), Shikoku
7 Yakushima (S. 678), Südwestinseln
HOKKAIDŌ
Abashiri
Ishikari
Biei
Takikawa
Otaru
Sapporo
Obihiro
Kushiro
Niseko
OKUSHIRI-TŌ
Hakodate
Aomori
Hachinohe
Akita
Morioka
Kakunodate
Sakata
Shinjō
Tsuruoka
Sendai
SADO-GA-SHIMA
Yamagata
Japanisches Meer
Niigata
Fukushima
HONSHŪ
Nozawa-Onsen
Toyama
Nikkō
Kanazawa
Nagano
Utsunomiya
Maebashi
Mito
Kamikōchi
Matsumoto
Fukui
Takayama
Kōfu
Urawa
TOKIO
Gifu
Fuji (3776 m)
Chiba
Kyoto
Nagoya
Yokohama
Osaka
Shizuoka
Tsu
Kōbe
Nara
Ise
Hamamatsu
Shingū
Ogasawara-Inseln (900 km)
0
200 km

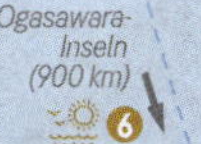

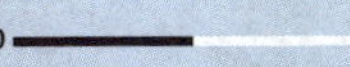

REISEZIELE

In jeder Region starten wir mit dem perfekten Standort, um die Umgebung zu erkunden. Entdecke einzigartige Erlebnisse, Tipps unserer Autor:innen und Expert:innen, Hintergründe und Empfehlungen.

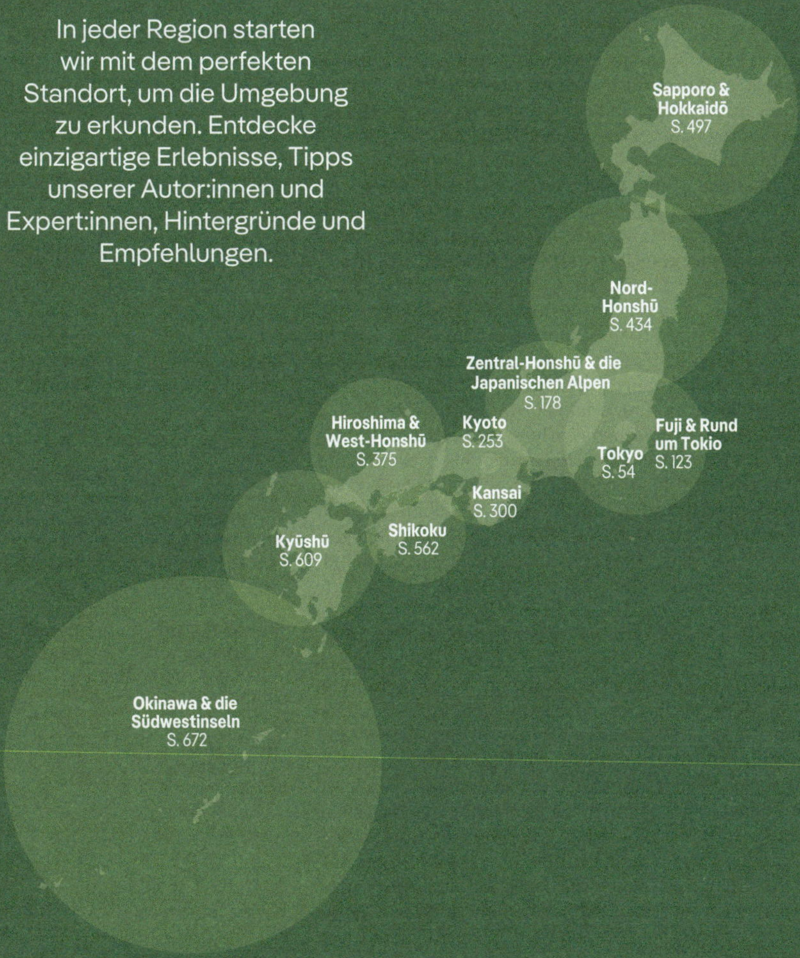

Shinkansen (Hochgeschwindigkeitszug) und der Fuji (S. 128)

BLANSCAPE/SHUTTERSTOCK ©

TOKIO

Moderne Spielwiese für Entdeckungsreisen

Die faszinierende Stadt mit großer Tradition und modernen Innovationen lockt Reisende mit Abenteuer- und Entdeckergeist.

Tokio übt einen unverkennbaren Reiz aus. Der dichte urbane Koloss verspricht endlose Entdeckungstouren und ist mit unzähligen spannenden Ecken eine Herausforderung für Reisende und Abenteuerlustige. Gerade wenn du glaubst, alles gesehen zu haben, schafft es die Stadt, dich wieder in ihren Bann zu ziehen.

In einem Moment schweift der Blick über ein Meer aus Neonlichtern, im nächsten entdeckt man im Trubel einen ruhigen, einfachen Schrein. Tokio ist eine Stadt der Gegensätze und interessanten Kontraste, in der Moderne und Tradition keinen Widerspruch darstellen, ein Fest für die Sinne mit Inseln der Ruhe.

Bevor es zu einer der am dichtesten besiedelten Metropolen der Welt wurde, nannte Tokio sich Edo. Die für ihre Isoliertheit bekannte Stadt wurde 1603 vom Tokugawa-Shogunat gegründet und war bis 1853 keinerlei ausländischen Einflüssen ausgesetzt. Allmählich ersetzten Wolkenkratzer die strohgedeckten Langhäuser, und Tokio musste immer wieder aufgrund von Erdbeben, Bränden und Kriegen aufgebaut werden, dennoch ist der Geist von Edo noch immer allgegenwärtig, sei es in Designelementen moderner Gebäude oder in traditionellem Kunsthandwerk.

Der moderne Alltag verläuft hingegen in rasantem Tempo. An einem gewöhnlichen Morgen unter der Woche (oder am späten Freitagabend) verwandelt sich ein Bahnhof in ein irrwitziges Durcheinander von Menschenhorden, die vom Gleis in den Zug gefegt werden, piepsenden Drehkreuzen und *konbini*-(Minimarkt-)Kassen sowie einer undurchdringlichen Wand aus Pendelnden. In einer so dynamischen Stadt muss natürlich alles ultrapraktisch und megaeffizient sein. All dies macht ebenso den Reiz der Stadt aus.

Jedes Viertel gibt Einblicke in die vielen unterschiedlichen Facetten der Stadt. Einfach die Tempel ansteuern, die interessant aussehen, mit Fremden in einer Bar sprechen, die Stadt aufsaugen und jede Gasse erkunden – Tokio ist ein sicherer Ort. So wie Fashionistas und Anime-verrückte *otaku* (Nerds) ihr Stück Tokio gefunden haben, können es auch alle Reisenden tun.

— DIE WICHTIGSTEN ZIELE —

Shibuya-Kreuzung (S. 76)

Erste Orientierung

Im dicht besiedelten Tokio kann die Orientierung eine Herausforderung sein. Das Zugsystem zu verstehen und aus den labyrinthartigen Bahnhöfen herauszufinden, ist für manche der schwierigste Part. Sich auf der Straße zurechtzufinden, ist hingegen ein Kinderspiel.

Shinjuku & Nordwest-Tokio
S. 93

West-Tokio & Umgebung
S. 87

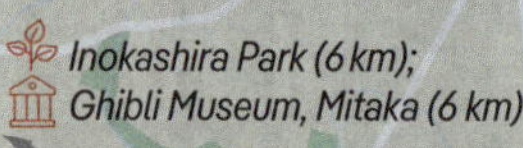

Harajuku & Aoyama
S. 82

Shibuya & Shimo-Kitazawa
S. 76

Ebisu, Meguro & Umgebung
S. 71

Gartenpalast Yebisu

ZU FUSS

Am besten entdeckt man die Stadt wie die meisten Einheimischen: zu Fuß. Wichtig sind bequeme Schuhe, da man viel läuft (und Schlange steht). Für die Erkundung der schmalen Gassen sollte man genügend Zeit einplanen.

ZUG & U-BAHN

Es gibt kein Ziel in der Stadt, das man mit einer Kombination aus Zug und Metro nicht erreicht. Google Maps informiert über aktuelle Verbindungen und eventuelle Verspätungen. Zug und U-Bahn fahren etwa von 4 Uhr bis Mitternacht.

TAXI

Taxis sind eine gute Option für Mobilitätseingeschränkte oder wenn man den letzten Zug zur Unterkunft verpasst hat. Größere Taxis (JPN Taxi genannt) sind geräumig und rollstuhlgerecht. Alle Taxis haben Taxameter mit Preisen ab 470 ¥ für den ersten Kilometer.

VOM/ZUM FLUGHAFEN

Zwei große Flughäfen bedienen Tokio: Haneda und Narita. Haneda ist dem Zentrum am nächsten und liegt eine knappe 20-minütige Fahrt vom Bahnhof Shinagawa entfernt. Narita hingegen erfordert eine rund 1½-stündige Busfahrt oder 40 bis 60 Minuten mit dem Zug.

Ueno & Yanesen
S. 104

National-museum Tokio

Sensō-ji

Asakusa & Sumida-Fluss
S. 110

Tokyo Dome

Koishikawa Kōrakuen

Kōrakuen & Akihabara
S. 98

Kanda-gawa

Ryōgoku Kokugikan

National Museum of Modern Art (MOMAT)

Marunouchi & Nihombashi
S. 60

Bahnhof Tokio

Sumida-gawa

Kabukiza

Ginza & Tsukiji
S. 65

Hama-Rikyū-Gärten

Odaiba & Bucht von Tokio
S. 117

Bucht von Tokio

0 — 2 km

Perfekte Tage

Das schnelle Tempo Tokios ist eine Erfahrung für sich – schnapp dir ein *onigiri* (Reisbällchen) zum Mitnehmen und starte die Entdeckungstour – es gibt so viel zu sehen!

YAO23/SHUTTERSTOCK ©

Tokyo Skytree (S. 115)

Tag 1

Morgens

● Erste Station ist der **Sensō-ji** (S. 112). Beim großen Kannon-do zollst du deinen Respekt und ziehst ein *omikuji* (Glückslos). Dann erkundest du mit einer Rikscha und einem lokalen Guide das Viertel.

Mittags

● In **Kuramae** (S. 114) gibt's tolle Schreibwaren bei **Kakimori** (S. 114). Schnapp dir eine süße Leckerei bei **Dandelion Chocolate** (S. 115) und Kaffeebohnen bei **Coffee Wrights** (S. 115).

Abends

● Zur Dämmerung genießt du vom **Tokyo Skytree** (S. 115) den Blick über die Stadt. Vom **Oshinari-Park** (S. 116) wiederum siehst du den beleuchteten Tokyo Skytree vor dem Abendhimmel.

... nicht verpassen

Ob Museen, japanische Kultur, leckeres Essen oder Partynächte – mal sehen, wie weit die Füße tragen!

TOKIOS NACHTLEBEN

Golden Gai (S. 96) birgt winzige Bars, und beim Karaoke in **Kabukichō** (S. 97) kann man bis zum Morgen singen.

MUSEUMSTOUR

Ob Kunst, Geschichte oder Naturwissenschaften, in **Ueno** (S. 104) gibt's Museen für jeden Geschmack.

GOURMET-SUSHI

Ginza (S. 68) lockt mit exquisitem Sushi nach *omakase*-Art, bei dem die Auswahl Chefsache ist.

VON LINKS: JONATHAN STOKES/LONELY PLANET ©, NONNAKRIT/SHUTTERSTOCK ©, PICTURESQUE JAPAN/SHUTTERSTOCK ©

Tag 2

Morgens

● Mach zuerst einen Spaziergang durch die idyllische, wunderschöne Anlage des **Meiji-jingū** (S. 83), genieße dann die Natur im **Yoyogi-Park** (S. 83) und eine Kaffeepause beim **Little Nap Coffee Stand** (S. 84).

Mittags

● Nach der **Design Festa Gallery** (S. 86) und dem **Space Banksia** (S. 86) in den Nebenstraßen von Harajuku gibt's noch mehr Kunst im dynamischen **Nezu-Museum** (S. 83) oder im **Taro-Okamoto-Gedenkmuseum** (S. 85).

Abends

● Der Tag endet mit Cocktails und Musik im **Live Haus** (S. 80) in Shimo-Kitazawa oder mit einer Partynacht im Club **Womb** (S. 79) in Shibuya.

Tag 3

Morgens

● Der Morgen startet mit einer **Führung durch den Kaiserpalast** (S. 63). Danach lockt der **Östliche Garten** (S. 63) – wenn geöffnet – zum Bummeln um die Ruinen der früheren Edo-Burg.

Mittags

● Stöbere in den Regalen mit alten Büchern im Viertel **Jimbōchō** (S. 103), das bekannt für seine Secondhandbuchläden ist, und gehe danach zu einem *kissaten* (Tee-/Kaffeestube).

Abends

● In Tokios *otaku*-Paradies lockt das **Akihabara Radio Kaikan** (S. 101) mit riesigem Anime- und Freizeitsortiment, danach prüfst du die Manga-Auswahl im **Animate Cafe** (S. 97). Nach Stopps in **Arkaden** (S. 101) geht's auf einen Drink in die **Game Bar A-Button** (S. 103).

YOKOCHŌ-SNACKS

Spieße und kaltes Bier warten in den *yokochō* (schmalen Nebenstraßen) in **Ueno** (S. 106), **Ebisu** (S. 74) und **Shinjuku** (S. 96).

KURZE WANDERUNG

Bewegung und frische Luft bietet eine Wanderung westlich der Stadt auf den **Takao** (S. 92).

SUMŌRINGEN

Japans Nationalsport Sumō gibt's im Januar, Mai und September in der Sporthalle **Ryōgoku Kokugikan** (S. 111).

SPASS MUSS SEIN

Für Junge und Junggebliebene bieten die Unterhaltungskomplexe in **Odaiba** (S. 120) einen ereignisreichen Tag.

FORNSTUDIO/SHUTTERSTOCK ©, Q2PHOTOSS/SHUTTERSTOCK ©, J. HENNING BUCHHOLZ/SHUTTERSTOCK ©, NNAYNE/SHUTTERSTOCK ©

MARUNOUCHI & NIHOMBASHI

GESCHÄFTSVIERTEL MIT BEKANNTEN HISTORISCHEN BAUTEN

In der Mitte der Nihombashi-Brücke steht ein Null-Kilometer-Stein, von dem alle Entfernungen in Tokio gemessen werden. Hier begannen viele Straßen nach und ab Edo (dem heutigen Tokio). Die im 17. Jh. erbaute Brücke war ein wichtiges Wahrzeichen des Landes und machte aus Nihombashi ein florierendes Viertel sowie ein Handels- und Kunstzentrum. Viele historische Geschäfte und Restaurants in Nihombashi verkörpern weiterhin die charakteristische traditionelle Eleganz, während neue Bauten für frischen Wind sorgen.

Im Viertel Marunouchi befindet sich das Herz der Stadt, der Bahnhof Tokio. Jeden Tag herrscht in dem Pendlerbahnhof, den viele Büroangestellte nutzen, große Betriebsamkeit, zudem machen hier sämtliche Reisende aus dem restlichen Land Station. Der Kaiserpalast befindet sich ebenfalls in dem Viertel. Er entstand auf dem jahrhundertealten Fundament der früheren Burg Edo.

TOP TIPP

Der Kaiserpalast (皇居) hat mehrere Eingänge, wobei Kikyō-mon der Startpunkt der Führung ist. Zum Östlichen Garten führen die drei Eingänge Ōte-mon, Hirakawa-mon und Kitahanebashi-mon; Ōte-mon ist vom Bahnhof Tokio am besten zugänglich. Alle Eingänge sind auf Google Maps vermerkt.

HIGHLIGHTS
1 Nationalmuseum für moderne Kunst
2 Bahnhof Tokio

SEHENSWERTES
3 Kaiserpalast
4 Östlicher Garten des Kaiserpalastes
5 Kyūden
6 Nihombashi-Brücke
7 Nijūbashi

SCHLAFEN
8 Hoshinoya Tokio
9 Mitsui Garden Hotel Nihonbashi Premier
10 Tokio Station Hotel

ESSEN
11 Antica Osteria Del Ponte
12 est
13 Grill Ukai Marunouchi

SHOPPEN
14 Cohana
15 Coredo Muromachi
16 First Avenue Tokio Station
17 Hario Lampwork Factory
18 Nakagawa Masashichi
19 Nihombashi Mitsukoshi Main Store
20 Ozu Washi

Winterliche Beleuchtung in Marunouchi

ILLUMINIERTE STADT

Das Highlight in der Vorweihnachtszeit ist die glitzernde Winterbeleuchtung in ganz Tokio, die in Marunouchi besonders schön ist. Von November bis Mitte Februar tauchen Tausende Lichterketten in den Bäumen vor dem Bahnhof Tokio die Stadt in ein warmes, heimeliges Licht. Die Kulisse ist ideal für einen romantischen Spaziergang. Wenn man friert, lohnt der Weihnachtsschmuck in den Kaufhäusern der Gegend ebenfalls einen Blick.

Weihnachtsbeleuchtung, Bahnhof Tokio

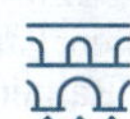

Nihombashi-Brücke

Nihombashi-Brücke

TOR NACH EDO

Die 1603 gebaute Holzbrücke, die dem Nihombashi-Viertel seinen Namen gab, steht hier seit über 400 Jahren in verschiedenen Versionen. Die heutige aus Stein wurde 1911 in der Meiji-Zeit errichtet und wird von Löwen und Drachen aus Bronze flankiert. Das Original diente als Ausgangspunkt für fünf wichtige Straßen, die Edo mit anderen Landesteilen verbanden. Noch heute werden alle Entfernungen in Tokio von hier aus gemessen. Die oberhalb verlaufende Schnellstraße verdeckt teils den Blick auf die Brücke, soll jedoch bis 2041 entfernt sein.

Nationalmuseum für moderne Kunst

MODERNE KUNST IN PALASTNÄHE

Seit seiner Gründung 1952 trug Japans erstes Nationalmuseum für moderne Kunst (MOMAT) eine riesige Sammlung mit 13000 Werken japanischer und internationaler Kunstschaffender vom 19. Jh. bis heute zusammen. Alle zwei bis drei Monate wechseln die Exponate und fünfmal jährlich gibt's verschiedene Themenausstellungen. Die museumseigene Sammlung beinhaltet 18 japanische Meisterwerke, von denen jeweils ein paar wenige zu sehen sind. Die Etagen zwei bis vier beherbergen die wechselnde MOMAT-Sammlung, während der erste Stock limitierte Sonderausstellungen zeigt. Bemerkenswert sind „A Room with a View" – die Lounge mit großen Fenstern und Blick auf den Kaiserpalast – und das wunderschöne *nihonga*-Zimmer (im japanischen Stil bemalt).

Bahnhof Tokio

DREHKREUZ DES LANDES

Das rote Backsteingebäude im Renaissancestil mit auffälliger prachtvoller Fassade im Herzen von Marunouchi ist ein Wahrzeichen der Stadt. Der Bau des Bahnhofs wurde 1914 abgeschlossen, wobei im Laufe der Jahre erhebliche Renovierungen und Restaurierungen durchgeführt wurden. Luftangriffe im Zweiten Weltkrieg beschädigten das Dach stark, und nach umfangreichen Arbeiten war der Originalzustand des Baus 2012 wiederhergestellt.

Am Bahnhof Tokio verkehren die Shinkansen. Die Hochgeschwindigkeitszüge transportieren Passagiere in Blitzgeschwindigkeit durchs Land, von Hokkaidō bis Kyūshū. Hunderttausende Pendelnde nutzen täglich das riesige Bahnnetz des Bahnhofs. Zudem lohnen architektonische Highlights, eine Kunstgalerie und eine große Auswahl an Läden und Restaurants im und unter dem Bahnhofsgebäude eine Entdeckungstour.

Hinter den Drehkreuzen warten interessante Geschäfte mit *omiyage* (Souvenirs) für die Heimat. Viele der Läden, die wunderschön verpackte Lebensmittel, *bentō* (Boxen mit Mahlzeiten) und Süßwaren verkaufen, konzentrieren sich auf die zwei Bereiche Gransta und ecute. Sehenswert ist außerdem die **First Avenue Tokyo Station** (東京駅一番街), eine Ladenmeile im Bahnhofsgebäude mit süßen Fanartikeln, Desserts und Filialen von sieben der besten Ramen-Lokale der Stadt.

OMIYAGE: KULTUR DES SCHENKENS

Für viele Einheimische ist das Besorgen eines *omiyage* am Ende einer Reise eine selbstverständliche soziale Konvention. *Omiyage* bedeutet „Souvenir", bezieht sich jedoch in der Regel auf etwas, das man für andere kauft. Am beliebtesten sind dabei verpackte *mochi* (Reiskuchen), Kekse und anderes Gebäck. Da fast jede Region in Japan für eine bestimmte Spezialität bekannt ist, lassen sich mit *omiyage* wunderbar die kulinarischen Eindrücke einer Reise mit dem Kollegen- und Freundeskreis und mit der Familie teilen.

KORKUSUNG/SHUTTERSTOCK ©

Bahnhof Tokio

LUCIANO MORTULA - LGM/SHUTTERSTOCK ©

Kaiserpalast

WEITERE HIGHLIGHTS IN MARUNOUCHI & NIHOMBASHI

Tour durch den Kaiserpalast

KAISERLICHES MACHTZENTRUM

Am einstigen Standort der Burg Edo thront heute der stattliche Kaiserpalast (皇居), in dem der Kaiser und die Kaiserin von Japan residieren. Ursprünglich vom Tokugawa-Shogunat errichtet und bewohnt, wurde der Palast nach dessen Sturz 1868 und dem Umzug der Hauptstadt und des Kaisers von Kyoto nach Tokio zum offiziellen Wohnsitz der Kaiserfamilie. Er steht auf dem Fundament der einstigen Burg und wird vom Originalgraben umgeben. Die Gebäude innerhalb des weitläufigen Komplexes sind recht neu; sie wurden in den 1960er-Jahren erbaut, nachdem Luftangriffe im Zweiten Weltkrieg viel zerstört hatten. Die einzigen verbliebenen Bauten aus der Edo-Zeit sind die zwei Wachtürme und die imposanten Steinmauern rund um den Palast.

DER ÖSTLICHE GARTEN

Der Östliche Garten (皇居東御苑) auf dem Gelände des Kaiserpalastes ist öffentlich zugänglich und kostenfrei. Hinter den Eingangstoren warten drei malerische Bereiche: Im Honmaru-Areal steht bis heute das Originalfundament der Burg Edo, auf dem man herumklettern kann, während Ninomaru und Sannomaru jeweils einen hübschen japanischen Garten und ein Museum mit der kaiserlichen Sammlung bieten. Im Teich im Ninomaru-Bereich tummeln sich vom emeritierten Kaiser gezüchtete Koikarpfen. Der Östliche Garten ist montags und freitags sowie vom 8. Dezember bis 3. Januar geschlossen.

GEHOBENE KÜCHE IN MARUNOUCHI

Antica Osteria Del Ponte
Gehobene italienische Küche nahe dem Bahnhof Tokio und ein eleganter Speisebereich mit Stadtblicken. **¥¥¥**

Grill Ukai Marunouchi
Gerichte mit hochwertigem Rindfleisch am Mittag und Abend. Der Essbereich überblickt einen hübschen Hof. **¥¥¥**

est
Wunderschön präsentierte französische Küche mit lokalen, nachhaltigen Zutaten. **¥¥¥**

NIHOMBASHIS GESCHMACKVOLLSTE SOUVENIRS

Nakagawa Masashichi
Der Laden ist auf einfache, wunderschöne, hochwertige Haushaltsartikel und ausgesuchte Mode aus Japan spezialisiert.

Hario Lampwork Factory
Elegante, raffinierte Glas- und Schmuckwaren des renommierten Glas- und Kaffeezubehörherstellers Hario.

Cohana
Das kleine Geschäft verkauft edles, handgefertigtes Nähzubehör und Geschenkesets aus hochwertigen Materialien.

Ozu Washi
Traditionelles *washi* (japanisches handgefertigtes Papier) und eine große Auswahl an Papier, Schreibwaren und Materialien für *shodo* (japanische Kalligrafie).

Hacoa Direct Store (Hacoa ダイレクトストア)
Von Innendekoration über Handyhüllen bis hin zu Computertastaturen ist hier alles aus Holz gefertigt.

Was sich hinter den Mauern verbirgt, ist von außen nur schwer einsehbar, deswegen schließt man sich am besten einer offiziellen Führung durch Teile des inneren Komplexes an. Bei der rund 90-minütigen Tour sieht man die Fassade des **Kyūden** (das recht dezente, moderne Gebäude beherbergt den Thronsaal), die zwei historischen Wachtürme und mehrere Parlamentsgebäude und läuft über die kunstvolle stählerne **Nijūbashi-Brücke**. Die Palastgebäude sind nicht öffentlich zugänglich.

Es gibt Führungen in verschiedenen Sprachen (Englisch, Französisch, Spanisch, Chinesisch, Koreanisch), und die mehrsprachigen Guides haben viele Anekdoten und witzige Geschichten auf Lager. Man sollte unbedingt vorab buchen (bis zu einem Monat im Voraus), das gilt vor allem für größere Gruppen. Pro Tag finden nur zwei Führungen statt, die schnell ausgebucht sind. Wer früh kommt, kann sich spontan anmelden, ein Platz ist jedoch nicht garantiert. Im Hochsommer, von Ende Juli bis Ende August, gibt's keine Führungen.

Exklusive Shoppingtour

HISTORISCHE KAUFHÄUSER UND MEHR

Japans ältestes Kaufhaus ist weniger auffällig als seine Pendants in Ginza (S. 70) mit ihren schicken Glasfassaden und modernen Designelementen. Stattdessen ist der **Nihombashi Mitsukoshi Main Store** ein kantiges Gebäude im europäischen Stil mit Bronzelöwen am Eingang. 1673 als Kimono-Geschäft gegründet, entwickelte sich Mitsukoshi 1904 zu einem Kaufhaus. Der erste Bau von 1914 hatte die erste Rolltreppe Japans und war mit einer Sprinkleranlage und einem Heizsystem ausgestattet – damals alles neue Technologien. Wegen Bränden und Naturkatastrophen musste das Geschäft mehrmals wiederaufgebaut werden, so stammt der heutige Bau von 1935. Wegen der langen Geschichte und seines Renommees ist das Mitsukoshi-Kaufhaus in Nihombashi die richtige Adresse für exklusive hochwertige Produkte mit hoher Lebensdauer und für elegante traditionelle Stücke japanischen Kunsthandwerks. Die sechste Etage beherbergt außerdem eine Kunstgalerie.

Der Einkaufskomplex **Coredo Muromachi** in der Nähe der Nihombashi-Brücke (S. 61) weist traditionelle Designelemente auf, die für modernes Edo-Flair sorgen. Die Läden verteilen sich auf einen Komplex mit drei verschiedenen Gebäuden, der japanisches Design, Kunsthandwerk und kulinarische Highlights miteinander vereint.

ÜBERNACHTEN IN MARUNOUCHI & NIHOMBASHI

Hoshinoya Tokyo
Wunderschönes *ryokan*, kombiniert urbane mit traditioneller japanischer Ästhetik. Natürliche Thermalbäder. ¥¥¥

Mitsui Garden Hotel Nihonbashi Premier
Stilvolle Zimmer in Nihombashi in der Nähe vieler Kaufhäuser des Viertels. ¥¥

Tokyo Station Hotel
Hotel im Bahnhof Tokio. Manche Zimmer überblicken die kuppelförmigen Vorhallen des Bahnhofs. ¥¥¥

GINZA & TSUKIJI

FRISCHE MEERESFRÜCHTE UND EXKLUSIVES SHOPPING-MEKKA

Ginza gilt als Tokios nobelstes Viertel. In den vielen Geschäften und Cafés treffen sich Einheimische zum Einkaufen, Essen und geselligen Teetrinken. Bevor Ginza zum Shopping-Hotspot der Stadt wurde, war hier in der Edo-Zeit die Silbermünzenfabrik ansässig (*gin* bedeutet auf Japanisch „Silber"). Neben dem Shoppen sorgen tolle Cafés und Konditoreien, gehobene Sushi-Lokale und die allgegenwärtige Kunst, ob auf der Straße oder in ruhigen Galerien, für einen unterhaltsamen Tag.

In Tsukiji, knappe zehn Gehminuten von Ginza entfernt, befand sich Tokios größter Fischgroßhandelsmarkt, bis dieser 2018 nach Toyosu umzog. Der äußere Markt bleibt eine gute Anlaufstelle für Meeresfrüchte und Fisch, Sushi-Gerichte und Küchenware im großen Stil. Vor Ort an der Bucht liegt außerdem die ruhige Oase des wunderschönen Hama-Rikyū-Gartens, den das Tokugawa-Shogunat über Generationen anlegte.

TOP TIPP

Ein paar Zuglinien der Tokyo Metro fahren ins Viertel Ginza, wobei die meisten Stationen in Fußnähe voneinander liegen. Die Haltestellen heißen Ginza, Ginza Itchōme und Higashi Ginza. Der JR-Bahnhof Yūrakuchō ist ebenfalls in der Nähe, ebenso die Metrostation Shimbashi.

Chūo-dōri (S. 70), Ginza

GINZA & TSUKIJI

HIGHLIGHTS
1 Hama-Rikyū-Garten
2 Kabukiza
3 Äußerer Tsukiji-Markt

ESSEN
4 Ginza Iwa
5 Kitsuneya
6 Sukiyabashi Jiro
7 Sushi Dai
8 Sushi Harutaka
9 Sushi no Midori Ginza
10 Sushi Yoshitake
11 Yoshino

AUSGEHEN
12 Ginza Bar L'aurora
13 Mixology Salon
14 Nakajima-no-ochaya
15 Tír na nÓg

SHOPPEN
16 Ginza Six
17 Mitsukoshi Ginza

Äußerer Tsukiji-Markt

DIE BESTE ADRESSE FÜR FISCH UND MEERESFRÜCHTE

Die Aufregung war groß, als Tsukijis bekannte Thunfischauktion samt Großhandelsmarkt nach Toyosu umzog. Die Auktion kann man nun nicht mehr verfolgen, ansonsten hat sich der Äußere Markt in Tsukiji (築地場外市場) kaum verändert. Er bleibt die beste Adresse für frisch gefangene Meeresfrüchte, Snacks, Lebensmittel und Küchenzubehör. Neben vielen Läden für Sushi und *kaisendon* (gemischte rohe Meeresfrüchte auf Reis) locken auch Straßenstände Kundschaft an. Der Markt ist eine Touristenhochburg, jedoch zugleich eine wichtige Anlaufstelle für viele Restaurants der Stadt, die hier ihre Zutaten einkaufen. Der Großhandel wird größtenteils bis 9 Uhr abgewickelt, erst dann ist touristische Kundschaft zugelassen.

Offiziell ist der Markt von 9 bis 14 Uhr geöffnet, manche Geschäfte schließen teils jedoch früher. Feilschen ist verboten, zudem möchten manche Stände nicht fotografiert werden. Gegessen wird in der Nähe des jeweiligen Standes oder in ausgewiesenen Bereichen.

Kabukiza-Theater

WO KABUKI LEBENDIG WIRD

Das Kabukiza-Theater (歌舞伎座) ist mit roten Laternen und langen Bannern verziert und Tokios erste Adresse für die dramatische Kunstform Kabuki, eine Art des stilisierten japanischen Theaters. Das Originalgebäude von 1889 wurde mehrmals durch Naturkatastrophen und Brände zerstört, die Renovierung des heutigen Baus erfolgte nach einem der Originaldesigns von 1924 und wurde 2013 abgeschlossen. Neben der großen Kabukibühne beherbergt das Gebäude außerdem eine Galerie mit Requisiten, Souvenirläden, einen Dachgarten und Restaurants.

Kabukiza-Theater

Hama-Rikyū-Garten

Hama-Rikyū-Garten

WUNDERSCHÖNE GRÜNANLAGE AN DER BUCHT

Der Hama-Rikyū-Garten (浜離宮恩賜庭園), einer der idyllischsten Orte Tokios und eine grüne Oase abseits des urbanen Trubels, ist eine Insel der Ruhe. Hier kann man an Pinien und gepflegten Rasenflächen vorbeispazieren und einen Tee genießen, während von der nahen Bucht von Tokio eine sanfte Meeresbrise herüberweht.

Ursprünglich vom Tokugawa-Shogunat als privater Familiengarten angelegt, wurde der malerische, herrschaftliche Park über Generationen hinweg immer wieder erweitert und schließlich vom elften Shogun, Tokugawa Ienari, fertiggestellt. Bis 1945 war er der Kaiserfamilie vorbehalten, dann wurde er der Stadt Tokio überschrieben und im folgenden Jahr als öffentlicher Park eröffnet.

Die Gebäude des nahen Shiodome erheben sich über den Baumwipfeln des Parks – der Gegensatz bietet tolle Fotomotive einer urbanen Oase. Auf dem Gelände gibt's mehrere Spiegelteiche; der größte, der Gezeitenteich **Shiori-no-ike**, wird von Meerwasser aus der Bucht von Tokio gespeist. Den gesamten Park zu erkunden kann eine gute Stunde dauern; wer eine Pause braucht, stoppt im **Nakajima-no-ochaya** für Tee und *wagashi* (japanische Süßigkeiten). Dieses Teehaus befindet sich in der Mitte des Shiori-no-ike und hat eine Terrasse mit unverstelltem Blick auf den Park vom Wasser aus.

Alternativ bietet **Tokyo Cruise** Ausflugsfahrten in den Park auf Tokios Wasserwegen in futuristisch anmutenden Booten. In 35 Minuten geht's von Asakusa unter mehreren ikonischen Brücken über den Sumida-gawa zur Gartenanlage. Der Preis für die einfache Fahrt von 1040 ¥ beinhaltet den Parkeintritt. Zur Zeit der Recherche war nur die Hinfahrt zum Hama-Rikyū möglich, nicht die Rückfahrt.

DIE BESTEN SUSHI-RESTAURANTS IN GINZA

Ginza Iwa
Gehobenes Sushi-Restaurant mit warmer, gemütlicher Einrichtung. Das Mittagsmenü ist weniger umfangreich als das Abendessen, hat aber einen fairen Preis. ¥¥¥

Sushi Harutaka
Himmlisches Sushi des Küchenchefs Harutaka, der über zehn Jahre bei Jiro im Sukiyabashi Jiro lernte. ¥¥¥

Sushi no Midori Ginza
Hochwertiges Sushi zu angemessenen Preisen. Ungemein beliebt bei Einheimischen und Reisenden, daher muss man anstehen. ¥¥

Sushi Ginza Onodera
Omakase-Gänge gibt's ab (recht günstigen) 11000 ¥. Benutzerfreundliche Online-Reservierungen in mehreren Sprachen. ¥¥¥

Nemuro Hanamaru Ginza
Beliebtes Restaurant mit Laufband-Sushi. Gutes Essen, jedoch lange Wartezeiten. ¥¥

Kabukiza-Theater

WEITERE HIGHLIGHTS IN GINZA & TSUKIJI

Kabuki ist ein Erlebnis

JAPANISCHES THEATER IN PERFEKTION

Kabuki ist wahrlich ein Spektakel. Dramatisches Make-up, kunstvolle Kostüme, übertriebene Bewegungen im Rhythmus der Livemusik und perfekte Bühnentechnik – es ist verständlich, warum Kabuki seit Jahrhunderten sein Publikum fesselt. Die Kunstform geht auf das 17. Jh. zurück, als eine Tempeldienerin und eine Gruppe von Darstellerinnen in Kyoto mit ihrem besonderen Tanzstil Berühmtheit erlangten. Moralische Bedenken führten 1652 zu einem Auftrittsverbot von Frauen, weshalb Männer ihre Rollen übernahmen. Bis heute stehen beim Kabuki nur Männer auf der Bühne, wobei Schauspieler, die weibliche Charaktere spielen, *onnagata* genannt werden.

ESSEN IN TSUKIJI

Kitsuneya
Der winzige Stand ist auf *gyūdon* spezialisiert, ein herzhaftes Gericht mit geschmortem Rindfleisch auf Reis. ¥

Yoshino
Leicht gekochter *anago* (Meeraal) in einer Box sowie Kombos mit frischem Sashimi. ¥¥

Sushi Dai (すし大)
Populäres Sushi-Restaurant, frische, hochwertige Zutaten. Das *omakase* des Küchenchefs gibt's zum fairen Preis. ¥¥

ZEITREISE DURCH GINZA

Von historischen Wahrzeichen über schicke neue Läden bis zu faszinierender Architektur zeigt dieser Stadtspaziergang Ginzas bekannteste Attraktionen. Los geht's bei Tokios bekanntestem Kabukitheater **1 Kabukiza** (S. 67). Dann hält man sich rechts und folgt der Straße bis zum **2 Mitsukoshi Ginza** (S. 70), einem der ältesten Kaufhäuser Ginzas und Ort des **Art Aquarium**. Direkt gegenüber sitzt eine auffällige Uhr auf dem Dach des Kaufhauses **3 Ginza Wako**, dessen Sortiment Uhren, Schmuck und andere Accessoires umfasst. An derselben Kreuzung befindet sich **4 Nissan Crossing**, ein Verkaufsraum des gleichnamigen Autoherstellers mit klassischen Modellen und Konzeptfahrzeugen. Nun führt die Straße zu einer zweiten Kreuzung und zur schicken Glasblockfassade von **5 Hermès Ginza** mit einer Kunstgalerie im Dachgeschoss. Dann geht's zurück und an der ersten Kreuzung nach rechts auf die Namiki-dōri mit vielen Edelboutiquen des Viertels. Unabhängig vom Shoppen lohnt die Architektur hier einen Blick, die glänzende, changierende Fassade der **6 Louis-Vuitton-Filiale** sticht dabei besonders ins Auge. An der Kreuzung davor hält man sich links und läuft zum **7 Ginza Lion Building**, Japans ältester Bierhalle, die sich seit ihrer Fertigstellung 1934 nicht verändert hat. Nebenan befindet sich das elegante Einkaufszentrum **8 Ginza Six (S. 70)**. Ginzas erstes Café, **9 Cafe Paulista**, liegt an derselben Straße. Familien mit Kindern oder Junggebliebene steuern den **10 Hakuhinkan Toy Park** ein Stück weiter die Straße hinunter an, der seit 1899 Ginzas beliebtester Spielzeugladen ist.

GINBURA

Der heute eher altmodische Begriff *ginbura* ist eine Kombination der Wörter Ginza und *bura* und bedeutet „ziellos umherlaufen“. Das Bummeln in Ginza war ab den 1910er-Jahren sehr angesagt, als sich das Viertel mit Einkaufshäusern und Basaren zu einem beliebten Treffpunkt von Einheimischen mauserte. Heute wird der Begriff nur noch selten gebraucht, seine Geschichte zeugt jedoch vom anhaltenden Reiz dieses heutigen Edelviertels in Tokio.

Das klassische Kabukitheater umfasst drei bis vier Akte, die jeweils rund eine Stunde dauern. Gezeigt werden oft dramatisierte historische Ereignisse; am bekanntesten ist die Geschichte Chūshingura über 47 *rōnin*, eine Gruppe herrenloser Samurai, die den Tod ihres Meisters rächen. In Tokios renommiertestem Kabukitheater Kabukiza (S. 67) dauert ein Besuch einen halben Tag mit *bentō*-Pausen fürs Publikum. Die Gerichte werden auf dem Theatergelände verkauft und können direkt am Platz verzehrt werden.

An 25 Tagen im Monat gibt's täglich zwei Vorstellungen. Für ausgewählte Stücke sind englischsprachige Guides verfügbar, doch eine englische Zusammenfassung des Stücks ist erhältlich. Für eine kurze Kabuki-Kostprobe können am Vortag 70 dafür reservierte Plätze für einen einzelnen Akt online gebucht werden, am Tag der Aufführung zudem 20 nicht reservierte Plätze. Die Ticketpreise variieren, sind aber deutlich günstiger als bei reservierten Standardplätzen, doch man sitzt an der Rückseite des Theaters.

Lebensart in Ginza

DESIGNERMODE UND GOURMET-SUSHI

Luxusboutiquen, Spitzenrestaurants und prachtvolle Einkaufszentren machen Ginza zu Tokios exklusivstem Stadtviertel. Am Wochenende ist Ginzas Hauptstraße **Chūo-dōri** für den Verkehr gesperrt und lädt zu einem entspannten Spaziergang ein. Dann herrscht in der Gegend viel Gedränge und meist bilden sich Schlangen vor beliebten Edelboutiquen. Vor Ort lohnen sich außerdem ein Besuch des Kaufhauses **Mitsukoshi Ginza** oder des stylishen **Ginza Six** und ein Bummel durch die Gassen.

Nach dem Shoppen steuert man am besten eines der vielen exklusiven Sushi-Restaurants an. Vom **Sukiyabashi Jiro** (bekannt durch den Dokumentarfilm *Jiro und das beste Sushi der Welt*) bis zum Drei-Sterne-Lokal **Sushi Yoshitake** gilt das Viertel als Revier der weltweit führenden Sushi-Meister. Gäste sitzen an der Theke rund um den Arbeitsplatz des Sushi-Chefs und warten, während dieser jedes einzelne Sushi kunstvoll zubereitet und auf einer Platte serviert. Es gibt keine Speisekarten, vielmehr wird Sushi nach *omakase*-Art, also nach Gusto des Küchenchefs und aus den gerade verfügbaren Zutaten, serviert. Die Restaurants haben eine intime Atmosphäre und nur wenige Plätze. Fremdsprachige Reservierungen erfolgen in der Regel online über einen Vermittlungsservice, jedoch variieren die verfügbaren Restaurants je nach Website. Am besten frühzeitig reservieren.

COCKTAILS IN GINZA

Tír na nÓg
Kellerbar aus einer anderen Welt mit vielen innovativen Getränken und Cocktails.

Mixology Salon
Die Bar im Ginza Six ist auf japanische Cocktails auf Teebasis spezialisiert.

Ginza Bar L'aurora
Einladende, klassische Bar, freundliche Atmosphäre und große Cocktailauswahl.

EBISU, MEGURO & UMGEBUNG

ESSEN, AUSGEHEN UND URBANE LEBENSART

Der Südwesten der Metropole, durchkreuzt vom Meguro auf seinem Weg in die Bucht von Tokio, birgt angesagte Adressen, Kunst und ein erstklassiges kulinarisches Angebot. Ebisu ist ein gehobenes Viertel voller Restaurants und Bars für jeden Geschmack. Etwas weiter nördlich lockt Roppongi mit Kunstgalerien und schicken Clubs mit regem Nachtleben. Im Südwesten umfasst der Sonderbezirk Meguro mehrere Stadtteile mit Shoppingmöglichkeiten, Cafés und dem trendigen Naka-Meguro-Gebiet am Fluss Meguro, der von *sakura*-(Kirschblüten-)Bäumen gesäumt wird. Weiter nördlich sind die Viertel Hiroo und Daikanyama mit zahlreichen stylishen Läden und Restaurants gespickt; nach einem Shopping-Nachmittag isst man in einem lebendigen *izakaya* (Kneipe) oder einem gemütlichen Bistro zu Abend und vergnügt sich danach in den Bars.

TOP TIPP

Die Touristeninformation in der Nähe des Bahnhofs Naka-Meguro (Gate Town Building, Untergeschoss) bietet viele Infos zu lokalen Attraktionen. Lohnenswert ist die *Meguro Tourism Encyclopedia* mit detaillierten Erklärungen zu Sehenswürdigkeiten wie Tempeln und Schreinen inklusive Verhaltensregeln für einen Besuch.

COWARDLION/SHUTTERSTOCK ©

Nationales Kunstzentrum Tokio (S. 75)

EBISU, MEGURO & UMGEBUNG

HIGHLIGHTS
1 Yebisu Garden Place

SEHENSWERTES
2 Daikanyama
3 Kyū-Asakura-Haus
4 Yebisu-Biermuseum
5 Space Utility Tokio
6 Museum für Fotokunst Tokio (TOP)
7 Yūten-ji-Tempel

SCHLAFEN
8 °C
9 Ebisuholic

ESSEN
10 Ebisu Yokochō
11 Huit
12 Mark's Tokio
13 Nakameguro Slow Table
14 Princi
15 Rigoletto Short Hills
16 Tonki

AUSGEHEN
17 A10
18 Bar Track
19 Bar Trench
20 Janai Coffee
21 Martha
22 Rue Favart
23 Tea Gate Coffee
24 Tram
25 Triad

SHOPPEN
26 Cow Books
27 L'Officine Universelle Buly
28 T-Site
siehe 28 Tsutaya

Tsutaya

Daikanyama

BÜCHER, MUSIK UND URBANE LEBENSART

Daikanyama (代官山) eignet sich hervorragend für einen Bummel durch Straßen voller Boutiquen und Restaurants. Viele mit europäischem Flair, wie die Pariser Apotheke **L'Officine Universelle Buly** oder die Bäckerei **Princi**. Buch- und Musikinteressierte begeistert das **Tsutaya** im **T-site** mit einer umfangreichen Sammlung japanisch- und englischsprachiger Literatur sowie Vintage-Magazinen, einem Musikgeschäft und einer Lounge. Tradition und Geschichte atmet das **Kyū-Asakura-Haus** (旧朝倉家住宅) von 1919. Das frühere Wohnhaus präsentiert Holz- und Tatami-Design aus der Taishō-Zeit und hat einen idyllischen Garten.

WEITERE HIGHLIGHTS IN EBISU, MEGURO & UMGEBUNG

Bier & urbanes Flair

TOUR DURCH DEN YEBISU GARDEN PLACE

Vom Ostausgang des Bahnhofs Ebisu oder über die Fahrsteige des Sky Walk gelangt man zum **Yebisu Garden Place** (恵比寿ガーデンプレイス), der sich für eine halb- oder ganztägige Erkundungstour eignet. Der Mehrzweckkomplex ist nach dem Yebisu-Bier benannt, das seinen Namen wiederum einer alten Gottheit verdankt. Auch der hiesige Bezirk und Bahnhof sind nach dem Bier benannt – rund um die 1890 gegründete Brauerei hatte sich eine Gemeinde entwickelt. Die genaue Geschichte und Verköstigungen gibt's im **Yebisu-Biermuseum**, das nach mehrmonatigen Renovierungsarbeiten Ende 2023 wieder eröffnet wurde. Im umgestalteten Museum wird erstmals seit dem Umzug der Brauerei in die Präfektur Chiba 1988 wieder Bier gebraut. Vor Ort lohnt außerdem ein Besuch des großartigen **Museums für Fotokunst Tokio** (TOP) mit hauseigener Sammlung und Wechselausstellungen von weltweit führenden Fotograf:innen.

Das Ufer in Naka-Meguro

KULTIVIERTE GESCHÄFTE UND CAFÉS

Am Ufer des Meguro laden Restaurants, Cafés, Kunstgalerien, Kleiderboutiquen und Spezialläden zu einem ausgiebigen Spaziergang ein.

Startpunkt ist der **Yūten-ji** (祐天寺; zugänglich vom Bahnhof Yūtenji), ein Tempel des Shinshū-Buddhismus aus dem frühen 18. Jh., der die Bombenangriffe im Zweiten Weltkrieg unbeschadet überstand. Mehrere Bauten gehören zu Japans materiellem Kulturgut und sorgen für einen interessanten Streifzug durchs Gelände. Von hier fährt ein Zug zum Bahnhof Naka-Meguro, oder man läuft entlang der Komazawa-dōri zum Fluss (etwa 15 Minuten). Fürs Mittagessen stehen viele Restaurants zur Wahl. Das gemütliche **Nakameguro Slow Table** mit grüner Terrasse serviert auch leckeres Gebäck und Kuchen, und die Brasserie **Huit** beeindruckt mit einem herrlichen *yaezakura* (Kirschblütenbaum).

Die Läden am Ufer konzentrieren sich größtenteils nördlich des Bahnhofs Naka-Meguro. Erholung und interessante Aspekte des urbanen Lebens bietet danach der **Meguro Sky Garden** (目黒天空庭園), eine friedliche Oase mit verschlungenen Wegen und Blumengärten, in der Einheimische ihre Hunde ausführen oder Bücher lesen. Trotz der Lage oberhalb der

DER FLUSS IM LAUFE DER JAHRESZEITEN

Die beliebteste Zeit für einen Besuch des Meguro-Ufers ist gegen Ende März oder Anfang April, wenn die Kirschbäume blühen. Das abendliche *sakura*-Fest steckt voller chaotischer, aber fröhlicher Energie, insbesondere zur Hauptblüte, wenn Straßenstände Erdbeersekt, Kebabs, *yakitori* (Spieße) und vieles mehr verkaufen und die Blüten am Fluss von atmosphärischen Laternen gesäumt werden.

Im Sommer beim **Nakameguro-Sommerfest** sind auf den Straßen Tanzvorführungen im Awa-Odori- und Yosakoi-Stil zu sehen. Auch im Herbst, wenn die Kirschbäume in bunten Farben leuchten, und an sonnigen Wintertagen ist ein Uferspaziergang ein tolles Erlebnis.

ESSEN IN MEGURO & UMGEBUNG

Tonki
Meguro-Institution seit 1939: *tonkatsu teishoku* (Schweinerippe, Miso-Suppe, Krautsalat, Reis und eingelegtes Gemüse). ¥

Rigoletto Short Hills
Im stylishen zweistöckigen Restaurant gibt's marokkanisch inspirierte Tapas und kreative Cocktails. ¥¥

Mark's Tokyo
Das Restaurant in Meguro serviert abends *omakase*-Gerichte mit saisonalen Produkten aus lokalem Anbau. ¥¥¥

DIE BESTEN CAFÉS IN EBISU

Rue Favart
Charmante Mischung aus Café, Bistro und Weinbar im Pariser Stil. Im Sommer gibt's besondere Eissorten wie gerösteter grüner Tee und Apfel-Ingwer. ¥¥

Tea Gate Coffee
Das kleine Café mit Kunstgalerie serviert Getränke wie das allseits beliebte Espresso-Tonic. ¥

Time Out Cafe & Diner
Café-Sortiment vor angesagter Kulisse im Obergeschoss. Im selben Gebäude wie die Konzertstätte Liquidroom und die Kata-Galerie. ¥

Analog Cafe Lounge Tokyo
Holzdielen und ein bunter Möbelmix verleihen dem Café in Ebisu heimeliges Flair. ¥¥

Espresso D Works Ebisu
Das stylishe urbane Café in einem ruhigeren Teil des Viertels serviert luftige Pfannkuchen und andere Desserts. ¥¥

TK KURIKAWA/SHUTTERSTOCK ©

Tokyo Midtown

Kreuzung zweier Stadtautobahnen ist es hier erstaunlich ruhig. Einfach am Fluss den Schildern folgen und in den Aufzug neben der Post steigen (auf einem kleinen Schild steht der japanische Name).

Eine Nacht in Ebisu

STRASSENKÜCHE UND KNEIPENKULTUR

Authentische lokale Esskultur bietet **Ebisu Yokochō** (恵比寿横丁), Tokios Version der schmalen Gassen mit Imbissständen, die es überall in Japan gibt. Das breite Angebot reicht von Fischspießen über *okonomiyaki* und Pilze bis zu Bier und Sake. In dem überdachten labyrinthartigen Komplex mit einem schmalen Fußweg, der von Gästen und Bedienungen in beiden Richtungen genutzt wird, herrscht ordentliches Gedränge. Er ist täglich von 17 Uhr bis spät in die Nacht geöffnet.

Ebisu bietet einige der innovativsten Cocktailbars der Welt. In der **Bar Trench** mischt Barkeeper Rogerio Vaz vor faszinierender büchereiartiger Kulisse mit gedämpfter Beleuchtung und entspannter Musik raffinierte Cocktails auf Absinth-Basis und mit anderen Kräutern. Auch die zwei zugehörigen Bars **Tram** und **Triad** sind einen Besuch wert.

Gegenüber den Bahngleisen lockt die **Bar Track** Musikfans an und kombiniert Whisky und Cocktails mit jeder Menge

BESONDERE LÄDEN AM MEGURO

Fukusaya Castella
Bekannt für *castella* – das traditionelle japanische Biskuit-Dessert wurde von portugiesischen Siedlern eingeführt.

Cow Books
Winziger Buchladen mit guter Auswahl an alternativer Literatur, teils auch auf Englisch und in anderen Sprachen.

Space Utility Tokyo
Komplex mit verschiedenen Kunstgalerien, Pop-up- und Magazin-Ausstellungen und Versammlungsraum.

Vinyl. Wie in der Schwesterbar **Martha** ist man hier eher zum Trinken und Zuhören als zu Konversation angehalten; Fotos sind verboten.

An die Flüsterkneipenzeit erinnert der Kaffeestand **Janai Coffee** vor einer versteckten Bar, dessen hervorragende Cocktails teils nur über eine geheime Karte zu bestellen sind. Tipp: Das Anwählen des runden Logos auf der Website im Uhrzeigersinn führt zur versteckten Reservierungsseite der Bar.

Cocktails, Vintage-Platten und das Flüsterkneipenkonzept bietet auch das **A10**, eine weitere kreative Bar in Ebisu. Unser Tipp: nach den Schließfächern in der Nähe des Ebisu-Parks Ausschau halten.

Streifzug durch Roppongi

KUNST UND TANZ

Roppongi ist als schickes Ausgehviertel voller Bars und Clubs bekannt, birgt jedoch auch Kunstgalerien und elegante Einkaufszentren, die zu einer Entdeckungstour bei Tag einladen. Das **Mori-Kunstmuseum** (森美術館) im Komplex Roppongi Hills zeigt zeitgenössische Wechselausstellungen; zu den früheren Exponaten gehört Takashi Murakamis episches 100 m langes Gemälde *500 Arhats*. Kunst ist auch im Einkaufszentrum **Tokyo Midtown** präsent. Sie ziert die Säulen im Galeriegebäude und viele Einzelflächen, zudem ist hier das von Kengo Kuma konzipierte **Suntory-Kunstmuseum** (サントリー美術館) ansässig. Es weist Bodenelemente aus dem Eichenholz recycelter Whiskyfässer (natürlich von Suntory) auf, zeigt meist Antiquitäten und Sammlungen zu den verschiedensten Themen, von Insektenkunst bis zum Künstlertum im Königreich Ryūkyū, und bietet donnerstagnachmittags Teezeremonien. Zu den Wechselausstellungen des nahen, weitläufigen **Nationalen Kunstzentrums Tokio** (国立新美術館) gehörte „My Eternal Soul“, eine Retrospektive zur avantgardistischen Künstlerin Yayoi Kusama. Das Mori-Kunstmuseum, das Suntory-Kunstmuseum und das Nationale Kunstzentrum Tokio bilden zusammen das **Art Triangle Roppongi**; wer das Ticket von einem der drei aufhebt, zahlt für die anderen zwei ermäßigten Eintritt.

Abends lockt das ausgedehnte Nachtleben des Viertel, z.B. mit einem Craft-Bier im legeren **Brewdog Roppongi** oder einem exklusiven Cocktail im stilvollen **Traffic**. Mehr Action bieten Tanzclubs mit diversen Musikrichtungen. Das Repertoire im **El Café Latino** verrät der Name: lebendige Salsa, Bachata und mehr. Der mehrstöckige Hip-Hop-Club **1 Oak Tokyo** hingegen hat internationale Acts und eine Dachterrasse mit House-Musik im Programm.

EIN WAHRZEICHEN TOKIOS

Der 1958 als stolzes Wahrzeichen Tokios erbaute **Tokyo Tower** (東京タワー) stellt mit 333 m den Eiffelturm in den Schatten. Die Aussichtsplattformen des rot-weißen Fernsehturms bieten weite Blicke über die Stadt. Abenteuerlustige erklimmen über etwa 600 Stufen im Freien das 150 m hohe Hauptdeck. Auf 250 m befindet sich das Top-Deck, die Tickets dafür sind fast doppelt so teuer (online unter tokyotower.co.jp/en gibt's einen kleinen Rabatt). Der **Shiba-Park**, 30 Gehminuten von Zentral-Roppongi entfernt, bietet freie Sicht auf den ikonischen Bau. Vor Ort lohnt außerdem der buddhistische Tempel **Zōjō-ji**, wo das herrschende Tokugawa-Shogunat betete, einen Besuch.

ÜBERNACHTEN IN EBISU & MEGURO

Ebisuholic
Stylishes urbanes Hotel in Bahnhofsnähe mit minimalistischer Ästhetik und tollen Annehmlichkeiten. ¥¥

°C
Ausgesprochen *„Do-Si“*; Hotel in Ebisu mit bequemen Schlafkapseln und einer Sauna im finnischen Stil. ¥

Hotel Gajoen Tokyo
Die historische und künstlerische Pracht hat natürlich ihren Preis. ¥¥¥

SHIBUYA & SHIMO-KITAZAWA

JUNG, MODEBEWUSST UND ALTERNATIV

Der traditionelle Kultur- und Mode-Hotspot Shibuya ist eine Art Pilgerstätte für die japanische Jugend und für Trendbewusste aus der ganzen Welt. Massen von Menschen sind hier in ständiger Bewegung – sinnbildlich dafür steht die berühmte Shibuya-Kreuzung, die täglich bis zu 500 000 Personen passieren. Die Szenerie prägen außerdem laute Werbeclips auf gigantischen Bildschirmen an den umliegenden Gebäuden und Truck-Lautsprecher, die angesagte J-Pop-Bands bewerben.

Shimo-Kitazawa, eine Künstlerenklave im Nachbarbezirk Setagaya, die schon lange kreative Köpfe aus Musik, Schauspiel und anderen Bereichen anzieht, ist etwas ruhiger, jedoch genauso spannend. Viele Teile des Viertels (von Einheimischen „Shimo-kita" genannt) wurden im Rahmen eines Modernisierungsprojekts neugestaltet, dennoch hat es sich seinen Charakter bewahrt, wobei auch weite Grünflächen und urbane Gärten für zusätzliche Attraktivität sorgen. Jenseits dieser großen Viertel lohnen auch die Vororte von Setagaya einen Besuch.

TOP TIPP

Die Touristeninformationen am Bahnhof Shibuya führen die *Shibuya/Harajuku-Karte* und Broschüren zu verschiedenen Attraktionen wie lokalen *sentō* (öffentliche Bäder) oder auffälligen Toiletten (!). Bei der Vertretung im Shibuya Fukuras kann man zudem das Gepäck aufbewahren, Akkus aufladen, Tickets für den Flughafenbus kaufen und sich über Touren informieren.

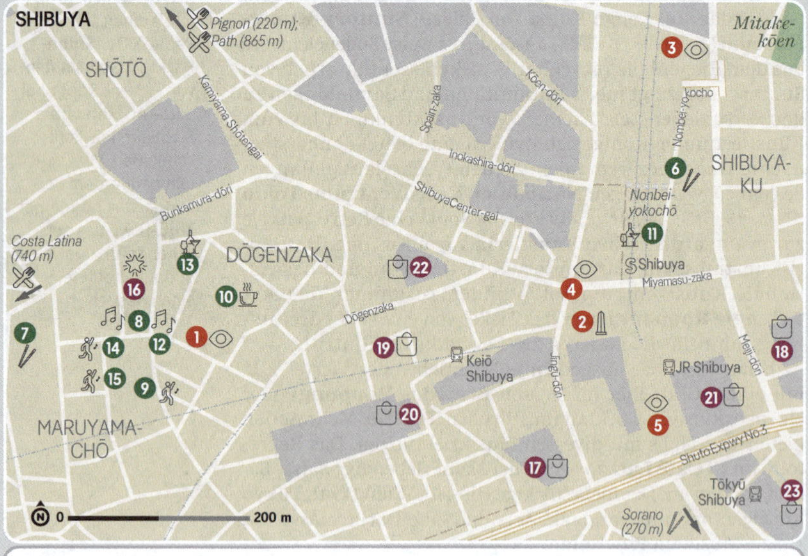

SEHENSWERTES
1 Dōgenzaka Hill
2 Hachikō-Statue
3 Rayard-Miyashita-Park
4 Shibuya-Kreuzung
5 Bahnhof Shibuya

ESSEN
6 Shibuya Yokochō
7 sta.

AUSGEHEN & FEIERN
8 Club Asia
siehe 12 DJ Bar Azumaya
9 Harlem
10 Lion Cafe
11 Nonbei Yokochō
12 O-East
13 Record Bar Analog
14 White Space Lab
15 Womb

UNTERHALTUNG
16 Eurospace Theatre

SHOPPEN
17 Fukuras
18 Hikarie
19 Lighthouse Records
20 Mark City
21 Scramble Square
22 Shibuya 109
23 Shibuya Stream

Shibuya Stream

Rund um den Bahnhof Shibuya & die Hachikō-Statue

IN STÄNDIGEM WANDEL

Am Bahnhof Shibuya begann der Bahnverkehr im späten 19. Jh. und wurde seither einige Male umgebaut. Bei der letzten Umgestaltung kamen mehrere große Einkaufskomplexe wie das **Scramble Square** und **Shibuya Stream** hinzu. Trotz der Veränderungen sind einige legendäre Elemente geblieben. Die ikonische Hundestatue vor dem Bahnhof erinnert an den Akita **Hachikō**, der nach dem Tod seines Herrchens in den 1920er-Jahren zehn Jahre lang treu wartete.

Der Bahnhof Shibuya liegt mitten in einem Einkaufsparadies, so buhlen die Geschäfte in den umliegenden Gebäudekomplexen (Hikarie, Fukuras, Mark City, Scramble Square und Stream) mit stilvollem Sortiment um Kundschaft. Ob *washi,* Holzarbeiten oder saisonale Süßwaren – hier wird man garantiert fündig.

Shibuya 109

Rayard-Miyashita-Park

SHIBUYAS ULTRA-URBANER TREFFPUNKT

Der Komplex **Rayard-Miyashita-Park** liegt gegenüber den Bahngleisen des Bahnhofs Shibuya auf dem einstigen Standort eines öffentlichen Parks. Die Grünfläche blieb in gewisser Weise erhalten, doch heute liegt sie auf dem Gebäude. Auf dem Dach gibt's trendige Geschäfte, Restaurants, Bars und sogar einen Skatepark, der bei Teenagern und Tokios Hipstern beliebt ist. Vor Ort hilft das angrenzende **Shibuya Yokochō** gegen den Hunger, eine lange Essensgasse mit Innen- und Außenbereich und beliebte regionale Gerichte aus ganz Japan.

Rayard-Miyashita-Park

Shibuya 109

LEGENDÄRES MODE-MEKKA

Einheimische nennen das Wahrzeichen in Shibuya *„ichi-maru-kyū“*. Seit seiner Eröffnung 1979 ist das Einkaufszentrum Anlaufstelle für Generationen von Modebegeisterten und eine Konstante in dem sich ständig wandelnden Viertel. Zu seiner Blütezeit in den 2000ern war es das Zentrum der *gyaru*-Kultur; damals jagten blond gefärbte Mädels an Wochenenden den neuesten Trends nach und tippten mit ihren funkelnden Acrylnägeln Nachrichten in ebenso funkelnde Handys. Bis heute zählt es in Sachen lokale Marken und Modetrends der Jugend zu den angesagtesten Adressen in Shibuya.

Nonbei Yokochō

WEITERE HIGHLIGHTS IN SHIBUYA & SHIMO-KITAZAWA

Shibuya in der Nacht

SCHUMMRIGE BARS UND BEBENDE CLUBS

Nach einer Shoppingtour ruht man sich am besten ein bisschen aus, bevor es in Shibuyas Nachtleben geht. Ein guter Start ist die historische **Nonbei Yokochō** (のんべい横丁; Trinkergasse) aus der Shōwa-Zeit (1926–1989).

Hinter dem pulsierenden Drehkreuz von Shibuya, der **Shibuya-Kreuzung**, liegt **Dōgenzaka Hill** mit Restaurants sowie Craft-Bier- und Sakebars. Dann geht's in die Hyakkendana und ins **Lion Cafe** (名曲喫茶ライオン), das seit 1926 Kaffee und klassische Musik in ruhiger Atmosphäre bietet (Fotos und Gespräche untersagt; schließt um 20 Uhr).

Shibuyas erstklassige Clubszene lockt mit einigen der besten Adressen der Stadt. Zur Auswahl gehören das **Womb** mit Lagerhallenambiente, Techno und House, das **Harlem** mit Hip-Hop, der **Club Asia** mit vielseitigem Programm (Infos auf der Website), das **O-East** mit japanischen Bands und die angeschlossene **DJ Bar Azumaya** mit schickem Künstlerflair, Sake und japanischen würzigen Cocktails. Eine Alternative zu den großen Locations ist der kleinere entspannte Tanzclub **White Space Lab**, der bis Mitternacht öffnet, während die **Record Bar Analog** in der Nähe bis 3 Uhr Cocktails, Vinylmusik und gemütliche Sofas bietet.

KULINARISCHE HIGHLIGHTS IN SHIBUYA

Pignon
Intimes Bistro mit kreativer globaler Küche und Wein. Besonders lecker ist die würzige hausgemachte Guacamole. ¥¥

Sorano
Leckere Tofugerichte aus biologischen Hokkaidō-Sojabohnen wie *yuba* (Tofu-Haut) und Tofu-Käsekuchen. ¥

sta.
Das Galerie-Restaurant kombiniert saisonale Fusion-Küche (würziges Karotten-Rapé, *shiso*-Mojito im Sommer) mit Industrieschick. ¥

Path
Niederländische Pfannkuchen mit Schinken und Burrata treffen auf italienische Küche nach japanischer Art, Naturwein und Craft-Bier. ¥

Costa Latina
Argentinisches *asado* ist der Star dieses mehrstöckigen Restaurants mit Gerichten und Cocktails aus Lateinamerika. ¥¥

ALTERNATIVE KULTUR IN SHIBUYA

July Tree
Kleine Kunstgalerie/Pop-up-Location nahe dem Bahnhof Shinsen; Wechselausstellungen und modernes Soundsystem.

Eurospace Theatre
Programmkino, Veranstaltungshalle, Filmschule und Café im Erdgeschoss.

Lighthouse Records
Plattenladen mit Genres wie Ambient, Nu Jazz oder Ibiza House sowie DJ-Ausrüstung.

AUSGEHEN IN SHIMO-KITAZAWA

Mariko Ciravegna, House-DJ aus Turin, Italien, sieht sich selbst als „halb japanisch, halb italienisch". *@dj7m_settem*

Flash Disc Ranch
Ich liebe diesen Plattenladen wegen der vielen Genres, der netten Atmosphäre zum Stöbern und dem freundlichen englischsprachigen Besitzer.

Live Haus
Hier gibt's vor allem Liveshows und gelegentlich DJ-Partys. Freundlicher Besitzer und gutes Essen.

Counter Club
Die Live-House-Club-Bar spielt jeden Abend verschiedene Genres; manchmal gibt's VIP-Gäste (wie DJ Koco alias Shimo-kita).

Fairground
Die Bar mit Weinladen hat tolle Weine und japanische Alkoholika, organisiert Verkostungen und öffnet im Sommer den Dachbereich.

Shimo-Kitazawa

Tokios künstlerische Subkultur

SHIMO-KITAS SEELE

Westlich von Shibuya in Setagaya hat das Viertel Shimo-Kitazawa eine florierende Jugendkulturszene und eine interessante historische Vergangenheit. Nach dem Großen Kantō-Erdbeben 1923 siedelten sich viele auf dem einstigen Ackerland an, darunter zahlreiche Intellektuelle und Literaturschaffende. Ein blühender Schwarzmarkt wuchs hier während der Verheerungen des Zweiten Weltkrieges, und mit der Gründung verschiedener unabhängiger Theaterensembles in den 1980er-Jahren bereicherten Kunstschaffende, auch aus den Bereichen Schauspiel und Musik, den Kulturmix. Das fußgängerfreundliche Labyrinth aus Spezialgeschäften ist in dieser Geschichte verwurzelt, und das Gewirr von Cafés, Imbissen, Secondhandläden für Mode und Schallplatten, Livemusik-Locations, Buchläden und vielem mehr macht eine der spannendsten Straßenszenerien Tokios aus.

Kaffeefans sind im **Bear Pond Espresso** richtig, das 2009 von dem in New York ausgebildeten Kaffeerebellen Katsuyuki Tanaka eröffnet wurde. Tanakas Spezial-Espresso Angel Stain wird nur an den Morgen serviert, an denen er selbst im Haus ist (einfach auf Instagram checken; er ist vor Ort, wenn das Café um 10 und nicht wie üblich um 11 Uhr öffnet). Weitere Shimo-kita-typische Läden sind das **Taimadō** (大麻堂) mit Hanf- und Cannabisprodukten (ohne THC, das in Japan verboten ist) und die Café-Bar **3313 Analog Heaven** (3313 アナログ天国) mit

INTERESSANTE CAFÉS IN SHIMO-KITAZAWA & SETAGAYA

Mosque Coffee
Der Cafébesitzer bereitet seine Kaffeegetränke nach türkischer Art über einer Schüssel mit heißem Sand zu. ¥

Brooklyn Roasting Company
Das geräumige Café am Bahnhof öffnet früh und serviert Kaffeegetränke, Craft-Bier und den ganzen Tag über Essen. ¥

Shirohige's Cream Puff Factory
Das charmante Café verkauft die einzigen vom Ghibli-Museum anerkannten Windbeutel in Totoro-Form. ¥

über 10 000 Schallplatten und gelegentlichen Musikevents. **Kiryuusha** (気流舎), ein gemeinschaftlich betriebener alternativer Buchladen und Veranstaltungsort, führt Bücher zu gegenkultureller Geschichte (teils auf Englisch) und serviert im hauseigenen Café Tee, Kaffee und Cocktails inklusive Absinth. (Die Öffnungszeiten variieren; vorab die Website checken.)

In der Gegend gibt's auch zahlreiche Bars. Das **Petit Garden** serviert Craft-Bier in einem gemütlichen Außenbereich, während die Jazzbar **No Room for Squares** (versteckt hinter einem Verkaufsautomaten) Flüsterkneipenflair, Cocktails und Liveshows am Wochenende bietet. Hier findet man auch einige von Tokios berühmten Jazz-*kissa* (Jazz-Cafés/-Bars aus den 1950er-Jahren); die bekannteste vor Ort ist das **Jazz & Coffee Masako**. Beim Besuch sind nur leise Gespräche erlaubt – die Musik spielt die Hauptrolle.

Abstecher in die Vororte

FAHRT MIT EINER HISTORISCHEN STRASSENBAHN

Die Setagaya-Linie ab dem Bahnhof Sangenjaya ist eine von zwei verbliebenen Straßenbahnlinien in Tokio und eignet sich bestens, um weitere Highlights von Setagaya zu erkunden. Die Linie umfasst zehn Haltestellen, wird komplett mit erneuerbarer Energie betrieben und lädt zu einer gemütlichen Fahrt durch einen Teil Tokios ein, in dem die Uhren deutlich langsamer ticken als im Zentrum. Hier gibt's viele urbane Kleingärten, Stände mit frischem Gemüse und ruhige Wohnbezirke mit Konditoreien, Cafés und Geschäften, die zum entspannten Bummeln einladen (angefangen bei den ersten zwei Straßenbahnhaltestellen **Nishi-Taishidō** und **Wakabayashi**). Der nächste Halt, **Shōin-jinja-mae**, ist nach dem nahen Schrein für Yoshida Shōin benannt, einem spirituellen Führer der Meiji-Restauration, der wegen Verrats mit 29 Jahren hingerichtet wurde. An der **Station Miyanosaka** ist eine Straßenbahn von 1925 geparkt. Der nahe **Setagaya-Hachiman-Schrein** richtet im September einen Amateur-Sumō-Wettbewerb aus, und der **Gōtoku-ji**, die bekannteste Attraktion an der Linie, ist der Ursprung von Japans berühmter Glück bringender *maneki-neko* (Winkekatze). Zu ihrem 50. Jubiläum 2019 wurde die Flotte um eine Bahn mit Katzenthema erweitert, die Kinder und Junggebliebene begeistert. Ihren Fahrplan gibt's bei der Touristeninformation.

An der Endstation **Shimo-Takaido** warten der Fischmarkt gegenüber und Independent-Filme im **Shimo-Takaido Cinema**. Alternativ zeigt das **Setagaya Public Theatre** zurück in **Sangenjaya** im griechischen Open-Air-Stil Theaterstücke und Tanzvorführungen.

VERSTECKTE KULINARISCHE HIGHLIGHTS

Gyoza Shack
Das Lokal in Sangenjayas Ausgehbezirk *sankaku chitai* verkauft *gyōza* (Teigtaschen) mit frischen Kräutern und Gewürzen. ¥

a-bridge
Restaurant-Bar mit Künstlerflair und fantastischer Stadtaussicht von der Dachterrasse. Die Samosas und Süßkartoffel-Pommes machen süchtig. ¥

Cori
Minimalistisches Restaurant in einem unauffälligen Wohnblock in Komazawa Daigaku, serviert leckere Falafel-Burger, Craft-Bier und mehr. ¥

Bar Bodeguita
Restaurant-Bar im Kellergeschoss an der Chazawa-dori mit exzellenter kubanischer Küche, Cocktails und regelmäßigen Salsa-Bands. ¥

Café Mamehico
Das elegante Café hat sich Bohnen verschrieben – Soja, schwarz, rot und mehr – und serviert saisonale Spezialmenüs. ¥

ESSEN IN SHIMO-KITAZAWA & SETAGAYA

Nanatsu Kaido (7つ海堂)
Täglich frische hausgemachte Soba-Nudeln; lecker mit klebrigem *nattō*, cremigen geriebenen Yam und rohem Ei. ¥

Guerrero
Barscher Service, japanische Karte, nur Barzahlung, aber leckere Holzofenpizzas und Naturweine machen das wett. ¥¥

Magic Spice
Seit 2003 gibt's hier lecker gewürzte Currysuppe und typisches Shimo-Kitazawa-Flair. ¥

HARAJUKU & AOYAMA

ABENTEUER TRIFFT AUF RAFFINESSE

Musisch und kultiviert mit einer gesunden Dosis Ecken und Kanten – dieser Teil Tokios entzieht sich einfachen Beschreibungen und ist für fast jedes Alter und fast jeden Geschmack reizvoll. Nach dem Zweiten Weltkrieg der Wohnbezirk von Militärbeamten der US-Besatzung, zog das Viertel Harajuku in den 1960er- und 1970er-Jahren eine kreative Kunstszene an, die bis heute floriert. Durch den Bezirk führt die Omotesando-dōri mit einigen der luxuriösesten Läden der Stadt, atmosphärischen Cafés und Kunstgalerien. Parallel dazu verläuft die Takeshita-dōri, das Epizentrum von Japans ständig wechselnden Jugendtrends und der *kawaii*-(Niedlichkeits-)Kultur.

Direkt hinter dem Bahnhof Harajuku erhebt sich der majestätische Meiji-jingū von 1920. Er wurde als Schrein für Kaiser Meiji und Kaiserin Shōken erbaut, und auf der Anlage wachsen Bäume, die aus dem ganzen Land gespendet wurden. Der angrenzende Yoyogi-Park gehört zu Tokios beliebtesten Grünflächen und ist Standort lebendiger Stadtfeste.

TOP TIPP

Die Touristeninformation Harajuku im HIS-Gebäude in der Nähe des Takeshita-dōri-Ausgangs am Bahnhof Harajuku ist eine exzellente Anlaufstelle für Karten, zur Gepäckaufbewahrung, um Getränke und Souvenirs zu kaufen und für Infos über aktuelle Touren und Veranstaltungen.

HIGHLIGHTS
1 Meiji Jingū
2 Nezu-Museum
3 Yoyogi-Park

SEHENSWERTES
4 Design Festa Gallery
siehe 4 Space Banksia

ESSEN
5 Eatrip
6 Number A
siehe 4 Sakura-tei

AUSGEHEN
7 Fuglen
8 Little Nap Coffee Stand
9 Sarutahiko Coffee

SHOPPEN
10 Farmers Market at UNU
11 Laforet Harajuku
12 Omotesando Hills
13 Oriental Bazaar
14 Tokyu Plaza

Nezu-Museum

EINDRUCKSVOLLE KUNSTSAMMLUNG & GARTENANLAGE

Das Museum in Minami-Aoyama öffnete erstmals 1941 und beherbergt die Privatsammlung des Unternehmers und Kunstliebhabers Nezu Kaichirō. Die über 7400 alten asiatischen Werke aus unterschiedlichen Genres wie Keramik, Kalligrafie und buddhistischer Bildhauerei spiegeln seinen eklektischen Geschmack wider. Bei Renovierungsarbeiten 2009 fügte der renommierte Architekt Kengo Kuma einen markanten Bambushain als Begrenzung an und verband das Dachdesign mit dem üppigen Garten. Die idyllischen Wege mäandern um Teiche, Steinlaternen und Teehäuser und laden zu einem Spaziergang ein.

Nezu-Museum

Yoyogi-Park

WEITE GRÜNFLÄCHE & URBANER VERANSTALTUNGSORT

Nach dem Zweiten Weltkrieg Standort von US-Militärkasernen und 1964 von Tokios Olympischem Dorf, wird der städtische Park heute von Einheimischen zum Picknicken, für Sport, Musik oder zur Erholung genutzt. Sonntagnachmittags zeigt eine legendäre Rockabilly-Tanzgruppe in der Nähe des Harajuku-Eingangs ihr Können. An Wochenenden gibt's oft Bauernmärkte mit Bioprodukten, Bekleidung und Lifestyle-Accessoires und auch lebendige internationale Feste mit Kultur und Küche von Tokios ausländischen Gemeinden, von Peru über Jamaika bis Thailand. Zum Veranstaltungsbereich läuft man vom Bahnhof Harajuku am Parkeingang vorbei und überquert die Straße an der ersten Ampel.

Rockabilly-Tänzer, Yoyogi-Park

Meiji-jingū

TOKIOS GRÖSSTER SCHREIN

Die üppige Grünanlage des 100 Jahre alten Meiji-jingū und der umliegende Wald spiegeln den Grundsatz des Shintoismus wider – dass alle Elemente der Natur heilig sind. Das majestätische *torii* (Tor) vor dem Hauptschrein besteht aus taiwanesischer Zypresse und ist mit 12 m das größte seiner Art Japans. Die aufeinandergestapelten leeren Sakefässer sind Opfergaben lokaler Brauereien an die Gottheiten des Schreins, die Ansammlung von Weinfässern steht für die Verbindung des Kaisers Meiji mit dem Westen (und Leidenschaft für Wein). Zu den ausgehängten Regeln für einen Besuch des Hauptschreins gehört es, sich als Zeichen des Respekts beim Passieren des *torii* zu verbeugen. Der innere Garten (Eintritt 500 ¥) birgt blühende Pflanzen und den Kiyomasa-Brunnen.

GESCHICHTE ERLEBEN

Auf dem Gelände des heutigen Omotesando-Hills-Komplexes standen einst die **Dojunkai-Aoyama-Apartments**. Die atmosphärischen, vom Bauhaus inspirierten Gebäude von 1926 beherbergten verschiedene Geschäfte und Galerien. Omotesando Hills bewahrt eine kleine Replik des populären efeubewachsenen Baus, den die Denkmalschutzkampagne als seelenlos bezeichnete.

Die Gebäude zählten zu den wenigen, die die US-Luftangriffe von 1945 überstanden. Die größten Schäden verzeichneten Tokios östliche Viertel. Am 25. und 26. Mai wurden zudem große Teile von Omotesando (auch der später wiederaufgebaute Meiji-jingū) zerstört und Hunderte Menschen getötet. Eine **Friedensstatue** an der Kreuzung Omotesando/Aoyama-dōri erinnert daran.

WEITERE HIGHLIGHTS IN HARAJUKU & AOYAMA

Urbane Haute Couture

SHOPPINGTOUR AUF DER OMOTESANDO-DŌRI

Die bekannte **Einkaufsmeile Omotesando-dōri** führt südöstlich des Bahnhofs Harajuku durch die Bezirke Omotesando, Harajuku (Omohara) und Aoyama zum Nezu-Museum. Bei der umfassenden Neugestaltung des Bahnhofs Harajuku, deren polarisierendes Ergebnis 2020 präsentiert wurde, erfuhren auch die Geschäfte gegenüber eine grundlegende Neusortierung und beinhalten nun Marken wie IKEA, den Kosmetikgiganten ((Cosme Tokyo und den exklusiven italienischen Essensmarkt Eataly.

Folgt man der Omotesando-dōri Richtung Meiji-dōri-Kreuzung, stößt man auf zwei benachbarte Shopping-Outlets. Das **Laforet Harajuku** bietet eine umfangreiche Auswahl an trendigen Modemarken, während das **Tokyu Plaza** mit der idyllischen Dachgartenterrasse Omohara Forest lockt. Auf der anderen Straßenseite wird ebenfalls Tokios Hang zu Expansion und Veränderung gelebt: Der neue Einkaufskomplex mit vertikalem Dachgarten **Harakado** soll im Frühjahr 2024 eröffnet werden.

Weiter südlich bietet der legendäre **Oriental Bazaar** ein großes preisgünstiges Sortiment an Textilien, Keramik und Kunsthandwerk aus Japan. Bei der Eröffnung des Antiquitätenladens 1951 in Omotesando gehörte ein Großteil der Kundschaft zur US-Besatzung. In der Nähe befindet sich das exklusive Shopping-Mekka **Omotesando Hills**. Der Entwurf des Architekten Tadao Ando integrierte scharfe, glatte Elemente in den Bau selbst, der Haute-Couture-Giganten wie Yves Saint Laurent, Valentino und Dior neben kleineren Schmuck-, Mode- und Kosmetikmarken sowie japanische und internationale Restaurants beherbergt. Gelegentlich finden Veranstaltungen und Ausstellungen statt.

Streifzug durch Nebenstraßen

DAS WENIGER BEKANNTE HARAJUKU

Hinter den größeren Einzelhandelsgeschäften und Restaurants von Harajuku verstecken sich verschiedene Seitenstraßen, Ura-Harajuku oder kurz Urahara genannt. Das Ambiente überzeugt nicht nur kauffreudige Shoppingfans. Der Mix aus Secondhandmode, einzigartigen Barbershops, innovativen Kunstgalerien und stilvollen Cafés lohnt morgens oder mittags einen Schaufensterbummel. Wer sich Zeit für die Nebenstraßen nimmt, stößt auf spannende Schilder und Laden-

CAFÉS IN HARAJUKU & OMOTESANDO

Little Nap Coffee Stand
Charmantes Café mit starkem Kaffee, Eis, Backwaren und toller Schallplattenmusik. ¥

Fuglen
Das skandinavisch inspirierte Café serviert milden hochwertigen Kaffee und kreative Cocktails. ¥

Sarutahiko Coffee
Große Räume, die Kundschaft sitzt mit einem Kaffee vor ihren Laptops. Bietet verschiedenes Süßgebäck. ¥

STADTSPAZIERGANG: AOYAMAS HIGHLIGHTS

Los geht's mit einem Energieschub im **1 Tokyo Juice**. Ist man nachmittags unterwegs, besucht man die benachbarte **2 Gallery 360°** mit Kunstutensilien und Ausstellungen von experimentellen Kunstschaffenden wie Yoko Ono. Weiter südlich hinter der Aoyama-dori (Route 246) beherbergt ein fantastischer gitterartiger Bau von Kengo Kuma, der traditionelle Holztechniken einsetzte, das Geschäft für Ananaskuchen **3 Sunny Hills**. Nebenan steht der faszinierende schimmernde Glaskristallturm mit dem **4 Prada Tokyo Aoyama**. Wer das **5 Nezu-Museum** (S. 83) und das Taro-Okamoto-Gedenkmuseum vor Ort besuchen möchte, kann sich dazwischen bei Down the Stairs gegenüber dem Nezu mit frischer saisonaler Küche vor stilvoller Kulisse stärken. Dann locken die Kunstgalerien und Läden der Gegend, darunter das Mizen mit Designertextilien aus ganz Japan.

Am berüchtigten Jazzclub **6 Blue Note Tokyo** vorbei geht's über die Kotto-dori zurück zur Route 246. Das **7 Nomu Cafe** birgt eindrucksvolle Blumenarrangements und Designelemente der Architektin Kazuyo Sejima, danach folgen die Kunstexponate und eklektischen Shops im nahen Komplex **8 Spiral**. Das Japanische Sakurai-Teeerlebnis im fünften Stock bietet *hōjicha* aus eigener Röstung und raffinierte Cocktails auf Teebasis (am besten reservieren). Zuletzt läuft man die **9 Omotesando-dōri** hinauf. Diese Straße wurde einst als Zugang zum verehrten Meiji-jingū angelegt, wovon die zwei Steinlaternen am Eingang zeugen. Sie steht voller architektonischer Highlights, darunter das Louis Vuitton Omotesando von Jun Aoki, das One Omotesando von Kengo Kuma, die Bottega Veneta von Toyo Ito, Kazuyo Sejimas Dior-Omotesando-Gebäude und Tadao Andos Komplex **10 Omotesando Hills.**

FIYFY/SHUTTERSTOCK ©

Bauernmarkt bei der UNU

BAUERNMARKT

Auf Bauernmärkten lernt man einen Ort durch das Lebensmittelangebot kennen, das ist bei diesem Markt vor dem Campus der Universität der Vereinten Nationen an der Aoyama-dōri nicht anders.

Der **Bauernmarkt bei der UNU** findet das ganze Jahr über an den meisten Samstagen und Sonntagen von 10 bis 16 Uhr statt und bietet frische Produkte von Bauernhöfen aus dem ganzen Land, Backwaren, Kunsthandwerk, Imbisswagen und gelegentliche Livekonzerte. Highlights sind das Ambiente und die Kostproben – und Wissenswertes über Japans lokale Essenskultur bei einem Plausch an den Marktständen.

fronten oder erhält Einblicke in den hiesigen Alltag, z. B. durch eine ältere Dame, die ihre Pflanzen vorm Haus wässert.

Der bekannteste Teil von Ura-Harajuku ist die Cat Street, beidseitig gesäumt von Straßenmodemarken, Secondhandläden, coolen Cafés und vereinzelten Obst- und Gemüsegeschäften. Interessant ist außerdem die unabhängige Kunstszene in Urahara, zu der auch die **Design Festa Gallery** gehört. Das selbst ernannte „Harajuku-Kunstdorf" entstand 1998 und umfasst östliche und westliche Galerien sowie eine Café-Bar und das hauseigene Restaurant **Sakura-tei** für *okonomiyaki* (gebratene herzhafte Pfannkuchen). Der Komplex bietet Kunstschaffenden die Möglichkeit, Originalwerke auszustellen, während Gäste sich an Wandbildern versuchen können. Die angrenzende Kunstgalerie mit Café **Space Banksia** zeigt Wechselausstellungen, Filmvorführungen und Pop-up-Events lokaler Kunstschaffender – für aktuelle Termine siehe die Website (space-banksia.com).

In der Gegend ist viel zu entdecken, und die beste Art und Weise dafür ist, einfach herumzuwandern. Manche Nebenstraßen sind ziemlich lang und führen eventuell in Wohnbezirke – generell ist das unproblematisch, wenn man sich ruhig und respektvoll verhält. Zu Erkundungstouren laden außerdem die vielen Nebenstraßen hinter der Omotesando-dōri mit edlen Vintage-Läden, unabhängigen Designermarken, kultivierten Cafés und Teestuben ein.

ESSEN IN HARAJUKU & AOYAMA

Eatrip
Serviert täglich wechselnde saisonale Gerichte mit Zutaten aus einem Farmernetzwerk sowie Bioweine. ¥¥

Number A
Künstlerlokal mit Gerichten wie Pasta und süße/herzhafte Pfannkuchen, Bier und naturbelassene Weine. ¥

Aoyama Flower Market Tea House
Kräutertees, Limonaden und Gerichte mit Blumenthemen vor floraler Kulisse. ¥

WEST-TOKIO & UMGEBUNG

SPANNENDE VORORTE UND NATUR

Westlich von Shinjuku führt die JR-Bahnlinie Chūo in einige der faszinierendsten Viertel Tokios, die alle ihren eigenen Charakter haben. Der erste Abschnitt Richtung Westen verläuft nach Nakano mit dem *otaku*-Paradies Nakano Broadway. Im benachbarten Suginami leben traditionell viele Intellektuelle und Kunstschaffende. Zu den Bezirken des Viertels gehören Kōenji, bekannt für seine Aktivistengeschichte, Vintage-Läden sowie Kunst- und Musikstätten, und Nishi-Ogikubo mit florierenden Antiquitätenmärkten und dem malerischen Zenpukuji-Park. Weiter westlich liegt Kichijōji mit zahlreichen Boutiquen, lebendigen Restaurants und dem attraktiven Inokashira-Park, der unter anderem Mitakas beliebtes Ghibli-Museum beherbergt. Noch weiter westlich lockt das Edo-Tokio-Freilicht-Architekturmuseum in Koganei und jenseits davon die grüne Tama-Region zum Wandern und Rafting.

TOP TIPP

Die Stadtviertel an der Chūo-Linie zeigen ein entspannteres Tokio mit vielen friedlichen Tempeln und Schreinen, einzigartigen Geschäften und Cafés und einer lebendigen *yokochō*. Für eine Tour liefert experience-suginami.tokyo von Einheimischen aus Suginami nützliche Infos zu Geschichte, Gebräuchen und Attraktionen.

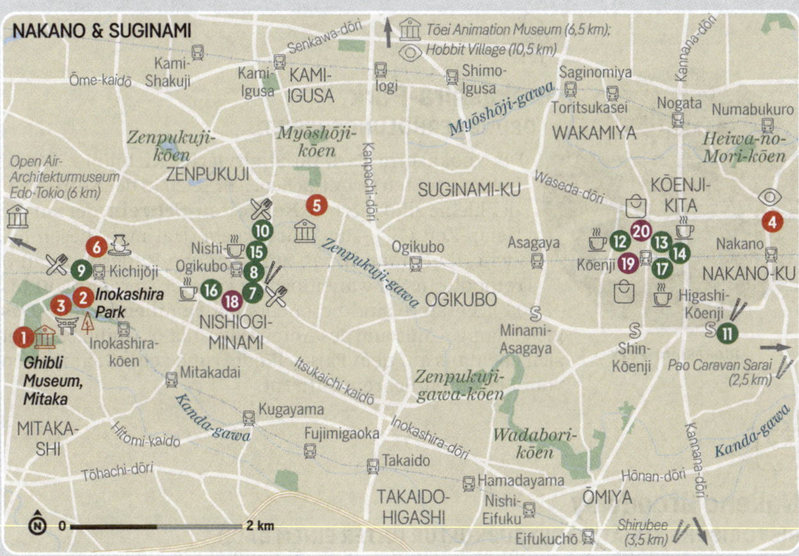

HIGHLIGHTS
1 Ghibli-Museum, Mitaka
2 Inokashira-Park

SEHENSWERTES
3 Benzaiten-Schrein
4 Nakano Broadway
5 Suginami-Animationsmuseum

AKTIVITÄTEN
6 Ōnao

ESSEN
7 Ciclo
8 Handsome Shokudō
9 Harmonica-Yokochō
10 Iseya
11 Kawanaka-ya
siehe 4 Lou
siehe 9 Nakadaya

AUSGEHEN
12 Cocktail Shobō
13 Hattifnatt
14 Henri Fabre
15 Kissako Isshin Niyo
16 Shōan Bunko
17 Yonchome Cafe
siehe 13 Yummy Café

SHOPPEN
siehe 12 Digahole Zines
18 Re:gendo
19 Sub Store
20 Uptown Records

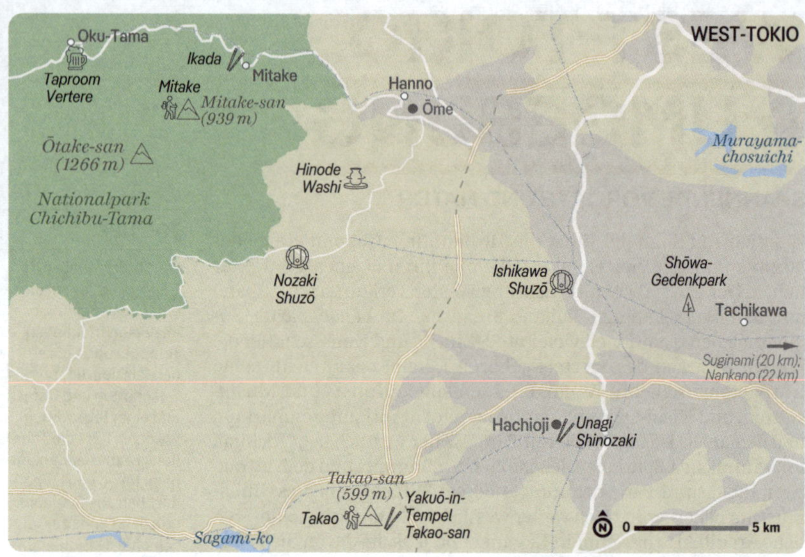

Inokashira-Park

GRÜNES ERHOLUNGSGEBIET

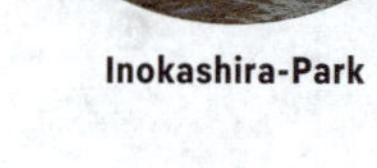
Inokashira-Park

Der Inokashira-Park im Stadtviertel Kichijōji zählt zu Tokios größten Grünflächen. Am Teich in der Mitte steht der kleine zinnoberrote **Benzaiten-Schrein**, der auf die Heian-Zeit (794–1185) zurückgeht. Hat man diesen besucht, läuft man hinab zum Kai, wo Ruderboote und Tretboote in Schwanenform vermietet werden (500 bis 800 ¥); Letztere sind besonders bei Familien beliebt. Das gleichnamige Museum des Animationsstudios Ghibli befindet sich ebenfalls auf dem Parkgelände, rund zehn Gehminuten vom Benzaiten-Schrein entfernt.

Nakano Broadway

HISTORISCHE SCHÄTZE UND SUBKULTUR UNTER EINEM DACH

Ein fünfminütiger Fußmarsch durch eine Einkaufsstraße direkt vor dem Nordausgang des Bahnhofs Nakano führt zum Nakano Broadway, einem *otaku*-, Sammler- und Bastlerparadies. Das Gebäude mit legerem, fast altmodischem Ambiente birgt Geschäfte mit Manga- und Cosplay-Artikeln, Figuren, Antiquitäten, alten Puppen, Sammlermünzen und vielem mehr. Die beliebte Secondhandkette **Mandarake** hat hier mehrere Filialen. Das Angebot richtet sich nicht nur an die Nerd-Gemeinde, so kamen in den letzten Jahren einige Geschäfte für Vintage-Uhren und Luxusartikel hinzu. Vor Ort gibt's zudem einige Passagen wie das **Namco Nakano**, das sich in einer ruhigen Ecke versteckt, und achtstöckiges Softeis bei **Daily Chiko** im Untergeschoss.

Wegweiser zum Ghibli-Museum, Mitaka

Ghibli-Museum, Mitaka

WUNDERSAME FANTASIEWELT

Im Ghibli-Museum, Mitaka, auf dem weitläufigen Gelände des Inokashira-Parks erwacht die Welt des Animationsstudios Ghibli zum Leben. Es wurde von den legendären Animationskünstlern Hayao Miyazaki und Isao Takahata gegründet und brachte einige der angesehensten Animationsfilme aller Zeiten hervor, darunter Kultwerke wie *Chihiros Reise ins Zauberland* und *Mein Nachbar Totoro*. Hier können Fans des Studios den ikonischen Charakteren der Filme begegnen wie einem lebensgroßen Totoro und der Buskatze. Es gibt viel zu sehen und zu erleben – ein großer Spaß für Jung und Alt. Vor Ort zeigt ein Kino jeden Monat einen neuen, exklusiv vom Studio für das Museum gedrehten Kurzfilm.

Die verspielte Architektur des Museums, die verschiedenen interaktiven Ausstellungsflächen und die Möglichkeit, durch die Notizbücher der Animationsmeister zu blättern, nach Ostereiern zu suchen und Einblicke in die Entstehungsprozesse der Filme zu bekommen, begeistern eingefleischte Ghibli-Fans, wobei sich selbst Animationsneulinge dieser zauberhaften Welt kaum entziehen können. Tickets müssen vorab reserviert werden, sind bis zu einem Monat im Voraus verfügbar (Details unter ghibli-museum.jp/en/tickets) und schnell ausverkauft.

Edo-Tokio-Freilicht-Architekturmuseum

HISTORISCHES OPEN-AIR

Das **Edo-Tokio-Freilicht-Architekturmuseum** in Musashi-Koganei gleicht einer Reise in die Vergangenheit, von der Edo-Ära (1603–1868) bis zur frühen Shōwa-Zeit (1926–1989). Hier stehen restaurierte Gebäude, deren Originale zu ihrer Zeit Erdbeben, Bränden, Bombenangriffen während Kriegen oder der Stadtplanung zum Opfer fielen, darunter strohgedeckte Bauernhäuser, Privathäuser und Villen feudaler Adeliger und Aristokraten, ein Teehaus und verschiedene Geschäfte wie eine Bar und ein Laden für *shōyu* (Sojasoße). Es gibt traditionelle Kunsthandwerksvorführungen und Wechselausstellungen. Montags geschlossen.

Edo-Tokio-Freilicht-Architekturmuseum

DIE BESTEN KÜNSTLERCAFÉS IN KŌENJI

Cocktail Shobō (カクテル書房)
Das Literaturcafé aus der Taishō-Zeit bietet *izakaya*-Gerichte und Cocktails auf Basis von Rezepten aus Romanen. ¥

Henri Fabre (カフェアンリファーブル)
In dem geräumigen Café im zweiten Stock des Za-Kōenji-Theaters trifft sich Kōenjis Literaturgemeinde. ¥

Yonchome Cafe
Kreative saisonale Getränke und Desserts inmitten von Retrolampen und Fliesenkunst. ¥¥

Yummy Café
Das Restaurant serviert *jerk chicken* und Curry. Regelmäßig finden Livekonzerte und Musikveranstaltungen statt. ¥

Hattifnatt
In dem farbenfrohen, gemütlichen Café taucht man in die Welt von Bilderbüchern für Kinder ein. ¥

Ishikawa Shuzō (S. 92)

WEITERE HIGHLIGHTS IN WEST-TOKIO & UMGEBUNG

Animationskultur in Suginami

HEIMAT DES ANIME

Suginami ist Japans Anime-Zentrum, das mit fast 140 Animationsstudios im Stadtbezirk die größte Zahl des Landes aufweist. Das **Suginami-Animationsmuseum** (杉並アニメーションミュージアム) in Ogikubo bietet ein Animationsstudio, in dem man eigene Zeichnungen und Synchronisationen erstellen kann. Ein ähnliches interaktives Angebot hat das **Tōei-Animationsmuseum** (東映アニメーションミュージアム) in Nerima.

Kōenjis Untergrundkultur

MUSIK, SECONDHANDLÄDEN UND AKTIVISMUS

Kōenjis Straßenbild ist eine faszinierende Mischung aus Plattenläden, Fischgeschäften, Barbershops, Tätowierstudios, Ramen-Ständen, Kunsthandwerkateliers, Mikrobars und Livemusik-Locations – und das ist nur der Anfang. Das Viertel gilt außerdem als Tokios Hotspot für Secondhandmode.

ESSEN IN NAKANO & KŌENJI

Kawanaka-ya
Winziges Restaurant in Higashi-Kōenji, mit Laternen dekoriert; üppiges, aromatisches *yakitori* und viele Sake. Wenig Englisch. ¥

Pao Caravan Sarai
Afghanisches Lokal in Higashi-Nakano; Spieße, *manto* (Teigtaschen) und *karahi*-Gerichte (im tiefen Topf zubereitet). ¥¥

Lou
Von Portland, USA, inspiriertes Café in Nakano; Kaffeegetränke, leckere Desserts, Craft-Biere, Naturweine und Cafégerichte. ¥

Bei einem Spaziergang durch Kōenjis Straßen atmet man jahrzehntelange Geschichte, dafür sorgen verschiedene Geschäfte in renovierten *kominka* (traditionelle Holzbauten) oder auch ältere Einheimische bei ihrer nachmittäglichen Einkaufsrunde. Das Viertel ist wie eine bodenständigere Version von Shimo-Kitazawa (S. 76). Beide Bezirke gelten als traditionelle Anziehungspunkte lautstarker Antiestablishment-Bewegungen.

Viele Musiker:innen aus Genres wie Jazz, Rock, Punk, experimenteller Musik und Noise starteten ihren Werdegang in den 1960er- und 1970er-Jahren, als Studierende gegen den Sicherheitsvertrag zwischen Japan und den USA auf die Straße gingen. Die massiven Demonstrationen gegen Atomkraft nach der Fukushima-Katastrophe von 2011 konzentrierten sich ebenfalls auf Kōenji, inspirierten zu gesellschaftlichem Protest und wurden von dem Aktivistenkollektiv Shirōto-no-Ran (素人の乱 „Amateuraufstand") in hiesigen Shops für recycelte Produkte und Secondhand-Schallplatten organisiert.

Angesichts aktueller Pläne der Regierung, (wie in Shimo-Kitazawa) eine Straße durch Kōenji zu bauen, der viele heilige *shōtengai* (Einkaufsstraßen) zum Opfer fallen würden, organisierten Shirōto-no-Ran-Mitglieder und andere besorgte Ansässige Events wie den Umzug „Gyoza gegen Gentrifizierung". 2016 und 2023 richtete Kōenji zudem im September das Festival **No Limits** aus, das Teilnehmende aus ganz Asien anzog. Das zehntägige Programm mit Veranstaltungen und Kunstausstellungen stand sinnbildlich für Kōenjis Werte und widmete sich den Wechselwirkungen von Kriegen, Flüchtlingsbewegungen, Rassismus, Überentwicklung und Armut.

West-Tokios Reize

RETROGESCHICHTE, NATUR UND SHOPPEN

Von Plattenläden über Monokelgeschäfte bis zu frankophilen Bistros – **Nishi-Ogikubo** bietet geschichtsträchtige Lokalitäten. Lange galt es als wohlhabendes Viertel, wo viele elitäre Geschäftsleute und Offiziere lebten oder einen zweiten Wohnsitz hatten. Viele Häuser wurden nach dem Zweiten Weltkrieg verkauft, was die Ansiedlung der zahlreichen Antiquitätenläden begünstigte. An der Kotto-dōri nördlich des Bahnhofs, der **Antiquitätenstraße**, gibt's unter anderem *ukiyo-e* (Holzdrucke) und Porzellanwaren.

Eine andere Facette von Nishi-Ogikubo ist seine gegenkulturelle Geschichte, angefangen beim faszinierenden **Hobbit Village** (ほびっと村). Das dreistöckige efeubewachsene Gebäude beherbergt ein Biogemüsegeschäft, ein Restaurant und einen alternativen Buchladen. Entlang der **Willow Alley**,

DIE BESTEN RESTAURANTS IN NISHI-OGIKUBO & KICHIJŌJI

Ciclo
Das gemütliche italienische Restaurant in Nishi-Ogikubo serviert kreative Hauptgerichte. ¥¥

Handsome Shokudō (ハンサム食堂)
Beliebtes thailändisches Lokal in einem maroden Gebäude an der Willow Alley in Nishi-Ogikubo. ¥

Nakadaya (まぐろのなかだ屋)
Maguro-(Blauflossen-Thunfisch-)Lokal in der Gasse Harmonica Yokochō in Kichijōji mit japanischer Speisekarte. ¥

Unagi Shinozaki (うなぎ志乃ざき)
Das familienbetriebene Restaurant in Kichijōji bietet *unagi* (Aal), entweder gedünstet oder auf heißen Kohlen gegrillt. ¥¥

Shirubee (井の頭 汁べゑ)
Stilvolles, modernes *izakaya* mit kleinen Gerichten zum Teilen und leckeren Cocktails. ¥¥

ESSEN IN DER TAMA-REGION

Haupttempel Takao-san Yakuō-in (高尾山薬王院)
Per pedes (oder Seilbahn) halbwegs auf den Takao für *shōjin-ryori*. ¥¥

Ikada
Restaurant nahe Oku-Tama; großzügige Portionen Grillhühnchen und riesige *onigiri*. ¥

Nikujiru Gyoza Dandadan (肉汁餃子のダンダダン)
Das Schild „Gyoza und Bier sind Kultur" spricht für sich. Nur Bargeld. ¥

PERSONALISIERTES WASHI

Unmittelbar östlich von Oku-Tama bietet **Hinode Washi (**ひので和紙) die Möglichkeit, eigene *washi*-Blätter oder (mit entsprechenden Japanischkenntnissen) anspruchsvollere Stücke wie Kerzen oder dekorative Postkarten zu fertigen. Der sehr freundliche Besitzer Hideki Kunitaka startet mit einer Tour zu den Maulbeerbäumen auf seinem Gelände und veranstaltet dann Workshops in seinem Atelier. Reservierungen und Termine unter hinodewashi.tokyo/activity_english.html.

Zurück in Kichijōji bietet **Ōnao** (大直) Workshops zur Verarbeitung fertiger *washi*-Blätter zu verschiedenen Produkten (Notizbücher, Broschen und mehr). Die Website ist auf Japanisch, um Infos und Reservierungen kümmert man sich deswegen besser direkt vor Ort.

dem Schwarzmarkt der Nachkriegszeit, stehen heute winzige Restaurants. Im Viertel gibt's zudem zahlreiche malerisch renovierte *kominka* wie das Büchercafé mit Galerie **Shōan Bunko** (松庵文庫), das **Re:gendo** mit Naturtextilien und Küchenwaren und das panasiatische Teehaus **Kissako Isshin Niyo** (喫茶去 一芯二葉).

Weiter westlich liegt das kommerziellere Viertel Kichijōji mit dem Inokashira-Park als Hauptattraktion. Die Grünanlage lädt zu einem Picknick ein (Spieße gibt's im angrenzenden *yakitori*-Laden **Iseya**), dann geht's zurück ins Bahnhofsgebiet mit einzigartigen Geschäften und Cafés. Für einen geselligen Abend mit Drinks und Essen bieten sich die winzigen Stände von **Harmonica Yokochō** an.

Kurztrip in die Natur

WEITE PARKS UND SPANNENDE WANDERUNGEN

Die westliche Region Tokios wird Tama genannt und bietet Zugang zur Natur, die gen Westen immer idyllischer und grüner wird. Vor Tama lohnt zunächst Tachikawa, ein Ort zwischen Stadt und Land, einen Besuch. Der **Shōwa-Gedenkpark** (昭和記念公園) liegt rund 15 Gehminuten vom Bahnhof Tachikawa entfernt und wurde zu Ehren des 50-jährigen Thronjubiläums von Kaiser Shōwa angelegt. Mit weitläufigen Blumenbeeten, Sportplätzen, Picknickbereichen und regelmäßigen Lichtershows begeistert er Jung und Alt. Eine beliebte Besuchszeit ist der Herbst, wenn sich die Blätter der vielen Gingko- und Ahornbäume alljährlich im November gelb und rotbraun verfärben und der Park bis nach Einbruch der Dunkelheit geöffnet ist.

Fernab der Metropole bietet die Tama-Region zahlreiche Outdoor-Aktivitäten. So kann man zum Beispiel in **Akiruno** die Frühlingsblüte erleben oder die heiligen Berggipfel des **Takao** oder **Mitake** im Chichibu-Tama-Kai-Nationalpark erklimmen.

Gaben der Natur

SAKE UND BIER AN TOKIOS STADTRAND

Das frische, klare Wasser der Region bringt hochwertige Lebensmittel und Getränke hervor. Wer möchte, unternimmt eine Wasabi-Tour in Oku-Tama oder besucht eine der Sakebrauereien wie **Ishikawa Shuzō** (石川酒造) in Fussa und **Nozaki Shuzō** (野崎酒造) in Akiruno. Führungen bietet die Craft-Bierbrauerei **Beer Café Vertere** (ビアカフェバテレ) nicht, dafür aber leckeres Bier und Kneipenessen in der Schankstube in Oku-Tama mit malerischen Bergblicken.

TYPISCHE GESCHÄFTE IN KŌENJI

Sub Store
Eklektischer Mix aus Buchladen, Kunstgalerie, Café und Veranstaltungsort eines indonesisch-japanischen Paares.

Uptown Records
Vinylladen eines chinesisch-amerikanischen Pärchens mit hauseigener Bar und DJ-Events.

Digahole Zines
DIY-Shop für Magazine an Kōenjis Central Road mit angrenzendem Bereich für Veranstaltungen und Ausstellungen.

SHINJUKU & NORDWEST-TOKIO

LEBENDIGES NACHTLEBEN UND POPKULTUR

Shinjuku hat zwei Gesichter. Im Westen prägen moderne Bürogebäude und Wolkenkratzer Tokios Skyline, während im Osten schicke Kaufhäuser, ein großes Unterhaltungsangebot und Neonlichter dominieren. In dem Viertel, das vielen als Durchgangsstation dient (die meisten Zuglinien passieren Shinjuku), treffen sich Menschen jeder Couleur. 1958 wurden Shinjuku, Ikebukuro und Shibuya als Subzentren Tokios ausgewiesen. In den folgenden Jahren durchlebten die Bezirke eine rasante Entwicklung, die bis heute anhält.

Die geschäftigsten Züge sind die der JR-Linie Yamanote in den Nordwesten der Stadt; Ikebukuro ist der Hauptverkehrsknotenpunkt mit täglich Millionen Pendelnden. Als Standort von Sunshine City, einem der größten Einkaufs- und Unterhaltungskomplexe Tokios, präsentiert sich das quirlige Viertel mit Geschäften, Kaufhäusern und bis spät in die Nacht geöffneten Passagen als spaßorientiert und jung.

TOP TIPP

Die Orientierung an den Bahnhöfen Shinjuku und Ikebukuro fällt selbst Einheimischen manchmal schwer. Google Maps kann oft den nächsten Bahnhofsausgang zeigen. Folge den Schildern aufmerksam und halte dich links auf den Fußwegen. Die Rush-Hour-Zeiten sind etwa 7.30–10 und 17.30–20 Uhr.

Golden Gai (S. 96)

Kabukichō

Kabukichō

DAS VIERTEL BEI NACHT

Tagsüber ist **Kabukichō** (歌舞伎町) ein gewöhnlicher Stadtteil, der ziemlich ruhig und verlassen wirkt, abends erwacht er jedoch zum Leben. Eine typische Nacht beginnt mit einer Bier- und Cocktail-Flatrate in einem *izakaya*, um dann in gelöster Stimmung die zahllosen neonbeleuchteten Straßen zu erkunden. Für manche Einheimische endet eine gute Nacht hier in den frühen Morgenstunden, mit ein bis zwei neuen Freunden aus einer Bar stolpernd, die Stimme heiser vom Herausschmettern der besten Karaoke-Hymnen.

Shinjuku Gyoen

URBANE OASE MIT FEUDALER VERGANGENHEIT

Die üppige Grünanlage mitten in einem Betondschungel ist für Einheimische eine willkommene Ruheoase. Shinjuku Gyoen (新宿御苑) diente in der Edo-Zeit als feudaler Adelssitz, wurde 1906 zu einem kaiserlichen Garten und ist seit 1951 ein öffentlicher Park. Bei einem Spaziergang entlang der verschlungenen Wege durch die von drei Gartenstilen geprägte Anlage (französisch formell, englischer Landschaftsgarten, japanisch traditionell) vergeht der Nachmittag schnell. Zu einer Stärkung laden ein paar Restaurants und Cafés auf dem Parkgelände ein.

Im Frühling ist der Park einer der besten Orte in Tokio, um die eindrucksvolle Kirschblüte zu erleben, denn hier wachsen über 1000 *sakura*-Bäume mit 65 verschiedenen Sorten. Das Gelände kann daher entsprechend überlaufen sein, und während der Hauptblütezeit muss man eventuell über die Parkwebsite Onlinetickets mit einem bestimmten Zeitfenster reservieren, wobei am Eingang das ganze Jahr über Eintrittskarten erhältlich sind.

Shinjuku Gyoen

WEITERE HIGHLIGHTS IN SHINJUKU & NORDWEST-TOKIO

Nachtleben in Nichōme

LGBTIQ+-HOTSPOTS

Shinjuku Nichōme (新宿二丁目), umgangssprachlich „Nichōme" oder „Nichō" genannt, birgt Tokios größte LGBTIQ+-Ausgehszene. Der Bezirk liegt etwa zehn Gehminuten von Golden Gai in Shinjuku entfernt und war in der Nachkriegszeit ein Rotlichtviertel. Mit dem Verbot von Sexarbeit 1958 öffneten Schwulenbars auf dem einstigen Bordellgelände. Die genaue Zahl ist umstritten, der 10 ha große Bereich soll jedoch bis zu 500 Bars beherbergen.

Das **Aiiro Cafe** zählt zu Nichōmes beliebtesten Bars und bietet ein freundliches internationales LGBTIQ+-Team und eine All-you-can-drink-Happy-Hour mit Bier für unschlagbare 1000 ¥. Die **Bar Goldfinger** und das **Adezakura** sind am Wochenende Frauen vorbehalten, Erstere bietet zudem kostenloses Popcorn und Karaoke. Gogo-Tänzer, Dragqueens, Bear- und K-Pop-Abende sowie thematische Events gibt's am Wochenende in der **AiSOTOPE Lounge** oder im **Eagle Tokyo Blue**. Wer tanzen möchte, steuert das **Dragon Men** oder **Arty Farty** an.

NICHŌME-LEITFADEN

Koh lebt vor Ort und gibt Tipps für einen schönen Ausgehabend in Nichōme. Der Abend startet im **Aiiro Cafe**, einem der besten Orte, um Einheimische und Auswärtige zu treffen.

Im **New Sazae** locken dann ein bunt gemischtes Publikum und erstklassige Retromusik.

Viele Bars bedienen verschiedene Vorlieben und Genres, bei den meisten handelt es sich jedoch um traditionelle japanische Thekenbars unter Leitung einer „Mama". Ein paar Japanischkenntnisse helfen.

Nichōme hat eine der herzlichsten LGBTIQ+-Gemeinden der Gegend. Mein Rat ist, mit uns Einheimischen zu plaudern, wir geben gerne Tipps zum breiten Angebot.

PRAKTISCHE HOTELS IN BAHNHOFSNÄHE

Hotel Gracery Shinjuku
Mitten in Kabukichō, sieben Gehminuten vom Bahnhof Shinjuku und den meisten Zuglinien entfernt. **¥¥**

Vessel Inn Takadanobaba
Der Hotelaufzug führt direkt zur U-Bahn-Station Takadanobaba. JR- und Seibu-Linien sind zwei Gehminuten entfernt. **¥¥**

Hotel Metropolitan Ikebukuro
Gemütliche Zimmer einen Katzensprung vom Bahnhof Ikebukuro entfernt. **¥¥**

NOSTALGISCHE OMOIDE YOKOCHŌ

Omoide Yokochō ist eine Shinjuku-Rarität und fühlt sich wie ein Überbleibsel der Vergangenheit an. Schummrig beleuchtete Gassen voller Shops und *izakaya*, die seit mindestens 50 Jahren nicht verändert wurden, haben sich der rasanten, modernen Entwicklung der Stadt entzogen. Der romantische Name – *omoide* bedeutet „Erinnerung" – geht auf eine einfachere Ära zurück. Früher hieß die Omoide Yokochō „Glücksstraße"; in der Nachkriegszeit standen hier Schwarzmarktläden dicht gedrängt und nur durch hölzerne Rollläden getrennt. Auch die allgegenwärtigen *yakitori*- und *motsuyaki*-(gegrillte Innereien-)Shops stammen aus dieser Zeit, als Innereien nicht rationiert waren und in größeren Mengen konsumiert werden konnten.

INFANTRYDAVID/SHUTTERSTOCK©

Ikebukuro

Kanpai in Shinjuku

KALTES BIER, HEISSE SPIESSE & KARAOKE

Ein Ort zum Verweilen und Alkoholtrinken – das ist die ungefähre Übersetzung von *izakaya*. Hier treffen Freundes- und Kollegenkreise zusammen, um sich beim Essen und Trinken zu unterhalten und mit „*Kanpai*"-(Prost-)Rufen zuzuprosten. Die Kneipen selbst haben ein einladendes Ambiente, All-you-can-drink-Angebote, Frittiertes und leckeres *yakitori*. Ketten wie **Torikizoku** sind bei Einheimischen beliebt und eignen sich mit ihrer freundlichen Atmosphäre, dem einfachen Tablett-Bestellsystem und natürlich dem köstlichen *yakitori* perfekt als Einstieg und für Traveller. Authentischer geht's hingegen in einer *yokochō* zu, wie dem **Omoide Yokochō** (思い出横丁) nahe dem Westausgang des Bahnhofs. Bei der Suche nach einem *izakaya* nicht auf Anwerbeversuche einlassen; diese sind illegal, aber verbreitet in Gegenden wie Kabukicho. Die meisten *izakaya* servieren *otōshi* (Aperitif) gegen eine kleine Gebühr pro Person, die als eine Art Trinkgeld oder Sitzgebühr betrachtet wird.

In Shinjuku laden noch viele weitere Kneipen zu einem Drink ein. **Golden Gai** (ゴールデン街) bietet sich als Start-

SPÄT ESSEN IN SHINJUKU

Gyukatsu Aona (牛かつあおな新宿店)
Bekannt für hochwertiges, zartes Rindfleisch. Das Lokal nahe Kabukichō hat bis Mitternacht geöffnet. **¥¥**

Ramen Nagi
Beliebter Ramen-Laden in Golden Gai; wohlriechende *niboshi* (getrockneter Fisch). Rund um die Uhr geöffnet. **¥**

Ramen Jiro
Dicke *tonkotsu rāmen* mit jeder Menge Fleisch und Gemüse für den großen Appetit. Bis Mitternacht geöffnet. **¥**

punkt an. Die **Champion Bar** liegt direkt am Eingang des Viertels, dessen winzige Themenbars mit Drinks für 500 ¥ und lauter Karaoke-Musik touristische Klientel anlocken. Sie ist ein guter Anfang, quetscht man sich jedoch durch die Gassen oder traut sich nach oben, warten einige wahre Schätze. Diese sind meist nicht so günstig – manche verlangen Eintritt (500 bis 1500 ¥), und Getränke gibt's in der Regel ab 700 ¥.

Eine weitere Option ist Kabukichō (S. 94), dessen schäbige Fassade etwas einschüchternd wirkt, die Bars dahinter sind jedoch meist harmlos. Viele haben günstige (100 ¥ pro Lied) oder kostenlose Karaoke-Maschinen, und jeder ist dazu eingeladen mitzusingen. Es kann nie schaden, vorsichtshalber die Internetbewertungen der Bars vorab nachzulesen.

Popkultur-Shopping in Ikebukuro

ANIME- & POKÉMON-PARADIES

Wie das Viertel Akihabara (S. 101) ist auch **Ikebukuro** (池袋) ein *otaku*-Hotspot, wobei der Schwerpunkt hier auf Mangas, Anime und Spielen für ein weibliches Publikum liegt. In Akihabara gibt's Mecha-Roboter und die angesagtesten Mainstream-Charaktere der Saison, in Ikebukuro Buchregale und Passagen mit Merchandise-Artikeln gut gekleideter männlicher Anime-Idole und süßer Figuren. Die **Otome-Straße** („Mädchenstraße") säumen einige der führenden Comic- und Fanartikelgeschäfte Japans wie **K-Books** und **Lashinbang**. Auch das **Animate Cafe** ist vertreten und veranstaltet jeden Monat spezielle Gemeinschaftsprojekte. Der neu renovierte, 2023 wieder eröffnete **Animate Flagship Store** liegt zwar nicht an der Otome-Straße, ist jedoch ein *otaku*-Pflichtstopp in Ikebukuro. Auf zehn Etagen findet man Veranstaltungshallen, eine Galerie und ein Theater.

Wer liebenswürdige Charaktere mag oder mit Kindern unterwegs ist, sollte **Sunshine City** ansteuern. Vor Ort bietet das **Pokémon Center Mega Tokyo** ein großes Sortiment von aktuellen Fanartikeln, einen speziellen Bereich für Sammelkartenturniere und das **Pokémon Go Lab**, wo sich Fans des Handyspiels treffen. Das reizende **Pikachu Sweets** ist ein Take-away-Café mit Pokemón-Thematik. Weitere Fanprodukte führen Filialen von **Kiddy Land**, dem **Disney Store**, dem **Ghibli Store** und dem **One Piece Mugiwara Store**.

Sehenswert sind außerdem die weltweit größte Sammlung von Kapselspielzeug, die speziellen Souvenirs im **Gashapon Department Store** und die Aussichtsplattform im 60. Stock des **Sunshine 60**.

EULENSTADT

Eulen sind in Ikebukuro ein vertrauter Anblick, ob als Statuen, Maskottchen oder Dekoration in Ladenfronten. Der wahrscheinlichste Grund dafür ist eine Art Wortspiel: Das *bukuro* in Ikebukuro klingt wie das japanische Wort für Eulen, *fukurō*. Echte Eulen wird man heute kaum entdecken, manche behaupten jedoch, dass sich die Tiere früher gerne in Ikebukuro sammelten. Andere Quellen halten einen runden, beutelähnlichen Bereich in der Stadt mit Teichen für den Ursprung des Namens, da *ike* und *bukuro* auf Japanisch Teich und Beutel bedeuten. Von den Gewässern ist heute nichts geblieben – der letzte Teich trocknete nach dem Zweiten Weltkrieg aus.

SHOPPING-HIGHLIGHTS IN SHINJUKU

Shinjuku Kitamura Camera
Wunderschöner, stylisher mehrstöckiger Laden für neue und gebrauchte Kameras sowie Zubehör.

Tokyu Hands
Siebenstöckiges Lifestyle-Geschäft mit Kosmetik, Küchenutensilien, Werkzeug, Schreibwaren und vielem mehr.

Books Kinokuniya Main Store
Historischer Buchladen in Shinjuku. Fremdsprachige Bücher gibt's im siebten Stock, Schreibwaren im B1.

KŌRAKUEN & AKIHABARA

SUBKULTUR UND ERHOLUNG

Kōrakuen ist vor allem für den Tokyo Dome bekannt, ein Stadion für Konzerte und Baseballspiele. Eigentlicher Star des Viertels ist der idyllische Koishikawa Kōrakuen, einer der ältesten und schönsten Parks in Tokio. Gegründet wurde er im frühen 17. Jh. von einem Mitglied des Tokugawa-Clans. Südlich des Tokyo Dome liegt das Stadtviertel Jimbōchō, das im E-Book-Zeitalter mit der größten Dichte an Secondhandbuchläden der Stadt das gedruckte Wort in den Fokus stellt.

Ob *otaku* oder nicht, von Akihabara hat man sicherlich schon gehört. In dem Zentrum für Subkultur sind Anime allgegenwärtig – auf Reklametafeln, in Songs, die durch Geschäfte schallen, und in den Regalen und Glasvitrinen mit Stofftieren und Figuren. In Akihabara, auch „Akiba" genannt, tauchen Fans japanischer Mangas und Animes in die Welt ihres Lieblingsmediums ein und nehmen einige exklusive Fanartikel mit nach Hause.

TOP TIPP

Um in den Hauptbezirk von Akihabara zu gelangen, folge am Bahnhof den Schildern zum Electric-Town-Ausgang. Der Bereich um den Tokyo Dome ist von den Stationen Kōrakuen, Suidōbashi und Iidabashi zugänglich. Der Bahnhof Jimbōchō ist ans Metronetz angebunden und liegt zehn Gehminuten vom Bahnhof Ochanomizu entfernt.

Koishikawa Kōrakuen (S. 100)

HIGHLIGHTS
1 Koishikawa Kōrakuen
2 Tokio Dome

SEHENSWERTES
3 Baseball Hall of Fame & Museum
4 Bunkyo Civic Center
5 Engetsu-kyo Bridge
6 Kanda Myōjin

AKTIVITÄTEN
siehe 29 Spa LaQua

SCHLAFEN
7 &AND Hostel Akihabara
8 JR East Hotel Mets Akihabara
9 Nohga Hotel Akihabara Tokio

ESSEN
10 Akihabara Caligari
11 Curry Bondy
12 Hinoya Curry Akihabara

AUSGEHEN
13 Bar 2000
14 Bumpodo Cafe Gallery Cafe
15 Game Bar A-Button
16 Jimbōchō Book Center
17 Sabouru

UNTERHALTUNG
18 GiGO
19 Namco
20 Taito Station
21 Tokio Dome City

SHOPPEN
22 Akihabara Gachapon Hall
23 Akihabara Radio Kaikan
24 Animate
25 Bic Camera
26 Jimbōchō
27 K-Books
28 Kitazawa Bookstore
29 LaQua
30 Mandarake Complex
31 Melonbooks
32 Ogawa Tosho
33 Sofmap
34 Tamashii Nations Store
35 Tamtam Hobby Shop
36 Volks Akihabara Hobby Paradise 2
37 Warhammer
38 Yellow Submarine
39 Yodobashi Camera

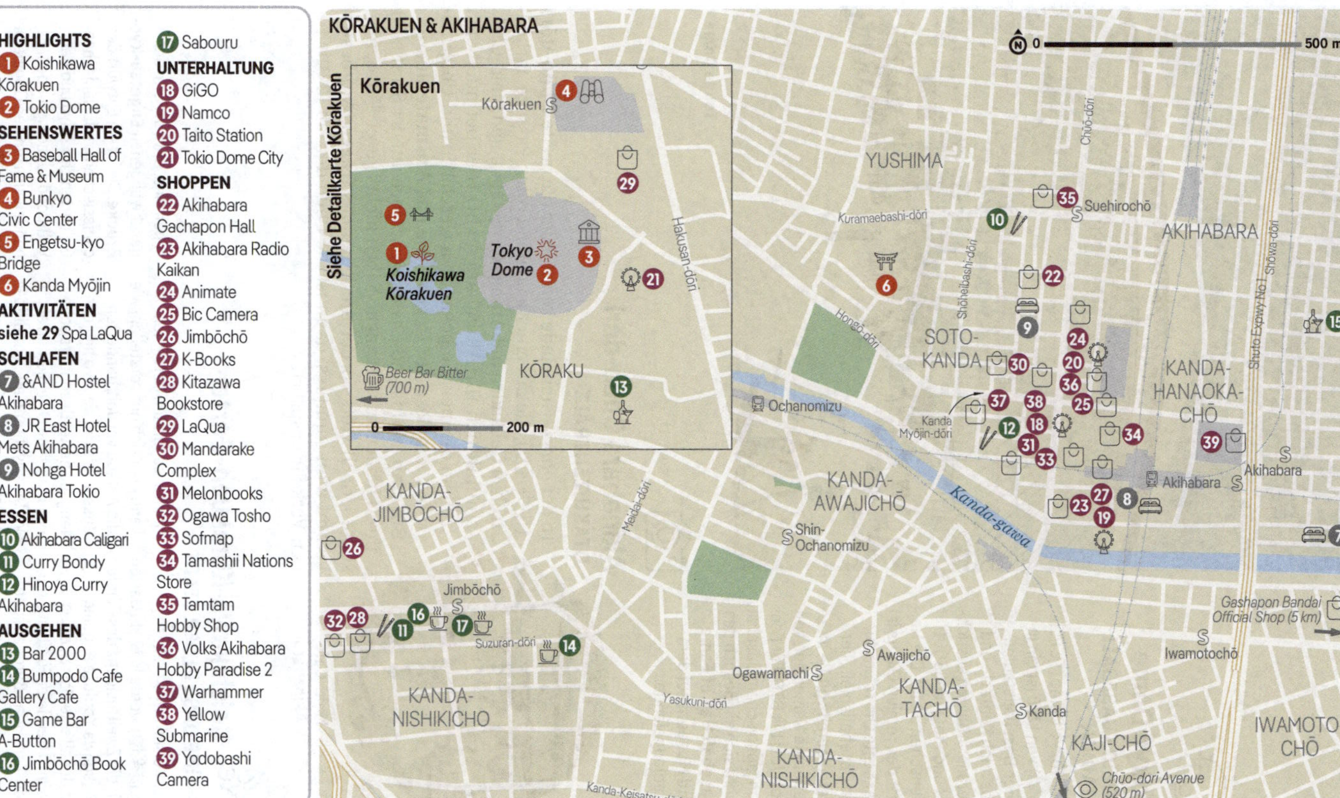

Tokyo Dome

TOKIOS BASEBALLSTADION

Der Tokyo Dome (東京ドーム) von 1988 ist ein Indoor-Baseballstadion, das auch Konzerte und Veranstaltungen ausrichtet und Platz für 55000 Menschen bietet. Die Heimat der Yomiuri Giants ist der beste Ort Tokios für ein Baseballspiel. Hier traten bereits große internationale Namen auf, von Bon Jovi bis BTS. Für Fans von japanischem Baseball lohnt sich ein Besuch des **Baseball Hall of Fame and Museum** auf dem Stadiongelände.

Tokyo Dome

Akihabara Chūo-dōri

OTAKU-ZENTRALE

In der *otaku*-Gemeinde kennt jeder die breite **Chūo-dōri** (中央通り), die mit einer leuchtend roten Passage, farbenfrohen Gebäuden mit Anime-Werbetafeln und Maid-Cafés sinnbildlich für Akihabara steht. Hier befinden sich zudem die meisten bekannten Geschäfte und Unterhaltungskomplexe der Gegend wie das **Animate** und das **Sofmap**. Maids und *Cosplayer* werben auf der Straße für ihre Themencafés. Manche haben nichts gegen Fotos, man sollte jedoch stets vorher um Erlaubnis fragen. Am besten kommt man sonntags, dann ist die Chūo-dōri ab 13 Uhr für den Verkehr gesperrt.

Maid-Café, Akihabara

Koishikawa-Kōrakuen-Garten

GRÜNE OASE IN DER STADT

Der Koishikawa Kōrakuen (小石川後楽園) wurde 1629 als Garten für die Zweitresidenz des Fürsten Tokugawa Yorifusa angelegt und ist der älteste Garten eines *daimyō* (feudaler Fürst) aus der Edo-Zeit. Hohe Bürogebäude thronen über den Baumwipfeln, doch in separaten Bereichen kann man sich gut vorstellen, wie die Anlage vor Jahrhunderten aussah, als der *daimyō* hier entlangspazierte. Besonders schöne japanische Orte dienten als Vorlage, während auch traditionelle chinesische Einflüsse zu sehen sind, etwa in Form der geschwungenen **Engetsu-kyo-Brücke**. Sie ist ein Entwurf des chinesischen konfuzianischen Gelehrten Zhu Zhiyu und dem Vollmond nachempfunden. Es handelt sich um den Originalbau aus der Edo-Zeit.

WEITERE HIGHLIGHTS IN KŌRAKUEN & AKIHABARA

Nerd-Paradies

VON ELEKTRONIK BIS ANIME

Nach Akihabara zieht es Reisende aus aller Welt mit einer gemeinsamen Liebe für japanische Subkulturen. Zahlreiche Läden, die meist mehrere Stockwerke einnehmen, richten sich an die verschiedensten *otaku*-Bedürfnisse. *Otaku* wird oft mit „Nerd" übersetzt, bezieht sich aber auch auf Menschen mit einer bestimmten (oft seltenen) Leidenschaft. In erster Linie wird der Begriff jedoch für Fans von Akihabaras Kernkompetenzen, Anime und Manga, verwendet. Für Fanartikel beliebter Anime-Charaktere, ob neu oder exklusiv und selten, ist das Viertel die beste Adresse. Einen Steinwurf vom Bahnhof Akihabara entfernt steht das **Akihabara Radio Kaikan** (秋葉原ラジオ会館), ein Wahrzeichen der Gegend. Hier gibt's eine riesige Auswahl an Sammelbildern, Büchern, Puppen, Figuren, Technik, Audioausrüstung und vielem mehr. Die neun Etagen beherbergen ein umfangreiches Merchandise-Sortiment, das große Einzelhändler wie **K-Books** und das Freizeitgeschäft **Yellow Submarine** verkaufen. Wer nach Mangas und *doujinshi* (inoffizielle Comics) sucht, ist im **Animate** oder **Melonbooks** an der Chūō-dōri richtig. Weitere lohnende Adressen sind das **Volks Akihabara Hobby Paradise 2** mit Anime-Produkten und Plastikmodellen in den unteren Etagen sowie Farben und anderen Freizeitartikeln in den oberen. Sammlerstücke wie Spielzeug, Spiele und Vintage-Objekte gibt's im **Mandarake Complex**.

Plastikspielzeug & Spiele

ARKADENSPASS

Arkaden oder „Spielzentren", wie sie in Japan genannt werden, locken mit schneller Unterhaltung. Mit bunten Farben und vielen Greifautomaten voller bekannter Charaktere, die von der Straße aus ins Auge fallen, buhlen sie um potenzielle Kundschaft, die vielleicht ein paar 100-¥-Münzen erübrigen kann. Die Unterhaltungskomplexe gibt's fast überall in Tokio, in Akihabara ist die Dichte jedoch besonders hoch. Die Merchandise-Artikel, darunter Anime-Figuren und thematische Einrichtungsgegenstände, richten sich vorwiegend an ein *otaku*-Publikum. Die meisten Spiele kosten 100 ¥ – mit viel Glück (oder Können) reicht der Einsatz für einen Gewinn. Greifautomaten und familienfreundliche Publikumsschlager wie Mario Kart gibt's stets in den unteren Etagen der Arkaden, während Fotokabinen, Rhythmusspiele und anderes weiter oben zu fin-

AKIHABARAS SCHREIN

Sieben Gehminuten vom Ausgang Electric Town am Bahnhof Akihabara entfernt befindet sich der **Kanda Myōjin-Schrein** (神田明神). Er entstand 730 in der Nähe des heutigen Ōtemachi und weist eine fast 1300 Jahre alte Geschichte auf. Tokugawa, Begründer des Tokugawa-Shogunats, soll hier den Shintō-Göttern gehuldigt haben. Der Schrein zog 1616 an den jetzigen Standort um und ist ein beliebtes Besucherziel in Akihabara, um für Liebe, Glück und Wohlstand zu beten. Zu sehen ist eine Sammlung von *ema*, kleinen Votivtafeln, die um den Beistand der hiesigen Gottheiten bitten. Manche Gläubige haben sie mit Zeichnungen im Anime- und Manga-Stil bemalt.

SCHLAFEN IN AKIHABARA

&AND Hostel Akihabara
Doppelzimmer und ein Schlafsaal mit Kapselunterkünften. Gut für Alleinreisende oder Paare. **¥**

JR East Hotel Mets Akihabara
Komfortables Business-Hotel mit geräumigen Bädern direkt neben dem Bahnhof Akihabara. **¥¥**

Nohga Hotel Akihabara Tokyo
Einfache, hübsch dekorierte Zimmer direkt bei der Akihabara Chūō-dori. **¥¥**

Thunder Dolphin

den sind. Die großen Arkaden-Ketten sind **GiGO**, **Taito Station** und **Namco**; die Greifspiele unterscheiden sich hauptsächlich durchs Merchandise-Angebot.

In Akihabara und im restlichen Tokio findet man außerdem *gacha*-Maschinen, auch *gachapon* genannt, die nach dem Zufallsprinzip Spielzeugkapseln und Ähnliches ausspucken. Pro Stück werden 200 bis 400 ¥ fällig, und die Artikel reichen von süßen Figurenmaskottchen und realistischen Tierfiguren bis zu wirklich verrückten Kreationen. Eine große *gachapon*-Auswahl gibt's in der **Akihabara Gachapon Hall** und im **Gashapon Bandai Official Shop** (ガシャポンバンダイオフィシャルショップ秋葉原店), aber auch in Arkaden und Elektronikläden wie **Bic Camera** und **Yodobashi Camera** und am Bahnhof Akihabara Station.

Interessant sind außerdem der **Tamashii Nations Store** mit hochwertigen Bandai-Figuren, **Warhammer** mit Kampfspielartikeln und der **Tamtam Hobby Shop** mit Auto- und *Gunpla*-Modellen.

KURZER ABSTECHER

Das **Bunkyo Civic Center** (文京シビックセンター) lohnt einen kurzen Stopp nach einem Streifzug durch den Koishikawa Kōrakuen (S. 100). Das Gebäude liegt einen kurzen Fußmarsch vom Park entfernt und hat eine Aussichtsplattform im 24. Stock mit toller Aussicht auf Tokios lebendiges Stadtbild. Zu sehen ist natürlich der Tokyo Skytree (S. 111), und an einem schönen Tag entdeckt man Shinjuku vor der Kulisse des Fuji. Die Plattform ist kostenfrei und bis 20.30 Uhr geöffnet.

Spannung, Wellness & Erholung

TOKYO DOME CITY

Es scheint ein Ding der Unmöglichkeit zu sein, doch **Tokyo Dome City** (東京ドームシティ) gelingt es, im dicht besiedelten Tokio ein Baseballstadion mit 55 000 Sitzen, eine Rollschuhbahn, ein Onsen-(Thermalbad-)Spa, einen Themenpark, ein Einkaufszentrum und vieles mehr in einem Komplex unterzubringen. Mit großen Sportevents und Veranstaltungen ist

JAPANISCHES CURRY IN AKIHABARA & JIMBŌCHŌ

Curry Bondy
Das bekannte Curry-Restaurant in Jimbōchō gewann den ersten Kanda Curry Grand Prix. ¥

Hinoya Curry Akihabara
Ideal für eine Stärkungspause mit vielen gebratenen, herzhaften Zutaten zur Auswahl. ¥

Akihabara Caligari
Hier gibt's *Akiba-mori*-Curry nach japanischer und indischer Art mit Kurkumareis und Brathühnchen. ¥

am Wochenende und an Spieltagen meist viel los, unter der Woche ist es hingegen ruhiger. Viele kinderfreundliche Fahrgeschäfte und Attraktionen im Innen- und Außenbereich machen den Themenpark für Familien mit jüngeren Kids attraktiv, wobei auch für Adrenalinjunkies gesorgt ist. **Thunder Dolphin**, die einzige große Achterbahn im Zentrum Tokios, bietet eine steile Abfahrt, um anschließend ein Loch im **LaQua** (ラクーア) zu passieren. Das mittelgroße Einkaufszentrum hat eine gute Auswahl an größtenteils sehr bekannten lokalen Marken und eine vielfältige familienfreundliche Gastronomie.

Erholung bietet das **Spa LaQua**, die beste Adresse der Stadt für ein schnelles, günstiges Onsen-Erlebnis. Es befindet sich im Einkaufszentrum und bietet natürliche Thermalbäder im Innen- und Außenbereich, Massagen, Wellness, Restaurants und Saunas in einem zweistöckigen Spa-Komplex sowie viel Platz zum Entspannen. Lediglich das gelegentliche Rattern des Thunder Dolphin stört die Ruhe. Der Eintrittspreis von 3230 ¥ gewährt den ganzen Tag Zutritt zu den meisten Einrichtungen, Gäste mit Tattoos sind allerdings nicht zugelassen.

Bücher & Kaffee in Jimbōchō

PARADIES FÜR GEBRAUCHTE SCHMÖKER

Jimbōchō (神保町) ist in erster Linie für Secondhandbücher bekannt. Das Viertel zwischen Tokyo Dome City und Kaiserpalast (S. 63) hat eine zwanglose, bodenständige Atmosphäre sowie rund 200, meist in alten Gebäuden untergebrachte Buchläden mit Regalen voller gebrauchter Bücher jedes Genres. Die Auswahl ist ungemein vielfältig, und jeder Laden hat sein eigenes facettenreiches Sortiment, von Kunstbänden und Romanen über fremdsprachige Literatur bis zu Historischem und Technikhandbüchern. Sprengt die Auswahl den räumlichen Rahmen, werden die Bücher auch in Regalen auf der Straße präsentiert, die zum Stöbern einladen. Die meisten Buchläden säumen die Yasukuni-dori. Die Mehrheit führt ausschließlich japanische Titel, doch ausgewählte Geschäfte wie der **Kitazawa Bookstore** und **Ogawa Tosho** haben auch **englischsprachige Literatur.**

Hat man sich durch die vielen Bücherregale des Viertels gekämpft, steuert man ein *kissaten* ein, am besten mit einem Buch oder Magazin in der Hand. Die Cafés sind in der Gegend recht zahlreich vertreten und reichen von modern-minimalistisch bis zu gemütlichem Retrostil. Manche fungieren auch als Buchläden. Hier bestellt man sich einen Kaffee, eine Melonen-Sahne-Limo oder einen klassischen *purin* (Vanillepudding mit bitterer Karamellsoße), öffnet ein Buch und genießt einen entspannten Nachmittag mit Koffeinkick.

JIMBŌCHŌS BESTE BÜCHER-CAFÉS

Bumpodo Cafe Gallery Cafe (文房堂ギャラリーカフェ)
Gemütliches Café mit Kunstgalerie in einem Schreibwarengeschäft in Jimbōchō. ¥

Sabouru
Die Inneneinrichtung und der rustikale Charme erinnern an eine gemütliche Holzhütte. ¥

Jimbōchō Book Center
Im stylishen Café mit Buchladen sitzen viele Einheimische und Digitalnomad:innen beim Arbeiten und Lernen. ¥

Otonari Coffee (オトナリ珈琲)
Gemütliche Kaffeestube in einem umgebauten Wohnhaus. ¥

Book House Cafe
Ein bequemes Café mitten im gleichnamigen Buchladen. ¥

AUSGEHEN IN KŌRAKUEN & AKIHABARA

Bar 2000
Im sechsten Stock des Tokyo Dome Hotel mit Blick auf den Tokyo Dome bei Nacht.

Game Bar A-Button
Retrospiele-Themenbar in Akihabara voller Konsolen, Joysticks und anderem Videospieldekor.

Beer Bar Bitter
Gemütliche Bar in Kagurazaka mit umfangreicher Craft-Bier-Auswahl.

UENO & YANESEN

MUSEUMSZENTRUM UND LEBENDIGE MÄRKTE

Wer sich für Kunst und Museen interessiert, kann in Ueno viel Zeit mit Galerietouren verbringen. Die meisten Attraktionen bietet dabei der riesige Ueno-Park, dessen eindrucksvolle Auswahl mehrere Tempel und Schreine, einen Zoo, das größte Museum des Landes (neben anderen bedeutenden Institutionen) und Cafés umfasst. Einen kurzen Fußmarsch vom Park entfernt liegt die Ameya Yokochō, eine der belebtesten Einkaufsstraßen Tokios mit verschiedenen Restaurants und Ramschläden, die einheimische und touristische Klientel anlocken.

Nordwestlich von Ueno liegt ein deutlich ruhigeres, weniger besiedeltes Gebiet, dessen Name Yanesen für die drei Viertel Yanaka, Nezu und Sendagi steht. Die hiesigen Cafés und Kunstgalerien sind in einfachen alten Gebäuden untergebracht, die wundersamerweise Erdbeben, Kriege und die rasante Modernisierung der Stadt überlebt haben und damit für ein selten gewordenes Tokio vergangener Zeiten stehen.

TOP TIPP

Alle Museen schließen um 17 Uhr, der Eintritt ist bis 16.30 Uhr möglich. Der Ueno-Park und seine Museen sind am Wochenende teils ziemlich überlaufen. Man kann von Ueno nach Yanaka laufen; in umgekehrter Richtung beginnt der Weg am Bahnhof Nippori.

BEEBOYS/SHUTTERSTOCK ©

Ameya Yokochō (S. 107)

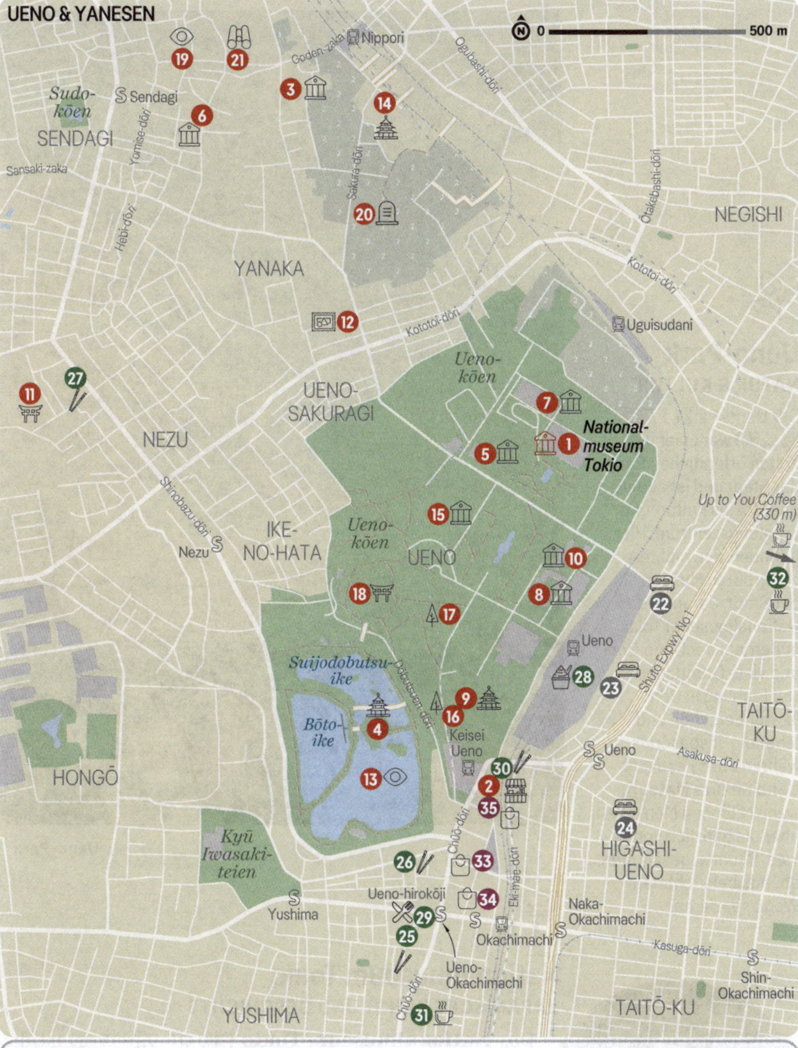

HIGHLIGHTS
1 Nationalmuseum Tokio

SEHENSWERTES
2 Ameya Yokochō
3 Asakura-Skulpturen-museum
4 Bentendō
5 Galerie der Hōryū-ji-Schätze
6 Hagiso
7 Heiseikan
8 Japanisches National-museum für westliche Kunst
9 Kiyōmizu Kannon-dō
10 Nationalmuseum für Natur & Wissenschaft
11 Nezu-Schrein
12 SCAI The Bathhouse
13 Shinobazu-ike
14 Tennōji
15 Kunstmuseum der Präfektur Tokio
16 Tsuki-no-matsu
17 Ueno Park
18 Ueno Tōshō-gū
19 Yanaka Ginza
20 Yanaka Reien
21 Yūyake Dandan

SCHLAFEN
22 Grids Tokio Ueno Hotel & Hostel
23 Hotel Resol Ueno
24 Nohga Hotel Ueno

ESSEN
25 Isen Honten
26 Nagaokaya
27 Nezu Taiyaki
28 Shiretoko Factory Ueno
29 Ueno Fugetsudo
30 Ueno Menya Musashi Bukotsu Soden

AUSGEHEN
31 Café Lapin
32 RISTRETTO Cafe et Bonbons

SHOPPEN
33 London Sports
34 Niki no Kashi
35 Shimura Shoten

Ueno-Park

NATUR & KULTUR

Der Ueno-Park (上野恩賜公園) war einer der ersten öffentlichen Parks der Stadt und ist außerdem Tokios Kultur- und Erholungszentrum. Hier befinden sich mehrere der größten Museen der Stadt, darunter das Nationalmuseum Tokio, außerdem der Ueno-Zoo und viele Grünflächen. Der Frühling in Ueno ist wunderschön und lebendig, insbesondere während des Festivals **Ueno Sakura Matsuri**, wenn Millionen Menschen über die gänzlich von *sakura*-Bäumen gesäumten, abends beleuchteten Wege spazieren.

Ueno-Park

LINKS: TRAVEL STOCK/SHUTTERSTOCK ©; UNTEN LINKS: LEO DAPHNE/ALAMY STOCK PHOTO ©

Nationalmuseum Tokio

JAPANISCHE KUNST UND GESCHICHTE

Das **Nationalmuseum Tokio** (東京国立博物館) ist das älteste und größte Museum Japans und umfasst sechs Gebäude mit Sammlungen, die von prähistorischer japanischer Kunst über Tempelschätze bis zu Artefakten aus Asien und dem Nahen Osten reichen. Nach Erkunden der **Japanischen Galerie** (Honkan) im zweiten Stock mit japanischer Kunst von der Vorgeschichte bis zum 19. Jh. geht's zu den Galerien unten und dann zum **Heiseikan** mit den Tonfiguren *haniwa*. Vor Ort ist zudem der **Museumsgarten** mit historischen Teehäusern einen Besuch wert, ebenso wie die **Galerie der Hōryū-ji-Schätze** mit Objekten aus dem alten buddhistischen Tempel Hōryū-ji, von denen viele zum nationalen und Wichtigen Kulturgut Japans zählen.

Nationalmuseum Tokio

Tempel & Schreine in der Stadt

ALTE HEILIGE STÄTTEN

Trotz Tokios hypermoderner, urbaner Prägung fügen sich die jahrhundertealten, wunderschön erhaltenen und gepflegten Schreine und Tempel harmonisch ins Stadtbild ein. Der Ueno-Park birgt einige der bedeutendsten Tempel und Schreine, die jeweils in Fußdistanz zueinander liegen, während sich die ältesten Andachtsstätten in Yanesen befinden.

Der prachtvollste Schrein ist der vergoldete **Ueno Tōshō-gū** (上野東照宮). Er wurde 1627 in Gedenken an Tokugawa Ieyasu, Begründer des Tokugawa-Shogunats, erbaut, überstand Erdbeben und Kriege und ist ein architektonisches Highlight der Edo-Zeit. Ein kurzer Spaziergang übers Parkgelände führt zum **Kiyōmizu Kannon-dō** (清水観音堂), einem der ältesten Tempel Tokios, der nach dem Vorbild des Kiyomizu-dera in Kyoto errichtet wurde. Auf der Rückseite gegenüber dem Teich **Shinobazu-ike** steht die Kiefer **Tsuki-no-matsu**, deren Zweige wie ein Vollmond geformt sind. Das Motiv ist in verschiedenen Holzdrucken aus der Edo-Zeit verewigt, obwohl es sich bei dem Baum nicht um das Original handelt – dieses wurde in der Meiji-Ära von einem Taifun zerstört. Inmitten von Lotusblüten steht im Teich Shinobazu-ike der **Bentendō** (弁天堂), ein Tempel nach dem Vorbild des Hōgon-ji, auf einer Insel im riesigen Biwa-See in der Präfektur Shiga.

Nordwestlich von Ueno in Yanesen steht der zinnoberrote **Nezu-Schrein** (根津神社) mit einer Reihe von *torii* und Büschen mit blühenden Azaleen. Er geht auf 1706 zurück, zählt zu Tokios ältesten Schreinen und ist ein Wichtiges Kulturgut. Die beste Besuchszeit ist etwa von April bis Mai, wenn die Azaleen das Gelände rosa färben.

Yokochō-Tour

ESSENS- UND SCHNÄPPCHENPARADIES

Yokochō bezeichnet eigentlich eine schmale Nebenstraße abseits der Hauptstraße, heutzutage wird der Begriff jedoch mit *izakaya* und Straßenständen assoziiert und mit einem Ort, wo man sich hinsetzen, trinken und abschalten kann. Von allen bekannten *yokochō* in Tokio ist die **Ameya Yokochō** (アメヤ横丁) eine der größten mit über 400 Läden, die sich in die Straße zwischen den Bahnhöfen Ueno und Okachimachi zwängen. Einheimische nennen sie „Ameyoko", und wie alle anderen *yokochō* der Stadt geht sie auf die Zeit nach dem

GOSHUIN-ATSUME

Die meisten Schreine haben ein *goshuin*, einen einzigartigen zinnoberroten Stempel. *Goshuin-atsume* („Stempelsammeln") in Schreinen wurde einst von Gläubigen praktiziert und ist heute wieder beliebt, insbesondere bei jüngeren Menschen, die ein physisches Andenken an ihren Besuch haben möchten. Die Stempel werden in speziellen *goshuinchō* (Bücher) gesammelt, die am Schrein offiziell gestempelt und mit dem Datum und dem Namen des Schreins versehen werden. Im Gegenzug ist eine Spende zwischen 300 und 500 ¥ fällig. Wer selbst Stempel sammeln möchte, kann *goshuinchō* in Schreibwarenläden und manchmal in Schreinen kaufen; die Seiten bestehen aus Karton und sind wie ein Akkordeon gefaltet.

CAFÉS IN UENO

RISTRETTO Cafe et Bonbons
Der reizende Kaffeestand in Ueno verkauft Backwerk und Getränke mit großartiger Latte-Kunst. ¥

Up to You Coffee
Kaffee als Kunst – Barista Takehiro Okudaira ist Weltmeister der Latte-Kunst. ¥

Café Lapin
Das charmante altmodische Café röstet und verkauft eigene Bohnen. ¥

KUNST IN DEN VORORTEN

In Yanesen gibt's eine charmante Auswahl an kleinen Kunstmuseen und Galerien. Das **SCAI The Bathhouse** ist eine Galerie für zeitgenössische Kunst in einem – wie der Name verrät – alten Badehaus in Yanaka. Demselben Genre widmet sich das **Hagiso** in einem alten Wohnhaus, das in einen Mix aus Café, Kunstgalerie, Salon und Hotel umgewandelt wurde. Etwa alle sechs Wochen wird eine neue Ausstellung eines lokalen Kunstschaffenden gezeigt. Ebenfalls in Yanaka befindet sich das **Asakura-Skulpturenmuseum** (台東区立朝倉彫塑館), das frühere Atelier und Wohnhaus des bekannten Bildhauers Asakura Fumio. Zu seinen Werken gehören Bronzeskulpturen bekannter japanischer Figuren und Katzen, die er besonders verehrte.

Zweiten Weltkrieg zurück, als Vorräte knapp waren und hier ein Schwarzmarkt für Lebensmittel entstand. Zum Namen gibt's zwei Theorien: Eine besagt, dass er von den Süßwarenläden stammt, die hier öffneten, als Zucker als Luxusgut galt (*ameya* bedeutet „Süßwarenläden"), die andere, dass „Ameyoko" eine Kurzform für „America Yokochō" ist, da viele Schwarzmarktprodukte angeblich von US-Soldaten stammten, die während der Besatzung in Tokio stationiert waren.

Die Ameya Yokochō ist ein lebendiger Markt unter freiem Himmel. Die Geschäfte verkaufen alles Mögliche, von Süßigkeiten bis zu Schuhen, Jacken und Parfümen. Hier gibt's viele ausländische Lokale, die Kebabs und *xiao long bao* (mit Brühe gefüllte chinesische Teigtaschen) durch ihre Ladenfenster verkaufen. Die Gasse hat eine etwas überwältigende, leicht chaotische Atmosphäre, die in vergleichbaren Stadtteilen selten ist. Hier scheinen andere Gesetze zu gelten, dementsprechend ist es in manchen Läden erlaubt zu handeln. Die Straße wirkt recht lang, dennoch gelangt man in unter zehn Minuten vom einen zum anderen Ende, sodass man am besten die gesamte Länge entlangspaziert, bevor man etwas isst oder kauft.

Hier kann man nach einem Besuch des Ueno-Parks zu Abend essen oder ein paar Souvenirs erstehen. Wer nach Schnäppchen sucht, findet bei **Niki no Kashi** japanische Süßigkeiten, bei **Shimura Shoten** jede Menge Schokolade für 1000 ¥ und bei **London Sports** ermäßigte Markensportkleidung.

Kulturnachmittag

MUSEUMSTOUR IM UENO-PARK

Neben dem Nationalmuseum Tokio gibt's mehrere weitere Museen im Ueno-Park (S. 106), die sich an einem gemütlichen Nachmittag wunderbar erkunden lassen. Das **Nationalmuseum für Natur und Wissenschaft** (国立科学博物館) ist bei Familien mit Kindern beliebt und verspricht Jung und Alt einige Stunden Unterhaltung. Die Dauerausstellung zeigt Dinosaurierfossilien, ausgestopfte Tiere und endemische Pflanzen. Am Wochenende kann es voll werden und die englische Beschriftung der Exponate ist recht spärlich.

Dem Bahnhof Ueno am nächsten ist das **Japanische Nationalmuseum für westliche Kunst** (国立西洋美術館) mit einer eindrucksvollen Sammlung westlicher Gemälde vom 17. bis zum frühen 20. Jh., unter anderem von Monet und Renoir.

Moderne Kunst zeigt das **Kunstmuseum der Präfektur Tokio** (東京都美術館), dessen Dauerausstellung kostenlos ist. Tokios Museumspass nennt sich **Grutto-Pass** (2500 ¥) und gewährt kostenlosen oder ermäßigten Zutritt zu 101 Ein-

ÜBERNACHTEN IN UENO

Grids Tokyo Ueno Hotel & Hostel
Trendbewusstes Hotel in der Nähe des Bahnhofs Ueno; perfekt für Alleinreisende. ¥

Hotel Resol Ueno
Hotel mit Künstlerflair direkt vor dem Bahnhof Ueno mit modernen, schicken Zimmern. ¥¥

Nohga Hotel Ueno
Geschmackvoll dekorierte Zimmer mit vielen tollen Aufenthaltsbereichen. ¥¥

Yanaka Ginza

richtungen in Tokio. Dazu gehören viele der Kunst- und Geschichtsmuseen der Stadt, der Ueno-Zoo und einige Parks.

Charme des alten Tokios in Yanaka

REISE IN DIE VERGANGENHEIT

Wird einem der urbane Trubel zu hektisch, kann man im verschlafenen Yanaka durchatmen. Das Viertel bewahrt sich seinen unaufdringlichen Charme vergangener Zeiten, der im heutigen Tokio selten geworden ist. Yanaka blieb größtenteils von Naturkatastrophen und Luftangriffen im Zweiten Weltkrieg verschont und scheint in seiner eigenen Blase zu leben. Trotz der Nähe zum hoch entwickelten Ueno findet man hier größtenteils Holzgebäude, einfache Tempel und unauffällige Ladenhäuser, die von der Moderne unberührt scheinen.

Der lebendigste Teil der Stadt ist die schmale Einkaufsstraße **Yanaka Ginza** mit Metzgereien, Obst- und Gemüseläden, Souvenirläden und kleinen Cafés am Fuß der fotogenen „Sonnenuntergangstreppen" **Yūyake Dandan**. Hier herrscht freundlich-authentisches Flair, das von den vielen Katzen in Form von Skulpturen auf Dächern von Geschäften, von Merchandise-Artikeln in Läden und echten umherstreifenden Straßentigern unterstrichen wird.

Zu einem gemütlichen Nachmittagsspaziergang unter der Woche lädt zudem der Friedhof **Yanaka Reien** ein, ein friedliches Stück Tokio fernab des Trubels. Er zählt zu den größten der Stadt und ist die letzte Ruhestätte des letzten Shoguns Tokugawa Yoshinobu. In der Nähe steht mit dem **Tennōji** einer der ältesten Tempel der Stadt; er wurde zwischen 1394 und 1427 gegründet.

HERZHAFT ESSEN IN UENO

Isen Honten
Das Restaurant mit fairen Preisen erfand *katsu-sando* – Sandwiches mit Schweineschnitzel und Soße. ¥¥

Nagaokaya
Das *izakaya* serviert spanische Küche und leckere, saftige Lammkoteletts frisch vom Grill. ¥¥

Ueno Menya Musashi Bukotsu Soden
Dicke *tsukemen* (Nudeln zum Tunken) mit viel Schweinefleisch – perfekt nach einem langen Tag. ¥

SÜSSE SNACKS IN UENO & YANESEN

Ueno Fugetsudo
Der Süßwarenladen geht auf die Edo-Zeit zurück und ist für Waffel-Sandwiches bekannt. ¥

Nezu Taiyaki
Der Straßenstand verkauft *tai-yaki*, ein Gebäck mit Bohnenfüllung in Form einer *tai* (Seebrasse). ¥

Shiretoko Factory Ueno
Hinreißende Donuts mit kleinen Tierfiguren in der Mitte. ¥

ASAKUSA & DER SUMIDA

ZENTRUM FÜR KULTUR UND TRADITION

Asakusa steht ganz für die alten Traditionen Tokios. Vieles ist auf Tourismus ausgerichtet, doch auch Einheimische lieben das Viertel. Die Szenerie ist größtenteils authentisch, von den historischen Restaurants rund um den Sensō-ji, Tokios ältestem, charakteristischstem Tempel, bis zu den vitalen hiesigen Rikschas, die Passagiere von A nach B bringen. Am Sumida-gawa (Fluss Sumida) entlang Richtung Süden gelangt man nach Kuramae, einem modernen Kunsthandwerksviertel.

Weiter südlich liegt Ryōgoku, wo dreimal im Jahr mit viel Trara Sumōturniere ausgetragen werden. Ein Ticket lohnt sich angesichts des eindrucksvollen Kräftemessens und der Shintō-Rituale auch dann, wenn man nicht viel über Japans alten Nationalsport weiß. Außerhalb der Sumōsaison lockt das Viertel Reisende mit dampfend heißer Sumō-Cuisine – *chanko-nabe* – und dem weitläufigen Edo-Tokyo-Museum, das sich der Geschichte Tokios widmet.

TOP TIPP

In die Stadt und zurück verkehren die Metro und die Toei-Zuglinien. Asakusa und Kuramae lassen sich zu Fuß erkunden – die Gehwege entlang dem Sumida-gawa bieten tolle Blicke auf die Stadt. Tickets für den Tokyo Skytree sollte man vorab online kaufen, dann sind sie günstiger.

HIGHLIGHTS
1 Sensō-ji
2 Tokio Skytree

SEHENSWERTES
3 Fünfstöckige Pagode
4 Kaminari-mon
5 Oshinari-Park
6 Postmuseum
7 Sumida-Park

AKTIVITÄTEN
8 Sumida-Aquarium

ESSEN
9 Ichiban-ya

AUSGEHEN
10 Kaminari-Issa
11 Kaminari-Issa
12 Kirby Café
13 Suzukien Asakusa

SHOPPEN
14 Pokémon Centre
15 Taisho Romankan
16 Tokio Solamachi
17 Vasara
18 Yae Kimono Rental

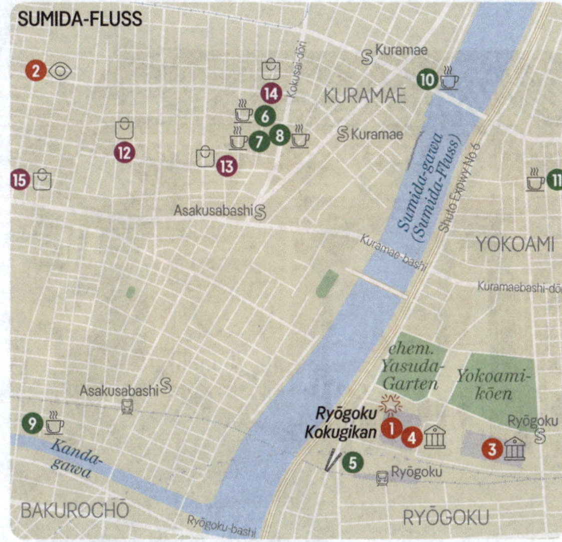

Ryōgoku Kokugikan

Ryōgoku Kokugikan

SUMŌSTADION

Nahe dem Ufer des Sumida-gawa steht das Ryōgoku Kokugikan (両国国技館), Japans nationales Sumōstadion. An 15 Tagen im Januar, Mai und September steigen alljährlich riesenhafte Athleten in den heiligen *dohyō* (Sumōring), um durch einen Sieg einen Rang aufzusteigen. Während der Wettbewerbssaison wehen bunte Fahnen (*nobori*) an Bambusstangen rund ums Stadion. Auf ihnen stehen die handgeschriebenen Namen der Sportler und darunter ihre Sponsoren.

Tokyo Skytree

DIE STADT VON OBEN

Mit 634 m ist der Tokyo Skytree (東京スカイツリー) der größte Turm in Japan und ein imposantes Wahrzeichen der Stadt. Der nadelähnliche Bau dient Millionen Menschen in Tokio als Fernseh- und Funkturm und hat zwei Aussichtsplattformen in 350 und 450 m Höhe. Beide kosten extra, der weite Blick auf den Sumida-gawa, der sich durch die dicht besiedelte Metropole schlängelt, lohnt jedoch den Preis. Die beste Zeit für einen Besuch ist kurz vor Sonnenuntergang – beim Aufstieg ist es noch hell genug, um Tokio in all seiner Pracht zu bewundern, während oben dann die Lichter der Stadt angehen und die Sonne langsam am Horizont verschwindet. Es gibt auch eine Bar und ein Café.

FISHGRILL/SHUTTERSTOCK ©

Der QR-Code informiert über Preise und Öffnungszeiten.

TOPATTRAKTION

Sensō-ji

Der Sensō-ji ist unübersehbar – am Eingang zu Tokios ältestem Tempel hängt eine riesige rote Laterne vom Tempeltor – und ein Besuch des bedeutenden Wahrzeichens ein Pflichtstopp jedes Tokio-Besuchs. Der im 7. Jh. erbaute Tempel ehrt Kannon, die Göttin des Mitgefühls, weshalb er auch Asakusa Kannon-dō genannt wird. Der Legende nach wurde die Original-Kannon-Statue, für die der Tempel entstand, aus dem Sumida-gawa gefischt.

NICHT VERSÄUMEN

- Kaminari-mon
- Kannon-dō
- Fünfstöckige Pagode
- Nakamise-dori
- Omikuji
- Ichiban-ya

Nakamise-dōri

Die betriebsame 250 m lange Straße zum Tempel säumen Stände. Sie ist zweifellos touristisch, hat jedoch eine lange, stolze Geschichte als eine der ältesten Einkaufsmeilen Japans, die aufs späte 17. Jh. zurückgeht. Es gibt viel zu sehen. Gegen den Hunger helfen das **Ichiban-ya** mit frischen *sembei* (Reiscracker) sowie *age-manjū* (frittiertes, mit Bohnenpaste gefülltes Gebäck) und *ningyō-yaki* (mit süßer Bohnenpaste gefüllte Kekse); alles wird frisch vor Ort zubereitet.

Eintritt durchs Kaminari-mon

Das Kaminari-mon (雷門; Bild links) ist das Eintrittstor zum Tempel. Die riesige rote, ganze 700 kg schwere Laterne über dem Eingang kann man fast schon berühren. Bei genauerer Betrachtung entdeckt man einen kunstvoll geschnitzten Drachen an der Unterseite. Das Tor flankieren Statuen zweier Gottheiten: Fūjin, Gott des Windes, und Raijin, Gott des Donners. In zwei Schreinen schützen sie den Eingang vor Naturkatastrophen. Auf den Originalbau von 942 folgten viele Nachbauten; das aktuelle Tor stammt von 1960.

Fünfstöckige Pagode

Auf dem Weg zur Haupttempelhalle taucht links die Fünfstöckige Pagode auf. Der Originalbau stammt wie das Kaminari-mon von 942, musste jedoch im Laufe der Jahrhunderte wegen Bränden und Naturkatastrophen mehrmals wiederaufgebaut werden. In der Edo-Zeit galt die Pagode als eine der schönsten der Stadt und war ein bedeutendes Wahrzeichen von Asakusa, das oft in Kunstwerken auftauchte. Das obere Geschoss des Turms birgt eine **Śarīra**, eine Buddha-Reliquie.

Kannon-do

Nähert man sich der Haupthalle Kannon-dō, ist Weihrauch zu riechen und Stufen führen zum Gebetsbereich. Wer eine Opfergabe bringen möchte, wirft eine Münze in die Holzbox oben am Treppenaufgang. Der Kannon-dō geht auf den dritten Shogun Tokugawa Iemitsu zurück, wurde 1907 zum nationalen Kulturgut erklärt und im Zweiten Weltkrieg bei Luftangriffen zerstört. Der heutige Bau stammt von 1958. Das äußere Heiligtum des Tempels birgt einen Altar; blickt man nach oben, entdeckt man drei Deckengemälde von zwei Gottheiten und einem Drachen. Die Namensgeberin des Tempels, die Göttin Kannon, thront in einem Schrein im inneren Heiligtum, das man nur ohne Schuhe betreten darf.

Omikuji

Ein wichtiger Teil des Tempelbesuchs in Japan sind *omikuji*, Wahrsagungen in Papierform. In den Hallen des Kannon-dō und im äußeren Hof gibt's silberne Behältnisse und nummerierte Schubladen. Man wirft 100 ¥ in eine Holzbox, schüttelt das Behältnis, bis ein Stab mit einer Nummer herausfällt, und öffnet die zugehörige Schublade. Dort findet man ein Blatt mit einer Wahrsagung auf Englisch und Japanisch. Verheißt diese nichts Gutes, faltet man den Zettel und befestigt ihn an einer Vorrichtung in der Nähe, um das Unglück abzuwehren.

ASAKUSA BEI NACHT

Nach Einbruch der Dunkelheit sind die Tempelgebäude geschlossen, doch der Sensō-ji und die Tore sind beleuchtet. Gut platzierte Spots geben dem Ort eine speziellere Energie als tagsüber, zudem vermeidet man die Besuchermassen. Die Lichter leuchten bis 23 Uhr, nach dem Essen ist also genug Zeit für einen Besuch.

TOP TIPPS

- Als Tokios Topattraktion ist der Sensō-ji fast immer überlaufen. Früh am Tag ist etwas weniger los.
- Einheimische und Reisende tragen in Asakusa meist Kimonos – zu kaufen oder mieten in vielen Geschäften der Gegend.
- Viele Souvenirs an der Nakamise-dōri ähneln sich; am besten schaut man sich auf dem Weg zur Haupthalle alle an und kauft auf dem Rückweg ein.
- Am 18. jedes Monats kommen meist besonders viele Gläubige zum Tempel, da das Datum in besonderer Verbindung zur Göttin Kannon steht.

ZEITREISE NACH EDO

Das **Edo-Tokio-Museum** (江戸東京博物館) widmet sich der Geschichte Tokios von der Edo-Zeit bis heute und ist ein Muss, wenn man die Stadt und ihre historische Entwicklung besser verstehen möchte. Leider ist es bis 2025 wegen Renovierungsarbeiten geschlossen. Bis zur Schließung konnte man über einen nachgebauten Teil der hölzernen Nihombashi-Brücke (S. 61) in Originalgröße laufen, sich die Replik einer alten Kabukibühne ansehen, Wissenswertes über die Edo-Kultur erfahren und mittels interaktiver Exponate und Dioramen Tokios Erweiterung und Modernisierung nachempfinden. Das Erlebnis in virtueller Form bietet die Google-Street-View-ähnliche Rubrik auf der Website.

WEITERE HIGHLIGHTS IN ASAKUSA & AM SUMIDA

Ring frei!

EIN SUMŌKAMPF

Sumō ist eine rund 1500 Jahre alte Sportart mit religiösen Wurzeln. Wettkämpfe fanden ursprünglich in Schreinen statt und waren Teil eines Rituals für die Götter im Gegenzug für eine reiche Ernte. Noch heute spielen Rituale und der Shintō-Glauben beim Sumō eine große Rolle. Über dem *dohyō*, dem Ring aus gestampftem Lehm, in dem sich die *rikishi* (Kämpfer) messen, hängt ein Dach in der Luft, das einem Shintō-Schrein ähnelt. Vor dem Kampf werfen die *rikishi* eine Handvoll reinigenden Salzes in den Ring und spülen sich den Mund aus, ein weiteres Reinigungsritual.

Der einzige Ort, um einen Sumōwettkampf zu erleben, ist das Ryōgoku Kokugikan (S. 111). Tickets gibt's etwa einen Monat vor dem jeweiligen Wettkampftag. Es gibt Arenasitze und Logenplätze näher am *dohyō*. Sind die Tickets ausverkauft, gibt's noch 400 Karten, die am Wettkampftag ab 8 Uhr an der Stadionkasse verkauft werden. Sie sind günstiger als Online-Tickets, doch man muss früh kommen und Schlange stehen. Die Sumō-Juniorklasse startet früher am Tag, während die Hauptkämpfe mit Japans Sumō-Superstars und dem *yokozuna* (höchstrangiger Sumō) nachmittags beginnen. Vor Ort informiert das **Sumō-Museum** über Japans Nationalsport. Auf dem Heimweg stärkt man sich im **Ryōgoku Edo Noren** neben dem Bahnhof Ryōgoku mit einem *dohyō* in Originalgröße in der Mitte.

Kunsthandwerk & Kaffee in Kuramae

MODERNES KUNSTHANDWERKSVIERTEL

Trotz der Nähe zum stets geschäftigen Asakusa geht's in Kuramae ruhig zu, sogar am Wochenende. In dem Viertel gibt's viele Kunsthandwerksateliers und Werkstätten sowie kleine Fabriken und Hersteller, weswegen Kuramae als „Macherstadt" gilt.

Eine Entdeckungstour beginnt mit dem Schreibwarengeschäft **Kakimori** (カキモリ). Hier gibt's eine wunderschön gestaltete kostenlose Karte des Viertels mit namhaften Geschäften und Ateliers. Sie ist auf Japanisch, der Kreativort **Almost Perfect**, ebenfalls in Kuramae, hat jedoch eine englische Online-Version (almostperfect.jp/map). Kakimori stellt wunderschöne Stifte und Notizbücher nach Kundenwunsch her, die bei Einheimischen sehr beliebt sind – für ein indivi-

MATCHA IN ASAKUSA

Hatoya Asakusa
Der trendige *matcha*-Stand bereitet seine *matcha*-Latte vor den Augen der Kundschaft zu.

Kaminari-Issa
Zwei Filialen nahe dem Sensō-ji; jede Menge Süßwaren und Getränke auf *matcha*-Basis; es gibt sogar *matcha*-Bier.

Suzukien Asakusa
Das Teehaus in Asakusa ist für *matcha*-Eis bekannt, dementsprechend lang ist die Warteschlange.

BENNY MARTY/SHUTTERSTOCK ©

Aussichtsplattform, Tokyo Skytree

duelles Notizbuch muss man am Wochenende reservieren. Direkt darüber kann man sich bei **Ink Stand** eine eigene, einzigartige Tinte mischen. Auf dem Weg dorthin passiert man den kleinen Briefladen **Jiyucho**, wo man einen Brief an das zukünftige Ich schreiben kann (Reservierung erforderlich). Ebenfalls in der Nähe hat das **Tsubame Kobo** (つばめ工房) von Hand gefärbte und gewobene Schals.

Für einen Koffeinkick am Nachmittag ist das **Leaves Coffee Apartment** mit frischen Bohnen aus der eigenen kleinen Rösterei in der Nähe die richtige Adresse. Neben vielen anderen Köstlichkeiten in der Gegend ist die sehr beliebte Kaffeeschokolade von **Dandelion Chocolate** ein leckerer Snack. Teefans finden im **Nakamura Tea Life Store** biologischen grünen Tee in schicken Blechdosen direkt von der Farm des Besitzers in Shizuoka.

Ein Tag im Skytree

UNTERHALTUNG IN LUFTIGER HÖHE

Die Besuchermagneten des Tokyo Skytree sind die eindrucksvolle Architektur und die Panoramablicke über die Stadt. Die Aussichtsplattform ist der höchste Punkt der dicht besiedelten Metropole – von hier oben sind die Häuser streichholzschachtelgroß und die Autos kleine Punkte. Hat man den Ausblick ge-

WARUM ICH ASAKUSA & DEN SUMIDA LIEBE

Winnie Tan, Autorin

Dieser Teil Tokios hat eine warme, freundliche und entspannte Atmosphäre, die ich sehr mag. Ich liebe es, durch die Wohnbezirke zu spazieren und in alten Restaurants mit bodenständigen, nach bewährten Rezepten zubereiteten Gerichten einzukehren. Das Nebeneinander vom imposanten Tokyo Skytree und dem ansonsten unauffälligen Viertel könnte kaum größer sein, sorgt jedoch für zusätzlichen Charakter. Am Wochenende gehe ich manchmal im Tokyo Solamachi shoppen und gönne mir dort immer meine Lieblingsleckerei: den superluftigen Biskuitkuchen vom Grand Castella – einfach dem Duft folgen.

KAFFEERÖSTEREIEN IN KURAMAE

Hangetsu Roastery (半月焙煎研究所)
Der Kaffee im Café nebenan wird hier frisch geröstet. Öffnungszeiten variieren.

Leaves Coffee Roaster
Preisgekrönte Rösterei mit ausgesuchten Bohnen, etwas teurer, jedoch köstlich. Nur am Wochenende und montags.

Coffee Wrights
Kleiner, unauffälliger Kaffeestand mit einer wechselnden Auswahl sortenreiner Bohnen.

OSHINARI-PARK

Trotz seiner Lage gegenüber dem Tokyo Skytree ist im **Oshinari-Park** (おしなり公園) überraschend wenig los. Zwei Uferbänke säumen einen Fluss, der durch den gesamten Solamachi-Komplex führt. Der Park hat Brücken, Terrassen und Wasserspiele und wird von Kirschbäumen gesäumt. Die idyllische Anlage lädt zu einem kurzen Nachmittagsspaziergang ein. Abends erstrahlen die Springbrunnen und der Tokyo Skytree in leuchtenden Farben. Im Frühling ist der Park und insbesondere der Blick auf Japans größtes, von rosa Kirschblüten eingerahmtes Gebäude ein beliebtes Fotomotiv. Auch im nahen **Sumida-Park** lässt sich im Frühling die Kirschblüte bewundern.

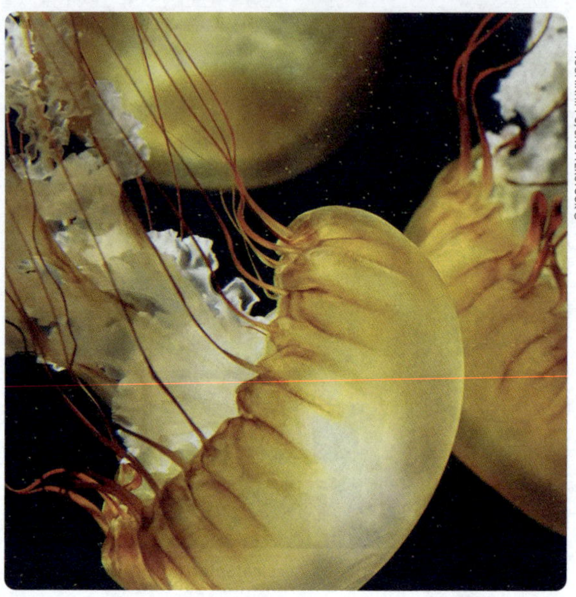

MOOMINHIPPO/SHUTTERSTOCK ©

Sumida Aquarium

nossen, geht's hinunter zum Einkaufs- und Unterhaltungskomplex **Tokyo Solamachi** (東京ソラマチ), der bei Einheimischen und Auswärtigen und vor allem bei Familien populär ist. Neben Geschäften (über 300 japanische und internationale Marken, meist der mittleren Preisklasse) und Restaurants locken das **Sumida-Aquarium**, das **Postmuseum**, ein **Planetarium** und ein Kinderspielbereich im fünften Stock.

Souvenirs gibt's im vierten Stock mit Verkaufsläden für einige der beliebtesten Mitbringsel aus Japan. Die Atmosphäre ist hier weniger authentisch als in vergleichbaren Geschäften, mit wenig Zeit und für ein paar Einkäufe in letzter Minute sind sie jedoch eine gute Option. Popkulturfans steuern das **Pokémon Centre** und das reizende **Kirby Café** an. Merchandise-Artikel gibt's auch anderswo im Komplex, so widmen sich in der Nähe des Food Court Geschäfte beliebten Figuren wie Snoopy, Miffy und Rilakkuma. Wer vom vielen Stöbern und Shoppen hungrig geworden ist, findet im zweiten Stock eine wunderbare Auswahl an Süßwaren. Auch das gastronomische Angebot ist umfangreich; leichtere Snacks gibt's im ersten, Restaurants im sechsten Stock. Für spezielle Anlässe sind die Restaurants mit Ausblick auf halber Höhe des Tokyo Skytree in der 30. und 32. Etage ideal.

KIMONO-VERLEIHE IN ASAKUSA

Taisho Romankan
Große Auswahl an stilvollen, modernen Kimonos, die bei jungen Einheimischen beliebt sind.

Vasara
Freundlicher Kimono-Verleih mit verschiedenen Preiskategorien; ein Set gibt's ab 3000 ¥.

Yae Kimono Rental
In praktischer Lage nahe dem Bahnhof Asakusa; im Preis inbegriffen ist professionelles Hairstyling.

ODAIBA & BUCHT VON TOKIO

KUNST UND FAMILIENFREUNDLICHE UNTERHALTUNG

Diese dynamische Region bietet zahlreiche Attraktionen, von familienfreundlichen Themenparks, Einkaufszentren und Onsen aus der Edo-Zeit bis zum belebten Fischmarkt, visionären digitalen Kunstinstallationen und Wandmalereien am Kanal. Die Aktivitäten im hübschen Viertel Odaiba füllen leicht ein Wochenende; es locken malerische Bootsfahrten und tolle Stadtansichten bei Nacht vor der Kulisse der funkelnden Regenbogenbrücke.

Die Bucht von Tokio, früher Edo-Bucht genannt, wird von weiten Wattflächen umgeben, und ihre Gewässer wimmelten einst von *nori* (Algen) und Fischen fürs berühmte Edomae-Sushi. Die Urbarmachung begann in den 1590er-Jahren, als die Deponie der Burg Edo als Unterkunft für das gewaltige militärische und zivile Gefolge des Tokugawa-Shogunats genutzt wurde. Im Laufe der Zeit entstanden aus weiteren Müllbergen in der Bucht zusätzliche Insel und Kais, darunter Toyosu, von wo Energieunternehmen die stetig wachsende Metropole versorgten.

TOP TIPP

Odaiba und die Bucht von Tokio sind besonders reizvoll an einem der vielen Feste: das Tennoz Canal Fes (Frühling), das Odaiba Laternenfest (Juli), das Kunstfestival ArtBay Tokyo (September), die Fiesta Mexicana (September), das Aloha Nui Festival nach hawaiianischer Art (Datum variiert) und das Regenbogenfeuerwerk-Festival (Dezember).

Bucht von Tokio

ODAIBA & BUCHT VON TOKIO

SEHENSWERTES
1 Dialogue-Museum
2 Maki Gallery
3 Nationalmuseum für Zukunftsforschung
4 Odaiba-Meerespark
5 Regenbogenbrücke
6 Symbol-Promenade-Park
7 teamLab Planets
8 Tennōzu Isle
9 Terrada Art Complex I & II
10 Toyosu-Markt
11 Unicorn Gundam
12 Unko-Museum
13 What-Museum

AKTIVITÄTEN
14 Senkyaku Banrai

SCHLAFEN
15 Petals

ESSEN
16 Kiten Tokio
17 Ocean Dish Q'on
18 Toyomi Fisheries Terrace

AUSGEHEN
19 Soholm
siehe 19 TY Harbor
20 Whisk @mesm Tokio, Autograph Collection

UNTERHALTUNG
21 KidZania Tokio
siehe 23 Tokio Joypolis

SHOPPEN
22 Aqua City Odaiba
23 Decks Tokio Beach
24 DiverCity Tokio Plaza
25 Pigment Tokio
siehe 13 What Cafe

Senkyaku Banrai

EDO-BAD UND SHOPPING

Wer Tokio bereits kennt und die Schließung des populären Onsen Tokyo Edo Monogatari beklagt, kann sich seit Februar 2024 über das nigelnagelneue Spa Senkyaku Banrai (千客万来) freuen. Der Komplex hat zwei separate Areale: den Einkaufsbereich für Essen und Kunsthandwerk mit Fokus auf Meeresfrüchte, der in Zusammenarbeit mit dem Toyosu-Markt entstand und viele Edo-Elemente aufweist, und das neunstöckige Badehaus- und Wellnesszentrum mit einem Außenbad, das von den heißen Quellen in Hakone-Yugawara gespeist wird, einer Sauna, Spa-Behandlungen und Fußbädern auf dem Dach mit Traumblicken auf die Bucht.

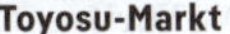

Toyosu-Markt

Toyosu-Markt

DIE BERÜHMTE THUNFISCHAUKTION

Seit dem Umzug des Tsukiji-Marktes (S. 66) 2018 ist die Thunfischauktion beim Toyosu-Markt (ザ・豊洲市場) heute eine vergleichsweise organisierte Angelegenheit. Ein Besuch des Live-Events lohnt sich trotzdem, auch wenn es heute hinter Glasfenstern stattfindet. Los geht's gegen 5.30 Uhr. Das Zusehen fern der Gerüche und Geräusche von den zwei Stockwerken über dem Auktionsbereich erfordert keine Reservierung. Doch für einen Besuch der Aussichtsplattform direkt über der Auktion muss man an einem Online-Losverfahren teilnehmen. Teils ist auch dieser Bereich durch eine Glasscheibe abgetrennt, dennoch ist es eine authentischere sensorische Erfahrung.

teamLab Planets

FASZINIERENDE DIGITALE AUSSTELLUNGEN

Die digitalen Kunstinstallationen von **teamLab-Planets (**チームラボプラネッツ) in Toyosu sind ein Projekt des Kollektivs teamLab und eine Variation von teamLab Borderless im Komplex Azabudai Hills. Fantastische Bilder und Erfahrungen sorgen für ein Fest der Sinne. Die Zimmer sind thematisch unterschiedlich gestaltet; in einem watet man barfuß durch knietiefes Wasser mit umherschwimmenden Kois und blühenden Blumen, in einem anderen ist man von gigantischen, mehrfarbig leuchtenden Sphären umgeben. Atmosphärische Musik unterstreicht den unwirklichen Effekt.

POONOTSUKE/SHUTTERSTOCK ©

Unicorn Gundam

DIALOG IM DUNKELN

Der **Dialog im Dunkeln** wurde 1988 von dem deutschen Philosophen Dr. Andreas Heinecke konzipiert und wird seit 1999 in Japan angeboten. Bei dem innovativen Projekt führen blinde Guides sehende Personen durch totale Dunkelheit, was die Empathie und die Wahrnehmung von sich und anderen fördert. Seit den Olympischen und Paralympischen Spielen 2020 in Tokio mit den Themenschwerpunkten Diversität und Inklusion gibt's zwei feste Standorte, das **Mitsui Garden Hotel Jingugaien Tokyo Premier** (Führungen nur auf Japanisch) und das **Dialog-Museum** (対話の森) nahe dem Bahnhof Takeshiba in der Bucht von Tokio, wo das einzigartige Programm auch auf Englisch angeboten wird. Vorab reservieren.

WEITERE HIGHLIGHTS IN ASAKUSA & AM SUMIDA

Buntes Programm in Odaiba

KINDERFREUNDLICHE ATTRAKTIONEN IN WUNDERSCHÖNER NATUR

Die Yurikamome-Linie führt entlang der **Regenbogenbrücke** (レインボーブリッジ) bis zum Ufer in Odaiba, wo drei riesige Einkaufszentren warten, das **DiverCity Tokyo Plaza** (ダイバーシティ東京プラザ), das **Decks Tokyo Beach** (デックス東京ビーチ) und das **Aqua City Odaiba** (アクアシティお台場).

Kleinkinder werden das **Unko-Museum** (うんこミュージアム) mögen, das die Körperfunktion des Stuhlgangs mit Japans *kawaii*-Kultur durch Installationen verbindet, etwa Tieren in Kotform und eine Kacka-Fabrik. Vor dem Komplex erhebt sich die 20 m hohe **Unicorn-Gundam-Statue**, die neunmal täglich in den Zerstörermodus schaltet. Das Decks Tokyo Beach

ESSEN AN DER BUCHT

Toyomi Fisheries Terrace
Eine Art Surferhütte unter Leitung von Thunfischgroßhändlern mit Blick auf das Olympische Dorf von 2020. ¥¥

Ocean Dish Q'on (オーシャンディッシュクオン)
Restaurant im 14. Stock, spezialisiert auf Meeresfrüchte nach französischer und italienischer Art. ¥¥

Kiten Tokyo
Restaurant auf der Tennōzu-Insel mit deftigen Mittagsmenüs am Kanal (und großartigem Lammcurry). ¥

bietet tolle Restaurants am Wasser und den Indoor-Vergnügungspark **Tokyo Joypolis** (東京ジョイポリス) mit VR-Angebot und zahlreichen Fahrgeschäften und Spielen. Auf dem Gelände gibt's außerdem Museen über Trickkunst und *tako-yaki* (Teigtaschen mit Oktopus). In der Aqua City Odaiba weist ein dreisprachiger Empfangsroboter den Weg zu den Attraktionen, darunter Toyosus **KidZania Tokyo** (キッザニア東京), wo Kinder sich im Koch- und Zahnarztberuf und mehr ausprobieren können.

Mit malerischen Blicken an der Bucht und Spazierwegen locken der blumenbedeckte **Symbol-Promenade-Park** und der **Odaiba-Meerespark**, der außerdem Windsurfen und Beach-Volleyball anbietet. Vom Pier starten Bootstouren durch die Bucht. Eine tolle Option für Kinder ist auch der flusspferdförmige Wasserbus **Tokyo no kaba**, der wild durch die Bucht spritzt.

Kunst auf der Tennōzu-Insel

BLÜHENDE KUNSTSZENE & MALERISCHE WASSERWEGE

Die winzige, von Kanälen umgebene **Tennōzu-Insel** (天王洲アイル) ist eines der wenigen Überbleibsel der Schutzfestungen aus den 1850er-Jahren und wurde bereits mehrmals grundlegend umgestaltet. Ein zentrales Element sind die gigantischen **Terrada-Lagerhallen**, die die Terrada-Familie erbaute, nachdem sie die Überreste einer im Zweiten Weltkrieg zerstörten Fabrik erworben hatte. Im Zuge der Neugestaltung der Bucht von Tokio in den 1990er-Jahren wurde den dahinvegetierenden Hallen mit Luxusgütern wie Kunst und Wein neues Leben eingehaucht. Kunst steht bei Terradas innovativer Vision im Mittelpunkt, wie die Tennōzu-Insel zeigt.

Die **Terrada-Kunstkomplexe I** und **II** zeigen in mehreren Räumen vor Ort wechselnde Exponate. Dazu gehört die **Maki Gallery**, die in der Vergangenheit die Ausstellung „Anomaly" unter anderen mit dem „Bau von Burgern" präsentierte; damit wollte das progressive Kunstkollektiv **Chim-Pom** Tokios endlosen Kreislauf aus Zerstörung und Wiederaufbau hinterfragen. Terrada birgt mehrere weitere Kunstflächen wie das **What-Museum** mit Exponaten aus den Lagerhaussammlungen, das **What Cafe**, das Werke aufstrebender Kunstschaffender verkauft, und das **Pigment Tokyo**, ein facettenreicher Kunstshop mit 4500 Pigmenten und 600 Pinseltypen.

Kunst prägt die Insel auch im erweiterten Sinn mit einzigartigen Skulpturen an den Kanälen und Poesie in Gebüschen. Die **Bond Street** birgt viele dieser Werke, darunter ein riesiges Wandbild des spanischen Straßenkünstlers Aryz. In der Nähe bietet das schwimmende Hotel **Petals** stilvolle Hausbootunterkünfte, die allerdings ihren Preis haben.

SPANNENDE FORSCHUNGSREISE

Das innovative Museum in Odaiba, das auf Japanisch Miraikan (未来館), „Museum der Zukunft", heißt und ansonsten als **Nationalmuseum für Zukunftsforschung und Innovation** bekannt ist, begeistert Erwachsene und Kinder gleichermaßen. Die spannenden Installationen reichen von 3D-Simulationen der Erde und des Weltraums bis zu einem kuppelförmigen Theater zur Erforschung des Konzepts der Interdimensionalität. Weitere Exponate sind ein Nachbau der Internationalen Raumstation und ein Modell, das die Funktionsweise des Internets erforscht. Zum Programm gehören auch gelegentliche Veranstaltungen und Sonderausstellungen; über Aktuelles informiert die Website. Dienstags geschlossen.

ESSEN & TRINKEN

TY Harbor
Stylisher Komplex des Warehouse Terrada mit Fusion-Küche und hauseigener Craft-Bierbrauerei. ¥¥

Soholm
Französisch inspiriertes Menü mit Fleisch und Saisongemüse; naturbelassene Weine und Craft-Bier vor grüner Kulisse. ¥¥

Whisk @mesm Tokyo, Autograph Collection
Restaurant-Bar nach Lounge-Art in einem Künstlerhotel mit Blick auf die Bucht von Tokio. ¥¥

RECHTS: DOCTOREGG/GETTY IMAGES ©; GANZ RECHTS: WATERFRAME/ALAMY STOCK PHOTO ©

Oben: Kawaguchi-ko und der Fuji (S. 128); Rechts: Ogasawara-Inseln (S. 175)

DIE WICHTIGSTEN ZIELE

FUJI
Ikonischer Berg und Seen.
S. 128

YOKOHAMA
Weltoffene Hafenstadt.
S. 139

KAMAKURA
Riesige Buddha-Statue.
S. 145

HAKONE
Natur, Kunst und heiße Quellen.
S. 152

DER FUJI & RUND UM TOKIO

TAGESAUSFLÜGE ZU STRÄNDEN, SCHREINEN UND DEM FUJI

Wanderung zwischen Kiefern, ein gigantischer Buddha, Seeblicke auf den Fuji, schnorcheln um idyllische Inseln – Tokios Umland hat Erstaunliches zu bieten.

Nur zwei Stunden von Tokio lässt sich der Fuji an einem der fünf Fuji-Seen vom Fahrrad aus bewundern oder von einem grummelnden Vulkan in Hakone durch einen Nebel aus Schwefeldampf. Ist man der unzähligen Vergnügungen in Tokio müde, kann man an einem Strand in Shimoda surfen oder die Bergluft von Takao-san oder Nikkō atmen. Wanderrouten sind so schwierig oder einfach, wie man möchte. Der interessanteste Aufstieg ist vielleicht nicht der auf den Fuji, sondern der vom *Ryokan* (traditionelles japanisches Gasthaus) zu einem Onsen (heiße Quelle) im Freien; zurück im traditionellen Gastzimmer ist dann Zeit für ein aufwendiges japanisches *kaiseki* mit Fisch und Meeresfrüchten. Tradition und Geschichte sind allgegenwärtig, auch in einer ehemaligen Hauptstadt mit monumentaler Buddha-Statue und Häfen, die sich als Erste dem Westen öffneten.

Züge, Fähren und Flugzeuge ermöglichen guten Zugang zu den meisten Sehenswürdigkeiten. Zum Abendessen ist man zurück oder entspannt auf den paradiesischen vulkanischen Izu-Inseln, wo einzigartige Vögel warten oder Pilze im Dunkeln leuchten. Wer abschalten möchte, segelt zur Welterbestätte Ogasawara-Archipel, einem Naturschutzgebiet 1000 km südlich von Tokio, wo man Wale beobachten und mit Delfinen schwimmen kann.

Erste Orientierung

Tokios Umland erstreckt sich von Bambuswäldern bis zu Stränden auf Halbinseln. Man kann durch alte Straßen bummeln und abends zurück sein oder tagelang auf entlegenen Inseln und in Bergtempeln in Kultur und Geschichte eintauchen.

Nationalpark Chichibu-Tama-Kai, S. 165

Zwei familienfreundliche Berge bieten befestigte Wege für Wanderungen oder eine Seilbahn durch üppige Wälder zu Tempeln.

Fuji, S. 128

Der majestätische Gipfel des stolzen japanischen Nationalsymbols kann bezwungen oder von Seen und Schreinen aus bewundert werden.

Hakone, S. 152

Erholung, Kultur und Natur zwischen wohltuenden Onsen, Kunstmuseen, dampfenden Vulkanen und Seen mit Blick auf den Fuji.

Izu-Halbinsel, S. 158

Außerhalb Tokios existieren sonnenreiche Strände und heiße Quellen am Meer und Wanderwege an Klippen und Pinienwäldern entlang.

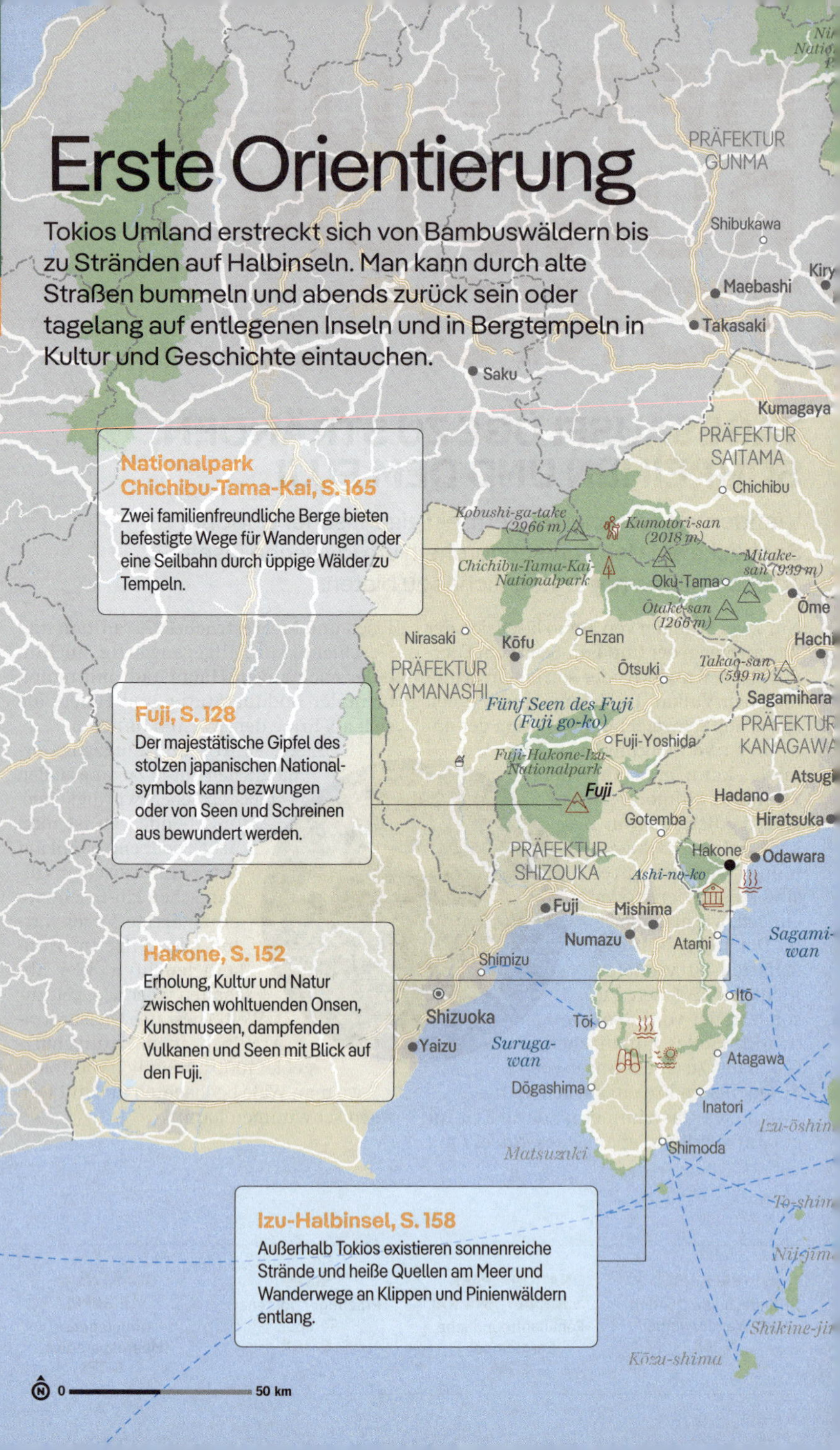

0 — 50 km

Nikkō, S. 168

Die Pracht des alten Edo zeigt sich im Schreinkomplex inmitten üppiger Berge und ruhiger Wälder. Leuchtendes Herbstlaub und Onsen sind das i-Tüpfelchen.

Yokohama, S. 139

Durch die Uferlage wirkt diese kosmopolitische Stadt unbeschwerter als Tokio. Es gibt ein Nudelmuseum, zeitgenössischen Jazz und einen riesigen Roboter.

Kamakura, S. 145

Japans mittelalterliche Hauptstadt bietet Schreine und einen riesigen Buddha in den Wäldern. Sie punktet mit nahen Stränden und einem niedlichen lokalen Zug.

Ogasawara-Archipel, S. 175

Die subtropische Inselkette bietet unberührte Landschaften und Strände sowie eine faszinierende Unterwasserwelt.

ZUG

Bahnlinien fahren in die meisten Gegenden um Tokio. Möchte man zwischen bestimmten Zielen hin und her reisen, ist es meist schneller oder einfacher, nach Tokio zurückzukehren. Nach vergünstigten Zugpaketen erkundigen, die als „Free Pass“ von Bahngesellschaften angeboten werden.

BUS & AUTO

Die günstigen direkten Expressbusse können bequem und praktisch sein. In Gebieten wie Fuji, Izu und Nikkō sind Loop-Busse eine gute Wahl. Ein Auto zu mieten ist mit hohen Mautgebühren verbunden. Außerdem sollte man mit großen Entfernungen und hügeligem Gelände rechnen.

SCHIFF & FLUGZEUG

Zu den Izu-Inseln bringen Fähre, Tragflächenboot oder Flugzeug von Tokio oder Städten auf der Izu-Halbinsel. Vergnügungsfähren überqueren die Seen zwischen Kawaguchi-ko und Nikkō. Der Ogasawara-Archipel ist nur mit einer 24-stündigen Fährfahrt von Tokio erreichbar.

Perfekte Tage

Besteigen oder von einem Onsen im Freien bewundern? Es gibt viele Möglichkeiten, den Fuji zu sehen, und unzählige Schreine in den Bergen und Städten außerhalb der Metropole zu entdecken. Jeder Tagesausflug lohnt sich.

I WILL SHOOT U/SHUTTERSTOCK ©

Mitake-san (S. 167), Nationalpark Chichibu-Tama-Kai

Raus aus der Stadt

- Der Einfachheit halber beschränkt man sich auf Tagesausflüge mit dem Zug von Tokio aus. Auf den Berg Takao im **Nationalpark Chichibu-Tama-Kai** (S. 165) führt eine leichte Wanderung über gepflasterte Wege zu einem Tempel. Unterwegs sind fantastische Statuen und *torii*-Tore auch für Kinder interessant.

- Oder man fährt nach **Nikkō** (S. 168) mit dem goldenen **Tōshō-gū** (S. 172) in einem Kiefernwald. Die nahe zinnoberrote Shin-kyō-Brücke wirkt wie aus einem Märchen.

- Bei einem einstündigen Trip vom Bahnhof in Tokio nach **Kamakura** (S. 145) kann man einen Blick auf die monumentale **Buddha-Statue** werfen (S. 146). Dann besucht man einen Tempel und genießt danach den Sonnenuntergang auf der **Insel Enoshima** (S. 150).

Beste Reisezeit

Kirschblüte und Herbstlaub sind offensichtliche Publikumsmagneten neben Bergen und Seen – die Hortensien im Juni und Strände der Izu-Halbinsel sind Sommervergnügen.

MÄRZ

Zwischen Ende März und Anfang April findet die **Kirschblüte** zwischen den fünf Fuji-Seen und Nikkō statt.

JUNI

Auf der Izu-Halbinsel ist die üppige blaue und violette **Hortensien**-Blüte im Gang und beginnt um die fünf Fuji-Seen.

JULI

Die offizielle Saison für die **Besteigung des Fuji** beginnt – und der Sommerregen setzt ein.

VON LINKS NACH RECHTS: TKWORKS/SHUTTERSTOCK ©, PRINCESS_ANMITSU/SHUTTERSTOCK ©, JATUPHON.PTH/SHUTTERSTOCK ©

Drei Tage am Fuji

- Ein längerer Aufenthalt an den **fünf Fuji-Seen** (S. 135) erhöht die Chancen, an einem klaren Morgen den scheuen Fuji zu sehen. Zum Radfahren bietet sich ein großer See wie der **Yamanaka-ko** (S. 135) an. Ein Loop-Bus fährt zum abgelegenen See **Motosu-ko** (S. 137), um seltenere Fuji-Blicke vom Panorama-dai zu erhaschen und zu übernachten.

- Abenteuerlustige wandern zum heiligen **Fuji** (S. 128) von der **Fifth Station** (S. 132) aus, um das harte, unwirkliche Terrain zu erleben, Schutz in einer Berghütte zu suchen und dann auf dem höchsten Punkt Japans zu stehen.

- Oder man erblickt den Fuji durch vulkanischen Dampf in **Hakone** (S. 152), erkundet das Hakone-Freilichtmuseum und vergleicht Onsen in den Bergen.

Eine Woche im Paradies

- An den unberührten weißen Sandstränden der subtropischen Inseln des **Ogasawara-Archipels** (S. 175) möchte man den ganzen Tag schnorcheln und schwimmen. Eine 24-stündige Fährfahrt bringt nach Chichi-jima, um die einzigartige Vogelwelt zu beobachten oder auf menschenleeren Stränden zu wandern.

- Auch an den Stränden der **Izu-Halbinsel** (S. 158) ist die Atmosphäre entspannt, allerdings mit viel mehr Menschen. Die japanische Surfgemeinde und junge Leute treffen sich im Sommer in **Shirahama** (S. 160), wo ein *torii* auf einem Felsen thront. Man surft und schnorchelt an der Küste oder erkundet die zerklüfteten Felsen im Norden entlang der **Jōgasaki-Küste** (S. 159).

AUGUST

Die **Izu-Halbinsel** lockt zum Strandlaufen und Surfen. Selbst an Kamakuras schwarzen Sandstränden herrscht Partystimmung.

SEPTEMBER

Angenehme Temperaturen und weniger Menschen. In der Taifunzeit ist der Fuji nicht selten in Wolken gehüllt.

OKTOBER

Das **Herbstlaub** leuchtet rot und orangefarben in Nikkō, Hakone, den Bergen und rund um die fünf Fuji-Seen.

DEZEMBER

Die kalte, trockene Luft lässt den hellen, schneebedeckten **Fuji** deutlich sichtbar werden.

FUJI

Der Fuji ist immer überraschend präsent, schimmert durch Bäume, spiegelt sich in einem unberührten See oder erhebt sich am Horizont. Kein Wunder, dass der höchste Gipfel des Landes so tief im japanischen Bewusstsein verankert ist. Er ist das allgegenwärtige Juwel der Gegend rund um die fünf Fuji-Seen und besonders attraktiv während *kōyō* (Herbstlaub). Jeder genießt ihn im eigenen Tempo: durch einen Aufstieg über seine einmaligen Hänge oder einen Spaziergang am Seeufer und durch hohe Tore der *torii*-Schreine, während man die berühmte Silhouette bewundert. Die abgelegenen Seen Sai-ko, Shōji-ko und Motosu-ko locken mit Wassersportaktivitäten; von Tokio gibt's praktische Busse für Tagesausflüge zum fahrradfreundlichen Yamanaka-ko oder nach Kawaguchi-ko. Wer über Nacht bleibt, hat länger Gelegenheit, den Fuji zu bewundern.

TOKIO
Fuji

TOP TIPP

Am besten ist der Fuji bei wolkenlosem Himmel zu sehen. Für einen Tagesausflug (ohne Reservierung einer Unterkunft) eignet sich besonders ein schöner, sonniger Tag. An ruhigeren Wochentagen ist er umso schöner.

LKUNL/SHUTTERSTOCK ©

Chūrei-tō-Pagode

PHURINEE CHINAKATHUM/SHUTTERSTOCK ©

Gemischtwarenladen Lawson und Fuji

Perfekte Aussicht auf den Fuji

DER FUJI AUS JEDER PERSPEKTIVE

Natürlich kommt man hierher, um die umwerfende Aussicht auf den Fuji zu genießen. Selbst von den beliebtesten Orten sind einzigartige Blicke auf seine Hänge möglich. Vom Bahnhof Kawaguchi aus einen Block links steht der einmalig gelegene Convenience Store **Lawson,** wo vermutlich eine Touristenschar versucht, den Laden mit dem Fuji im Hintergrund zu knipsen. Nach dem historisch-modernen Anblick geht's zum See und eine Minute vor dem Lawson am Ufer rund 10 Minuten einen bewaldeten Hang hinauf durch ein *torii*, um vom **Tenjō-yama Tenbō-dai** (天上山展望台) aus praktisch alleine den Fuji durch einen Kieferrahmen zu sehen. Dieser weniger volle Aussichtspunkt und Park bietet auch Ausblicke auf den **Kawaguchi-ko** und die Achterbahnen des Fuji-Q Highland. Im Juli blühen hier Hortensien.

Von der Nordseite des Sees ist der Fuji gut zu sehen und mit dem Blumenteppich im **Ōishi-Park** (大石公園) am eindrucksvollsten. Auch der **Ōike-Park** (大池公園) bietet Gelegenheiten für schöne Fuji-Aufnahmen, mit etwas Glück sogar mit Fischern auf dem See im Bild.

Wer vom Bahnhof Shimoyoshida losgeht, entdeckt das typischste Postkartenmotiv des Fuji: die fünfstöckige rote **Chūrei-tō-Pagode** (忠霊塔パゴダ) inmitten von Kirschblüten mit dem spirituellen Berg im Hintergrund. Allerdings muss man dafür 400 Stufen durch den Sengen-Park hinaufsteigen.

DIE BESTEN LOKALE RUND UM DIE FÜNF SEEN

Sanroku-en
Man grillt Fleischspieße, Tofu und Fisch über *irori* (Holzkohlegrube) in einer Hütte südlich des Bahnhofs Kawaguchi. ¥¥

Fuji Tempura Idaten
Knusprig frittiertes Gemüse aus lokalem Anbau oder *Tempura* in Fuji-Form nahe dem Kawaguchi-Bahnhof. ¥

Hōtō Fudō
Kessel mit handgemachten Nudeln im Miso-Eintopf in einer riesigen Halle. ¥

Miyaki Udon
Bowls mit handgemachten Weizenmehlnudeln *yoshida udon* für Generationen von Einheimischen im Fuji-Q-Hochland. ¥

DER FUJI AUS ALLEN PERSPEKTIVEN

Wer Postkartenansichten des Fuji sammelt, sollte nach Hakone fahren. Dort spiegelt er sich im Kratersee Ashi-no-ko, wo das rote *torii* von **Hakone-jinja** (S. 156) über das ruhige Wasser wacht.

AUSGEHEN IN KAWAGUCHI-KO

Moon Dance
Tolle Blicke auf den Fuji vom Dach des schicken Mizno-Hotels entschädigen für überteuerte Drinks.

OarBlue
Blockhütten-Look. Der freundliche Besitzer kredenzt regionalen Whisky und feine Lemon Sours.

New York
Stimmungsvolle, Billy Joel gewidmete Jazzbar mit Cocktails, billigem Bier, Pasta und Pizza

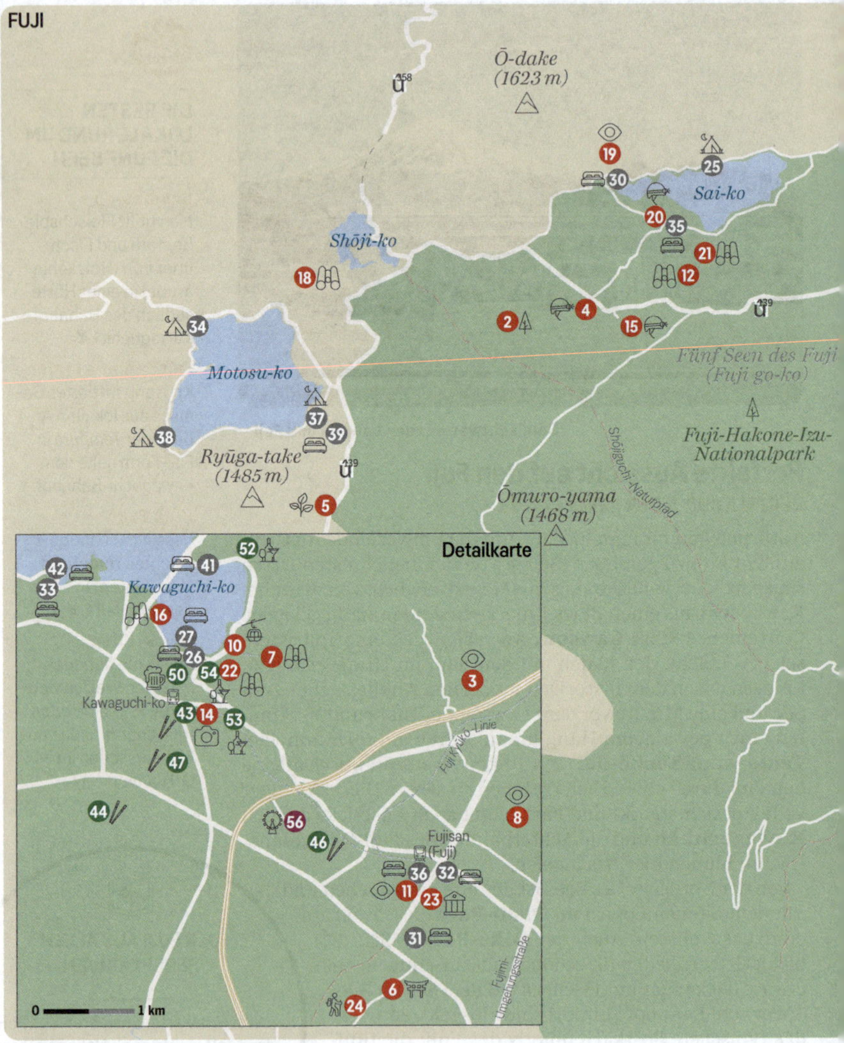

FUJI

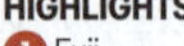

HIGHLIGHTS
1 Fuji

SEHENSWERTES
2 Aokigahara-Wald
3 Chūrei-tō Pagoda
4 Fugaku Fūketsu
5 Fuji Motosuko Resort
6 Fuji Sengen-jinja
7 Aussichtsplattform am Fuji
8 Fuji-Yoshida
9 Hirano-Strand
10 Kachi-Kachi Yama-Seilbahn
11 Kanadorii
12 Kōyō-dai
13 Kubota Itchiku Art Museum
14 Lawson
15 Narusawa Hyōketsu
16 Ōike Park
17 Ōishi Park
18 Panorama-dai
19 Sai-ko Iyashi-no-Sato Nenba
20 Sai-ko Kōmoriana
21 Sanko-dai
22 Tenjō-yama Tenbō-dai
23 Restauriertes Pilger-Gasthaus Togawa-ke Oshi-no-ie

AKTIVITÄTEN
24 Yoshida-Wanderweg

SCHLAFEN
25 Camp Village Gnome
26 Fuji Kawaguchiko Onsen Hotel Konansou
27 Fuji Lake Hotel
28 Fuji Matsuzono Hotel
29 Fujikawaguchiko Crescendo
30 Higashimura

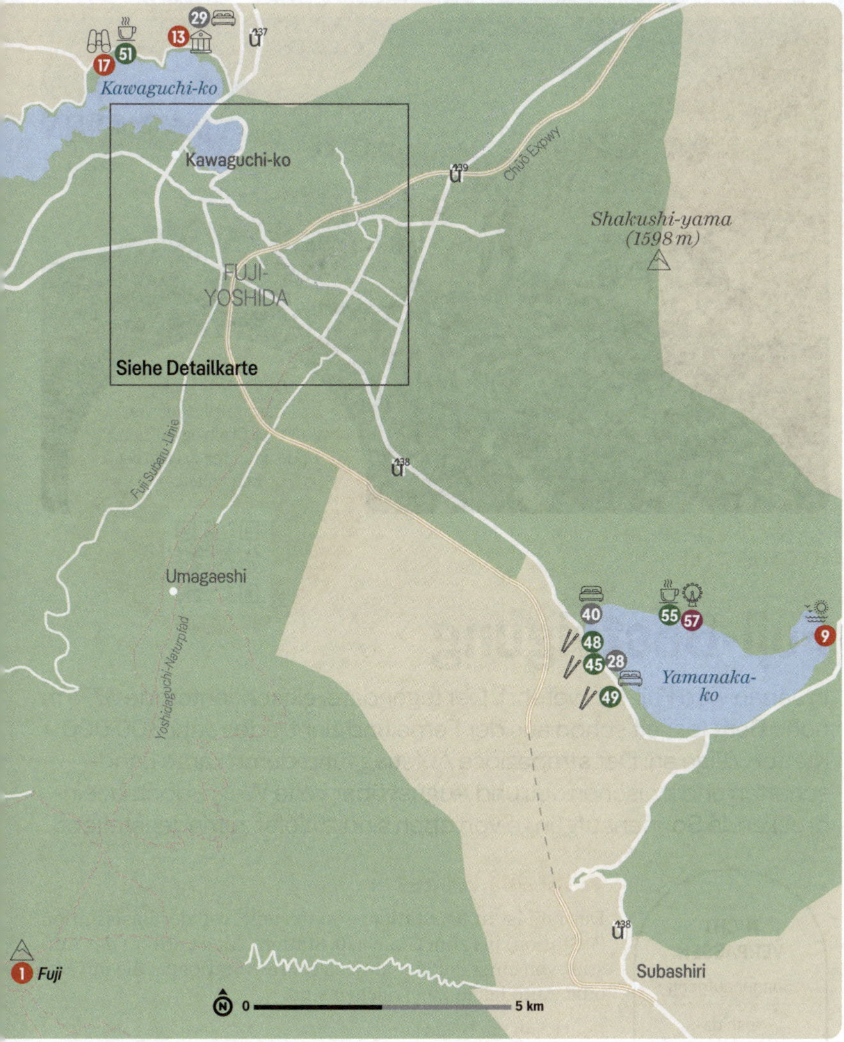

29
13
17
51
137
Kawaguchi-ko
Kawaguchi-ko
139
Chūō Expwy
Shakushi-yama
(1598 m)
FUJI-
YOSHIDA
Siehe Detailkarte
Fuji Subaru-Linie
138
Umagaeshi
Yoshidaguchi-Naturpfad
40
55
57
9
48
45
28
49
Yamanaka-
ko
138
1 Fuji
Subashiri
0
5 km

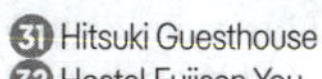

31 Hitsuki Guesthouse
32 Hostel Fujisan You
33 Hostel Michikusa-ya
34 Kōan Motosu Inn
35 Life Goes On
36 Megu Fuji 2021
37 Motosuko Camping Ground
38 Motosuko Ikoinomori Camping Ground
39 Resort Pension Motosu
40 Sun Plaza Hotel Fuji Yamanakako
41 Ubuya
42 Wakakusa no Yado Maruei

ESSEN

43 Fuji Tempura Idaten
44 Hōtō Fudō
45 Jib
46 Miyaki Udon
47 Sanroku-en
48 Shoya
49 Syougetsu

AUSGEHEN & FEIERN

50 Ide Sake Brewery
51 Lake Bake Cafe
siehe 26 Lake Side Café Ku
52 Moon Dance
53 New York
54 OarBlue
55 The Park

UNTERHALTUNG

56 Fuji-Q Highland
57 Nagaike Water Park

JAMOO/SHUTTERSTOCK ©

QR-Code scannen für die offizielle Website von Mt Fuji Climbing mit Tipps, Updates und einer Liste der Berghütten.

HIGHLIGHT

Fuji-Besteigung

In Japan wird Fuji-san verehrt. Der legendäre, einschüchternde 3776 m hohe Berg fesselt schon aus der Ferne und zieht jedes Jahr 300 000 Kletterwillige an. Der strapaziöse Aufstieg führt durch karge Landschaften und zwischen Juli und August über volle Wege, doch beeindruckende Sonnenaufgänge von oben sind zutiefst zufriedenstellend.

NICHT VERPASSEN

- Sonnenaufgang
- Yoshida-Wanderweg
- Kraterrand
- Kengamine
- Ohachi-meguri-Wanderweg
- Fuji-Gipfel-Postamt
- Kusushi-Schrein

Wahl des Weges

Der Fuji ist in 10 „Stationen" unterteilt, von der Basisstation (1. Station) bis zum Gipfel (10. Station). Meist erfolgt der Aufstieg von einer der vier aktiven fünften Stationen, die mit Bus oder Auto leicht zu erreichen sind.

Routen ab der 5. Station

Diese schnelleren Trails werden meist wegen ihrer Bequemlichkeit bevorzugt. Der Gipfel kann in fünf bis sechs Stunden erreicht werden, wobei Erfahrene weniger Zeit brauchen. Der Abstieg dauert etwa drei Stunden, die Umrundung des Kraters am majestätischen Gipfel weitere 1½ Stunden.

Yoshida-Wanderweg

Die beliebteste Route ist der Yoshida-Wanderweg (Höhe 2305 m; Bild) ab der 5. Station der Fuji-Subaru-Linie (bekannt als 5. Station von Kawaguchi-ko) und bietet moderne Annehmlichkeiten. Am zugänglichsten ist sie von der Stadt Kawaguchi-ko mit einer guten Anbindung an Tokio.

Subashiri-Wanderweg

Abseits des Gedränges bietet der malerische Subashiri-Weg (1980 m) gelegentliche bewaldete Ausblicke. Er verbindet sich an der 8. Station mit dem Yoshida-Weg und man kann über die Yoshida-Route auf- und über den Subashiri-Wanderweg absteigen, der einen über lockeren Vulkansand hinabgleiten lässt.

Fujinomiya-Wanderweg

Der Fujinomiya-Trail (2380 m) ist aus westlicher Richtung (Nagoya, Kyoto und weiter weg) der beste und zeigt den kargen Hoei-Krater.

Gotemba-Wanderweg

Der vernachlässigte Gotemba-Trail (1440 m) umfasst körperlich anspruchsvolle Abschnitte mit loser Vulkanasche beim harten 7½-stündigen Aufstieg.

Traditionelle Route

Wer es puristisch mag und die üppigen Wälder der unteren Ebenen sehen möchte, plant etwa 12 Stunden für den Aufstieg von der Basis bis zum Gipfel. Früher starteten Fuji-Pilgernde am Sengen-jinja nahe dem heutigen Fuji-Yoshida und huldigten den Göttern des Schreins, bevor sie den 19 km langen Aufstieg auf den heiligen Berg begannen.

Der Kraterrand

Auf dem Gipfel des Fuji bietet sich schließlich ein fast spiritueller Anblick: ein Krater mit einem Durchmesser von etwa 500 m und einer Tiefe von 250 m. Eine Wanderung um den Rand, bekannt als **Ohachi-meguri-Weg**, dauert etwa 90 Minuten und erlaubt unglaubliche Panoramablicke.

Die Höchsten der Hohen

Rund um die zerklüfteten Kraterränder sind acht Gipfel zu sehen. Das Denkmal am höchsten Gipfel **Kengamine** markiert Japans höchsten Punkt.

Postamt auf dem Gipfel

Auf dem Gipfel des Berges befindet sich das einzigartige **Fuji-Gipfel-Postamt**, von wo sich Postkarten mit echten Poststempeln vom Gipfel des Fuji verschicken lassen.

Schrein

Am Kraterrand liegt der verwitterte, hüttenartige **Kusushi-Schrein** zwischen Löwenstatuen und einem nahen *torii* in strahlendem Weiß, das zum Licht auf dem Gipfel passt.

Planung

Die Bedingungen können sich plötzlich ändern. Selbst im Sommer kann die Temperatur morgens nahe dem Gefrierpunkt liegen, der Gipfel kann ohne Vorwarnung im Nebel verschwinden. Außerhalb der Saison sollte man sich vor dem Aufstieg besser bei der örtlichen Polizei anmelden; das Formular gibt's in der Touristeninformation Kawaguchi-ko oder Fuji-Yoshida.

DAS SOLLTE MAN DABEIHABEN

Kleidung für kaltes und nasses Wetter plus Mütze und Handschuhe. Mindestens zwei Liter Wasser (Berghütten verkaufen Wasser, sind aber außerhalb der Klettersaison geschlossen), außerdem eine Karte, Snacks, Mülltüten und für nachts eine Taschen- oder Stirnlampe mit Ersatzbatterien – und Geld für die Toiletten in den Berghütten (300 ¥).

TOP TIPPS

- Kreuzungen sind nicht klar gekennzeichnet, was das Risiko erhöht, sich zu verlaufen. Am besten wandert man mit erfahrenen Guides.
- Zwei Optionen, den Sonnenaufgang auf dem Gipfel zu erleben: Aufstieg am Nachmittag, Übernachtung in einer Berghütte und Rest des Aufstiegs frühmorgens. Oder man wandert in der Nacht hinauf.
- Auf dem Gipfel nicht zu lange vor der Dämmerung ankommen, auch im Sommer kann es eiskalt und windig sein.
- Pausen beugen Höhenkrankheit vor. Wer schwere Symptome verspürt, steigt sofort hinab.

ÜBERNACHTEN IN KAWAGUCHI-KO MIT DEN BESTEN FUJI-AUSSICHTEN

Ubuya
Traditionell-modernes architektonisches Meisterwerk mit Fenstern wie Kinoleinwände und dem Fuji auf der anderen Seeseite. ¥¥¥

Fuji Lake Hotel
Alte-Welt-Klasse und unschlagbarer Panoramablick auf See und Fuji. Hierher bringt ein kostenloser Shuttle vom Bahnhof Kawaguchi. ¥¥¥

Hostel Michikusa-ya
Vom traditionellen Haus mit Schlafsälen und Tatami-Zimmern kannn man den Fuji in Ruhe betrachten. Kostenloser Shuttle. ¥

Fujikawaguchiko Crescendo
Erhabene Fuji-Ansichten vom Whirlpool des Hotels nördlich des Sees. 10 Minuten von der Haltestelle des Loop-Busses entfernt. ¥¥

BENOIST/SHUTTERSTOCK ©

Fuji Sengen-jinja

Auf den Spuren der Fuji-Wallfahrt

EDO-GEBIET FUJI-STADT

Man kann sich in die Zeit der Fuji-Pilgerzüge zurückversetzen, als eine Wanderung auf den heiligen Berg eine spirituelle Suche war und keine Touristentour. Die Stadt **Fuji-Yoshida** (富士吉田) war einst voller *oshi-no-ie* (Pilgerherberge), in denen die Fuji-Gefolgschaft vor der Besteigung übernachtete. Die historische Atmosphäre ist heute noch spürbar. Am hohen Tor **Kanadorii** (金鳥居) von 1788 wurde die religiöse Legitimation der Pilgernden überprüft, im zentralen Bezirk **Gekkō-ji** (月江寺) sind Originalfassaden aus der Mitte des 20. Jhs. erhalten.

Im **restaurierten Pilger-Gasthaus Togawa-ke Oshi-no-ie** (御師旧外川家住宅) von 1768 schreitet man in den Fußstapfen der Pilgernden über Tatami-Böden, auf denen sich einst bis zu 100 Reisende versammelten. Der lohnende Audioguide erklärt die Fuji-Verehrung in der reichen Edo-Zeit.

Vor jeder Besteigung des Fuji mussten Pilgernde den **Fuji Sengen-jinja** (富士浅間神社) besuchen. Dieser Schrein geht aufs 8. Jh. zurück (rekonstruiert um 1800) und ist der Berggöttin Sakuya-hime gewidmet. Ein majestätischer Weg zwischen Zedern führt zum Haupttor, das alle 60 Jahre erneuert

ÜBERNACHTEN IN FUJI-YOSHIDA

Hitsuki Guesthouse
Seltenes Beispiel einer *oshi-no-ie* der Nachfahren von mehreren Fuji-Pilgergenerationen mit Tatami-Matten. ¥

Megu Fuji 2021
Modernes, sauberes Apartment nahe dem Bahnhof Fuji (und Shinjuku-Anschluss). Große Zimmer mit Fuji-Blick. ¥¥

Hostel Fujisan You
Blitzblankes Hostel mit guten Zweibettzimmern und Schlafsälen und frisch gebackenem Brot. ¥

wird und an Größe gewinnt. Zwei beeindruckende, eine Tonne schwere *mikoshi* (tragbarer Schrein) werden jedes Jahr zum Fest **Yoshida no Himatsuri** am 26. August hierhergetragen, um das Ende der Klettersaison zu feiern und für ein weiteres Jahr Schutz beim Wandern zu danken. Am Ende geht man auf der Rückseite des Schreins durch das hölzerne *torii*, dem ursprünglichen Anfang des **Yoshidaguchi-Pfads** auf den Fuji.

Fünf Fuji-Seen für alle

TAGESAUSFLÜGE MIT KINDERN UND GRUPPEN

Das Gebiet der fünf Seen ist riesig. Mit Kindern, Schwierigkeiten beim Laufen oder wenig Zeit besichtigt man die Highlights im Rahmen eines einfachen Tagesausflugs.

Für einen einfachen schönen Blick auf See und Fuji bleibt man am **Kawaguchi-ko** und nimmt den roten Linienbus zur **Kachi-Kachi-Yama-Seilbahn** vom unteren östlichen Rand des Sees. Von hier geht's hoch zur **Fuji-Aussichtsplattform** (1104 m). Mit einem **Schnellboot** kommt man auf die Westseite des Sees – das ist schneller (und nasser) als mit dem Bus. Ansonsten bietet das gemächlichere **Appare**-Boot 20-minütige Rundfahrten auf dem See. Das Preis-Leistungs-Verhältnis ist gut und der Andrang groß. Eventuell muss man aufs nächste Boot warten, um einen Sitzplatz zu bekommen.

Alternativ fährt man mit dem roten Linienbus weiter und wählt zwischen dem **Kubota-Itchiku-Kunstmuseum** für Kimono-Kunst und einer Führung (auf Englisch ist zu reservieren) durch die kleine **Ide-Sake-Brauerei,** die seit 21 Generationen Sake mit Fuji-Quellwasser brennt.

Jüngere Reisende (oder Junggebliebene) amüsieren sich im Vergnügungspark **Fuji-Q Highland.** Nicht vom malerischen Retro-Charme täuschen lassen – die Achterbahnen sind extrem und aufregend. Das ruhigere **Thomas Land**, das auf Thomas, der kleinen Lokomotive basiert, ist toll für die Kleinsten und hat auch ein Resort-Hotel und einen Onsen, sodass die ganze Familie entspannen kann.

Radfahren & Onsen in Yamanaka-ko

RADELN UM DEN GRÖSSTEN SEE

Der größte der fünf Fuji-Seen, der **Yamanaka-ko** (山中湖), ist so schön und lebendig, dass viele Einheimische hier Ferienhäuser haben. Am Südufer des Sees herrscht rege Bautätigkeit, während die Nordseite ruhiger und reizvoller ist. Es gibt mehrere Fahrradverleihe entlang des Ufers. Für eine Umrundung mit dem Fahrrad ist der Yamanaka-ko einer der besten Seen hier und hat als Einziger einen eigenen Radweg. Der gut be-

SIGHTSEEING-BUSSE

Die Omni-Loop-Busse fahren drei Rundstrecken, beginnen und enden am Bahnhof Kawaguchi und stoppen an nummerierten Haltestellen an allen Sehenswürdigkeiten rund um die westlichen Seen. Die Hop-on-Hop-off-Busse fahren je nach Saison alle 15 bis 30 Minuten.

Die rote Linie verläuft entlang der beliebtesten Gebiete am Nordufer und im Westen des Kawaguchi-ko. Die grüne Linie führt stündlich um den Saiko und Aokigahara und die blaue Linie verkehrt unregelmäßig um den Shōji-ko bis zum östlichen Ende von Motosu-kot.

Ein Zwei-Tage-Ticket besorgen und die ausgezeichnete Karte und den Fahrplan am Bahnhof Kawaguchi mitnehmen, wo englischsprachige Mitarbeiter geduldig alle Fragen zum Sightseeing-Bus beantworten.

GRÜNEN TEE TRINKEN MIT BLICK AUF DEN SEE

Lake Side Café Ku
Matcha-Latte und Kuchen in der klimatisierten 2. Etage mit Blick über den Kawaguchi-ko.

The Park
Ein *Matcha-Latte* auf der Terrasse mit Blick auf den Yamanaka-ko-See und den Fuji ist ein wahrer Genuss.

Lake Bake Cafe
Grüner Nachmittagstee nach Kawaguchi-ko-Art mit Melonenbrot und Blick auf den See und den Fuji.

DIE BESTEN ONSEN-HOTELS MIT AUSSICHT

Fuji Matsuzono Hotel
Auch Nichtgäste können gegen Bezahlung den ruhigen Onsen des Hotels in der Nähe des Yamanaka-ko-Sees benutzen, Gäste genießen den Blick auf den Fuji. ¥¥

Sun Plaza Hotel Fuji Yamanakako
Bäder im Inneren oder Außen-Onsen mit Blick auf den Yamanaka-ko nebenan; makellose, moderne Zimmer. ¥¥

Fuji Kawaguchiko Onsen Hotel Konansou
Gäste können zwischen öffentlichen Bädern und privaten *Onsen* mit atemberaubendem Blick auf den Fuji wählen. ¥¥¥

Wakakusa no Yado Maruei
In diesem komfortablen, traditionellen Ryokan am Kawaguchi-ko können Besucher unter freiem Himmel baden und dabei den Fuji bewundern. ¥¥¥

festigte und größtenteils flache **Yamanakako-See-Radweg** ist prima für Gelegenheitsradler und eine angenehme, pittoreske Möglichkeit, die Gegend zu erkunden. Er deckt etwa 80 % des 14 km langen, walförmigen Sees ab und hat viele Pausenplätze mit Blick auf den Fuji. Mit einem Rennrad, das stundenweise, halbtags oder ganztägig gemietet werden kann, lässt sich der See in etwa 1½ Stunden umrunden (schneller mit einem E-Bike). Eine Runde um den See zu Fuß dauert etwa 3½ Stunden.

Zu den pittoresken Orten mit Fuji-Blick entlang des Weges gehören der **Nagaike-Wasserpark** im Norden und der **„Strand“ Hirano** im Osten.

Nach der Radtour ist Entspannung in einem Onsen mit Fuji-Aussicht angesagt, zum Beispiel in einem der Stein- und *hinoki*-(Zypressen-)Bäder des Benifuji-no-yu.

Für Winterbegeisterte bietet die gefrorene Wunderwelt des Yamanaka-ko eine einzigartige Gelegenheit zum Eisfischen. Hier kann man am traditionellen Fangen von *wakasagi,* dem japanischen Stint, teilnehmen und die ruhige Umgebung des zugefrorenen Sees genießen.

Lavahöhlen und dunkle Wälder in Sai-ko

MAKABRE UND GEHEIMNISVOLLE NATUR

Unberührte Natur und einzigartige Sehenswürdigkeiten abseits der Touristenströme findet man am **Sai-ko** (西湖). Inmitten grüner Wälder liegt der See westlich des Kawaguchi-ko und lockt Camping-, Boots- und Angelfans an. Wanderwege schlängeln sich durch die Berge zu drei bemerkenswerten Höhlen. Die **Sai-ko Kōmoriana** (西湖コウモリ穴) ist als „Fledermaushöhle“ bekannt, obwohl es dort keine Fledermäuse gibt. Trotzdem macht der Gang durch diese 350 m lange, von urzeitlichen Lavaströmen geformte Höhle Spaß. Vom Parkplatz aus führt ein Weg zum **Aokigahara-Wald** (青木ヶ原樹海). Der Wald ist dicht und ruhig und berüchtigt für Selbstmorde; makabre Schilder fordern dazu auf, das Leben zu schätzen. Es gibt einen leichten, 3 km langen markierten Fußweg zur **Fugaku Fūketsu** (富岳風穴; Windhöhle), in der einst Seidenraupenkokons lagerten. Nur 15 Fußminuten weiter kann man sich in die enge Eishöhle **Narusawa Hyōketsu** (鳴沢氷穴) zwängen, die durch die Lava des Fuji-Ausbruchs von 864 n. Chr. entstand. Die Durchquerung dauert etwa 10 Minuten und wird am Ende mit dem faszinierenden Anblick der Eissäulen belohnt.

Zurück am See ist die Aussicht auf den Fuji verdeckt, außer am Westufer nahe dem rustikal nachgebauten Bauerndorf **Sai-ko Iyashi-no-Sato Nenba** mit strohgedeckten Häusern

ESSEN AM YAMANAKA-KO

Shoya
Familienfreundliches Restaurant, man isst im Schneidersitz reichhaltige Kürbis-*hōtō* (Miso-Nudelsuppe) oder *Tempura.* ¥

Syougetsu (笑月)
Unvergessliches *kaiseki* (japanische Haute Cuisine) in Privaträumen eines traditionellen Hauses mit Garten. ¥¥¥

Jib
Das hausgemachte Curry ist nicht zu scharf – umso besser, wenn man eine Radtour um den See plant. ¥¥

SEAN PAVONE/SHUTTERSTOCK ©

Sai-ko Kōmoriana

und von der (kostenpflichtigen) Aussichtsplattform **Kōyō-dai** südlich des Sees, die im Herbst beliebt ist, wenn der Aokigahara-Wald rot leuchtet. Der Fuji wirkt von hier aus unglaublich nah. Beim Wandern gibt's vergleichbare und kostenlose Aussichten in der Nähe des Sees bei **Sanko-dai**.

Blumen & berühmte Ansichten in Motosu-ko

WANDERN ZU EINMALIGEN AUSSICHTEN

Auf dem 1000-¥-Schein sieht man den Postkartenanblick des schneebedeckten Fuji, der sich in einem glatten See spiegelt. Diesen Ort gibt's wirklich: Abgebildet ist **Motosu-ko** (本栖湖), der tiefste und westlichste der fünf Fuji-Seen. Mit dem blauen Linienbus vom Bahnhof Kawaguchi braucht man 50 Minuten hierher. Im Gegenzug belohnt die ruhige Abgeschiedenheit. Noch mehr abgelegene Schönheit und Bootsfahrten gibt's Richtung Osten am kleinsten See, dem **Shōji-ko** (精進湖).

MYSTISCHER FUJI

Die fünf Fuji-Seen sollen vor etwa 2000 Jahren aus Lavaströmen von Fuji-Ausbrüchen entstanden sein. Sie spielen eine wichtige Rolle bei der Verehrung und Anbetung des heiligen Berges.

Der Volksglauben des Fuji-ko wurde hier ab dem 17. Jh. über drei Jahrhunderte praktiziert. Das Gefolge pilgerte zu heiligen Stätten am See, um ihren Geist und Körper zu reinigen, und bestieg dann mit Gebeten den verehrten Berg.

See- und Fuji-Fans sind ganz scharf auf den seltenen Anblick, der als „Double Diamond Fuji" bekannt ist, wenn die Strahlen der auf- oder untergehenden Sonne auf Höhe des Berggipfels sind und sich gleichzeitig in einem See spiegeln.

ÜBERNACHTEN AM SAI-KO

Higashimura
Großes Gästehaus mit exzellentem Preis-Leistungs-Verhältnis, gutem Essen und Aussicht über den See auf den Fuji. ¥¥

Life Goes On
Gemütliche Pension eines Sternguckers nahe der Fledermaushöhle mit Fuji-Blicken durch Profi-Teleskope. ¥¥

Camp Village Gnome
Freundlicher neuer Campingplatz am See mit *Onsen* und Kanus. Geführt von einem englischsprachigen Eigentümer und Outdoor-Autor. ¥

DIE BESTEN ZELTPLÄTZE AM MOTOSU-KO

Kōan Motosu Inn
Ein Whirlpool? Der Luxus-Campingplatz bietet ein Restaurant, einen Laden, wahlweise Hütten und die schönste Aussicht auf den Fuji. ¥

Motosuko Campingplatz
Gruppenfreundlicher, lebendiger Campingplatz, Bungalows und Laden in den Wäldern nahe dem See mit Futon-Verleih. ¥

Resort Pension Motosu
Gemütliche Pension unweit des Fuji Motosuko Resort. Die Hüttenmiete beinhaltet Mahlzeiten. Glamping und Grills zum Selbstbauen. ¥¥

Motosuko Ikoinomori Camping Ground
Ohne Fuji-Blick und daher weniger Gäste. Exzellentes Kajakfahren und SUP. ¥

Camping, Motosu-ko

Motosu-ko ist weitgehend unerschlossen, abgesehen von einigen Campingplätzen und Hütten entlang des Seeufers und Spots zum Windsurfen und Kanufahren. Das **Kōan Motosu Inn** am Nordufer des Sees bietet Paddelboarding und Kajakfahren und verleiht Campingausrüstung. Ein guter Grund für einen Besuch ist natürlich eine Wanderung zu den Aussichtspunkten und die Suche nach der berühmten Ansicht. Ein faszinierender Weg gipfelt in einer einmaligen Ansicht des majestätischen Fuji am **Panorama-dai** (パノラマ台) mit Ausblicken über die umliegenden Seen. Der ausgeschilderte Weg bietet ab der Bushaltestelle der blauen Linie Panorama-dai-shita, 38 Minuten vom Bahnhof Kawaguchi, eine einstündige Wanderung durch den Wald.

Am **Fuji Motosuko Resort** südöstlich des Sees locken rosafarbene *shibazakura*-Teppiche (Teppichphlox) mit dem Berg Fuji im Hintergrund Blumenbegeisterte an und sind nach japanischer Art ein Fest wert – das **Fuji-Shibazakura-Festival** findet von Mitte April bis Ende Mai statt.

UNTERWEGS VOR ORT

Zwar sind die Entfernungen um die Seen herum kurz, aber der Mangel an Sonnen- oder Regenschutz schreckt viele ab. Radfahren ist eine gute Option, doch am besten nur eine Seeumrundung auf einmal. Sightseeing-Busse sind praktisch, aber für alles Lohnende braucht man mehrere Tage. Also: Zeit für Pausen einplanen und eventuell nur ein paar Busse zu nehmen. Kleinere Seen sind am einfachsten mit dem Auto zu erkunden, vor allem mit Übernachtung.

YOKOHAMA

Yokohama (横浜) liegt an der Bucht von Tokio und hat seit 1859, als sich das abgeschottete Japan wieder der Welt öffnete, dank seines internationalen Hafens Einflüsse aus aller Welt erfahren. In Yokohama wurden der erste ausländische Handelshafen, Chinatown, eine englischsprachige Zeitung, eine Bierfabrik und ein Bahnhof gegründet. Diese kosmopolitische Vergangenheit zeigt sich heute in der kreativen Kunst- und Jazzszene, in Kleinbrauereien und in den umgebauten roten Backstein-Lagerhäusern von Minato Mirai. Internationale Lokale, Boutiquen und Kunststudios sind in Yokohama sehr präsent, ihre verschrobene Seite zeigt sie mit dem skurrilen Museum für Instant-Ramen, einem Riesenroboter und einer Eisenbahnsammlung. Doch in den Parks an der Bucht ist noch immer spürbar, dass es sich um eine Küstenstadt mit eigenem, gemächlichem Tempo handelt.

TOP TIPP

An sonnigen Wochenenden ist viel los, aber sie machen Spaß. Vor den roten Backsteinbauten gibt's Essensstände und Pop-up-Events wie ein Beachvolleyballfeld. In den Bars wimmelt es von jungen Leuten. Unter der Woche kann es fast zu ruhig sein, außer im Cup Noodles Museum.

Yokohama

SEHENSWERTES
1 Cup Noodles Museum
2 Gundam Factory Yokohama
3 Hara Model Railway Museum

SCHLAFEN
4 Citadines Harbour Front Yokohama
5 Hotel Edit
6 Mayudama Cabin

ESSEN
7 Araiya
8 Banwarō
9 Hotel New Grand
10 Manchinrō Honten
11 Suikōen
12 Sun Aloha Minato Mirai
13 ToKi
14 Yoshimuraya

AUSGEHEN & FEIERN
15 Akarenga Sōkō
16 Bashamichi Taproom
17 Beer Bar Moon Beams
18 Osanbashi Hall
19 Revo Brewing

UNTERHALTUNG
20 Bar Bar Bar
21 Ben Tenuto
22 Jazz Bar Venus

DAS MARITIME ERBE VON YOKOHAMA ENTDECKEN

Start ist am **1 Kunstmuseum Yokohama** (1989). Die Fassade entwarf der Architekt Kenzō Tange mit geometrischem Mauerwerk der 1980er. Man folgt dem Wasser zu den prächtigen weißen Segeln des **2 Segelschiffs Nippon Maru** (1930), einem früheren Marine-Ausbildungsschiff. Nach Überquerung der Holzbrücke der **3 Kisha-Michi-Promenade** ist Zeit für eine Snackpause und die Boutique **4 Aka-renga Sōkō**. In den umgebauten Backstein-Lagerhäusern befand sich in den 1920er-Jahren die Zollinspektion für die Schifffahrt. Jenseits der Brücke Richtung Süden liegen Boote im Hafen beim **5 Zou-no-hana Park**, einem beliebten Treffpunkt für Paare bei Sonnenuntergang. Das **6 Zollmuseum Yokohama** (1934) hat einen auffallenden Turm mit einer moscheeartigen Kuppel. Seeleute gaben ihm den Spitznamen „Königin", während das nahe **7 Regierungsbüro der Präfektur Kanagawa** (1928) nach Pokerkarten „König" genannt wurde. Seinem östlichen Jugendstil-Eingang gegenüber ist das **8 Historische Archiv der Stadt Yokohama** (1981) im früheren britischen Konsulat (1931). Am **9 Yokohama Port Opening Square** mit modernen, verspiegelten Skulpturen steht die weiße **10 Kyokai-Yokohama-Kaigan-Kirche** (1872), Japans erste protestantische Kirche. Nördlich des Hafens führen Stufen hinauf zur **11 Yamashita-Rinkō-Line-Promenade**, einem erhöhten Weg mit Blick auf den eleganten Ōsanbashi-Pier. Ein Gang an der frischen Luft durch den **12 Yamashita-Kōen** führt zum **13 NYK Hikawa Maru**. Der Luxusdampfer brachte in den 1930ern japanische Passagiere nach Seattle und im Gegenzug Jazz und andere westliche Einflüsse nach Japan. Am Ende dieses Spaziergangs fahren Sea-Bass-Fähren zurück zum Bahnhof von Yokohama.

DIE BESTEN ADRESSEN FÜR SPEZIALITÄTEN AUS YOKOHAMA

Araiya
Lokaler *gyū-nabe* (heißer Topf) mit *wagyū* (japanisches Rindfleisch) im museumsartigen Holzrestaurant nahe dem Hafen. ¥¥¥

Yoshimuraya
Hier wurde Yokohamas *iekei-Ramen* erfunden, Schweinefleisch und Sojabrühe mit weichen Nudeln. Das Warten lohnt sich. ¥

Sun Aloha Minato Mirai
Hawaiianisches Restaurant für reichhaltigen *hayashi*-Reis (Rindfleischeintopf mit französischen Wurzeln), eine typische Yokohama-Fusion. ¥¥

Hotel New Grand
Erfinder des *naporitan* (Nachkriegskombi aus Ketchup und Udon-Spaghetti). Beleidigung oder japanischer Charme? Jeder entscheide selbst. ¥¥¥

Seltsames & wunderbares Yokohama

NUDELMUSEUM, ROBOTER UND ZÜGE

Yokohama hat eine verspielte und zugleich elegante Seite, die junge Menschen anspricht. Auch wenn man noch nie über die Geschichte der Nudel nachgedacht hat, das **Cup Noodles Museum** lässt alle lächeln. Momofuku Ando gründete die Ode an die Erfindung der Instant-Ramen im Jahr 1956. Die Verpackungen fast aller Cup Noodles der letzten Jahrzehnte sind in einer glänzenden Ausstellung zu bestaunen, die der Haute Couture würdig wäre. Räume mit versteckten Aussichtspunkten und einer kindlichen Verrücktheit amüsieren die Kids, während das Entwerfen eigener Cup-Noodles-Verpackungen und -Zutaten auch Nichtdesignern Spaß macht – sei es nur wegen der durchsichtigen Luftpolstertasche um die eigene Kreation. Im oberen Stockwerk kredenzen Stände Instant-Ramen in internationalen Nudelsuppen.

Für Junggebliebene geht der Spaß weiter bei der **Gundam Factory Yokohama** am Hafen, wenn eine riesige, 18 m hohe Roboternachbildung aus einer klassischen Anime-Serie zweimal pro Stunde zum Leben erwacht und alles mit einer grandiosen Licht- und Orchestershow endet. Die zeitlich begrenzte Show läuft seit 2020 und wird ständig verlängert – im Vorfeld recherchieren.

Japan scheint aus Reisenden Trainspotter zu machen. Angehende Eisenbahnfans finden südlich des Bahnhofs Yokohama eine der besten Sammlungen von Modelleisenbahnen und Eisenbahn-Memorabilien im Land. Im **Modelleisenbahnmuseum Hara** ist die Sammlung des Eisenbahnbauers und -fanatikers Hara Nobutaro gebündelt. Große Schaukästen zeigen Städte mit fahrenden Mini-Lokomotiven und elektrischen Zügen. Die beleuchteten nächtlichen Stadtlandschaften mit winzigen Menschen sind fesselnd.

Bier & jede Menge Jazz

OKTOBERFEST, BRAUEREIBESICHTIGUNG UND JAZZ

Kampai! Yokohama wimmelt von interessanten Bars, Pubs und Kneipen, Mikrobrauereien, Bars und Jazzclubs sorgen Tag und Nacht für Unterhaltung. Das Highlight ist das zweiwöchige **Yokohama Oktoberfest** Anfang Oktober im **Akarenga Sōkō** an der Bucht, wo über hundert Biersorten in den umgebauten roten Backstein-Lagerhäusern ausgeschenkt werden. Es ist auch einer von 30 Veranstaltungsorten der jährlichen **Yokohama Jazz Promenade**, Japans größtem Jazzfestival in der Stadt, die den Jazz nach Japan brachte.

ÜBERNACHTEN IN YOKOHAMA

Hotel Edit
Schickes Hotel inmitten des Nachtlebens von Yokohama. Klasse Preis-Leistungs-Verhältnis. ¥¥

Mayudama Cabin
Futuristische Kapseln, einige davon privat, nur einen Katzensprung von zwei Bahnhöfen entfernt. ¥

Citadines Harbour Front Yokohama
Neben dem Business-Hotel am Hafen joggen oder im Fitnessstudio auspowern. ¥¥

KITTIPOOM RAGTAWAT/SHUTTERSTOCK ©

Kirin-Beer-Fabrik in Yokohama

Mitte April und Mitte September präsentiert das **Great Japan Beer Festival Yokohama** 200 Craft-Biere aus dem ganzen Land. In der gut besuchten Osanbashi-Halle im Hafen gibt's nur Stehplätze. Zu anderen Zeiten bucht man eine Besichtigung der **Kirin-Beer-Fabrik in Yokohama**. Es ähnelt einem Museum und ist hightech und ungewöhnlich genug (im klassischen Yokohama-Stil), um auch Nichttrinker zu interessieren. Touchscreens und englische Erklärungen beleuchten den Herstellungsprozess. Am Schluss wartet eine Bierverkostung.

Wer das alte Japan erleben möchte, findet es südlich der **Cocktailbars von Minato Mirai**. Das Viertel **Nogecho** besteht aus einer Reihe kleiner Straßen mit winzigen Bars, Restaurants und **Jazzlokalen** unter grünen Markisen. Reisende und englischsprachige Gäste sind hier rar und die Einrichtung ist oft aus den 70ern und holzgetäfelt. Ausländer sind willkommen; doch die schickeren **Jazzclubs** liegen südlich des Bahnhofs Bashamichi. Auch ein Bummel durch Nogecho ist ein faszinierender Einblick ins Yokohama, und Japan, vergangener Zeiten.

Japans größte Chinatown

GOLDENE TORE, TEMPEL UND SNACKS

Die größte **Chinatown** Japans ist nicht in Tokio, sondern in Yokohama. Am Ende der Edo-Zeit wurde Yokohama 1859 zum Vertragshafen erklärt. Einwandernde aus Kanton (heute Guangzhou) in China und Hongkong kamen hierher, um Handel

LIVEJAZZ IN YOKOHAMA

Saki Kato, Jazzsängerin aus Yokohama (alias Singer-Songwriterin Lilla Flicka), verrät ihre Lieblings-Jazzbars in der Stadt.

Bar Bar Bar
Einer der ältesten und größten Jazzclubs in Yokohama mit 40-jähriger Geschichte ist kürzlich umgezogen. Hier traten schon Wynton Marsalis und Salena Jones auf.

Ben Tenuto
Gäste werden vom niedlichen Roboter namens „Ben-chan" begrüßt. Ungezwungene, großartige Klaviermusik, gutes Essen und ein vernünftiger Eintrittspreis.

Jazz Bar Venus
Bescheidene und gemütliche, loungeartige Location. Jeden Abend treten kleine Combos wie Gesangs- und Klavierduos auf. Junge aufstrebende Talente stellen das Personal und die freundliche Atmosphäre macht Kontakte zu Einheimischen leicht.

GUTES CRAFT BEER

Bashamichi Taproom
Eine Kneipe der Baird Brewing Company, die ihr eigenes JPA (Japan Pale Ale) und rauchige Stouts vom Fass ausschenkt.

Beer Bar Moon Beams
Verkostung ausgewählter lokaler Craft-Biere vom Fass mit Anmerkungen eines Kenners, der auch alte Platten auflegt.

Revo Brewing
Umgebautes Lagerhaus im Industrieschick mit Blick auf Minato Mirai 21 und selbst gebrauten Stouts und JPA.

Yokohama Chinatown

ESSEN IN CHINATOWN

ToKi
An die Bar setzen und authentische, scharfe Sichuan-Nudeln und Knödel ohne Touristensteuer genießen. ¥

Banwarō
Authentisch zubereitete taiwanesische vegetarische und Fleisch-Gerichte, insbesondere Mapo-Tofu, Rübenkuchen und Dumplings. ¥

Manchinro Honten
Palastartiger Bankettsaal, serviert kantonesische Klassiker zum Teilen auf Platten serviert oder exzellente *nikuman* (gedämpfte Rindfleischbrötchen). ¥¥¥

Suikōen
Verlockende Süßigkeiten nach kantonesischer Art wie *Goma dango* (in Sesam gerollte Reismehlbällchen) und Eierkuchen. ¥

zu treiben und sich niederzulassen. Heute gibt's mehr als 10 Häuserblocks mit 600 Spezialitätengeschäften und Restaurants, einige davon in verwinkelten Gassen. Die dekorativen Straßen sind wunderbar zum Bummeln. Es gibt zehn bemalte Tore, das Haupttor **Zenrinmon** steht am westlichen Eingang der Fußgängerzone. Nachts erwacht die Straße mit Leuchtreklamen und roten Laternenketten zum Leben und überall gibt's Imbissstände. Das Highlight ist jedoch der Tempel **Yokohama Kuan Ti Miao** (横浜関帝廟) für Guan Yu, den taoistischen Gott des Krieges, des Reichtums und der Kaufleute. Nach den nüchternen japanischen Schreinen strahlt dieser Tempel mit endlosen, komplizierten Mustern Opulenz und Macht aus. Dioramen auf Dächern erzählen vom Handel: Körbe voller Lebensmittel in einer Pferdekutschenparade, Riesenkalmare und Fische als Verkörperung des üppiges Meeres und die Himmel voller Tiger und Kraniche, ein Mini-Weltglobus ist in geschnitzte Wolken gehüllt. Und das ist nur ein Dach! Selbst die Stufen und Säulen aus weißem Marmor sind mit Wolken und Drachen verziert. Die Decke im Inneren zeigt weitere goldene Drachen. Das Gebäude wurde dreimal umgebaut zu einem Ort, wo die örtlichen Handeltreibenden für ihren wirtschaftlichen Erfolg beten konnten.

UNTERWEGS VOR ORT

Der nächstgelegene Bahnhof, um nach Yokohama zu kommen, ist möglicherweise nicht der Bahnhof Yokohama, sondern Sakuragi-chō oder Bashamichi (Minato Mirai 21, Cup Noodles Museum, rote Backstein-Lagerhäuser). Zu Fuß gehen ist am schönsten, aber es gibt weite Strecken ohne Einrichtungen oder Geschäfte – im Vorfeld prüfen. Eine kaum bekannte Option: Die Sea-Bass-Fähre verbindet den Südosten (Gundam Factory) mit der Yokohama Station.

KAMAKURA

Kamakura verbindet das historische und kulturelle Erbe Japans mit der natürlichen Schönheit und Ruhe der Shōnan-Küste und der Sagami-Bucht. Es wurde zur selben Zeit Japans erste feudale Hauptstadt (1185–1333), als sich der volkstümliche Buddhismus im Land verbreitete. Noch heute zeugen großartige Tempel von diesem Erbe. Man könnte den ganzen Tag damit verbringen, die 65 buddhistischen Tempel und 19 Shintō-Schreine in den Hügeln zu besichtigen. Dann gibt's noch das zu Recht beliebte Bronzewunder Daibutsu, den Großen Buddha von Kamakura. Weitere Highlights in den Wäldern sind prächtige Shogunat-Promenaden und winzige Höhlen, wo sich Geld durch Waschen verdoppelt – zumindest der Legende nach. Ihr mildes Klima, Küstenblicke von der Insel Enoshima und der kuriose schwarze Sandstrand geben der Stadt die bodenständigste, entspannteste Atmosphäre unter Japans alten Hauptstädten.

TOP TIPP

Unbedingt die Wochenenden vermeiden. An sonnigen Samstagen und Sonntagen ist der Enoden-Zug zu voll, um zusteigen zu können, und auch der Weg zum Daibutsu oder entlang der Fußgängerzone Komachidori ist völlig überfüllt. Wer die Stadt an einem Wochenende besucht, sollte seine Ziele eventuell zu Fuß ansteuern oder sehr früh am Tag anreisen.

Kamakura

KAMAKURA

0 — 500 m

Großer Buddha (Daibutsu)
Enoden Kamakura
Kamakura
Komachi-dōri
Wakayama-ōji
Nameri-gawa
Wadazuka
Yuigahama
Hase
Gokurakuji
Enoshima-ōhashi (5 km)
Enoshima Iwaya;
Enoshima-Seekerze (5,6 km)
Sugami Wan

HIGHLIGHTS
1 Großer Buddha Daibutsu

SEHENSWERTES
2 Kenchō-ji
3 Tsurugaoka Hachiman-gū

SCHLAFEN
4 Guesthouse Irodori Kamakura
5 Guesthouse Kamakura Zen-ji
6 Guesthouse Kamejikan

ESSEN
7 Hachinoki
8 Imoyoshi Yakata
9 Kinon
10 KitoToki
11 Magokoro
12 Matsubara-an
13 Sorafune
14 Vegetus

AUSGEHEN & FEIERN
15 Cafe Gula
16 Café Vivement Dimanche
17 Cheeers Coffee
18 Iwata Coffee Shop
19 Toshimaya

Great Buddha Daibutsu

Eine riesige Buddha-Statue

EINES VON JAPANS WAHRZEICHEN: BRONZESTATUE UND TEMPEL

Eine der meistfotografierten Sehenswürdigkeiten Japans ist der **Große Buddha Daibutsu** (鎌倉大仏). In natura ist er noch beeindruckender und ein guter Grund, Kamakura zu besuchen. Das imposante Gewicht der 93 Tonnen schweren und 11,4 m hohen Bronzestatue ist auf Fotos nur schwer zu erfassen. Die Statue repräsentiert Amida Buddha, der im Lotussitz meditiert. Sie wurde 1252 fertiggestellt und soll durch den Besuch des Shoguns Yoritomo in Nara inspiriert worden sein (Japans größter Daibutsu sitzt dort mit

Großer Buddha Daibutsu

erhobener Hand in einer Halle). Das Besondere an dieser Statue ist ihre Lage im Freien zwischen Himmel und Bäumen, inklusive Sockel ist sie 13,35 m hoch, und nicht in einer Halle wie früher (vor 1498 – Stürme und ein Tsunami zerstörten die letzte Halle und vorherige Holzstatue). Ihre direkte Verbindung zu den Elementen zeigt sich an der verwitterten, grün-blauen Patina (die weitere Korrosion verhindert). Wer zu den Ohren blickt, sieht eventuell etwas Blattgold, denn die ganze Statue war einst vergoldet. Gegen eine geringe Gebühr kann man ins Innere gehen und die Strukturnähte anschauen (und nicht viel mehr).

Die Statue steht auf dem Gelände des **Kōtoku-in**, eines Tempels der Jōdo-Sekte (am meisten praktizierte Buddhismus-Richtung in Japan). Um das goldene Sommerlicht auf dem Gesicht des grün schimmernden Buddhas zu sehen, ist

EINE GESCHICHTE DER MACHT

Kamakura war einst die Hauptstadt Japans und Hauptquartier von Minamoto no Yoritomo, einem machtgierigen Kriegsherrn. Er wählte Kamakura aufgrund der strategischen Lage in der Nähe seiner Verbündeten und geschützt durch das Meer und die Berge. 1192 wurde er der erste Shogun, nachdem er den rivalisierenden Taira-Klan besiegt hatte. Ohne einen Erben ging die Macht an die Familie Hōjō seiner Frau über. Sie regierte Japan von Kamakura aus bis 1333, als sie von Kaiser Go-Daigo gestürzt wurde, der Kyoto zur Hauptstadt machte. Danach verlor Kamakura an Bedeutung und wurde in der Edo-Zeit wieder zu einer Kleinstadt. Seine Beliebtheit wuchs in der Neuzeit erneut, als die Stadt eine Eisenbahnanbindung an Tokio erhielt und zu einem Sommerurlaubsort für wohlhabende Tokioter wurde.

ESSEN IN KAMAKURA

Kinon
Deftiges Fleisch und Fisch aus dem Holzofen treffen auf feine Küche. Die Spezialität des Hauses: Seeigel-Toast. ¥¥¥

Matsubara-an
Feine handgemachte Soba mit raffinierten Beilagen in einem traditionellen Haus nahe dem Daibutsu. ¥¥

Imoyoshi Yakata
Lilafarbenes Süßkartoffel-Softeis und leckeres *imo kintsuba* (Süßkartoffelgebäck). ¥

WANDERTOUR

Schrein-Hopping zum Daibutsu

Die bewaldete, landschaftlich schöne 3 km lange Strecke führt zur Statue des Großen Buddhas (nächster Bahnhof: Kita-Kamakura) an Shintō-Schreinen und faszinierenden buddhistischen Stätten vorbei. Der Weg ist ausgeschildert, mäßig anspruchsvoll und weitgehend befestigt. In umgekehrter Richtung ist eine Tour vom Daibutsu aus möglich, führt aber meist bergauf. Etwa 1½ Stunden Zeit einplanen.

1 Jōchi-ji

Start ist am friedlichen Jōchi-ji (1283), dem vierten der fünf großen Zentempel. Mit strohgedeckten Dächern, riesigen Koniferen und verwitterten Steinbrücken wirkt der Jōchi-ji, als wäre er mit dem Wald verbunden.

Die Wanderung: Vom Jōchi-ji führt rechts ein Pfad und dann ein unbefestigter Weg westlich etwa 700 m durch dichte Wälder und über Stufen hinunter zum Kuzuharaoka-jinja.

2 Kuzuharaoka-jinja

In diesem Heiligtum (1887) liegt Liebe in der Bergluft. Wer sich Liebesglück wünscht, bindet eine rote Schnur mit 5-¥-Münzen an einen der beiden Felsbrocken, die je einen weiblichen und männlichen *enmusubi-ishi* (Ehestifter-Stein) darstellen. Man kann Liebesgebete auf eine hölzerne, herzförmige *ema* (Tafel) schreiben oder kauft einen Teller und schlägt ihn gegen einen Stein, um Unglück abzuwehren.

Die Wanderung: Weiter geht's bergab. An der Kreuzung geht man auf dem linken Weg entlang des Genjiyama-kōen, aber nicht in den Park. An der nächsten Kreuzung biegt man links ab und läuft bis zu einem steinernen *torii* und Tunnel, der in den Zeniarai-benten führt.

Kuzuharaoka-jinja

3 Zeniarai-benten

An diesem buddhistischen Shintō-Schrein werden in der Hoffnung auf Geldvermehrung Münzen in Quellwasser getaucht – die Tradition wurde 1257 von Hōjō Tokiyori begründet, dem Oberhaupt des Kamakura-Shogunats. Anfang April umrahmen Kirschblüten die Quelle, die aus der Felswand entspringt.

Die Wanderung: Von der Rückseite geht's hinunter durch *torii* in eine Wohnstraße, dann links und an der T-Kreuzung rechts bergauf zum Sasuke-inari-jinja.

4 Sasuke-inari-jinja

Die endlosen zinnoberroten *torii* zum Schrein sind ebenso spektakulär und fotogen wie alles in Kyoto, aber ohne die Menschenmassen. Hunderte weiße *kitsune* (Fuchstotems) sind hier im Moos oder im Herbst im goldenen Laub verstreut. Der Legende nach erschien die Fuchsgottheit *Inari* dem Minamoto no Yoritomo (dem ersten Kamakura-Shogun) im Traum und überzeugte ihn, eine Armee aufzubauen, die seine Feinde besiegen würde. Man kann eine *kitsune* kaufen, um den Schrein zu beschützen (oder den Eichhörnchen Gesellschaft zu leisten).

Die Wanderung: Von der Rückseite des Schreins geht's 1 km bergab bis zu einem Autotunnel. Dort führen Stufen an der renovierten ehemaligen Daibutsuzaka-Turnhalle (1935) vorbei; 300 m weiter liegt der Kōtoku-in.

5 Kōtoku-in

Den Abschluss bildet der Daibutsu-Tempel mit der Statue des Großen Buddhas. Die Kangetsudo-Halle hinter dem Daibutsu war im 15. Jh. Teil des kaiserlichen Palastes in Seoul, bevor sie hierher verlegt wurde.

DIE BESTEN STOPPS FÜR KAFFEE & SNACKS IN KAMAKURA

Cheeers Coffee
Das smarte Café nahe dem Großen Buddha macht sehr guten Milchkaffee mit Hafermilch und Jasmintee. ¥

Cafe Gula
Wirkt wie Omas geheimes, altes Berghaus nahe Zeniarai-benten-jinja; wunderbarer günstiger Kaffee und Kuchen. ¥

Café Vivement Dimanche
In der Nähe des Bahnhofs Kamakura gibt's sommerliches Zitronenparfait und Kaffeegelee, -Slush und -eis. ¥

Iwata Coffee Shop
Kamakuras ältestes Retro-Café serviert luftige Pfannkuchen, die schon John Lennon und Yoko Ono geliebt haben sollen. ¥

Toshimaya
Backt seit 1894 herrlich leichte, taubenförmige Hato Sabure (Butterkekse), die in beliebten Geschenkdosen verkauft werden. ¥

CLEMENT CAZOTTES/ALAMY STOCK PHOTO

Enoshima-ōhashi

kurz vor Einlassende (30 Minuten vor Schließung) die beste Zeit, wenn weniger Menschen da sind und die Bronze strahlt.

Sonnenuntergänge auf der Insel Enoshima

AUSSICHT AUF DEN FUJI UND INSELSCHREIN

Die Sonne taucht die Sagami-Bucht in ein orangefarbenes Licht vor der unverkennbaren Silhouette des Fuji am Horizont. Das ist ein Sonnenuntergang auf der Insel Enoshima. Kein Wunder, dass die Insel an klaren Abenden ein so beliebter Ort für Dates ist. Rolltreppen führen hinauf zu Aussichtspunkten. Die leichte Anfahrt erfolgt mit dem ebenfalls romantischen (wenn nicht vollen) Retro-Enoden-Zug zum Strand Katase Higashi-hama an der Shōnan-Küste. Der Weg über die lange Fußgängerbrücke **Enoshima-ōhashi** über das endlose Wasser zur Insel ist für sich ein Erlebnis. Auf Enoshima führt eine Reihe von Treppen zum **Enoshima-Jinja**, einem Schrein für die Meeresgöttin Benzaiten. Es gibt kostenpflichtige Rolltreppen, allerdings überdacht und ohne Aussicht.

ÜBERNACHTEN IN KAMAKURA

Guesthouse Kamejikan
Das charmante antike restaurierte Gästehaus in Strandnähe hat japanische Schlafsäle und zwei Privatzimmer. ¥¥

Guesthouse Irodori Kamakura
Gemütliches, exzentrisches Haus in der Nähe des Strandes und des Bahnhofs Kamakura. ¥¥

Guesthouse Kamakura Zen-ji
Traditionelles japanisches Haus am Strand nahe dem Daibutsu; makellose private Tatami-Zimmer mit Bad. ¥¥

Bei schönem Wetter kann man die windumtoste Höhle **Enoshima Iwaya** besuchen. Dort steht eine cartoonähnliche Drachenstatue, an der Kerzen entzündet werden, aber der eigentliche Grund für einen Besuch ist der Anblick der Brandung gegen die vom Meer geformte Höhle. Diese kostet Eintritt, aber die rote Eingangsbrücke ist kostenlos und bietet einen malerischen Blick auf den Fuji.

Für die beste Aussicht klettert oder fährt man in der **Enoshima Sea Candle** nach oben. Nachts ist die Aussichtsplattform (mit Eintrittskarte) hell erleuchtet. Besonders beliebt ist sie im Dezember, wenn der Garten voller Tulpen und Lichterketten ist und einen zauberhaften Panoramablick aufs Meer bietet.

Von Krieg und Zen

KRIEGSSCHREIN UND ZAZEN-MEDITATION

Das von den Samurai beherrschte Kamakura förderte die Verbreitung des Zenbuddhismus in Japan. Die beiden bedeutendsten Schreine geben einen Einblick in die kriegerische Vergangenheit und die Zenlehre.

Der **Tsurugaoka Hachiman-gū** (鶴岡八幡宮) ist der wichtigste Shintō-Schrein in Kamakura. Gewidmet ist er Hachiman, dem Kriegsgott und Schutzpatron der Samurai. Er wurde 1191 vom machthungrigen Minamoto no Yoritomo errichtet, dem ersten Shogun des Kamakura-Shogunats. Er entwarf die lange Kiefernallee, die den Schrein mit dem Meer verbindet und seine Macht und Autorität symbolisiert. Der Schreinkomplex ist voller interessanter historischer Bezüge: Der Gempei-Teich steht für den Konflikt zwischen den Minamoto- und Taira-Clans, der zur Gründung des Shogunats führte. Zudem beherbergt der Schrein ein Museum mit religiösen Artefakten wie Schwerter, Helme und Schriftrollen.

Auf dem Gelände gibt's anfängerfreundliche, öffentliche *zazen*-Meditationssitzungen im **Kenchō-ji** (建長寺), dem ältesten Zenkloster Japans (1253). Die Anleitungen erfolgen auf Japanisch (freitag- und samstagabends), aber man findet sich leicht zurecht, indem man den anderen zusieht. Der einst riesige Zenkomplex wurde vom chinesischen Mönch Rankei Dōryū errichtet, der die Zenlehre nach Japan brachte, doch die meisten Bauten wurden im Laufe der Jahrhunderte durch Brände zerstört. Einige der originalen Bauwerke stehen noch, darunter die Butsuden (Buddha-Halle) mit einer Statue des Bodhisattva Jizō Bosatsu, der die Seelen der Toten tröstet. Weitere Highlights sind die 1253 gegossene Glocke, die noch heute läutet, und ein Wacholderhain aus Samen, die Rankei Dōryū aus China mitgebracht hatte.

DAS BESTE VEGETARISCHE ESSEN IN KAMAKURA

Magokoro
Boho-Strandcafé in der Nähe des Bahnhofs Hase mit Bio-Hanf-Speisekarte, veganen Speisen und Fischgerichten. ¥¥

KitoToki
Köstliche vegane Kleinigkeiten aus dem Bio-Gemüseanbau der Besitzer. ¥¥

Vegetus
Das sechsgängige vegane Degustationsmenü mit Senf-Tempeh oder Tofu-Pilaw muss vorab reserviert werden. ¥¥¥

Sorafune
Stylishe Gerichte mit braunem Reis, Miso, Salat und Soja-„Fleisch" wie das erstaunliche gebratene „Huhn" *karaage*. ¥¥

Hachinoki
Köstliche *shōjin-ryōri* (buddhistisch-vegetarisch) oder gegrillte Fischgerichte in einer Gemeinschaftshalle beim Tempel Jōchi-ji. ¥¥

UNTERWEGS VOR ORT

Der Enoden ist ein grüner Retro-Zug mit Deckenventilatoren und Holzvertäfelung aus vergangenen Zeiten. Kamakura mit dem Enoden zu bereisen, ist malerisch, aber an Wochenenden gibt's nur Stehplätze, was die Aussicht behindert. Schöner und interessanter ist es, die Haltepunkte zu Fuß abzulaufen.

HAKONE

TOKIO
Hakone

Die Natur bei Hakone scheint unwirklich. Das zinnoberrote *torii* von Hakone-jinja schwebt scheinbar über dem Kratersee Ashi-no-ko. Der Ōwakudani stößt noch immer Schwefelschwaden aus, die von der Seilbahn aus zu sehen sind. Zurück auf dem Boden wird man in die Ära der Samurai versetzt, in deren Fußstapfen es über den alten Kieselsteinpfad geht. Danach folgt in den Bergen eine jahrhundertealte Zeremonie in einem Onsen im Freien. Das Leben in Hakone ist seit Langem verewigt in *ukiyo-e* (Holztafeldruck) und Kunst ist allgegenwärtig. In den Wäldern gibt's Museen voller japanischer Kunstschätze. In den Bergen beherbergt das Hakone-Freilichtmuseum einen Turm aus Buntglas, Werke von Picasso und kolossale Statuen zwischen Kiefern, die auf Besuch warten.

TOP TIPP

Interesse besteht meist an den vulkanischen Schloten des Ōwakudani und dem roten Hakone-jinja-Tor im Ashi-no-ko. In diesem Fall plant man seine Reise rund um die Stopps der Hakone-Seilbahn, die vom Gipfel des Sōun-zan nach Tōgendai fährt und beim Ōwakudani hält.

TUNGCHEUNG/SHUTTERSTOCK ©

Ōwakudani (S. 156)

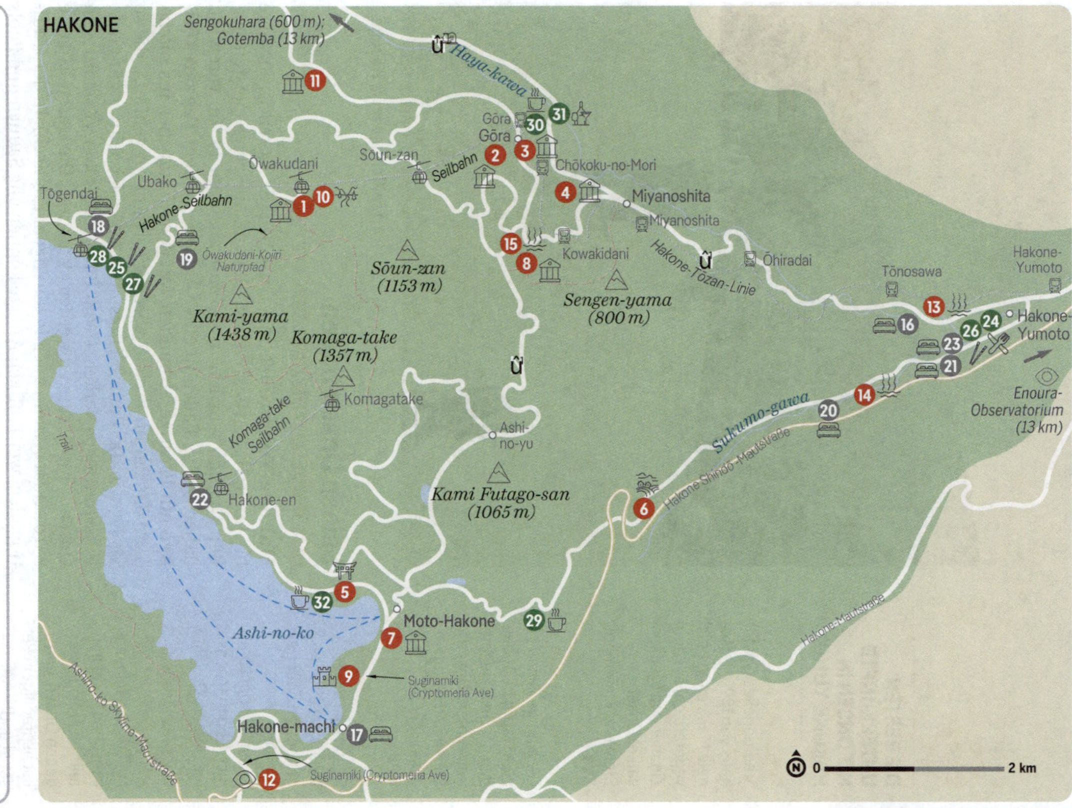

SEHENSWERTES
1 Geomuseum, Hakone
2 Hakone-Kunstmuseum
3 Hakone Museum of Photography
4 Freilichtmuseum, Hakone
5 Hakone-jinja
6 Hatajuku
7 Narukawa-Kunstmuseum
8 Okada-Kunstmuseum
9 Onshi Hakone Kōen
10 Ōwakudani
11 Pola-Kunstmuseum
12 Tōkaidō

AKTIVITÄTEN
13 Hakone Yuryō
14 Tenzan Tōji-kyō
15 Yunessun

SCHLAFEN
16 Fukuzumirō
17 Hakone Hotel
18 Hakone Lake Hotel
19 Hakone Shichifuku-sō
20 Hoshino Resorts Kai Hakone
21 K's House Hakone
22 Prince Hakone Ashinoko
23 Yoshiike Ryokan

ESSEN
24 808 Monsmare
25 Amimoto Oba
26 Bootea
siehe 24 Kinosuke
27 Kotei
28 Togendai View Restaurant

TRINKEN
29 Amazake-chaya
30 Coffee Camp
31 Riverside Kitchen & Bar at Indigo Hotel
32 Salon de thé Rosage

EINKAUFEN
siehe 6 Hatajuku Yosegi Kaikan

DIE BESTEN UNTERKÜNFTE MIT ONSEN IN HAKONE-YUMOTO

Fukuzumirō
Traditionelles Gasthaus von 1890, saisonale Mahlzeiten (auch vegetarisch) auf dem Zimmer und (gemeinsame) Onsen aus Stein und Kiefernholz. ¥¥¥

Yoshiike Ryokan
Geräumige Zimmer in palastartigen Gebäuden mit geschlechtergetrenntem Onsen im Freien und üppigem japanischen Garten. ¥¥¥

K's Haus Hakone
Schlafsäle mit Futons, Kapseln, Etagenbetten oder gepflegte Tatami-Doppelzimmer. Es gibt Innen- und Außen-Onsen. ¥

Hoshino Resorts Kai Hakone
Luxuriöses, minimalistisches Hotel mit teils im Freien gelegenen Onsen, englischsprachigem Personal und außergewöhnlichem *kaiseki*. ¥¥¥

GG-FOTO/SHUTTERSTOCK ©

Freilichtmuseum Hakone

Seinen Onsen finden

HEISSE QUELLEN UND WASSERPARK

Hakone-Yumoto ist eine Onsen-Stadt, deren Ursprünge bis ins 8. Jh. zurückreichen. Die vulkanisch gespeisten heißen Quellen wurden in *ukiyo-e* aus dem 19. Jh. verewigt, daher ist das Baden in einer Anlage wie dem **Tenzan Tōjikyō** mit Prestige verbunden. Mit dem Eintauchen ins *rotemburo* (Onsen im Freien) wird eine Tradition gepflegt, die so alt ist wie die Bäume ringsum. Und es ist sehr zugänglich: Ein Shuttlebus verkehrt vom Bahnhof Hakone-Yumoto zum Onsen. Tätowierungen werden akzeptiert. Die Onsen-Etikette wird erklärt (wenn auch in dürftigem Englisch). In der traditionellen, weitläufigen Anlage können alle Saunen und Pools im Innen- und Außenbereich sowie die Tatami-Ruheräume ausprobiert werden. Die Wassertemperaturen reichen von kochend heiß bis kalt. Ähnlich luxuriös ist der **Hakone Yuryō**

ESSEN IN HAKONE-YUMOTO

Kinosuke
Hervorragendes Hamburger-Steak nach japanischer Art oder *wagyū*, vor den Augen zubereitet, in Miso und fertige Salate. ¥¥

808 Monsmare
Authentische Holzofen-Pizzas mit Mozzarella, frischem Basilikum und ausgezeichneter Passata. Das *Matcha*-Eis ist göttlich. ¥¥

Bootea
„Yokubari"-Sets bestehen aus zartem, dickem Schweinefleisch auf Reis, dazu Salat, Eis und Tee. Eine perfekte komplette Mahlzeit. ¥

mit *rotemburo* im Wald inklusive eines Essenspaketes. Für Familien eignet sich das familienfreundliche **Yunessun** mit gemischtem Bad und Badekleidung, das mehr einem Wasservergnügungspark als einem traditionellen Onsen gleicht – den es auch gibt. Es gibt Wasserrutschen, einen künstlichen Wasserfall und Themenbecken, wo „Rotwein" aus einer riesigen Weinflasche fließt. Grüner Tee, Sake und Schokolade sind weitere Optionen. Hierher kommt man, um sich zu vergnügen, nicht, um Ruhe zu finden.

Wo Kunst und Natur aufeinandertreffen

MUSEEN IN WÄLDERN MIT AUSSICHT

In Hakone ist die Natur Teil des künstlerischen Umfelds: Das **Freilichtmuseum Hakone** ist voller Skulpturen und Installationen von Henry Moore, Rodin und Miró, die über eine grüne Hügellandschaft verstreut sind. Bei Regen lohnen der Picasso-Pavillon mit mehr als 300 Werken des spanischen Meisters und der überwältigende Buntglasturm ein Besuch.

Im weitläufigen **Okada-Kunstmuseum** ist japanische, chinesische und koreanische Kunst aus der Sammlung des Industriellen Okada Kazuo ausgestellt. Ein Highlight ist das riesige Wandgemälde von Kiitsu Suzuki, das die vier Jahreszeiten in Hakone zeigt. Vor Ort gibt's ein heißes Fußbad, von dem sich der umliegende Wald bewundern lässt.

Das nahe **Hakone-Kunstmuseum** auf einem Hügel in Gora zeigt eine Sammlung alter und moderner japanischer Töpferwaren. Während einer *Matcha*-Teezeremonie kann man den Moosgarten betrachten – im Herbst einfach zauberhaft. Das auch hier gelegene **Hakone Museum of Photography** stellt Aufnahmen von Hakone und vom Fuji des örtlichen Fotografen Katsura Endo aus.

Ein Bus bringt zum **Pola-Kunstmuseum**, das architektonische Wunder aus zart türkisfarbenem Glas und mit natürlichem Licht fügt sich in den umliegenden Wald ein. Es zeigt Werke von Van Gogh, Cézanne, Renoir, Matisse neben japanischen Kunstschaffenden wie Kuroda Seiki, die im westlichen Stil malen.

Beim **Narukawa-Kunstmuseum** konkurrieren Kunst und Natur miteinander: Es gibt ruhige *nihonga* (japanische Gemälde) und gleichzeitig wildromantische Aussichten von der Panoramalounge über den See und bei klarer Sicht auf den Fuji.

Das **Enoura Observatory** ist ein außergewöhnlicher Komplex mit Blick auf die Sagami-Bucht und kombiniert Meereslandschaftsfotografien, alte Steine, Fossilien und traditionelle architektonische Elemente. Tickets vorab buchen.

DIE KUNST DES NIHONGA

Die japanische Malerei *nihonga* entstand in der Meiji-Zeit (1868–1912), als sich Japan modernisierte und verwestlichte. Traditionell lehnt *nihonga* westliche Ölfarben ab und verwendet Naturmaterialien wie Edelsteine, Muscheln, Mineralien, Blattgold, Ton und Kreide sowie rote Pflanzen und Insekten. Sie werden fein in Leim gemahlen und auf Seidenschirme oder Papierrollen gemalt, die Naturlandschaften und japanische Tiere wie Kiefern, Reiher und neblige Berge abbilden. Auf *washi* (japanisches Büttenpapier) verschwimmen diese Pigmente und wirken wie durch eine weiche Linse oder Nebel betrachtet. Andere Merkmale sind die klare Konturierung von Formen, die in der Realität undeutlich sind (entfernte Berge), und die Verschmelzung von Figuren mit leerer Fläche. Wie der Impressionismus drückt *nihonga* die Stimmung des Künstlers aus, nicht die Realität.

AUSGEHEN IN HAKONE

Coffee Camp
Englischsprachige Baristas brauen sortenreinen Kaffee und Affogato in einem hippen Café aus geschliffenem Beton.

Salon de thé Rosage
Das Café ist auf Nachmittagstee, Apfelkuchen und French Toast spezialisiert; Blick auf den Ashi-no-ko von der Terrasse.

Riverside Küche & Bar at Indigo Hotel
Designer-Interieur und eine tolle Karte mit japanischem Whisky, Gin und Cocktails.

ÜBERNACHTEN RUND UM DEN ASHI-NO-KO

Prince Hakone Ashinoko
Blick auf den See und den Fuji aus riesigen, charmanten Retro-Zimmern. ¥¥¥

Hakone Hotel
Zimmer mit Blick auf den Fuji und den südlichen Ashi-no-ko aus faszinierenden bodentiefen Fenstern. ¥¥¥

Hakone Lake Hotel
Großzügiges Hotel mit weitläufiger Rasenfläche, Onsen und Pool in der Nähe des Sees. ¥¥

Hakone Shichifuku-sō
Auf einem Hügel mit bewaldetem Freiluft-Onsen und Blick auf den Ashi-no-ko und Fuji. Zur Seilbahn geht's zu Fuß. ¥¥

Vulkanische Hölle & Himmel

SCHWEFELSCHLOTE, FUJI UND SEE

„Großes kochendes Tal" ist eine zahme Übersetzung von **Ōwakudani** (大桶谷) verglichen mit seinem Namen aus der Edo-Zeit, „die große Hölle". Von oben betrachtet ergeben beide Namen einen Sinn: Aus dem gelben Boden (kristallisierter Schwefel) dampft Schwefelwasserstoff und im heißen Wasser werden die „schwarzen Eier" *kuro tamago* des Onsen gekocht. Der Schwefel reagiert mit der Eierschale, färbt sie schwarz und sorgt für einen markanten Geschmack. Ihr Verzehr soll das Leben um sieben Jahre verlängern. Wer das eigene Haltbarkeitsdatum verlängern möchte, kauft die schwarzen Eier in Touristenläden.

Der Ōwakudani entstand vor 3000 Jahren, als der Berg Kami-yama ausbrach und kollabierte. Dieselbe Eruption formte eine weitere ikonische Sehenswürdigkeit: Der kobaltblaue Kratersee **Ashi-no-ko** (芦ノ湖) ist berühmt für den herrlichen Blick auf den Fuji und dessen Spiegelung im ruhigen Wasser an klaren Tagen (etwa an Wintermorgen, aber der Fuji ist unberechenbar). Wer auch das rote *torii* des **Hakone-jinja** im See ins Bild bekommt, kriegt Foto-Pluspunkte. Von der Anlegestelle Moto-Hakone aus fahren Boote zu den besten Aussichtspunkten.

Um Ashi-no-ko und Ōwakudani von oben zu sehen (man darf nicht in die Nähe der Schlote gehen), fährt man zum **Sōunzan** (早雲山), wo der höchste Punkt der Hakone-Standseilbahn auf die **Hakone-Seilbahn** trifft, und gleitet über beide.

Im Komplex gegenüber der Seilbahnstation Ōwakudani informiert das interaktive **Geomuseum Hakone** unterhaltsam über die vulkanischen Kräfte, die Hakone erschufen. Prima für Kids und neugierige Erwachsene gleichermaßen.

In seltenen Fällen ist Ōwakudani wegen vulkanischer Aktivität geschlossen.

Zeitreise in die Vergangenheit

SPAZIERGANG ENTLANG DER EDO-STRASSE UND DES SEES

Eine Art Zeitreise lässt die glorreichen Tage von Hakone wieder aufleben und den Spuren der Shogune und Samurai auf dem **Tōkaidō** folgen. Dessen glatte Pflastersteine wurden durch jahrhundertelangen Verkehr poliert (Räder waren vom Shogun verboten), passieren eine ruhige Waldlandschaft und führen 4 km lang von Moto-Hakone nach **Hatajuku** (畑宿), einem malerischen Dorf mit dem Charme der Feudalzeit.

Ein Bus bringt nach Hakone-jinja-iriguchi (箱根神社入り口), eine Haltestelle vor Moto-Hakone. Dann folgt eine kurze Straße

ESSEN AM SEE NAHE DER SEILBAHNSTATION TŌGENDAI

Kotei
Sättigendes Meeresfrüchtecurry (für Vegetarier pikanter Spinat und Pilze) auf einer Terrasse mit Seeblick. ¥

Amimoto Oba
Serviert knusprige Tempura-*wakasagi* (sprottenähnlicher Fisch) aus dem Ashi-no-ko mit *Matcha-Salz*. ¥¥

Togendai View Restaurant
Mildes *Katsu-Curry* oder *omurice* (Omelett und gebratener Reis) mit Blick auf den See und „Piraten"-Fähren. ¥

DAISEI IKETANI/ALAMY STOCK PHOTO ©

Amazake-chaya

hinauf zu einem Holzschild, das den Anfang des Weges markiert. Die Wanderung führt größtenteils bergab und ist leicht, die Beschilderung ist auf Englisch. Achtung: Bei Nässe sind die Steine rutschig; festes Schuhwerk tragen und Wanderungen an Regentagen vermeiden.

Auf halber Strecke steht das Teehaus **Amazake-chaya**, wo sich eine Pause und ein *amazake* (süßer Reiswein) oder grüner Tee anbieten. Hatajuku ist der Endpunkt der Wanderung, und seine Geschäfte und Werkstätten wie **Hatajuku Yosegi Kaikan,** in denen traditionelle Holzkunst verkauft wird, lohnen den Besuch. Es gibt auch alte Häuser hier, die erhalten oder restauriert wurden. Zurück nach Hakone fährt der Bus ab Hatajuku.

Auf einem gemütlichen Spaziergang auf dem **West Bank Trek** um den **Ashi-no-ko** lässt sich die Aussicht auf den See und den Hakone-jinja bewundern. Alternativ bietet der **East Bank Trek** schöne Blicke auf den Fuji vom ehemaligen kaiserlichen Sommerpalast **Onshi Hakone Kōen** aus. Jede Strecke ist 6 bis 7 km lang und dauert etwa zwei Stunden.

DIE TŌKAIDŌ & DIE BOOMTOWN HAKONE

Hakones Reichtum ist eng verbunden mit der alten Straße **Tōkaidō** zwischen der kaiserlichen Hauptstadt Kyoto und Edo (heute Tokio), dem Sitz des Tokugawa-Shogunats. *Daimyō* (Feudalherren) waren verpflichtet, jedes zweite Jahr in Edo zu leben, und veranstalteten grandiose Prozessionen mit Samurai und Dienerschaft über die Tōkaidō an der Südküste. In der Edo-Zeit wurden Millionen Menschen bei ihrer Ankunft im Land am wichtigen Kontrollpunkt Hakone Sekisho (heute restauriert und sichtbar) überprüft. Um eine Rebellion gegen das Shogunat zu verhindern, mussten Reisende eine Erlaubnis zum Befahren der Straße einholen. Dies führte zu einem Engpass in Hakone und ließ mit Gasthäusern, Restaurants und Bädern ein Gastgewerbe entstehen, um die Bedürfnisse der Reisenden zu befriedigen. Hakone boomte.

UNTERWEGS VOR ORT

Hakone verdankt seine Beliebtheit auch den verschiedenen Verkehrsmitteln: ein Pendelzug von Hakone-Yumoto nach Gōra, eine Standseilbahn in die Nähe des 1153 m hohen Gipfels von Sōun-zan und die Hakone-Seilbahn nach Ōwakudani und zur Station Tōgendai am See. Sightseeing-„Piratenschiffe" fahren zwischen Ashi-no-ko, Hakone-machi und Moto-Hakone.

IZU-HALBINSEL

Die Izu-Halbinsel (伊豆半島, Izu-hantō), einige Stunden von Tokio entfernt, ist ein subtropisches Paradies mit heißen Quellen, Stränden, Bergen und dem Status UNESCO Global Geopark. Die Westküste ist wild und wird dominiert von den zerklüfteten Klippen der Jōgasaki-Küste, einer Hängebrücke und dem grasbedeckten Vulkan Ōmuro. In Izu trafen 1854 US-Commodore Perrys berüchtigte Schwarze Schiffe ein und zwangen Japan, sich wieder der Welt zu öffnen. Es gibt die namensgebende Perry Road, heute eine Straße der Liebenden mit Kanälen, Antiquitätenläden und Weidenbäumen. Izu hat eine coole Surferatmosphäre, üppiges Grün, felsige Küsten und jede Menge Onsen. Im Süden liegen Shimodas beliebte Surfstrände Shirahama und Ōhama, bei Goishiga-hama fährt man dazu Kajak oder schnorchelt. Man kann viel unternehmen oder einen Tag auf weißem Sand verbringen, ein Tempeltor bewundern und am Abend wieder in Tokio sein.

TOP TIPP

In Shimoda ist es interessanter, durch die Seitenstraßen zur Perry Road zu bummeln, den Bus nimmt man dagegen zu den Stränden an exponierten, leeren Küstenstraßen. Dort sind keine Umkleiden mit Duschen, nur Sanitäranlagen mit Wasserhähnen im Freien zur Fußwaschung.

KAZUB/SHUTTERSTOCK ©

Jōgasaki-Küste

Auf der Spur der Vulkane

ZERKLÜFTETE FELSEN, BRÜCKE UND VULKAN

Eine Wanderung entlang der **Jōgasaki-Küste** (城ヶ崎海岸) lässt an prähistorische Zeiten denken, als die wilde Schönheit der zerklüfteten Küste südlich von **Itō** aus erodiertem Vulkangestein entstand. Vor etwa 4000 Jahren brach der nahe Ōmuro aus und spuckte Lava ins kalte Wasser; daraus entstanden die Säulenformen der Jōgasaki-Küste an der Ostseite der Izu-Halbinsel. Der Klippenweg ist ein meist befestigter, wenn auch manchmal steiniger Trail durch Kiefernwälder und an der Küste entlang, sodass der Blick stets aufs endlose Blau oder die vorgelagerten Klippen gerichtet ist, wo das Wasser mit weißer Gischt gegen die Felsen schlägt.

IZU-PÄSSE

Eine Reihe Bus- und Bahnpässe decken Fahrten auf Izu ab. Die Einsparung kann klein sein, aber die Pässe helfen bei den Exkursionen.

Der Itō-2-Tagespass ermöglicht die unbegrenzte Nutzung der Busse im Zentrum von Itō und an der Jōgasaki-Küste, Strandsüchtige nehmen den Irozaki- und Shimoda-2-Tagespass, der die unbegrenzte Nutzung der Busse rund um Shimoda und an die Strände von Kisami ermöglicht.

Inhaber des JR-Passes zahlen für Fahrten südlich von Itō eine zusätzliche Gebühr, da die Gleise Eigentum der Izukyu Railways sind. Überraschenderweise deckt der günstigere Tokyo Wide Pass die gesamte Strecke vom Bahnhof Shinjuku in Tokio bis zum Bahnhof Izu-Shimoda ab.

ÜBERNACHTEN IN ITŌ

K's House Itō Onsen
Das 100 Jahre alte Ryokan am Fluss ist ein wahres Schnäppchen. Die japanischen Schlafsäle und Privatzimmer strotzen vor Geschichte. ¥¥

Laforet Club Itō Onsen Yunoniwa
Luxuriöses Ryokan mit Futon-Zimmern, eigenem Onsen und großen Gemeinschaftsräumen. ¥¥

Moana
Neben dem Ito-Orange-Strand. Gruppenfreundliche Zimmer im Apartmentstil mit Küche. Unweit des Bahnhofs Itō. ¥¥

ÜBER 200 JAHRE ISOLATION

Japan war über 200 Jahre lang geschlossen. Von 1639 bis 1853 verbot das Tokugawa-Shogunat Einreisen aus dem Ausland und Ausreisen aus Japan. Diese Abschottungspolitik, *sakoku*, sollte dem Christentum Einhalt gebieten, Japans Unabhängigkeit verteidigen und die feudale Stabilität bewahren. Nur die Niederlande, China und Korea konnten in wenigen Häfen mit Japan Handel treiben. Die *Sakoku* endete, als US-Commodore Perry in die Bucht von Edo (Tokio) segelte und die Öffnung Japans erzwang. Perry visierte Shimoda an und lief wohl über die Perry Road vom Hafen zum Ryōsen-ji, um mit japanischen Delegierten den Vertrag von Kanagawa (1854) zu unterzeichnen, der die jahrhundertelange Isolation beendete. Dies bahnte die Modernisierung Japans an und brachte das Ende der Edo-Zeit (1603–1868), als Japan ausländische Technologien einführte.

356CHAN/SHUTTERSTOCK ©

Kadowaki-Hängebrücke

Die Überquerung der **Kadowaki-Hängebrücke** (門脇吊橋) ist eine reizvolle, aufregende Erfahrung. Sie ist absolut sicher und stabil, aber die feinen Drähte, an denen sie zwischen den Felsen hängt, erwecken den Anschein, dass sie in 23 m Höhe über dem aufgewühlten Wasser treibt. Eine weniger windige Aussicht bietet die überdachte Aussichtsplattform (17 m) des angrenzenden retro-futuristischen **Kadowaki-Leuchtturms**.

Von hier dauert die 3 km lange Wanderung ins Landesinnere zum Bahnhof Jōgasaki-Kaigan (mit Bussen nach Itō und Zügen nach Tokio) etwa 40 Minuten. Weitere 4 km (etwa eine Stunde) ins Landesinnere bringen zum **Ōmuro** (大室山), dem (erloschenen) Vulkan, mit dem alles begann. Ein Sessellift fährt auf den Gipfel (580 m) mit einer Küstenaussicht auf den Fuji. Noch interessanter ist es, den grasbewachsenen Krater des Aschenkegelvulkans zu umrunden (1 km) und über seine explosive Geschichte zu sinnieren.

Der Strand mit dem Schreintor

STADTFLUCHT ZUM STRAND UND TORII

Kaum bekannt ist, dass man dem Gedränge in Tokio entfliehen und den Vormittag an einem Strand verbringen kann. Es gibt nähere Strände in Atami, wenn man Resorts mag, oder in Itō, wenn der orangefarbene Sand nicht stört, aber **Shirahama**

ÜBERNACHTEN AM STRAND IN SHIRAHAMA

Hotel Izukyu
Die veraltete Einrichtung ignorieren – die Zimmer sind sauber und schauen aufs Meer. ¥¥¥

A Million Roses
Pension in Hanglage mit Blümchentapete, die meisten Zimmer haben Meerblick und liegen praktisch am Strand. ¥¥¥

Asa Nami Guesthouse
Preisgünstige Surferpension mit geselliger Café-Bar nach einem Tag am nahen Strand. ¥

WO DER OSTEN AUF DEN WESTEN TRIFFT

Dieser geschichtsträchtige Spaziergang startet am buddhistischen Tempel **1 Ryō-sen-ji** (1635), 12 Minuten südlich des Bahnhofs Izukyū-Shimoda. Hier unterzeichneten das Edo-Shogunat und die USA am 29. Juli 1858 den Vertrag. Richtung Osten, vorbei am **2 Museum of the Black Ship (MoBS)** mit Kunstwerken zu Perry, verläuft die charmante **3 Perry Road** mit Weidenbäumen entlang des Kanals und ist voller Antiquitätenläden und Restaurants. Der erste Pfad rechts führt hinauf zum Tempel **4 Chōraku-ji**, wo ein 1854 unterzeichneter russisch-japanischer Vertrag die Grenzen beider Länder festlegte. Zurück auf der Perry Road und bei der fotogenen roten Brücke **5 Yanagibashi** geht's am Kanal entlang zur **6 ehemaligen Sawamura-Residenz** (1915), dem typischen Haus eines Bürgermeisters aus der Shōwa-Zeit mit *namako-kabe*-Fassade (schwarz-weiße Gitter). Zweimal nach rechts abbiegen und den Geräuschen in Richtung Hafen folgen bis zum **7 Perry-Denkmal**. Ein Sockel und ein Anker markieren den Ort, wo der US-Commodore und seine Männer 1854 an Land gingen. Geradeaus und dann die erste Straße rechts geht's hinauf zum **8 Shimoda-kōen**. Im Juni ist der Park ein Hortensienblüten-Wunderland. Die Aussicht auf den Hafen ist unglaublich. Der Weg bergauf führt zum pyramidenartigen **9 Denkmal der Öffnung Japans gegenüber der Welt**. Die englische Übersetzung der Plakette ist ohne die japanische Zeile, die besagt, dass Japan von den USA mit Waffengewalt zur Öffnung gezwungen wurde. Der Hauptweg führt zur **10 Ochagasaki-Aussichtsplattform** mit atemberaubendem Panoramablick über die smaragdgrüne Wakanoura-Bucht und den Aquadome Perry. Von hier geht's zurück zum Hafen oder hinunter zum Aquarium.

REISEZIELE DER FUJI & RUND UM TOKIO IZU-HALBINSEL

DIE BESTEN STRANDLOKALE IN SHIMODA

Maru Cafe
Traditionelles japanisches Haus mit Blick auf Ōhama, erstklassiger authentischer Pizza und Salat und Ziegen im wilden Garten. ¥

FermenCo
Modernes, legeres Strandlokal auf Iritahama, das lokalen Honig für seine Sauerteigpizzas verwendet und japanischen Wein serviert. ¥

OnTheBeach
Surferhütte hinter Ōhama landeinwärts, serviert *bentō* (Speisenbox) nach hawaiianischer Art. ¥

Izu Shirahama Barbecue Garden
Platten mit Fleisch, Meeresfrüchten und Gemüse machen das Grillen zum Kinderspiel. Aussicht auf Shirahama vom Garten. ¥¥

Papas
Feiner Fisch mit Pesto und italienische Pasta in einer Shirahama-Hütte, die von einem netten Paar geführt wird. ¥¥

(白浜; nicht verwechseln mit Shirahama in Kansai) ist ein Volltreffer. In drei Stunden mit dem Direktzug von Tokio und anschließend einem Regionalbus ist man dort. Die einheimische Surfergemeinde weiß das und kommt nach Shirahama, was wörtlich „weißer Strand" heißt. Das Wasser ist sauber und klar und die Sanddünen sind weich. Der 800 m lange Strand wird im Süden von einem grünen Hügel und im Norden von einem Felsvorsprung begrenzt. Auf den Felsen mit Blick aufs Meer thront das malerische *torii* und schützt den 2400 Jahre alten nahen **Shirahama-jinja** im Landinneren. An Feiertagswochenenden ist der Strand voller Surfbegeisterter aus dem Kantō-Gebiet, jungen Leuten und Familien in Strandzelten. Tipp für Studis: Es gibt günstiges Strandzubehör im Daiso-Einkaufszentrum südwestlich des Bahnhofs Izukyū-Shimoda. Im Sommer gibt's Bars und Fast Food in der Stadt weiter im Inland – aber keine Resorts. Wer zu viel Sonne abbekommen hat, findet nahe Convenience Stores, bevor es wieder zum Ausruhen an den Strand geht.

Surfen & Schnorcheln in Shimoda

SONNE, BRANDUNG UND TROPISCHE FISCHE

Shimoda hat einige der besten Surfspots Japans. Die Strände haben klares Wasser, weißen Sand und beständige Wellen, die das ganze Jahr über gesurft werden können. Zwischen Juni und September sind die Wellen größer und häufiger. Einer der populärsten Surfstrände ist **Shirahama** mit einer kleinen, konstanten Brandung, die im Sommer gefragt ist. Die Strände in **Kisami** südlich von Shimoda mit mehreren Surfspots gehören zu den besten. Der **Tatado-hama** ganz im Norden wetteifert mit Shirahama um die beständigsten Wellen auf der Halbinsel und ist daher bei Einheimischen und Surferfahrenen sehr beliebt. Von seiner schönsten Seite zeigt sich der **Irita-hama** bei Südwind, der für größere und schnellere Wellen sorgt. Weiter südlich hat **Ō-hama** den längsten Sandstrand und beständige Wellen für Surf-Newcomer und Fortgeschrittenere. Auf den Strand schauen Villen, in die japanische Popstars und die reiche Elite der Stadt Tokio entfliehen. In Shirahama und Kisami kann man Boards mieten und Unterricht bei international qualifizierten Coaches nehmen.

Auch Kajakfahren und Schnorcheln ist in Shimoda angesagt. Der wunderbarste Ort für Fischbeobachtungen liegt weiter südlich bei **Goishiga-hama,** eine türkisfarbene Bucht umrahmt von Kiefern. Beim Schnorcheln können gelbe Kofferfische, bunte Mondsichel-Junker, Stachelrochen und biolumineszierende (aber harmlose) Rippenquallen entdeckt werden.

ESSEN RUND UM DIE PERRY ROAD, SHIMODA

Naminami
Winziges Lokal mit hervorragender *kaisendon* (gemischter roher Fisch auf Reis), *uni* (Seeigel) und Tempura. Und Bier. ¥

Page One
Der romantische Bistro-Look und die cremige Tomaten-Krabben-Pasta passen zur reizvollen Umgebung. ¥¥

Tonkatsu Nisiki
Zarte gebratene *tonkatsu*-(Schweineschnitzel-) und *ebi*-(Garnelen-)*teishoku* (Menüs) mit Blick auf den Jachthafen. ¥

BANZYA/SHUTTERSTOCK ©

Mihara-san

Flucht ins Izu-Inselparadies

VOGELBEOBACHTUNG AUF VULKANISCHEN INSELN

Die Eroberung eines schlafenden Vulkans gefolgt vom Bad in einem Onsen mit Blick aufs Meer und dem Genuss frischer Meeresfrüchte: Es ist schwer vorstellbar, dass die **Izu-Inseln** (伊豆諸島; Izu-shotō) nur einen zweistündigen Tragflächenboot-Hopser von Tokio (Takeshiba) entfernt sind, oder 30 Minuten von Itō. Die neun bewohnten Inseln sind die Spitzen einer versunkenen Vulkankette, die 300 km in den Pazifik ragt. Technisch gehören sie zur Präfektur Tokio, scheinen aber ohne Wolkenkratzer wie eine andere Welt. Auf **Ō-shima** (大島), der ersten und größten Insel, ist die Stimmung entspannt und urig. Bekannt ist sie vor allem für scharlachrote Kamelienblüten und den aktiven Vulkan **Mihara-san,** der zuletzt 1990 ausbrach. Ein Miet-Scooter (vom Hafen) oder Bus bringt zum Tōshiki-no-hana mit geschützten Pools zum Schwimmen. **Nii-jima** (新島) ist der nächste Halt des Tragflügelboots (täglich) und lockt die Surfgemeinde aus der Kantō-Region an den weißen Sandstrand Habushi-ura, andere lassen sich zwi-

FLUORESZIERENDE PILZE

Auf der Izu-Insel Hachijō-jima wurden 1954 erstmals im Dunkeln leuchtende *Mycena lux-coeli* entdeckt. Die Pilze mit 2 cm großen Kappen geben ein sanftes grünes Licht ab, das einen Wald erhellen kann. Vor Ort bekannt als *shii no tomobishi-dake* (Chinquapin-Leuchtpilze), leben die ungenießbaren Pilze nur wenige Tage während der Regenzeit zwischen Mai und Juli an verrottenden Stämmen der japanischen Chinquapin, die heute noch in Hachijō-jima zu sehen sind. Früher glaubten Einheimische, das Leuchten würde von *yōkai* erzeugt, japanischen Ungeheuern. Das gespenstische Licht entsteht tatsächlich durch eine chemische Reaktion mit dem Pigment Luciferin, das die Pilze während ihres Wachstums bilden.

ÜBERNACHTEN IN Ō-SHIMA (IZU-INSELN)

Book Tea Bed
Moderne Pension mit Kapsel-Schlafsälen und Privatzimmern mit teilweisem Meerblick nahe dem Motomachi-Hafen. ¥¥

Hotel Akamon
Alteingesessener Favorit in Hafennähe. Das Hotel verfügt über einen Onsen und bietet abends optional Fischspeisen an. ¥¥

Tōshiki-Camp-jō
Camping mit Blick auf das Meer an der Südspitze von Ō-shima. Kostenlos über die Ō-shima Tourist Association reservieren.

WARUM ICH DIE IZU-HALBINSEL LIEBE

Phillip Tang, Schriftsteller.

Wenn ich mich von Tokios Reizen erholen möchte, ist die Izu-Halbinsel die nächstgelegene, radikal andere Zuflucht. Am selben Vormittag kann ich Tokio verlassen und mich an einem weißen Sandstrand in Kisami mit dem Geruch der Brandung in der Nase entspannen. Ich liebe es, dass die Klippen von Jōgasaki-kaigan ein Durcheinander von Kiefern und Felsen umgeben und von glitzernden Wellen umspült sind – der totale Gegensatz zur Ordnungsbesessenheit in der Hauptstadt. In Izu sieht man die Japaner von ihrer entspanntesten Seite, wenn sie ihre Hosen umschlagen und in Shirahama die Zehen ins Wasser tunken. Und die Einheimischen scheinen es nicht eilig zu haben, wenn sie endlich anfangen zu sprechen.

schen den Felsen des Yunohama-Onsen in Wasserbecken sinken. Etwa 6 km weiter südlich ist das winzige **Shikine-jima** (式根島) kein Touristenziel, aber mit seinem kompakten felsigen Gelände und kostenlosen, gemischtgeschlechtlichen Onsen perfekt zum Abschalten, Zelten und Radfahren.

Von Tokio fahren Passagierfähren in sechs bis 12 Stunden zu den abgelegeneren Inseln **Miyake-jima, To-shima** und **Kozu-shima** für einzigartige Vogelbeobachtungen, zur großteils unbewohnten **Mikura-jima** mit riesigen Bäumen und zur **Hachijō-jima** mit biolumineszierenden Waldpilzen im Juni und herausragender Aussicht vom höchsten Krater des Archipels. **Aoga-shima** (erreichbar über Hachijō-jima oder per Flugzeug) ist die entlegenste Insel (und Vulkankrater) und daher ideal für Sternenbeobachtungen.

Onsen & Zen während der Wartezeiten

HEISSE QUELLEN, ROTEMBURO UND MEDITATION

Viele Trips über die Izu-Halbinsel oder Izu-Inseln bringen das Warten auf Anschlussverbindungen mit sich, die perfekte Gelegenheit für ein Bad in einem Onsen. Der Küstenort **Atami** (熱海) ist sowohl das Tor zu Izu als auch dessen größte Stadt. Die Überbauung in den 1980ern verschandelte leider Atamis malerische Lage an der Bucht, aber der nahe **Nikkotei Ōyu** (日航亭 大湯) versüßt das Warten auf die Fähre zu den Izu-Inseln. Der klassische Onsen mit mineralreichem Wasser liegt unweit des Bahnhofs Kinomiya, einen Halt von Atami entfernt. Als weitere Entdeckung wartet **Shuzenji-Onsen** (修善寺温泉), ein charmantes Dorf mit engen Gassen, zinnoberroten Brücken und guten Onsen. **Hako-yu** mit einem Holzturm ist elegant und modern, **Tokko-no-yu** am Fluss Katsura-gawa ein malerisches, rund um die Uhr geöffnetes Thermal-Fußbad. Wer sich den Onsen-Aufenthalt verdienen möchte, nimmt den Bus zum Wasserfall **Jōren-no-taki** oder erkundet den gleichnamigen Tempel **Shuzen-ji,** den der Priester Kōbō Daishi vor über 1200 Jahren gründete, als er den Buddhismus in Japan verbreitete. Kostenlose *Zazen*-Sitzungen finden dienstagmorgens statt.

Die dramatische Küste bei **Dōgashima** (堂ヶ島) im Südwesten lässt sich wunderbar von einem Park an den Klippen überschauen, während man auf den Bus nach Shimoda wartet. Ein Highlight ist der Blick durch ein natürliches Oberlicht in eine Höhle. Wer mehr Zeit hat, fährt mit einem Ausflugsboot in Meereshöhlen oder badet im Außen-Onsen **Sawada-kōen Rotemburo** auf einer Klippe mit Blick auf den Ozean. Bei Ebbe kann man über die Sandbank Tombolo bis zur kleinen Insel **Zo-jima** laufen.

UNTERWEGS VOR ORT

Busse sind das Hauptverkehrsmittel an der Westküste und im zentralen südlichen Teil der Izu-Halbinsel. Das Busunternehmen Tokai Bus bietet Einzel- und Mehrtageskarten an. Mit den täglich verkehrenden Fähren und Tragflügelbooten kann man Insel-Hopping zwischen den Izu-Inseln machen. Die Fahrpläne sorgfältig prüfen, da sie sich häufig ändern.

NATIONALPARK CHICHIBU-TAMA-KAI

Fürs Wandern, ohne ins Schwitzen zu kommen, eignet sich der Nationalpark Chichibu-Tama-Kai prima, zumindest an Tokios westlichem Rand. Die einfachsten Ziele im riesigen Park, Takao-san (liegt eigentlich im Meiji no Mori Takao Quasi-Nationalpark) und Mitake-san, liegen ein bis zwei Zug- und Busstunden entfernt. Ihre dramatisch untokiotische Szenerie und Zedern- und Kieferndüfte sind eine Erfrischungskur. Der Nationalpark ist voller Tempel, Schreine und Statuen von Waldgeistern, daher fühlt sich ein Besuch eher wie eine Tempelschatzsuche als eine Schlepperei an. Kein Wunder, dass beide Gipfel bei jungen Verliebten in blitzsauberen Schuhen und bei Familien mit Kindern beliebt sind. In beiden Parks gibt's Seilbahnen und die Wahl, ob man wandern möchte oder nicht. Gepflasterte Wege führen zu Gipfeltempeln mit atemberaubendem Blick auf Tokio, das ganz weit weg scheint.

TOP TIPP

Ermäßigte Takao-san-Pässe für Hin- und Rückfahrt mit der Seilbahn oder dem Sessellift gibt's an Fahrkartenautomaten an den Gates der Keiō-Linie am Bahnhof Shinujuku oder am Bahnhof Shibuya in Tokio.

Seilbahn, Mitake-san (S. 167)

TENGU

Wer ist die langnasige rote Kreatur, die an den Hängen des Takao-san in Skulpturen und auf Souvenirs zu sehen ist? Das ist ein *tengu*, ein Shintō-Geist des Berges. Er wird oft als Dämon oder Kobold missverstanden, auch schon früher im Buddhismus (der den *tengu* beim Anzünden von Tempeln darstellte!). Seit der Edo-Zeit gelten die Geister als verschmitzte Wald- und Tempelbeschützer (neben einigen unzüchtigen Auftritten in *ukiyo-e*). Am Takao-san sieht man *tengu* mit Raubvogelgesichtern und den beliebten langnasigen Konoha-Tengu, dessen Gesicht bei einigen Shintō-Zeremonien als Maske und in einem Emoji (👺) auftaucht. Manchmal wird er als eine Affengottheit beschrieben, die Licht auf die irdische Welt wirft. Das passt zu einem Waldhüter.

Takao-san

Familienfreundlicher Spaziergang auf dem Takao-san

LEICHTE BERGWANDERUNGEN UND SESSELLIFTE

Der heilige **Takao-san** (高尾山; 599 m) wird seit mehr als tausend Jahren von Bergbewohnern verehrt. Heute ist der Hauptwanderweg moderat, ideal für einen Familienausflug und an Wochenenden ganzjährig beliebt als Tagesausflugsziel von

ESSEN FÜR ALLE ALTERSGRUPPEN IN TAKAO-SAN

Takao View Restaurant
Neben riesigen Hotdogs oder japanischen Gerichten gibt's einen weiten Blick übers Tal am Ausgang der Seilbahn. ¥

Yakuō-in Daihonbō
Für das Erreichen des Gipfelschreins belohnt ein schönes veganes Festmahl mit Soba und Tempura. ¥

Takao 599
Kinderfreundliches Museumscafé mit großzügigem Spielbereich; Desserts und Käsetoasties. ¥

Tokio. An den Hängen sind die Tempel reizvolle Pausenstopps für Reisende mit geringen Wanderambitionen und Kinder.

Trail No. 1 (am Ausgang des Bahnhofs Takaosanguchi rechts abbiegen), der beliebteste und einzige befestigte Weg auf den Berg, macht die 90 Minuten zum Gipfel fast zu einem Spaziergang. Mit der Seilbahn oder dem Sessellift lässt sich diese Zeit halbieren und trotzdem alle wichtigen Sehenswürdigkeiten sehen. Der Sessellift an sich ist schon aufregend, wenn man unangeschnallt durch Bäume die Hänge hinaufschwebt (allerdings gibt's Sicherheitsnetze). Nach der Ankunft führt ein 45-minütiger Spaziergang zum Gipfel vorbei an einem Makaken-Schutzgebiet mit Blumengarten, Tempeln, hölzernen *torii* und *tengu*-Statuen. Die schönsten *tengu* beschützen **Yakuō-in**, den Tempel nahe dem Gipfel mit spektakulärer Aussicht. Viele kehren hier um oder gehen weiter zum Gipfel.

Zur Naturgeschichte der Region Takao-san informiert das kinderfreundliche **Takao-599-Museum** in der Nähe des Bahnhofs. Das schön gestaltete Museum präsentiert die lokalen Insekten und Pilze in kindgerechten Vitrinen. Für Kleinkinder gibt's Tritthocker.

Oku-Tama, ohne zu wandern

SEILBAHN ZUM BERGSCHREIN

Der **Mitake-san** (御岳山; 939 m) in Oku-Tama ist einer von Tokios besten Ausgangspunkten für leichte Wanderungen (oder keine Wanderungen). Zum Bergdorf fährt ein Bus in 10 Minuten vom Bahnhof Mitake nach Takimoto, von dort dann eine Seilbahn. Damit schlägt der Takao-san den Mitake-san hinsichtlich Anreise mit einem Zug, aber ohne Vergleich der eigentlichen Wanderungen. Von Takimoto (滝本) im Tal aus nimmt man die Seilbahn oder wandert eine Stunde über einen schönen, mit Zedern gesäumten Pilgerweg nach Mitake-san. Das charmante altmodische Bergdorf wirkt nach dem unruhigen Tokio wie eine andere Welt. Hier steht der Tempel **Musashi Mitake-jinja** (武蔵御嶽神社), dessen Geschichte mehr als tausend Jahre zurückreicht und der während der Feudalzeit eine beliebte Pilgerstätte war. Der Blick auf die umliegenden Berge ist herrlich. Die **Wolf-Symbolik** hier in Form grimmiger Statuen und Schnitzereien geht auf eine Sage zurück, nach der ein Wolfspaar einen verirrten Pilger aus der Nebeldecke des Berges führte und daraufhin als Gottheit des Berges verehrt wurde. Für die meisten ist dies ein Tagesausflug, aber eine oder zwei Nächte auf dem Mitake-san sind ein friedliches und herrlich ruhiges Vergnügen.

DIE BESTEN RYOKAN-UNTERKÜNFTE MIT MAHLZEITEN AUF MITAKE-SAN

Sankō-sō
Ruhige Paketangebote in der Nähe des Schreins mit exquisiten Fisch- und Wildgemüsegerichten, Aussicht und Onsen. ¥¥

Shukubo Komadori Sansō
Berge vor dem Fenster und köstliche Frühstücke und Abendessen im beheizten Tatami-Zimmer. Ehemalige Pilgerherberge. ¥¥¥

Mitakesan-sō
Makelloses renoviertes traditionelles Haus und Garten mit Blick auf Zedern und erstklassige Mahlzeiten. Geführt von einer freundlichen Familie. ¥¥¥

Nanzan-sō
Wie ein Apartment, doch hinter den Schiebetüren hausgemachte Mahlzeiten, Onsen und Ausblicke aus Tatami-Räumen. ¥¥¥

UNTERWEGS VOR ORT

Die Seilbahnen in Takao-san und Mitake-san sparen nicht nur Zeit, sie sind auch ein Erlebnis. Der Sessellift in Takao-san ist besonders ruhig, da man den Wald ohne Wände und Fahrgastgeräusche erlebt. Die Hauptwanderwege sind befestigt, können aber über Treppenstufen führen.

NIKKŌ

Nur zwei Stunden von Tokio entfernt ist das ewig göttliche Nikkō （日光） seit dem 8. Jahrhundert der Schauplatz von buddhistischer und Shintō-Verehrung. Die heiligen Berge bewahren den Ruhm der Edo-Zeit (1603–1868), ihre unberührten, hoch aufragenden Zedernwälder behüten die Shintō-Schreine und buddhistischen Tempel. Deren goldene Pracht zeugt von der gewaltigen Macht des Tokugawa-Shogunats (Edo-Militärherrscher) und gipfelt im kunstvoll verzierten Shintō-Schrein Tōshō-gū.

Die Dramatik und Menschenmassen sind im Herbst am größten, wenn feuerrote Blätter die Täler und Wasserfälle umrahmen, im Sommer entfliehen die Menschen dem stickigen Tokio in die kühlere Bergluft, auf Schiffsfahrten und in üppige Nationalparks. Eine oder zwei Nächte in Nikkō ermöglichen einen frühen Aufbruch zu ruhigen Aussichten und flachen Wanderungen auf der Hochebene. Doch auch Tagesausflüge in die Welterbestätte sind reizvoll.

TOP TIPP

Der Nikkō World Heritage Area Pass umfasst Fahrten (hin & zurück) mit Tobu-Zügen (ohne *Shinkansen)* sowie Busse zu Welterbestätten an zwei Tagen. Dieser oder der Nikkō All Area Pass wird am Bahnhof Tobu Asakusa verkauft.

Kegon-no-taki (S. 171)

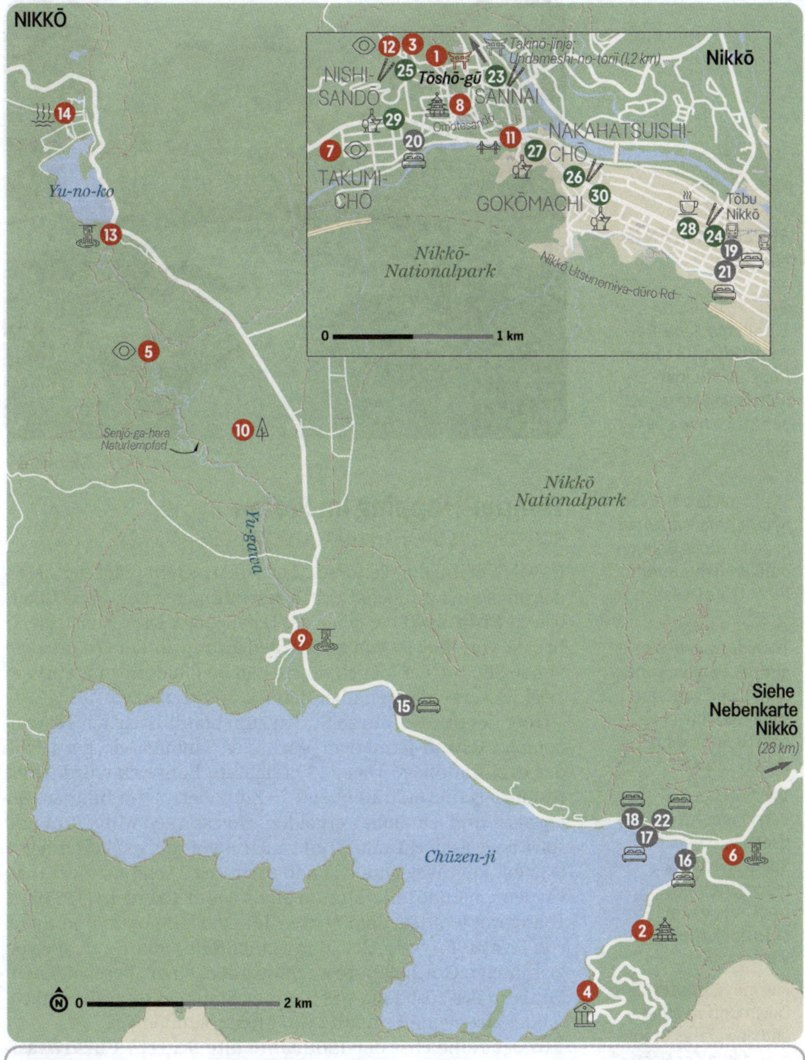

HIGHLIGHTS
1 Tōshō-gū

SEHENSWERTES
2 Chūzen-ji Tachiki-kannon
3 Futarasan-jinja
4 Gedächtnispark der italienischen Botschaftsvilla
5 Izumiyado-ike
6 Kegon-no-taki
7 Kaiserliche Villa Tamozawa mit Gedächtnispark in Nikkō
8 Rinnō-ji
9 Ryūzu-no-taki
10 Senjōgahara
11 Shin-kyō
12 Taiyū-in
13 Yu-daki

AKTIVITÄTEN
14 Yumoto Onsen

SCHLAFEN
15 Chuzenji Kanaya Hotel
16 Chuzenji Pension
17 Kojōen
18 Little Forest Inn
19 Nikko Park Lodge Tobu Station
20 Nikko Senhime Monogatari
21 Nikko Station Hotel II Bankan
22 Oku-nikkō Guesthouse

ESSEN
23 Meiji-no-Yakata
24 Sakaeya
25 Sannai Shokudō
26 Sunfield

TRINKEN
27 Murmur Bīru Stand
28 Niemon Cafe
29 Sake Café Lab 250
30 Wine Bar Bless

SPEZIALITÄTEN IN NIKKŌ

Sannai Shokudō
Exzellente *yuba*-Ramen/Udon mit tollem Preis-Leistungs-Verhältnis und Mittagessen in der Nähe der Schreine. ¥

Sakaeya
Stand mit leicht süß-herzhaftem *yuba manju* (mit Adzuki-Bohnen gefüllte gebratene Tofuhaut) als Dessert. ¥

Meiji-no-Yakata
Tochigi-*wagyū*-Steaks aus der Region, *yuba*-Salate und vegetarische Gerichte in einem Steinhaus aus dem 19. Jh. ¥¥¥

Sunfield
Verschiedene vegetarische *yuba* – am Spieß, in Miso oder Ingwer, gefriergetrocknet oder als Flocken auf Kaffeegelee. ¥¥

Murmur Bīru Stand
Down Coffee Stout und gewürztes Braunbier, das in der Nähe der Shin-kyō-Brücke gebraut wird. ¥¥

NOPASORN KOWATHANAKUL/GETTY IMAGES ©

Shin-kyō

Tempel-Hopping im Freien

SCHREINE IM GRÜNEN UND ROTE BRÜCKE

Das Gebiet um die Welterbestätte Nikkō ist ein prächtiges Freilichtmuseum. Zunächst geht's zur kultigen roten Fußgängerbrücke **Shin-kyō** über den Fluss Daiya-gawa. Die rekonstruierte Brücke von 1907 ist von großer Bedeutung als der Ort, an dem Shōdō Shōnin (der Mönch führte hier den Buddhismus ein) von zwei Riesenschlangen über den Fluss getragen wurde.

Über der Straße führen Stufen zum buddhistischen Tempelkomplex **Rinnō-ji** mit dem prächtigen Sanbutsu-dō, der „Halle der drei Buddhas". Das 848 errichtete Bauwerk wurde 2021 restauriert und erstrahlt heute in Zinnoberrot. Im Inneren verkörpern drei 8 m hohe vergoldete Holzstatuen Mitgefühl und spirituelle Erleuchtung. Es gibt auch einen ruhigen kaiserlichen Garten. Vom Weg Omotesandō Richtung Tōshō-gū biegt man vor seinem Ende links ab zum Mausoleum **Taiyū-in** (1653) des Tokugawa Iemitsu, dem dritten Tokugawa-Shogun und Enkel von Ieyasu. Taiyū-in gleicht mit einer Reihe von Toren, die von grimmigen Gottheiten bewacht werden, einer „bescheidenen" Miniatur des Tōshō-gū. Das filigrane Blattgold sorgt für schlichte Eleganz – eine Erholung von Menschenmengen.

In der Nähe ehrt der 1200 Jahre alte Schrein **Futarasan-jinja** die Berge Nantai-san, Nyohō-san und Tarō-san. Die in Zinnoberrot gehaltene schlichte Haupthalle von 1619 mit einem Kupferdach strahlt Ruhe aus.

ÜBERNACHTEN IN NIKKŌ

Nikko Station Hotel II Bankan
Hotel mit Waschmaschinen, Frühstück und recht moderner Einrichtung. ¥¥

Nikko Senhime Monogatari
Das Personal im luxuriösen Onsen-Ryokan nahe Shin-kyō spricht Englisch. Kostenlose Abholung vom Bahnhof. ¥¥¥

Nikko Park Lodge Tobu Station
Sommer-Pension mit Privatzimmern und Schlafsälen mit Etagenbetten und geblümter Bettwäsche; zentrale Lage. ¥

Links vom Eingang zum Futarasan-jinja führt ein 1 km langer Waldweg nach Nordwesten zum **Takinō-jinja**, der Teil eines größeren Schreingebiets ist. Vor dem Eintreten fordert man traditionell am Steintor **Undameshi-no-torii** sein Glück heraus und versucht, drei Steine durch ein kleines Loch in der Nähe der Spitze zu werfen. Der bezaubernde Weg ist mit Pavillons und Steinfiguren gesäumt.

Blick ins Innere eines nicht verbotenen Palastes

ARCHITEKTONISCHES WUNDERWERK MIT WESTLICHEM EINSCHLAG

Dieser prächtig restaurierte kaiserliche Palast (um 1899) etwa 1 km westlich der Shin-kyō-Brücke sieht anders aus als andere Paläste. Die **kaiserliche Villa Tamozawa mit Gedächtnispark Nikkō** ist so markant, weil sie den Einfluss von westlicher Zivilisation auf Japan zu Beginn des 20. Jhs. neben japanischem Dekor aus verschiedenen Epochen zeigt. Bis 1947 diente der Palast als Sommerresidenz von drei Kaisern (Taishō, Shōwa und Akihito), heute stellt er verschiedene Artefakte aus, die den kaiserlichen Lebensstil und die Interaktion mit dem Westen widerspiegeln. Manche Etagen zeigen geblümte Teppiche und extravagante Kronleuchter, doch die japanischen Elemente in Form von Papierschiebetüren und sorgfältig gemusterten Tatami-Böden bilden die Grundlage. Schwerter, Helme, Schriftrollen und ein Billardtisch finden sich alle in demselben Raum. Er ist auch eine Mischung aus verschiedenen japanischen Architekturstilen aus der Edo-, Meiji- und Taishō-Zeit und ein Zeugnis der erstklassigen Kunstfertigkeit und Vielfalt des japanischen Handwerks. Fast jedes Fenster der 106 Zimmer zieren exquisite Gemälde und zeigt ruhige Aussichten auf den Garten. Anders als nur Außenansichten der kaiserlichen Paläste in Kyoto und Tokio sind hier Einblicke ins königliche Leben möglich.

Beeindruckende Wasserfälle

WANDERN DURCH DIE DÖRFER AM SEE IM OKU-NIKKŌ

Nikkō bietet weit mehr als nur Welterbestätten. In der bergigen Region Oku-nikkō („inneres Nikkō") weiter westlich ist Chūzen-ji-Onsen ein entlegener Ort mit heißen Quellen, erstaunlichen Wasserfällen und einem einmaligen Blick auf den Nantai-san vom **Chūzen-ji**-See im Zentrum; auf dem blauen See gibt's Schiffsrundfahrten. Besonders schön sind die Monate Oktober und November wegen des Herbstlaubs, aber auch eine Schneedecke ist reizvoll.

YUBA TOFU SKIN

Yuba (湯波 in Nikko; 湯葉 in Kyoto) ist buchstäblich eine Art getrocknete „Tofuhaut", die in der japanischen Küche verwendet wird. Es ist ein Produkt aus Sojamilch, dessen Oberfläche sich durch Sojaproteine verfestigt. Wegen seiner leicht elastischen und zähen Textur beim Aufrollen als *shinomaki yuba* ist es der klassische Fleischersatz in Sushi-Gerichten sowie Soba- und Udon-Schalen. *Yuba* kommt aus China und fand in Nikkō zunächst als Opfergabe in Tempeln Verwendung. Eine *shinomaki yuba* wurde den Göttern in einer Schale dargeboten und nach dem Fest für alle zum Verzehr gekocht. In Nikkō ist sie noch heute Bestandteil der *shōjin ryōri*, der veganen Küche der Mönche.

AUSGEHEN IN NIKKŌ

Wine Bar Bless
Der Besitzer der gemütlichen Bar ist stolz auf seine japanischen Weine (und sein Modelleisenbahn-Diorama).

Sake Café Lab 250
Das Probierbüfett mit 20 regionalen Sake-Marken macht Spaß und ist preisgünstig. Und der Gastgeber ist freundlich.

Niemon Cafe
Japanische Desserts und richtiger Kaffee oder *Matcha* in wunderschönem Geschirr, das auch verkauft wird.

SEAN PAVONE/SHUTTERSTOCK ©

Diesen QR-Code scannen, um Preise und Öffnungszeiten zu erfahren:

HIGHLIGHT

Tōshō-gū

Tōshō-gū ist ein extravaganter Schrein zu Ehren des mächtigen Shoguns Tokugawa Ieyasu (1543–1616) und die Hauptattraktion von Nikkō. Ieyasus Enkel ließ das ursprüngliche Bauwerk (fertiggestellt 1617) von 15 000 Handwerkern renovieren, darunter die berühmtesten Kunstschaffenden der Zeit. Das Design ist dramatisch: Hohe Zedern und Tore mit geschnitzten mythischen Wesen geleiten in den üppig mit Blattgold verzierten Schrein.

NICHT VERPASSEN

- Gōjūnotō
- Omote-mon
- Kami-jinko
- Sanzaru
- Nakiryū
- Yōmei-mon
- Kara-mon
- Gōhonsha
- Nemuri-neko

Tore & Pagode

Das erste Tor **Ishi-dorii** stammt von 1619, der Zeit von Tōshō-gūs ursprünglichem Bau. Zur Linken steht der 34,3 m hohe **Gōjūnotō**, ein Nachbau der fünfstöckigen Pagode von 1819, die erstmals Mitte des 17. Jhs. errichtet wurde. Hinter den Ticketschaltern steht das nächste Tor **Omote-mon**, das auf beiden Seiten von Deva-Königen bewacht wird.

Äußerer Innenhof

Die **Sanjinko,** „Drei heilige Lagerhäuser", im äußeren Hof wurden im *azekura-zukuri*-Stil erbaut (horizontal gestapelte Baumstämme, oft in Form eines Dreiecks). In der oberen Etage des **Kami-jinko** (oberes Lagerhaus) zeigen Reliefschnitzereien von Elefanten des hochgeschätzten Künstlers Kanō-Tan'yū wie er sich diese vorstellte (da er nie einen realen gesehen hatte).

Affen

Links ist **Shinkyūsha** zu sehen, der „Heilige Stall", das einzige Gebäude aus unbemaltem Holz im Komplex. Es ist gekrönt mit Reliefschnitzereien von **Sanzaru**, den allegorischen „Nichts Böses sehen, nichts Böses hören und nichts Böses sagen"-Affen, die dieGrundsätze der buddhistischen Morallehre veranschaulichen. Sie sind auch Nikkōs inoffizielles Symbol.

Weinender Drache

Das Deckengemälde im **Honji-dō** in der hinteren linken Ecke des Hofes stellt den **Nakiryū** (weinenden Drachen) dar. Mönche demonstrieren die akustische Eigenschaft der Halle durch das Aneinanderschlagen zweier Stöcke. Der Drache „brüllt" (leichte Übertreibung) nur, wenn die Stöcke unter seinem Maul gegeneinanderschlagen.

Yōmei-mon

Aufstieg zum kunstvollsten Tor des Tōshō-gūs – und Japans – Yōmei-mon (Bild). Es wurde offiziell zum nationalen Kulturgut erklärt und zeigt mehr als 500 geschnitzte Bilder, die Volksmärchen, mythische Tiere und chinesische Weise darstellen und im ursprünglichen Weiß und Gold restauriert wurden. Aus Sorge, dass seine Vollkommenheit den Neid der Götter wecken könnte, wurde der letzte Stützpfeiler absichtlich verkehrt herum aufgestellt.

Innenhof

Ein zweites weißes Tor mit goldenen Akzenten, **Kara-mon** (唐門), ist ein nationales Kulturgut und führt zum Innenhof des Schreins. Die Wände an den Seiten der beiden Tore zieren hübsche Schnitzereien, darunter Pfingstrosen-Arabesken. Die vielen Steinlaternen sind Geschenke von treuen *daimyō*.

Gōhonsha

Der Hauptschrein Gōhonsha ist im H-förmigen *gongen-zukuri*-Stil gebaut und mit dem Honden (本殿; Haupthalle) und Haiden (拝殿; Gebetshalle) durch einen Steinkorridor verbunden. Schuhe ausziehen und eintreten in die Säle mit den Gemälden von 36 unsterblichen Dichtern aus Kyoto und einem Deckengemälde aus der Momoyama-Zeit: Jeder der 100 Drachen sieht anders aus. Die *fusuma*-Schiebetür ist mit einem *kirin* (Fabelwesen, halb Giraffe, halb Drache) bemalt.

Katzenschnitzerei & Innerer Schrein

Rechts befindet sich das Tor **Sakashita-mon** (坂下門). Es ist nicht mit Drachen oder Phönixen verziert, sondern mit der schlafenden Katze **Nemuri-neko**. Oben ist eine der berühmtesten Schnitzereien Japans zu sehen, die dem legendären Künstler Hidari Jingorō zugeschrieben wird. Dahinter führen 207 Steinstufen zum inneren Schrein Okusha, wo Ieyasus **Grab** unter einer 5 m hohen fünfstöckigen Pagode aus verwittertem Gold, Silber und Bronze liegt. Der Baum hier soll Wünsche erfüllen (gegen Münzgaben).

FARBENFROHE RESTAURIERUNG

Der erste restaurierte Teil wurde 2019 enthüllt, die Arbeiten begannen 2007 und werden in Abschnitten fortgesetzt. Die meisten Bauten sind so farbenfroh, wie sie im 17. Jh. ausgesehen haben mögen. Zu den aufwendigen traditionellen Techniken gehört die Verwendung von weißer Farbe aus pulverisierten Muscheln.

TOP TIPPS

- Der Tōshō-gū ist oft überfüllt, deshalb so früh wie möglich herkommen. Eine halbe Stunde vor der Schließung lichten sich die Menschenmassen und das Licht ist für Fotos besser.
- Die Schlange am Ticketautomaten ist viel langsamer als die Schlange beim menschlichen Fahrkartenverkäufer.
- Festes Schuhwerk und saubere Socken mitnehmen. Es gibt lange, steile Treppen (nicht barrierefrei), und vor dem Betreten des Hauptschreins muss man die Schuhe ausziehen.
- Das Museum auf dem Gelände zeigt weitere goldene Shogun-Artefakte und ist spannender als erwartet.

ÜBERNACHTEN RUND UM DEN CHŪZEN-JI-SEE

Little Forest Inn
Ruhige, minimalistische Zimmer mit Aussicht auf den Chūzen-ji-See und makellosen Bädern. ¥¥

Chuzenji Kanaya Hotel
Onsen im Freien, Seeblick von den Balkons und üppige japanische Gerichte. ¥¥¥

Chuzenji Pension
Saubere Zimmer mit grünen Teppichen und Korbmöbeln zu vernünftigen Preisen, exzellente Lage und hilfsbereite Gastgeber. ¥¥

Kojoen
Auswahl zwischen ordentlichen Tatami- oder apartmentartigen Zimmern mit Dielenboden. Spektakuläre Mahlzeiten mit Blick auf Ausflugsschiffe. ¥¥¥

Oku-nikkō Guesthouse Jun
Gut ausgestattete Küche, Waschmaschinen und günstige Etagenbetten in Schlafsälen fürs kleine Budget. ¥

AMANA IMAGES INC./ALAMY STOCK PHOTO ©

Gedächtnispark der italienischen Botschaftsvilla

Das Highlight ist der beeindruckende 97 m hohe Wasserfall **Kegon-no-taki**, der über einen Aufzug oder eine Aussichtsplattform zugänglich ist – ein faszinierender Anblick. Am Ostufer liegt der alte Tempel **Chūzen-ji Tachiki-kannon** mit einer 6 m hohen Kannon-Statue.

Ein besonderes Erlebnis ist ein Besuch des **Gedenkparks der italienischen Botschaftsvilla** mit Sonnenterrasse und Panoramablick auf den Chūzen-ji. Rund um den Chūzen-ji stehen ausländische Botschaften und Villen von der mittleren Meiji- (1868–1912) bis zur frühen Showa-Zeit (1926–1989).

Ein schöner 15-minütiger Spaziergang nach Süden (oder mit dem Bus von Nikkō) führt entlang des Sees zum **Ryūzu-no-taki**, einem bezaubernden Wasserfall mit Blick auf das **Ryūzu-no-chaya**-Teehaus, und weiter über einen leichten Holzpfad durch das grasbewachsene Marschland **Senjōgahara**. Die dreistündige ebene Wanderung passiert den mit Quellwasser gespeisten Teich **Izumiyado-ike** und den 70 m hohen fächerförmigen Wasserfall **Yu-daki** unterhalb des Sees **Yu-no-ko**. Am Ufer liegt **Yumoto-Onsen**, ein friedliches Dorf mit Thermalquellen und gutem Zugang zu Wanderwegen. Unter den Unterkünften sind Ryokan und *minshuku* (japanische Gästehäuser), die eine traditionelle japanische Onsen-Erfahrung mit natürlichen heißen Quellen bieten.

UNTERWEGS VOR ORT

Das Stadtzentrum liegt beim Bahnhof Tōbu-Nikkō (von Asakusa in Tokio aus), der Bahnhof Nikkō ist wenige Gehminuten entfernt. „Free Pass"-Fahrkarten gelten auch in Regionalbussen zum Seengebiet. Tōshō-gū fährt der Bus nach Shin-kyō an, aber der (schattenlose) Fußweg dauert nur 20 Minuten und führt an interessanten Geschäften und Restaurants vorbei.

OGASAWARA-INSELN

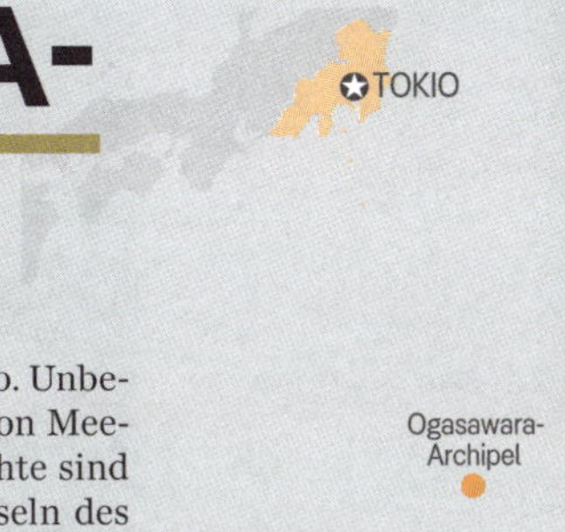

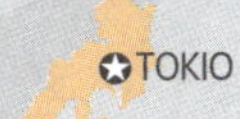

Das subtropische Paradies gehört zur Präfektur Tokio. Unberührte goldsandige Strände, tropische Wasser, die von Meereslebewesen wimmeln, und regionale Passionsfrüchte sind Teil des „Tokio"-Lebens auf den zwei bewohnten Inseln des Ogasawara-Archipels（小笠原諸島; Ogasawara-shotō). Hier kann man schnorcheln, Wale beobachten, mit Delfinen schwimmen und Sashimi auf Sojabasis essen – 1000 km südlich von Ginza. Die Fähre hierher dauert *wirklich* 24 Stunden, doch die abgelegene Lage bewahrt die natürliche Schönheit des Archipels, einer UNESCO-Welterbestätte.

Die Inseln haben auch eine bewegte Geschichte. Einst als Bonin-Inseln bekannt, wurden sieim 16. Jh. von Japan kartiert und entwickelten sich zu einem Drehkreuz für europäische und pazifische Siedelnde, die 1830 Proviantstationen für Walfangschiffe errichteten. Etwa 100 Nachkommen dieser *obeikei* genannten Siedelnden leben noch auf den Inseln, was an einem gelegentlichen westlichen Namen und Gesicht zu erkennen ist.

TOP TIPP

Es gibt keine Supermärkte und die Lebensmittelläden schließen abends. Chichi-jima und Haha-jima haben jeweils nur einen Geldautomaten für ausländische Karten. In beiden Städten gibt's am Hafen kostenloses WLAN, das Gäste meist für den Kontakt zum Hotel nutzen, um abgeholt zu werden.

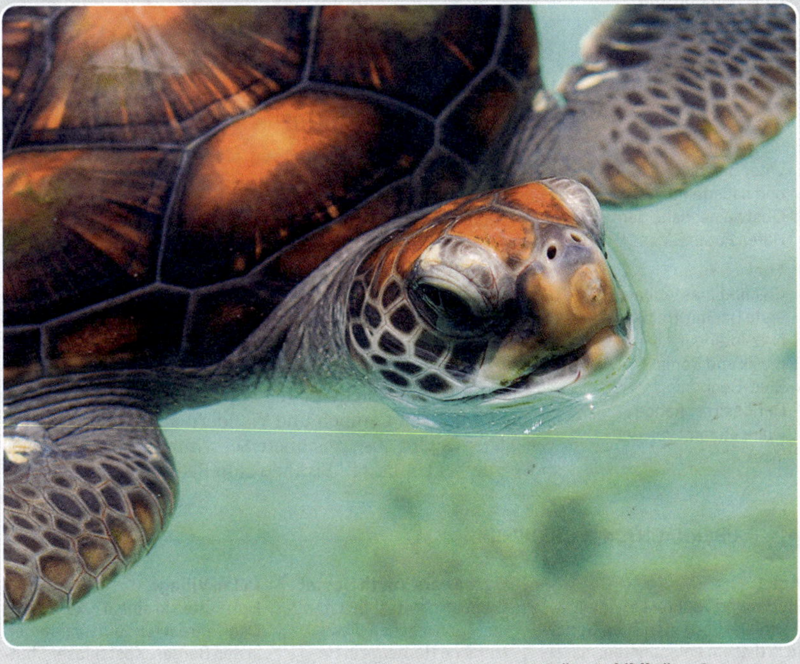

I LOVE PHOTO AND APPLE./GETTY IMAGES ©

Grüne Schildkröte, Ogasawara

ESSEN UND AUSGEHEN AUF CHICHI-JIMA

Shima Sushi
Mit Soja mariniertes „Insel"-Sushi und Tintenfisch-Sushi in einer rustikalen Hütte. ¥¥

Charlie Tei
Am Hafen: Hummer-*nabe* (Eintopf) und fangfrischer Grillfisch, dazu regionaler Passionsfrucht-Whisky-Sour. ¥¥

Heart Rock Cafe
Schwertfisch-Burger unter Banyanbäumen und hausgemachte Obstweine; nahe dem Hafen Futami. ¥

Yankee Town
Chichi-Jimas lebhafteste Bar mit Treibholz-Interieur, Livemusik und Bonin-Blue-Cocktails. Der Besitzer Rance Ohira stammt von der Insel. ¥

Raus ins Naturwunder von Chichi-Jima

WALE, SCHILDKRÖTEN UND SCHNORCHELN

Dies ist das Tor zum wunderbaren Naturerbe Ogasawara. Ihre Schönheit und die unverdorbene Natur brachten Chichi-Jima (父島) den Ruf als „Japans Galapagos" ein. Die Insel hat ein unberührtes Ökosystem mit seltenen endemischen Arten wie dem Bonin-Flughund, der Veilchentaube und dem weißen Rhododendron Boninense. Von April bis August sind an den Stränden nistende grüne Schildkröten und im Meer rund um die Insel Wale und Delfine zu beobachten. Teil der Erhaltungsmaßnahmen ist das Verbot von Campen und Wandern abseits der Wanderwege, aber es gibt ausgezeichnete Schwimm- und Schnorchelspots. Die beiden besten Strände zum Schnorcheln liegen auf

ÜBERNACHTEN IN CHICHI-JIMA

Aqua
Mutter und Tochter servieren westliche und japanische Gerichte in diesem entspannten, makellos sauberen Gästehaus. ¥¥¥

Ogasawara Youth Hostel
Gemeinschaftsaktivitäten und -sinn machen diese einfache Herberge in Hafennähe anziehend. ¥

Pelan Village
Holzhütten in einem luxuriösen Öko-Retreat für Selbstversorger in den Bergen. Kostenloser Shuttle von und zu der Fähre. ¥¥¥

der Nordseite der Insel, einen kurzen Weg über den Hügel vom Dorf aus. **Miya-no-hama** hat einen guten Korallenbestand, ist geschützt und anfängergeeignet. Etwa 500 m weiter entlang der Küste (leichter von der Stadt zu erreichen) liegt der felsige Strand **Tsuri-hama** mit besseren Korallen, aber weniger geschützt.

Die besten Strände zum Schwimmen liegen an der Westseite der Insel in Richtung Süden, vor allem die Nachbarbuchten **Kopepe** und **Kominato** mit klarem Wasser und weißem Sand. Von Kominato führt ein Pfad über den Hügel und entlang der malerischen Küste zum abgelegenen felsigen, weißsandigen **John Beach.** Achtung: Die Wanderung dauert pro Strecke zwei Stunden, und es gibt weder Zivilisation noch Trinkwasser – genügend mitnehmen.

Sonnenuntergänge von den Haha-Jima-Gipfeln

BERGWANDERUNGEN, SCHILDKRÖTEN UND SCHNORCHELN

Die lange, schmale Insel Haha-jima (母島) ist wilder als ihre 50 km nördlich gelegene Schwester Chichi-Jima. In der Mitte der 2 km breiten Insel liegt der prächtige **Chibusa-yama** (乳房山), mit 463 m ihr höchster Punkt. Eine vierstündige Wanderung führt durch die seltene einheimische Flora, und wahrscheinlich ist sonst niemand auf dem Gipfel, wenn die Sonne hinter den Kurven von Haha-Jima im Meer versinkt und den Himmel färbt.

Im äußersten Norden gibt's unberührte Schnorchelspots bei **Kita Minato** (北港湊), auf der näheren Südseite des Hafens liegt in der Nähe des Wakihama-Strandes ein **Schutzgebiet für Grüne Schildkröten**. Mit etwas Glück lassen sich einige der etwa 135 Tiere sehen, die zwischen Juli und Oktober vor der Morgendämmerung schlüpfen und zum Wasser wackeln.

Weiter südlich wird die Natur wilder. Eine einstündige Wanderung durch den Dschungel führt zum 86 m hohen Gipfel des **Kofuji** (小富士), der herrliche Blicke auf die kleineren südlichen Inseln bietet. Im Westen hat das Kalksteinkap **Minami-zaki** scharfe Korallenböden und Rippströmungen außerhalb der Bucht – trotz des kristallklaren Wassers ein gefährlicher Ort zum Schnorcheln. Unterwegs liegen der schmale **Strand Horaine** mit einem hübschen küstennahen Korallengarten und der **Strand Wai**, dessen steil abfallende Riffe manchmal Seeadler anlocken. Das einzige Dorf der Insel ist eine kleine Ansammlung von Gebäuden rund um den Hafen Oki. Es empfiehlt sich, Mahlzeiten in der Unterkunft zu buchen, da die Restaurantauswahl begrenzt ist.

INSELN ZWISCHEN BOOM UND PLEITE

Die Ogasawara-Inseln wurden in der Edo-Zeit entdeckt und 1876 Japan einverleibt. Während der Taishō- und Shōwa-Zeit florierten auf den Inseln der Fisch- und Walfang und die Korallenernte. Subtropisches Obst und Gemüse konnten ganzjährig angebaut werden. Die Bevölkerung wuchs auf 7000 Bewohner auf Chichi-Jima und 2000 auf Haha-Jima an. Das Inselleben war schön. Dann brach der Zweite Weltkrieg aus und bis 1944 wurden alle Ansässigen aus Ogasawara evakuiert. Nach dem Krieg besetzten US-Militärangehörige und gemischtblütige *obeikei* Chichi-Jima, während Haha-Jima bis 1968 unbewohnt blieb. Ein dichter Dschungel überwucherte die kleine Insel, und es dauerte fünf Jahre, bis sie ab 1973 wieder bewohnbar war. Haha-Jima hat sich seine wilde Seite bis heute bewahrt, was seinen unberührten Charme noch verstärkt.

UNTERWEGS VOR ORT

Die einzige Möglichkeit, die Insel zu erreichen, ist die 24-stündige Fähre von Tokio. Sie legt an der Hauptinsel Chichi-Jima an, eine kleinere Fähre bringt nach Haha-jima (die einzige andere bewohnte Insel). Am Hafen Futami oder in der Unterkunft sind Scooter (mit internationalem Führerschein) oder E-Bikes zu mieten. Das ist auf Haha-Jima erforderlich, denn es gibt keinen „Dorfbus" wie auf Chichi-Jima, der stündlich oder seltener verkehrt.

ZENTRAL-HONSHŪ & DIE JAPANISCHEN ALPEN

GESCHICHTE, HEISSE QUELLEN UND OUTDOOR-ABENTEUER

Alpenpanoramen, üppige Wälder, uralte Städte, lebendige Städte und ein Schneewunderland: das Beste von Japan in einer einzigen Region.

Im Herzen Japans liegen zwischen den Metropolen Tokio und Kyoto das faszinierende, dicht bewaldete, kulturell vielfältige und unglaublich schöne Zentral-Honshū und die Japanischen Alpen.

Eine Reise hierher ist durchdrungen von Tradition – Städte aus der Edo-Zeit und bezaubernde Dörfer bleiben seit Jahrhunderten weitgehend unverändert, uralte Schreine und Tempel liegen versteckt in mystischen Wäldern und Märchenschlösser thronen auf Berggipfeln. Folge den Spuren der Feudalherren und Samurai auf der historischen Nakasendō-Route durch bezaubernde Postdörfer und schlendere durch wunderschön erhaltene Straßenzüge in Takayama, eine der stimmungsvollsten Bergstädte Japans.

Die aufragenden Gipfel der Japanischen Alpen und aktiven Vulkane über der Landschaft sind wie ein Spielplatz für Abenteuerlustige. Wintersportler aus aller Welt strömen in die Weltklasse-Skiresorts, Wandernde erklimmen in der grünen Jahreszeit einige der höchsten Berge des Landes und durchstreifen die beeindruckende Naturkulisse von Kamikōchi. In der Region gibt's auch einige der besten *rotemburo* (Freiluft-Onsen) Japans, wo sich müde Muskeln in dampfendem, mineralhaltigem Wasser entspannen, während die Gischt eines rauschenden Flusses das Gesicht benetzt.

Nagoya ist die viertgrößte Stadt des Landes und bietet einen Vorgeschmack auf helle Großstadtlichter, während Kyoto von Kanazawa als kulturelles Kronjuwel ausgestochen wird, wo Teehäuser, umwerfende Gärten und Geishas auf zeitgenössische Kunst, hippe Cafés und Boutiquen treffen.

DIE WICHTIGSTEN ZIELE

Tateyama-Kurobe-Alpinroute (S. 225)

Erste Orientierung

Zentral-Honshū und die Japanischen Alpen sind eine riesige Region im Zentrum Japans zwischen dem Großraum Tokio und Kansai. Auch wenn einige Teile auf der Karte etwas abgelegen aussehen, sind sie durch ein effizientes öffentliches Verkehrs- und Straßennetz sehr gut erschlossen.

Präfektur Toyama, S. 223
Ausgangspunkt für die Tateyama-Kurobe-Alpinroute.

Kanazawa, S. 209
Perfekte Mischung aus Kultur und kosmopolitischem Flair sowie Heimat eines der berühmtesten Gärten Japans.

Hakuba, S. 242
Hotspot für Pistenspaß mit Partystimmung, Panoramablick und viel Pulverschnee.

Takayama, S. 201
Hübsche Stadt am Flussufer mit Galerien, Museen und Restaurants in wunderschön erhaltenen Gebäuden.

Nagoya, S. 184
Lebendig, freundlich und unterschätzt, mit viel Kultur und Nachtleben.

Der Nakasendō & das Kiso-Tal, S. 196
Auf dieser Route aus der Edo-Zeit wandert man zwischen den malerischen Poststädten Magome und Tsumago durch Geschichte.

Nagano, S. 236
Von Bergen umgeben, Ort der Olympischen Winterspiele 1998 und Heimat des verehrten Zenkō-ji-Tempels.

Nozawa-Onsen, S. 245
Flitze die Hänge hinunter, entspanne dich in Onsen oder genieße einfach die schöne Atmosphäre des Dorfes.

Shiga Kogen, S. 247
Japans größtes Skigebiet mit abwechslungsreichem Terrain und tollen Aussichten auf malerische Teiche, Seen und Vulkane.

Gunma, S. 249
Japans Natur in ganzer Pracht mit reißenden Flüssen, sprudelnden Onsen, alpinen Landschaften und Outdoor-Abenteuern.

Matsumoto, S. 227
Das Tor zu den Japanischen Alpen ist berühmt für eine beeindruckende Burg und als Geburtsort der namhaften Künstlerin Kusama Yayoi.

ZUG

Der Tōkaidō-Shinkansen (Hochgeschwindigkeitszug) hält in Nagoya, der Hokuriku-Shinkansen fährt über Nagano und Toyama nach Kanazawa. Die Nord-Süd-Linien JR Takayama und Chūō halten in Takayama, Matsumoto und Nagano.

AUTO

Wer die Region umfassend erkunden möchte, braucht ein Auto. In dieser bergigen Gegend sind einige der kurvenreichen Straßen nichts für schwache Nerven. Auch die Mautkosten summieren sich schnell.

WANDERN

Diese Region ist wie geschaffen für Wanderungen. Ein ausgedehntes Wegenetz führt durch Wälder und Berge, Busse bedienen die Ausgangspunkte, doch Hartgesottene schaffen die gesamte Länge der alten Nakasendō-Route von Tokio nach Kyoto zu Fuß!

Perfekte Tage

Die Region ist zwar groß, aber dank des Shinkansen ist der größte Teil von Zentral-Honshū in 2½ Stunden von Tokio oder Kyoto aus zu erreichen, sodass sie sich leicht in die Reiseroute einbauen lässt.

ANUCHA PONGPATIMETH/SHUTTERSTOCK ©

Okuhida-Onsen-gō (S. 207)

Wenig Zeit

- Wer nur Zeit für einen Teil dieser Region hat, halte sich an den Westen. **Kanazawa** (S. 209) ist eines von Japans bestgehüteten Geheimnissen, eine Stadt mit erlesener Kultur und Tradition gemischt mit modernem Charme. Es gibt eine Menge zu sehen, es kann ein gedrängtes Programm werden.

- Zunächst geht's in die UNESCO-Welterbestätte **Shirakawa-gō** (S. 208). Das Dorf lässt sich an einem Tag besichtigen, doch wer eine Nacht hier verbringt, genießt die Atmosphäre ohne die vielen Busse.

- Als Nächstes folgt **Takayama** (S. 201) mit historischen Straßenzügen und vielen kulturellen Attraktionen.

Beste Reisezeit

Es gibt die grobe Unterteilung in Skisaison und grüne Saison. Schnee liegt normalerweise von November bis Ende Mai, grün ist es von Mitte Juni bis November.

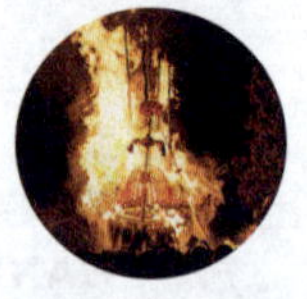

JANUAR

In Nozawa-Onsen findet vom 13. bis 15. das berühmte **Dōsojin Matsuri** statt, eine Art Reinigungsritual für Männer zwischen 25 und 42 Jahren.

FEBRUAR

In der Hauptsaison, wenn es am meisten schneit, trifft man Leute aus der ganzen Welt auf den Pisten von **Hakuba**.

APRIL

Takayama feiert im Frühling sein farbenfrohes **Takayama Spring Matsuri**. Ähnliche Feste gibt's im nahen Hida-Furukawa.

VON LINKS NACH RECTS: DAVID KLEYN/ALAMY STOCK PHOTO ©, M_BLUE_SURGEON/SHUTTERSTOCK ©, BURIN P/SHUTTERSTOCK ©

Zentral-Japan in einer Woche

● Wer mehr Zeit hat, dem bietet sich **Matsumoto** (S. 227) als zentraler Ausgangspunkt für Ausflüge nach Zentral-Honshū und in die Alpen an.

● Von hier kann man den **Magome-Tsumago-Trail** (S. 197) auf der Nakasendō wandern und in einer Edo-Zeit-Stadt wie **Narai** (S. 200) übernachten.

● Danach hat man die Wahl zwischen **Nagano** (S. 236) als Basis für Tagesausflüge ins Ninja-Museum in **Togakushi** (S. 241) und dem Outdoor-Abenteuerzentrum **Hakuba** (S. 242), oder man bleibt in der zentralen Region und nimmt Takayama als Basis, um **Kamikōchi** (S. 234), den Onsen von **Okuhida** (S. 207) und das schöne **Gujō-Hachiman** (S. 193) zu besichtigen.

Zwei Wochen Zeit

● Von **Nagoya** (S. 184) aus schaut man sich die Highlights der Stadt an und schiebt, wenn vorher organisiert, einen Besuch im **Ghibli-Park** (S. 195) ein, bevor es in die Burgstadt **Inuyama** (S. 192) geht.

● Erst reist man Richtung Norden nach Takayama, dann westlich nach Kanazawa (über Shirakawa-gō). Mit dem Shinkansen geht's nach **Toyama** (S. 223) und dann auf die legendäre **Tatayama-Kurobe-Alpinroute** (S. 225). Diese führt nach Nagano, dem Tor zu den Japanischen Alpen. **Shiga Kogen** (S. 247) ist eins der größten Skiresorts, unterwegs kann man im **Affenpark Jigokudani** (S. 240) die Onsen-liebenden Makaken beobachten. Von hier lohnt ein Abstecher nach **Kusatsu-Onsen** (S. 250) in Gunma.

JUNI

Kanazawas größtes Fest, **Hyakumangoku Matsuri**, bietet Paraden in historischen Kostümen und Aufführungen im Kenroku-en.

JULI

In Nagoya findet **Nagoya Basho** statt, eine der jährlichen Sumō-Meisterschaften Japans, die zwei Wochen dauert.

AUGUST

Auf dem **World Cosplay Summit** in Nagoya zeigen die besten Cosplayer aus über 30 Ländern ihr Können.

OKTOBER

Anfang des Monats findet im **Asama-Onsen** in Matsumoto ein spektakuläres Feuerfestival statt.

MTAIRA/SHUTTERSTOCK ©, HENRY WESTHEIM PHOTOGRAPHY/ALAMY STOCK PHOTO ©, ICOSHA/SHUTTERSTOCK ©, CHILAZ/SHUTTERSTOCK ©

NAGOYA

TOKIO
Nagoya

Da Nagoya (名古屋; 2,3 Mio. Ew.) an der Tōkaidō-Shinkansen-Linie liegt, die Japans wichtigste Sehenswürdigkeiten – Tokio, den Fuji, Osaka und Kyoto – miteinander verbindet, ist ein Zwischenstopp in Nagoya sinnvoll. Es spielt zwar nicht in derselben Liga wie die oben genannten großen Namen, doch zweifellos ist Japans viertgrößte Stadt heute viel mehr als nur ein Verkehrsknotenpunkt und eindeutig selbst ein Reiseziel – und ohne den Massentourismus sogar ein sehr attraktives.

Nagoya, die Hauptstadt der Präfektur Aichi, ist der Geburtsort vieler Gründerfiguren des modernen Japans und war während der Edo-Zeit das Kernland der Samurai. Obwohl ein Großteil während des Zweiten Weltkriegs zerstört wurde, meistert die Stadt heute den Spagat zwischen Alt und Neu – mit viel traditioneller Kultur inmitten des neonbeleuchteten Trubels einer der lebendigsten, modernsten (und dennoch entspannten) Industriestädte Japans.

TOP TIPP

Die Einheimischen lieben ihr Essen und sind bereit, dafür um den Block herum Schlange zu stehen. Viele der berühmtesten Restaurants nehmen keine Reservierungen an. Wer also keine Lust hat, eine Stunde (oder mehr) zu warten, sollte etwas früher oder später essen gehen.

Mirai-Turm (S. 189)

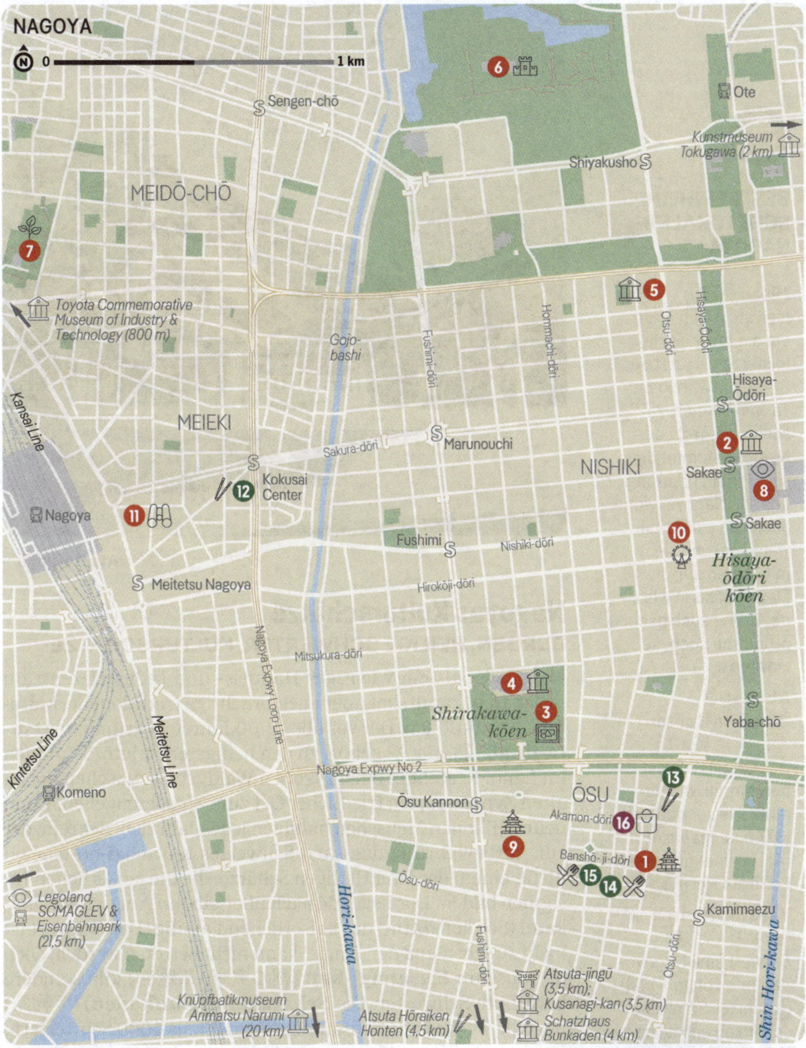

NAGOYA

0 — 1 km

Sengen-chō
Ote
Kunstmuseum Tokugawa (2 km)
Shiyakusho
MEIDŌ-CHŌ
Toyota Commemorative Museum of Industry & Technology (800 m)
Gojo-bashi
Fushimi-dōri
Hommachi-dōri
Ōtsu-dōri
Hisaya-Ōdōri
Hisaya-Ōdōri
Kansai Line
MEIEKI
Sakura-dōri
Marunouchi
NISHIKI
Sakae
Kokusai Center
Nagoya
Sakae
Fushimi
Nishiki-dōri
Hisaya-ōdōri kōen
Meitetsu Nagoya
Hirokōji-dōri
Mitsukura-dōri
Nagoya Expwy Loop Line
Shirakawa-kōen
Yaba-chō
Kintetsu Line
Meitetsu Line
Nagoya Expwy No 2
Komeno
Ōsu Kannon
ŌSU
Akamon-dōri
Banshō-ji-dōri
Ōsu-dōri
Legoland, SCMAGLEV & Eisenbahnpark (21,5 km)
Hori-kawa
Kamimaezu
Fushimi-dōri
Ōtsu-dōri
Shin Hori-kawa
Atsuta-jingū (3,5 km);
Kusanagi-kan (3,5 km)
Schatzhaus Bunkaden (4 km)
Knüpfbatikmuseum Arimatsu Narumi (20 km)
Atsuta Hōraiken Honten (4,5 km)

SEHENSWERTES

1 Banshō-ji
siehe 6 Honmaru-Palast
2 Mirai-Turm
3 Kunstmuseum der Stadt Nagoya
4 Wissenschaftsmuseum der Stadt Nagoya
5 Kriegsmuseum der Stadt Nagoya
6 Nagoya-jō
7 Noritake-Garten
8 Oasis 21
9 Ōsu Kannon
10 Sky Boat
11 Sky Promenade

ESSEN

12 Misen
13 Misokatsu Yabaton Honten
14 Ossu Brazil
15 Trattoria Cesari

SHOPPING

16 Ōsu

Wissenschaftsmuseum der Stadt Nagoya (S. 188)

LOWPOWER225/SHUTTERSTOCK ©

BESTE EINHEIMISCHE LOKALE IN NAGOYA

Misen (味仙)
Man steht Schlange, um die favorisierte lokale Spezialität der Stadt, die würzigen Taiwan-Ramen, zu schlürfen. Trotz des Namens stammt dieses Gericht ursprünglich aus Nagoya (wenn auch von einem Taiwanesen) und zieht mit Ramen auf Fleischbasis in würziger Brühe auch nach 30 Jahren noch die Massen an. ¥

Atsuta Hōraiken Honten (あつた蓬莱軒本店)
Das Original dieser berühmten Restaurantkette serviert seit 1873 *hitsumabushi* (Aal in einer geheimen Soße auf Reis). ¥¥

Yabaton Honten (矢場とん本店)
Serviert eine Nagoya-Variante von *tonkatsu* (frittiertes Schweineschnitzel) und ist seit 1947 für *miso-katsu* berühmt; das Paradegericht wird mit einer Misosoße übergossen. ¥¥

AMMLERY/SHUTTERSTOCK ©

Atsuta-jingū

Nagoyas Kulturschätze

BURGEN, HEILIGE SCHWERTER, KULTURSCHÄTZE

Nagoya ist als ein wichtiges Handels- und Industriezentrum in Japan bekannt, hat aber auch prächtige traditionelle, kulturelle Attraktionen. Der vor über 1900 Jahren gegründete **Atsuta-jingū** (熱田神宮) gehört zu den heiligsten Shintō-Schreinen im Land. Er steht in einem großen Waldgebiet zwischen hohen alten Zypressen, ein friedlicher Ort zum Spazierengehen. Rund neun Millionen Menschen huldigen jedes Jahr dem Schrein, der zur Aufbewahrung des alten Schwertes Kusanagi-no-tsurugi dient, einem der Drei Heiligen Schätze, die die kaiserlichen Insignien bilden. Der Legende nach übergab ihn Amaterasu Omikami (Sonnengöttin) der kaiserlichen Familie. Das Schwert ist nicht zu sehen und der Tempel kann nicht betreten werden, doch im Museum **Kusanagi-kan** (剣の宝庫 草薙館) gibt's andere berühmte Schwerter. Die **Schatzhalle (Bunkaden)** (宝物館) hat eine wechselnde Sammlung von mehr als 4000 Schwertern, Masken und Gemälden aus der Tokugawa-Zeit.

Weitere Schätzen sind im **Tokugawa-Kunstmuseum** (徳川美術館) zu sehen. Es wurde 1935 vom Oberhaupt der 19. Generation der Owari-Tokugawa-Familie gegründet – Feudalherren des mächtigen Clans aus der Edo-Zeit, der über 250 Jahre lang

GÜNSTIG ÜBERNACHTEN IN NAGOYA

Trip & Sleep
Beliebtes Hostel in guter Lage im coolen Viertel Ōsu; stylishe Schlafsäle und private Tatami- und westliche Zimmer. ¥

Glocal Nagoya Hostel
Freundliche und einladende Backpackerherberge nahe dem Bahnhof Nagoya mit guten Infos. ¥

Guesthouse Mado
In Nagoyas Vorstadt; stimmungsvolle Pension mit Holzgitterfassade in charmanter historischer Umgebung. ¥

von der Burg Nagoya aus über die Präfektur Aichi herrschte. Heute führt die 22. Generation das Museum (S.190) und zeigt ihre exquisite Sammlung von rund 10 000 kostbaren Stücken. Neun zählen zum nationalen Kulturgut: *nō*-Masken, Keramiken, Kunstwerke, Samurai-Schwerter und -Rüstungen – am berühmtesten ist die Schriftrolle aus dem 12. Jh. mit *Die Geschichte vom Prinzen Genji;* die weltweit älteste bildliche Darstellung wird nur Ende November ausgestellt (ein Video und detaillierte Informationen sind erhältlich). Unbedingt sehenswert ist der herrliche japanische Garten **Tokugawa-en** (徳川園). Die Gabe der Tokugawa-Familie von 1931 wurde 2004 nach der Zerstörung im Zweiten Weltkrieg wiederaufgebaut und ist mit Waldbäumen, Blumengärten, Teichen, Brücken, Wasserfall und Teehaus einfach großartig.

Dann gibt's noch **Nagoya-jō** (名古屋城), die Vorzeigeburg der Stadt von 1615. Auch sie wurde im Zweiten Weltkrieg zerstört und 1959 wiederaufgebaut. Seit 2018 ist der Bergfried für die Öffentlichkeit geschlossen, nachdem er als nicht erdbebensicher eingestuft wurde. Es gab Pläne für einen Abriss in 2024 und einen originalgetreuen Wiederaufbau aus Holz mit traditionellen japanischen Techniken. Wird das Vorhaben verwirklicht, ist die Fertigstellung um 2028 zu erwarten. Ein Besuch lohnt sich jedoch wegen des meisterlichen **Honmaru-Palastes** (本丸御殿) aus dem 17. Jh. Vor seiner Zerstörung im Zweiten Weltkrieg war er 400 Jahre lang das exklusive Reich von Feudalherren und Samurai; 2009 wurde er in mühevoller Kleinarbeit mit *hinoki*i (Zypresse) und handgefertigten traditionellen japanischen Techniken nach Plänen und historischen Aufzeichnungen aus der Edo-Zeit wiederaufgebaut und 2018 für die Öffentlichkeit zugänglich: 31 nach Stroh duftende Tatami-Räume mit *shoji* und blattvergoldeten *fusuma*-Schiebetüren, deren Paneele mit kopierten traditionellen Gemälde von Tigern und Fasanen verziert sind. Jenseits des Palastes, zwischen Wachtürmen, Toren und Burggraben, liegt der wunderschöne Garten **Ninomaru-teien** (二之丸庭園) mit einigen malerischen Teehäusern.

Wissenschaft & Technologie

TOYOTA, ZÜGE & EIN WISSENSCHAFTSMUSEUM

Alles, was mit „Fertigung, Industrie und Technologie" zu tun hat, klingt vielleicht nicht nach Spaß, aber bis du ein Team von Robotern siehst, das ein Auto zusammenbaut, weißt du nicht, was du verpasst!

In Nagoya gibt's keinen berühmteren Namen als Toyota, den Automobilriesen, der 1936 sein erstes Auto hier entwickelte. Das **Toyota Commemorative Museum of Industry & Technology** (トヨタテクノミュージアム産業技術記念館) erzählt, wie

DER ERSTE ROMAN DER WELT?

Wer dachte, Tolstoi sei eine lange Lektüre, kennt das 1365 Seiten lange Epos *Die Geschichte des Prinzen Genji* nicht. Dieses japanische Meisterwerk wurde vor über 1000 Jahren von der Autorin Murasaki Shikibu geschrieben und gilt vielen als der erste Roman überhaupt. Zumindest ist es der erste Roman, der ausdrucksstarke, beschreibende Prosa zur Entwicklung komplexer Charaktere verwendete und Ironie in Erzählform einsetzte. Dieser neue literarische Stil wird auf die damals neue Umgangssprache (*kana*) zurückgeführt. Erst als Virginia Woolf in den 1920er-Jahren die erste englische Übersetzung rezensierte, wurde der europäischen Welt bewusst, dass sie nicht die Ersten waren, die in diesem Stil schrieben, sondern dass ihnen die Japaner 600 Jahre voraus waren!

BESTE HOTELS IN NAGOYA

Royal Park Canvas
Zentrales Hotel mit gutem Preis-Leistungs-Verhältnis, komfortablen Zimmern und öffentlichem Onsen. ¥¥

Mitsui Garden Hotel Nagoya Premier
Stylishes Business-Hotel im japanischen Stil. Onsen im 18. Stock mit Blick auf die Stadt. ¥¥

Tower Hotel Nagoya
Einmaliges Fünf-Sterne-Hotel im berühmten Fernsehturm von Nagoya mit Balken und Säulen in den Zimmern. ¥¥¥

WAS IST EIN NAME?

Ursprünglich unter dem Namen Toyoda bekannt, änderte das berühmte Automobilunternehmen 1936 seinen Namen in Toyota. Die Entscheidung wurde getroffen, weil „Toyoda" (der Familienname der Firmengründer) in der Schrift *katakana* zehn Pinselstriche enthielt und „Toyota" acht – eine glücksverheißende Zahl! Der Firmenhauptsitz befindet sich seit Langem in der nahen Stadt Toyota, die viele Jahrhunderte lang Koromo hieß und 1959 zu Ehren des Unternehmens umbenannt wurde. Autofans können hier das **Toyota Kaikan Museum** (トヨタ会館) besuchen und 20 der neuesten Modelle sehen. Das **Toyota-Automuseum** (トヨタ博物館) zeigt auch japanische und internationale Oldtimer.

Toyota 1919 ursprünglich als Unternehmen für Textilwebmaschinen gegründet wurde; ja, der erste Toyota war ein automatischer Webstuhl! Neben Toyotas aus allen Epochen sind die Highlights hier faszinierende Vorführungen, wie heutige Autos von der Stahlrolle bis zum fertigen Produkt zusammengebaut werden. Allein die Roboter sind einen Besuch wert, von denen am Fließband bis zu den Maestros, die Geige spielen.

Man muss kein Trainspotter sein, um sich im interaktiven **SCMAGLEV & Eisenbahnpark** (リニア・鉄道館) in Nagoyas Süden zu amüsieren. Hier besteigt man Dampflokomotiven, Shinkansen und Maglev – einer der schnellsten Züge der Welt mit 581 km pro Stunde – und fährt in Simulatoren einen Hochgeschwindigkeitszug. Und die detaillierten Modelleisenbahnsets sind ein großer Spaß.

Apropos Spaß: Das **Wissenschaftsmuseum der Stadt Nagoya** (名古屋市科学館) ist ein echter Knaller. Das größte Planetarium der Welt beherbergt auch Tornado-Demonstrationen und ein Tiefkühllabor mit Indoor-Aurora.

Bummel durch den Ōsu-Bezirk

VINTAGE-KLAMOTTEN UND MULTIKULTURELLES ESSEN

Wer nach einem Paar Cowboystiefel, einem Paisley-Hemd oder einer günstigen Vivienne-Westwood-Jacke sucht, ist im Ōsu-Viertel mit Hunderten coolen Vintage-Boutiquen entlang der Akamon-dōri, Banshō-ji-dōri und Niomon-dōri richtig. Am 18. und 28. jeden Monats gibt's einen Antiquitäten-Flohmarkt vor dem **Ōsu Kannon** (大須観音) – einem buddhistischen Tempel von 1333, der die älteste bekannte Abschrift der *kojiki* (mythologische Geschichte Japans) beherbergt. Ein etwas anderer Tempel ist der **Banshō-ji** (万松寺) aus dem 17. Jh., der ins 21. Jh. geholt wurde mit hellen LED-Anzeigetafeln und täglichen animatronischen Vorführungen sowie einem futuristischen Friedhof mit einem blau beleuchtetem LED-Urnenfriedhof, dessen 2000 Glaskästen beigesetzte Asche enthalten.

MAZDA-MUSEUM

Wer sich für japanische Autos begeistert, schaut sich auch das Mazda-Museum (S. 380) in Hiroshima mit der 7 km langen Fertigungsstraße an.

Schillerndes Sakae

AUSSICHT UND NACHTLEBEN

Was Shinjuku für Tokios Innenstadt ist, ist Sakae für Nagoya: eine pulsierende, neonbeleuchtete Strecke mit Bars, Clubs und *izakaya* (Pub-Lokale). Die meiste Action findet rund um den Bahnhof und Einkaufsbereich statt, einem typischen Vergnügungsviertel mit einer Hochhausbar nach der

KAFFEE & CRAFT-BIER IN NAGOYA

YMarket Brewing
Zu Recht beliebtes Brauhaus mit einer guten Auswahl an Craft Ales und einer Speisekarte mit Biergerichten.

Trunk Coffee & Craft Beer
Dieser coole Nachbarschaftstreff steht für japanische Craft-Biere und guten Single-Origin-Kaffee.

Q.O.L. COFFEE
Café mit Vinyl-Musik, in dem Bohnen vor Ort geröstet werden; der Barista wurde in Melbourne ausgebildet.

Flohmarkt am Ōsu Kannon

anderen. Alternativ kann man im Central Park unterirdisch einkaufen und essen.

In Sakae stehen auch einige bekanntere Nagoya-Wahrzeichen. Der **Mirai-Turm** (ehemals Fernsehturm Nagoya) von 1954 war der erste seiner Art in Japan, noch vor den berühmten Versionen in Tokio, Yokohama und Osaka. Die beste Aussicht bietet die 247 Meter hohe **Sky Promenade** (スカイプロムナード), Japans höchste Open-Air-Aussichtsplattform auf Nagoyas höchstem Gebäude, mit einem 360-Grad-Blick über die Stadt. **Oasis 21** (オアシス21) ist ein weiteres modernes architektonisches Herzstück, das ein Busterminal, Restaurants und einen Einkaufsbereich mit abendlicher Beleuchtung vereint. Und das einmalige 52 m hohe Riesenrad **Sky Boat** (スカイボート) wurde in die Seite des Sunshine-Sakae-Gebäudes eingebaut.

Nagoyas weniger bekannte Schätze

VON SCHNURBATIK BIS LEGOLAND

Nicht viele japanische Städte wurden während der Luftangriffe im Zweiten Weltkrieg so stark beschädigt wie Nagoya, und das kleine **Kriegsmuseum** (名古屋 戦争に関する資料館) bietet interessante Einblicke. Es liegt in einem Vorkriegsgebäude und bietet keine englischen Erklärungen, aber das hilfsbereite

MULTIKULTURELLES AICHI

Japan mag vielleicht nicht als Schmelztiegel der Kulturen bekannt sein, aber in der Präfektur Aichi fällt die größere ethnische Vielfalt auf. Mit COVID-19 kam eine Welle nepalesischer Einwandernder hierher, um die entstandenen Arbeitslücken zu füllen. In Brasilien leben die meisten Japaner:innen außerhalb Japans, daher ist es nur logisch, dass auch brasilianische Menschen hier stark vertreten sind. Von allen Präfekturen leben in Aichi mit Abstand die meisten Brasilianer:innen, sind überwiegend japanischer Abstammung und arbeiten hier in den Autofabriken und der Schwerindustrie. Authentische brasilianische Küche gibt's im **Ossu Brazil** in einer *shotengai* (Marktstraße), in der man außerdem vietnamesische, türkische und deutsche Restaurants und authentische Holzofenpizzas in der **Trattoria Cesari** findet.

ESSEN IN NAGOYA

Sōhonke Ebisuya Honten
Nagoyas berühmtestes Lokal für *kishimen* (flache, handgemachte Weizennudeln). ¥

Suzunami Honten
Lokale Institution, spezialisiert auf gegrillte Fischgerichte mit Miso, Reis und Gurken. ¥¥

Yamamotoya Sōhonke Honke
In der originalen Filiale von 1925 wird *miso-nikomi*-Udon zubereitet, eine Spezialität aus Nagoya. ¥¥

LOCAL TIPP

Yoshitaka Tokugawa, Direktor des Tokugawa-Kunstmuseums und Oberhaupt der Familie Owari Tokugawa in der 22. Generation.

Bester Tipp
Die typischen Nagoya-Gerichte wie *udon, kishimen*-Nudeln und *miso-katsu*. Als traditionelle Sehenswürdigkeiten empfehle ich den Atsuta Jingu (S. 186) und natürlich das Tokugawa-Kunstmuseum (S. 186)!

Ihr Lieblingsobjekt in der Sammlung des Tokugawa-Kunstmuseums?
Das nationale Kulturgut Hatsune, eine Brautaussteuer [der Prinzessin Chiyo, Iemitsu Tokugawa] aus der frühen Edo-Zeit.

Was ist für Sie das Interessanteste an Nagoya?
Ich finde das Erbe der Stadt sehr interessant, da hier die führenden Kriegsherren Japans, darunter auch Tokugawa Ieyasu, zu Ruhm gelangten.

Noritake-Garten

Personal beantwortet Fragen. Zu den Ausstellungsstücken gehört eine Bombe, eine von vielen nicht explodierten Geschützen, die noch heute in der Stadt ausgegraben werden.

Hinter dem Planetarium zeigt das **Städtische Kunstmuseum** (名古屋市美術館) in einem beeindruckenden modernen Gebäude Werke von Frida Kahlo bis Modigliani und anderen zeitgenössischen internationalen und japanischen Kunstschaffenden.

Wer etwas Traditionelleres sucht, findet im **Noritake-Garten** (ノリタケの森) das rote Backsteingebäude eines Keramikherstellers mit dekorativem Porzellan aus der Meiji- und Showa-Ära und kann sich an der Glasur eines Meisterwerks versuchen. Im **Arimatsu Narumi Tie Dyeing Museum** (有松鳴海絞会館) wird die 400 Jahre alte Tradition des *shibori* (Schnurbatik) von fachkundigen Frauen vorgeführt.

Wer Kinder dabeihat, wird wohl ins **Legoland** müssen. Es liegt im Süden von Nagoya und bietet jede Menge Unterhaltung, darunter japanische Miniaturstädte, eine Legofabrik, Aufführungen und Themen-Fahrtgeschäfte.

UNTERWEGS VOR ORT

Viele wichtige Sehenswürdigkeiten in Nagoyas Zentrum sind zu Fuß erreichbar. Es gibt außerdem ein exzellentes U-Bahn-System mit sechs Linien, alle auf Englisch und Japanisch ausgeschildert. Neben den Stadtbussen fährt der Sightseeing-Bus **Me~guru** (名古屋観光ルートバスメーグル) eine Schleife zu vielen Attraktionen. Fahrräder gibt's zu mieten bei **Cariteco** (cariteco-bike.com) und **Hello Cycling** (hellocycling.jp).

Mehr Informationen auf nagoya-info.jp/en/access/traffic.

Rund um Nagoya

Das dicht bewaldete Gebiet um Nagoya bietet Natur, historische Burgstädte und den neuen Ghibili-Park, der Anime-Fans aus der ganzen Welt anlockt.

In den beiden Präfekturen Aichi und Gifu, die Nagoya umgeben, bezaubern umwerfende Landschaften auf dem Weg zu historischen, gut erhaltenen Städten. Wer sich für Natur und traditionelle Kultur interessiert, sollte sich ein oder zwei Tage Zeit nehmen, um diese Gegend zu erkunden.

Die pittoresken Städte Inuyama, Gifu und Gujō-Hachiman sind alle sehr beliebt wegen ihres altweltlichen Charmes und beherbergen einige der schönsten Schlösser in Japan. Der Ghibli-Park ist eine aufregende Neuerung in der Region, die den Tourismus erheblich ankurbeln wird und Fans des kultigen Anime-Franchise von überall herführt.

TOP TIPP

Wer früh genug startet, kann einen Großteil der Region bei einer Tagestour von Nagoya aus mit dem Auto besuchen.

Historische Straße in Kawara-machi (S. 193), Gifu

MEIJI-DORF & SHINTŌ-SCHREINE

Etwa 10 km südlich von Inuyama-jō würdigt das Freilichtmuseum **Meiji Mura** (明治村) die japanische Architektur der Meiji-Zeit. Diesen westlich geprägten Baustil aus dem späten 19. und frühen 20. Jh. verdrängten der Zweite Weltkrieg, Erdbeben und moderne Entwicklungen weitgehend. Hier werden über 60 Gebäude aus ganz Japan bewahrt, darunter die Fassade von Frank Lloyd Wrights Tokyo Imperial Hotel.

Weiter südlich stehen zwei einmalige Schreine. Ōagata-jinja (大縣神社) widmet sich Frauen, die um Fruchtbarkeit bitten; sein bekannter heiliger *himeishi* (Prinzessinnenstein) ähnelt riesigen weiblichen Genitalien. In seinem männlichen Gegenstück **Tagata-jinja** (田県神社) mit vielen Phallussen befindet sich ein kolossaler, 2 m langer Penis, der jedes Jahr aus Zypressen geschnitzt wird. Am 15. März werden beide Schnitzarbeiten durch die Straßen getragen, um für Wohlstand zu bitten.

Inuyama-jō

Burgen und Kultur in Inuyama

BURGEN, MUSEEN & KULTURELLE ATTRAKTIONEN

Nur 25 km nördlich von Nagoya, 35 Minuten mit dem Zug, liegt die malerische Burgstadt **Inuyama** (犬山), ein stets beliebtes Ziel für Tagesausflügler, die den historischen Charme und die kulturellen Attraktionen der Stadt aufsaugen wollen.

Inuyama-jō (犬山城) ist die Hauptattraktion. Das anerkannte nationale Kulturgut aus dem Jahr 1537 wurde aufwendig restauriert, ist aber nach wie vor eine der ältesten noch erhaltenen Holzburgen Japans. Ein stimmungsvoller Spaziergang führt durch einen Tunnel aus mehr als 20 roten *torii* (Toren) und Shintō-Schreinen bis zum vierstöckigen *donjon* (Hauptbergfried). Auf jeder Etage gibt's makellose Holzdielen und Artefakte aus der Burg – darunter Samurai-Rüstungen und -Schwerter – sowie einen weiten Blick auf den Kiso und die Stadt.

Am Fuße der Burg liegt Inuyamas Altstadt aus der Edo-Zeit, die an Wochenenden gedrängt voll ist. Im **Karakuri-Museum** (からくり展示館) sind *karakuri ningyō* (Marionetten) aus der Edo- und Meiji-Zeit ausgestellt, und das **Stadtmuseum für Kulturgeschichte Inuyama** (犬山市文化史料館・城とまちミュージアム) gibt einen Überblick über die Burg und das Kulturerbe der Stadt.

In den wärmeren Monaten (Mitte Mai bis Mitte Okt.) gibt's abends Touren, um *ukai* zu sehen – traditionelle Kormoranfischerei. Diese Methode wird hier seit über 1300 Jahren von Fischermeistern praktiziert, deren Vögel angeleint und mit einer

ÜBERNACHTEN & ESSEN IN INUYAMA

Inuyama International Youth Hostel
Unauffällige Privatzimmer zu vernünftigen Preisen; 30 Minuten Fußweg vom Bahnhof entfernt. ¥

Akariya Geihanro
Luxushotel am Flussufer im japanischen Stil mit Blick auf die Burg aus dem privaten *rotemburo* jedes Zimmers. ¥¥¥

French Okumura-tei
Zwei Restaurants in einem Haus aus der Edo-Zeit: eins für französische Stäbchenküche, das andere für Teppan-Yaki. ¥¥

Schlinge um den Hals versehen werden, damit sie den gefangenen Fisch nicht schlucken. Es gibt manche Vorbehalte wegen des Tierschutzes, vor allem weil heute wilde Vögel geholt werden, um sie für touristische Zwecke zu trainieren.

Gifus Gärten & kulturelle Attraktionen

LEBENDES MUSEUM REKONSTRUIERT URSPRÜNGLICHEN GLANZ

Die malerische Präfekturhauptstadt Gifu (岐阜) liegt am Ufer des Nagara, etwa 43 km nordwestlich von Nagoya und 20 km von Inyuyama (alle vernetzt durch ein dichtes Zugnetz). Obwohl es eine weitläufige Industriestadt ist, verlassen nur wenige Reisende das prächtige Parkgebiet **Gifu-kōen** (岐阜公園) mit der markanten zinnoberroten dreistöckigen Pagode und üppigem Laub, das im November in herbstlichen Farben leuchtet.

Hier sind die wichtigsten kulturellen Attraktionen der Stadt zu finden, darunter die bezaubernde **Gifu-jō** (岐阜城) hoch auf dem bewaldeten Kinka-zan. Die im Zweiten Weltkrieg zerstörte vierstöckige Burg wurde 1956 neu aufgebaut, doch die ursprüngliche Festung stammt aus dem Jahr 1201. Im 16. Jh. herrschte hier der berühmte *daimyō* (Kriegsherr) Oda Nobunaga auf dem Höhepunkt seiner Macht. Sie liegt so hoch, dass eine Seilbahn oder ein einstündiger Fußmarsch auf den Gipfel führt – der herrliche 360-Grad-Blick reicht bis nach Nagoya. Im Sommer sorgt nachts die Beleuchtung für einen stimmungsvollen Besuch. Im Inneren sind Samurai-Schwerter und -Rüstungen ausgestellt.

In der Burg befasst sich das **Museum für Stadtgeschichte Gifu** (岐阜市歴史博物館) mit der Vergangenheit der Stadt einschließlich der Sengoku-Zeit. Etwas weiter steht **Shōbō-ji** (正法寺), eine der drei Großen Buddha-Statuen in Japan. Der 13,7 m hohe Pappmachébuddha von 1832 wurde über 38 Jahre lang aus einer Tonne Papier-Sutras gefertigt.

Hier oben befinden sich die **Historische Straße Kawara-machi** mit einem gut erhaltenen Stadtbild mit Gittertüren und der Startpunkt des traditionellen *ukai* (Kormoranfischen), das von Mitte Mai bis Mitte Oktober abends am Nagara-gawa stattfindet. Im **Nagaragawa Ukai Museum** (長良川うかいミュージアム) gibt's weitere Informationen über diesen alten Brauch.

DIE HEIMAT DES SAMURAI-SCHWERTES

Die Stadt **Seki** (関市), 20 km nordöstlich von Gifu, ist seit Jahrtausenden in ganz Japan für die Herstellung wertvoller Schwerter bekannt. Hier ließen Samurai ihre Klingen von Schwertmeistern anfertigen und mit kunstvollen Mustern versehen. Auch heute ist die Stadt führend in der handwerklichen Herstellung von Messern, die nach traditionellen, über Generationen weitergegebenen Techniken gefertigt werden. In Sekis **Museum für Schwertschmiedekunst** (関鍛冶伝承館) bekommt man neben beeindruckenden alten Schwertern auch Vorführungen des Herstellungsprozesses zu sehen. Im **G.-Sakai-Messermuseum** (ナイフ博物館) dürfen Besucher ihre eigene Klinge mit einer Signaturgravur schmieden; im **Kasuga-Schrein** (春日神社) beschützt der Shintō-Gott Sekis Schmiede.

Entdeckung des charmanten Gujō-Hachiman

STADT DES WASSERS UND DES TANZES

Etwa auf halbem Weg zwischen Nagoya und Takayama liegt 55 km nördlich von Gifu das malerische Gujō-Hachiman (郡上

ÜBERNACHTEN, ESSEN & AUSGEHEN IN GIFU

Guesthouse Kiten
In der Nähe von Gifus Hauptattraktionen liegt dieses kleine, aber charaktervolle Gästehaus mit Tatami-Zimmern. ¥

Gyōza Gishū
Bei diesem kleinen Lokal, in dem es gebratene Gyōza und kaltes Bier gibt, muss man fast immer anstehen. ¥

Yell! Ale!! Gifu
Stilvoller Brauereipub, der lokale Craft-Biere und Gin serviert und dazu deftiges Essen anbietet.

LEBENSMITTEL AUS PLASTIK

Von glitzernden, eiskalten Bierkrügen bis zu knusprig-goldenem Tempura – die nachgebildeten Gerichte, die in Restaurants in ganz Japan ausgestellt werden, sind faszinierend. Gujō-Hachiman ist der Geburtsort von Takizo Iwasaki, dem Pionier der *shokuhin sampuru* (Lebensmittelmodelle), und noch heute gibt's hier Betriebe, die vom Meister gelernt haben und Lebensmittel nachbilden. Im **Musterdorf Iwasaki** (サンプルビレッジいわさき) gibt's nicht nur neuartige Souvenirs, dort kann man auch sein eigenes Sushi herstellen. Das **Shokuhin Sample Kōbō** (食品さんぷる工房) bietet eine Werkstatt in einem 150 Jahre alten *machiya* (Stadthaus), in der man von Tempura-Gerichten bis zu verschüttetem Eis alles selbst machen kann!

KEREN SU/UNIC NA/GETTY IMAGES ©

Gujō Odorim

八幡). Diese kleine Burgstadt mit viel Charme und traditioneller Kultur wirkt ruhiger und weniger touristisch als Takayama. Sie ist leicht mit dem Zug erreichbar, aber der Bahnhof liegt 20 Gehminuten von der Stadt entfernt.

Im kompakten Ort versetzen die gepflasterten Straßen Kajiya-machi und Shokunin-machi mit jahrhundertealten Kaufmannshäusern und Kunsthandwerksbetrieben in eine andere Zeit zurück, malerische Gässchen und Brücken führen zum Treffpunkt der Flüsse Kodara und Yoshida. Für einen Rundgang auf eigene Faust besuche die Touristeninformation (gujohachiman.com), um das historische Stadtzentrum und Schreine, Quellen und den restaurierten **Jionzenji** (鐘山慈恩護国禅寺) aus dem 16. Jh. mit schönem Zengarten zu sehen. Das **Stadtmuseum von Gujō-Hachiman** (郡上八幡博覧館) informiert über die Geschichte der Stadt (es gibt Plastikmodelle von Lebensmitteln, die hier erfunden wurden) und ermöglicht, die Schritte aus den 1590er-Jahren fürs Tanzfest **Gujō Odorim** zu lernen. Um 11, 13, 14 und 15 Uhr gibt's Tanzkurse für das Sommer-Bon-Fest, das 2022 in die UNESCO-Liste des immateriellen Kulturerbes aufgenommen wurde und vom 13. bis 16. August in wildem Tanzen bis zum Morgengrauen gipfelt.

GUJŌ-HACHIMAN: ESSEN, AUSGEHEN & ÜBERNACHTEN

Bizenya Ryokan
Elegantes *ryokan* in einer ehemaligen Schule aus der Edo-Zeit mit traditionellem Garten und toller saisonaler Küche. ¥¥

Onabi-en
Jeder Ausflug braucht eine Eispause, hier dreht sich alles um Matcha-Softeis. ¥

Supple Coffee Roasters
Erstklassiger Ort am Flussufer für Snacks und guten sortenreinen Filterkaffee aus vor Ort gerösteten Bohnen. ¥

Aber das i-Tüpfelchen ist Gujō-Hachimans prächtige Feudalburg auf dem Hügel. Ursprünglich 1559 erbaut, wurde **Gujō-Hachiman-jō** (郡上八幡) 1870 in der Meiji-Zeit zerstört und 1933 wiederaufgebaut und ist damit die älteste rekonstruierte Holzburg Japans. Sie liegt versteckt auf einem Hügel mit Ahornbäumen, der mit dem Auto oder zu Fuß zu erklimmen ist (Achtung, Bären!), und ist mit ihrem natürlichen Wassergraben eine der schönsten Burgen Japans.

Verzauberung im Ghibli-Park

DIE ZAUBERHAFTE WELT DES STUDIO GHIBLI

Für Fans der magischen Zeichentrickfilme und skurrilen Geschichten von Studio Ghibli ist es sicher nichts Neues, dass Japans neuestes Ausflugsziel **Ghibli Park** (ジブリパーク) den beliebten Anime-Filmen gewidmet ist. Er wird als Themenpark beworben, aber es gibt keine Fahrgeschäfte. Vielmehr ist es ein Fantasy-Land, in dem berühmte Studio-Ghibli-Momente nachgestellt werden. Der Park liegt 30 km östlich von Nagoya (mit dem Zug oder Bus in 50 Minuten erreichbar) und befindet sich inmitten der Natur auf dem Gelände, auf dem die Provinz Aichi 2005 die World Expo ausrichtete.

Aufgrund der großen Nachfrage erfolgte die Eröffnung in Phasen, die ersten drei Bereiche wurden Ende 2022 eingeweiht. **Ghibli's Grand Warehouse** ist das Herzstück des Parks und bietet thematische Ausstellungen zu den Drehorten vieler bekannter Filme. Zum Beispiel *Arrietty* (2010), wo Interessierte riesige Pflanzen aus der Perspektive der kleinen Arrietty erleben. Und wer mal in einem Ghibli-Film mitspielen möchte – hier lassen interaktive Exponate Fantasy lebendig werden. Es gibt ein Kino, in dem zehn Original-Studio-Ghibli-Kurzfilme gezeigt werden, die nur hier und im Ghibli-Museum in Tokio, Mitaka, zu sehen sind.

Am **Hill of Youth** werden Fans Szenen aus *Stimme des Herzens* (1995), den Aufzugsturm aus *Das Schloss im Himmel* (1986) und *Das wandelnde Schloss* (2004) und das katzengroße Büro aus *Das Königreich der Katzen* (2002) wiedererkennen. Der **Dondoko-Wald** ist der dritte Bereich (mit separatem Ticket), der auf *Mein Nachbar Totoro* (1988) basiert.

In der letzten Phase (Anfang 2024) warten historische Landschaften wie das **Mononoke-Dorf** aus *Prinzessin Mononoke* (1997) und das **Tal der Hexen** mit Motiven aus *Kikis kleiner Lieferservice* (1989) und *Das wandelnde Schloss*, einschließlich des Schlosses selbst.

TICKETS FÜR DEN PARK

Da der Ghibli-Park erst Ende 2022 eröffnet wurde, müssen sich Interessierte gedulden. Tickets werden noch eine Weile schwierig zu bekommen sein; das Kontingent ist absichtlich niedrig, um eine Überfüllung zu verhindern, und es können online nur feste Termine drei Monate im Voraus gebucht werden – und die sind in 30 Minuten ausverkauft, also wachsam sein. Außerdem gewährt derzeit kein Pass Zugang zu allen drei Bereichen, also kann nicht der ganze Park gesehen werden. Informiere dich auf der Website über den aktuellen Stand und viel Glück!

NOCH MEHR GHIBLI

Neben dem Ghibli-Park und Tokios magischem **Ghibli-Museum, Mitaka** (S. 89), gibt's weitere Orte mit Ghibli-Vibes: **Tomo-no-Ura** (S. 397), der **Olivenpark Shōdo-shima** (S. 408) und Yakushimas **Shiratani-Schlucht** (S. 683).

UNTERWEGS VOR ORT

Die Region Nagoya ist mit einem effizienten Zugsystem gut angebunden, sodass man leicht vorankommt. Doch bei Zeitknappheit oder für größere Strecken sollte man ein Auto mieten. Am Ghibli-Park gibt's keine Parkplätze, aber vom Bahnhof Nagoya erreicht man ihn in 40 Minuten mit Zug oder Bus.

DER NAKASENDŌ & DAS KISO-TAL

Nakasendō & das Kiso-Tal
TOKIO

Auf der alten Nakasendō-Route, die Kyoto mit Edo (dem heutigen Tokio) verband, folgt man den Spuren der Feudalherren und Samurai. Durch nach Zedern duftende Wälder und die zeitlosen Dörfer des Kiso-Tals führt diese Reise in ein Japan, das die Schönheit und Bildsprache eines Hiroshige-Holzschnitts heraufbeschwört.

Der Nakasendō (中仙道) war eine der fünf großen Fernstraßen in der Edo-Zeit (1603–1868), die Adlige, Kriegsherren, Pilger und Händler zwischen den kaiserlichen und politischen Hauptstädten Japans nutzten. Er war die favorisierte, vornehme Straße im Inland vor der größeren und verkehrsreicheren Tōkaidō-Route an der Küste mit vielen Flussüberquerungen ohne Brücken. Ein großer Teil der Strecke ist heute zu Nationalstraßen geworden, aber mehrere Abschnitte des dicht bewaldeten Weges wurden saniert und führen zu gut erhaltenen Postdörfern – ein willkommener Anblick für müde Reisende.

TOP TIPP

Wandersaison ist von März bis November; die heißen Monate Juli und August sind am besten zu meiden. In kleineren Orten wie Magome, Tsumago und Narai schließen abends viele Restaurants, also muss man Mahlzeiten über seine Unterkunft buchen oder Proviant mitbringen.

Magome

Trip entlang des Magome-Tsumago-Trails

DER BERÜHMTESTE ABSCHNITT DES NAKASENDŌ

Um ein Gespür für das ländliche Japan von früher zu entwickeln, eignet sich der 7,8 km lange Magome-Tsumago-Abschnitt des Nakasendō am besten. Er verbindet die Poststädte Magome und Tsumago und lässt die Geschichte von Königen, Samurai, Mönchen und Haiku-Meistern der Edo-Zeit lebendig werden. Die 2½- bis 5-stündige (einfache Strecke) Wanderung ist zwar nicht übermäßig anstrengend (der Weg ist meist gut ausgebaut), erfordert aber eine gute Kondition und genügend Wasser, denn unterwegs gibt's nichts zu kaufen.

Magome (馬籠) ist eine tadellos erhaltene Stadt mit einer Straße, die sich an ruhigen Wasserrädern (die Buchweizen für Soba mahlten) und Gitterfassaden aus der Edo-Zeit entlangschlängelt. Neben den *minshuku* (Gästehäuser) und Cafés gibt's mehrere Museen, darunter das **Tōson Kinenkan** (藤村記念館), das Magomes Lieblingssohn, dem Schriftsteller Shimazaki Tōson (1872–1943), gewidmet ist.

Die **HillBilly Coffee Company** ist mit ihrem sortenreinen Kaffee der perfekte Ort für eine Stärkung, bevor man sich an den steilen Aufstieg zum Magome-tōge-Pass (801 m) wagt. Der Weg windet sich hinunter in das herrliche Kiso-Tal mit unberührtem Zypressen-, Zedern- und Bambuswald. Hier

DER NAKASENDŌ HEUTE

Während Tokio und Kyoto heute nur etwas mehr als zwei Stunden mit dem Shinkansen (kürzer mit dem Flugzeug) voneinander entfernt sind, brauchte man früher etwa 18 Tage, um die 532 km lange Nakasendō-Route zu bewältigen. Entlang des Weges gab es 69 strategisch günstig gelegene Poststationen mit Gasthäusern, Teehäusern, Tempeln und Pferdetränken. Auch heute noch laufen manche entlang der Schnellstraße, aber so malerische Abschnitte wie das Kiso-Tal sind neben einer Straße nicht zu erwarten. Es gibt jede Menge zu entdecken, während man fünf Präfekturen von Nihonbashi in Tokio bis Sanjō Ōhashi in Kyoto durchquert. Genauere Informationen enthält der Reiseplan von Walk Japan (nakasendoway.com).

ÜBERNACHTEN IN MAGOME & TSUMAGO

Magome-Chaya
Preiswerte Pension, einfache Tatami-Zimmer, Gemeinschaftsbäder, optionale Mahlzeiten und ausgezeichnete Tipps. ¥

Guesthouse Nedoko
Stylish umgebautes traditionelles Haus an der Hauptstraße von Magome, geführt von einem Ehepaar. Keine Mahlzeiten. ¥

Fujioto
Atmosphärisches Tsumago-Ryokan, japanischer Garten und schöne Aussicht. Zwei Mahlzeiten inbegriffen. ¥¥¥

KOMAGATAKE-SEILBAHN

Auch ohne Wanderung lohnt ein Besuch des **Kiso Sanmyaku** (木曽山脈; Kiso-Gebirge), auch Zentralalpen (Chūō Arupusu, 中央アルプス) genannt, um die Aussicht auf diesen prächtigen Berg von einer Seilbahn über dem Tal zu genießen. Die **Komagatake-Seilbahn** (駒ヶ岳ロープウェイ) fährt zum Senjōjiki-Kessel (die höchste Station Japans) auf 2612 m, wo an einem guten Tag fast die gesamten Südalpen und sogar der Fuji-san zu sehen sind. Dort ist auch ein Ausgangspunkt für Wanderungen zum Senjōjiki-Kessel oder auf den Kiso-komagatake (木曽駒ケ岳; 2956 m; 3 Std. hin & zurück), einen der 100 berühmten Berge Japans. Im Winter kommt man zum Skifahren und Snowboarden her.

Yamamura-Daikan-Yashiki-Museum

leben Schwarzbären, also unterwegs die Glocken läuten. Auf halber Strecke bietet ein Teehaus aus der Edo-Zeit Reistee am offenen Feuer an, bevor es weiter zu den Otaki- und Medaki-Wasserfällen geht, wo der legendäre Samurai Miyamoto Mushashi sein Können trainierte.

In **Tsumago** (妻籠) fühlt man sich wahrlich ins 17. Jh. zurückversetzt. An der langen Straße stehen historische Gebäude, Museen und Gasthöfe, in denen müde Reisende übernachteten – und es noch heute tun. Mittags serviert **Yamagiri Shokudo** herzhafte Soba-Gerichte inmitten von Retro-Krimskrams.

Kontrollposten am Nakasendō

SCHÖNHEIT AM FLUSS UND CHARME DER EDO-ZEIT

Entlang des Kiso im Herzen des Tals liegt **Kiso-Fukushima** (木曽福島), eine wichtige Poststadt am Nakasendō, die als Hauptkontrollpunkt diente. Hier mussten Reisende ihre *tegata* (hölzerne Reiseausweise) vorzeigen, und ihre Waren wurden auf geschmuggelte Waffen untersucht, um Aufstände in Tokio zu verhindern. Das heutige Museum **Fukushima-Kontrollposten** (福島関所跡) ist restauriert und zeigt Re-

ESSEN & ÜBERNACHTEN IN KISO

Kurumaya Honten
Schlange stehen an einem der bekanntesten Soba-Restaurants Japans, das über ein Jahrhundert alt ist. ¥

Nagomi-an Hida-tei
Angesagtes Restaurant im historischen Stadtteil, serviert wunderschöne Gerichte mit Kiso-Rindfleisch. ¥¥

Kiso Mikawaya
Die japanischen Tatami-Zimmer sind die besten in diesem Hotel mit Onsen am Flussufer. ¥¥

likte aus der Edo-Zeit, darunter Gerätschaften, die zur Wahrung der Ordnung dienten.

Wenn auch keine City, ist sie immerhin die größte Stadt im Kiso-Tal (11 045 Ew.) und eine praktische Basis für Ausflüge in die Umgebung einschließlich des nahe gelegenen Ontake-san. Gegenüber dem Bahnhof gibt die hilfreiche **Touristeninformation** (town-kiso.com) Auskunft über Ontake und Wanderungen entlang des Nakasendō.

Im alten Viertel Ue-no-dan (上の段) lohnen einige Häuser aus der Edo-Zeit, darunter gute Restaurants und Lackwarengeschäfte. Verkostungen in Sakebrauereien gibt's zum Beispiel im 150 Jahre alten **Nakazen** (中善酒造店) und 130 Jahre alten **Nanawarai** (七笑酒造). Müde Füße können im **öffentlichen Fußbad** am Fluss entspannt werden, bevor es über die Brücke zum **Yamamura Daikan Yashiki Museum** (山村代官屋敷) geht, der Residenz der Yamamura-Familie, die das Gebiet um Kiso fast 300 Jahre lang regierte, mit Samurai-Rüstungen und einem mumifizierten Fuchs. Der nahe **Kōzen-ji** (興禅寺) ist der berühmteste Zentempel im Kiso-Tal mit dem angeblich größten Trockensteingarten in Japan.

Zähmung des Ontake-san

DER HEILIGE PFAD

Von Japans 111 Vulkanen ist der Ontake-san (3067 m) der zweithöchste nach dem Fuji-san (3776 m). Wie der Fuji gehört der Ontake zu den 100 berühmtesten Bergen Japans und seinen heiligsten Gipfeln. Seit dem 9. Jh. pilgern Menschen zur heiligen Spitze, von Juli bis Mitte Oktober ist der Ontake auch ein Wanderziel.

Die populärste Route zum Gipfel **Ken-ga-mine** (剣ヶ峰) bietet die **Ontake-Seilbahn**. Man erreicht sie mit dem Bus vom Bahnhof Kiso-Fukushima aus und wird von 1570 m auf 2150 m hochgezogen. Wanderungen starten in Ta-no-hara (田の原; 2180 m), das man mit dem Auto anfährt. Da beide Wege ziemlich weit oben beginnen, sind nur 900 Höhenmeter zu überwinden – eine fünf- bis sechsstündige Rundwanderung. Unterwegs geht das gemischte Terrain aus Wald- und Strauchlandschaften in Felslandschaften über. Neben vielen Schreinen, Statuen und Denkmälern werden atemberaubende smaragdgrüne Kraterseen passiert.

Zu beachten ist, dass der Ontake ein aktiver Vulkan ist und im Jahr 2014 bei einem überraschenden Ausbruch 63 Wandernde tragisch ums Leben kamen. Seitdem gibt's verschiedene Wanderbeschränkungen; in der Kiso-Touristeninformation vorab prüfen. Das **Nagano Prefectural Mount Ontake**

BERGASKETEN VON ONTAKE

Wandernde in weißen Gewändern und Zypressenhüten statt der neuesten wasserdichten Kleidung gehören zur Gemeinde der Ontakekyō-Religion, einer Shintō-Sekte mit etwa einer Million Mitgliedern, die Ontake-san verehren. Hier nehmen sie das Waldbaden wörtlich, denn sie meditieren direkt unter eisigen Wasserfällen, um sich vor dem Aufstieg zu reinigen. Früher mussten Pilgernde zur Reinigung bis zu 100 Tage hier verbringen. Dieses Ritual wird noch praktiziert, wobei es heutzutage ein paar Minuten dauert und nicht mehr drei aufreibende Monate. Weitere Informationen gibt's im **Dorf Ōtaki** (王滝村; ontake.jp) am Fuße des Berges, Aktivitäten auf otakiexperience.com.

ÜBERNACHTEN IN ONTAKE-SAN

Nigorigo Onsen Asahisō
Japans höchstes Thermalresort, Zimmer im japanischen Stil, Fußbodenheizung, Ontake-Aussicht und persönliches *rotemburo*. **¥¥**

Ontake-Gonoike-Hütte
Luxuriöse Lodge aus dem Holz der „Fünf Heiligen Bäume von Kiso". Schöne Terrasse mit Aussicht, Mahlzeiten inklusive. **¥¥**

Kurumisawa-Gasthof
Ryokan aus der Meiji-Zeit in Otaki, Tatami-Zimmer, Regionale Karte, Gemeinschafts-Onsen aus Holz. **¥¥**

ÜBERNACHTEN, ESSEN & AUSGEHEN IN NARAII

Minshuku Shimada (民宿 しまだ) Familiengeführte *minshuku*, polierte Dielenböden, geräumige Tatami-Zimmer, Gemeinschaftsbad (Termin beim Besitzer reservieren). Man trägt einen *yukata* (leichter Baumwollkimono) zu den Mahlzeiten im Erdgeschoss. ¥

Matsunami (松波) Reizendes, familiengeführtes Eckrestaurant, spezialisiert auf köstliches *tonkatsudon* (Schweineschnitzel auf Reis). ¥

Tokkuriya (徳利屋) Beeindruckendes Gasthaus aus der Edo-Zeit und Favorit für handgemachte Soba. Hier verkehrten Beamte und Literaten wie Toson Shimazaki und Shiki Masaoka. ¥¥

Suginomori Brewery (杉の森酒造) Sakebrauerei aus dem Jahr 1793, in deren nahe gelegener Bar man die Produkte probieren kann.

Visitor Center befindet sich an der siebten Station (2190 m) und bietet aktuelle Informationen über den Vulkan und interessante Details über seine Naturgeschichte.

Im Winter sind Skifahren und Snowboarden an Ontakes südöstlichen Hängen in der Nähe des Dorfes Otaki beliebt.

Von Yabuhara bis Narai auf einem weniger befahrenen Weg

NAKASENDOS TORII-PASS

Ein weniger touristischer, aber nicht weniger bezaubernder Teil des alten Nakasendō ist dieser 6,4 km lange Trail zwischen den Poststädten Yabuhara und Narai, der etwa drei Stunden dauert.

Yabuhara (薮原), die 35. Poststadt des Nakasendo, ist ein verschlafener Ort und bekannt für seine Holzhäuser mit Gittertüren und die traditionellen hölzernen *orokugushi*-Kämme, die aus dem örtlichen Minebari-Baum gefertigt werden. Von hier führt der Trail auf einem intakten Wegstück aus der Edo-Zeit durch Rosskastanien und über den Torii-tōge-Pass (1197 m). Dies ist der höchste Punkt der 534 km langen Nakasendō-Route und galt historisch als einer der schwierigeren Abschnitte.

Narai (奈良井) war immer ein willkommener Anblick für Reisende mit schmerzenden Gliedern, die den Tag beenden wollten. Auf halber Strecke zwischen Kyoto und Tokio ist es eine der besterhaltenen Poststädte des Nakasendō. Auch ohne Wanderung ist die Stadt ein schönes Ziel und (wie Yabuhara) günstig an der JR-Chūō-Linie gelegen. Ihre historische Hauptstraße verläuft vom Bahnhof 1 km Richtung Süden und verschaffte ihr als längste Poststadt den Beinamen „Narai der tausend Häuser". Sie ist ein großartiges Beispiel für die Architektur der Edo-Zeit und beherbergt heute Geschäfte für Kiso-Lackwaren, Soba-Restaurants und Cafés, Ryokan und Heimatmuseen.

Das elegante **Kamitoiya shiryōkan** (上問屋史料館) ist die 400 Jahre alte Residenz einer wohlhabenden Kaufmannsfamilie, ein perfekt restauriertes zweistöckiges Haus mit Zypressengitter, makellosen Tatami-Zimmern, *shoji*, einem ruhigen japanischen Garten und Geschichte: Kaiser Meiji und sein Gefolge besuchten es 1880 auf ihrem Weg nach Kyoto zum Mittagessen.

UNTERWEGS VOR ORT

Am besten lässt sich die Etappe Kiso-Tal des Nakasendō zu Fuß erkunden. In Magome und Tsumago gibt's einen Gepäcktransportservice, zum Ausgangspunkt geht's mit lokalen Bussen zurück.

Die meisten interessanten Orte im Kiso-Tal (außer Magome) sind bequem mit dem Zug auf der JR Chūō-Linie zu erreichen. Am besten eignen sich die *tokkyū*-Shinano-Züge (eingeschränkte Expressverbindungen) der JR-Chūō-Linie von Nagoya oder Matsumoto aus.

Nach Magome geht's mit dem Zug bis zum Bahnhof Nakatsugawa und von dort weiter mit dem Bus. Zum Ontake fahren im Sommer Busse von Kiso aus, aber ein eigenes Fahrzeug ist sehr praktisch.

TAKAYAMA

Takayama
TOKIO

Wer sich in Japan von der Romantik der traditionellen Kultur und schönen Landschaften verzaubern lassen möchte (wer nicht?), kommt hierher. Eingebettet in die bergige Hida-Region und vor der Kulisse der Nordjapanischen Alpen ist Takayama (高山) eine der Besonderheiten in Zentral-Honshū: ein „kleines Kyoto" voller kultureller Juwelen wie Museen, Schreinen und Tempeln. Sein größter Reiz liegt jedoch in der historischen Straßenlandschaft mit hölzernen Kaufmannshäusern, Sakebrauereien, kunstvollen Brücken über den hübschen Miyagawa und dem Flair der Edo-Zeit.

Auf der Negativseite steht, dass es zu populär wird – Touristenscharen sind in der Überzahl. Daher sollte man eher in der Nebensaison herkommen.

Die Stadt ist eine gute Basis für Streifzüge in die Umgebung, zum Beispiel Tagesausflüge nach Kamikōchi und in die Onsen-Städte.

TOP TIPP

Reservierungen sind überall nötig, bestimmte Restaurants, Ryokan oder Autovermietungen müssen weit im Voraus gebucht werden, um Enttäuschungen zu vermeiden. Die besten Restaurants sind voll, aber es gibt viele einheimische Optionen.

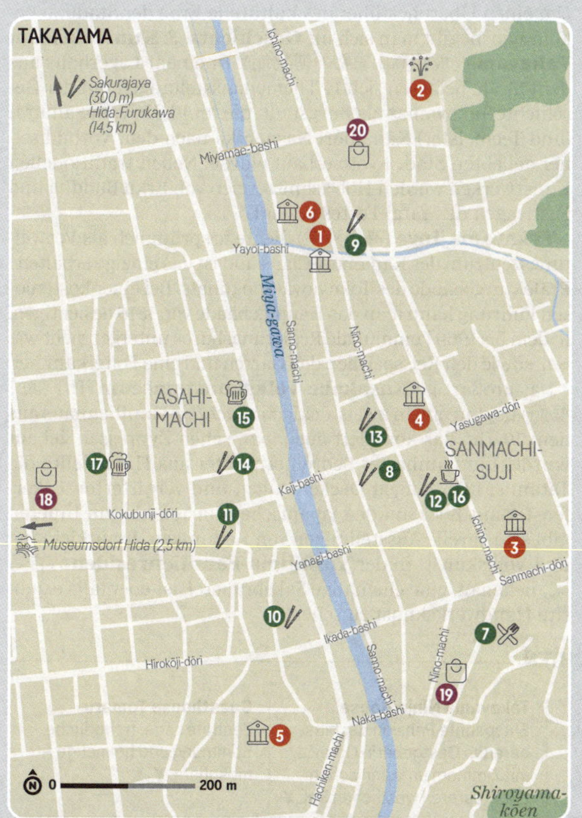

SEHENSWERTES
1 Kusakabe-Volkskunstmuseum
2 Ausstellungshalle der Festwagen von Takayama
3 Geschichts- & Kunstmuseum Takayamat
4 Takayama Shōwa-kan
5 Takayama-jinya
6 Yoshijima-Familienresidenz

ESSEN
7 Centre4 Hamburgers
8 Ebisu-Honten
9 Kyōya
10 Masagosoba
11 Menya Shirakawa
12 Miyabi-an Soba
13 Takumi-ya
14 Uribōya

AUSGEHEN
15 Al Brewer's Beer Stand
16 Falò Coffee Brewers
17 Moon Tap Beer

SHOPPEN
18 Suzuki Chōkoku
19 Tozawa Shikki
20 Yamada-Shunkei

TAKAYAMA MATSURI

Das Takayama Matsuri mit farbenfroher Prozession ist rund 350 Jahre alt und eines der größten Feste Japans. Zweimal im Jahr werden beim **Sannō Matsuri** am 14. und 15. April ein Dutzend aufwendig geschmückte *yatai* (Festwagen) mit Laternen bestückt und zu sakraler Musik durch die Straßen von Takayama gezogen. Das **Hachiman Matsuri** am 9. und 10. Oktober ist etwas kleiner; in beiden Fällen sollte eine Unterkunft im Voraus gebucht werden.

In der **Ausstellungshalle der Festwagen von Takayama** (高山祭屋台会館) gibt's viele der dekorativen Wagen zu sehen, einige stammen aus dem 17. Jh. und sind mit exquisiten Schnitzereien, Lackierungen und Handwerkskunst verziert.

CHEN WS/SHUTTERSTOCK ©

Takayama jinya

Die Museumsschätze von Takayama

DIE REICHE GESCHICHTE DER STADT

Um einen Überblick über das kulturelle Erbe der Stadt zu bekommen, begibt man sich ins **Geschichts- & Kunstmuseum Takayama** (飛騨高山まちの博物館). In einem Lagerhaus aus dem 18. Jh. befassen sich 14 Themenausstellungen mit der Geschichte Takayamas als Burgstadt, die im 16. Jh. vom Samurai (und Teemeister) Kanamori Nagachika nach dem Vorbild seiner geliebten Stadt Kyoto erbaut wurde. Neben traditionellen Kunstwerken werden Holzschnitzereien von Erku Buddha und Festwagen des Yatai-Festes gezeigt.

Takayama jinya (高山陣屋) diente ursprünglich als Verwaltungszentrum des Kanamori-Clans und ist das einzige erhaltene Präfekturgebäude des Tokugawa-Shogunats. Bei einer kostenlosen Führung kann man das Hauptgebäude von 1816 besichtigen, in dem bis 1969 kommunale Regierungsbüros untergebracht waren, sowie den Reisspeicher, den Garten und eine Folterkammer.

Das großartige **Kusakabe-Volkskunstmuseum** (日下部民藝館) liegt in einem zweistöckigen *machiya*-Familienhaus aus dem 19. Jh., das komplett aus japanischen Zypressen gebaut wurde. Ein namhafter Schreinermeister aus Hida stellte die Tatamis, 13 m langen Deckenbalken und vergitterten Erkerfenster mit Blick auf den japanischen Garten her. Im Inneren gibt's kulturelle Ausstellungen von Keramiken, Brautkleidung und Volkskunst. In der **Yoshijima-Familienresidenz** (吉島家) nebenan, eine ehemalige Sakebrauerei, ist ebenfalls exquisite Handwerkskunst zu sehen.

GÜNSTIG ÜBERNACHTEN

K's House Takayama
Verlässliches Hostel, Schlafsäle, Zimmer im westlichen Stil und Fahrradverleih. Tatami-Zimmer in der zweiten Oasis-Filiale. ¥

Takayama Ninja House
Entspannte Pension der hilfsbereiten Gastgeberin Octavia mit Zimmern im japanischen oder teureren westlichen Stil. ¥

Guesthouse Tomaru
Zentrale Lage, freundliche Stimmung und heimelige Atmosphäre. ¥

RUNDGANG DURCH DIE HISTORISCHEN VIERTEL VON TAKAYAMA

Los geht's mit Takayamas beeindruckender **1 Hida Kokubun-ji** (飛騨国分寺), einer dreistöckigen buddhistischen Pagode aus dem 16. Jh. mit einem mächtigen 1200 Jahre alten Gingko. Durch die überdachte Einkaufsstraße gelangt man zur **2 Kaji-Brücke** über den Miya-gawa, wo zwei skurrile Bronzestatuen der Ashinaga-tenaga-*yōkai* (übernatürliche Kreaturen) stehen.

Hier beginnt der **3 Miyagawa-Morgenmarkt** am Ufer, auf dem Kunsthandwerk, frische Produkte und Streetfood verkauft werden. Zurück geht's in die Altstadt von Takayama mit dem liebevoll erhaltenen Straßenbild aus der Edo-Zeit und eleganten Kaufmannshäusern. Die schmale Straße führt, vorbei an einem Kimono- und einem Lackwarengeschäft, zur **4 Ōnoya-Brauerei** (大のや醸造), die hier seit über 250 Jahren Sojasoße und Miso herstellt. Als Nächstes kommt die **5 Sakebrauerei Harada** (原田酒造場), die in der zehnten Generation betrieben wird und bis zu 15 verschiedene Sorten und sogar Sake-Eis anbietet. An Sakebrauereien mangelt es hier nicht (erkennbar an geflochtenen Zedernkugeln über der Tür). Gegenüber steht die **6 Sakebrauerei Funasaka**, die auf das Jahr 1688 zurückgeht.

Nun geht's nach rechts zu Takayamas zinnoberroter **7 Nakabashi-Brücke**, einem der malerischsten Orte der Stadt. Auf der anderen Seite des Flusses verbrennt man ein paar Kalorien, wenn man zum Sonnenuntergang den steilen Weg zum **8 Shiroyama-Park** hinaufsteigt, wo ein weiterer Hügel zur Burgruine **9 Takayama-jōato** (高山城跡) führt.

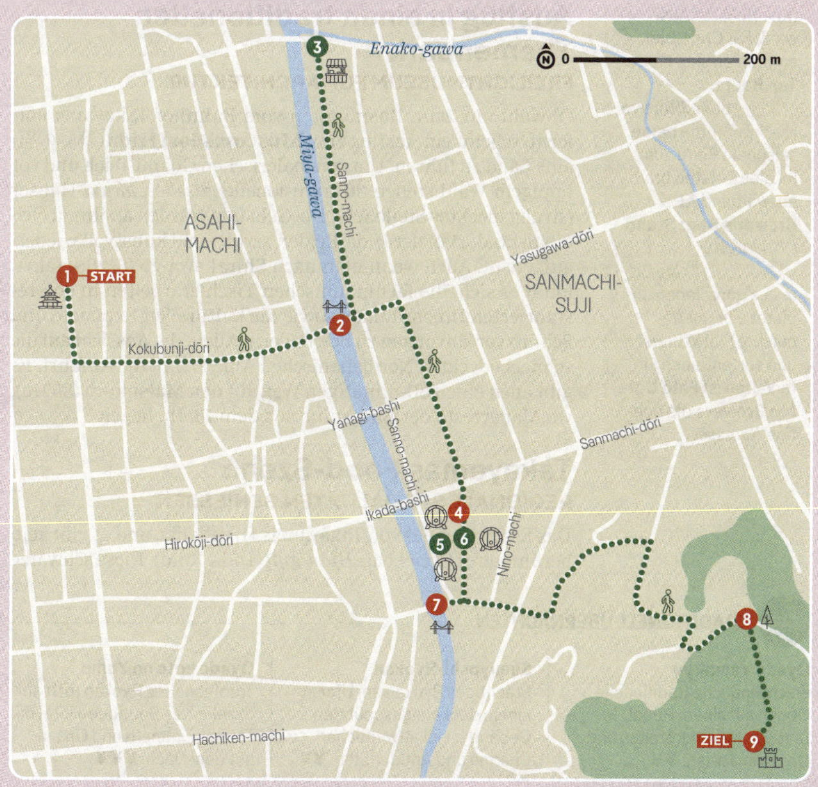

AUSGEHEN & NACHTLEBEN

Abends kann Takayama ziemlich leblos wirken, und Reisende streifen verwirrt durch die Straßen und fragen sich, wo alle hin sind. Es ist richtig, dass Takayama nicht für sein wildes Nachtleben bekannt ist, aber wer ein bisschen Late-Night-Action sucht, findet sie in der Gegend von Dekonaru Yokocho. Es mag nicht gerade Shinjuku sein, doch es gibt jede Menge Bars und gemütliche *izakaya* (Kneipen) zur Auswahl. Für Craft-Bier empfehlen sich **Moon Tap Beer** (ムーンタップビア) oder **Jibiruya** (じびるや), die beide saisonale Biere aus lokalen Zutaten brauen, während **Al Brewer's Beer Stand** (アル ブルワーズ ビアスタンド) Craft-Biere aus ganz Japan anbietet. Für gut gemachte Flat Whites und sortenreinen Filterkaffee ist **Falò Coffee Brewers** die richtige Adresse.

Zur jüngeren Geschichte bietet der unterhaltsame **Takayama Shōwa-kan** (高山昭和館) eine große Auswahl an japanischen Retro-Sammlerstücken aus der Shōwa-Zeit (1926–1989). Unter kitschigem Spielzeug und popkulturellen Erinnerungsstücken befinden sich alte Computerkonsolen wie Pong und Space Invaders, mit denen man spielen kann.

Hidas traditionelles (Kunst-)Handwerk

ERLESENE HOLZARBEITEN UND LACKWAREN

Dank seiner langen Tischlerei- und Kunsthandwerkstraditionen kann man in Takayama großartig hochwertiges Kunsthandwerk erwerben.

Ichii-Ittōbori ist eine jahrhundertealte Technik; die aufwendige Holzschnitzerei aus Eiben, die in der bewaldeten Hida-Region wachsen, setzen bis zu 50 verschiedene Meißel ein. In **Suzuki Chōkoku** (鈴木彫刻) sind viele Geschäfte auf diese Produkte spezialisiert, darunter die filigranen Werke von Meister Suzuki.

Hida-Shunkei-Lackwaren sind eine weitere Takayama-Spezialität. Die Technik aus dem 17. Jh. verwendet Klarlack, um die natürliche Schönheit der Holzmaserung in Karminrot oder Gold hervorzuheben. Lohnende Shops sind **Yamada-Shunkei** (山田春慶店) und **Tozawa Shikki** (戸沢漆器).

Ausflug in einen traditionellen Themenpark

FREILICHTMUSEUM FÜR ARCHITEKTUR

Obwohl nur zehn Busminuten vom Bahnhof Takayama entfernt, scheint ein Ausflug zum **Museumsdorf Hida** (飛騨の里) aufs Land zu führen. Um den malerischen Goami-Teich und vor üppigem Wald stehen 30 traditionelle *gasshō-zukuri*-Häuser (strohgedecktes Steildach). Die Gebäude wurden an ihrem Originalstandort in der Hida-Region zerlegt und kunstvoll wieder aufgebaut. Auch wenn man nach Shirakawa-gō (S. 208) fährt, lohnt es sich, die fachmännischen Tischlerarbeiten in den restaurierten Innenräumen sowie die kulturellen Exponate und Schnitzvorführungen zu bewundern. Allein die Aussicht auf die schneebedeckten Nordjapanischen Alpen lohnt die Anfahrt. Es gibt auch einen 30-minütigen Weg auf den Matsukura (857 m), wo Mauerreste der Burgruine aus dem 16. Jh. liegen.

Takayamas Food-Szene

REGIONALE SPEZIALITÄTEN GENIESSEN

Das Essen ist eines von Takayamas Highlights, und es gibt kein berühmteres Gericht als *Hida-gyū* (Hida-Rind). Diese schwarze

TRADITIONELL ÜBERNACHTEN

Oyado Yamakyu
Erschwingliche traditionelle Option auf einem Hügel, Tatami-Zimmer, Mahlzeiten und Onsen im Freien. **¥¥**

Sumiyoshi-Ryokan
Prächtiges Ryokan am Ufer in einem denkmalgeschützten Gebäude; viel altweltlicher Charme und Antiquitäten. **¥¥**

Oyado koto no Yume
Traditionelles Ryokan trifft auf exzellentes Boutique-Hotel mit Tatami-Zimmern und Onsen auf dem Dach. **¥¥¥**

Hida-gyū (Hida-Rind)

Rinderrasse aus der Präfektur Gifu wird für ihre hochwertige Fleischmarmorierung gerühmt und findet sich auf den Speisekarten in der ganzen Stadt. Im atmosphärischen **Kyōya** (京や) probiert man Gerichte wie *Hida-gyū*-Soba und *hoba-miso* (süße Misopaste gegrillt auf einem Magnolienblatt); eine günstigere Alternative ist das **Takumi-ya** (匠家) mit eigener Metzgerei. **Centre4 Hamburgers** bietet im beliebten Diner saftige Burger aus Hida-Rindfleisch zum exklusiven Johnny-Cash-Soundtrack.

Nicht versäumen, einen Thekenplatz im **Sakurajaya** (さくら茶屋) für die genialen Kochkünste von Chefkoch Hiroshi zu reservieren, der fantastische, frische und originelle Gerichte zaubert.

Soba ist eine weitere lokale Spezialität. Im **Ebisu-Honten** (恵比寿本店) werden seit 1898 Soba von Hand gerollt. Im edlen **Miyabi-an Soba** (みやび庵) in einem Edo-Zeit-Gebäude reibt man die Wasabi-Wurzel von Hand als Dip für die Soba, dazu gibt's *sansai* (Berggemüse), Tempura und Takayamas besten Sake.

Takayama Ramen ist eine leichtere Version aus Sojasoße und Brühe. Vor dem **Masagosoba** (まさごそば) und dem **Menya Shirakawa** (麺屋しらかわ) wird dafür Schlange gestanden.

Zur Abwechslung bietet das **Uribōya** (うり坊屋), das auf Wild spezialisierte *izakaya* einer Jägerfamilie, vom gegrillten Bären bis zum Hirsch-Sashimi alles, was sonst noch an diesem Tag gefangen wurde.

HIDA FURUKAWA

Ein lohnender Ausflug von Takayama ist die 15-minütige Zugfahrt zur gut erhaltenen Stadt Hida Furukawa (飛騨古川). Nachdem 1913 ein Feuer 90% der Stadt zerstörte, bauten Furukawas Handwerksmeister vieles wieder auf, darunter die majestätischen **Honkō-ji** (本光寺) und **Shinshū-ji** (真宗寺). Es gibt jahrhundertealte Sakebrauereien, traditionelle Lagerhäuser und Kanäle mit Karpfen. Der Ökotourismusveranstalter **Satoyama Experience** (satoyama-experience.com) organisiert traditionelle Unterkünfte, Radtouren und kulturelle Aktivitäten vor Ort. Das gemütliche **Takumi** (匠) bietet Hida-Rindfleisch-Udon, die winzige **Hidanooku-Brauerei** (ヒダノオクブルワリー) schenkt Craft-Bier aus. Am 19. und 20. April findet das **Furukawa Matsuri** mit *yatai* (Festwagen) und Hunderten von ausgelassenen halb nackten Männern statt, die eine große Trommel durch die Stadt ziehen.

UNTERWEGS VOR ORT

In Takayama ist Laufen bei Weitem der beste Weg, um die Sehenswürdigkeiten zu erkunden. Alternativ lässt sich in einigen Hotels und Pensionen oder bei Hara Cycle nahe dem Bahnhof ein Fahrrad mieten. Wer Lust hat, kann eine Rikscha mieten und sich herumkutschieren lassen. Es gibt auch öffentliche Busse und Nahverkehrszüge, um in einige der Außenbezirke zu fahren.

Rund um Takayama

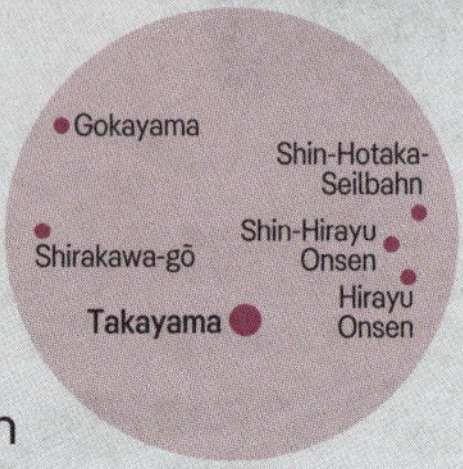

Gokayama
Shin-Hotaka-Seilbahn
Shin-Hirayu Onsen
Shirakawa-gō
Hirayu Onsen
Takayama

Genieße Japans spektakuläre Wildnis zwischen Bädern in heißen Quellen und Ausflügen zu UNESCO-Welterbe-Dörfern.

Die Region Hida rund um Takayama im Norden der Präfektur Gifu ist ein verführerisches Reiseziel, das mit unberührter Natur, idyllischen Dörfern und einem wunderbaren Kulturerbe lockt. Im Hintergrund dieses malerischen Waldgebietes sind die Nordjapanischen Alpen ein willkommener Anblick für Naturbegeisterte, die wandern und campen wollen. Dies hier ist Onsen-Land – mit einigen der schönsten *rotemburo* (heiße Quellen im Freien) Japans, die auf atemberaubende Naturlandschaften blicken. Außerdem gibt's Dörfer, die zum UNESCO-Weltkulturerbe gehören und für ihre traditionellen Strohdachhäuser berühmt sind. Entweder kommt man für Tagesausflüge aus Takayama oder man bleibt ein oder zwei Nächte in der Region – so oder so wird man nicht enttäuscht.

TOP TIPP

Wer vor allem die Onsen erkunden will, ist mit einem eigenen Auto klar im Vorteil. Obwohl viele Orte mit dem Bus erreichbar sind, kann man mit dem Auto einige Städte abhaken, die nicht von öffentlichen Verkehrsmitteln angefahren werden.

Gokayama (S. 208)

AMMLERY/SHUTTERSTOCK ©

Shin-Hotaka-Seilbahn

Onsen-Hopping in Okuhida Onsen-gō

LUXUS AUF DEM LAND UND IN HEISSEN QUELLEN

Fünf Orte in der Region Hoda verfügen über einige der besten *rotemburo:* Hirayu, Fukuji, Shin-Hirayu, Tochio und Shin-Hotaka. Zusammen bilden sie Okuhida Onsen-gō.

Hirayu-Onsen (平湯温泉) ist leicht mit dem Bus von Takayama (1 Std.) oder Matsumoto (1½ Std.) zu erreichen. Besonders beliebt ist das **Hirayu-no-mori** (ひらゆの森), ein Komplex aus 16 Freiluft-Onsen mit unterschiedlichen Temperaturen und Mineralien neben Privatbädern, die im Voraus zu buchen sind. Etwas günstiger ist das nahe **Hirayu-no-Yu** (平湯の湯) mit einem *rotemburo* und einem Volksmuseum.

Nördlich von Hirayu liegt **Fukuji-Onsen** (福地温泉) mit dem **Mukashibanashi-no-sato** (Isurugi-no-yu; 昔ばなしの里·石動の湯), einem ländlichen Badehaus mit Blick auf die grüne Umgebung. Hier gibt's eine Reihe geschmackvoller Ryokan, darunter das **Yumoto Chōza** (湯元長座) mit traditionellen Tatami-Zimmern, Innenbädern und *rotemburo*.

Shin-Hotaka-Onsen (新穂高温泉) ist ein abgelegenerer Favorit. Das **Nakazaki Sansou Okuhida-no-yu** (中崎山荘奥飛騨の湯) ist eine gute Wahl für ein Bad mit Blick auf die Ber-

SHIN-HOTAKA-SEILBAHN

In den heißen Quellen zu entspannen ist nicht die einzige Möglichkeit, die atemberaubende Natur der Region Hida zu genießen, der beste Weg ist, mit der Shin-Hotaka-Seilbahn (新穂高ロープウェイ) in sie einzutauchen. Diese doppelstöckige Seilbahn befördert die Fahrgäste auf 2156 m Richtung Gipfel des Nishi Hotaka-dake (2909 m). Hier bietet sich nicht nur ein atemberaubender Blick auf die Nordalpen, man kann auch aussteigen und auf dem 2,3 km langen **Nabedaira-Naturpfad** (1 Std.) wandern, den Gipfel des **Nishiho Maruyama** (3–4 Std.) auf 2452 m erklimmen oder durch den Wald nach **Kamikochi** (4–5 Std.) weiterfahren. Es gibt Bären, daher entsprechende Warnhinweise befolgen (S. 234). Weitere Informationen unter hidageo.com.

ÜBERNACHTEN IN OKUHIDA

Campingplatz Hirayu
Berghütten mit Tatami-Böden oder Zelte mit Blick auf den Wald; 10 Minuten Fußweg nach Hirayu. ¥

Guesthouse Horaguchi
Nur einen kurzen Spaziergang von Tochio-Onsen entfernt liegt diese preiswerte Tatami-*minshuku*. ¥

Yarimikan
Traditionelles Onsen-Ryokan mit Flussblick vom *rotemburo;* Gerichte mit Hida-Rindfleisch und gegrilltem Fisch. ¥¥¥

ÜBERNACHTEN IN OGIMACHI & AINOKURA

Kōemon
Gasshō-zukuri-Gasthof in Ogimachi, von einer Familie in fünfter Generation geführt. Tatami-Zimmer und beheizte Böden. ¥¥

Magoemon
Prächtiges, 300 Jahre altes Haus in Ogimachi mit Geschichte und Charme. Mahlzeiten auf Tatami um eine stimmungsvolle Feuerstelle (*irori*). ¥¥

Yamashita-ya
Günstige Option auf halbem Weg zwischen Suganuma und Ainokura. Kein *gasshō-zukuri*, aber tolle Aussichten und Mietfahrräder. ¥

Minshuku Chōyomon
Rustikales 350 Jahre altes *gasshō*-Haus in Ainokura. Zimmer im japanischen Stil und Mahlzeiten auf Tatami um das *irori*. ¥¥

ge und zum Rauschen des Gamada, das **Shin-Hotaka-no-yu** (新穂高の湯) bietet gemischtes Baden direkt am Fluss. Die **Higaku-no-Yu & Climbers Cafeteria** ist ein weiteres *rotemburo* mit gutem Essen.

In **Shin-Hirayu-Onsen** (新平湯温泉) kann man zwischen neun wunderbaren Bädern im Freien wählen, darunter auch der Komplex im **Okuhida Garden Hotel Yakedake**. In **Tochio-Onsen** (栃尾温泉) steht das **Kōjin-no-yu** (荒神の湯) am Flussufer umgeben von einem traumhaften Wald.

Welterbe-Wunder von Shirakawa-gō & Gokayama

HIDAS BEMERKENSWERTE STROHGEDECKTE BAUERNHÄUSER

Die zum UNESCO-Welterbe gehörenden Dörfer Shirakawa-gō und Gokayama bieten gute Gründe, die Region Hida zu besuchen. Beide sind nur eine gute Autostunde von Takayama entfernt und berühmt für ihre wunderschön erhaltenen Holzhäuser (viele davon 300 Jahre alt). Die steilen, gegiebelten Strohdächer brachten ihnen den Namen *gasshō-zukuri* ein (zum Gebet gefaltete Hände). Diese Bauweise bietet einen geräumigen Dachboden für die Zucht von Seidenraupen und hält auch starken Schneefällen stand.

Shirakawa-gō (白川郷) ist der beliebtere Ort. Ruhe und Frieden gibt's hier nicht, denn Touristenscharen kommen mit Bussen, um durch das ländliche Dorf **Ogimachi** (荻町) zu streifen. Einige *gasshō-zukuri* wurden in Unterkünfte, Restaurants und Museen umgewandelt. Das größte und renommierteste Haus ist das **Wada-ke** (和田家), ein ausgewiesenes nationales Kulturgut aus der Mitte der Edo-Zeit. Im stimmungsvollen **Ochiudo** (落人) kann man in einem 350 Jahre alten *gasshō* rund um eine große *irori* (Feuerstelle) essen. Die ehemalige Burg bietet einen guten **Ausblick** über den Ort (15 Min. zu Fuß oder mit dem Shuttlebus).

Eine Autostunde nördlich von Shirakawa-gō liegt **Gokayama** (五箇山) in der Präfektur Toyama. Es ist deutlich weniger entwickelt und weniger überlaufen als Shirakawa-go und hat kleinere, gemütlichere Dörfer; die nettesten sind **Suganuma** (菅沼) und **Ainokura** (相倉), wo die *gasshō-zukuri* eine Mischung aus Privatwohnungen, Pensionen, Restaurants und Museen bieten. In Ainokura serviert das **Matsuya** (まつや) in einem restaurierten *gasshō-zukuri* leckere Soba und Mittagsmenüs.

UNTERWEGS VOR ORT

Die Busse zwischen Takayama, Matsumoto und Shin-Hotaka-Onsen halten in Hirayu-Onsen, doch für den Besuch mehrerer Onsen-Städte lohnt sich ein Mietwagen. Für Outdoor-Fans gibt's viele Wanderwege.

Die abgelegenen Siedlungen Shirakawa-gō und Gokayama sind auf eigene Faust nur mit Bus oder Auto zu erreichen, oder man schließt sich ab Takayama einer Tour mit **Nohi Bus** (www.nouhibus.co.jp/english) an. Nach Shirakawa-gō geht's mit regelmäßigen Bussen von Takayama, Kanazawa und Toyama nach Ogimachi.

Ainokura (Gokayama) ist direkt über die Tokai-Hokuriku-Schnellstraße von Takayama aus zugänglich und mit einem öffentlichem Bus.

KANAZAWA

Kanazawa (金沢, 465 000 Ew.) ist eine Stadt mit vielen kulturellen Attraktionen und einer beneidenswerten Lage zwischen dem Japanischen Meer und den Nordalpen, die sich zu Recht zu einem der beliebtesten Reiseziele in Chūbu entwickelt hat. Als Hauptstadt der Präfektur Ishikawa verlockt die Stadt schon lange anspruchsvolle Reisende mit vielen kulturellen Schätzen des feudalen Maeda-Clans. In jüngerer Zeit – insbesondere seit der Einführung des *shinkansen* im Jahr 2015, der von Tokio oder Kyoto aus in 2½ Stunden hier ist – haben sich die vielen Attraktionen der Stadt herumgesprochen: gut erhaltene Teehausviertel aus der Edo-Zeit, ein meisterhaft restaurierter Schlosskomplex, eine reiche Samurai-Geschichte, moderne Kunstmuseen und einige der großartigsten Gärten Japans – ein herrlicher Ort, um traditionelle Kultur inmitten des 21. Jhs. zu erleben.

Mit vielen kulinarischen Highlights auf dem Weg und tollen Tagesausflügen in der Region sollte Kanazawa auf jeden Fall auf dem Reiseplan stehen.

TOP TIPP

Wer eine Geisha-Aufführung oder ein Nō-Konzert besuchen möchte, sollte sich rechtzeitig über den Zeitplan informieren und Tickets im Voraus buchen. Für die Burg und Kenroku-en sowie viele Museen gibt's ermäßigte Kombitickets, also Ticket aufbewahren.

Kanazawa-jō (S. 213)

Zeitlose Schönheit & Eleganz im Kenroku-Garten

KANAZAWAS GROSSARTIGER JAPANISCHER GARTEN

Der **Kenroku-Garten** (兼六園, Kenroku-en) aus der Edo-Zeit war einst die exklusive Domäne des Adels und wurde 1643 als privater Vorgarten der Burg Kanazawa angelegt, in dem Generationen von Feudalherren spazieren gingen. Er wurde 1871 der Öffentlichkeit zugänglich gemacht und ist heute einer der Drei Großen Gärten Japans.

Durch den Garten im *kaiyu*-Stil schlendern japanische Paare in traditionellen *yukata* (leichter Baumwollkimono) durch wunderschön gestaltetes Gelände mit moosbewachsenen Steinschreinen, Pagoden, Teichen, uralten dürren Bäumen und Zypressen. Er ist der

AUF DEN SPUREN DER SAMURAI IM NAGAMACHI-VIERTEL

Ehre, Mut und Tapferkeit sind Eigenschaften, für die Samurai verehrt werden, und in Nagamachi läuft man durch die Straßen, in denen sie lebten.

Als Erstes geht's ins **1 Nagamachi Yūzen-kan,** wo Beispiele der edlen Kaga-Yūzen-Kimono-Seidenfärberei zu sehen sind; nach vorheriger Buchung kann man auch Kimonos anprobieren. In der Nähe steht das **2 Takada-Familienhaus** mit restaurierten Wohnräumen der Samurai-Torwächter und Pferdeställen einer Samurai-Familie mittleren Ranges. Am Ōnoshō-Kanal entlang sind links die Lehmmauern früherer Samurai-Häuser zu bewundern. Das **3 Kanazawa-Ashigaru-Museum** zeigt zwei Häuser von Samurai-Soldaten der unteren Klasse und erklärt ihre täglichen Pflichten.

Danach folgt das **4 Haus des Samurai-Viertels Nagamachi**, eine ehemalige Samurai-Residenz und ein Besucherzentrum. Auf der anderen Seite des Flusses steht die **5 Nomura-ke-Samurai-Residenz** einer wohlhabenden Kaufmannsfamilie mit makellosen Tatami-Zimmern und paradiesischen Gärten. Neben den ausgestellten Samurai-Rüstungen und -Schwertern gibt's einen Brief von 1566, der Dankbarkeit für die Enthauptung eines feindlichen Soldaten ausdrückt!

Als Nächstes folgen das Museum **6 Kanazawa Shinise Memorial Hall**, eine ehemalige Apotheke von 1579 (1878 wiederaufgebaut), und das **7 Maeda-Tosa-nokami-ke-Shiryōkan-Museum** mit Samurai-Rüstungen und einem Kriegshelm, der zu Hasenohren umgeschmiedet wurde.

Es geht zurück in die engen Gassen von Nagamachi, wo Läden in früheren Samurai-Häusern traditionelle *kutani*-Töpferwaren verkaufen, die es nur in der Präfektur Ishikawa gibt, darunter **8 Kaburaki**. Zum Abschluss belohnt man sich im **9 Yanagiya Saraku** mit Soba-Gerichten, hausgebrautem Bier und Gartenblick.

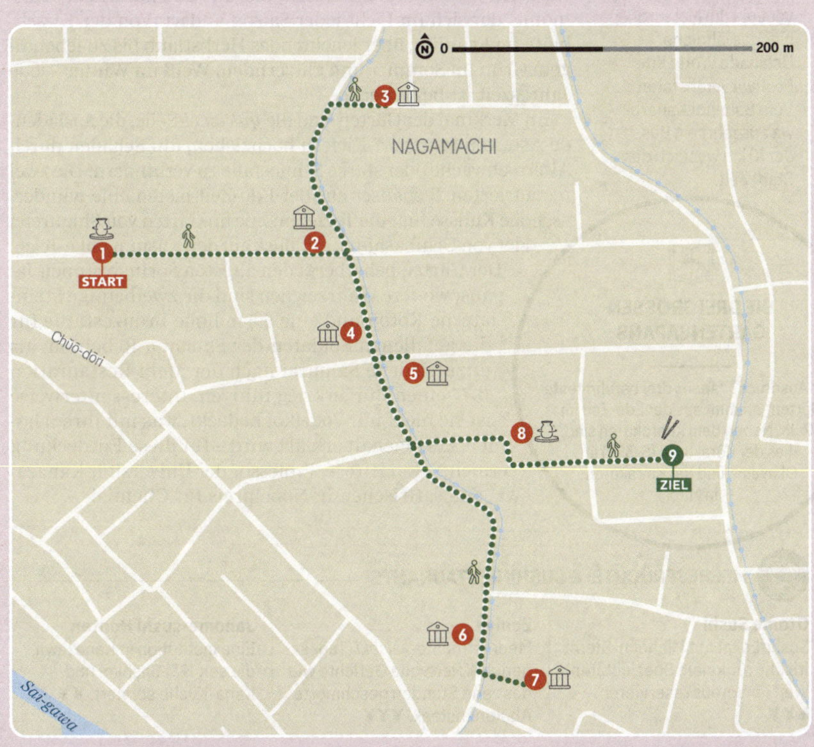

UCHINADA-STRAND

Bei all den Kanälen, die sich durch die historischen Stadtteile schlängeln, könnte man glatt vergessen, dass Kanazawa auch einen Strand hat. Der Strand von Uchinada schaffte es auf die Liste der 100 besten Strände Japans, ist ein netter Sandstreifen und wird im Sommer gerne zum Schwimmen und Grillen aufgesucht.

Zum Sonnenuntergang strömen die Menschenscharen hierher, um zu sehen, wie sie im Japanischen Meer versinkt. Im Mai wird hier das jährliche Uchinada World Kite Festival veranstaltet. Vom Bahnhof Kanazawa aus fährt ein Bus, der 10 km westlich der Stadt hält.

LEE YIU TUNG/SHUTTERSTOCK ©

Kenroku-Garten (S. 210)

Inbegriff japanischer Schönheit, Eleganz und natürlicher Harmonie, der sich im Licht jeder Saison ändert. Von der Kirschblüte im Frühling über leuchtendes Herbstlaub bis zu lebendigem Grün im Sommer und glitzerndem Weiß im Winter – jede Jahreszeit ist bezaubernd.

Ein Merkmal der Gärten sind die *yukizeri*-Seile, die ausladende Äste von *karasaki*-Kiefern hochziehen, um Schäden durch Altersschwäche oder starke Schneefälle zu verhindern. Die zwei restaurierten Teehäuser aus der Edo-Zeit bieten eine wunderschöne Kulisse für eine Teezeremonie im Garten von Shiguretei oder von Uchihashi-tei, mit Blick auf den Kasumigaike-Teich.

Der Garten beherbergt den ältesten Springbrunnen Japans; weitere Wahrzeichen sind die zweibeinige Steinlaterne Kotoji und eine 5,5 m hohe Bronzestatue für die gefallenen Soldaten der Satsuma-Rebellion, als unzufriedene Samurai nach der Meiji-Restauration 1877 einen Bürgerkrieg führten. Interessanterweise ist sie nicht mit Vogelkot bedeckt, was mit ihrem hohen Arsengehalt erklärt wird – für diese Entdeckung erhielt Yukio Hirose, Professor der Universität Kanazawa, den satirischen Ig-Nobelpreis für Chemie!

DIE DREI GROSSEN GÄRTEN JAPANS

Der Ausdruck „Japans drei berühmteste Gärten“ stammt aus der Edo-Zeit im 19. Jh. Neben dem Kenroku-en sind dies der Kōraku-en (S. 399) in Okayama und der Kairaku-en in Mito.

MEERESFRÜCHTE- & SUSHI-RESTAURANTS

Otome Sushi
Sushi-Lokal mit Michelin-Stern; frische regionale Spezialitäten. Weit im Voraus reservieren. ¥¥¥

Zeniya
Meeresfrüchte-*kaiseki* (Tagesgericht). Reizvolle Gerichte wie das zehn Stunden geschmorte Abalonensteak. ¥¥¥

Janome-sushi Honten
Eine Institution in Kanazawa, die seit 1931 Sashimi und Kaga-Küche serviert. ¥¥

Erkundung des Kanazawa-Burgparks

WUNDERSCHÖN RESTAURIERTE SCHLOSSANLAGE

Wie die meisten japanischen Burgen durchlebte auch die **Kanazawa-jō** (金沢城) in ihrer Geschichte Höhen und Tiefen mit Bränden, Kriegen und Naturkatastrophen, bevor die Meiji-Restauration Vernachlässigung oder Zerstörung brachte. Doch Kanazawas Burg verschwand komplett, als 1949 die Universität an ihrem Ort gebaut wurde.

Umso bemerkenswerter ist ihre Rückkehr – die Universität Kanazawa wurde in den 1990er-Jahren verlegt und die Burg an ihrem ursprünglichen Standort von Grund auf neu gebaut, aber ohne die üblichen Beton- und Stahlträger. Stattdessen hielt sich die mühevolle Rekonstruktion ans originale Holzdesign und nutzte originale Zimmerertechniken und Materialien der Ära. Für sowohl Architektur- als auch Geschichtsfans ist sie interessant, da ihr Design aus existierenden Quellen aus den 1850ern hervorging. Die langwierige Wiederherstellung von Japans größtem Holzbauwerk und Kanazawas Hauptattraktion ist eine Herzensangelegenheit.

Der Bau begann 1997 als Langzeitprojekt, das in mehreren Phasen umgesetzt wird. Der erste Teil der Burg wurde 2001 fertiggestellt: die beiden 17 m hohen Wachtürme **Hishi Yaguri** und **Hashizume-mon Tsuzuki Yagura,** die durch das elegante 98 m lange Waffenlager **Gojukken Nagaya** miteinander verbunden sind. Das heutige Architekturmuseum mit Blick auf den Burggraben dokumentiert den Wiederaufbau von Anfang an. Die Säulen und Balken wurden mit Nut-und-Feder-Verbindungen ohne Einsatz von Metall zusammengefügt. Gleichzeitig wurden Elemente des 21. Jhs. wie Rolltreppen und Aufzüge eingebaut.

Im Jahr 2010 wurde das **Kahoku-mon-Tor** fertiggestellt, gefolgt vom **Hashizume-mon-Tor** und dem herrlichen **Gyokusen-Inmaru-Garten** (S. 214) im Jahr 2015. Zuletzt wurden 2020 das **Nezumita-mon-Tor** und die **Nezumita-mon-Brücke** in der Nähe des Oyama-Schreins enthüllt. Der **Ninomaru-Palast**, dessen zehnjähriger Wiederaufbau 2024 beginnen wird, dürfte das Glanzstück werden.

Es gibt auch einige originale Bauwerke: Das als Wichtiges Kulturgut ausgewiesene **Ishikawa-mon-Tor** stammt von 1788, das nahe gelegene **Kahoku-mon-Tor** ist sogar noch älter und wurde 1772 erbaut.

Täglich starten am Ishikawa-mon-Tor kostenlose Führungen (9.30–15.30 Uhr) durch die Burggebäude; oder man lädt die App für selbst geführte Touren herunter. Samstagabends ist die Burg beleuchtet, eine schöne Zeit für einen Spaziergang durchs Gelände.

WARUM ICH KANAZAWA LIEBE

Trent Holden, Autor.

Samurai-Geschichte, Geisha-Viertel, Schlösser, Teehäuser, japanische Gärten, Schreine, das Ninja-Museum und moderne Kunst – was will man mehr? Ich liebe den Willen und die Leidenschaft, mit der die Stadt beschlossen hat, ihre Burg nicht nur wiederaufzubauen, sondern es auf ehrwürdige, unverfälschte Art und Weise mit traditionellen Handwerkstechniken zu tun. Neben dem kulturellen Erbe liebe ich auch das Stadtzentrum von Kanazawa. Die vom Zweiten Weltkrieg unberührte Stadt hat einen gewissen Retro-Charme und ist voller toller Bars, Märkte und Sushi-Restaurants. Die Nähe zu den Bergen und der Hokuriku-Küste erhöht den Reiz der Stadt, die zudem auch nur ein paar Zugstunden von Tokio entfernt liegt.

DIE BESTEN IZAKAYA

Itaru Honten
Sehr beliebtes *izakaya*, das auf lokale Meeresfrüchtegerichte und Sake spezialisiert ist. ¥¥

Fuwari
Populäres *izakaya* in einem renovierten Haus mit köstlichen Gerichten; im Voraus reservieren. ¥¥

Musashi
Familiengeführtes *izakaya* mit Thekenplätzen; gegrillter Fisch, *karaage* (gebratenes Huhn) und Sashimi. ¥¥

AUSGEHEN IN KANAZAWA

Oriental Brewing (オリエンタルブルーイング)
Brauerei-Pub, der Gin und Craft-Biere mit lokalen Zutaten herstellt, etwa fruchtiges *yuzu*-Weizenbier. Für den kleinen Hunger gibt's eine Pizzakarte.

Furansu Cocktail Bar (フランス)
Die erstklassige Bar wird von zwei französisch-japanischen Brüdern betrieben; innovative Cocktails wie *umeshu*-Sours oder japanische Old Fashioned mit Blattgold aus Kanazawa.

Craft Beer Dive Futa's
Entspannte Nachbarschaftsbar eines Einheimischen, der verrückt nach japanischen Bieren ist.

Sturgis (スタージス)
Glitzernde Rockbar im vierten Stock, wo der Besitzer mit Cowboyhut zwischen seinen Gitarrenübungen Drinks ausschenkt.

Teezeremonie im Gyokusen-Inmaru-Garten

KANAZAWAS FEUDALER LUSTGARTEN

Teil des Masterplans zur Wiederbelebung der großartigen Vergangenheit Kanazawas ist dieser elegante Garten aus der Edo-Zeit, der ursprünglich aus dem Jahr 1634 stammt, aber 1868 während der Meiji-Zeit aufgegeben wurde. Das Projekt, das vom Kanazawa Castle Park betreut wird, stützt sich auf alte Zeichnungen und Literatur und dauerte fünf Jahre.

Die gestalteten Gärten um einen Teich wurden von 14 Generationen Maeda-Fürsten als Spazierwege genutzt. Bei einer Teezeremonie im **Gyokusen-an Rest House** (玉泉庵) auf Tatami-Matten lässt sich das Ganze wunderbar genießen.

Eine Treppe führt hinauf zum **Oyama-Schrein** (尾山神社), einem einmaligen Bau mit westlichen, chinesischen und japanischen Stilelementen – darunter das Buntglasdesign eines niederländischen Architekten und die obere Hälfte, die einst ein japanischer Leuchtturm war!

Kultur-Hopping in Kanazawas Museen und Galerien

VON DER UNESCO ANERKANNTE STADT DES HANDWERKS

Das **Museum für Zeitgenössische Kunst des 21. Jahrhunderts** (金沢21世紀美術館) holt Kanazawa mit hochmodernen Ausstellungen in einem runden Glasgebäude inmitten von öffentlichen Kunstinstallationen in die Gegenwart. Neben den temporären Ausstellungen, die Eintritt kosten, umfasst die ständige Sammlung berühmte Werke wie Leandro Erlichs *Swimming Pool* und James Turrells minimalistische Installation *Blue Planet Sky*.

Das nahe **Kanazawa-Nō-Museum** (金沢能楽美術館) bietet wunderbare Einblicke in das traditionelle japanische Performance-Theater, das hier seit der Edo-Zeit aufgeführt wird. Neben einer exquisiten Sam,mlung von Masken und Kostümen gibt's viele Informationen, die auf eine Vorstellung im **Nō-Theater der Präfektur Ishikawa** (石川県立能楽堂) vorbereiten.

Ein Besuch im **DT-Suzuki-Museum** (鈴木大拙館) ist bei Interesse am Zenbuddhismus ein Muss. Es würdigt das Leben eines der bedeutendsten buddhistischen Philosophen unserer Zeit und ist ein ruhiger, meditativer Ort in einer atemberaubenden, minimalistischen Umgebung mit viel Natur.

Der Umzug des **Nationalen Kunsthandwerksmuseums** (国立工芸館) von Tokio hierher im Jahr 2020 ist eine weitere Anerkennung von Kanazawas Ruf als Stadt des Kunst-

BUDGET-UNTERKÜNFTE

Kaname Inn Tatemachi
Günstiges Hotel im Stadtzentrum mit Vinyl-Musikbar und Reisetipps. ¥

Pongyi
Charmante Pension in einem renovierten 140 Jahre alten Kimonoshop mit Schlafsälen und Privatzimmern. ¥

K's House Kanazawa
Verlässliches Hostel mit Tatami-Zimmern, Küche und Dachterrasse. ¥

MANUEL ASCANIO/SHUTTERSTOCK ©

Geschichtsmuseum der Präfektur Ishikawa

handwerks. Im **Geschichtsmuseum der Präfektur Ishikawa** (石川県立歴史博物館) und **Kaga-Honda-Museum** (加賀本多博物館) nebenan gibt's faszinierende Samurai-Ausstellungen. Das **Kunstmuseum der Präfektur Ishikawa** (石川県立美術館) zeigt unter seinen ständig wechselnden Exponaten auch einige nationale Kulturgüter.

ŌMI-CHŌ-MARKT: KANAZAWAS KÜCHE

Der Ōmi-chō-Markt (近江町市場) geht auf die Edo-Zeit zurück und ist seit 1721 Kanazawas erste Adresse für frischen Fisch. Er ist zwar nicht ganz so lebhaft wie der alte Tsukiji-Markt in Tokio, aber ein Besuch am Morgen lohnt sich, um den Fischhandelstrubel zu erleben und die seltsamen und wunderbaren Meeresbewohner zu bestaunen, die am Morgen gefangen wurden. Dazwischen gibt's viele Sushi-Bars und Stände, die alles von Tempura-Tintenfisch bis zu Garnelenkroketten anbieten.

Geisha-Viertel von Kanazawa

KANAZAWAS HISTORISCHES TEEHAUSVIERTEL

Von den drei wunderschön erhaltenen Geisha-Vierteln in Kanazawa ist keines so beliebt wie das elegante **Higashi-Chaya-Viertel** (ひがし茶屋街) aus der Edo-Zeit. Es wurde im frühen 19. Jh. als Vergnügungsviertel für den Adel etabliert, und noch heute befinden sich hier die gleichen hölzernen Gitterfassaden von Teehäusern, in denen Geisha-Vorstellungen stattfinden.

Etwa 40 *geigi* (der lokale Begriff für Geisha) verteilen sich auf Kanazawas Teehausviertel (von etwa 1000 in

GEISHAS IN GANZ JAPAN

Weitere berühmte *hanamachi* (Geisha-Viertel) sind **Gion** (S. 269) und **Kamishichiken** (S. 289) in Kyoto, **Furumachi** in Niigata und **Shinbashi** in Tokio.

DIE BESTEN HOTELS IN KANAZAWA

Share Hotels Kumu
Boutique-Kettenhotel der Mittelklasse, ein Mix aus traditionellen Zimmern plus Dachterrasse mit Blick auf die Burg. ¥¥

Minn Kanazawa
Geräumige, komfortable Unterkunft im Stadtzentrum, in Fußnähe zu den meisten Sehenswürdigkeiten. ¥¥

Hotel Nikkō Kanazawa
Eines der luxuriösesten Hotels in der Nähe des Bahnhofs Kanazawa mit Blick auf die Stadt und allen Annehmlichkeiten. ¥¥¥

GEIGI: DIE GEISHA VON KANAZAWA

Ohne persönliche Empfehlung ist es für Neulinge schwierig, eine *geigi*-Vorführung zu besuchen, aber in Kanazawa gibt's immer mehr Möglichkeiten.

Geisha-Abende
Finden im März, April, Oktober und November im Kaikaro-Teehaus statt. Ein intimer Abend mit Lady Baba, die über die Geisha-Kultur erzählt, während die Gäste mit Vorführungen unterhalten werden.

Kanazawa Geisha-Aufführungen
Organisiert von der Kanazawa Tourism Association. Im Sommer nach den „Special Experience Scenes of Lessons" fragen.

Kanazawa Geigi no Mai
Geigi-Tänze und Taiko-Trommeln in der Ishikawa-Ongakudo-Konzerthalle.

In Kanazawa House
Teurere Variante in einem traditionellen Teehaus.

Kikumi
Eine gehobene Option für feines japanisches Essen, begleitet von *geigi*-Vorführungen.

Higashi-Chaya-Viertel (S. 215)

Japan). Higashi ist der beste Ort, um etwas über ihre Kunst zu erfahren. Die **Kanazawa-Asanokawa-Gartenhalle** (金沢 浅の川園遊会館) bietet faszinierende Einblicke in Kanazawas Teehauskultur. **Shima** (志摩) ist ein Geisha-Haus aus dem frühen 19. Jh., das eine edle Sammlung kunstvoller Kämme und Haarnadeln zeigt. **Kaikarō** (懐華楼) ist ein weiteres schönes Geisha-Haus aus Holz, das in ein Museum umgewandelt wurde.

Es ist auffallend, dass Blattgold in Kanazawa eine große Rolle spielt. Der Name „Kanazawa" bedeutet übersetzt „goldene Marsch"; über 98 % der japanischen Blattgoldindustrie ist hier, Higashi Chaya ist das Zentrum, und das **Kanazawa-Yasue-Blattgoldmuseum** (金沢市立安江金箔工芸館) zeigt, wie ein münzgroßer Goldklumpen auf die Größe einer Tatami-Matte gewalzt wird, die 0,0001 mm dünn ist! Die **Sakuda Gold Leaf Company** (金銀箔工芸さくだ) ist einer

DIE BESTEN TRADITIONELLEN LOKALE

Kazueya
Elegantes Teehaus am Flussufer im Viertel Kazuemachi Chaya. Gemütliche Zimmer und ein japanischer Garten. ¥¥¥

Asadaya Ryokan
Traditionelles Ryokan von 1867 mit nur vier Zimmern; außergewöhnlicher Service und *kaiseki* (japanische Haute Cuisine). ¥¥¥

Utaimachi
Traditionelles Teehaus im Herzen des Viertels Higashi Chaya, betrieben vom Machiya Inn. ¥¥¥

von vielen Geschenkeläden, die auf diese Gegenstände spezialisiert sind. Es gibt auch jede Menge glitzerndes Essen, vom allgegenwärtigen Blattgold-Eis bis zu blattgoldbedeckten *tako-yaki* (gegrillte Oktopus-Dumplings).

Wenn es in der Hauptsaison zu voll wird, geht man einfach über die Brücke in das Viertel **Kazuemachi Chaya** (主計町茶屋街) am Ufer, wo man in einem dichten Labyrinth aus gepflasterten Straßen, eleganten Geisha-Häusern und Sakebars entspannt spazieren gehen kann.

Nishi-Chaya-Viertel

HISTORISCHE STRASSENZÜGE, MUSEEN & TEMPEL

Südlich des Flusses Sai liegt ein weiteres gut erhaltenes Teehausviertel aus der Edo-Zeit: **Nishi Chaya** (にし茶屋街). Die Fußgängerzone besteht zwar nur aus einer Straße, hat aber mit ihren fotogenen zweistöckigen Holzgitterbauten, einstige Geisha-Häuser für die Elite, einen ganz besonderen Zauber. Heute sind die Teehäuser in Weinbars, Soba-Restaurants und Museen umgewandelt.

Die Chance, das Werfen von Ninja-Sternen zu erlernen, kann man nur schwer ausschlagen, daher ist das interaktive **Ninja-Waffenmuseum** (忍者武器ミュージアム) so attraktiv. Alle ausgestellten Waffen sind echt, neben jahrhundertealten *shuriken* (Wurfsternen), Handklauen und coolen geheimen Gadgets gibt's auch einige großartige Samurai-Rüstungen und Schwerter. Im Erdgeschoss kann man sein Geschick im Werfen von *shuriken* testen – ein echter „Nur in Japan"-Moment.

Das **Puppenmuseum** (人形ミュージアム) in einem historischen Geisha-Haus ist das genaue Gegenteil. Hier gibt's eine beeindruckende Sammlung von traditionellen Puppen aus ganz Japan. Das **Nishi-Chaya-Museum** (金沢市西茶屋資料館) bietet einen guten Überblick über die Teehauskultur mit Geisha-Instrumenten. Am Ende der Straße steht das pastellblaue Holzgebäude im europäischen Stil, das als Proberaum für Geishas dient.

Nur einen kurzen Fußmarsch entfernt liegt Kanazawas stimmungsvoller Tempelbezirk mit dem faszinierenden **Myōryū-ji** (妙立寺; Ninja-dera). Dieser Tempel von 1643 enthält versteckte Treppen, Fluchtwege, geheime Kammern, verborgene Tunnel und Tricktüren. Die Besichtigung ist nur mit einer Führung möglich, die vorab zu buchen ist.

TÖPFERWAREN & PORZELLAN IN KANAZAWA

Während der Edo-Zeit förderte der in Kanazawa herrschende Maeda-Clan bedeutende Handwerkskünste. Viele werden noch heute praktiziert.

Ōhi-Keramik
Die bewusst einfachen Designs, rauen Oberflächen, unregelmäßigen Formen und monochromen Glasuren der Ōhi-Keramik sind seit der frühen Edo-Zeit bei Fachleuten beliebt. Seit dieser Zeit bewahrt eine Familie mit dem Berufsnamen Chōzaemon die Ōhi-Tradition.

Kutani-Porzellan
Kutani-Porzellan zeichnet sich durch elegante Formen, grazile Muster und bunte, kräftige Farben aus. Der Stil geht auf die frühe Edo-Zeit zurück und ähnelt chinesischem Porzellan oder japanischen Imari-Waren. Typische Motive sind Vögel, Blumen, Bäume sowie Landschaften.

UNTERWEGS VOR ORT

Wer gerne zu Fuß unterwegs ist, wird Kanazawa problemlos erkunden. Liegt das Hotel im Stadtzentrum oder in der Nähe der Burg, sind die meisten Sehenswürdigkeiten zu Fuß erreichbar, wer in der Nähe des Bahnhofs wohnt, verlässt sich auf das effiziente System der lokalen Busse.

Der Kanazawa-Loop-Bus (hokutetsu.co.jp/en/en_round) klappert die Hauptsehenswürdigkeiten der Stadt ab und startet alle 15 Minuten.

Ein Leihfahrrad ist auch eine gute Option (machi-nori.jp/en/).

Rund um Kanazawa

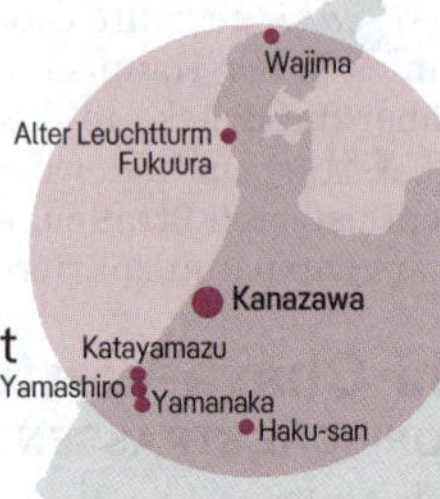

In der Region Hokuriku rund um Kanazawa trifft das Japanische Meer auf schneebedeckte Berge, was eine reizvolle Mischung aus Natur und Abenteuer ergibt.

Uralte Onsen-Städte, majestätische Berge und die zerklüftete Meereslandschaft der Hokuriku-Küste erwarten alle, die das Glück haben, durch die Präfektur Ishikawa zu reisen.

Fährt man von Kanazawa aus in Richtung Süden, gabelt sich die Straße bei Kaga-Onsen und dem Haku-san-Nationalpark und stellt die Richtung zur Wahl. Die vier Thermaldörfer, die Kaga-Onsen bilden, bieten die großartige Gelegenheit, einen traditionellen Ryokan-Onsen zu besuchen oder einen Tag lang die Seele baumeln zu lassen. Der Berg Haku-san ist seit der Antike ein Ort der asketischen Anbetung, heute kommen Wandernde aus der ganzen Welt, um den schneebedeckten heiligen Gipfel zu erklimmen. Nach Norden führt der Weg auf die Noto-Halbinsel mit unberührter Küstennatur und vielen köstlichen Meeresfrüchten.

TOP TIPP

Man kann mit Bus, Zug oder sogar dem Flugzeug nach Noto, Kaga oder Haku-san reisen, doch dieses Gebiet ist wie geschaffen für einen Roadtrip. Mit einem Mietwagen lässt es sich von Kanazawa aus im eigenen Tempo erkunden.

Chirihama Beach Driveway

DSSAMA/GETTY IMAGES ©

Ehemaliger Leuchtturm von Fukuura

Roadtrip über die Noto-Halbinsel

WENIGER BESUCHTE KÜSTENABENTEUER

Spektakuläre Meereslandschaften, vergessene Fischerdörfer und eine Reihe kultureller Attraktionen – die entlegene Noto-Halbinsel ist ein verlockendes Küstenziel.

Von Kanazawa aus führt die Straße zur Westküste der Noto-Halbinsel hinauf, wo sich das historische Haus der Familie **Kita-ke** (加賀藩十村役 喜多家) für eine Pause anbietet. Hier führt ein prächtiger Moosgarten zum hervorragend erhaltenen 16-Zimmer-Haus der wohlhabenden Feudalherrenfamilie, die in den 1800er-Jahren mehr als 100 Dörfer rund um das heutige Ishikawa verwaltete.

Ob ein Mietwagen lohnt oder nicht, könnte sich beim Halt an der Strandstraße **Chirihama Beach Driveway** entscheiden. Dieser 8 km lange Sandstreifen ist der einzige Strand in Japan, wo man an der tosenden Brandung vorbeirasen kann. Er führt zur größeren Stadt **Hakui** (羽咋), die vor allem für ihr Museum **Cosmo Isle Hakui** (コスモアイル羽咋) bekannt ist, das neben UFO- und Alien-Exponaten auch Relikte der NASA- und UdSSR-Raumfahrt der 1960er und 1970er zeigt.

Nördlich von hier steht der beeindruckende **Myōjō-ji** (妙成寺), ein buddhistischer Tempel von 1294 mit einer fünfstöckigen Pagode.

Einen Eindruck von der Schönheit der zerklüfteten Küste liefert der **Alte Leuchtturm von Fukuura** (旧福浦灯台), der älteste hölzerne Leuchtturm Japans, der ursprünglich von 1692 stammt. Nördlich davon liegt das malerische Gebiet **Gan-**

FUKUI – LAND DER DINOSAURIER & DES ZENBUDDHISMUS

Godzilla mag die berühmteste fiktive Reptilienkreatur Japans sein, aber in der Präfektur Fukui gibt's ihn wirklich. Im „Land der Dinosaurier" wurden in den letzten Jahrzehnten Fossilien von Arten wie Fukuisaurus, Fukuiraptor und Fukuititan entdeckt. In Katsuyama-Stadt ist das **Dinosauriermuseum Fukui** (福井県立恐竜博物館) ein Muss für Paläontologiefans mit Infos über die Dinosaurier von Fukui und einer Exkursion zu Japans größter Ausgrabungsstätte für Fossilien.

Die weniger besuchte Präfektur Fukui mit dem prächtigen **Daihonzan Eihei-ji** (大本山永平寺) eignet sich für alle, die Interesse am Zenbuddhismus haben. Inmitten von Bergen, Moospflanzen und uralten Zedern kann man am Sanzen Experience Program des Tempels teilnehmen und einen zenbuddhistischen Mönch kennenlernen.

ÜBERNACHTEN IN NOTO

Kagaya-Onsen
Fünf-Sterne-Ryokan-Onsen mit Blick auf den Ozean im Südosten von Noto. ¥¥¥

Oyado Tanaka
Intimes Ryokan in Wajima, zehn Tatami-Zimmer, *rotemburo* und köstliches Meeresfrüchte-*kaiseki*. ¥¥

Shimbashi
Entspannte, freundliche *minshuku* (B&B) in Wajima, elegante Einrichtung, Tatami-Zimmer und öffentliches Bad. ¥

Wajima-nuri (Lackwaren)

AMA-TAUCHERINNEN AUF HEGURA

Wer denkt, Wajima im Norden von Noto sei ein entlegenes Reiseziel, sollte mal **Hegura-jima** (舳倉島) auf der Karte suchen. Diese kleine Insel ist berühmt für ihre Taucherinnen *(ama)*, die seit Jahrhunderten ohne Sauerstoff in bis zu 25 m Tiefe Abalonen, *iwagaki*-Austern und Seetang sammeln. Unter den heute etwa 200 Freitaucherinnen, die bis zu zwei Minuten die Luft anhalten, sind Altersgruppen von Teenagern bis zu über Neunzigjährigen vertreten!
Die Insel liegt 50 km nördlich von Wajima, ist mit der öffentlichen Fähre zu erreichen und wegen der Zugvögel ein populärer Ort für Vogelbeobachtungen. Es gibt einfache *minshuku* zum Übernachten und die frischesten Meeresfrüchte.

mon (厳門) mit einigen Küstenpfaden und Meereshöhlen. Der nächste Halt mag kein Muss sein, aber die **Längste Bank der Welt** (460,9 m) ist einen Blick wert, wenn man Sinn fürs Skurrile hat. Weiter im Landesinneren befindet sich der großartige zenbuddhistische Tempelkomplex **Sōji-ji Soin** (總持寺祖院) von 1321, das frühere Zentrum der Sōtō-Zen-Schule, heute aber ein Filialtempel.

Das malerische **Wajima** (輪島) ist die größte Stadt im Norden von Noto, ein entspannter Fischereihafen mit charmantem maritimem Flair und einladenden *izakaya,* Fischrestaurants und Sakebrauereien aus dem 18. Jh. Sie ist berühmt für ihre kunstvollen **Wajima-nuri** (Lackwaren), die von einheimischen Kunsthandwerkern gefertigt werden (sie sind allerdings nicht günstig). Der tägliche Morgenmarkt **Asa-ichi** (朝市) ist 1000 Jahre alt. Hier gibt's die Kaffeerösterei **Kalpa**, die Single-Origin-Kaffee röstet, und einen Barista, der bereits in der dritten Generation Lackkunst herstellt. **Wajimas Museum für Lackkunst (Urushi)** (石川輪島漆芸美術館) informiert über diese komplizierte Kunstform, im **Kiriko Kaikan** (キリコ会館) sind prächtige lackierte Festwagen des Festivals Wajima Taisai Ende August aus nächster Nähe zu sehen.

Weitere 11 km nördlich liegen die fotogenen **Reisterrassen von Shiroyone Senmaida** (白米千枚田段々畑) direkt an der Küste. Dorthin führt ein Trail – oder man genießt im **Senmaida Coffee** bei einem guten Kaffee die Aussicht. Von hier verläuft die Küstenstraße zum **Rokkōsaki-Leuchtturm** (禄剛埼灯台) aus der Meiji-Zeit an der nordöstlichen Spitze, von dessen berühmtem, seltenem Standpunkt sowohl der Sonnenauf- als auch der Sonnenuntergang zu sehen ist.

ESSEN IN WAJIMA

Nono's
Gemütliches *izakaya* mit sechs Plätzen; täglich Spezialitäten wie *fugu* (Kugelfisch) und gegrillter Fisch. ¥

Shimpuku
Stilvolles Lokal; meisterhaft zubereitetes Sashimi direkt aus dem Japanischen Meer. ¥¥

Notokichi
Eine Institution in Noto, berühmt für Sushi, *fugu* und gegrillten Fisch in einladender Umgebung. ¥¥

Der Charme der alten Welt in Kaga-Onsen

THERMALBAD-HOPPING

Die vier Onsen-Dörfer von Kaga-Onsen (加賀温泉) – Yamanaka, Yamashiro, Katayamazu, Awazu – sind seit Langem ein erlesenes Urlaubsziel und eine gute Wahl für Entspannung und Regeneration in einem Ryokan.

Mit traditionellen Straßenzügen, pittoresker Schlucht und Wäldern rundum ist **Yamanaka**, eine Autostunde von Kanazawa entfernt, das malerischste Dorf. Im Zentrum liegt **Kiku no Yu**, zwei Badehäuser mit natürlichem heißem Wasser, die der Haiku-Dichter Bashō aus dem 17. Jh. preiste.

Der berühmteste Onsen liegt in **Yamashiro**. Der zweistöckige **Kosōyu** (古総湯) ist ein Nachbau des ursprünglichen Badehauses von 1886 mit einem Holzschindeldach, das prachtvolle Wahrzeichen des Dorfes. Im Inneren beeindrucken Buntglasfenster und Kutani-Keramikfliesen an lackierten Wänden. Nördlich der Stadt zeigt das **Kutaniyaki-Porzellanmuseum** umwerfende Beispiele der farbenfrohen Kutani-Keramik.

Katayamazu (片山津温泉) mit heißen Quellen überblickt den Shibayama-See vor der Kulisse des prächtigen Haku-san. Der verglaste **Katayamazu Onsen Sōyu** (加賀片山津温泉 総湯) ist wunderbar für ein Bad im See. Die gigantische 73 m hohe goldene **Daikannon-Statue** mit einem Baby im Arm ist so groß wie der Große Buddha in Nara. Einst Teil eines buddhistischen Themenparks, steht sie heute ganz allein.

In **Kaga-Stadt** gewährt das ehrwürdige **Yamanoshita-Tempelgebiet** mit sieben Tempeln Einblicke in ihre feudale Vergangenheit.

Genieße die heißen Quellen von **Awazu-Onsen** in der runden Wanne des *soyu* (öffentliches Badehaus). Das hiesige **Hōshi Ryokan** wird seit 46 Generationen von der Familie Hōshi geführt und stand im *Guinness-Buch der Rekorde* als ältestes, 1300 Jahre altes Hotel!

WENN MAN SCHON IN DER GEGEND IST ...

Yunokuni-no-Mori (加賀 伝統工芸村 ゆのくにの森)
In diesem Kunsthandwerksdorf kann man sich in der Herstellung von japanischem Papier, Nudeln und Kerzen bis zu Yamanaka-Lackmalerei, Glasbläserei, Kutani-Keramik und anderen traditionellen Kaga-Künsten versuchen.

Automobilmuseum von Japan (日本自動車博物館)
Es passiert nicht oft, dass Toyota, Mazda und Nissan Ferrari, Porsche und Jaguar in den Schatten stellen, doch in diesem Museum sind japanische Autos die Hingucker. Die rund 500 Fahrzeuge sind eine Mischung aus japanischen und internationalen Klassikern, darunter ein seltener Supercar Toyota 2000 GT von 1967.

Besteigung des heiligen Haku-san

ALPENWIESEN, SCHREINE & AUSSICHT

Ob man den heiligen Gipfel besteigen oder eine gemütliche Fahrt durch seine Ausläufer macht, das UNESCO-Biosphärenreservat **Haku-san-Nationalpark** (白山国立公園) ist ein Natur-Leckerbissen. Sein Zentrum ist der inaktive Vulkan **Haku-san** (letzter Ausbruch 1659), der neben dem Fuji und dem Tateyama in Toyama einer der drei heiligen Berge Japans ist.

TATEYAMA-SAN

In der benachbarten Präfektur Toyama ist der Tateyama-san, Japans anderer heiliger Berg, am besten über die **Tateyama-Kurobe-Alpinroute** (S. 225) erreichbar.

ÜBERNACHTEN IN KAGA-ONSEN

Ohanami Kyūbei
In Yamanakas großartigem Onsen-Ryokan verschmelzen Tradition und Moderne nahtlos miteinander. ¥¥

Kayōtei
Onsen-Ryokan in Yamanaka mit Blick auf Schlucht und Wasserfälle, göttlichem Essen und privatem *rotemburo*. ¥¥¥

Beniya Mukayū
Magisches Yamashiro-Ryokan mit Zen-Ambiente. Minimalistischer Stil und Zimmer mit privatem *rotemburo*. ¥¥¥

RITSU MIYAMOTO/SHUTTERSTOCK ©

Haku-san

Haku-san heißt übersetzt „weißer Berg". Er ist von Winter bis Frühsommer schneebedeckt und explodiert von Mitte Juli bis Mitte September in eine bunte Blütenpracht. Der Haku-san hat drei über 2500 m hohe Gipfel, doch bestiegen wird vor allem der höchste, **Gozengamine** (御前峰; 2702 m). Die meisten der zehn Routen hinauf (geöffnet ca. Mai–Okt.) starten am Ausgangspunkt in **Bettōdeai** (別当出合), zu dem von Ende Juni bis Mitte Oktober ein Bus vom Bahnhof Kanazawa fährt. Zwei Routen dauern sieben bis acht Stunden (hin & zurück). Auf dem Gipfel warten der Shirayamahime-Schrein und eine lebensfrohe Aussicht auf vier Präfekturen (Ishikawa, Gifu, Fukui und Toyama) sowie das Japanische Meer und die Nordalpen.

Mit dem Auto sind Tagesausflüge möglich, wer mit dem Bus anreist, muss in einer der hoch gelegenen Berghütten **Haku-san Murodō** (白山室堂; 6 km; etwa 4½ Std. Fußweg von Bettōdeai) oder **Nanryū Sansō** (南竜山荘; 5 km; 3½ Std.) übernachten, beide bieten Tatami-Böden und Mahlzeiten. Eine Reservierung ist unerlässlich. Ansonsten gibt's in den Dörfern Ichirino, Chūgū-Onsen, Shiramine und Ichinose *minshuku* (Gasthäuser) zum Übernachten.

AKTIVITÄTEN IM HAKU-SAN-NATIONALPARK

Der Haku-san-Nationalpark erstreckt sich über vier Präfekturen und umfasst mit fast 500 km² vielfältige Habitate mit Urwäldern, vulkanischen Hochebenen und Bergwiesen. Er ist vor allem als Wanderziel beliebt (Juni–Okt.), kann aber das ganze Jahr über besucht werden.

Im Winter locken Skigebiete, das populäre **Haku-san-Ichirino-Skiresort** ist für alle Niveaus geeignet. Die **Haku-san Shirakawa-go White Road** (im Winter geschlossen) beginnt hier und durchquert den Park bis zu den Dörfern von Shirakawa-go (S. 208). Man passiert Wasserfälle, Onsen-Dörfer und das **Bunao-Observatorium**, wo man mit dem Fernglas Wildtiere beobachten kann. Weitere Informationen unter hs-whiteroad.jp/de/.

UNTERWEGS VOR ORT

Die Region mag auf der Karte etwas isoliert erscheinen, ist aber nur 2½ Stunden mit dem Shinkansen von Tokio und Kyoto entfernt und sehr gut zugänglich. In den größten Teil der Hokuriku-Region fahren öffentliche Verkehrsmittel, aber ein Auto ist von Vorteil – besonders für Kaga-Onsen und die Noto-Halbinsel. Der Haku-san-Nationalpark hat landschaftlich reizvolle Straßen, ist jedoch in erster Linie ein Wanderziel; das wichtigste Transportmittel sind also die eigenen Füße.

PRÄFEKTUR TOYAMA

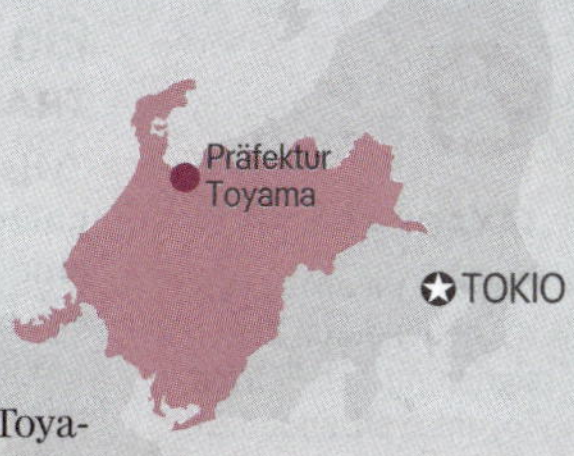

Zwischen den Präfekturen Ishikawa, Gifu und Nagano ist Toyama-ken (富山県) in der beneidenswerten Lage, die besten Naturschönheiten von Zentral-Honshū herauszupicken und zu einem kleinen Highlights-Paket zu schnüren. An einem Tag können der Küstencharme der Toyama-Bucht, die schneebedeckten Berge der Alpenregion und das grüne, dicht bewaldete Landesinnere erlebt werden.

Natürlich reicht ein Tag nicht aus. Diese Region ist mehr Zeit wert – vor allem wenn man weniger touristische Pfade bevorzugt. Die entspannte Präfekturhauptstadt Toyama bietet genug kulturelle Reize, um selbst ein Reiseziel zu sein, ist jedoch auch das Tor zu zwei einzigartigen und spektakulären Überlandfahrten: die Eisenbahnroute durch die Kurobe-Schlucht und die abenteuerliche Tateyama-Kurobe-Alpinroute.

TOP TIPP

Während der Hauptferienzeiten und an Wochenenden sind die Eisenbahnroute durch die Kurobe-Schlucht und die Tateyama-Kurobe-Alpinroute rechtzeitig weit im Voraus zu buchen.

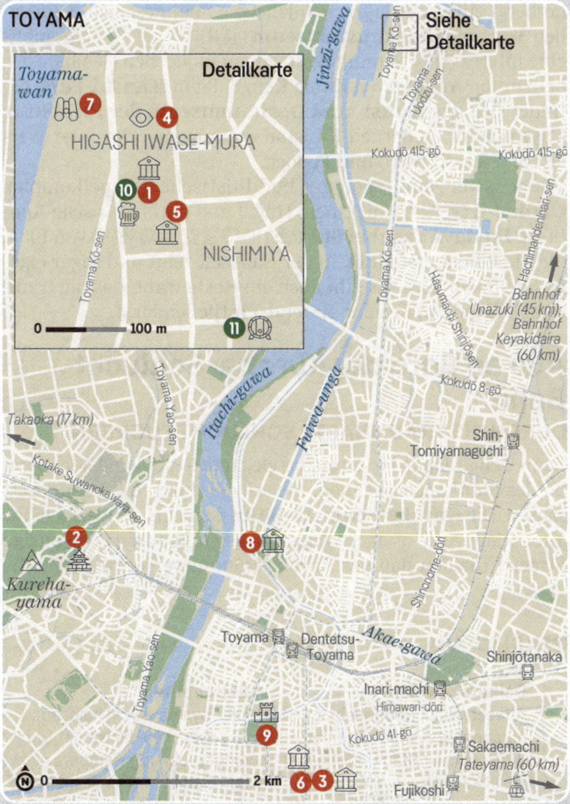

SEHENSWERTES
1 Baba-Residenz
2 Chōkei-ji
3 Ikedaya Yasubei Shōten
4 Bezirk Iwase
5 Mori-ki-Wohnhaus
6 Toyama-Glaskunstmuseum
7 Toyama-Aussichtsplattform
8 Kunst- und Designmuseum der Präfektur Toyama
9 Toyama-jō

AUSGEHEN
10 Kobo Brew Pub
11 Masuda Sake Brewery

TAKAOKA

Obwohl Takaoka (高岡) heute durch Zersiedelung ziemlich mit Toyama verbunden ist, bleibt es ein eigenständiges Ziel. Hier befinden sich der wunderbare **Große Buddha von Takaoka** (高岡大仏), eine elegante 16 m hohe Bronzestatue aus dem frühen 20. Jh. und einer von Japans Drei Großen Buddhas, und der zenbuddhistische Tempel **Zuiryū-ji** (瑞龍寺) aus dem 17. Jh., das einzige nationale Kulturgut in der Präfektur Toyama mit imposanten, gepflegten Rasen und den markanten Steildächern der Haupthalle. Takaokas Altstadt ist das **Kanayamachi**-Viertel mit hölzernen Handwerkshäusern aus der Edo-Zeit und der Brauerei **Latticework Brewing**, die beliebte Craft-Biere herstellt.

Ein Tag in Toyama

TRADITIONELLE KULTUR UND MEERESFRÜCHTE

Zwischen dem schneebedeckten Tateyama-Gebirge und der glitzernden Toyama-Bucht ist das entspannte Toyama (富山) eine relativ große, moderne Stadt, in der genug los ist, um ein oder zwei Nächte zu rechtfertigen.

Wie viele andere japanische Hafenstädte erlitt Toyama im Zweiten Weltkrieg neben Nagasaki und Hiroshima die schwersten Schäden. Ein Großteil der Stadt wurde wiederaufgebaut, ein gut erhaltenes Gebiet ist das historische **Viertel Iwase**, das Hafenviertel mit Lagerhallen und Stadthäusern, die zu Museen, Restaurants und Bars wurden. Die Kaufmannshäuser der Familien **Mori-ki** und **Baba** gewähren Einsichten in Toyamas wohlhabenden Schifffahrtsgroßhandel, im **Kobo Brew Pub** gibt's in einem maritimen Lagerhaus gutes Craft-Bier, die **Masuda Sake Brewery** ist ein ähnlich stimmungsvolles Erlebnis und auf dem **Toyama-Aussichtsdeck** (富山港展望台) genießt man einen 360-Grad-Blick über Bucht und Berge.

Die Burg **Toyama-jō** (富山城) von 1543 wurde während der Meiji-Zeit abgerissen, in den 1950er-Jahren wiederaufgebaut und ist heute der Mittelpunkt der Stadt. Das fotogene Ausflugsziel hat einen Burggraben, einen japanischen Garten und beherbergt ein Museum zur 400-jährigen Stadtgeschichte. Im nahen **Toyama Glaskunstmuseum** (富山市ガラス美術館) gibt's eine interessante Sammlung in einem modernen Gebäude des bekannten Architekten Kuma Kengo. Beim **Kansui-Park** befindet sich das **Kunst- und Designmuseum der Präfektur Toyama** mit modernen Kunstausstellungen – darunter Werke von Picasso, Miro und Pollock.

Sehenswert sind auch der buddhistische Tempelkomplex **Chōkei-ji** (長慶寺) auf einem Hügel und die chinesische Apotheke **Ikedaya Yasubei Shōten** (池田屋安兵衛商店) von 1936, die die Pillenherstellung in der Edo-Zeit zeigt und sogar eigene herstellen lässt. Es gibt auch ein Restaurant, das die traditionelle Medizin in seine Rezepte einfließen lässt.

Alle an Bord der Kurobe-Schlucht-Bahn

DURCH DIE TRAUMHAFTE SCHLUCHT TUCKERN

Zugreisen in Japan lassen an das elegante Design und hohe Tempo der Shinkansen denken, die stilvoll durch die Landschaft sausen. Die **Kurobe-Schlucht-Bahn** ist nichts dergleichen; ihr alter, klappriger offener Waggon zuckelt über eine einspurige Strecke, die den Bau des Kurobe-Damms versorgte. Doch die

ÜBERNACHTEN & ESSEN IN TOYAMA

Yosuga
Von Studenten geführte Pension; Schlafsäle und Privatzimmer, einen kurzen Fußweg von der Burg Toyama entfernt. ¥

Daibutsu Ryokan
Altes Ryokan; freundliches, hilfsbereites Personal; einen Block vom Großen Buddha in Takaoka entfernt. ¥¥

Shiroebi-tei
Die Toyama-Bucht heißt auch „Fischbecken der Natur". Unbedingt probieren: Tempura mit weißen Garnelen oder Sashimi. ¥¥

PHUBET JUNTARUNGSEE/SHUTTERSTOCK ©

Kurobe-Schlucht-Bahn

Aussicht ist atemberaubend. Dies ist Japans tiefste und größte Schlucht und die Strecke daher eine der landschaftlich reizvollsten. Sie schlängelt sich 20 km durch die üppig bewaldeten Schluchten der Nordjapanischen Alpen, über 20 Brücken und durch 40 Tunnel an den klaren Wassern des Kurobe entlang.

Die 80-minütige einfache Fahrt findet saisonal von Mitte April bis Ende November statt. Obwohl zu jeder Jahreszeit spektakulär, ist sie von September bis Ende Oktober wegen der Herbstfarben am beliebtesten. Viele starten am **Bahnhof Unazuki** und steigen am **Bahnhof Keyakidaira** aus; auf dieser Route sind die Plätze auf der rechten Zugseite für die schönsten Fotomotive die besten. Die Waggons werden zugewiesen, nicht aber die Sitzplätze; wer zuerst kommt, mahlt zuerst. Sie sind oben offen, darum muss man sich auf jedes Wetter vorbereiten. Gegen Aufpreis gibt's auch Tickets für einen geschlossenen Waggon mit Fenstern.

ES LANGSAM ANGEHEN LASSEN

Die 80-minütige Fahrt mit der Kurobe-Schlucht-Bahn wird meist bis zum Streckenende unternommen, doch mit etwas Zeit kann man die Reise auch auf mehrere Tage ausdehnen. Die Bahn bietet keinen Hop-on-Hop-off-Service, die Tickets für jede einzelne Etappe sind am Bahnhof oder auf der Website kurotetu.co.jp zu erwerben, wo es jede Menge Informationen zu den Stationen an der Strecke, Wanderwegen und abgelegenen Onsen am Flussufer gibt, etwa **Kuronagi**, 20 Minuten zu Fuß vom Bahnhof Kuronagi (Achtung, Bären), oder das Höhlenbad **Iwa-buro**, ein kurzer Fußweg vom Bahnhof Kanetsuri.

Tateyama-Kurobe-Alpinroute

STRASSENBAHNEN, OBERLEITUNGSBUSSE & SEILBAHNEN

Das Motto „Der Weg ist das Ziel" könnte sich auf die **Tateyama-Kurobe-Alpinroute** (立山黒部アルペンルート) beziehen. Die epische, achtstündige, 90 km lange Reise führt von Tateya-

RYOKAN ENTLANG DER KUROBE-SCHLUCHT

Hotel Kurobe
Hotel beim Bahnhof Unazuki; Tatami-Zimmer und *rotemburo* mit Blick auf die bewaldete Schlucht. ¥¥¥

Kuronagi-Onsen-Gasthof
Schöner Gasthof auf halbem Weg entlang der Schlucht; nahe dem berühmten entlegenen Onsen. ¥¥

Meiken Onsen Kurobe
Gemütliches Ryokan nahe dem Bahnhof Keyakidaira mit wundervollem Blick vom *rotemburo*. ¥¥

Tateyama-Kurobe-Alpinroute (S. 225)

ma (in der Präfektur Toyama) nach Nagano. Das Abenteuer ist in neun Abschnitte mit einer Vielzahl von Transportmitteln unterteilt und überquert durch eine atemberaubende Berglandschaft das „Dach Japans". Zu buchen ist im Voraus über die Website alpen-route.com, wo man viele nützliche Informationen und einen praktischen Gepäcktransportservice findet.

Meist startet die Fahrt am Bahnhof Toyama und geht nach Tateyama zur ersten Etappe der Route: die Seilbahn nach Bijodaira. Dort fährt ein Bus über das spektakuläre Midagahara-Plateau hinauf nach Murodō (50 Min.), dem höchsten Punkt der Route (2450 m) und das Tor zum Tateyama-san (3015 m), einem der drei heiligen Berge. Von hier führt ein kurzer Fußweg zur Tateyama-Caldera, dem größten inaktiven Krater Japans. Außer seiner Eiswand ist auch Mikurigaike, Japans höchstgelegener Onsen (2410 m), zu sehen.

Danach geht's mit Japans einzigem Oberleitungsbus durch den Tateyama-Tunnel nach Daikanbō und bei atemberaubender Aussicht aufs Tal mit der Tateyama-Seilbahn 488 m hinunter nach Kurobe-daira. Anschließend fährt man mit der unterirdischen Kurobe-Bahn durch einen weiteren Tunnel bis zum Kurobe-Damm. Dort erfolgt der Umstieg in den Kanden Tunnel Electric Bus und später den lokalen Bus nach Shinano-ōmachi, bevor man für die letzte Etappe nach Nagano in den Expressbus steigt.

SCHNEEWAND-KORRIDOR

Die Tateyama-Kurobe-Alpinroute ist berühmt für ihre spektakuläre Naturkulisse, am bemerkenswertesten ist für viele die Durchquerung des 500 m langen Schneekorridors mit bis zu 20 m hohen Schneewänden. Das ebenso spektakuläre wie surreale Phänomen wird von Schneepflügen erzeugt, die bis zu drei Monate lang die Straßen räumen, indem sie riesige Schneemassen an beide Seiten schieben und sozusagen einen Eistunnel bilden. Dieses Schauspiel währt nur von Mitte April bis Mitte Juni; je später man kommt, desto weniger Schnee ist da, bevor er im Sommer schmilzt.

UNTERWEGS VOR ORT

Toyoma hat eine Stadtbahn, ein Fahrradverleihsystem (en.cyclocity.jp) und einen Tourbus, die das Vorankommen leicht machen. Es ist mit dem Flughafen und der Hokuriku-Shinkansen-Linie an Tokio (gut 2 Std.) angebunden. Mit dem Nahverkehrszug gelangt man zum Bahnhof Unazuki-Onsen und der Kurobe-Schlucht-Bahn.

Für die Tateyama-Kurobe-Alpinroute gibt's einen Direkt-Nachtbus von Tokio, der um 7 Uhr morgens in Murodō ankommt.

MATSUMOTO

Matsumoto
TOKIO

Matsumoto (松本) ist eine kosmopolitische Regionalstadt, die inmitten der weitläufigen Präfektur Nagano in einem fruchtbaren Tal vor einer spektakulären Berglandschaft im Hintergrund liegt. Sie ist bekannt für eine der beeindruckendsten Burgen Japans, Matsumoto-jō, ihre hübschen Straßenzüge aus der Edo-Zeit, ihre hervorragenden Kunstgalerien und Museen sowie ihre saubere Bergluft.

Matsumoto, früher unter dem Namen Fukashi bekannt, besteht seit dem 8. Jh. und war im 14. und 15. Jh. die Heimat des Ogasawara-Clans. Die beliebte Stadt ist die zweitgrößte der Präfektur (Nagano ist die größte). Hier leben mehr junge Menschen als in anderen Orten der Region, daher herrscht eine lebhafte Atmosphäre mit Craft-Bier-Bars und hippen Cafés als Ergänzung zu den traditionellen Orten. Die Stadt ist auch ein guter Ausgangspunkt für Ausflüge in die umliegende Region.

TOP TIPP

Die meisten Business-Hotels liegen in unmittelbarer Bahnhofsnähe, gegenüber dem Bahnhof gibt's viele *izakaya* (Kneipen) und Restaurants. Ryokan, Cafés und weitere Restaurants befinden sich in Nakamachi-dōri und an den Ufern des Metoba-gawa.

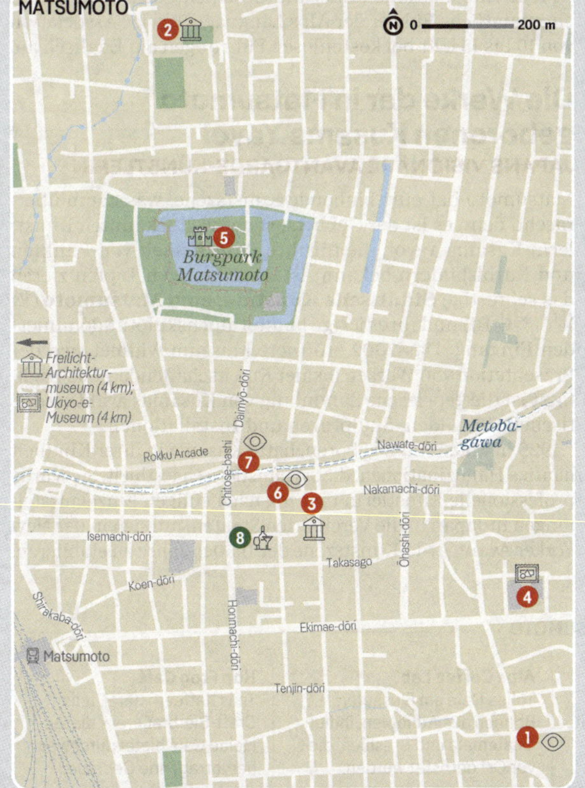

SEHENSWERTES

1 Ishii-Miso-Brauerei
2 Schulmuseum Ehemalige Kaichi-Schule
3 Kurassic-kan
4 Städtisches Kunstmuseum Matsumoto
5 Matsumoto-jō
6 Nakamachi
7 Nawate-dōri

AUSGEHEN

8 Matsumoto Brewery Taproom

DIE BESTEN UNTERKÜNFTE

Nunoya Ryokan
Charmantes, freundliches Ryokan mit Tatami-Zimmern und Gemeinschaftsanlagen im Stadtteil Nakamachi. Nur Bargeld und mit Reservierung. ¥

Ryokan Marumo
Beliebtes Ryokan von 1868 mit schönem kleinem Bambusgarten und toller Lage in der Nähe von Nakamachi. ¥

Marunouchi Hotel
Langjähriger Favorit mit stylishen Zimmern und Suiten in der Nähe der Burg, die von einigen Zimmern zu sehen ist. ¥¥

Matsumoto Backpackers
Tolle Option für Backpacker in einem umgebauten alten Haus mit Tatami-Schlafsälen. ¥

Couch Potato Hostel
Japanische Vintage-Einrichtung; Zimmer und Schlafsäle im westlichen und japanischen Stil. Kostenloser Fahrradverleih, große Gemeinschaftsküche. ¥

Eine der faszinierendsten Burgen Japans

JAPANS ÄLTESTE HOLZBURG

Sie ist zweifellos der Besuchermagnet in Matsumoto und zählt zu den beeindruckendsten Burgen Japans. **Matsumoto-jō** (松本城) ist eine von vier Festungen, die zum nationalen Kulturgut erklärt wurden (zusammen mit Hikone, Himeji und Inuyama), und Japans älteste originale Holzburg, die um 1595 fertiggestellt wurde. Bei einem Spaziergang durch die Burganlage kann man ihren wunderschönen, schwarz-weißen *donjon* (Hauptbergfried) bewundern, der ihr den Spitznamen Krähenburg einbrachte, und auf einem Foto ihr Spiegelbild im Wassergraben einfangen.

Im Inneren belohnt ein atemberaubender Blick auf die Stadt und die Berge für den Aufstieg über enge, gefährlich steile Treppen in den vierten Stock. Es gibt einen schönen Pavillon zum Betrachten des Mondes und historische Exponate, darunter Samurai-Rüstungen und ein Waffenmuseum. Auf jeder Etage gibt's in den Wänden rechteckige Öffnungen zum Abschießen von Pfeilen und quadratische Öffnungen zum Abfeuern von Matchblock-Musketen. Die breiten Gänge wurden angelegt, damit die Samurai viel Platz hatten, um sich in ihren sperrigen Rüstungen zu bewegen.

Mehr Informationen über die Geschichte der Burg bieten ehrenamtliche Führer der Alps Language Service Association von 10 bis 15 Uhr bei kostenlosen Führungen auf Englisch an.

Die Werke der in Matsumoto geborenen Kusama Yayoi

JAPANS VISIONÄRE AVANTGARDE-KÜNSTLERIN

Matsumoto hat eine blühende Kunstszene, was kaum überrascht, denn es ist der Geburtsort der weltbekannten Künstlerin Kusama Yayoi, die für ihre Besessenheit von Punkten und Kürbisbildern bekannt ist. Ihre kultigen Tupfen zieren das schnittige **Städtische Kunstmuseum Matsumoto** (松本市美術館) und ihre riesige bunte Tulpenskulptur dominiert den Eingang. Das 2002 eröffnete Museum widmet sich der Präsentation von Werken lokaler Kunstschaffender. Das Highlight ist die gepriesene Sammlung von Kusamas avantgardistischen Gemälden, Skulpturen und Installationen.

1929 in Matsumoto geboren, hatte Kusama in ihrer Kindheit häufige Halluzinationen, die sie künstlerisch festhielt. Sie wurde professionelle Künstlerin und zog nach einigen Einzelausstellungen in Japan in die Vereinigten Staaten, um sich in der New Yorker Avantgarde-Kunstszene der 1950er-Jahre zu etablieren.

AUSGEHEN IN MATSUMOTO

Eonta Jazz Bar
In der intimen, stimmungsvollen Eonta Jazz Bar werden seit 1974 Drinks serviert und Jazz gespielt.

Alps Coffee Lab
Tolles Café am Flussufer; Bohnen aus Äthiopien, Indien, Guatemala und Brasilien, die vor Ort geröstet werden.

Hop Frog Café
Teils Kaffeerösterei, teils Craft-Bierbrauerei – dieses kleine Café bietet durchweg hervorragende Gebräue.

Kaichi-Schulmuseum

Mehr Kunst, mehr Kultur

TRADITIONELLE KUNST UND ARCHITEKTUR

Das hervorragende **Ukiyo-e-Museum** (日本浮世絵博物館) beherbergt mit rund 100 000 Stücken eine der weltweit größten Sammlungen von *ukiyo-e*-(Holzschnitt-)Kunstwerken. Gezeigt wird immer nur eine kleine Auswahl, viele der Meisterwerke kommen nur selten ans Tageslicht, um sie zu bewahren. Die ausgestellte Auswahl ist jedenfalls einen Besuch wert; es gibt Werke von Meistern wie Hokusai, Hiroshige und Eizan zu sehen.

Danach sind im **Freilicht-Architekturmuseum** (松本市歴史の里) nebenan herrliche Gebäude aus der späten Edo- und frühen Showa-Zeit zu sehen. Zwischen Feldern und vor einer Bergkulisse spaziert man durch fünf Gebäude, darunter eine ehemalige Seidenfabrik.

Weiter geht's zum **Kaichi-Schulmuseum** (旧開智学校), einen kurzen Fußweg von der Matsumoto-jō entfernt. Die 1873 gegründete Schule ist Japans älteste Grundschule und ein schönes Beispiel für die Architektur der Meiji-Zeit. Seit 1965 ist sie ein Bildungsmuseum, ist allerdings bis etwa Mitte 2024 wegen Renovierungsarbeiten geschlossen.

DIE BESTEN LOKALE IN MATSUMOTO

Shin-Miyoshi
Izakaya, bei Einheimischen beliebt wegen der Nagano-Delikatesse *basashi* (rohes Pferdefleisch). ¥

Matsumoto Karaage Centre
Wer saftiges *karaage* (frittiertes Hühnchen) mag, besucht dieses Lokal im vierten Stock des Bahnhofsgebäudes. ¥

Katsu Gen Honten
Ein Ort für *tonkatsu*-Fans (frittiertes Schweinekotelett) mit gemütlichem Holzinterieur und exzellentem Essen. ¥

Kobayashi Soba
Traditionelles Dekor, Garten am Flussufer und leckere Soba-Bowls. Nur Bargeld. ¥¥

Alps gohan
Der Besitzer Kaneko-san verwendet regionale Zutaten für seine köstlichen vegetarischen Gerichte. Intimes Restaurant mit acht Plätzen; vorher reservieren. ¥¥

KUNST UND KUNSTHANDWERK SHOPPEN

Belle Amie Puppenladen
Hübscher Laden, der *temari* (bestickte Bälle) und traditionelle Puppen verkauft.

Chikiri-ya Kunst- & Kunsthandwerksshop
Hinreißende handgefertigte Glas-, Töpfer- und Papierwaren in dieser Boutique in der Nakamachi-dōri.

Ilhara
Lackwarengeschäft in der Nakamachi-dori seit 1907, verkauft Alltags- und Dekorationsartikel für jeden Geldbeutel.

RNDMS/SHUTTERSTOCK ©

Nakamachi-dōri

Matsumotos historische Viertel

DER CHARME DER ALTEN WELT

Ein Spaziergang durch das ehemalige Händlerviertel **Nakamachi** (中町) im Stadtzentrum beim Metoba-gawa eignet sich gut, um eine Vorstellung vom Matsumoto der Edo-Zeit zu bekommen. An der Hauptstraße Nakamachi-dōri stehen gut erhaltene *namako-kabe kura* (Lagerhäuser mit Gitterwänden), in denen sich heute Boutiquen, Keramik- und Kunsthandwerksläden, Cafés und kleine Kunstgalerien befinden. **Kurassic-kan** (中町・蔵シック館) ist das wichtigste Wahrzeichen der Straße, eine ehemalige Sakebrauerei, die wunderschön restauriert wurde und besichtigt werden kann. Im **Matsumoto Brewery Taproom** auf zwei Etagen in einem hübschen alten Gebäude kann man einige lokale Biere probieren. Es gibt auch einen moderneren Standort mit Außenterrasse in der dritten Etage des Mediengebäudes.

Nawate-dōri (縄手道り) heißt übersetzt Froschstraße (benannt nach den Fröschen im Metoba, bis er 1959 überflutet wurde), und die große Statue zweier kämpfender Anime-Samurai-Frösche am Ende der Straße bei der Brücke ist nicht zu übersehen. Von Nakamachi ist es ein kurzer Fußweg über die Brücke, in beiden Orten kann man herrlich bummeln. Es gibt hier kleine Läden, die Antiquitäten und Kunsthandwerk verkaufen, sowie Stände mit Streetfood wie *tako-yaki* (gegrillte Tintenfisch-Dumplings), *tai-yaki* (gefüllte Waffeln in Karpfenform), Eis und mehr.

MATSUMOTO MISO

Die Präfektur Nagano ist der größte Misoproduzent Japans. Es lohnt sich also, die **Ishii-Miso-Brauerei** (石井味噌) zu besuchen, seit 1868 in Betrieb, um zu sehen, wie es gemacht wird. Die Umami-Paste wird hier noch nach der traditionellen Methode in Holzfässern hergestellt, eine kurze (ca. 10 Min.) kostenlose Führung auf Englisch informiert darüber; einfach das Personal fragen. Im Laden findet man alles, was mit Miso zu tun hat, oder gönnt sich ein Miso-Eis.

UNTERWEGS VOR ORT

Die Stadt lässt sich gut zu Fuß erkunden, ein Bummel durch die historischen Viertel gehört zu den Highlights eines Matsumoto-Besuchs. In der Touristeninformation kann man kostenlos Fahrräder ausleihen.

Rund um Matsumoto

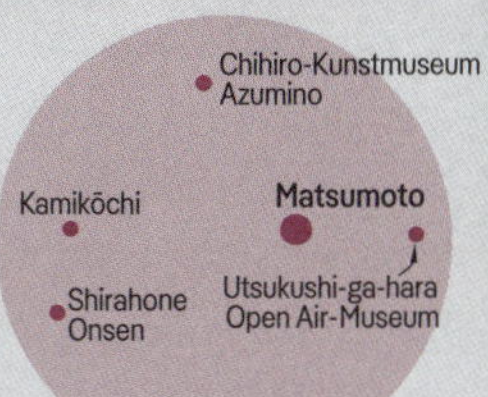

Von abgelegener Wildnis bis zu hoch gelegenen Aussichtspunkten und zwischendurch Museumsbesuche, Onsen und Wasabi-Eiscreme – es gibt viel zu erleben.

Matsumoto ist das Tor zu den spektakulären Nordjapanischen Alpen und damit der ideale Ausgangspunkt für Ausflüge in die umwerfende Region, wo viele Onsen warten und ein Tagestrip in die Wildnis von Kamikōchi führt.

Das Utsukushi-ga-hara-Plateau (美ヶ原高原; 2000 m) ist etwa eine Autostunde über kurvenreiche Bergstraßen entfernt und bietet sensationelle Bergpanoramen, Sommerblumen und ein Freilichtmuseum mit Skulpturen. In Azumino, ein einfacher Tagesausflug, gibt's ein paar schöne Kunstmuseen, einen von Japans „100 berühmten Bergen" zum Wandern und die größte Wasabi-Farm des Landes. Onsen-Fans freuen sich auf die Thermalstadt Shirahone-Onsen, um ein Bad im milchigen Wasser zu nehmen.

TOP TIPP

In der Saison fahren Busse von Matsumoto in viele Orte, aber ein Auto ist hier praktisch.

Shirahone-Onsen (S. 233)

KATE MORGAN/LONELY PLANET ©

Dai-ō Wasabi-Nōjo

JŌNEN-DAKE

Der pyramidenförmige Jōnen-dake (常念岳; 2857 m), einer der 100 berühmten Berge Japans, ist von Azumino aus gut zu sehen und in den Sommermonaten für Wanderungen beliebt. Ein Taxi bringt dich in 30 Minuten vom JR-Bahnhof Hotaka zum Ausgangspunkt des Ichinosawa-Wanderweges. Der Trail enthält allerdings einen 1500-m-Anstieg und eignet sich nur für gut vorbereitete Klettererfahrene. Wanderkarten gibt's in der Touristeninformation im JR-Bahnhof Matsumoto.

Kunst und Landschaften in Azumino

WANDERN, WASABI & KUNST

Die Region Azumino (安曇野) bietet kaum 30 Zugminuten von der Stadt entfernt faszinierende Sehenswürdigkeiten für einen Tagestrip.

Chihiro Iwasaki (1918–1974) war eine Kinderbuchillustratorin, deren Kunst ab den späten 1950er-Jahren weltweit bekannt wurde. Im **Chihiro-Kunstmuseum Azumino** (安曇野ちひろ美術館) sind ihre wunderbaren Aquarelle und Illustrationen von Kindern und Blumen ausgestellt. Es befindet sich in einem hübschen, weitläufigen Park und wurde hier erbaut, weil Chihiros Eltern aus der Präfektur Nagano stammen. Es gibt auch ein Chihiro-Kunstmuseum in Tokio an dem Ort, an dem die Illustratorin lebte und arbeitete.

Die nächste Station für Fans von prickelnden Gewürzen ist die 15 ha große Wasabi-Farm **Dai-ō Wasabi-Nōjo** (大王わさび

ÜBERNACHTEN RUND UM AZUMINO

Nakabusa-Onsen
Entlegenes Ryokan-Onsen-Resort mit Innen- und Außenbädern; Ausspannen oder Wanderung zum Otensho-dake. ¥¥

Oyado Nagomino
Modernes Ryokan am Fuße der Berge im Grünen; stilvolle Zimmer und schöne Gemeinschaftsbäder.

Ariake-sō
Saisonale, abgelegene Waldlodge mit eigenem Onsen; in der Nähe von Nakabusa-Onsen. ¥¥

農場). Es gibt Felder mit Wasabi-Pflanzen auf Spaziergängen zu sehen und Informationen über den Anbau (130 t Wasabi jährlich). Nach dem Bummel bieten das Restaurant einen Wasabi-Burger oder ein Wasabi-Eis und der Souvenirladen Köstlichkeiten wie Wasabi-Wein. Dorthin führt eine beliebte Bustour, es kann also sehr voll sein.

Einen weiteren Halt lohnt das reizvolle **Rokuzan Bijutsukan** (碌山美術館), wo die Werke des Bildhauers Rokuzan Ogiwara (1879–1910) – der „Rodin Asiens" – zu sehen sind. Es liegt in einem hübschen Garten, nur zehn Gehminuten vom JR-Bahnhof Hotaka entfernt.

Die warmen Wasser in Shirahone-Onsen

EIN BAD IN DER NATUR

Shirahone-Onsen (白骨温泉), übersetzt „weißer Knochen", gilt als eines der besten Onsen-Dörfer Japans und ist sowohl während der Laubfärbung im Herbst als auch unter der weißen Schneedecke im Winter einfach atemberaubend. Eine Bus- oder Autostunde westlich von Matsumoto ist das milchig-blaue schwefelwasserstoffhaltige Wasser zwar etwas gewöhnungsbedürftig, soll aber viele positive Auswirkungen auf die Gesundheit haben – dazu kommt die spektakuläre Aussicht. Oben in den Bergen liegt die Stadt an einer tiefen, dramatischen Schlucht. Zahlreiche Onsen-Ryokan bieten Übernachtungsoptionen, einige auch für Tagesausflügler, etwa das bekannte Awanoyu; sein schönes *rotemburo* (Außenbad) liegt inmitten der Natur.

Ansonsten gibt's das herrliche öffentliche Bad **Kōkyō Notemburo** (公共野天風呂) – zum *rotemburo* gelangt man über eine steile Holztreppe bei der Bushaltestelle. Tief in der Schlucht sind die Flussbäder nach Geschlechtern getrennt und das Rauschen des Flusses begleitet die Bade-Erfahrung.

Alpenpanorama & Open-Air-Kunst in Utsukushi-ga-hara

AUF IN DIE BERGE

Für einen Tagesausflug aufs Land von Matsumoto aus bietet sich das Utsukushi-ga-hara-Plateau (美ヶ原高原) an. Eine kurvenreiche Strecke führt von Mastumoto 32 km nach Osten zum **Freilichtmuseum Utsukushi-ga-hara** (美ヶ原高原美術館), einem Skulpturengarten auf dem Plateau. Hier gibt's keine Meisterwerke, aber die großen, farbenfrohen Werke internationaler Kunstschaffender sind ein guter Grund für einen angenehmen

EINE NACHT ÜBER DEN WOLKEN

Wer die Berge rund um Matsumoto nicht nur aus der Ferne bewundern will, begebe sich in die Berge, um ein oder zwei Nächte über den Wolken zu verbringen.

Ougatou Hotel (王ヶ頭ホテル)
In den Suiten kann man in einem luxuriösen Bad entspannen und dabei den Blick auf die Wolken über dem Utsukushi-ga-hara-kōgen-Plateau genießen. ¥¥¥

Tobira Onsen Myōjin-kan (扉温泉明神館)
Noch besser ist dieses luxuriöse traditionelle Onsen-Ryokan mit sensationellem Bergblick, vielen Zimmern mit eigenem Onsen und eleganter französischer und *kaiseki*-Küche. ¥¥¥

RYOKAN IN SHIRAHONE-ONSEN

Tsuruya Ryokan
Schönes Ryokan mit Blick auf die Schlucht, Gemeinschafts-*rotemburo* und Mix aus modernem und traditionellem Design. ¥¥

Awanoyu Ryokan
Klassisches Berg-Onsen-Ryokan, schöne Zimmer und fantastische Gemeinschaftsbäder. ¥¥¥

Sansuikan Yugawaso
Luxuriöser Onsen mit privatem *rotemburo*. Nachhaltige und umweltfreundliche Methoden. ¥¥¥

DA IST EIN BÄR DRIN

In den Wäldern um Kamikōchi leben Schwarzbären. Sie sind scheu und werden nur selten gesichtet, können aber beim Wandern auftauchen. Daher ist es wichtig, Vorsichtsmaßnahmen zu treffen und zu wissen, was bei einer Bärenbegegnung zu tun ist.

Nimm Bärenglocken mit, um Bären auf deine Anwesenheit aufmerksam zu machen. Du kannst sie im Besucherzentrum kaufen. Ansonsten kannst du Musik auf dem Handy abspielen. Vermeide Wanderungen am frühen Morgen oder späten Abend, wenn die Bären am aktivsten sind, und an Regentagen. Wenn du einem Bären begegnest, versuche, ruhig zu bleiben. Laufe nicht weg, sondern weiche langsam zurück, dem Bären zugewandt, den Blick abgewendet. Stell dich bei einem Schwarzbären nicht tot. Im unwahrscheinlichen Fall, dass er angreift, kämpfe um dein Leben.

Spaziergang und eine Prise frischer Bergluft. Das Highlight ist jedoch die sensationelle Alpenaussicht. Straßen und Museum öffnen von Ende April bis Anfang November.

Die atemberaubende Wildnis von Kamikōchi

AUF IN DIE NATUR

Kamikōchi ist der Heilige Gral für Wanderfans und wird in Japan wegen der schneebedeckten Gipfel, wilden Affen, Wildblumen, sprudelnden Bäche und uralten Wälder verehrt. Es liegt im Zentrum des **Chūbusangaku-Nationalparks**, der sich über die Präfekturen Niigata, Toyama, Nagano und Gifu erstreckt und die Heimat der „Japanischen Alpen" ist – der Begriff stammt von ausländischen Reisenden, die diese Region im späten 19. Jh. „entdeckten" –, viele der Berge sind bis zu 3000 m hoch. Eine einstündige Busfahrt entfernt liegt Kamikōchi 36 km östlich von Matsumoto auf 1500 m Höhe inmitten der Hotaka-Bergkette mit dem Kasumizawadake und dem Yakedake. Es ist ein schönes Ziel für einen Tagestrip und seine kultige Brücke Kappa-bashi ein beliebtes Fotomotiv. Für mehr Ruhe oder eine der längeren Wanderungen verbringt man hier am besten ein oder zwei Nächte. Achtung: Kamikōchi ist vom 15. November bis zum 16. April geschlossen.

Die offizielle Wandersaison beginnt in Kamikōchi am ersten Sonntag im Juni mit einem Fest zu Ehren des britischen Missionars Walter Weston, der das Bergsteigen in Japan populär machte. Es gibt hier viele Wanderwege in die Natur, darunter auch kürzere und leichtere ausgeschilderte Trails, die am Busbahnhof oder an der Brücke beginnen.

Der erste Stopp hier ist die ausgezeichnete Kamikōchi-Touristeninformation am Busbahnhof. Das Personal spricht Englisch und hat jede Menge Informationen über alles, von Wanderungen und Flora bis zu Bärensichtungen und Wetterbedingungen – und organisiert auch geführte Wanderungen. Der englischsprachige Kamikōchi Pocket Guide lohnt sich schon wegen der Wanderkarten.

Ein angenehmer einstündiger Spaziergang startet auf der anderen Seite der Kappa-bashi, führt 15 Minuten flussabwärts zum Weston-Relief-Denkmal, auf der Hotaka-bashi über den Azusa-gawa und flussaufwärts zurück zur Kappa-bashi. Von der Brücke kann man auch zum Taishō-ike oder zum Myōjin-ike laufen, beides etwa 7 km lange Strecken (ca. eine Stunde pro Strecke). Wer mehr Zeit hat, macht eine Tageswanderung zur Dakesawa-goya-Hütte, ein gut ausgeschilderter, leichter Aufstieg, (hoch & runter etwa 4½ Std.).

ÜBERNACHTEN IN KAMIKŌCHI

Kamikochi Imperial Hotel
Hütte von 1933 im Schweizer Alpenstil, umgeben von ruhigem Wald. Frühzeitig buchen. ¥¥¥

Kamikōchi Nishi-itoya Sansō
Berghütte aus dem frühen 20. Jh. mit verschiedenen Zimmern. Das Gemeinschaftsbad bietet einen atemberaubenden Bergblick. ¥¥

Tokusawa-en
Tokusawa ist abgelegen, einsam und wunderschön. Ein Mix aus Zimmern, (teuren) Kapseln und Zeltplatz. ¥¥

SUCHART BOONYAVECH/SHUTTERSTOCK ©

Azusa-gawa, Kamikōchi

Ernsthafte Wander- und Kletterfreudige nehmen meist die Gipfel Oku-hotaka-dake (3190 m) und Yariga-take (3180 m) ins Visier; die dritt- bzw. fünfthöchsten Berge Japans – ein dreitägiges Unterfangen – sind nur für gut vorbereitete Kletterprofis geeignet. Für diese Tour muss vorher der Wetterbericht genau studiert werden. Spektakulärer ist die fünf- bis siebentägige Überlandtour nach Murodō, wo man auf die Tateyama-Kurobe-Alpinroute (S. 225) stößt.

In Kamikōchi gibt's keine Supermärkte, aber einige kleine Geschäfte und Restaurants um den Busbahnhof und bei der Brücke. Hotelgäste speisen in der Regel im Haus, Camper versorgen sich selbst. Eine gute Wahl ist das **Kamonji-goya** (嘉門次小屋), ein kleines Restaurant und Gästehaus in einer traditionellen Berghütte am Myōjin-ike. Das Spezialgericht ist gegrillte ganze *iwana* (Flussforelle), die über einem *irori* (offene Feuerstelle) gegart wird.

GÜNSTIG ÜBERNACHTEN IN KAMIKŌCHI

Entlang der Wanderwege gibt's zahlreiche *Yamagoya* (Berghütten). Ab etwa 8000 ¥ pro Person bekommt man zwei Mahlzeiten und einen Futon für die Nacht.

Wer ein eigenes Zelt hat, kann es auf dem Campingplatz des abgelegenen Gasthauses **Tokusawa-en** (S. 234) aufschlagen, 7 km nordöstlich von Kappa-bashi.

Der beliebteste Campingplatz ist **Konashishidaira Camping Retreat** (森のリゾート小梨), zehn Fußminuten vom Kamikōchi-Besucherzentrum entfernt, mit Hütten und Mietzelten ab 7000 ¥, Laden, Restaurant und öffentlichem Bad.

UNTERWEGS VOR ORT

Hotaka ist mit dem Zug erreichbar und dient als Ausgangspunkt für das Azumino-Tal. Gegenüber vom JR-Bahnhof Hotaka kann man in der hilfreichen Touristeninformation Fahrräder ausleihen. Ein Auto ist aber die beste Art, sich fortzubewegen. Von Matsumoto aus fährt ein Bus nach Shirahone-Onsen, wo es zu Fuß weitergeht.

Kamikōchi ist nicht mit dem Auto erreichbar, da private Fahrzeuge zwischen Naka-no-yu und Kamikōchi verboten sind. Wer von Matsumoto kommt, nimmt am besten einen Bus vom Parkplatz in Sawando, oder vom Busbahnhof Hirayu-Onsen, wenn man von Takayama kommt. Vom Hauptbusbahnhof in Kamikōchi ist es ein kurzer Fußmarsch von etwa 500 Metern bis zum Touri-Hotspot an der Brücke Kappa-bashi.

NAGANO

Nagano (長野), die Hauptstadt der Präfektur Nagano, ist vielen bekannt als Austragungsort der Olympischen Winterspiele 1998 und zieht viele in- und ausländische Reisende an, die von hier aus in die Skigebiete der Region fahren. Inmitten von Bergen ist die Tempelstadt mit reizendem kleinstädtischem Flair und freundlichen Einheimischen seit der Kamakura-Zeit ein Wallfahrtsort – ihre Hauptattraktion ist der atemberaubende Tempel Zenkō-ji. Nagano ist ein klassisches Beispiel für ein *monzen-machi,* was „eine Stadt, die vor den Toren eines Tempels entstand" bedeutet. Die 1,8 km lange Straße Chūō-dōri zur Kultstätte ist ein angenehmer Spazierweg von der Stadt aus, vorbei an Cafés, Souvenirläden und Restaurants. In der Nähe des Bahnhofs und im Zentrum der Stadt gibt's zahlreiche Bars, Nachtlokale und Restaurants in den Seitengassen.

TOP TIPP

Ob man wegen der Schneefelder oder umliegenden Landschaft kommt, Nagano ist zu jeder Jahreszeit ein idealer Ausgangspunkt, um die ganze Region zu erkunden, denn alle Ziele sind leicht mit dem Auto oder Bus zu erreichen. In der Schneesaison bieten viele Skigebiete auch Shuttles an, was Nagano zu einer praktischen Basis macht.

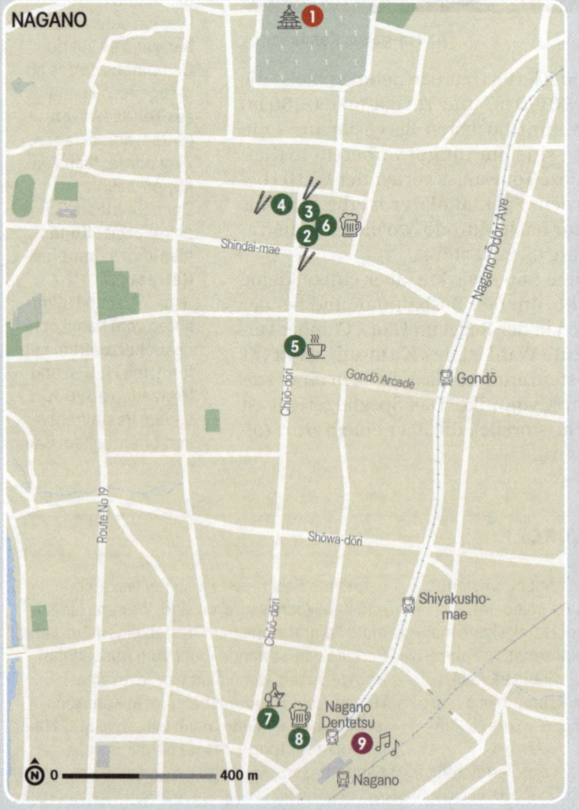

SEHENSWERTES
1 Zenkō-ji

ESSEN
2 Fujiki-an
3 Fujiya Gohonjin
4 Yayoiza

AUSGEHEN
5 Foret Coffee
6 Malika Brewing
7 Shinshū Nagaya Sakaba
8 Yamanoma Brewery

UNTERHALTUNG
9 Nagano Club Junk Box

Zenkō-ji

Pilgerreisen zum Zenkō-ji

EIN SPAZIERGANG DURCH NAGANO

Jedes Jahr strömen Millionen Menschen nach Nagano. Ihr Ziel ist der **Zenkō-ji** (善光寺), einer der ältesten und wichtigsten buddhistischen Tempel Japans. Am besten folgt man dem Chūō-dōri (1,8 km) vom Bahnhof Nagano aus, macht eine Kaffeepause, besorgt Souvenirs und isst ein wenig zu Mittag, bevor man schließlich den Tempel erreicht.

Etwa 1 km südlich des Tempels befindet sich das angesagte Café **Foret Coffee** (フォレットコーヒー), das die Bohnen vor Ort röstet, Vinylplatten auflegt und exzellenten Kaffee serviert. Von den Fensterplätzen kann man Passanten beobachten.

Vor dem Tempelbesuch ist eine Stärkung fällig. Eine von mehreren guten Optionen ist das fantastische Soba-Restaurant **Fujiki-an** (藤木庵) nahe dem Foret, das seit 1872 frische Soba aus Buchweizen aus der Präfektur Nagano herstellt.

ÜBERNACHTUNG IN EINEM TEMPEL

Eine wahre Zen-Erfahrung bieten eine Übernachtung in der *shukubō* (Tempelunterkunft) eines der 39 Nebentempel im Zenkō-ji-Komplex und traditionelle *shōjin-ryōri* (vegetarische Mahlzeit). Die einfachen Zimmer sind entsprechend minimalistisch, aber komfortabel, und blicken über die Tempel, sodass man die Mönche bei ihren täglichen Aufgaben sehen kann. Weitere wunderbare Erfahrungen sind die Teilnahme an Morgengebeten, das Hören hypnotischer Gesänge, der Empfang von Segnungen oder Meditationen und andere buddhistische Rituale. Man muss mindestens ein bis zwei Tage im Voraus buchen und eine Japanisch sprechende Person bei der Zenkō-ji Shukubō Association (026-237-7676) anrufen lassen, um den Besuch zu organisieren.

ÜBERNACHTEN IN NAGANO

1166Backpackers
Gemütliches, gut geführtes Hostel unweit des Zenkō-ji, mit Schlafsälen und Privatzimmern. ¥

Matsuya Ryokan
Schönes traditionelles Ryokan der Familie Suzuki in sechster Generation; nahe dem Zenkō-ji. ¥¥

Hotel Metropolitan
Neben dem Bahnhof Nagano; geräumige Zimmer, eine Lounge im obersten Stockwerk mit toller Aussicht. ¥¥

ESSEN IN NAGANO

Shinshū Nagaya Sakaba
Viele kommen in dieses ausgefallene *izakaya* wegen der überwältigenden Anzahl von Sake-Optionen auf der Speisekarte, aber es gibt auch gute *izakaya*-Gerichte. ¥¥

Fujiya Gohonjin
Dieses prächtige Gebäude war in der Edo-Zeit eine Unterkunft der Maeda-Familie und beherbergt heute Naganos raffiniertestes Restaurant im westlichen Stil. ¥¥¥

Banikuman
Eine gute Adresse, um die Spezialität Naganos zu probieren: Pferdefleisch! Man kann es roh als *basashi*, als Einlage in *shabu-shabu* (Eintopf) oder gegrillt genießen. ¥¥

Alternativ serviert das Restaurant **Fujiya Gohonjin** (藤屋御本陣) im eleganten Speisesaal eines prächtigen Art-déco-Gebäudes gehobene westlich-italienische Küche, darunter auch Steakmenüs.

Lokaler ist das **Yayoiza** (弥生座), das kurz vor den Toren des Tempels (links von der Chuo-dōri) *seiro-mushi* (gedämpft in einer Holz-Bambus-Box) serviert. Zum Abschluss unbedingt das Dessert *kuri-an* (Kastanienmousse) probieren. Für einen schnellen Snack bietet sich die Nagano-Spezialität *oyaki* (gedämpfte oder gebackene Weizenmehl-Dumplings gefüllt mit Gemüse der Saison) an. Sie werden rund um das Zenkō-ji-Tor verkauft.

Nun ist der berühmte Zenkō-ji erreicht. Dieses nationale Kulturgut wurde im 7. Jh. gegründet und ist Naganos Herzstück. Der Tempel beherbergt die angeblich erste buddhistische Statue, die 552 n. Chr. aus Korea nach Japan gebracht wurde. Die Originalstatue bleibt seither verborgen, aber alle sieben Jahre wird eine Kopie beim Gokaichō Matsuri im April/Mai präsentiert.

Auf der Rückseite der Haupthalle führt die gewundene Treppe Okaidan Meguri (500 ¥) unter dem Altar hinab zu einem stockdunklen Tunnel. Man tastet sich im Dunkeln an der rechten Wand entlang durch den kurzen Tunnel und sucht nach dem sogenannten Schlüssel zum Paradies; der Legende zufolge führt er diejenigen, die ihn finden, zur Erlösung.

Nachtleben in Nagano

ZEIT ZUM AUSSPANNEN

In den Seitenstraßen gegenüber dem Bahnhof konzentrieren sich viele Nachtlokalitäten – von Restaurants mit später Küche über Craft-Bier-Bars bis zu Livemusik-Locations.

Das winzige **Malika Brewing** nahe dem Zenkō-ji repräsentiert alles, was die Craft-Bier-Bewegung ausmacht: experimentelle, saisonale Biere und hippe Eigner, die sich dem DIY-Ethos verschrieben haben. Die **Yamanoma Brewery** in Bahnhofsnähe ist eher ein amerikanisches Brauhaus, da die sympathischen Inhaber lange in den USA lebten, bevor sie sich zum Brauen von Craft-Bier „zur Ruhe gesetzt" haben.

Das Shinshū Nagaya Sakaba (信州長屋酒場) ist ein fröhliches *izakaya* mit altmodischem Flair und Plätzen rund um ein *irori* (Feuerstelle). Es gibt eine englische Speisekarte und eine lange Sakeliste – hier gibt's fast jeden in Nagano hergestellten Sake.

Für einen Blick auf die lokale Musikszene geht man ins **Nagano Club Junk Box**, ein schummriges Musiklokal nahe dem Bahnhof Nagano. Hier treten namhafte japanische Künstler:innen verschiedener Genres auf.

UNTERWEGS VOR ORT

Naganos Zentrum lässt sich gut zu Fuß erkunden, aber zwischen dem Bahnhof und dem Zenkō-ji fahren auch viele Busse.

Rund um Nagano

Naganos eigentliche Highlights sind die nahen traditionellen Dörfer, Onsen-Städte und die ikonischen Schneeaffen.

Naganos spektakuläre Kulisse der Nordalpen ist ein verlockender Vorgeschmack auf die Schönheit, die das Umland der Präfektur zu bieten hat. Versäume nicht die Chance, weiter in die bergige Region vorzudringen und das sogenannte „Dach Japans" zu erkunden.

Dieses Gebiet bietet nicht nur Skipisten. Die umliegenden Städte bergen viele Höhepunkte: alte Schreine und Ninja-Sehenswürdigkeiten in Togakushi, Hokusai-Meisterwerke, Kastanien und Sakebrauereien in der charmanten Stadt Obuse und Natur, Kunst und Shopping in der gehobenen Resortstadt Karuizawa. Außerdem gibt's Naturattraktionen wie den aktivsten Vulkan auf Honshū und die Chance, die weltberühmten, in Onsen verliebten Schneeaffen im Affenpark Jigokudani zu sehen.

TOP TIPP

Wenn die Zeit knapp ist, kann man mit einem Mietwagen die meisten dieser Städte in ein oder zwei Tagen abklappern.

Togakushi-jinja (S. 241)

BLUEORANGE STUDIO/SHUTTERSTOCK ©

Jigokudani Monkey Park

Badende Schneeaffen

JAPANS BERÜHMTE HOT-TUB-PRIMATEN

Eines der größten Highlights in Nagano ist die Gelegenheit, im unglaublich populären **Affenpark Jigokudani** (地獄谷野猿公苑) wilde japanische Makaken zu sehen, die schneebedeckt in einem dampfend heißen *rotemburo* baden. Er liegt 38 km nordöstlich von Nagano (eine Stunde mit Zug und Bus) und ist eines der berühmtesten Wildtiermotive der Welt. Obwohl sie das ganze Jahr über zu Besuch kommen (im Sommer weniger), kann man nur im Winter Affen beim Baden in schneebedeckten Onsen sehen. Da es sich um wilde Tiere handelt, die kommen und gehen, kann man nie sicher sein, sie auch zu Gesicht zu bekommen. Am Parkeingang gibt's eine Live-Webcam, wo man sich vergewissern kann, bevor man sich auf den 1,6 km langen Weg (nur hin) durch den Wald macht.

Obuse & das Hokusai-Museum

KUNSTWERKE VON JAPANS MEISTERMALER

Nordöstlich von Nagano (14,5 km; 25 Min. mit dem Zug) liegt die kleine Stadt Obuse (小布施), die japanische Tagesausflügler nicht nur für Kastanienverkostungen und Sakebrauereien besuchen, sondern auch wegen des erstklassigen **Hokusai-Muse-**

BESSHO-ONSEN

Von Nagano aus ist das hübsche Dorf Bessho-Onsen (別所温泉) für Tempel-Hopping und heiße Quellen leicht auf einem Tagesausflug erreichbar. Zunächst geht's ins nationale Kulturgut **Anraku-ji** (安楽時), den ältesten Zentempel in Nagano, dann entspannt man im *rotemburo* des Ō-yu (大湯) oder im Steinbad des **Daishi-yu** (大師湯). Mit dem JR-Shinkansen geht's nach Ueda (12 Min.) und dann weiter mit der privaten Ueda-Dentetsu-Linie nach Bessho-Onsen (28 Min.).

ÜBERNACHTEN & ESSEN IN KARUIZAWA

Koya Backpackers
Traditionelle, freundliche Holzpension im Wald mit Schlafsälen und Privatzimmern. ¥

Mampei Hotel
Dieses stattliche historische Hotel im westlichen Stil war ein John-Lennon-Favorit. ¥¥

Kastanie Karuizawa Roast Chicken
Eingeweihte kommen hierher, um saftige Brathühnchen zu essen. Abends vorab reservieren. ¥

ums (北斎館). Hier verbrachte Hokusai (1760–1849), einer der berühmtesten japanischen *ukiyo-e*-(Holzschnitt-)Künstler, seine letzten Lebensjahre. Im Museum hängen Werke aus seiner späten Zeit, darunter seine bekannte Serie „36 Ansichten des Berges Fuji". Weitere Werke von Hokusai gibt's im **Ganshō-in** (岩松院), unter anderem sein größtes erhaltenes Gemälde. Er malte es 1848 an die Decke der Haupthalle des Tempels – ein außergewöhnlicher Anblick für Kunst-Aficionados.

Shintō-Schreine & Soba in Togakushi

STIMMUNGSVOLLE SCHREINSTADT IM WALD

Eine Busstunde nordwestlich von Nagano liegt tief in den Bergen das dicht bewaldete und spirituell bedeutsame Togakushi mit einem der wichtigsten Schreine Japans. Der **Togakushi-jinja** ist schon lange das Ziel von Shintō-Pilgerreisen. Er besteht aus fünf Schreinen, die drei Hauptschreine sind der Untere (Togakushi-Hōkōsha), der Mittlere (Togakushi-Chūsha) und der Obere (Togakushi-Okusha), die über Straßen und Wanderwege durch einen alten Zedernwald miteinander verbunden sind. Chūsha befindet sich mitten im Dorf und ist der zugänglichste Schrein. Der attraktive älteste Schrein Hōkōsha ist über 274 uralte, steile Steinstufen zu erreichen. Viele Foodies halten Togakushi für die Heimat der Soba; der beste Ort für dieses Nudelgericht ist das **Uzuraya Soba** gegenüber den Stufen zum Chūsha-Schrein.

Shoppen, Kunst & Vulkan-Action

EUROZENTRISCHES BERGSTÄDTCHEN

Karuizawa (軽井沢) liegt in einem malerischen Tal, 73,5 km südöstlich von Nagano (30 Min. mit dem Shinkansen) und hat mit Straßen voller Boutiquen, Kirchen und Kunstgalerien ein markantes europäisches Alpenflair. Die Stadt ist bei wohlhabenden Tokioter:innen beliebt, aber auch John Lennon und Yoko Ono waren hier regelmäßig zu Gast. Sehenswert sind das **Umi-Museum für Zeitgenössische Kunst** mit Werken weltberühmter japanischer Kunstschaffender, die **Rice Bowl** mit farbenfrohen Keramiken und die riesige, stylishe **Karuizawa Prince Shopping Mall** in einer grünen Seelandschaft. Die **Katholische Kirche St. Paulus** im japanischen Stil ist eine von vielen Kirchen. Einen fantastischen Blick auf Honshūs aktivsten Vulkan **Asama-yama** bietet der 4 km entfernte **Usui-Pass-Aussichtspunkt**. Der wunderschöne, vorhangartige **Shiraito-Wasserfall** liegt etwa 25 Autominuten von der Stadt entfernt.

TOGAKUSHI NINJA

Direkt gegenüber der Bushaltestelle Okusha befindet sich das **Volksmuseum Togakushi, Ninja-Museum und Ninja-Haus**, das sowohl Erwachsenen als auch Kindern Spaß machen wird. Hier lernt man etwas über die Tricks, Werkzeuge und Waffen, die von Ninjas benutzt wurden. Unbedingt sehenswert ist das außergewöhnliche Ninja-Haus, aus dem man versuchen muss, einen Weg heraus zu finden – eine Art historischer Escape Room mit einem Labyrinth von geheimen Türen und Gängen, der es in sich hat! Für kleine Kinder bietet sich das nahe gelegene **Togakushi Ninja-Dorf für Kinder** an.

UNTERWEGS VOR ORT

Von Nagano aus fahren regelmäßig Züge und/oder Busse zu den Städten in der Umgebung, ein Mietwagen ist natürlich praktischer.

Mit dem Fahrrad kann man sich in Karuizawa gut fortbewegen; für die Sehenswürdigkeiten außerhalb der Stadt braucht man ein Auto.

HAKUBA

Das angesagte Hakuba (白馬) gilt als Winter-Hotspot für alle, die tagsüber Ski fahren und abends feiern wollen. Die Lage in einem Tal östlich der Japanischen Alpen sorgt für eine spektakuläre Bergkulisse und fantastischen Schnee – bei der Winter-Olympiade 1998 in Nagano fanden hier mehrere Wettbewerbe statt – einige der Sprungschanzen sind noch intakt.

Hakuba liegt in der Nähe von Tokio und ist sehr beliebt bei Reisenden aus dem Ausland (im Winter könnte man meinen, man sei in Australien oder Neuseeland). Seine Skigebiete verteilen sich übers ganze Tal, genau wie die Bars, Restaurants, Onsen und verschiedenen Unterkünfte. Zu den populärsten Gegenden gehören Happō-one, Happo, Echoland für Nachtleben und Gastronomie und das Areal um den Bahnhof Hakuba im mittleren Tal. Natürlich ist die Skisaison (Dez.–April) die offensichtliche Touristenzeit, aber in den letzten Jahren hat sich Hakuba zum ganzjährigen Outdoor-Reiseziel entwickelt.

TOP TIPP

In der Skisaison ist Hakuba ausgebucht; wer wegen des Schnees kommen will, sollte mindestens sechs bis 12 Monate im Voraus buchen. Doch Hakuba ist auch ein ganzjähriges Reiseziel, und die grüne Saison wird für Wandern, Mountainbiken und Kajakfahren immer beliebter.

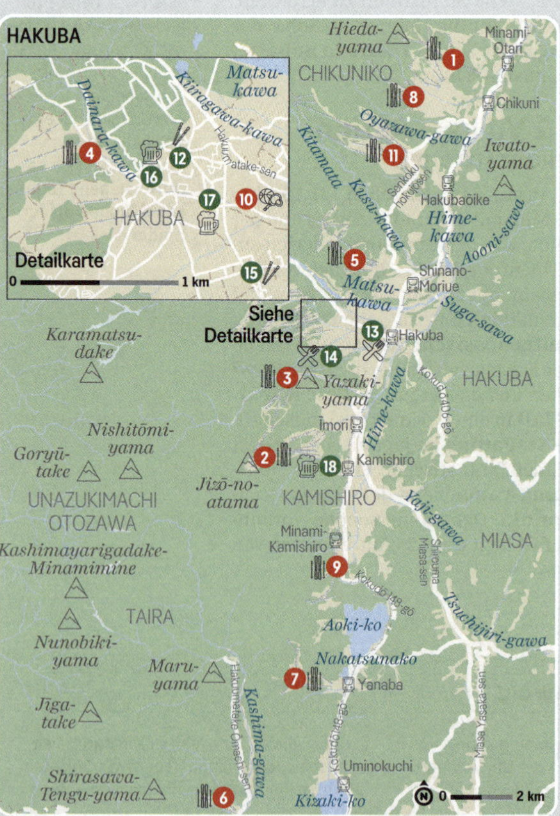

AKTIVITÄTEN
1 Cortina
siehe 4 Evergreen Outdoor Centre
2 Goryū
3 Hakuba 47
siehe 3 Hakuba47-Wintersportpark
4 Happō-one
5 Iwatake
siehe 5 Iwatake-MTB-Piste
6 Jigatake
7 Kashimayari
8 Norikura
9 Sanosaka
10 True Players
11 Tsugaike

ESSEN
12 Ohyokkuri
13 Restaurant Yukimine
14 Sounds Like Cafe
15 Zen

ÜBERNACHTEN
16 Bar Refuel
17 Hakuba Taproom
siehe 4 Roots
18 Tracks Bar

SOURCENEXT/ALAMY STOCK PHOTO ©

Hakuba-Schanzen

Ab auf die Piste in Hakuba

SKIFAHREN WIE EIN OLYMPIASIEGER

In Hakuba gibt's zehn Skigebiete (von Norden nach Süden): Cortina, Norikura, Tsugaike, Iwatake, Happō-one, Hakuba 47, Goryu, Sanosaka, Kashimayari und Jigatake, die alle Level bedienen. Die meisten Pisten sind nicht miteinander verbunden, aber es fahren Shuttlebusse durchs Tal, und man kann einen Skipass kaufen, der für alle Pisten gilt.

Happō-one gehört zu den besten Skigebieten des Landes und war Gastgeber der Abfahrtsrennen bei den Olympischen Winterspielen 1998 in Nagano. Es verfügt über 22 Lifte und 16 Pisten (die längste auf 8000 m), von denen die Hälfte als mittelschwer fürs Skifahren und Snowboarden eingestuft ist, die sich auch für Familien mit kleinen Kindern eignen. Die „Adam"-Gondel ist der Mittelpunkt des Resorts; auf den **Hakuba-Schanzen** hier fanden die Sprungwettbewerbe der Olympischen Spiele 1998 statt.

ESSEN IN HAKUBA

Sounds Like Cafe
Beliebtes Café in Echoland. Hervorragende Kaffees mit australischem Touch – Smashed Avo, Flat Whites – und köstliche Kuchen und Burger. ¥

Ohyokkuri (おひょっくり)
Hausmannskost, wärmende Gerichte und Menüs mit Suppen und Eintöpfen im Dorfzentrum von Happō. ¥

Zen (膳)
Traditionelle japanische Küche, die Gerichte werden auf Tatami-Matten serviert, abends gesellige *izakaya*-Atmosphäre. ¥

Restaurant Yukimine
Schickes Restaurant mit Blick auf den schneebedeckten Shirouma-dake und einer Speisekarte mit edler, saisonaler Cuisine des Drei-Sterne-Kochs Hideki Ishikawa. ¥¥

AUSGEHEN IN HAKUBA

Hakuba Taproom
Brauereipub im Panorama Hotel mit 16 Craft-Bieren vom Fass und klassischem Kneipenessen.

Bar Refuel
Ganzjährig geöffnete Kneipe; Happy Hour von 16 bis 18 Uhr.

Tracks Bar
Favorit während der Skisaison, Bar mit Livebands und Billard, bis in die Nacht geöffnet.

ÜBERNACHTEN IN HAKUBA

Kamoshika Views
Sensationelle Aussicht über das Hakuba-Tal mit ausgezeichneten Gemeinschaftsbereichen, Privatzimmern, Schlafsälen und kostenlosem Bus-/Zugtransfer. ¥

Phat Packers
Schlafsäle und Privatzimmer, ein Restaurant, eine Bar und Zugang zum Skigebiet Tsugaike. ¥

Snowbeds B&B
Backpackeroption in der Nähe des Nachtlebens in Echoland. ¥

Hotel Hakuba Hifumi
Beeindruckendes Ryokan in der Nähe des Busbahnhofs und des Happō-one-Skigebiets. ¥¥

Ridge Hotel & Apartments
Stylishes Haus mit geräumigen Zimmern im gehobenen Bezirk Wadano in der Nähe von Happō-one. ¥¥¥

Das zweite große Gebiet ist **Hakuba 47**, das mit dem **Skigebiet Goryū** im Süden des Tals verbunden ist. Es bietet fantastische Aussichten, steilere Pisten als die anderen in der Gegend, eine tolle Halfpipe und ein weitläufiges Hinterland.

Hakuba Cortina am Nordende des Tals ist bei japanischen Skibegeisterten beliebt, da es hier fast doppelt so viel Schnee gibt wie in anderen Skigebieten. Hier findet man ruhigere Plätzchen abseits der Menschenmassen und kann Treeskiing ausprobieren.

Der Veranstalter **Good Guides** bietet für seine fantastischen Schneeschuhwanderungen und Skitouren ins Hinterland professionelle, qualifizierte Guides mit umfassenden Kenntnissen des Geländes.

Seit 2000 bietet das **Evergreen Outdoor Center** im Winter Ski- und Snowboardkurse sowie geführte Touren ins Hinterland und Schneeschuhtouren an.

Hakuba in der grünen Saison

MOUNTAINBIKEN UND WANDERABENTEUER

In den wärmeren Monaten nach der Schneeschmelze bringen Hakubas Skilifte in der „grünen Jahreszeit" Gäste zum Wandern, Mountainbiken und für andere Abenteueraktivitäten auf die Gipfel.

Von Happō-one aus führt eine beliebte kurze Wanderung etwa eine Stunde zu einem Kamm unterhalb des Karamatsu-dake zu atemberaubenden Aussichten auf den wunderschönen **Happō-ike-Teich**. Oben beim Lift in **Goryū** erblüht die Landschaft in den wärmeren Monaten zu einem alpinen botanischen Garten und Trails führen in sechs bis acht Stunden zum Gipfel.

Ernsthaft Ambitionierte besteigen einen der 100 berühmten Berge Japans, den **Shirouma-dake** (白馬岳; 2932 m). Der 1700-m-Aufstieg dauert zwei Tage und erfordert Erfahrung und gute Vorbereitung.

Skilifte bringen Outdoor-Fans in Hakuba 47 und Iwatake nach oben, wo Wanderwege, Outdoor-Abenteuerveranstalter und spezielle Downhill-Mountainbikestrecken warten. An der Basis gibt's die **Iwatake-MTB-Strecke**, der gut ausgeschilderte Cross-Country-Trail ist für Newcomer und Erfahrene geeignet. Im **Hakuba-47-Bergsportpark** fährt eine Gondel zum Gipfel mit Anfänger- und Profi-MTB-Strecken. Bei Rhythm Summit (rhythmjapan.com) gibt's Leihfahrräder.

Ins Evergreen Outdoor Center geht's zum Mountainbiken, Wandern, SUP, Kajakfahren und vielem mehr. Gegenüber liegen das gute vegane Café **Roots** und der spaßige kleine Skatepark **True Players**, aber dort braucht man sein eigenes Board.

UNTERWEGS VOR ORT

Im Winter verkehren Shuttlebusse zwischen den Skigebieten, ebenso bieten viele Lodges einen Shuttleservice an. Man kann ein Auto mieten, sollte aber Erfahrung mit Fahren im Schnee haben.

Taxis fahren das ganze Jahr über, falls man Ausflüge machen möchte.

In der grünen Saison sind Mieträder im Besucherzentrum und bei Outdoor-Anbietern erhältlich.

NOZAWA-ONSEN

Nozawa-Onsen ist ein charmantes Dorf mit heißen Quellen in den Ostjapanischen Alpen im Norden der Präfektur Nagano. Der Ort wurde im 8. Jh. besiedelt und beherbergt in seinem Gassengewirr eine Reihe stilvoller Restaurants, Lebensmittelgeschäfte, Bars, eine Ginbrennerei, Pensionen und natürlich die etwa 30 Onsen, darunter die 13 als *soto-yu* bekannten öffentlichen Bäder. Jedes *soto-yu* wird von einem anderen Teil des Dorfes als Badeort für die Einheimischen unterhalten, und das Onsen-Wasser verwenden viele noch immer zum Waschen, Kochen und Heizen. Der Ort ist zu jeder Jahreszeit einen Besuch wert, aber in der Wintersaison wird es mit den Schneejunkies richtig voll. Es ist jedoch immer noch entspannter und ruhiger als die Partystadt Hakuba.

TOP TIPP

Unterkünfte während der Skisaison sind sechs bis 12 Monate vorher ausgebucht, also früh reservieren. Alle Onsen sind auf Spendenbasis (ca. 100 ¥ in die Spendenbox), Seife und Handtuch mitbringen. Das einzige *rotemburo* ist im Furusato-no-yu; das Ō-yu ist ein Favorit wegen des edlen Holzbaus und kochend heißen Wassers.

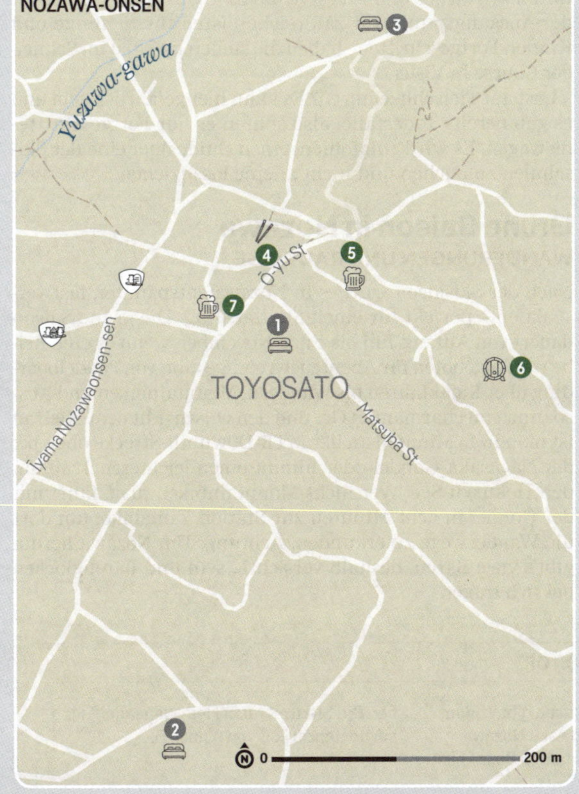

ÜBERNACHTEN
1 Address Nozawa
2 Lodge Nagano
3 Sumiyoshi-ya

ESSEN
4 Sobadokoro Daimon

AUSGEHEN
5 Libushi
6 Nozawa-Onsen-Brennerei
7 STAY bar

ESSEN, ÜBERNACHTEN & AUSGEHEN

Nozawa-Onsen-Brennerei
Hochwertige Gins aus heimischen Pflanzen wie Sakura und Apfelholz. Lodge, Boutique für Geschenkartikel und Tanuki-Café mit selbst gebackenen Produkten in der Nähe. ¥

Sobadokoro Daimon
Nicht die Buchweizen-Soba in diesem stimmungsvollen Soba-Restaurant verpassen. ¥

Libushi
Nanobrauerei mit einer ansprechenden Mischung aus hopfigen Ales und interessanten Einzelproduktionen.

Lodge Nagano
Privatzimmer im japanischen Stil und Schlafsäle mit Etagenbetten; auf der Website findet man ihre anderen Lodges. ¥

Sumiyoshi-ya
Nozawas ältestes Ryokan hat eine tolle Aussicht und einen wunderbaren Onsen. ¥¥¥

YUTING LIANG/SHUTTERSTOCK ©

Nozawa

Skisaison in Nozawa

PULVERPARADIES

Mit einigen der höchsten Schneefälle der Welt und einer langen Geschichte des Skifahrens ist Nozawa eins der besten Skigebiete auf Honshū und bietet Terrains für alle Niveaus. Die Saison läuft von Dezember bis Mai, es gibt 21 Lifte, zwei Gondeln und den Uenotaira Snow Park mit Halfpipe und Wellenbahn für Snowboarder und Freestyle-Spaß. Die Hikage-Gondel ist der Ausgangspunkt für zahlreiche Pisten für Neulinge und Kinder. Fortgeschrittene haben die steileren Pisten im Schneider Course in Visier.

Lust auf Tiefschneefahren? Es kann hier gefährlich sein und es gab bereits Todesfälle, also sollten es nur Fortgeschrittene wagen. Es wird empfohlen, einen Guide über eine der Skischulen zu buchen und nicht alleine loszuziehen.

Grüne Saison in Nozawa

WANDERUNGEN UND RADWEGE

Nach der Skisaison wird es in Nozawa entspannter, fast verschlafen – perfekt für einen Stadtausflug. Die grüne Saison dauert von Anfang Juli bis Ende November, wenn es eine Reihe von Angeboten für Abenteuerfreudige gibt, von Paddelboarding über Kajakfahren bis Wandern, Mountainbiken und Ausspannen im charmanten Ort und den Onsen. Mit dem Mietrad ist man in 15 Minuten an der MTB-Downhill-Strecke oben bei der Nagasaka-Gondel oder nimmt einen leichteren Trail um den Hokuryū-See. Wer nicht Mountainbiken mag, fährt mit der Gondel in acht Minuten zur Station Yamabiko, um dort die Wanderwege zu erkunden. Achtung: Um Nozawa herum gibt's viele Bären, deshalb vorsichtig sein und Bärenglocken bei sich tragen.

UNTERWEGS VOR ORT

Seit es den Hokuriku-Shinkansen gibt, kommt man viel einfacher von Tokio nach Nozawa-Onsen, vom Bahnhof Iiyama fahren Busse hierher. Die Stadt ist recht klein, daher geht man am besten zu Fuß von A nach B.

SHIGA KOGEN

Eine der größten und höchstgelegenen Skiregionen (2000 m) des Landes ist ein erstklassiges Ziel zum Skifahren und Snowboarden für jedes Alter und jedes Niveau. Mehrere Veranstaltungen der Olympischen Winterspiele 1998 von Nagano fanden hier statt, und seitdem strömen Besucherscharen in dieses Winterwunderland. Seit 1980 steht ein großer Teil des Geländes als Mensch-und-Biosphären-Reservat unter dem Schutz der UNESCO. Die Skisaison ist zwar die Trumpfkarte, es gibt aber auch in der grünen Jahreszeit einige Wander- und Outdoor-Aktivitäten, und die Landschaft und Aussicht in den wärmeren Monaten sind alleine eine Reise wert.

Das Besucherzentrum ist der zentrale Knotenpunkt, wo es nicht nur viele nützliche Reisetipps gibt, sondern auch ein kleines Museum über die Region, das einen Besuch wert ist.

TOP TIPP

Eine von Japans besten Strecken führt auf der Rte 292 von Shiga Kogen hinunter nach Kusatsu-Onsen, vorbei an Seen, Bergen und aktiven Vulkanen. Es gibt kein zentrales Dorf, die meisten Speiseoptionen befinden sich also in den Resorts selbst. Außerhalb der Skisaison bringt man am besten sein eigenes Essen mit.

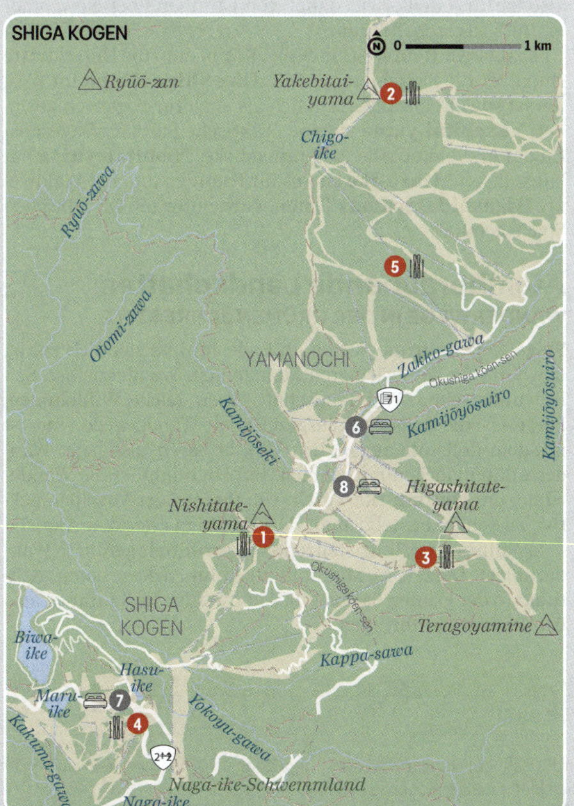

AKTIVITÄTEN

1 Skigebiet Nishitateyama
2 Ski-Resort Oku Shiga Kogen
3 Shiga Kogen Higashitateyama
4 Skigebiet Shiga Kogen Hasu-ike
5 Skigebiet Yakebitai-yama

ÜBERNACHTEN

6 Chalet Shiga
7 Hotel Shirakaba-sō
8 Villa Ichinose

Shiga Kogen

Skifahrerparadies in der Schneesaison

DIE PISTEN VON SHIGA KOGEN

Shiga Kogen besteht aus 18 Skigebieten, die miteinander verbunden und mit kostenlosen Shuttlebussen erreichbar sind. Das „Key Ticket" gewährt Zugang zu den Liften und Gondeln in allen Gebieten und erleichtert das Zurechtfinden. Es gibt eine Vielzahl von Pisten neben umwerfenden Bergaussichten, also ist für jeden etwas dabei, von Familien über Newcomer bis zu Fortgeschrittenen.

Es gibt kein Hauptdorf in Shiga Kogen, und die Unterkünfte sind über die Skigebiete verteilt. **Oku Shiga Kogen** im Westen ist sowohl anfängertauglich als auch für Experten geeignet; **Yakebitai-yama** ist eine praktische Basis für Tagesausflügler und bietet tolle Panoramablicke; **Nishitateyama** hat lange Pisten; **Hasu-ike** ist gut für Familien und hat Waldwege; **Higashidateyamas** Pisten wurden für die Olympischen Spiele genutzt.

Atemberaubende Landschaften

WANDERWEGE IN DER GRÜNEN JAHRESZEIT

Shiga Kogens grüne Saison ab Ende Juni ist ziemlich ruhig, obwohl es in den wärmeren Monaten ein Wanderziel ist. Seine wunderschöne Waldlandschaft – Seen, Teiche, Wildblumen, Berge – ist die Kulisse für ausgezeichnete Wanderwege, einer ist mit dem Rollstuhl zugänglich. Es gibt Bären, also beim Wandern Bärenglocken mitnehmen. Ein Highlight ist die Wanderung zum **Onuma-ike-Teich**. Um ihn aus der Vogelperspektive zu sehen, besteigt man den Urashiga oder den Akaisha – das hilfsbereite Touristenzentrum vermittelt geführte Wanderungen. Derzeit ist Mountainbiken im Park verboten. Achtung: In der grünen Saison gibt's nur wenige Restaurants, also den Proviant mitbringen.

ÜBERNACHTEN IN SHIGA KOGEN

Die meisten, wenn nicht alle Lodges haben ein eigenes Restaurant.

Hotel Shirakaba-sō
Hübsches Hotel in bester Lage in der Nähe des Skigebiets Sun Valley, mit *rotemburo* und verschiedenen Zimmern. ¥¥

Chalet Shiga
Beliebtes, familiengeführtes und gastfreundliches Hotel; japanische und westliche Zimmer, Onsen, Sauna und Bar. Nah an den Pisten. ¥¥

Villa Ichinose
Skihütte mit freundlichem, englischsprachigem Personal, einer Mischung aus Tatami- und westlichen Zimmern und einem 24-Stunden-Onsen. ¥¥

UNTERWEGS VOR ORT

Es gibt Busse zwischen dem JR-Bahnhof Nagano und dem Shiga Kogen (70 Min.); wer kein eigenes Fahrzeug hat, bewegt sich hier mit Skiern oder zu Fuß fort.

PRÄFEKTUR GUNMA

Im Herzen Japans, nördlich von Tokio in der Kanto-Region, liegt die Binnenpräfektur Gunma inmitten imposanter bewaldeter Berge, reißender Flüsse und Vulkane – die optimale Umgebung für einige der besten Onsen des Landes. In diesem Naturfreundeparadies sprudeln überall heiße Quellen aus dem Boden und bieten das perfekte Ziel für eine entspannende Pause für die verspannten Muskeln in einem dampfenden Bad. Kusatsu ist die berühmteste Onsen-Stadt, aber es gibt in der Region noch viele weniger touristische.

Wer Action sucht, wird in Gunma fündig. Dieselben Berge und rauschenden Flüsse sind im Winter ein Skifahrer- und Snowboarder-Spielplatz und in den wärmeren Monaten perfekt für Wildwasser-Rafting, Canyoning und Wandern. Minakami liegt im Zentrum der Outdoor-Abenteuerszene und ist ein Muss für alle, die auf wahre Wildnis-Erfahrungen aus sind.

TOP TIPP

Obwohl Minakami ein ganzjähriges Reiseziel für sowohl Wintersport als auch Wandern und Rafting in der grünen Saison ist, schließen viele Anbieter im November zwischen den Saisons.

GUNMA

AKTIVITÄTEN
1 Bungy Japan
2 Canyons
3 I Love Outdoors Japan
siehe 3 MTB Japan
4 Takaragawa Onsen
5 Tenjin Lodge

ÜBERNACHTEN
6 Hōshi Onsen Chōjukan
siehe 4 Takaragawa Onsen Ōsenkaku
siehe 5 Tenjin Lodge

ÜBERNACHTEN IN MINAKAMI

Tenjin Lodge (天神ロッジ) Die Lodge wird geführt von freundlichen Gastgebern mit Abenteuersport-Expertise; große Zimmer am Fuße des Tanigawa-dake, einige mit fantastischem Flussblick. ¥¥

Takaragawa Onsen Ōsenkaku (宝川温泉汪泉閣) Einfach direkt aus dem Onsen ins Bett schlüpfen in diesem traditionellen Gasthaus mit Zimmern am Flussufer und abendlichen Festmahlen. ¥¥¥

Hōshi Onsen Chōjukan (法師温泉長寿館) Einer der elegantesten Ryokan in Japan, ein ruhiger, abgeschiedener Ort mit einem beeindruckenden Holzbadehaus von 1896. ¥¥¥

Outdoor-Abenteuer & Onsen

MINAKAMIS ABENTEUERSPORTARTEN

Egal zu welcher Jahreszeit, im Outdoor-Abenteuerparadies **Minakami** (みなかみ町) gibt's jede Menge Abwechslung und Nervenkitzel. Und die über 400 Onsen in der Gegend sind die perfekte Ergänzung, um den schmerzenden Muskeln eine Pause zu gönnen.

Während der Schneeschmelze im Frühling zwischen April und Juni wird Wildwasser-Rafting auf dem Tone-gawa angeboten. Beim sinkenden Wasserstand im Sommer kann man sich beim Canyoning austoben – der ausgezeichnete Veranstalter **Canyons** bietet sowohl Rafting und Canyoning als auch Lodge-Unterkünfte, Glamping am Fluss und Mahlzeiten an. **I Love Outdoors Japan** organisiert auch Canyoning, Rafting und Kanufahren.

Zum Mountainbiken bringt dich das Team von **MTB Japan** zu den Trails, **Tenjin Lodge** ist sehr empfehlenswert für geführte Wanderungen in der Gegend. Wer eine Herausforderung sucht, nimmt den **Tanigawa-dake** (1977 m) in Angriff, aber Achtung: Er ist nur für Wanderprofis geeignet und für viermal mehr Todesfälle verantwortlich als der Mount Everest. Beim Wandern in Gunma muss man sich vor Bären in Acht nehmen. Im Winter bietet die Tenjin Lodge Skifahren, Snowboarden und Schneeschuhwandern abseits der Pisten. Für einen zusätzlichen Adrenalinkick sorgt der 42 m hohe Brückensprung mit **Bungy Japan**.

Minakami Onsen-kyō im nördlichen Teil der Präfektur ist eine Ansammlung von Onsen-Dörfern. Hier genießt man das dampfende Mineralwasser, für das Gunma berühmt ist. Einer der beliebtesten Onsen des Landes ist der **Takaragawa-Onsen** (宝川温泉) – hier badet man in großen Outdoor-Felsbecken in spektakulärer Umgebung neben dem rauschenden Wasser des Tone-gawa. Es gibt ein Becken nur für Frauen, die anderen sind gemischt.

Eintauchen in eine der besten Onsen-Städte Japans

IN MINERALREICHEM WASSER SCHWELGEN

Kusatsu (草津温泉) liegt in den Bergen der Präfektur Gunma und steht oft ganz oben auf der Liste der besten Onsen-Städte Japans. Das smaragdgrüne Wasser erfüllt die Stadt mit einem stechenden, schwefligen Geruch und soll alle möglichen Krankheiten heilen. An Wochenenden und Feiertagen herrscht in dieser kleinen, charmanten Stadt Hochbetrieb, wenn die Gäste in *yukata* (Baumwollkimonos) und *geta*

ESSEN & AUSGEHEN IN MINAKAMI

Stone Oven Pizza La Biere Authentische neapolitanische Holzofenpizza und lokale Craft-Biere. ¥

Kadoya (角彌) Hier steht man Schlange für die beliebten *hegi soba* (Soba mit Meeresalgen verfeinert, auf einem speziellen Teller serviert). ¥¥

Daihachi (大八) Beliebtes *izakaya*, das mit Flussgarnelen, verschiedenen *yakitori* und anderen typischen Gerichten viele Besucher anzieht. ¥¥

Yubatake

(Holzsandalen) von Onsen zu Onsen schlurfen. Im Winter ein beliebtes Ziel für Skifahrer, bietet die Stadt für jeden etwas, egal ob Anfänger oder Profis.

Im Stadtzentrum ist die milchig blaue, schwefelhaltige Quelle **Yubatake** (湯畑) nicht zu übersehen, die sich wie ein Wasserfall ergießt und nachts erleuchtet wird. Tägliche (und ziemlich touristische) 30-minütige Vorführungen zeigen, wie einheimische Frauen das Wasser zum Abkühlen rühren und dabei Volkslieder singen, bekannt als *yumomi*. Die Ryokan in der Stadt versorgen ihre Bäder aus dieser Quelle.

Unweit davon bergab bietet der **Ōtaki-no-yu-Onsen** (大滝乃湯) in einem wunderschönen hölzernen Badehaus vier *awase-yu*-Bäder mit unterschiedlichen Temperaturen. Achtung: Das vierte Bad ist kochend heiß! Das atmosphärische **Sai-no-kawara-Rotemburo** (西の河原露天風呂) ist ein riesiges Freibad in einem bewaldeten Park, 15 Fußminuten von der Bushaltestelle Yubatake. Es kann mit bis zu 100 Menschen sehr voll werden, daher am besten frühmorgens kommen, um etwas Ruhe und Privatsphäre zu haben. Eine Bambuswand trennt in einen Männer- und einen Frauenbereich.

ESSEN & ÜBERNACHTEN IN KUSATSU

Kusatsu Onsen Boun
Traditionelles japanisches Design mit Moosgärten, *rotemburo*, Wasserfällen und Zimmern mit privaten Open-Air-Bädern. ¥¥

Hotel Sakurai
Von den Zimmern in der oberen Etage hat man eine tolle Aussicht; zentral gelegenes Hochhaushotel mit aufmerksamem Personal. ¥¥¥

Mikuniya
In diesem beliebten Soba-Lokal muss man meist anstehen für die großen Schüsseln mit Buchweizennudeln und *sansai soba* (Berggemüse). ¥

UNTERWEGS VOR ORT

In Minakami bringt die Tanigawa-dake-Seilbahn Wanderer auf den Gipfel des Tenjin-dara, in der grünen Jahreszeit zu Wanderwegen, im Winter zu Ski- und Snowboardpisten. Vom Bahnhof Minakami fährt ein Bus in 20 Minuten dorthin.

Ein Auto ist zwar praktisch, um nach Kusatsu-Onsen zu kommen, doch dort ist es ein Albtraum, sich durch die engen, verwinkelten und überfüllten Straßen zu quälen.

RIGHT: MARCOCIANNAREL/SHUTTERSTOCK ©; FAR RIGHT: GREG ELMS/LONELY PLANET ©

Oben: Kinkaku-ji (S. 287); rechts: Vorbereitung einer Teezeremonie

DIE WICHTIGSTEN ZIELE

KYOTOS INNENSTADT
Lebendiges Kultur-, Geschäfts- und Verkehrszentrum
S. 258

SÜD-HIGASHIYAMA
Großartige Tempel, Museen und Geishas
S. 266

NORD-HIGASHIYAMA
Schätze im Vorgebirge
S. 274

NÖRDLICHES ZENTRAL-KYOTO
Ehemaliger Sitz der Kaiser
S. 282

KYOTO

1200 JAHRE TRADITION

Kyoto (京都) ist der Inbegriff des alten Japans: ehrwürdige Tempel, erhabene Gärten, traditionelle Teehäuser und idyllische Straßen, durch die Geishas zu schweben scheinen.

Wer Kyoto kennenlernen will, schaut in die Zwischenräume. Wenn sich das restliche Japan vollkommen der Moderne hingibt, dauert in der Kulturhauptstadt des Landes die alte Lebensweise fort. Seit über einem Jahrtausend herrschten hier Kaiser, kämpften Samurai und unterhielten vornehme Geishas Gäste. Etwa 2000 buddhistische Tempel und Shintō-Schreine, noble Villen und einige der schönsten Gärten der Welt beschwören diese Vergangenheit. Kein Wunder, dass es ganze 17 UNESCO-Welterbestätten in der Stadt gibt.

Die Ankunft im futuristischen Bahnhof und der Anblick von Beton- und Steinbauten im verkehrsreichen Stadtzentrum werfen die Frage auf, wo das historische Kyoto geblieben ist. Doch in schmalen Straßen, noch schmaleren Gassen, versteckten Durchgängen und auf steinernen Fußwegen ist die Vergangenheit zu sehen, zu hören und sogar zu riechen. Mönche in Kutten wandeln zwischen Tempelgebäuden, sonore Gesänge erklingen in Zengärten, Gläubige meditieren auf Tatami-Böden in Weihrauchschwaden und in der Nähe erhebt sich das *torii* (Eingangstor) eines zinnoberroten Shintō-Schreins.

Wer einen *matcha* nicht von einem *Manga* unterscheiden kann, noch nie auf einem Futon auf *Tatami*-Matten geschlafen oder ein öffentliches Bad mit nackten Fremden geteilt hat – dies ist der Ort, um in die Feinheiten der japanischen Kultur einzutauchen (manchmal wörtlich). Ob man zuschaut, wie Pulvertee bei einer traditionellen Teezeremonie schaumig geschlagen wird, ins heiße Wasser eines Onsen taucht, an einer lauten *hanami*-(Kirschblütenfest-)Party teilnimmt oder die japanische Kochkunst entdeckt – all dies trägt zum Verständnis der einzigartigen japanischen Lebensart bei.

Hier werden auch viele traditionelle Künste und Kunsthandwerke seit Generationen am Leben gehalten. Ein Streifzug durch die Straßen der Innenstadt und das historische Viertel Gion, vorbei an den *machiya* (traditionelles Stadthaus) im Textilviertel Nishijin, offenbart alte Spezialitätengeschäfte für Tofu und Tee bis zu *washi* (handgeschöpftes japanisches Papier), Lackwaren, handgearbeitete Kupfer-*chazutsu* (Teedose) und indigoblaue *noren* (Vorhang).

Man muss nur einfach auf die Zwischenräume achten.

NORDWEST-KYOTO
Goldene Pavillons und berühmte Steingärten
S. 286

ARASHIYAMA & SAGANO
Bambushaine und Affen
S. 291

SÜD-KYOTO
Wanderung durch 10 000 *torii* (Tor)
S. 296

Erste Orientierung

Kyoto hat keinen Flughafen (der in Osaka ist nicht weit), aber gute Verbindungen nach Tokio, Nagoya, Osaka und Hiroshima mit dem Shinkansen (Hochgeschwindigkeitszug), Expresszüge in nahe Städte und ein ausgezeichnetes U-Bahn-, Regionalbahn- und Busnetz sowie Taxis.

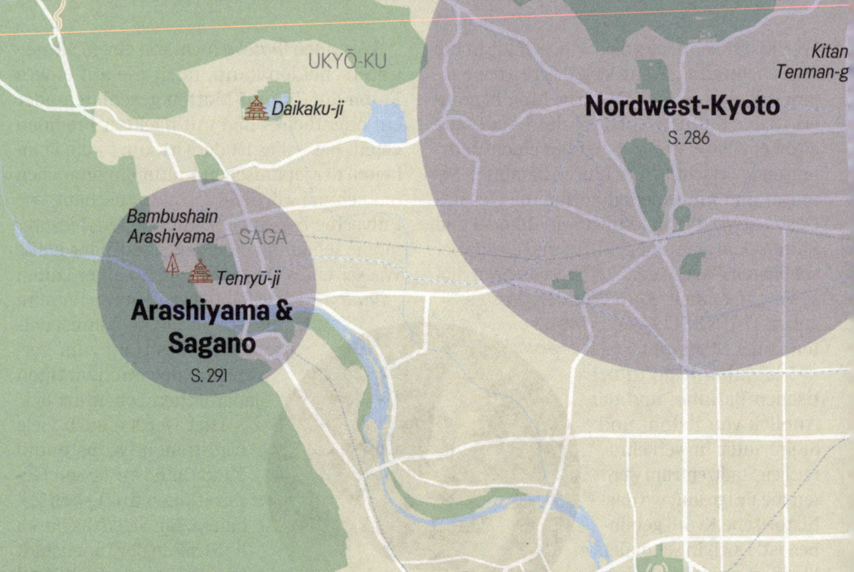

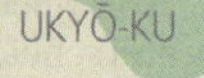

Kinkaku
Kitan Tenman-g

Nordwest-Kyoto
S. 286

Bambushain Arashiyama
SAGA
Tenryū-ji

Arashiyama & Sagano
S. 291

VOM/ZUM FLUGHAFEN
Die wichtigen Flughäfen sind Osakas Kansai International Airport (KIX) und Itami Airport (ITM, überwiegend Inlandsflüge). Vom KIX nach Kyoto fährt der Expresszug etwa 75 Minuten; vom ITM ist es etwa eine Autostunde. Flughafen-Limousinenbusse und Tür-zu-Tür-Shuttlebusse bedienen beide Flughäfen.

U-BAHN
Zwei schnelle städtische Metrolinien befördern von Nord nach Süd (Karamasu-Linie inklusive Bahnhof Kyoto) und Ost nach West (Tōzai-Linie von Higashiyama in den Westen Kyotos). An der Station Karasama-Oike kann man zwischen beiden Linien wechseln.

REGIONALBAHNEN
Drei private Regionallinien sowie JR-Züge fungieren in Kyoto wie Stadtbahnen. Die Hankyū-Linie verkehrt von Kyotos Innenstadt entlang der Shijō-dōri nach West-Kyoto, die Keihan-Linie hat Haltestellen an der Kamo-gawa und die Kintetsu-Linie endet am Bahnhof Kyoto.

BUS
Abseits der Bahnhöfe und U-Bahnhöfe bietet Kyotos kompliziertes Stadtbusnetz günstige, wenn auch langsamere Beförderungen (230 ¥ pro Fahrt). Auf den meisten Touristenrouten sind Ansagen und Schilder auf Englisch.

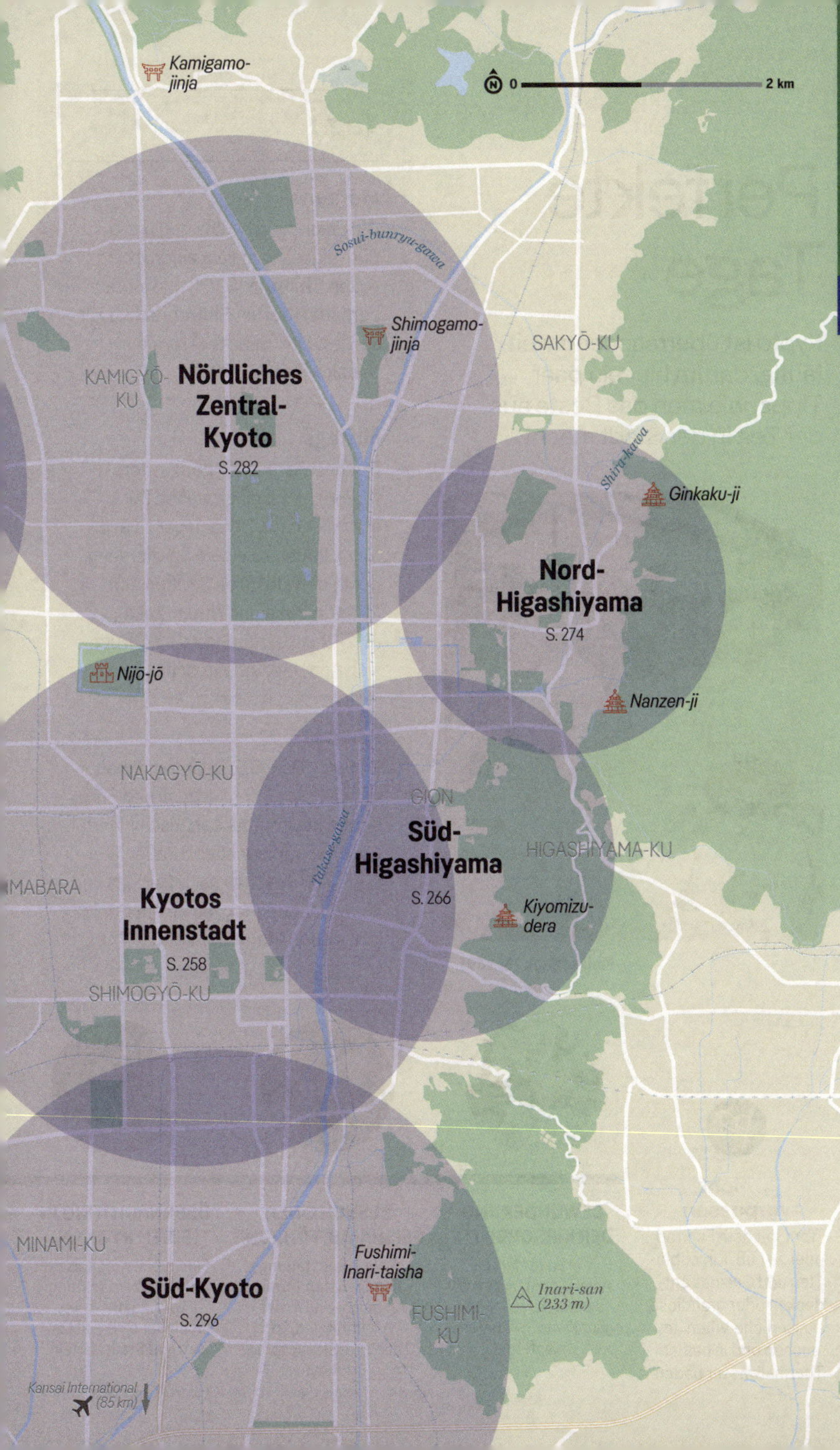

Kamigamo-jinja

0 — 2 km

Sosui-bunryu-gawa

Shimogamo-jinja

SAKYŌ-KU

KAMIGYŌ-KU

Nördliches Zentral-Kyoto
S. 282

Shira-kawa

Ginkaku-ji

Nord-Higashiyama
S. 274

Nijō-jō

Nanzen-ji

NAKAGYŌ-KU

GION

Takase-gawa

Süd-Higashiyama
S. 266

HIGASHIYAMA-KU

MABARA

Kyotos Innenstadt
S. 258

Kiyomizu-dera

SHIMOGYŌ-KU

MINAMI-KU

Fushimi-Inari-taisha

Inari-san (233 m)

Süd-Kyoto
S. 296

FUSHIMI-KU

Kansai International (85 km)

Perfekte Tage

Kyoto ist überraschend weitläufig, darum hier ein paar Tipps, wie man das Beste aus der Zeit in der Stadt macht.

COWARDLION/SHUTTERSTOCK ©

Maiko, Gion (S. 269)

Tag 1

Morgens

Die Erkundung Kyotos beginnt in Süd-Higashiyama am eindrucksvollen **Chion-in** (S. 271) und im zauberhaften Garten **Shōren-in** (S. 272) sowie einem Spaziergang am **Yasaka-jinja** (S. 270).

Mittags

Der geschäftige **Kiyomizu-dera** (S. 268) bietet einen weiten Blick über die Stadt. Danach geht's Richtung Norden zu einem Spaziergang durch die hübschen Straßen der **Sannen-zaka** und **Ninen-zaka** (S. 272) und nach **Gion** (S. 272), um sich Antiquitäten anzuschauen.

Abends

Im **Gion Yūki** (S. 272) probiert man mit Einheimischen Sashimi und Sake, geht dann ins atmosphärische Viertel Gion mit traditionellen Straßenlaternen, hält Ausschau nach Geishas und beschließt den Tag mit einem Drink in der **Gion Finlandia Bar** (S. 273).

... nicht verpassen

Tour mit dem Fahrrad oder zu Fuß, Kirschblüten und Geishas entdecken oder grandiose kaiserliche Villen besuchen und in heißem Thermalwasser baden.

BEWUNDERUNG DER KIRSCHBLÜTE

Von Ende März bis Anfang April taucht die ***sakura*** (Kirschblüte) ganz Kyoto in blassrosa Konfetti.

BESUCH EINER GEISHA-AUFFÜHRUNG

Lokale Veranstaltungskalender listen Termine für *geiko*- und *maiko*-Vorführungen, von Theatern bis zur Hotellobby.

ÜBERNACHTUNG IN EINEM RYOKAN

Eine typisch japanische Art der Übernachtung: *Ryokan* gibt's in verschiedenen Preisklassen und Stadtvierteln.

FED PHOTOGRAPHY/SHUTTERSTOCK ©, MURA/GETTY IMAGES ©, GREG ELMS/LONELY PLANET ©

Tag 2

Morgens

Ein morgendlicher Besuch im **Ginkaku-ji** (S. 275) in Nord-Higashiyama ist ein wahrer Genuss. Danach führt der **Philosophenweg** (S. 276) zu den prächtigen Tempel- und Gartenkomplexen **Eikan-do** (S. 277) und **Nanzen-ji** (S. 275).

Mittags

Nach so vielen Tempeln geht's in Kyotos Innenstadt zu einem Snack im geschäftigen **Nishiki-Markt** (S. 261) und zum Shoppen in der **Teramachi-Passage** (S. 264) und den Kaufhäusern in der **Shijo-dōri** (S. 264).

Abends

Nach einem Abendessen mit *obanzai-ryōri* (hausgemachte Kyoto-Küche) im **Menami** (S. 261) spaziert man auf der stimmungsvollen **Ponto-chō** (S. 261). Unterwegs geht's auf einen Drink ins **Atlantis** (S. 273) oder ans Ufer des Kamo-gawa.

Tag 3

Morgens

Als Erstes besucht man den berühmten Steingarten **Ryōan-ji** (S. 288) in Nordwest-Kyoto, danach den „Goldenen Pavillon" des **Kinkaku-ji** (S. 287), eine von Japans berühmtesten Attraktionen.

Mittags

Ein Taxi bringt einen in die westlichen Viertel **Arashiyama und Sagano** (S. 291), wo es viele Straßensnacks für ein Mittagessen im Freien gibt. Vom Wahrzeichen **Tenryū-ji** (S. 292) geht's durch den berühmten **Arashiyama-Bambushain** (S. 292) zum wunderschönen **Ōkōchi Sansō** (S. 293).

Abends

Eine *kaiseki* (japanische Haute Cuisine) in einem der besten Restaurants, dem **Kitcho Arashiyama** (S. 295), ist vorab zu buchen. Der restliche Abend gehört den Bars in der Kiyamachi-dōri.

ERKUNGUNG MIT DEM FAHRRAD

Im flachen Zentral-Kyoto ist das Fahrrad ein populäres Verkehrsmittel. Räder sind überall in der Stadt zu mieten.

ENTSPANNENDES BAD

Öffentliche Badehäuser in den Seitenstraßen sind Treffpunkte der Einheimischen. Vorab die Bade-Etikette (S. 42) studieren, dann dazugesellen.

AUF KAISERLICHEN SPUREN

Eine Führung durch die Bauten und Gärten des **Shūgaku-in Rikyū** (S. 278) oder **Katsura Rikyū** (S. 295) vorab buchen.

AUF IN DIE NATUR RINGS UM KYOTO

Die Berge rings um die Stadt, vom **Daimonji-yama** (S. 299) bis zum **Fushimi-Inari** (S. 296), laden zum Wandern ein.

MOKJC/SHUTTERSTOCK ©, LEOPOLD VON UNGERN/STOCKIMO/ALAMY STOCK PHOTO ©, AARONCHENPS2/SHUTTERSTOCK ©, KAORU HAYASHI/GETTY IMAGES ©

KYOTOS INNENSTADT

LEBHAFTES KULTUR-, GESCHÄFTS- UND VERKEHRSZENTRUM

Kyotos Innenstadt ist nicht so reich an Attraktionen wie andere Stadtteile, doch praktisch an jeder Ecke und in jeder schmalen Straße gibt's etwas zu sehen: einmalige Boutiquen, Cafés und Restaurants, riesige Kaufhäuser und Stadtlandschaften, die tagsüber historisch anmuten und nachts atemberaubend sind.

Die mächtige Burg Nijō-jō im Nordwesten des Viertels ist einen Besuch wert, zurück im Stadtzentrum befinden sich in den Hauptstraßen Shijō und Kawaramachi einige der besten Kaufhäuser und viele Restaurants. Auch die überdachten *shōtengai* (Einkaufsstraßen) bieten eine Riesenauswahl an Geschäften und Restaurants: Sanjō (Restaurants und Mode), Teramachi (Souvenirs, Kunst und Bekleidung), Shinkyōgoku (überwiegend kitschige Souvenirs für Kinder) und der Nishiki-Markt (Imbissstände). Und im Gewirr der kleinen Straßen westlich der Teramachi verbergen sich viele interessante Boutiquen, Cafés und Restaurants.

TOP TIPP

Es kann verwirrend sein, ein gutes Restaurant in Kyotos Innenstadt zu finden, denn die Auswahl ist überwältigend. Ein großes Angebot auf überschaubarer Fläche bieten die *resutoran-gai* (Restaurantetagen) in Kaufhäusern wie Takashimaya, Daimaru oder JR Isetan.

Ponto-chō (S. 261)

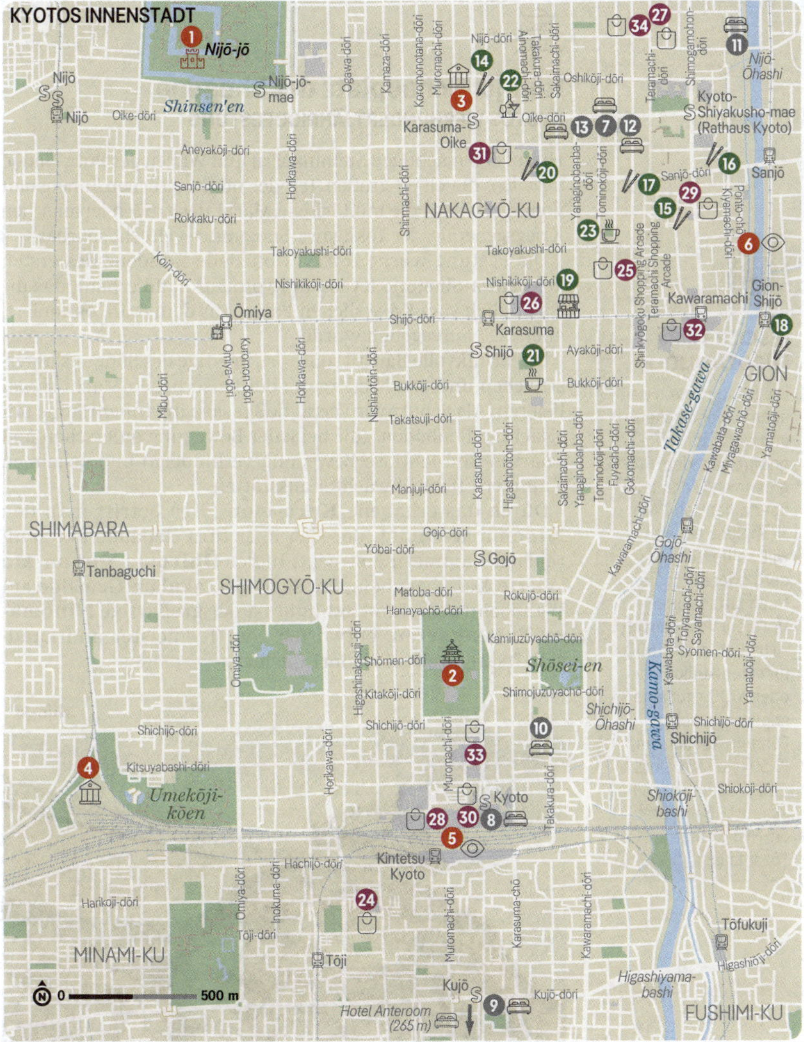

NAME/CREDIT ©

HIGHLIGHTS

1 Nijō-jō

SEHENSWERTES

2 Higashi Hongan-ji
3 Internationales Mangamuseum Kyoto
4 Eisenbahnmuseum Kyoto
5 Bahnhof Kyoto
6 Ponto-chō

SCHLAFEN

7 Hiragiya
8 Hotel Granvia Kyoto
9 Lower East 9 Hostel
10 Onyado Nono Kyoto Shichijo
11 Ritz-Carlton Kyoto
12 Tawaraya
13 Yoshikawa

ESSEN

14 Honke Owariya
15 Kyōgoku Kaneyo
16 Menami
17 Mishima-tei
18 Mouriya Gion
19 Nishiki-Markt
20 Tokura

AUSGEHEN

21 Okaffe
22 Sake Bar Yoramu
23 Weekenders Coffee

SHOPPEN

24 Æon Mall Kyoto
25 Aritsugu
26 Daimaru
27 Ippōdō
28 JR Isetan
29 Mina Kyoto
30 Porta Shopping Mall
31 ShinPuhKan
32 Takashimaya
33 Yodobashi Camera
34 Zōhiko

Nijō-jō: Schauplatz der Shogune

KYOTOS VIERHUNDERTJÄHRIGE FESTUNG

Hinter den mächtigen Steinmauern und Wällen der Burg Nijō-jō (二条城), die einen großen Teil der nordwestlichen Innenstadt dominiert, wird die militärische Macht der großen japanischen Kriegsgeneräle, der Tokugawa-Shogune, regelrecht spürbar.

Die Festung wurde 1603 als offizielle Residenz des ersten Tokugawa-Shoguns Ieyasu in Kyoto auf Land erbaut, das ursprünglich vom Kaiserlichen Palast aus dem 8. Jh. okkupiert, aber 1227 aufgegeben wurde.

Der prunkvolle Baustil sollte das Prestige des Shoguns unterstreichen und den Niedergang der kaiserlichen Macht signalisieren. Als Schutz vor Verrat ließ Ieyasu die Innenräume mit „Nachtigallenböden" (die bei jeder Bewegung quietschen und knarren und lautlose Bewegung verhindern) und geheimen Kammern für Leibwächter ausstatten.

Durch das erhabene **Kara-mon** (Tor) betritt man den **Ninomaru-Palast**, der sich über fünf Gebäude mit zahlreichen Kammern erstreckt. In der **Ōhiroma Yon-no-Ma** (Vierte Kammer) befinden sich spektakuläre Gemälde auf Wandschirmen. Ein Highlight ist der großartige **Ninomaru-Palastgarten**, entworfen vom Teemeister und Landschaftsarchitekten Kobori Enshū.

INSIDER-TIPPS FÜR DEN NIJŌ-JŌ

Die Festung steht bei allen ausländischen und japanischen Reisegruppen auf dem Programm und kann total überlaufen sein. Wer sie in Ruhe erleben will, sollte frühmorgens oder am späten Nachmittag kommen. Um mehr vom Besuch zu haben, lohnen 500 ¥ für einen Audioguide oder 2000 ¥ für eine englischsprachige Führung (täglich um 10.30 und 12.30 Uhr).

Die Festung hat eine eigene U-Bahn-Station, Nijō-jō-mae auf der Tōzai-Linie.

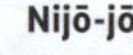

Nijō-jō

Romantisches Ponto-chō

DAS GEISHA-VIERTEL DER TRÄUME

Wenige Straßen in Asien sind so atmosphärisch wie die schmale Fußgängerzone Ponto-chō (先斗町). Tagsüber unscheinbar, erwacht sie abends zum Leben mit wunderschönen Laternen, traditionellem Holzdekor und der gelegentlichen *geiko* (so nennen Einheimische Geishas) oder *maiko* (Geisha-Schülerin) auf dem Weg zwischen Terminen in ihren Teehäusern oder Spitzenrestaurants und Bars.

Viele Etablissements hier verlangen eine Einladung, doch es gibt immer mehr zugängliche mit vernünftigen Preisen. Auch ohne einzukehren ist ein Bummel hier angenehm, vielleicht verbunden mit einem Spaziergang im nahen Gion (S. 269).

Schlemmen im Nishiki-Markt

KYOTOS LEGENDÄRE LEBENSMITTELPASSAGE

In der überdachten Passage und Fußgängerzone des Nishiki-Marktes (錦市場) sind seltsame und wundervolle Lebensmittel zu begutachten, die in Kyotos Küche Verwendung finden. Einige Läden sollen schon seit dem 14. Jh. existieren, und es ist gesichert, dass die Straße während der Edo-Zeit (1603–1868) ein Fischgroßmarkt war. Als Japan in die Moderne eintrat, wurde Nishiki ein Einzelhandelsmarkt und ist es bis heute.

Der traditionelle Spitzname des Nishiki-Marktes war *Kyoto no daidokoro* (Kyotos Küche) und die Spitzengastronomie sowie Gutbetuchte kauften hier Lebensmittel mit dem Fokus auf lokale japanische Produkte wie *tsukemono* (japanisches eingelegtes Gemüse), Tee, Bohnen, Algen und Fisch.

In jüngeren Jahren entwickelte sich der Markt jedoch zu einer Touristenattraktion. Zwischen traditionellen Ständen verkaufen mehrere Geschäfte Kyoto-Souvenirs neben sehr fotogenem Streetfood, von niedlichen japanischen Süßigkeiten über Wasabisalz und frische Sashimi-Spieße bis zu *takotamago* (kleiner Oktopuskopf gefüllt mit einem Wachtelei am Spieß).

Der Markt ist recht eng und kann gedrängt voll werden, darum kommt man am besten frühmorgens oder spätnachmittags. In vielen Geschäften ist Fotografieren nicht erwünscht, man sollte also freundlich fragen, ehe man Fotos schießt.

Im **Aritsugu** (有次) findet man die besten japanischen Kochmesser, die für Geld zu bekommen sind.

Der Markt liegt einen Block nördlich und parallel zur Shijō-dōri, westlich der überdachten Teramachi-Passage.

GEISHA-ETIKETTE

Der Anblick einer perfekt zurechtgemachten *geiko* oder *maiko* in den Straßen von Ponto-chō oder Gion ist ein denkwürdiges Erlebnis und ein Foto ist ein geschätztes Souvenir der Japanreise. Bitte daran denken, dass diese Frauen – einige sind noch minderjährig – auf dem Weg zur Arbeit sind.

In Kyoto ist das Hobby des Geisha-Spottings aus dem Ruder gelaufen – manche Reisende versperren den Frauen für ein Foto den Weg. Die Behörden haben begonnen, Schilder anzubringen und Bußgeld für die aufdringlichsten Verstöße zu erheben. *Maiko* und *geiko* bitte ungehindert passieren lassen; sie sind Berufstätige. Um sie aus der Nähe zu sehen, unterstützt man ihre Kunst und besucht ihre Aufführungen.

STREETFOOD-ETIKETTE

In Japan bedeutet Streetfood nicht, im Gehen zu essen (viel Glück bei der Mülleimersuche!). Der köstliche Spieß, das Getränk oder Eis wird vor dem Laden oder Stand verzehrt, wo sie gekauft wurden, und der Abfall zurückgelassen. Tipps rund ums Essen gibt's auf S. 44.

RESTAURANT-KLASSIKER IN DER INNENSTADT

Honke Owariya
Das kleine Lokal serviert *hōrai-soba,* fünf kleine Nudelteller mit Beilagen. ¥

Menami
Der Favorit für *obanzai-ryōri* (hausgemachte Kyoto-Küche). Thekenplatz reservieren, um bei der Arbeit zuzuschauen. ¥¥

Kyōgoku Kaneyo
Unagi (Aal) in *donburi* (Reisschüsseln) und À-la-carte-Gerichte seit der Taishō-Zeit; hinter einer Holzfassade. ¥¥

Internationales Mangamuseum Kyoto

Manga-Manie

BIBLIOTHEK JAPANISCHER COMICBÜCHER

Passenderweise befindet sich das ungewöhnliche **Internationale Mangamuseum Kyoto** (京都国際マンガミュージアム), das sich der Kunst und Geschichte des japanischen Comics widmet, in einer ehemaligen Grundschule.

Englischsprachige Interessierte erfahren am meisten in der zweisprachigen Dauerausstellung *What is Manga?* im zweiten Stock zur Entwicklung der Mangas: von Papierrollen mit herumtollenden Tieren und Menschen aus dem 12. Jh. (Heian-Zeit) über den Blockdruck der Edo-Zeit bis zu *Japan Punch* von 1873, *Dragon Ball Z, Sailor Moon* und Cosplay. Wichtige Manga-Designprinzipien werden vorgestellt, von *manpu* (Standardausdrücke) zu Sprechblasen und der japanischen *katakana*-Silbenschrift, die für visuelle Lautmalerei verwendet wird.

Und das ist nur ein kleiner Teil des Museums – die Highlights sind die Comicbücher selbst. Etwa 50 000 der gut 300 000 Bücher der Museumssammlung sind in der Ausstellung *Wall of Manga* zu sehen, und in einer großen Abteilung können Bücher ausgeliehen und in der ruhigen Atmosphäre einer Bibliothek gelesen werden.

Bis auf eine internationale Ecke namens Manga Expo sind alle Bücher in japanischer Sprache. Wer weder Japanisch lesen kann noch ein Superfan ist, kann zwar die grafische Manga-Kunst bewundern, ansonsten aber nicht viel mit dem Museum anfangen.

LUXUSHOTELS IM KYOTO-STIL

In puncto Spitzenhotels hinkte Kyoto historisch immer Tokio und Osaka hinterher, doch in den 2010ern entstanden neue Luxusunterkünfte für Reisende ohne Geldsorgen.

In Süd-Higashiyama bietet das **Four Seasons Kyoto** (Karte S. 267) ein extravagantes modernes Hotel um einen 800 Jahre alten Koi-Teich und umwerfende Gärten.

Das **Ritz-Carlton Kyoto** ist eine Oase des Luxus am Kamogawa. Die Zimmer nach Osten haben einen tollen Blick auf die Higashiyama-Berge.

EINE TASSE KAFFEE ... ODER SAKE

Weekenders
Winzige Kaffeebar hinter einem Parkplatz in der Innenstadt. Meist Take-away und sehr gut.

Okaffe
Eigene Rösterei und Filialen in der Innenstadt und in Arashiyama. Der *matcha*-Latte ist ebenfalls spitze.

Sake Bar Yoramu
Winzige Bar in einer ruhigen Seitenstraße, die von einer Sake-Autorität geführt wird.

Für Kinder gibt's eine Kinderbibliothek, gelegentliche Vorführungen von *kami-shibai* (traditionelle lustige Diashows) und einen Kunstrasen zum Toben.

An Wochenenden und Feiertagen veranstaltet das Museum Anfängerworkshops, und Kunstschaffende zeichnen auf Wunsch Porträts (ab 2000 ¥ pro Person).

Der Bahnhof, ein architektonisches Wunder

KYOTOS FUTURISTISCHE KATHEDRALE DES VERKEHRSZEITALTERS

Kyoto hat keinen eigenen Flughafen, doch der Bahnhof ist ein ziemlich imposantes Einfallstor. Als der **Bahnhof Kyoto** in den 1990ern anlässlich des 1200. Jahrestags der Kaiserstadt renoviert werden sollte, hatten die Behörden die Wahl: traditionell oder modern? Sie brachen mit allen Konventionen.

1997 wurde das Hauptgebäude unter Leitung des Architekten Hiroshi Hara fertiggestellt: ein auffälliger Bau aus Granit in allen Grau- und Schwarzschattierungen, gekrönt von einem Stahl- und Glasdach über der Hauptpassage – eine Art futuristische Kathedrale des Verkehrszeitalters.

An der Ostseite des Bahnhofs steht das **Hotel Granvia**, an der Westseite das massive, 13 Stockwerke hohe Kaufhaus **JR Isetan** mit vielen Restaurants in den oberen Etagen. Rolltreppen führen fast bis nach oben. Im 11. Stock verläuft hoch über der Hauptpassage ein gläserner Gang (Skyway, geöffnet von 10 bis 22 Uhr), der am Ende einen Panoramablick auf die Stadt bietet. Aussichten gibt's auch von der Sky-Garden-Terrasse im 15. Stock.

Das einzige Problem des Bahnhofs ist, dass man nach der Ankunft mit dem Shinkansen durch die Passage zur Nordseite des Bahnhofs (Ausgang Kakasuma) laufen muss, um hinzukommen – doch es lohnt sich!

Ein Mekka für Bahnfans

VON DAMPFLOKS BIS ZU SHINKANSEN

Das faszinierende **Eisenbahnmuseum Kyoto** (京都鉄道博物館) erstreckt sich über drei Etagen und zeigt 53 Züge, von historischen Dampflokomotiven im Ringlokschuppen draußen bis zu Pendlerzügen und dem ersten Shinkansen (Hochgeschwindigkeitszug) von ca. 1964. Kinder lieben die interaktiven Ausstellungen und eindrucksvollen Eisenbahndioramen mit Miniaturzügen, die durch detailgetreue Landschaften sausen, ebenso die Fahrt auf einer dampfenden Puff-Puff-Eisenbahn (Erw./Kind 300/100 ¥).

Exponate führen durch die Geschichte der japanischen Eisenbahninnovationen und zeigen viele Details wie Bahnuniformen und Werkzeuge.

EIN TEMPEL IN BAHNHOFSNÄHE

Der riesige Tempel **Higashi Hongan-ji** (東本願寺) ist als Erster auf dem Weg vom Bahnhof Kyoto nach Norden über die Karasuma-dōri zu sehen. Seine imposanten Bauten und das prächtige Innere sind ein lohnendes Ziel, zumal der Eintritt frei ist. Die gewaltige **Goei-dō** (Haupthalle) soll Japans zweitgrößtes Holzbauwerk sein – sie ist 38 m hoch, 76 m lang und 58 m breit. Im Durchgang zur angrenzenden renovierten Halle Amida-dō, die den Amida-Buddha beherbergt, befindet sich eine Seilrolle aus menschlichen Haaren. Nach der Tempelzerstörung in den 1880ern spendeten gläubige Frauen ihr Haar für die Seile, mit denen die massiven Holzbalken für den Wiederaufbau transportiert wurden.

DIE BESTEN RYOKAN

Tawaraya
Das Tawaraya ist 300 Jahre alt. Es bewahrt die Tradition, ist aber gleichzeitig intim, herzlich und persönlich. ¥¥¥

Hiragiya
Beliebte Promi-Unterkunft mit traditionellen Gebäuden im altjapanischen Stil des *wabi-sabi* und einem neuen Flügel. ¥¥¥

Yoshikawa
Tolle Lage, wunderschöner Garten, Zimmer mit hölzernen Wannen und ein erstklassiges Tempura-Restaurant. ¥¥¥

Das Museum ist so angelegt, dass die Ausstellungen und Züge auch von oben zu betrachten sind, außerdem bietet sich vom Skydeck in der 3. Etage ein Blick auf die Stadt.

ZEITGENÖSSISCHE KUNST

Fuji Moe, Lobby-Guru im Ace Hotel Kyoto. *@jesuisfuji*

Ich bin aus Osaka und lebe seit meiner Unizeit in Kyoto. Inzwischen mag ich diese kleine, aber große Stadt richtig – überall findet man versteckte Juwelen. Einer meiner Lieblingsorte für zeitgenössische Kunst ist die Galerie **Haku Kyoto**, die junge lokale Kunstschaffende unterstützt. **Utsuwa Monotsuki** ist einer meiner liebsten Töpferläden, hier gibt's Kunsthandwerk aus ganz Japan in tollen Farben. Selbst auf Instagram wird die Leidenschaft des Besitzers deutlich. Das **To See** ist sowohl Café als auch kleine Kunstgalerie – ein niveauvoller Ort, an dem immer etwas an die japanische Handwerkskunst erinnert.

Shoppen in Kyoto

EINE COOLE UND KULTURELLE SHOPPINGTOUR

Selbst wer nicht gern shoppt, wird die einzigartige Shoppingszene Kyotos wahrscheinlich faszinierend finden, denn oft erinnern die Läden – ob traditionell oder modern – eher an Museen als an Geschäfte.

Gut shoppen kann man überall in Kyoto, doch im Zentrum, zwischen der Oike-dori im Norden, der Shijō-dōri im Süden, der Karasuma-dōri im Westen und der Kawaramachi-dōri im Osten, ist die Konzentration am höchsten und es gibt größere Geschäfte auf den Hauptstraßen.

In den engen Gassen dazwischen gibt's kleine Boutiquen in *machiya* (japanisches Stadthaus, S. 284), die teils liebevoll restauriert, teils mutig umgestaltet wurden und alles Erdenkliche verkaufen, von Antiquitäten bis zu Keramik und Textilien, von traditionellen japanischen Süßigkeiten und europäischem Gebäck bis zu Vintage-Kleidung und der neuesten japanischen und internationalen Mode.

Es ist nie sicher, was als Nächstes kommt, und das ist ein Teil des Vergnügens. Das Beste ist, an einer beliebigen Ecke zu beginnen und durch Münzwurf zu entscheiden, in welche Richtung es geht. Zur ersten Orientierung hier einige der beliebtesten Orte:

Teramachi-Passage Gut besuchtes überdachtes Einkaufszentrum für japanische und internationale Produkte, von Geschirr über Sportkleidung bis zu Blockdruck und 100-Yen-Shops.

Shin-Kyōgoku Jugend- und Straßenmode, Anime-inspirierte Spiele und Produkte sowie Straßensnacks. Östlich der Teramachi-Passage.

Kawaramachi Große japanische Einzelhandelsunternehmen und viele (meist Ketten-)Restaurants. Zwischen der Oike-dori und der Shijo-dōri.

Sanjō-dōri Schicke, aber nicht abgehobene Hauptstraße mit Fokus auf Kunsthandwerk und japanische und internationale Mode.

Shijō-dōri Breite Straße mit großen Kaufhäusern und Spezialgeschäften.

Teramachi-dōri über Nijō-dōri Vom Ausgang der Teramachi-Passage geht's über die breite Oike-dōri und am Rathaus vorbei zu Dutzenden Boutiquen mit Kunst, Antiquitäten und Kunsthandwerk, darunter Lackwaren (**Zōhiko**), Tee (**Ippōdō**), Blockdrucke, Textilien und Puppen.

DIE BESTEN RINDFLEISCHRESTAURANTS

Mouriya Gion
Mehrstöckige Filiale des traditionellen Rindfleischrestaurants in Kōbe; in einer Seitenstraße in Gion. ¥¥¥

Mishima-tei
Seit 1873 serviert dieses Wahrzeichen *sukiyaki* über einer Fleischerei an der Ecke Sanjō und Teramachi. ¥¥¥

Tokura
Modernes Restaurant auf der Sanjō-dōri, das hausgemachte (sehr saftige) „Hamburger-Steaks" serviert. ¥

Shin-Kyōgoku

Eins der bemerkenswerten Gebäude ist das **ShinPuhKan** aus den 1920ern, das saniert und in eine futuristische „Green Mall" mit Mode, Cafés und Pop-up-Läden verwandelt wurde. Im **Mina Kyoto** sind große Filialen von Uniqlo und GU und modernes Design im Loft und MoMA Design Store.

Außerdem gibt's fantastische mehrstöckige Kaufhäuser mit Gourmetbereich im Keller und Kunsthandwerk und Restaurants in den oberen Etagen. Die Grande Dame der Stadt ist das **Takashimaya**. Das **Daimaru** bietet tollen Service und eine große Auswahl, und das dreizehnstöckige **JR Isetan** am Bahnhof Kyoto ist schlicht überwältigend.

In und um den Bahnhof sind Produkte des täglichen Lebens erhältlich, darunter in der unterirdischen Mall **Porta**, dem nördlichen **Yodobashi-Camera**-Gebäude und in der südlichen **Æon Mall Kyoto.**

DIE BESTEN FESTIVALS IN KYOTO

Aoi Matsuri
Am 15. Mai ziehen beim Aoi Matsuri 600 Menschen in traditionellen Trachten vom Kaiserpalast zum Shimogamo-jinja.

Gion Matsuri
Mitte Juli versammeln sich Menschen in schönen *yukata* (leichte Baumwoll-Kimonos) in der Shijō-dōri, um die Umzugswagen und Straßenstände zu sehen.

Daimonji Gozan Okuribi
Das Obon-Festival am 16. August verabschiedet die Seelen der Vorfahren mit riesigen Feuern in Form chinesischer Zeichen, eines Bootes und eines *torii* auf fünf Bergen um die Stadt.

SANJŌ-ŌHASHI-BRÜCKE

Diese Brücke über den Kamo-gawa markiert ein Ende des Tōkaidō, der feudalen Route nach Edo, die der Künstler Hiroshige in seiner *ukiyo-e*-(Blockdruck-)Serie *Die 53 Stationen des Tōkaidō* darstellte. Von der Brücke gibt's schöne Blicke auf den Fluss.

UNTERKÜNFTE IN BAHNHOFSNÄHE

Hotel Anteroom
Zeitgenössisches Kunst- und Designhotel mit Lobbygalerie und künstlerischen Konzeptzimmern. ¥¥

Hotel Granvia Kyoto
Direkt über dem Bahnhof. Große, saubere, elegante Zimmer, teilweise mit Blick auf die Shinkansen oder den Kyoto Tower. ¥¥¥

Lower East 9 Hostel
Ruhiges Hostel südlich vom Bahnhof Kyoto, Schlafsäle, Zweibettzimmer, Café-Bar und Gemeinschaftsbereiche. ¥

SÜD-HIGASHIYAMA

DIE SCHÖNSTEN TEMPEL UND GÄRTEN

Süd-Higashiyama am Fuße der Higashiyama-Berge (Ostberge, 東山) hat die höchste Konzentration von Sehenswürdigkeiten in Kyoto. Das Viertel eignet sich gut zum Laufen, denn überall gibt's Tempel, Schreine, Museen und traditionelle Geschäfte, aber auch Fußgängerzonen und Parks, weitläufige Tempelgärten und Wahrzeichen wie die Sanjūsangen-dō und das Nationalmuseum Kyoto. Hier liegt das Unterhaltungsviertel Gion mit einigen der schönsten *ryokan* (traditionelles Gasthaus), Restaurants und Nachtlokalen. Abends ist diese Gegend am reizvollsten; vielleicht lässt sich eine Geisha sehen.

Eine etablierte Route beginnt am Kiyomizu-dera und endet in der Shijō-dōri. Am besten geht man von Süden (vom Kiyomizu bergab) nach Norden, auf der Sannen-zaka und der Ninen-zaka in Richtung Yasaka-jinja und Gion; dieser Teil der Shijō-dōri wimmelt von Souvenirständen und Shops, die alles Erdenkliche von Tee und Süßwaren bis zu *kokeshi* (japanische Holzpuppen) und Essstäbchen verkaufen.

TOP TIPP

Dies ist Kyotos beliebtestes Sightseeing-Viertel und deshalb in der Hauptsaison oft voll. Am besten kommt man mit dem Zug oder der U-Bahn her, denn der Verkehr steht oft und die Busse sind langsam und überfüllt.

SEAN PAVONE/SHUTTERSTOCK ©

Higashiyama

SÜD-HIGASHIYAMA

HIGHLIGHTS
1 Kiyomizu-dera

SEHENSWERTES
2 Chion-in
3 Kawai-Kanjirō-Gedenkhalle
4 Kōdai-ji
5 Nationalmuseum Kyoto
6 Ninen-zaka & Sannen-zaka
7 Sanjūsangen-dō
8 Shōren-in
9 Yasaka-jinja

SCHLAFEN
10 Four Seasons Kyoto
11 JAM Hostel Kyoto Gion
12 Kyoto Granbell Hotel
13 Motonago

ESSEN
14 Giro Giro Hitoshina
15 Hyōtei
16 Kikunoi

AUSGEHEN
17 Atlantis
18 Beer Komachi
19 Gion Finlandia Bar
20 Gion Yuki
siehe 11 Jam Sake Bar
21 Touzan Bar

Inspirierende Aussichten am Kiyomizu-dera

BUDDHISTISCHER TEMPEL UND „BÜHNE VON KYOTO“

Auf einem Hügel mit Blick auf das Becken von Kyoto ist der Kiyomizu-dera (清水寺) einer der beliebtesten und schönsten Tempel der Stadt und ausgesprochen betriebsam. Er mag kein friedliches Refugium sein, repräsentiert aber die bevorzugte Glaubensbekundung in Japan.

Der Tempel wurde ursprünglich 798 erbaut und gehört zur Hossō-Schule des Buddhismus aus Nara. Die heutigen Gebäude sind Rekonstruktionen von 1633.

Oben auf dem Hügel führen beim Tempel Stufen hinauf zur **Hondō** (Haupthalle), die für ihre große Terrasse, *butai* (Bühne) genannt, aus *hinoki* (Zypressenholz) bekannt ist. Sie ist etwa 400 Jahre alt, ruht auf 18 Zelkovenholzsäulen 13 m über dem Erdboden und bietet einen weiten Blick auf die Stadt.

Hinter der Hondō führen Stufen zum Shintō-Schrein **Jishu-jinja** hoch. Wer sich Glück in der Liebe wünscht, versucht, mit geschlossenen Augen 18 m zwischen einem Paar Steine zu gehen – wird der Stein verfehlt, wird der Wunsch nach Liebe nicht erfüllt. Und wer sich helfen lässt, benötigt auch Hilfe, um die große Liebe zu finden.

Der Hügelpfad schlängelt sich hinab zum Wasserfall **Otowa-no-taki**, dessen Wasser trinkbar ist und Gesundheit und ein langes Leben bescheren soll.

Auf der Website stehen die Termine der speziellen abendlichen Illuminierung des Tempels im Frühjahr und im Herbst.

DER TAINAI-MEGURI DES KIYOMIZU-DERA

Vor dem Betreten des Tempelkomplexes lohnt es, den ***tainai-meguri*** (100 ¥ Spende; 9–16 Uhr) unter der Pagode Zuigu-dō links (nördlich) vom Haupteingang zu besichtigen. Wir wollen die Überraschung nicht verderben, hier nur ein kleiner Hinweis: Man betritt symbolisch den Mutterleib des weiblichen Bodhisattwas Daizuigu Bosatsu mit der Macht, Wünsche zu erfüllen. Gelangt man im Dunkeln zu dem Stein, dreht man ihn in eine beliebige Richtung und wünscht sich dabei etwas.

Kiyomizu-dera

LIFESTYLE TRAVEL PHOTO/SHUTTERSTOCK ©

SPAZIERGANG DURCH DAS GEISHA-VIERTEL

Start ist an der Treppe des **1 Yasaka-jinja an der Kreuzung** Shijō-dōri und Higashiōji-dōri, je zehn Gehminuten von den Haltestellen Gion-Shijō (Keihan-Linie) und Kawaramachi (Hankyū-Linie). Auf der Südseite der Shijō-dōri hinter dem APA Gion Hotel links in die **2 Hanami-kōji** abbiegen, die pittoreske Straße mit vielen *ryōtei* (traditionelle Restaurants) anschauen und nördlich zur Shijō-dōri zurückkehren.

Auf der Shijō-dōri etwa 20 m Richtung Westen gehen, rechts in die **3 Kiri-dōshi** abbiegen und die Tominagachō-dōri überqueren, in deren Häusern sich Hunderte Hostessenbars befinden.

Die Kiri-dōshi kreuzt eine weitere Straße und verengt sich zu einer schmalen Gasse. Nun beginnt die reizvollste Gegend Gions. Gegenüber der Brücke **4 Tatsumi-bashi** beginnt das **5 Shimbashi-Viertel**. An der Straßengabelung steht der kleine **6 Tatsumi-Schrein**. Hier geht's nach links und am Kanal Richtung Westen. Unterwegs blickt man in einige der besten Restaurants Kyotos und sieht vielleicht Geishas, die in diesen elitären Etablissements Gäste unterhalten.

Am Ende der Shimbashi biegt man links in die **7 Nawate-dōri,** dann erneut links in die Shijō-dōri ab und passiert Kyotos bedeutendstes Kabukitheater **8 Minami-za**. Auf der Nordseite des **9 Shijō-Ōhashi** überquert man den Kamo-gawa und geht bis zum *kōban* (kleines Polizeihaus) auf der rechten Seite. Dies ist die Kreuzung der Shijō-dōri und **10 Ponto-chō** (S. 261). Nördlich liegt eine ganz andere Welt der gehobenen Restaurants, Bars, Clubs und Cafés.

Am Nordende der Ponto-chō an der Sanjō-dōri steht rechts die Brücke **11 Sanjō-Ōhashi** (S. 265), dort geht's zweimal links in die **12 Kiyamachi-dōri**, ein wesentlich legereres und preiswerteres Unterhaltungsviertel.

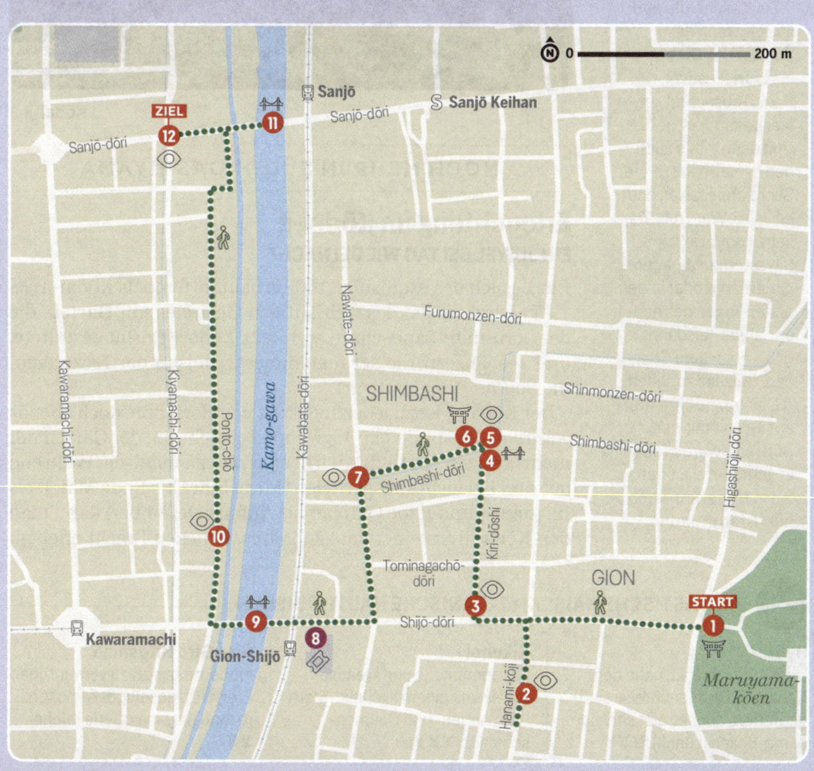

GIONS SCHUTZSCHREIN

Der farbenprächtige, große Schrein **Yasaka-jinja** (八坂神社) ist der Schutzschrein des Unterhaltungsviertels Gion und am östlichen Ende der Shijō-dōri nicht zu verfehlen.

Zur Kirschblüte und im Juli, wenn der Schrein das **Gion Matsuri** (Festival, S. 265) ausrichtet, ist hier besonders viel los. Und dann gibt's auch den *hatsu-mōde* (erster Schreinbesuch im neuen Jahr). Wer Trubel liebt, kommt in der Silvesternacht gegen Mitternacht oder in den ersten Tagen des neuen Jahres her, dann gibt's auch gute Chancen, Geishas zu sehen.

Das *torii* (Schreintor) aus Granit auf der Südseite wurde 1666 errichtet und ist mit 9,5 m Höhe eines der höchsten in Japan.

Kōdai-ji

NOCH MEHR IN SÜD-HIGASHIYAMA

Erleuchtung im Kōdai-ji

EIN JUWEL BEI TAG WIE BEI NACHT

Ein Besuch des exquisiten, 1605 erbauten Tempels Kōdai-ji (高台寺) lohnt wegen des weitläufigen Geländes mit Gärten, die der berühmte Landschaftsarchitekt Kobori Enshū gestaltete, und Teehäusern, die der renommierte Meister der Teezeremonie Sen-no Rikyū entwarf.

Der Kōdai-ji ist zu jeder Tageszeit wunderschön, doch abends während der speziellen „Light-up"-Beleuchtung der Gärten mit mehrfarbigen Spotlights wirkt er geradezu magisch. Während der drei Beleuchtungsperioden (Mitte März bis Ende Mai, 1. bis 18. August und Ende Oktober bis Anfang Dezember) kann man den Kōdai-ji in seiner ganzen jahreszeitlichen Pracht erleben.

FANTASTISCHE KAISEKI (JAPANISCHE HAUTE CUISINE)

Hyōtei
Über 400 Jahre alt, nahe dem Nanzen-ji. Die Menüpreise sind gepfeffert, aber es gibt *shōkadō-bentō*-Boxen (Lunch). ¥¥¥

Kikunoi
Experimentelle und kreative *kaiseki* mit einem Michelin-Stern – ein Augen- und Gaumenschmaus. ¥¥¥

Giro Giro Hitoshina
Moderne *kaiseki* zu vernünftigen Preisen in geselliger Atmosphäre rund um eine offene Küche. ¥¥

Tagsüber berechtigt das Ticket auch zum Besuch des kleinen Sho-Museums auf der anderen Straßenseite, das *maki-e* (Lackwaren mit Blattgold), Gemälde und andere Einrichtungsstücke zeigt.

Ikonen der japanischen Kunst

URALTE KAISERLICHE SCHÄTZE UND VIELES MEHR

Das **Nationalmuseum Kyoto** (京都国立博物館) wurde 1895 als kaiserliches Depot für die Schätze aus Tempeln und Schreinen gegründet. Heute zeigt es die anspruchsvollsten Ausstellungen der Stadt, von Teezubehör bis zu Schätzen des Kaiserpalastes.

Die originale Ziegel-Haupthalle (nun in Meiji Kotokan umbenannt) zählt zum Wichtigen Kulturgut; derzeit wegen Restaurierungsarbeiten geschlossen.

Aber keine Sorge, in absehbarer Zukunft werden die Ausstellungen in dem smarten, modernen Anbau von 2014 namens **Heisei Chishinkan** gezeigt. Das Gebäude wurde von Taniguchi Yoshio entworfen, zu dessen Bauten das Museum of Modern Art in New York, die Galerie der Horyū-ji-Schätze im Nationalmuseum Tokio (S. 106) und das D.-T.-Suzuki-Museum in Kanazawa (S. 214) gehören.

Der Tempel des Reinen Landes

GÄRTEN UND GRANDEUR IM CHION-IN

Als Hauptquartier der Jōdo-Sekte (Reines Land), der größten buddhistischen Schule Japans, ist der **Chion-in** (知恩院) der populärste Pilgertempel Kyotos und immer betriebsam. Wer eine Schwäche fürs Grandiose hat, für den sind die hohen Gebäude, großen Höfe und prächtigen Gärten gerade richtig.

Der Chion-in wurde 1234 an dem Ort errichtet, wo Hōnen, eine von Japans berühmtesten buddhistischen Persönlichkeiten, Buddhismus lehrte und sich schließlich zu Tode fastete.

Das älteste Gebäude stammt aus dem 17. Jh. Das zweistöckige Tempeltor **San-mon** ist das größte Japans. In der immensen **Miei-dō** (Haupthalle) befindet sich ein Abbild Hōnens. Sie ist verbunden mit der Halle **Dai Hōjō,** deren „Nachtigallenboden" bei jedem Schritt knarrt, um vor Eindringlingen zu warnen.

Nach der Besichtigung warten zwei Gärten: Der **Hōjō-Garten** ist im *chisen-kaiyūshiki*-Stil um einen Teich angelegt, im **Yuzen-en** befindet sich ein *kare-sansui* (Trockengarten). Vom Hōjō-Garten führen Stufen zu mehreren kleinen Hallen, einem Shintō-Schrein, Aussichtspunkten mit Blick auf die Stadt und der **riesigen Glocke** des Tempels, die 1633 gegossen wurde und mit 70 t Japans größte ist. Jedes Jahr zu Silvester wird sie von den Mönchen des Tempels 108-mal geläutet.

DER TIGER SPRICHT

Torarin, Offizielles Maskottchen des Nationalmuseums Kyoto
Youtube: Torarin

Zu einem wahrhaft grrrrroßartigen Besuch Kyotos gehört auch der Besuch des Viertels rund um Kyotos ältestes Museum. Gegenüber steht der **Sanjūsangen-dō** (S. 272), eine lange Tempelhalle, in der seit etwa 800 Jahren mehr als 1000 lebensgroße vergoldete Statuen stehen. Jedes Gesicht ist anders! Im Osten warten großzügige Gärten und Gemälde aus dem **Chishaku-in-Tempel**, die zum nationalen Kulturgut gehören. Und im Norden lockt im **Kawai-Kanjirō-Haus**, dem früheren Wohnsitz des berühmten *mingei*-(Volkskunst-)Töpfers, erbauliche Kunst. Im ganzen Viertel gibt's Töpferläden. Der Abschluss eines perfekten Tages ist dann ein Spaziergang am Kamo-gawa!

ÜBERNACHTEN IN GION

Motonago
Toll gelegenes *ryokan* mit klassischer Einrichtung, Englisch sprechendem Personal und Gemeinschaftsbädern. ¥¥

Kyoto Granbell Hotel
Unschlagbare Lage, hervorragender Service und viel Stil, der Tradition und modernes Design nahtlos verbindet. ¥¥

JAM Hostel Kyoto Gion
Einfache, aber saubere Gemeinschaftszimmer (und einige Privatzimmer) sowie eine coole Sakebar. ¥

ANTIQUITÄTEN IN GION

Die in Ost-West-Richtung verlaufenden Straßen **Shinmonzen-dōri** (新門前通) und **Furumonzen-dōri** (古門前道) liegen nördlich von Gions Zentrum. In beiden Richtungen befinden sich zahlreiche alte Häuser, Kunstgalerien und Antiquitätengeschäfte – Flohmarktpreise darf man aber nicht erwarten.

Spaziergang auf der Sannen-zaka & der Ninen-zaka

MALERISCHE STRASSEN UND WINZIGE GESCHÄFTE

Die abfallenden Verbindungsstraßen zwischen dem Kiyomizu-dera und dem Kōdai-ji zählen zu den schönsten in Kyoto und beherbergen etwa 60 Geschäfte und Cafés, oft hinter traditionellen hölzernen Ladenfronten. Vom Kiyomizu-dera geht's den Hügel und an der Kreuzung rechts über Steinstufen hinab – das ist die Sannen-zaka (三年坂) mit verschiedenen Tee-, Süßwaren-, Souvenir- und Kunsthandwerksläden. Auf halbem Weg kommt eine Linkskurve, danach führt rechts eine Treppe hinunter zur **Ninen-zaka** (二年坂). Am Ende der Ninen-zaka geht's im Zickzack (an den Verkaufsautomaten) nach links bis zum Parkplatz am Eingang zum Kōdai-ji, zu dem rechts eine lange Treppe hinaufführt.

Überwältigender Sanjūsangen-dō

DIE HALLE DER 1001 BUDDHAS

Der Sanjūsangen-dō-Tempel (三十三間堂) ist wegen seiner 1001 blattgoldbedeckten Kannon-Holzstatuen (buddhistische Göttin der Barmherzigkeit) ein Muss. Im Zentrum der Halle steht die große **Senjū-Kannon** (1000-armige Kannon), die 1254 vom berühmten Bildhauer Tankei geschaffen wurde. Sie wird auf jeder Seite von 500 lebensgroßen Kannon-Statuen in ordentlichen Reihen flankiert. Der optische Effekt ist überwältigend; Fotografieren ist streng verboten.

Der Tempelname bezieht sich auf die *sanjūsan* (33) *gen* (Buchten) zwischen den Säulen des uralten Tempels; er ist mit 120 m das längste Holzbauwerk Japans, was umso bemerkenswerter ist, als er 850 Jahre überdauert hat. Der Originaltempel hieß Rengeō-in und wurde 1164 auf Anweisung des abgedankten Kaisers Go-Shirakawa erbaut. Nachdem er 1249 bis auf die Grundmauern abbrannte, entstand 1266 ein exakter Nachbau.

Vor den Kannon-Statuen stehen 28 Schutzgottheiten, die durchgängig auf Englisch beschriftet sind.

Wer genau hinschaut, sieht, dass die 1000-armigen Statuen tatsächlich nur 40 Arme haben. Doch eine raffinierte buddhistische Berechnung weist nach, dass die 40 Arme 1000 entsprechen, weil jeder Arm 25 Welten rettet.

Ruhe & Friede in einem Tempelgarten

DER TRAUMHAFTE GARTEN DES SHŌREN-IN MIT TEEHAUS

Wegen der riesigen Kampferbäume außerhalb der Tempelmauern ist der Tendai-Tempel **Shōren-in** (青蓮院) kaum zu

AUF EINEN DRINK

Gion Yūki
Lebhafte *izakaya* eines Sakebrauers, spezialisiert auf Sashimi, gegrillten Fisch und Tempura. **¥¥**

Touzan Bar
Designte Bar im Untergeschoss des Hyatt Regency Kyoto, elegantes Ambiente und ausgewählte Sake (und Cocktails).

Jam Sake Bar
Die Bar direkt am Rand von Gion serviert Sake aus Kyoto und ganz Japan und dazu kreative Snacks.

HANZOPHOTO/SHUTTERSTOCK ©

Shōren-in

übersehen, doch die meisten marschieren auf dem Weg zu berühmteren Tempeln der Gegend erfreulicherweise daran vorbei. Darum kann man dieses kleine Heiligtum mit einem fantastischen Landschaftsgarten ungestört bei einer Tasse Tee (500 ¥, im Empfangsbüro fragen, im Sommer nicht erhältlich) genießen.

Der 1150 gegründete Shōren-in wird auch Awata-Palast genannt, nach dem Viertel, in dem er steht, und war ursprünglich die Residenz des Generalabts der Tendai-Schule des Buddhismus. Die gegenwärtigen Bauten sind von 1895. In der Haupthalle sind *fusuma-e* (Schiebetüren) aus dem 16. und 17. Jh.

MAIKO-VERWANDLUNG

Nicht jede wie eine *maiko* (Geisha-Schülerin) gekleidete Frau in Kyoto ist auch eine. Einige Reisende zahlen für eine *maiko*-Verwandlung. Das Gesamtpaket inklusive Make-up, Perücke, Kimono und Vor-Ort-Fotos ist in Geschäften in Gion ab etwa 11500 ¥ zu haben. Wer im *maiko*-Kostüm durch Gion spazieren möchte, um die bewundernden Blicke zu genießen, zahlt extra.

Töpferparadies

EIN KLASSIKER DER MINGEI (VOLKSKUNST)

Eine der am meisten unterschätzten Kyoto-Juwelen, die friedliche **Kawai-Kanjirō-Gedenkhalle** (河井寛次郎記念館), war das Wohnhaus und Atelier von Kawai Kanjirō (1890–1966), einem der einflussreichsten japanischen Töpfer der *mingei*-(Volkskunst-)Bewegung des 20. Jhs. Sein Haus wurde 1937 im rustikalen Stil erbaut und beherbergt Beispiele seiner Arbeiten, seine Sammlung von *mingei*-Werken, Keramiken, sein Atelier und einen einmaligen *nobori-gama* (Hangofen).

Das Museum liegt in einer ruhigen Seitenstraße südwestlich der Kreuzung Gojō-dōri und Higashiōji-dōri. Rundum gibt's viele Geschäfte, die lokale Keramik namens *Kiyomizu-yaki* verkaufen.

BARS FÜR COOLE COCKTAILS & MEHR

Gion Finlandia Bar
Stylishe, minimalistische Bar in einem alten Geisha-Haus in Gion, perfekt für einen ruhigen Drink.

Atlantis
Smarte Bar für schöne Menschen in der Ponto-chō. Im Sommer sitzt man auf einer Plattform mit Blick auf den Kamo-gawa.

Beer Komachi
Winzige, legere Craft-Bierbar mit tollem Kneipenessen und einer Sakekarte.

NORD-HIGASHIYAMA

DER PHILOSOPHENWEG UND UMGEBUNG

Dieses Viertel am Nordrand der Higashiyama-Berge lockt mit vielen erstklassigen Attraktionen und wohltuenden Grünanlagen. Es ist zwar groß, lässt sich aber dank vieler autofreier Wege gut zu Fuß erkunden und ist eins der besten Stadtviertel für entspanntes Sightseeing.

Es lässt sich in zwei Hauptbereiche einteilen: die Reihe von Tempeln am Fuße der Berge – vom Nanzen-ji im Süden bis zum Ginkaku-ji im Norden sind die meisten über den Philosophenweg erreichbar – und das Schreingebiet Okazaki-kōen, das einen breiten Streifen zwischen den Bergen und dem Fluss Kamo-gawa einnimmt. Weitere Highlights sind der Hōnen-in, ein ruhiger, oft übersehener Tempel, und der großartige Tempel Eikan-dō mit Blick auf die Stadt.

TOP TIPP

Nord-Higashiyama ist sehr weitläufig. Die U-Bahn fährt parallel zur Sanjō-dōri durch den Süden des Viertels, weiter nördlich gibt's keine gute Bahn- oder U-Bahn-Anbindung. Der Kyoto-City-Bus 5 bedient das Viertel, ist aber oft voll und zuweilen langsam. Ein Fahrrad ist praktisch.

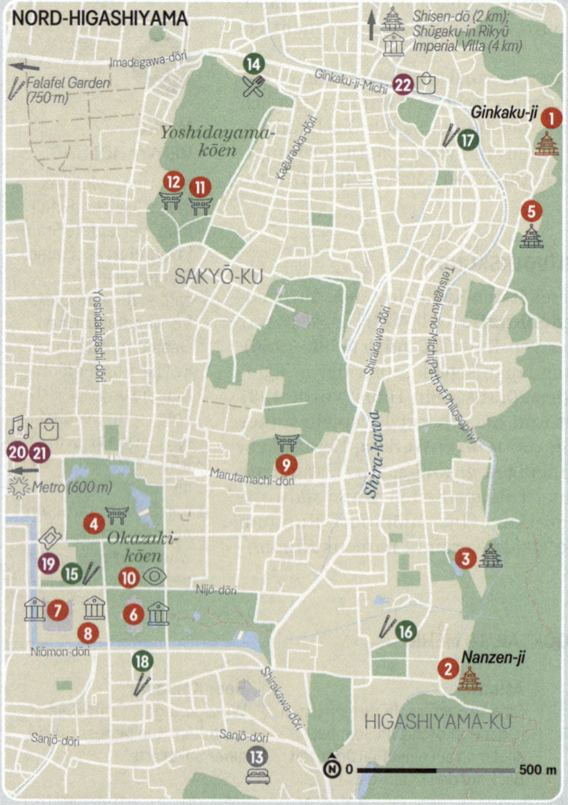

HIGHLIGHTS
1 Ginkaku-ji
2 Nanzen-ji

SEHENSWERTES
3 Eikan-dō
4 Heian-jingū
5 Hōnen-in
6 Kyocera Kunstmuseum der Stadt Kyoto
7 Museum für Handwerk und Design, Kyoto
8 Nationalmuseum für moderne Kunst, Kyoto
9 Okazaki-jinja
10 Okazaki-kōen
11 Takenaka Inari-sha
12 Yoshida-jinja

SCHLAFEN
13 Westin Miyako Kyoto

ESSEN
14 Goya
15 Kyoto Modern Terrace
16 Okutan
17 Omen
18 Usagi no Ippo

UNTERHALTUNG
19 ROHM Theatre Kyoto
20 Zac Baran

SHOPPEN
21 Handwerkszentrum Kyoto
22 Robert Yellin Yakimono Gallery

Ginkaku-ji

Die Geschichte des Silbernen Pavillons

STIMMUNGSVOLLER BUDDHISTISCHER TEMPELGARTEN

Mit prächtigen Gärten und eleganten Bauten ist der **Ginkaku-ji** (銀閣寺, Silberner Pavillon) einer der schönsten Tempel Kyotos.

Fußwege führen durch Gärten mit akribisch geharkten weißen Sandskulpturen (die einen Berg und einen See symbolisieren), hohen Kiefern, Moos und einem Teich um den zweistöckigen „Silbernen Pavillon". Vom Hügel öffnen sich herrliche Blicke auf den Garten und die Stadt.

Shogun Ashikaga Yoshimasa beauftragte 1482 den Ginkaku-ji als Rückzugsort von den Bürgerkriegswirren, seine Antwort auf den Kinkaku-ji („Goldener Pavillon", S. 287). Er wurde zwar nie mit Silber überzogen, doch der Name blieb. Nach Ashikagas Tod wurde das Gebäude in einen Tempel umgewidmet.

Zen & die Kunst des springenden Tigers

HAUPTQUARTIER DER RINZAI-SCHULE IM NANZEN-JI

Der **Nanzen-ji** (南禅寺) ist einer der lohnendsten Tempel in Kyoto und das Hauptquartier der Rinzai-Schule des Zenbuddhismus mit vielen Nebentempeln im weiten Gelände. Der ursprüngliche Alterssitz von Kaiser Kameyama (1249–1305) wurde 1291 zum Zentempel geweiht. Er wurde im Bürgerkrieg im 15. Jh. weitgehend zerstört, die heutigen Gebäude stammen aus dem 17. Jh. Nahe dem Eingang erhebt sich das massive Tor **San-mon** mit tollem Blick auf die Stadt vom 2. Stock. Um die **Hattō** (Dharma-Halle, nicht zugänglich) herum geht's zum **Hōjō** (Hauptquartier des Oberpriesters) mit dem bekannten **Garten des Springenden Tigers** im klassischen Stil des Zenbuddhismus. Die großen Steine sollen an Tiger erinnern, die über das „Wasser" des geharkten Kieses springen. Auch auf den blattgoldverzierten *fusuma-e* (Schiebetüren)im Inneren sind Tiger dargestellt.

Garten des Springenden Tigers, Nanzen-ji

DEM PHILOSOPHENWEG FOLGEN

Von der Haltestelle **1 Keage Station** an der Tōzai-U-Bahn-Linie geht's bergab, über die Fußgängerbrücke auf die andere Seite, in entgegengesetzter Richtung bergauf und unter den alten Schienen hindurch. Dahinter führt eine schmale Straße zum Nebentempel **2 Konchi-in**.

Hinter dem Konchi-in biegt die Hauptstraße rechts ab, es geht durch das Tor zum **3 Nanzen-ji** (S. 275) und von dort in östlicher Richtung den Hang hinauf. Nach der Unterquerung des Backstein-Aquädukts Sōsui biegt man links ab und läuft in Richtung Berge hoch zum hübschen Nebentempel **4 Kōtoku-an** (auch **Saishō-in**). Dahinter führt der Weg in den Wald und zum einsamen **5 Nanzen-ji Oku-no-in**, einem winzigen Schrein an einem Wasserfall.

Man kehrt auf demselben Weg zurück, nimmt aber am Nanzen-ji den Ausgang auf der Nordseite und folgt der Straße durch ein Tor. Bald erscheint der **6 Eikan-dō**. Wer hungrig ist, macht einen Abstecher nach Norden zum **7 Hinode Udon**, einem guten Nudelrestaurant. Sonst geht's weiter bergauf zum **8 Philosophenweg** (Tetsugaku-no-Michi, 哲学の道), der am Kanal nach Norden führt.

Jetzt geht's etwa 800 m am hübschen, von Bäumen gesäumten Kanal entlang, bis ein kleines Schild auf Englisch und Japanisch den Hügel hinauf zum Tempel **9 Hōnen-in** (S. 280) weist. Oben biegt man links ab und passiert einen kleinen Park, bis das malerische strohgedeckte Dach des Hōnen-in auftaucht. Nach der Besichtigung (Eintritt frei) geht man durchs strohgedeckte Tor und dann bergab.

Von hier führen schmale Seitenstraßen nach Norden zum **10 Ginkaku-ji** (S. 275), dem berühmten „Silbernen Pavillon".

NTRDESIGN/SHUTTERSTOCK ©

Eikan-dō

NOCH MEHR IN NORD-HIGASHIYAMA

Im Rausch der Herbstfarben im Eikan-dō

HIER IST DER ZUR SEITE BLICKENDE BUDDHA ZU HAUSE

Der Eikan-dō (永観堂) ist das Jahr über meist ein gelassen-spiritueller Ort und Kyotos meistbesuchtes Ziel (zu Recht) während der Herbstfärbung. Doch seine vielfältige Architektur, Gärten und Kunstwerke faszinieren zu jeder Jahreszeit.

Ganz zu schweigen von seiner Geschichte: Als er 855 von Mönch Shinshō, einem Schüler des großen Priesters Kobo Daishi Kūkai, gegründet wurde, hieß er Zenrin-ji („Tempel in einem ruhigen Hain"). Den Namen Eikan-dō erhielt er zu Ehren des charismatischen Oberpriesters Eikan im 11. Jh. Der Legende nach traf Eikan auf die Statue des Amida-Buddhas, und diese drehte den Kopf und sprach mit ihm. Die berühmte Statue **Mikaeri-Amida-Buddha** blickt bis heute zur Seite und befindet sich in der **Amida-dō** (Amida-Buddha-Halle) des Tempels.

Von der Amida-dō führt ein kurviger überdachter *garyūrō* (Fußweg), der die Form eines Drachens haben soll, nach Norden. Über eine steile Treppe läuft man in den bereitgestellten Sandalen bergauf zur **Tahō-tō-Pagode** mit einem schönen Blick auf die Stadt.

KYOTO BEI TAG UND BEI NACHT

Matt Schultz, Reiseleiter in Kyoto und Musiker.

Chiso, 1555 gegründet, ist ein kultureller Schatz und einer der wenigen erhaltenen Orte, wo Kimonos komplett hergestellt werden – vom Design und Färben bis zum Marketing. Seine umwerfende Privatgalerie zeigt saisonal ausgewählte antike und moderne Kimonos. Ich liebe die stylishe neue Dachbar **UE** in Gion mit Blick auf den Kamo-gawa und tollen Drinks, von Bieren bis zu Cocktails (im Winter geschlossen). Fürs Clubbing gibt's das **Chambers**, das sich selbst „internationaler Musik- und Entertainment-Hotspot" nennt, mit nationalen und internationalen Künstlerauftritten sowie DJ-Events aller Genres. Es ist ab 22 Uhr bis spät in die Nacht geöffnet.

KUNSTHANDWERK FÜR ALLE BUDGETS

Robert Yellin Yakimono Gallery
Der gebürtige Amerikaner Yellin ist ein großer Fan zeitgenössischer japanischer Keramik.

Kyoto Museum of Crafts and Design
Hervorragender Museumsladen, handgefertigtes, aber bezahlbares lokales Kunsthandwerk.

Kyoto Handicraft Center
Mehrstöckiges Kaufhaus mit lokalem und massenproduziertem Kunsthandwerk, T-Shirts, *yukata* und Dingen fürs Heim.

RESERVIERUNGEN FÜR DIE KAISERLICHEN VILLEN

Für die Teilnahme an einer Führung in den Kaiserlichen Villen Shūgaku-in Rikyū und Katsura Rikyū (S. 295) ist eine Genehmigung vom **Kunaichō** (Kaiserliches Haushaltsamt) nötig. Sicherheitshalber reserviert man so früh wie möglich (siehe Richtlinien auf der Homepage), vor allem zu Spitzenzeiten wie der Herbstfärbung. Der Antrag wird auf der Website des Kunaichō (www.kunaicho.go.jp) oder persönlich im Kaiserlichen Haushaltsamt im Kaiserlichen Palastpark (S. 284) angenommen. Das Mindestalter ist 18 Jahre, ausländische Gäste müssen ihren Pass vorlegen; 20 Minuten vorher da sein.

Für Nachmittagsführungen ist eine begrenzte Zahl Tickets am selben Tag ab 11 Uhr bei den Villen selbst erhältlich – wer zuerst kommt, mahlt zuerst.

TREVOR MOGG/ALAMY STOCK PHOTO ©

Kyocera-Kunstmuseum der Stadt Kyoto

An den meisten Novembertagen, wenn die Herbstfärbung ihren Höhepunkt erreicht, steigt der Eintritt tagsüber von 600 ¥ auf 1000 ¥, und der Tempel wird abends beleuchtet (600 ¥; bis 21 Uhr geöffnet).

Shūgaku-in Rikyū: Der Rückzugsort des Kaisers

PRÄCHTIGE KAISERLICHE VILLA UND GÄRTEN

Ein Highlight im Nordosten Kyotos ist der Shūgaku-in Rikyū (修学院離宮), der als prächtiger Sommersitz für die kaiserliche Familie designt wurde. Seine weitläufigen Gärten mit Blick auf die Stadt sind die Mühe des Aufstiegs wert.

Das Gelände ist in drei riesige Gärten am Hang unterteilt: den Unteren, Mittleren und Oberen Garten. In jedem befinden sich großartige Teezeremonie-Häuser. Das **Kami-no-chaya** im Oberen Garten und das **Shimo-no-chaya** im Unteren Garten wurden 1659, das mittlere Teehaus **Naka-no-chaya** 1682 fertiggestellt. Berühmt sind sie wegen ihrer Teiche, Pfade und der beeindruckenden Anwendung des *shakkei*-(geliehene Landschaften-)Prinzips in Form der Hügel rundum. Besonders eindrucksvoll ist der Blick vom Kami-no-chaya.

Den Bau der Villa begann der abgedankte Kaiser Go-Mizunō in den 1650er-Jahren, nach seinem Tod im Jahr 1680 führte ihn seine Tochter Akeno-miya fort.

RESTAURANTS MIT LOKALKOLORIT

Omen
Dicke weiße Nudeln in Brühe mit verschiedenem Gemüse. In der Nähe des Ginkaku-ji. ¥

Okutan
In einem Garten am Nanzen-ji gibt's köstliches *yudōfu* (gekochter Tofu mit Gemüsebeilage). ¥¥

Usagi no Ippo
Hinreißendes, 100 Jahre altes *machiya* nahe dem Heian-jingū, serviert *obanzai*-(Hausmannskost-)Lunch. ¥

Das Gelände ist nur mit einstündigen Führungen in japanischer Sprache zugänglich; englischsprachige Audioguides sind kostenlos erhältlich. Das Mindestalter ist 18 Jahre (Pass vorlegen). Tickets sind vorab im Büro des Kaiserlichen Haushaltsamts oder online zu buchen.

1200 Jahre der Geschichte Kyotos erleben

STATTLICHER SCHREIN UND PRÄCHTIGE GÄRTEN

Der **Heian-jingū** (平安神宮, Heian-Schrein), eine von Kyotos populärsten Sehenswürdigkeiten, wurde 1895 anlässlich des 1100. Jubiläums der Stadtgründung erbaut. Die Gebäude sind farbenfrohe Repliken des alten Kaiserpalastes aus der Heian-Zeit (794–1185) im Maßstab 2:3. Zwei Kaiser der Heian-Zeit sind hier beigesetzt. Etwa 500 m vor dem Schrein gilt das riesige Stahl-*torii* (Schreintor) als der eigentliche Haupteingang zum Schrein, obwohl es so weit entfernt ist.

Der Eintritt in den Hauptschrein ist kostenlos, doch ein Ticket für den weitläufigen, 33 000 m² großen **Garten** (Erw./Kind 600/300 ¥; 8.30–16.30 Uhr) hinter den Gebäuden lohnt sich. Seine vier Bereiche repräsentieren mit saisonalen Pflanzen und Wasserelementen je einen anderen Abschnitt aus der Geschichte Kyotos. Zur Kirschblüte ist der Garten besonders zauberhaft, weitere Blühzeiten sind die der Wisterie, Lilie, Iris und *beni-shidare-zakura* (rote Trauerkirsche).

Städtisches Kunstmuseum & Garten

JAPANISCHE UND INTERNATIONALE WERKE

Nicht vom Namen des Tech-Giganten abschrecken lassen, im **Kyocera-Kunstmuseum der Stadt Kyoto** (京都市京セラ美術館) geht's um Kunst, nicht um Kommerz. Das frühere Städtische Kunstmuseum von 1933 veranstaltet inzwischen mehrere große Ausstellungen im Jahr mit Werken aus seiner gut 3600 *Nihonga* (japanische Malerei) und Kalligrafien umfassenden Sammlung sowie Gastausstellungen. Programm vorab prüfen; einige Ausstellungen sind kostenlos.

Das Gebäude wurde 2020 nach umfangreicher Renovierung und Modernisierung wieder eröffnet, wobei der ursprüngliche Kaiserkronenstil erhalten blieb. Der preisgekrönte Umbau durch die Firmen Jun Aoki & Associates und Tezzo Nishizawa Architects respektierte Originalelemente und modernisierte sie behutsam. Hinter dem „gläsernen Band" am Eingang liegen ein hohes Atrium und der große neue Galeriebereich Higashiyama Cube. Der Umbau bewahrte auch den Garten dahinter, dessen Teich zum Entspannen oder einem Picknick einlädt.

STREIFZUG DURCH DEN OKAZAKI-PARK

Der **Okazaki-kōen** (Okazaki-Park, 岡崎公園) ist ein weitläufiger Park mit mehreren Kanälen zwischen der Niōmon-dōri und Heian-jingū. Der Besuch lohnt bei jedem Wetter, doch gerade an Regentagen gibt's hier viele Attraktionen unter Dach.

Hier befinden sich zwei richtungsweisende Museen – das Nationalmuseum für moderne Kunst, Kyoto (S. 280), und das Kyocera-Kunstmuseum der Stadt Kyoto – sowie das Museum für Handwerk und Design, Kyoto (S. 280), mit tollem Museumsladen. Die Cafés und Restaurants des **ROHM Theatre Kyoto** sind sehr beliebt für eine Pause.

AUSSERGEWÖHNLICHE RESTAURANTS

Falafel Garden
Legeres israelisches Lokal nahe dem Bahnhof Demachiyanagi; Pita-Sandwiches und kleiner Garten für Sonnentage. ¥

Goya
Nahe dem Ginkaku-ji und voller Pflanzen: Okinawa-Cuisine wie *champurū* (Bittermelonen-Pfanne). ¥¥

Kyoto Modern Terrace
Yōshoku (westliche Küche mit japanischem Touch) und Blick auf den Okazaki-Park. Im Rohm-Theatre-Komplex. ¥¥

TEMPEL ODER SCHREIN?

Buddhistische Tempel und Shintō-Schreine waren historisch miteinander verbunden, bis sie 1868 durch ein Regierungsdekret getrennt wurden. Doch die jahrhundertelange Koexistenz führte zu architektonischen Ähnlichkeiten. Am einfachsten sind sie anhand der Tore zu unterscheiden. Der Haupteingang eines Schreins ist das *torii* (Tor) – in der Regel zwei vertikale Säulen, oben verbunden mit zwei horizontalen Balken. *Torii* sind oft leuchtend zinnoberrot. Dagegen besteht das *mon* (Haupttor) eines Tempels aus mehreren Säulen oder Flügeln, die ein mehrstöckiges Dach tragen. *Mon* sind oft mit Wächterfiguren dekoriert, meist *Niō* (Deva-Könige).

Kunst des 20. Jhs. entdecken

KURATIERTE AUSSTELLUNGEN, BERÜHMTES BAUWERK

Das **Nationalmuseum für moderne Kunst, Kyoto** (京都国立近代美術館, MoMAK) wird gerühmt für seine herausragende Dauerausstellung japanischer und internationaler Malerei, Fotografie, Keramik, Holz-, Bambus- und Textilkunst und anderes sowie sorgfältig kuratierte Sonderausstellungen. Programm vorab auf der Website prüfen, es gibt eine kostenlose englische Audioguide-App.

Passenderweise stammt das heutige Gebäude (1983) mit weißem Marmor, Stahl und Glas im Inneren von einem der großen japanischen Architekten des 20. Jhs., dem Pritzker-Preisträger Maki Fumihiko. Vom Museumscafé schaut man auf einen malerischen Kanal und von den oberen Etagen auf das *torii* des Heian-jingū (S. 279).

Ausstellungen zu 74 Handwerkskünsten

MUSEUM DER TRADITIONELLEN HANDWERKSKÜNSTE

Im Untergeschoss der futuristischen Miyako Messe (Messezentrum Kyoto) bietet das **Museum für Handwerk und Design, Kyoto** (京都伝統産業ミュージアム) gut kuratierte Ausstellungen von 74 (!) traditionellen Künsten und Kunsthandwerken, die seit über tausend Jahren mit der Stadt verbunden sind: von Holzarbeiten, Kimono-Färben, Bambuskorbflechterei, Lackmalerei, Keramik, Tatami-Weberei bis zu Puppen, Spielzeug und Süßigkeiten. Überall informieren Tafeln auf Englisch. An Wochenenden gibt's Kunsthandwerksvorführungen, Termine sind online buchbar. Der Eintritt ist frei und der Museumsladen ist deutlich anspruchsvoller als sonstige Touristenläden.

Ein Tempel & Refugium

STILLE UND FRIEDEN HINTER DEM STROHGEDECKTEN TOR

Der **Hōnen-in** (法然院) tief im Wald ist ein Tempel, wie man ihn herbeiwünschen würde. Wer den Massen beim nahen Ginkaku-ji entkommen möchte, sollte dieses friedliche Refugium besuchen, das 1680 zu Ehren des Priesters Hōnen, dem Stammvater der buddhistischen Jōdo-Schule (Reines Land; S. 271), gegründet wurde. Der Tempel hat ein strohgedecktes Tor im Landhausstil, sorgfältig geharkte rechteckige Sandhügel mit kunstvollen Motiven, einen Waldteich und eine Buddha-Statue am Berghang.

Die Haupthallen sind für gewöhnlich nicht zugänglich, doch im Komplex zeigt eine kleine Galerie regelmäßig Ausstellungen mit Arbeiten lokaler und internationaler Kunstschaffender.

AUSGEHEN IN NORD-HIGASHIYAMA

Metro
Teils Disco, teils Livemusik und gelegentlich Kunstgalerie. Verschiedene Themenabende.

Zac Baran
Alteingesessener Club mit Jazzmusik und leichten Speisen wie Spaghetti.

Tempel & Schreine
An einigen Tempeln und Schreinen wie dem Eikan-dō gibt's unvergessliche saisonale Illuminationen.

ANJU901/SHUTTERSTOCK ©

Hōnen-in

Der Hōnen-in liegt nur zwölf Gehminuten vom Ginkaku-ji in einer Seitenstraße oberhalb des Philosophenweges (Tetsugaku-no-Michi) – Holzschilder weisen den Weg.

Halle der unsterblichen Dichter

EIN MEER VON AZALEEN IM SHISEN-DŌ

Das Highlight **Shisen-dō** (詩仙堂, Halle der unsterblichen Dichter) wurde 1641 als Ruhesitz des Gelehrten (chinesische Klassik und Landschaftsarchitektur) Ishikawa Jōzan errichtet und ist seit den 1740er-Jahren ein buddhistischer Tempel.

Bemerkenswert sind im Inneren die Ausstellungen von Gedichten und Porträts des berühmten Edo-Zeit-Malers Kanō Tanyu (Schöpfer der 36 Porträts „unsterblicher" chinesischer antiker Dichter) in den Traufen des Raums Shisen-no-ma. Die Azaleen am weißsandigen *kare-sansui* (Trockengarten) sollen Inseln im Meer repräsentieren und blühen im Frühling leuchtend rosa. Man kann auf einer Tatami-Matte eine Weile meditieren und in Sandalen an einem Bach durch den sanft abfallenden Garten gehen. Je nach Jahreszeit blühen Wisterien, Japanischer Ahorn und andere Pflanzen. Das gelegentliche Klacken stammt von einem Wasserspiel namens *shishi-odoshi* oder *sōzu*, das Wildschweine und Rotwild abschrecken soll. Es besteht aus einem Bambusrohr auf einem Gelenk, das sich mit Wasser füllt, bis es auf einen Stein kippt, sich entleert und wieder zurückschnellt.

ONSEN-UNTERKÜNFTE IN KYOTO

So unwahrscheinlich es für eine Großstadt auch scheinen mag, einige Hotels in *ryokan* in und um Kyoto bieten in ihren Gemeinschaftsbädern Wasser aus *tennen onsen* (natürliche Thermalquellen).

Westin Miyako Kyoto
Seit der Renovierung im Jahr 2020 gibt's in diesem alteingesessenen Hotel in Nord-Higashiyama Onsen-Bäder. Weitere Pluspunkte: Spazierwege und Panoramablick von den Zimmern auf der Nordseite. ¥¥¥

Onyado Nono Kyoto Shichijo
Eröffnet 2021, hat das moderne, betriebsame *ryokan* (siehe Karte S. 259) mit 300 Zimmern in Bahnhofsnähe Gemeinschaftsbäder mit mehreren Becken (und kostenlose Snacks), die für die winzigen Räume entschädigen. ¥¥

VERSTECKTE SCHREINE IN NORD-HIGASHIYAMA

Yoshida-jinja
Der größte Schrein auf dem Yoshida-yama, dem kleinen Berg gleich östlich der Kyoto University.

Takenaka Inari-sha
Der winzige Schrein auf dem Yoshida-yama ist ein beliebter Ort für Spaziergänge.

Okazaki-jinja
Das Kaninchen ist das Geisttier des Schreins. Es wird für Fruchtbarkeit und eine sichere Geburt gebetet.

NÖRDLICHES ZENTRAL-KYOTO

GRÜNANLAGEN UND UNESCO-WELTERBE-SCHREINE

In die Gegend um den Kaiserlichen Palastpark zieht es Einheimische, wenn sie im Stadtzentrum mal ins Grüne wollen. Morgens wird gejoggt, Familien verbringen Stunden im bewaldeten Park bei Schreinen und im Botanischen Garten Kyoto, im Textilviertel Nishijin gehen die Menschen in den *machiya* (japanische Stadthäuser) ihrem Alltag nach. Hier mögen sich nicht die eindrucksvollsten Sehenswürdigkeiten befinden, doch ein Besuch lohnt, wenn man Lust auf eine grüne Umgebung hat, mit Kindern unterwegs ist oder sich für den japanischen Kaiserhof oder die Teezeremonie interessiert.

Der weitläufige Kaiserliche Palastpark bildet das Herzstück der Gegend. Zwischen den bewaldeten Anlagen des Kamo-Schreins (Kamigamo-jinja) und Shimogamo-Schreins (Shimogamo-jinja) liegen weitere Grünflächen. Nordwestlich des Parks ist der Daitoku-ji – eine eigene Zentempel-Welt, schöne Gärten und gepflasterte Gassen.

TOP TIPP

Viele Sehenswürdigkeiten erreicht man mit der Karasuma-U-Bahn-Linie, die westlich vom Kaiserlichen Palastpark entlangführt und nach Osten abbiegt. Zu einigen Zielen fährt man mit der Keihan-Linie bis zum Bahnhof Demachiyanagi und/oder mietet ein Fahrrad, denn das Terrain ist meist flach und am Kamo-gawa verläuft ein schöner Weg.

Kaiserlicher Palastpark Kyoto (S. 284)

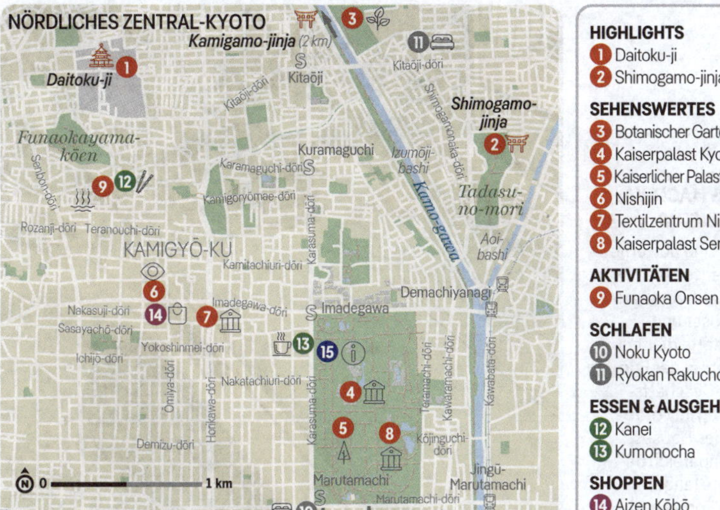

HIGHLIGHTS
1 Daitoku-ji
2 Shimogamo-jinja

SEHENSWERTES
3 Botanischer Garten Kyoto
4 Kaiserpalast Kyoto
5 Kaiserlicher Palastpark Kyoto
6 Nishijin
7 Textilzentrum Nishijin
8 Kaiserpalast Sentō

AKTIVITÄTEN
9 Funaoka Onsen

SCHLAFEN
10 Noku Kyoto
11 Ryokan Rakucho

ESSEN & AUSGEHEN
12 Kanei
13 Kumonocha

SHOPPEN
14 Aizen Kōbō

INFORMATION
15 Kaiserliches Haushaltsamt

Stattlicher Daitoku-ji

GÄRTEN UND TEEZEREMONIEN

Daitoku-ji

Wer sich auch nur ein wenig für japanische Gärten oder die Teezeremonie begeistert, sollte unbedingt den Daitoku-ji (大徳寺) besuchen, einen großen Zentempelkomplex mit stimmungsvollen Nebentempeln und großartigen, sorgfältig geharkten *kare-sansui* (Trockengarten).

Er wurde 1319 gegründet, von den Feuern des Ōnin-Krieges zerstört und im 16. Jh. wiederaufgebaut. Seinen Namen machte er sich als ein Zentrum der Teezeremonie und wegen Bündnissen mit mächtigen Kriegsfürsten. Heute ist er das Hauptquartier der Rinzai-Daitoku-ji-Schule des Zenbuddhismus.

Der Haupttempel ist in der Regel nicht zugänglich, doch mehrere Nebentempel sind regelmäßig geöffnet.

Wächterschreine in Kyoto

UNESCO-WELTERBESTÄTTEN

Zwei der ältesten japanischen Shintō-Schreine, der **Kamigamo-jinja** (上賀茂神社) und der **Shimogamo-jinja** (下鴨神社), wurden im späten 7. bzw. frühen 8. Jh. etabliert, noch vor der Gründung Kyotos selbst. Als Kyoto im Jahr 794 Hauptstadt wurde, soll Kaiser Kanmu hier für die Sicherheit des Landes gebetet haben – seitdem gelten beide als Wächterschreine der Stadt.

Näher an der Stadt steht der Shimogamo-jinja an einem schattigen Pfad durch den schönen, 120 000 m² großen Wald Tadasu-no-mori. Der Legende zufolge kommen hier alle Lügen ans Licht. Man kann *mizu-mikuji* (Wasserglücksbringer) erwerben, die nur lesbar sind, nachdem sie ins nahe Wasser getaucht wurden.

Der kleinere Kamigamo-jinja liegt etwa 3 km weiter nördlich am Kamo-gawa. Seine über 40 Gebäude, darunter die imposante *haiden* (Halle), stammen aus dem 17. bis 19. Jh. und sind exakte Reproduktionen der Originalgebäude. Die *tatezuna* (Sandkegel) repräsentieren heilige Berge. In der Spitze stecken einzelne Kiefernnadeln, die einen ganzen Baum repräsentieren.

KYOTOS MACHIYA-ARCHITEKTUR

Machiya sind hölzerne Reihenhäuser, die Kyotos Kaufleuten als Wohnhäuser und Arbeitsstätte dienten, besonders in der Edo-Zeit. Der Geschäftsbereich lag im vorderen Teil des Hauses, der Wohnbereich dahinter. Ihre lange, schmale Form ergab Sinn, denn die Steuer wurde nach der Breite der Fassade zur Straße hin bemessen.

Ein traditionelles *machiya* ist zwar gut für die feuchten Sommer in der Stadt gewappnet, hat aber nur eine Lebensdauer von etwa 50 Jahren. Nach dem Zweiten Weltkrieg ersetzten viele Familien ihre *machiya* durch beständigere Betonbauten. Doch in den 1990er-Jahren kehrte sich dieser Trend um, als den Einheimischen bewusst wurde, dass sie etwas Wertvolles verloren. Heute befinden sich viele Geschäfte und Restaurants (und noch einige Privathäuser) in früheren *machiya*.

AMANA IMAGES INC./ALAMY STOCK PHOTO ©

Webereivorführung, Nishijin

MEHR IM NÖRDLICHEN ZENTRAL-KYOTO

Der alte Kaiserpalast

PALAST UND GELÄNDE

Die große Grünanlage auf dem Stadtplan von Kyoto ist der **Kaiserliche Palastpark Kyoto,** in dem sich der **Kaiserpalast Kyoto** (京都御所, Kyoto Gosho) und der **Kaiserpalast Sentō** (仙洞御所, Sentō Gosho) befinden. Der 700 m breite und 1300 m lange Park ist von fast endlosen steinernen Mauern umringt. Im Inneren führen Fußwege an vielen unterschiedlichen blühenden Bäumen entlang. Die Freiflächen laden ein zu Spaziergängen, Picknicks und sportlichen Aktivitäten, und im Teich am südlichen Ende leben prächtige Karpfen.

Am schönsten ist der Park während der Pflaumen- und Kirschblüte (Ende Februar bzw. Ende März). Die Pflaumenbäume befinden sich etwa in der Mitte der Westseite. Mehrere große *shidare-zakura* (Trauerkirschen) am Nordrand sehen zur Kirschblüte wunderschön aus.

Trotz ihrer historischen Bedeutung als kaiserliche Residenz, bis die Hauptstadt 1868 nach Tokio verlegt wurde, gehören die Paläste im Vergleich zu anderen Sehenswürdigkeiten nicht zu

LOHNENDE UNTERKÜNFTE

Ace Hotel Kyoto
Coole Zimmer, tolle Restaurants, eine Bar sowie modische Shops, alle entworfen von Stararchitekt Kuma Kengo. ¥¥¥

Noku Kyoto
Stylishes sechsstöckiges Boutique-Hotel mit minimalistischer Eleganz nahe dem Kaiserlichen Palastpark. ¥¥

Ryokan Rakucho
Ein abgelegenes *ryokan* mit acht Zimmern und einem hübschen kleinen Garten. ¥¥

den Topattraktionen der Stadt. Am Kyoto Gosho führt eine markierte Route zu verschiedenen Gebäuden, deren Geschichte auf englischsprachigen Schildern erklärt wird. Kostenlose Führungen auf Englisch finden um 10 und 14 Uhr statt.

Eine Besichtigung des Sentō Gosho, 1630 als Residenz der früheren Kaiser erbaut, erfolgt im Rahmen einer einstündigen Führung, Tickets sind beim Kaiserlichen Haushaltsamt (S. 278) zu buchen. Die Bauten wurden wiederholt bei Bränden zerstört und sind nicht besonders imposant, doch die Gärten, die der berühmte Landschaftsdesigner Kobori Enshū entwarf, sind großartig. Das Mindestalter ist 18 Jahre (Pass vorlegen).

Der Park wird im Osten und Westen von der Teramachi-dōri und der Karasuma-dōri begrenzt und im Norden und Süden von der Imadegawa-dōri und der Marutamachi-dōri.

BAD IM SENTŌ

Das alte Sentō (öffentliches Bad) **Funaoka-Onsen** (船岡温泉) ist Kyotos bester Onsen. Es bietet ein Freiluftbad, eine Sauna, eine Zypressenholzbadewanne, ein elektrisches Bad, ein Kräuterbad und noch einiges andere.

Interessant sind die *ranma* (geschnitzte Holzpaneele) im Umkleideraum. Sie entstanden während der Invasion Japans in der Mandschurei und geben einen Einblick in die Mentalität jener Zeit. (Achtung: Einige Schnitzereien zeigen verstörende Gewaltszenen!)

Zum Onsen geht's auf der Kuramaguchi-dōri 400 m westlich ab der Kreuzung Kuramaguchi und Horikawa. Er liegt auf der linken Seite, kurz hinter dem Minimarkt Lawson, zu erkennen an großen Steinen.

Kyotos Textilzentrum

WO DIE KIMONO-KULTUR NOCH LEBENDIG IST

Das Viertel **Nishijin** (西陣) ist das traditionelle Textilzentrum Kyotos – hier entstehen die Stoffe für all die faszinierenden Kimonos und *obi* (Schärpen), die in der Stadt zu sehen sind.

Berühmt ist die Gegend für *Nishijin-ori* (Nishijin-Webstoff) und das **Textilzentrum Nishijin**, das Stoffe und Kimonos ausstellt und mehrmals täglich Vorführungen am Webstuhl und zehnminütige Kimono-Modeschauen zeigt (es gibt einen Shop mit vernünftig gepreisten Artikeln). Leider ist es oft von großen Reisegruppen überlaufen.

In der Nähe stehen noch etliche *machiya,* daher eignet sich Nishijin für einen Spaziergang, besonders um die Jōfukuji-dōri. Die traditionelle Indigo-Färberei **Aizen Kōbō** mit Laden färbt seit drei Generationen handgewebte Textilien (vorab Öffnungszeiten erfragen).

Bummel durch den Botanischen Garten

HANAMI UND MEHR

Im 24 ha großen **Botanischen Garten Kyoto** (京都府立植物園) wachsen über 12 000 Pflanzen, Blumen und Bäume. Fußwege führen durch die Rosen-, Kirsch- und Kräutergärten, außerdem gibt's Reihen von Kampferbäumen sowie ein großes tropisches Gewächshaus. Der Garten eignet sich für ein Picknick und eine *Hanami*-Party (Kirschblütenfest); die Kirschbäume blühen hier etwas länger als anderswo.

Er liegt einen kurzen Fußweg vom Bahnhof Kitayama an der Karasuma-U-Bahn-Linie entfernt, vom Bahnhof Kitaōji sind es etwa zehn Minuten.

ETIKETTE IN ÖFFENTLICHEN BÄDERN

In Kyoto wie in ganz Japan gibt's viele öffentliche Onsen (natürliche heiße Quellen) und andere, die kein Thermalwasser nutzen. Vor dem Besuch sollte man sich über die japanische Bade-Etikette informieren (S. 42).

EINE KLEINE STÄRKUNG

Cafe Bibliotic Hello!
Gemütliches, stimmungsvolles Café in einem umgebauten *machiya* für Einheimische und Traveller.

Kumonocha
Fotomotiv für soziale Medien: luftige „Wolkenküchlein", frisch in Musselin gedämpft, mit Marmelade und Drinks.

Kanei
Handgemachte *soba* für Aficionados. Es gibt kalte *zaru soba* oder *kake soba* (warm und in Brühe). ¥

NORDWEST-KYOTO

IM GLANZ DES „GOLDENEN PAVILLONS“

In Nordwest-Kyoto befinden sich zwei der wichtigsten Tempel: der Kinkaku-ji, auch als „Goldener Pavillon“ bekannt, und der Ryōan-ji mit dem berühmtesten Zengarten Japans.

Beide sind zwar oft voller Touristenscharen, doch sie nicht zu besuchen wäre wie ein Paris-Aufenthalt ohne Eiffelturm. Es ist kaum möglich, nicht von der goldbedeckten Haupthalle des Kinkaku-ji über einem Teich überwältigt zu werden – der beeindruckendste Anblick in Kyoto. Im nahen Ryōan-ji wird seit Jahrhunderten über die Bedeutung der 15 Steine im Zengarten gerätselt.

Zu den weiteren lohnenden Sehenswürdigkeiten zählen die abgeschiedene Welt des Zenklosters Myōshin-ji und der stimmungsvolle Shintō-Schrein Kitano Tenman-gū mit Kyotos größtem Flohmarkt am 25. jedes Monats.

Die Viertel Arashiyama und Sagano liegen ebenfalls im Westen und lassen sich nach der Besichtigung hier leicht besuchen.

TOP TIPP

Die Sehenswürdigkeiten Nordwest-Kyotos liegen weit auseinander und sind am besten mit dem City-Bus zu erreichen. Zum Myōshin-ji, zum Ryōan-ji und nahen Attraktionen gelangt man mit Japan Rail (JR) und der privaten Randen-Linie.

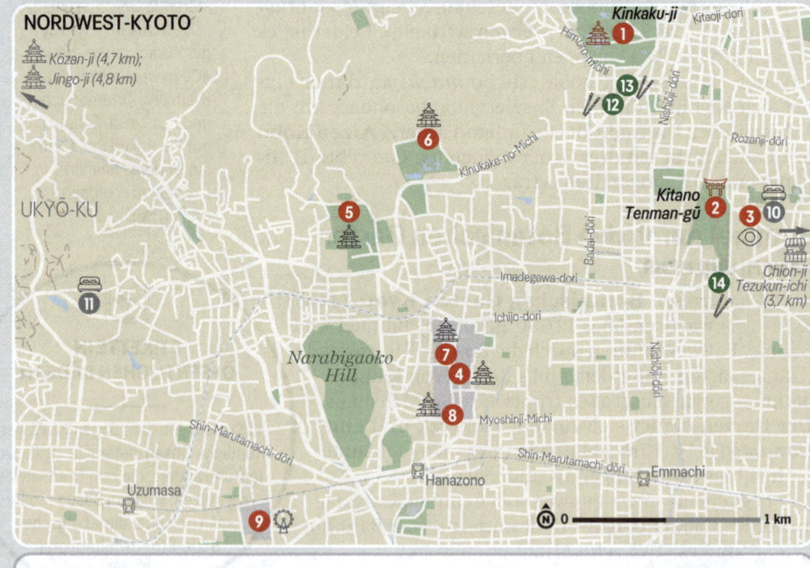

HIGHLIGHTS
1 Kinkaku-ji
2 Kitano Tenman-gū

SEHENSWERTES
3 Kamishichiken
4 Myōshin-ji
5 Ninna-ji
6 Ryōan-ji
7 Shunkō-in
8 Taizō-in
9 Tōei Kyoto Studio Park

SCHLAFEN
10 Guest House Hana Nishijin
siehe 7 Shunkō-in
11 Utano Youth Hostel

ESSEN
12 Gontaro
13 Ramen Kazu
14 Toyouke-jaya

UNTERHALTUNG
siehe 3 Kamishichiken-Kaburen-jō-Theater

SHOPPEN
siehe 2 Tenjin-san-Markt

Kitano Tenman-gū

Verzückung am „Goldenen Pavillon"

BELIEBTER GOLDBEDECKTER TEMPEL

Kyotos berühmter „Goldener Pavillon" **Kinkaku-ji** (金閣寺) ist eine von Japans bekanntesten Sehenswürdigkeiten. Die brillante blattgoldbedeckte Haupthalle über einem reflektierenden Teich und gekrönt mit einem bronzenen Phönix ist wirklich spektakulär.

Das Originalgebäude von 1397 war ein Ruhesitz für Shogun Ashikaga Yoshimitsu, dessen Sohn es in einen buddhistischen Tempel umwandelte. 1950 legte ein junger, vom Tempel besessener Mönch Feuer und brannte ihn bis auf die Grundmauern ab. Seine Geschichte war die Vorlage für Mishima Yukios Roman *Der Tempelbrand*. 1955 war die vollständige Rekonstruktion nach dem Originaldesign vollendet, doch der Goldfolienüberzug wurde auf die unteren Etagen erweitert.

Pfade führen durch einen Garten mit dem Wasserfall **Ryūmon-taki** und dem Felsen **Rigyo-seki.** In der Nähe werfen Menschen bei einer kleinen Gruppe von Jizō-Statuen Münzen und wünschen sich etwas.

Der Tempel ist oft brechend voll. Am besten kommt man frühmorgens oder kurz vor der Schließung und an einem Wochentag.

Ein Bildungstempel

... UND HINTERHER ZUM FLOHMARKT

Der lebhafte, atmosphärische Shintō-Schrein **Kitano Tenman-gū** (北野天満宮) wurde 947 zu Ehren von Sugawara no Michizane (845–903) gegründet. Der geachtete Staatsmann und Gelehrte fiel beim Kaiser in Ungnade und starb in Kyūshū im Exil. Bald danach wurden Kyoto und die kaiserliche Familie von Tod und Seuchen heimgesucht; Einheimische befürchteten, dass Sugawara zurückgekehrt war, um sich zu rächen, und errichteten diesen Schrein.

Anfang März platzt der Schrein vor Pflaumenblüten, dem Symbol Sugawaras. Jeden Monat am 25. findet hier der **Tenjin-san-Markt** statt, einer der geschäftigsten Flohmärkte Kyotos.

Phönix, Kinkaku-ji

DIE RETTUNG KYOTOS

Als viele japanische Städte, darunter Tokio, Osaka und natürlich Hiroshima, im Zweiten Weltkrieg weitgehend von Bomben zerstört wurden, blieb Kyoto verschont. Das Verdienst dafür wird dem US-amerikanischen Gelehrten Langdon Warner (1881–1955) und seinem Komitee für die Rettung von Kunst- und historischen Schätzen in Kriegsgebieten zugeschrieben. Er soll leidenschaftlich an die US-Militärbehörden appelliert haben, die Städte Kyoto, Nara, Kamakura und Kanazawa zu schonen; diese Städte haben heute den größten Bestand an Vorkriegsbauten. Eine andere Theorie besagt, dass es eine sorgfältige geplante PR-Aktion von amerikanischen Geheimdienstbeamten war, um das Vertrauen Japans zu gewinnen.

NOCH MEHR IN NORDWEST-KYOTO

Unergründlicher Ryōan-ji

RÄTSELHAFTE GESTALTUNG

Der Ryōan-ji (龍安寺) von 1450 ist eine der bekanntesten Sehenswürdigkeiten Japans und vor allem für seinen Zensteingarten bekannt. Im nüchternen Garten befinden sich 15 sorgsam platzierte Steine in einem See von geharktem Sand und von einem Erdwall umgeben – ein Geheimnis, verpackt in ein Rätsel. Egal wo man steht, man sieht nie alle 15 Steine gleichzeitig. Was das heißt? Schwer zu sagen. Der Schöpfer des Gartens ist unbekannt und hinterließ keine Erklärung. Es gab sogar Spekulationen, dass der Garten nicht im 15. Jh. entstand, sondern später in der Edo-Zeit. Gerade wegen dieser Unergründlichkeit wurde er die „Essenz des Zen" genannt. Als *hira-niwa* (flacher Garten ohne Hügel oder Teiche) gibt seine erstaunliche Schlichtheit in Einklang mit den Prinzipien der Zenmeditation allen die Chance, selbst herauszufinden, was der Garten ihnen sagt – und wer sie sind.

Zweifellos ist der Ryōan-ji faszinierend und schön, doch angesichts des Gedränges kann es mühsam sein, ihn zu genießen. Wer den Garten in einer kontemplativen Atmosphäre erleben möchte, kommt am besten an einem Werktag frühmorgens. Doch auch die übrige Tempelanlage verdient etwas Zeit; sie bildet den Zugang zu den Bauwerken, ist recht imposant und wird dennoch vernachlässigt. Im Zentrum verwandelt sich ein großer Spiegelteich selbst in ein Kunstwerk, wenn die Herbstfarben ihre Magie einsetzen.

Den Myōshin-ji bewundern

EIN BESUCH IN DER WELT DES BUDDHISMUS

Eine eigene Welt innerhalb Kyotos ist der Myōshin-ji (妙心寺) von 1342, ein ummauerter Komplex mit Tempeln und Nebentempeln, der zum Bummeln einlädt. Er gehört zum Rinzai-Zenbuddhismus und hat 47 Nebentempel, von denen nur wenige zugänglich sind.

Vom Nordtor folgt man der breiten, von Tempeln gesäumten Steinallee bis zum südlichen Teil des Komplexes, etwa in der Mitte steht der namensgebende Tempel **Myōshin-ji**. Der Eintrittspreis beinhaltet eine Führung durch mehrere Tempelbauten. An der Decke der **Hattō** (Lehrhalle) prangt das entnervende Gemälde *Unryūzu* (Drachen, der in acht Richtungen blickt) von Kanō Tanyū. Von der Position direkt unter dem Drachen scheint sich dieser herunter- und hinaufzuschrauben.

EINFACHE UNTERKÜNFTE IN NORDWEST-KYOTO

Shunkō-in
Tempelunterkunft im Myōshin-ji mit WLAN, kostenlosen Leihfahrrädern und einem Englisch sprechenden Oberpriester. ¥

Guesthouse Hana Nishijin
Drei Zimmer im japanischen Stil mit Gemeinschaftsküche und -bad; in der Nähe von Kamishichiken. ¥

Utano Youth Hostel
Großes, modernes Hostel, günstig für die Sehenswürdigkeiten Nord-West-Kyotos, Abendessen und kulturelle Events. ¥

PAOLO PATRIZI/ALAMY STOCK PHOTO ©

Kamishichiken-Kaburen-jō-Theater

Nahe der südwestlichen Ecke des Komplexes umfasst der friedliche Nebentempel **Taizō-in** einen der interessanteren Gärten der Stadt mit einem *kare-sansui,* der einen Wasserfall und Inseln darstellt, und einem Teeraum mit Tatami-Matten, wo man eine Tasse *matcha* (500 ¥) genießen kann.

Kamishichiken, Kyotos anderes Geisha-Viertel

STILLE ELEGANZ

Das Viertel **Kamishichiken** (上七軒) östlich des Kitano Tenman-gū ist Kyotos ältestes Geisha-Viertel und wegen seiner abgeschiedenen Lage viel ruhiger als die bekannteren Geisha-Viertel Gion (S. 269) und Ponto-chō (S. 261). Die hölzernen Teehäuser sollen in den 1580er-Jahren vom Feldherrn Toyotomi Hideyoshi mit gerettetem Holz eines Schreinbrands gebaut worden sein. Heute hat die Hauptstraße einen traulichen Charme.

Die beste Art, Kamishichikens *geiko* und *maiko* zu erleben, ist der Besuch einer Aufführung im **Kamishichiken-Kaburen-jō-Theater**, wo im April *kitano-odori*-Tanzaufführungen der Geishas stattfinden. Im Juli und August öffnet das Theater abends einen **Biergarten**, in dem *geiko* und *maiko* beim Servieren helfen, mit den Gästen plaudern und „Blumen-Visitenkarten" verteilen.

MEDITATION & BESINNUNG

Der **Shunkō-in,** ein Nebentempel des Myōshin-ji, wird von einem Mönch geleitet, der im Ausland studiert hat und es als seine Mission ansieht, ausländischen Gästen seinen Tempel und den Zenbuddhismus näherzubringen. Die Angebote reichen von Kursen, die eine Teezeremonie mit Meditation verbinden (15 500 ¥), bis zu Retreats mit Übernachtung in der Tempelunterkunft und sind alle in englischer Sprache. Termine und Infos zur Buchung stehen auf der Website.

WEITERE LOHNENDE TEMPEL

Ninna-ji
Ein Tempel aus dem 9. Jh. um eine fünfstöckige Pagode ohne Touristenmassen (außer zur Kirschblütenzeit).

Jingo-ji
Der Aufstieg zu diesem Gipfeltempel lohnt, man kann schlechtes Karma in Form leichter Lehmscheiben von sich werfen.

Kōzan-ji
In einem hohen Zedernhain. Sehenswerte getuschte Rollbilder mit lebendigen Tierdarstellungen, die als Vorgänger des Mangas gelten.

SANN VON MAI/SHUTTERSTOCK ©

Kōbō-san Markt

KYOTOS FLOHMÄRKTE

Wer gerade in der Stadt ist, wenn einer der großen monatlichen Flohmärkte stattfindet, sollte sich dieses lebhafte Ereignis nicht entgehen lassen. Auf dem **Tenjin-san-Markt** im Kitano Tenman-gū (S. 287, am 25. jeden Monats) gibt's jede Menge Keramik, Secondhand-Kimonos, Antiquitäten und Imbissstände. Auf dem **Kōbō-san-Markt** (Tō-ji-Tempel, am 21. jeden Monats) findet man gebrauchte Kimonos, Töpferwaren, Schnickschnack, Pflanzen, Werkzeug und „typisch Japanisches". Auf dem **Chion-ji Tezukuri-ichi** (am 15. jeden Monats) in der Nähe der Kyoto Universität bekommt man handgemachte Dinge aller Art, von Kleidung bis zu Essen; hierher strömt die alternative Szene der Stadt.

Licht! Kamera! Action! Ninjas!

KYOTOS FILM-THEMENPARK

Der **Tōei Kyoto Studio Park** (東映太秦映画村) im Viertel Uzumasa ist ein Themenpark von Tōei, einem führenden japanischen Filmstudio.

Der Park liegt hinten auf dem Studiogelände und ist voller schöner Nachbildungen von Straßenlandschaften aus der Edo-Zeit, den Sets von *jidaigeki* (Historienfilme). Hier entstanden einige legendäre Filme, mit etwas Glück läuft eine aktuelle Filmproduktion – doch die meisten Dreharbeiten finden in nahen, nicht zugänglichen Soundstages (schalldichte Räume) statt. Ansonsten ist der Park touristisch ausgerichtet und bietet interaktive Attraktionen wie das **Ninja Mystery House**, das Laserlabyrinth **Escape the Castle**, das Gespensterhaus **Cursed Doll**, einen **Evangelion** zum Hineinklettern sowie Aktivitäten wie Bogenschießen und *shuriken*-(Ninja-Stern-) Werfen, die meist extra kosten (400-600 ¥).

Erklärungen auf Englisch gibt's wenige, doch das Personal erklärt das Wichtigste. Es gibt außerdem Vorstellungen wie die **Crash! Ninja Show**, auf Japanisch, doch die Action spricht für sich. Im Kostümstudio (Extragebühr) kann man in eine historische Tracht schlüpfen und Selfies schießen. Wer mit jemandem unterwegs ist, der Japanisch spricht oder sich mit japanischen Filmen auskennt, wird es hier leichter haben. Kinder amüsieren sich garantiert, Erwachsene ohne Japanischkenntnisse fühlen sich vielleicht etwas verloren.

GÜNSTIGES ESSEN IN NORD-WEST-KYOTO

Gontaro
Traditionelles Nudelrestaurant nahe dem Kinkaku-ji: Tempura-Garnelen mit *soba* oder *kitsune udon* (mit gebratenem Tofu). ¥

Ramen Kazu
Ramen-Lokal im Diner-Stil nahe dem Kinkaku-ji, Ramen nach Kyoto-Art in dicker Brühe und vegane Ramen. ¥

Toyouke-jaya
Hier steht man Schlange für Mittagsmenüs mit Tofu oder Reis-Bowls mit *yuba*-(Tofuhaut)-Topping. Am Kitano Tenman-gū. ¥

ARASHIYAMA & SAGANO

MAJESTÄTISCHE TEMPEL, BERGE UND AFFEN

Am breiten Katsura-gawa und am Fuße der westlichen Berge sind die Nachbarviertel Arashiyama und Sagano nach Süd-Higashiyama die zweitbeliebteste Touristengegend. In- und ausländische Reisende strömen hierher, um den Tempel Tenryū-ji vor einer imposanten Bergkulisse und den berühmten Arashiyama-Bambushain zu sehen. Rundum gibt's noch mehrere kleinere Tempel und eine Villa mit Gärten – Ōkōchi Sansō –, die man nicht verpassen sollte, daher ist dies eine tolle Gegend, um der Großstadt zu entfliehen und einfach herumzustreifen.

Die Hauptroute durch Arashiyama und Sagano beginnt in der Nähe der Togetsu-kyō, der Brücke über den Katsura-gawa. Von hier führt die Hauptstraße zum Tenryū-ji, an den sich der Bambushain anschließt. Man sollte nicht in Eile sein und gemütlich durch die Tempelanlagen spazieren, am Fluss entlangbummeln oder ein Fahrrad ausleihen – am besten verbringt man einen ganzen Tag hier.

TOP TIPP

In der Hauptstraße durch Arashiyama und Sagano herrscht immer Betrieb, und Stände verkaufen Snacks und Souvenirs. Wer darauf keine Lust hat, geht nach Westen in die Berge (über den Tenryū-ji oder direkt durch den Arashiyama-Bambushain) und in die Natur oder genießt die Landschaft von der Brücke Togetsu-kyō.

Japanmakaken, Arashiyama (S. 294)

HIGHLIGHTS
1 Arashiyama-Bambushain
2 Tenryū-ji

SEHENSWERTES
3 Iwatayama-Affenpark in Arashiyama
4 Ōkōchi Sansō
5 Rakushisha

SCHLAFEN
6 Hoshinoya Kyoto
7 Kitcho Arashiyama
8 Suiran

ESSEN
9 Sagano-yu
10 Shigetsu
11 Yudōfu Sagano

Ein Bambuswald wie aus dem Bilderbuch

DER BERÜHMTE ARASHIYAMA-BAMBUSHAIN

Arashiyama-Bambushain

Japans berühmtester Bambushain (竹林) hat etwas geradezu Magisches an sich. Dicke grüne Stangen ragen in jede Richtung und das Licht hat eine interessante Qualität. Er ist einer von Japans meistfotografierten Orten; die Ergebnisse könnten allerdings enttäuschen, denn Fotos fangen die Magie des Bambushains einfach nicht ein, und wahrscheinlich sind Besucherscharen mit im Bild.

Der Bambushain hat zwei Eingänge: an der Hauptstraße in Arashiyama (in der Nähe des Cafés Snoopy) und am Hintereingang des Tenryū-ji. Stimmungsvoll ist der 200 m lange Abschnitt zwischen dem Tenryū-ji und der Villa Ōkōchi Sansō.

Der Tempel des himmlischen Drachen

ATTRAKTIVER ZENGARTEN AUS DEM 14. JAHRHUNDERT

Tenryū-ji (天龍寺) aus dem Jahr 1339 ist ein bedeutender Tempel des Rinzai-Zenbuddhismus und besitzt einen der schönsten Gärten in ganz Kyoto. Die meisten heutigen Gebäude stammen aus der Zeit um 1900, doch den Garten entwarf Zenmeister Musō Soseki, der erste Abt des Tenryū-ji. Der große Koiteich im Zentrum hat die Form des *kanji* (chinesisches Schriftzeichen) für Herz, zudem schuf Musō eine der besten *shakkei* (geliehene Landschaft) mit den Arashiyama-Bergen als Hintergrund.

Gegen eine Extragebühr betritt man die **Hojō** (Abtresidenz) und blickt von der Veranda auf den Garten. Die Steine im Teich repräsentieren einen Wasserfall; wenn ihn ein Koi erklimmt, heißt es, verwandelt er sich in einen Drachen, das Symbol für Erleuchtung. Auf der imposanten *fusuma-e* (Schiebetür) aus dem 19. Jh. ist ein furchterregender, aber glücklicher Drachen abgebildet.

Zur Kirschblüte und herbstlichen Laubfärbung ist hier verständlicherweise der Teufel los, doch ein Besuch frühmorgens oder an einem Werktag zahlt sich jederzeit aus.

Moosgarten, Saihō-ji

NOCH MEHR IN ARASHIYAMA & SAGANO

Fabelhaftes Refugium eines Filmstars

GARTEN AM HANG UND INSPIRIERENDE AUSSICHT

Ōkōchi Sansō (大河内山荘) ist das prächtige Anwesen des Schauspielers Ōkōchi Denjirō (1898–1962), der mit Samurai-Filmen berühmt wurde. Von einer kleinen Lichtung führt ein schmaler, unregelmäßiger Fußweg in Form einer Acht etwa 20 Minuten lang einen Hang hinauf und hinab, vorbei an Ōkōchis Wohnhaus, Teehaus und religiösen Stätten. Alles ist so bepflanzt, dass es das Auge zu jeder Jahreszeit erfreut. Die Gärten bieten einen herrlichen Blick über die Stadt und auf die Berge im Westen.

Der Eintritt beinhaltet einen *matcha* und etwas Süßes sowie eine kleine Galerie mit Ōkōchis Filmklassikern.

Der fantastische Moostempel

HERZFÖRMIGER GARTEN VON 1339

Saihō-ji (西芳寺) ist für seinen üppigen Moosgarten bekannt, dem er seinen Spitznamen Koke-dera (Moostempel) verdankt. Der herzförmige, 35 000 m² große Garten wurde 1339 vom berühmten Mönch Musō Kokushi angelegt und beherbergt über 120 verschiedene Moosarten um einem ruhigen Teich unter Bäumen.

Der Besuch beginnt in der **Hondō** (Haupthalle), wo Mönche singen, während Gäste an Einzeltischen mit Pinsel, Tusche und

ANREISE NACH ARASHIYAMA

Vom Stadtzentrum Kyotos nach Arashiyama dauert es fast eine Busstunde, mit dem Zug oder Taxi etwa eine halbe Stunde. Der JR-Zug hält am Bahnhof Saga-Arashiyama nördlich des Hauptdorfes, der Bahnhof Arashiyama an der Hankyū-Linie liegt etwa acht Minuten südlich der Brücke Togetsu-kyō (mit Umstieg in Katsura). Die netteste Anreise ist jedoch mit der Randen-Straßenbahn mit nur einem Wagen vom Shijō-Ōmiya- zum Arashiyama-Bahnhof, dem Zentrum des Geschehens.

STIMMUNGSVOLLE RESTAURANTS IN ARASHIYAMA

Shigetsu
Shōjin-ryōri (buddhistische vegane Küche) im Komplex des Tenryū-ji. Schöner Gartenblick. ¥

Yudōfu Sagano
Legeres Lokal mit *yudōfu* (Tofu-Eintopf) nahe dem Tenryū-ji, hinter dem Garten der buddhistischen Statuen. ¥¥

Sagano-yu
Früheres öffentliches Badehaus mit historischer Einrichtung. Mittags gibt's Pasta, Currys und Süßes.

BASHŌ & DIE FALLENDEN PERSIMONEN

Der größte Haiku-Dichter der Edo-Zeit, **Matsuo Bashō** (1644–1694), war zu Gast bei seinem Schüler Mukai Kyōrai. Eines Nachts fielen bei einem starken Sturm alle Persimonen von Mukais Bäumen, und sein Haus erhielt den Spitznamen **Rakushisha** (Hütte der fallenden Persimonen), was aufs Werden und Vergehen in der Natur hinweist. Über drei Jahrhunderte später steht das ruhige, rustikale Rakushisha immer noch am Rand eines Feldes; das bescheidene Grundstück bietet einige schlichte Steindenkmäler (allerdings wenige Informationen auf Englisch).

1691 veröffentlichte Bashō das *Saga Nikki* (Saga-Tagebuch), in dem sich auch dieses klassische Haiku befindet, geschrieben nach einer anderen stürmischen, schlaflosen Nacht:

Lange Sommerregen
Abgeblätterte Poesie-Karten
Spuren an der Wand.

FILEDIMAGE/SHUTTERSTOCK ©

Sagano-Panoramabahn

Transparentpapier ein Sutra in japanischen Schriftzeichen kopieren (Nichtjapaner schreiben stattdessen ihren Namen, ihre Anschrift und ein Gebet). Nach dem Opfer des Sutra am Altar geht's zur Belohnung in den Garten, der das buddhistische Paradies auf Erden repräsentieren soll. Der gesamte Besuch dauert etwa eine Stunde.

Saihō-ji war ein früher Vertreter von Umweltschutzprinzipien. Da große Besucherzahlen sich sowohl auf die Moose als auch aufs Viertel negativ auswirken, sind seit den späten 1970er-Jahren nur 300 Personen in zwei Durchgängen am Tag erlaubt. Der Anmeldeprozess nur per Post ist kompliziert. Vor Ort sind 3000 ¥ Eintritt fällig (nur Barzahlung). Anträge sind zwei Monate im Voraus möglich. Eine japanische Adresse ist für die postalische Antwort hilfreich.

Heimat der Schneeaffen

WO MENSCHEN NUR GÄSTE SIND

Die wilden Japanmakaken (auch Schneeaffen genannt) sind in diesen Bergen beheimatet. Im **Affenpark Iwatayama in Arashiyama** (嵐山モンキーパークいわたやま) kann man ihnen ganz nahe kommen und etwa 120 von ihnen beim verspielten Herumtollen beobachten. Erfrischend ist, dass hier die Affen frei umherstreifen, während die Menschen, die sie füttern (eine kleine Tüte Snacks für Affen gibt's für 50 ¥), in einer Holzhütte eingesperrt sind. Schade, dass die Wasserleitungen oberirdisch verlaufen, doch man mag nicht mäkeln, wenn einfach alles so liebenswert ist.

DIE BESTEN STRASSENSNACKS IN ARASHIYAMA

Yaki-imo Brûlée im Burikitotan
Gebackene halbe Süßkartoffel mit Karamellcreme; 100 m von der Südseite der Togetsu-kyō entfernt. ¥

Dango in vier Geschmacksrichtungen, Terakoya Honpo
Reisbällchen mit aromatisierter Bohnenpaste am Spieß. Im Einkaufszentrum Akogareya. ¥

Yuba-Käse im Yosiya
Frittierte *surimi*-(Fischpaste-)Spieße und Käse in *yuba* (Tofu-Haut). In der Hon-dōri. ¥

In den Park kommt man von der Südseite der Togetsu-kyō durch das orangene *torii* des kleinen Schreins Ichitani Munakata-jinja. Achtung: Der Aufstieg auf 160 m Höhe zu den Affen dauert etwa 20 Minuten und ist an heißen Tagen schweißtreibend.

Mit dem Zug in eine grandiose Landschaft

ÜPPIG GRÜNE SCHLUCHT AM FLUSS

So kitschig der Name auch klingt, eine Fahrt mit dem sogenannten „Romantikzug" der **Sagano-Panoramabahn** (トロッコ, auf Japanisch *Torokko)* ist wirklich inspirierend. Vom Bahnhof Torokko geht die Fahrt mit der Retro-Bahn durch Tunnel, über Brücken und am grünen, bergigen Ufer des Hōzu-gawa entlang. Die 7 km lange, 25-minütige Fahrt lässt Kyotos hektische Innenstadt schnell vergessen, wenn die riesigen Fenster von jedem Sitz aus tolle Aussichten auf die Landschaft bieten (in jedem Zug gibt's auch einen offenen Wagen).

Von der Endstation Kameoka kann man auch mit dem Schiff (einfache Fahrt 880 ¥) auf dem Hōzu-gawa nach Arashiyama zurückfahren. Viel zu sehen gibt's in Kameoka nicht, daher machen die meisten nur eine Rundfahrt mit kurzem Aufenthalt (1760 ¥). Ob per Zug oder Schiff – während der Herbstfärbung sollte man seine Tickets möglichst früh buchen. Die „Romantikbahn" schließt für die Saison von Ende Dezember bis Ende Februar.

Der Bahnhof Saga Torokko befindet sich neben dem JR-Bahnhof Saga-Arashiyama. Ein zusätzlicher Halt ist Arashiyama nahe dem Arashiyama-Bambushain.

West-Kyotos Kaiserliche Villa

JAPANISCHES KUNSTHANDWERK VOM FEINSTEN

Die **Kaiserliche Villa Katsura Rikyū** (桂離宮) gilt weithin als Inbegriff der traditionellen japanischen Architektur und Gartenkunst. Sie steht in einem ansonsten trostlosen Viertel und ist eine Oase von unglaublicher Schönheit. Jedes erdenkliche Detail der Villa, die 1624 für den Bruder des Kaisers erbaut wurde, von den Teehäusern über den Teich mit Inselchen bis zum Garten rings um die Villa, wurde aufmerksam durchdacht. Die Besichtigung erfolgt im Rahmen einer Führung (Erw. 1000 ¥) – auf Englisch oder Japanisch mit kostenlosem englischem Audioguide –, die beim Kaiserlichen Haushaltsamt (S. 278) gebucht wird. Reservierung im Voraus wird sehr empfohlen.

Vom Bahnhof Katsura (Hankyū-Linie) liegt die Villa 15 Gehminuten entfernt. Ein Taxi vom Bahnhof zur Villa kostet etwa 700 ¥. Alternativ fährt der Kyoto-Bus 33 bis zur Haltestelle Katsura Rikyū-mae, fünf Minuten Fußweg von der Villa.

FLUSSFAHRT AUF DEM HŌZU-GAWA

Beim Rafting auf dem Hōzu-gawa lernt man die Schönheit der Berge im Westen Kyotos aus einer anderen Perspektive kennen. Mit langen Bambusstangen werden die Flachbodenboote von Kameoka durch steile, bewaldete Canyons bis nach Arashiyama gesteuert. Die 16 km lange Fahrt dauert etwa zwei Stunden und unterwegs gibt's gelegentlich turbulente Abschnitte – eine fast gefahrlose malerische Spritztour. Zur Kirschblüte im April und herbstlichen Ahornlaubfärbung ist die Landschaft besonders atemberaubend. Die Zahl der täglichen Abfahrten variiert je nach Saison. Siehe www.hozugawakudari.jp für Fahrpläne und Reservierung.

BRÜCKE IM MONDSCHEIN

Arashiyamas Wahrzeichen **Togetsu-kyō** (渡月橋) soll nach einer mondhellen Fahrt auf dem Katsura-gawa von Kaiser Kameyama benannt worden sein. Die Brücke erscheint seit Jahrhunderten in der japanischen Kunst, darunter Blockdrucken von Hokusai.

LUXUS IN ARASHIYAMA

Hoshinoya Kyoto
Moderne, abgeschiedene Version eines klassischen *ryokan*; flussaufwärts von Arashiyama und nur mit dem Boot erreichbar. ¥¥¥

Suiran
Schickes, elegantes Hotel in toller Lage am Fluss, mit zeitgenössischem japanischem Fusion-Dekor gestaltet. ¥¥¥

Kitcho Arashiyama
Für eines der besten *kaiseki*-Restaurants Japans muss vorab reserviert werden. Serviert wird in Separees mit Gartenblick. ¥¥¥

SÜD-KYOTO

GRANDIOSE TEMPEL UND 10000 TORII

Die Viertel südlich vom Bahnhof Kyoto und von Higashiyama scheinen etwas abseits zu liegen, doch in diesen weitläufigen Stadtteilen ist eine Menge los.

Südöstlich des Stadtzentrums wartet eine der beeindruckendsten und beliebtesten Attraktionen, der Shintō-Schreinkomplex Fushimi-Inari-taisha mit kilometerlangen, hypnotischen *torii*-Arkaden (Schreintor) – perfekt für Selfies und zum Wandern. Das angrenzende Fushimi ist auch Kyotos historisches Sakebrauereiviertel. Zum schönen Tempelkomplex Tōfuku-ji über einem Tal, in dem Ahornbäume im Herbst magisch erglühen, ist es ein guter Kilometer. Weiter entfernt im Viertel Uji befindet sich der stattliche Byōdō-in, dessen Phönix-Halle ein so bedeutendes Wahrzeichen ist, dass sie japanisches Geld ziert.

Süd-Kyoto ist zwar etwas abgelegen, doch vom Bahnhof Kyoto mit den JR-Linien oder vom Bahnhof Higashiyama mit der Keihan-Linie leicht zu erreichen.

TOP TIPP

Der Fushimi-Inari-taisha ist einer der populärsten Schreine in Kyoto, darum besucht man ihn am besten frühmorgens oder spät am Tag, um dem Gedränge zu entgehen. In den ersten Januartagen kommen Tausende Gläubige zum hatsu-mōde (erster Schreinbesuch im neuen Jahr) her und bitten um Glück.

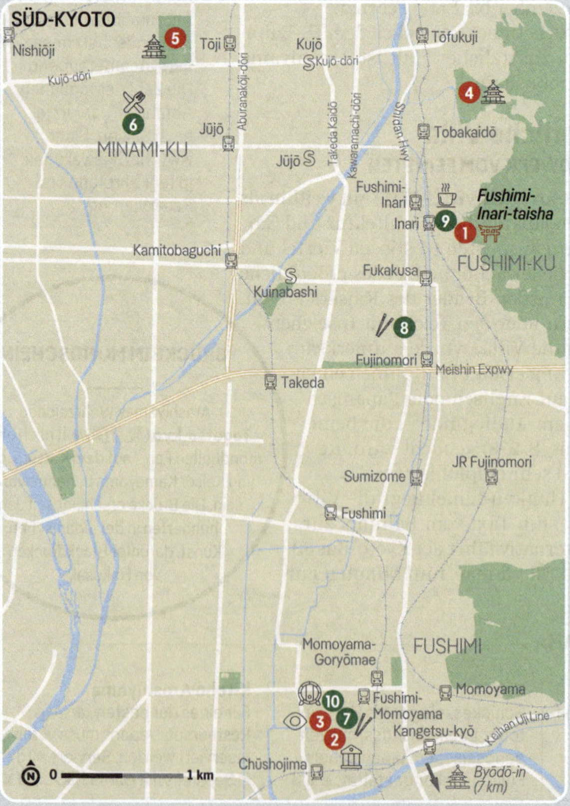

SÜD-KYOTO

HIGHLIGHTS
1 Fushimi-Inari-taisha

SEHENSWERTES
2 Gekkeikan-Sake-Ōkura-Museum
3 Kizakura Kappa Country
4 Tōfuku-ji
5 Tō-ji

ESSEN
6 Verkostungsraum der Kyoto Brewing Company
7 Torisei
8 Vegans Cafe & Restaurant

AUSGEHEN
9 Vermillion Espresso Bar
10 Yamamoto Honke

SHOPPEN
siehe 5 Kōbō-san Markt

Eine Wanderung durch 10000 Torii

RIESIGES SHINTŌ-SCHREIN-SPEKTAKEL

Mit endlos scheinenden Arkaden dunkeloranger *torii* (Schreintor) auf einem dicht bewaldeten Bergweg ist der Schreinkomplex **Fushimi-Inari-taisha** (伏見稲荷大社) eine eigene Welt – und eine der eindrucksvollsten und denkwürdigsten Sehenswürdigkeiten Kyotos. Ein 4 km langer Rundweg heißt **Sen-bon-torii** (1000 *torii*), tatsächlich sind es jedoch um die 10000 *torii* und Hunderte Nebenschreine und Fuchsstatuen; der Fuchs gilt als Bote von Inari, dem Gott des Reises, wird selbst oft Inari genannt und trägt in seinem Maul den Schlüssel zum Reisspeicher. Der Fushimi-Inari stammt aus dem 8. Jh. und wurde von der Herrscherfamilie Hata den Göttern des Reises und des Sake gewidmet. Andere Gottheiten wurden später ergänzt, damit für geschäftlichen Wohlstand gebetet werden konnte. Heute ist der Schrein in Japan äußerst populär und der Hauptschrein der etwa 40000 Inari-Schreine im Land.

Es ist eine angenehme (oft bevölkerte) Wanderung tagsüber oder eine weniger bevölkerte, etwas gespenstische Runde am späten Nachmittag und frühen Abend, wenn die Gräber und Miniaturschreine am Weg eine geheimnisvolle Aura haben.

Fushimi-Inari-taisha

TIPPS FÜR DEN BESUCH DES FUSHIMI-INARI

Eine schöne Zeit für den Besuch sind die ersten Januartage, wenn Tausende Gläubige zum *hatsu-mōde* (erster Schreinbesuch im neuen Jahr) herkommen und um Glück bitten.

Am 8. April findet das Festival **Sangyō-sai** statt, bei dem Gaben dargebracht und Tänze aufgeführt werden, die der japanischen Industrie zu Prosperität verhelfen sollen.

Die **Vermillion Espresso Bar** ist der perfekte Ort, um sich nach der Erkundung des Schreinkomplexes zu erholen. Sie serviert tollen Kaffee und Kuchen.

FUSHIMI – ZENTRUM DER SAKEPRODUKTION

Fushimi ist der Sitz von 37 Sakebrauereien und eine der bekanntesten Sakeregionen Japans. Für die Sakeherstellung ist seine Lage am Uji-gawa perfekt, mit leichtem Zugang zu Rohstoffen (Reis) und den Booten für den Export flussabwärts nach Osaka. Der führende Sakeproduzent Gekkeian betreibt hier das **Gekkeikan-Sake-Ōkura-Museum.**

Im riesigen Komplex **Kizakura Kappa Country** befinden sich sowohl Sake- als auch Bierbrauereien (nicht zugänglich), Hofgärten, eine kleine Galerie, die dem mythischen (und tückischen) Wesen Kappa gewidmet ist, und ein Restaurant mit Bar.

Mittags kann man im **Torisei** würzige *yakitori* (gegrilltes Hühnchen am Spieß) essen und Sake trinken. Es wird vom Eigner der **Yamamoto-Honke**-Sakebrauerei betrieben.

NONCHANON/SHUTTERSTOCK ©

Byōdō-in

NOCH MEHR IN SÜD-KYOTO

Brücke in den Himmel

MYSTISCHE GÄRTEN UND EIN TAL VOLLER AHORN

Mit einem spektakulären Garten in einem Tal, das die elegante „Brücke zum Himmel" überspannt, ist der weitläufige Tempel **Tōfuku-ji** (東福寺) von 1236 den Aufwand der Anreise wohl wert. Er sollte den namhaften Tempeln Tōdai-ji und Kōfuku-ji in Nara Konkurrenz machen, daher setzt sich sein Name aus den Schriftzeichen beider Namen zusammen. Heute gehören der Tōfuku-ji und seine 24 Nebentempel zur Rinzai-Schule des Zenbuddhismus.

Mehrere Gebäude im Komplex haben seit der Muromachi-Zeit (1333–1573) überdauert, darunter das 22 m hohe **San-mon**,

SCHNELLES ESSEN IN SÜD-KYOTO

Vegans Cafe & Restaurant
Lichtdurchflutetes Mittagscafé in Fushimi mit allem von Sojamilch-Miso-Ramen bis Tofu-Pizza. ¥

Verkostungsraum der Kyoto Brewing Company
Wochenendlokal unter freiem Himmel mit Haus-Craft-Bieren und Foodtrucks. ¥

Torisei
Yakitori (Hühnchenspieße) im Sakeviertel Fushimi; betrieben vom Eigner der nahen Sakebrauerei. ¥¥

das älteste Zen-Haupttor in Japan, und zahlreiche Nebengebäude wie die Zen-dō (Meditationshalle) und die antike *tōsu* (Toilette). Für andere Gebäude muss man ein Ticket kaufen, doch was würde man nicht geben, um die **Tsūten-kyō** (Brücke zum Himmel) zu überqueren! Sie führt über ein Tal voller Ahornbäume und ist daher ein erstklassiger Ort während der herbstlichen Laubfärbung. Auf der anderen Seite der Brücke führt eine überdachte Treppe hinauf zum **Kaisan-dō** (Mausoleum des Gründer-Abts) mit einem *kare-sansui* und einem üppig begrünten Garten und Teich aus der Edo-Zeit. Fußwege nahe dem Tsūten-kyō führen hinab ins Ahorntal.

Die **Hōjō** (Abthalle) wurde 1890 rekonstruiert, ihre Gärten von 1938 wirken moderner. Im nördlichen Garten sind Steine und Moos präzise und rätselhaft im Schachbrettmuster arrangiert. Von einer Aussichtsplattform hinten im Garten kann man die Tsūten-kyō und das Tal darunter sehen.

Tōfuku-ji ist einer der berühmtesten Herbstlauborte Kyotos und daher zur Hochzeit der Farben im November ausnahmslos überlaufen. Wer nicht früh da ist, muss vielleicht lange anstehen. Außerhalb dieser Zeit ist es hier oft sehr ruhig.

Die Keihan- und JR-Bahnlinien verbinden den Tōfuku-ji mit dem Fushimi Inari-Taisha.

TŌ-JI: MEHR ALS NUR EIN FLOHMARKT

Den buddhistischen Tempel Tō-ji (東寺) besuchen die meisten wegen des **Kōbō-san-Marktes**, der an jedem 21. des Monats stattfindet, und einem kleineren Markt am ersten Sonntag des Monats, doch der reizvolle Hallenkomplex ist jederzeit sehenswert.

Ursprünglich 743 auf Anordnung des Kaisers errichtet, mehrmals durch Brände zerstört und wiederaufgebaut, wird er von der fantastischen, 57 m hohen **Gojū-no-tō** (fünfstöckige Pagode) dominiert, die 1643 neu gebaut wurde.

Die **Kōdō** (Lehrhalle) aus dem 17. Jh. beherbergt 21 Darstellungen eines *mikkyō* (esoterisch-buddhistischen)-Mandalas. Die 1606 wiederaufgebaute **Kondō** (Haupthalle) vereint chinesische, indische und japanische Architekturstile und enthält Statuen der Yakushi-(Heilender-Buddha-)Trinität.

Die Phönixhalle

ARCHITEKTONISCHES JUWEL AUS DEM 11. JAHRHUNDERT

Es ist ein ziemlicher Weg vom Zentrum Kyotos zum Vorort Uji, doch zum **Byōdō-in** (平等院) gehört eines der reizendsten buddhistischen Bauwerke Japans. Die Haupthalle **Hōō-dō** (Phönixhalle) wird so verehrt, dass sie auf der Rückseite der japanischen 10-¥-Münze abgebildet ist. Mit Blick auf einen ruhigen, reflektierenden Teich bietet sie einen atemberaubenden Anblick.

Die 1053 erbaute Hōō-dō ist eines der wenigen erhaltenen Bauwerke aus der Heian-Zeit. Ihre Form erinnert an einen Phönix (der in Japan als Beschützer Buddhas verehrt wird), außerdem hocken zwei bronzene Phönixe einander gegenüber auf dem Dach. Im Inneren stehen die berühmten Statuen des Amida-Buddhas und 52 *bosatsu* (Bodhisattwas) aus dem 11. Jh., die dem Priester und Bildhauer Jōchō zugeschrieben werden. Geführte 15-minütige Touren sind auf Japanisch, doch es gibt ein hilfreiches englischsprachiges Faltblatt.

Das moderne **Hoshokan-Museum** (2001 eröffnet) beherbergt kostbare Artefakte, darunter die originale Tempelglocke, Türgemälde und Phönix-Dachelemente sowie eine Sammlung von buddhistischen Unchū-Kuyō-Bosatsu-Statuen.

Für den Besuch sollte man etwa eine Stunde einplanen.

MEHR TAGESWANDERUNGEN RUND UM KYOTO

Daimonji-yama
Ein Bergpfad hinter dem Ginkaku-ji (S. 275) mit weitem Blick über die Stadt.

Kurama & Kibune
Zwei Täler sind durch einen Wanderweg über einen Bergkamm verbunden; 30 Minuten nördlich von Kyoto.

Hiei-zan
Heiliger Berg und Heimat des Welterbe-Tempelkomplexes Enryaku-ji.

KANSAI

KULTUR, GESCHICHTE UND SPASS

Atemberaubende Städte, mystische Berge und alte Schätze. Kansai ist Japan par excellence.

Egal, ob du neu in Japan oder schon weit gereist bist, Kansai (関西) verdient es, ganz oben auf deiner Bucketlist zu stehen. Zwei seiner Städte waren einst Japans Hauptstadt – das prachtvolle Kyoto (S. 253) und Nara –, während das elektrisierende Osaka und Kōbe fröhlicher, freier und entspannter sind als Tokio im Osten.

Abseits des städtischen Trubels geht's in Kansai locker und entspannt zu. Unten auf der Kii-Halbinsel zeigen die Bergpilgerstätten Kumano Kodō und Kōya-san sowie Ise-jingū, der heiligste Shintō-Schrein des Landes, Japan von seiner spirituellsten Seite.

Gemessen an der schieren Menge an Tempeln, Schreinen und kostbaren Antiquitäten kann keine andere Region mit Kansai mithalten. In Nara sind sogar die Hirsche heilig und ein ebenso großer Magnet wie Daibutsu, die berühmte Buddha-Statue. In Himeji sollte man nicht Japans schönste Burg versäumen, ein toller Mix aus visueller Pracht und militärischer List.

Für Gourmets ist Kansai ein wahres Highlight, egal, ob man Osakas beliebtes Soul Food wie *tako-yaki* und *okonomiyaki* probiert oder sich in Kōbe das beste Rindfleisch der Welt auf der Zunge zergehen lässt.

Wer tiefer eintauchen will, begebe sich abseits der Touristenpfade in ländliche Gebiete und an die kilometerlange, zerklüftete Küste fernab der Massen in Kansai.

DIE WICHTIGSTEN ZIELE

OSAKA
Die Stadt, die nie aufhört zu essen.
S. 306

KŌBE
Hafenmetropole am Hang.
S. 321

NARA
Antike Hauptstadt vor Kyoto.
S. 329

KŌYA-SAN
Buddhistisches Bergheiligtum.
S. 344

LINKS: COWARDLION/SHUTTERSTOCK ©; GANZ LINKS: LOUIS-LAURENT GRANDADAM/GETTY IMAGES ©

Links: Kōbe-Rindfleisch (S. 324); Oben: Ise-jingū (S. 357), Ise-Shima

KUMANO KODŌ
UNESCO-geschützte Pilgerwege.
S. 350

ISE-SHIMA
Japans heiligster Schrein.
S. 356

BIWA-SEE
Geschichtsträchtige Orte am See.
S. 359

KINOSAKI-ONSEN
Heiße Quellen und Erholung.
S. 367

Kinosaki-Onsen, S. 367

Ein äußerst attraktiver und historischer Ort mit heißen Quellen, wo die ganze Stadt nur zu baden und zu entspannen scheint.

Osaka, S. 306

Das aufgeweckte Osaka ist Japans drittgrößte Stadt und ein weitläufiger urbaner Spielplatz für Gourmets, Shoppingfans und Partylustige.

Kōbe, S. 321

Der charmante Küstenort Kōbe bietet die richtige Größe für einen Kurztrip und viele Relikte aus seiner Vergangenheit als Vertragshafen.

Kōya-san, S. 344

Kōya-san, ein den Buddhismus verkörperndes Bergheiligtum, bringt dich dem Göttlichen näher, besonders wenn du in einem Tempel nächtigst.

Kumano Kodō, S. 350

Uralte Pilgerwege durchziehen die abgelegene Kii-Halbinsel; für mehrtägige Wanderungen, Schrein-Hopping und Wasserfälle.

Erste Orientierung

Kansai erstreckt sich vom Biwa-See über die Osaka-Ebene bis zur größten Burg Japans in Himeji. Am zentralen Korridor ist die Region weitgehend urbanisiert, in Nord und Süd bietet sie ein ländliches, raues Flair.

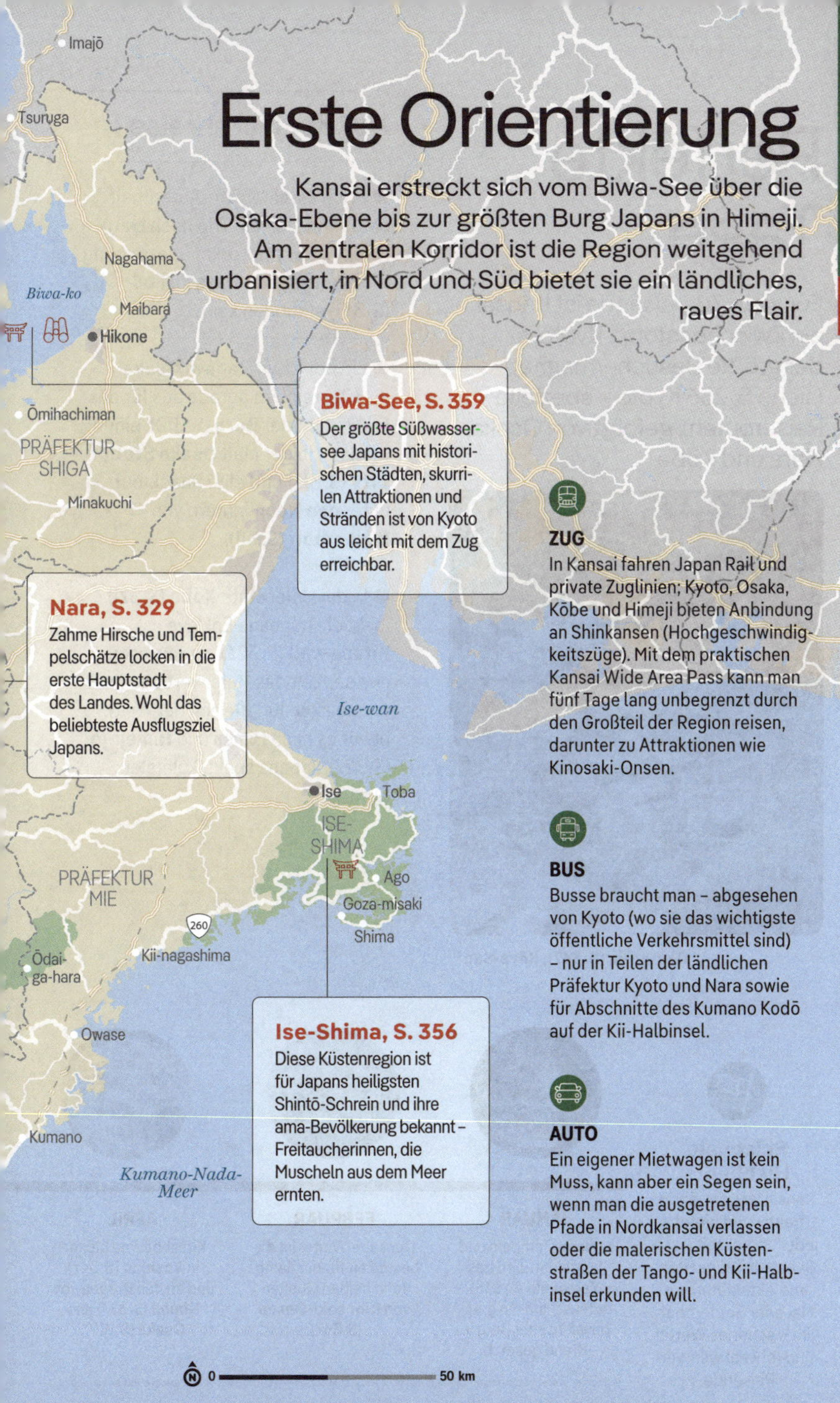

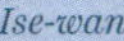

Biwa-See, S. 359
Der größte Süßwassersee Japans mit historischen Städten, skurrilen Attraktionen und Stränden ist von Kyoto aus leicht mit dem Zug erreichbar.

Nara, S. 329
Zahme Hirsche und Tempelschätze locken in die erste Hauptstadt des Landes. Wohl das beliebteste Ausflugsziel Japans.

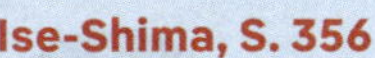

Ise-Shima, S. 356
Diese Küstenregion ist für Japans heiligsten Shintō-Schrein und ihre ama-Bevölkerung bekannt – Freitaucherinnen, die Muscheln aus dem Meer ernten.

ZUG

In Kansai fahren Japan Rail und private Zuglinien; Kyoto, Osaka, Kōbe und Himeji bieten Anbindung an Shinkansen (Hochgeschwindigkeitszüge). Mit dem praktischen Kansai Wide Area Pass kann man fünf Tage lang unbegrenzt durch den Großteil der Region reisen, darunter zu Attraktionen wie Kinosaki-Onsen.

BUS

Busse braucht man – abgesehen von Kyoto (wo sie das wichtigste öffentliche Verkehrsmittel sind) – nur in Teilen der ländlichen Präfektur Kyoto und Nara sowie für Abschnitte des Kumano Kodō auf der Kii-Halbinsel.

AUTO

Ein eigener Mietwagen ist kein Muss, kann aber ein Segen sein, wenn man die ausgetretenen Pfade in Nordkansai verlassen oder die malerischen Küstenstraßen der Tango- und Kii-Halbinsel erkunden will.

Perfekte Tage

Für viele Zugreisende ist Kansai ein Zwischenstopp. Kyoto ist der größte Besuchermagnet (siehe S. 256 Kyoto – spezielle Reiserouten), gefolgt von Osaka, Nara und Kōbe.

LACHOUETTEPHOTO/GETTY IMAGES ©

Oku-no-in (S. 347), Kōya-San

Auf der Durchreise

- Nach einem Kyoto-Aufenthalt empfiehlt sich ein Trip nach **Nara** (S. 329), das man beim Spaziergang **die Wunder von Nara zu Fuß** (S. 331) erkunden kann.

- Ein oder zwei Tage in **Osaka** (S. 306) reichen gerade aus für das Erklimmen der **Burg** (S. 310), einen Bummel in der Mall **Osaka Station City** (S. 312) und eine Snacktour unter den Neonlichtern von **Dōtombori** (S. 311).

- In der Hafenstadt **Kōbe** (S. 321) lockt die hügelige Enklave **Kitano-chō** (S. 323) mit Anwesen aus der Zeit des Hafenvertrags (und dem besten Rindfleisch der Welt), bevor es nach Himeji und **Himeji-jō** (S. 327), Japans spektakulärster Burg, geht.

Saisonale Highlights

Kansai ist ganzjährig attraktiv und bietet zu jeder Jahreszeit viele Sehenswürdigkeiten und Aktivitäten. Im Mai oder September gibt's schönes Wetter und (etwas) weniger Reisende.

JANUAR

In Naras Tempeln und Schreinen wird das **Yamayaki** (S. 333) gefeiert und ein grasbewachsener Berg in Brand gesetzt.

FEBRUAR

Der kalte Winter ist die beste Zeit für die dampfend heißen Quellen von **Kinosaki-Onsen** (S. 367).

APRIL

Kirschbäume blühen in **Yoshino** (S. 342) und an den Burgen von **Himeji** (S. 327) und **Osaka** (S. 310).

VON LINKS NACH RECHGTS: TAROMON/SHUTTERSTOCK ©, MOKOKOMO/SHUTTERSTOCK ©, SHOWKAKU SANO/500PX ©

Zeit zum Erkunden

- Wer länger in Osaka bleibt, hat mehr Zeit, schrullige Viertel wie **Shin-Sekai** (S. 313), ein Unterhaltungsviertel im Retro-Stil, und das gegenkulturelle **Amerika-Mura** (S. 312) mit seinen Plattenläden und kleinen Musikbars zu erkunden.

- Einer der besten Trips von der Stadt aus ist eine Nankai-Railway-Fahrt nach **Kōya-san** (S. 344) in den Kii-Bergen und zu Japans spirituellstem Friedhof in **Oku-no-in** (S. 347) sowie dem Grab von Kōbō Daishi, dem Gründer von Kōya-san; übernachten kann man in einer ruhigen *shukubō* (Tempelunterkunft).

- Ein, zwei Tage in **Kinosaki-Onsen** (S. 367) mit heißen Quellen und Verwöhnung im *ryokan*-Stil sind der perfekte Abschied von Kansai.

Zwei Wochen oder mehr

- Auf einer mehrtägigen Wanderung auf der **Nakahechi-Route** (S. 351) des **Kumano Kodō** (S. 350) schläft man in ländlichen Dörfern und pilgert zum **Kumano Sanzan** (S. 351; den drei großen Schreinen von Kumano), einer davon in Berglage mit Blick auf den **Nachi-no-taki** (S. 352), den höchsten Wasserfall Japans.

- Archäologiefans können in der Nara-Ebene in **Asuka** (S. 341) bei den alten *kofun* (Hügelgräbern) von **Ishibutai** oder **Takamatsuzuka** (S. 341) nach noch älteren Schätzen graben.

- Japans wichtigster Schrein **Ise-jingū** (S. 357) ist ein Highlight, für das sich die Fahrt in die Präfektur Mie lohnt. Im Anschluss an Kinosaki-Onsen empfehlen sich noch einige Tage im poetisch schönen **Amanohashidate** (S. 372) und auf der entlegenen **Tango-Halbinsel** (S. 371).

JULI
Umzüge mit *mikoshi* (tragbarer Schrein) beleben Osakas Straßen beim **Tenjin Matsuri**, einem der drei größten Feste Japans.

AUGUST
Osakas **Summer-Sonic**-Festival lockt mit einem Staraufgebot von internationalen und japanischen Bands.

OKTOBER
Für das Farbspiel der Ahornblätter strömen Naturfans im Herbst auch in den **Nara-Park** (S. 332).

DEZEMBER
In Kōbe findet zehn Tage lang ein **Lichterfest** zum Gedenken an die Toten des Erdbebens von Kōbe (S. 323) statt.

OSAKA

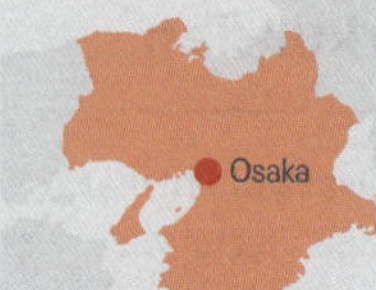

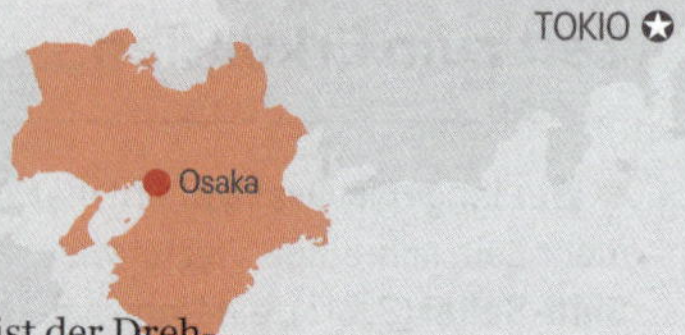

Osaka (大阪), die historische Handelsstadt Japans, ist der Dreh- und Angelpunkt eines riesigen Ballungsraums, dem zweitgrößten nach Tokio. Helle Lichter, Trubel und Großstadttreiben – all das bietet Osaka, auch wenn es nur wenige Must-sees gibt, weshalb viele Reisende nur ein paar Tage hierbleiben. Schade, denn Osaka hat einen einzigartigen Charme und der Aufenthalt hier macht Spaß. Wie die Restaurantschilder von Dōtombori ist die Bevölkerung bekannt für ihre freche, verspielte Art (viele Comedians stammen von hier) und ihre weniger strenge Etikette. Osakas inoffizieller Slogan lautet *kuidaore* („Iss dich in den Ruin"), was eine angemessene Challenge in der Heimat einiger der beliebtesten Gerichte des Landes ist.

Praktisch sind auch die vielen günstigen Business-Hotels und die guten Verkehrsverbindungen, die Osaka zu einem tollen Ausgangspunkt für Erkundungen in Kansai machen.

TOP TIPP

Osakas Zentrum ist unterteilt in Kita (Norden) und Minami (Süden). Das Geschäftsviertel Kita um die JR-Bahnhöfe Osaka und Umeda ist ein Gewirr aus Büros, Malls und Kaufhäusern; Minami ist für Osakas pulsierendes Straßenleben in Vierteln wie Namba, Shinsaibashi und Dōtombori bekannt.

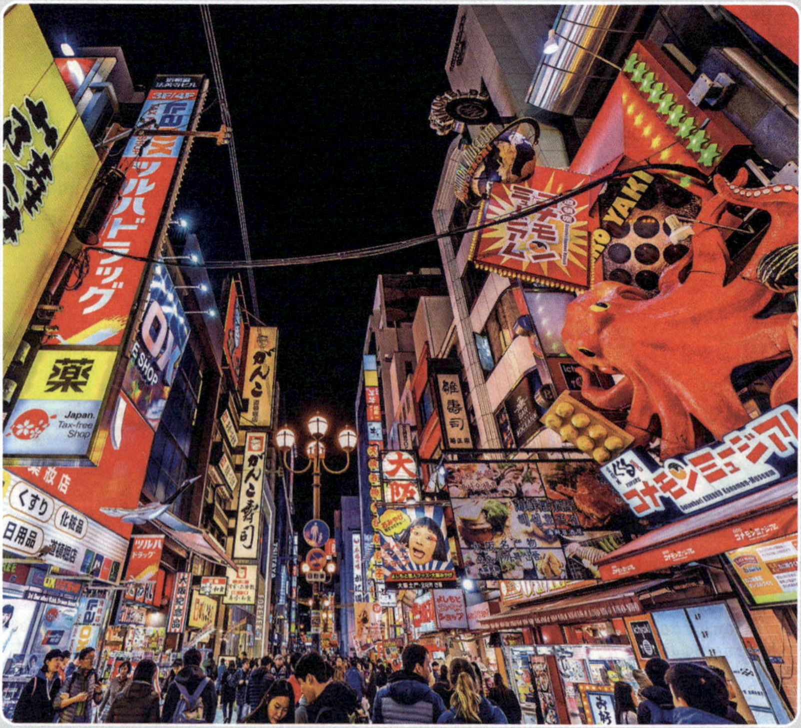

AVIGATOR FORTUNER/SHUTTERSTOCK ©

Dōtombori

SPAZIERGANG VON DŌTOMBORI NACH AMERIKA-MURA

Dieser 2½-stündige Spaziergang beginnt und endet am Bahnhof Shinsaibashi und empfiehlt sich in der Abenddämmerung, wenn alles beleuchtet ist. Beginne mit einem Bummel über die volle **1 Shinsaibashi-suji**, die berühmte überdachte *shōtengai* (Marktstraße). Dann geht's über die **2 Ebisu-bashi**, eine Brücke über den Dōtombori-Kanal und beliebter Fotospot (achte auf das Schild **3 Glico Running Man**). Biege am Fischrestaurant **4 Kani Dōraku Honten** mit der riesigen legendären Krabbe links ab. Folge der Hauptstraße Dōtomboris (S. 311) in Richtung Osten, vorbei an ausgefallenen Schildern und *tako-yaki*-Ständen (gegrillte Tintenfisch-Dumplings). Zur Rechten findest du **5 Kuidaore Tarō**, das Retro-Clown-Maskottchen der Gastrokultur Osakas. Gehe rechts die Sennichi-mae-Passage hinunter und biege an der schmalen Gasse mit dem hölzernen Hōzen-ji-Yokochō-Schild (法善寺横丁) wieder rechts ab, um in ein älteres, ruhigeres Osaka zu gelangen. Weiter geht's zum winzigen Tempel **6 Hōzen-ji** mit einer moosbewachsenen Gottheit, verehrt von jenen, die im „Wasserhandel" (Rotlichtmilieu) tätig sind. Kehre zur Hauptstraße Dōtomboris zurück. Falls du hungrig bist, kannst du dich in die lange Schlange vor dem sechsstöckigen **7 Chibo** mit *okonomiyaki* (herzhaften Pfannkuchen) einreihen. Überquere die Aiai-bashi und biege links (westlich) auf den Tombori River Walk ab. Im Don Quijote Store kannst du auf dem **8 Retro-Riesenrad** eine Runde drehen (bis 23 Uhr). Alternativ schlenderst du weiter am Kanal entlang, überquerst die Shinsaibashi-suji und biegst rechts nach Amerika-Mura (S. 312) ab. Der **9 Triangle Park** ist ein Magnet für die alternative Szene und der Rückweg zum Bahnhof Shinsaibashi lädt zum Bar-Hopping ein.

HIGHLIGHTS
1 Osaka-jō

SEHENSWERTES
2 Abeno Harukas
3 Glico Running Man
4 Janjan Yokochō
5 Misono Building
6 Museum für orientalische Keramik
7 Nakanoshima Museum of Art
8 Nakanoshima-Park
9 Nakaza Cuidaore Building
10 Kunstmuseum, Osaka
11 Nishinomaru Garden
12 Osaka City Central Public Hall
siehe 19 Osaka City Museum of Fine Arts
13 Historisches Museum, Osaka
14 Osaka Prefectural Nakanoshima Library
15 Peace on Earth
16 Rosengarten
17 Shitennō-ji
18 Statue of Liberty
19 Tennōji Park
20 Triangle Park
21 Tsūtenkaku

AKTIVITÄTEN
22 Daruma Honten
23 Spa World

SCHLAFEN
24 Flag
25 Hostel Mitsuwaya
26 Just Sleep
27 Leben
28 Pax Hostel
29 U-en

ESSEN
30 Beer Belly Tenma
31 Chibo
32 Endo Sushi
33 Fukutaro
34 Fukutaro
35 Ganso Kushikatsu Daruma Honten
36 Imai Honten
37 Kim Anna Kimichi
38 Kinryū Ramen

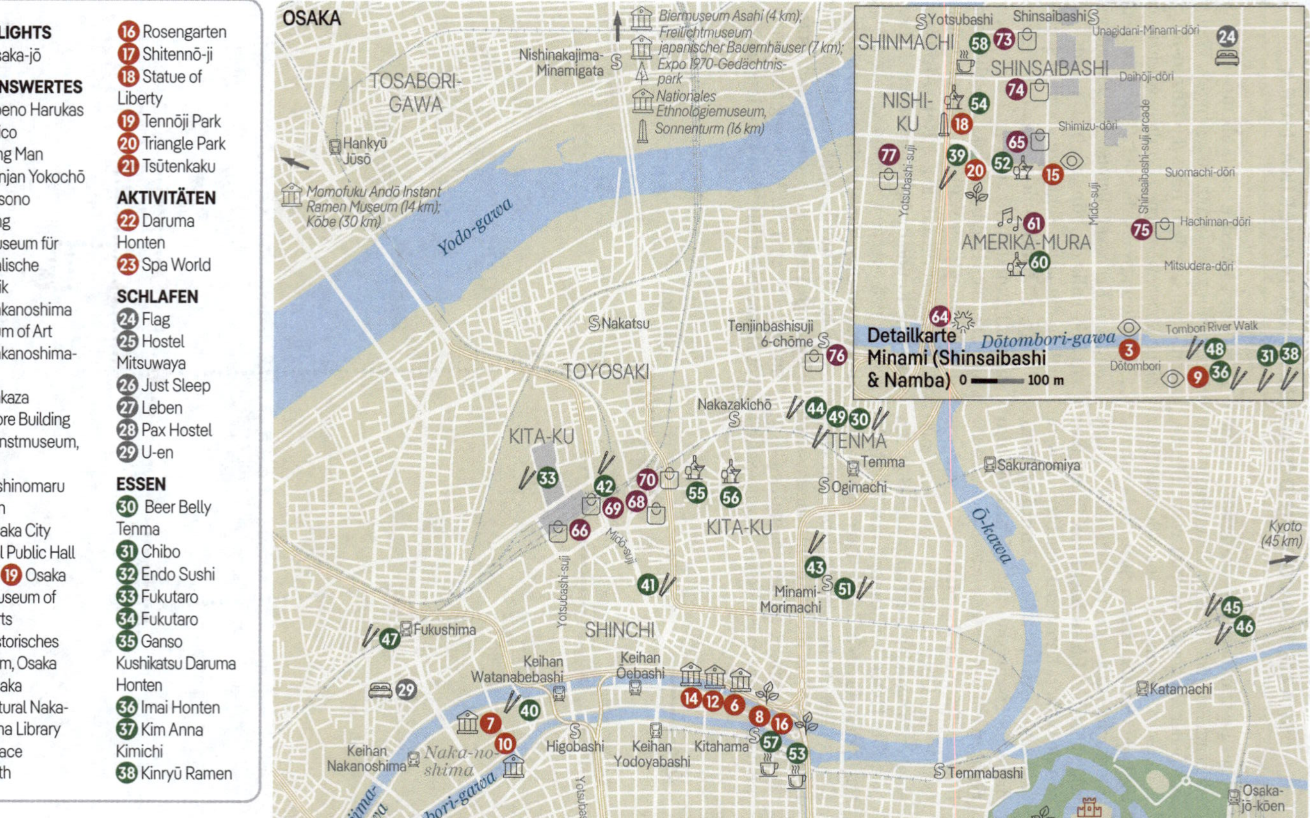

39 Kōgaryū
siehe 39 Kogaryu Takoyaki
siehe 3 Kukuru
40 Most Deserted Ramen Bar in the World
41 Ohatsutenjin-dōri
42 Shin Umeda Skokudogai
43 Sushiyoshi
44 Takoyaki Umaiya
45 Tori no su Izakaya
46 Toyo Izakaya
47 Wakabaya
48 Wanaka Dotonbori
siehe 48 Wanaka Honten
49 Yao Kamaboko
50 Yoshino Sushi
51 Yukari Tensan

AUSGEHEN

52 Bar Nayuta
53 Brooklyn Roasting Company
54 Circus
55 Doyama-chō
56 Frenz Frenzy
57 Kitahama Retro
58 LiLo Coffee Roasters
59 Mel Coffee Roasters
60 Pink Elephant

UNTERHALTUNG

61 Hokage
62 Namba Bears
63 Nationales Bunraku-Theater
64 ROR Comedy Club

SHOPPEN

65 Big Step
66 Daimaru Umeda
67 Dōguya-suji
68 Hankyū Men's
69 Hankyū Umeda Department Store
70 Hep Five
71 Karahori-Suji
72 Kuromon Ichiba
73 Newtone Records
74 Rare Groove Osaka
75 Shinsaibashi-Suji
76 Tenjinbashi-Suji
77 Time Bomb Records

OSAKA AMAZING PASS

Wer mindestens ein paar Tage für Osaka einplant, kann mit diesem Touristenticket Geld sparen. Mit dem Osaka Amazing Pass, für einen Tag (2800 ¥) oder zwei Tage (3600 ¥) erhältlich, kann man unbegrenzt mit U-Bahnen, Bussen und Zügen fahren (nur nicht zum Kansai Airport) und erhält freien Eintritt zu über 40 Attraktionen wie dem Osaka Castle, dem Umeda Sky Building, dem Tempōzan, den Hep-Five-Riesenrädern und Bootsrundfahrten. Das Beste ist, man kann mit dem Pass oft Warteschlangen vermeiden. Am Airport Kansai, in U-Bahnhöfen und der Touristeninformation erhältlich (osp.osaka-info.jp).

COWARDLION/SHUTTERSTOCK ©

Osaka-jō

Osakas nicht so alte Burg

DURCH DIE PFORTEN DER GESCHICHTE

Wer das reizvolle Gelände von **Osaka-jō** betritt, wird von den gewaltigen Ausmaßen und der Präzision der *ishigaki*-Steinmauern beeindruckt sein, die die Gräben, Tore und Zinnen von Japans meistbesuchter Burg bilden. Die dickste Steinplatte ist 11 m breit, und auf vielen sind die Wappen der 64 *daimyō* (Feudalherren) eingraviert, die 1620 mit dem Bau der Burg beauftragt wurden.

Umso erstaunlicher, dass der weiße Bergfried (*tenshu*) kein Relikt, sondern ein Nachbau von 1931 ist – ein Blitz hatte das ehemalige Gebäude aus Holz und Putz Jahrhunderte zuvor zerstört. Im Inneren liegt ein modernes **Museum** über das Leben und die Zeit von Toyotomi Hideyoshi (1536–1598), dem Kriegsherrn, der Japan vereinigte und hier 1583 die erste Burg erbaute. Auf der **Aussichtsplattform** wird die majestätische Lage der Burg über der Osaka-Ebene deutlich.

Nimm dir Zeit für einen Spaziergang über das Burggelände, angefangen im **Nishinomaru-Garten** mit Kirschbäumen, Burgblick und zwei zugänglichen *yagura* (Wehrtürmen) mit

TAKO-YAKI ESSEN IN OSAKA

Wanaka Honten
Die *tako-yaki*-Kette, einst ein Süßwarenladen, betreibt heute rund zehn Filialen in der ganzen Stadt. ¥

Kogaryu Takoyaki
In diesem *tako-yaki*-Lokal in Amerika-Mura wählt man zwischen verschiedenen kreativen Belägen. ¥

Takoyaki Umaiya
Dieses *tako-yaki*-Lokal ist seit den 1950ern in Familienbesitz und stand als Erstes im Michelin-Führer. ¥

historischem Interieur. Am besten kann man die Burg bei einer **Gozabune-Bootsfahrt** besichtigen und fotografieren (halbstündl. auf dem inneren Burggraben). Am Wasser ragen die Steinmauern 34 m in die Höhe, man fühlt sich wie in einer Schlucht. Vor dem Betreten des Bergfrieds zum Osakajo-Gozabune-Steg gehen und einen Platz reservieren.

Die Burgerkundung lässt sich mit einem Besuch im nahe gelegenen **Historischen Museum Osaka** abrunden, das die Geschichte der Stadt vom Bau der Burg (wo einst ein befestigter Tempel für Kriegerpriester stand) bis zum frühen 20. Jh. erzählt, auch wenn die Ausstellungen etwas veraltet sind.

MEISTER DER PUPPEN

Bei der einst in Osaka sehr beliebten Aufführungskunst **Bunraku** erzählen fast lebensgroße Figuren dramatische Geschichten über Liebe, Pflicht und Politik. Der berühmteste Bunraku-Dramatiker, Chikamatsu Monzaemon (1653–1724), schrieb Stücke über Osakas Kaufleute und Vergnügungsviertel; in Dōtombori wurden eigens Theater eröffnet, um sie aufzuführen. Das **Nationale Bunraku-Theater**, ein paar Blocks östlich von Dōtombori, zeigt diese UNESCO-geschützte Kunstform. Die Shows können bis zu vier Stunden dauern, aber es gibt auch Tickets für einzelne Akte und im Sommer touristenfreundliches „Bunraku für Neulinge". Englische Audioguides verfügbar.

Sehenswürdigkeiten & Snacks in Dōtombori

RIESENKRABBEN UND GRUSELCLOWNS

Ein Aufenthalt in Osaka ist nicht komplett ohne einen Spaziergang durch das karnevaleske **Dōtombori** (道頓堀), das sich ab Sonnenuntergang füllt. Dann fotografieren etliche Leute die Leuchtreklamen am 400 Jahre alten *bori* (Kanal), dem Namensgeber des Viertels.

Einst lag hier ein Unterhaltungsviertel mit bekannten Theatern, doch heute bieten die vielen fabelhaften Schilder ein visuelles Spektakel – riesige Kraken, Krebse, Kugelfische und Drachen schmücken die konkurrierenden Restaurants auf der Dōtombori-Straße, parallel zum Kanal. Hier sieht man Köche geschickt *tako-yaki*, Osakas berühmtesten Snack in Bällchenform, zubereiten. Er ist seit den 1930er-Jahren beliebt und besteht aus Teigkugeln mit Oktopusfüllung, dazu gibt's *tako-yaki*-Soße (wie Worcestershire-Soße), Bonito-Flocken, getrockneten Seetang und Mayo. Viele Einheimische bestreuen sie einfach mit Salz (*shio-yaki*). Zwei der berühmtesten Anbieter sind **Kukuru** und **Wanaka Dotonbori**, aber trotz der Warteschlangen schmeckt *tako-yaki* in Dōtombori nicht unbedingt besser als anderswo.

In Dōtombori gibt's noch weitere typische Attraktionen. Der **Glico Running Man** ist ein Reklame-Wahrzeichen und gut von der Kanalbrücke Ebisu-bashi aus sichtbar. Das erstmals 1935 aufgestellte Schild wirbt für Osakas Süßwarenhersteller Glico (bekannt für die Pocky-Stäbchen); bei der aktuellen (sechsten) Version von 2014 wurde Neon durch LED ersetzt. **Kuidaore Tarō**, ein trommelnder, leicht gruseliger Clown, ist seit den 1950er-Jahren das Maskottchen von Osakas *kuidaore*-Kultur (von: *Kyoto kidaore, Osaka kuidore,* „In Kyoto ruiniert man sich mit Kimonos, in Osaka mit Essen") Er lässt sich am Eingang des **Nakaza-Cuidaore-Gebäudes** vor einem riesigen Kuidaore-Tarō-Souvenirladen finden.

OKONOMIYAKI ESSEN IN OSAKA

Fukutaro
Diese regionale Kette in Namba und am Bahnhof Osaka bietet Thekenplätze vor Kochplatten.
¥

Chibo
Mit Kanalblick: *Dōtombori yaki* mit Schweine- und Rindfleisch, Tintenfisch, Krabben und Käse.
¥¥

Yukari Tensan
Dieses schicke Lokal in der Ohatsutenjin-dōri-Passage serviert *okonomiyaki* in eleganter Umgebung. ¥¥

OSAKAS SCHLEMMER-VIERTEL

Sam Crofts ist der Gründer von Cycle Osaka (cycleosaka.com).

Kyobashi
Im authentischen Kyobashi liegt das Toyo Izakaya, bekannt durch die Netflix-Serie Street Food. Im Tori no su Izakaya bestelle ich gern *kushikatsu* (frittiertes Schweinefleisch und Gemüse am Spieß) und Bier.

Tsuruhashi (Korea Town)
In Tsuruhashi gibt's klapprige Stände, lustige Läden und viel *kimchi* (eingelegtes Gemüse). Wer früh kommt, bekommt einen Tisch im Kim Anna Kimichi und genießt *chijimi*-Pfannkuchen.

Fukushima
Fukushima lockt nach Feierabend mit dem besten Essen und der besten Stimmung in Osaka. Im Wakabaya isst man auf Hockern japanisches Kohlegrillfleisch; in den Seitenstraßen weiter südlich gibt's leckere Drinks.

Abhängen in Amerika-Mura

VINTAGE-JEANS UND SCHALLPLATTEN

Osakas Antwort auf Harajuku (Tokios Zentrum für Jugendkultur und -mode) ist das Viertel **Amerika-Mura** (アメリカ村, Amerika-Stadt). In den Läden werden Vintage-Jeans, Sneaker, Baseballkappen und Schallplatten verkauft und die schrulligen Bars, Clubs und Musiklokale bedienen jede Subkultur. In dem ehemaligen Lagerhausviertel wurde ab den 1960er- und 1970er-Jahren importierte US-Mode verkauft – daher der Name –, heute erstreckt es sich vom Westen des Bahnhofs Shinsaibashi bis zum Dōtombori-Kanal.

Im **Triangle Park** (kaum mehr als ein Betonstreifen) treffen sich die coolen Kids; abends fährt hier oft eine Kolonne gepflegter Sportwagen, tiefergelegter Autos und Motorräder vorbei. Die Leute hängen bei einem *konbini*-Bier (aus dem Mini-Markt) auf den Bänken mit den Skater-Kids, Straßen-Performern und Pop-up-Verkaufspersonal ab; Halloween im Park ist ein Spektakel. Im **Kōgaryū** gegenüber dem Park gibt's mit die besten *tako-yaki* der Stadt. Einen Block weiter östlich in Ame-Mura befindet sich das bekannte Wandgemälde **Peace on Earth** aus den 1980er-Jahren. Unterwegs kommt man an der Mall **Big Step** mit der beliebten Flipperspielhalle **Silver Ball Planet** im 3. Stock vorbei. Empfehlenswerte Bars und Schallplattenläden siehe S. 315. Die Mini-**Freiheitsstatue** steht auf dem New-America-Plaza-Gebäude, einen Block nördlich des Parks.

Umeda Urban Safari

VERLOREN IM LABYRINTH

Der ursprüngliche Bahnhof Osaka war ein hübsches kleines Backsteingebäude, 1874 auf einem Acker in Umeda (梅田, Pflaumenfeld) erbaut. Anderthalb Jahrhunderte später ist der JR-Bahnhof Umeda eine verwirrende, vertikale Handels- und Pendlerstation nahe der treffend benannten **Osaka Station City**. Der riesige Bahnhof mit spektakulärem Glasdach ist ein guter Ausgangspunkt für Touren durch das pulsierende Geschäftszentrum.

Das Konzept „Bahnhof und Kaufhaus in einem" ist in Japan allgegenwärtig, aber in Osaka begann es 1929 mit dem **Hankyū Umeda Department Store**. Hier gibt's Haute Couture für Damen, kunstvolle Inneneinrichtung und einen tollen Food Court im Untergeschoss. Nebenan befindet sich das **Hankyū Men's**, Japans größtes Kaufhaus für Männer, während die nahe **Hep-Five**-Mall mit winzigen Geschäften, günstigen Jugendtrends und einem roten **Riesenrad** auf dem Dach lockt. Die 52 Kabinen bieten jeweils eine Blue-

PARTY IN AMERIKA-MURA

Bar Nayuta
Wer den versteckten Eingang gefunden hat, lässt sich von den maßgeschneiderten Cocktails überraschen.

Pink Elephant
Als eine von vielen Kellerbars heißt dieser eklektische Laden Reisende herzlich willkommen.

Circus
Kompakter Club, das Herz der Electro-Underground-Szene Osakas; Freitag und Samstag geöffnet. Ausweis mitbringen.

BEEBOYS/SHUTTERSTOCK ©

Osaka Station City

tooth-Box, um die Fahrt über Umedas Skyline hinweg mit Musik zu untermalen.

Für die täglichen Pendlerströme gibt's Tausende Lokale: Neben dem U-Bahnhof Higashi-Umeda findet man in der lebhaften Straße **Ohatsutenjin-dōri**, nach dem versteckten Schrein an ihrem südlichen Ende benannt, günstige regionale Restaurants. Wer das echte Osaka sucht, begebe sich nach **Shin Umeda Shokudogai** westlich des Bahnhofs Umeda, ein überdachtes Gewirr aus regionalen (verrauchten) Stehbars, winzigen *izakaya* (Gastrokneipen) und *kushikatsu* (gebratene Spieße)-Lokalen – Japanisch ist hier hilfreich. Das nahe **Doyama-chō** ist ein Bar-, Karaoke- und Massagegebiet mit dem größten LGBTIQ+-Viertel Westjapans.

Showa-Vibes in Shin-Sekai

RAUSCHHAFTES RETRO-VERGNÜGEN

Japans Liebe zur Nostalgie erklärt wohl auch die boomende Beliebtheit von **Shin-Sekai** (新世界, Neue Welt), einem knallbunten Vergnügungsviertel mit engen Gassen, Schießbuden, Pachinko-Salons und Souvenirs, alles im Stil der späten Showa-Ära (1926–1989). Im Zentrum steht der 103 m hohe **Tsūtenkaku** (Turm, der den Himmel erreicht), ein retro-futuristischer Bau aus silbernem Stahl mit **Aussichtsplatt-**

QUEERES OSAKA

Osaka ist die Heimat der zweitgrößten Schwulengemeinde Japans, die sich auf **Dōyama-chō** (堂山町), ein Viertel östlich des JR-Bahnhofs Osaka, konzentriert. Die LGBTIQ+-Bars sind meist winzig und bieten eine gepflegte Atmosphäre. Die meisten, wenn auch nicht alle, sind ausländischen Reisenden gegenüber aufgeschlossen; Utopia Asia (utopia-asia.com/japnosak.htm) bietet auf seiner Osaka-Seite eine Liste mit Lokalen. Das **Frenz Frenzy** ist bei ausländischen Männern und Frauen sehr beliebt und ein guter Ort zum Vorglühen.

Osakas Pride-Festival, das **Rainbow Festa** (rainbowfesta.org), findet im Oktober statt.

(GUTER) KAFFEE IN OSAKA

Brooklyn Roasting Company
Gönn dir die Klassiker oder eisgekühlten Bio-Matcha-Latte. Laptop-freundlich, mit schöner Terrasse am Flussufer.

LiLo Coffee Roasters
Mit einer Auswahl sortenreiner Bohnen aus eigener Röstung. Kompetentes, englischsprachiges Personal.

Mel Coffee Roasters
Winzige Rösterei mit gerade genug Platz, um zu stehen, und mit den besten Kaffees in Osaka.

OSAKAS BESTE TOUREN

Bei wenig Zeit bietet sich eine organisierte Tour an, um abseits der Touristenwege mehr von der Stadt zu sehen.

Cycle Osaka
Langjähriger Anbieter von Radtouren abseits der ausgetretenen Pfade, um weniger bekannte Stadtteile zu erkunden. Fahrrad- und Helmverleih, Wasser und Essen inklusive (cycleosaka.com).

Osaka Food Tours
Die kulinarischen Spaziergänge bieten einen Mix aus Geschichte, traditionellem Essen und Alkohol sowie Wissenswertes über die Stadt (osakafoodtours.com).

Taste Osaka
Bei einer feuchtfröhlichen Seitenstraßentour entdeckt man das Nachtleben oder bei einer Nachmittags-Gastro-Tour Umedas unterirdische Passagen (tasteosaka.com).

Tsūtenkaku

form. Dabei handelt es sich um den zweiten Turm, 1956 von Tachū Naitō, dem Designer des legendären Tokyo Tower, gebaut. Das Original von 1912 war eine verrückte Mischung aus Eiffelturm und Arc de Triomphe inmitten eines Freizeitparks – damals mit 64 m das zweithöchste Gebäude Asiens und der ganze Stolz Osakas.

Vom U-Bahnhof Dobutsuen Mae führt die überdachte Gasse **Janjan Yokochō** direkt nach Shin-Sekai, vorbei an Retro-Restaurants, Vintage-Passagen und ein, zwei Spielhallen aus der Mitte des Jahrhunderts, wo Einheimische an Holztischen *shōgi* (japanisches Schach) spielen. Darüber liegt die **Spa World**, ein siebenstöckiges Spa mit allen möglichen heißen Quellen wie römischen Bädern, finnischen Saunen, japanischen Onsen aus Zypressenholz und anderen sowie Gemeinschaftspools und Wasserrutschen (Tattoos streng verboten).

Shin-Sekai ist die kulinarische Heimat der Arbeiterspezialität *kushikatsu*, Fleisch-, Meeresfrüchte- oder Gemüsespieße, die paniert, frittiert und mit einem würzigen Dip serviert werden (sowie ein, zwei kalten Bieren). Die *kushikatsu*-Kette **Daruma Honten** gibt's seit 1929 in Shin-Sekai. Die ursprüngliche (winzige) Filiale mit Köstlichkeiten und englischer Speisekarte liegt in einer Seitengasse – nach dem wütenden Koch Ausschau halten, der aus dem Fenster schaut.

GÜNSTIG ÜBERNACHTEN IN OSAKA

Hostel Mitsuwaya
Sonniges Hostel im skandinavischen Stil, Schlafsäle mit Holzetagenbetten, Gemeinschaftsküche und Dachterrasse. ¥

U-en
Elegantes, restauriertes historisches Stadthaus. Zimmer, Schlafsäle oder Kapseln im japanischen Stil. ¥

Pax Hostel
Entspanntes Hostel nahe dem Neontreiben von Shin-Sekai in einem alten hölzernen Reisspeicher. ¥

Schätze im Süden Osakas

OSAKAS HÖCHSTES GEBÄUDE ERKLIMMEN

Mit 300 m war **Abeno Harukas** der höchste Wolkenkratzer Japans, bis Tokios Azabudai Hills ihm 2023 den Rang ablief. Das Observatorium im 16. Stock ist gratis. Einen Aufpreis zahlt man für die **Aussichtsplattform Harukas 300** im obersten Stock mit grandiosem Blick auf die Kansai-Region und den Hubschrauberlandeplatz. Der von César Pelli entworfene Wolkenkratzer beherbergt in den oberen Etagen das Osaka Marriott Miyako Hotel, ein **Kunstmuseum** und das riesige, 16-stöckige **Kintetsu-Kaufhaus**.

Es lohnt sich, nach der Erkundung des Shen-Sekai hierherzukommen – unterwegs kann man durch den **Tennoji-Park** schlendern und das **Kunstmuseum Osaka** besuchen (wird nach der Renovierung 2025 wiedereröffnet). Dann geht's südlich zum **Sumiyoshi-taisha**, Osakas eindrucksvollstem Schrein. Der entspannte Zufluchtsort ist den Shintō-Gottheiten des Meeres und der Seefahrt gewidmet, von Bäumen umgeben und über eine steile rote *taiko-bashi* (Trommelbrücke) erreichbar. Letztere heißt so, da ihr Spiegelbild wie eine runde Trommel aussieht. Die strohgedeckten Gebäude stehen für Japans älteste Form der Schreinarchitektur; die gekreuzten Dachbalken (*chigi*) gab's schon vor der Ankunft des Buddhismus im 6. Jh.

Die Strecke zwischen Abeno Harukas und Sumiyoshi-taisha lässt sich gut mit der einzigen Straßenbahn Osakas zurücklegen. Die 1900 gebaute **Uemachi-Straßenbahn** fährt vom Bahnhof Tennoji-Ekimae neben Abeno Harukas über Straßen und Schienen bis zum Schrein. Der Weg durch alte Wohnstraßen und Geschäftsviertel ist wie ein Blick in den privaten Hinterhof der Stadt. Langsames Reisen in seiner schönsten Form.

Fische und Spaß in der Bucht von Osaka

RIESENRAD VERSUS WALHAI

Dass Osaka eigentlich eine Hafenstadt ist, erkennt man, wenn man den Großstadtdschungel verlässt und westlich zur **Bucht von Osaka** (大阪湾) fährt, die zu Japans fast 2000 km² von *umetatechi* (vom Meer zurückgewonnenes Land) gehört. Die U-Bahn-Linie Chūō fährt zum Bahnhof Osaka-kō mit familienfreundlichen Attraktionen, darunter das **Osaka Aquarium Kaiyukan** mit riesigem Hauptbecken und mächtigem Walhai. Zwischen den Etagen schlängelt sich ein Fußweg mit Blick auf Meerestiere aus dem Pazifik – Pinguine, Falterfische, Robben, Otter und unheimliche Quallen. Nach 17 Uhr schaltet das Aquarium in den „Nachtmodus" mit anderer Beleuchtung und Musik um.

OSAKAS ÄLTESTER BUDDHISTISCHER TEMPEL

Der **Shitennō-ji** im Süden Osakas ist einer der ältesten buddhistischen Tempel Japans. Gegründet wurde er 593 von Prinz Shōtoku, einem Intellektuellen und Buddhisten aus der Asuka-Zeit, der sich für die Verbreitung seiner Religion in Japan einsetzte. Der älteste Teil der Anlage ist ein steinernes *torii* (Shintō-Schreintor) von 1294, das über die Jahre wiederaufgebaut wurde. Während das Gelände überwiegend frei erkundet werden kann, kostet der Zugang zur Haupthalle und fünfstöckigen Pagode Eintritt. Der Wandelgarten **Honbō-teien** lohnt sich.

An jedem 21. des Monats findet vor dem Tempel ein **Flohmarkt** mit Antiquitäten und Nippes wie Porzellan und alten Kimonos statt.

SCHALLPLATTEN KAUFEN IN OSAKA

Time Bomb Records
Exzellente Vinyl-Sammlung – von 60er-Jahre-Pop über 70er-Jahre-Punk bis zu Alternative, Soul und Psychedelic.

Newtone Records
Newtone handelt mit elektronischen Musikgenres wie Techno, House und Ambient.

Rare Groove Osaka
Eine Fundgrube für alle, die sich mit japanischem Pop, Ambient, Weltmusik, Jazz und Rare Groove auskennen.

OTAKU OSAKA: DEN DEN TOWN

Den Den Town, abgeleitet vom japanischen Wort für Elektrizität (*denki*), ist das Elektronikviertel Osakas und die Anlaufstelle für alles rund um *otaku* – Computer, Popkultur, Videospiele, Manga und Anime. Es gilt als Osakas Antwort auf Akihabara in Tokio, ist aber viel unauffälliger, wenn auch mit coolem Retro-Charme. Den Den Town umfasst einen Teil des Einkaufsviertels Nipponbashi, das südöstlich des Bahnhofs Nankai-Namba beginnt und bis zum Bahnhof Ebisu-chō Station reicht.

Ein weiterer *otaku*-Hotspot ist das Kaufhaus **Daimaru Umeda** am Bahnhof Osaka. Im 13. Stock liegen das **Pokémon Centre** (lange Warteschlangen) und **Nintendo Osaka**, die jeweils Markenartikel, Spiele und Spielzeug anbieten.

Das 112 m hohe **Tempōzan-Riesenrad** bietet einen Blick auf das Aquarium und die Bucht, einige Kabinen mit Glasboden und eine Lichtershow nach Einbruch der Dunkelheit. Kinder werden das **Legoland Discovery Centre** mit Spielbereichen, 4D-Kino und einem interaktiven Modell von Osaka aus 1,5 Millionen Bausteinen lieben (kein Zutritt für Erwachsene ohne Kind). Es gehört zum **Tempōzan Marketplace**, der auch einen Food Court im 1960er-Jahre-Stil mit Osakaer Spezialitäten wie *tako-yaki, okonomiyaki* und *ika-yaki* (Tintenfischpfannkuchen) umfasst.

Neben dem Aquarium kann man eine 45-minütige Bootsfahrt mit der **Santa Maria** unternehmen, angeblich ein Nachbau des berühmten Segelschiffs von Kolumbus. Vom selben Steg aus fährt die **Captain's-Line-Fähre** zu den **Universal Studios Japan**.

Ein Tag in den Universal Studios Japan

WO HARRY AUF MARIO TRIFFT

Der „USJ" ist einer der besten Themenparks Japans und erhielt 2021 viel Auftrieb durch die Eröffnung der **Super Nintendo World**, einem Mario-Wunderland mit schnappenden Piranha-Pflanzen und magischen Pilzen. Fans können ein „Power-Up-Band" erwerben, das mit der Umgebung interagiert, um Blöcke zu zerschlagen, Münzen zu sammeln, das „Boing"-Geräusch zu erzeugen und zusätzliche Power-Ups für **Mario Kart: Koopa's Challenge** zu erhalten, ein Fahrgeschäft, das trotz seiner Augmented-Reality-Magie nicht ganz überzeugt.

Nervenkitzel erlebt man bei **Harry Potter and the Forbidden Journey** auf einer schwindelerregenden Besenstieljagd mit Harry und Co. in einer spektakulären Hogwarts-Nachbildung. Das stundenlange Anstehen für die kurze Fahrt auf der Hippogriff-Achterbahn lohnt sich nicht. Der **Jurassic Park** ist wegen der rasanten Rutsche und der furchterregenden Achterbahn **Flying Dinosaur** ein Muss; beeindruckend sind auch Klassiker wie **Jaws** und die **Water-World**-Liveshow.

Für kleinere Kids gibt's sanftere, an Snoopy und die Sesamstraße angelehnte Bereiche und die ausgelassene **No Limit! Parade** (tgl. 14 Uhr) mit Pokémon, Mario, den Minions und tonnenweise Papierstreifen (Ohrwurmgefahr).

Der einzige Nachteil: Die Fahrgeschäfte sind alle auf Japanisch (doch einige wie **Minions Mayhem** sind mit Untertitel) und man steht mitunter stundenlang an. Wer den Tag genießen will, sollte zum Parkeintritt ein „Express-Pass"-Set pro Person sowie ein Zeitticket für die Super Nintendo World kaufen. Das wird nicht billig. Für weitere Infos siehe Website.

ABROCKEN IN OSAKA

Namba Bears
Punk-, Rock- und Indie-Bands spielen in diesem drei Jahrzehnte alten Lokal. Eigene Getränke mitbringen.

Hokage
Unterirdisches Lokal mit mehreren Etagen; man rockt zu Noise, Hardcore, Metal und rauen Klängen ab.

Fandango
Im Süden der Stadt liegt diese beliebte Institution für japanische Punkrock- und experimentelle Noise-Bands.

KANTA MAAM/SHUTTERSTOCK ©

Super Nintendo World, Universal Studios Japan

Kulinarischer Streifzug durch Namba

BUMMELN, SHOPPEN, ESSEN UND NOCH MAL VON VORNE

In der Blütezeit des Seehandels spielte Osaka eine zentrale Rolle für Japans lukrativen Reishandel, daher der Spitzname „die Küche der Nation". Letzterer lässt sich heutzutage auf Osakas Besessenheit mit Essen übertragen, besonders im Viertel **Namba** (難波) bzw. in den Straßen östlich und südöstlich des Bahnhofs Osaka Namba gibt's viele Märkte, Restaurants und eine bodenständigere, authentischere Atmosphäre als im nördlich gelegenen Dōtombori.

Der **Kuromon Ichiba**, seit über einem Jahrhundert ein Wahrzeichen Osakas, ist eine 600 m lange überdachte Passage mit Marktständen, an denen vor allem Meeresfrüchte verkauft werden – Riesengarnelen, Austern, *uni* (Seeigel), *fugu* (Kugelfisch) und Riesenkrabbenbeine, vieles davon häppchenweise und sofort koch- und verzehrfertig. Inzwischen sind die meisten Schilder auf Englisch, ein Zeichen für den wachsenden Tourismus. Die nahe **Dōguya-suji**-Passage bietet regionalere Speisen und verkauft alles rund um die Zubereitung und den Verzehr von Osakas größter Leidenschaft. Dort gibt's Qualitätsmesser, lackierte Misoschüsseln, Bambusdämpfer, Geräte für die Sushi-

OSAKAS BESTE SCHRULLIGE ERLEBNISSE

Momofuku Andō Instant Ramen Museum
In dieser verrückten Hommage an die 1958 erfundenen Instantnudeln kann man seine eigenen Nudeln zum Mitnehmen kreieren.

Spa World
Der riesige, siebenstöckige Onsen-(heiße Quellen-)Themenpark ist eine kitschige Weltreise zu den Bädern verschiedener Länder.

Misono Building
Das einst prächtige Misono-Gebäude befindet sich in einer Art dekadentem Verfall und bietet winzige Bars im *Bladerunner*-Stil.

ROR Comedy Club
In diesem Kellerclub im *Seinfeld*-Stil gibt's japanische Comedians mit witzigen Shows (auf Englisch) sowie amerikanisches und britisches Stand-up.

ZENTRALE MITTELKLASSE-UNTERKÜNFTE IN OSAKA

Flag
Hippes Designhotel mit minimalistischen Zimmern, Buchlounge und Frühstück im westlichen Stil. ¥¥

Leben
Schickes Interieur im Muji-Stil und toller Service. In ruhiger Straße nahe dem Geschehen. ¥¥

Just Sleep
Verspieltes Business-Hotel mit Designer-Elementen und großzügigem Frühstück. ¥¥

WEITERE KLASSIKER AUS OSAKA PROBIEREN

Wer sich an *tako-yaki* und *okonomiyaki* sattgegessen hat, sollte diese regionalen Gerichte kosten.

Kushikatsu
Die Fleisch-, Meeresfrüchte- und Gemüsespieße werden in Mehl, Ei und Panko paniert, zart frittiert und mit würziger Dip-Soße gereicht.

Doteyaki
Den köstlichen Eintopf aus Rindersehnen, die in Miso, süßem Sake und Zucker weich gekocht werden, isst man aus kleinen Schüsseln.

Kitsune udon
Die dicken *udon*-Nudeln aus Osaka werden in Dashi-Brühe serviert und mit *age*-(frittierten Tofu-)Streifen belegt.

Oshizushi
Im Gegensatz zu *nigiri sushi* wird *oshizushi* nicht von Hand gemacht, sondern in einer Holzkiste gepresst, so entsteht die dichte Sushi-Form. Oft mit eingelegter Makrele.

FIPHOTO/SHUTTERSTOCK ©

Osaka City Central Public Hall

Zubereitung und spezielle *tako-yaki*-Grillplatten, um etwas Osaka-Geschmack mit nach Hause zu nehmen.

In Namba kann man ein weiteres Kultgericht der Stadt probieren: *okonomiyaki*. Die herzhaften Pfannkuchen aus Mehl, geriebener Süßkartoffel, *dashi* (Fischbrühe) und Kohl werden mit Schweinebauch, Garnelen, Tintenfisch, grünen Zwiebeln, Soße und Mayo belegt. **Fukutaro** (2 Chome-3-17 Sennichimae) ist ein klassisches *okonomiyaki*-Lokal, wo man um eine *teppan* (Stahlplatte) herum sitzt und mit kleinen Kellen (*kote*) Stücke abschneidet. Draußen in die Liste eintragen, bevor das Lokal um 11.30 Uhr öffnet.

KÖSTLICHES SUSHI IN OSAKA

Endo Sushi
In diesem historischen Lokal am Fischmarkt Osaka beginnt man den Tag mit einem Sushi-Frühstück. ¥¥

Yoshino Sushi
Seit 1841 ist das Yoshino ein Experte für „gepresstes Sushi" im Osaka-Stil, das in Holzkisten geformt wird. ¥¥

Sushiyoshi
Für die kreativen Geschmackskombinationen des modernen Sushis erhielt dieser Laden zwei Michelin-Sterne. ¥¥¥

Auszeit auf Naka-no-shima

GÄRTEN, GALERIEN UND FLUSSBLICK

Die schmale, 3 km lange Sandbankinsel **Naka-no-shima** (中之島) zwischen zwei Flüssen liegt dort, wo Kita (Norden) auf Minami (Süden) trifft. Mit ihren kulturellen Einrichtungen, denkmalgeschützten Gebäuden und Freiflächen ist sie eine erfrischende Abwechslung zu den engen Straßen Osakas.

Künstlerisch Interessierte wählen zwischen zwei benachbarten Kunstmuseen. Das **National Museum of Art**, für die Expo '70 von César Pelli erbaut, zeigt in einem unterirdischen Raum Werke aus dem 20. Jh. Der gewaltige schwarze Würfel nebenan ist das **Nakanoshima Museum of Art**, das nach jahrelangen Fehlstarts 2022 eröffnet wurde. Im riesigen Atrium gelangt man über Rolltreppen zu Ausstellungsräumen mit Arbeiten des modernistischen Malers Saeki Yuzo (1898–1928) aus Osaka.

Nach einem Bummel in Richtung Osten gelangt man zum **Museum für orientalische Keramik**, einer der weltweit besten Sammlungen chinesischen und koreanischen Porzellans. Unterwegs passiert man die **Osaka Prefectural Nakanoshima Library** und die **Osaka City Central Public Hall**, zwei seltene erhaltene Gebäude im westlichen neoklassizistischen Stil des frühen 20. Jhs. Hinter dem **Rosengarten** und **Nakanoshima-Park**, wo die Leute auf dem Rasen liegen und picknicken, verengt sich die Insel zu einer Spitze.

Auf der Insel selbst gibt's nicht viel zu essen oder zu trinken. Besser ist das gegenüberliegende Ufer des Tosabori-gawa, wo mehrere Lokale schönen Flussblick bieten. Die **Brooklyn Roasting Company** mit einer Terrasse am Flussufer schenkt erstklassige Biere aus; Nachmittagstee genießt man im **Kitahama Retro** in einem schmalen, antiken Gebäude inmitten moderner Bauten.

Mit der Monorail zur Expo '70

FORTSCHRITT UND HARMONIE FÜR DIE MENSCHHEIT

2025 werden alle Augen auf Osaka gerichtet sein, dann findet die Weltausstellung auf einem Stück gewonnenem Neuland in der Bucht von Osaka statt. Alternativ kann man sich einen Eindruck von der ersten Expo in Osaka verschaffen.

Im **Expo '70 Commemorative Park**, mit U-Bahn und Monorail nur 50 Minuten vom Zentrum Osakas entfernt, fand die Weltausstellung von 1970 statt – das erste Event dieser Art in Japan und ein großer Moment für Osaka. Blumengärten und Wälder haben mit Ausnahme des **Sonnenturms**, des 70 m

OSAKAS BESTE EINKAUFS-PASSAGEN

Osaka ist für seine *shōtengai* (überdachte, fußgängerfreundliche Marktstraßen) berühmt. Diese drei lohnen sich:

Tenjinbashi-Suji
Japans längste *shōtengai* ist unglaubliche 2,6 km und sechs Blocks lang. Von den rund 600 Geschäften sind viele klein und unabhängig, z.B. Spielotheken, Kaffeeröstereien und Reparaturwerkstätten.

Karahori-Suji
Hier werden eingelegte Gurken und geröstete Süßkartoffeln verkauft. In den Seitenstraßen liegen Cafés und Boutiquen in alten Holzgebäuden.

Shinsaibashi-Suji
Diese in der Edo-Zeit gegründete *shōtengai* ist ein Tempel des modernen Einzelhandels.

NUDELN ESSEN IN OSAKA

Imai Honten
Beliebter Spezialist in Dōtombori für Osakas *kitsune udon* (Nudelsuppe mit gebratenem Tofu). ¥

Kinryū Ramen
Das Dōtombori-Lokal stellt seine Nudeln unter einem riesigen Glasfaserdrachen selbst her. ¥

Most Deserted Ramen Bar in the World
Vor diesem Restaurant im Büroviertel stehen Stadttypen und Gourmets für würzige Ramen an. ¥

OSAKAS AFTER-WORK-PARTYVIERTEL

Wer Lust auf verrauchte *izakaya*-Kneipen und winzige, aneinandergereihte Lokale in heruntergekommenen Gassen hat, sollte sich nach **Tenma** (天満) begeben. Geht man vom Bahnhof Tenma aus in Richtung Norden, taucht man schnell in ein Labyrinth aus Gassen ein, die kaum breit genug für ein Motorrad sind. Im Feierabendtrubel wählt man zwischen coolen Retro-Lokalen mit *okonomiyaki, kushikatsu* und Grillfleisch. Das **Yao Kamaboko** ist auf Gerichte aus *surimi* (Fischpaste) spezialisiert – der Besitzer spricht ein bisschen Englisch und hat eine Vorliebe für Heavy-Metal. Craft-Bier von Osakas Minoh-Brauerei gibt's im **Beer Belly Tenma**.

THOMAS O'MALLEY/LONELY PLANET ©

Nationalmuseum für Ethnologie

hohen, von Tarō Okamoto entworfenen Herzstücks, das Gelände zurückerobert, wo kurze Zeit eine fantastische „Stadt der Zukunft" florierte. Das Avantgarde-Design mit den drei Gesichtern, die Vergangenheit, Gegenwart und Zukunft repräsentieren, erntete einst viel Spott. Exotischeres ist im **Nationalmuseum für Ethnologie** zu sehen, das die Kulturen der Welt anhand vielfältiger, aufschlussreicher Artefakte zeigt – von den „Rai-Steinen" der Insel Yap über Pappmachés des mexikanischen Tags der Toten bis zu einem philippinischen Jeepney. Beeindruckend ist auch der japanische Bereich mit farbenfrohen Exponaten zur Geschichte Okinawas und Japans einheimischer Ainu-Kultur. Der Multimedia-Audioguide lohnt sich.

Wer schon mal da ist, sollte auch das **Freilichtmuseum japanischer Bauernhäuser** besuchen, um echte Gehöfte in einheimischen Stilen aus anderen Teilen Japans zu sehen. Nicht weit entfernt liegt das **Asahi Beer Museum** mit Hightech-Ausstellungen, Verkostungen und Fabrikbesichtigungen.

UNTERWEGS VOR ORT

Mit Zügen und U-Bahnen kommt man in Osaka überallhin, es sei denn, man ist nach Mitternacht unterwegs. Dann braucht man ein Taxi (rotes Licht bedeutet, dass es verfügbar ist). Auf Google Maps findet man aktuelle Fahrpläne und Tipps, welche Waggons und U-Bahn-Ausgänge man nehmen sollte.

Bei einem mehrtägigen Aufenthalt lohnt es sich, eine ICOCA-Karte zu erwerben, um nicht für jede Fahrt ein Ticket kaufen zu müssen. Sie ist an den U-Bahn-Ticketautomaten erhältlich und mit Bargeld aufladbar.

KŌBE

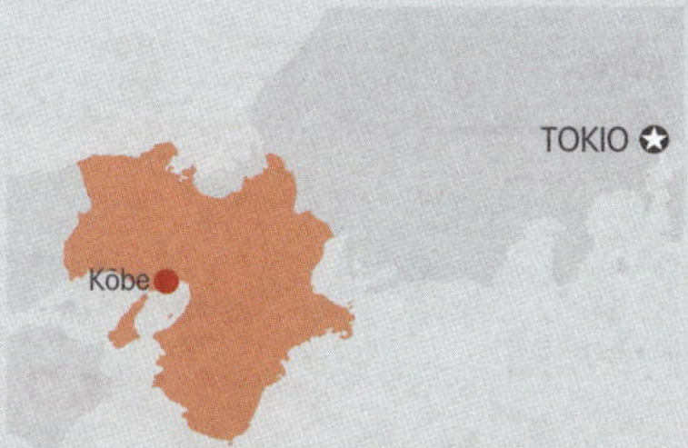

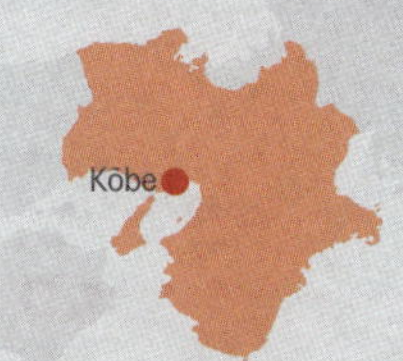

Kōbe (神戸), seit Langem als eine der attraktivsten Städte Japans bekannt, liegt zwischen den grünen Gipfeln des Rokkō-Gebirges und dem Meer. Es war einer der ersten Orte in Japan, die sich Mitte des 19. Jhs. der Welt öffneten, und ist auch deshalb so reizvoll, weil man die historischen Spuren dieses kosmopolitischen Erbes entdecken kann, z. B. in der Enklave Kitano-chō mit Villen aus der Kolonialzeit.

Kōbe lässt sich leicht als Tagesausflug von Osaka oder Kyoto aus oder als Zwischenstopp auf dem Weg in den Westen erkunden. Wer mehrere Tage bleibt, kann die Berge genießen, das Hafenviertel entdecken und mehr über das tragische Erdbeben von 1995 erfahren. Kōbe bietet gute Ausgehmöglichkeiten und eine vielfältige kulinarische Szene, die mehr als das meistgepriesene Rindfleisch Japans bietet.

TOP TIPP

Kōbe verfügt über drei Hauptbezirke. Im Norden liegt Kitano-chō mit Villen und Hafenblick. Im Zentrum befinden sich die Einkaufs- und Restaurantviertel Sannomiya und Motomachi sowie Chinatown. Im Süden glitzert das neuere Hafenviertel.

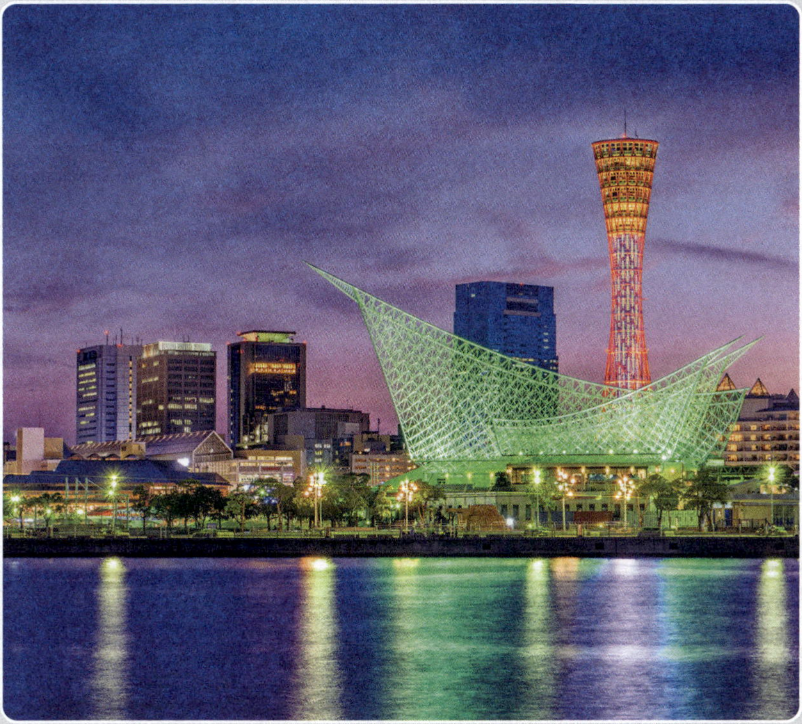

SEAN PAVONE/SHUTTERSTOCK ©

Kōbe

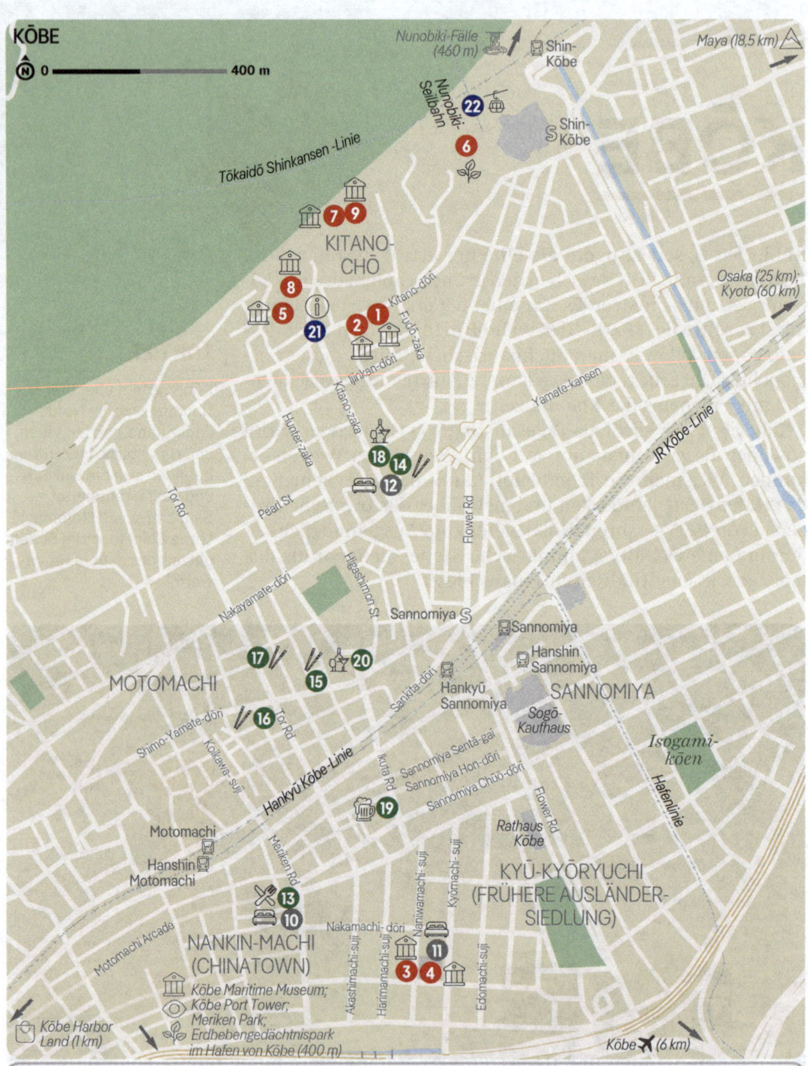

SEHENSWERTES
1 Ben's House
2 English House
3 Ehemaliges US-Konsulatsgebäude
4 Stadtmuseum Kōbe
5 Moegi House
6 Nunobiki Herb Garden
7 Uroko House
8 Weathercock House
9 Yamate 8-Banjan

SCHLAFEN
10 Kōbe Motomachi Tokyu REI Hotel
11 Oriental Hotel
12 Peanuts Hotel

ESSEN
13 Daichi
14 Kōbe Gyūdon Hiroshige
15 Kōbe Plaisir
16 Sai-Dining
17 Tor Road Steak Aoyama

AUSGEHEN
18 Kazan Room
19 New München Kōbe Taishikan
20 Sakeyashiro

INFORMATION
21 Ijinkan Uroko Visitor Center

TRANSPORT
22 Kōbe-Nunobiki-Seilbahn

Moegi House

Villen-Hopping in den Bergen

KŌBES VERGANGENHEIT ALS VERTRAGSHAFEN

Als Kōbe 1868 als Vertragshafen geöffnet wurde, ließen sich europäische und amerikanische Handelnde in einem Hafengebiet, der ausländischen Siedlung Kōbe, nieder. Von den Schulen, Lagerhäusern und Kirchen ist heute kaum noch etwas übrig, aber oben im Hangbezirk **Kitano-chō** (北野町), wo viele ausländische Villen lagen, sind rund ein Dutzend prächtiger alter Wohnhäuser erhalten.

Zwei der am besten erhaltenen *ijinkan* (Ausländerhäuser), die man besichtigen kann, sind das rote Backsteinhaus **Weathercock House**, 1909 für einen deutschen Händler gebaut, und das jadegrüne **Moegi House**, 1903 für den ehemaligen US-Konsul errichtet. Die Inneneinrichtung, Kamine und Möbel sind größtenteils original – um den eigenen Lebensstil beizubehalten, beauftragte man einst Architekten und Designer aus der Heimat.

In den drei Jahrzehnten der ausländischen Siedlung, die als Folge der Kanonenbootdiplomatie entstand, waren die Ansässigen vom japanischen Gesetz ausgenommen und es durften keine Japaner:innen dort leben; diese Aspekte bleiben in Kitano-chōs Kulturerbestätten zugunsten einer Verklärung der Ost-West-Beziehungen eher unbeachtet. Im **English House** kann man Hirschlederhüte und Sherlock-Holmes-Kostüme anziehen, und im exzentrischen **Ben's House** gibt's zwei ausgestopfte Eis-

DAS GROSSE ERDBEBEN VON KŌBE

Am 17. Januar 1995 ereignete sich um 5.46 Uhr das Erdbeben von Kōbe. Sein Epizentrum lag nur 20 km von Kōbe entfernt und es dauerte 20 Sekunden – genug, um Autobahnen, Straßen- und Eisenbahnbrücken sowie fast 400 000 Gebäude zu zerstören. Beim stärksten Beben Japans seit dem Großen Kantō-Erdbeben von 1923, das Tokio verwüstete, gab es mehr als 6000 Tote und mehr als 30 000 Verletzte.

Über das Beben, die Folgen, den Wiederaufbau und das Vermächtnis informiert die **Great Hanshin-Awaji Earthquake Memorial Disaster Reduction and Human Renovation Institution**. Dioramen und Videos veranschaulichen das Ausmaß und zeigen, wie das Erdbeben zu einem Weckruf für den japanischen Katastrophenschutz wurde.

ÜBERNACHTEN IN KŌBE

Oriental Hotel
Historisches Hotel, nach dem Erdbeben von 1995 im Design-Boutique-Stil wiederaufgebaut. Top Service. ¥¥¥

Peanuts Hotel
Ein Snoopy-, Charlie-Brown- und Peanuts-Bande-Themenhotel? Das gibt's nur in Japan. ¥¥

Kōbe Motomachi Tokyu REI Hotel
Dank toller Lage und geräumiger Zimmer hängt es die anderen Business-Hotels ab. ¥¥

GAID KORNSILAPA/SHUTTERSTOCK ©

Kōbe-Nunobiki-Seilbahn

PERFEKT MARMORIERT

Kōbe ist berühmt für sein Premium-Rindfleisch, das als das beste der Welt gilt. Das Besondere ist der hohe Grad an Marmorierung – die Stränge intramuskulären Fetts, die dem Fleisch sein Marmormuster verleihen. Beim Kochen schmilzt das Fett und sorgt für Geschmack und Zartheit.

Nein, Kōbe-Kühe werden weder massiert noch mit klassischer Musik beschallt, doch das Fleisch muss strenge Kriterien erfüllen und von der schwarzen japanischen Tajima-Rasse stammen, die in Kōbes Präfektur Hyōgo geboren, aufgezogen und geschlachtet wird. Beim Bestellen ist das Teilstück wichtiger als die Größe, da der hohe Fettgehalt sehr sättigend ist.

bären, die der frühere Besitzer, ein britischer Aristokrat, sammelte. Weiter oben bieten das mit Schiefer verkleidete **Uroko House** und das **Yamate 8-Banjan** im Tudor-Stil herrlichen Hafenblick. Kombitickets für mehrere Häuser erhält man im **Ijinkan Uroko Visitor Center** auf dem Hügel hinter dem **Starbucks**, der in einem alten *ijinkan* von 1907 liegt.

Raus in die Natur

SELTENE KRÄUTER UND WASSERFÄLLE

In Kōbe steigt man vom Shinkansen aus direkt auf Wanderwege, die zu überraschend ruhigen, schönen Plätzen führen. Die **Nunobiki Falls** (布引の滝), über einen steilen 400 m langen Weg vom Bahnhof Shin-Kōbe aus erreichbar, waren jahrhundertelang Gegenstand von Kunst, Poesie und Verehrung sowie ein beliebtes Ausflugsziel für Ansässige der ausländischen Siedlung. Der längste Abschnitt des Wasserfalls ist 43 m hoch und stürzt durch eine Schlucht in ein malerisches Waldbecken. Mit „Nunobiki" ist gemeint, dass das hinabstürzende Wasser wie ein weißes Tuch aussieht.

Ein gemütlicher Weg zu den Wasserfällen ist die **Kōbe-Nunobiki-Seilbahn** (im Sommer bis 20.15 Uhr); die Tal-

AUSGEHEN IN KŌBE

New München Kōbe Taishikan
Große Bierhalle im bayerischen Stil mit Sapporo-Bier und Auswahl an frittierten Snacks.

Kazan Room
Die amerikanisch geführte Tiki-Bar ist ein Geheimtipp mit Rum-Drinks in einem kitschigen Raum mit Palmen.

Sakeyashiro
Die Präfektur Hyōgo ist berühmt für ihren Sake, und diese Stehbar bietet eine riesige Auswahl, auch von regionalen Brauereien.

station liegt fünf Gehminuten östlich von Kitano-chō. Auf der Seilbahnfahrt zum **Nunobiki Herb Garden**, bei japanischen Familien für seine gepflegten Beete und den Blick auf Kōbe beliebt, genießt man eine herrliche Aussicht auf Kōbe und den Wasserfall. Oben angekommen, gehen Wanderlustige durch ein wildschweinsicheres Tor und folgen dem markierten Wanderweg zum Gipfel des **Mount Maya** (1 bis 2 Std.). Alle anderen können hangabwärts die Flora bewundern, das Glashaus besuchen und Eis essen. Folgt man von der mittleren Seilbahnstation dem ausgeschilderten Wanderweg (meist über eine alte Straße), gelangt man in etwa 10 Minuten zu den Nunobiki-Fällen.

Das Zentrum und das Hafenviertel von Kōbe

DAS LEBEN NACH DEM BEBEN

Das kompakte Zentrum von Kōbe, das sich vom Bahnhof Sannomiya aus nach Süden erstreckt, besteht aus Bürogebäuden, Hotels und überdachten Einkaufspassagen. Ein Teil gehörte zur ausländischen Siedlung Kōbe, aber nur ein Gebäude ist aus den Jahren vor 1899 erhalten, als die Stadt wieder unter japanische Kontrolle geriet. Das **ehemalige US-Konsulatsgebäude** (15 Naniwamachi) von 1880 liegt versteckt hinter dem **Stadtmuseum Kōbe** im griechisch-revivalistischen Stil von 1935. Die tolle (und kostenlose) Ausstellung über Kōbes Geschichte umfasst interaktive Modelle der ausländischen Siedlung.

Die chinesischen Handeltreibenden am Hafen gründeten **Nankin-machi**, Kōbes Chinatown (*Nankin* bedeutet „Nanjing", *machi* „Stadt") mit dem China Square in der Mitte. Hier kann man flanieren und *nikuman* (gedämpfte Teigtaschen) sowie *chimaki* (in Bambusblätter gewickelten Klebreis) probieren.

An der Uferpromenade liegt der **Meriken-Park**, ein Platz am Hafen mit Springbrunnen und Attraktionen wie dem **Kōbe Maritime Museum** mit detailgetreuen Modellen alter Schiffe. Am Wasser erinnert der **Port of Kōbe Earthquake Memorial Park** an die 6434 Menschen, die beim großen Erdbeben ums Leben kamen. Hier findet man ein Stück verbogenen Stegs, der nach dem verheerenden Tag unverändert gelassen wurde.

Halte Ausschau nach dem leuchtend roten, 108 m hohen Stahlgitterwerk des **Kōbe Port Tower** von 1963. Nach den Renovierungsarbeiten wird man die Aussichtsplattform erklimmen und den Panoramablick genießen können. Weiter westlich liegt der Einkaufs- und Restaurantkomplex **Kōbe Harbor Land** mit **Riesenrad**.

DAS BESTE KŌBE-RINDFLEISCH

Tor Road Steak Aoyama
Intimes, familiengeführtes *teppanyaki*-Rindfleisch-Restaurant mit acht Plätzen. ¥¥¥

Kōbe Plaisir
Tolles Lokal zum Probieren verschiedener Rindfleischarten. ¥¥¥

Kōbe Gyūdon Hiroshige
Gemütliches Lokal mit top Kōbe-Rindfleisch, in dünne Scheiben geschnitten und auf Reis serviert. ¥¥

Sai-Dining
Stylishes Kellerrestaurant, wo Kōbe-Steaks vor den Gästen gebraten werden. ¥¥¥

Daichi
Kōbe-Rindfleisch-Klassiker im *teppanyaki*-Stil mit unterschiedlich teuren Teilstücken. ¥¥¥

DIE MAHLZEIT DEINES LEBENS

Das berühmteste Gericht Japans ist vielleicht Kōbe-Rindfleisch, doch es gibt noch viele weitere! Siehe S. 44 für die besten japanischen Gerichte.

UNTERWEGS VOR ORT

Kōbe ist klein genug, um sich zu Fuß fortzubewegen, doch zeitsparender ist der City Loop Bus, der in Kitano-chō, an der Kōbe-Nunobiki-Seilbahn, in Chinatown, am Hafen und den größeren Bahnhöfen hält. Man kann Einzel- oder Tageskarten kaufen – nach grünen Vintage-Bussen Ausschau halten.

Rund um Kōbe

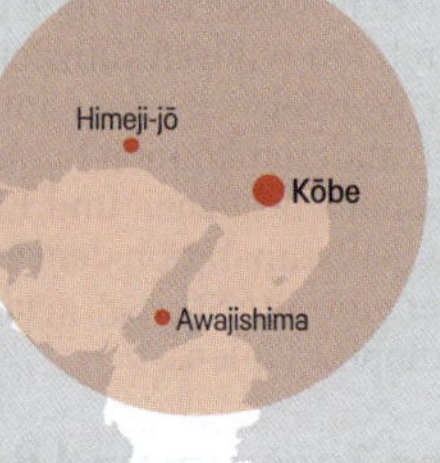

Zugfahrt zur größten Burg Japans in Himeji oder mit der Seilrutsche in Godzillas Maul auf der Insel Awajishima.

Kōbe trennt nur eine halbe Shinkansen-Stunde von der entspannten Stadt Himeji (姫路市), berühmt für ihre prächtige Burg, die lange vor der Einfahrt in den Bahnhof sichtbar wird. Himeji-jō, wegen seiner anmutigen Vogelform auch Shirasagijō (Weißer-Reiher-Burg) genannt, ist eine der beliebtesten Attraktionen Japans und eignet sich als Zwischenstopp auf Bahnreisen durchs ganze Land.

Die Akashi-Kaikyō-Brücke, ein jüngeres Wunder der Ingenieurskunst, ist die zweitlängste Hängebrücke der Welt und verbindet Kōbe mit Awajishima, der größten Insel der Seto-Inlandsee. Das Highlight dort ist ein Themen-Vergnügungspark der beliebtesten Manga- und Fantasy-Franchises Japans.

TOP TIPP

In der Touristeninformation im Bahnhof Himeji findet man einheimische ehrenamtliche Guides, die ihre Dienste kostenlos anbieten.

Akashi-Kaikyō-Brücke

SEAN PAVONE/SHUTTERSTOCK ©

Himeji-jō

König der Schlösser

DIE MAUERN VON HIMEJI-JŌ ERSTÜRMEN

Die 45 m hohe weiße Burg **Himeji-jō** (姫路城) ist ein prächtiger Anblick, besonders im Frühling, wenn tausend Kirschbäume auf dem Burggelände blühen. Als Leinwandstar tauchte sie in Akira Kurosawas *Die sieben Samurai* (1954) und *Ran* (1985) auf und diente sogar als Ninja-Schule im James-Bond-Film *Man lebt nur zweimal*. Seit 1333 steht hier eine Burg, aber die jetzige stammt von 1609 und wurde vom Schwiegersohn von Tokugawa Ieyasu, Japans damaligem Shogun (militärischer und politischer Herrscher), errichtet.

Auch wenn andere Burgen eine wichtigere Rolle in der Geschichte spielten, ist Himeji-jō das schönste erhaltene Beispiel des japanischen Burgenbaubooms des späten 16. und frühen 17. Jhs. Denn sie wurde weitgehend aus allen

SAKE, SAKE, ÜBERALL

Dank des hochwertigen Wassers, des Reisanbaus und des günstigen Klimas ist die Präfektur Hyōgo, in der Kōbe liegt, für ihren Sake berühmt. Die Produktion im Bezirk Nada, einige Kilometer östlich des Zentrums von Kōbe, geht bis ins 14. Jh. zurück. Mehrere der berühmten Brauereien bieten Führungen und Verkostungen, darunter **Hakutsuru**, ein großer, 1743 gegründeter Produzent mit selbst geführten Touren in der alten Holzbrauerei (die aktuelle liegt dahinter), faszinierenden Einblicken in die traditionelle Herstellung und Verkostungen. Auch die Brauerei **Kōbe Shushinkan** bietet Führungen und Verkostungen.

ESSEN & AUSGEHEN IN HIMEJI

Hanamoto Coffee
Das elegante Retro-Café bietet seit 1975 den besten Kaffee von Himeji. Hier gibt's auch Frühstück. ¥

Takata-no-Baba
Direkt an der Burg bietet dieses Geschäft/Restaurant leckere Mittagsmenüs und Gehwegplätze mit Burgblick. ¥

Rikimaru
Zuverlässige regionale Kette mit Sushi-Förderband und riesiger Auswahl. Bestellung über mehrsprachige Tablets. ¥¥

SCHNITZELJAGD IN HIMEJI-JŌ

Halte bei deiner Erkundung der Burg Himeji Ausschau nach diesen skurrilen Details:

Tigerkopffisch
Er wird *Shachihoko* genannt und wurde zum Brandschutz an Burgen angebracht.

Zimmer für Hinterhalte
Im 3. Stock des Bergfrieds verbergen sich hinter kleinen Türen Zimmer, von denen aus die Samurai angriffen.

Sehr alter Baumstamm
Im Inneren der Burg gibt's zwei tragende Säulen, von denen nur eine original ist: der 25 m hohe Stamm einer Zypresse.

Fächerförmige Mauer
Designelement einiger Mauern in Himeji, die elegant und für Angreifer schwer zu erklimmen sind.

Sargstein
Mindestens einer der großen Steine in der Burgmauer ist ein Sarg aus einem alten Grabhügel.

Konflikten herausgehalten – die Stadt Himeji wurde im Zweiten Weltkrieg in Schutt und Asche gelegt, aber die Burg blieb unversehrt (angeblich schlug eine Bombe auf dem Dach ein, explodierte aber nicht). Dies bezeugt auch die hervorragende Bauqualität der Burg, die schon Naturkatastrophen wie dem Erdbeben von Kōbe von 1995 getrotzt hat. Bei der Restaurierung in den 1960er-Jahren wurde ein Drittel des Holzgerüsts ersetzt und von 2009 bis 2015 wurden die Mauern neu verputzt, die Dächer restauriert und die Burg erdbebensicher gemacht.

Für den mit Pfeilen markierten Weg um die Burg herum braucht man etwa 1½ Stunden. Unterwegs entdeckt man viele Verteidigungselemente, die das elegante Erscheinungsbild der Burg Lügen strafen, darunter fast 1000 Schießscharten für Kanonen und Pfeile und ein verwirrender, labyrinthartiger Zugang zum Hauptturm mit engen Gängen und versteckten Öffnungen für Überraschungsangriffe.

Die Burg trennen 10 Gehminuten vom Bahnhof Himeji. Nebenan lockt das **Kōkō-en**, der moderne Nachbau einer Samurai-Residenz aus der Edo-Zeit mit hübschem Wandelgarten.

Anime-Ausflug nach Awajishima

GIGANTOR VERSUS GODZILLA

Etwa eine halbe Stunde von Kōbe entfernt verbindet eine riesige Hängebrücke Kansai mit **Awajishima** (淡路島), eine Insel in der Seto-Inlandsee. Einen guten Blick auf dieses Meisterwerk der Technik genießt man von der **Maikō Marine Promenade** (mit der JR-Kōbe-Linie bis zum Bahnhof Maikō fahren), die eine Aussichtsplattform mit Glasboden über dem Wasser bietet. Wer auf Naruto, Dragon Quest, Crayon Shin-chan oder Godzilla steht, sollte die Brücke überqueren und den **Awajishima Anime Park** (Nijigen no Mori) besuchen. Es gibt dort keine Achterbahnen (eher Aktivitätsspielplätze), aber bei der **Godzilla Interception Operation** kann man mit einer Zipline in den Rachen eines „lebensgroßen" Godzillas sausen. Das Museum zeigt Filmrequisiten und große Dioramen.

Nahe Kōbe gibt's einen weiteren Leckerbissen für Manga-Fans: eine 18 m hohe und 50 Tonnen schwere **Gigantor-Statue**, auch bekannt als Tetsujin 28. Der Mecha-Roboter ist die Titelfigur einer Manga-Serie von 1956, die teilweise in Kōbe spielt, und wurde 2009 zum 80. Geburtstag seines Schöpfers Mitsuteru Yokoyama enthüllt. Man kann ihn auf dem unscheinbaren Platz vor dem Bahnhof Shin-Nagata finden.

UNTERWEGS VOR ORT

Anfahrt zum Awajishima Anime Park: Mit dem Schnellstraßenbus vom Bahnhof Maikō über die Brücke zum Awaji Interchange, weiter mit dem kostenlosen Parkshuttle.

Himeji ist eine Haltestelle auf dem Sanyō-Shinkansen mit Verbindung nach Shin-Kōbe (25 Min.), Shin-Osaka (35 Min.) und Kyoto (55 Min.).

NARA

TOKIO
Nara

Vor Kyoto gab es Nara (奈良), Japans erste ständige Hauptstadt und eins der schönsten Ziele im Land. Viele Reisende unternehmen einen Tagesausflug von Osaka oder Kyoto aus hierher – gerade genug Zeit, um die wichtigsten Attraktionen abzuklappern. Ganz oben auf der Liste steht der imposante Daibutsu (Großer Buddha) in einer der größten Holzhallen der Welt, aber am eindrucksvollsten finden viele die frei laufenden Hirsche.

Nara wurde 710 zur ersten ständigen Hauptstadt Japans und beendete die Tradition, nach der der kaiserliche Hof bei jedem Tod eines Kaisers umzog. Die Nara-Periode dauerte nur 75 Jahre, war aber sehr einflussreich, nahm Einflüsse aus China auf und legte den Grundstein für die japanische Kultur. Da der rasche Aufstieg der buddhistischen Elite in Nara die kaiserliche Regierung beunruhigte, wurde die Hauptstadt nach Kyoto verlegt und Nara von den Kriegen der folgenden Jahrhunderte verschont.

TOP TIPP

Die zentralen Attraktionen von Nara kann man zu Fuß besichtigen; sie liegen im und am Nara-Park (Nara-kōen) und näher am Bahnhof Kintetsu-Nara als am JR-Bahnhof Nara, doch von beiden sind sie zu Fuß erreichbar.

Kōfuku-ji (S. 336)

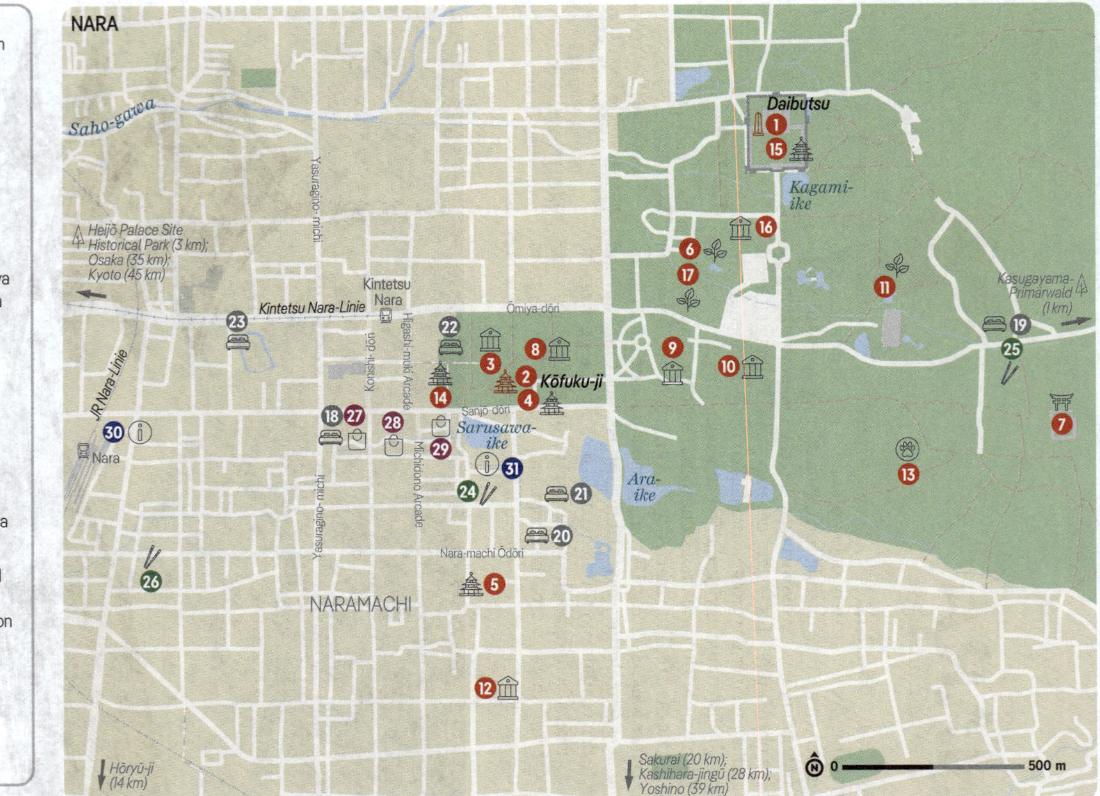

HIGHLIGHTS
1 Daibutsu
2 Kōfuku-ji

SEHENSWERTES
3 Chūkondō
4 Five-Storey Pagoda
5 Gangō-ji
6 Isui-en
7 Kasuga-taisha
8 Kōfuku-ji National Treasure Museum
9 Nara Buddhist Sculpture Hall
10 Nara National Museum
11 Nara-kōen
12 Naramachi Kōshi-no-Ie
13 Roku-en
14 Three-Storey Pagoda
15 Tōdai-ji
16 Tōdai-ji Museum
siehe 2 Tōkondō
17 Yoshiki-en

SCHLAFEN
18 APA Hotel Kintetsunara-Ekimae
19 Deer Park Inn
20 Guesthouse Tamura
21 Nara Hotel
22 Noborioji Hotel
23 Yuzan Guesthouse

ESSEN
24 Hirasō
25 Mizuya Chaya
26 Sigenoi Nara

AUSGEHEN
siehe 6 Sanshūtei Tea House

SHOPPEN
27 Ikeda Gankōdō
28 Nipponichi
29 Yu Nakagawa Honten

INFORMATION
30 Nara City Tourist Information Center
31 Nara Visitor Center & Inn

DIE WUNDER VON NARA ZU FUSS

Für diesen 6 km langen Spaziergang zu den Hauptattraktionen Naras sollte ein ganzer Tag eingeplant werden. Vom Bahnhof Kintetsu Nara geht's in Richtung Osten (wo fast sofort die heiligen Hirsche zu sehen sind) durch die Unterführung an der nordöstlichen Straßenecke bis zum **1 Isui-en** (S. 337). Genieße den poetisch schönen Wandelgarten und folge den ruhigen Straßen nördlich des Isui-en zum Tōdai-ji. Biege zum **2 Nandai-mon** (S. 333) mit den *niō*-(Wächter-)Statuen ab und folge dann den Massen zum **3 Daibutsu-den** mit dem mehr als 1250 Jahre alten Daibutsu (Großen Buddha). Von dort geht's in Richtung Osten den Berg hinauf zum **4 Nigatsu-dō** mit Blick auf die Nara-Ebene. Besuche das angrenzende **5 Hokke-dō**, das älteste Gebäude des Tōdai-ji-Tempelkomplexes, und nimm den Weg nach Süden, vorbei an den Grashängen des Wakakusa-yama und über eine Treppe hinunter in den Wald. Das **6 Mizuya-chaya** bietet sich für eine Rast mit Tee und Süßigkeiten an, bevor es zum **7 Kasuga-taisha** (S. 333) geht, Naras zinnoberrotem, mit Laternen geschmückten Hauptschrein. Verlasse diesen durch das Südtor und gehe bergauf, vorbei an mehreren kleinen Schreinen zum Nebenschrein **8 Wakamiya-jinja**. Dann geht's zurück zum Kasuga-taisha und auf den Weg hinunter ins Zentrum. Zuerst passierst du das große Shintō-Schreintor **9 Ni-no-Torii**. Folge der breiten Allee bis zum **10 Ichi-no-Torii**, einem weiteren Schreintor. Nach dem Überqueren der Straße siehst du schon bald Kōfukujis **11 Fünfstöckige Pagode** (S. 336). Zum Schluss bietet sich ein Bummel über das Tempelgelände an, bevor es zurück zum Bahnhof Kintetsu Nara geht.

FÜHRUNGEN DURCH NARA

Nara Walk
Die dreistündige Morgentour zu den wichtigsten Attraktionen von Nara-kōen wird von englischsprachigen Guides geleitet. Siehe Website für Ausflüge zu weniger besuchten Tempeln und Attraktionen in Nara. (narawalk.com)

Nara Student Guides
Ehrenamtliche Guides bieten seit 1964 kostenlose, manchmal ganztägige Touren für internationale Reisende durch Nara. Online mindestens drei Tage vorab buchen. (narastudentguide.org)

EGG Nara YMCA
Kostenlose Touren durch Nara von „English Goodwill Guides". Wer nicht vorab gebucht hat, findet die Ehrenamtlichen evtl. vor den beiden Hauptbahnhöfen Naras. (egg-nara.org)

Nara-kōen

Begegnung mit Naras heiligen Hirschen

VERBEUGEN FÜR KEKSE

Auf den Grünflächen des Parks **Nara-kōen** (奈良公園) findet man viele der größten Anziehungspunkte von Nara, darunter die rund 1200 **Sikahirsche**, die für die meisten Reisenden trotz der prachtvollen Umgebung die Hauptattraktion sind. Die Hirsche selbst gelten als lebender Nationalschatz, und das wissen sie auch. Die Zahmeren haben gelernt, sich zu verbeugen, um die vor Ort erhältlichen *shika-sembei*-Kekse (aus Weizenmehl und Reiskleie) zu bekommen; die aufdringlicheren zerren und knabbern an der Kleidung. Das Verhältnis zwischen Hirschen und Publikum ist meist harmonisch, aber es passieren auch Unfälle – man sollte die Hirsche beim Füttern nicht ärgern und die Hände hochhalten, um zu zeigen, dass sie leer sind.

Fast sofort nach dem Verlassen des Bahnhofs Kintetsu-Nara begegnet man den frei laufenden Hirschen auf der Straße, die

ÜBERNACHTEN IN NARA

Deer Park Inn
Einladendes kleines Hostel mit einzigartiger Lage direkt im Nara-Park. ¥

Nara Hotel
Albert Einstein und Audrey Hepburn haben schon in dieser Grande Dame von 1909 übernachtet. ¥¥¥

Guesthouse Tamura
Gepflegte Schlafsäle und Doppelzimmer in traditionell japanischem Haus im Naramachi-Viertel. ¥

für den Schrein **Kasuga-taisha** im Osten des Parks heilig sind. Eine der dort verehrten Gottheiten soll auf einem heiligen weißen Hirsch nach Nara geritten sein; seither werden die Tiere als göttliche Helfer geschützt. Selbst wenn sie nicht göttlich sind, sind sie etwas Besonderes: Forschungen ergaben, dass das Erbgut der Hirsche im Nara-Park einzigartig ist, was an ihrem über tausendjährigen Schutzstatus liegt.

Neugeborene Rehkitze sieht man im Juni (tgl. von 11 bis 14 Uhr) in **Roku-en**, einem Komplex in Schreinnähe und Sitz der Nara Deer Preservation Foundation. Anfang Oktober werden den Böcken bei der dreitägigen **Shika-no-Tsunokiri**-Zeremonie die Geweihe abgesägt. Letztere findet seit 1671 statt, damit brünstige Böcke weder Menschen noch andere Böcke verletzen.

Anblick des Großen Buddhas

ALS GRÖSSE NOCH ALLES WAR

Nara zu erkunden ist wie eine Reise in eine Zeit, in der in Japan noch nicht der Grundsatz „Klein ist schön“ galt. Nara (damals Heijō-kyō) wurde nach dem Vorbild von Chang'an erbaut, Hauptstadt der chinesischen Tang-Dynastie und im 8. Jh. die wohl größte Stadt der Welt. Chinas Vorliebe für Größe, Macht und Monumentalität beeinflusste die kulturellen und künstlerischen Stile Japans, vor allem die buddhistische Tempelanlage **Tōdai-ji** mit einer der größten Bronzestatuen der Welt. Der knapp 16 m hohe **Daibutsu** (Großer Buddha) besteht aus 437 t Bronze und 130 kg Gold. Als die größte buddhistische Statue der Welt wurde er 752 von Kaiser Shōmu enthüllt – 200 Jahre nach dem Einzug des Buddhismus in Japan – und brauchte ein entsprechendes Gebäude. Die **Daibutsu-den** (Halle des Großen Buddhas) ist einer der größten Holzbauten der Welt, auch wenn das heutige Gebäude (um 1709) nur noch zwei Drittel so groß ist wie das im 12. Jh. bei einem Brand zerstörte Original.

Der Zugang zum Daibutsu-den ist ähnlich episch und führt durch das Tempeltor **Nandai-mon**, das größte Japans. Ein Paar grimmige, 8 m hohe *niō* stehen Wache, im 13. Jh. von Unkei, einem berühmten Bildhauer aus der Kamakura-Zeit (1185–1333), geschnitzt. Das angrenzende **Tōdai-ji Museum** zeigt weitere imposante Tempelstatuen.

Der Tōdai-ji liegt neben anderen Attraktionen auf einer für die alte Hauptstadt winzigen Fläche; der Kaiserpalast lag 4 km weiter westlich. Heute besteht der wenig besuchte **Heijō Palace Site Historical Park** nur noch aus Fundamenten und Feldern, vermittelt aber einen Eindruck von Heijō-kyōs Größe.

DIE BESTEN FESTE IN NARA

Yamayaki
Am vierten Samstag im Januar werden die Grashänge von Wakakusa-yama angezündet (Yamayaki, brennender Berg) und die ganze Stadt leuchtet rot. Danach gibt's ein Feuerwerk.

Shuni-e-Zeremonie
Vom 1. bis 14. März ziehen Tōdai-ji-Mönche zehn Nächte lang mit riesigen Fackeln auf dem Nigatsu-dō-Balkon umher und lassen zur Reinigung Glut auf die Menge regnen.

Mantōrō
Am 3. Februar und im August brennen in der Kasuga-taisha alle 3000 Stein- und Bronzelaternen – ein faszinierendes Spektakel.

Takigi Nō
Am dritten Freitag und Samstag im Mai finden Open-Air-*nō*-Aufführungen (stilisiertes Tanzdrama auf leerer Bühne) im Kōfuku-ji bei Fackellicht (*takigi*) statt.

Noborioji Hotel
Charmantes Personal und geräumige, schöne Zimmer mit Blick auf die Hirsche des Nara-kōen. ¥¥¥

Yuzan Guesthouse
Einladende, zentrale Unterkunft mit Vierbettzimmern, Fahrradverleih und Frühstück. ¥

APA Hotel Kintetsunara-Ekimae
Zuverlässiges Hotel einer Business-Kette in toller Lage am Rand des Nara-Parks. ¥¥

Tōdai-ji

Den Großen Buddha besuchen

Zu den fesselndsten Sehenswürdigkeiten Japans zählt der Daibutsu (Großer Buddha) im Tōdai-ji von Nara. Die gewaltige Statue – eine der größten buddhistischen Bronzefiguren weltweit – zieht mit ihrer ehrfurchtgebietenden physischen Präsenz jeden in den Bann. Untergebracht ist sie in der Daibutsu-den, dem größten Holzgebäude der Welt.

Der Tōdai-ji wurde auf Geheiß des Kaisers Shōmu in der Nara-Zeit (710–784) errichtet und 798 vollendet, nachdem die Hauptstadt von Nara nach Kyoto verlegt worden war. Vermutlich sollte der Bau das Land einen und ein spirituelles Zentrum bilden. Angeblich waren 2 Mio. Arbeiter daran beteiligt und fast hätte dieses Projekt Japan in den Bankrott gestürzt.

Ursprünglich wurde der Daibutsu innerhalb von drei Jahren in acht Teilen aus Bronze gegossen. Im Lauf der Jahrhunderte erneuerte man ihn oder Teile davon mehrmals. Das Original war von Blattgold bedeckt und muss auf die Besucher des 8. Jhs. eine überwältigende Wirkung gehabt haben.

Der Tempel gehört zur buddhistischen Kegon-Schule, einer der sechs Strömungen, die während der Nara-Zeit in Japan beliebt waren. Sie entstand aus dem chinesischen Huayan-Buddhismus und basiert auf dem Blumengirlanden-Sutra. Dieser Lehrsatz formuliert den Gedanken, dass alle Welten sich gegenseitig durchdringen und im Kosmischen Buddha (Vairocana oder Dainichi Nyorai) Gestalt annehmen. Der Große Buddha und die Figuren, die ihn in der Daibutsu-den umgeben, verkörpern diese kosmologische Weltkarte perfekt.

DIE FAKTEN

DER DAIBUTSU

Höhe 14,98 m

Gewicht 500 t

Weite der Nasenlöcher 50 cm

DIE DAIBUTSU-DEN

Höhe 48,74 m

Länge 57 m

Zahl der Dachziegel 112 589

COWARDLION/SHUTTERSTOCK ©

Kokuzo Bosatsu

Zur Linken sitzt Kokuzo Bosatsu, der Bodhisattwa der Erinnerung und Weisheit. Studierende bitten ihn um Hilfe bei ihrem Studium, andere Gläubige um Unterstützung auf ihrem Weg zur Erleuchtung.

Der Daibutsu (Großer Buddha)

Die große Statue symbolisiert den Kosmischen Buddha (auf Sanskrit Vairocana), aus dem gemäß der Kegon-Schule alle anderen Buddhas hervorgehen. Mit seinen Händen signalisiert er „Keine Angst" (rechts) und „Willkommen" (links).

B-HIDE THE SCENE/SHUTTERSTOCK ©

Komokuten

Links vom Daibutsu befindet sich Komokuten (Gott der unbegrenzten Sicht), ein Wächter Buddhas. Er steht auf einem jaki (Dämon), der die Unwissenheit verkörpert, und schwingt Pinsel und Schriftrolle, Symbole der Weisheit.

PATTILABELLE/GETTY IMAGES ©

Die Buddhas rund um Dainichi

Um den Kopf des Daibutsu ringen sich wie ein Heiligenschein 16 kleinere Buddhas. Jeder von ihnen symbolisiert eine der verschiedenen Erscheinungsformen Buddhas. Ihre Größen variieren, sodass sie von unten aus gesehen alle gleich groß wirken.

Tamonten

Rechts vom Daibutsu hält Tamonten (der Gott, der alles hört), ein weiterer Wächter Buddhas, eine Pagode in seiner Hand, die ein himmlisches Speicherhaus der Weisheit repräsentiert.

COWARDLION/SHUTTERSTOCK ©

Die Öffnung im Pfeiler

Hinter dem Daibutsu befindet sich ein Pfeiler mit einem 50 cm großen Loch in Bodenhöhe (so groß wie eines der Nasenlöcher des Daibutsu). Schafft man es, hindurchzukriechen, soll einem die Erleuchtung sicher sein.

PIUS99/GETTY IMAGES ©

Nyoirin Kannon

Zur Rechten sitzt Nyoirin Kannon, eine der esoterischen Formen des Kannon-Bodhisattwa. Das ist einer der Bodhisattwas, die den sechs Bereichen der Wiedergeburt vorstehen.

DIE AFFÄRE, DIE EINE HAUPTSTADT STÜRZTE

Japans „permanente" Hauptstadt hielt nur 75 Jahre, bevor ein Skandal zu ihrem Untergang führte. 761 gewann der buddhistische Priester Dōkyō die Zuneigung der ehemaligen Kaiserin Kōken und erlangte Macht und Einfluss. Es folgte ein Staatsstreich, der Kōken wieder auf den Thron und Dōkyō in die höchste politisch-religiöse Stellung des Landes beförderte. Aber Dōkyō wollte mehr und ließ durch Omen seine Nachfolge als Kaiser vorhersagen. Dies verärgerte den mächtigen Fujiwara-Clan, und als die Kaiserin 770 starb, wurde Dōkyō verbannt. Die Affäre löste großflächig Unruhen aus; aus Angst vor der wachsenden Macht der buddhistischen Elite Naras beschloss der kaiserliche Hof, die Hauptstadt aus Nara wegzuverlegen.

Schnitzeljagd am Kōfuku-ji

KOPF AN KOPF MIT BUDDHA

Der **Kōfuku-ji** (興福寺), ein weiterer der „Sieben großen Tempel von Nara", liegt den Bahnhöfen am nächsten und wurde 710 auf Geheiß des Fujiwara-Clans, einer mächtigen Adelsfamilie im alten Japan, erbaut. Der Kōfuku-ji (Segen spendender Tempel) wurde über die Jahrhunderte weiter ausgebaut, auch dank der anhaltenden Unterstützung seiner Gründer, wobei vieles bei Bränden, Kriegen und antibuddhistischen Verfolgungen verloren ging. Von den erhaltenen Gebäuden ist die **fünfstöckige Pagode** die zweithöchste Japans, nach der des Tō-ji-Tempels in Kyoto. Seit der Errichtung in 730 ist sie fünfmal abgebrannt; der aktuelle Bau (um 1426) wird bis 2031 renoviert. Die kleinere **dreistöckige Pagode** ist von 1181 und ein herausragendes Beispiel für die buddhistische Architektur der Heian-Zeit (794–1185).

Zu Ehren seiner kranken Tante ließ Kaiser Shōmu im Jahr 726 die **Tōkondō** (Östliche Goldene Halle) bauen. Ihr wichtigstes Symbol ist eine Yakushi-Nyorai-(Buddha der Medizin-)Statue. Bei der Renovierung 1937 wurde der Kopf des ursprünglichen Buddhas (dessen Körper im 15. Jh. bei einem Brand verloren ging) in einem Versteck im Thron der neuen Halle entdeckt. Man kann ihn, etwas ramponiert, im **Kōfuku-ji National Treasure Museum** nebenan bewundern, zusammen mit den ausdrucksstarken, aus dünnen Zypressenbrettern gefertigten „Zwölf himmlischen Generälen", Meisterwerken der japanischen Schnitzkunst.

Etwas unpassend wirkt die **Chūkondō** (Zentrale Goldene Halle). Ursprünglich die älteste und wichtigste der drei Goldenen Hallen des Kōfuku-ji, brannte sie 1717 zum siebten Mal nieder und wurde erst 2018 wiederaufgebaut.

Tief in die Geschichte eintauchen

DAS WUNDERBARE MUSEUM NARA

Falls die Tempel und Schreine von Nara dein Interesse geweckt haben, kannst du dein Wissen im **Nationalmuseum Nara** vertiefen. Mit den dorischen Säulen und dem französischen Renaissancestil ist es das einzige Gebäude im westlichen Stil im Nara-kōen. Die erste Ausstellung fand 1895 statt.

Besonders interessant ist die **Nara Buddhist Sculpture Hall** mit einer einzigartigen Sammlung von *butsu-zō* (Buddha- und Bodhisattwa-Statuen), die früher japanweit in Tempeln verehrt wurden. Von den rund hundert ausgestellten Statuen gelten viele als nationales Kulturgut, und manche sind schlichtweg monumental, z. B. die beiden **Kongorishi-**

ESSEN IN NARA

Mizuya Chaya
Hübsches, strohgedecktes Teehaus auf einer Lichtung nahe dem Kasuga-taisha mit Snacks. ¥

Hirasō
Regionale Gerichte wie *kakinoha-zushi* (Sushi im Kakiblatt) und *chagayu* (Reisbrei mit grünem Tee). ¥¥

Sigenoi Nara
Leckere *udon*-Nudeln in einer Seitenstraße nahe dem JR-Bahnhof Nara. ¥

THOMAS O'MALLEY/LONELY PLANET ©

Isui-en

ki (Tempelwächter), eine Leihgabe des Kinpusen-ji-Tempels in Yoshino. Dies sind die einzigen Statuen im ganzen Museum, die man fotografieren darf.

Lustwandeln im Garten

TEE UND ERHOLUNG

Westlich des Tōdai-ji bilden die Wandelgärten **Isui-en** (依水園) und **Yoshiki-en** (吉城園) einen ruhigen Kontrast zu Naras geschäftigen Tempeln. Der schönste ist Isui-en, ein traditioneller Wandelgarten aus zwei verschiedenen Epochen. Der „Hintergarten" aus dem frühen 20. Jh. ist ein Meisterwerk in Sachen Größe und Schönheit. Zu beachten ist die *shakkei*-(geliehene Landschaft-)Technik, die die Berge von Nara einbezieht und mithilfe von Zwergkiefern die Vorstellung viel größerer Bäume erweckt. Den kleineren, älteren „Vorgarten" baute in den 1670er-Jahren ein Kaufmann, der mit Stoffen für die offizielle Samurai-Kleidung handelte. Am Eingang genießt man Tee und Kuchen im historischen **Sanshūtei Tea House**.

Nebenan befindet sich der nicht ganz so bezaubernde, aber dafür kostenlose Garten **Yoshiki-en** mit dichtem grünem Moos.

TOURISTEN-INFORMATION NARA

Bei so vielen Highlights sollte man nach der Ankunft eine der hervorragenden Touristeninformationen aufsuchen. Das **Nara City Tourist Information Center** in dem historischen Bahnhofsgebäude (ca. 1934) direkt vor der JR Nation Station bietet eine Bibliothek mit Karten und Broschüren, Informationen zu Touren, einen Fahrradverleih, eine Gepäckaufbewahrung und einen Starbucks. Eine kleinere Touristeninformation liegt im Bahnhof Kintetsu-Nara (nahe Ausgang 3); das **Nara Visitor Center & Inn** südlich von Sarusawa-ike bietet kulturelle Events wie Teezeremonien und Origami-Workshops.

DIE BESTEN SOUVENIRS IN NARA

Ikeda Gankōdō
Dieser Hersteller in sechster Generation produziert Blattfächer aus Seide und handgemachtem Papier.

Yu Nakagawa Honten
Bei dem berühmten 300 Jahre alten Leinenhersteller gibt's schöne Taschen, Beutel und Schals.

Nipponichi
Hochwertige Geschirrtücher, Inneneinrichtung und Taschen mit süßen Hirschen und Nara-Motiven.

DAS HANDELSVIERTEL NARAMACHI

Nimm dir etwas Zeit für einen Bummel durch **Naramachi** (奈良町), Naras traditionelles Handelsviertel. Südlich von Sarusawa-ike (dem Teich neben dem Kōfuku-ji) liegt ein schönes Gassenlabyrinth mit vielen gut erhaltenen *machiya* (Stadthäusern) und *kura* (Lagerhäusern). Im alten Kaufmannshaus **Naramachi Kōshi-no-Ie** kann man die historische Inneneinrichtung sehen. Der verschlafene Tempel **Gangō-ji** bietet das älteste Ziegeldach Japans und das Miniaturmodell einer Pagode, die zum nationalen Kulturgut gehört. **Nara Walk** (narawalk.com) bietet nachmittägliche „Altstadtbummel" und Verkostungen des bekannten regionalen Sake.

TOOYKRUB/SHUTTERSTOCK ©

Kasuga-taisha

Naras spirituelles Heiligtum

URZEITLICHE NATUR IM KASUGA-TAISHA

Der **Kasuga-taisha** (春日大社), der von Wisterien beschattet wird, die kurz nach den Kirschbäumen blühen, ist der wichtigste Schrein Naras und ein Heiligtum am Rand des geschützten Urwalds. 768 zum Schutz der neuen Hauptstadt errichtet, war er zugleich der Familienschrein des mächtigen Fujiwara-Clans, den Erbauern des Kōfuku-ji. Bis ins späte 19. Jh. wurde er nach der Shintō-Tradition alle 20 Jahre rituell umgebaut. Eine Allee mit Steinlaternen markiert den Weg durch den Nara-kōen. In den hellen zinnoberroten Hallen hängen Hunderte Bronzelaternen, die zweimal im Jahr, Anfang Februar und Mitte August, zum **Mantōrō** angezündet werden. Einer der vier *kami* (Götter), die hier verehrt werden, soll auf einem weißen Hirsch vom Kashima-jingu in der Präfektur Ibaraki geritten sein, um Nara zu beschützen. Seitdem werden die Hirsche von Nara als Götterboten geschützt. Jeden Morgen um 9 Uhr kann man in der **Naoraiden** (Zeremonienhalle) einer *chōhai* (Morgenandacht) beiwohnen.

Auf dem Schreingelände gibt's auch Pfade in den **Kasugayama Primeval Forest**, die zu Wasserfällen und Höhlen mit Buddha-Nischen führen. Der Urwald steht seit dem 9. Jh. unter Schutz und ist erst seit 1956 für die Öffentlichkeit zugänglich. Wer dort wandern möchte, sollte sich in der Touristeninformation am JR-Bahnhof Nara erkundigen.

UNTERWEGS VOR ORT

Die Attraktionen Naras sind zu Fuß erreichbar, doch mit dem Leihfahrrad hat man mehr Zeit, die Gassen Naramachis zu erkunden. Nara Rent-A-Cycle liegt nördlich des Bahnhofs Kintetsu-Nara; Fahrräder vorab online reservieren (nara-rent-a-cycle.com).

Zwei Loop-Buslinien verkehren im Nara-kōen: Bus 1 (gegen den Uhrzeigersinn) und Bus 2 (im Uhrzeigersinn).

Rund um Nara

Im ländlichen Nara erkundet man Tempel, Terrassenfelder und antike Gräber und entflieht den Touristenpfaden Kansais.

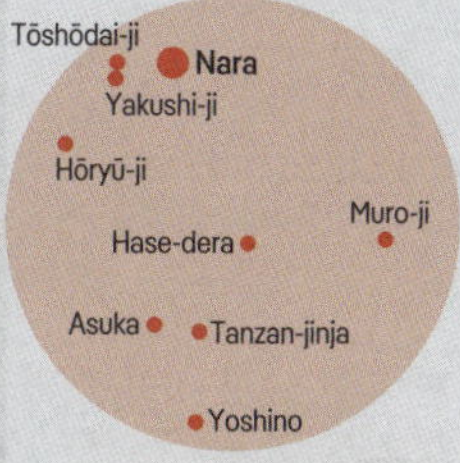

Vor Naras Aufstieg hatten die Vorgänger der japanischen Yamato-Dynastie Asuka im Süden des fruchtbaren Nara-Beckens zur Hauptstadt ernannt. Heute liegt hier ein verschlafenes Dorf mit Bauernhöfen und Reisfeldern, aber die riesigen *kofun* (Hügelgräber) an den Hängen erinnern an die schillernde Vergangenheit. In der Präfektur Nara gibt's viele wichtige Tempel und Schreine, manche in entfernten Bergregionen, andere in Vorstädten.

Weiter südlich liegt das Bergdorf Yoshino, das nicht nur historisch und kulturell bedeutsam, sondern auch Japans berühmtester Ort für die Kirschblüte ist. Jedes Jahr im April blühen hier Tausende Bäume an den Berghängen und erzeugen ein kaleidoskopisches Farbenspiel.

TOP TIPP

Ein Mietwagen empfiehlt sich für das Tempel-Hopping in der Präfektur Nara.

Asuka (S. 341)

BADBATSUMARU/SHUTTERSTOCK ©

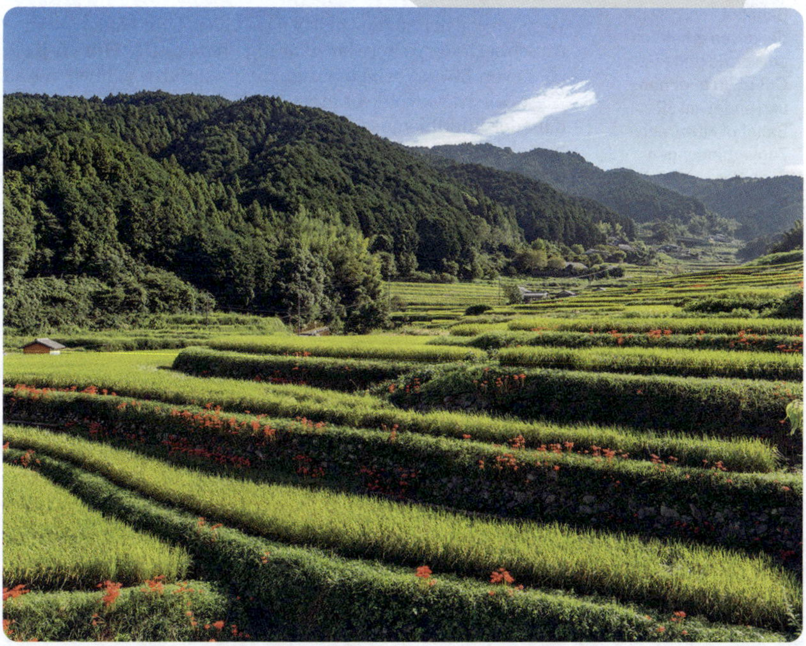

Ishibutai Kofun

STREIFZUG DURCHS LÄNDLICHE NARA

Der **Yamanobe-no-michi-Trail** (山辺の道) folgt einer alten Straße und führt über 13 km vier Stunden lang durch Reisfelder und Obstplantagen, vorbei an Tempeln, Schreinen und 1300 Jahre alten Kaisergräbern. Die Wanderung beginnt am Bahnhof Tenri (Wanderkarten erhältlich am verrückten Platz **CoFuFun** gegenüber) und endet am JR-Bahnhof Miwa, der Zugverbindungen nach Nara bietet. Von allen Schreinen und Tempeln auf der Strecke ist der letzte, der **Ōmiwa-jinja**, am beeindruckendsten. Er ist einer der ältesten Shintō-Schreine Japans und der offizielle Beschützer der Sakebrauereien.

Tempeltour durch die Vorstadt

SPIRITUELLE SPUREN IM GROSSRAUM NARA

Wer sich von den süßen Hirschen losreißen kann, findet in Naras Außenbezirken weitere hochkarätige Tempel. Der **Hōryū-ji** (法隆寺) von 607 ist seinem Originalentwurf treu geblieben und zeigt, wie Nara wohl vor etwa 1300 Jahren aussah, kurz nachdem der Buddhismus über Korea und China ins Land kam. Er besteht aus zwei Hälften: Der **Sai-in** (Westtempel) umfasst den Haupt-*garan* (Gebäudekomplex), dominiert vom **Kondō** (Haupthalle), einem der ältesten Holzgebäude der Welt, und die angrenzende **fünfstöckige Pagode**, die von einer zentralen Säule aus einer 594 gefällten Zypresse getragen wird. Rund um den Sockel der Pagode befinden sich Tondioramen mit Buddha-Szenen; eine zeigt, wie er von seinen Jüngern betrauert wird. Auf dem Weg zum **Tō-in** (Osttempel) kommt man an der modernen **Großen Schatzhalle** mit Antiquitäten wie der Kudara-Kannon-Statue vorbei und gelangt zur achteckigen **Yumedono** (Halle der Träume), 739 als Gebetsstätte für Prinz Shōtoku, den Gründer des Tempels, errichtet und Stätte der

ESSEN IN ASUKA

Yumeichi-chaya
Über einem Lebensmittelladen am Ishibutai Kofun, serviert hausgemachte Gerichte mit regionalen Produkten. ¥

Curryon
Japanische Currys aus regionalem Biogemüse. In einem Kulturzentrum nahe dem Asuka-dera. ¥¥

Matsuyama Café
Gesunde Kost und upgecycelte Möbel in traditionellem Holzhaus am Bahnhof Asuka. ¥¥

Guze Kannon, einer „geheimen Buddha-Statue", die nur wenige Wochen im Jahr ausgestellt wird.

Näher an Nara liegen zwei nicht weit voneinander entfernte Tempel: der **Tōshōdai-ji** und der **Yakushi-ji**. Ersterer ist bedeutender und wurde 759 von Ganjin gegründet, einem chinesisch-buddhistischen Mönch, der sich für die Verbreitung seiner Religion in Japan einsetzte. Das schön proportionierte **Kondō** gilt als einer der wenigen Tempel, die aus der Nara-Periode des 8. Jhs. in Originalform erhalten sind. Der Yakushi-ji umfasst auch neuere Elemente und bietet daher nicht die gleiche Atmosphäre.

Archäologische Spuren in Asuka

GRÄBER VERLORENER KÖNIGE

Dank der Reisfelder und sanften Hügel ist **Asuka** (飛鳥) ein malerisches Fleckchen und mit dem Zug bequem von Nara aus erreichbar (1 Std.). Seltsam, dass es einst ein Zentrum für höfische Intrigen war, aber in Asuka ballte sich lange vor Nara die Macht, wie archäologische Funde beweisen. Um die einige Kilometer voneinander entfernten Stätten zu besichtigen, eignet sich ein Leihfahrrad von **Asuka Rent-a-Cycle** (gegenüber dem Bahnhof). Am Bahnhof verkehrt auch ein Sightseeing-Bus.

Sehenswert sind einige der am besten erhaltenen *kofun* (Hügelgräber) Japans, zwischen dem 3. und 7. Jh. für Kaiser und mächtige Adelige erbaut. **Ishibutai Kofun** liegt auf einem Bergplateau und ist Japans größtes Megalithgrab. Es wurde vor Jahrhunderten geplündert, und da es nicht mehr von Erde bedeckt wird, kann man es betreten. Etwa 2 km westlich liegt **Takamatsuzuka Kofun**, in den 1960er-Jahren von einem Bauern entdeckt. Der *kofun* wurde ausgegraben und zu seinem Schutz wieder versiegelt. In einem Museum am Fuß des Hügels sind die farbigen Fresken der Grabinnenwände nachgebildet.

In Asuka stand der erste buddhistische Tempel Japans, gegründet an der Stelle des heutigen **Asuka-dera-Tempels** (um 1826). Inmitten von Obst- und Gemüsegärten steht die älteste erhaltene buddhistische Statue Japans, der **Asuka Daibutsu** (Großer Buddha), eine 15 Tonnen schwere, sitzende Shakyamuni-Bronzestatue von 609.

Einen tieferen Einblick in die Geschichte der Nara-Ebene bietet das **Archäologische Institut Kashihara** (mit Reisepass kostenlos) – einen kurzen Fußweg vom Bahnhof Unebi Goryō-mae entfernt.

DER ŌMINE-OKUGAKE-TRAIL

Dieser 90 km lange Wanderweg durch das Ōmine-Gebirge, einer der anstrengendsten und abgelegensten Japans, verbindet Yoshino mit dem Kumano Kodō in Hongū. Die Strecke verläuft größtenteils auf Höhen zwischen 1000 und 2000 m und dauert fünf bis sieben Tage. Verpflegung und ein Wasserfiltersystem mitnehmen. Unbewirtschaftete Rasthäuser säumen den gut markierten Weg, aber auf einigen Abschnitten muss man wild campen. Die Wanderung wird mit den *yamabushi* (S. 342) in Verbindung gebracht, die die Ōmine-Berge als Übungsgelände für ihre asketischen Praktiken nutzten.

FÜR SCHATZSUCHENDE

Der **Hōryū-ji**, einer der ältesten Tempel Japans mit einigen der schönsten Exemplare früher buddhistischer Skulpturen, ist so bedeutend, dass es im **Nationalmuseum Tokio** (S. 106) eine ganze Galerie mit Hōryū-ji-Schätzen gibt.

ESSEN UND AUSGEHEN IN YOSHINO

Yamatoan
Der kleine Laden verkauft in heiligem Quellwasser gekochte *soba*-Nudeln. ¥

Nakai Shunpudo
Helles, modernes Lokal mit frisch zubereiteten *kudzu*-Süßigkeiten (Gelatine aus der Kudzu-Wurzel). ¥

Tofu Chaya Hayashi
Dieser Laden ist auf Sojagerichte spezialisiert, z. B. *goma-dōfu*, Tofu mit gemahlenen Sesamsamen. ¥¥

BERGANBETUNG IN YOSHINO

Yamabushi (山伏) bedeutet „die sich in den Bergen Niederbeugenden“ und steht für asketische Gefolgschaft des Shugendō, einer synkretistischen Religion, die Natur und Berge verehrt. *Yamabushi* entstand im 7. Jh. als Reaktion auf die Ankunft des Buddhismus in Japan und dessen Verschmelzung mit einheimischen Vorstellungen. Die Askese Übenden begaben sich auf beschwerliche Bergpilgerreisen, um sich einer strengen spirituellen Ausbildung zu unterziehen und nach Erleuchtung und göttlicher Kraft zu streben. Die heiligen Berge von Yoshino und der Kii-Halbinsel dienen seit Langem als Übungsgelände; zu Beginn der Kumano-Kodō-Pilgerreisen dienten die *yamabushi* als Guides. Heute leben ca. 6000 in Japan.

Yoshinos Kirschblüten

ROSAFARBENE BERGE

Im April findet im ruhigen Bergstädtchen **Yoshino** (吉野) Japans berühmtestes Kirschblütenfest statt. Scharen von *sakura*-Fans drängen sich auf dem Bergrücken, um *hito-me-senbon* (1000 Bäume auf einen Blick) zu bestaunen. Rund 30 000 Kirschbäume färben die Talhänge jeden Frühling zartrosa; einige davon stammen von Setzlingen ab, die Pilgernde im Laufe der Jahrhunderte nach Yoshino brachten. Yoshino am Rand des mystischen Kii-Gebirges wird seit Langem von der Gefolgschaft des Shugendō verehrt, einer synkretistischen Religion, die Elemente des Buddhismus, Shintoismus und der Bergverehrung kombiniert.

Yoshino bietet sich für einen Tagesausflug mit dem Zug von Nara aus (1 Std.) an und ist auch von Osaka (1½ Std.) und Kyoto (1¾ Std.) aus erreichbar. Wer hier während der Kirschblüte übernachten möchte, sollte lange vorab buchen. Den Rest des Jahres ist das verschlafene Yoshino kein Muss, obwohl der **Kimpusen-ji**, einer der wichtigsten Shugendō-Tempel, nach dem Daibutsu-den in Nara die zweitgrößte Holzhalle Japans hat. Wer früh aufsteht, kann der *otsutome* (Morgenandacht) mit *taikō*-Trommeln und *horagai*-(Riesenmuschel-)Klängen beiwohnen. Sehenswert ist auch der **Yoshimizu-jinja**, ein 1300 Jahre alter Schrein mit kaiserlichem Stammbaum. Weitere Highlights in Yoshino sind die Restaurants entlang des Bergrückens, die meisten mit schönem Bergblick. Zu den regionalen Spezialitäten gehören *kaki-no-ha-sushi* (in würzigen Reis gepresster und in Kakiblätter eingewickelter Fisch) und geleeartige Süßigkeiten aus Kudzu-Wurzeln.

Tempel-Hopping im ländlichen Nara

AUF ZU DEN WENIGER BEFAHRENEN STRASSEN

In den dicht bewaldeten Hügeln über dem Nara-Becken liegen abseits der ausgetretenen Pfade einige bedeutende Tempel und Schreine, die daher umso besonderer sind. Der **Hase-dera** (長谷寺), ein buddhistischer Tempel aus dem 8. Jh., 15 km nordöstlich von Asuka, ist bekannt für seinen 399-stufigen *noborirō* (überdachten Korridor), dessen Besteigung ein religiöses Ritual und ein Akt der Selbstreinigung ist. In der Haupthalle am steilen Berghang steht eine Holzstatue der buddhistischen Göttin der Barmherzigkeit (Kannon) von 1538. Dank der Tempeltrommeln und Sutragesänge ist die Aussicht besonders inspirierend.

Der **Murō-ji** (室生寺), 20 km weiter östlich in einem steilen Flusstal, wurde als „Kōya-san der Frauen“ bekannt, da hier im Gegensatz zu Kansais berühmtem Shingon-Buddhismus-

ÜBERNACHTEN IN YOSHINO

Yoshino Cedar House
Das Haus einer regionalen Kooperative am Flussufer, aus Yoshinos Zedern gebaut. Über Airbnb buchen. ¥¥

Chikurin-in Gumpō-en
Ein alter Shugendō-Tempel, auch als *ryokan* betrieben; manche Zimmer mit eigenem *rotemburo*. ¥¥

Boschetto Guest House
Familiengeführte Pension für Rucksackreisende zwischen den Holzmühlen Yoshinos. ¥

GNOHZ/SHUTTERSTOCK ©

Tanzan-jinja

Zentrum keine Frauen ausgeschlossen wurden. Der Tempel wurde im 9. Jh. gegründet, und sein verehrtester Gegenstand ist eine Statue des Buddhas der Erleuchtung (Shakya Noyorai), die zum nationalen Kulturgut erklärt wurde. Oberhalb der Haupthalle liegt eine **fünfstöckige Pagode**, die kleinste Japans. Weitere 400 Steinstufen führen hinauf zum **Oku-no-in**, dem inneren Tempelheiligtum.

Wer genug Zeit hat, kann den abgelegenen Bergschrein **Tanzan-jinja** besuchen, ursprünglich ein Mausoleum für Fujiwara Kamatari (614–669), das Oberhaupt des mächtigen Fujiwara-Clans, der den Kōfuku-ji in Nara errichtete und die Hofpolitik für die nächsten 500 Jahre bestimmte. Die ungewöhnliche **13-stöckige Pagode** wurde 678 von Fujiwaras Sohn erbaut und zuletzt 1532 wiederaufgebaut.

NARAS FURCHTERREGENDE BRÜCKE

Im tiefen Süden der Präfektur Nara überspannt eine klapprige Fußgängerbrücke eine 54 m tiefe Schlucht über dem Fluss Totsukawa. Die 300 m lange **Tanize-Hängebrücke** (谷瀬の吊り橋) ist kaum breit genug für zwei Personen und wurde 1954 mit Spenden aus den umliegenden Dörfern gebaut. Traveller zahlen eine Gebühr, aber sie ist nichts für schwache Nerven. Wegen der knarrenden Bretter und Nachbesserungen mit Hühnerdraht fürchtet man, die Brücke könnte jeden Moment einstürzen, was durch das Wackeln und Schwanken im Wind noch verstärkt wird.

UNTERWEGS VOR ORT

Die abgelegenen Tempel Naras besucht man am besten mit einem Mietwagen. Die kleine Stadt Sakurai (桜井), eine halbe Zugstunde südlich von Nara, ist ein guter Knotenpunkt mit Anbindung an seltene Busse und Züge zu den Attraktionen.

KŌYA-SAN

Die Klosterstadt Kōya-san (高野山) ist ein lebhaftes Zentrum des buddhistischen Glaubens und eins der spirituellsten Ziele im heutigen Japan. Die Stadt verehrt noch immer ihren Gründer aus dem 9. Jh., den Mönch Kukai (auch Kōbō Daishi), der in seinem Waldgrab in ewiger Meditation ruhen soll. Von den 3000 Menschen in Kōya-san sind 800 Mönche oder Novizen der Schule des esoterischen Shingon-Buddhismus, dem ca. 10 Millionen Menschen in Japan folgen.

Das historische Pilgerziel Kōya-san ist von Osaka aus mit dem Zug erreichbar. Auf einem Tagesausflug kann man die wichtigsten Tempel und den Friedhof sehen, verpasst aber die Chance, in einer von Mönchen geführten *shukubō* (Tempelunterkunft) zu nächtigen. In der ruhigen Bergwelt Kōya-sans, das von acht Gipfeln umgeben ist, die wie eine Lotusblume aussehen, ist es kühler als in den Städten – man sollte entsprechend packen.

TOP TIPP

Nankai Railway verbindet den Bahnhof Nankai Namba in Osaka mit Kōya-san (1½ Std.). Das Kōya-san World Heritage Ticket beinhaltet die Hin- und Rückfahrt mit dem Zug (Limited-Express ab Osaka), Busse in Kōya-san für zwei Tage und Rabatte auf Eintrittspreise. In jedem größeren Nankai-Bahnhof erhältlich.

Oku-no-in (S. 347)

HIGHLIGHTS
1 Gobyō
2 Oku-no-in

SEHENSWERTES
3 Banryutei
4 Daimon
5 Fudozaka-guchi Nyonin-dō
6 Gobyō-bashi
7 Ichi-no-hashi
8 Kongōbu-ji
9 Konpon Daitō
10 Miedo
11 Shōjōshin-in
12 Tōrō-dō

SCHLAFEN
13 Ekō-in
14 Fukuchi-in
15 Koyasan Guest House Kokuu
16 Koyasan Guest House Tommy
see 11 Shōjōshin-in
17 Sōji-in
18 Suzumeno Kakurenbo

ESSEN
19 Bon On Shya Cafe
20 Hanabishi
21 Kadohama
22 Kōmi Coffee
23 Tonkatsu-tei

AUSGEHEN
see 16 Tommy Nana Cafe

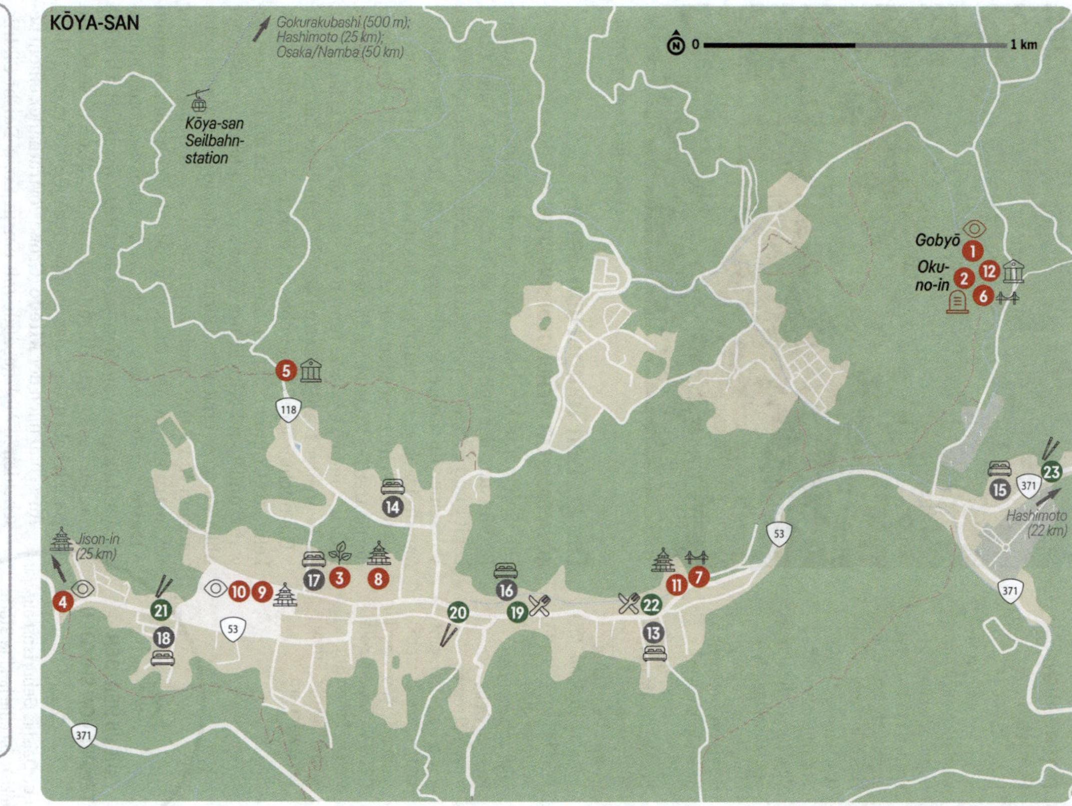

BETEN ZU DEN FLAMMEN

In den Tempeln Kōya-sans wird man wahrscheinlich ein buddhistisches Feuerritual erleben, das angeblich von Kōbō Daishi in Japan eingeführt wurde. *Goma Taki* ist ein fesselndes, ca. 1½-stündiges Spektakel mit rituellem Feuer, Sutragesang und Trommeln. Im **Shōjōshin-in**-Tempel am Eingang des Oku-no-in führen Mönche jeden Tag um 13 Uhr öffentlich zugängliches *Goma Taki* auf. Man kann kostenlos zuschauen oder mitmachen, indem man ein Gebet auf einen hölzernen *goma*-Stock schreibt und in die teils meterhohen Flammen wirft (1000 ¥). Beachte die vielen kleinen Brandlöcher auf den Priestergewändern.

RNDMS/SHUTTERSTOCK ©

Miedo und Konpon Daitō

Die großen Tempel von Garan

KŌYA-SANS ENTSTEHUNGSGESCHICHTE

Die Geschichte Kōya-sans beginnt mit Kukai, einem jungen Buddhisten, der sich auf eine kaiserliche Mission nach China begibt und in den esoterischen Buddhismus eingeweiht wird. Vor seiner Rückreise, so die Legende, wirft er sein *sankosho* (ein dreizackiges Ritualobjekt) hoch und schwört, es bei seiner Rückkehr zu suchen. Als er die Wälder der Kii-Halbinsel durchstreift, trifft er einen Jäger (einen Berggott), dessen Hunde ihn zu seinem *sankosho* führen, das an der Stelle gelandet ist, wo heute der **Danjō Garan** (壇上伽藍; heiliger Bezirk) steht.

Die nüchternere Version besagt, dass Kukai nach der Rückkehr aus China an Japans kaiserlichem Hof an Einfluss gewann und Land erhielt, um Kōya-san 816 fernab weltlicher Ablenkung zu errichten. Garan war das ursprüngliche Lehrzentrum Kōya-sans, auch wenn die heutigen Gebäude später rekonstruiert wurden. Die leuchtend rote, 50 m hohe **Konpon Daitō** (Große Pagode) gilt als das Zentrum des Lotusblumen-Mandalas, das von Kōya-sans acht Bergen gebildet wird. Die Säulen des Originals soll Kōbō Daishi (Kukai) selbst angemalt haben, doch das heutige Gebäude ist von 1937. Halte Ausschau nach der **Miedo** (Große Porträthalle), einem bescheidenen Holzgebäude mit einem Kōbō-Daishi-Bildnis, das nur einmal im Jahr am 21. März gezeigt wird – dem Tag, an dem er 835 in die „ewige Meditation" eintrat (aus Brandschutzgründen umgibt eine Wasserwand das Gebäude). Vor der Miedo steht eine eingezäunte Kiefer, in der sich das *san-*

DIE 88 HEILIGEN TEMPEL VON SHIKOKU

Kōbō Daishis Geburtsort auf Shikoku ist eine heilige Stätte und Ziel der berühmtesten **Pilgerreise** des Landes (S. 347).

ESSEN & AUSGEHEN IN KŌYA-SAN

Bon On Shya Café
Gemütliches, von einem internationalen Paar geführtes Lokal mit Holzbalken, Biokuchen und vegetarischen Menüs. ¥¥

Kadohama
Das dunkle Holzgebäude ist bekannt für seine Mittagsmenüs mit *goma-dōfu*-Varianten. ¥¥

Komi Coffee
Gemütliche, praktische Einkehrmöglichkeit für Currys, Sandwiches und Apfelkuchen nahe dem Oku-no-in. ¥¥

kosho verfangen haben soll – das Aufheben einer dreizackigen Kiefernnadel soll Glück bringen.

Etwas weiter westlich markiert das mächtige **Daimon** (Haupttor) den Endpunkt der historischen Pilgerwege nach Kōya-san.

Die Kunst des Kongōbu-ji

SITZ DER SHINGON-SCHULE

Haben die Garan-Tempel hauptsächlich zeremoniellen Charakter, dient der **Kongōbu-ji**, das Zentrum der buddhistischen Shingon-Schule, als Haupttempel, Verwaltungszentrum und Wohnsitz des Abtes von Kōya-san. In den stillen, mit Tatamis ausgelegten Hallen sind prächtige *fusuma* (Schiebetüren) zu bewundern, die mit buddhistischen Gottheiten, heiligen Landschaften, Tieren und Szenen aus Erzählungen bemalt sind. Viele stammen von Kunstschaffenden der verehrten Kanō-Schule aus dem 17. Jh., manche sind älter als die Räume selbst und wurden von Mönchen vor Bränden gerettet. Die heutige Haupthalle mit Zypressenrindendach stammt aus dem 19. Jh., doch der Originaltempel wurde 1593 von Toyotomi Hideyoshi zum Gedenken an seine Mutter errichtet.

Eine einzigartige Ergänzung zum Kongōbu-ji ist der **Banryutei**, Japans größter Steingarten. Mit großen Steinen aus Shikoku (dem Geburtsort Kōbō Daishis) und weißem Sand aus Kyoto soll er zwei aus Wolken auftauchende Schutzdrachen darstellen.

Heiligtum der Toten

KŌYA-SANS GÖTTLICHER FRIEDHOF

Im Jahr 835 betrat Kōbō Daishi das heutige Gobyō-Tor, begann eine einwöchige Meditation und verkündete danach, dass er sterben würde. Sein Gefolge wies er an, die Gruft zu versiegeln. Heute ist seine letzte Ruhestätte in der entlegensten Ecke des **Oku-no-in** (inneres Heiligtum) der vielleicht spirituellste Ort Japans.

Oku-no-in liegt am östlichen Ende von Kōya-san, 15 Gehminuten vom Kongōbu-ji entfernt. Von der Brücke **Ichi-no-hashi**, die den Eingang markiert, sind es 2 km bis zur **Gobyō** (Krypta). Der Weg führt durch dichten Wald, wo Lichtsäulen ein steinernes Meer aus Stupas, Statuen, Grabsteinen und *torii* offenbaren, viele davon moosbedeckt. Auf einigen der ca. 200 000 Gräber stehen die Namen alter Feudalherren, auf anderen die von Unternehmen wie Panasonic. Alle wollen in Kōbō Daishis Nähe sein, wenn Maitreya, der Buddha der Zukunft, erscheint. Ein faszinierender Ort zum Erkunden, vor allem im Morgennebel, bei Schnee oder im Dunkeln; Abendtouren beginnen um 19 Uhr an der *shukubō* **Ekō-in** (awesome-tours.jp).

WARUM ICH KŌYA-SAN LIEBE

Tom O'Malley, Autor

Das faszinierender Kōya-san ist eine kompakte Bergstadt, die eine der größten religiösen Gruppen Japans beherbergt, und eine Art spiritueller Urlaubsort, der jeden Tag Reisende willkommen heißt. Die Leute hier hätten allen Grund, sich belästigt zu fühlen, aber sie gehören zu den nettesten, bescheidensten Menschen, die ich in Japan kenne. Besonders gefallen mir die Wanderwege Kōya-sans. Bei der Recherche bin ich dem Nyonin-Michi gefolgt und nur drei Seelen begegnet; eine war ein Tanuki (Marderhund). Für alle, die es nicht zum Kumano Kodō schaffen, sind die Pilgerwege Kōya-sans ein würdiger Ersatz.

Tommy Nana Café
Nachbarschaftscafé, Croissant-Sandwiches mit Pastrami, geräuchertem Hühnchen und Salat. ¥

Tonkatsu-tei
Wer sich nicht wie ein Mönch ernähren möchte, erhält hier *tonkatsu* (frittiertes Schweineschnitzel). ¥

Hanabishi
Bietet Gerichte der vegetarischen *shōjin-ryōri*-Küche und leckere *bentō* (Lunchboxen). ¥

DIE BESTE SHUKUBŌ KŌYA-SANS

Ekō-in
Die schönsten Zimmer des Bergtempels bieten einen eigenen Garten. Kostenlose Abendmeditation auf Englisch und Feuerrituale am Abend. ¥¥

Shōjōshin-in
Stimmungsvoller Tempel mit schlichten Tatami-Zimmern (die günstigsten durch *fusama*-Schirme getrennt) und schön angerichteten Gerichten. ¥¥

Fukuchi-in
Große *shukubō* mit Gemeinschafts-Onsen, mit *rotemburo*, und einem vom Landschaftskünstler Shigemori Mire gestalteten Garten. ¥¥

Sōji-in
In dieser kleinen, modernen *shukubō* in einem charmanten Garten gibt's nur 14 Zimmer (alle mit eigenem Bad). ¥¥¥

Es ist Brauch, sich an der **Gobyō-bashi**, der letzten Brücke vor der Krypta, zu verbeugen. Auf die Mizumuke-Jizō-Bronzestatuen gießt man Wasser, um für verstorbene Seelen zu beten. **Tōrō-dō**, die letzte Halle, ist mit Laternen geschmückt, darunter zwei, die angeblich seit über 900 Jahren ununterbrochen brennen. Mönche bringen dem Kōbō Daishi täglich Mahlzeiten dar und führen buddhistische Feuerrituale durch. Hinter der Tōrō-dō markiert ein strohgedecktes Tor den Eingang zu Kōbō Daishis Mausoleum; von dort geht's nicht mehr weiter.

Übernachten in einer Shukubō

GEBETE VOR DEM FRÜHSTÜCK

Als immer mehr Pilgernde nach Kōya-san reisten, boten die Tempel Unterkunft und Verpflegung an, eine Praxis, aus der die *shukubō* (宿坊, Tempelunterkunft) hervorgingen. Heute genießt man in einer *shukubō* die entspannte Atmosphäre eines aktiven Tempels, religiöse Rituale und schön angerichtete *shōjin-ryōri* (精進料理), die vegetarische Küche der buddhistischen Mönche. *Shōjin* (Hingabe oder Fleiß) steht für diszipliniertes, achtsames Essen und basiert auf den buddhistischen Prinzipien der Gewaltlosigkeit.

Rund 50 Nebentempel in Kōya-san sind zugleich eine *shukubō*. Manche nutzen beliebte Buchungsseiten, doch am besten bucht man über **Kōya-san Shukubō Association** (shukubo.net). Man kann bestimmte *shukubō* anfragen oder einfach nach Preisklassen buchen – mindestens eine Woche im Voraus reservieren. Alleinreisende zahlen meist einen Aufpreis. Die meisten *shukubō* bieten viele Zimmerkategorien, von luxuriös mit eigenem Bad und tollem Gartenblick bis zu spartanischen Tatami-Zimmern mit Gemeinschaftsbad (die günstigsten beginnen bei ca. 12 000 ¥ pro Person inkl. Mahlzeiten). Auch als Nichtgast kann man in vielen zu Mittag essen.

Als Gast kann man an den Abend- und Morgengebeten (in der Regel um 6 Uhr) teilnehmen; einige *shukubō* bieten *ajikan*-Meditations-Workshops, eine typische Praxis des Shingon-Buddhismus mit Sutragesang.

Wandern in Kōya-san

WIE PILGERNDE VORANSCHREITEN

Kōya-san ist leicht mit Zug, Seilbahn und Bus erreichbar, doch zu Fuß, der traditionellen Pilgermethode, kann man sich gut auf Natur und Bergwelt einstimmen. Der 22,8 km lange **Chōishi Michi** (町石道) mit sanften Anstiegen und tollen Ausblicken

GÜNSTIG ÜBERNACHTEN IN KŌYA-SAN

Koyasan Guest House Kokuu
In dieser einladenden Pension nahe Oku-no-in wählt man zwischen Kojen im Kapsel-Stil und Privatzimmern. ¥

Suzumeno Kakurenbo
Makellose Pension mit Gemeinschaftsbädern, wenige Gehminuten von den Garan-Tempeln entfernt. ¥¥

Koyasan Guest House Tommy
Familiengeführte Unterkunft im Stadtzentrum. Mit angeschlossenem Café. ¥

WISSUTA.ON/SHUTTERSTOCK ©

Shōjin-ryōri

auf den Wald beginnt am **Jison-in-Tempel** am Bahnhof Kudoyama; man kann ihm dank der 180 durchnummerierten *chōishi* (steinernen Wegmarkierungen), die in Abständen von 109 m aufgestellt sind, leicht folgen. Sechs bis sieben Stunden einplanen; Proviant und Wasser mitnehmen.

Kōya-sans Geografie ist symbolträchtig, denn der Ort wird von acht Gipfeln umgeben, die an eine Lotusblüte erinnern. Über mehrere führt ein weiterer Wanderweg mit faszinierender Geschichte: **Nyonin-Michi** (女人道) bedeutet Frauenpfad, denn bis 1872 durften Frauen Kōya-san nicht betreten, sondern nur umrunden. Der Rundweg ist ca. 23 km lang; ein beliebter Abschnitt ist **Kōya-Sanzan** (drei Gipfel des Mount Kōya), der durch dichte alte Zedernwälder, vorbei an alten Schreinen und über drei Pässe auf über 1000 m Höhe führt. Dieser 8 km lange Weg beginnt nahe Goybō in Oku-no-in (die drei Gipfel sollen über Kōbō Daishis Mausoleum wachen). Das letzte Stück über eine Asphaltstraße endet am **Fudozaka-guchi Nyonin-dō**, dem einzigen Überbleibsel der acht Nyonin-dō (Pilgerinnenhallen), die einst bei Kōya-san lagen. Von dort aus geht's über den **Fudozaka Trail** zur Talstation der Seilbahn hinunter (2,5 km, steiler gepflasterter Weg). Wanderkarten online herunterladen (eng-shukubo.net).

DAS VERSTECKTE ONSEN-DORF RYŪJIN

Der Legende nach entdeckte Kukai, Kōya-sans Gründer, auch das Thermalwasser in **Ryūjin** (龍神), einem Onsen-Dorf auf halbem Weg zwischen Kōya-san und dem Kumano Kodō. Ryūjin ist bekannt für sein mineralreiches Onsen-Wasser mit Natriumhydrogencarbonat, das sehr hautpflegend ist. Sehenswert ist auch das antike Gasthaus **Kamigoten**, 1657 für einen regionalen Fürsten aus der Tokugawa-Familie gebaut. Neben den Bädern am Fluss gibt's elegante Holz- und Tatami-Zimmer sowie üppige Gerichte.

VON KŌYA-SAN ZUM KUMANO KODŌ

Ein 65 km langer Bergpfad verbindet Kōya-san mit Hongū-taisha, dem ersten der drei großen **Kumano**-Schreine (S. 350). Auch Kohechi-Route genannt, gilt er als der anspruchsvollste der vier Hauptpilgerwege des Kumano Kodō.

UNTERWEGS VOR ORT

Die Züge aus Kōya-san enden in Gokurakubashi, wo man in eine Standseilbahn umsteigt. Von oben nimmt man den Bus in die Stadt; auf der Verbindungsstraße ist Gehen verboten.

Unregelmäßige Busse verbinden die beiden Hauptviertel Kōya-sans: Garan im Westen und Oku-no-in im Osten. Alternativ läuft man 20 Minuten.

KUMANO KODŌ

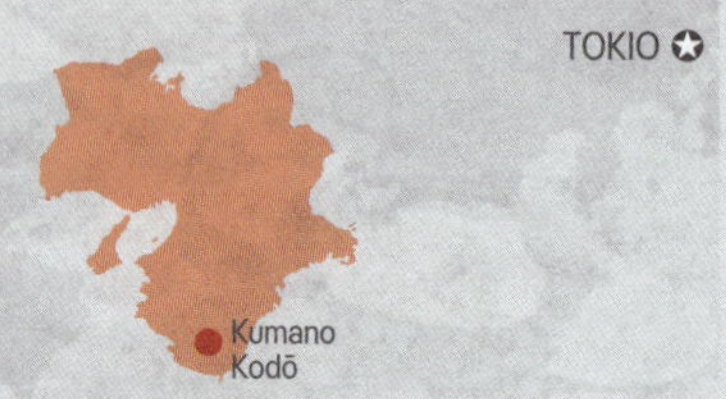

Trekking auf dem Kumano Kodō (熊野古道), einem alten Pilgerwegenetz in den Bergen der Kii-Halbinsel, ist das beste Outdoor-Abenteuer Kansais. Auf dem Weg zu drei heiligen Schreinen und Japans höchstem Wasserfall verbringen viele Traveller drei bis vier Tage auf den Wegen, übernachten in dörflichen *ryokan* und legen mit Bussen die uninteressanteren Abschnitte zurück.

Seit Urzeiten glaubt man in Japan, dass Kumano, ein Ort tiefer Naturverehrung und der alte Name der südlichen Kii-Halbinsel, von *kami* bewohnt wird – Shintō-Göttern, die in Bergen, Wäldern und Wasserfällen wohnen. Nach seiner Ankunft im 6. Jh. übernahm der Buddhismus die *kami* als Buddha-Manifestationen und entwickelte eine synkretistische Religion, die nur in den Kii-Bergen vorkommt. Die Kumano-Wallfahrten erreichten im 11. Jh. ihren Höhepunkt, als die Reise von Kyoto für ehemalige Kaiser und Adlige verpflichtend war.

TOP TIPP

Hilfe bei der Reiseplanung, einschließlich der Unterkunftsbuchung, gibt's auf kumano-travel.com. Das Kumano-Travel-Büro in Tanabe bietet Infos und detaillierte Wanderkarten. Nützlich sind auch die Touristeninformation von Tanabe und das Kumano Hongū Heritage Centre in Hongū.

Nakahechi-Route

HIGHLIGHTS
1 Kumano Nachi-taisha
2 Nachi-no-taki

SEHENSWERTES
3 Hosshinmon-ōji
4 Takahara Kumano-jinja
5 Takijiri-ōji
6 Tsugizakura-ōji

AKTIVITÄTEN
7 Kawayu
8 Yunomine

In kaiserlichen Fußstapfen

WANDERN AUF DER NAKAHECHI-ROUTE

Von den „alten Pilgerwegen" ist die **Nakahechi-Route** (中辺路) die beliebteste und zugänglichste. Sie führt von West nach Ost durch den südlichen Teil der Kii-Halbinsel und zu den drei großen Kumano-Kodō-Schreinen mit dem Kollektivnamen **Kumano Sanzan**. Der Weg dauert zwei bis sechs Tage, je nachdem, wie viele Busse (und Flussboote) man benutzt; *ryokan*-Unterkünfte liegen in malerischen Dörfern entlang der Strecke.

Von der Küstenstadt Tanabe aus gelangt man nach einer 40-minütigen Busfahrt zum Ausgangspunkt **Takijiri-ōji**, einem von fünf großen *ōji*, kleineren Schreinen entlang des Kumano Kodō, die den Nachkommen von Kumano-Gottheiten gewidmet sind. Dort betritt man das heilige Gebiet der Götter. Nach ein, zwei Tagen Fußmarsch erreicht man über Takahara das Dorf Chikatsu-yu mit dem **Takahara Kumano-jinja**,

DIE HIGHLIGHTS VON TANABE

Brad Towle, Destinationsmanager beim Tanabe City Kumano Tourism Bureau, gibt Tipps zur Stadt Tanabe, dem Tor zum Kumano Kodō.

Umeshu probieren
Die regionale Spezialität Umeshu (Aprikosenlikör) ist superlecker. Das **En+ Café** gegenüber dem Tourist Information Center (TIC) serviert ein Degustationsmenü.

Aikidō entdecken
Tanabe ist die Heimat von Ueshiba Morihei, dem Gründer der japanischen Kampfsportart Aikidō. **Tanabe Municipal Budokan** nahe dem Ogigahama-Strand bietet Aikidō-Erlebnisprogramme und ein Museum.

Essen wie die Einheimischen
In Tanabes Vergnügungsviertel Ajikōji gibt's gemütliche *izakaya* mit frischer, regionaler Küche. Im TIC erhält man Stadtkarten mit Tipps.

ESSEN UND AUSGEHEN IN HONGŪ

Okage-san Izakaya
Beliebte Raststätte in Watarase mit leckeren *yakitori* (gegrillte Hühnerspieße) und englischer Speisekarte. ¥¥

Fushiogami Chaya
Frauen aus der Region betreiben dieses Teehaus auf halbem Weg zwischen Hosshinmon-ōji und Kumano Hongū-taisha. ¥

Choux
Das niedliche Café in Hongū serviert frisch gebackene Windbeutel und Käsekuchen. ¥

Ōtorii, Kumano Hongū-taisha

PRAKTISCHE TIPPS FÜR WANDERNDE

Auf dem Kumano Kodō kann man ganzjährig wandern, aber im Winter sollte man wegen der kürzeren Tage entsprechend planen (Stirnlampe mitnehmen). Die Kii-Halbinsel gehört zu den regenreichsten Regionen Japans, daher sind Regenausrüstung und Rucksackschutz ein Muss. Nur wenige Unterkünfte auf der Strecke akzeptieren Kreditkarten. Wer nicht online bucht, sollte genug Bargeld für Essen, Unterkunft und Sonstiges mitnehmen. Die größte Gefahr sind rutschige Pfade; Bären sind selten, aber Vorsicht vor Grubenottern, großen giftigen Tausendfüßlern und aggressiven Hornissen.

einem der ältesten Kumano-Schreine inmitten von 800 Jahre alten Kampferbäumen. Vom *ōji* in **Tsugizakura** sind es 21,5 km (mind. 8 Std.) bis zum **Kumano Hongū-taisha** in Hongū, dem ersten der drei großen Schreine.

Hongū, der Hauptort des Kumano Kodō, lädt wie die benachbarten Onsen-Dörfer zum Verweilen ein. Nach einem heißen Bad kann man den Großteil des Weges nach **Shingū** an der Ostküste und zum **Kumano Hayatama-taisha** (einem der drei großen Schreine) mit einem Flachbodenboot zurücklegen. Alternativ wandert man die letzte Zwei-Tages-Etappe des Nakahechi zum **Nachi-no-taki**, dem höchsten Wasserfall Japans. Die 27,5 km lange Strecke umfasst einen Abschnitt namens „Körper zerbrechender Hang“, der über 5 km auf 800 m ansteigt. Dem *kami* (Gott) des Wasserfalls huldigt man im **Kumano Nachi-taisha**, dem letzten der drei großen Schreine.

Aufenthalt in Hongū

DAS HERZ DES KUMANO KODŌ

Am breiten Ufer des Kumano-gawa liegt **Hongū** (本宮), der Hauptort am Kumano Kodō mit dem **Kumano Hongū-taisha**, dem ersten der drei großen Schreine. Hongū ist ein Reiseziel für sich und bietet ein, zwei tolle Tageswanderungen, die einen Vorgeschmack auf die Pilgerfahrten geben; in nahe gelegenen Onsen-Dörfern kann man gut entspannen.

ÜBERNACHTEN IN HONGŪ

Blue Sky Guesthouse
Tolle Wahl für Wandernde: Zimmer mit Bad im japanischen Stil; Wäscherei und Frühstück inklusive. ¥¥

J-Hoppers Kumano Yunomine
Hostel mit Etagenbetten, Doppelzimmern im japanischen Stil und privatem Onsen. ¥

Fujiya
Ryokan mit Flussblick und hübschen Zimmern, einige mit eigenem *rotemburo*. ¥¥¥

Im **Kumano Hongū Heritage Centre** gibt's Wanderkarten, Ausstellungen über die Geschichte und Kultur des Kumano Kodō und einen großen Bildschirm mit den Ankunfts- und Abfahrtszeiten der Busse. Ein Weg führt über Felder zum außergewöhnlichen, wenn auch unpassenden **Ōtorii**, einem schwarzen, 42 m breiten Stahl-*torii*. Das größte *torii* Japans wurde 2000 errichtet und markiert den Eingang zum ehemaligen Hongū-Schrein am Flussufer (1889 bei einer Flut zerstört). Ein ehrwürdiger Ort mit Steinfundamenten unter Bäumen.

Der heutige Schrein befindet sich (vernünftigerweise) auf höherem Gelände und ist über die Treppe gegenüber dem Heritage Centre erreichbar. Im Kumano-Glauben werden Bäume und die Natur verehrt, da passt es traurigerweise, dass das Ausmaß der Flut von 1899 durch Waldabholzung noch verschlimmert wurde. Starker Regen löste Erdrutsche und eine Sturzflut ins Totsukawa-Tal aus. Mit den geborgenen Materialien wurde der neue Schrein aus unlackiertem Holz und mit Zypressenrindendächern gebaut.

„DUAL PILGRIM" WERDEN

Hast du eine Vorliebe für spirituelle Wanderungen auf der ganzen Welt? Dann könnte dich **Dual Pilgrim** interessieren, eine Partnerschaft zwischen dem Kumano Kodō und dem europäischen Jakobsweg. Absolviere beide UNESCO-Pilgerwege und sammele unterwegs Stempel für die Urkunde. Stempel erhalten Kumano-Kodō-Wandernde auf bestimmten Abschnitten der Nakahechi-Route und an den drei großen Kumano-Schreinen. Kostenlose Stempelbücher gibt's in der Touristeninformation von Tanabe.

Tageswanderung in Hongū

EINDRÜCKE AUF DEM KUMANO

Wer in Hongū unterkommt, kann den Bus zurück ins Tal nehmen und das letzte Stück der Nakahechi-Route bis zum Kumano Hongū-taisha (7,5 km) wandern. Der leichte, meist bergab führende Wanderweg (2 bis 3 Std.) verläuft durch Terrassenfelder und Wald. Busse fahren von der Stadt zum Ausgangspunkt **Hosshinmon-ōji** (Tor des spirituellen Erwachens), dem letzten der fünf großen *ōji* am Kumano Kodō, der die äußeren Grenzen des großen Schreins markiert.

Für eine Tageswanderung kann man diesen Abschnitt in einen Rundweg (16 km, am besten im Uhrzeigersinn) integrieren und **Akagi-goe** und **Danichi-goe** hinzufügen, zwei Nebenstrecken des Kumano Kodō zum Onsen-Dorf Yunomine. Der Ausgangspunkt liegt am Blue Sky Guesthouse. Karten gibt's im Kumano Hongū Heritage Centre.

Sorgen abfließen lassen

ENTSPANNUNG IN DEN KUMANO-ONSEN

Eine kurze Busfahrt (oder Bergwanderung) von Hongū entfernt liegen die Onsen-Dörfer **Yunomine** (湯の峰) und **Kawayu** (川湯), wo Pilgernde schon seit Jahrhunderten neue Kraft tanken. Es ist ein beliebtes Ziel für Kumano-Kodō-Wandernde; viele übernachten hier wegen der heißen Quellen.

Yunomine besteht nur aus ein paar *ryokan*, die an einem schmalen, reißenden Bach liegen, und ist eins der ältesten On-

Kumano Backpackers
Entspanntes Hostel gegenüber dem Kumano Hongū-taisha mit guter Küche und Gemeinschaftsraum. ¥

Ryokan Yoshinoya
Modernes *ryokan* mit *rotemburo* neben dem Tsuboyu-Onsen. Zimmer mit Gemeinschaftsbad und schönem Blick. ¥¥

Watarase Onsen Hotel Yamayuri
Größerer Komplex im Dorf Watarase mit modernen Zimmern und mehreren Onsen. ¥¥

ABSEITS AUSGETRETENER PFADE

Auf keiner Kumano-Kodō-Route ist so viel los wie auf der Nakahechi-Route.

Ise-ji-Route
Dieser 170 km lange Weg entlang der Ostküste der Kii-Halbinsel dauert ein, zwei Wochen und verbindet den großen Schrein von Shingū mit dem Ise-jingū, Japans heiligstem Shintō-Schrein.

Kohechi-Route
Der abgelegene, anstrengende 65-km-Weg verbindet Kōyasan mit dem großen Schrein Hongū und dauert vier Tage; man übernachtet in Dörfern am Weg.

Ohechi-Route
Die Route um die Südküste der Kii-Halbinsel wurde im 15. Jh. für die Gottesverehrung und den Tourismus entwickelt. Teile davon gingen durch moderne Autobahnen verloren.

sen-Ziele Japans. Der **Tsuboyu-Onsen** ist ein winziges, sprudelndes, in natürlichen Felsen gehauenes Becken. Von einer Holzhütte am tosenden Fluss überdacht, ist er vielleicht der ungewöhnlichste Onsen Japans. Einst soll man das mineralhaltige Wasser für Reinigungsriten genutzt haben. Tickets gibt's im nahen **Yunomine Public Bathhouse**. Der Onsen fasst zwei Personen und die Badezeit beträgt 30 Minuten. Das Heißwasserbecken am anderen Ufer dient zum Kochen von Eiern, die verkauft werden – der perfekte Wandersnack.

Kawayu, 4 km südöstlich von Yunomine, bietet eine eigene heiße Quelle am Fluss. Geothermisch erwärmtes Wasser steigt im kiesigen Flussufer auf, sodass man sich mit einer Schaufel eine eigene Badewanne buddeln kann. Im Winter verwandeln Bulldozer das Flussufer in das riesige *rotemburo* **Sennin Buro** (Bad für 1000 Personen). Den Rest des Jahres gibt's ein öffentliches *rotemburo* auf der anderen Seite der Fußgängerbrücke.

Flussfahrt nach Shingū

WO DIE GÖTTER HERABSTIEGEN

Ein weiterer der drei Hauptschreine liegt an der Mündung des Kumano-gawa in der Kleinstadt **Shingū** (新宮, neuer Schrein). Traditionell reisten Pilgernde vom Kumano Hongū-taisha aus mit dem Boot hierher, was als Touristenerlebnis in Form von 90-minütigen Fahrten in Flachboden-Sampans nachgestellt wird. Die Boote fahren zwischen März und November von einer Haltestelle auf halber Strecke zwischen Hongū und Shingū ab (mind. 3 Personen, Alleinreisende können sich evtl. einer Gruppe anschließen). Am besten vorab unter kumanotravel.com reservieren. Auf dem Wasser weisen einheimische Guides auf Besonderheiten der Landschaft hin und erzählen alte Geschichten. Manche Guides sind englischsprachig, ansonsten erhält man eine Broschüre.

Flusspilgernde werden am **Kumano Hayatama-taisha**, einem weiteren Schrein des Kumano Sanzan, abgesetzt. Das Gebäude ist eine Rekonstruktion von 1951 mit einem beeindruckend dicken *shimenawa* (heiligen Seil) und dem wohl ältesten Nadelbaum Japans. Vom Schrein aus sind es 15 Gehminuten in Richtung Süden zu Shingūs ursprünglicher Kultstätte **Gotobiki-iwa**, einem riesigen Felsblock an der Steilwand des Gongen-yama. Hier sollen die drei Kumano-Götter erstmals auf die Erde hinabgestiegen sein. Über steile, grob gehauene Stufen erreichbar, bei Nässe gefährlich, aber die Aussicht lohnt sich.

ESSEN IN SHINGŪ

Yakiniku Hige
Das Grillrestaurant serviert zart schmelzendes Kumano-Rindfleisch – das *wagyū* der Präfektur Wakayama. ¥¥

Magic Pierrot
Altbewährtes Shingū-Lokal mit Burger, Pizza und Crêpe, ideal nach Wanderungen. ¥¥

Ajito
Atmosphärisches *izakaya*, kombiniert *yakitori* und Fischgerichte mit Sake. Hier wird Walfleisch serviert. ¥¥

SEAN PAVONE/SHUTTERSTOCK ©

Seiganto-ji und Nachi-no-taki

Dem Wasserfall huldigen

KRAFTORT DER KII-HALBINSEL

Für natürliche Erhabenheit und spirituelle Verehrung steht der **Nachi-no-taki** (那智の滝), Japans höchster Wasserfall (133 m) und Kumanos „Kraftort" Nummer eins, der spirituelle Energie oder eine starke positive Aura haben soll. Die uralte Praxis der Naturverehrung verdichtet sich an diesem urzeitlichen Heiligtum: Der Wasserfall gilt als *kami* (Gott), und wer von dem Wasser trinkt (am Brunnen gegenüber), wird lange leben.

Der **Kumano Nachi-taisha** auf einem Bergvorsprung gegenüber ist der dritte große Kumano-Schrein. Erschöpfte Wandernde werden hier abgesetzt, nachdem sie den Ogumotori-goe, den letzten Abschnitt der Nakahechi-Route, bewältigt haben. Ein letzter Ritus besteht darin, durch den hohlen Stamm eines 850 Jahre alten Kampferbaums zu klettern. Das kleine **Treasury House** zeigt Kumano-Kodō-Exponate, darunter Dokumente über die vielen ehemaligen Pilgerherbergen (mind. 30) in der Nachi-Gegend.

Der benachbarte **Seiganto-ji** gehörte einst zum Schreinkomplex, bis in der Meiji-Restauration von 1868 der Buddhismus und der Shintō-Glaube gewaltsam getrennt wurden. Die von Weihrauchwolken erfüllte hölzerne **Haupthalle** soll das älteste Gebäude auf der Kii-Halbinsel sein. Nachi-no-taki ist ein berühmtes Fotomotiv mit der **dreistöckigen Pagode** im Vordergrund, die man gegen eine kleine Gebühr besteigen kann.

KUMANOS DREIBEINIGE KRÄHE

Halte entlang des Kumano Kodō Ausschau nach **Yatagarasu**, der riesigen, dreibeinigen Krähe aus der Shintō-Mythologie. Der Legende nach wurde der Standort des Kumano Nachi-taisha gewählt, weil Yatagarasu dort landete, nachdem sie den ersten Kaiser Jinmu über das Kii-Gebirge ins heutige Nara geführt hatte. Heute dient Yatagarasu der japanischen Fußballnationalmannschaft als Emblem und ist auf den Spielertrikots abgebildet.

UNTERWEGS VOR ORT

Die meisten Wandernden erreichen den Kumano Kodō über den Bahnhof Kii-Tanabe auf der Westseite der Halbinsel und beenden den Weg in Nachi-Katsuura (Bahnhof Kii-Katsuura) oder Shingū im Osten. Alle Bahnhöfe sind über die am Rand der Halbinsel verlaufende JR-Kinokuni-Linie mit Osaka verbunden.

Häufige Busse fahren durch die Berge im Inneren der Halbinsel und verbinden die wichtigsten Orte auf der Nakahechi-Route.

ISE-SHIMA

Das abgelegene Ise-Shima (伊勢志摩), das in dem Teil der Präfektur Mie liegt, der in den Pazifik hinausragt, hat einen besonderen Platz im Herzen vieler Einheimischer. Die Stadt Ise selbst ist unscheinbar, beherbergt jedoch Japans heiligsten Schrein, den für den Shintō-Glauben wichtigen Ise-jingū. Für Gäste aus Übersee ist die Ehrfurcht besonders bei den Festen spürbar. Der Ise-jingū aus dem 4. Jh. ist ein Paradox aus Alt und Neu: Die Schreinhallen sind ein Musterbeispiel für die alte japanische Architektur, werden aber alle 20 Jahre rituell umgebaut, und das seit 13 Jahrhunderten.

Mit dem Auto gelangt man tiefer in die Wildnis des Ise-Shima-Nationalparks, der mit der einzigartigen *ria*-Küstenlandschaft aus Felsbuchten lockt. Die beliebteste Aktivität ist ein Dinner mit den berühmten *ama*, Freitaucherinnen, die Muscheln vom Meeresboden ernten.

TOP TIPP

Ise-Shima liegt zwar in Kansai, ist aber am einfachsten von Nagoya aus erreichbar (1½ Std. mit dem Zug). Seltene Direktverbindungen von Kyoto bietet die Kintetsu-Linie (2 Std.); bei Zugfahrten ab Osaka (2 Std.) steigt man am Bahnhof Tsuruhashi um.

Meoto Iwa

Verehrung des Ise-jingū

EIN SCHREIN, DER SIE ALLE BEHERRSCHT

Der Schreinkomplex **Ise-jingū** (伊勢神宮), oft als „spirituelle Heimat" japanischer Einheimischer bezeichnet, erstreckt sich über zwei 6 km voneinander entfernte Orte. **Gekū**, der äußere Schrein, stammt aus dem 5. Jh. und ist Toyouke-no-Ōmikami (Gott der Nahrung, der Kleidung und des Wohnens) gewidmet. Die Schreinpriester bringen dem Gott täglich Reisopfer dar; dieser versorgt wiederum die Sonnengöttin Amaterasu-Ōmikami im wichtigeren inneren Schrein, die im **Naikū** verehrt wird. Sie gilt als Ahnengöttin der kaiserlichen Familie und als Schutzgöttin der Bevölkerung. Im Naikū befindet sich auch der Spiegel des Kaisers, einer der „drei heiligen Schätze" Japans.

Im Einklang mit dem Shintō-Glauben an Wiedergeburt und Erneuerung werden die Schreine alle 20 Jahre nach denselben Vorgaben (keine Nägel, nur Holzdübel, ineinandergreifende Fugen) auf speziellen Nachbargrundstücken wiederaufgebaut, das nächste Mal 2033. Während der **Sengyo-no-gi**-Zeremonie wird der Schreingott an seine neue Stätte versetzt; das Holz des alten Schreins wird für den Wiederaufbau des *torii* am Eingang verwendet oder an andere Schreine in Japan geschickt. Die Hauptheiligtümer von Naikū und Gekū sind fast vollständig hinter Holzzäunen verborgen. Nur Mitglieder der kaiserlichen Familie und bestimmte Priester dürfen sie betreten.

Ise-jingū ist auch ein beliebtes Ziel für den *hatsumōde* (ersten Schreinbesuch im neuen Jahr), wenn Millionen Gläubige hierher strömen und die Unterkünfte Monate im Voraus ausgebucht sind.

LIEBE AUF DEN FELSEN

In der Präfektur Mie liegt auch **Meoto Iwa** (夫婦岩; Ehepaar-Felsen), ein Paar natürlicher Felssäulen 700 m weit draußen im Meer, die durch ein *shimenawa* (gedrehtes Strohseil) miteinander verbunden sind. Die heiligen Felsen sind beliebt bei japanischen Paaren, hier wurden schon viele Anträge gemacht. Der **Futamiokitama-Schrein**, der vom Ufer aus auf Meoto Iwa blickt, ist für seine Froschskulpturen berühmt. 15 Gehminuten vom JR-Bahnhof Futaminoura entfernt.

Tief in die ama-Kultur eintauchen

DIE KUNST DES LUFTANHALTENS

An der Küste östlich von Ise leben in der Kleinstadt **Toba** (鳥羽) etwa tausend *ama* (Meerfrauen), die sich Gewichte um die Hüften schnallen und im Ozean freitauchen. Mit einer speziellen Atemtechnik, dem *isobue* (Meerespfeifen), halten die *ama* bis zu einer Minute lang die Luft an, während sie mit Metallhaken *sazae* (Turbanschnecken), Seeohren, Kammmuscheln, Seeigel und andere Muscheln von den Felsen lösen. Ises älteste aktive Taucherinnen sind über 80 Jahre alt. Die *ama*-Gemeinschaft in Ise macht die Hälfte aller *ama* in Japan aus; auch in Korea gibt's *ama* – die Tradition soll über 1000 Jahre alt sein.

ÜBERNACHTEN IN ISE-SHIMA

Ise Guest House Kazami
Holzgetäfelte Pension mit gemütlicher Lounge und Fahrradverleih; bestes Hotel am Bahnhof Ise-shi. **¥¥**

Asakichi Ryokan
Historisches *ryokan* mit sechs Zimmern, auf halbem Weg zwischen Gekū und Naikū. **¥¥**

Hoshide-kan
Beliebtes 10-Zimmer-*ryokan* in Ise mit englischsprachigem Personal und traditioneller Atmosphäre. **¥¥**

MATJAZ COREL/ALAMY STOCK PHOTO ©

ama-Taucherin

Ein Mittagessen in einer *ama*-Meeresfrüchtehütte ist eins der schönsten Erlebnisse in der Toba-Region. Im **Osatsu Komado**, einer Hütte mit Meerblick, grillen *ama* ihre Meeresfrüchte (darunter Muscheln, die sie am Morgen gesammelt haben) über einer Holzkohlegrube. Wer Japanisch spricht, kann Geschichten über ihr Abenteuerleben lauschen. Buche das Osatsu Komado am besten vorab online (osatsu.org/en), spätestens bis 17 Uhr am Vortag. Achte darauf, dass du eine Bestätigungs-E-Mail (auf Englisch) erhältst und **Ozegosan**, die kleinere der beiden Hütten, buchst; sie liegt auf den Klippen und bietet einen tollen Meerblick.

Es ist schwierig, aber nicht unmöglich, das Osatsu Komado mit öffentlichen Verkehrsmitteln zu erreichen: Nimm den Zug vom Bahnhof Ujiyamada in Ise nach Toba (15 Min.) so, dass du den sehr seltenen Bus nach Kuzaki bekommst; von dort sind es 10 Gehminuten.

ESSEN IN ISE-SHIMA

An der **Gekū-sandō**, der Zufahrt zum Gekū, liegen jede Menge Restaurants. Zu den Spezialitäten gehören Fisch und Meeresfrüchte aus der Ise-Bucht (die Toba-Region ist für ihre Austern berühmt) und *tekone-sushi*, bei dem Bonito, Thunfisch und andere rote Fische in Sojasoße getunkt und auf Reis serviert werden. Viele Restaurants schließen am frühen Abend (oder späten Nachmittag). Weitere liegen auf der **Oharai-machi** am Naikū.

UNTERWEGS VOR ORT

Der Gekū ist vom Bahnhof Ise-shi 10 Gehminuten entfernt. Zum Naikū nimmt man einen Bus vom Bahnhof oder von der Haltestelle vor dem Gekū. Zwischen dem inneren und äußeren Schrein des Ise-jingū läuft man ca. eine Stunde. Leihfahrräder gibt's in der Touristeninformation von Gekumae.

BIWA-SEE

Mit einem Sechstel der Landfläche der Präfektur Shiga ist der Biwa-ko (琵琶湖) der größte Süßwassersee Japans und einer der ältesten Seen der Welt. Er wurde einst in der Poesie und Kunst verehrt (was angesichts der Nähe zu Japans Kulturhauptstadt Kyoto nicht überrascht), doch moderne Bauprojekte haben ihm einiges von seinem lyrischen Charme genommen. Dennoch gibt's am 235 km langen Ufer viel zu sehen, darunter historische Burgstädte und Kunsthandwerk. Man kann auch die Fähre zur heiligen Insel Chikubu-shima nehmen oder an einem der Strände ein Stand-up-Paddelboard ausleihen.

Da die Highlights des Biwa-Sees von Kyoto aus leicht mit dem Zug erreichbar sind, ist der See ein beliebtes Ausflugsziel, aber man kann hier auch gut entschleunigen und den Massen und dem Großstadttrubel Kansais entfliehen.

TOP TIPP

Wer die ausgetretenen Pfade in der Präfektur Shiga verlassen möchte, aber kein eigenes Fahrzeug hat, begebe sich zum Biwako Backroads (biwakobackroads.com). Es bietet Radtouren, Spaziergänge und Wanderungen vom JR-Bahnhof Maibara aus.

SEHENSWERTES
1 Biwako Terrace
2 Harie
3 Hōgon-ji
4 Omi-Maiko
5 Shirahige-jinja
6 Ukimido

AKTIVITÄTEN
7 O'Pal

SCHLAFEN
8 Ryokan Beniayu

HANDELS-GESCHICHTE DES BIWA-SEES

Die Kleinstadt **Ōmihachiman** (近江八幡) war einst eine Poststation an der Nakasendō-Straße zwischen Edo (Tokio) und Kyoto. Heute bietet das alte Handelsviertel der Stadt ein altmodisches, lebendiges Flair mit Holzhäusern aus der Edo-Zeit auf der Shinmachi-Straße und am **Hachiman-bori**, einem historischen Kanal mit Kirschbäumen, der oft als Kulisse in japanischen Dramen dient. Die Touristeninformation **Hakuunkan**, ein ehemaliges Schulgebäude im europäischen Stil von 1877, bietet Karten der Umgebung.

Tagesausflug zur Burg Hikone

BIWA-KOS FEUDALER SCHATZ

Die Kleinstadt **Hikone** (彦根) am Ostufer des Biwa-ko ist vor allem für ihre Burg bekannt, die im Gegensatz zu vielen anderen die Feudalzeit unbeschadet überstanden hat. Die Burg **Hikone-jō** auf der Hikone-yama blickte einst direkt aufs Seeufer, doch aufgrund von Landgewinnung liegt sie jetzt 1 km vom Wasser entfernt.

Über zwei Jahrhunderte lang nach ihrer Erbauung im Jahr 1622 wurde die Burg vom *Ii*-Clan kontrolliert, einer der mächtigsten *daimyō*-Familien der Edo-Zeit. Wer schon die berühmten Burgen von Himeji oder Osaka besucht hat, wird staunen, wie winzig der dreistöckige *donjon* (Bergfried) von Hikone-jō ist. Die kleine, aber feine Burg gilt mit ihren gewellten Giebeln, glockenförmigen Fenstern (von Tempeln übernommen) und den mit Blattgold und schwarzem Lack verzierten weißen Putzwänden als Meisterwerk. Halte im Inneren nach *teppōzama* und *yazama* Ausschau, versteckten Schießscharten für Kanonen und Pfeile, die unentdeckt blieben, bis die Verteidiger den dünnen Putz durchschlugen.

Auf dem Burggelände befindet sich am Fuß des Hügels ein **Museum** mit Artefakten und alten Erbstücken des *Ii*-Clans: Schwerter und Rüstungen, Utensilien für die Teezeremonie, Musikinstrumente und theatralische *nō*-Masken, eine eng mit den Samurai verbundene Kunstform. Zum Spazieren lädt der Wandelgarten **Genkyū-en** ein, errichtet im 17. Jh. vom vierten Herrscher der Hikone-jō. Er wurde nach einem Palastgarten aus dem alten China angelegt und nutzt die Burgkulisse als *shakkei* (geliehene Landschaft).

Nagahamas Wohlfühlcharme

KUNSTHANDWERK UND HIKIYAMA

Wer einen Besuch in Hikone-jō plant, kann einen Abstecher in die alte Handelsstadt **Nagahama** (長浜) unternehmen, 25 Zugminuten weiter um den See herum. Nagahama bietet auch eine Burg am See, die aber in den 1980er-Jahren umgebaut wurde. Das Highlight ist das historische Viertel rund um den **Kurokabe-Platz**, nur einen kurzen Spaziergang vom Bahnhof entfernt. Kurokabe bedeutet „schwarze Wände", eine Anspielung auf die Stuckfassade des **Kurokabe Glass House** (ehemalige Bank von 1900) mit traditionellen handwerklichen Glaswaren.

Jeden April findet hier das Fest **Nagahama Hikiyama Matsuri** mit kunstvollen Festwagen statt, auf denen *kodo-*

ÜBERNACHTEN AM BIWA-SEE

J-Hoppers Lake Biwa Guesthouse
Hostel am Omi-Maiko-Strand mit Schlafsälen im Hüttenstil, Camping und Grillplatz. ¥

Ryokan Beniayu
Gehobenes Hotel mit heißen Quellen und Blick vom nordöstlichen Ufer aus. Zimmer mit eigenem *rotemburo*. ¥¥

Calendar Hotel
Stilvolles Kapselhotel am JR-Bahnhof Ōtsu mit Café, Bar und Dachterrasse. ¥

YINGHUI LIU/SHUTTERSTOCK ©

Kurokabe-Platz

mo kabuki aufgeführt wird – ein japanisches, von fünf- bis zwölfjährigen Kindern aufgeführtes Theater. Im **Hikyama-Museum** sind einige der riesigen Wagen ganzjährig zu sehen.

Eine weitere Attraktion ist der buddhistische Tempel **Daitsu-ji** mit spektakulär verziertem Haupttor. Am **Nagahama Tetsudō Square** in Bahnhofsnähe soll Japans ältestes Bahnhofsgebäude (von 1882) stehen. Heute ist es ein volkstümliches Museum mit besteigbaren Lokomotiven in Originalgröße. Gegenüber liegt der Garten **Keiunkan** mit einer Bonsai-Ausstellung.

Zur Stärkung isst man eine Schüssel *yakisaba somen* (geschmorte Makrele mit dünnen Weizennudeln), das Markenzeichen von Nagahama, das Eltern ihren verheirateten Töchtern zur Erntezeit schicken. Die Craft-Brauerei **Nagahama Roman Beer** bietet auch eine Brennerei und ein Restaurant.

Ōtsu & das Westufer

SEEBLICK UND VERGNÜGUNGSFAHRTEN

Am südlichen Ende des Biwa-ko liegt **Ōtsu** (大津), die Hauptstadt der Präfektur Shiga. Was man heute nicht vermuten würde: Die Stadt war im 7. Jh. kurz die kaiserliche Hauptstadt. Jeden August findet in Ōtsu ein spektakuläres Feuerwerk statt, das von

BIWA-KOS HEILIGE INSEL

Die Stadt Nagahama am See ist der Ausgangspunkt für die Fähren nach **Chikubushima** (竹生島), einer winzigen Insel, die seit der Antike als heilig und heute als einer der „Kraftorte" des Sees gilt – Orte mit einer starken, mystischen Lebenskraft. Auf der Insel steht der buddhistische Tempel **Hōgon-ji**, der Benzaiten, der Göttin von allem Fließenden – Wasser, Musik, Kunst, Wohlstand etc. – gewidmet ist. Der Hafen Nagahama liegt 10 Gehminuten südwestlich des Bahnhofs.

ESSEN IN NAGAHAMA

Yokaro
Ein stimmungsvoller Ort, um regionales *yakisaba somen* zu probieren. ¥¥

Kyōgoku Sushi
Erfahrene Köche bereiten in diesem traditionellen Thekenrestaurant tadelloses Sushi zu. ¥¥

Nagahama Roma Beer
Kombiniert Craft-Bier mit regionalem Omi-Rindfleisch oder traditionellen Fish 'n' Chips. ¥¥

DAS DORF DES REINEN WASSERS

Anne Kyle, Tourismusberaterin und seit 26 Jahren in Japan, erzählt von einem Juwel in der Präfektur Shiga.

Typisch für das Dorf **Harie** sind seit Jahrhunderten die vielen Quellen, die die Kanäle des Ortes speisen. An den meisten Häusern findet man einen *kabata*, einen Brunnen mit frischem Quellwasser. Die kleinen Becken werden zum Waschen und Kühlen von Gemüse und zum Abwaschen genutzt; alle Lebensmittelabfälle werden von im *kabata* lebenden Koi-Karpfen und Forellen gefressen. Ein sich selbst erhaltendes Ökosystem, das vom Gemeinschaftsgeist abhängt, da die Kanäle zwischen den Häusern fließen und von allen gepflegt werden. Im **Uehara Tofu Shop** gibt's Haries berühmten Quellwasser-Tofu.

WEI LING CHANG/SHUTTERSTOCK ©

Der Raddampfer Michigan

Kähnen auf dem Wasser aus gezündet wird. Im Sommer bieten sich auch Seerundfahrten an; die **Michigan** (biwakokisen.co.jp) mit Restaurant ist wie ein alter Raddampfer gestaltet. An Land liegt der Tempel **Mi-dera** aus dem 7. Jh., berühmt für seine Hondō (Haupthalle) mit seltenem *hiwatabuki* (Strohdach aus Zedernrinde). Im **Chikara Mochi** auf dem Tempelgelände kann man *mochi* (Reiswaffeln) probieren.

Wer von Ōtsu aus im Uhrzeigersinn am Westufer entlangfährt, gelangt zur **Ukimido** (schwimmenden Halle), dem besten Instagram-Spot am Biwa-ko mit einem auf einem Steg errichteten Tempel, der über dem Wasser zu schweben scheint. Sehenswert ist auch **Biwako Terrace** hoch oben in den Hira-Bergen, wohin man mit der **Biwako-Tal-Seilbahn** gelangt (Shuttlebus vom Bahnhof Shiga). Dort gibt's Wanderwege, Restaurants und einen tollen Blick auf den Biwa-See 1000 m weiter unten; im Winter liegt hier ein Skigebiet.

Einer der schönsten und am einfachsten zu erreichenden Strände am Westufer ist **Omi-Maiko**, ein schlichter, gewundener Kiesstrand mit Schatten spendenden Tannen. Kajakfahren oder SUP kann man am **O'Pal** (o-pal.com). Zehn Autominuten vom Omi-Maiko entfernt bietet der Biwa-See seine eigene Version von Miyajimas berühmtem „schwimmenden“ *torii*: den **Shirahige-jinja**, doch es gibt keine gute Anbindung mit öffentlichen Verkehrsmitteln.

UNTERWEGS VOR ORT

Die JR-Biwako-Linie verbindet Kyoto mit Ōtsu, Hikone und Nagahama. Schneller ist der Shinkansen von Kyoto nach Maibara, danach geht's mit dem Nahverkehrszug nach Nagahama oder Hikone. Am Bahnhof Nagahama liegt rechts hinter der Schranke eine Touristeninformation mit Fahrradverleih und Karten.

Rund um den Biwa-See

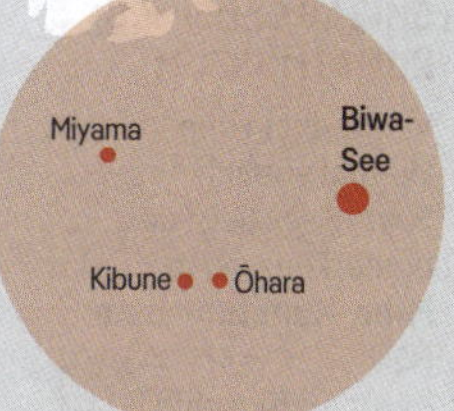

In den hügeligen Orten, strohgedeckten Dörfern und spirituellen Heiligtümern der ländlichen Präfektur Kyoto warten Abenteuer auf dich.

Wegen der Nähe zu Kyoto sind einige Attraktionen am Biwa-See auch eng mit Japans historischer Hauptstadt verknüpft. Ruhige Orte in den Hügeln nördlich von Kyoto beherbergen historische Tempel und locken seit Langem Erholungssuchende aus den Städten an. Im malerischen Ōhara liegt der sehenswerte Gartentempel Sanzen-in, in ganz Japan für seine Herbstfarben bekannt. In den Nachbartälern Kurama und Kibune gibt's noch mehr Tempel und das saisonale Lokal *kawadoko*, wo man auf Terrassen über einem rauschenden Fluss speist. Mit einem Auto kann man weiter in die Landschaft vordringen und eine Seite von Kansai entdecken, die vielen Reisenden verborgen bleibt.

TOP TIPP

Vermeide Ōhara an den trubeligen Novemberwochenenden, wenn die Straße von Kyoto hierher verstopft ist.

Sanzen-in (S. 364), Ōhara

SHIGAS GEHEIMES KUNSTMUSEUM

Versteckt in den Hügeln südlich des Biwa-Sees liegt das bemerkenswerte **Miho-Kunstmuseum** (ミホ ミュージアム), berühmt für seine Architektur und die Sammlung der Familie Koyama mit japanischer, nahöstlicher, chinesischer und südasiatischer Kunst, Keramiken und Lackwaren. Das futuristische Gebäude wurde vom verstorbenen amerikanischen Architekten I. M. Pei (bekannt für die Louvre-Pyramide) entworfen und erinnert an eine Berghöhle. Öffnungszeiten und aktuelle Busverbindungen gibt's auf der Website (miho.jp). Busse fahren mehrmals täglich vom JR-Bahnhof Ishiyama.

Tagesausflug nach Ōhara

HORTENSIEN, AHORNBÄUME UND GURKEN

Obwohl nur ein paar Kilometer Luftlinie von den Ufern des Biwa-Sees entfernt, ist das Bauerndorf **Ōhara** (大原) auf einem Hügel am einfachsten von Kyoto aus erreichbar. Als eins der beliebtesten Ausflugsziele der Stadt bietet Ōhara Ruhe, ländliche Idylle und schöne Tempel der buddhistischen Tendai-Schule.

Der Tempel **Sanzen-in** (三千院) ist für seine Herbstfarben, Hortensiengärten und Buddha-Statuen berühmt und das Highlight Ōharas. Er wurde 784 vom Priester Saichō gegründet (ebenso wie der Enryaku-ji in Kyoto) und ist ein toller Mix aus traditioneller Architektur und ornamentaler Gartengestaltung. Die Tatami-Hallen öffnen sich zum **Yūsei-en**, einem lebendigen Gemälde aus Pflanzen, Blumen, Teichen und Ahornbäumen. Ein Gartenweg führt zum **Ōjō Gokuraku-in** (Tempel der Wiedergeburt im Paradies) mit der Amida-Triade, drei großen buddhistischen Statuen, die als nationales Kulturgut gelten.

Zu den weiteren Ōhara-Tempeln gehört der **Hōsen-in** mit schön angelegten Gärten und einer 700 Jahre alten Kiefer. Am **Jikkō-in** genießt man *matcha* und Kuchen mit Aussicht. Weiter östlich erreicht man nach etwa 30 Minuten den kleinen **Otonashi-no-taki** (klanglosen Wasserfall), dessen Rauschen den buddhistischen Shōmyō-Gesang inspiriert haben soll.

Von der Bushaltestelle Ōhara läuft man 10 Minuten zum Sanzen-in, vorbei an Marktständen mit eingelegten Waren, einer regionalen Spezialität, darunter eisgekühlte eingelegte Gurken am Stiel (wie einen Lutscher essen) oder salzig-saures *shibazuke* (eingelegtes Gemüse mit lila *shiso*-Blättern).

Kurama & Kibune

DIE GESCHICHTE VON ZWEI TÄLERN

Ein einfacher Bergpfad durch einen alten Wald verbindet den Tempel **Kurama-dera** (鞍馬寺) aus dem 8. Jh. mit dem Flussdorf **Kibune** (貴船). Auf diesem klassischen Tagesausflug von Kyoto aus fährt man mit dem Bummelzug durch die herrliche Landschaft den Berg hinauf und durch den berühmten „Tunnel" aus Ahornbäumen (kurz vor dem Bahnhof Ninose). Von der Bergstation am Bahnhof Kurama ist es ein kurzer Fußweg bis zum Haupteingang des Kurama-dera. Ein steiler Pfad schlängelt sich durch alten Sicheltannenwald, vorbei am kleinen Shintō-Schrein **Yuki-jinja** (940 gegründet) bis zur Honden (Haupthalle). Eine Seilbahn bedient dieselbe Strecke, aber man verpasst die Attraktionen dazwischen.

ESSEN IN KURAMA & KIBUNE

Yoshuji
Herzhafte *shōjin-ryōri*-Menüs in einem alten japanischen Bauernhaus am Kurama-dera. ¥¥

Hirobun
Ein gutes Lokal, um *kawadoko* „über dem Fluss" zu probieren; serviert auch *nagashi-somen*-Nudeln. ¥¥

Hiroya
Für seinen *ayu* beliebt, eins der ältesten und bekanntesten *kawadoko*-Restaurants Kibunes. ¥¥¥

EMMA SHAW/LONELY PLANET ©

Speiseterrassen, Kibune

Von hier aus führt ein etwa 40-minütiger Weg über den Mount Kurama nach Kibune, wo man Ausschau nach den berühmten langnasigen Kobolden des Berges, den *tengu*, halten kann. Obwohl Kibune mit dem **Kibune-jinja** einen eigenen Schrein hat, ist sein Reiz eher gastronomischer als spiritueller Natur. Im Sommer befinden sich über dem schnell fließenden Bach die *kawadoko*-ähnlichen Speiseterrassen regionaler Restaurants und *ryokan*. Die Gäste sitzen auf Polstern unter Laternen, während das kühlende Flusswasser unter ihnen hinwegrauscht. Es gibt meist *kaiseki* (japanische Haute Cuisine), aber auch *nagashi somen* (fließende Nudeln), ein ausgelassenes Sommeressen, bei dem man dünne Reisnudeln aus einer Kaltwasser-Bambusrutsche „fängt" und in schmackhafte Brühe taucht.

DEN BERGEN HULDIGEN

Der dem Shugendō (Religion asketischer Bergpraktiken) gewidmete **Bujō-ji** (峰定寺) ist ein wenig besuchter Tempel im Dorf Hanase-Harachi-cho, 30 km nördlich von Kyoto. Die Veranda des einfachen Holzbauwerks bietet einen herrlichen Blick auf die nördlichen Berge Kyotos. Der im 12. Jh. von Kaiser Toba gegründete Tempel ist über 430 Stufen erreichbar. Bevor man den Tempel betreten und eine Opfergabe darbringen kann, muss man persönliche Gegenstände gegen einen Holzstab und eine Pilgertasche (für eine Wasserflasche und das Portemonnaie) eintauschen.

Bauernhäuser und Volksmuseen

EIN BLICK AUF DAS LÄNDLICHE KANSAI

Nördlich von Kurama, im bergigen Kernland der Präfektur Kyoto, liegt **Miyama** (美山, schöne Berge), eine Ansammlung ländlicher Weiler an jadegrünen Hängen mit ruhigen Landstraßen und verschlafenen Tempeln und Schreinen. Man kann sie an einem Nachmittag besichtigen, aber bei einem zwei- bis dreitägigen Aufenthalt kommt man besser zur Ruhe.

ÜBERNACHTEN IN MIYAMA

Matabe
Gemütliche *minshuku* in einem strohgedeckten Haus in Kayabuki-no-sato mit hausgemachten Gerichten. ¥¥

Kigusuriya
Familiengeführtes Vier-Zimmer-Gasthaus zwischen den Höfen Nord-Miyamas mit kostenlosen Rädern und Karten. ¥¥¥

Miyama Heimat Youth Hostel
Naturfeeling verspricht diese abgelegene Pension mit leckeren Gerichten und Zutaten aus Eigenanbau. ¥

GREG ELMS/LONELY PLANET ©

Kayabuki-no-sato

DER URWALD VON MIYAMA

In Japan findet man nur selten einen so großen alten Wald. Der 4200 Hektar große **Ashiu Research Forest** (芦生研究林), 15 km westlich von Miyamas Kayabuki-no-sato, wird von der Landwirtschaftsabteilung der Universität Kyoto verwaltet und ist größtenteils gesperrt, aber ein Teil lässt sich über eine alte Waldbahnstrecke erwandern (ca. 1 Std. hin und zurück). Erkundungsfreudige können sich bei der Kyoto Miyama Tourism Association (miyamanavi.com/en) nach Touren erkundigen.

Die Hauptattraktion Miyamas ist **Kayabuki-no-sato** (かやぶきの里), ein Weiler mit ca. 40 Bauernhäusern, die für ihre traditionellen *kayabuki-yane* (Strohdächer) im regionalen Kyoto-Kitayama-Stil bekannt sind – Walmdächer mit spitzem Giebel. Die meisten sind Privatwohnungen oder Cafés und Pensionen. Im **Miyama Folk Museum** kann man ein Haus mit erhaltenem rustikalem Interieur besichtigen. Das charmante **Little Indigo Museum** in einem anderen strohgedeckten Haus ist eine Galerie und Indigofärberei. Wer mehr erfahren will, kann über den örtlichen Tourismusverband einen **Spaziergang durch das Dorf** buchen (visitmiyama.com).

In Miyama sollte man die hausgemachten, saisonalen Biogerichte probieren. Zu den Spezialitäten gehören Hühnchen aus Freilandhaltung, im Frühjahr im Yura-gawa gefangener *ayu* (Süßfisch) und im Winter *botan nabe* (Wildschwein-Eintopf). Viele Restaurants sind nur mittags oder nach Absprache geöffnet. Übernachtungsgäste können die Mahlzeiten in ihrer Unterkunft buchen. Das **Besucherzentrum des Kyoto-Tamba-Kōgen-Quasi-Nationalparks**, 10 Fahrminuten südwestlich von Kayabuki-no-sato an der Bushaltestelle Agake gelegen, bietet E-Bikes, Touren und Aktivitäten.

UNTERWEGS VOR ORT

Ōhara und Kurama/Kibune sind von Kyoto aus leicht erreichbar (mit Bus oder Zug). Mit öffentlichen Verkehrsmitteln ist die Anfahrt nach Miyama etwas schwieriger: Man nimmt die JR-Sagano-/San-in-Linie zum Bahnhof Hiyoshi (50 Min.) und steigt dann in einen Bus nach Agake oder Kita (40 bis 50 Min.). Die Busse fahren ca. jede Stunde.

KINOSAKI-ONSEN

Oben an der Küste des Japanischen Meeres liegt Kinosaki-Onsen (城崎温泉), der Ort in Kansai, in dem man nackt am meisten Spaß hat. Denn in der Region steht das Parade-Onsen-Resort für eine einmalige kooperative Badehauskultur. Es wird erwartet, dass Übernachtungsgäste in *yukata* (leichten Baumwollkimonos) und *geta* (Holzsandalen) zwischen den öffentlichen Bädern hin und her laufen, als wäre die ganze Stadt ein einziger *ryokan*. Die meisten Unterkünfte bieten auch *uchi-yu* (Privatbäder), und es gibt fabelhafte traditionelle *ryokan*.

Wer mehrere Tage bleibt, kann neben den heißen Bädern noch anderen Aktivitäten nachgehen. An einem von Weiden gesäumten, nachts schön beleuchteten Fluss gelegen, bietet Kinosaki-Onsen altmodisches Flair sowie stilvolle Cafés, Restaurants und Geschäfte. In Takeno, eine Station weiter auf der JR-San-in-Linie, liegt ein schöner, leicht erreichbarer Strand.

TOP TIPP

Kinosaki-Onsen ist von Kyoto (2½ Std.) und Osaka (3 Std.) aus mit direkten Limited-Express-Zügen erreichbar. Ein kostenloser, auf die Züge abgestimmter Shuttlebus fährt zu den meisten *ryokan*. Der JR Kansai Wide Area Pass beinhaltet die Zugfahrt nach Kinosaki-Onsen.

Kinosaki-Onsen

KINOSAKI-ONSEN

SEHENSWERTES
1 Kinosaki Strawcraft Museum
2 Onsen-ji

AKTIVITÄTEN
3 Gosho-no-yu
4 Ichi-no-yu
5 Jizō-yu
6 Kō-no-yu
7 Mandara-yu
8 Sato-no-yu
9 Yanagi-yu

SCHLAFEN
10 Nishimuraya Honkan
11 Tsukimotoya Ryokan
12 Tsuruya

ESSEN
13 Gubigabu
14 Okesho
15 Orizuru

AUSGEHEN
16 Chaya

SHOPPEN
17 Iroha Yukata Rental Shop

Tour zu heißen Quellen

NACKTBADEN MIT FREMDEN

Seit der Heian-Zeit haben sich die Menschen in den mineralreichen heißen Quellen Kinosakis erholt. Der Legende nach soll vor 1400 Jahren ein verletzter *kō* (orientalischer Weißstorch) etwa dort, wo heute das Kō-no-yu steht, seine Wunden in dem Wasser geheilt und die Heilkraft dieser Quelle offenbart haben. Heute dient sie eher Wellnesszwecken: Das

ÜBERNACHTEN IN KINOSAKI-ONSEN

Nishimuraya Honkan
Prächtige Zimmer, Onsen-Bäder aus Zypressen und Stein sowie *kaiseki*-Gerichte mit den besten regionalen Zutaten. ¥¥¥

Tsuruya
Eine einladende, preiswerte *ryokan*-Wahl. Die Zimmer sind etwas abgenutzt. ¥¥

Tsukimotoya Ryokan
Ruhiges, familiengeführtes *ryokan* im Herzen der Stadt, gleich hinter dem Yanagi-yu-Badehaus. ¥¥¥

Wasser von Kinosaki-Onsen ist reich an Natrium, Kalzium und Chlorid und soll Muskel- und Gelenkschmerzen, Verdauungsprobleme sowie Hautkrankheiten lindern.

Kinosaki-Onsen verfügt über sieben *soto-yu* (öffentliche Bäder) in verschiedenen Größen und Stilen, alle auf einer ca. 1 km langen Strecke verteilt. In den meisten *ryokan* erhält man ein kostenloses Zwei-Tage-Ticket für alle öffentlichen Bäder; andernfalls kann man in jedem Badehaus den *yu-meguri*-Tagespass (1500 ¥) kaufen. Das *ryokan* versorgt auch mit *yukata* und *geta* (Holzsandalen), um überall das Entkleiden zu erleichtern. Es ist nichts dabei, sich hier an- oder auszuziehen – das machen alle! Im Gegensatz zu anderen Onsen-Zielen in Japan sind Tätowierungen hier kein Problem.

Das berühmteste der sieben öffentlichen Badehäuser ist das **Gosho-no-yu**, dessen prachtvoller Eingang dem Kaiserpalast Kyotos nachempfunden ist. Das *rotemburo* liegt direkt am grünen Berghang und ist besonders in der Abenddämmerung magisch, wenn Zikaden und Frösche ihren Chor anstimmen. Das Badehaus **Kō-no-yu** ist für sein *rotemburo* mit toller Bergkulisse bekannt; es ist zwar am weitesten vom Bahnhof entfernt, aber die Fahrt lohnt sich. Das **Mandara-yu** liegt abseits der Hauptstraße, ist nicht so überlaufen und auch für Einzelpersonen geöffnet. Eins der größeren Badehäuser, das **Ichi-no-yu**, sieht aus wie ein Kabukitheater; die Innenbäder sind eher zweckmäßig, doch es gibt ein lustiges „Höhlenbad" unter freiem Himmel.

Das winzige **Yanagi-yu** ist ein wunderschönes, minimalistisches Holzbadehaus mit einem *hinoki-buro* (Bad aus Zypressenholz) und besonders heißem Wasser. Am anderen Ende der Skala ist das am Bahnhof gelegene **Sato-no-yu** Kinosakis größtes Badehaus mit vielen Bädern und Saunen, darunter ein großes *rotemburo* auf dem Dach mit Wasserfällen und Aussicht. Die Frauen- und Männerbäder wechseln täglich, weshalb man eigentlich an zwei aufeinanderfolgenden Tagen kommen müsste. Zu guter Letzt sei noch das spartanische **Jizō-yu** erwähnt, das kein Außenbad hat und bei den Ortsansässigen beliebt ist. Alle Onsen werden von denselben alkalischen und leicht salzigen Quellen gespeist (42 °C bis 58 °C). Die privaten *ryokan*-Bäder nutzen normales, erwärmtes Wasser.

TIPPS & TRICKS FÜRS ONSEN-HOPPING

Die Massen vermeiden
Schau online nach, wie voll die einzelnen Bäder sind (kinosaki-onsen.net/congestion). Eine gute Zeit für einen Besuch der beliebtesten Bäder wie dem Gosho-no-yu ist zwischen 18 und 20 Uhr, wenn die meisten in ihren *ryokan* zu Abend essen.

Onsen-Hopping komplett
An jedem Wochentag ist mindestens ein Bad geschlossen, sodass man zwei Tage für alle braucht. In einer Broschüre aus der Touristeninformation können in jedem Badehaus Stempel gesammelt werden.

Romantisches Bad
Wenn ihr ein gemischtgeschlechtliches Paar seid, müsst ihr in den öffentlichen Bädern getrennt baden. Bucht daher ein *ryokan* mit privatem Onsen, wenn ihr gemeinsam baden wollt.

Verehrung im Onsen-ji

DEM HIMMEL SEI DANK FÜR HEISSE QUELLEN

Einst stiegen Onsen-Gäste zuerst auf die Hänge des Mount Daishi, um sich im **Onsen-ji** (温泉寺), dem Schutztempel der regionalen heißen Quellen, zu bedanken. Ein buddhistischer Priester namens Dochi Shonin soll 1000 Tage lang ge-

NACKT BADEN

Informiere dich über die Onsen-Etikette in unserem Onsen-Kapitel, S. 42.

ESSEN & AUSGEHEN IN KINOSAKI-ONSEN

Gubigabu
Entspanntes Lokal, kombiniert regionales Craft-Bier mit hochwertigem Tajima-Rindfleisch und Pizza. ¥¥

Orizuru
Elegantes Sushi-Thekenrestaurant mit preiswerten Menüs. Probiere im Winter Tsuiyama-Krabben. ¥¥

Okesho
Am Meeresfrüchtemarkt, serviert gegrillten Fisch, Tempura und *kaisen-don* (rohe Meeresfrüchte auf Reis). ¥¥

KRABBENSAISON IM WINTER

Die beliebteste Jahreszeit für Kinosaki-Onsen ist der Winter (Nov. bis März). Im Schnee sind nicht nur die Bäder und *rotemburo* verlockender, sondern es ist auch *matsuba-gani*-(Schneekrabben-)Saison; die regionale Spezialität mit süßsaftigem Fleisch wird nahe dem Fischereihafen Tsuiyama gefangen. Viele Restaurants und *ryokan* servieren üppige Krabbengerichte, gedünstet, gegrillt oder im Kochtopf zubereitet. Die Preise für frische Krabben sind am höchsten (in manchen Restaurants gibt's gefrorene). Unterkünfte sind im Winter in der Regel teurer.

betet haben, bis das Heilwasser plötzlich an der Stelle hervorsprudelte, an der heute das Mandara-yu-Badehaus steht.

Es ist ein 10-minütiger Aufstieg vorbei an moosbedeckten Stupas und Statuen zum Tempel. Alternativ fährt man mit der **Kinosaki-Onsen-Seilbahn** zur mittleren Station. Zu den Tempelschätzen gehört eine 2 m hohe, 11-köpfige Kannon, die nur alle 33 Jahre gezeigt wird – das nächste Mal 2054.

Nahe der Talstation der Seilbahn werden im Terrassencafé **Chaya** Eier verkauft, die man in einem geothermisch erhitzten Becken kochen und bei regionalem Craft-Bier genießen kann.

Eine weitere kulturelle Attraktion der Stadt ist das **Kinosaki Strawcraft Museum**. Es zeigt regionales *mugiwarazaiku*-Kunsthandwerk, bei dem Stroh gefärbt und in winzige Stücke geschnitten wird, die dann zu schönen, unglaublich komplizierten Mustern auf Holz aufgetragen werden. Apropos schöne Muster: Im **Iroha Yukata Rental Shop** kann der Standard-*yukata* mit einem raffinierten, auffälligen Design aufgewertet werden; das Personal frisiert sogar die Haare im traditionellen Stil.

Erkundung auf zwei Rädern

STRÄNDE, KAJAKS UND HÖHLEN

Wer keine Lust mehr auf schrumpelige Haut hat, kann in der Stadt anderen Aktivitäten nachgehen. Es macht Spaß, ein Fahrrad zu mieten und entlang des Maruyama-gawa nach Norden zum **Kehi-Strand** zu radeln, der dem Kinosaki-Onsen (4 km) am nächsten liegt. Etwas weiter westlich liegt an der Küste das Fischerdorf **Takeno** (ca. 7 km oder eine Station mit dem Zug von Kinosaki-Onsen aus) mit dem schöneren Sandstrand **Takeno-hama**, der im Sommer Rettungspersonal, klares Wasser und flache, lagunenartige Schwimmbereiche bietet. **Kitamaekan** ist ein Onsen-Komplex am Strand, der auch Schnorchelausrüstung und Meereskajaks für den Geopark vor der Küste vermietet.

Wer am Fluss entlang nach Süden statt nach Norden fährt (über die Kinosaki-Brücke gleich hinter dem Bahnhof), kommt nach 5 km zu den **Genbudō-Höhlen**. Das Naturwunder entstand vor 1,6 Millionen Jahren aus Basalt-Lavaströmen, die abkühlten, sich zusammenzogen und vertikale Risse bildeten, sodass hohe Säulen in einer Art Bienenwabenmuster entstanden.

UNTERWEGS VOR ORT

Fahrräder kann man an mehreren Stellen ausleihen, darunter bei Sozoro, der größten Touristeninformation Kinosakis, und im Ryokan Service Center; beide liegen am Bahnhof und bieten Fahrradkarten für die Umgebung.

Rund um Kinosaki-Onsen

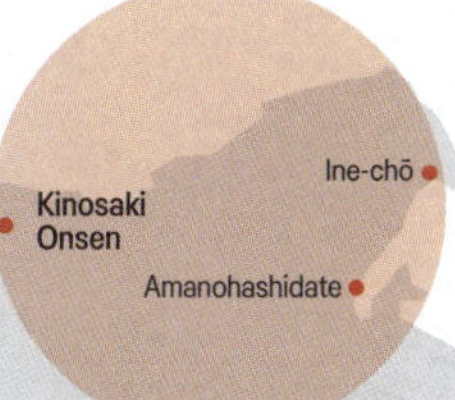

Bestaune eins der größten Naturwunder Japans und erkunde die Tango-Halbinsel abseits ausgetretener Pfade.

Die zerklüftete Küste Tango-hantōs (丹後半島, Tango-Halbinsel) ist in Japan für sommerliche Badeausflüge und winterliche Krabbenfeste bekannt. Hier wechseln sich Sandstrände, felsige Buchten und runde Inseln im Meer ab. Der berühmteste Ort ist Amanohashidate am Fuß der Halbinsel, wo eine bewaldete Sandbank, die die Bucht überbrückt, seit Langem als eine der schönsten Ansichten in Japan gilt.

Amanohashidate, mit dem Zug von Kinosaki-Onsen aus erreichbar, rundet dein Abenteuer in Nordkansai perfekt ab, doch die Anreise von Kyoto aus lohnt sich ebenfalls. Wer schon mal da ist, begebe sich zu den Stelzenfischerhäusern von Ine, die leicht mit dem Bus zu erreichen sind.

TOP TIPP

Für die Gegend nördlich von Ine braucht man ein Auto; die nächsten Autoverleihe sind in Kinosaki-Onsen, Toyooka oder Maizuru.

Amanohashidate **(S. 372)**

SIGHTSEEING-BAHN DURCH TANGO

Der Tango Aka-matsu verbindet Amanohashidate mit Nishimaizuru und ist ein Touristenzug mit Sitzplätzen am Fenster und Blick auf die schöne Landschaft der Präfekturen Kyoto und Hyogo. An bestimmten Strecken verlangsamt der Zug, damit man die Aussicht genießen kann, so bei der 550 m langen Yuragawa-Kyoryo-Brücke. Er kostet nur 550 ¥ mehr als der normale Zug und fährt zweimal täglich. Neben dem Kuro-matsu, der Frühstück, Mittagessen und Nachmittagstee serviert, trug der Aka-matsu zur Wiederbelebung einer einst stillgelegten Bahnstrecke bei. Nishimaizuru ist auf der Hashidate-Linie 1½ Stunden von Kyoto entfernt.

LEUNGCHOPAN/SHUTTERSTOCK ©

Ine-chō

Japans himmlischste Aussicht

DIE SANDBANK ENTDECKEN

Amanohashidate (天橋立) bedeutet Himmelsbrücke und ist ein 3,5 km langer Sandstreifen, der sich über das azurblaue Wasser der Miyazu-Bucht schlängelt, mit einem von Kiefern beschatteten Weg in der Mitte und einem weißen Bilderbuch-Sandstrand. Amanohashidate ist bei schönem Wetter von beiden Seiten aus sichtbar und zählt neben Matsushima und Miyajima zu den drei schönsten Landschaften Japans.

Es gibt eine feste Besichtigungsroute. Vom Bahnhof fährt man mit dem Sessellift zum Aussichtspunkt **Amanohashidate View Land** mit kleinem Vergnügungspark. Dort ist es

ÜBERNACHTEN AUF DER TANGO-HALBINSEL

Amanohashidate Youth Hostel
Gepflegtes Hostel mit Schlafsälen im westlichen und japanischen Stil, auf einem Hügel mit Buchtblick.

Miyabi Ine Boathouse
Traditionelles *funaya* mit Meerblick und regionalem Flair, eine von mehreren Ferienunterkünften. ¥¥

Hotel Jukaitei
Schickes Hotel mit Meerblick an der Westküste der Halbinsel, bekannt für seine Krabbengerichte. ¥¥¥

Brauch, sich zu beugen und durch die Beine auf die Sandbank zu schauen, um das *hiryūkan*-Phänomen zu sehen, das einem fliegenden Drachen ähneln soll. Nach der Rückfahrt mit dem Sessellift (es gibt keinen Fußweg) geht man über das Gelände des **Chion-ji** am südlichen Ende der Sandbank bis zu einem Steg mit Fahrradverleih. Es macht Spaß, über die Sandbank zu radeln. Das Rad kann man in der Regel auf der anderen Seite abgeben und per Boot zurückfahren. Das idyllische Restaurant **Hashidate Chaya** auf der Sandbank bietet Sitzplätze im Sand. Hier kann man *asari don*, gekochte Venusmuscheln auf Reis, und herzhafte Sardinenfrikadellen probieren. Schwimmlustige finden bei den Pinien gegenüber Stranddusche.

Auf der Nordseite der Sandbank gibt's dieselben Attraktionen wie auf der Südseite: Man fährt mit dem Sessellift hinauf und genießt die Aussicht. Vom Aussichtspunkt fahren Shuttlebusse zum malerischen Tempel **Nariai-ji** in den Bergen. Nach Ine gelangt man schneller von der Nordseite aus, mit dem Bus von der Haltestelle Ejiri (30 Min.).

Wer mit dem Ausflugsboot über die Bucht zurückfährt, erlebt vielleicht bemerkenswerte (zuweilen erschreckende) ornithologische Darbietungen, wenn entschlossene Möwen und Milane auf der Suche nach Snacks tief übers Deck sausen.

Die Bootshäuser von Ine-Chō

LEBEN AUF DEM MEER

Auf der Ostseite der Tango-Halbinsel liegt der Fischerort **Ine-chō** (伊根町) mit traditionellen Holzhäusern namens *funaya* (Bootshaus), die direkt über dem Wasser gebaut sind, damit Boote darunter festgemacht werden können. In Ine gibt's etwa 230 *funaya*, die sich über 5 km Küstenlinie erstrecken. Die unterste Etage der 300 Jahre alten Häuser bietet Meerzugang und wird genutzt, um Boote abzustellen, Fischereigeräte zu lagern und Meeresfrüchte (Tintenfische) aufzuhängen. Oben liegt ein Wohnbereich auf Höhe der Straße, die hinter den Häusern verläuft. Viele sind bewohnt oder dienen als Ferienunterkünfte (ine-kankou.jp/en/inns), die zwei bis drei Monate im Voraus zu buchen sind.

Am besten sieht man die Häuser in Ine vom Wasser aus, entweder bei einer 30-minütigen Rundfahrt durch die Bucht an Bord der **Ine Bay Cruise** (inewan.com) mit 25 Plätzen oder einer Motorboottour (mind. 2 Passagiere); beide sind im **Ine Town Information Center** hinter der Bushaltestelle buchbar.

AUF DEN STRASSEN TANGOS

Wer ein eigenes Fahrzeug hat, fährt an Ine auf der Route 178 vorbei, einer Küstenstraße mit spektakulären Landschaften. Am nördlichsten Punkt der Tango-Halbinsel liegt die Landzunge **Kyōga-misaki** mit historischem Leuchtturm, steilen Klippenwegen und dramatischem Meerblick. Ein weiterer lohnenswerter Halt ist der Onsen-Komplex **Ukawa-Onsen Yoshino-no-Sato** am Hang, der wie ein Bauernhaus des 21. Jhs. gebaut ist, mit großen Bädern und Meerblick. **Kotohiki-hama** an der Westküste der Halbinsel ist ein toller Strand inmitten kiefernbewachsener Hügel mit einem kleinen, natürlichen Onsen.

DIE „DREI LANDSCHAFTEN JAPANS“

Amanohashidate wurde offiziell zu einer der drei schönsten Landschaften Japans ernannt, neben den kiefernbewachsenen **Matsushima**-Inseln (S. 446) in der Präfektur Miyagi und dem **Itsukushima-Schrein** (S. 388) in der Präfektur Hiroshima.

UNTERWEGS VOR ORT

Für die Zugfahrt von Kinosaki-Onsen nach Amanohashidate fährt man zwei Stationen nach Süden bis zum Bahnhof Toyooka und nimmt dort die eingleisige Miyatoyo-Linie durch Bambuswälder, Reisfelder und Dörfer (1 Std. 50 Min.).

Busse verbinden den Bahnhof Amanohashidate mit Ine (1 Std.).

Oben: Itsukushima-jinja (S. 388), Miyajima; Rechts: Friedenspark (S. 382), Hiroshima

DIE WICHTIGSTEN ZIELE

HIROSHIMA
Ziel des Atombombenangriffes, florierende Metropole.
S. 380

ONOMICHI & DIE SHIMANAMI KAIDŌ
Radtour zwischen den Inseln der Inlandsee.
S. 391

KÜNSTLERINSELN DER INLANDSEE
Wunderschöne Landschaften bereichert durch moderne Kunst
S. 402

HIROSHIMA & WEST-HONSHŪ

EINE GESCHICHTE ZWEIER KÜSTEN

Eine ereignisreiche Geschichte, zeitgenössische Kunst, malerische Landschaften, pittoreske entlegene Dörfer und wunderschöne Inseln, die zum Weltkulturerbe gehören – was will man mehr?

West-Honshū (本州西部) wird auch Chūgoku genannt („Land der Mitte"), die touristischen Hauptrouten liegen an der südlichen und nördlichen Küste. Entlang der dichter besiedelten und industrialisierten südlichen San-yō-Küste flitzt der Shinkansen nach Hiroshima, der größten Stadt der Region. Die quirlige Metropole ist ein lebendiges Zeugnis der Zerstörung durch die Atombombe im Zweiten Weltkrieg. Bei der nahen Miyajima erhebt sich das zinnoberrote Tor des Itsuki-shima-jinja majestätisch aus dem Meer.

Zeitlose Schönheit bieten auch einer der berühmtesten Gärten Japans in Okayama und die gut erhaltenen Gebäude aus der Edo-Zeit in Kurashiki. Vor der San-yō-Küste liegen die malerischen Inseln des Binnenmeers, darunter Naoshima und Teshima, wo mithilfe zeitgenössischer Kunst eine ehemals sterbende Gemeinde wiederbelebt wurde. Auf Shōdo-shima kann man wandern oder alles über die *yōkai*, Japans Geisterdämonen, erfahren. Wer gerne radelt, wird von der Inselhopping-Route Shimanami Kaidō zwischen Onomichi und Imabari auf Shikoku begeistert sein.

Der alte Shintō-Schrein Izumo Taisha ist ein Highlight an der nördlichen San-in-Küste. Onsen (Thermalbad) mit nur wenigen ausländischen Reisenden bieten Entspannung und malerische alte Städte und Dörfer wie Hagi, Matsue, Tsuwano und Ōmori lassen sich erkunden. Im Landesinneren wandert man durch Schluchten und Höhlen, oder man segelt zu den abgelegenen, rauen und kulturell einmaligen Oki-Inseln, die Vulkanausbrüche vor sechs Millionen Jahren schufen.

OKI-INSELN
UNESCO-Geopark im Japanischen Meer.
S. 409

MATSUE
Küstenstadt mit Burg und grandiosen Sonnenuntergängen.
S. 414

HAGI
Keramikstadt mit malerischem Samurai-Viertel.
S. 424

Erste Orientierung

Die Region ist groß und umfasst viele sehenswerte Inseln. Züge und Busse sind zwar oft die beste Fortbewegungsart, doch man muss zusätzliche Zeit für die Fahrt mit den Fähren einberechnen.

Oki-Inseln, S. 409

Die steilen Klippen der UNESCO-geschützten Inseln ragen aus dem Japanischen Meer und bieten spektakuläre Landschaften und eine einzigartige Kultur.

AUTO & FAHRRAD

Ein Auto ist von Vorteil, besonders wenn man abseits der üblichen Touristenpfade unterwegs ist. Zu und auf den Inseln der Inlandsee ist das Fahrrad zu empfehlen.

FLUGZEUG

Von Tokio gibt's Direktflüge zu den Flughäfen Hiroshima, Okayama, Matsue, Shimonoseki und Yamaguchi. Wer keine Zeit für Fähren hat (die schnellste braucht zwei Stunden), fliegt zu den Oki-Inseln.

ZUG

Der Shinkansen fährt entlang der Südküste der Region. An der Nordküste verkehren Züge zwischen Hagi und Tottori, aber schnelle Verbindungen sind selten – stattdessen genießt man die Landschaft von langsamen „lokalen" Zügen.

Onomichi, S. 391

Die Küstenstadt voller Tempel hat viel Retroschick und ist die ideale Ausgangsbasis für eine Radtour auf der Shimanami-Kaidō-Route nach Shikoku.

Die Künstlerinseln der Inlandsee, S. 402

Zeitgenössische Kunst und Architektur bereichern die wunderschöne Landschaft von Naoshima und der Nachbarinseln Teshima und Inujima.

Perfekte Tage

Wer eine Reise durch West-Honshū plant, hat die Qual der Wahl zwischen mehreren Inseln, malerischen Dörfern und Städten abseits der Touristenpfade und der Großstadt Hiroshima.

FLORIAN AUGUSTIN/SHUTTERSTOCK ©

Tatara-Brücke, Shimanami Kaidō (S. 392)

Wochenendtrip

- Fans von zeitgenössischer Kunst und Architektur haben **Naoshima** (S. 404) wohl schon auf dem Radar. Die wunderschöne Binnenmeerinsel beheimatet die Museen und Installationen der Benesse Art Site. Ein Tagesausflug von **Okayama** (S. 399) ist möglich, besser ist aber, dort zu übernachten.

- Eine Alternative ist ein Tagesausflug nach **Hiroshima** (S. 380), eine lebendige Stadt im Flussdelta mit Brücken und Straßenbahnen. Sie ist das zweite wichtige Ziel in der Region wegen des Friedensmuseums und Parks zu Ehren der Atombombenopfer von 1945. Am nächsten Tag geht's zur nahe gelegenen heiligen Insel **Miyajima** (S. 388), berühmt für den rot lackierten Schrein über dem Wasser und den herrlichen Blick auf die Inlandsee.

Beste Reisezeit

Mit mildem Wetter und fotogener Landschaft sind der späte April und frühe November ideale Reisemonate. Im Juli und August geht's an die Strände.

FEBRUAR

Der Kälte trotzen, um das über 500 Jahre alte Saidai-ji-Eyō-Fest im Tempel Saidaiji Kannon-in nahe Okayama zu besuchen.

APRIL

Die Kirschblüte ist im Friedenspark in Hiroshima (S. 382) und Senkoji-Park in Onomichi (S. 394) zu bewundern.

MAI

Am 3. Mai veranstalten als Kurtisanen der Heian-Zeit verkleidete Frauen beim Akama-jingū in Shimonoseki eine farbenprächtige Prozession.

VON LINKS NACH RECHTS: ASLAMAS_AD/SHUTTERSTOCK ©, TANYA JONES/SHUTTERSTOCK ©, DAR44/SHUTTERSTOCK ©

Eine Woche Zeit

- Man sollte sich zwei oder drei Tage Zeit für eine Fahrt über das Japanische Meer nehmen, um die geologisch faszinierenden **Oki-Inseln** kennenzulernen (S. 409). Ein Japan ohne den Kommerz des Festlandes, in dem Natur und Outdoor-Aktivitäten im Mittelpunkt stehen.

- Auf dem Weg zu oder von den Inseln plant man zwei Tage für Matsue (S. 414) und seine Burg ein. Von hier besucht man den wunderschönen Garten rund um das **Adachi-Kunstmuseum** (S. 421), das hervorragend restaurierte alte Dorf **Ōmori** und die Welterbestätte **Iwami Ginzan** (S. 419).

Mehr als eine Woche Zeit

- Vom Retrohafen **Onomichi** (S. 391) voller Tempel geht's mit dem Fahrrad entlang der Route **Shimanami Kaidō** (S. 392) mit einer Pause in Setoda (S. 395) auf Ikuchi-jima. Am besten verbringt man jeweils eine Nacht in der verschlafenen Hafenstadt **Tomo-no-Ura** (S. 397) und im Bikan-Viertel von **Kurashiki** (S. 398) und genießt die jahrhundertealten Gebäude, sobald die Tagesausflügler weg sind.

- Das malerische alte **Hagi** (S. 424) im äußersten Westen der Region verfügt über ein gut erhaltenes Samurai-Viertel und einen schönen Strand. Weitere nahe Optionen sind die schöne Stadt **Tsuwano** (S. 429) am Fluss und der erneuerte Onsen **Nagato Yumoto**.

JULI

Beim Heron Dance Festival in Tsuwano (S. 430) am 20. und 27. Juli tanzen als Reiher verkleidete Menschen durch die Stadt.

AUGUST

Dem Jahrestag des Atombombenabwurfs auf Hiroshima (S. 382) wird mit einer Gedenkfeier im Friedenspark gedacht.

NOVEMBER

Früh im Monat sind die Herbstfarben an Orten wie Miyajima (S. 388) und der Kanka-Schlucht in Shōdo-shima (S. 408) zu bewundern.

DEZEMBER

Der Schnee bedeckt die höchsten Gipfel der Region, darunter der Daisen (S. 422), auf dem man Ski fahren kann.

HIROSHIMA

Hiroshima (広島), die attraktive Stadt im Delta mit Brücken und Flüssen, ist für immer vom 6. August 1945 geprägt, als sie den ersten Atombombenangriff der Welt erlitt. Der Friedenspark und das Friedensmuseum gedenken des unvorstellbaren Tags und ziehen als Zeitzeugen der Kriegsschrecken Millionen Reisende aus der ganzen Welt an.

Aus der Asche der Nachkriegszeit erhob sich Hiroshima wie ein Phönix. Wichtige Wahrzeichen wie die Burg und der Park Shukkei-en wurden wiederaufgebaut. Neue Museen und Galerien entstanden, und das Partyviertel Nagarekawa erlebte einen Aufschwung mit Hunderten Bars, Clubs, Karaoke-Läden und Restaurants in den Gassen zwischen Aioi-dōri und Heiwa-Ōdōri.

Heute ist Hiroshima eine entspannte, kosmopolitische 1,2-Millionen-Stadt, die sich für die Verbreitung der Friedensbotschaft einsetzt. Ein paar Nächte hier lohnen sich, vor allem, um die Sehenswürdigkeiten in der Umgebung anzusehen.

TOP TIPP

Die Geschichte des Automobilherstellers Mazda in Hiroshima reicht bis ins Jahr 1920 zurück. Ein Besuch des Museums in der Mazda-Fabrik in Hiroshima muss vorab online gebucht werden (mazda.com/de/about/museum/reservations). Ein Highlight der zweistündigen Führung ist der Blick von der Brücke über das 7 km lange Fließband.

Hiroshima-jō (S. 383)

SEHENSWERTES
1 Hiroshima Peace Memorial Museum

SCHLAFEN
2 Atomic Bomb Dome
3 Hijiyama-kōen
4 Hiroshima-jo
5 Hiroshima City Manga Library
6 Hiroshima MOCA
7 Hiroshima Prefectural Art Museum
8 Orizuru Tower
9 Peace Memorial Park
10 Shukkei-en

AUSGEHEN
11 Okosta

ESSEN
12 Ekohiiki
13 Hassei
14 Okonomi-mura
15 Oyster Bar Mabui Namiki

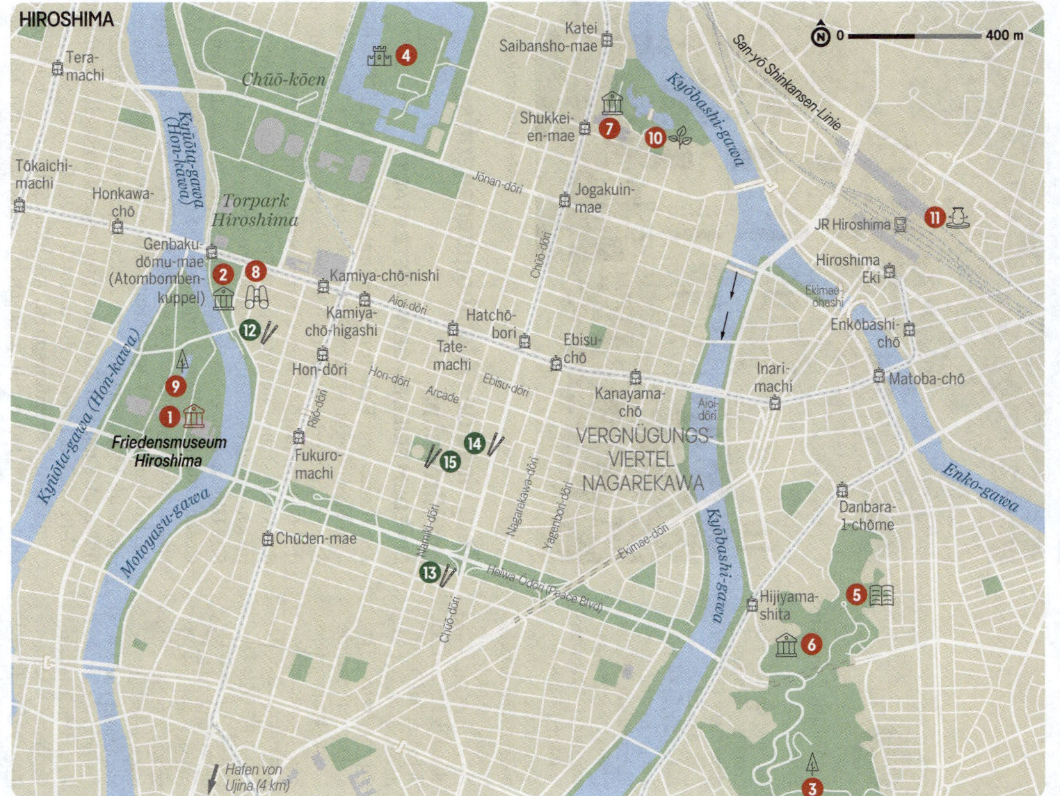

KRANICHE FÜR DEN FRIEDEN

Die Idee für das 1958 errichtete **Kinderdenkmal** im Friedenspark stammt von Sadako Sasaki, die beim Bombenangriff zwei Jahre alt war. Als das elfjährige Mädchen von ihrer Leukämieerkrankung erfuhr, beschloss sie, 1000 Papierkraniche zu falten. In Japan symbolisiert der Kranich Glück und ein langes Leben. Sadako war überzeugt davon, gesund zu werden, wenn sie ihr Ziel erreichen würde. Sie starb, bevor sie ihr Vorhaben abschließen konnte, doch ihre Klassenkamerad:innen führten es zu Ende. Aufgrund dieser Geschichte lebte diese alte Tradition in Japan wieder auf. Das Monument wird von Tausenden bunten Papierkranichen eingerahmt. Sie stammen von Schulkindern aus dem Land und der ganzen Welt – alle sind herzlich eingeladen, auch einen Kranich beizusteuern.

Atombombenkuppel

Zeugnisse des Atombombenangriffs auf Hiroshima

EINE DEM FRIEDEN GEWIDMETE STADT

Ein Besuch im **Friedensmuseum Hiroshima** (広島平和記念資料館) bleibt unvergesslich. Die ausgestellten Fotos und Exponate sind erschütternd und lassen die Auswirkungen des 6. August 1945 begreifen. Vorher- und Nachher-Fotos der Stadt stehen neben geborgenen Gegenständen (zerrissene Kleider, die geschmolzene Brotdose eines Kindes, eine um 8.15 Uhr stehen gebliebene Uhr). Es gibt Informationen zur Geschichte Hiroshimas, warum die Stadt zum Ziel der amerikanischen Atombombe wurde, und zur Entwicklung und Vernichtungskraft von Atomwaffen. Sehenswert sind am Ausgang Videoberichte von Zeitzeugen und das Gästebuch mit Einträgen von Staatshäuptern aus aller Welt, darunter US-Präsident Barack Obama im Jahr 2016.

Im grünen **Friedenspark,** von Flüssen begrenzt und voller Denkmäler, laden ruhige Ecken zum Innehalten ein. Zentrales Element ist der vom berühmten Architekten Kenzō Tange entworfene **Friedensteich**, der zum Kenotaph führt, einem geschwungenen Betonmonument mit den Namen aller bekannten Opfer der Bombe. Das Kenotaph rahmt die **Flamme des Friedens** ein, die brennen soll, bis alle Nuklearwaffen der Welt zerstört sind.

ÜBERNACHTEN IN HIROSHIMA

Candeo
Zimmer mit komfortablen Betten, Smart-Fernsehern, großen Schreibtischen und Bädern mit technischem Touch. ¥¥

Hiroshima Inn Aioi
Edles traditionelles Gasthaus mit Tatami-Zimmern und öffentlichem Bad. Das Restaurant serviert japanische Gerichte. ¥¥¥

J-Hoppers Hiroshima
Hostel in der Nähe des Friedensparks mit gemütlicher und familiärer Atmosphäre. Privatzimmer und Schlafsäle mit Tatami-Böden. ¥

Auf der gleichen Achse auf der anderen Seite des Flusses steht die zum Weltkulturerbe gehörende **Atombombenkuppel**. Die 1915 erbaute und vom tschechischen Architekten Jan Letzl entworfene Ausstellungshalle im westlichen Stil war nur 160 m vom Epizentrum der Explosion entfernt – um die ausgehöhlte Hülle liegen Trümmer und an den Überresten sind Brandspuren sichtbar. 1966 wurde beschlossen, sie zu erhalten. Abends ist es ruhiger und das Stahl- und Betonskelett wird angestrahlt.

Eine Samurai-Parade in der Burg

EINE WIEDERAUFGEBAUTE FESTUNG

Nach dem Zweiten Weltkrieg waren von der weitläufigen Burganlage **Hiroshima-jō** (広島城) aus dem Jahr 1589 nur noch Steinmauern und der Burggraben übrig. Eine Replik des Hauptturms wurde 1958 fertiggestellt. Heute ist er ein Museum mit historischen Exponaten und Sonderausstellungen, am lohnendsten ist die Aussicht aus dem fünften Stock auf den eindrucksvollen Burggraben.

Der hübsche umliegende Park lädt zu einem (kostenlosen) Spaziergang ein. Neben der Haupttorbrücke über den Burggraben steht der eindrucksvoll wiederaufgebaute **Ninomaru**, von dem Angreifer mit Pfeilen angegriffen wurden.

Samstags um 13 oder 15 Uhr ziehen die **Aki Hiroshima Busho-Tai**, neun Performer in bunten Samurai-Kostümen des Mōri-Clans, durch den Schlosspark. Sonntags führen sie um 13.30 und um 15 Uhr im Ninomaru zu lauter Rockmusik Schwertkämpfe vor.

Spaziergang durch den Shukkei-en

EIN RUNDWEG DURCH DEN PARK

1620 wurde die ruhige Parkanlage Shukkei-en (縮景園) nach dem Vorbild des Westsees im chinesischen Hangzhou für den *daimyō* (Fürsten) Asano Nagaakira angelegt. Sein Name bedeutet „zusammengezogener Blick". Das Herzstück des Gartens ist ein großer Teich, der von der *Kokō-kyō* (Regenbogenbrücke) überspannt wird und um den sich die Spazierwege winden. Der durch die Atombombe zerstörte Park und die zugehörigen Teehäuser wurden alle sorgfältig restauriert.

Das **Kunstmuseum der Präfektur Hiroshima** blickt auf den Park und zeigt eine gute Sammlung mit Werken aus Japan, Asien und dem Westen, darunter Salvador Dalís *Der Traum der Venus* und Gemälde von Hirayama Ikuo, der sich während des Atombombenangriffs in der Stadt befand.

SPORTVERANSTALTUNGEN

Für Sportfans ist Hiroshima eine großartige Stadt, um ein Baseball- oder Fußballspiel zu besuchen. Die Liebe zu einer der beiden Sportarten ist keine Voraussetzung, man kann auch einfach nur die Atmosphäre und die Begeisterung des Publikums in den Stadien genießen.

Die Carps, das beliebte Baseballteam der Stadt, spielt im **Mazda Zoom Zoom Stadium**. Die Spiele finden von Ende März bis Oktober statt. Infos zu den Spielplänen auf Englisch gibt's unter japanball.com und in der Touristeninformation. Tickets werden einen Tag im Voraus direkt am Stadion oder in 7-Eleven-Geschäften verkauft.

2024 soll das eigenartigerweise auf Englisch benannte **Wing of Hopes Hiroshima Peace Stadium** eröffnet werden. Das 30 000 Menschen fassende Stadion nahe der Burg ist die Heimat des J1-Liga-Fußballvereins Sanfrecce Hiroshima.

Nagi
Kleines, schickes Hotel mit geräumigen, komfortablen Zimmern und einer freundlichen Begrüßung. **¥¥**

The Knot Hiroshima
Modernes Hotel mit beruhigender Beleuchtung, toller Aussicht auf die Stadt und Bar in der Lobby im 14. Stockwerk. **¥¥¥**

WeBase Hiroshima
Ein Werk aus der „Ship's Cat"-Serie des Künstlers Kenji Yanobe hängt in der Lobby des angesagten Hotels an der Decke. **¥**

EIN SPAZIERGANG DURCH DAS STADTZENTRUM VON HIROSHIMA

Man beginnt mit der Erkundung von **1 Hiroshima-jō** (S. 383) und ersteigt den rekonstruierten Turm wegen der tollen Aussicht. Dann geht's durch den Ninomaru-Ausgang wieder hinaus. Der dortige knorrige Eukalyptusbaum überlebte den Atombombenangriff.

Ein kurzer Fußmarsch Richtung Süden führt zum **2 Hiroshima-Kunstmuseum** in einem Gebäude aus den 1970er-Jahren und mit einer kleinen, aber feinen Sammlung von Werken großer europäischer Maler, darunter Picasso, Gauguin, Monet und Van Gogh.

Ein paar Blocks weiter westlich liegt der **3 Hiroshima Gate Park**, der 2023 auf dem Gelände des ehemaligen Baseballstadions Hiroshima Municipal Stadium eröffnet wurde. Auf dem hübsch gestalteten Gelände gibt's gute Restaurants und Cafés. Das hawaiianische Frühstücksrestaurant **Eggs 'n Things** bietet Brunches und in der **Lucky Bakery** gibt's frisch gebackene Backwaren und Kaffee.

Auf der anderen Straßenseite steht der touristische **4 Orizuru Tower** (S. 383); die offene Aussichtsplattform schaut auf die angrenzende **5 Atombombenkuppel** (S. 382), die man unten noch näher erkunden kann.

Nach der Überquerung der Motoyasu-Brücke gelangt man zum **6 Rest House**, in dem man sehen kann, wie dieses Gebiet vor dem 6. August 1945 aussah. Teile des Gebäudes haben den Angriff überlebt und der Betonkeller rettete dem Augenzeugen Nomura Eizō das Leben.

Danach erkundet man ausgiebig den **7 Friedenspark**. Am südlichen Ende befinden sich auf dem Heiwa-dōri (Friedensboulevard) die zwei **8 Friedensbrücken**, die die Insel mit der Stadt verbinden. Die Geländer symbolisieren den Bug eines Schiffes (Westbrücke) und die aufgehende Sonne (Ostbrücke) und wurden vom amerikanisch-japanischen Bildhauer Isamu Noguchi entworfen.

Den Abschluss bildet ein Besuch in der Rooftop-Cafébar des **9 Knot Hiroshima**, wo man eine tolle Aussicht über den Park hat.

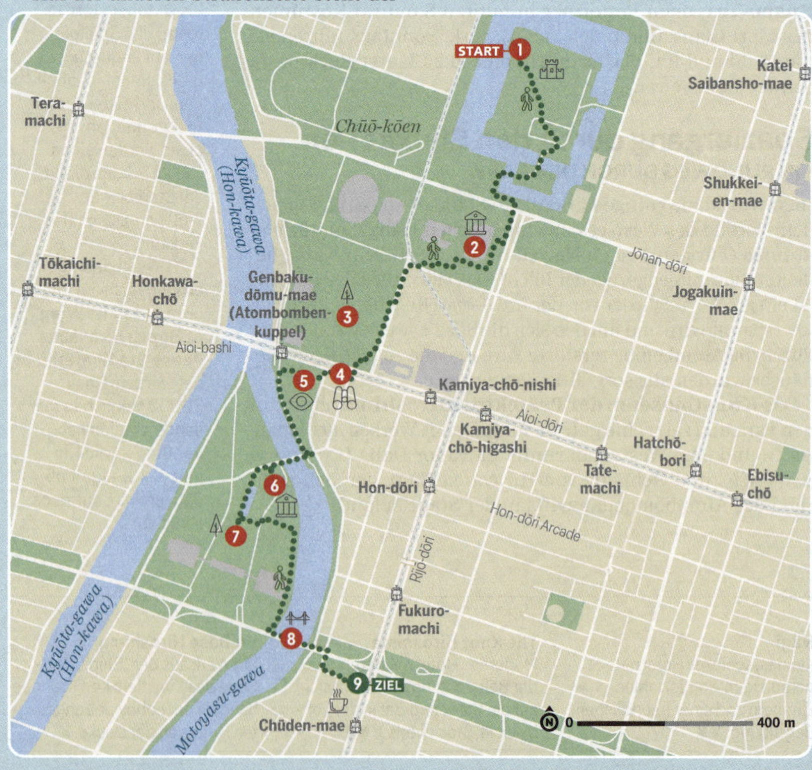

Eine erhöhte Stadtansicht

AUSSICHTSPLATTFORM, BAR & WANDGEMÄLDE

Von der Aussichtsplattform „Hiroshima Hills" im 13. Stockwerk des **Orizuru Tower** ist die Panoramaaussicht auf die Atombombenkuppel, den Friedenspark und die umliegende Stadt eindrucksvoll, vor allem bei Sonnenuntergang. *Orizuru* sind Origami-Kraniche, und im darunterliegenden Stockwerk man kann einen eigenen falten und sich verschiedene interaktive Vorführungen ansehen. Die beiden oberen Etagen werden abends zur Bar (für die im Laufe des Jahres wechselnden Öffnungszeiten siehe die Website).

Eine gewundene Rutsche aus Holz führt zurück ins Erdgeschoss; die mittlere Rutsche ist die schnellste. Oder man nimmt die Treppe und bewundert die Wandbilder von neun lokalen Kunstschaffenden, die der bevorstehende hundertste Jahrestag des Bombenabwurfs inspirierte.

Hiroshimas Spezialitäten genießen

UND EINEN KOCHKURS MACHEN

Hiroshima ist für seine großen, prallen und köstlichen *kaki* (Austern) berühmt. Sie können roh verzehrt werden, aber üblicherweise werden sie gegrillt, gebacken oder in Teig oder Panade frittiert. Zuverlässig gute, zentral gelegene Restaurants, die sich auf die Muscheln spezialisiert haben, sind **Ekohiiki** (えこ贔屓) und **Oyster Bar Mabui Namiki** (オイスターバー MABUI 並木).

Okonomiyaki, die andere kulinarische Spezialität Hiroshimas, gibt's überall in der Stadt. Im touristischen, aber unterhaltsamen Okonomi-mura (お好み村) gibt's 25 Stände auf drei Etagen, die alle Variationen des herzhaften Pfannkuchens anbieten. Das kleine **Hassei** (八誠) ist für seine würzigen, großzügigen Schichten aus Kohl, Nudeln und anderen Zutaten bekannt. Es gibt halbe Portionen für den kleinen Hunger.

Bei Okosta, einer *okonomiyaki*-Kochschule nahe dem JR-Bahnhof Hiroshima, lernt man, das Gericht selbst zuzubereiten. Es gibt drei 1½-stündige Sitzungen, die man über den Tag verteilt buchen kann, mit vegetarischen und muslimfreundlichen Optionen, Letztere mit einer Halal-Soße.

Zeitgenössische Kunst im MOCA Hiroshima

SKULPTURENWEG IN EINEM PARK

Hijiyama-kōen (比治山公園) ist ein hügeliger, baumreicher Park, der als Waldbadeort bekannt für seine Kirschblüte im Frühling und sein Herbstlaub ist. Er liegt eine kurze Fußstre-

AUSTERN & OKONOMIYAKI

Aus der Präfektur Hiroshima stammen mindestens 60% der japanischen Austern. Die ruhigen, nährstoffreichen Gewässer der Hiroshima-Bucht sind ideal für die Austernzucht, hier wurde eine Sorte entwickelt, die dreimal so groß ist und das ganze Jahr über, nicht nur in den kälteren Monaten, gegessen werden kann. Am zweiten Wochenende im Februar findet in Miyajima ein Austernfest statt.

Die lokale Version des herzhaften Pfannkuchens *okonomiyaki* wird hier *Hiroshimayaki* genannt. Das Gericht besteht aus Schichten von gehacktem Kohl, Tempura-Chips, Frühlingszwiebeln, Bohnensprossen, getrocknetem Fisch und Seetangpulver, Nudeln, Ei und Speckscheiben mit einer süßen braunen Sojasoße (die je nach Lokal variiert) und noch mehr getrocknetem Seetang als Garnierung.

AUSGEHEN IN HIROSHIMA

Hiroshima Neighborly Brewing
Mikrobrauerei mit einer kreativen Auswahl an Craft-Bieren und gutem Essen.

Koba
Gemütliche, ausländerfreundliche Bar, wo der Rockmusikfan und Besitzer „Bom-san" Getränke und leckere Gerichte serviert.

Organ-za
Loungebar mit Bücherregalen, alten Möbeln, einem Klavier und einem ausgestopften Hirschkopf. Verschiedene Veranstaltungen.

DIE BESTEN RESTAURANTS IN HIROSHIMA

Guttsurian
Uriges, familiengeführtes Fischrestaurant in der Bucht, etwa 20 Minuten vom Stadtzentrum entfernt. Empfehlenswert sind gegrillte Meeresfrüchte, Sashimi und Tempura. ¥¥

Kisetsu Ryōri Nakashima
Für das exzellente *kaiseki ryōri* (Fine-Dining-Menü) im eleganten Restaurant muss man rechtzeitig einen Tisch buchen. Serviert wird auf edlem antiken Lack- und Keramikgeschirr. ¥¥¥

Tōshō
Am Fuße des Hijiyama-kōen liegt das auf Tofu spezialisierte Restaurant mit Personal in Kimonos und Blick auf einen traditionellen japanischen Garten. ¥¥

STEPHEN SPRAGGON/ALAMY STOCK PHOTO ©

Hiroshima MOCA (S. 385)

cke oder Straßenbahnfahrt südlich des JR-Bahnhofs Hiroshima. Im Park befindet sich auch das Kunstmuseum **Hiroshima MOCA**. Als es 1989 in einem vom führenden Metabolisten Kishō Kurokawa entworfenen Gebäude eröffnet wurde, war es das erste öffentliche Kunstmuseum Japans mit dem Schwerpunkt Zeitgenössische Kunst. Seitdem wuchs die Sammlung auf über 1700 Werke japanischer Kunstschaffenden an. In den Treppenhäusern befinden sich die *My-Sky-Hole*-Skulpturen von Inoue Bukichi. Die Ausstellungen beinhalten große Videoinstallationen und Virtual-Technology-Werke.

Die Dauerausstellung rund um das Museum zeigt 18 Skulpturen, darunter Werke von Henry Moore, Fernando Botero und Sora Mitsuaki. Im Museum ist eine Karte mit allen Skulpturen und Informationen zu den Kunstschaffenden erhältlich.

Das Hiroshima MOCA wurde 2023 nach einer umfassenden Renovierung wiedereröffnet. Neu hinzu kam das Café **Kaze**, das Salate, Brote und Säfte serviert – alles aus der Region.

Im Park befindet sich auch die **Manga-Bibliothek Hiroshima-Stadt** (広島市まんが図書館). Ein kleiner Bereich widmet sich fremdsprachigen Mangas sowie einer alten Sammlung mit alten und seltenen Exemplaren.

UNTERWEGS VOR ORT

Das kompakte und relativ flache Hiroshima ist gut zu Fuß und mit dem Rad zu erkunden. Es gibt ein Fahrradverleihsystem (https://docomo-cycle.jp/hiroshima/en), für das man sich im Voraus online anmeldet. Die Fahrradstationen sind über die ganze Stadt verstreut.

Der Hopp-on/Hopp-off-Bus **Hiroshima Sightseeing Loop** fährt auf zwei überlappenden Routen und hält an den Hauptattraktionen und Museen der Stadt. Im JR-Pass sowie im JR-West-Pass für Hiroshima ist die Nutzung inbegriffen.

Straßenbahnen sind ebenfalls praktisch. Wer mindestens vier Straßenbahnfahrten pro Tag plant, sollte an Bord eine Tageskarte kaufen.

Rund um Hiroshima

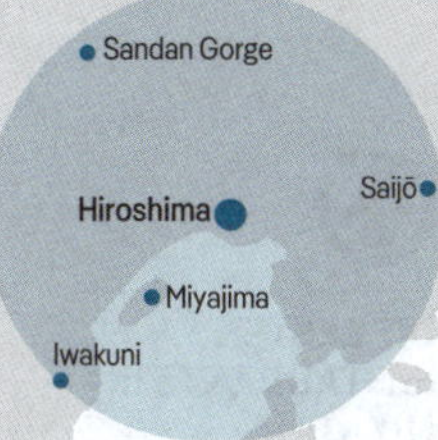

Eine heilige Insel, eine malerische Holzbrücke und alte Sakebrauereien gehören zu den möglichen Tagesausflügen von Hiroshima aus.

Der rot lackierte Schrein Itsukushima-jinja und sein berühmtes Wasser-*torii* (Tor) locken täglich Scharen von Reisenden auf die dicht bewaldete Insel Miyajima. Man entkommt ihnen durch eine Wanderung auf den Berg Misen mit erstaunlichem Binnenmeerblick. Noch besser übernachtet man in einem der traditionellen Gasthäuser.

In der Festungsstadt Iwakuni befindet sich eine weitere berühmte Sehenswürdigkeit: die malerische fünfbogige Brücke Kintai-kyō. Im nahen Ōtake hat man von der Simose Art Garden Villa, ein Entwurf des Architekten Shigeru Ban, eine grandiose Aussicht auf die Inlandsee.

Sake kann man in Saijō probieren, wo das alkoholische Getränk seit über 350 Jahren gebraut wird. Oder man wandert durch die Sandan-Schlucht.

TOP TIPP

Eine Kajaktour von Paddle Park oder eine Stand-up-Paddel-Tour (SUP) von SUPMiyajima bietet eine tolle Aussicht auf Miyajima.

Itsukushima-jinja (S. 388), Miyajima

ITZAVU/SHUTTERSTOCK ©

DIE BESTEN RESTAURANTS IN MIYAJIMA

Fast alle Restaurants schließen, wenn der Gästeansturm vorbei ist. In der Touristeninformation gibt's eine Liste mit Adressen, die abends geöffnet sind.

Cafe Lente
Stylishes Café mit großartigem Blick aufs Meer und optisch ansprechenden, günstigen Mittagsgerichten wie japanisches Hühnercurry oder veganes Risotto. ¥

Kakiya
Kultivierte Austernbar, serviert leckere regionale Austern, frisch in der Schale gegrillt. Es gibt einen gut sortierten Weinkeller. ¥¥

Mame-tanuki
Anago (Muräne) wird hier gedämpft und nicht gegrillt serviert. Mittags wird es in einem Menü mit frittierten Austern angeboten. ¥¥¥¥

MILOSZ MASLANKA/SHUTTERSTOCK ©

Kintai-kyō

Miyajimas Weltkulturerbe

EIN EHRWÜRDIGER SCHREIN UND TEMPEL

Die heilige Insel Miyajima (宮島) liegt etwa 30 Minuten mit Zug und Fähre von Hiroshima entfernt. Vor Jahrhunderten pilgerten Menschen hierher, passierten das 16 m hohe *torii* in der Bucht und gingen am **Itsukushima-jinja** (厳島神社) an Land. Bei Flut scheint der ehrwürdige Schrein dank seiner einmaligen Pfeilerkonstruktion auf den Wellen zu treiben.

Der Schrein geht auf das 6. Jh. zurück, doch seine heutige Form stammt von 1168, als er unter Taira no Kiyomori, Anführer des zum Untergang verurteilten Heike-Clans, wiederaufgebaut wurde. Die *nō*-Bühne, die der lokale Herrscher Asano Tsunanaga 1680 errichtete, wird noch immer für *bugaku*-Aufführungen (stilisiertes Tanztheater) während des **Toka-sai-Festivals** im April genutzt.

Der **Daishō-in** (大聖院), Miyajimas ältester buddhistischer Tempel, liegt 15 Gehminuten vom Fährterminal entfernt. Die hübsche Anlage auf einem Berg umfasst einen Weg, der mit

ÜBERNACHTEN AUF MIYAJIMA

Guest House Kikugawa
Traditionelles Gasthaus mit Inneneinrichtung aus Holz. Die Tatami- und Betten-Zimmer haben angeschlossene Bäder. ¥¥

Iwasō Ryokan
Gasthof von 1854 inmitten toller Gärten, mit einem Onsen im Hauptgebäude. Nicht alle Zimmer haben eigene Bäder. ¥¥¥

Mikuniya
Das Gasthaus im Retrostil mit schönem Garten; Tatami-Schlafsäle und Privatzimmer, alle mit Gemeinschaftsbädern. ¥

500 kleinen Statuen von Mönchen mit roten Kappen gesäumt ist, und eine mit Laternen geschmückte Höhle, in der alle 88 Shikoku-Pilgertempel abgebildet sind.

Auf dem Hügel unmittelbar nördlich des Itsukushima-jinja steht der riesige Pavillon **Senjō-kaku** (千畳閣), der 1587 vom Kriegsherrn Toyotomi Hideyoshi errichtet wurde. Die Halle besteht aus massiven Holzpfeilern und -balken und die Decke hängt voller Gemälde. Sie blickt auf eine farbenfrohe, 28 m hohe fünfstöckige Pagode aus dem Jahr 1407.

Mit der Seilbahn hinauf auf den Misen

MIYAJIMAS HÖCHSTER BERG

Der heilige, friedvolle, von Primärwald bedeckte **Misen** (弥山) ist Miyajimas höchster Berg (530 m). Seine Besteigung gilt als schönste Wanderung auf der ganzen Insel, insbesondere im Frühling und Herbst, wenn das Tal in Kirschblüten bzw. Herbstfarben getaucht ist. Den Aufstieg kann die zweistufige Seilbahn ersetzen; es bleibt ein 30-minütiger Fußweg zum Gipfel.

Im Tempel nahe dem Gipfel soll der Mönch Kōbō Daishi nach seiner Rückkehr aus China im 9. Jh. 100 Tage lang meditiert haben. Am Aussichtspunkt auf dem Gipfel zieht man seine Schuhe aus, entspannt auf den Holzplattformen und genießt den Rundumblick. An klaren Tagen sieht man bis zu den Bergketten von Shikoku.

Gang über eine historische Holzbrücke

EINE ELEGANTE FÜNFBOGIGE BRÜCKE

Seit mehr als 350 Jahren besuchen Menschen **Iwakuni** (岩国), etwa 50 Zugminuten südlich von Hiroshima, um die **Kintai-kyō** (錦帯橋) zu bewundern. Vom Flussufer erscheint dieses Wunderwerk traditioneller Zimmermannskunst, das den Nishiki-gawa überspannt, wie eine lebendig gewordene Szene aus einem alten Holzschnitt.

Über die Brücke geht's ins alte Samurai-Viertel, das heute den hübschen **Kikkō-kōen** (吉香公園) bildet. Auf dem Gelände gibt's Springbrunnen, Blumengärten (die Schwertlilien im Juni sind spektakulär), alte Wohnhäuser, einige kleine Museen und Picknickplätze. Sehenswert ist die Fassade der **Residenz der Mekata-Familie** (旧目加田家住宅), der einstige Wohnsitz einer Samurai-Familie mittleren Ranges aus der Mitte der Edo-Zeit.

Die kleine Burg **Iwakuni-jō** (岩国城) auf dem Shiroyama mit Blick auf die Brücke sollte man wegen der tollen Aussicht nicht verpassen. Der Aufstieg dauert etwa 45Minuten, oder man nimmt die Seilbahn.

SIMOSE ART GARDEN VILLA

Shigeru Ban ist ein mit dem Pritzker-Preis ausgezeichneter Architekt, bekannt für innovative Gebäude aus Papprohren. Die **Simose Art Garden Villa**, ein Luxushotel und Kunstmuseum in Ōtake (大竹), etwa eine Zugstunde von Hiroshima entfernt, präsentiert seine kreative Vision. Vier der Villen baute Ban nach dem Entwurf seines berühmtesten, privat beauftragten Wohnhauses, die anderen sechs sind neue Designs mit „Kielsteg", einem österreichischen Holzbaustoff.

Das Kunstmuseum umfasst acht bewegliche Galerien, die in bonbonfarbenes Glas gehüllt sind und auf dem Wasser zu schweben scheinen. Es gibt einen vom Künstler Emile Galle inspirierten Garten und ein stylishes französisches Restaurant. Von einer Seite des Museums hat man traumhafte Blicke auf die Inlandsee und Miyajima, auf der anderen Seite eine dystopische Aussicht auf ein Chemiewerk.

DIE BESTEN RESTAURANTS IN IWAKUNII

Hirasei
Traditionelles Restaurant mit Blick auf die Brücke, Menüs und *iwakuni-zushi* (Sushi in quadratischer Form). ¥

Kofūdō
Hübsches Gartencafé. Das Curry wird mit 20 Kräutern und Gewürzen und gereiftem Miso gewürzt. ¥

Midori-no-sato
Preiswerte Udon-Nudeln und *iwakuni-zushi* mit *renkon*-(Lotuswurzel-)Nudeln als Beilage. ¥

ALLES ÜBER SAKE

Das alkoholische Getränk, das alle Welt Sake nennt, nennen die Japaner *nihonshu*. Es wird aus Reis, Wasser, Hefe und *kōji* hergestellt, einem Schimmelpilz, der Reisstärke in fermentierbare Zucker umwandelt. Sake wird seit der Antike gebraut und ist ein wichtiger Teil von Shintō-Ritualen. Und er passt toll zur traditionellen japanischen Küche.

Damit aus Reis Sake werden kann, wird er in der Regel poliert (geschliffen), damit der weiße, stärkehaltige Kern des Korns zum Vorschein kommt. Der Mahlgrad bestimmt die Qualität des Sake. *Junmai* ist ein Sake, der ohne Zusatzstoffe gebraut wird. Für *Honjōzō*-Sake wird eine geringe Menge Alkohol zugesetzt. Für *Daiginjō*- oder *junmai-daiginjō*-Sake wird Reis verwendet, der zu mindestens 60% geschliffen wurde. Er gilt als der beste *nihonshu*.

Nahe dem östlichen Brückeneingang steht das **Honke Matsugane** (本家 松がね), ein traditionelles Haus von etwa 1850, das einst einer Familie gehörte, die Haaröl für die Samurai herstellte. Heute befindet sich hier die Touristeninformation. Man kann auch *Iwakuni zushi* (geschichtetes Sushi), *renkon*-(Lotuswurzel-)Chips und vor Ort gebrauten Sake kosten.

Sake in Saijō trinken

BESUCH BEI SIEBEN HISTORISCHEN BRAUEREIEN

In Saijō (西条), 38 Zugminuten östlich von Hiroshima, wird die Sakeproduktion seit über 350 Jahren perfektioniert. Die sieben Sakebrauereien veranstalten kostenlose Verkostungen und sind vom Bahnhof aus gut zu Fuß zu erreichen.

Die 1873 gegründete Sakebrauerei **Kamotsuru** (賀茂鶴) hat einen großen Verkostungsraum in einem Lagerhaus mit *namako*-Wänden (schwarze Kacheln und weißer Putz), wo ein Video über den Bezirk gezeigt wird. Die Brauerei ist ein Pionier der *Daiginjō*-Sakeherstellung. Die älteste Brauerei **Hakubotan** (白牡丹) eröffnete 1675 und hat einen hübschen Probierraum mit Holzschnitten von Munakata Shikō.

Fünf Fußminuten führen nördlich des Saijō-Bahnhofs zum **Matsuo-jinja** (松尾神社), einem Schrein zu Ehren des Sakegotts. Sake wird hier jedes Jahr im Vorfeld des Sakefests Sake Matsuri im Oktober gebraut.

Eine Pause vom Sake (oder um nüchtern zu werden) bietet das **Kugurimon** (くぐり門), ein Café in einem 90 Jahre alten renovierten Holzhaus. Im Erdgeschoss wird Kaffee geröstet, im Obergeschoss werden Kuchen und kleine Snacks serviert.

Wanderung durch die Sandan-Schlucht

EINTAUCHEN IN DIE NATUR

Das „Waldbaden" und Wandern durch die **Sandan-kyō** (三段峡), eine wunderschöne Schlucht rund 1½ Zugstunden nordwestlich von Hiroshima, sind unschlagbar. Ein 16 km langer Weg folgt dem Shibaki-gawa durch die Schlucht vorbei an Wasserfällen und Badestellen. Die gesamte Wanderung dauert rund fünf Stunden. Es gibt Bootsfahrten zum Kurobuchi-Pool und zum Sarutobi-Felsen, um die 20 m hohen Klippen und den Urwald vom Wasser aus zu bewundern, oder man fährt Kajak.

In der Touristeninformation von Hiroshima gibt's eine Wanderkarte auf Englisch; weitere Infos findet man unter sandankyo.jp. Die Lokation ist besonders im Herbst sehr schön.

UNTERWEGS VOR ORT

Wer einen JR-Pass hat, kann die JR-Fähre nach Miyajima umsonst nutzen. Der günstige Visit Hiroshima Tourist Pass Small Area ist drei Tage gültig und deckt Straßenbahn- und Fährfahrten nach Miyajima ab.

Wer nach Iwakuni möchte, aus Hiroshima anreist und keinen JR-Pass hat, kann auch den Iwakuni-Bus beim Buszentrum in Hiroshima (Haltestelle 1) nehmen, der praktischerweise an der Kintai-kyō hält.

Saijō liegt eine 40-minütige Zugfahrt auf der JR-San-yō-Linie von Hiroshima entfernt.

ONOMICHI & DIE SHIMANAMI KAIDŌ

Als einstiges Piratenversteck hat Onomichi (尾道), 85 km östlich von Hiroshima, noch immer einen verwegenen Charme. Heute zieht es vor allem Fahrradreisende an. Seit dem Bau von sechs Straßenbrücken nach Shikoku ist Onomichi zu einem Ausgangspunkt für die Shimanami Kaidō (瀬戸内しまなみ海道) geworden, eine 70 km lange Rad- oder Wanderroute über das Binnenmeer.

Die Stadt erstreckt sich zwischen Meer und steilen Hügeln. Mit der Seilbahn fährt man auf den Senkō-ji-yama und blickt über die Tempel bis nach Mukai-shima. Man schlendert durch die Einkaufspassage im Retroschick und besucht das Onomichi U2, ein umgebautes Lagerhaus am Wasser mit Designhotel, Restaurant, Bar, Café, Bäckerei, Boutique und Fahrradgeschäft.

Mit einem Mietfahrrad geht's auf die Radtour des Lebens. 50 Meter oder mehr über dem Binnenmeer zu radeln und den Blick auf die Inseln zu genießen, ist ein unvergessliches Erlebnis.

TOP TIPP

Wer keine Zeit hat, die gesamte Shimanami Kaidō zu fahren, kann auf einem leicht zu bewältigenden Tagesausflug von Onomichi aus nach Ikuchi-jima (ca. 30 km) radeln und mit der Fähre zurückkehren.

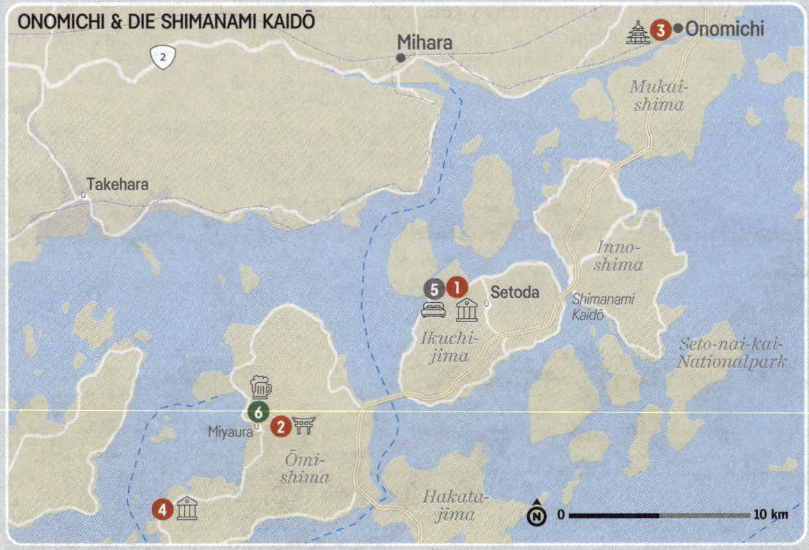

SEHENSWERTES
1 Ilkuo-Hirayama-Kunstmuseum
siehe 1 Kōsan-ji
2 Ōyamazumi-jinja
3 Senkō-ji
4 Toyo-Ito-Architekturmuseum (TIMA)

SCHLAFEN
5 Azumi Setoda
siehe 5 Soil Setoda
siehe 5 Yubune

AUSGEHEN
6 Omishima-Brauerei
siehe 6 Omishima-Weinbar

TRANSPORT
siehe 3 Senkō-ji-yama-Seilbahn

FAHRRADTOUR

Radfahren auf der Shimanami Kaidō

Es ist möglich, die gesamten 70 km des Shimanami Kaidō (shimanami-cycle.or.jp) in etwa acht Stunden zu bewältigen, aber wer will bei der herrlichen Aussicht schon hetzen? Außerdem gibt's viele Orte für eine Pause oder einen Abstecher. Man kann sich kaum verfahren, da die „empfohlene" Route mit einer blauen Linie gut markiert und mit Infotafeln und Karten versehen ist.

1 Onomichi

Die Route beginnt auf **Mukai-shima** (向島), eine kurze Fahrt mit der Fähre von Onomichi (S. 394) entfernt. Bei **Gotō Kōsensho** (後藤鉱泉所), einer alten Limonadenfabrik von 1930, einen Zwischenstopp einlegen.

Die Route: Die erste größere Steigung führt zur 1339 m hohen Inno-shima-Brücke, die Mukai-shima mit Inno-shima verbindet.

2 Inno-shima

Auf **Inno-shima** (因島) macht man einen Abstecher von der Hauptroute (因島) zum 230 m hohen Gipfel des **Shirataki-yama** (白滝山). Der steile zehnminütige Aufstieg über Stufen mit etwa 700 Skulpturen der Buddha-Jünger zum Gipfel wird mit einem Panoramablick belohnt.

Die Route: Der Anstieg zur 790 m hohen Ikuchi-Brücke nach Ikuchi-jima ist nicht ganz so anstrengend.

3 Ikuchi-jima

Ikuchi-jima (生口島) ist bekannt für seine Zitrushaine und den wunderschönen **Sunset Beach** an der Westküste – ein toller Ort zum Verweilen. Vorher legt man jedoch eine Pause bei einem köstlichen Eis im Shimanami Dolce ein (und bewundert die zeitgenössischen Skulpturen an der Küste, die zum Island-Wide Art Museum gehören).

WEST_PHOTO/SHUTTERSTOCK ©

Shimanami Kaidō

Die Route: Um die Westküste von Ikuchi-jima führt ein recht ebener Weg zur 1480 m hohen Tatara-Brücke nach Ōmi-shima.

4 Ōmi-shima

Der „empfohlene" Weg führt recht schnell nach Ōmi-shima (大三島) und wieder raus entlang der Ostküste. Man kann stattdessen einen Abstecher zum tollen Hostel und Café **Wakka** direkt am Meer machen und den heiligen Schrein **Ōyamazumi-jinja** (S. 395) besichtigen.

Die Route: Wer einen längeren Abstecher zu den Sehenswürdigkeiten im äußersten Südwesten von Ōmi-shima plant, sollte fit sein, da die Straßen in diesem Teil der Insel sehr hügelig sind.

5 Ō-shima

Ein duftender Ort zum Innehalten auf der bergigen Insel Ō-shima (大島) ist der **Yoshiumi-Rosenpark** (よしうみバラ公園), in dem zwischen Mai und Dezember rund 3500 Rosensträucher (400 verschiedene Arten) blühen. Wer die nötige Ausdauer hat, macht einen Abstecher zum **Kirō-san Observation Park** (亀老山展望公園) mit einem unglaublichen Panoramablick auf die Brücken und Inseln der Inlandsee.

Die Route: Wer die längere, aber flachere Westküstenroute und nicht den hügeligen „empfohlenen" Weg nimmt, gönnt seinen Oberschenkelmuskeln eine Pause.

6 Imabari

Nun geht's über die 4,1 km langen **Kurushima-kaikyō-Brücken**. Nach etwa zwei Dritteln der Strecke über diese Meisterwerke der Ingenieurskunst ist ein Zwischenstopp am Rastplatz auf Uma-shima möglich. Vom anderen Ende aus erreicht man Shikoku und ist nur noch zwei Kilometer von Imabari (S. 606) entfernt.

TANYA JONES/SHUTTERSTOCK ©

Senkō-ji-yama-Seilbahn

Die Aussicht über Onomichi genießen

SEILBAHN, KATZEN UND BIER

In Onomichi lohnt sich ein Spaziergang. Man beginnt an der **Senkō-ji-yama-Seilbahn**, die den Hang hinauf zu einem beeindruckenden Aussichtsturm und einem Parkgelände fährt. Im Park befindet sich das **Onomichi-Kunstmuseum** mit einer tollen Aussicht, einem hübschen Café und regelmäßig wechselnden Ausstellungen.

Vom Park aus führt der „Literaturpfad" (so genannt, weil auf den Felsen entlang des Weges literarische Zitate eingraviert sind) hinunter zum **Senkō-ji** (千光寺), einem 806 gegründeten roten Tempel. Der Legende nach war der riesige Felsblock in der Mitte der Tempelanlage einst mit einem Juwel besetzt, das nachts das Meer erleuchtete.

Gut für eine Pause ist das hübsche Café **Miharashi-tei**, ein Gasthof aus dem frühen 20. Jh., der im Rahmen einer lokalen Initiative zur Wiederbelebung leer stehender Gebäude restauriert wurde. In der Nähe steht die dreistöckige Pagode **Tennei-ji** (天寧寺). In den Hügeln von Onomichi leben viele Katzen, die auf den Steintreppen herumliegen.

Am Fuße des Hügels gelangt man hinter den Gleisen zur langen überdachten Einkaufspassage mit interessanten kleinen Geschäften und Restaurants. Oder man macht einen Abstecher

DIE BESTEN RESTAURANTS IN ONOMICHI

Hibiki
Großartiges kleines Ramen-Restaurant mit originellen Varianten, darunter Nudeln mit rohem Roastbeef oder Seebrasse mit Zitronenscheiben. ¥

Kome Doko Shokudō
Das Restaurant im Bistrostil zaubert aus lokalen Zutaten exzellente Gerichte. Freundlicher Service und ein toller Meerblick. ¥¥

Street Market Garden
In dem modernen Café im Einkaufszentrum gibt's vegetarische Sandwiches mit Falafel und Hummus. ¥

ÜBERNACHTEN IN ONOMICHI

Beacon Hotel
Kleine Zimmer voller Apparaturen in einem schicken Businesshotel. Günstige Lage über dem JR-Bahnhof. ¥¥

Hotel Cycle
Minimalistisches Boutique-Hotel im U2-Komplex. Gedämpftes Licht, Zimmer mit Fahrradlagerung und großen Bädern. ¥¥¥

Miharashi-tei
Eine Villa aus dem frühen 20. Jh. mit Panoramablick, die zu einem Gasthaus wurde. Tatami-Zimmer und eine tolle Cafébar. ¥

in die preisgekrönte **Brauerei von Onomichi** (nur von Freitag bis Sonntag geöffnet) in einem Lagerhaus aus dem späten 19. Jh.

Zum Abschluss geht's zur Uferpromenade, an der preisgekrönte Gemälde von Onomichi zu sehen sind. Außerdem gibt's Bilder aus dem Filmklassiker *Reise nach Tokio* aus dem Jahr 1953, der in Onomichi gedreht wurden.

Eine Nacht in Setoda

AUF HALBEM WEG DER SHIMANAMI KAIDŌ

Seit 1936 kommen Reisende nach Setoda (瀬戸田), der wichtigsten Stadt auf Ikuchi-jima, um die bunten Nachbildungen berühmter Tempel- und Schreinbauten des **Kōsan-ji** (耕三寺) zu bestaunen. Der kitschige Komplex ist nicht mehr so populär wie früher (und etwas heruntergekommen), bietet aber eine unheimliche Höhle der 1000 Buddhas und den Hügel der Hoffnung, ein Bauwerk aus 3000 t Carrara-Marmor mit Panoramablick über die Insel.

Bessere Gründe für einen Aufenthalt in Setoda sind das **Ikuo-Hirayama-Kunstmuseum**, in dem die Gemälde des berühmten, in Setoda geborenen Künstlers ausgestellt sind, und einige ausgezeichnete neue Hotels. Das **Azumi Setoda** ist eine mondäne Boutique-Hotelanlage und belegt teilweise ein 140 Jahre altes Herrenhaus, das einst der örtlichen Salzmagnatenfamilie Horiuchi gehörte. Gegenüber liegt das **Yubune**, ein gehobenes, fahrradfreundliches Hotel und öffentliches Bad mit tollen Mosaikwänden. Am Ufer befindet sich das preiswertere, aber sehr stylishe **Soil Setoda** mit der entspannten Cafébar Minatoya und einer Kaffeerösterei in einem umgebauten Salzlager.

Wünsch dir was beim Ōyamazumi-jinja

BIER UND WEIN AUS DER REGION

Der **Ōyamazumi-jinja** (大山祇神社) in **Miyaura** (宮浦) auf Ōmi-shima ist einer der ältesten Schreine Japans und Heimat des älteren Bruders der Sonnengöttin Amaterasu. Hier steht ein 2600 Jahre alter Kampferbaum. Einheimische glauben, dass sein Geist einen Wunsch erfüllt, wenn man dreimal den dicken Stamm umrundet.

Berühmte Krieger besuchten den Schrein, um für den Sieg zu beten und ihre Waffen und Rüstungen zu spenden – was die bedeutende historische Sammlung im Schatzhaus erklärt.

Weitere Gründe für einen Besuch in Miyaura sind die **Omishima-Brauerei** und die **Omishima-Weinbar**, wo man köstliche Biere und Weine aus lokaler Produktion probieren kann.

DIE WIEDERBELEBUNG VON ŌMI-SHIMA

Eine ständige Entwicklungsinitiative ziehlt darauf ab, ein starkes Gefühl von Identität und Gemeinschaft aufzubauen und gleichzeitig mehr Reisende anzuziehen. Einer der führenden Köpfe des Projekts ist der renommierte Architekt Itō Toyō. Sein **Toyo-Ito-Architekturmuseum (TIMA)** ist in einem skulpturenhaften Gebäude auf einer Klippe mit Meerblick im äußersten Südwesten der Insel untergebracht.

In der Nähe befinden sich einige weitere Kunstmuseen und ein altes Schulgebäude aus Holz, das in das Boutique-Hotel **Ikoi-no-Ie** (憩いの家) umgewandelt wurde. Die Originalholzbalken, Klassenzimmerschilder, Armaturen und Lampen blieben erhalten. Die westlichen und Tatami-Zimmer sind modern und haben schwarz geflieste Bäder. Ein Aufenthalt beinhaltet Frühstück und Abendessen mit lokalen Meeresfrüchten.

UNTERWEGS VOR ORT

In Onomichi und auf den Inseln gibt's zahlreiche Fahrradanbieter. E-Bikes sind auch verfügbar, um die Steigungen zu den einzelnen Brücken leichter zu bewältigen. An der Shimanami-Kaidō-Route gibt's einige Rückgabestellen, falls man keine Energie mehr hat und lieber den Bus oder die Fähre nehmen möchte. Wer sein Fahrrad jedoch an einem anderen Ort als dem Ausleihort zurückgibt, bekommt seine Kaution nicht zurückerstattet.

Rund um Onomichi

Kleinstädte mit pittoresken Einblicken ins alte Japan, eine Insel voller zeitgenössischer Kunst und einige wunderschöne Parkanlagen.

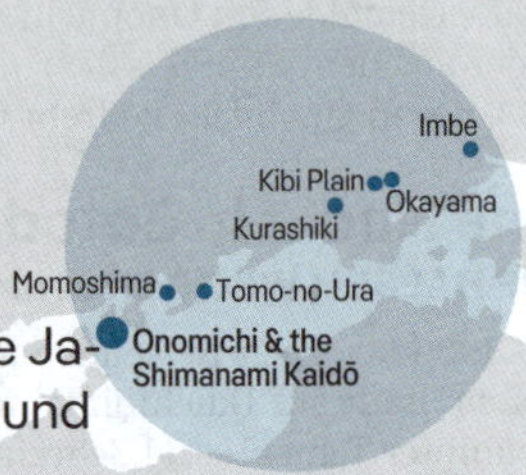

Das Japan des frühen 19. Jhs. wird bei einem Besuch des verschlafenen Hafens Tomo-no-ura und des charmanten Bikan-Viertels von Kurashiki lebendig – beides sind Orte mit liebevoll restaurierter historischer Architektur.

Wer eine moderne Großstadt sucht, ist in Okayama genau richtig. Hier befindet sich der Kōraku-en, einer der drei größten Gärten Japans. Von hier lohnt ein Trip in die Kibi-Ebene, um einen halben Tag in ländlicher Umgebung zu radeln. Wer sich für Töpferei interessiert, besucht Imbe, wo die berühmten *bizen-yaki*-Keramiken hergestellt werden.

Alternativ setzt man mit der Fähre nach Momoshima über, einer Insel im Binnenmeer mit einem Projekt für zeitgenössische Kunst, oder entspannt im wunderschönen Shinshōji Zen- und Gartenmuseum.

TOP TIPP

Der Tobishima Kaidō ist ein 46 km langer Radweg, der auf sieben Brücken die Aki-Nada-Inseln im Binnenmeer überquert. Für weitere Infos siehe (https://tobishima7.com/en).

Tomo-no-Ura

Aussichten über Tomo-no-Ura

EIN HAFEN, DER EINEN GHIBLI-REGISSEUR INSPIRIERTE

Am alten Hafen treiben heute Fischerboote gemütlich im Wasser. **Tomo-no-Ura** (鞆の浦), etwa 70 Zug- und Busminuten von Onomichi entfernt, wirkt wie eine Filmkulisse aus dem alten Japan. Mehrere Filme wurden schon an diesem charmanten Hafen gedreht, der auch Miyazaki Hayao zu seinem Animationsfilm *Ponyo* künstlerisch inspirierte. Der Regisseur vom Studio Ghibli half auch bei der Restaurierung des 220 Jahre alten Gasthofs **Onfunayado Iroha** (御舟宿 いろは), dem besten Restaurant der Stadt.

Tomo-no-Ura ist klein, und wer ein paar Stunden herumgewandert ist, hat das Gefühl, alles gesehen zu haben. Wegen seiner schönen traditionellen Unterkünfte und der Möglichkeit, mit dem Kajak übers Binnenmeer zu fahren, bietet sich der Ort aber auch für eine Übernachtung an.

Im restaurierten *machiya* (Stadthaus) **Tomo Terasu** (鞆てらす) gibt's eine gute, kostenlose Ausstellung über den Erhalt der Hafengebäude und ihrer architektonischen Elemente. Hier erfährt man auch mehr über die Feste der Stadt und kann einen Schreinwagen von Nahem sehen. Die **Ōta-Residenz** (太田家住宅) in Hafennähe ist ein wunderschön restauriertes Kaufmannshaus aus der Mitte des 18. Jhs.

Für eine umwerfende Aussicht besteigt man den Berg an der Westseite des Hafens zur Terrasse des Tempels **Iō-ji** (医王寺) aus dem späten 17. Jh. Die Empfangshalle des **Fukuzen-ji** (福禅寺) bietet einen weiteren Panoramablick über den schmalen Kanal bis zur Insel **Benten-jima** mit einem Schrein und der benachbarten **Sensui-jima** (仙酔島). Diese Insel gehört zum Setonaikai-Nationalpark und eignet sich toll für eine kurze Wanderung.

Murakami Suigun-Shōkai (村上水軍商会) organisiert Kajaktouren. Die vom englischsprachigen Yasuhiro geleiteten Touren reichen von einer dreistündigen Paddeltour nach Sensui-jima bis zu einem viertägigen Campingabenteuer mit Inselhopping über das Binnenmeer nach Shikoku.

Kunstinstallationen auf Momoshima

PROJEKT ZUR WIEDERBELEBUNG EINER INSEL

2011 hörte der international renommierte Konzeptkünstler Yanagi Yukinori von einer verlassenen Schule auf Momoshima (百島), 25 Minuten mit der Fähre von Onomichi entfernt. Yanagi hatte die Idee, sein eigenes Kunstinselprojekt nach dem Vorbild von Naoshima zu starten (S. 402). So wurde **Art Base Momoshima** geboren.

Die alte Schule ist heute der Hauptsitz des Projektes. Die früheren Klassenzimmer, Büros und sogar Toiletten wurden zu

DIE KUNST DES ZEN

Im friedlichen **Shinshōji Zen- und Gartenmuseum**, 30 Autominuten östlich von Onomichi, kann man sich über Zenbuddhismus informieren. Die sowohl traditionelle als auch zeitgenössische Architektur und die wunderschön gestalteten Gärten lohnen einen Besuch.

Es werden auch angeleitete Sitzmeditationen angeboten. Zu den weiteren Angeboten auf dem großen Gelände gehören eine Teezeremonie, eine Zenmahlzeit mit Udon-Nudeln, die Betrachtung der Kalligrafie und Kunst des Zenmeisters Hakuin sowie ein Besuch in einem Onsen mit heißen Quellen.

Ein Highlight ist der Kohtei, ein riesiger schiffsförmiger Pavillon, der vom Bildkünstler Kōhei Nawa entworfen wurde und mit 850 000 Schindeln bedeckt ist. Die Installation im Inneren ist in Dunkelheit getaucht, wobei Lichtblitze langsam einen großen Pool mit plätscherndem Wasser enthüllen.

ÜBERNACHTEN IN TOMO-NO-URA

Nipponia
Traditionelle Häuser mit sechs eleganten Suiten in einer luxuriösen Anlage, die japanische Handwerkskunst zelebriert. ¥¥¥

Onfunayado Iroha
Köstliche Mahlzeiten mit Seebrasse in einem 220 Jahre alten Stadthaus; zwei Zimmer für Übernachtungen. ¥¥¥

Tomo Nyan
Hübsche Mietwohnung neben einer Katzenzuflucht. Inklusive Arbeitszimmer, wo Regisseur Miyazaki Hayao arbeitete. ¥¥

DIE BESTEN RESTAURANTS IN KURASHIKI

Cono Foresta
Entspannte, authentische Pizzeria mit Café und schönem Ambiente abseits der Menschenmassen. ¥¥

Kumo
Stylishe moderne japanische Küche im SOLA-Einkaufszentrum. Das Schwesterrestaurant des Michelin-Sterne-Restaurants Bricole. ¥¥¥

Takataya
Köstliche Fleischspieße mit Hühnchen, Rind und Gemüse in einem authentischen *izakaya;* besonders toll am Abend. ¥¥

Galerien für interessante großformatige Installationen und kleinere Werke von Yanagi und zeitgenössischen japanischen Kunstschaffenden wie Chu Enoki und Noriyuki Haraguchi. Außer bei Sonderausstellungen öffnet das Museum nur an Wochenenden nach Vereinbarung.

In Momoshima (ca. 350 Ortsansässige) gibt's viele weitere verlassene Gebäude. Yanagi zeigt im früheren Kino sein Neonkunstwerk *Hinomaru Illuminations*. Das ehemalige Rathaus ist ein einfaches Gasthaus, und ein Gebäude aus dem Jahr 1957 wurde zu **Goemon** umgestaltet, einem Kunstwerk, in dem man übernachten kann. Chu Enokis konfrontative Installation besteht aus 2 t gebrauchten Patronenhülsen und einer großen Metallwanne, in der man im Freien baden kann.

Momoshima liegt 50 Fährminuten von Onomichi entfernt. Es gibt auch eine Fähre von Tsuneshi, das mit dem Bus nicht weit vom Shinshōji Zen- und Gartenmuseum (S. 398) entfernt ist. Die Optionen zum Essen auf der Insel beschränken sich aufs Café im Art Base Momoshima und einen Stand mit *tako-yaki* (mit Tintenfisch gefüllte Klöße) und gebratenen Nudeln.

Sonnenuntergang in Kurashiki

DIE STADT DER MALERISCHEN WARENHÄUSER

Kurashiki (倉敷), eine Zugstunde östlich von Onomichi, heißt grob übersetzt „Stadt der Warenhäuser". Während der Edo-Zeit wurde in den attraktiven schwarz-weißen Gebäuden die Baumwolle aus der Region gelagert. Später machte die Textilherstellung Kurashiki noch wohlhabender.

Durch umfassende Restaurierungen blieb Kurashikis **Bikan-Viertel** (美観地区) erstaunlich gut erhalten. Die Warenhäuser dienen heute als Museen, Geschäfte und Restaurants, und es werden kurze Bootstouren auf dem von Weiden gesäumten **Kurashiki-Fluss** angeboten. Tagsüber kann es hier sehr voll werden. Der Trick ist, bis zum Sonnenuntergang zu bleiben, wenn sich die Menschenmassen lichten und die Lichter des Bikan-Viertels im Fluss spiegeln.

Das Highlight des Bikan-Viertels ist das **Ōhara-Kunstmuseum** mit einer pfiffigen Sammlung von Ōhara Magosaburō, Besitzer der Textilfabrik Kurabō, und seinem Sohn. Sie umfasst Gemälde von Impressionisten wie Matisse und Monet bis zu Kunstwerken japanischer Kunstschaffender aus dem frühen 20. Jh. Es gibt eine Galerie für japanisches Kunsthandwerk und traditionelle asiatische Kunst.

Neben der Galerie in einem Anbau kann man im **Shinkeien** (新渓園) eine Pause einlegen, einem traditionellen japanischen Garten, der von einem großen Tatami-Zimmer aus zu sehen ist. Ein Blick ins **Ōhashi-Haus** (大橋家住宅)

YANAGI YUKINORI

Einige Werke aus Yanagis Ameisenfarm-Serie hängen im Benesse House-Museum auf Naoshima (S. 405), das Inujima-Seirensho-Kunstmuseum (S. 405) zeigt eine große Installation des Künstlers.

ÜBERNACHTEN AUF ODER IN DER NÄHE VON MOMOSHIMA

Bella Vista Spa & Marina Onomichi
Riesige Zimmer mit hochwertiger Ausstattung im Luxusresort mit Blick auf Momoshima. ¥¥¥

Goemon
Traditionelle Ferienhäuser und Kunstinstallationen, bis zu vier Personen mit Vollpension. Nur samstagabends. ¥¥¥

Island Camp
Direkt am Strand. Man bringt sein eigenes Zelt mit, mietet eines oder schläft in einem „Glamping"-Zelt mit richtigem Bett. ¥

SEAN3810/GETTY IMAGES ©

Kurashiki-Fluss

lohnt ebenfalls – eine schön restaurierte Residenz, die 1796 für eine der reichsten Händlerfamilien Kurashikis gebaut wurde.

Im Bikan-Viertel gibt's lokal produzierte Jeansmode zu kaufen. In der weiteren Umgebung von Kurashiki (insbesondere in der Stadt Kojima) werden die Produkte vieler bekannter japanischer Jeansmarken hergestellt.

Promenade durch den Kōraku-en

DER DRITTSCHÖNSTE GARTEN JAPANS

Der ganze Stolz von **Okayama** (岡山), 45 Minuten mit Zug und Shinkansen von Onomichi, ist der **Kōraku-en** (後楽園), der als einer der schönsten Gärten Japans gilt. Er nimmt rund 14 ha einer kommaförmigen Insel im Asahi-Fluss ein und entstand 1700 im Auftrag des *daimyō* Ikeda Tsunemasa.

1884 für die Öffentlichkeit geöffnet, ist der Garten berühmt für die weitläufige Rasenanlage, Teiche voller Karpfen und Teehäuser vor der Kulisse der Burg und in weiter Ferne des Berges Misao. Neben dem Haupteingang befindet sich das En'yo-tei (als Wohnbereich gebaut) mit einer Nō-Bühne (stilisiertes Tanztheater). Außerdem gibt's eine kleine Teeplantage, sechs kleine Reisfelder und Yuishinzan, ein 6 m hoher künstlicher Hügel mit einem Panoramablick über den Garten.

Im Frühling sind die blühenden Pflaumen- und Kirschbäume eindrucksvoll, im Frühsommer entfalten sich die Schwertlilien und im Herbst ist der Chishio-no-mori-Hain mit fast 100 Ahornbäumen eine wahre Pracht. Das laute Krächzen kommt von der Voliere mit acht Rotscheitelkranichen.

Unter okayama-korakuen.jp gibt's Infos zu den vielen Veranstaltungen, darunter die spektakuläre nächtliche Beleuchtung des Gartens im August und in den letzten zwei Novemberwochen.

MEHR BINNENMEERINSELN

Vom Hafen in **Kasaoka** (笠岡市), 42 Zugminuten östlich von Onomichi, bringen dich Fähren zu sieben kleinen bewohnten Inseln, die wegen ihres gemächlichen Inlandsee-Lebensrhythmus einen Besuch lohnen.

Auf **Shiraishijima** (白石島) gibt's schöne Strände und die Shiraishi-Wallfahrt, eine 10 km lange Wanderung um die Insel herum zu 88 Schreinen. Eine preiswerte Unterkunft für Selbstversorger ist die **Shiraishi Island International Villa**. Weitere Infos über die Insel gibt's unter https://amyonasia.com, der Website der im Ausland lebenden Amy Chavez, die jeden Sommer das Strandrestaurant **Moooo! Bar** betreibt.

Die einzige kleine Stadt auf **Manabeshima** (真鍋島) besteht aus einem malerischen Labyrinth aus alten Holzhäusern mit einem einzigen Dorfladen. Im *ryokan* **Santora** (島宿三虎) kann man übernachten, im Salzwasserbad im Freien entspannen und vorbeifahrende Boote beobachten.

ÜBERNACHTEN IN KURASHIKI

Cuore Kurashiki
Tolle Budgetoption mit künstlerischem Touch in den Zimmern und Gemeinschaftsbereichen. Die Loungebar hat lange geöffnet. ¥

Dormy Inn Kurashiki
Business-Hotel mit großen Zimmern, Onsen auf dem Dach und kostenlosen Extras wie Nudeln am Abend. ¥¥

Ryokan Kurashiki
Einst Kaufmannshaus, heute edles *ryokan*. Mehrgängige *kaiseki*-Dinnermenüs mit Delikatessen aus dem Binnenmeer. ¥¥¥

GARTENSTILE

Der Kōraku-en ist ein klassischer *kaiyū-shiki-teien* (Promenaden- oder Spaziergarten), ebenso der Isui-en in Nara (S. 337) und der Kenroku-en in Kanazawa (S. 209). Andere wichtige japanische Gartentypen sind:

Steingärten
Karesansui, auch Stein- oder Zengärten genannt. Der wohl bekannteste Zengarten ist der Ryōan-ji in Kyoto (S. 288).

Paradiesgärten
Sie sollen *Jōdo* (das reine Land) symbolisieren, wo Buddha auf einer Insel inmitten eines Lotusteichs meditiert. So ein Garten befindet sich am Byōdō-in in Uji (S. 299).

Teegärten
Roji sind kleine Gärten an einem Teehaus und sollen mit Moos, Farnen, Grünpflanzen und kunstvoll platzierten Steinen einen Bergweg nachbilden.

SIMON RICHMOND/LONELY PLANET ©

Bizen-yaki, Imbe

Aufstieg zur Krähenburg

UND TÖPFERN LERNEN

Am Südtor des Kōraku-en führt die Tsukimi-Fußgängerbrücke über den Fluss zur **Okayama-jō** (岡山城). Die Burg wurde 1597 unter *daimyō* Ukita Hideie fertiggestellt und wird wegen ihrer tiefschwarzen Farbe „Krähenburg" genannt.

Die Steinmauern und Fundamente der Burganlage sind größtenteils original und beeindruckend, aber der *tenshu* (Burgturm) wurde 1966 wiederaufgebaut und zuletzt umfangreich renoviert. Im Inneren gibt's einige interessante historische Exponate, Samurai-Rüstungen und die Chance, die vergoldeten *shachihoko* (Fischskulpturen) an den Ecken des Daches von Nahem zu sehen. Es gibt auch einen Bereich, wo man sich als Feudalherr oder Feudalherrin verkleiden kann.

Auf dem Burggelände befindet sich das **Bizen-yaki Pottery Studio**, wo man sich an lokaltypischer unglasierter Töpferei versuchen kann. Der Brennvorgang kann bis zu zwei Monate dauern und der Versand des Endprodukts wird separat berechnet.

Besuch der Keramikstadt Imbe

ZENTRUM DER BIZEN-KERAMIK

Unglasierte *bizen-yaki*-Keramik wird in Japan seit Jahrhunderten gepriesen. Die charakteristischen Erdfarben und Texturen werden durch das Brennen in holzbefeuerten Brennöfen erzielt – deren Ziegelschornsteine die Skyline von **Imbe** (伊部) prägen, dem Hauptzentrum der Keramikproduktion, 40 Zugminuten östlich von Okayama.

ÜBERNACHTEN IN OKAYAMA

A&A
Steht für Artist & Architect. Zwei elegant gestaltete Ferienhäuser, die gleichzeitig Kunstwerke sind. ¥¥¥

Kamp Backpackers Inn & Lounge
Einfache Schlafsäle und ein Tatami-Privatzimmer. Loungebar im Hippiestil im Erdgeschoss. ¥

Kōraku Hotel
Edle Details wie Kunstwerke auf jeder Etage sowie Wohlfühlextras. ¥¥

Am Infoschalter des Bahnhofs Imbe gibt's eine Karte auf Englisch mit den Adressen von Brennöfen, Geschäften, Restaurants und Orten, wo man selbst töpfern kann (alle fußläufig zu erreichen). Im Obergeschoss des Bahnhofsgebäudes ist ein großer Ausstellungsraum für Keramik.

Das **Kibidō** (黄薇堂) wird von den Kimuras betrieben, einer der sechs ursprünglichen Familien, die im frühen 16. Jh. die offizielle Erlaubnis erhielten, in der Bizen-Region Keramik herzustellen. Man kann den traditionellen stufenförmigen *nobori-gama* Brennofen und die zehnte Kimura-Generation bei der Arbeit beobachten.

Ein nettes Lokal für Kaffee und frisch gebackenen Kuchen ist das **UDO** am JR-Bahnhof Imbe.

MOMOTARŌ, DER PFIRSICH-JUNGE

Die Präfekturen Okayama und Kagawa auf der Insel Shikoku sind durch die Legende von Momotarō miteinander verbunden. Diese erzählt von einem Jungen, der aus einem Pfirsich schlüpfte und mithilfe eines Affen, eines Fasans sowie eines Hundes einen dreiäugigen, dreizehigen menschenfressenden Dämon besiegte. Auf der Insel Megijima vor Takamatsu in Shikoku soll der Junge mit dem Dämon gekämpft haben. Momotarō könnte ein Yamato-Prinz gewesen sein, der als Kibitsuhiko-mo-mikoto vergöttert wurde. Sein Schrein Kibitsu-jinja und sein Grab liegen an der Radroute durch die Kibi-Ebene.

Radfahren in der Kibi-Ebene

SCHREINE, TEMPEL UND HÜGELGRÄBER

Die **Kibi-Ebene** (吉備路) in Okayama voller alter Hügelgräber, Schreine und Tempel lässt sich am besten mit dem Fahrrad erkunden. Für die Sehenswürdigkeiten und ein paar Abstecher auf der 15 km langen Strecke zwischen **Bizen-Ichinomiya** (備前一宮), 12 Zugminuten westlich des Stadtzentrums, und **Sōja** (総社) plant man mindestens drei bis vier Stunden ein. Fahrräder können an einem Ende gemietet und am anderen abgegeben werden.

Nach Bizen-Ichinomiya ist das erste Highlight der weitläufige **Kibitsu-jinja** (吉備津神社), ein bedeutender Schrein für den Krieger Kibitsuhiko-no-mikoto, der einen Oger besiegte und wahrscheinlich die Momotarō-Legende inspirierte. Sein Grab wird auf der Südseite des **Kibi-no-Nakayama** (吉備中山) vermutet, einem 170 m hohen Berg in der Mitte der Kibi-Ebene, den der Radweg umrundet. Eine Wanderkarte des Berges gibt's unter kibinonakayama.com.

Einige Kilometer weiter befindet sich das **Tatetsuki Tumulus** (楯築遺跡), eins der größten Hügelgräber Japans mit fünf riesigen Steinen, die der Legende nach die Schilde von Kibitsuhiko-no-mikoto darstellen. In der Nähe ist das **Tsukuriyama-kofun** (造山古墳) aus dem 5. Jh., das viertgrößte *kofun*-Grab (schlüssellochförmiges Hügelgrab) Japans.

Zwischen Rapsfeldern im Frühling und Sonnenblumen im Sommer erscheint die 34 m hohe, fünfstöckige Pagode des spektakulären Tempels **Bitchū Kokubun-ji** (備中国分寺). Etwa einen Kilometer nördlich des Bahnhofs von Sōja befindet sich der malerische buddhistische Zentempel **Iyama-hōfukuji** (井山宝福寺), in dem der berühmte Künstler und Landschaftsgärtner Sesshū im 15. Jh. zum Mönch ausgebildet wurde.

UNTERWEGS VOR ORT

Okayama ist der Verkehrsknotenpunkt der Region und liegt an der JR-San-yō- und der Shinkansen-Linie. Die Stadt ist gut zu Fuß oder mit kurzen Straßenbahnfahrten zu erkunden – und mit dem Rad.

ESSEN IN OKAYAMA

Okabe
Das einfache Mittagslokal serviert köstliche Tofugerichte. Die fleischfreien Speisen werden mit Fischfond zubereitet. ¥¥

SALT Ishikawa Shokudō
Das Restaurant im Bistrostil zaubert köstliche gesunde Gerichte aus frischem Gemüse und braunem Reis. ¥¥

Teppan-Ku-Ya
Restaurant mit kreativen japanischen und französisch inspirierten Gerichten. Warme, unkomplizierte Atmosphäre. ¥¥¥

KUNSTINSELN & INLANDSEE

TOKIO ✪

Kunstinseln der Inlandsee

Die mehr als 3000 Inseln in der Inlandsee (瀬戸内海) machen die ruhige Gegend zwischen Honshū und Shikoku zu einem der landschaftlich reizvollsten Anblicke Japans. Kunstbegeisterte sollten sich Naoshima nicht entgehen lassen. Das Wahrzeichen der Stadt, die gelbe Kürbisskulptur der Künstlerin Yayoi Kusama, ist nur eins von vielen Werken moderner Kunst und Architektur in einer wunderschönen Landschaft.

Das Konzept von Kunst und Kultur zur Wiederbelebung der schwindenden Inselgemeinden wurde auf dem ländlichen Teshima und dem einst industriell geprägten Inujima angewandt. Beide umfassen Installationen, die Teil der größeren Benesse Art Site Naoshima sind.

Auf Shōdo-shima steht die Natur im Vordergrund. Die große, gebirgige Insel mit viel Wald hat mit Olivenhainen und Sandstränden eine mediterrane Anmutung. Es gibt Sojasoßenfabriken, einen Pilgerweg mit 88 Tempeln und ein sehr unterhaltsames Yōkai-Museum, das Japans Geister und Monster feiert.

TOP TIPP

Alle drei Jahre werden im Rahmen der Setouchi Trienniale (setouchi-artfest.jp) viele neue Kunstprojekte auf Naoshima und in der Umgebung vorgestellt. Auf der Website erfährt man, wo sich die Kunstwerke befinden, unter anderem auf den Inseln Megijima (女木島) und Ogijima (男木島), die von Takamatsu (S. 572) aus leicht erreichbar sind.

Marukin (S. 407)

HIGHLIGHTS
1 Chichū Art Museum

SEHENSWERTES
2 Benesse House Museum
3 Honmura Lounge & Archiv
4 Inujima Seirensho Art Museum
5 Kasane-iwa
6 Les Archives du Cœur
7 Marukin
8 Minamidera
9 Saikō-ji
10 Shōdo-shima Olive Park
11 Teshima Art Museum
12 Teshima Yokoo House
13 Yama-Roku Shōyu
14 Yōkai Art Museum

AUSGEHEN
15 Morikuni

UNTERHALTUNG
16 Teshima Usaginingen Theatre

TRANSPORT
17 Kankakei Seilbahn

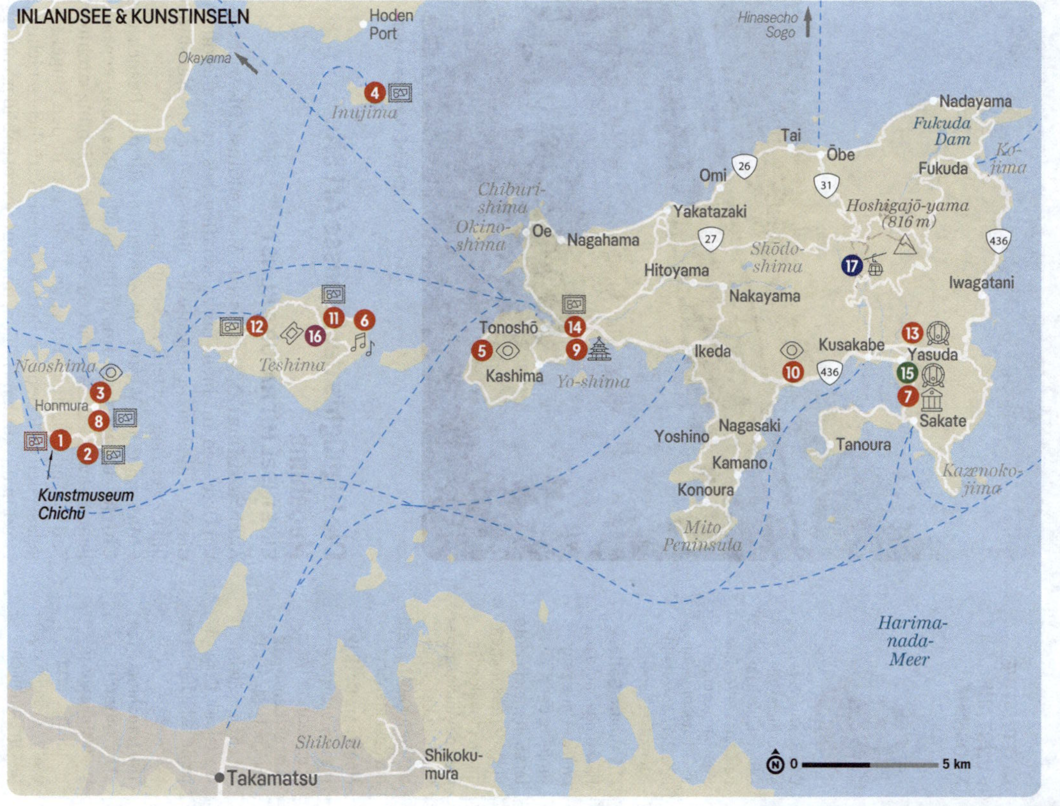

ALTERNATIVE KUNST AUF NAOSHIMA

Ota Sanae, Verantwortliche für Öffentlichkeitsarbeit bei Benesse Art Site Naoshima (benesse-artsite.jp), nennt ihre Lieblingsorte für alternative Kunst.

Miyanoura Gallery 6
Eine umgebaute *pachinko*-Halle zeigt Projekte des Künstlers Shitamachi Motoyuki, der zusammen mit der lokalen Gemeinde Alltagsaspekte des Lebens und der Kultur auf Naoshima dokumentiert.

Naoshima Bath I♥湯
Dieses *sentō* (öffentliches Bad) in Miyanoura ist ein Kunstwerk von Ōtake Shinrō. Dort neben einer Elefantenstatue in Originalgröße zu baden, ist ein einmaliges Erlebnis.

The Naoshima Plan „The Water"
Die Installation in Honmura des umweltbewussten Architekten Sambuichi Hiroshi umfasst einen Pool mit Brunnenwasser, in den man die Füße eintauchen kann.

Chichū-Kunstmuseum

Die Highlights der Benesse Art Site Naoshima

EINE INSEL MIT NATUR & KUNST

Auf **Naoshima** (直島) gibt's jede Menge Kunst! Die wichtigsten Orte sind an einem Tag zu schaffen, besser ist allerdings, die verschiedenen Elemente der Benesse Art Site Naoshima über zwei Tage verteilt zu besuchen.

Man sollte im Voraus ein Zeitfenster für den Besuch des **Chichū-Kunstmuseums** online buchen. Das außergewöhnliche Bauwerk, entworfen von Naoshimas Lieblingsarchitekt Tadao Ando, besteht aus einer Reihe von in den Hügel eingelassenen Galerien mit Betonwänden. Natürliches Licht gelangt in die kühlen Höhlen, um fünf Seerosenbilder von Monet spektakulär zu beleuchten. Auch drei Lichtinstallationen von James Turrell und einige monumentale Skulpturen von Walter De Maria sind hier ausgestellt.

Danach folgt ein Abstecher zum **Benesse House Museum** auf dem Berg, einem von Andos ersten Projekten auf Naoshima.

ÜBERNACHTEN AUF NAOSHIMA

Tsutsuji-sō
Campen am Strand mit Zelten und Wohnwagen im mongolischen Stil; Gemeinschaftsbäder. Essen im Voraus buchen. ¥

My Lodge
Der moderne Komplex aus Muji-Fertighäusern und Holzhäusern liegt wunderschön auf einem Berg. ¥¥

Roka
Modernes, luxuriöses *ryokan* nur einen kurzen Fußweg von Honmura entfernt. Moderne Kunst und schickes Gourmet-Restaurant. ¥¥¥

Das Museum mit Hotel zeigt sowohl innen als auch draußen Kunstwerke. Hotelgäste sehen einen Teil der Sammlung auch in ihren Zimmern. Herausragend ist Bruce Naumans Neonbild *100 Live and Die*.

Am nahen Strand befindet sich Kusamas *Kürbis*. Beeindruckend ist auch *Narcissus Garden*, eine Installation mit 1700 Edelstahlkugeln in der Valley Gallery, einem 2022 von Ando entworfenen Ort mit Innen- und Außenbereich.

Wer etwas mehr Zeit hat, besucht die **Hiroshi Sugimoto Gallery: Time Corridors** im Benesse House Park des Hotels. Es beinhaltet einen Teeraum, in dem man an Tischen aus riesigen, alten Baumstämmen Tee trinkt, während man auf Sugimotos Glas-Teehaus *Mondrian* blickt.

Entspannen in Honmura

DAS ART HOUSE PROJECT UND EIS

Der Fischereihafen **Honmura** (本村) im Osten von Naoshima entstand im 16. Jh., als hier eine Burg stand. Die engen Gassen sind von schwarzen Holzhäusern gesäumt, die im Laufe der Jahre teilweise verlassen wurden, als immer mehr Menschen aus dem Dorf wegzogen.

Die Benesse Corporation wandelte einige der leer stehenden Gebäude (plus einen Schrein) in sieben Kunst-Häuser um. Im **Honmura Lounge & Archive** in Hafennähe werden Tickets für alle Häuser verkauft. Für **Minamidera** gibt's ein Ticket mit Zeitfenster; das moderne Gebäude wurde von Tadao Ando für das geniale Lichtexperiment von James Turrell entworfen. In einem scheinbar stockdunklen Raum sitzt man und wartet, bis sich die Augen anpassen und das Kunstwerk sehen.

Der **Go'o-Schrein** ist eine Installation von Hiroshi Sugimotos in einem alten *jinja* (Schrein), wo eine Glastreppe zu einer engen unterirdischen „Steinkammer" führt. Das stattliche Haus der Salzhändlerfamilie **Ishibashi** aus der Meiji-Zeit beherbergt einige schöne Wand- und Leinwandgemälde zu Naturthemen von Senju Hiroshi.

Haisha befindet sich im ehemaligen Wohnhaus mit Praxis eines Zahnarztes. Die Einrichtung wurde durch Ōtake Shinrōs verspielte Kunstwerke ersetzt, die das gesamte Anwesen mit Gemälden, Scrapbook-Collagen und Skulpturen bedecken, darunter eine riesige Freiheitsstatue.

Neben Kunst gibt's mehrere Gasthäuser, Kunsthandwerksläden sowie nette Cafés und Restaurants im Dorf. Ein perfekter Zwischenstopp an einem heißen Tag ist **Naoshima Gelato**, wo es hervorragende hausgemachte Eiscreme und Sorbets gibt.

INUJIMA

Früher wurde auf Inujima (犬島) Stein abgebaut. Es gab auch eine Kupferraffinerie, die 1919 geschlossen wurde. Heute leben auf der winzigen Insel weniger als 50 Menschen.

Ein neues Kapitel in Inujimas Geschichte begann, als Benesse den Architekten Sambuchi Hiroshi und den Künstler Yanagi Yukinori beauftragte, aus den Ziegelbauten der Raffinerie ein Museum zu machen. Das faszinierende **Inujima-Seirensho-Kunstmuseum** ist ein Beispiel für Recycling und Upcycling im großen Stil. Es beherbergt Yanagis mehrteilige Installation *Hero Dry Cell*, die Inselmaterialien mit Teilen eines Tokioter Hauses kombiniert, das einst von dem Schriftsteller Yukio Mishima bewohnt wurde.

YAYOI KUSAMA

Neugierig auf eine der berühmtesten zeitgenössischen Künstlerinnen Japans? Mehr von Kusamas Kunstwerken sieht man im Matsumoto-Kunstmuseum (S. 228) in der Stadt, in der sie 1929 geboren wurde.

ESSEN AUF NAOSHIMA

Apron Cafe
Eine Art Galerie in Honmura mit kunstvoll angerichteten Speisen wie Quiche, Tempura-Fisch und schwarzem Okayama-Reis. ¥¥

Naka-Oku
Das gesellig-gemütliche Café außerhalb von Honmura serviert mittags Bodenständiges und abends kleine Gerichte. ¥

New Olympia
Traditionelles japanisches Restaurant in Miyanoura. Gutes Sushi und preisgünstige Menüs. ¥¥

DIE BESTEN RESTAURANTS AUF TESHIMA

Shima Kitchen
Kunstvolles Restaurant in einem von Ryo Abe entworfenen ehemaligen Dorfgebäude mit lokaler Küche. Ein umlaufendes Dach schützt die Tische im Freien. ¥¥

Vegan Cafe UKA
In dem beliebten Café am Hafen Ieura gibt's mittags köstliches veganes Sushi und zum Abschluss veganes Bananeneis. ¥¥

Umi-no-Restaurant
Edles, entspanntes italienisches Restaurant mit herrlichem Küstenblick. Die Pasta ist perfekt al dente und es gibt eine exzellente Weinkarte. ¥¥

Entspannung auf Teshima

MEDITATIONEN ÜBER DIE ELEMENTE

Die 1000-Seelen-Insel Teshima (豊島) umgibt ein entspanntes, ländliches Flair. Auf einem Hügel inmitten terrassenförmiger Reisfelder ist das **Teshima-Kunstmuseum,** eine Kollaboration des Architekten Ryue Nishizawa und des Künstlers Rei Naito, ein faszinierendes, meditatives Erlebnis. Der Kuppelbau, eher Installation als traditionelles Museum, hat große Löcher in den Betonwänden, die den Blick auf den Himmel und die Umgebung freigeben. Im Boden pumpen winzige Löcher Wassertropfen hervor, die sich in unaufhörlicher Bewegung befinden.

Nahe dem Hafen von Karato am Strand befindet sich **Les Archives du Cœur**, eine geniale Installation des Klangkünstlers Christian Boltanski. In der Klangbibliothek sind Herzschläge aus der ganzen Welt gesammelt, die in einer Endlosschleife im „Herzraum" zu hören sind, während eine nackte Glühbirne im Takt aufleuchtet. Man kann den eigenen Herzschlag aufnehmen und eine Erinnerungs-CD mitnehmen.

Surreal und fast kitschig ist das **Teshima Yokoo House am Hafen** Ieura. Der Architekt Nagayama Yuko verwandelte ein altes Holzhaus in eine Galerie für die Werke des Künstlers Yokoo Tadanori. Es gibt einen bunten Steingarten, eine schwindelerregende „Wasserfall"-Installation in einem zylindrischen Turm, der mit Tausenden Postkarten von Wasserfällen und grellen Chrom-Badezimmern versehen ist.

Wer am Wochenende herkommt, sollte das **Teshima-Usaginingen-Theater** besuchen. In einer früheren Schreinerwerkstatt sieht man eine originelle audiovisuelle Performance über ein dunkles Kapitel in Teshimas Geschichte aus den 1980er-Jahren, als 600 000 Tonnen Giftmüll illegal auf der Insel abgeladen wurden.

88 PILGERTEMPEL

Das **Sen Guesthouse** (S. 408) hat eine praktische Karte für den 88-Tempel-Pilgerweg auf Shōdo-shima erstellt. Die rund 160 km lange Wanderung dauert etwa eine Woche und ist damit ein einfacheres Unterfangen als die viel längere 88-Tempel-Route auf **Shikoku** (S. 568).

Verkostung von Sojasoße & Sake

EINE 400 JAHRE ALTE INDUSTRIE

Die Herstellung von Sojasoße auf **Shōdo-shima** (小豆島) reicht Jahrhunderte zurück. Die lohnendste Fabrik für einen Besuch ist **Yama-Roku Shōyu** (ヤマロク醤油), wo riesige Zedernfässer lagern, in denen die Soße zwei bis vier Jahre lang gärt. Die ältesten und größten 6000-l-Fässer stammen aus der Gründungszeit vor etwa 150 Jahren. An Wochenenden verwandelt sich der Vorhof in ein *chaya* (Teehaus), in dem die verschiedenen Soßen zu Gerichten wie Reis mit Ei, geschmortem Schweinefleisch und Milchpudding verkostet werden.

ÜBERNACHTEN AUF TESHIMA

Takamatsu-ya
Einladendes Gasthaus nur einen kurzen Spaziergang vom Fährterminal Ieura entfernt mit schönen Tatami-Zimmern. ¥

Teshima Espoir Park
Japanisches Flair und klares, modernes Design; hübsches Hotel mit Meerblick und toller Küche. ¥¥

Umitota
Zwei japanische Designer entwarfen das schöne Ferienhaus an der Küste nahe Ieura. Platz für sechs Personen. ¥¥¥

Teshima-Yokoo-House

Die größte Fabrik ist **Marukin** (マルキン) an der Hauptstraße zwischen Kusakabe und Sakate. Das Museum in einem großen Lagerhaus mit Holzbalken hat gute Erklärungen auf Englisch und zeigt Exponate zum Herstellungsprozess. Im Souvenirladen kann man das leckere Sojasoßeneis probieren.

Nahe Marukin befindet sich **Morikuni**, die einzige Sakebrauerei auf Shōdo-shima. Die preisgekrönten Getränke werden in einem schön umgebauten 80 Jahre alten Holzhaus probiert, in dem es auch ein hübsches Café mit köstlichen Backwaren gibt.

Japanische Monster

DAS YOKAI-MUSEUM IN DER LABYRINTHSTADT

In Shōdo-shimas Haupthafen **Tonoshō** (土庄) gibt's ein Viertel, das wegen seiner verwinkelten Gassen „Labyrinthstadt" genannt wird; vor Jahrhunderten sollte sie Eindringlinge verwirren. Mehrere der alten Gebäude beherbergen heute das sehr unterhaltsame **Yōkai-Kunstmuseum** (妖怪美術館), ein kreatives Projekt des lokalen Künstlers Chubei Yagyu. *Yōkai* sind übernatürliche Geister, Kobolde und Monster, wie zum Beispiel *kappa*-Wasserdämonen und *tengu*-Teufel. Jedes Jahr kommen im Rahmen eines Wettbewerbs neue Skulpturen hin-

DIE BESTEN RESTAURANTS AUF SHŌDO-SHIMA

Koyomi
Ausgezeichnete mehrgängige Menüs mit lokalen Köstlichkeiten wie *somen*-Nudeln und in Sojasoße eingelegter Seetang. Im Voraus reservieren. ¥¥

Komame Shokudō
Mit Blick auf die malerischen Reisterrassen von Nakayama. *Onigiri*-Reisbällchen, der „Oliven-Rind"-Hamburger oder *bento* zum Mitnehmen. ¥

Nonoka
Malerisches Café mit schönem Garten; unbedingt im Voraus buchen. Köstliche saisonale Gerichte mit Fisch, Schweine- und Rindfleisch aus der Region. ¥¥

ÜBERNACHTEN AUF SHŌDO-SHIMA

Olivean Shōdo-shima Yuhigaoka Hotel
Resort mit Onsen und Pool im Freien. Tatami- und westliche Zimmer mit Abendsonne. ¥¥¥

Sen Guesthouse
Pension am Hang mit Tatami-Zimmern und Schlafsälen. Tolles Preis-Leistungs-Verhältnis. Ein Highlight ist der nahe Strand. ¥

Setouchi SUP Resort
Hübsche moderne Zimmer in Blautönen gegenüber vom Strand; es gibt Stand-up-Paddel-Touren und Yoga. ¥¥

zu. Der Audioguide zum Herunterladen ist ausgezeichnet. Das Museum öffnet täglich bis 22 Uhr, in seiner Bar kann man einen schönen Abend auf der Insel verbringen.

In der Labyrinthstadt gibt's auch die attraktive Pagode **Saikō-ji** (西光寺), der 58. Tempel auf dem 88-Tempel-Pilgerweg, und die **Engelstraße**, eine malerische, 500 m lange Sandbank, die bei Ebbe auftaucht und den Strand mit den nahen Inseln verbindet.

Mit der Seilbahn aufs Dach von Shōdo-shima fahren

ÜBER DIE KANKAKEI-SCHLUCHT GLEITEN

Um die grüne Berglandschaft von Shōdo-shima aus der Vogelperspektive zu sehen, nimmt man die **Kankakei-Seilbahn** (寒霞渓ロープウェイ) über eine spektakuläre Schlucht voller Ahornbäume. Die Fahrt ist besonders beeindruckend (und beliebt) im Herbst, wenn das Laub in bunten Farben leuchtet.

An der oberen Station erstrecken sich mehrere Wanderwege und man hat eine spektakuläre Aussicht über das Binnenmeer. Ein 4 km langer Rundweg führt zum 816 m hohen **Hoshigajō-yama** (星ヶ城山), dem höchsten Gipfel der Insel mit einer Burgruine.

Wer gerne wandert, verzichtet auf den fünfminütigen Trip mit der Gondel und wandert auf der 2,3 km langen Omote-Kankake-Route durch die Schlucht mit 12 Aussichtspunkten zur oberen Seilbahnstation.

Flug auf einem Besen in einem Olivenpark

DIE GEBURTSSTÄTTE DER JAPANISCHEN OLIVENPRODUKTION

Seit 1908 werden auf Shōdo-shima Oliven angebaut. Beim Gang durch die Haine des **Shōdo-shima-Olivenparks** stößt man auf Menschen, die mit einem Besen zwischen den Beinen auf- und abspringen. Sie stellen eine Szene aus dem bekannten Ghibli-Animationsfilm *Kikis kleiner Liederservice* nach.

Im Park gibt's auch eine echte griechische Windmühle, ein Geschenk der Insel Milos, und eine riesige Statue der Göttin Athene in der Ausstellungshalle, wo man einen Besen leihen kann, um selbst eine Kiki-Szene nachzustellen.

DIE BESTE AUSSICHT AUF SHŌDO-SHIMA

Matthew Iannarone und seine Frau Nori betreiben das Sen Guesthouse (senguesthouse.com). Dies sind einige seiner Lieblingsorte auf der Insel.

Die 88-Pilgertempel-Wanderung
Meine Lieblingstempel auf der Pilgerroute sind Goishizan, Dōunzan und Hayabusasan. Alle sind in Höhlen gebaut und bieten eine grandiose Aussicht aufs Meer.

Mito-Halbinsel
Ein schöner Teil der Insel, der gut mit dem Auto zu erkunden ist. Im Shaka-ga-hana-Park an der Spitze gibt's einige Kunstwerke der Setouchi Triennale von 2022.

Kasane-iwa
Ein spiritueller Kraftort. Niemand weiß, wie diese riesigen Felsbrocken so aufeinandergestapelt wurden, aber sie sind den steilen Aufstieg wert.

UNTERWEGS VOR ORT

Regelmäßige Fähren verbinden alle Inseln untereinander und mit den Haupthäfen Takamatsu (S. 574) und Uno in der Präfektur Okayama. Routenpläne und aktuelle Fahrpläne für Naoshima gibt's auf der Website der Benesse Art Site (benesse-artsite.jp/de/access).

Naoshima und Teshima kann man gut mit dem Fahrrad erkunden. Auf Teshima sollte man vielleicht ein Moped mieten, da die Insel größer und hügeliger ist (unbedingt einen internationalen Führerschein mitbringen). Inujima ist so klein, dass man es gut erlaufen kann.

Shōdo-shima erkundet man am besten mit dem Auto. Bei **Orix Rent-a-Car** am Hafen Tonoshō gibt's Mietwagen.

OKI-INSELN

Oki-Inseln

TOKIO

Zwischen 40 und 80 km nördlich der Küste von Shimane liegen die wilden und schönen Oki-Inseln (隠岐諸島). Einst wurden Menschen hierher verbannt (darunter zwei Kaiser), heute stehen die rund 180 Inseln des Archipels als Globaler UNESCO-Geopark unter Schutz. Teile der Küste gehören zum Daisen-Oki-Nationalpark (大山隠岐国立公園).

Hier kann man entspannen, unberührte Natur und die herrliche Landschaft genießen, tauchen, wandern und Kajak fahren. Erschließungen erfolgen erfrischend maßvoll. Die relative Abgeschiedenheit der Inseln half, einzigartige kulturelle Praktiken zu erhalten, wie *ushi-tsuki* („Stier-Sumō"), bei dem zwei Stiere gegeneinander kämpfen, bis einer zurückweicht.

Man sollte mindestens zwei Tage Aufenthalt einplanen. Die besten Unterkünfte und Restaurants gibt's auf Dōgo, der größten der vier bewohnten Inseln. Noch ruhiger sind die drei Dōzen-Inseln Nishino-shima, Chiburi-jima und Nakano-shima.

TOP TIPP

Prüfen, ob es das **Oki-Toku-Spezialticket** (oki-toku.jp) noch gibt. Wer sein Hinreise-Fährticket online über diese Website bucht und die erforderliche Stempelanzahl von teilnehmenden Unterkünften und Aktivitäten auf den Inseln hat, erhält ein kostenloses Rückreiseticket für die Fähre.

CHOCOMAMA/SHUTTERSTOCK ©

Kuniga-Küste, Nishino-shima (S. 413)

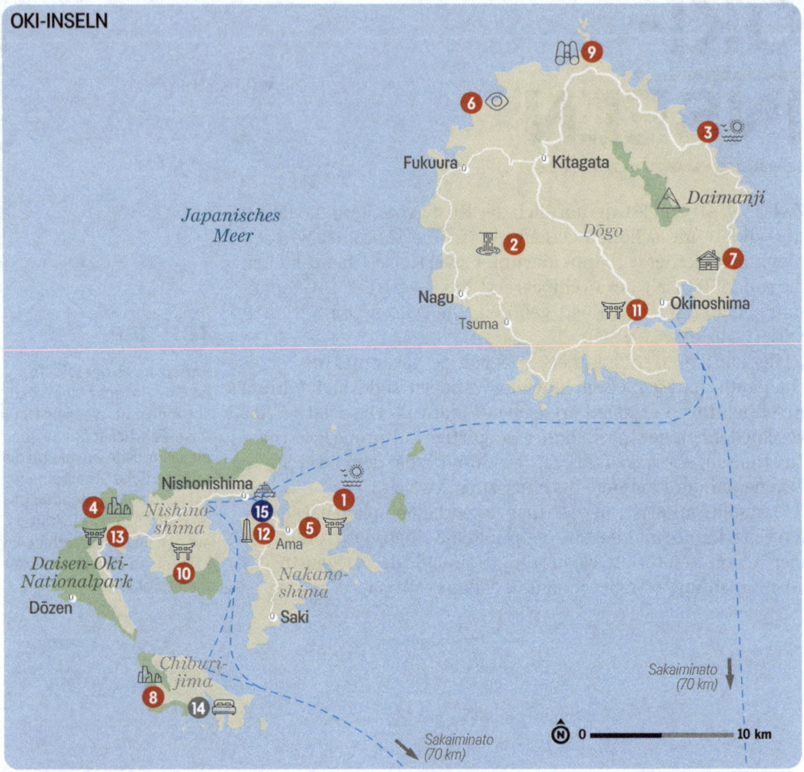

OKI-INSELN

Japanisches Meer
Fukuura
Kitagata
Daimanji
Dōgo
Nagu
Tsuma
Okinoshima
Nishonishima
Nishino-shima
Daisen-Oki-Nationalpark
Dōzen
Ama
Nakano-shima
Saki
Chiburi-jima
Sakaiminato (70 km)
Sakaiminato (70 km)
0 10 km

SEHENSWERTES
1 Akiya-Küste
2 Dangyō-no-taki
3 Jōdogaura-Küste
4 Matengai-Klippe
5 Oki-jinja
6 Rōsoku-jima
7 Traditionelles Wohnhaus Sasaki-ke
8 Sekiheki
9 Shirashima-Küstenaussichtspunkt
10 Takuhi-jinja
11 Tamawakasu-no-mikoto-jinja
12 Yakumo-Platz
13 Yurahime-jinja

SCHLAFEN
14 Hotel Chibu-no-Sato

TRANSPORT
15 Hafen und Fährterminal Hishiura

Eine Autofahrt auf Dōgo

ALTE BÄUME

Die größte Oki-Insel Dōgo (島後) ist bergig und dicht bewaldet mit Straßen, die in schwindelerregenden Serpentinen der Küste folgen. Wer hier Fahrrad fahren will, muss richtig fit sein. Am besten mietet man ein Auto und erkundet in rund sechs Stunden alle Sehenswürdigkeiten.

Vom Hafen Saigō fährt man im Uhrzeigersinn entlang der Küste. Der erste Halt ist **Tamawakasu-no-mikoto-jinja** (玉若酢命神社), ein Schrein mit einem riesigen **Yao-sugi-Baum** (八百杉). Die knorrigen, verzweigten Äste der angeblich 2000 Jahre alten, 38 m hohen Kiefer werden von Pfosten gestützt. Sie ist einer von mehreren uralten Bäumen auf Dōgo.

Im kleinen Hafen **Tsuma** (都万) gibt's eine Statue des „Sumō-Stiers" und eine Reihe traditioneller Bootshäuser aus Holz.

Rōsoku-jima

Chichi-sugi

Ein Abstecher in die Berge führt zum **Dangyō-no-taki** (壇鏡の滝), zwei Wasserfällen neben einem Schrein.

Am Hafen **Fukuura** (福浦), wo auch ein Strand ist, legen Ausflugsboote zur 20 Meter hohen **Rōsoku-jima** (ローソク島; Kerzeninsel) ab. Vom **Shirashima-Küstenaussichtspunkt** (白島崎展望台) lässt sich die spektakuläre Küste bewundern. Von hier aus führt ein 1,7 km langer Trail zur Spitze des Kaps, Dōgos nördlichstem Punkt.

Im Osten Dōgos bietet die malerische **Jōdogaura-Küste** (浄土ヶ浦) Ausblicke auf Buchten mit von Kiefern bewachsenen Inselchen. Etwas landeinwärts steht in einem kühlen Wald die riesige **Chichi-sugi** (乳房杉), eine 800 Jahre alte, unwirklich aussehende Zeder.

Weiter südlich steht das große **traditionelle Wohnhaus Sasaki-ke** (佐々木家住宅) eines ehemaligen Dorfvorstehers, das 1836 erbaut wurde und einige verstaubte Erbstücke der Familie zeigt.

DIE BESTEN RESTAURANTS AUF DŌGO

Das kulinarische Angebot konzentriert sich auf die Gegend rund um den Hafen Saigō.

Ajinokura
Preisgünstiges Restaurant mit Menüs und *donburi* (Reisschüssel); man kann die Fischerboote auf dem Yao beobachten. ¥¥

Okonomiyaki Tecchan
An der Theke beobachtet man die Zubereitung von herzhaften Pfannkuchen, gebratenen Nudeln und Ramen nach Hiroshima-Art. ¥

Yao-sugi
Die reichhaltigen Menüs warten mit Sushi, panierten Garnelenspießen, prallen Austern und Sashimi auf. ¥¥

ÜBERNACHTEN AUF DŌGO

Hito_Naka
Schicke Pension in der hübschen Gegend am Hafen Saigō; zwei Standorte auf beiden Seiten des Yao-Flusses. ¥¥

Hotel Nochi
Hübsche, moderne Zimmer mit Bad über dem angesagten Café Yuragi mit gutem Kaffee und kleinen Gerichten. ¥

Hotel Uneri
Zimmer und Holzhütten im japanischen und westlichen Stil. Friedliches Fleckchen in der Nähe des Ufers. ¥¥

ENTŌ

Das Entō in Ama ist die stylishste Unterkunft auf den Oki-Inseln. Das Hotel hat ein exzellentes Restaurant (auch für Nichtgäste), in dem die meisten Zutaten von der Insel bezogen werden. Es gibt Felsenaustern, Turbanschnecken, weißen Tintenfisch, Oki-Rind und vor Ort gesammelten Seetang und Kräuter.

Den großartig gestalteten **Geo Room „Discover"** des Entō kann jedermann kostenlos besuchen. Die fantasievoll gestaltete Ausstellung bietet einen Crashkurs über die geologische Geschichte der Inseln und einen Einblick in ihre einzigartige Kultur und Traditionen. In der angeschlossenen Lounge sind uralte „Kunstwerke" aus der Natur zu bewundern, darunter ein 480 Millionen Jahre alter Trilobit aus Marokko und ein 150 Millionen Jahre alter Dinosaurierknochen, während man die tolle Aussicht über die Inseln genießt.

SNOWMODE/GETTY IMAGES ©

Chiburi-jima

Radfahren auf Nakano-shima

WOHIN KAISER GO-TOBA INS EXIL GING

Nakano-shima (中ノ島), die zweitgrößte der Dōzen-Inseln, wird auch **Ama** (der Name der Stadt) genannt. Dank des hübschen Hafens Hishiura und der zahlreichen Attraktionen bietet sich diese Insel als Ausgangsbasis und für eine eintägige Radtour an.

E-Bikes können am attraktiv designten **Hafen und Fährterminal Hishiura** gemietet werden. Im Obergeschoss serviert das tolle Café **Central-tei** lokale Gerichte wie *kanshimame-zuke-don* (Reis mit in Soja mariniertem Tintenfisch) und Turbanschnecken-Curry. Oder man kauft im Lebensmittelladen **Shan Yama** im Erdgeschoss eine Lunchbox.

Die erste Pause gibt's am **Yakumo-Platz** mit einer lebensgroßen Statue des Schriftstellers Lafcadio Hearn (S. 412) und seiner Frau Koizumi Setsu, die Ama 1892 besuchten. Der Expat-Autor dokumentierte seine Erlebnisse in *Blicke in das unbekannte Japan*.

Weiter geht's zum **Oki-jinja** (隠岐神社). Der Schrein von 1939 ehrt den dichtenden Kaiser Go-Toba, der 1221 auf die Oki-Inseln verbannt wurde und die letzten 18 Jahre seines Lebens hier verbrachte. Vom Schrein führt ein kurzer Weg zu Go-Tobas Grabstätte. Die Kirschbäume machen den Ort während der Blütezeit zu einem schönen Ausflugsziel.

ÜBERNACHTEN AUF DEN DŌZEN-INSELN

Entō
Ruhiges schickes Hotel mit fantastischem Meerblick. Die NEST-Zimmer mit raumhohen Fenstern sind am besten. ¥¥¥

Kuniga-sō
Etwas altmodisch, aber es gibt tolles Essen und ein Gemeinschaftsbad mit grandioser Aussicht auf die Bucht. ¥¥

Tadayoi
Glamping in geodätischen Kuppeln (mit Betten, Klimaanlage, Heizung) nahe dem Ama's Rainbow Beach. Frühstück inklusive. ¥¥¥

Die **Akiya-Küste** im Norden der Insel ist spektakulär. Hier sieht man rostrote Schlacke, die vor 2,8 Millionen Jahren aus oxidiertem Magma entstand. Die Witterung erodierte das Gestein und schuf entlang der Küste auffällige Formationen, darunter ein herzförmiges Loch in einem Felsen. Hier lässt es sich gut zelten und schwimmen.

Wie in vielen ländlichen Gebieten Japans schrumpft die Bevölkerung auf Nakano-shima seit Jahrzehnten. Zur Lösung dieses demografischen Problems machte sich die Insel zu einem Beispieldämonen der Selbstversorgung – ein Konzept, das wie auf Naoshima (S. 748) funktioniert.

Wandern an der Kuniga-Küste

BESUCH ZWEIER SCHREINE

Das Highlight von **Nishino-shima** (西ノ島) ist eine Wanderung entlang der spektakulären Kuniga-Küste. Eine Bustour (ab den Häfen Beppu oder Urago) setzt Wanderwillige nahe der 257 m hohen **Matengai-Klippe** (摩天崖) ab. Von dort führt ein 2,5 km langer Küstenweg vorbei an Rindern und Pferden bis zum Kuniga-Strand, wo der Tsutenkyo-Felsbogen und andere aus den Wellen aufragende Felsen zu betrachten sind. Der Bus wartet am Kuniga-Parkplatz.

Auf Nishino-shima gibt's zwei interessante Schreine. Der **Yurahime-jinja** (由良比女神社) ist dem Gott des Fischfangs geweiht und von Urago aus gut zu Fuß zu erreichen. In die Bucht kommen jedes Jahr im Herbst/Winter zahllose Tintenfische. Auf halber Höhe des Berges Takuhi, 15 Minuten vom Parkplatz, ist der älteste Schrein auf den Oki-Inseln **Takuhi-jinja** (焼火神社) von 1732 teilweise in eine Felsenhöhle gebaut.

Die wunderbare rote Klippe

DIE KLEINSTE BEWOHNTE DŌZEN-INSEL

Chiburi-jima (知夫里島), auch „Chibu" genannt, wartet mit einer markanten Küste samt spektakulärer **Sekiheki** auf. Die rot-braunen, vom Meer erodierten Klippen entstanden durch die Lava eines alten Vulkans. Auf dem 324 m hohen Berg **Akahage,** dem höchsten Gipfel der Insel, sieht man die Reste einer Steinmauer (von einer Fruchtfolgen-Methode namens *makihata* aus dem Mittelalter).

Das **Hotel Chibu-no-Sato** (ホテル知夫の里) bietet Zimmer mit Balkon und herrlichem Meerblick. Es gibt ein Bad im Freien (geöffnet von April bis Oktober), kostenlose Fahrräder für Gäste und einen Strand in Fußnähe. Im Restaurant gibt's Meeresfrüchte – auch für Nichtgäste.

BOOTSFAHRTEN & KAJAKTOUREN

Dōgo
Von Fukuura aus gibt's **Bootsfahrten bei Sonnenuntergang** nach Rōsoku-jima (Kerzeninsel), und **Kaiyo Sports Center** organisiert Kajaktouren zu einer Küstenhöhle.

Nishino-shima
Mit dem **Kuniga Sightseeing Boat** kann man die Felsen entlang der Kuniga-Küste aus der Nähe betrachten (siehe oki-kankou.com). **Club Noah Oki** bietet Tauch- und Kajaktouren rund um die Insel.

Nakano-shima
Vom Deck der **Ambow** sieht man Saburō-iwa, die drei „Bruderfelsen" und die mit Weinreben bewachsene Insel Kazura-jima. Der Unterwasser-Beobachtungsraum des Schiffes bietet Einblicke in die Meereswelt.

Chiburi-jima
Vom Sightseeing-Boot aus sieht man die 1 km lange Sekiheki (Rote Klippe) und umrundet die gesamte Insel, sofern die Wetterbedingungen es zulassen.

UNTERWEGS VOR ORT

Einige Hauptattraktionen sind mit dem Fahrrad erreichbar. Bei jedem Fährterminal können Fahrräder und E-Bikes gemietet werden. Auf Dōgo ist man mit einem Mietwagen oder Taxi besser dran, oder man greift auf den Service eines Ökotouranbieters zurück.

Zwischen den Inseln verkehren Insel-Fähren und die Fähren von Oki Kisen, darunter auch der teurere und schnellere Rainbow Jet.

MATSUE

Matsue (松江), bekannt als die Stadt des Wassers, liegt beidseitig des Ōhashi-gawa, der den Shinji-ko (See) mit der Nakaumi-Lagune verbindet, und ist von Kanälen durchzogen. Die attraktive Stadt bietet eine Burg und grandiose Sonnenuntergänge.

Die Hauptstadt der Präfektur Shimane wurde im frühen 17. Jh. von *daimyō* Horio Yoshiharu gegründet und zur mächtigsten Stadt der Region San-in. Der Expat-Schriftsteller Lafcadio Hearn lebte und arbeitete hier 15 Monate ab 1890 und ist noch in bester Erinnerung.

Die wichtigsten Attraktionen befinden sich rund um die Burg. Das Kyomise-Viertel zwischen dem Ōhashi-gawa und dem Kyobashi-Kanal ist voller kleiner Bars, Restaurants und alten Geschäften, darunter zwei Sakebrauereien. Die geschätzte Teekultur und moderne Kaffee-Leidenschaft machen Matsue zu einem Ort des Verweilens und einer guten Basis für Ausflüge in die Umgebung.

TOP TIPP

Das Matsue Suitōro findet jeden Samstag, Sonntag und Feiertag Ende September und Anfang Oktober statt. Beim abendlichen Wasser- und Lichtfest schaffen handbemalte Laternen atmosphärische Lichtwege um den Festungsgraben und zur Burg Matsue-jō, wo Schlagzeugwettstreite und Essensstände warten.

SEHENSWERTES
1 Buke Yashiki
2 Kōunkaku
3 Lafcadio-Hearn-Museum
4 Geschichtsmuseum Matsue
5 Matsue-jō
6 Kunstmuseum der Präfektur Shimane
7 Tanabe-Kunstmuseum

SCHLAFEN
8 Kitatono Guesthouse
9 Minamikan
10 Onyado Nono Matsue

ESSEN
11 Greens Baby
12 Kawa-kyō
13 Tsurumaru
14 Yakumo-an

AUSGEHEN
15 Meimeian

Erkundung von Burg & Umgebung

NATIONALES KULTURGUT MIT AUSSICHT

Der Mittelpunkt der Stadt ist die malerische **Matsue-jō** (松江城), bekannt auch als Chidori-jō (Regenpfeifenburg) wegen der vogelähnlichen Form ihres Giebelschmucks. Die 1611 fertiggestellte Burg ist die letzte intakte Burg in der San-in-Region und einer von 12 originalen Bergfrieden in Japan.

Das Innere offenbart die geniale Holzkonstruktion und informiert über die Geschichte des nationalen Kulturgutes, der fünfte Stock gewährt eine Panoramaaussicht. Sehenswert ist das Parkgelände mit drei Schreinen, beeindruckenden Steinmauern und dem stattlichen Herrenhaus **Kōunkaku** (興雲閣) aus dem frühen 20. Jh., das für Kaiser Meijis Besuch gebaut wurde, der nie stattfand.

Gegenüber der Burg informiert das ausgezeichnete **Geschichtsmuseum Matsue** (松江歴史館) über die regionalen Clans sowie die Entwicklung von lokaler Industrie, Kunsthandwerk und Brauchtum. Überreste der alten Stadt können durch einen Glasboden bewundert werden. Es gibt auch einen japanischen Garten mit Blick auf die Burg.

An der malerischen Straße **Shiomi Nawate** (塩見縄手) stehen Häuser ehemaliger Feudalherren und Samurai. Das **Buke Yashiki** (武家屋敷) gibt Einblick in das Leben von Samurai-Familien während der Edo-Zeit. Außerhalb des sorgfältig restaurierten Hauses befinden sich bezaubernde Gärten, im Inneren sind die architektonischen Details zu betrachten.

Weiter entlang der Shiomi Nawate liegt das auf *soba* spezialisierte Restaurant **Yakumo-an** (八雲庵) mit einem wunderschönen Garten. Hier wird die lokale Spezialität *warigo soba* in drei runden, aufeinandergestapelten Lackbehältnissen serviert.

EINE FAHRT AUF DEM WASSER

Die Stadt des Wassers lässt sich wunderbar auf einer Tour mit dem **Horikawa Sightseeing Boat** um den Burggraben und durch die Kanäle der Stadt erkunden. Die 50-minütige Fahrt gibt malerische Ausblicke auf Shiomi Nawate, die Weiden entlang des Kyobashi-Kanals und verschiedene Brücken. Kleine Boote mit bis zu 12 Personen müssen für die niedrigsten Brücken ihre Verdecke einfahren. Die Haupteinstiegsstelle ist Otemae Hiroba nahe dem Eingang zur Burg; zusteigen kann man auch am Fureai Hiroba beim Craft-Bier-Restaurant **Matsue Horikawa Microbrewery** (松江堀川地ビール館).

Beliebter Schriftsteller aus dem Ausland

EIN KULTURELLER NOMADE IN MATSUE

In Matsue ist der Schriftsteller Patrick Lafcadio Hearn (1850–1904) eine Art Ikone. Er lebte Ende des 19. Jhs. in der Stadt und bereiste die Region. Seine Artikel und Bücher über Japan vermittelten Einblicke in ein Land und eine Kultur, die jahrhundertelang von der Welt abgeschottet waren.

Der Sohn einer griechischen Mutter und eines angloirischen Armeearztes wuchs in Dublin auf und studierte in England. Mit 19 Jahren wanderte er nach Amerika aus und arbeitete in Cincinnati und später in New Orleans als Jour-

Lafcadio-Hearn-Museum (S. 416)

ÜBERNACHTEN IN MATSUE

Kitatono Guesthouse
Schlafsäle, einer gemischt und einer nur für Frauen, in einem einfachen, aber gepflegten Hostel. Kostenlose Fahrräder. ¥

Onyado Nono Matsue
Wunderschön gestaltetes Business-Hotel im japanischen Stil. Tolle Bäder auf dem Dach mit Shinji-ko-Blick. ¥¥

Minamikan
Schicke Unterkunft. Zimmerauswahl verschiedener Kategorien, alle mit Blick über den Shinji-ko. Exzellentes Restaurant. ¥¥¥

SEAN PAVONE/SHUTTERSTOCK ©

Matsue-jō (p415)

DIE BÜCHER VON LAFCADIO HEARN

Auch wenn sich Japan grundlegend geändert hat, seit Hearn dort lebte, lohnen sich seine besten Werke noch heute. Die erste Schriftensammlung *Blicke in das unbekannte Japan* (1894) enthält seinen berühmten Essay *The Chief City of the Province of the Gods* (Hauptstadt der Provinz der Götter) über Matsue sowie einen Bericht über seine Izumo-Reise, wo er als erster Europäer den antiken Schrein betreten durfte. In Japan, wo er als Koizumi Yakumo bekannt ist, werden seine Volksmärchen, Legenden und Geistergeschichten noch gelesen, wie die im Buch *Kwaidan*, die ohne seine Aufzeichnungen vielleicht für immer verloren wären.

nalist. Er wurde nach Französisch-Westindien entsandt, bevor er 1890 einen Auftrag der Zeitschrift *Harper's* als Korrespondent in Japan annahm.

Nach dem Ende seines Vertrags wollte er in Japan bleiben und nahm eine Stelle als Englischlehrer in Matsue an. Hier lernte er die Tochter einer örtlichen Samurai-Familie Koizumi Setsuko kennen und heiratete sie. Später zog das Paar nach Tokio, wo Hearn 1896 japanischer Staatsbürger wurde (vielleicht als erster Ausländer) und den Namen Koizumi Yakumo annahm.

Im **Lafcadio-Hearn-Museum** erfährt man mehr über den Autor. Es gibt hervorragende englische Infotafeln, einige persönliche Gegenstände und eine Bibliothek, in der man seine Bücher lesen kann. Nebenan befindet sich sein ehemali-

DIE BESTEN RESTAURANTS IN MATSUE

Greens Baby
Cooles Café zum Mittagessen, tolle Salate, kreative vegetarische Speisen und Hängematten zum Entspannen. ¥

Kawa-kyō
In dem kleinen *izakaya* mit Spezialitäten aus dem Shinji-See sollte man reservieren. ¥¥

Tsurumaru
Gerichte der Oki-Inseln. Unbedingt probieren: das *omakase*-Menü (Empfehlung des Kochs) mit riesigen Austern. ¥¥

ges **Wohnhaus** (小泉八雲旧居) aus dem 19. Jh. mit hübschen Gärten. Hier steht auch eine Nachbildung des hochbeinigen Schreibtisches, an dem Hearn (der auf einem Auge blind war) einige seiner Bücher schrieb.

Einblicke in Matsues Teekultur

DER TEEMEISTER FUMAI

In Matsue sollen Einheimische fünfmal so viel *matcha* (gemahlener grüner Tee) wie der Landesdurchschnitt trinken und einen ebenso großen Appetit auf *wagashi* haben, ein Konfekt, das Teil der traditionellen Teezeremonie ist. Die Liebe der Stadt zum Tee lässt sich zum siebten Fürsten des Matsudaira-Clans Harusato (1751–1818) zurückverfolgen, der unter dem Namen Fumai ein Teemeister war.

Meimeian (明々庵) ist das Teehaus und der Garten, die Fumai im Jahr 1779 errichten ließ. In der angrenzenden Halle mit Blick aufs Gelände und das strohgedeckte Teehaus trinkt man *matcha* und kostet zwei Arten von *wagashi*. Die erhöhte Lage ermöglicht einen wunderbaren Blick auf *Matsue-jō*.

An der Shiomi Nawate im **Tanabe-Kunstmuseum** gibt's Exponate zur Teezeremonie, darunter Teeutensilien von Fumai, und schöne lokale Keramik. Das **Geschichtsmuseum Matsue** (S. 415) zeigt ebenfalls einige Exponate der Teekultur, und es gibt ein Café, in dem man bei der Herstellung verschiedener *wagashi* zusehen kann.

Sonnenuntergänge & Kunstwerke

EINE TOLLE AUSSICHT ÜBER DIE SHINJI-KO-KÜSTE

Die spektakulären Sonnenuntergänge von Matsue sind zu Recht berühmt. Ein Online-Verzeichnis für Sonnenuntergänge (visit-matsue.com/sunset) informiert über die schönsten. Der beste Ort ist der treffend benannte **Sunset Park** am südöstlichen Shinji-ko-Ufer neben dem **Kunstmuseum der Präfektur Shimane**.

Das Museumsgebäude selbst ist mit seinem geschwungenen Dach und riesigen Glasfenstern zum See beeindruckend. Wechselausstellungen zeigen Stücke aus einer Sammlung von rund 3000 *ukiyo-e* (Holztafeldrucke), die meisten von Hokusai. Gemälde zum Thema Wasser sind ein weiterer Bereich der Museumssammlung (es gibt Werke von Monet und Courbet), ebenso Fotografien, Skulpturen und lokales Kunsthandwerk.

DIE BESTEN KAFFEEHÄUSER IN MATSUE

Coffee-kan Kyomise
Der 1972 eröffnete, efeubewachsene *kissaten* (Retro-Kaffeehaus) ist das älteste Café der Indie-Kaffeeszene von Matsue. Hier gibt's auch ein gutes Frühstück.

Imagine Coffee
Die selbst gerösteten Bohnen gibt's in drei Varianten: Filterkaffee, Espresso und French Press. Eine gute Option fürs Mittagessen. Bis 23 Uhr geöffnet.

Little Court
Der Besitzer Suguru Hasegawa röstet und mahlt täglich acht verschiedene Bohnensorten in einem winzigen alten Kaufmannshaus mit Blick auf den Kyobashi-Kanal.

UNTERWEGS VOR ORT

Matsue ist leicht zu Fuß oder per Fahrrad zu erkunden. JR-West-Pass-Inhaber können bei Eki Rent-a-Car direkt südlich des JR-Bahnhofs Matsue kostenlos Fahrräder ausleihen.

Wer ein paar Tage bleibt und die Umgebung sehen möchte, holt sich das En-Musubi Perfect Ticket. Es gilt drei Tage lang für die beliebige Nutzung von Verkehrsmitteln in Matsue, Izumo und Sakaiminato (JR-Verbindungen nicht inbegriffen) einschließlich der Stadtbusse und Lake-Line-Busse in Matsue, Busse in Izumo und Yonago sowie Flughafenbusse und Busse zu den Häfen Shichirui und Sakaiminato. Den Pass gibt's bei der internationalen Touristeninformation gegenüber dem JR-Bahnhof Matsue.

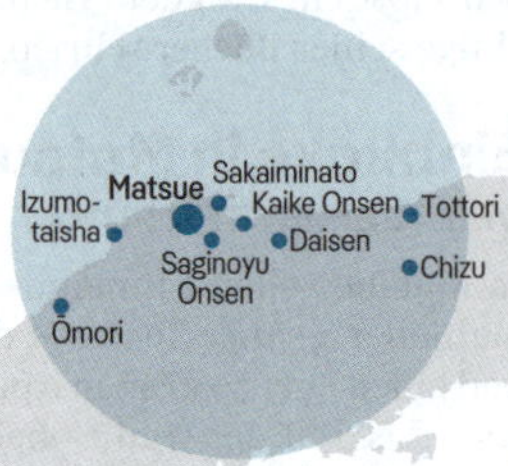

Rund um Matsue

Eine UNESCO-geschützte Silbermine, malerische Dörfer, ein alter Shintō-Schrein, schöne Gärten und riesige Sanddünen.

Die ehemalige Silbermine Iwami Ginzan ist Teil des UNESCO-Welterbes. Der beste Grund für einen Besuch ist jedoch die charmante Atmosphäre des benachbarten Dorfes Ōmori mit fotogenen Holzhäusern und idyllischer Lage.

Izumo-taisha, einer der wichtigsten Schreine Japans, ist von Wald umgeben. Er ist eine beliebte Pilgerstätte; früh oder spät am Tag kommen, um die Menschenmengen zu vermeiden.

Wer Gärten liebt, ist im Adachi-Kunstmuseum genau richtig, während Fans japanischer Popkultur den mit Mangas geschmückten Hafen von Sakaiminato lieben werden. In der Umgebung gibt's die riesigen Sanddünen von Tottori, eine Wanderung auf den schlafenden Vulkan Daisen und das spektakuläre Ishitani-Wohnhaus in Chizu.

TOP TIPP

Der Sommer ist die beste Zeit, um die Strände der Präfektur Tottori, die bei den berühmten Dünen und den Yumigahama zu besuchen.

Ōmori

KAWAMURA_LUCY/SHUTTERSTOCK ©

Iwami Ginzan & Ōmori

EINE ZUR UNESCO-WELTERBESTÄTTE ERNANNTE SILBERMINE

Im 17. und 18. Jh. war die Silbermine **Iwami Ginzan** (石見銀山), zwei Zug- und Busstunden von Matsue entfernt, die größte der Welt und produzierte jährlich bis zu 38 t des Metalls. Sie trug zur Finanzierung der japanischen Wirtschaft der Edo-Zeit bei und erklärt die hohe Qualität der Gebäude im nahe gelegenen Dorf **Ōmori** (大森).

Als die Mine 1923 geschlossen wurde, ging es mit Ōmori bergab. Die Rettung des Dorfes waren die Listung der Mine als UNESCO-Welterbestätte 2007 und Konservierungsbemühungen der Gründer der Mode- und Accessoire-Firma Gungendō. Heute ist Ōmori eines der malerischsten traditionellen Dörfer Japans.

Ōmoris gewundene Hauptstraße und der schattige Waldweg entlang des Flusses bilden einen etwa 2 km langen Rundweg von einem Ende des Dorfes zum anderen. Am nördlichen Ende befindet sich das 1868 fertiggestellte, makellos renovierte **Kumagai-Wohnhaus** (熊谷家住宅). Es gehörte einer Kaufmannsfamilie, die ihr Vermögen im Silberhandel erwarb, und ist mit Erbstücken und neuerem Kunsthandwerk ausgestattet.

Weiter oben im Tal liegt der Tempel **Gohyakurakan** (五百羅漢), der zum Gedenken an die verstorbenen Minenarbeiter errichtet wurde. In der Höhle befinden sich 500 Steinstatuetten von Buddhas Jüngern mit jeweils anderem Gesichtsausdruck.

Die **Ruinen der Shimizudani-Raffinerie** (清水谷製錬所跡) stehen im Wald wie eine überwucherte Azteken-Pyramide. Von den über 900 Schächten des Iwami Ginzan ist nur der **Ryūgenji-Mabu-Schacht** (龍源寺間歩) zugänglich. 116 m des 600 m langen Schachts wurden 1989 verbreitert, um einen Eindruck zu vermitteln, wie es beim Graben nach Silber zuging.

ŌMORIS WIEDERBELEBUNG

Ōmoris Wiederbelebung hat viel mit Matsuba Tomi und ihrem Mann Daikichi zu tun, den Gründern des Bekleidungsunternehmens **Gungendō** (gungendo.com), die zehn denkmalgeschützte Gebäude des Dorfes restaurieren ließen. Die Pioniere für Nachhaltigkeit zogen 1980 in das Dorf und machten entschlossen Essen, Kleidung und lokale Traditionen zum Fokus ihrer Lebensweise. Sie inspirierten damit andere, in ihre Fußstapfen zu treten.

Man kann den Gungendō-Flagship-Store besuchen, der stylishe Baumwoll- und Leinenkleidung verkauft, und in zwei Häusern des Ehepaars übernachten, darunter das 230 Jahre alte Takyō Abeke (他郷阿部家). Die Mahlzeiten warten mit Shimanes besten Zutaten und Kochkunst auf. Reservierungen unter kurasuyado.jp

Viermal in die Hände klatschen am Izumo-taisha

DER URLAUBSSCHREIN DER SHINTŌ-GÖTTER

Der **Izumo-taisha** (出雲大社), 1¼ Zugstunden westlich von Matsue, ist so alt wie Japan selbst und nach Ise-jingū der zweitwichtigste Schrein des Landes. Er wird auch Izumo Ōyashiro genannt und ist Ōkuninushi, Hochzeitsgott und Gott des Glücks, gewidmet. Daher kommen viele Paare hierher, um sich segnen zu lassen.

Ein hoch aufragendes *torii* aus Beton markiert den Eingang zum bewaldeten Schrein. Davor führt eine Allee aus hohen,

ESSEN IN ŌMORI

Fukuishian
Rustikales Café und Gasthaus mit einem Zimmer, köstliche Mittagessen, darunter eine große Portion Reis mit Rindfleisch. ¥¥

Gungendō
Modegeschäft und Café mit Blick auf den Garten im Innenhof. Gerichte mit saisonalen, regionalen Zutaten. ¥¥

Bäckerei Konditorei Hidaka
Köstliches hausgemachtes Eis sowie leckeres deutsches Brot und Gebäck locken Kunden in die fantastische Bäckerei mit Café. ¥

Yūshien

DER ALTE IZUMO-TAISHA

So beeindruckend der Izumo-taisha heute auch ist, einst war er noch größer. Der Überlieferung nach übertrug die Gottheit die Herrschaft über Izumo an die Linie der Sonnengöttin, unter der Bedingung, dass ihm zu Ehren ein riesiger Tempel bis in den Himmel gebaut wird.

Berichte von 970 v.Chr. beschreiben den Schrein als das größte Gebäude Japans. Es gibt Hinweise darauf, dass er in der Heian-Zeit (794–1185) 48 m hoch gewesen sein könnte. Vielleicht war das des Guten zu viel, denn der Bau stürzte zwischen 1061 und 1225 fünfmal ein. Heute reichen die Dächer nur noch bescheidene 24 m hoch.

verzweigten Kiefern zum Hauptgebäude. Um **Ōkuninushi** zu rufen, klatscht man viermal statt üblicherweise zweimal.

Nur der Oberpriester betritt das Innere des Schreins, das sich größtenteils hinter großen Holzzäunen versteckt. Man kann die hoch aufragenden, scherenförmigen Verzierungen am vorderen und hinteren Ende des Daches bewundern. Vor der modernen Halle an der Westseite des Schreins hängen riesige *shimenawa* (gedrehte Strohseile). Es soll Glück bringen, wenn man eine Münze wirft und diese im Seil hängen bleibt.

An den Seiten des Geländes befinden sich *jūku-sha*, die Unterkünfte für Millionen Shintō-Götter, die sich während des Monats **Kami-ari-zuki** hier versammeln. Er geht vom 11. bis zum 17. des 10. Monats des Mondkalenders; die genauen Daten variieren von Jahr zu Jahr.

Das heutige Aussehen des Schreins stammt von 1744. Im **Shimane-Museum des Alten Izumo** zeigt ein maßstabsgetreues Modell, wie er wahrscheinlich in der Antike aussah. Zu den Exponaten gehören die Stümpfe von Holzsäulen aus dem 13. Jh., die im Schrein ausgegraben wurden.

ESSEN IN IZUMO

Cafe Amaemon
Beliebtes Lokal in Izumo-Taisha mit süßen Reisbällchen in roter Bohnensuppe und Parfait zum Nachtisch. ¥

Gyōza-ya
Preiswertes Bahnhofsrestaurant mit langen Öffnungszeiten, spezialisiert auf hausgemachte *gyōza* (Teigtaschen). ¥

Tanakaya
Das traditionelle Restaurant in Izumo-Taisha serviert *izumo soba* (die lokale Version von Buchweizennudeln). ¥¥

Preisgekrönte japanische Gärten

WUNDERSCHÖNE AUSSICHTEN UND GROSSARTIGE KUNST

Im kleinen **Saginoyu-Onsen** (さぎの湯温泉), 40 Zug- und Busminuten südöstlich von Matsue, liegt eine der schönsten Parkanlagen Japans. Diese „lebenden Leinwände" sind das Werk von Adachi Zenkō (1899–1991), einem erfolgreichen lokalen Geschäftsmann, Kunstsammler und Gartengestalter. 1970 ließ er das **Adachi-Kunstmuseum** für seine beeindruckende Sammlung japanischer Kunstwerke bauen und um das Gebäude idealisierte Landschaften anlegen.

Die makellosen Gärten werden regelmäßig zu den besten Japans gewählt und umfassen einen trockenen Landschaftsgarten, einen Garten mit weißen Kieselsteinen und Kiefern, einen Moosgarten und einen Teichgarten. Ebenso schön sind die von Adachi sorgfältig ausgewählten japanischen Kunstwerke des 20. Jhs. Die Sammlung umfasst Gemälde von Yokoyama Taikan und Keramiken, Gemälde und Kalligrafien von Kitaōji Rosanjin. Außerdem gibt's die hübsche Galerie „Bilder für Kinder" und einen großen Anbau mit vielen großformatigen Gemälden zeitgenössischer japanischer Kunstschaffender.

YŪSHIEN ERBLÜHT

Pfingstrosen und Ginseng werden auf Daikon-shima, einer Insel in der Nakaumi-Lagune 50 Busminuten östlich von Matsue, seit der Edo-Zeit angebaut. Das Highlight der Insel mit einem Damm zum Festland ist der prächtige Garten Yūshien (由志園), in dem im Frühjahr rund 250 Pfingstrosenarten in voller Blüte stehen. Die 40 000 m² großen, wunderschön angelegten Gärten sind um einen Zierteich mit Wasserfällen, Karpfen und einer zinnoberroten Brücke angelegt. Ein Besuch lohnt zu jeder Jahreszeit, denn es gibt immer etwas zu sehen, von Kamelien und Winterpfingstrosen im Januar bis zum leuchtenden Herbstlaub Ende Oktober und Anfang November, wenn der Garten nachts beleuchtet wird. Es gibt hier auch mehrere Restaurants.

Eine Radtour entlang der Yumigahama-Küste

EIN ONSEN AM MEER

In **Yonago** (米子), 30 Zugminuten östlich von Matsue, ist nicht viel zu sehen, aber von der Stadt erreicht man Sakaiminato, den Berg Daisen und die heißen Quellen in **Kaike-Onsen** (皆生温泉) direkt am Meer, wo Hotels und Bäder die Yumigahama-Küste säumen. Für japanische Verhältnisse ist dies ein bemerkenswert sauberer Sandstrand und zählt zu den besten Badestränden des Landes. In der Touristeninformation von Kaike-Onsen gibt's Mietfahrräder, um die 16 km lange Küstenroute bis zum Yumeminato-Terminal zu fahren, wo ein Fischmarkt und mehrere Fischrestaurants warten.

Geisterdämonen in Sakaiminato

DIE STADT DER STATUEN VON MANGA-CHARAKTEREN

Sakaiminato (境港), eine Stunde und 20 Zugminuten nordöstlich von Matsue, präsentiert Manga-Charaktere von Mizuki Shigeru (1922–2015), einem der beliebtesten Manga-Künstler Japans, der in der Hafenstadt aufwuchs. Fans fahren mit dem mit Manga-Charakteren verzierten Zug und flanieren

ÜBERNACHTEN UND ESSEN IN SAGINOYU

Chikuyō
Einfacher Gasthof, Restaurant und Bad neben dem Adachi-Museum. Das makrobiotische Menü ist zu empfehlen. ¥¥

Saginoyu-sō
Das elegante und schicke *ryokan* des Onsens verfügt über japanische und westliche Zimmer. ¥¥¥

Taikan
Das beste Restaurant im Adachi-Kunstmuseum. Unbedingt den Klebreis mit Shimane-Rindfleisch und Muscheln probieren. ¥¥

MIZUKIS GRUSELIGE GEISTERDÄMONEN

Mizuki Shigeru startete seine beliebte Manga-Reihe *GeGeGe No Kitarō* mit Geistern, Dämonen und anderen schrägen Kreaturen 1960. Die Reihe ist von japanischen Volksmärchen von Anfang des 20. Jhs. inspiriert und wurde zu einer Anime-Serie mit sieben Staffeln.

Star der Serie ist Kitarō, der Junge, der auf einem Friedhof geboren wurde. Er und sein Vater Medama-oyaji (im Grunde ein wiedergeborener Augapfel) sind die letzten Mitglieder eines Geisterstammes. Weitere Charaktere sind Neko Musume, das „Katzenmädchen" mit Reißzähnen und einer Jekyll-und-Hyde-Persönlichkeit, und Nezumi Otoko, der ungewaschene „Rattenmann", der Flatulenz als Waffe einsetzt. Bilder der Charaktere zieren lokale Züge und Busse sowie große Oki-Insel-Fähren.

über die Mizuki Shigeru Road, um neben den 177 bronzenen *yōkai*-Statuen zu posieren. Das multimediale **Mizuki-Shigeru-Museum** (水木しげる記念館) erzählt alles über die liebenswerten Geisterdämonen des japanischen Volksglaubens.

Bei der Touristeninformation neben dem Wartebereich für die Fähre gibt's ein *yōkai*-Infoheftchen, um Marken von 37 Läden entlang der Mizuki Shigeru Road mit Bezug zu einigen Statuen zu sammeln.

Den großen Berg erklimmen

JAPANS DRITTHÖCHSTER GIPFEL

Der nur 10 km von der Küste entfernte beeindruckende 1729 m hohe **Daisen** (大山) ist Teil des Daisen-Oki-Nationalparks und liegt rund 1½ Stunden mit Zug und Bus von Matsue entfernt. In 800 m Höhe startet am buddhistischen Tempel **Daisen-ji** (大山寺) der 6 km lange Trail zum Gipfel (hin und zurück etwa sechs Stunden). Zunächst geht's durch einen Buchenwald, und nach der sechsten Station hat man eine grandiose Aussicht. An klaren Tagen sind die Oki-Inseln zu sehen.

Von Dezember bis März ist der Daisen die beste Skisportgegend Westjapans. Im **Daisen White Resort** (大山ホワイトリゾート) hat man quasi eine Schneegarantie.

Ein Besuch im **Shōji-Ueda-Fotografiemuseum** (植田正治写真美術館) lohnt sich. Das große Betongebäude ist so gestaltet, dass es den Blick auf den Daisen freigibt. Uedas kunstvolle Fotografien sind hauptsächlich Schwarz-Weiß-Bilder; die besten stammen aus der Präfektur Tottori, unter anderem von den Sanddünen.

Japans größte Sanddüne

SKULPTUREN AUS SAND

Tottori (鳥取), die Hauptstadt der Präfektur Tottori, liegt 1½ Zugstunden östlich von Matsue. Rund 5 km von der Stadt entfernt liegen die berühmten Dünen **Tottori-sakyū** (鳥取砂丘). Sie sind zwar nicht unattraktiv, aber auch nicht die Sahara, und es herrscht eine touristische Atmosphäre: Souvenirläden, überteuerte Cafés, Kamelreiten und Aktivitäten wie Paragliding, Yoga und Sandboarden.

Einen Besuch lohnt das beeindruckende **Sandmuseum**. Talentierte aus der ganzen Welt haben hier die Möglichkeit, riesige, bemerkenswert detailreiche Sandskulpturen zu einem jährlich wechselnden geografischen Thema zu schaffen. In der Touristeninformation im Bahnhof Tattori gibt's vergünstigte Tickets.

ÜBERNACHTEN RUND UM DAISEN

Bayside Square Kaike Hotel
Modernes Strandhotel mit einfachen, stylishen Zimmern, fabelhaftem Onsen und schönem Blick aufs Japanische Meer. ¥¥

Daisen Backpackers
Das Gasthaus am Fuße des Daisen ist heute ein preisgünstiges Hostel mit Einzel- statt Stockbetten und Frühstücksbüfett. ¥

Onyado Nono
Wellnesshotel gegenüber dem Sakaiminato-Bahnhof mit Tatami-Zimmern und *rotemburo* auf dem Dach. ¥¥

Tottori-sakyū

Besuch der Ishitani-Residenz

PRACHTVOLLES HAUS, DAS ÜBER GENERATIONEN ERWEITERT WURDE

Die ehemalige Poststadt **Chizu** (智頭), 27 Zugminuten südlich von Tottori, ist landschaftlich wunderschön, an den ruhigen Straßen stehen alte Holzhäuser und Sakebrauereien. Die Forstwirtschaft ist seit Jahrhunderten das Rückgrat der lokalen Wirtschaft.

Die große **Ishitani-Residenz** (石谷家住宅) mit über 40 Zimmern, sieben Lagerhäusern, einem schönen Garten und einem Zedernwald im Hintergrund ist mit hochwertigem Holz ausgestattet. Das ursprüngliche Haus aus der Edo-Zeit wurde ab 1919 zehn Jahre lang umgebaut und erweitert. Schon beim Betreten des 14 m hohen *doma* (Privateingang) spürt man, dass man sich an einem besonderen Ort befindet. Die *ranma* (Querbalken) sind mit geschnitzten Holzmotiven verziert.

Es gibt ein Restaurant mit preiswerten Menüs. In der Nähe kann man auch im **Tanoshi** (楽之) gut essen, einer elegant-rustikalen Cafébar in einem 135 Jahre alten Haus. Es ist gleichzeitig ein Gasthaus mit westlichen Schlafsälen und einem privaten Tatami-Zimmer.

DIE BESTEN RESTAURANTS IN TOTTORI

Gottsuo Ramen
Das kleine, freundliche Lokal serviert Tottoris Ramen-Version mit Rindfleischknochen als Grundlage statt Schwein. ¥

Takumi Kappo
Im netten Restaurant neben dem Tottori-Kunsthandwerksmuseum gibt's lokale Rindfleischgerichte wie *shabu-shabu* und *hayashi*-Reis. ¥¥

Y Pub & Hostel Tottori
In der trendigen Cafébar gibt's leckeres Hühnchen-Kokosnuss-Curry und Omelett mit Reis. Ist auch ein einfaches, gutes Hostel. ¥¥

UNTERWEGS VOR ORT

Mit einem Mietauto kann man die Region am besten erkunden. Wer Izumo-Taisha und Sakaiminato von Matsue aus besichtigen möchte, besorgt sich das En-Musubi Perfect Ticket für die beliebige Nutzung von Bussen und Zügen (JR-Verbindungen nicht inbegriffen).

Um sich in Tottori fortzubewegen, sollte man im hiesigen Touristenzentrum fragen, ob es noch ein spezielles Taxiangebot gibt. Zum Zeitpunkt der Recherche kostete eine dreistündige Tour mit einem Taxi für bis zu vier Fahrgäste 3000 ¥.

HAGI

Hagi (萩) ist mit seiner reizvollen Lage am Meer, schön erhaltenen Straßen und einer friedlichen Atmosphäre das Juwel in der Krone Yamaguchis. Einst eine bedeutende Burgstadt mit florierenden Industrien und wohlhabenden Kaufleuten, blickt Hagi auf eine stolze Geschichte und Kultur zurück. Einige Einheimische, darunter der charismatische Lehrer und politisch Radikale Yoshida Shōin, trugen maßgeblich zum Sieg über die Tokugawa-Regierung bei und leiteten die Modernisierung Japans nach der Meiji-Restauration ein.

Hagis Stern verblasste im frühen 20. Jh., weshalb ein Großteil seines architektonischen Erbes erhalten blieb – keine modernen Gebäude durchbrechen die Skyline, und in Teilen der Stadt würden sich reanimierte Samurai zu Hause fühlen. Die Welterbestätten und schönen Keramikwaren lohnen einen Aufenthalt. Wer die Umgebung mit dem Hagi-Geopark erkunden möchte, sollte ein paar Tage einplanen.

TOP TIPP

Neben Hagis Fischmarkt liegt die trubelige Markthalle Michi-no-Eki Hagi Ōkan (道の駅 萩往還), in der es alle Delikatessen der Region gibt, von frischen Meeresfrüchten bis zu riesigen Wassermelonen. Es gibt auch Cafés, viele köstliche Speisen zum Mitnehmen und Snacks für ein Picknick.

HAGI

Japanisches Meer
Kiku-ga-hama
TERAMACHI
JŌKAMACHI
Ganjima-ōhashi
Hagi-ōhashi
JR Higashi-Hagi
Myōjin-ike (4,2 km); Hagi Glass (4,7 km); Kasa-yama (5,6 km)
Tamachi Arcade
Kitaura Hwy
Matsumoto-bashi
Matsumoto-gawa
Hagi Ōkan Hwy
Hashimoto-ōhashi
0 — 500 m

SEHENSWERTES
1 Burgstadt Hagi
2 Hagi Meirin Gakusha
3 Hagi Uragami Museum
4 Kikuya-Residenz
5 Shōin-jinja
6 Tōkō-ji

Hagi Meirin Gakusha

Erkundung der Burgstadt Hagi

WELTERBESTÄTTE

In der **Hagi Meirin Gakusha** (萩明倫学舎) erfährt man mehr über die Geschichte der Stadt. Einst eine der größten Schulen Japans, beherbergt sie heute in lang gestreckten zweistöckigen Bauten von 1935 mehrere Ausstellungsräume. Das Hauptgebäude ist kostenlos und beinhaltet Präsentationen zur 300-jährigen Geschichte der Schule und dem Hagi-Geopark. In Gebäude Nr. 2 muss man Eintritt bezahlen, um Zugang zum Besucherzentrum der Welterbestätte zu erhalten, das die fünf gelisteten Stätten abdeckt (die Burgstadt Hagi, den Hagi-Flammofen, die Ebisugahana-Werft, die Ōitayama-Tatara-Eisenhütte und die Shōka-Sonju-ku-Akademie).

Die interessanteste und größte der fünf Stätten ist die **Burgstadt Hagi**, die sich über drei benachbarte Zonen erstreckt: die Burgruine in **Shizuki-kōen** (指月公園), das Horiuchi-Viertel, in dem die Samurai der Oberschicht lebten, und einen Teil des alten Handelsviertels an der Hauptstraße Onarimichi, über die die Mōri-Fürsten nach Edo (Tokio) reisten. Das Straßenbild ist teils so gut erhalten, dass man das Gefühl hat, 200 Jahre in die Vergangenheit zu reisen.

DIE BESTEN RESTAURANTS IN HAGI

Hotoritei
Restaurant in einem hübschen Garten im Jōkamachi-Viertel mit köstlichen, reichhaltigen Mittagsmenüs sowie Tee und Kuchen. ¥¥

Kako 176
Elegantes, modernes Restaurant in einer alten Villa in der Altstadt Hamasaki. Wunderbar für ein Mittagessen oder ein besonderes Abendessen. ¥¥

Saru-no-Koshikake
Einfaches *soba*-Restaurant, in dem der Besitzer den selbst angebauten Buchweizen von Hand zu Mehl für seine köstlichen Nudeln mahlt. ¥¥

ÜBERNACHTEN IN HAGI

Guesthouse Hagi Akatsukiya
Zwei Minuten vom Strand entfernt mit einem weit gereisten Betreiber, niedlichem Garten und weichen Etagenbetten. ¥

Guesthouse Ruco
Das moderne Hostel hat hilfsbereites Personal, einen beengten, aber sauberen Schlafsaal und zwei Privatzimmer. ¥

Hagi no Yado Tomoe
Das historische *ryokan* bietet japanische Zimmer mit Gartenblick, luxuriöse Bäder und eine ausgezeichnete Küche. ¥¥¥

EINE HISTORISCHE RADTOUR DURCH HAGI

Start ist am **1 Bahnhof Higashi-Hagi**. Die Route führt über die Ganjima-Brücke, dann rechts und entlang der Küste zu Hagis kleinem Handelshafen. Dies ist das Hamasaki-Viertel, wo über 100 Gebäude erhalten wurden, viele aus der Zeit vor Mitte des 18. Jhs. Hagis Reichtum in der Edo-Zeit beruhte auf dem Seehandel, und Hamasaki war das Zentrum der Fischerei- und Schiffsbauindustrien. **2 Mifunagura** ist ein altes Bootslagerhaus, das einzige in Japan mit einem Dach; einst der Sitz des Schiffsausrüsters Nakamura, ist es heute das hübsche **3 Muraya Café**. Zurück auf der Küstenstraße geht's vorbei an Orten, wo Fische in der Sonne trocknen, zum hübschen sichelförmigen Strand **4 Kikugahama**, wo das ruhige Meer zum Schwimmen einlädt. Weiter geht's zum **5 Shizuki-Park** mit den Burgruinen (1874 demontiert), einem schönen Teehaus mit Strohdach und atmosphärischem Schrein. Im Frühling blühen hier 500 Yoshino-Kirschbäume. Der Aufstieg zum Gipfel des **6 Shizuki-yama** dauert etwa 20 Minuten. Der Eintritt für den Park gilt auch fürs nahe **7 Asa-Mōri-Haus**, ein Samurai-Haus mit dem detailgetreuen Modell der ehemaligen Burganlage. Richtung Osten gelangt man ins historische Viertel Horiuchi, das Herz der UNESCO-Welterbestätte Burgstadt Hagi. Über den hohen Stein- und Lehmwänden ragen *natsu-mikan* (Sommerorangenbäume) hervor, die ab 1876 als Einnahmequelle für die entmachteten Samurai gepflanzt wurden. Weiter geht's zum beeindruckenden **8 Hagi-Museum** mit Ausstellungen zu Astrologie, Biologie und hiesigem Kunsthandwerk und zur wunderschönen **9 Kikuya-Residenz**. Den Abschluss macht ein erfrischendes Murata-Craft-Bier bei **10 Hagi Jyokamachi Beer**.

Die **Kikuya-Residenz** (菊屋家住宅) ist einfach nur beeindruckend. Als offizielle Lieferanten des *daimyō* verfügte die Kikuya-Familie über die finanziellen Mittel und Verbindungen, ein Haus zu bauen, das ihren Rang weit übertraf. Im Hauptgebäude von 1604 mit einem hübschen Tor und ansprechenden Gärten gibt's auch viele interessante Exponate aus dem Alltagsleben, darunter eine alte öffentliche Telefonzelle und alte Hagi-Pläne. Letztere zeigen, wie wenig sich am Grundriss der Stadt geändert hat.

Das Ostufer des Flusses Matsumoto

GRÄBER VON MŌRI-HERREN UND DIE SCHULE EINES HELDEN

Östlich des Stadtzentrums liegt am Ufer des Matsumoto-gawa der Tempel **Tōkō-ji** (東光寺), der 1691 von einem Obaku-Zenpriester gegründet wurde. Die Architektur zeigt chinesische Einflüsse, darunter das rote *sōmon* (Außentor). Hinter der Haupthalle in einem hohen Kiefernhain befinden sich die Gräber von fünf Mōri-Herren. Davor stehen fast 500 moosbedeckte Steinlaternen, die von der Dienerschaft aufgestellt wurden. Am 15. August werden die Laternen bei Dunkelheit anlässlich eines spektakulären Fests entzündet, um die Geister der Vorfahren zu ehren.

Vom Tempel geht's weniger als einen Kilometer bergab entlang eines schattigen Uferwegs zum **Shōin-jinja** (松陰神社), einem 1890 gegründeten Schrein für den Anführer der Meiji-Restauration Yoshida Shōin. Sein Wohnhaus und die Schule, in der er gegen das Shogunat agitierte, befinden sich hier auch – die Holzgebäude sind Teil der UNESCO-Welterbestätte Hagi.

Besteigung eines inaktiven Vulkans

UND BESICHTIGUNG EINER GLASFABRIK

Rund 6 km nordöstlich des Zentrums von Hagi thront der 112 m hohe inaktive Vulkan **Kasa-yama** (笠山), der zum Hagi-Geopark gehört. Vom Gipfel bietet sich ein großartiger Blick aufs Japanische Meer, unten verläuft ein Wanderweg entlang der Küste. Von Ende Februar bis Ende März blühen hier wunderschöne Kamelien.

Der Teich **Myōjin-ike** (明神池) zu Füßen des Vulkans ist mit dem Meer verbunden und beherbergt verschiedene Salzwasserfische. Rund fünf Minuten Fußweg entfernt liegt **Hagi Glass** (萩ガラス工房), wo aus dem Quarzbasalt des Vulkans die strapazierfähigen Hagi-Glaswaren hergestellt werden. Man kann beim Glasblasen zuschauen und es auch selbst versuchen.

HAGIS KERAMIKWAREN

In Hagi verkaufen zahlreiche Geschäfte die lokale Keramik *Hagi-yaki*, die nach der Raku-Keramik aus Kyoto als zweitbeste angesehen und für ihre zarten pastellfarbenen Glasuren und die Fähigkeit, im Laufe der Zeit die Farbe zu verändern, gepriesen wird. Wer Keramik-Ateliers und Brennöfen sehen möchte, holt sich in den Touristeninformationen eine Broschüre mit Optionen.

Das großartige **Hagi-Uragami-Museum** beherbergt eine tolle Galerie mit traditioneller und moderner Keramik. Es gibt auch eine spektakuläre Sammlung mit Holzschnitten, darunter viele Arbeiten von Hokusai, die der Unternehmer Uragami Toshiro spendete.

UNTERWEGS VOR ORT

Hagis Attraktionen, darunter die Welterbestätten, liegen weit über die Stadt verteilt. Man kann sie zu Fuß erkunden, aber ein Fahrzeug ist vorteilhaft. Fahrräder können an mehreren Stellen gemietet werden, unter anderem neben dem Bahnhof Higashi-Hagi und dem Hagi Meirin Gakusha. Der praktische Māru Basu (まぁーるバス) steuert alle Hauptattraktionen im Stadtzentrum an. Es gibt eine östliche und eine westliche Route.

Rund um Hagi

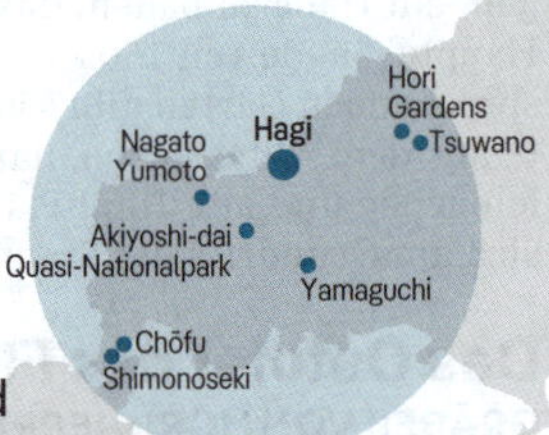

Spektakuläre Gärten, ein stylisher Onsen und Aussichten über die Kanmon-Straße.

Tsuwano liegt an einem hübschen Fluss und ist von einer üppig bewaldeten Berglandschaft umgeben. Es wartet mit einem farbenfrohen Schrein, einer Burgruine und einer malerischen Hauptstraße aus der Edo-Zeit auf und feiert sein kulturelles Erbe mit vielen einmaligen Festen. Die Stadt lohnt einen Tagesausflug, aber auch als Basis für ein oder zwei Nächte.

In Yamaguchi kann man ruhige Tempelgärten besuchen und ein hübsches Spitzenrestaurant, das in ein Kulturzentrum umgewandelt wurde. Zwischen hier und Hagi liegt Akiyoshi-dai, Japans größtes Karstplateau mit unterirdischen Kalksteinhöhlen. Tolle Ausflugsziele sind die 600 Jahre alte Onsen-Stadt Nagato Yumoto, die als stylishes Ziel für Entspannung und Verjüngung wiederbelebt wurde, und Shimonoseki, Japans Hauptstadt des *fugu* (Kugelfisch).

TOP TIPP

Den beliebten Dampf- oder Dieselzug von SL Yamaguchi, der durch die malerischen Täler von Shin-Yamaguchi nach Tsuwano tuckert, sollte man frühzeitig reservieren.

Taikodani-Inari-jinja

Das kleine Kyoto von San-in

EINE BURGSTADT IN DEN BERGEN

Das kleine, malerische **Tsuwano** (津和野), 2½ Bus- und Zugstunden von Hagi entfernt, wird auch „Klein-Kyoto" genannt. Die hübsche Stadt hat viel für den Erhalt ihrer historischen Gebäude, Tempel und Schreine getan. Sie lässt sich gut zu Fuß erkunden. Im Samurai-Viertel Tonomachi gibt's alte, weiß verputzte Samurai-Häuser, Sakebrauereien und Wasserkanäle mit jeder Menge Karpfen.

Im **Tsuwano Japanisches Erbe Zentrum** (津和野町日本遺産センター) sieht man *Hyakkeizu* (100 Tsuwano-Abbildungen aus dem 19. Jh.) und einen Stadtplan aus der späten Edo-Zeit. Gegenüber wird im hübschen Teeladen **Kōmien Kamiryō Chaho** (香味園 上領茶舗) *zaracha* verkauft, ein beliebter, koffeinfreier lokaler Tee mit einem süßen Röstgeschmack. Verschiedene Teemischungen können probiert oder mithilfe der Englisch und Französisch sprechenden Besitzer Rumi und Adrien zusammengestellt werden.

Das interessanteste alte Haus ist das **Morijuku-Museum** (杜塾美術館), in dem einst der *shōya* (Dorfoberhaupt) wohnte. Ausgestellt sind Bilder von Kunstschaffenden aus der Region, Stierkampfzeichnungen von Goya und eine Reihe wunderschön bestickter Kimonokragen.

Westlich der Bahngleise auf der anderen Seite des Tsuwano-Flusses formen Hunderte rote *torii* einen Tunnel hinauf zum **Taikodani-Inari-jinja** (太鼓谷稲成神社). Der prächtige Schrein aus dem 18. Jh. gehört zu den fünf bedeutendsten Inari-Schreinen Japans und bietet tolle Ausblicke. Abends werden die *torii* angestrahlt – ein herrlicher Anblick von der Stadt.

Weitere erhöhte Aussichten bieten die Überreste der Burg **Tsuwano-jō** aus dem 13. Jh. Ein leicht klappriger Sessellift befördert gemächlich den Berg hinauf. Oben sind es bis zur Ruine noch 15 Gehminuten durch Wälder.

Ein wunderschönes Wohnhaus & Gärten

GEBAUT VON DER HORI-FAMILIE

Etwa 15 Autominuten nordwestlich von Tsuwano liegen die **Hori-Gärten** (堀庭園), ein großes Wohnhaus mit spektakulären Gärten. Hier lebten viele Generationen der Hori-Familie, die in der Edo- und frühen Meiji-Zeit die hiesige Kupfermine betrieb. Der Reichtum, den sie anhäuften, zeigt sich in der Qualität der Architektur des Anwesens und seiner Umgebung, die zur Nationalen Stätte landschaftlicher Schönheit ernannt wurden.

TSUWANOS VERBORGENE SCHÄTZE

Adrien Ricotta und seine Frau Rumi betreiben den Teeladen, das Café und die Unterkunft **Komien Kamiryo Chaho**.

Washibara Hachiman-gū
Im Wald hinter dem Schrein, in dem das Bogenschießen-vom-Pferd-Fest stattfindet, steht eine riesige, über 1000 Jahre alte Zeder. Hier spürt man die Kraft der Natur.

Kate
Bei meinen Besuchen in Hori-tei gehe ich gerne in dieses Café, das ein köstliches vegetarisches Büfett anbietet. Es ist Teil des Permakulturprojekts 72 Recipes (72recipes.jp), und das alte Krankenhaus, in dem es untergebracht ist, sieht aus wie das in *Mein Nachbar Totoro*.

Furuhashi
Außer in der Hauptzeit des Sakebrauens (Januar bis Februar) führt der Besitzer Menschen durch die Brauerei, in der der preisgekrönte *Uijin*-Sake hergestellt wird.

ÜBERNACHTEN IN TSUWANO

Nomad
Kana ist der weit gereiste Besitzer des stilvollen Cafébar-Gästehauses. Drei Zimmer teilen sich ein Gemeinschaftsbad. ¥

Hoshi Ryokan
Gäste dieser *minshuku* (Pension) nahe dem Bahnhof erwarten eine freundliche Begrüßung und geräumige Tatami-Zimmer. ¥¥

Yutorelo Tsuwano
Ansprechendes, modernes Hotel mit westlichen und japanischen Zimmern sowie einem Onsen auf dem Dach. ¥¥

DIE BESTEN FESTE IN TSUWANO

Yabusame
Am ersten Sonntag im April kommen Bogenschützen zu Pferde aus Kamakura, um an spektakulären Wettkämpfen auf dem Bogenschießplatz neben dem Washibara-Hachiman-gū-Schrein teilzunehmen.

Sagimai
Beim *Sagimai* am 20. und 27. Juli tanzen als Reiher verkleidete Menschen durch die Stadt. Die Vögel sind ein Symbol von Tsuwano, und die Prozession und ihre Rituale haben sich seit dem 16. Jh. kaum verändert.

Obon
Am 15. August wird der Tsuwano-Odori-Tanz in der Tonomachi-Straße aufgeführt, und am 20. August werden Papierlaternen in den Fluss gesetzt, um die Seelen der Toten zu trösten.

BEEBOYS/SHUTTERSTOCK ©

Akiyoshi-dō

Das Wohnhaus verfügt über einen kleinen *karesansui* (Trockenlandschaftsgarten), eine riesige Küche und einen 8 m hohen Lichtbrunnen, eine Seltenheit in einem japanischen Haus. Als Unterkunft für ihre hochrangigen Gäste diente das separate Gästehaus Rakuzan-sō im Stil eines Teezeremonie-Pavillons und mit herrlichem Blick vom Tatami-Hauptraum auf einen um einen Teich und Wasserfall angelegten Garten. Die Querbalken im Erdgeschoss zieren Obst- und Gemüse-, die im oberen Stock Vogelmotive. Im Garten stehen viele Ahornbäume, die an Novemberabenden besonders schön beleuchtet werden, damit ihre Herbstfarben zur Geltung kommen.

Auf der anderen Straßenseite den Hügel hinauf befindet sich ein noch größerer Garten, der 1915 angelegt wurde.

DIE BESTEN RESTAURANTS IN TSUWANO

Mimatsu
Einfaches, familiengeführtes Restaurant, das *soba* und die lokale Version von *inari-zushi* (Sushi-Reis in Tofu-Taschen) serviert. ¥

Pino Rosso
Es gibt köstliche handgemachte Pasta und Pizza. Eine tolle Option für ein schönes Essen am Abend. ¥¥

Yūki
Durch das rustikale Restaurant fließt ein Bach. Empfehlenswert ist *uzume-meshi:* Reis mit Suppe, Fisch und Wasabi. ¥¥

Nur einen kurzen Spaziergang vom Wohnhaus entfernt liegt das ehemalige **Hatagasako-Krankenhaus** (医食の学び舎), das die Hori-Familie im späten 19. Jh. für die Gemeinde bauen ließ. Heute ist es ein Museum mit Nachbauten des alten Operationssaals und der Sprechzimmer sowie dem Café **Kate** (S. 429).

Kunst & Kultur in Yamaguchi

KULTUR UND FUSSBÄDER

Yamaguchi (山口), 1¼ Busstunden südlich von Hagi, ist die Hauptstadt der Präfektur. Die 1442 errichtete fünfstöckige Pagode **Rurikō-ji** (瑠璃光寺), die wichtigste historische Stätte und nationales Kulturgut, ist bis 2027 wegen Renovierungsarbeiten in ein Gerüst gehüllt.

Stattdessen besichtigt man das **Saikōtei** (菜香亭), ein hübsches ehemaliges *ryōtei* (traditionelles Restaurant, frequentiert von hochrangigem Publikum aus Politik und Wirtschaft), das in ein Kulturzentrum umgewandelt wurde. Sehenswert ist das **Yamaguchi Center for Arts and Media** (YCAM) mit Ausstellungen und Veranstaltungen mit Video- und Bildtechnik sowie darstellender Kunst.

Yuda-Onsen (湯田温泉) gewinnt keine Preise für sein Aussehen, aber bietet auf kleinem Raum viele Hotels und Bademöglichkeiten. Es kostet nichts, seine müden Füße in die verschiedenen Fußbäder von Yuda zu tauchen. Eins befindet sich vor der Touristeninformation. Im **Kitsune-no-ashi-ato** (狐の足あと) gibt's zu verschiedenen Fußbädern Sake oder Desserts.

Höhlenforschung in Akiyoshi-dai

JAPANS GRÖSSTES KARSTPLATEAU

Die Landschaft im **Akiyoshi-dai-Quasi-Nationalpark** (秋吉台国定公園) zwischen Hagi und Yamaguchi ist atemberaubend. Im **Mine Akiyoshidai Geopark Centre Karstar** gibt's Infos über den Park, und man hat eine tolle Aussicht auf die hügeligen, kantigen Felsen in der Grasebene.

Unter der Erde befinden sich rund 450 Kalksteinhöhlen. Die einfachste ist **Akiyoshi-dō** (秋芳洞), Japans größte Höhle, die sich über 10 km erstreckt, wobei nur ein gepflasterter 1 km langer Abschnitt öffentlich zugänglich ist. Ein Fluss fließt durch die Höhle, und die Spiegelungen der hoch aufragenden Höhlenwände auf dem Wasser vermitteln den Eindruck, dass man über eine tiefe Schlucht läuft.

Trip Base Coconeel organisiert Höhlenerkundungen mit erfahrenen Guides. Der Anbieter betreibt auch ein Hostel und ein Café mit Kneipe und vermietet Mopeds zur Erkundung der Gegend.

DIE GÄRTEN VON JŌEI-JI

Im frühen 17. Jh., als in Kyoto der Bürgerkrieg tobte, flohen viele berühmte Kunstschaffende nach Yamaguchi. Unter ihnen auch der berühmte Mönch, Tuschemaler und Gartengestalter Sesshū, der den schönen Garten von Jōei-ji (常栄寺) angelegt haben soll. Die kantigen, aufrecht stehenden Steine und die ordentlich gestutzten Azaleenbüsche des Tempels, zehn Autominuten nordöstlich vom Stadtzentrum, erinnern an die Landschaft von Akiyoshi-dai (S. 431).

Gegenüber der Hauptgebetshalle des Tempels befindet sich ein völlig anderer trockener Garten im Zenstil mit geharktem Kies, Steinen und Moos. Er wurde von Mirei Shigemori (1896–1975) entworfen, der für seinen Moosgarten am Tōfuku-ji in Kyoto bekannt ist.

DIE BESTEN RESTAURANTS IN YAMAGUCHI

Chōshuya Yuda
Im rustikalen *izakaya* gibt'sSpezialitäten wie *kawara soba* und *fugu* (Kugelfisch), die auf heißen Platten zubereitet werden. ¥¥

Yanagiya
Nudeln mit Grüntee-Geschmack, die auf einer heißen Platte gebrutzelt werden. Wunderschöne Lage am Ichinosaka-Fluss. ¥¥

Xavier Campana
Bäckerei-Café mit getoasteten Paninis, Backwaren und Eis. Perfekt für ein Picknick im angrenzenden Kameyama-Park. ¥

MALERISCHE ATTRAKTIONEN ENTLANG DER KÜSTE

Mit dem Auto oder dem Bummelzug entlang der Küste Shimonosekis nach Norden in Richtung Hagi gelangt man zu den folgenden Küstenorten.

Tsnunoshima (角島)
Insel mit weißen Sandstränden, umgeben von smaragdgrünem Wasser. Zu erreichen über die 1780 m lange Tsunoshima-Brücke, die zweitlängste Brücke dieser Art in Japan. Vor der Überquerung zur Insel bietet der Amagase-Park den besten Blick auf die Brücke.

Motonosumi-jinja (元乃隅神社)
Den Inari-Schrein erreicht man durch einen malerischen Tunnel aus 123 zinnoberroten *torii*, die sich die Steilküste hinunter zum Meer schlängeln.

Ōmi-jima (青海島)
Steile Klippen und zerklüftete Felsen prägen die Landschaft dieser Insel, die auch als Seealpen bezeichnet wird. Am Bahnhof Senzaki starten Sightseeing-Bootstouren.

Ein Bad in Nagato Yumoto

DIE WIEDERBELEBUNG EINES 600 JAHRE ALTEN ONSEN

Nagato Yumoto (長門湯本), 30 Autominuten westlich von Hagi, liegt idyllisch inmitten bewaldeter Hänge am malerischen Fluss Otozure. Mindestens seit dem 15. Jh. baden hier Menschen. Jüngste Verbesserungen der Infrastruktur und eine zukunftsorientierte Ausrichtung bescherten dem Ort einen Neustart.

Vom Parkplatz aus führen neue Steintreppen durch wiegenden Bambus hinunter zur begrünten Uferpromenade und zum öffentlichen Bad **Onto**. Hier sieht man das heiße Quellwasser direkt aus dem Grundgestein fließen. Die Legende besagt, dass der Shintō-Gott Sumiyoshi Daimyojin dem buddhistischen Priester des nahe gelegenen Tempels **Tainei-ji** (大寧寺) im Jahr 1427 den Standort der Quelle verriet. Ein Spaziergang hinauf zum von Ahornbäumen umgebenen Tainei-ji dient wie vieles hier der Entspannung. Im nahen historischen Töpferdorf **Fukawa** (深川) gibt's fünf Keramikwerkstätten. Die Hagi-Keramikwaren (S. 424) im Fukawa-Hagi-Stil werden in mit Kiefernholz befeuerten Kletteröfen hergestellt.

Es gibt mehrere gute Übernachtungsoptionen. Das große **Ōtani Sansō** bietet tolle öffentliche Bäder, eine Lobby mit Panoramablick auf einen Wasserfall, einen großen Außenpool (nur im Sommer) und ein Observatorium. Das angeschlossene **Bettei Otozure** verfügt über 18 Suiten auf zwei Ebenen und hat ein exklusiveres, edleres Ambiente. Das elegante **KAI Nagato** in einem brandneuen Gebäude ist mit authentischer lokaler Handwerkskunst eingerichtet, darunter bemalte *tokuji washi* (handgeschöpftes Papier) an den Zimmerwänden.

Essen in Japans Hauptstadt des Kugelfischs

ALLES DREHT SICH UM FUGU

Shimonoseki (下関), drei Zugstunden südwestlich von Hagi, rühmt sich des größten *fugu*-Fangs (Kugelfisch) Japans; Bilder von niedlichen kleinen Kugelfischen sind in der ganzen Stadt zu sehen. Der potenziell tödliche Fisch wird auf verschiedene Arten serviert, das Highlight sind die durchsichtigen, kunstvoll angerichteten Scheiben auf einem Teller.

Auf dem **Karato Ichiba** (唐戸市場), dem kleinen Fischmarkt am Hafen, werden fertige Platten mit *fugu*-Sashimi verkauft. Am besten frühmorgens hingehen und auf der Webseite prüfen, wann er geschlossen ist. Am Wochenende ist am meisten los.

Im angrenzenden Restaurantkomplex **Kamon Wharf** ist der indische Stand **Nandan**, der frittierten *fugu* in frisch gebackenem Nan-Brot serviert, besonders zu empfehlen.

ESSEN & AUSGEHEN IN NAGATO YUMOTO

Yanagiya
Spezialisiert auf *kawara soba*, Buchweizennudeln mit grünem Tee auf einer heißen Platte. ¥¥

Ontoshoku
Saftiges Schwarzfederhuhn ist die Basis für die gesunden Gerichte in dem modernen Restaurant. ¥¥

365+1 Beer
Zu den lokalen Sanroku-roku-Craft-Bieren gehören Pale Ale und IPA, die man im Schankraum der Mikrobrauerei probieren kann. ¥

Kamon Wharf

Mehrgängige *fugu*-Menüs gibt's im **Heike Chaya** (平家茶屋), das direkt an der Kanmon-Brücke liegt. Oder man gönnt sich ein luxuriöses Festmahl im **Shunpanrō** (春帆楼), einem eleganten Restaurant und Hotel, dessen Speisesaal eine tolle Aussicht auf die Kanmon-Straße bietet.

Spaziergang durch ein altes Burgviertel

EINE AUSZEIT VOM MODERNEN STÄDTISCHEN JAPAN

In Chōfu (長府), 30 Busminuten von Shimonoseki, gibt's hübsche enge Gässchen, die von alten Erdwällen, Holztoren und einem plätschernden Bach gesäumt sind. Es gibt mehrere Tempel und Schreine und viele Antiquitäten- und Kunsthandwerksläden, einige mit Café.

Besonders empfehlenswert sind: **Kōzan-ji** (功山寺), der Familiengrabtempel der lokalen Mōri-Herrscher mit einer Halle im Zenstil aus dem Jahr 1327, **Chōfu-Teien** (長府庭園), ein wunderschöner Spaziergarten mit einem *shoin* (Empfangsgebäude), einem Teehaus und einem Pavillon an einem Karpfenteich, und das hübsche **Chōfu Mōri-tei** (長府毛利邸), wo man bei *matcha* (pulverisierter grüner Tee) die gepflegten Gärten bewundert. In den Tatami-Zimmern gibt's wunderschöne saisonale Blumenarrangements.

EIN SCHREIN FÜR KAISER ANTOKU

Der Höhepunkt des erbitterten Kampfes zwischen den Minamoto- (Genji) und Taira-Clans (Heike) war die Schlacht von Dan-no-ura im Jahr 1185, die in der Kanmon-Straße stattfand. Während der Seeschlacht ertrank der sechsjährige Kaiser Antoku, der auf der Seite des besiegten Genji-Clans stand, zusammen mit seiner Großmutter.

Der **Akama-jingū** (赤間神宮) in Shimonoseki ist dem Kindkaiser gewidmet. Der hübsche zinnoberrote Schrein verfügt über eine kleine Galerie mit Siebdrucken und Wandteppichen, die die Schlacht darstellen.

Die beste Aussicht auf die Kanmon-Straße in Richtung Kyūshū hat man vom **Hino-yama-kōen** (火の山公園). Es gibt eine Seilbahn auf den 268 m hohen bewaldeten Gipfel.

UNTERWEGS VOR ORT

Mit einem Mietauto kann man sich am besten fortbewegen. Der Nutzen eines Zugpasses deckt kaum die Kosten (die besten Verbindungen bieten die billigeren lokalen Züge), aber der **Yamaguchi Bus Pass** bietet ein gutes Preis-Leistungs-Verhältnis. Er gilt entweder für einen, zwei oder drei Tage für unbegrenzte Fahrten in sämtlichen Bussen in der Präfektur Yamaguchi. Eine einfache Fahrt zwischen Hagi und Shimonoseki oder Yamaguchi kostet etwa dasselbe wie ein eintägiger Pass. Infos dazu gibt's online oder in der örtlichen Touristeninformation.

NORD-HONSHŪ

EIN WENIGER BEKANNTES JAPAN

Der Norden von Honshū wird von Reisenden oft übersehen und ist darum noch wunderbar unberührt.

Ob man heilige Berge besteigt oder sich auf die Spuren des legendären Haiku-Dichters Matsuo Bashō begibt – im weniger besuchten Norden von Honshū (Tōhu-ku) gibt's viel zu erleben. Im Herzen der Region liegt Sendai, eine geschäftige Stadt mit Samurai-Vergangenheit und einfachem Zugang zu Nord-Honshūs Highlights, der malerischen Matsushima-Bucht und dem stimmungsvollen Bergtempel Yamadera.

Etwas weiter nördlich liegt das entspannte Morioka, von wo aus man die UNESCO-geschützten Tempel von Hiraizumi oder das ländliche Tōno und die Küste von Sanriku Kaigan erkunden kann. Daneben bietet Aomori Ausflugsmöglichkeiten in den unbesungenen Norden, der trubelige Märkte mit innovativer Kunst und Hinweisen auf Japans erste Siedlungen mischt. Hinzu kommen die wohltuenden heißen Quellen von Nyūtō-Onsen und Akiu-Onsen, das Samurai-Erbe in Tōhoku-Städten wie Aizu-Wakamatsu in Fukushima und Kakunodate in Akita sowie Niigatas Tradition des Sakebrauens – Nord-Honshū hat viele kulturelle Elemente, die eine Japan-Reise so unvergesslich machen – aber ohne die Menschenmassen von Tokio und Kyoto. Wer Lust auf mehr hat, besucht die windgepeitschte Insel Sado mit der großartigen Kodō-Trommelkunst und Relikten des Goldrausches oder wagt die legendäre 1000-km-Wanderung auf dem Michinoku-Küstenweg.

DIE WICHTIGSTEN ZIELE

SENDAI
Kosmopolitische Hauptstadt trifft Edo-Vergangenheit.
S. 440

MORIOKA
Das Tor zum ländlichen Japan.
S. 450

KAKUNODATE
Samurai-Häuser und Kirschblüten.
S. 460

AOMORI
Prähistorische Siedlungen und zeitgenössische Kunst.
S. 466

LINKS: KUROSAWA MICHIYO/GETTY IMAGES ©; GANZ LINKS: COWARDLION/SHUTTERSTOCK ©

Links: Sazae-Tempel (S. 494), Aizu-Wakamatsu; oben: Taraibune-Steuerfrau, Sado (S. 487)

Erste Orientierung

Nördlich der Kantō-Region liegen neben der Präfektur Niigata die sechs Präfekturen, die die Tōhoku-Region bilden. Reisenden bieten sie eine Reihe von Erlebnissen im Freien und eine Vielzahl interessanter kultureller Eindrücke.

Aomori, S. 466

Die Hauptstadt der Präfektur, die ihren Namen trägt, beherbergt das wundersame Nebuta-Festival und UNESCO-geschützte prähistorische Stätten.

Morioka, S. 450

Die Hauptstadt der Präfektur Iwate ist am bekanntesten für Nudeln, ist jedoch auch der Ausgangspunkt zum ländlichen Städtchen Tōno und der Sanriku-Küste.

Kakunodate, S. 460

Kakunodate ist bekannt für seine alten Samurai-Häuser und die reiche Kirschblüte im Frühjahr, außerdem liegt es nahe des Tazawa-ko und den heißen Quellen bei Nyūtō.

ZUG

Der Shinkansen verbindet Tokio mit Nord-Honshūs wichtigsten Städten. Regionalverkehr verbindet auch die meisten Orte in diesem Kapitel. Falls du nicht mit einem JR Rail Pass reist, bietet der JR East Tōhoku Pass für 20 000 ¥ eine gute Gelegenheit, an fünf aufeinanderfolgenden Tagen zu reisen.

BUS

Wo kein Zug hinfährt, fährt stattdessen ein Bus, nur vielleicht nicht so oft. Mit dem drei Tage gültigen Tōhoku Highway-Busticket sind Busse auch eine günstige Möglichkeit, von Stadt zu Stadt zu reisen.

AUTO

Wenn du einen internationalen Führerschein hast, ist ein Auto das Mittel der Wahl, um abgelegenere Gebiete zu erkunden, vor allem Sado und die Sanriku-Küste. Nippon Rent-a-Car und JR Rent-a-Car haben Filialen bei den größten Bahnhöfen und bieten die Möglichkeit zu Online-Buchungen auf Englisch an.

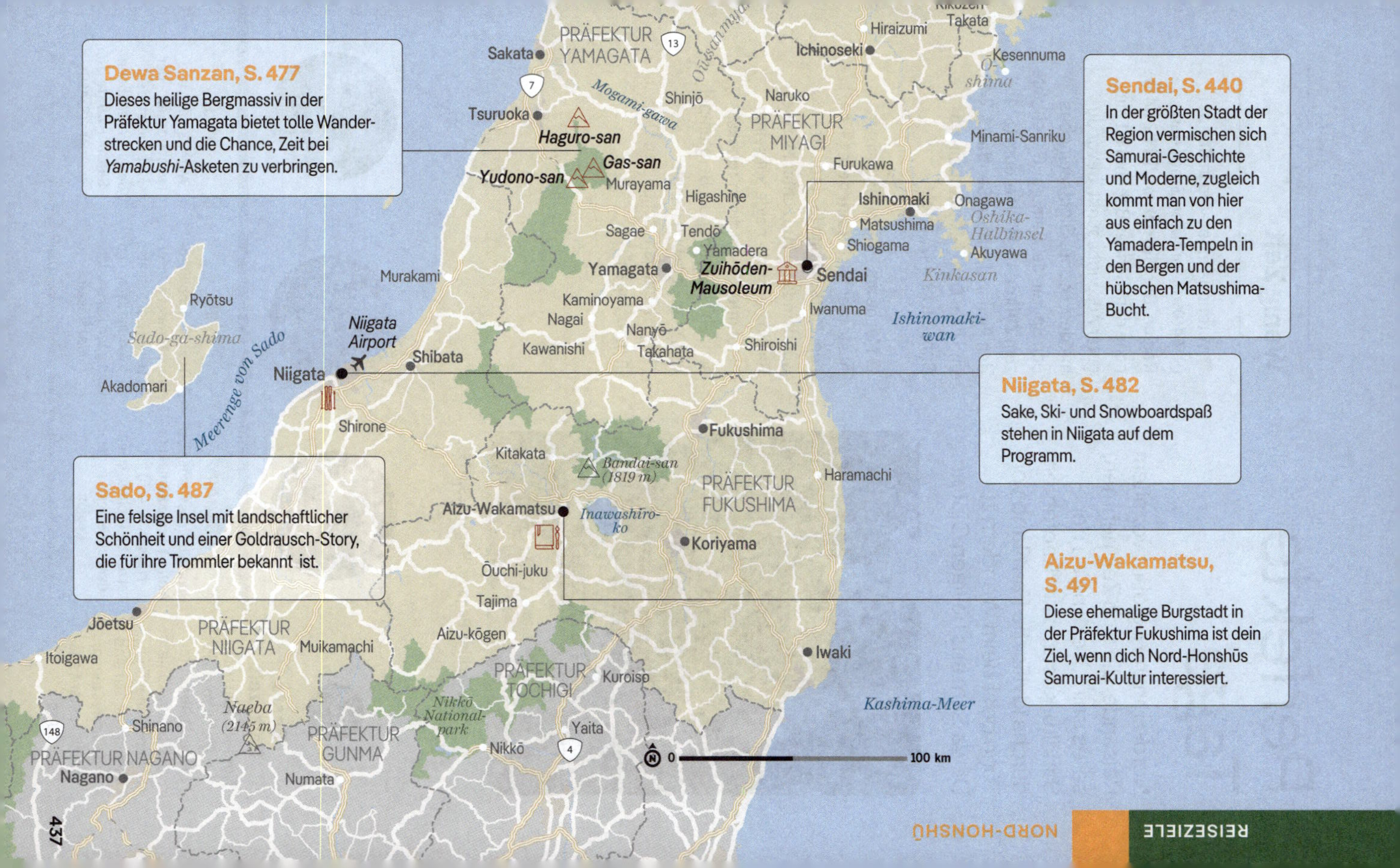
Dewa Sanzan, S. 477
Dieses heilige Bergmassiv in der Präfektur Yamagata bietet tolle Wanderstrecken und die Chance, Zeit bei *Yamabushi*-Asketen zu verbringen.
Sendai, S. 440
In der größten Stadt der Region vermischen sich Samurai-Geschichte und Moderne, zugleich kommt man von hier aus einfach zu den Yamadera-Tempeln in den Bergen und der hübschen Matsushima-Bucht.
Niigata, S. 482
Sake, Ski- und Snowboardspaß stehen in Niigata auf dem Programm.
Sado, S. 487
Eine felsige Insel mit landschaftlicher Schönheit und einer Goldrausch-Story, die für ihre Trommler bekannt ist.
Aizu-Wakamatsu, S. 491
Diese ehemalige Burgstadt in der Präfektur Fukushima ist dein Ziel, wenn dich Nord-Honshūs Samurai-Kultur interessiert.
PRÄFEKTUR YAMAGATA
PRÄFEKTUR MIYAGI
PRÄFEKTUR FUKUSHIMA
PRÄFEKTUR NIIGATA
PRÄFEKTUR TOCHIGI
PRÄFEKTUR GUNMA
PRÄFEKTUR NAGANO
Sakata
Tsuruoka
Haguro-san
Gas-san
Yudono-san
Murayama
Mogami-gawa
Shinjō
Naruko
Ichinoseki
Hiraizumi
Takata
Kesennuma
Ō-shima
Minami-Sanriku
Furukawa
Higashine
Ishinomaki
Onagawa
Oshika-Halbinsel
Matsushima
Shiogama
Akuyawa
Kinkasan
Sagae
Tendō
Yamadera
Yamagata
Zuihōden-Mausoleum
Sendai
Iwanuma
Ishinomaki-wan
Kaminoyama
Nagai
Nanyō
Takahata
Kawanishi
Shiroishi
Murakami
Ryōtsu
Sado-ga-shima
Akadomari
Meerenge von Sado
Niigata Airport
Niigata
Shibata
Shirone
Fukushima
Kitakata
Bandai-san (1819 m)
Haramachi
Aizu-Wakamatsu
Inawashiro-ko
Koriyama
Ōuchi-juku
Tajima
Aizu-kōgen
Iwaki
Jōetsu
Muikamachi
Itoigawa
Kuroiso
Kashima-Meer
Naeba (2145 m)
Nikkō National-park
Yaita
Shinano
Nikkō
Nagano
Numata
0
100 km

Perfekte Tage

Nord-Honshū belohnt vor allem Reisende, die sich Zeit nehmen, sei es beim Trekking an der Sanriku-Küste, beim Radfahren durchs idyllische Farmland von Tōno oder beim Wandern zu Dewa Sanzans heiligen Gipfeln.

MANUEL ASCANIO/SHUTTERSTOCK ©

Fünfstöckige Pagode, Haguro (S. 479)

Wenig Zeit

- Verbringe einen Tag in **Sendai** (S. 440), der größten Stadt der Region. Der **Morgenmarkt** (S. 443) nahe dem Sendai-Bahnhof ist ein guter Ausgangspunkt, bevor du mit dem Loople-Sightseeingbus den Spuren der Samurai-Geschichte zum **Zuihōden-Mausoleum** (S. 441), den Ruinen der **Burg Sendai** (S. 443) und dem **Ōsaki-Hachiman-gū-Schrein** (S. 442) folgst.

- Mache am zweiten Tag einen Abstecher nach **Yamadera** (S. 447) oder **Matsushima** (S. 446). Der wandernde Haiku-Dichter Matsuo Bashō besuchte beide auf seiner berühmten Reise durch Tōhoku, schrieb Haiku über die Bergtempel von Yamadera und nannte Matsushima den „schönsten Ort in ganz Japan".

Beste Reisezeit

Nord-Honshū hat im Vergleich zu Tokio lange, kalte Winter und relativ kühle Sommer, aber Frühling und Herbst sind tolle Jahreszeiten, um hier unterwegs zu sein.

FEBRUAR

Hunderte Iglus werden bei Akitas **Yokote Kamakura Matsuri** (S. 465) mit Kerzen beleuchtet, einem der Schneefeste in der Region.

APRIL

Die **rosa Kirschblütenpracht** erfasst Tōhoku fast einen Monat später als Tokio und Kyoto und verzaubert Kakunodate und Hirosaki.

MAI

Warm, sonnig und meist trocken – der Frühling ist ideal, um an der schönen **Sanriku-Küste** zu wandern (S. 459).

VON LINKS NACH RECHTS: OHAYOKUNG/SHUTTERSTOCK ©, AMOSFAL/SHUTTERSTOCK ©, KO-TORI/SHUTTERSTOCK ©

Länger Zeit

- Nach **Sendai** (S. 440) geht's für ein paar Tage in den Norden nach **Morioka** (S. 450), wo der **Wettbewerb im Wanko-Soba-Nudelessen** (S. 451) wartet, und mache Trips zu den UNESCO-gelisteten Tempeln von **Hiraizumi** (S. 458), zur volkstümlich geprägten Landschaft von **Tōno** (S. 455) und zur idyllischen **Koiwai-Farm** (S. 453).

- Danach folgt **Hachinohe** (S. 475) im Norden, um den nördlichsten Abschnitt des **Michinoku-Küstenweges** (S. 459) zu erwandern und den sonntäglichen Lebensmittelmarkt zu besuchen oder die Präfektur Akita mit **Kakunodates altem Samurai-Viertel** (S. 462), **Tazawa-ko** (S. 463) und den heißen Quellen des **Nyūtō-Onsen** (S. 464).

In gemächlichem Tempo

- Fünf Monate Zeit für Nord-Honshū wie Bashō hat wohl niemand, aber in einer guten Woche lassen sich einige wunderbare Erlebnisse sammeln. Vielleicht ein Besuch in den Bergen von **Dewa Sanzan** (S. 477), um mit *yamabushi* Berg-Askese zu praktizieren – aber natürlich kann man die Berge auch im eigenen Tempo erkunden.

- Alternativ fährt man nach **Niigata** (S. 482) zum Skifahren und für Sake und setzt dann mit der Fähre nach **Sado** (S. 487) über, einer Insel im Japanischen Meer, die ein Ort des Exils und der Schauplatz eines Goldrausches war.

AUGUST

Die drei größten Feste in Tōhoku finden im Sommer statt – das **Kanko** in Akita, das **Tanabata** in Sendai (S. 444) und das **Aomori Nebuta** (S. 469).

SEPTEMBER

Aizu-Wakamatsu feiert seine Samurai-Wurzeln mit dem dreitägigen **Aizu Festival** – komplett mit Schein-Schwertkämpfen und Paraden.

OKTOBER

In der ***Koyo***-(Herbstlaub-)Saison färben sich Zaō, Dakigaeri und andere Teile von Tōhoku rot und gelb.

DEZEMBER

Bereit für Wintersport in Niigata? In **Naeba** (S. 486) und **Yuzawa** (S. 485) gibt's bis April jede Menge Pulverschnee.

SENDAI

Im Jahr 1600 wählte der Samurai-Fürst Date Masamune Sendai (仙台) als Standort für eine Burg. Im Zentrum seines Herrschaftsgebiets gelegen, war Sendai damals nur ein kleines Fischerdorf, aber als neuer Sitz des Date-Clans entwickelte sich rund um die Burg bald eine Stadt. Viereinviertel Jahrhunderte später ist Sendai mit über einer Million Menschen die größte und kosmopolitischste Stadt in Nord-Honshū und ihre Verbindung zu Masamune nie erloschen. Der Hügel seiner Burg ist heute eine Hauptattraktion, nicht zuletzt wegen des herrlichen Ausblicks auf die Stadt. Das gilt auch für das reich verzierte Zuihōden-Mausoleum, in dem Masamune und andere Fürsten des Date-Clans ruhen, und für die heißen Quellen des Akiu-Onsen, wo Masamune Schmerzen und Erschöpfung weggespült haben soll.

TOP TIPP

Kaufe eine Tageskarte (620 ¥) für den Loople-Bus. Wie der Name sagt, fährt der Hop-on-hop-off-Bus im Uhrzeigersinn ab dem Bahnhof Sendai (und zurück) zu allen wichtigen Sehenswürdigkeiten, an Wochentagen alle 30 Minuten, am Wochenende und feiertags alle 20 Minuten.

MTAIRA/SHUTTERSTOCK ©

Zuihōden-Mausoleum

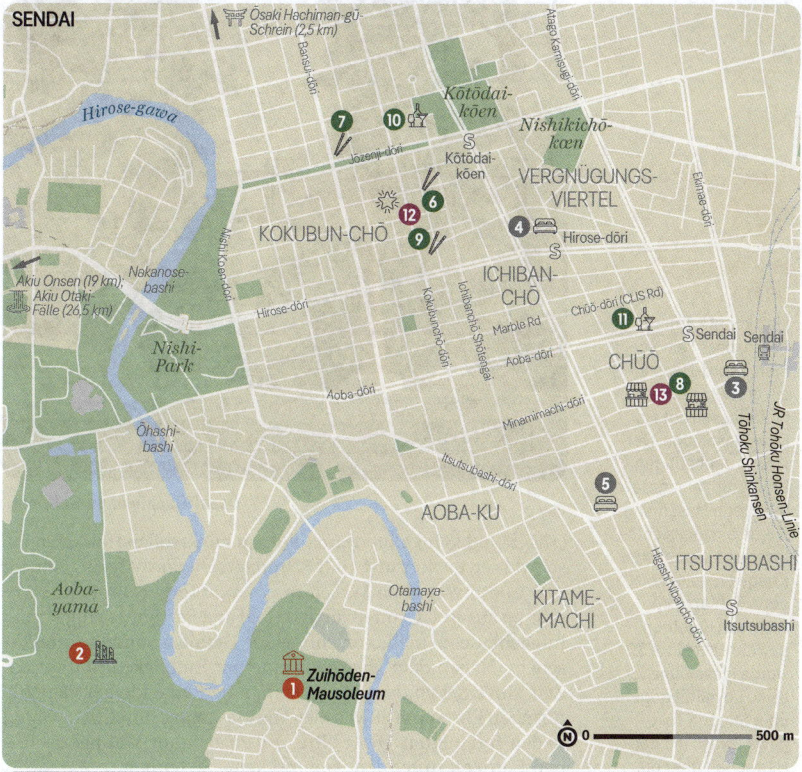

SENDAI

HIGHLIGHTS
1 Zuihōden-Mausoleum

SEHENSWERTES
siehe 2 Aoba-Burg-museum
2 Burg Sendai

SCHLAFEN
3 Hotel Metropolitan
4 Mitsui Garden Hotel
5 Westin

ESSEN
6 Aji Tasuke
7 Chōcho
8 Craft-Bier-Markt
9 Koya

AUSGEHEN
10 Andy
11 Craftsman Sendai

UNTERHALTUNG
12 Kokubun-chō

SHOPPEN
13 Sendai Asaichi

Sendais Erbe aus der Samurai-Zeit

MASAMUNES PRÄCHTIGES MAUSOLEUM

Auf einem bewaldeten Hügel mitten im städtischen Ballungsgebiet ruht Sendais Gründer Date Masamune in einem der auffallendsten Bauwerke von Nord-Honshū, das heute als Denkmal für die Macht und den Reichtum der alten Sendai-Domäne dient. Ursprünglich kurz nach Masamunes Tod im Alter von 70 Jahren erbaut, auch wenn der heutige Bau eine sorgfältige Rekonstruktion aus der Nachkriegszeit ist, wurde das **Zuihōden-Mausoleum**

ÜBERNACHTEN IN SENDAI

Hotel Metropolitan
Gepflegtes, modernes Hotel mit mehreren Restaurants und Bars in der Nähe des Bahnhofs Sendai. ¥¥

Mitsui Garden Hotel
Moderne Zimmer, guter Service und öffentliche Bäder; nahe dem Nachtleben von Kokubun-chō. ¥¥

Westin
Gehobene Option, geräumige Zimmer, luxuriöse Extras wie Spa, Fitnessstudio und 24-Stunden-Zimmerservice. ¥¥¥

Ōsaki-Hachimangu-Schrein

DER EINÄUGIGE DRACHE

Man könnte argumentieren, dass kein Samurai Nord-Honshū ein größeres Erbe hinterlassen hat als Date Masamune. Der 1567 in der heutigen Präfektur Yamagata geborene Masamune wurde ein rücksichtsloser und geschickter Krieger, der seine erste Schlacht im Alter von 15 Jahren gewann. Mit Mitte 30 wurde Masamune für seine Loyalität gegenüber Shogun Tokugawa Ieyasu mit der Herrschaft über die neu geschaffene Sendai-Domäne belohnt. In den folgenden rund 30 Jahren als *daimyō* gründete er die künftige Stadt Sendai, baute eine mächtige Burg und engagierte sich als Mäzen für Kunst und Bildung. Das alles, obwohl er als Kind ein Auge durch Pocken verloren hatte, was ihm den Beinamen „einäugiger Drache" einbrachte.

(瑞鳳殿) 1636 im Momoyama-Stil mit kunstvollen Holzarbeiten, schwarzer Lackierung und Schnitzereien von Vögeln, Göttinnen und mystischen Wesen in einer außergewöhnlichen Mischung aus Rot, Grün, Blau und Gold angefertigt. Je länger man hinsieht, desto mehr verschlungene Details kommen zum Vorschein. Neben dem Hauptgebäude mit Einblicken in die Edo-Zeit gibt's neben dem Mausoleum eine Reihe kleiner Gedenktürme zu Ehren von 20 Vasallen, die Masamune durch Selbstmord in den Tod folgten. Diese Sitte, *junshi* genannt, war bis zur frühen Edo-Zeit unter den Samurai keine Seltenheit.

Der Zuihōden ist zwar ein moderner Nachbau, aber der **Ōsaki-Hachimangu-Schrein** (大崎八幡宮) ist ein originales Beispiel der Momoyama-Architektur mit einer Verbindung zum Date-Clan. Von Masamune 1607 als Familienschrein erbaut, erreicht man das historische Hauptgebäude durch mehrere rote, steinerne *torii* (Tor), bevor eine steile Treppe zu einer friedlichen Baumallee führt. Wie der Zuihōden ist er eine Mischung aus schwarzem Lack, goldenen Metallbeschlägen und kunstvollen Schnitzereien, jedoch sind hier die leuchtenden Farben im Laufe der Jahrhunderte etwas verblasst.

Wie bei den meisten Schreinen gibt's auch in Ōsaki zahlreiche jährliche Veranstaltungen und Rituale. Eine Tradition im Sommer ist *chinowa kuguri* – man läuft viermal durch die große Schleife aus wildem Gras in der Nähe des Hauptschreins (ein Schild beschreibt die Route) und befreit sich so von den Unreinheiten der ersten Jahreshälfte, heißt es.

ESSEN IN SENDAI

Aji Tasuke
Es gibt Dutzende Spezialisten für *gyūtan* (Rinderzunge), aber dieser ist ein einheimischer Favorit. ¥¥

Chōcho
Lebhaftes *izakaya* (Kneipenlokal) in Kokubun-chō; viel Fisch und Meeresfrüchte und guter lokaler Sake. ¥¥

Koya
Exzellentes Sushi ohne steife Formalitäten oder hohe Preise. ¥¥

Zum Zuihōden und Ōsaki Hachiman-gū gelangt man mit dem Loople-Bus. Zuihōden ist die dritte Haltestelle nach dem Bahnhof Sendai (etwa 15 Min.), Ōsaki Hachiman-gū ist weitere acht Haltestellen entfernt (plus 30 Min.).

Weite Ausblicke auf die Stadt

DIE RUINEN DER BURG SENDAI

Zwei Haltestellen nach dem Zuihōden-Mausoleum befindet sich auf einem Hügel die **Burg Sendai** (Aoba-Burg; 青葉城). Im Jahr 1600 auf Befehl von Date Masamune erbaut, sind heute nur noch ein paar Außenmauern und ein kleiner Schrein übrig, aber im **Aoba-Burgmuseum** kann man eine Nachbildung der Burg aus ihrer Blütezeit sehen oder eine VR-Brille ausleihen, die die Ruinen zum Leben erweckt. Die meisten Reisenden kommen jedoch vor allem wegen des Panoramablicks über das Zentrum von Sendai her – den die Reiterstatue von Date Masamune in voller Kampfmontur jeden Tag genießen kann.

Sendais Küche

STÖBERN AUF DEM ASAICHI

Ein paar Blocks westlich des Bahnhofs Sendai ist der lebhafte Morgenmarkt **Sendai Asaichi** (仙台朝市) ein toller Ort für etwas kulinarisches Flair. Die Stände verkaufen alles Mögliche, von frischen lokalen Fischspezialitäten wie Austern, Jakobsmuscheln und Seescheiden von der Sanriku-Küste (S. 459) bis zu getrocknetem Fisch, Algen und Obst und Gemüse. Dazu kommen Kaffeebuden und Stände mit Fertiggerichten wie *onigiri* (Reisbällchen) und frittierten Kroketten plus Snacks. Der Markt ist nur einen Block lang, ein paar Bereiche erstrecken sich nach drinnen, und ziemlich schnell zu erkunden. Trotz des Namens haben die meisten Stände bis in den Nachmittag hinein geöffnet, außer an Sonntagen, wenn gewöhnlich alles geschlossen ist.

Die Bäder von Akiu

IN DIE ONSEN-KULTUR EINTAUCHEN

20 km westlich von Sendais Zentrum, wo die Randgebiete fast ländlich anmuten, geht's auf einem Tagesausflug zum **Akiu-Onsen** (秋保温泉) vor allem um Entspannung. Der Grund? Die Bäder. Der Legende nach baden schon seit 1500 Jahren Menschen in den heißen Quellen von Akiu, als Kaiser Kinmei hier in einem natürlichen Bad ein Hautleiden kuriert haben soll. Ähnliche Geschichten kursieren über heiße Quellen überall in Japan, ein Samurai, Hirsch oder Kranich wurde durch ein Bad auf

NACHTLEBEN IN KOKUBUNCHŌ

In der Nacht erwacht **Kokubun-chō** (国分町) zum Leben. Westlich des Bahnhofs, in einer neonbeleuchteten Ansammlung von Seitenstraßen zwischen Jōzenji-dōri und Hirose-dōri, befindet sich das größte Vergnügungsviertel der Stadt mit rund 3000 Bars und Restaurants für jeden Geschmack: von Karaoke-Bars und *izakaya* über Cocktailbars und billige Ramen-Lokale bis zu regionalen Spezialitäten wie Rinderzunge und internationalen Aromen. Wie in Japan üblich, gibt's auch Hostessenbars und nicht jugendfreie Lokale – einfach alle mit Schlepperwerbung ignorieren.

MEHR ONSEN IM NORDEN

Überall in Nord-Honshū gibt's traditionelle Thermalbäder, auch in Wintersportgebieten wie **Yuzawa** (S. 485) und **Zaō** (S. 449). Ein weiterer klassischer Ort ist das rustikale Thermaldorf **Nyūtō-Onsen** (S. 464) bei Kakunodate.

AUSGEHEN IN SENDAI

Andy
Old-School-Cocktailbar mit Mixologen in Fliege und allen Arten von Whiskeys.

Craftsman Sendai
Trendiges Lokal mit Dutzenden Zapfhähnen; eine Mischung aus Craft-Bier-Bar und italienischem Restaurant.

Craft Beer Market
Lebendige Kneipe mit großer Auswahl an heimischem Craft-Bier und Snacks wie *gyoza* und Rippchen.

KENDO NICE/SHUTTERSTOCK ©

Rairai-Schlucht

DAS JÄHRLICHE TANABATA

Jedes Jahr vom 6. bis 8. August werden die Einkaufspassagen von Sendai mit riesigen Luftschlangen und anderen Dekorationen geschmückt, um Tanabata zu feiern, das alljährliche Treffen der tragischen Liebenden Orihime und Hikoboshi (oder Vega und Altair). Japans größtes Tanabata-Fest läuft in Sendai ein wenig anders ab. Nicht nur findet das Fest hier einen Monat später statt als anderswo (in der siebten Nacht des siebten Monats des Mondkalenders, nicht des Sonnenkalenders), es kommen auch Millionen von Menschen nach Sendai, um die Dekoration, das Straßenessen und das Feuerwerk zu bestaunen, das in der Nacht des 5. August stattfindet.

wundersame Weise geheilt, und alle zeugen vom traditionellen Glauben an den gesundheitlichen Nutzen der mineralhaltigen heißen Quellen (Onsen) – oder zumindest davon, dass ein langes, heißes Bad Muskeln und Geist beruhigt.

Viele Leute übernachten in einem *onsen ryokan* (traditioneller Gasthof mit heißen Quellen), andere nutzen nur die Tagesbäder, denn ein Dutzend Ryokan und Hotels in Akiu öffnen ihre Bäder zwischen den Check-out- und Check-in-Zeiten auch für Nichtgäste. Darunter befinden sich auch Nobelhotels wie das **Zuihō** (瑞鳳), wo die Tagesgebühr den Zugang zu geschlechtergetrennten Innen- und Außenbädern sowie Restaurants, Massagesesseln und einem Chill-out-Tatami-Raum gewährt.

Abgesehen vom Baden kann man in Akiu auch ganz einfach die Natur genießen. Die **Rairai-Schlucht** (磊々峡) im Stadtzentrum ist eine felsige Klamm mit einem 1 km langen Wanderweg, der direkt neben dem Zuihō endet, 13 km flussaufwärts stürzen die **Akiu-Ōtaki-Wasserfälle** (秋保大滝) 55 m in einen rauschenden Bach. Im **Traditionellen Kunsthandwerksdorf Akiu** (秋保工芸の里) wird traditionelles Kunsthandwerk wie *kokeshi* (Holzpuppen), *aizome* (Indigo-Färben) und Edo-*koma* (Kreisel) hergestellt.

Wer kein Auto hat, leiht am besten ein kostenloses Fahrrad in der **Touristeninformation** (秋保里センター; Akiu Sato Center), wo Busse vom und zum Bahnhof Sendai halten. Dort gibt's eine praktische Karte der Gegend, eine Liste der Tagesbäder auf Englisch und ein kostenloses Fußbad im Freien.

UNTERWEGS VOR ORT

Sendai liegt 360 km nördlich von Tokio, die regelmäßigen Shinkansen (Hochgeschwindigkeitszüge) brauchen etwas mehr als 1½ Std. Zum Flughafen Sendai kommt man mit Inlandsflügen aus Hiroshima, Osaka, Sapporo und anderen Orten oder internationalen Flügen aus China, Südkorea und Taiwan. Die Restaurants und das Nachtleben in Sendais Innenstadt erreicht man bequem zu Fuß, mit der U-Bahn oder dem Taxi. Die wichtigsten Sehenswürdigkeiten sind über die ganze Stadt verstreut und gut mit dem Loople-Bus angebunden. Der Akiu-Onsen ist mit dem Bus vom Bahnhof Sendai oder mit dem Auto erreichbar.

Rund um Sendai

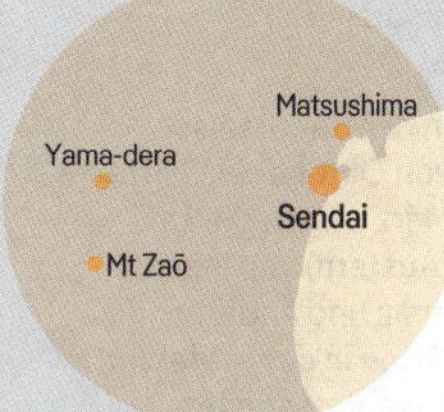

Vor den Toren Sendais sind zwei von Nord-Honshūs berühmtesten Sehenswürdigkeiten die malerische Matsushima-Bucht und der Bergtempel Yamadera.

Nordöstlich von Sendai eignet sich Matsushima hervorragend für einen Abstecher – mit noch mehr Überresten aus Date Masamunes Zeit als Herrscher von Sendai und Bootsfahrten in einer außergewöhnlichen Bucht mit vielen Inselchen, die der Haiku-Künstler Matsuo Bashō in der Edo-Zeit zum schönsten Ort Japans erklärte. Auch Yamadera westlich von Sendai hat eine Verbindung zu Bashō, der während des Aufstiegs zum stimmungsvollen Bergtempel eines seiner bekanntesten Gedichte verfasste. Und mit Zaō-Onsen, einem der führenden Skigebiete der Region im Winter, ist Sendai ein Sprungbrett für einige der besten Erlebnisse in Nord-Honshū.

TOP TIPP

Da es nur wenige Übernachtungsoptionen gibt, besucht man Yamadera am besten auf einem Tagestrip, in Matsushima gibt's viele Unterkünfte.

Matsushima-Bucht (S. 446)

KAPI NG/SHUTTERSTOCK ©

JEDE MENGE AUSTERN

In der Hauptsaison von Oktober bis Mitte März zählen die *kaki* (Austern) von Matsushima und anderen Orten in der Präfektur Miyagi zu den begehrtesten in Japan, da sie besonders prall sind und einen intensiven Geschmack haben. Es gibt unzählige Restaurants und Buden, die sie anbieten – gedünstet, gegrillt, frittiert, in Suppen, als Gratin oder roh mit einem Spritzer Zitrone. Websites wie By Food bieten Ausflüge mit dem Fischerboot in die Bucht an, wo man die Austern direkt aus dem Wasser probieren kann.

Tour zu Matsushimas Inselchen

EIN LEGENDÄRER BLICK AUF JAPAN

Die mit Inseln übersäte Bucht von **Matsushima** (松島), 40 Zugminuten von Sendai, gilt seit Langem als einer der schönsten Orte Japans. Bereits in den 1640er-Jahren zählte sie zusammen mit der kiefernbewachsenen Sandbank Amanohashidate in Kyoto und dem „schwimmenden" Itsukushima-jinja-Schrein in Hiroshima zu den „Drei schönsten Landschaften Japans" – diese Liste ist tief in der japanischen Kultur verwurzelt und macht Matsushima noch heute zum unglaublich populären Ausflugsziel; Menschen aus ganz Japan unternehmen Bootsfahrten in die Bucht.

An Matsushimas Pier bieten mehrere Unternehmen fast identische Bootstouren an, entweder von Matsushima ins nahe Shiogama oder (die beliebteste) eine 50-minütige Rundfahrt auf mehrstöckigen Booten um die Bucht. Bei Letzterer sieht man, dass die 260 Inselchen alle möglichen Formen und Größen haben, von kleinen weißen Felsbrocken mit windgepeitschten Kiefern bis zu vertrauteren mit Namen wie Kabuto-jima (Samurai-Helm-Insel). Nio-jima, bei der das Boot wendet, ist die markanteste in der Form von Nio, einer grimmig aussehenden Gottheit, die oft als Statue den Eingang von Tempeln bewacht.

Nach der Bootstour gibt's noch ein paar weitere Sehenswürdigkeiten zu Fuß zu erkunden. Ein paar Hundert Meter landeinwärts steht der **Zuigan-ji** (瑞巌寺). Wie der Zuihōden (S. 441) in Sendai hat auch dieser Tempel eine enge Verbindung mit dem *daimyō* und Gründer von Sendai Date Masamune, der Anfang des 16. Jhs. den damals 800 Jahre alten Tempel zu seiner heutigen Form umbaute, um ihn als offiziellen Familientempel zu nutzen – die Renovierung erforderte fünf Jahre und 130 Handwerker aus Kyoto und Wakayama. Vor allem die Haupthalle zeugt von diesem beeindruckenden Erbe: Räume mit kunstvoll verzierten Schiebetüren, Darstellungen von Vögeln und Blüten auf schwarzem Lack und Blattgold.

Neben dem Zuigan-ji befinden sich zwei weitere Tempel, **Entsū-in** (円通院) und **Tenrin-in** (天麟院), die Mausoleen von Masamunes Enkel Mitsumune und seiner Tochter Iroha – Ersterer mit einem Steingarten, der die Matsushima-Bucht darstellen soll. **Fukuura-jima** (福浦島) in der Bucht ist eine der wenigen öffentlich zugänglichen Inseln. Sie wird über eine 250 m lange rote Brücke erreicht und dient heute als Naturgarten mit Hunderten Blumen-, Pflanzen- und Baumarten.

ESSEN IN MATSUSHIMA

Kanrantei
Dieses 400 Jahre alte Teehaus wurde Date Masamune geschenkt; grüner Tee und Süßes mit Blick auf die Bucht. ¥

Matsushima-Fischmarkt
Neben den Marktständen bieten mehrere Imbissstände Ramen, gegrillte Meeresfrüchte, Sushi und Austern-Burger. ¥¥

Ryōshi no Kaisendon
Einfaches Restaurant, spezialisiert auf Meeresfrüchte-Bowls (verschiedene Sashimi auf Reis) und frittierte Austern. ¥¥

Pavillon auf dem Weg zum Yama-dera

Ein Spaziergang zum Yamadera-Tempel

EINEN TAG LANG BASHŌ SEIN

Der Bergtempel Risshaku-ji, besser bekannt als **Yama-dera** (山寺), bietet 65 Zugminuten von Sendai entfernt die Möglichkeit, den Spuren des legendären wandernden Haiku-Dichters Matsuo Bashō zu folgen – dem Verfasser des klassischen, in Versen verfassten Reiseberichts *Auf schmalen Pfaden durchs Hinterland* (奥の細道).

Bashō und sein Lehrling Sora reisten 1689 fünf Monate durch das Land. Sie starteten in Tokio, besuchten Orte wie Hiraizumi (S. 458), Matsushima und Yamadera, gingen dann an Tōhokus Westküste bis nach Fukui und schließlich nach Gifu. Entlang der Route erinnern heute zahlreiche Statuen und Denkmäler an Bashō und sein Werk, aber vor allem in Yamadera ist ihre Reise präsent. Man glaubt fast, Nordjapan so zu sehen wie Bashō und Sora damals.

OKU NO HOSOMICHI

Der Reisebericht *Oku no Hosomichi (Auf schmalen Pfaden durchs Hinterland)* des Haiku-Dichters Matsuo Bashō über seine Wanderung durchs nördliche Japan im Jahr 1689 mit Gedichten ist ein Klassiker der japanischen Literatur. Während es sich bei den Versen in *Oku no Hosomichi* um Haiku handelt (traditionell drei Sätze mit fünf, sieben und fünf Silben), wird die Kombination aus Prosa und Versen *haibun* genannt – oft dient der Haiku-Teil als Nachsatz. Vergleichbar der Leistung Shakespeares für die englische Literatur, erreichte niemand Bashōs Meisterschaft im japanischen Haiku und *haibun*.

ÜBERNACHTEN IN MATSUSHIMA

Komatsukan Kofutei
Ein Ryokan an der Bucht mit traditionellen Tatami-Zimmern, die besten davon mit eigenem Whirlpool. ¥¥¥

Shintomitei
Einfaches Ryokan auf einem Hügel über der Bucht; schlichte Tatami-Zimmer und heiße Quellen. ¥¥

Taikansō
Schicke, geräumige Tatami- und westliche Zimmer. Öffentliche Bäder mit Blick auf die Bucht. ¥¥¥

Zaō

WARUM ICH TŌHOKU LIEBE

Rob Goss, Autor

Ich besuchte Tōhoku zum ersten Mal vor 15 Jahren auf einer mehrwöchigen Rucksackreise für ein Reiseführer-Update. Das war mein erster großer Auftrag als Reiseschriftsteller, der mich auch durch Bashōs unglaublichen Reisebericht auf Haiku aufmerksam gemacht hat. Ich komme immer wieder gerne zurück – die Region ist ein Gegenpol zum Leben in Tokio oder zum übertouristischen Kyoto. Vor allem sind es jedoch die Menschen. Bei jeder Reise in den Norden seit dem Erdbeben, dem Tsunami und der Atomkatastrophe von 2011 bin ich voller Ehrfurcht vor ihrer Widerstandskraft und Würde und ihrer bodenständigen Herzlichkeit und Großzügigkeit. Das relativiert all die kleinen Mühen des Lebens.

Am Anfang der Wanderung führen ein paar Minuten Fußweg vom Bahnhof Yamadera durch die kleine Stadt zur Haupthalle des Risshaku-ji aus dem 14. Jh. und Statuen von Bashō und Sora. Dann folgt der Aufstieg über 1015 Stufen zum oberen Tempelbereich und auf einem gewundenen Weg durch dichten Wald mit vereinzelten grün bewachsenen steinernen Laternen und Statuen. „Der ganze Berg besteht aus massiven Felsen, die zusammengeworfen und mit uralten Kiefern und Eichen bewachsen sind", schreibt Bashō. „Der steinige Boden selbst trägt die Farbe der Ewigkeit und ist mit samtenem Moos bedeckt."

Während des Aufstiegs sieht man die schroffen Felsformationen, die Bashō bei seinem Besuch im Juli 1689 zu

ZAŌS BESTE SKIPISTEN

Skigebiet Chūō
Sanftes Ski- und Snowboardgebiet für Anfänger, mit toller Sicht auf die „Schneemonster".

Hanenkamm-Piste
Dieses Expertengebiet, das für FIS-autorisierte Wettbewerbe genutzt wird, ist bis zu 38 Grad steil.

Juhyogen-Piste
Zaōs längste Abfahrt; die 8 km lange mittelschwere Strecke beginnt auf dem Zaō und führt durch „Schneemonster".

einem seiner berühmtesten Haiku inspirierten: *shizukasa ya / iwa ni shimiiru / semi no koe* (Stille / Tief bohrt sich in den Fels / das Sirren der Zikaden). Auf den letzten paar Hundert Stufen markiert das hölzerne **Niomon-Tor** den Eingang zum oberen Tempelbereich, wo etwa ein Dutzend Gebäude am üppigen Berghang liegen. Hier öffnet sich der Wald für Panoramablicke aufs Tal, am besten von der Godaido-Aussichtsplattform aus dem frühen 18. Jh. Obwohl Bashō nie die Aussicht erwähnte, war er von der Spiritualität seiner Erfahrung fasziniert und schrieb, dass er „auf allen vieren ... ehrfürchtig vor jedem Felsen kniete ... die reinigende Kraft dieser heiligen Umgebung durchdrang mein ganzes Wesen".

Auf dem Rückweg empfiehlt sich ein Halt am **Bashō-Gedenkmuseum Yamadera** (山寺芭蕉記念庭館), wenige Hundert Meter vom Bahnhof entfernt. Es beschreibt Bashōs Leben und die Reise von *Auf schmalen Pfaden durchs Hinterland*, zeigt einige seiner handgeschriebenen Schriftrollen und es gibt grünen Tee in einem traditionellen Teehaus. Wer hier ein Haiku verfasst, kann am jährlichen englischen Haiku-Wettbewerb des Museums teilnehmen.

Tōhokus bester Wintersportort

DIE HÄNGE DES ZAŌ

An der Grenze zwischen den Präfekturen Yamagata und Miyagi, 1½ Stunden mit dem Bus (in der Skisaison) von Sendai entfernt, entwickelte sich der vulkanische **Zaō** (蔵王山) zu einem führenden Wintersportgebiet in Nordjapan. Das **Zaō-Onsen-Skiresort** bietet 24 verschiedene Ski- und Snowboardpisten für alle Niveaus. Das Besondere hier sind die *juhyō* (Schneemonster) entlang vieler Pisten, die zwischen Dezember und Februar durch Eis an den Tannen des Zaō entstehen, fantastische Formen annehmen und einer Armee von riesigen, knorrigen Schneemonstern am Berg gleichen – ein umwerfender Anblick von den Seilbahnen und Pisten aus, besonders wenn sie nachts beleuchtet sind. Im Resort sind Ausrüstungsverleih und sogar Kurse auf Englisch kein Problem.

Obwohl dieser Stratovulkan seit 1940 nicht mehr ausgebrochen ist, bescherte die jahrtausendelange vulkanische Aktivität dem Zaō auch eine exzellente Sammlung von Onsen für die schmerzenden Muskeln nach dem Skifahren. Es gibt mineralreiche Naturbäder in Gasthöfen, aber auch **öffentliche Badehäuser** wie Kawara-yu, Kami-yu und Shimo-yu für Tagesgäste.

ZAŌS GRÜNE SAISON

Einige Skigebiete halten im Sommer Winterschlaf, doch Zaōs heiße Quellen sind das ganze Jahr über eine Attraktion – ideal nach einer Wanderung auf den Sommer- bis Herbstpfaden des 1841 m hohen Zaō und seiner Nebengipfel. Die Trails – vom 45-minütigen Spaziergang bis zur beinharten Tageswanderung – führen durch Feuchtgebiete, Hänge mit Alpenpflanzen und Wälder mit buntem Laub im Herbst. Ein Highlight ist der **Kratersee Okama** mit dem Spitznamen Goshiki Numa (fünffarbiger See), weil sich seine Farbe im Tagesverlauf ändert.

MEHR SKIPISTEN

In Nord-Honshū gibt's weitere Ski- und Snowboardoptionen, darunter zwei tolle Gebiete in der Präfektur Niigata – **Yuzawa** (S. 485) und **Naeba** (S. 486).

UNTERWEGS VOR ORT

Matsushima und Yamadera sind von Sendai beide leicht mit dem Zug erreichbar und können zu Fuß erkundet werden. Nach Matsushima fährt die JR-Senseki-Linie in 40 Minuten bis zum Bahnhof Matsushima Kaigan. Nach Yamadera geht's mit der Senzan-Linie in 65 Minuten bis zum Bahnhof Yamadera. Im Winter fährt ein Bus vom JR-Sendai-Bahnhof in 1½ Stunden nach Zaō, doch ganzjährig die JR-Senzan-Linie bis Yamagata (75 Min.) und von dort ein Bus bis Zaō-Onsen (40 Min.).

MORIOKA

Als Morioka (盛岡) 2023 auf der „52 Places to Go"-Liste der *New York Times* auftauchte, blieb den japanischen Medien ungläubig die Spucke weg. In Japan ist Morioka meist nur eine weitere Regionalstadt – berühmt für einen Wettbewerb im Nudelessen mit eingängigem englischem Namen, aber ohne nennenswerte Attraktionen. Die Erwartung, dass Morioka eines der weltbesten Reiseziele ist, könnte enttäuscht werden. Aber fahr trotzdem hin. Mit Grünflächen, mäandernden Flüssen, coolen Cafés und Überbleibseln von Tōhokus Samurai-Vergangenheit in Iwate-kōen ist Morioka eine entspannte Stadt, die zu zielloser Erkundung einlädt: mehr ein Ort zum Entschleunigen als ein Pflichtprogramm zum Abhaken. Die Koiwai-Farm am Stadtrand gibt einen Vorgeschmack aufs ländliche Japan und in Moriokas Kunsthandwerksdorf gibt's Workshops.

TOP TIPP

Handy nicht vergessen. Morioka bietet kostenloses WLAN im Stadtzentrum und im Geschichts- und Kulturmuseum kannst du mit deinem Smartphone auf englische Online-Audioguides zugreifen. Sie helfen, die Exponate und Vergangenheit Moriokas wirklich lebendig zu machen.

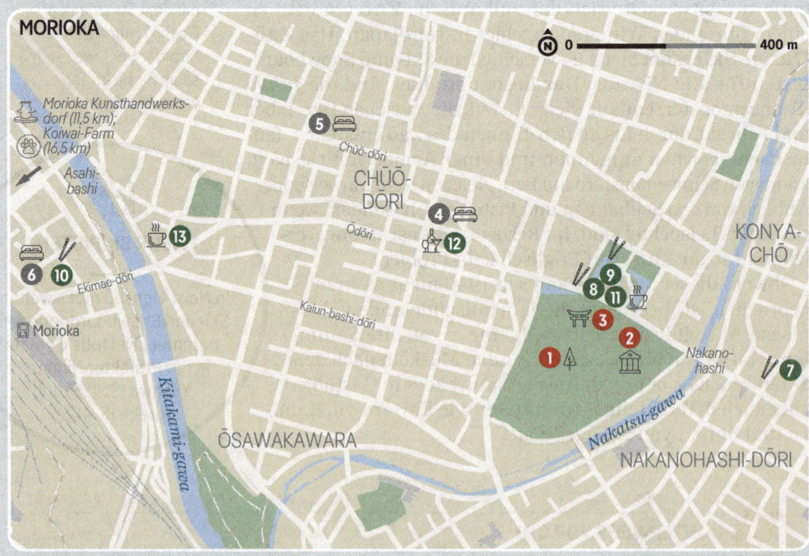

SEHENSWERTES
1 Iwate-kōen
2 Geschichts- und Kulturmuseum Morioka
3 Sakurayama-jinja

SCHLAFEN
4 Daiwa Roynet
5 Dormy Inn
6 Richmond Hotel

ESSEN
7 Azumaya
8 Lamb Gen
9 Pairon
10 Pyon Pyon Sha

AUSGEHEN
11 Flag
12 Sundance
13 Treflod

TIPWAM/SHUTTERSTOCK ©

Wanko soba

Moriokas typische Nudeln

DIE WANKO-SOBA-CHALLENGE

Morioka ist in Japan wohl vor allem für das Nudel-Wettessen **wanko soba** (わんこそば) bekannt. Fast jeder Einheimische hat schon mitgemacht und nennt einen *wanko*-Rekord sein Eigen. Sogar Moriokas knuddelige offizielle Maskottchen, die Wanko Kyōdai (Wanko-Brüder) haben die Form dieser Schälchen mit Buchweizennudeln.

Im Mittelpunkt aller *wanko*-Aktivitäten steht das Restaurant **Azumaya** (東家), das 1907 gegründet wurde und heute mehrere Filialen in der Innenstadt hat. Die *wanko-soba*-Challenge im Azumaya beginnt damit, dass du eine Schürze anlegst und den Deckel einer leeren Soba-Schüssel abnimmst; das Personal bringt dann ein Tablett mit Mini-Soba-Portionen (*wanko*), kippt eine in die Schüssel und füllt sie unter Anfeuerungsrufen wieder auf, während du eine nach der anderen schlürfst, bis das Tablett leer ist und sich die leeren *wanko*-Schalen stapeln. Gerade wenn du wieder zu Atem kommst, kommt das Personal mit dem nächsten vollen Tablett und füttert dich, bis du als Signal der Aufgabe den De-

DIE MORIOKA-SANDAIMEN

Neben **jajamen** (じゃじゃ麺) und **reimen** (冷麺) ist *wanko soba* eine der **Morioka-Sandaimen** (盛岡三大麺; drei tolle Nudeln). *Jajamen* sind gekochte Weizennudeln mit Miso-Minz-Paste, Gurkenscheiben, grünen Zwiebeln und geriebenem Ingwer – die Einheimischen mischen das zusammen und würzen es mit Chiliöl oder Essig. Sind die Nudeln gegessen, mixt man Ei und heiße Brühe hinzu für eine Suppe. *Reimen* sind feste Nudeln aus Weizenmehl und Kartoffelstärke, die in einer würzigen kalten Suppe mit Kimchi, gekochtem Ei, gegrilltem Rindfleisch und einem Stück Wassermelone oder japanischer Birne serviert werden.

ÜBERNACHTEN IN MORIOKA

Daiwa Roynet
Unauffälliges Hotel in günstiger Lage für Spaziergänge in der Innenstadt und zum Ausgehen. **¥**

Dormy Inn
Schickes Businesshotel mit Extras: Thermalbäder, kostenlose Nudeln am späten Abend und Eiscreme nach dem Bad. **¥¥**

Richmond Hotel
Gehobenes Hotel im westlichen Stil am Bahnhof. Geräumige Doppel- und Dreibettzimmer, auch für vierköpfige Familien. **¥¥**

Koiwai-Farm

ckel auf deine Soba-Schale legst. Die leeren Schüsseln werden gezählt und du erhältst ein Holztäfelchen als Erinnerung an deine Leistung ... und ein völlig überflüssiges Dessert.

Dem Azumaya-Personal zufolge entsprechen 15 kleine Schalen einer Standardschüssel Soba und durchschnittlich werden 40 bis 60 Schalen bewältigt. Den Rekord hält eine Frau aus Morioka mit unglaublichen 570 Schüsseln – das sind 38 Standardschüsseln Soba.

Man nimmt an, dass die Wurzeln des *wanko* bis in die Edo-Zeit zurückreichen, als ein lokaler Herr so erfreut über mehrere kleine Schüsseln Soba war, dass daraus ein Trend entstand. Das sofortige Nachfüllen der leeren Schüssel als Ausdruck der Gastfreundschaft entwickelte sich dann zum Wettessen. Es heißt, dass die Anzahl der geschafften Schüsseln das Lebensalter repräsentiert.

DIE BESTEN CAFÉS & BARS IN MORIOKA

Flag
Kaffeestand gegenüber dem Sakurayama-Schrein; spezielle Bohnensorten neben Karamell- und Matcha-Latte (Grünteepulver).

Sundance
Irische Bar mit Tex-Mex in diesem Expat-Treffpunkt nahe dem Iwate-kōen.

Treflod
Helles, luftiges Café; exzellenter handgefilterter Kaffee und Desserts wie Karottenkuchen.

Ein Blick in Moriokas Vergangenheit

BUMMEL DURCH DEN IWATE-KŌEN

Als Moriokas Burg in den frühen 1600er-Jahren vom Nanbu-Clan fertiggestellt wurde, galt sie als eine der größten Festungen der Region Tōhoku. Die Türme sind zwar verschwunden, aber die Reste der Gräben und imposanten Außenmauern wurden zu einem weitläufigen öffentlichen Park namens

ESSEN IN MORIOKA

Pairon
Kleines Restaurant, in dem die *jajamen*-Nudeln vor 60 Jahren erfunden wurden. Immer noch ein lokaler Favorit. ¥

Pyon Pyon Sha
Hier gibt's Bowls mit den leckersten und am höchsten bewerteten *reimen*-Nudeln in der Stadt. ¥

Lamb Gen
Lamm und Hammel aus Tōno dominieren die Speisekarte in diesem zwanglosen Lokal. ¥¥

Iwate-kōen (岩手公園) und einem Wahrzeichen von Morioka. Ein Gefühl für Moriokas Vergangenheit und seine ruhige Gegenwart zu bekommen ist eine oder zwei Stunden wert.

Mehr über den Nanbu-Clan und seine Burg erfährt man im **Geschichts- und Kulturmuseum Morioka** (もりおか歴史文化館) in der nordöstlichen Ecke des Parks. Die kleine, aber gut gemachte Einrichtung dokumentiert Moriokas Entwicklung als Burgstadt. Im Museum ist auch eine englische Karte des Iwate-kōen erhältlich, die zu einem Abschnitt des Wassergrabens führt, der heute mehr wie ein traditioneller Teichgarten wirkt, und dann zum **Sakurayama-jinja** (櫻山神社), einem Schrein mit einem 6 m hohen Megalithen, der den Geist einer Schutzgottheit beherbergen soll.

In diesen Park kommen Menschen zum Malen, einen Kaffee trinken oder ein Buch lesen und Kinder kommen zum Spielen. Gegenüber gibt's eine Einkaufsstraße mit Kunsthandwerk, Antiquitäten, Cafés und einer Reihe von lebhaften Restaurants.

KUNSTHANDWERKDSORF MORIOKA

Das **Kunsthandwerksdorf Morioka** (盛岡手づくり村) ist 15 Minuten mit dem Taxi von der Koiwai-Farm oder 30 Minuten mit dem Bus vom Bahnhof Morioka entfernt und toll für ein paar aktive Stunden. Englisch wird kaum gesprochen, aber englische Broschüren führen zu den 15 Betrieben des Dorfes, wo einheimische Kunstschaffende ihre Arbeit vorführen und verschiedene 30- bis 60-minütige Kurse anbieten, darunter *reimen*-Nudelherstellung, Batik, Keramikbemalung, Süßwarenfertigung, Weben und Nanbu-Eisenwaren.

Koiwais hügelige Weiden

EIN TAG AUF DER FARM

Jenseits von Moriokas westlichem Stadtrand, 30 Busminuten vom Bahnhof Morioka, bietet sich die **Koiwai-Farm** (小岩井農場) für einen Familienausflug ins Grüne an. Mit 3000 ha Wald und Weideland vor den Bergen am Horizont ist sie ein idyllischer Ort. Pferde, Kühe und Schafe grasen auf hügeligen Wiesen und im Bereich **Kamimaru** (上丸) gibt's eine Reihe von Silos und Farmgebäuden aus den frühen 1900ern – lange bevor Koiwai zu einer der bekanntesten Molkereimarken in Japan wurde.

Außerdem kann man Bälle, Hula-Hoop-Reifen und anderes Spielzeug ausleihen und auf den großen Rasenflächen spielen. Es gibt Hängematten zum Chillen und Spielgeräte zum Klettern sowie Aktivitäten wie Butterherstellung, Ponyreiten, Besuche bei Milchkühen und Führungen durch den Wald, der vor 120 Jahren auf karger Vulkanasche gepflanzt wurde und heute voller Leben ist. Wenn die Farm im Winter mit Schnee bedeckt ist, gibt's auch Schneeschuhwanderungen.

Die meisten angebotenen Aktivitäten kosten jeweils 500 bis 800 ¥ und die Busfahrt 710 ¥ pro Strecke, das summiert sich schnell. Man darf eigenen Proviant mitbringen, aber die Milch-Ramen, Pizzas und Eiscremes hier sind sehr gut. Unbedingt die Eintrittskarte aufbewahren, um durch die unbesetzten Tore zwischen Kamimaru und dem Hauptgelände der Farm zu kommen.

RADELN DURCHS LÄNDLICHE TŌNO

Ein intensiveres Landerlebnis in der Präfektur Iwate bietet ein Ausflug nach **Tōno** (S. 455) mit einer Radtour durch die Reisfelder und lokaler Folklore.

UNTERWEGS VOR ORT

Die meisten Sehenswürdigkeiten in Morioka liegen nördlich und östlich des Bahnhofs, die kompakte Innenstadt ist leicht zu Fuß zu erkunden. Vom Bahnhof Morioka fahren Busse zu den Sehenswürdigkeiten in den Außenbezirken, darunter die Koiwai-Farm und das Kunsthandwerksdorf Morioka.

Rund um Morioka

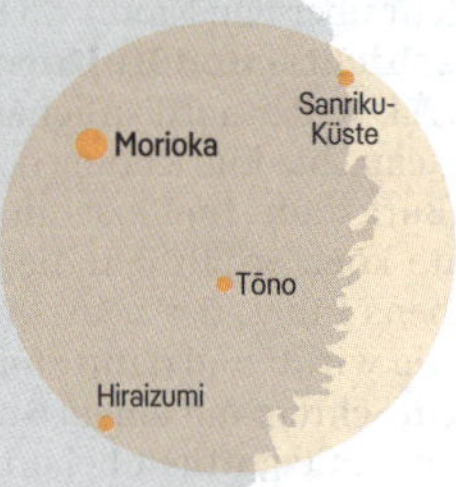

Morioka ist der perfekte Ausgangspunkt für Abenteuer in der Präfektur Iwate, von historischen Tempeln über volkstümliches Farmland bis zur malerischen Küstenlinie.

Südlich von Morioka ist der Welterbe-Tempel Chūson-ji in Hiraizumi ein einfacher Tagesausflug oder Abstecher auf dem Weg von Tokio nach Morioka. In der Nähe kann man eine Bootsfahrt durch die malerische Geibikei-Schlucht unternehmen. Im Südosten bietet Tōnos Farmland die Möglichkeit, das Landleben und japanische Folklore kennenzulernen. Östlich davon ist die Sanriku-Küste ein zerklüfteter Küstenabschnitt mit Wanderwegen zu pittoresken Buchten und spektakulären Aussichten von Klippen. Von Morioka sind sogar kurze Ausflüge über Iwate hinaus möglich. Kakunodate (S. 460) in der Präfektur Akita und Hachinohe (S. 475) in der Präfektur Aomori liegen mit dem Shinkansen weniger als eine Stunde entfernt.

TOP TIPP

Die Touristeninformation (TIC) im 2. Stock des Bahnhofs Morioka hat englischsprachige Mitarbeiter und aktuelle Reiseinformationen.

Nebentempel, Chūson-ji (S. 458)

AMANA IMAGES INC./ALAMY STOCK PHOTO ©

Kappabuchi (S. 458)

Die Legenden von Tōno

DIE LÄNDLICHE FOLKORE VON IWATE ENTDECKEN

In den frühen 1900er-Jahren stellte der Volkskundler Kunio Yanigata in **Tōno** (遠野), 1¾ Zugstunden von Morioka, das zusammen, was heute als klassische Sammlung japanischer Volksmärchen gilt – *Tōno Monogatari* (*Die Legenden von Tōno*). Ihre 119 wunderbaren Erzählungen rangieren von der Bauerntochter, die mit ihrem geliebten Pferd zu den Sternen durchbrennt, bis zum mythischen grünhäutigen Teichbewohner *kappa*, der mit Vorliebe Gurken knabbert und Menschen ertränkt.

Beim Gang oder der Fahrt durch Tōno sind die Geschichten nie weit weg. Anime-*kappa*-Gesichter erscheinen auf Schildern und sogar die Polizeibox am Bahnhof sieht aus wie ein *kappa*-Kopf. An zahlreichen Orten erwachen die Geschichten zum Leben. Das **Volksmärchenmuseum Tōno** (遠野物語の館), einen kurzen Fußmarsch südlich des Bahnhofs Tōno, dokumentiert die Erzählungen mit bunter *kiri-e* (Scherenschnittkunst), Videoinstallationen und traditionellem Geschichtenerzählen; jede Geschichte beginnt mit den Worten *mukashi, mukashi* (Es war einmal ...). Im **Tōno-Furusato-Dorf**

KENJI MIYAZAWA & DER SL GINGA

Der 1896 in Iwate geborene Romanautor, Dichter, Lehrer und Sozialaktivist Kenji Miyazawa erhielt in seinem relativ kurzen Leben keine große Anerkennung für sein Werk, aber seine Kindergeschichten haben ihm posthum einen Platz im Herzen der japanischen Bevölkerung erobert. Sein berühmtester Roman *Eine Nacht in der Milchstraßenbahn* wurde 1985 als Zeichentrickfilm zum Hit, diente aber auch als thematische Inspiration für die Dampflokomotive *Ginga*. Die *SL Ginga* fährt nur an einigen Wochenenden (Details im TIC in Morioka) zwischen Miyazawas Geburtsort Hanamaki und Kamaishi an der Sanriku-Küste (S. 459) und hält auch in Tōno – ein amüsanter Ausflug für Eisenbahnfans, Anime-Freaks und alle, die einen langsamen Blick auf die Landschaft genießen wollen.

ÜBERNACHTEN IN TŌNO

Aeria Tohno
Tōnos nobelstes Hotel im westlichen Stil mit Thermalbädern und guter Lage, neben dem Volksmärchenmuseum. ¥¥

Kuranoya
Ländliches B&B mit freundlichen, englischsprachigen Besitzern, die Abholservice und ausgezeichnete Hausmannskost anbieten. ¥¥

Tōno Youth Hostel
Gemütliches Hostel mit gut gepflegten Schlafsälen und Privatzimmern sowie optionalen Mahlzeiten. ¥

Denshōen

(遠野ふるさと村) gibt's auch Live-Erzählkunst, aber der Hauptgrund für einen Besuch ist die Sammlung von Bauernhäusern aus der Edo-Zeit, die ein traditionelles Dorf mit Reisfeldern und weidenden Pferden bilden.

Abseits der Innenstadt inmitten von Reis- und vereinzelten Hopfenfeldern hat auch **Denshōen** (伝承園) strohgedeckte Bauernhäuser mit ähnlichen Einblicken ins traditionelle Leben und ehrt gleichzeitig Oshira-sama, eine Gottheit, die in mehreren Tōno-Legenden vorkommt und die Häuser beschützt. In einem Farmhaus ist am Ende eines knarrenden Ganges hinter der rauchigen Feuerstelle ein Raum mit 1000 Oshira-sama-Puppen geschmückt, an denen Wünsche auf bunten Stoffstücken hängen. Hier kommt die tragische Geschichte von der Bauerntochter und ihrem Pferd ins Spiel. Ein Bauer ärgerte sich über die Pferdeliebe seiner Tochter so sehr, dass er das Pferd an einem Maulbeerbaum aufhängte, nur um am nächsten Tag dort seine weinende Tochter vorzufinden. Wütend hackte der Bauer mit seiner Axt den Kopf des Pferdes

DIE MICHINOKU-PILGERREISE

Die Tempel Chūson-ji und Mōtsu-ji in Hiraizumi bilden zusammen mit dem Zuigan-ji in Matsushima (S. 446) und dem Risshaku-ji in Yamadera (S. 447) die Vier-Tempel-Pilgerreise. Die Verbindung? Alle vier wurden in den 800er-Jahren von dem Priester Ennin gegründet und auch Bashō besuchte sie auf seiner Reise durch Nord-Honshū im Jahr 1689. Als Nachweis für die Pilgerreise bekommt man bei jedem Tempel einen *shūin* (roten Stempel) oder kopiert ein Sutra, das dann gegen einen Talisman zur Erinnerung an die Reise eingetauscht werden kann.

ESSEN & AUSGEHEN IN TŌNO

Tōno Brewing
Schankraum mit sechs eigenen Craft-Bieren vom Fass, Gastbieren und Kneipenhäppchen. ¥¥

Bob Boardgame Cafe
Chilliges Café neben dem TIC mit einer großen Sammlung von Brettspielen. ¥

Tōno Shokuniku Centre
Spezialisiert auf *jingisukan* – eine nach Dschingis Khan benannte Art All-you-can-eat-Grill mit Hammelfleisch. ¥¥

RADTOUR DURCH DAS LÄNDLICHE TŌNO

Diese Tour beginnt bei der **1 Touristeninformation Tōno**, gegenüber dem Bahnhof, wo du ein Fahrrad oder E-Bike mietest und eine englische Karte der Gegend erhältst. Von hier radelst du östlich bis zur Route 340, dann Richtung Norden (links) durch Vorstädte in eine weite Landschaft mit Reisfeldern.

Nach 4 km geht's links auf die Route 160. Bei der nächsten Rechtskurve weist ein Schild nach **2 Denshōen**. Hier kannst du das Fahrrad abstellen und über die Straße zu **3 Kappas Teehaus** (かっぱの茶屋) schlendern, etwas trinken oder ein Eis essen, bevor du den nahen **4 Jōken-ji-Tempel** (常堅寺) und den **5 Kappabuchi-Teich** (S. 458) besuchst – in Letzterem sollen die mythischen *kappa* leben.

Wenn du Lust auf eine lange Fahrt hast, schwingst du dich aufs Rad und fährst auf der Route 160 über den Kogarasegawa und 2 km weiter zum **6 Fukusen-ji-Tempel** (福泉寺) mit einer 25 t schweren Buddha-Statue aus Holz. 4 km weiter nördlich an der Route 160 liegt das Dorf **7 Tōno Furusato** (S. 455). Von hier fährst du zurück zum Kogarasegawa, wo rechts der Tōno-Towa-Radweg abbiegt und dem Fluss nach Westen folgt, bevor er eine Schleife zurück ins Zentrum von Tōno macht. Diese 7 km sind wohl der schönste und entspannteste Teil der Strecke durch Reisfelder und idyllische Landschaften.

Zum Abschluss der Tour folgst du dem Radweg 1 km hinter dem Stadtzentrum zum **8 Unetori-Schrein** (卯子酉神社), bevor du auf der Route 238 zurück zum Bahnhof fährst und unterwegs am **9 Tōno-Geschichtsmuseum** (S. 455) anhältst.

BOOTFAHREN IN DER GEIBIKEI-SCHLUCHT

Etwa 10 km östlich von Hiraizumi ist die **Geibikei-Schlucht** (猊鼻渓) eines der vielen landschaftlichen Highlights in der Präfektur Iwate. Hier lohnt sich eine entspannte 90-minütige Bootstour. Zum gelegentlichen Gesang der Bootsführer an der Stocherstange folgt die Tour dem Satetsu-gawa, der sanft am Fuße von 50 bis 100 m hohen Felswänden entlangfließt. Auf halber Strecke, bevor das Boot wieder flussaufwärts fährt, wird kurz an einer Sandbank und einem Wasserfall pausiert, wo man versuchen kann, Glückssteine über das Wasser in ein Loch in der Felswand zu werfen – wer den schwierigen Wurf schafft, dem winkt das Glück.

ab, woraufhin die Tochter und das Pferd in den Himmel flogen. Ihre Liebe erschuf die Gottheit Oshira-sama. Die Puppen sind aus zwei Maulbeerstöcken geschnitzt, einer hat den Kopf eines Pferdes, einer den eines Mädchens.

In der Nähe von Denshōen befindet sich ein Teich namens **Kappabuchi** (カッパ渕), in dem der Legende nach *kappa* wohnt. Heute sitzt hier eine *kappa*-Statue mit einer frischen Gurke in der Hand. Falls du einen echten *kappa* triffst, denke an Tōnos bewährte *kappa*-Sicherheitsregel: Verbeuge dich. Der unbeirrbar höfliche *kappa* wird sich instinktiv auch verbeugen, wobei das Wasser aus seinem schalenförmigen Kopf fließt und er zur nächsten Wasserquelle rennt, um es aufzufüllen.

Hiraizumis Weltkulturerbe-Tempel

DAS PARADIES AUF ERDEN

In **Hiraizumi** (平泉) steht 80 Zugminuten von Morioka entfernt an der JR-Tōhoku-Linie einer der schönsten Tempel von Nord-Honshū – der zum Weltkulturerbe gehörende **Chūson-ji** (中尊寺). Obwohl vermutlich bereits im Jahr 850 gegründet, baute der regionale Clanchef Fujiwara no Kiyohara den Chūson-ji erst um 1100 zu einem weitläufigen Komplex mit etwa 40 Hallen aus. Er erhoffte sich ein buddhistisches Paradies auf Erden, um die Seelen derer zu trösten, die in den letzten Kriegen gefallen waren. Über die Jahrhunderte verwüsteten Krieg, Feuer und Hiraizumis Niedergang den Chūson-ji-Komplex, doch eine Reihe von reizvollen Gebäuden überdauerte – einige alt, andere originalgetreu nachgebaut. Es gibt eine einfache *nō*-Bühne und Aufführungen der stilisierten Tanzdramen im Feuerschein beim jährlichen Sommerevent sowie die Hondo (Haupthalle), in der viele der religiösen Zeremonien stattfinden. Das Highlight ist die **Konjiki-dō** (Goldene Halle). Dieses blattgoldverkleidete hölzerne Mausoleum ist das einzige vollständig intakte Bauwerk aus dem 12. Jh. in Hiraizumi und gilt als so wertvoll, dass es heute in einem eigenen Betongebäude sitzt. In einem modernen Gebäude nebenan beherbergt das **Sankōzō-Museum** etwa 3000 nationale und Wichtige Kulturgüter, darunter buddhistische Statuen, Schriftrollen und Artefakte, die dem Fujiwara-Clan zugeordnet werden.

Zusammen mit dem Chūson-ji-Tempel wurde auch der **Motsu-ji-Tempel** (毛越寺) in Hiraizumi 2011 zum Weltkulturerbe ernannt, obwohl nur noch wenige Gebäude stehen. Ob ein Besuch lohnt, ist fraglich, aber wer sich für Landschaftsgestaltung interessiert, wird die Überreste der Gärten um einen großen Teich herum mögen, die das Buddhistische Reine Land nachbilden sollten – sie sind besonders schön zur Schwertlilienblüte Ende Juni.

HIRAIZUMIS SAISONALE FESTE

Fujiwara Festival
Vom 1. bis 5. Mai wird mit Tänzen, Kostümumzügen und vielem mehr der glorreichen Zeit von Hiraizumi gedacht.

Gokusui-no-En
Menschen in Heian-Kostümen nehmen Ende Mai an einem traditionellen Gedichtwettbewerb am Motsu-ji-Teich teil.

Firelit Nō
Mitte August werden auf dem Gelände des Chūson-ji traditionelle *nō*-Dramen und *kyōgen*-Komödien aufgeführt.

Kamaishi

Die atemberaubende Sanriku-Küste

ABENTEUER AM MEER

Etwa 1½ Autostunden von Morioka entfernt liegt **Sanriku Kaigan** (三陸海岸), ein 300 km langer Küstenstreifen mit Stränden, Fischerdörfern und schönen Buchten. Das Gebiet ist sehr groß und auf viele Arten zu erkunden. Von Tōno (S. 455) fährt die JR-Kamaishi-Linie in einer Stunde nach **Kamaishi** (釜石), wo die 48 m hohe Statue der Göttin der Barmherzigkeit im **Kamaishi-Dai-Kannon-Tempel** und der Michinoku-Küstenweg warten. Anschließend geht's die Küste hinauf nach **Yamada** (山田) und mit einem Fischerboot in die Yamada-Bucht. Bootstouren (beim Yamada-Tourismusverband buchen) gibt's zwischen April und September mit Halt an Aquakultur-Flößen, wo man Austern, Jakobsmuscheln und Seeananas direkt aus der Bucht probieren kann.

Von Morioka aus kann man auch mit einem Mietwagen oder Bus (2½ Std.) nach **Miyako** (宮古) zum weißen Sand des Jodogahama-Strandes fahren und Bootstouren entlang der felsigen Küste machen. Weitere 40 km nördlich mit dem Auto oder der unregelmäßigen Rias-Linie lockt eine zweitägige Wanderung zwischen den Dörfern **Fudai** (普代村) und **Tanohata** (田野畑村) auf dem Michinoku-Küstenweg; der Abschnitt wird wegen der steilen, zerklüfteten Klippen auch „Alpen des Ozeans" genannt. Alternativ fährt der Shinkansen von Morioka nach **Hachinohe** (八戸; S. 475) in Aomori zum nördlichsten Teil des Weges für eine tolle Tageswanderung.

DER TSUNAMI VOM 11. MÄRZ 2011

Überall an der Sanriku-Küste oder an der Ostküste von Tōhoku ist die Erinnerung an den Tsunami vom 11. März 2011 lebendig. Er wurde ausgelöst durch ein Erdbeben der Stärke 975 km vor der Küste und hatte schreckliche Auswirkungen – er näherte sich mit einer Geschwindigkeit von 700 km/h und erreichte das Land mit einer Höhe von bis zu 40,5 m. An diesem Nachmittag verloren in Tōhoku fast 20 000 Menschen ihr Leben, mehrere Tausend gelten offiziell als vermisst und Hunderttausende wurden obdachlos. Während die Gemeinden und die Infrastruktur wieder aufgebaut wurden, sind Gedenkstätten, Tsunami-Warnschilder und Überreste der Schäden an der Küste allgegenwärtig. Die Region hat immer noch mit langfristigen Problemen wie psychischen Nachwirkungen und der wirtschaftlichen Wiederbelebung zu kämpfen.

UNTERWEGS VOR ORT

Beim Reisen mit öffentlichen Verkehrsmitteln macht sich ein JR-East-(Tōhoku-)Pass für 20 000 ¥ bezahlt, der nicht nur bei Shinkansen-Fahrten zwischen Tokio und Morioka, sondern auch bei allen Zügen und Bussen von Morioka nach Hiraizumi, Tōno und an die Sanriku-Küste spart – und überall sonst in den fünf Tagen, die er gültig ist. Doch für die Sanriku-Küste ist ein Auto sehr hilfreich. Nippon Rent-a-Car und JR Rent-a-Car haben Filialen an den Bahnhöfen Morioka und Miyako.

KAKUNODATE

Im Jahr 1620 wurde einem lokalen Fürsten befohlen, seine Burg abzureißen und seine Leute nach Kakunodate (角館) umzusiedeln, wo eine blühende Stadt entstand, deren Überreste heute zu den bekanntesten Sehenswürdigkeiten von Nord-Honshū gehören. Das liegt vor allem an den ehemaligen Samurai-Gütern an der Bukeyashiki-Straße und an den Kirschblüten, die die Straße und das nahe Flussufer im Frühling rosa färben. Abgesehen von den Spuren der Samurai und Blüten bietet Kakunodate auch tolle Ausflugsmöglichkeiten. Der 20 km nordöstlich gelegene Tazawa-ko lädt zu Radtouren, Bootsfahrten oder zum Kajakfahren ein, Nyūtō-Onsen nördlich von Tazawa lockt mit rustikalen Gasthäusern und großartigen heißen Quellen. Dann gibt's noch die Dakigaeri-Schlucht mit Trails entlang des leuchtend blauen Flusses, der im Sommer von üppigem Grün und im Herbst von feuerrotem Laub umgeben ist.

TOP TIPP

Buche das Frühstück in deiner Unterkunft. Kakunodate ist eine ruhige Stadt mit nur wenigen Cafés, geschweige denn welchen, die vor 10 Uhr morgens öffnen. Außer dem Lawson-Gemischtwarenladen nahe der Bukeyashiki-Straße gibt's kaum etwas zum Kaffeetrinken oder Frühstücken.

Bukeyashiki-Straße (S. 462)

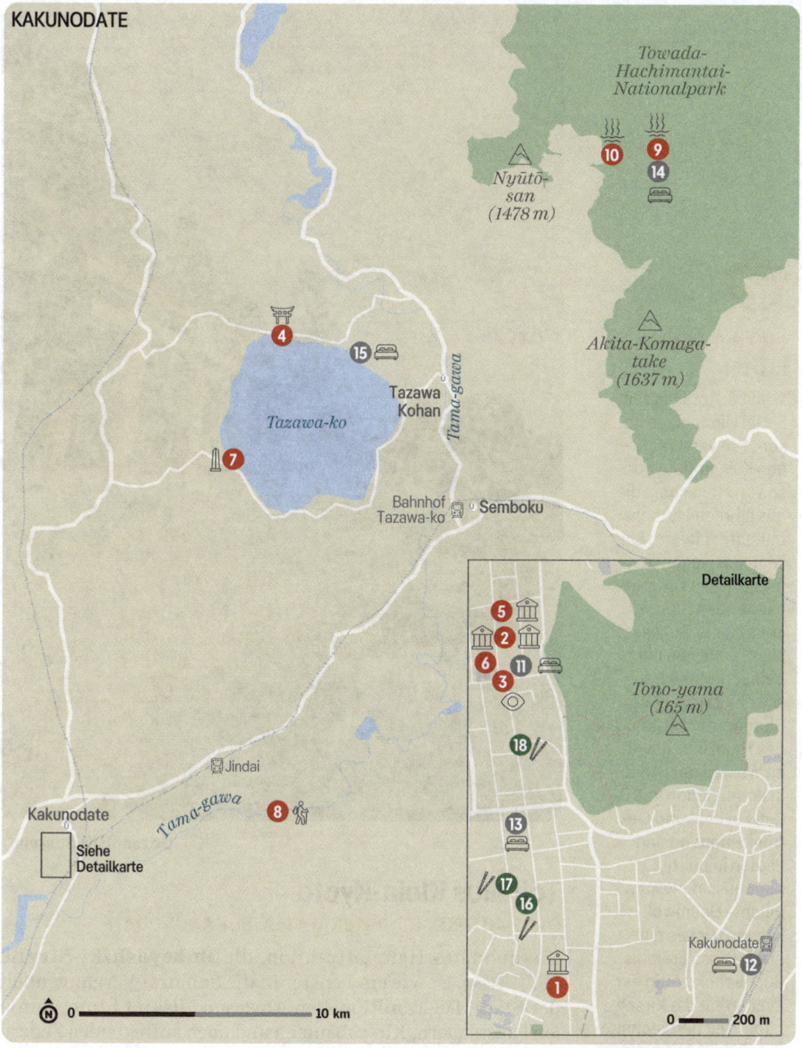

KAKUNODATE

Towada-Hachimantai-Nationalpark

Nyūtō-san (1478 m)

Akita-Komaga-take (1637 m)

Tazawa-ko

Tazawa Kohan

Tama-gawa

Bahnhof Tazawa-ko

Semboku

Jindai

Kakunodate

Siehe Detailkarte

0 — 10 km

Detailkarte

Tono-yama (165 m)

Kakunodate

0 — 200 m

SEHENSWERTES

1 Andō Jozo
2 Aoyagi-Samurai-Manor-Museum
3 Bukeyashiki-Straße
4 Gozanoishi-Schrein
5 Ishiguro-Haus
6 Kirschbaumrinden-Kunsthandwerkszentrum Kakunodate
7 Tatsuko

AKTIVITÄTEN

8 Dakigaeri-Schlucht
9 Kyōgen-Onsen
10 Tsuru-no-yu

SCHLAFEN

11 Enishi
12 Hotel Folkloro
13 Machiya Hotel Kakunodate
14 Tae-no-yu
15 That Sounds Good
siehe 10 Tsuru-no-yu

ESSEN

16 Domanin
17 Naruhodo
18 Sakura no Sato

Andō Jōzō (S. 463)

KIT LEONG/SHUTTERSTOCK ©

Gozanoishi-Schrein

DIE FRÜHLINGSBLÜTEN

Vom 20. April bis zum 5. Mai wimmelt es im sonst so verschlafenen Kakunodate nur so von Menschen, die das jährliche Kirschblütenfest feiern. Sie kommen wegen der mittlerweile kultigen hängenden Blüten entlang der Bukeyashiki-Straße, die nachts beleuchtet wird, sowie der 2 km langen Blütenpracht entlang des Hinokinai-gawa im Westen der Stadt. In Kombination mit den Essens- und Getränkeständen und Leuten in bunten Kimonos und *yukata* (leichte Baumwollkimonos) ist es ein großartiges Ereignis. Buche rechtzeitig ein Zimmer für die Kirschblütenzeit und rechne mit einem höheren Preis. Oder übernachte woanders und komm mit dem Zug für einen Tag her.

Tōhokus Klein-Kyoto

DAS HISTORISCHE SAMURAI-VIERTEL KAKUNODATE

Kakunodates Hauptattraktion, die **Bukeyashiki-Straße** (武家屋敷), ist wie ein Fenster in die Samurai-Vergangenheit der Stadt. Die traditionellen Anwesen, diskret hinter dunklen Holzmauern, Kirschbäumen und hoch aufragenden Zedern versteckt, brachten dieser Stadt aus der Edo-Zeit wegen ihrer traditionellen Vibes den Spitznamen „Tōhokus Kyoto" ein. Auch wenn manche Rikschas die Bukeyashiki zu einer Touristenfalle machen, ist sie eine charmante, lohnende Gegend.

ÜBERNACHTEN IN KAKUNODATE

Enishi
Familiengeführtes B&B in der Nähe der Bukeyashiki, mit zwei liebenswerten Akita-Hunden auf dem Gelände. ¥¥

Hotel Folkloro
Kleines Hotel; einfache, schicke Zimmer, darunter Deluxe-Zweibettzimmer mit zwei zusätzlichen Sofabetten. ¥¥

Machiya Hotel Kakunodate
Kompakte Einzel-, Doppel- und Zweibettzimmer, modernes Hotel mit Designmotiven aus der nahen Bukeyashiki. ¥¥

In seiner Blütezeit lebten in diesem Viertel fast 100 Samurai-Familien und einige ehemalige Residenzen sind heute zu besichtigen – einige kostenlos, andere gegen Gebühr. Die schönste ist das **Aoyagi-Samurai-Manor-Museum** (青柳家). Auf 10 000 m² demonstriert es den Reichtum der Aoyagi-Familie, vom verzierten, überdachten Eingangstor über den kompakten botanischen Garten bis zum 200 Jahre alten, reetgedeckten Haupthaus, das in verschiedene Bereiche unterteilt war, um Menschen mit unterschiedlichem sozialem Status zu beherbergen. Beim Rundgang durch den Komplex stößt man nicht nur auf Rüstungen und Waffen aus dem 15. bis 19. Jh., sondern auch auf Zeichen der Verwestlichung der japanischen Elite ab der Meiji-Zeit (1868–1912) – es muss ein Vermögen gekostet haben, die Sammlungen antiker Kameras und Grammofone nach Japan zu bringen. Darüber kann man bei einem Kaffee im europäischen Tearoom oder im traditionellen japanischen Teehaus sinnieren. Alternativ bummelt man im Kimono über die Bukeyashiki-Straße; das Museum arrangiert das mit einer Reservierung.

In der Bukeyashiki gibt's weitere Herrenhäuser (das **Ishiguro-Haus** ist das beste der übrigen), im **Kirschbaumrinden-Kunsthandwerkszentrum Kakunodate** erlernt man die kunstvolle Verarbeitung von Kirschbaumrinde zu Gegenständen wie Teekanistern. Ansonsten macht man sich abseits der Bukeyashiki auf die Suche nach den weniger berühmten historischen Gebäuden wie dem 150 Jahre alten Backsteinlagerhaus des traditionellen Miso- und Sojasoßenherstellers **Andō Jōzō** im ehemaligen Handelsviertel – als der Norden den Samurai und der Süden dem Handel gehörten.

Radeln um den Tazawa-ko

EIN TAG AM SEE

Nordöstlich von Kakunodate bietet der azurblaue **Tazawa-ko** (田沢湖) ein malerisches und aktives Ausflugsziel. Man kann ihn mit dem Auto oder zu Fuß umrunden oder sogar mit dem SUP, aber am entspanntesten lässt sich der See erkunden (vor allem bei der Anreise mit dem Zug aus Kakunodate), indem man am TIC im Bahnhof Tazawa-ko ein E-Bike mietet und eine der englischen Karten mit Radrouten und Abgabeorten für Fahrräder holt. Die leichteste, meist ebene Grüne Route (ca. 18 km) deckt die nördliche Hälfte des Sees ab und führt an schöne Orte wie den *torii* des **Gozanoishi-Schreins** und zu Plätzen, wo Ausflugsboote, schwanenförmige Tretboote oder Kajaks und Paddelboards auf dem See fahren. Sie führt auch zur vergoldeten Bronzestatue von **Tatsuko**, Akitas Antwort auf Kopenhagens *Klei-*

DIE DAKIGAERI-SCHLUCHT

Entlang des Tamagawa, der sich zwischen Kakunodate und Tazawa schlängelt, gibt's in der **Dakigaeri-Schlucht** (抱返り渓谷) kurze Wanderwege, die zu einem landschaftlich reizvollen Spaziergang einladen, vor allem, wenn das kobaltblaue Wasser im Juli und August mit dem üppigen Grün kontrastiert oder im Oktober die Herbstfarben explodieren. Der Hauptweg führt über 1,5 km zu einem Wasserfall. Auf dem Weg dorthin gibt's eine fotogene Hängebrücke und ein paar Tümpel, bevor man wieder umkehren muss. Dakigaeri bedeutet so viel wie „umarmen und umdrehen", denn der Pfad war früher so schmal, dass die einzige Möglichkeit, an einer anderen Person vorbeizukommen, darin bestand, sich gegenseitig zu umarmen und zusammen umzudrehen.

ESSEN IN KAKUNODATE

Domanin
Izakaya-Gerichte wie *yakitori*, dazu Bier vom Fass sowie eine hilfreiche englische Speisekarte. **¥¥**

Naruhodo
Belebtes *izakaya* mit umfangreicher Speisekarte und einer Auswahl an exzellentem lokalem Sake. **¥¥**

Sakura no Sato
Mittagslokal für Udon und Soba-Nudeln oder *oyakodon* (Reisschüssel mit Huhn und Ei). **¥**

NYŪTŌ-QUELLENPASS

Onsen-Fans in Japan hüpfen in den Städten mit heißen Quellen gerne von Bad zu Bad. In jedem der Badehäuser in Nyūtō-Onsen kann man praktische Pässe für das Bad-Hopping kaufen. Mit dem Yumeguri-Karten-Buspass (600 ¥) kann man einen Tag lang unbegrenzt mit dem Shuttlebus zwischen allen Badehäusern pendeln. Für alle, die in einem der Badehäuser übernachten, gibt's auch den Yumeguri-Chō-Pass (1800 ¥), der als Shuttlebuspass fungiert und einmaligen Eintritt in jedes der sieben Badehäuser ermöglicht.

ne Meerjungfrau, zu Ehren der Geschichte dieser jungen Frau, die eine Quelle trocken getrunken haben soll in der Hoffnung, ewige Schönheit zu erlangen. Leider ging es für Tatsuko nicht aus wie geplant, denn sie wurde zu einem Drachen, der die Tiefen des Tazawa-ko bewacht, heißt es – eine schwierige Aufgabe, da der Tazawa-ko der tiefste See des Landes ist. Wenigstens hat ihre Statue eine der schönsten Aussichten in Nord-Honshū.

Andere Routen sind anspruchsvoller, darunter der 35 km lange Rundweg über die südlichen Hügel des Sees. Oder man radelt steil nach Norden nach Nyūtō-Onsen, um das Fahrrad abzugeben, in heißen Quellen zu baden und den Bus zurück zum Bahnhof Tazawa-ko zu nehmen.

Ein Bad im Tsuru-no-yu

TIEF EINTAUCHEN INS ALTE JAPAN

Der Weiler **Nyūtō-Onsen** (乳頭温泉) liegt inmitten von Buchenwäldern in den Bergen des Towada-Hachimantai-Nationalparks, aber immer noch in demselben Gemeindebezirk wie Kakunodate und Tazawa-ko. Er ist eines der urigsten Thermalbäder Japans.

In Nyūtō gibt's sieben Badehäuser mit heißen Quellen, die für Tagesgäste geöffnet sind und unterschiedliche Unterkünfte bieten, aber das **Tsuru-no-yu** (鶴の湯) steht für ein typisches Nyūtō-Badeerlebnis. Älter und etwas abseits gelegen, leitet sich der Name Tsuru-no-yu von einem Kranich (*tsuru* auf Japanisch) ab, den ein einheimischer Jäger beobachtet haben soll, als er seine Wunden in den Quellen heilte, was Einheimische und Würdenträger dazu veranlasste, es ihm zu therapeutischen Zwecken nachzutun.

Es ist schwer vorstellbar, wie Tsuru-no-yu in seinen Anfängen als Thermalbad in den späten 1600ern erreicht wurde. Selbst mit dem Auto ist es heute stellenweise heikel, denn die Straße wird immer kurviger, holpriger und löchriger, als ob man falsch abgebogen und in eine Sackgasse gefahren wäre.

Am Ende der unruhigen Fahrt liegt eine Reihe niedriger strohgedeckter Gebäude, die zu einer Gruppe kleiner Holzbadehäuser an einem Bergbach mit Schilf und Bäumen führt. Ab hier wird alles anders als in einem sonstigen Onsen – das Hauptbad im Freien ist *konyoku* (gemischtgeschlechtlich), allerdings ist das Wasser so undurchsichtig, dass, wenn man erst einmal drin ist, alles ganz sittsam ist. Es fühlt sich an, als würde man mitten in der Natur baden, kaum anders als für die Badenden in den 1690er-Jahren.

Natürlich ist *konyoku* nicht jedermanns Sache, deshalb gibt's ein Außenbad nur für Frauen sowie mehrere enge, nach

ÜBERNACHTEN IN NYŪTŌ & TAZAWA

Tae-no-yu
Nyūtōs gehobene Option hat japanische und westliche Zimmer sowie Innen- und Außenbäder. **¥¥¥**

Tsuru-no-yu
Die alten *honjin*-Zimmer sind rustikal, der Yamanoyado-Anbau ist ein traditionelles Ryokan. Mahlzeiten inbegriffen. **¥¥¥**

That Sounds Good
Gemütliche Pension und Café am Nordostufer des Tazawa-ko; holzgetäfelte Doppel- und Familienzimmer. **¥¥**

Tsuru-no-yu

Geschlechtern getrennte Innenbäder, die nicht den Komfort eines gewöhnlichen Ryokan bieten – man wäscht sich vor dem Einsteigen in die Wanne mit einer Gemeinschaftsseife und muss sein eigenes Handtuch mitbringen. Anschließend kann man an der Rezeption ein kühles Bier oder eine Limonade kaufen und einen Berggemüseeintopf oder Ramen im Essbereich mit Tatami-Matten genießen. Bei frühzeitiger Reservierung kann man entweder in traditionellen Ryokan-Zimmern oder in knarrenden alten *honjin*-Zimmern übernachten, mit eigenen *irori* (Feuerstellen) auf den Tatamis, wo zum Abendessen Eintopf und Fisch zubereitet werden.

AKITAS WINTERFESTIVALS

Nyūtō-Onsen und die Bukeyashiki-Straße sind beide ebenso fantastisch, wenn sie in den tiefen Wintern der Präfektur Akita mit Schnee bedeckt sind, wie die Winterfestivals in Akita. In Kakunodate findet am 14. Februar abends das **Feuer- und Schneefestival** statt, wenn Einheimische in der Stadt Lagerfeuer entzünden und brennende Holzkohleballen als Akt der Reinigung in die Luft schwingen. Yokote, 35 km südlich von Kakunodate, feiert Mitte Februar sein eigenes traditionelles Fest, das 400 Jahre alte **Yokote Kamakura Matsuri**. Der Höhepunkt sind die rund 100 beleuchteten Schneehütten, in denen die Einheimischen gegrillte Reiskuchen und süßen Sake mit niedrigem Alkoholgehalt namens *amazake* kredenzen.

UNTERWEGS VOR ORT

In Kakunodate kann man sich leicht zu Fuß fortbewegen, allerdings ist der Bahnhof zehn bis 15 Gehminuten von der Bukeyashiki und den meisten Lokalen entfernt. Zum Tazawa-ko geht's mit dem Shinkansen oder der Lokalbahn von Kakunodate bis zum Bahnhof Tazawa-ko und von dort mit dem Mietrad oder einem seltenen Bus weiter. Nach Nyūtō-Onsen fährt vom Tazawa-ko ein Bus, ein Auto ist viel bequemer. Nahe dem Bahnhof Kakunodate ist eine Filiale von Nippon Rent-a-car (ab 7000 ¥/Tag).

AOMORI

Die Hafenstadt Aomori (青森) im hohen Norden von Honshū ist vor allem für lange, kalte Winter und das fröhliche Sommerfest Nebuta Matsuri bekannt, wenn Paraden mit riesigen Festwagen, Tanz und Musik das Stadtzentrum in eine einwöchige Freiluftparty verwandeln. Die Nebuta lockt zwar Hunderttausende nach Aomori, aber sonst ist die Stadt ein unauffälliges, vom Tourismus verschontes Ziel. Das heißt nicht, dass es nicht viel zu erleben gibt. Traveller im weniger bereisten Norden werden mit einigen der schönsten prähistorischen Funde Japans in Sannai Maruyama und zeitgenössischen Kunststätten wie dem wunderbaren Kunstmuseum Aomori belohnt. Auf dem Markt des Aomori-Gyosai-Zentrums bereitet man ein Meeresfrüchte-Frühstück zu und das Wa-Rasse-Museum gibt ganzjährig eine Nebuta-Kostprobe. Früher war Aomori sehr abgelegen, heute braucht der Shinkansen nur noch 3¼ Stunden von Tokio.

TOP TIPP

Der Shinkansen kommt am Bahnhof Shin Aomori an, aber der beste Ort zum Übernachten ist 4 km östlich das belebtere Gebiet um den Bahnhof Aomori mit den meisten Restaurants, Bars, Shops und Aktivitäten. Beide Bahnhöfe liegen fünf Minuten voneinander entfernt an der JR-Ou-Linie.

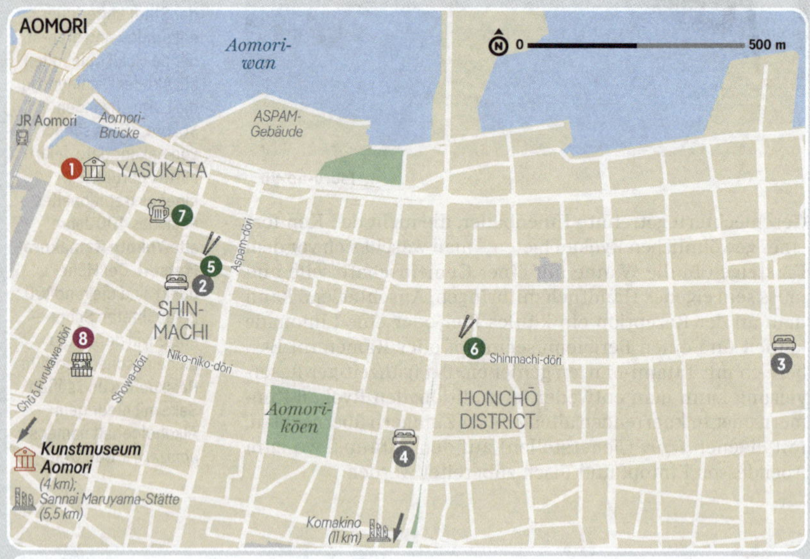

SEHENSWERTES
1 Nebuta-Wa-Rasse-Museum

SCHLAFEN
2 Daiwa Roynet
3 Hotel Aomori
4 Richmond Hotel

ESSEN
5 Shūsai Hatsuka
6 Tsugaru Joppari Isariya Sakaba

AUSGEHEN
7 Aomori-Brauerei-Pub

SHOPPEN
8 Aomori-Gyosai-Zentrum

BEIBAOKE/SHUTTERSTOCK ©

Fundstätte Sannai Maruyama

Reise ins Japan der Jōmon-Zeit

DIE PRÄHISTORISCHEN ÜBERRESTE VON SANNAI MARUYAMA

Bei Ausgrabungen in der **Sannai-Maruyama-Stätte** (三内丸山遺跡) in Aomori wurde 1992 eine Siedlung aus der frühen und mittleren Jōmon-Periode (ca. 3900 bis 2200 v. Chr.) entdeckt. Als die Überreste von Behausungen und Grabgruben, Werkzeuge und Knochen ans Licht kamen, zeichnete sich das Bild einer gut entwickelten Siedlung mit Gemeindeeinrichtungen und einem Sinn für Stadtplanung ab, die in ihrer Blütezeit 500 Menschen beherbergt haben könnte. Das Museum auf dem Gelände bietet einen faszinierenden Einblick ins Japan der Jōmon-Zeit.

Los geht's im **Ruinenbereich** (遺跡) auf einer ruhigen Wiese, wo rekonstruierte Gebäude ein Jōmon-Dorf nachbilden: etwa ein Dutzend kleiner Behausungen mit Stroh-, Rinden- oder Lehmdächern – die Türen sind so klein, dass das Betreten fast einem Limbo gleicht –, die wohl als Wohnhäuser dienten. Die größeren Rekonstruktionen weisen auf eine gemeinschaftliche Siedlungsentwicklung hin; bemerkenswert ist die strohgedeckte Halle, von der die Forschung annimmt, dass sie sowohl gemeinsamer Arbeitsraum als auch zeremonielles Zentrum für bis zu 200 Menschen war. Daneben steht ein ungewöhnlicher Turm mit Säulen, dessen Zweck nicht

RUND UM SANNAI MARUYAMA

Im Jahr 2021 erhielten 17 Jōmon-Stätten in der Präfektur Aomori und auf Hokkaido den UNESCO-Welterbe-Status, darunter Sannai Maruyama und einige andere, die leicht zu erreichen sind, wenn der Sannai-Maruyama-Besuch Appetit gemacht hat. In Hachinohe (S. 475) beherbergt das Museum des **Archäologischen Instituts Korekawa** (是川縄文館) eine großartige Sammlung von Artefakten, darunter eine glotzäugige Tonfigur namens Gasshō Dogū (datiert auf 1500 v. Chr.) – heute ein nationales Kulturgut Japans. Die **Komakino-Stätte** (小牧野遺跡) in Aomori hat Steinkreise, Grabgruben und ein kleines Museum.

ESSEN & AUSGEHEN IN AOMORI

Aomori Brew Pub
Die örtliche Mikrobrauerei Be Easy Brewing: Hausbiere vom Fass und nationale und internationale Flaschenbiere. **¥¥**

Tsugaru Joppari Isariya Sakaba
Das rustikales *izakaya* serviert lokale Meeresfrüchte. Gelegentliche *Tsugaru-jamisen*-Aufführungen. **¥¥¥**

Shūsai Hatsuka
Gemütliches *izakaya* mit exzellenten Sashimi- und Sushi-Sets sowie *izakaya*-Gerichten und Sake. **¥¥**

RABATTAKTION

Das Sannai Maruyama und das Kunstmuseum Aomori liegen nebeneinander im Süden der Stadt – zehn Minuten zu Fuß oder eine Station mit dem Nebutan-gō-Bus. Aus diesem Grund hat sich der Architekt des Museums, Aoki Jun, von Sannai Maruyama inspirieren lassen und das weiße Hauptgebäude des Museums über tiefe, schmale Kanäle gesetzt, die wie Fundstättengräben in den Boden gezogen wurden. Eine weitere Verbindung ist, dass beide Sehenswürdigkeiten gegenseitige Rabatte anbieten: Legt man im Museum die Eintrittskarte für das Sannai Maruyama vor, erhält man 100 ¥ Rabatt auf den Eintritt, im Sannai Maruyama erhält man 80 ¥ Rabatt für das abgerissene Museumsticket.

PUDEEKAO/SHUTTERSTOCK ©

Aomori-Gyosai-Zentrum

ganz klar ist, aber der exakte Abstand der Säulen lässt auf ein eigenes Messsystem der Jōmon schließen.

Im **Sanmaru-Museum** (さんまるミュージアム) gibt's eine Mischung aus Reproduktionen und archäologischen Funden, die ausgegraben wurden. Steinerne Pfeilspitzen und Tierknochen geben Aufschluss darüber, wie und was das Jōmon-Volk jagte, die Fische und Nüsse aus den Abfallhügeln von Sannai Maruyama bieten Einblicke in die Ernährung und Umwelt ihrer Zeit. Es gibt auch hübsche Jade-Anhänger und Obsidian-Gegenstände zu sehen, die nicht vor Ort beschafft worden sein konnten, was darauf hinweist, dass es schon 3000 v. Chr. in Nordjapan organisierte Handelswege zwischen Siedlungen gab. Rituelle Werkzeuge wie flache Tonfiguren weisen auf die Bedeutung von Ritualen und Zeremonien hin, ebenso die Bestattungsgefäße für Kinder. Das alles ist sehr aufschlussreich; wer am Ende noch selbst Hand anlegen will, kann in der Werkstatt Tonfiguren und Jōmon-inspirierte Accessoires herstellen.

Das Zentrum von Aomoris Kunstszene

EIN BESUCH IM KUNSTMUSEUM AOMORI

Das **Kunstmuseum Aomori** (青森県立美術館) befasst sich vor allem mit lokalen Kunstschaffenden, die zur zeitgenössischen japanischen Kunst beigetragen haben, und lohnt sich wegen

ÜBERNACHTEN IN AOMORI

Daiwa Roynet
Gehobenes Businesshotel mit exzellenter Lage, schicken Zimmern, Fitnessstudio und 24-Stunden-Shop. **¥¥**

Hotel Aomori
Großes Hotel; geräumige Einzel- und Doppelzimmer, barrierefreie Optionen oder schicke Tatami-Zimmer. **¥¥¥**

Richmond Hotel
Gepflegte Zimmer, auch Optionen für drei, die mit Zusatzbett für vierköpfige Familien geeignet sind. **¥¥**

der Qualität und Vielfalt der ausgestellten Werke und des schlichten, minimalistischen Designs der Einrichtung selbst.

Beim Rundgang stößt man auf Holzdrucke und Gemälde von Munakata Shikō, auf konzeptionelle Modelle und Storyboards des bildenden Künstlers Tohl Narita, der unter anderem an *Godzilla*-Filmen und *Ultraman*-Fernsehserien gearbeitet hat. Mit den fast neonfarbenen Ölgemälden von Sano Nui, mundgeblasenen Glasvasen und Tischlampen von Kōji Ishii und regelmäßigen Sonderausstellungen ergibt sich eine vielseitige Sammlung.

In der Mitte des Museums befindet sich der **Aleko-Saal**, ein 19 m hohes, weißes Atrium, das vom lokalen Motto des Museums abweicht und vier fantastische Kulissen beherbergt, die Marc Chagall für das Ballett *Aleko* schuf. Der Innenhof wird über eine Reihe von Außentreppen und Betonhöfen erreicht, die das Gefühl vermitteln, verbotene Bereiche zu betreten. Hier steht das Paradestück des Museums, der *Aomori-ken* (*Aomori-Hund*) des Künstlers und Bildhauers Yoshitomo Nara. Ganz anders als seine anderen Gemälde mit grelläugigen Gestalten sitzt diese 8,5 m große Skulptur mit gesenktem Kopf wie ein Buddha in tiefer Kontemplation.

Das Nokke-don-Erlebnis

BEREITE DEINE EIGENE MEERESFRÜCHTE-MAHLZEIT ZU

Ein paar Blocks südöstlich des Bahnhofs Aomori befindet sich das **Aomori-Gyosai-Zentrum** (青森魚菜センター) mit einem spaßigen System, das den Besuch eines Fischmarktes viel interessanter macht. Hier kannst du deine eigene *nokke-don*-Schüssel mit Meeresfrüchten zum Frühstück oder Mittagessen zusammenstellen – und das jederzeit zwischen 7 und 15 Uhr. Dafür kaufst du erst ein Blatt mit 12 Tickets am Informationsschalter, der zum zuständigen Stand für die Reis-Ausgabe schickt. Mit einer Schüssel Reis und einem Tablett in der Hand streifst du zu den Ständen mit orangenen oder grünen *nokke-don*-Schildern und tauschst ein Ticket gegen die gewünschte Beilage. Die Auswahl ist groß: Thunfisch, Lachsrogen und Krabben, gerolltes Omelett, Seeigel und saisonale Specials wie dicke Jakobsmuscheln aus der Mutsu-Bucht. Das Verkaufspersonal ist erpicht darauf, etwas auf deinen Reis zu geben, ruft die Tagesangebote aus und lockt an seine Stände. Sobald die Tickets aus sind, ist das *nokke-don* fertig; setz dich, mische etwas Soja und Wasabi, träufele es über das *nokke-don* und verspeise es.

NEBUTA MATSURI

Das **Aomori Nebuta** (青森ねぶた祭) findet jedes Jahr vom 2. bis 7. August statt und ist eines der größten Feste in Nord-Honshū. Bei den nächtlichen Paraden durch Aomoris Innenstadt ziehen mit Papier verkleidete Festwagen durch die Stadt, die Kriegsherren und Figuren aus dem traditionellen Theater und der Mythologie darstellen – begleitet von schreienden Tanz- und Musikgruppen, die einen mitreißenden Beat zum Besten geben. Wer die Veranstaltung nicht besuchen kann, sieht sich stattdessen das **Nebuta-Wa-Rasse-Museum** neben dem Bahnhof Aomori an. Das Museum zeigt eine Sammlung von Nebuta-Wagen, die 9 m breit und 5 m hoch sind, und veranstaltet täglich drei kurze Nebuta-Vorführungen.

UNTERWEGS VOR ORT

Aomori liegt ganz im Norden von Nord-Honshū, 700 km nördlich von Tokio, 350 km von Sendai und 185 km von Morioka entfernt, zu allen gibt's täglich regelmäßige Shinkansen-Verbindungen. Vom Flughafen Aomori gibt's Inlandsflüge nach Nagoya, Osaka, Sapporo und Tokio. Die Tsugaru-Kaikyō-Fähre verbindet Aomori mit Hakodate in Hokkaido in knapp vier Stunden. Von den Bahnhöfen Shin-Aomori und Aomori fahren Busse nach Sannai Maruyama und zum Kunstmuseum Aomori. Das Zentrum von Aomori lässt sich gut zu Fuß erkunden.

Rund um Aomori

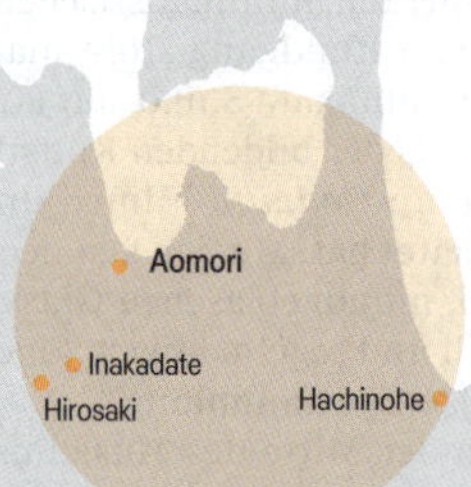

Außerhalb der Stadt Aomori liefert die Präfektur alles von atemberaubenden Küstenwanderungen bis zu Märkten und überraschenden Kunststätten.

Die heutige Präfektur Aomori ist aus zwei alten Regionen hervorgegangen, Tsugaru im Westen und Nanbu im Osten. Südwestlich von Aomori-Stadt ist die kleine Stadt Hirosaki in Japan vor allem für die Kirschblüte bekannt, die im Frühling vor der hübschen Burg in Rosa erstrahlt. Etwas nordöstlich von Hirosaki liegt das Dorf Inakadate, der Geburtsort der Reisfeldkunst, die von Juni bis Oktober die Felder schmückt. Südöstlich von Aomori liegt die Hafenstadt Hachinohe, die Nanbu verkörpert. Sie lohnt einen Besuch wegen ihrer lebhaften Morgenmärkte, der lebendigen *yokochō*-Kultur und einer Wanderung entlang der atemberaubenden Küste.

TOP TIPP

Der beste Teil von Hachinohe für Hotels/Nachtleben liegt südlich des Bahnhofs Hon-Hachinohe, aber der Shinkansen kommt am Bahnhof Hachinohe an.

Burg Hirosaki

SCIROCCO340/SHUTTERSTOCK ©

SEAN PAVONE/SHUTTERSTOCK ©

Fujita-Gedenkgarten

Geschichte & Äpfel in Hirosakis Tsugaru

ÜBER DIE BLÜTEN HINAUS

Die Stadt Hirosaki (弘前), 45 Minuten mit der JR-Ou-Linie von Aomori entfernt, ist in Japan für die Kirschblüte berühmt, die jeden Frühling rund um die Burg erblüht. Aber sie ist das ganze Jahr über ein schöner Ort, um die traditionelle Tsugaru-Kultur zu erleben.

Die **Burg Hirosaki** (弘前城), 1611 vom Tsugaru-Clan erbaut und Anfang des 19. Jhs. in ihre heutige Form umgestaltet, ist ein beliebtes Ausflugsziel – nicht nur wegen des imposanten dreistöckigen Hauptturms, sondern auch wegen des kleinen Schreins, der botanischen Gärten und der pittoresken Wassergräben im weitläufigen Gelände. Jenseits des Burggrabens liegt an der Nordostecke der Burg das **Tsugaru-han-Neputa-Dorf** (津軽藩ねぷた村). Es ist ein kulturelles Kleinod und einen Besuch wert wegen der mehrmals täglich stattfindenden Vorführungen der *Tsugaru-jamisen*, einer regionalen Version der dreisaitigen *shamisen*, und der riesigen Festwagen für Hirosakis Version der Aomori Nebuta Matsuri (S. 469) – die Hirosaki Neputa.

Andernorts warten weniger bekannte Sehenswürdigkeiten. An der Südwestseite der Burg befindet sich der traditionell angelegte **Fujita-Gedenkgarten** (藤田記念庭園), der den Iwaki als *shakkei* (geliehene Landschaft) nutzt und in dessen Teehaus grüner Tee serviert wird. Ebenfalls dort liegt das sehr unauffällige **Zen-Tempelgebiet** (禅林街), in das der Tsugaru-Fürst Nobuhira um 1600 33 Zentempel verlegen ließ.

TSUGARU-BEN

Nanbu und Tsugaru tauchen in Aomori oft als Vorsilben auf, sei es bei den traditionellen Nanbu-senbei-Crackern in Hachinohe oder dem schrillen dreisaitigen *Tsugaru-jamisen*-Instrument in Hirosaki und Aomori. Sie beziehen sich auf zwei alte Regionen und Kulturen: Tsugaru ist die Westseite der Präfektur Aomori und Nanbu die Ostseite (sowie Teile der nördlichen Präfektur Iwate). Die wohl markanteste Tsugaru-Qualität sind der Dialekt und der breite Akzent, auch Tsugaru-ben genannt. In der Regel werden kurze Wörter verwendet, die in Verbindung mit verschiedenen Beugungen und Partikeln selbst für japanische Muttersprachler schwer zu verstehen sind. Beispiele dafür sind *mee* statt *oishii* (lecker) oder superkurze Fragen wie *Do sa?* statt *Doko ni ikimasuka?* (Wohin gehst du?).

ESSEN IN HIROSAKI

Anzu
Nahe der Südostecke der Burg; *izakaya* mit Tsugaru-Gerichten und abendlichen Tsugaru-Jamisen-Shows. ¥¥¥

Kikufuji
Regionale Spezialitäten wie Soba-Nudeln, *igamenchi* (Tintenfischkroketten) und *jappa-jiru*-Eintopf. ¥¥

Taishō Roman Tearoom
Teehaus im Fujita-Gedenkgarten mit hervorragendem Apfelkuchen. ¥

WANDERTOUR

Erste Schritte auf dem Michinoku

Der 1000 km lange Michinoku-Küstenweg, eine der großen Wanderrouten Japans, wurde nach dem Erdbeben und dem Tsunami 2011 zur langfristigen Wiederbelebung der Region angelegt. Der nördlichste Abschnitt an der Tanesashi-Küste ist ganzjährig mit dem Zug von Hachinohe (S. 475) erreichbar und eine leichte Tageswanderung als Vorgeschmack auf alles, was den Michinoku ausmacht.

1 Kabushima

Start ist am nördlichsten Ausgangspunkt in Kabushima, einen kurzen Fußmarsch vom Bahnhof Same entfernt. Ein kleiner Schrein, an dem traditionell um Wohlstand und Beliebtheit gebetet wird, steht auf diesem winzigen, ins Meer ragenden Hügel, der von März bis August außerdem ein geschützter Brutplatz für 40 000 Lachmöwen ist. Mit so vielen Möwen wird es schon mal chaotisch, aber es soll ja Glück bringen, von einer Möwe bedacht zu werden.

Die Wanderung: Es sind größtenteils flache, gelegentlich kurvenreiche 2,5 km nach Ashigezaki, erst auf einem Fußweg, dann auf einer zweispurigen Straße. Gehe zum großen blauen Gebäude und folge den Schildern zur Tanesashi-Küste.

2 Ashigezaki-Aussichtspunkt

Das nächste Ziel sind die Ruinen eines militärischen Aussichtspunkts, der nach den grauen Pferden (*ashige* auf Japanisch) benannt ist, die früher an der Küste weideten. Mit Panoramablicken auf die zerklüftete Küste wird die Wanderung ab

CHENG FENG CHIANG/GETTY IMAGES ©

Tanesashi-Naturrasen

hier malerisch. Ein Café verkauft leichte Gerichte und Getränke.

Die Wanderung: Von Ashigezaki lässt man die Straße hinter sich und nimmt den Küstenpfad nach Süden durch Nakasuka, einen 1 km langen felsigen Abschnitt mit Wildblumenfeldern im Frühling/Sommer.

3 Ōsuka-Strand

Nach Nakasuka gibt's einen abrupten Kulissenwechsel mit diesem geschwungenen, beliebten Surfer-Sandstrand. Der 2 km lange Ōsuka ist nicht nur wunderschön, sondern auch für den „singenden Sand" bekannt, der beim Barfußlaufen quietscht.

Die Wanderung: Am Strandende geht's links durch den Shirahama-Fischerhafen. Die Wegmarkierungen führen um ein Kap zum Fukakubo-Fischereihafen, hinter dem der Eingang zum Yodo-no-Matsubara ist.

4 Yodo-no-Matsubara

Das nächste Highlight ist ein anderer Szenenwechsel, wenn der Weg in den Yodo-no-Matsubara-Kiefernhain führt. Durch die wiegenden Kiefern gibt's Blicke auf die felsige Küste, was nach dem grellen Strand wie ein beruhigender, weicher Lichtfilter wirkt.

Die Wanderung: Nach 1 km im Kiefernhain führt der Weg zu einem Zeltplatz. Auf der anderen Seite befindet sich der Tanesashi-Naturrasen.

5 Tanesashi-Naturrasen

Dieser hügelige Naturrasen, der früher eine Pferdeweide war, verläuft wie ein Golfplatz entlang einer felsigen Küste. Hier findest du auch das Tanesashi-Kūsteninformationszentrum, das geführte Touren und Erlebnisse wie Yoga auf der Wiese bis zu Naturwanderungen anbietet. Vom Bahnhof fahren Züge und Busse zurück nach Hachinohe.

BLÜTENPRACHT

Zum **Hirosaki-Kirschblütenfest**, das jedes Jahr vom 23. April bis zum 5. Mai stattfindet, kommen rund zwei Millionen Menschen in die Stadt, die als eine der schönsten *sakura*-(Kirschblüten-)Stätten in Nord-Honshū gilt. Das Festival findet im **Burgpark Hirosaki** statt, wo die Burg die Kulisse für rund 2600 blühende Bäume bildet, die das ganze Jahr über von Dutzenden Baumarzt- und Gärtnerteams gepflegt werden. Vier Tage lang, Anfang bis Mitte Februar, schmücken Hunderte von Schneestatuen, Mini-Iglus und Laternen das Schlossgelände beim **Schneelaternenfest auf der Burg Hirosaki**. Buche Hotels rechtzeitig, wenn du zu dieser Zeit kommen willst.

Und dann gibt's da noch die *ringo* (Äpfel), das wohl bekannteste Exportgut der Tsugaru-Ebene. Auch sie haben einen Bezug zu den Samurai: Der Apfelanbau wurde in der frühen Meiji-Zeit (1880er-Jahre) in der Region als neue Einkommensquelle für die Samurai eingeführt, die durch die Modernisierung Japans arbeitslos geworden waren. Apfelsaft, Apfelkuchen, Cider (und Cidre) und Apfelmarmelade werden überall verkauft – aber im **Hirosaki-Apfelpark** (弘前りんご公園) erfährt man mehr. Er umfasst 50 000 m² Obstplantagen, wo man je nach Jahreszeit Hand anlegen, etwa beim Beschneiden von Bäumen und der Apfelernte, oder in der Mikrobrauerei Kimori Cidre auf dem Gelände frischen Cidre probieren kann. Im Führer *Hirosaki Apple Pie Guide Map* sind rund 40 Cafés und Bäckereien verzeichnet, die Apfelkuchen verkaufen.

Inakadates Reisfeldkunst

EINE NATÜRLICHE LEINWAND

1993 pflanzte das Dorf **Inakadate** (田舎館), 1½ Stunden mit dem Nahverkehrszug von Aomori-Stadt entfernt (Umsteigen in Hirosaki), ein Reisfeld mit verschiedenfarbigen Reissorten an, das zu einem einfachen perspektivischen Kunstwerk heranwachsen sollte. Ziel war die Herausstellung von Inakadates historischer Verbindung zum Reisanbau, denn im Dorf wurden Reste von zwei Jahrtausenden alten Reisfeldern gefunden. 30 Jahre später wurde die alljährliche **Reisfeldkunst** (田んぼアート) eine landesweit bekannte Attraktion und stieß in anderen Anbaugebieten ähnliche Kunstprojekte an.

In den Anfangsjahren entstanden in Inakadate einfache Kunstwerke, heute sind an beiden Reisfeldstandorten des Dorfes unglaublich plastische und detaillierte Kreationen zu bewundern, von Vermeers *Das Mädchen mit dem Perlenohrring* (2023) bis zu *Star-Wars*-Figuren und Szenen aus beliebten japanischen Fernsehserien. Neben den Reisfeldern sind die Kunstwerke kaum erkennbar, aber von den Aussichtsdecks gesehen erwacht der Reis zum Leben, vor allem, wenn ein Windstoß die Gräser aufwirbelt.

Wie Schautafeln in Inakadates **Dorfbüro** (Reiskunstzentrum) erklären, besteht die Reisfeldkunst heute aus zehn Sorten essbarem und Zier-Reis mit grünen, weißen, violetten, roten und orangen Farbtönen. Alles wird gemeinschaftlich und generationenübergreifend entworfen, gepflanzt und gepflegt – eine intensive Arbeit, von der Planung und Vermessung im November über die Pflanzung Anfang Juni bis zur vollendeten Reiskunst von Ende Juni bis Anfang Oktober (am allerbesten von Mitte Juli bis August).

ÜBERNACHTEN IN HACHINOHE

Daiwa Roynet
Schickes Kettenhotel in exzellenter Lage, um die *yokochō* der Stadt bei Nacht zu erkunden. **¥¥**

Dormy Inn
Businesshotel in zentraler Lage mit Thermalbädern und Sauna. **¥¥**

Minshuku Ishibashi
Traditionelles B&B von Tanesashi Kaigan mit Tatami-Zimmern, frischem Essen und Gemeinschaftsbädern. **¥¥**

Hirosaki-Apfelpark

Die Esskultur von Hachinohe

VON ASAICHI NACH YOKOCHŌ

Ein Ausflug in die Hafenstadt Hachinohe, 25 Shinkansen-Minuten von Aomori, bietet die Gelegenheit zur Erkundung der Esskultur in der Region, und zwar auf den morgendlichen Märkten und in den *yokochō* (横丁) – so heißen die engen Gassen voller winziger Bars und Cafés.

Besonders beliebt ist der **Morgenmarkt am Kai von Tatehana** (舘鼻岸壁朝市), von Mitte März bis Dezember jeden Sonntag von Sonnenaufgang bis etwa 9 Uhr, mit fast 300 Ständen entlang des Kais. Eine viel kleinere Alternative ist der **Morgenmarkt Mutsuminato** (陸奥湊朝市), der montags bis samstags am Bahnhof Mutsuminato stattfindet. Hier gibt's zwar nicht die Snackstände wie in Tatehana, aber man kann gekochten Reis und frischen Fisch kaufen und das eigene *kaisendon*-Frühstück (roher Fisch auf Reis) zubereiten.

In Hachinohes Innenstadt landen abends viele der Produkte von den Morgenmärkten in den *yokochō* der Stadt. *Yokochō* gibt's überall in Japan, aber in Hachinohe sind sie integraler Teil der lokalen Kultur, denn sie entstanden, um Seeleute aus allen Ecken Japans im Hafen zu empfangen. Es gibt acht

DER AOMORI GOKAN

In Aomori gibt's das exzellente Kunstmuseum (S. 468), in Hirosaki das ebenso gute **Hirosaki Museum für zeitgenössische Kunst** (弘前れんが倉庫美術館). Im roten Backsteingebäude, das in der Meiji-Zeit (1868–1912) als Brauerei diente, werden Werke von lokalen und internationalen Kunstschaffenden gezeigt, der Fokus liegt jedoch auf dem in Hirosaki geborenen Yoshitomo Nara, dessen international gefeierte Gemälde und Skulpturen oft japanische Niedlichkeit mit schwarzem Humor mischen. Beide Museen sind Teil eines Kunstprojekts namens **Aomori Gokan** (青森5館), das gemeinsam mit dem **Kunstmuseum Hachinohe** (八戸市美術館), dem **Kunstzentrum Towada** (十和田市現代美術館) und dem **Zentrum für zeitgenössische Kunst Aomori** (国際芸術センター青森) zum Ziel hat, Aomori als aufstrebendes Kunstzentrum zu fördern.

ESSEN IN HACHINOHE

Rapuraza-tei
Rustikales Ambiente; Hachinohes Spezialgericht *senbei-jiru* (Eintopf), Sashimi und andere Meeresfrüchtegerichte. ¥¥

Torimasa
Oden (Fisch-, Tofu- und Gemüseeintopf), *yakitori* und Häppchen mitten in Miroku Yokochō. ¥¥

Totoya Ikasen
Einer der größeren *yatai* (Stände) in Miroku Yokochō, spezialisiert auf Tintenfisch- und Makrelengerichte. ¥¥

APFELKUCHEN-TAXI

Wie ernst nimmt Hirosaki seine Apfelkuchen? Nun ja, ein örtliches Taxi-Unternehmen bietet jetzt einen **Apfelkuchen-Concierge-Service** an, dessen Fahrer eine schriftliche Prüfung über die Charakteristika der über 40 Apfelkuchenläden in Hirosaki bestehen müssen, um Gäste auf die Suche nach dem Kuchen mitzunehmen, der ihrem Geschmack entspricht – ob extra süß, säuerlich oder zimtlastig. Die Taxis sind nicht schwer zu erkennen – sie sind mit Apfelkuchenbildern beklebt.

Miroku Yokochō

yokochō zur Auswahl, ein guter Ausgangspunkt ist die größte, **Miroku Yokochō** (みろく横丁), mit 26 überdachten *yatai* (Ständen) entlang einer Zickzack-Gasse, jeder gerade groß genug für sechs bis acht Thekenplätze. Das Angebot variiert von Stand zu Stand, aber eine Konstante sind Meeresfrüchte und lokaler Sake – und ebenso die Gespräche mit dem Personal und anderen Gästen. Ein klassisches Hachinohe-Gericht ist *senbei-jiru* (せんべい汁), ein Eintopf mit einer Brühe auf Fisch- oder Sojabasis, in dem eine beliebige Kombination von Huhn, Fisch und Gemüse landet sowie die wichtigste Zutat: harte *Nanbu-senbei*-Weizencracker, die in der Brühe weich werden. Warum Weizencracker? Das kühle Klima in Hachinohe und der Yamase-Wind, der im Sommer vom Pazifik weht, machen den Reisanbau in diesem Teil von Aomori schwierig. Stattdessen wurde Mehl (ungewöhnlich für Japan) zu einem Grundnahrungsmittel und hausgemachte *Nanbu-senbei* wurden zu einer einfachen Kohlenhydratquelle.

WANDERUNG AN HACHINOHES TANESASHI-KÜSTE

Zwischen Morgenmärkten in Hachinohe und Abendessen und Drinks in den *yokochō* der Stadt bleibt genug Zeit, um den nördlichsten Teil des **Michinoku-Küstenwegs** zu wandern (S. 459)

UNTERWEGS VOR ORT

Hachinohe ist mit dem Shinkansen 25 Minuten von Shin-Aomori entfernt und eignet sich als Übernachtungsausflug, um die Morgenmärkte anzusehen und noch Zeit zum Küstenwandern zu haben. Hirosaki ist als Tagesausflug machbar, aber eine Übernachtung lohnt auch; die JR-Ou-Linie braucht von Aomori aus 45 Minuten. Nach Inakadate trudelt die Konan-Linie von Hirosaki aus in 27 Minuten: am Bahnhof Tambo Art aussteigen und den kostenlosen Shuttlebus zwischen beiden Reisfeldern nutzen. Hirosaki ist gut mit einem Leihfahrrad von Hirosaki TIC zu erkunden, hat aber auch einen Loop-Bus. Mit einem Mietwagen aus Aomori lassen sich Hirosaki und Inakadate gut an einem Tag erkunden.

DEWA SANZAN

Seit mehr als 1000 Jahren wandern die Menschen auf der Suche nach Erleuchtung und spiritueller Wiedergeburt auf den heiligen Gipfeln des Dewa Sanzan (出羽三山) in der Präfektur Yamagata. Heute bieten die drei Berge nicht nur vielfältige Wandermöglichkeiten, sondern auch einen Einblick in die alte japanische Spiritualität und in die Welt der asketischen *yamabushi*. Die drei Gipfel liegen im Einzugsbereich von Tsuruoka-Stadt (鶴岡), wo Onsen-Städte und historische Sehenswürdigkeiten an Japans frühe Ansätze zur Internationalisierung erinnern. Das Wort „Stadt" ist jedoch etwas irreführend – eine Übersetzung der japanischen Bezeichnung *-shi*. Mit einer Einwohnerzahl von 129 000 in zahlreichen Gemeinden auf 1300 km^2 Fläche zählt Tsuruoka nicht einmal zu den 100 größten japanischen Städten – Tsuruokas Zentrum hat eine ruhige Atmosphäre, während Dewa Sanzan wie eine ganz andere Welt wirkt.

TOP TIPP

Dewa Sanzan lässt sich gut mit Niigata und/oder Nagano kombinieren. Der JR-Ost-Pass Nagano & Niigata (18 000 ¥) gilt für Bahnreisen an fünf aufeinanderfolgenden Tagen in den Präfekturen Niigata und Nagano einschließlich Shinkansen von und nach Tokio, aber auch für den Zug von Niigata nach Tsuruoka in der Präfektur Yamagata.

Yamabushi, Haguro (S. 479)

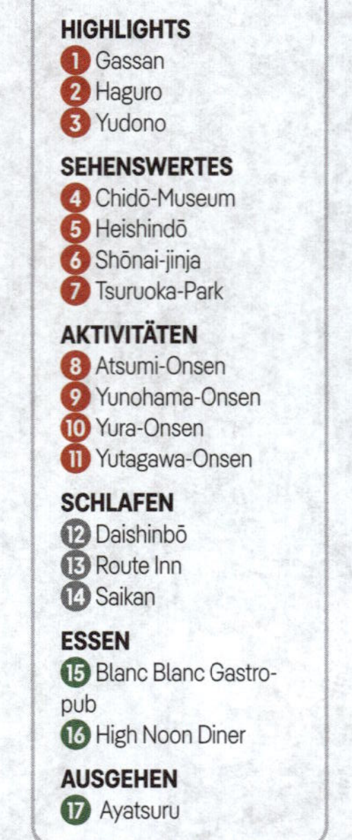

HIGHLIGHTS
1 Gassan
2 Haguro
3 Yudono

SEHENSWERTES
4 Chidō-Museum
5 Heishindō
6 Shōnai-jinja
7 Tsuruoka-Park

AKTIVITÄTEN
8 Atsumi-Onsen
9 Yunohama-Onsen
10 Yura-Onsen
11 Yutagawa-Onsen

SCHLAFEN
12 Daishinbō
13 Route Inn
14 Saikan

ESSEN
15 Blanc Blanc Gastro-pub
16 High Noon Diner

AUSGEHEN
17 Ayatsuru

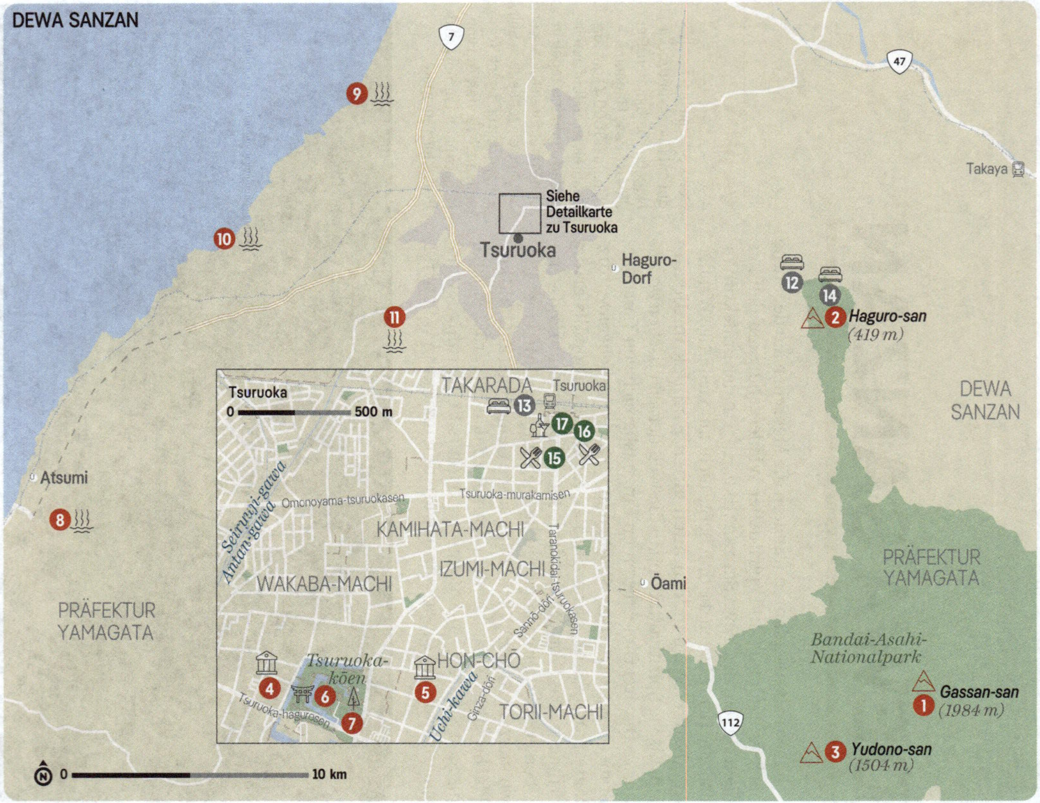
DEWA SANZAN
Siehe Detailkarte zu Tsuruoka
Tsuruoka
Haguro-Dorf
Takaya
Haguro-san (419 m)
DEWA SANZAN
PRÄFEKTUR YAMAGATA
Bandai-Asahi-Nationalpark
Gassan-san (1984 m)
Yudono-san (1504 m)
Ōami
Atsumi
PRÄFEKTUR YAMAGATA
Tsuruoka
0 500 m
TAKARADA
Tsuruoka
Omonoyama-tsuruokasen
Tsuruoka-murakamisen
KAMIHATA-MACHI
IZUMI-MACHI
WAKABA-MACHI
Seiryuji-gawa
Antan-gawa
Taranokidai-tsuruokasen
Sannō-dōri
Tsuruoka-kōen
HON-CHŌ
Uchi-kawa
Ginza-dōri
TORII-MACHI
Tsuruoka-hagurosen
0 10 km

Haguro

Aufstieg auf den Haguro

EIN SCHRITT IN RICHTUNG WIEDERGEBURT

Der 414 m hohe **Haguro** (羽黒山) ist der kürzeste, zugänglichste Gipfel und der perfekte Ausgangspunkt für die Erkundung der **Dewa-Sanzan-Berge** (出羽三山) – und eine Gelegenheit zu verstehen, warum Pilgernde und *yamabushi* das Wandern hier seit Langem als eine Verbindung mit der Natur und einen Weg zur spirituellen Wiedergeburt betrachten.

Vom Zuishin-mon-Tor am Fuße des Haguro mäandert eine Steintreppe mit 2446 Stufen zum Gipfel – ein wunderbar mystisches und eindringliches Erlebnis, vorbei an einer fünfstöckigen **Pagode** aus den 1300ern, Reihen von mehreren Hundert Jahre alten Zedern und Treppen, die von dichtem Wald umhüllt sind. In einer Atempause hörst du den Wald knarren, vielleicht auch Insekten und Vogelgezwitscher. Womöglich entdeckst du einige der 33 Gravuren auf den Stufen – wenn du sie alle findest, werden deine Träume wahr, heißt es.

Auf dem Gipfel steht eine Reihe von Gebäuden, darunter ein kleines Geschichtsmuseum und der strohgedeckte **Sanjin Gosaiden**, ein nationales Wichtiges Kulturgut zu Ehren der Gottheiten aller drei Dewa-Sanzan-Gipfel. Von hier fährt ein Bus zurück zum Bahnhof Tsuruoka oder zum Zuishin-mon, wo es nicht weit bis zu einer Straße mit *shukubō* (traditionelle Pilgerhütte) ist – einige stehen nur Pilgernden aus bestimmten Regionen Japans offen, andere bieten jedem Rei-

DAS YAMABUSHI-ERLEBNIS

Auf den Stufen zum Haguro trifft man sehr wahrscheinlich auf Menschen in traditioneller weißer Kleidung, vielleicht mit einem Stab in der Hand und einem Muschelhorn über der Schulter. Diese *yamabushi*, Berg-Asketen, folgen den Glaubenssätzen des Shugendō, einer Mischung aus Buddhismus, Shintoismus, Taoismus und volksreligiösen Bräuchen. Seit mehr als 1000 Jahren suchen die *yamabushi* Erleuchtung durch asketische Praktiken in der Natur. Hier kann man mit *yamabushi* trainieren, achtsame Wanderungen unternehmen, unter Wasserfällen meditieren und über glühende Kohlen springen. Dafür kleidet man sich entsprechend und erweist seinem Ausbilder große Ehrerbietung, aber im Grunde handelt es sich um eine uralte Form der Achtsamkeit, die sehr erdend sein kann. Auf den Websites von Haguro Tourism und Yamabushidō gibt's weitere Informationen.

ÜBERNACHTEN IN HAGURO & TSURUOKA

Daishinbō
300 Jahre alte *shukubō* einer *yamabushi*-Familie am Fuße des Haguro. Privatzimmer verfügbar. ¥¥

Route Inn
Günstiges Businesshotel im Tsuruokas Zentrum. Kleines öffentliches Bad, gute Anbindung an Bus und Bahn. ¥

Saikan
Shukubō des Sanjin-Gosaiden-Schreins auf dem Haguro mit gut bewerteten *shōjin-ryōri*-Gerichten. ¥¥

SHŌJIN-RYŌRI

Das kulinarische Highlight in einer *shukubō*-Unterkunft in Dewa Sanzan ist *shōjin-ryōri*, eine traditionelle, pflanzenbasierte Form der buddhistischen Küche, typischerweise kleine Gerichte mit saisonalen Produkten und Berggemüse auf einem Tablett. Das entspricht fast genau dem, was man in Dewa Sanzan bekommt. Aber da *shukubō* hier ein Mix aus buddhistischen, Shintō- und Shugendō-Einflüssen sind, können auch Flussfisch und Fischbrühe in der *shōjin-ryōri*-Mahlzeit auftauchen (vegane Gerichte können gebucht werden). Entscheidend ist, dass alles nachhaltig aus der Natur kommt. Oh, und alles wird wunderschön angerichtet.

MANUEL ASCANIO/SHUTTERSTOCK ©

Chidō-Museum

senden Unterkunft und *shōjin-ryōri*-Mahlzeiten an. Das Angebot reicht von *ryokan*-ähnlichen Privatzimmern bis zu Tatami-Schlafsälen.

Wer hier übernachtet, kann alle drei Berge des Dewa Sanzan erwandern, was traditionell als eine Reise der spirituellen Wiedergeburt gilt. Es beginnt mit dem Haguro, der für die Gegenwart und die Erfüllung weltlicher Wünsche steht. Der 1984 m hohen **Gassan** (月山) symbolisiert die Ruhestätte der Vorfahren und die Vergangenheit, die zurückbleiben soll. Auf dem 1504 m hohen **Yudono** (湯殿山) schließlich werden Pilgernde spirituell wiedergeboren. Nimm das nicht auf die leichte Schulter – der Haguro ist zwar leicht zugänglich (aber steil), doch Gassan und Yudono sind anspruchsvoll und erfordern Planung und richtige Wanderausrüstung. Die Touristeninformationen in Haguro und Tsuruoka geben Tipps und Informationen zu den Wanderwegen.

DIE SHUKUBŌ VON KŌYA-SAN

Das **Kōya-san** (S. 348) auf dem Berg ist seit den frühen 800er-Jahren die Heimat des Shingon-Buddhismus und bietet ebenfalls *shukubō*-Erfahrungen, darunter vegane *shōjin-ryōri* und die Teilnahme an Tempelritualen.

Spuren von Tsuruokas Vergangenheit

RETRO-SEHENSWÜRDIGKEITEN IN TSURUOKA

Tsuruoka ist in vielerlei Hinsicht ein unscheinbarer Vertreter des modernen, regionalen Japans, doch einige Retro-Gebäude bieten faszinierende Einblicke in die

ESSEN & AUSGEHEN IN TSURUOKA

Ayatsuru
Sake-Bar im Gebäude der Touristeninformation; regionale Sake-Kostproben und Häppchen. ¥¥

Blanc Blanc Gastropub
Kleines, modisches Bistro mit französisch geprägter Speisekarte und Fokus auf lokalen Produkten. ¥¥¥

High Noon Diner
Wie ein klassisches Diner aus dem 1950er-Amerika mit Burgern, Steaks und kühlem Bier. ¥¥

Vergangenheit der Stadt. Ein paar Kilometer südlich des Bahnhofs Tsuruoka liegt das **Chidō-Museum** (致道博物館), das wahrscheinlich beste Beispiel. Ein halbes Dutzend historischer Gebäude im pseudo-europäischen Stil, darunter ein Polizei- und ein Gerichtsgebäude aus den 1880ern, zeigt den Einfluss westlicher Architektur aufs japanische Design der Meiji-Zeit. Auf dem Gelände gibt's auch einen kleinen japanischen Garten, ein strohgedecktes Bauernhaus, das vom Fuß des Yudono umgesiedelt wurde, und Teile des Alterssitzes eines regionalen *daimyō* (Feudalherrn) – um die Gebäude stehen Töpferwaren, Lackwaren, landwirtschaftliche Geräte und andere volkstümliche Gegenstände aus der Region.

Auch der **Tsuruoka-Park** nebenan ist einen Besuch wert. Die Burg, ursprünglich hier um 1400 erbaut, ist längst verschwunden (ein Opfer der Meiji-Restauration von 1868), aber in den Überresten der Gräben steht der hübsche Schrein **Shōnai-jinja**. Von Ende April bis Anfang Mai färben Kirschblüten den Park rosa. Ein kurzer Spaziergang zurück zum Bahnhof führt zu zwei weiteren traditionellen Sehenswürdigkeiten: die ehemalige Kaufmannsresidenz **Heishindō** aus den späten 1800er-Jahren mit einem ungewöhnlichen Steindach und die nahe gelegene Villa namens **Shakadō** (die einst demselben Kaufmann gehörte) mit einem schönen japanischen Garten.

Tsuruokas Onsen-Sammlung

EIN BAD FÜR SCHMERZENDE GLIEDER

Wer nicht wie die *yamabushi* in einem eiskalten Wasserfall baden möchte, findet in Tsuruoka auch entspanntere Möglichkeiten. Eine 40-minütige Busfahrt westlich des Bahnhofs Tsuruoka bietet der **Yunohama-Onsen** an der Küste einen Badestrand sowie traditionelle Gasthäuser und Hotels, die ihre Thermalbäder auch für Nichtgäste öffnen. 10 km weiter die Küste hinunter (ebenfalls etwa 40 Min. vom Bahnhof Tsuruoka) hat der **Yura-Onsen** Bäder und einen Strand sowie einen kurzen Küstenwanderweg. Noch weiter südlich liegt entlang eines Flusses der **Atsumi-Onsen**, wo es unter anderem ein Straßencafé mit Fußbädern gibt. Oder man bleibt im Landesinneren und besucht den 25 Busminuten vom Bahnhof entfernten **Yutagawa-Onsen**, eine ruhige Stadt mit einigen traditionellen Gasthöfen und wohltuenden Bädern.

DIE MUMIFIZIERTEN MÖNCHE

Um Dewa Sanzan liegen die mumifizierten Überreste von fast einem Dutzend Mönchen, von denen einige in Tempeln ausgestellt (und verehrt) werden. Diese gruselig aussehenden Mumien, sogenannte *sokushinbutsu*, haben sich im Grunde zu Tode gehungert, um einen Buddha-ähnlichen Zustand zu erreichen. Für diesen mehrjährigen asketischen Prozess zogen sich die Mönche zunächst in die Berge zurück, verzichteten auf Reis und Bohnen, um ihr Körperfett zu reduzieren, und gingen allmählich dazu über, nur noch Blätter, Baumrinde und Wurzeln zu essen. An diesem Zeitpunkt der Auszehrung begruben sie sich selbst und tranken nur noch Wasser, das von außen durch Bambusrohre zugeführt wurde, bis sie mumifiziert waren.

UNTERWEGS VOR ORT

Dewa Sanzan liegt im Einzugsbereich von Tsuruoka, 140 km nördlich von Niigata. Der JR-Inaho-Express fährt ein halbes Dutzend Mal täglich in 1¾ Stunden zwischen den Bahnhöfen Niigata und Tsuruoka. Vom Bahnhof Tsuruoka fahren Busse zum Fuß und Gipfel des Haguro (30–45 Min.) und seltener zur achten Station des weiter entfernten Gassan. Es gibt im Grunde zwei Unterkunftsoptionen: eine *shukubō* am Haguro oder eines der Kettenhotels am Bahnhof Tsuruoka. Tsuruoka bietet viel mehr Möglichkeiten für Abendessen, Getränke und zusätzliche Ausflüge, aber eine Pilgerhütte ist ein viel intensiveres Erlebnis.

NIIGATA

Bei Niigata (新潟) denkt man meist an Reis, Sake oder Schnee. Die Präfektur Niigata hat die höchsten Reiserträge Japans und mit Sorten wie Niigata Koshikihari einige der besten Reissorten in einem Land, in dem Reis das Grundnahrungsmittel ist. Die Paarung von Reissorten mit dem idealen Wasser zum Brauen macht auch den Sake aus Niigata zum wohl landesweit besten. Versuche ihn bei einer Tour mit Verkostung auf Englisch in der Sakebrauerei Imayotsukasa oder bediene dich am Sake-Automaten im Ponshukan. In Bezug auf Schnee gibt's in Niigata viele Optionen zum Skifahren und Snowboarden und die zwei wunderbar vielfältigen Wintersportgebiete Yuzawa und Naeba sind besonders auf nicht japanischsprachige Reisende eingestellt. Yuzawa steht außerdem für einen der einfachsten Wochenend-Skitrips von Tokio – nur 77 Minuten mit dem Shinkansen bis zum Fuß der Pisten.

TOP TIPP

Der JR-Ost-Pass für Niigata und Nagano ist ein exzellentes Sparmodell: Er bietet für 18 000 ¥ fünf Tage lang unbegrenzte Bahn- und teilweise auch Busfahrten und gilt zum Beispiel für die Fahrt von Narita nach Tokio, dann mit dem Shinkansen von und nach Echigo-Yuzawa und Niigata sowie für Züge bis nach Tsuruoka.

LINKS UND RECHTS: TANYA JONES/SHUTTERSTOCK ©

Bandai-bashi, Niigata

NIIGATA

Niigata
Ryūto Ōhashi
Masaya-koji
Furumachi Arcade
Bandai-bashi
Higashi-ōdōri
Higashi-ōdori
Yachiyo-bashi
Niigata
0 1 km

Tsuruoka (30 km)
Nakajō
Siehe Detailkarte
Niigata Airport
Niigata
Shibata
Toyosaka
Niigata
Kameda
Suibara
Niitsu
Maki
Shirone
Yonezawa (50 km)
Gosen
Yahiko
Tsubame
Teradomari
Kamo
Sanjō
PRÄFEKTUR NIIGATA
Japanisches Meer
Shinetsu-Hauptlinie
Mitsuke
Tochio
Nagaoka
Kashiwazaki
Ojiya
Kawaguchi
Koide
Koide
PRÄFEKTUR FUKUSHIMA
Jōetsu
Naoetsu
Nō
Tokamachi
Muikamachi
Tsunan
Arai
Jōetsu Shinkansen-Linie
Myōkō-san
Nozawa Onsen
Echigo-Yuzawa Onsen
Myōkō Kōgen
Echigo-Yuzawa
Nikkō Nationalpark
PRÄFEKTUR NAGANO
Iiyama
Shinano
Naeba
PRÄFEKTUR GUNMA
Naeba
0 50 km

SEHENSWERTES
1 Sakebrauerei Imayotsukasa
2 Saitō-Villa

AKTIVITÄTEN
3 Komako-no-yu
4 Skiresort Naeba
5 Shukuba-no-yu
siehe 3 Yuzawa

SCHLAFEN
6 ANA Crowne Plaza
7 Hotel Mets
8 Hotel Nikko Niigata
siehe 4 Naeba Prince Hotel
siehe 3 NASPA New Otani
siehe 3 Sansan Yuzawa
siehe 3 Yuzawa Grand

ESSEN & AUSGEHEN
9 El Mirasol
10 Ikinariya
11 Marui
12 Oven Bar STOVE
13 Pier Bandai
siehe 7 Ponshukan

Saitō-Villa (S. 484)

PONSHUKAN

Zurück am Bahnhof Niigata ist ein weiteres Sake-Erlebnis der Sake-Verkostungsautomat **Ponshukan** (ぽんしゅ館) in einem Laden, in dem Reis, Sake und andere regionale Produkte verkauft werden. Für 500 ¥ erhält man einen kleinen Probierbecher und fünf Münzen für die rund 100 silbernen Verkaufsautomaten, die Sake von allen 90 Brauereien Niigatas anbieten. Die meisten Proben kosten eine Münze, einige Premiumsorten je zwei oder drei Münzen. Wenn du dir nicht sicher bist, was du probieren sollst, schau auf die Kreidetafel, auf der das Personal die aktuellen Favoriten auflistet – jeder Automat und jede Empfehlung ist nummeriert, damit du nicht versuchen musst, die *kanji* zu entziffern.

Tour & Verkostung in der Imayotsukasa-Brauerei

PREMIUM-SAKE

Die Präfektur Hyōgo mag den Sake-Wettstreit in Bezug auf Volumen gewinnen, aber die Präfektur Niigata führt mit 90 der über 1000 Sake-Hersteller Japans die Hitliste in Bezug auf die meisten Brauereien an. Das macht Niigata zum idealen Ort, um etwas über Sake oder *nihonshu* (日本酒), wie Japans traditionelles Getränk auf Japanisch heißt, zu lernen.

Ein guter Ort dafür ist die **Sakebrauerei Imayotsukasa** (今代司酒造), wo englischsprachige Führungen (an Werktagen) die Grundlagen der Sake-Herstellung vermitteln, von den Hauptzutaten Wasser, Reis, Hefe und *kōji* (Reisschimmel) bis zu den wichtigsten Schritten des Brauprozesses. Nebenbei machen kleine Details den nächsten Sake-Drink noch interessanter, zum Beispiel die Grade der verschiedenen Sake-Sorten, je nachdem, wie stark der Reis poliert und ob der Mischung Alkohol zugesetzt wurde. Ein Guide erklärt während der 30- bis 40-minütigen Führung durch die kleine Brauerei das Schlüsselwort *junmai* (純米), die Bezeichnung für Sake, der nur aus Reis, Wasser, *kōji* und Hefe hergestellt wird. Dann schaut man auf die folgenden Wörter. Steht da nur *junmai,* bedeutet das, dass der Reis einen Poliergrad von bis zu 60 % hat (bis zu 40 % wurden entfernt), also neben der stärkehaltigen Mitte des Korns auch einige Proteine und Fette von der Außenseite im Sake enthalten sind. Bei *junmai ginjō* (純米吟醸) liegt der Poliergrad zwischen 50 % und 60 %, was den Sake etwas weniger herb macht. Der *junmai daiginjō* (純米大吟醸) mit einem Poliergrad von 50 % oder weniger (35 % sind keine Seltenheit) hat einen sehr sanften Abgang. Was ist besser? Das hängt von der persönlichen Vorliebe ab, aber der *junmai daiginjō* ist teurer, da mehr Reis zur Herstellung benötigt wird.

Das hört sich zwar kompliziert an (vor allem, wenn man alle Nicht-*junmai*-Sorten mitzählt), aber bei der Verkostung nach der Tour, bei der man für 1000 ¥ etwa ein Dutzend Imayotsukasa-Sake aus verschiedenen *junmai*-Kategorien probieren kann, wird alles klarer.

Besuch in der historischen Saito-Villa

LANDSCHAFTSGESTALTUNG UND ARCHITEKTUR DER TAISHO-ZEIT

Niigata bietet natürlich noch mehr als Reis, Sake und Schnee. Die **Saitō-Villa** (旧齋藤家別邸) wurde 1918 von einem örtlichen Industriellen im Stadtzentrum erbaut und ist ein schönes Beispiel für ein traditionelles Haus mit Garten, wo die Familie Saitō einst Politiker und VIPs empfing. In dem luftigen

ÜBERNACHTEN IN NIIGATA

Hotel Mets
Elegantes Businesshoteldirekt am Bahnhof Niigata und nah an Cafés, Bars und Restaurants. ¥¥

Hotel Nikko Niigata
Auf dem höchsten Gebäude Niigatas; geräumige Zimmer und toller Blick auf die Stadt und den nahen Hafen. ¥¥

ANA Crowne Plaza
Zentrale Lage fürs Nachtleben, gepflegte Zimmer und Extras wie ein Fitnessstudio. ¥¥

Ponshukan

Holzhaus öffnen sich Tatami-Zimmer zu einem Flaniergarten hin, in dem der Weg um einen zentralen Teich führt, der von einem kleinen Wasserfall gespeist wird. Nach einer Runde durch den Garten kann man auf Tatami-Matten grünen Tee trinken, Gebäck essen und den Garten betrachten. Mehr zur Geschichte und dem Design des Hauses erfährt man bei kostenlosen Wochenendführungen auf Englisch. Zur Buchung vorab eine E-Mail schicken.

Die Pisten von Yuzawa

NIIGATAS SCHNEELAND

Die Stadt **Yuzawa** (湯沢) liegt in den japanischen Alpen, etwa 90 km südlich von Niigata, und ist mit einem Dutzend Skiorten eines der besten und zugänglichsten Wintersportgebiete von Nord-Honshū.

Das bekannteste Skigebiet ist **Gala**, das in der Wintersaison von Ende Dezember bis Mitte April eine eigene Shinkansen-Haltestelle in der Nähe der Pisten hat – ideal für einen Ski- oder Snowboard-Tagesausflug von Tokio oder Niigata aus.

GUT ESSEN IN NIIGATA

El Mirasol
Gemütliches mexikanisches Restaurant für Tacos, Burritos, Enchiladas und andere Klassiker zum Mittag- und Abendessen. ¥¥

Ikinariya
Seit 300 Jahren gibt's dieses gehobene Lokal, in dem klassische *kaiseki*-Gerichte in traditionellem Rahmen serviert werden. ¥¥¥

Marui
Lebendiges Sushi- und Meeresfrüchte-Restaurant mit Tisch- und Thekenplätzen. ¥¥¥

Oven Bar STOVE
Zwangloses *izakaya*. Kleine Auswahl an Craft-Bieren und Gerichte wie gegrilltes Fleisch und gedämpfte Muscheln. ¥¥

Pier Bandai
Frischwarenmarkt mit einer Auswahl an kleinen Restaurants/Cafés, die vom späten Vormittag bis zum frühen Abend geöffnet haben. ¥

ÜBERNACHTEN IN YUZAWA

NASPA New Otani
Resort-Hotel; große westliche und japanische Zimmer, Anbindung an die Naspa-Skigarten-Pisten nur zum Skifahren. ¥¥¥

Sansan Yuzawa
Backpacker-Pension mit Schlafsälen und kleinen Privatzimmern sowie einer Café-Bar. ¥¥

Yuzawa Grand Hotel
Tatami-Zimmer, Bäder mit heißen Quellen im Freien und in der Nähe von Restaurants. ¥¥

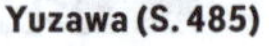
Yuzawa (S. 485)

NAEBA

Etwa 20 km südlich von Yuzawa liegt das **Skigebiet Naeba** (苗場スキー場), ein weiteres Top-Winterziel in Nordjapan. Technisch gesehen gehört der Berg noch zu Yuzawa, obwohl er mit dem Bus gut 45 Minuten entfernt ist. Er verfügt über 24 Ski- und Snowboardpisten für Novizen, Fortgeschrittene und Profis sowie den weitläufigen **Naeba-Prince-Hotelkomplex** am Fuße des Berges. Im Sommer wechselt Naeba seinen Kurs, wenn Ende Juli drei Tage lang das **Fuji Rock Festival** stattfindet, das große internationale und japanische Musikgruppen anzieht.

Das Gebiet verfügt über 16 Pisten für verschiedene Niveaus. Zu den Highlights gehören die 2,5 km lange Falcon-Piste und mehrere unverspurte Tiefschneeabfahrten sowie Bereiche für kleine Kinder zum Rodeln und für Schneespiele abseits des Ski- und Snowboardtrubels. Das Gebiet ist gut auf nicht japanischsprachige Gäste eingestellt, Verleih und Unterricht können auf Englisch stattfinden. Der kleinere **Naspa-Skigarten** ist ein weiterer beliebter Ort für ausländische Gäste und Familien, allerdings nur fürs Skifahren.

Nach dem Skifahren kann man in Yuzawa herrlich entspannen. Um den **Bahnhof Echigo-Yuzawa** (越後湯沢駅), wo der Shinkansen hält, gibt's eine gute Auswahl an Restaurants und Bars, darunter ein **Ponshukan** (ぽんしゅ館) mit Sake-Verkostung wie in Niigata (S. 482). Besonders nach einem Pistentag sind Yuzawas etwa sechs öffentliche Thermalbäder, wie das **Komako-no-yu** (駒子の湯) und das **Shukuba-no-yu** (宿場の湯), mit entspannenden Innen-(und manchmal Außen-)Onsen und Saunen eine Wohltat.

UNTERWEGS VOR ORT

Der Bahnhof Niigata liegt 370 km nördlich von Tokio direkt an der Küste des Japanischen Meeres. Regelmäßige Shinkansen fahren in zwei Stunden dorthin. Dort ist der Niigata-Loop-Bus praktisch, um die Stadt zu erkunden – Tageskarten kosten 500 ¥. Alternativ mietet man ein Fahrrad bei Niigata Rent-a-Cycle (500 ¥ für bis zu sechs Stunden); es gibt eine Station im Untergeschoss unter den Bussen und weitere Leih- und Rückgabestellen in der Stadt. Yuzawa (Bahnhof Echigo-Yuzawa) ist 45 Minuten mit dem Shinkansen von Niigata entfernt. Naeba ist in 40 Minuten mit dem Bus von Yuzawa zu erreichen.

SADO

50 km vor Niigatas Küste blickt Sado (佐渡) auf eine bewegte Vergangenheit zurück. Kaiser Juntoku wurde nach einer gescheiterten Rebellion gegen das herrschende Kamakura-Shogunat 1221 auf diese zerklüftete Insel verbannt und anderen wichtigen Persönlichkeiten der japanischen Geschichte erging es ebenso. Ein Goldrausch in der Edo-Zeit verwandelte die verschlafene Exil-Insel in ein geschäftiges Handelszentrum mit einer Einwohnerzahl von 200 000, 100 000 allein in Aikawa. Aktuell leben auf Sado nur noch 55 000 Menschen, und die Goldminen sind zwar passé, doch ihre Überbleibsel wie die Sado-Kinzan-Minen sind eine große Attraktion. Hier kann man *taiko* (Trommeln) bei international gefeierten Kodō-Trommelprofis erlernen und die erhaltenen Häuser und Straßen von Shukunegi erkunden. Rechnet man Sados malerische Schönheit hinzu, öffnet eine Reise hierher einen ganz anderen Blick auf Japan.

TOP TIPP

Die Anreise nach Sado und Umgebung kann teuer sein, aber es gibt sparsamere Fahrpässe, darunter den Sado-Niigata-Pass (für Inhaber des JR-Ost-Passes); für 8000 ¥ umfasst er die günstigsten Fährenplätze in beide Richtungen, einen Sado-Buspass für drei Tage, Ermäßigungen für Mietfahrräder und mehr.

SEHENSWERTES
1 Ogi-Volkskundemuseum
2 Ogi-Hafen
3 Ryōtsu-Hafen
4 Sado Kinzan
5 Shukunegi
6 Toki-Waldpark
siehe 5 Dreieck-Haus

AKTIVITÄTEN
7 Taiko-Zentrum der Insel Sado
8 Ya-jima-Kyō-jima

SCHLAFEN
9 Ikoi Guesthouse
10 Tabino
11 Urashima

ESSEN
12 Sushiya Maruishi
13 Yakitori Yajima
siehe 5 Yamashita

INFORMATION
14 Ogi TIC

TRANSPORT
15 Busbahnhof Sawata

RETTET DEN TOKI

Halte die Augen offen, wenn du in Sado unterwegs bist – vielleicht entdeckst du einen seltenen *toki* (japanischer Nipponibis). Der *toki* wurde in Japan als in freier Wildbahn ausgestorben eingestuft, als die letzten fünf Tiere auf Sado 1981 eingefangen wurden. Es folgte ein Zuchtprogramm, das schließlich dazu führte, dass der *toki* 2008 auf Sado wieder angesiedelt werden konnte, wo heute fast 400 Exemplare frei leben. Im **Toki-Waldpark** kann man sich über das Zuchtprogramm und die laufenden Bemühungen informieren sowie auf der kleinen Toki-Terrasse, einer kostenlosen Beobachtungsstation, durch Fernrohre wilde *toki* suchen.

Sados verlassene Goldminen

AB IN DEN UNTERGRUND

Im Jahr 1601 fand eine Gruppe von Bergleuten auf Sado Gold. Der einsetzende Goldrausch verwandelte Sado von windgepeitschter tiefster Provinz, in die Personen fernab des kaiserlichen Hofes exiliert wurden, in eine boomende Insel, die dem neuen Edo-Shogunat (mit Sitz im heutigen Tokio) als Goldesel diente.

Die letzte aktive Mine wurde 1989 geschlossen, doch die Minen von **Sado Kinzan** (佐渡金山) dokumentieren auf großartige Weise das Erbe des Bergbaus in Sado und die harten Bedingungen für die Bergleute unter Tage; Roboter-Bergleute stellen Szenen in den feuchten Tunneln nach. Es gibt verschiedene Eintrittspreise, das einfache 1500-¥-Ticket bietet einen umfassenden Einblick in den Sōdayu- und Dōyu-Stollen. Vor allem der **Sōdayu** ist sehr atmosphärisch: Roboter-Bergleute hämmern gegen die tropfende Felswand und pumpen Wasser aus den von Hand gegrabenen Tunneln unter dem Meeresspiegel. An anderer Stelle macht eine Gruppe Mittagspause in einem engen Seitentunnel auf Strohballen und wünscht, für einen Schluck Sake an die Oberfläche gehen zu können.

Zwischen dem Sōdayu- und dem modernen Dōyu-Tunnel zeigt das Sado-Kinzan-**Museum** eindrucksvoll das Ausmaß des Minenbetriebs und seine Auswirkungen auf Sado. Neben dem Basisticket gibt's für 3000 ¥ zusätzlich die Island-Mirrorge-Tunneltour, eine Kombination von Virtual Reality und Projektionsmapping. Wer in engen, dunklen Räumen okay ist, setzt Helm und Stirnlampe auf und nimmt an der Goldsucherführung in einem kahlen Tunnel teil.

Inseltraditionen

DIE OGI-KÜSTE ENTDECKEN

Die **Ogi-Küste** (小木海岸) im Südwesten von Sado ist bezaubernd und lohnt eine Erkundung der Inseltraditionen abseits des Bergbaus. Wenn die Zeit begrenzt ist, geht's gleich ins Viertel **Shukunegi** (宿根木), einen Ort mit etwa 100 alten Holzhäusern und engen Gassen, die in Sados Vergangenheit zurückversetzen – als dieser winzige Hafen die Heimat von Schiffsbaumeistern und Seeleuten war, die vom Goldrausch in Sado profitierten. Viele Gebäude hier sind noch bewohnt, einige sind als Restaurants oder Zeitkapsel-Museen öffentlich zugänglich. Unbedingt sehenswert ist das **Dreieck-Haus**, ein baufälliges Beispiel für die seltsam geformten Bauten, die sich dem verfügbaren Grund anpassten. Die Sprachbarriere macht es mitunter schwierig, alle Details zu verstehen, aber die Exponate im zweiten Stock

ÜBERNACHTEN IN SADO

Ikoi Guesthouse
Moderne *minshuku* in Sawata, Gemeinschaftsbäder und -küche, englischsprachiger Besitzer und angegliedertes Café. ¥¥

Tabino
Gemütliches, modernes Hotel in Kanai. Schicke, funktionale Zimmer, öffentliche Bäder und Bus zum Ryōtsu-Hafen. ¥¥

Urashima
Edles Boutique-Hotel am Meer in Sawata mit einem französischen Spitzenrestaurant. ¥¥¥

Sōdayu, Sado Kinzan

erzählen von der letzten Bewohnerin Asa-san, die unter anderem bis in ihre 90er eine Zeitungstour durch Skukunegi machte. Ganz anders die **Seikurō-Residenz**, das prächtige ehemalige Wohnhaus eines Kapitäns mit lackiertem Holz und offenem Kamin im Inneren. In Shukunegi ist Sado *insutabae* (instagramtauglich), um es japanisch auszudrücken.

In der Nähe befindet sich das **Ogi-Volkskundemuseum** in einer ehemaligen Grundschule und zeigt eine Sammlung von Werkzeugen und Gegenständen aus Sados traditioneller Fischerei- und Schiffsbauindustrie, darunter ein restauriertes hölzernes Frachtschiff, das in den 1800er-Jahren zwischen Sado und dem Festland unterwegs war. Im **Taiko-Zentrum der Insel Sado** (S. 490) kann man an einem Trommelworkshop teilnehmen oder an der Küste das Kissenlavaplateau und den Leuchtturm von Sawasaki besuchen. Unterwegs nach Ogi hält man in **Ya-jima-Kyō-jima** für etwas an, das ziemlich touristisch ist, aber trotzdem Spaß macht: eine kurze Fahrt in einem *taraibune* (Wannenboot), das zum Fang von Abalonen und Mollusken an der felsigen Sado-Küste eingesetzt wurde.

Wer nicht mit dem Auto fährt, kann die Ogi-Küste auch mit dem Fahrrad erkunden, das man im **TIC** in Ogi mieten kann, wo auch Busse aus Sawata und anderen Orten ankommen. Die Mitarbeiter haben zudem eine praktische Karte der Gegend.

WAHL DER UNTERKUNFT

Mit 855 km² ist Sado die sechstgrößte Insel Japans, sodass zwischen den Sehenswürdigkeiten viel Platz ist. Wer sich am falschen Ort niederlässt, kann viel Zeit im Auto oder Bus vergeuden. Im **Hafen Ryōtsu** gibt's zwar einige Unterkünfte, aber er ist nicht der günstigste Ort für Erkundungen. **Sawata** auf der Westseite von Sado hingegen ist praktisch, vor allem wegen der Busse, die vom **Busbahnhof Sawata** zum Hafen Ryōtsu, nach Sado Kinzan und zur Ogi-Küste fahren. Von Sawata ein Stück die Küste hinauf bietet sich auch Aikawa als Basis an. In Ogi gibt's Übernachtungsmöglichkeiten, wenn man vom **Hafen Ogi** an- oder abreisen möchte.

ESSEN IN SADO

Sushiya Maruishi
Fließband-Sushi in der Nähe von Sawata. Macht auch Sushi-Sets. Hervorragendes Preis-Leistungs-Verhältnis. **¥¥**

Yakitori Yajima
Treffpunkt der Einheimischen in Sawata; gegrillte Hühnerspieße, *izakaya*-Häppchen und kühles Bier oder Sake. **¥¥**

Yamashita
Tee, Süßwaren und Nudelgerichte in einem der schönen alten Häuser von Shukunegi. **¥**

SADOS NŌ-TRADITIONEN

Als Schauspieler und Dramatiker Zeami 1434 nach einer Auseinandersetzung mit dem Kaiser nach Sado verbannt wurde, brachte er das *nō*-Theater mit. Fast 600 Jahre später ist dieses traditionelle Tanzdrama, das von maskierten Schauspielern aufgeführt wird, auf Sado immer noch lebendig – fast ein Drittel der *nō*-Bühnen des Landes befinden sich hier. Zwischen Mitte April und Mitte Oktober (hauptsächlich von Juni bis August) veranstalten die lokalen *nō*-Gruppen etwa 20 feuerbeleuchtete Outdoor-Shows, einige davon kostenlos. Die TICs in Aikawa, Ogi und Ryōtsu haben Infos.

Taiko-Zentrum der Insel Sado

Unterricht bei Sados Kodō-Trommlern

INSELBEATS

Jedes Jahr im August ist Ogi drei Tage lang der Schauplatz einer von Sados wichtigsten jährlichen Veranstaltungen, der **Earth Celebration**. Sie wird seit 1988 von Sados *taiko*-Ensemble Kodō veranstaltet und zieht Weltmusikfans aus Japan und Übersee an. Man kann jedoch auch ohne das Event das lokale Trommeln erleben. Im **Taiko-Zentrum der Insel Sado** (たたこう館), ein paar Kilometer außerhalb von Ogi, bieten die Kodō-Trommler Workshops auf Englisch an, die in entspannter Atmosphäre die Grundrhythmen lehren und die guten Vibrations des Schlagens auf die *taiko* spüren lassen. Die beiden größten *taiko* sind von Hand aus 600 Jahre alten Zelkoven geschnitzt. Ob Earth Celebration oder Trommelworkshop, unbedingt im Voraus buchen – die Hotels sind schnell ausgebucht und das Taiko-Zentrum manchmal mit Schulgruppen und Führungen ausgelastet.

UNTERWEGS VOR ORT

Sado Kisen Ferry betreibt eine Autofähre (2½ Std.) oder ein Jetfoil (65 Min.) zwischen Niigata und Sados Hafen Ryōtsu; beide verkehren mehrmals täglich. Es gibt eine Sado-Kisen-Verbindung zwischen dem Hafen Ogi in Sado und Naoetsu im Westen der Präfektur Niigata. Auf Sado selbst kommt man am besten mit dem Auto voran. Nippon Rent-a-Car und andere große Autovermietungen haben Filialen am Hafen Ryōtsu. Man sollte mit etwa 8000 ¥ pro Tag rechnen. Busse fahren auch zu den wichtigsten Sehenswürdigkeiten, nur nicht so schnell. Der Drei-Tages-Buspass für 3000 ¥ (es gibt auch Fähre-Bus-Pakete) ist die günstigere Art, die Stadt zu erkunden. Leihfahrräder gibt's bei den TICs in Aikawa, Ogi und Ryōtsu.

AIZU-WAKAMATSU

Für Aizu-Wakamatsu war die Edo-Zeit (1603–1868) eine Ära des Friedens und des Wachstums. In der Hauptstadt des Aizu-Gebiets florierten Handel und Kultur rund um die imposante Festung Tsuruga des Aizu-Clans. So wurde die Region auch für ihre Samurai berühmt, die dem regierenden Tokugawa-Shogunat loyal dienten. Der Boshin-Bürgerkrieg von 1868 stürzte Japan ins Chaos und bereitete Aizu ein blutiges, aber sagenumwobenes Ende – vor allem durch die tragische Geschichte einer Gruppe jugendlicher Samurai, die Selbstmord begingen, weil sie fälschlicherweise glaubten, die Burg Tsuruga sei gefallen. All das bedeutet, dass die Stadt auf ein reiches Erbe der Samurai-Kultur zurückblickt, darunter eine wieder aufgebaute Burg und eine Samurai-Schule sowie handwerkliche und kulinarische Errungenschaften, die sich unter der Schirmherrschaft des Aizu-Clans entwickelten.

TOP TIPP

Nahe dem Bahnhof Aizu-Wakamatsu gibt's günstige Businesshotels,für eine Unterkunft mit lokalem Flair und besserem Zugang zu Restaurants und Geschäften empfiehlt sich das Gebiet Nanoka-machi 1 km südlich des Bahnhofs, das von denselben Linienbussen angefahren wird wie der Bahnhof Aizu-Wakamatsu.

Aizu-Wakamatsu

SEHENSWERTES
1 Bukeyashiki-Samurai-Residenz
2 Byakkotai-Gedenkhalle
3 Hoshiban
4 Iimori-yama
5 Nanoka-machi
6 Sazae-Tempel
7 Burg Tsuruga

AKTIVITÄTEN
8 Higashiyama-Onsen

SCHLAFEN
9 Harataki
10 Mooi Guesthouse
11 Tagato

ESSEN
12 Mitsutaya
siehe 3 Shibukawa Donya
13 Takino

AUSGEHEN
14 Suehiro Sake Brewery

SHOPPEN
15 Fukunishi
16 Inachū
17 Kizuna
18 Nuriichi
19 Shirokiya
siehe 5 Toshinobō

Sazae Temple (p494)

Aizus Samurai-Wurzeln

ÜBERBLEIBSEL DES AIZU-CLANS

Nirgendwo in Aizu wird die frühere Macht des Aizu-Clans so deutlich wie in der **Burg Tsuruga** (鶴ヶ城). Die heutige Version der Burg, die mit weißen Mauern und roten Dachziegeln ihren Namen von einem japanischen Kranich (*tsuru*) hat, ist ein moderner Nachbau der fünfstöckigen Burg, die nach Ende des Boshin-Krieges im Jahr 1868 abgerissen wurde. Im Inneren der Tsuruga-jo dokumentiert eine Ausstellung die Geschichte der Burg und des Aizu-Clans. Das Highlight aber ist der 360-Grad-Blick über Aizu-Wakamatsu vom obersten Stockwerk aus.

2 km östlich der Burg zeigt die **Bukeyashiki-Samurai-Residenz** (会津武家屋敷) Aspekte aus dem Leben hochrangiger Mitglieder des Aizu-Clans. In mehreren Dutzend Räumen präsentieren historisch kostümierte Puppen Alltagsszenen des Personals und der Samurai beim Empfang wichtiger Gäste. 2 km nördlich des Bukeyashiki-Viertels ist eine weitere Samurai-Stätte der Hügel **Iimori-yama** (飯盛山), auf dem sich die tragischste Aizu-Geschichte abgespielte. Während des Boshin-Krieges zogen sich 20 jugendliche Samurai der Byakkotai-Brigade nach der Schlacht zu diesem Aussichtspunkt zurück – blickten über Aizu und dachten fälschlicherweise, dass die Burg Tsuruga in Flammen stünde. Im Glauben, die Burg sei gefallen und der Krieg verloren, taten die Jungen das, was besiegten Samurai

DIE GESCHICHTE VON AKABEKO

Wenn man den Bahnhof Aizu-Wakamatsu verlässt, fällt der Blick als Erstes auf eine leuchtend rote Statue, die beinahe wie ein Nilpferd aussieht. Das wird nicht die letzte Begegnung mit diesem Tier in Aizu sein – es ziert alles, von Keksen über Schlüsselanhänger bis zu Bussen. Kleine *akabeko*-Figuren mit wippendem Kopf sind ein klassisches Aizu-Souvenir. An Orten wie dem Nisshinkan gibt's sogar Workshops, in denen man seine eigene Figur bemalen kann. Aber was ist das eigentlich? *Akabeko* stammt aus der Geschichte über eine rote Kuh, die im 16. Jh. aus dem Wald auftauchte, um den Einheimischen bei der Reparatur eines Tempels im nahe gelegenen Yanaizu zu helfen. Heute ist sie ein Symbol für Glück und Stärke.

ÜBERNACHTEN IN AIZU-WAKAMATSU

Harataki
Gehobenes Ryokan im Higashiyama-Onsen-Gebiet mit Tatami-Zimmern und Thermalbädern. **¥¥**

Mooi Guesthouse
Einfache Zimmer, Gemeinschaftsbäder, legerer Gemeinschaftsbereich, freundlicher englischsprachiger Besitzer. **¥**

Tagato
Gemütliches Ryokan; freundliches, englischsprachiges Personal, tolles japanisches Frühstück. Gemeinschaftsbäder. **¥¥**

SAKE – HINTER DEN KULISSEN

Wer nach dem Spaziergang durch die Nanokamachi durstig ist, sollte einen Abstecher zur **Suehiro Sake Brewery** (末廣酒造) machen, die in einem wunderschönen weißen Holz- und Steinhaus aus der Mitte des 19. Jhs. zwei Blocks südlich der Hauptstraße untergebracht ist. Von 10 bis 16 Uhr finden stündlich kostenlose Führungen durch die Brauerei statt, die zwar auf Japanisch sind, aber auch Leuten ohne Japanischkenntnisse einen ungefähren Eindruck davon vermitteln, wie Sake hergestellt wird. Das Beste daran ist, man sieht ein tolles altes Gebäude von innen und kann im Anschluss an die Führung an einer Sake-Verkostung im Brauereiladen teilnehmen.

Nisshinkan

beigebracht wurde – sie begingen rituellen Selbstmord. Heute befinden sich in Iimori-yama die Gräber von 19 der Jungen (einer überlebte). Am Fuße des Hügels stehen die kleine **Byakkotai-Gedenkhalle** und der nicht damit in Verbindung stehende, beeindruckende **Sazae-Tempel**. Der klapprige dreistöckige Holzbau von 1796 verfügt über eine ungewöhnliche Doppelwendeltreppe, die Gläubigen einen Zugang erlaubte, ohne andere Leute zu passieren.

Wo Samurai erzogen wurden

DIE NISSHINKAN-SCHULE FÜR SAMURAI

Die **Nisshinkan** (日新館) ist eine akribische Nachbildung der ausladenden Samurai-Schule des Aizu-Clans, wo die Söhne von Samurai-Familien unterrichtet wurden, um (der Nisshinkan zufolge) Elite-Mitglieder der Gesellschaft zu werden. Dies beinhaltete Kampfkünste wie Schwertkampf und ein Schwimmbad, in dem man beim Wassertreten lesen musste. Die jungen Samurai wurden in Wissenschaften, Literatur und sozialen Fähigkeiten unterrichtet. Hier kannst du auch selbst trainieren: Es gibt Zen-Meditation, *akabeko*-Malworkshops und einen Bogenschießplatz. Dies ist die einzige Attraktion in Aizus Zentrum, die nicht an der Loop-Buslinie liegt – sie befindet

ESSEN IN AIZU-WAKAMATSU

Mitsutaya
Spezialität seit 1834: *Miso dengaku* (gegrillte Spieße; *mochi*, Gemüse und Tofu mit Miso ummantelt). ¥

Shibukawa Donya
Traditionelle regionale Mittags- und Abendgerichte; liebevoll renoviertes 130 Jahre altes Lagerhaus in der Nanoka-machi. ¥¥

Takino
Tatami-Zimmer. Lokales *wappameshi* – Reis und Beilagen sowie in Bambuskörben gedämpfte Meeresfrüchte. ¥¥

sich nahe dem Bahnhof Hirota, zwei Haltestellen nördlich von Aizu-Wakamatsu.

Ein Bummel durch die Nanoka-machi

AIZUS TRADITIONELLES KUNSTHANDWERK

Aizus Zeit als Hauptstadt der Region Aizu hinterließ nicht nur Samurai-Geschichten, sondern auch ein kunsthandwerkliches Erbe. Viele Beispiele dafür findet man bei einem Spaziergang entlang Aizus ehemaliger Hauptstraße **Nanoka-machi-dōri** (七日町通り).

Geht man vom westlichen Ende der Nanoka-machi in Richtung Osten, erreicht man **Hoshiban** (ほしばん), wo seit 1772 dünne weiße Kerzen hergestellt und mit saisonalen Motiven wie Pfingstrosen und Chrysanthemen handbemalt werden. Für 1870 ¥ kann man hier seine eigene Kerze bemalen – das *e-tsuke taiken* (Mal-Erlebnis) dauert nur 30 Minuten. Das Wachs für die Aizu-Kerzen wird aus den Früchten der Lackbäume gewonnen, die auch für das nächste Kunsthandwerk eine wichtige Rolle spielen: *Aizu-nuri* (Aizu-Lackwaren) entwickelten sich in der Edo-Zeit unter der Schirmherrschaft des Aizu-Clans zur Industrie. Nicht weit von Hoshiban entfernt verkauft **Nuriichi** (会津漆器ぬり一) *Aizu-nuri,* von minimalistischen roten oder schwarzen Tellern und Schalen bis zu kunstvolleren Arbeiten mit Gold- und Silbermuster.

An der Kreuzung 50 m weiter verkauft **Kizuna** (きずな) traditionelle Stoffe, Kimonos, *yukata* und klassische Aizu-Souvenirs wie *akabeko-Figuren*. Einige Minuten weiter östlich verwendet der Stoffladen **Toshinobō** (としの坊) traditionelle *momen* (gemusterter Baumwollstoff, der seit der Edo-Zeit in Aizu hergestellt wird) zur Fertigung moderner Sneaker.

In diesem Straßenabschnitt werden die Gebäude aus der Taisho-Zeit (1912–1926), die dem westlichen Ende der Nanoka-machi einen Retro-Look verleihen, größtenteils durch neuere, höhere Gebäude ersetzt. Es gibt aber immer noch traditionelle Orte wie den Tatami-Mattenbetrieb **Inachū** (稲忠) und die Lackwarengeschäfte **Fukunishi** (福西) und **Shirokiya** (白木屋). Vor Letzterem ist die Haltestelle für die Stadtbusse zum Bahnhof oder anderen Sehenswürdigkeiten.

Zum westlichen Ende der Nanoka-machi fährt der Haikara-san-Bus zehn Minuten vom Bahnhof Aizu-Wakamatsu zur Haltestelle Nanoka-machi Ekimae. Die gesamte Straße ist knapp 1 km lang.

HIGASHIYAMA-ONSEN

Ein paar Kilometer südöstlich der Burg Tsuruga liegt **Higashi-yama-Onsen** (東山温泉). Aizus traditionelles Thermalgebiet und ruhige Ryokan-Enklave schmiegt sich an den Yukawa-gawa und bietet einen sehr beschaulichen Ort zum Verweilen. Die rund ein Dutzend Ryokan haben alle Gästezimmer mit Tatami-Matten, Gemeinschaftsbäder mit heißen Quellen und mehrgängige *kaiseki*-Dinner. Einige bieten auch Geisha-Aufführungen an und öffnen ihre Bäder für Nichtgäste.

UNTERWEGS VOR ORT

Aizu-Wakamatsu liegt 300 km nördlich von Tokio und 170 km südwestlich von Sendai. Von beiden Orten fährt der Tōhoku-Shinkansen nach Kōriyama (40 Min. von Sendai, 80 Min. von Tokio), dort steigst du in die Banetsu-West-Linie für eine gemütliche 65-minütige Fahrt durch die Landschaft. Die wichtigsten Sehenswürdigkeiten in Aizu-Wakamatsu liegen weit verstreut, daher lohnen sich eine 600-¥-Tageskarte und ein englischer Fahrplan für den Aizu-Bus-Stadtbus. Er fährt in zwei farblich markierten Schleifen zu allen wichtigen Orten: der rote Akabe-Bus alle 30 Minuten im Uhrzeigersinn, der blaue Haikara-san-Bus stündlich gegen den Uhrzeigersinn.

RECHTS: ATHLE/SHUTTERSTOCK ©; GANZ RECHTS: STOCK_SHOT/SHUTTERSTOCK ©

Oben: Kreuzfahrt durchs Packeis, Ochotskisches Meer (S. 548); rechts: Ussuri-Braunbär (S. 539)

DIE WICHTIGSTEN ZIELE

SAPPORO
Geschäftige Hauptstadt der Präfektur.
S. 502

NISEKO
Skigebiet von Weltrang.
S. 513

SHIKOTSU-TŌYA-NATIONALPARK
Vulkane, Kraterseen und Onsen.
S. 517

HAKODATE
Südliche Hafenstadt mit Vergangenheit.
S. 521

FURANO
Wein, Käse, Blumen und Wintersport.
S. 529

SAPPORO & HOKKAIDŌ

GANZ ANDERS ALS DAS KLISCHEE VOM DICHT BESIEDELTEN JAPAN

Hier oben ist die Welt eine andere oder scheint zumindest so: 20% der Landfläche Japans, aber nur 5% der Bevölkerung.

In Japan denkt man bei diesem Land im Norden an Wildtiere und Berge, Vegetation und Landwirtschaft, schneereiche Winter, milde Sommer und schnurgerade Straßen, die am Horizont verschwinden. Aber Hokkaidō ist mehr als nur Landschaft. Bis in die 1860er blieb Ezo, wie es damals hieß, das Reich seiner indigenen Bevölkerung, der Ainu, und wurde weitgehend ignoriert. Doch mit der Meiji-Restauration von 1868 wurde aus Ezo Hokkaidō, das Land der Möglichkeiten, und in den 1870ern und 1880ern reiste eine Pioniergesellschaft aus ganz Japan in den Norden.

Noch immer umgibt das Outdoor-Mekka Hokkaidō ein gewisses Wildwestflair. Die vergleichsweise kühlen, trockenen Sommer ziehen Wander-, Fahrrad- und Campingbegeisterte an, die aus den vielen Bergen, Flüssen, Seen, vorgelagerten Inseln, Onsen und Nationalparks alles herausholen. Im Winter ist alles anders. Kaltfronten bringen aus Sibirien Riesenmengen von leichtem Pulverschnee, dem Hokkaidō seinen Ruf als Ski- und Snowboardingparadies verdankt.

Obwohl Hokkaidōs atemberaubende Landschaften allem anderen die Schau stehlen, ist zu bedenken: Das Essen ist fantastisch, besonders die kulinarische Vielfalt aus dem Meer, die Hauptstadt Sapporo ist ein quirliger, geschäftiger Kulturmagnet und die Ainu verfolgen entschlossen ihr Comeback, seitdem sie 2019 offiziell als indigenes Volk Japans anerkannt wurden.

DAISETSUZAN-NATIONALPARK
Das „Dach Hokkaidōs".
S. 536

RISHIRI-REBUN-SAROBETSU-NATIONALPARK
Abgelegene Inseln im Norden.
S. 540

ABASHIRI
Kreuzfahrten durchs Packeis im Winter.
S. 547

SHIRETOKO-NATIONALPARK
Halbinsel und Welterbestätte.
S. 551

AKAN-MASHŪ-NATIONALPARK
Ainu-Kultur und Onsen.
S. 555

Rishiri-Rebun-Sarobetsu-Nationalpark, S. 540
Diese entlegenen Inseln vor Hokkaidōs Nordspitze sind ein Natur- und Wanderparadies.

Daisetsuzan-Nationalpark, S. 536
Das „Dach Hokkaidōs" mit Onsen-Dörfern am Parkrand – in zweien fahren Seilbahnen in die Höhe.

Furano, S. 529
Die „Bauchnabelstadt" – den Spitznamen verdankt sie ihrer Lage im Zentrum Hokkaidōs – ist bekannt für Wein, Käse, Blumen und Wintersport.

Shikotsu-Tōya-Nationalpark, S. 517
Weitläufiges Vulkanwunderland und das nahe Nationale Ainu-Museum & Park Upopoy in Shiraoi.

Niseko, S. 513
Wintersportresort mit jeder Menge Aktivitäten auch nach der Schneeschmelze.

Hakodate, S. 521
Geschichtsträchtige südliche Hafenstadt mit berühmten Aussichten bei Nacht und eine exzellente Basis für Touren im Süden.

Sapporo, S. 502
Vitale Hauptstadt der Präfektur, Japans fünftgrößte Metropole mit jeder Menge Shops, Restaurants und Nachtleben.

Erste Orientierung

Hokkaidō bedeckt eine riesige Fläche, es gibt nicht viele Bahnlinien und größere Straßen, besonders abseits der Hauptstadt Sapporo und der umliegenden Städte. Die Highlights sind Landschaften, Natur und Nationalparks.

Abashiri, S. 547
Von Abashiri mit einem legendären Gefängnis laufen im Winter Eisbrecher ins Ochotskische Meer aus.

Shiretoko-Nationalpark, S. 551
Die Halbinsel Shiretoko ist eine Welterbestätte und bietet Naturkreuzfahrten, tolle Wanderungen, Onsen im Freien und Braunbären.

Akan-Mashū-Nationalpark, S. 555
Lerne die Ainu kennen, aale dich in Open-Air-Onsen und nutze die Wanderwege dieses weitläufigen Nationalparks.

AUTO

Am besten ist Hokkaidō mit einem Roadtrip zu erobern. Seit Autos mehrsprachige Navigationssysteme haben, entscheiden sich immer mehr Reisende für diese Option. Online buchen und Mietwagen am New Chitose Airport abholen.

BAHN

Ein landesweit gültiger JR-Pass gilt auch hier, es gibt aber auch mehrere Angebote nur für Hokkaidō. Wer viel Landschaft sehen möchte, muss bedenken, dass es in den weniger dicht besiedelten Gegenden nur wenige Bahnstrecken gibt und seltener Züge fahren.

FAHRRAD

Hokkaidō gilt als Radfahrparadies, besonders im Sommer, wenn auf der ganzen Insel geradelt wird. Der *Hokkaidō Cycling Tourism Guide* hält online Vorschläge für Fahrradrouten und ausgezeichnete Tipps bereit.

Perfekte Tage

Reisende verlassen Hokkaidō oft mit dem Wunsch, mehr Zeit gehabt zu haben, Outdoor-Fans glauben auch nach zwei, drei Wochen, kaum die Oberfläche angekratzt zu haben. Mit Skiern und Boards könnte man monatelang bleiben – was viele tun!

Eine Woche mit dem Rail Pass

- Mit dem Zug von Honshū durch den Seikan-Tunnel bis **Hakodate** (S. 521) und dort ein, zwei Nächte bleiben.
- Auf dem Weg in den Norden einige Stunden im Ōnuma Quasi-National Park (S. 526) verbringen und ein oder zwei Nächte bei Resortatmosphäre und Aussicht in **Niseko** (S. 513).
- Weiter führt die Bahnlinie durch Yoichi, wo die **Nikka-Whiskybrennerei** (S. 511) besichtigt werden kann, und über die stimmungsvolle Hafenstadt **Otaru** (S. 511) nach **Sapporo** (S. 502).
- Nutze deinen Rail Pass für einen Tagesausflug von Sapporo ins **Nationale Ainu-Museum & Park Upopoy** (S. 519) in Shiraoi.

SEAN PAVONE/SHUTTERSTOCK ©

Hakodate (S. 521)

Beste Reisezeit
Winter bedeutet Schnee und bietet einige der besten Ski- und Snowboarding-Optionen weltweit. Die Sommer sind relativ kühl und trocken.

JANUAR
In Skiresorts herrscht Hochbetrieb, besonders während der Neujahrsferien zu Monatsbeginn. Jede Menge Schnee!

FEBRUAR
Zu Sapporos **Schneefestival** (S. 507) verdoppelt sich die Bevölkerung in der Hauptstadt – frühzeitig buchen!

APRIL
Zur **Goldenen Woche** ab Ende April gibt's hier Menschenmengen und Kirschblüten. Der Schnee ist auf dem Rückzug.

VON LINKS NACH RECHTS: HELIVIDEO/ISTOCK ©, EKKACHAI/SHUTTERSTOCK ©, JAJALADDAWAN/SHUTTERSTOCK ©

Zwei Wochen mit dem Auto

- Hol deinen Mietwagen am New Chitose Airport ab und erkunde die Hauptstadt **Sapporo** (S. 502).
- Nach **Furano** (S. 529) fahren, um Wein und Käse zu verkosten, Blumen zu sehen oder Rad zu fahren, danach geht's zum **Asahidake-Onsen** (S. 537), um den **Daisetsuzan-Nationalpark** (S. 536) zu erkunden und vielleicht auf den **Asahi-dake** (S. 537) zu steigen.
- Zwischenstopp im **Sōunkyō-Onsen** (S. 538) auf der Fahrt nach Osten zum **Akan-Mashū-Nationalpark** (S. 555). Hier kann man leicht ein paar Tage verbringen, in Freiluft-Onsen baden, wandern und die freie Natur genießen.
- Wer noch ein, zwei Tage übrig hat, erwäge einen Besuch im **Shiretoko-Nationalpark** (S. 551), bevor es für den Rückflug zum Flughafen geht.

Drei Wochen im Mietwagen

- Na bitte! Nach der „Zwei Wochen"-Route bis zum **Asahi-dake-Onsen** (S. 537) und der Besteigung des **Asahi-dake** (S. 537) fährt man nach **Wakkanai** (S. 542) an der Spitze Hokkaidōs und nimmt die Fähre zu den **Inseln Rishiri und Rebun** (S. 542), um einige Tage zu wandern, Rad zu fahren oder Pflanzen zu entdecken.
- Auf der **Autotour von Wakkanai nach Abashiri** (S. 543) besucht man **Abashiri** (S. 547) und sein berüchtigtes Gefängnis, dann folgen zwei Tage in der Welterbestätte **Shiretoko-Nationalpark** (S. 551).
- Von dort ist es nicht weit zum **Akan-Mashū-Nationalpark** (S. 555), bevor man zurückfährt und den Wagen abgibt.

JUNI
Die Regenzeit ***Tsuyu***, die das übrige Japan heimsucht, gibt's hier in den höheren Breitengraden praktisch nicht.

JULI
Auf der Insel wimmelt es von japanischen Reisenden, besonders ab Ferienbeginn um den 20. herum.

AUGUST
Früh buchen, denn halb Japan eilt zur Ferienzeit ins kühlere Klima des Nordens, besonders während des Festes **O-Bon**.

SEPTEMBER
Schule und Studium haben begonnen, deshalb ist es nicht so voll; gegen Monatsende leuchten fantastische Herbstfarben.

SAPPORO

Die Hauptstadt der Präfektur Hokkaidō, Japans fünftgrößte Stadt Sapporo (札幌; 2 Millionen Ew.), ist eine dynamische, weltoffene Großstadt, in der das Leben pulsiert. Die Ainu nannten diese Gegend *Sari-poro-pet,* was „binsengesäumter Fluss in einer Ebene" heißt. Ende des 19. Jhs. mit europäischen und amerikanischen Architekturstilen designt, verleiht das ausladende Straßennetz mit Bäumen und großzügigen Parks der Stadt eine hohe Lebensqualität. Sapporo bietet eine boomende Foodszene, stylishe Cafés, neonbeleuchtetes Nachtleben und jede Menge Shopping-Optionen – bevor es in die Wildnis der größten Präfektur Japans geht.

Vorher steht aber die Verkostung des flüssigen Goldes namens Sapporo-Bier an – gefolgt von berühmten Sapporo-Ramen. Im Sommer gibt's Bier- und Foodfestivals, während sich zum legendären Schneefestival im Februar die Stadtbevölkerung trotz der bitteren Kälte buchstäblich verdoppelt.

TOP TIPP

Das Schneefestival ist zwar einsame Spitze, aber tolle Events und Feste gibt's ganzjährig. Sagenhaft sind das Yosakoi Soran-Tanzfestival, das Sommerfestival und das Herbstfest, der Ōdōri-kōen wird im Sommer zu einem riesigen Biergarten.

Sapporo

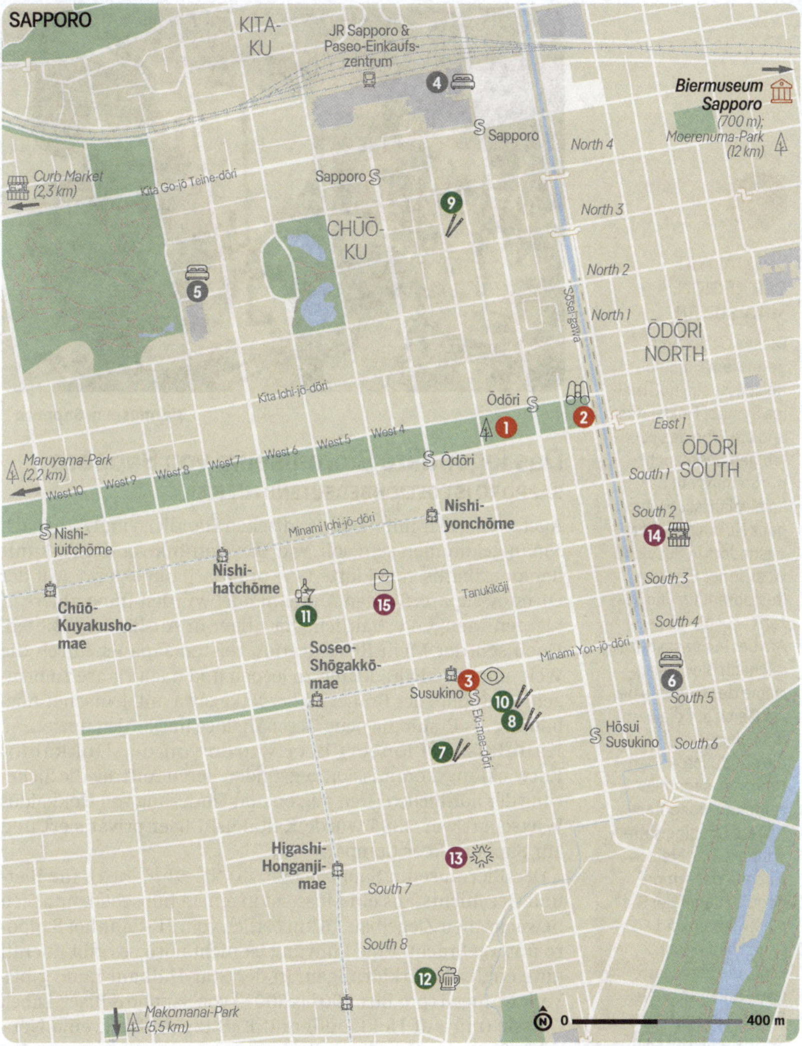

SAPPORO

SEHENSWERTES
1 Ōdōri-kōen
2 Fernsehturm
3 Susukino Crossing

SCHLAFEN
4 JR Tower Hotel Nikko Sapporo
5 Nakamuraya Ryokan
6 SappoLodge Guesthouse & Bar

ESSEN
7 Daruma Honten
8 Ganso Ramen Yokochō
9 Kani Honke
10 Sapporo Ramen Haruka

AUSGEHEN
11 Bearfoot Bar
12 Beer Inn Mugishutei

UNTERHALTUNG
13 King Xmhu

SHOPPEN
14 Nijō Ichiba
15 Tanuki-kōji Shōtengai

Ganso Ramen Yokochō (S. 507)

BONSTOCK/SHUTTERSTOCK ©

Biermuseum Sapporo

Das legendäre Biermuseum von Sapporo

SAPPORO IST GLEICHBEDEUTEND MIT BIER

Auch wenn Bier mit niederländischen Händlern im 17. Jh. nach Japan gekommen sein soll, war das Getränk vor der Ankunft der amerikanischen Flotte 1854 praktisch unbekannt. Mit der Öffnung Japans für den Außenhandel wurden Importbiere in kleinen Mengen erhältlich, vor allem in Ausländergebieten. Doch seit der Meiji-Restauration reisten Japaner durch die Welt, um neue Fähigkeiten zu lernen und nach Hause zu bringen. 1876 sollte der Brauer Seibei Nakagawa mit deutscher Ausbildung als Erster die neue Geschäftsidee im Norden umsetzen. Kaitakushi (Pioneer) Beer wurde von der Hokkaidō-Entwicklungskommission gegründet, deren Auftrag die Sicherung der nördlichen Grenzregion und Förderung von Hokkaidōs Wirtschaft war. 1886 wurde Kaitakushi Beer privatisiert und zur Sapporo Beer Company.

Das Biermuseum Sapporo (サッポロビール博物館), für Bier- und Geschichtsfans ein Muss, ist in einem hübschen, mit Efeu bewachsenen Ziegelbau 1,5 km östlich vom JR-Bahnhof Sapporo untergebracht. Eine Führung ist nicht nötig, es gibt überall gute englische Erklärungen. In der Star Hall am Ende gibt's Verkostungen (pro Bier 200 bis 300 ¥) von Sapporos Black Label, Classic (nur auf Hokkaidō) und Kaitakushi Beer, eine Neuschöpfung des Urrezepts. Puristische Gemüter erinnern sich nach dem Museumsbesuch, dass Sapporos Gerstensaft zur Inselspezialität *jingisukan* (Dschingis Khan) genossen werden soll. Es gibt drei Restaurants vor Ort zur Auswahl, am lautesten ist die Genghis Khan Hall mit rustikaler Brauhausatmosphäre.

SPEZIALITÄT DER REGION: JINGISUKAN

Dieses Gericht mit gegrilltem Hammelfleisch ist ein inoffizielles Symbol Hokkaidōs und ein Erbe des kurzlebigen Schafzuchtprogramms auf der Insel. Man isst es auf ganz Hokkaidō, aber besonders in Susukino ist an jeder Ecke ein Restaurant für *jingisukan* (ジンギスカン). Am besten passt dazu reichlich Bier. Der Name des Gerichts bezieht sich auf die Form der Gusseisenpfanne, die angeblich an den Helm des sagenumwobenen Mongolenführers Dschingis Khan erinnert. Das Fleisch wird auf der Kuppel gegrillt, damit der Saft auf Zwiebeln und Lauch hinabrinnen kann, die unten im Rand brutzeln. Viele Schafe sind auf der Reise durch Hokkaidō nicht zu sehen und Restaurantpersonal wird bestätigen, dass das Fleisch importiert wird!

ÜBERNACHTEN IN SAPPORO

SappoLodge Guesthouse & Bar
Gutes Preis-Leistungs-Verhältnis, nahe Susukino; ideal für Outdoor-Süchtige in der Stadt. ¥

Nakamuraya Ryokan
Charmanter, fremdenfreundlicher Gasthof im Japan-Stil, nur 10 Gehminuten vom Hauptbahnhof Sapporo. ¥¥

JR Tower Hotel Nikko Sapporo
Beste Lage gleich oberhalb vom JR-Bahnhof Sapporo. Plüschige Zimmer, traumhafter Blick. ¥¥¥

RUNDGANG DURCH SAPPORO

Vom **1 JR-Bahnhof Sapporo** folgt man der Eki-mae-dōri nach Süden. An der vierten Ampel links auf die Hauptstraße 12 einbiegen und einen Block zum **2 Sapporo-Uhrturm** (Tokei-dai) gehen. Japanische Reisende können Sapporo nicht verlassen, ohne das 1878 erbaute Wahrzeichen der Stadt geknipst zu haben, auch wenn es heute von den Nachbarbauten in den Schatten gestellt wird. Einen Block weiter südlich liegt der **3 Ōdōri-kōen** (S. 506), der 13 Blocks lange Park durch Sapporos Mitte von Ost nach West. Erst Bäume, Brunnen, Blumengärten und Statuen genießen, dann geht's zum **4 Fernsehturm Sapporo**, eine Art 147 m hoher Eiffelturm am Ostende des Parks. Der Blick auf den Ōdōri-kōen und die Stadt von der Aussichtsplattform in 90 m Höhe ist imposant. Zurück auf dem Boden überquert man ostwärts das Flüsschen Sōsei-gawa, geht zwei Blocks nach Süden und steht vor dem blauen Dach des alten Lebensmittel- und Gemüsemarktes **5 Nijō Ichiba** (S. 506). Hier kann man gut essen, besonders frischen Fisch und Meeresfrüchte.

Zurück geht's über den Sōsei-gawa nach Westen und zur Einkaufspassage **6 Tanukikōji** mit Läden, Cafés und Restaurants. **7 Bearfoot** lockt mit einem kühlen Getränk. Die Eki-mae-dōri führt nach Süden zur **8 Susukino-Kreuzung** (S. 506) mit der markanten Leuchtreklame für Nikka-Whisky, wo das Vergnügungsviertel beginnt. Hier gibt's jede Menge zu entdecken, ganz besonders aber **9 Ganso Ramen Yokochō**, die Ramen-Gasse aus den frühen 1950ern. Wie wärs mit *jingisukan* zum Abendessen im **10 Daruma Honten?** Zu späterer Stunde ist der Nachtclub **11 King Xmhu** die angesagte Location zum Ausgehen.

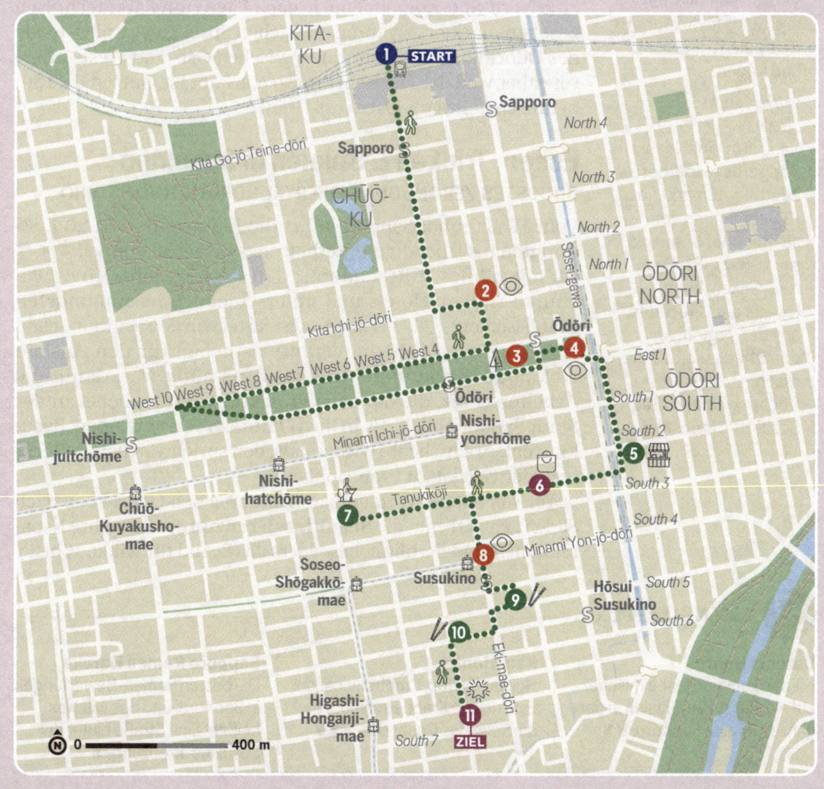

MARKTBESUCHE

Nijō Ichiba (二条市場) Jenseits des Sōsei-gawa am Ostende der Einkaufspassage Tanuki-kōji mag der alte Marktbezirk Ni-jō Ichiba auf den ersten Blick etwas verstaubt wirken, aber zu entdecken gibt's hier immer noch viel. Kauf eine Schale Reis mit Sashimi-Topping nach Wahl, sieh dich an frischen Delikatessen wie Seeigeln und Krabben satt oder probiere die Hokkaidō-Version von „Mutter und Kind" (oyako-don), Reis belegt mit Lachs und Rogen.

Curb Market (札幌場外市場, Sapporo Jōgai Ichiba) Sapporos moderner Zentralgroßmarkt, je 10 Gehminuten vom JR-Bahnhof Sōen und der U-Bahn-Station Nijuyonken, bietet alles aus dem Meer und aus der Region. An den Ständen gibt's die frischesten Meeresfrüchte weit und breit. Sushi zum Frühstück!

Spaziergang durch den Ōdōri-kōen

DER STADTPARK IST 13 HÄUSERBLOCKS LANG

Der Ōdōri-kōen (大通公園) teilt Sapporo in ein Nord-Süd-Raster. Nach der ursprünglichen Planung von 1869 als Trennung des Regierungsviertels im Norden vom Wohn- und Wirtschaftsbezirk im Süden gedacht, wurde der 13 Blocks lange Streifen zu einer Feuerschneise durch die Stadt gewandelt. Später wurde daraus ein Park, ein Zufluchtsort im Herzen des wachsenden Sapporos mit wunderbar gepflegten Blumengärten, Rasenflächen, überhängenden Bäumen und vielen Skulpturen, Brunnen, Statuen und Bänken zur Entspannung. Außerdem finden im Ōdōri-kōen wichtige Events und Feste statt, etwa das Schneefestival im Februar. Vier Blocks werden im Sommer zu einem riesigen Biergarten.

Von JR Sapporo kommt man auf der Eki-mae-dōri (駅前通) in zehn Minuten zu Fuß hierhin; es braucht Zeit, den Park zu erkunden. Sein Grundriss ist bemerkenswert: 13 Rechtecke, 65 m lang in Nord-Süd-Richtung, 110 m von Ost nach West, auf allen Seiten umgeben von 4 m breiten Gehsteigen und 20 m breiten Straßen, das Ganze verbunden durch Zebrastreifen. Im Park steht der 147 m hohe **Sapporo TV Tower** am Ostende. Die Aussichten von der Plattform in 90 m Höhe auf den Park sind beeindruckend. Jede Adresse in Sapporos Innenstadt hat eine Nord-Süd-Komponente je nach Lage zum Park; technisch gesehen markiert zwar das Flüsschen Sōsei-gawa am Ostende des Ōdōri-kōen die Trennlinie zwischen Ost- und West-Adressen, aber weil der Fernsehturm so markant ist, nutzen die Einheimischen ihn als Ost-West-Grenze.

Essen, Trinken & Spielen in Susukino

GRÖSSTES VERGNÜGUNGSVIERTEL NÖRDLICH VON TOKIO

Vom JR-Bahnhof Sapporo führt die Eki-mae-dōri in 20 Fußminuten ins lebendige Unterhaltungsviertel Susukino (すすきの) mit zahllosen Restaurants, Cafés, Bars, Clubs, Kinos, Pachinko-Hallen, Hotels und unterschiedlich beleumundeten Etablissements. Als Vergnügungsviertel wurde Susukino schon 1871 konzipiert, als die Verantwortlichen für den Ausbau Hokkaidōs erkannten, dass so etwas nötig war, damit die Arbeiterschaft, die die neue Präfektur erbaute, lieber in der Stadt Sapporo blieb, als in die Wildnis zu verschwinden. Susukino entspricht, heute wie damals, den sprichwörtlichen „Lichtern der Großstadt" von Hokkaidō.

Wer von Sapporos Hauptbahnhof durch den Ōdōri-kōen nach Süden geht, erkennt die **Susukino-Kreuzung** sofort – ihre Neonreklamen sind berühmt, besonders das Schild für Nikka Whisky

ESSEN IN SAPPORO

Daruma Honten
Hierhin kommen Einheimische auf ein jingisukan; Filialen in der ganzen Region Sapporo. ¥¥

Kani Honke
Hokkaidōs Top-Krabbenlocation. Eine riesige Krabbe schmückt die Seite des Gebäudes. ¥¥¥

Sapporo Ramen Haruka
Die besten Ramen-Bewertungen in Sapporo, und das will was heißen! Eine Straße hinter der Susukino-Kreuzung. ¥

7MARU/SHUTTERSTOCK ©

Susukino-Kreuzung

Scotsman auf dem Susukino-Gebäude mit wechselnden Hintergrundfarben. Bei kaltem Wetter legt man die ganze Strecke vom Hauptbahnhof in einer unterirdischen Einkaufspassage zurück oder fährt einfach zwei Stationen mit der Namboku-U-Bahn-Linie nach Süden. Beide wurden zu den Olympischen Winterspielen 1972 gebaut, als die Augen der Welt nach Sapporo blickten.

Das Vergnügungsviertel erstreckt sich von der Susukino-Kreuzung mehrere Blocks weit nach Süden. Ein Spaziergang macht richtig Spaß, besonders durch die Nebenstraßen und Gässchen. Nicht verpassen: **Ganso Ramen Yokochō** (元祖ラーメン横丁), eine Gasse mit mehr als 15 Ramen-Läden, die es seit Anfang der 1950er dort gibt.

Einige Blocks nördlich der Susukino-Kreuzung ist parallel zum Ōdōri-kōen die **Tanuki-kōji Shōtengai** (狸小路商店街) zu finden, eine lange überdachte Einkaufspassage mit Shops, Hotels, Restaurants und Bars.

RAMEN AUF HOKKAIDŌ-ART

Auf Hokkaidō sind Nudeln eine ernste Sache. Es gibt nicht weniger als drei Ramen-Städte (ラーメン or らーめん) mit jeweils eigener Spezialisierung. In Sapporo sind das Leibgericht herzhafte *miso-rāmen,* in Asahikawa gibt's *shōyu-rāmen* in einer Suppe mit Sojasoße und in Hakodate regieren die *shio-rāmen in einer leicht gesalzenen Brühe*. Von den zwei Hauptprodukten der Präfektur, Butter und Mais, kann man oft eins (oder beide!) über die Ramen geben. Sapporo wimmelt von Ramen-Läden, aber ein Besuch in der **Ganso Ramen Yokochō** (Original-Ramen-Gasse) in Susukino ist ein besonderes Erlebnis. Es gibt auch die **Shin Ramen Yokochō** (Neue Ramen-Gasse) aus den 1970ern. Mit der Bezeichnung „Sapporo Ramen" werben Geschäfte in ganz Japan.

Umwerfende Eisskulpturen

SAPPOROS SCHNEEFESTIVAL IM FEBRUAR

Alljährlich zieht es über zwei Millionen Fans an und verdoppelt buchstäblich die Bevölkerung in Sapporo: das **Yuki Matsuri** (さっぽろ雪まつり, Schneefestival) Anfang Februar dauert mehr als

PARTY MACHEN IN SAPPORO

Bearfoot Bar
In dieser (täglich geöffneten) fröhlichen Sportbar in der Einkaufspassage Tanuki-kōji verkehren ausländische Ortsansässige.

Beer Inn Mugishutei
300 Biere aus über 50 Ländern, Tausende leere Dosen an den Wänden – was soll man noch sagen?

King Xmhu
Nachtclub in Susukino – tanzen und trinken im Ambiente eines südamerikanischen Tempels.

SAPPORO MIT DEM RAD

Hiro Takahashi, Inhaber von Hero Hokkaido (hero-hokkaido.com), bietet jeden Sommer Radtouren an.

Fahrradvermietung: Porocle-Sharebikes finden sich in ganz Sapporo.

Maruyama-Park (円山公園)
Nach Westen geht's auf ganzer Länge am Ōdōri-kōen vorbei in diesen wunderschönen Park, wo der 1870 erbaute Hokkaidō-jingū steht, Sapporos wichtigster Shintō-Schrein.

Makomanai-Park (真駒内公園)
Folge der Toyohira River Cycling Road südlich nach Makomanai mit der Eisbahn der Olympischen Winterspiele von 1972 und über 10 km lange Wege.

Moerenuma-Park (モエレ沼公園)
Ein längerer Ausflug führt entlang der Toyohira River Cycling Road in diesen faszinierenden, weitläufigen Park, entworfen vom bekannten Bildhauer Isamu Noguchi.

TOMOYUKI3/SHUTTERSTOCK ©

Yuki Matsuri (S. 507)

eine Woche. Es ist eins von Japans Top-Festivals – wer die Chance hat, sollte es nicht verpassen. 1950 fing es klein an, als Schüler:innen einer Highschool im Ōdōri-kōen sechs Statuen bauten; heute steht im Mittelpunkt des Festivals ein internationaler Schneeskulpturen-Wettbewerb mit Teams aus aller Welt.

Zu sehen gibt's alles: ganze Eisbühnen für Musikauftritte, Eisrutschen und Eislabyrinthe für Kids und, natürlich, die eine oder andere süße Hello-Kitty-Statue. Im Ōdōri-kōen bilden Eisgiganten eine 1,5 km lange Skulpturengalerie, manche davon bis zu 15 m hoch und 25 m breit. Der Blick vom Sapporo TV Tower am Ostende ist umwerfend. Es gibt einen Wettbewerb fantastischer Eisskulpturen; die Statuen werden bis tief in die Nacht angestrahlt. Zahllose Straßenstände präsentieren das beste kulinarische Angebot aus ganz Hokkaidō und jede Menge gut geöltes, ausgelassenes Treiben, besonders nach Sonnenuntergang. Gegen die Kälte hilft eine Schüssel dampfender *Sapporo-miso-rāmen*.

Um diese Zeit sind bezahlbare Unterkünfte in Sapporo nur schwer zu finden, also möglichst weit im Voraus buchen. Wer clever plant, kann den Besuch des Schneefestivals mit einem Skiurlaub verbinden.

UNTERWEGS VOR ORT

In Sapporo ist die Orientierung ein Kinderspiel. Vom Bahnhof JR Sapporo aus ist es nur 1 km zu Fuß nach Susukino über die Eki-mae-dōri und durch den Ōdori-kōen, und wenn es kalt ist, kannst du die Strecke unterirdisch gehen. Es gibt auch JR-Bahnlinien, drei hilfreiche U-Bahn-Linien, eine niedliche Straßenbahn und ein gutes Busnetz in die weitere Umgebung. Auch Radfahren ist in Sapporos flachen Straßen leicht. Porocle ist ein exzellentes Bikesharing-System mit Stellplätzen in der ganzen Stadt.

Rund um Sapporo

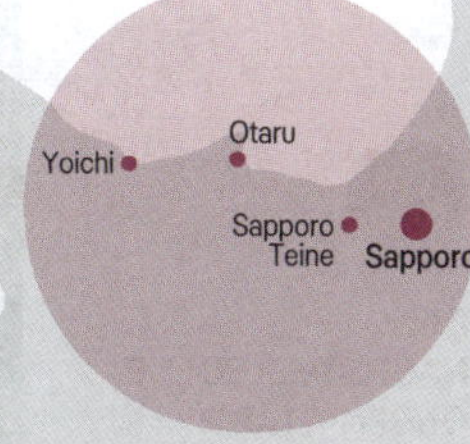

Von Sapporo aus bieten sich mehrere großartige Ziele für Tagesausflüge an, darunter eine berühmte Whiskybrennerei.

Das nahe Sapporo Teine im Westen mit Wintersporthängen richtete Wettkämpfe der Olympischen Winterspiele 1972 aus und machte die Welt auf Hokkaidōs Hauptstadt aufmerksam. Weiter westlich, weniger als eine Zugstunde von Sapporo, hat die romantische Hafenstadt Otaru am Japanischen Meer eine reiche Vergangenheit, ist bei japanischen Reisenden sehr beliebt und an einem Tag leicht kennenzulernen. Otaru war praktisch Sapporos Hafenstadt und über Hokkaidōs erste Bahnstrecke mit der Hauptstadt verbunden. In der Nachbarstadt Yoichi 20 km weiter westlich steht die Hauptbrennerei von Nikka Whisky, gegründet 1934 durch Taketsuru Masataka, den „Vater des japanischen Whiskys".

TOP TIPP

Seid ihr mit einem Leihauto zur Nikka-Brennerei unterwegs? Macht bloß aus, wer auf dem Rückweg fährt.

Otaru-Kanal (S. 511)

DIE NÄCHSTGELEGENE ONSEN-STADT: JŌZANKEI-ONSEN

30 km südwestlich von Sapporo liegt in der tiefen Schlucht des Toyohira-gawa die nächstgelegene Onsen-Stadt Jōzankei-Onsen (定山渓温泉), eine gut erreichbare Zuflucht für Ruhebedürftige. Besonders hübsch (und beliebt!) ist dieser Badeort im Herbst, wenn das Laub bunt wird und von vielen Freiluft-Badebecken zu sehen ist. Jōzankei-Onsen eignet sich für einen Tagesausflug von Sapporo (eine Busstunde, kürzer mit dem Auto). Die meisten Ryokan und Hotels lassen gegen eine Gebühr (500 bis 1500 ¥) auch Nichtgäste in ihre Onsen. Das Städtchen zieht sich entlang der Straße 230 durch die Schlucht. **Hōheikyō**, 2 km südlich, hat ein großes Freiluftbad, angeblich das größte in Hokkaidō.

ICEOSIRIS/SHUTTERSTOCK ©

Glas aus Kitaichi

Auf die Pisten in Sapporo Teine

SO BEQUEM VON SAPPORO AUS

In Sachen Komfort und Familienspaß ist Sapporo Teine (サッポロテイネスキー場) fast unschlagbar, denn die Hänge, auf denen Disziplinen der Winterspiele von 1972 ausgetragen wurden, liegen buchstäblich am Stadtrand von Sapporo. Teine besteht aus zwei Zonen: der unteren, eher familienorientierten **Olympia Zone**, wo olympische Bob- und Schlittenwettbewerbe stattfanden und Ort der Olympischen Flamme, und der oberen, anspruchsvolleren **Highland Zone**, die 1974 öffentlich zugänglich wurde – hier fanden Slalom und Riesenslalom statt. Eine Seilbahn verbindet die getrennten Skigebiete seit 2004, und seit 2005 ist das umbenannte Sapporo Teine ein einheitliches Skigebiet. Mit insgesamt 15 Abfahrten und 12 Liften richtet sich das Angebot zu 35 % an Neulinge, zu 40 % an Fortgeschrittene und zu 25 % an Erfahrene. Saison ist von Ende November bis Anfang Mai. An schönen Tagen ist die Aussicht vom 1023 m hohen Teine-Gipfel in der Highland Zone sagenhaft.

Der Bahnhof JR Teine liegt gute 10 Minuten westlich von JR Sapporo auf der Hakodate-Linie. Dort steigt man in einen

ÜBERNACHTEN IN OTARU

Otarunai Backpacker's Hostel Morinoki
Gut gelegen. Frauen- und gemischte Schlafsäle und alle Einrichtungen. ¥

Dormy Inn Premium Otaru
Gegenüber dem Bahnhof JR Otaru. Alle Extras der Dormy-Inn-Kette inklusive Onsen. ¥¥

Hotel Nord Otaru
Qualitätvolles Riesenhotel mit Blick auf den Kanal; alles befindet sich in Fußnähe. ¥¥¥

Shuttlebus zur Olympia Zone (15 Minuten) oder zur Highland Zone (30 Minuten). Wer vorgebucht hat, bekommt alternativ einen „Bus Pack“, der den Bustransfer aus verschiedenen Hotels in Sapporo (hin & zurück) und den Skiliftpass (Erwachsene/Kind 7500/5000 ¥) beinhaltet. Eine gute Option für Familien und alle, die das lästige Umsteigen von Zügen in Busse vermeiden wollen. Details gibt's auf der Website von Sapporo Teine. Wegen der Nähe zu Sapporo kann Teine an Wochenenden und in den Schulferien ziemlich voll werden.

Das ehemalige Finanzzentrum Otaru

BERÜHMTER KANAL, HISTORISCHE BAUTEN

Otaru (小樽), ein beliebtes Reiseziel in Japan, war Anfang des 20. Jhs. die finanzielle Drehscheibe für Hokkaidō und ein geschäftiges Zentrum des Handels mit Russland und China. Einen Teil ihres Reichtums investierte die städtische Elite in prächtige Stein- und Ziegelbauten im westlichen Stil der Zeit. Die einst als „Wall Street des Nordens“ bekannte **Nichigin-dōri** (Straße der Nationalbank) ist von eleganten Gebäuden gesäumt, in denen sich Otarus Vergangenheit als Finanzzentrum ausdrückt. Am historischen **Otaru-Kanal** stehen Speicher aus dem späten 19. und frühen 20. Jh., als westliche Techniken die japanische Architektur beeinflussten und interessante Bauten hervorbrachten. Die meisten sind heute restauriert und beherbergen Museen und Cafés.

Otaru macht das Beste aus seinen Reizen, und wer sich für Musikboxen oder Glas begeistert, fühlt sich vielleicht wie im Himmel. Das **Otaru Music Box Museum** verteilt sich über sieben Standorte in der Stadt – allein im Hauptgebäude stehen über 80 000 Jukeboxen! Das bekannte Glasunternehmen **Kitaichi Glass** liegt 15 Gehminuten östlich des Kanalbereiches und füllt praktisch allein eine Straße mit Shops, Galerien, Cafés und Museen mit allem nur Möglichen aus Glas. Nach so viel Besichtigung ist unbedingt ein Schluck im **Otaru Beer** fällig. Der umgebaute Speicher auf der Hafenseite des Kanals imitiert ein deutsches Brauhaus, auf der Speisekarte stehen Schnitzel und Würste.

Von Sapporo aus ist Otaru ein einfacher Tagesausflug. Der Bahnhof JR Otaru liegt 500 m bergauf vom Kanal und die meisten interessanten Orte sind nur einen Spaziergang entfernt.

Die Legende: Whiskybrennerei Yoichi Nikka

WO DER „VATER DES JAPANISCHEN WHISKYS“ ZU HAUSE WAR

Nur zwei Gehminuten westlich des Bahnhofs JR Yoichi liegt die Hauptbrennerei von Nikka Whisky, eine der Top-Marken Japans und ein absolutes Muss für Whiskyfans. Gegründet hat

SAPPOROS FLUGHÄFEN LEICHT GEMACHT

Wenn du nach Sapporo fliegst, bist du vielleicht überrascht, wenn du auf dem **New Chitose Airport** (新千歳空港; CTS) landest, dem wichtigsten Startpunkt für Reisen durch Hokkaidō 45 km südöstlich der Hauptstadt in Chitose. Hier kommen Inlandsflüge aus ganz Japan an, dazu immer mehr internationale Verbindungen. Der Flughafenzug Rapid Airport fährt in 35 Minuten zum Bahnhof JR Sapporo, wo Mietwagen erhältlich sind; eine Schnellstraße verbindet Chitose und Sapporo.

Der viel kleinere **Sapporo Okadama Airport** (札幌丘珠空港), meist kurz Okadama genannt, liegt 7 km nördlich von Sapporos Zentrum. Die meisten Flüge dort gehen zu anderen Hokkaidō-Zielen wie Hakodate, Kushiro, Memanbetsu und der Insel Rishiri. Vom Flughafen Okadama fährt ein Bus zum Bahnhof JR Sapporo.

ESSEN IN OTARU

Otaru Beer
Das Brauhaus am Kanal schenkt seine eigenen leckeren Biere aus. Gute Hauptgerichte und Snacks. ¥¥

Yabuhan
Traditionelle kleine Soba-Nudelbar nahe dem Bahnhof JR Otaru mit authentischer Atmosphäre und veganen Optionen. ¥

Naruto Honten
Beliebtes Lokal im Zentrum von Otaru mit festen Menüs – Huhn, Meeresfrüchte und Bier; Speisekarte mit Bildern. ¥¥

DAS MORGENDRAMA „MASSAN"

Ganz Japan kennt sich gut aus in der fiktionalisierten Lebensgeschichte des Gründers von Nikka Whisky Masataka Taketsuru und seiner schottischen Frau Jessie Roberta „Rita" Cowan, die er während seiner Zeit in Schottland traf. Diese beliebte Asa-dora-Serie („Morgendrama") der Nippon Broadcasting Association (NHK) läuft seit 1961 in 15-Minuten-Folgen jeden Morgen von Montag bis Samstag. Massan, die fiktive Beschreibung von Ritas Japanreisen und Taketsurus Versuchen, die Brennerei Nikka Whisky auf die Beine zu stellen, fesselt das Publikum seit September 2014 ganze 150 Folgen lang an die Fernseher und war die erste Asa-dora mit einer nicht japanischen Hauptdarstellerin. Die richtige Rita starb 1961 in Yoichi, und die Route 229 vor dem Bahnhof Yoichi wurde zu ihren Ehren in Rita-Straße umbenannt.

JERRICK CHUA/SHUTTERSTOCK ©

Whiskybrennerei Yoichi Nikka (S. 511)

sie Masataka Taketsuru, der berühmte „Vater des japanischen Whiskys", der 1918 in Schottland die Kunst des Whiskybrennens erlernte, mit seiner schottischen Frau Rita zurückkehrte und 1934 in **Yoichi** (余市) eine Brennerei eröffnete. Taketsuru wählte Yoichi wegen „des klaren Wassers, der frischen Luft und des kräftigen Torfs", meinte, die Umwelt komme der in Schottland nahe und er habe hier die beste Chance, Scotch Whisky herzustellen. Außerdem gebe die Nähe zum Meer dem Whisky während der Reifung eine „salzige Note". Seine Methoden werden noch heute angewandt, und Nikka Whisky, der 1940 in den Handel kam, gewinnt regelmäßig Preise, wenn die besten Single Malts der Welt prämiert werden.

Die Führungen sind nur auf Japanisch und regelmäßig ausgebucht, man kann aber große Bereiche der Yoichi-Brennerei auf eigene Faust erkunden. Highlights: die eindrucksvollen Originalgebäude aus Stein, die Holzfässer und die Brennblasen aus Kupfer, die immer noch in Gebrauch sind. Englischsprachige Infotafeln im Museum verraten viel über Taketsurus Whiskyherstellung. Und natürlich gibt's einen Tasting-Raum, wo erstaunliche 28 verschiedene Whiskys und mehr zu probieren sind. Wer mit dem Auto anreist, vereinbare vorab, wer zurückfährt! Essen kann man im Restaurant **Rita's Kitchen** und Whisky kauft man direkt an der Quelle im Shop.

UNTERWEGS VOR ORT

Teine, Otaru und Yoichi liegen alle auf der Bahnlinie JR Hakodate westlich von Sapporo. Der Bahnhof Otaru liegt praktisch für einen Stadtspaziergang, der in Yoichi in Fußnähe zur Nikka-Brennerei. Fürs Skifahren in Teine kommt ein „Bus Pack" ab dem Zentrum von Sapporo infrage. Alle Orte sind leicht mit dem Mietwagen zu erreichen.

NISEKO

Zwar bedeutet das Wort Niseko (ニセコ) nicht „Schnee“, könnte es aber ruhig, da dieses riesige Skigebiet für nationale und internationale Ski- und Snowboardbegeisterte gleichbedeutend mit Schnee ist. Die eisigen Winter ergeben sich aus Hokkaidōs Nähe zu Sibirien und kalten Nordwestwinden, die über das frostige Japanische Meer wehen und besonders dem Westen der Insel erhebliche Schneefälle bringen. Anscheinend liegt Niseko genau richtig – es erhält durchschnittlich 15 m leichtem Pulverschnee pro Jahr. Hier entwickelte sich ein internationales Wintersportzentrum und viele ausländische Skiverrückte haben sogar Zweitwohnsitze. Wegen des großen Anteils internationaler Gäste wird Englisch so gut wie überall gesprochen. Wie alle Skiresorts versucht auch Niseko, ganzjährig Publikum anzuziehen, und wirbt mit einem wachsenden Sommeraktivitätenprogramm, darunter Wandern, Rad- und Kanutouren, Floßfahrten, Angeln und mehr.

TOP TIPP

Restaurants, Bars und das Nachtleben finden sich vor allem in Hirafu – wen das reizt, sollte seine Unterkunft dort buchen, besonders im Winter. In den übrigen Skigebieten gibt's Frühstück und Abendessen meist in der Unterkunft. Im Sommer sind die Preise niedriger.

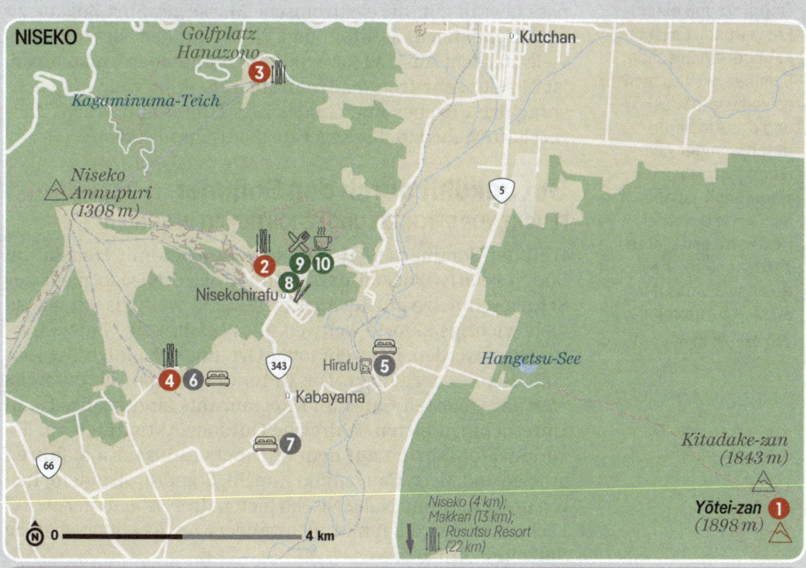

HIGHLIGHTS
1 Yōtei-zan

ERLEBNISSE
2 Grand Hirafu
3 Hanazono
siehe auch 9 Niseko Adventure Centre
4 Niseko Village

SCHLAFEN
5 Eki-no-yado
6 Hilton Niseko Village
7 Miru Niseko

ESSEN
8 Afuri
9 Jojo's Café & Restaurant

TRINKEN
10 Graubunden

RUSUTSU RESORT

Nur 20 km südöstlich von Niseko, auf der anderen Seite des Vulkankegels Yōtei-zan, wird in Rusutsu rund um das Rusutsu Resort (ルスツリゾート) Ski und Snowboard gefahren. Der Schnee ist hervorragend, die Stimmung ein bisschen anders als in Niseko. Es gibt 18 Lifte und 37 Pisten verteilt über drei Berge. Das familienfreundliche Rusutsu ist ein ganzjähriges Reiseziel mit einem Hotelhochhaus, einem Golfplatz und einem Freizeitpark. Es ist beliebt bei japanischen Familien, weil es nicht so voll wie in Niseko und das Ambiente durch weniger Auslandsgäste eher traditionell-japanisch ist. Einige Unternehmen in Niseko bieten Tagesausflüge nach Rusutsu an, das nur 30 bis 40 Autominuten weit weg ist.

Pulverschnee satt in Niseko

WELTBERÜHMTES WINTERSPORTGEBIET

Hokkaidō ist zwar voller Weltklasse-Skigebiete, aber die Fürstin des Pulvers ist eindeutig Niseko (ニセコ). Vier miteinander verbundene Skigebiete bedecken eine riesige Fläche auf den Osthängen des Berges Niseko Annupuri (1308 m). Weicher, leichter Pulverschnee und ein durchschnittlicher Schneefall von über 15 m pro Jahr machten Niseko für die internationale Skigemeinde zum beliebten Ziel. Es gibt eine Restaurantszene und ein Nachtleben, die für den ländlichen, abgelegenen Teil Japans ganz untypisch sind. Ein Besuch in Niseko mit knappem Budget ist möglich, wird aber besonders während der Hochsaison im Winter immer schwieriger.

Um den östlichen Fuß des Berges liegen die Städte und Dörfer, die zusammen das Niseko-„Resort“ bilden. Die meisten Restaurants und Bars drängen sich in Hirafu, während Annupuri, das Dorf Niseko (bekannt als Higashi-yama-Onsen) und Hanazono ruhiger sind und neben Unterkünften wenig Ortsleben bieten. Kutchan und die Stadt Niseko weiter östlich sind eher Wohnstädte und haben wenig Resortflair.

„Niseko United“ umfasst die vier Skigebiete **Annupuri**, **Niseko Village**, **Grand Hirafu** und **Hanazono**. Das Tolle an Niseko (mal abgesehen vom Pulverschnee!) ist, dass ein Skipass überall gilt; die elektronische Marke gewährt Zugang zu allen Seilbahnen, Skiliften und Pisten auf dem Berg. Weil so viele aus dem Ausland zum Skifahren und Boarden kommen, ist Niseko sehr fremdenfreundlich. Es gibt viele englischsprachige Coaches und Guides fürs Hinterland. Auch Mietgeschäfte haben in der Regel ausländisches Personal.

Gut gekühlt durch den Sommer

FLUCHT VOR DER HITZE UND FEUCHTIGKEIT IN HONSHŪ

Weil der Sommer auf Hokkaidō verglichen mit Honshū im Süden relativ trocken und kühl ist, wird Niseko nach der Schneeschmelze zur idealen Oase. Und weil Niseko wie so viele wichtige Skiorte weltweit alles tut, um ein Ganzjahresresort zu werden, ist es ein toller Ort, um sich einige Tage abzukühlen – oder länger. Die Unterkünfte sind relativ preiswert, die meisten Cafés und Restaurants sind geöffnet und Unternehmen bieten zahlreiche Outdoor-Aktivitäten an, darunter Floßfahrten auf dem Shiribetsu-Fluss, Kajakfahren auf See und Meer, Canyoning, Angeln, Stand-up-Paddeln, Reiten und Ziplining. Nahe Niseko bieten drei „Abenteuerparks“ Kletterkurse und Baumkronenwandern an. Es gibt auch nahe Spitzen-Golfplätze.

ÜBERNACHTEN IN NISEKO

Eki-no-yado
Einzigartiges Landgasthaus mit preiswerten Betten im abgelegenen Bahnhof Hirafu. ¥

Miru Niseko
Qualitätvoll und entspannt mit exzellentem Restaurant und Onsen ein paar Kilometer westlich von Hirafu. ¥¥

Hilton Niseko Village
Im Winter Ski-in-Ski-out-Unterkunft. Top-Golfplatz im Sommer; ein hochpreisiges Hilton-Erlebnis. ¥¥¥

GOWITHSTOCK/SHUTTERSTOCK ©

Niseko

Die Kombination von Bergen und Ackerland macht Niseko außerdem ideal zum Wandern und Radfahren. Drei Seilbahnen sind auch im Sommer in Betrieb, also kann man bergauf fahren und auf mehreren Trails abwärts wandern oder umgekehrt. Zu den längeren Routen zählt der 16 km lange **Niseko Circuit**, der auf der Rückseite des Niseko Annupuri nahe Goshiki-Onsen beginnt. Eine tolle Option ist auch die Besteigung des allgegenwärtigen Yōtei-zan. Mountainbiken ist im Aufwind, zwei Tracks mit Liftzugang gibt's in Hirafu. Und es gibt 25 Onsen, vom Luxus-Hotelbad bis zum Bergnest.

Es lohnt ein Besuch des **Niseko Adventure Centre** (NAC) in einem eigens errichteten Gebäude in Hirafu. Hier gibt's viele Informationen, eine geniale Indoor-Kletterwand und auf der oberen Etage **Jojo's Cafe & Restaurant**.

Besteigung des Yōtei-zan, Hokkaidōs Fuji

VULKANKEGEL ÜBER DER LANDSCHAFT

Er wird auch Ezo-Fuji genannt, weil er dem „großen" Berg so täuschend ähnlich sieht: Der spektakuläre Vulkankegel des Yōtei-zan (羊蹄山), einer der 100 berühmtesten Berge Japans, ragt ganze 1898 m hoch. Er liegt im Shikotsu-Tōya-Nationalpark östlich von Niseko und scheint zum Anfassen nah. Tatsäch-

SOMMEREVENTS IN NISEKO

Events und Festivals gibt's zwar ganzjährig, aber besonders viel los ist im August.

Kutchan Potato Festival
Das Jaga Matsuri ist das größte Sommerfest der Region und feiert die schlichten, aber berühmten Kartoffeln aus Kutchan.

Niseko Town Fireworks Festival
Riesiges Feuerwerk, Livemusik, traditionelle Japan-Laternen und verwirrend viele Essensstände.

Hirafu Matsuri
Das noch junge Fest im Zentrum des Dorfes Hirafu feiert die internationale Community im Gebiet Niseko. Triff die Einheimischen!

ESSEN & TRINKEN IN NISEKO

Graubunden
Alteingesessenes Café mit Sandwiches, Kuchen und Tee im Osten von Hirafu. Sitzen kann man draußen und drinnen. ¥

Jojo's Cafe & Restaurant
Von der Terrasse dieses lässigen Treffs im Obergeschoss des NAC ist der Blick auf den Yōtei-zan faszinierend. ¥¥

Afuri
Hochklassige Ramen, *donburi* (Gerichte auf Reis) und Dumplings. Das Restaurant liegt auf der Haupteinkaufsstraße von Hirafu. ¥¥

FUJI-DOPPELGÄNGER

Seit Jahrhunderten, wenn nicht gar Jahrtausenden, ist der Fuji Thema in ganz Japan. Seine perfekte Form und die dominante Höhe machten ihn zum unangefochtenen, zeitweise einheitsstiftenden Symbol des Landes, sogar für viele Einheimische, die ihn noch nie selbst gesehen haben. Die Schönheit des Fuji löste solche Ehrfurcht aus, dass Dorf- und Stadtgemeinden in Japan Lokalversionen zu schaffen begannen, um sie anzubeten, zu bewundern und stolz auf sie zu sein. Heute gibt's mindestens 30 bekannte Berge, die den Namen „Soundso-Fuji" tragen, häufig mit dem alten Provinznamen versehen, der 1868 von neuen Präfekturnamen abgelöst wurde. Hokkaidōs Yōtei-zan kennt man als den Ezo-Fuji, der Kaimondake in der Präfektur Kagoshima heißt Satsuma-Fuji, der Iino-yama in der Präfektur Kagawa ist der Sanuki-Fuji und so weiter.

POTUS/SHUTTERSTOCK ©

Yōtei-zan (S. 515)

lich wurde der Yōtei-zan in den Abschnitt über Niseko aufgenommen, weil ihn die spektakulären Winteransichten von Nisekos Hängen voller Skifahrer und Snowboarderinnen vor dem Hintergrund des schneebedeckten Yōtei-zan erst berühmt gemacht haben.

Wer sich nach der Schneeschmelze am Yōtei-zan versuchen will, hat eine große Klettertour vor sich. Der beste Startpunkt ist Yōtei-zan Tozan-guchi auf 350 m, dann folgen also noch 1500 vertikale Höhenmeter. Die meisten starten frühmorgens und packen Auf- und Abstieg in einen Tag. Es ist je nach Fitness mit 6 bis 10 Stunden zu rechnen. Sehr steil ist es nicht, aber körperlich wie mental ist es ein langer Tag. Der Yōtei-zan ist ein isolierter Vulkan, also kann das Wetter extrem schnell umschlagen, besonders über der Baumgrenze. Vor dem Start die Wettervorhersage prüfen und passende Kleidung und Regenschutz mitnehmen. Auf 1700 m steht eine minimal ausgestattete Schutzhütte, wo man übernachten und zum Sonnenaufgang auf den Gipfel steigen kann. Vorher über die Yōtei-zan Refuge Hut informieren; im Hochsommer ist Vorabbuchung Pflicht.

Die Umrundung des Kraters dauert etwa eine Stunde. Der Blick reicht über das Japanische Meer, den Pazifik und Tōya-ko – es sei denn, man steckt in einer Wolke.

UNTERWEGS VOR ORT

Wer Niseko im Winter besucht und auf die Pisten möchte: Regelmäßige Shuttlebusse verbinden die Skigebiete und ein eigenes Auto ist kaum nötig, es sei denn, man möchte weiter landeinwärts. Im Sommer dagegen ist ein Mietwagen für Entdeckungsreisen sehr nützlich.

SHIKOTSU-TŌYA-NATIONALPARK

Shikotsu-Tōya-Nationalpark

TOKIO

Südlich und südwestlich von Sapporo liegt der etwas merkwürdig geformte Shikotsu-Tōya-Nationalpark (支笏洞爺国立公園), mehrere Stücke Wildnis über ein großes Landgebiet verteilt. Im Osten ist der Kratersee Shikotsu-ko, Japans zweittiefster See, umgeben von hohen Vulkanen. Noboribetsu-Onsen im Süden des Parks ist Hokkaidōs wichtigster Thermalbadeort, im Westen lässt sich der kreisrunde Kratersee des malerischen Tōya-ko leicht mit dem Rad umrunden. Ebenfalls im Park ragt der Yōtei-zan (1898 m) auf, der dem Fuji ähnelt, aber so nahe an Niseko liegt, dass er hier im Niseko-Kapitel vorgestellt wurde (S. 513). Das 2020 eröffnete neue Nationale Ainu-Museum Upopoy liegt nicht im Shikotsu-Tōya-Nationalpark, sondern an der Küste im nahen Shiraoi. Wer Interesse an den offiziell als ein indigenes Volk Japans anerkannten Ainu hat, ist in diesem Museum am richtigen Ort.

TOP TIPP

Mit einer Unterkunft in Noboribetsu-Onsen sind das Nationale Ainu-Museum und der Park Upopoy in Shiraoi nur 30 Autominuten entfernt, zum Tōya-See sind es 50 Fahrminuten. Meist wird in Noboribetsu-Onsen Vollpension gebucht – es gibt nur wenige allgemein zugängliche Restaurants.

KUTTARA-SEE

Von Noboribetsu-Onsen führt eine kurvenreiche Bergstraße zum sehenswerten See Kuttara-ko (倶多楽湖). Dieser Kratersee ist für seine fast perfekte Kreisform mit 8 km Umfang bekannt und dafür, dass kein einziger Fluss in ihn mündet oder ihn verlässt. Der nur von Regenwasser gespeiste, strömungsfreie Kuttara-ko erwarb sich den Ruf als einer der saubersten, klarsten Seen Japans. Noch besser: Reisebusse dürfen die Straße nicht befahren, daher ist er ein bemerkenswert stiller, schöner Ort für ein Picknick am See. **Paddle Street** bietet Kajak-, Kanu- und Stand-up-Paddeltouren an (vorab buchen) und vermietet einige „Schwanen"- und Ruderboote.

Verjüngungskur in Noboribetsu-Onsen

KLEINES THERMALBAD MIT VIEL BETRIEB

Versteckt in einem eigenen Tal in Küstennähe erlangte Noboribetsu-Onsen (登別温泉) in Japan für sein Heilwasser Berühmtheit, als es nach dem Russisch-Japanischen Krieg (1904–1905) als Kurort für verwundete Soldaten ausgewählt wurde. Heute ist es Hokkaidōs bekanntester Onsen-Ort mit zahlreichen Hotels und einer Haupteinkaufsstraße namens Gokuraku-dōri (Paradiesstraße), die sich mit kleinen Restaurants, Convenience Stores und Souvenirläden durchs Tal zieht.

Das Thermalwasser entspringt im **Jigoku-dani** (Höllental) oberhalb der Stadt, ein zischender, dampfender schwefliger Vulkanschlund, der zum rauchenden Krater des Kuttara-san gehört. Berühmt ist dieses Resort für seine Wasservielfalt, die verschiedenen Arten sollen unterschiedliche Heilwirkungen haben. Ein Holzsteg im Jigoku-dani führt zu einem kochend heißen Becken und mehrere kurze Wanderwege lassen sich vor oder nach einem Bad im Ort erkunden. Der Legende zufolge haust in der Höllenlandschaft der *oni* (Dämon) Yukujin. Keine Sorge, er ist nett und bringt Glück; seine Statuen sind im ganzen Ort verteilt.

Baden können zwar in ziemlich jedem Hotel auch Nichtgäste, aber Noboribetsu-Onsen ist eine Übernachtung wert. Die Top-Adresse ist das **Takimoto-kan mit langer Geschichte, sein** ursprüngliches Gebäude öffnete Ende des 19.Jhs. Das Große Bad überblickt Jigoku-dani und bietet 24 Stunden täglich Onsen-Wasser aus fünf verschiedenen Quellen in 35 Innen- und Außenbecken. Hokkaidōs größte Onsen-Anlage ist es wert, ruhig einmal verschwenderisch zu sein.

Radfahren & Skulpturen rund um den Tōya-ko

EINE SCHÖNE 36-KM-TOUR UM DEN SEE

Im Südwestbereich des Parks ist Tōya-ko (洞爺湖) ein fast klassisch runder See in einer Caldera mit der großen Insel **Naka-jima** in der Mitte. An seinem Südufer sitzt **Tōyako-Onsen**, ein beachtliches Städtchen mit einigen großen Hotels entlang der attraktiven Uferpromenade und kostenlosen Hand- und Fußbädern verstreut im Ort (ein Art Onsen-Schnitzeljagd!). Die wunderschöne Umgebung ist so eindrucksvoll, dass der G8-Gipfel 2008 am Tōya-ko stattfand.

Neben Raddampferfahrten lässt sich der Tōya-See am besten mit einer Radtour um das 36 km lange Ufer sehen und erleben. Mieträder gibt's gegenüber der Touristeninformation (TIC), eine gemächliche Runde dauert drei bis fünf Stunden. Die Route ist nicht ausgeschildert, aber wer sich an die Straßen und Wege

ÜBERNACHTEN & ESSEN IN NOBORIBETSU-ONSEN

Takimoto-kan
Hier lohnt es, zu prassen: unterhalb des Jigoku-dani, punktet mit Geschichte, Lage und Größe. ¥¥¥

Adex Inn
Schont den Geldbeutel. Wer hier absteigt, hat freien Eintritt zur Takimoto-kan auf der anderen Straßenseite. ¥¥

Sobadokoro Fukuan
Beliebtes Lokal mit leckeren Soba-Nudeln zum Mittag- und Abendessen an der Gokuraku-dōri. Englische Karte. ¥

AKKHAWIN LERTSODSAI/500PX ©

Noboribetsu-Onsen

direkt am See hält, verirrt sich nicht. Natürlich sind die wärmeren Monate am besten geeignet, doch die im Winter vom Schnee geräumte Ringstraße macht eine Tour möglich. Zum Aufwärmen hinterher geht's in den **Tōyako-Onsen**.

Ein Highlight unterwegs ist der **Tōya-Gurutto-Skulpturenpark** mit 58 sehr eindrucksvollen Statuen aus Stein, Bronze, Stahl und anderen Materialien, die durchdacht rund um den See aufgestellt sind. Englischsprachige Informationen zu den einzelnen Skulpturen bekannter japanischer Kunstschaffender finden sich auf der Stadtwebsite von Tōya-ko. Für eine sagenhafte Kulisse sorgt der Vulkankegel des **Yōtei-zan** im Norden, während der **Usu-zan** und sein rauchender Nachbar **Shōwa Shin-zan** auf der Südseite des Sees beinahe surreal wirken.

SHIKOTSU-SEE

Japans zweitgrößter See, der Shikotsu-ko (支笏湖) im Osten des Parks, ist für sein klares Wasser berühmt. Er liegt zwar 250 m über dem Meeresspiegel, ist an der tiefsten Stelle aber 363 m tief, also 113 m unter dem Meeresspiegel. Ohne eigenes Auto ist die Gegend nicht leicht zu erreichen, aber fürs Erforschen und Campen auf eigene Faust ist sie ideal. **Shikotsu-ko-Onsen** am Ostufer ist der einzige Ort. **Marukoma-Onsen am Nordufer punktet** mit fantastischen Seebädern. Rund um den Kratersee erheben sich Berge, von denen sich der **Tarumae-san** (1041 m) im Süden am leichtesten besteigen lässt. Der Startpunkt des Trails liegt auf 650 m Höhe und ist nur mit eigenem Auto zugänglich. Der Rundweg dauert vier bis fünf Stunden mit Gipfelbesteigung und Kraterumrundung.

Upopoy: Nationales Ainu-Museum & Park

TRADITIONEN UND KULTUR DER AINU KENNENLERNEN

Dieser wunderbare Gebäudekomplex in Shiraoi eröffnete 2020, ist Japans nördlichstes Nationalmuseum und dient als Zentrum der Wiederbelebung und Entwicklung der Ainu-Kultur. Er entstand, nachdem das japanische Parlament 2019 ein Gesetz verabschiedete, das die Ainu endlich als ein indigenes Volk Japans anerkannte. Nach über einem Jahrhundert Zwangs-

ÜBERNACHTEN, ESSEN & TRINKEN IN TŌYA-KO

Tōya Kankō Hotel
Seeuferlage mit umwerfendem Ausblick, Onsen in einer Höhle und hochwertigen Zimmern in japanischem Stil. ¥¥¥

Hotel Cocoa Resort
Hoch über dem Tōya-See. Ein Auto ist erforderlich, aber die Zimmer und die Aussicht sind großartig. ¥¥

Bōyōtei
Serviert seit 70 Jahren in Tōya-ko-Onsen leckere Gerichte westlichen Stils zu vernünftigen Preisen. ¥¥

IRANKARAPTE! HALLO!

Nachdem die Ainu-Sprache beinahe ausgestorben wäre und von der UNESCO als „stark bedroht" eingestuft wurde, ist sie inzwischen hoffentlich im Aufwind dank der rechtlichen Anerkennung der Ainu als indigenes Volk Japans. Upopoy bietet täglich kurze Ainu-Sprachkurse. Die Stiftung für Ainu-Kultur bildet Sprachlehrkräfte aus und Radio STV (Sapporo Television) strahlt Anfängersprachkurse aus. Man hofft, dass die Ainu-Sprache eines Tages auf dem Lehrplan in Hokkaidōs Schulen steht und irgendwann auf ein Ainu-Fernsehprogramm. Wer ein paar Wörter auf Ainu lernen möchte, holt sich in Upopoy ein Spiel mit Sprachlernkarten. Jede Karte zeigt ein anderes Wort und erweitert die Ainu-Kenntnisse.

Nationales Ainu-Museum

assimilation und Diskriminierung, die fast zum Verschwinden der Ainu-Sprache und -Kultur führten, wächst nun die Begeisterung für eine Ainu-Renaissance.

Das Prunkstück in Upopoy (ウポポイ) ist das Nationale Ainu-Museum, das die Ainu-Geschichte und -Kultur korrekt und pädagogisch wirksam vermitteln soll. Sein faszinierender Ausstellungsraum konzentriert sich auf Themen wie Geschichte, Glauben, Sprache und Alltag der Ainu. Der umgebende Park erstreckt sich rund ums Südende des Poroto-Sees, wo Gäste in einem *kotan* (Dorf) mit traditionellen Ainu-Bauten Ainu-Kleidung anprobieren, traditionellen Darbietungen sehen, das Spielen der *mukkuri (*Maultrommel) erlernen und Einbaum-Vorführungen auf dem See beobachten können. Es gibt Handwerksstudios und Tagesprogramme mit Workshops etwa zu Musik, Holzschnitzerei, Stickerei und Ainu-Sprache. Am Parkeingang sind mehrere Restaurants auf Ainu-Küche spezialisiert und Läden verkaufen Ainu-Kunsthandwerk.

Alles ist ausgesprochen gut durchdacht; ermutigend ist, dass große japanische Schulklassen hierherkommen, um sich über Geschichte und Kultur der Ainu zu informieren. Upopoy ist ein Muss für alle, die Interesse an indigenen Völkern haben. Der Eingang liegt zehn Gehminuten vom Bahnhof JR Shiraoi.

UNTERWEGS VOR ORT

Der Nationalpark erstreckt sich über ein weites Gebiet. Nach Noboribetsu-Onsen und an den Tōya-See bringt eine Kombination aus Bahn und Bus, für alle weiteren Entdeckungstouren ist ein Mietauto mehr als nützlich. Upopoy liegt fußläufig vom Bahnhof JR Shiraoi an der Küste.

HAKODATE

Das südliche Tor nach Hokkaidō und die drittgrößte Stadt der Insel. Hakodate (函館; 275 000 Ew.), liegt auf einer schmalen Landzunge zwischen dem Hakodate-Hafen im Westen und der Tsugaru-Straße im Osten. Das bekannteste Highlight ist der nächtliche Blick auf die Stadt vom Hakodate-yama (334 m) an der Spitze der Halbinsel.

Mit dem Vertrag von Kanagawa von 1854 wurde die Stadt einer der ersten zwei Häfen, die für amerikanische Schiffe geöffnet wurden; später beherbergte sie eine kleine, diverse ausländische Community. Dieser Einfluss ist im Motomachi-Viertel noch spürbar, sein Berghang ist mit europäischen Häusern und Kirchen überzogen. In der Backstein-Speicherstadt am Ufer findet morgens ein beliebter Markt statt und nostalgische Straßenbahnen fahren durch die Stadt. Das fünfeckige Fort Goryōkaku mit Park weiter nördlich war Japans erste Festung westlicher Bauart.

TOP TIPP

Hakodates Highlights sind zeitspezifisch und lassen sich an einem Tag besuchen. Man fängt frühmorgens auf dem Morgenmarkt an, nimmt die Straßenbahn zum Fort-Goryōkaku-Park, macht einen Spaziergang am Ufer und durch Motomachi und besteigt abends den Hakodate-yama für die berühmte Nachtansicht.

HIGHLIGHTS
1 Hakodate-yama

SEHENSWERTES
2 Akarenga-(Backstein-) Speicherstadt
3 Gotenyama-Batterie
4 Hakodate Morgenmarkt
5 Früheres britisches Konsulat
6 Früheres Amtsgebäude des Bezirks Hakodate
7 Orthodoxe Kirche

SCHLAFEN
8 Flexstay Inn Hakodate Station
9 La Vista Hakodate Bay

ESSEN
10 Daimon Yokochō

TRINKEN
11 Hakodate Beer
12 Hakoniwa Cafe

DIE BLAKISTON-LINIE

Auf dem Hakodate-yama erinnert ein Denkmal an den englischen Naturforscher Thomas Blakiston, der in Hakodate lebte (1861–1884). Blakiston erkannte als Erster, dass Hokkaidōs einheimische Tierarten sich von denen in Honshū auf der Südseite der Tsugaru-Straße unterschieden. Während Hokkaidō einmal durch eine Landbrücke über Sachalin und die Kurilen mit Nordasien verbunden war, führten Südjapans Landbrücken zur koreanischen Halbinsel. Die Bären auf Honshū sind asiatische Schwarzbären, die auf Hokkaidō Ussuri-Braunbären. Japanische Makaken leben auf Honshū, aber nicht auf Hokkaidō. Weitere Arten nördlich der sogenannten „Blakiston-Linie" sind Sibirische Streifenhörnchen, Rote Hokkaidō-Eichhörnchen, *ezo-jika* (Hokkaidō-Sikahirsch), *kita-kitsune* (Ezo-Rotfuchs) und der Riesenfischuhu (auch Blakiston fish owl).

Hakodates Glanzlichter bei Nacht

DER BERÜHMTE BLICK VOM HAKODATE-YAMA

Seit 1643 erstmals die Idee der „Drei besten Ansichten in Japan" (*Nihon Sankei*) aufkam, haben Einheimische eifrig Listen und Rankings berühmter Sehenswürdigkeiten im ganzen Land erstellt, darunter die „Drei großen Gärten" (*Nihon Sanmeien*). Daher war die Aufregung groß, als Hakodate 1915 auf der offiziellen Liste der drei berühmtesten Nachtansichten in Japan stand, der *Nihon Sandai Yakei*, auch als „Millionen-Dollar-Nachtpanoramen" bekannt. Hakodate-Reisende müssen jeder japanischen Bekanntschaft die Frage beantworten, ob sie nachts vom **Hakodate-yama** (334 m) geschaut haben – so berühmt ist das Panorama im ganzen Land!

Besonders an klaren Tagen und Nächten bietet sich vom Berg ein spektakulärer Anblick. Vom Gipfel ist bei Sonnenuntergang oder nach Einbruch der Dunkelheit zwischen dem pechschwarzen Wasser der Bucht im Westen und der Tsugaru-Straße im Osten die erleuchtete Halbinsel zu sehen, die Einheimischen zufolge die gleiche Form hat wie Hokkaidō. Neben den vielen Aussichtspunkten, die gen Norden über die Stadt blicken, sind auch die Reste einer Festung, die **Gotenyama-Batterie**, und das Blakiston-Denkmal zu sehen.

Es gibt verschiedene Wege zum Aussichtspunkt auf dem Gipfel: die Fahrt mit der Seilbahn von der Talstation im Motomachi-Viertel, mit dem Bus vom Bahnhof Hakodate, mit dem Auto über die gebührenfreie Straße (von 17 bis 22 Uhr für Autos gesperrt) oder eine einstündige Wanderung auf einem der Fußwege.

Das historische Motomachi

EINE DER ERSTEN AUSLÄNDISCHEN GEMEINDEN JAPANS

Der Kanagawa-Vertrag von 1854 zwischen dem Tokugawa-Shogunat und den USA (vertreten durch Kommodore Matthew Perry) bestimmte Hakodate und Shimoda als Häfen, die für amerikanische Schiffe geöffnet werden mussten. 1859 wurde Hakodate zusammen mit Yokohama und Nagasaki für den internationalen Handel zugänglich und zog ausländische Geschäftsleute an, wodurch eine diverse internationale Gemeinschaft entstand. Motomachi (元町) auf den unteren Hängen des Hakodate-Bergs wurde der Standort ausländischer Konsulate, Kirchen und Villen. Heute ist es eine faszinierende Gegend mit historischen Bauten zwischen modernen Wohnvierteln.

Eine Straßenbahn fährt bis Suehiro-chō, dann geht's bergauf zum **ehemaligen britischen Konsulat** (1913), heute ein kleines Museum mit angeschlossenem „Tea Room". Das **frü-**

ÜBERNACHTEN IN HAKODATE

Flexstay Inn Hakodate Station
Kleine Zimmer, aber luftig und sauber. Liegt gegenüber dem Bahnhof JR Hakodate. ¥¥

Hotel MyStays Hakodate Goryokaku
Räume westlichen Stils für ein kleines Budget an der Straßenbahnhaltestelle Goryō-kaku-kōen-mae. ¥

La Vista Hakodate Bay
Perfekte Uferlage, dazu heiße Quellen und die Aussicht vom Dachgeschoss. ¥¥¥

Früheres Amtsgebäude des Bezirks Hakodate

here Amtsgebäude des Bezirks Hakodate (1910) ist ein reich geschmückter Kolonialbau in Blau- und Gelbtönen, auf der russischen **Orthodoxen Kirche** (1916) glänzen markante Kuppeln und Türme aus Kupfer. Errichtet wurden diese Bauten Anfang des 20. Jhs. und ersetzten zerstörte Gebäude, als ein Großbrand 1907 Motomachi verwüstete. Der **ausländische Friedhof** mit Blick über die Bucht liegt bei einer Reihe buddhistischer Tempel und Friedhöfe und auf seinen Gräbern finden sich englische, französische und russische Inschriften; im ältesten Grab liegen zwei Matrosen, die 1854 beim Besuch des amerikanischen Geschwaders starben.

Am Südende des Hafens, unweit der Straßenbahnhaltestelle Suehiro-chō, liegt Hakodates **Akarenga-(Backstein-)Speicherstadt**, die auch nach dem Brand von 1907 entstand. Dieser Tage beherbergt sie Lebensmittelläden, Cafés, Shops und Galerien.

Ein sternförmiger Park – Goryōkaku-kōen

JAPANS ERSTES FORT IM WESTLICHEN STIL

Das 1866 fertiggestellte **Goryōkaku** (五稜郭, „fünfseitige Festung") war Japans erster Versuch, eine Festung westlichen Typs zu bauen, und beruhte auf der Arbeit des französischen Architekten Sébastien Le Prestre de Vauban. Den Bau in Form eines fünfzackigen Sterns errichtete das Tokugawa-Shogunat,

DER MORGENMARKT VON HAKODATE

Auf dem quirligen *asa-ichi* der Stadt gleich südlich vom Bahnhof JR Hakodate verkaufen 250 Stände Meeresfrüchte, frischen und getrockneten Fisch, Früchte der Saison sowie alle möglichen Süßigkeiten und Souvenirs. Genau der richtige Ort, um *kaisen-don* (Reis-Meeresfrüchte-Bowl), *uni-ikura domburi* (Seeigeleier und Lachsrogen auf Reis), gegrillte Krabben oder Tintenfisch-Sashimi zu probieren, mit einem Tintenfisch frisch aus dem Becken – und das alles zum Frühstück! Die Stände öffnen von ca. 5 Uhr bis Mittag, für den frischen Fang eher früh kommen. Der Markt verteilt sich über mehrere Häuserblocks und sorgt für einen faszinierenden Spaziergang. Nach dem Marktbesuch kann man weiter südlich in der beliebten Gegend zwischen dem Bahnhof und Motomachi herumschlendern.

ESSEN & TRINKEN IN HAKODATE

Hakodate Beer
Bestelle eine Tasting-Platte mit vor Ort gebrautem Bier und wähle aus einer ordentlichen Speisekarte. ¥¥

Hakoniwa Cafe
Kunst, Atmosphäre und Erfrischungen in einer Retro-Galerie mit Café an der Straßenbahnhaltestelle Jujigai. ¥

Daimon Yokochō
Zwei Gassen voller winziger Restaurants und Bars, nicht weit landeinwärts vom Bahnhof JR Hakodate. ¥

JAVEN/SHUTTERSTOCK ©

Goryōkaku-kōen (S. 523)

DIE FÄHRE NACH HOKKAIDŌ

Nach Hokkaidō kommt man zwar leicht mit dem Flugzeug oder der Bahn, aber auch mit einer Fähre. Von Hakodate gibt's Fährverbindungen in die Städte Aomori und Ōma an der Spitze der Halbinsel Shimokita an Honshūs Nordende. Fähren verkehren auch auf dem Japanischen Meer ab Honshū und verbinden verschiedene Häfen wie Maizuru (Kyoto-fu), Tsuruga (Fukui-ken), Niigata und Akita mit Hokkaidōs Häfen Otaru und Tomakomai. Am Pazifik gehen Fähren von Tomakomai zu den Honshū-Häfen Nagoya, Ōarai (Ibaraki-ken), Sendai und Hachinohe (Aomori-ken). Eine Langstreckenfährfahrt ist ein Abenteuer für sich. Auch das billigste Ticket gilt für *einen Tatami-Platz* und auf den meisten Übernachtfähren gibt's öffentliche Bäder. Gute Fahrt!

um Hakodate und die Tsugaru-Straße vor einer potenziellen russischen Invasion zu schützen. Nach der Meiji-Restauration von 1868 wurde es zum Hauptquartier der Republik Ezo; der kurzlebige Separatistenstaat unter Führung aufgebrachter Offiziere des Tokugawa-Shogunats bestand nur fünf Jahre lang und unterlag in der Schlacht von Hakodate den Truppen der Meiji-Regierung.

Vom Bauwerk selbst ist nichts erhalten außer seiner Grundfläche. Der Park inmitten eines sternförmigen Burggrabens wurde zu einer attraktiven öffentlichen Grünfläche mit mehr als 1600 Kirschbäumen, die im April blühen und ihn zu einem erstklassigen Spot während der Kirschblüte machen. Das Goryōkaku-Festival Mitte Mai erinnert an die Gefallenen der Schlacht von Hakodate; dann paradieren Einheimische in den Uniformen der Zeit.

Auf Bodenhöhe ist es praktisch unmöglich, einen Überblick über die Form des einstigen Forts zu gewinnen, leichter ist es dagegen von den Aussichtsplattformen des 90 m hohen **Goryōkaku-Turms** (五稜郭タワー). Eine Turmbesteigung lohnt sich. Auf der oberen Plattform gibt's eine gute Ausstellung zur Geschichte des Goryōkaku-kōen. Zum Park bringt eine Straßenbahn bis zur Haltestelle Goryōkaku-kōen-mae, von dort sind es ca. 15 Minuten nach Norden. Der Turm ist leicht zu erkennen.

UNTERWEGS VOR ORT

In Hakodate existiert ein hervorragendes Straßenbahn- und Busnetz. Es gibt nur wenige Straßenbahnlinien, aber die fahren zu den meisten Sehenswürdigkeiten. Achtung: Der Bahnhof JR Hakodate liegt in der Innenstadt, aber der Shinkansen von Honshū hält im Bahnhof JR Shin-Hakodate-Hokuto 20 Bahnminuten weiter nördlich.

Rund um Hakodate

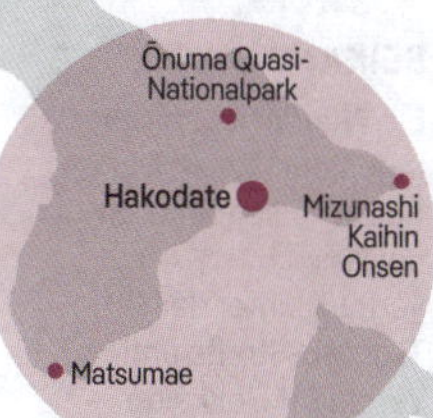

In Hokkaidōs Süden gibt's neben Hakodate weitere interessante Orte, die meist wenig internationalen Besuch bekommen.

Vor der Ära der Jets und Bahntunnel unter dem Meer kamen Reisende mit der Fähre in Hakodate an und fuhren von dort weiter. Wer die Kleinstädte im südlichen Hokkaidō entdecken möchte, ist gut beschäftigt. Südwestlich von Hakodate liegt die historische Stadt Matsumae, Japans politisches Machtzentrum auf Hokkaidō bis zur Meiji-Restauration von 1868, das heute kaum auf einer internationalen Tourismusroute auftaucht. Nördlich von Hakodate wartet der hübsche Ōnuma-Quasi-Nationalpark mit Bergen und Seen und lohnt durchaus einen Besuch. Wer gern draußen im Onsen badet, wird davon begeistert sein, im Mizunashi-Kaihin-Onsen an der Ostküste im Meer in heiße Badebecken zu steigen.

TOP TIPP

Matsumae und Mizunashi-Kaihin-Onsen sind von Hakodate aus tolle Tagesziele, aber zum Hinkommen ist ein Auto nötig.

Burg Matsumae (S. 526)

SEIKAN-TUNNEL

Ein Wunder japanischer Ingenieurskunst: Der Seikan-Eisenbahntunnel (青函トンネル) verläuft unter der Tsugaru-Straße und verbindet Hokkaidō mit Aomori, der nördlichsten Präfektur auf Japans Hauptinsel Honshū. Mit 53,85 km Gesamtlänge, 23,3 km davon unter dem Meer in bis zu 240 m Tiefe, war der Seikan-Tunnel der tiefste und längste Unterwassertunnel der Welt, als er 1988 mit viel Tamtam eröffnet wurde. Heute fährt der Shinkansen durch den Tunnel zum Bahnhof Shin-Hakodate-Hokuto nahe Hakodate, und bis 2030 soll die Streckenverlängerung nach Sapporo in Betrieb gehen. Tunnelfreaks können im Städtchen Fukushima (福島) das **Seikan Tunnel Museum** in einem Gebäude besichtigen, das Stücken des Unterwassertunnels nachempfunden ist – gut zu verbinden mit einem Besuch im nahen Matsumae.

Hokkaidōs einzige mittelalterliche Burg

FESTE DES MATSUMAE-CLANS

Matsumae (松前), rund 100 km südwestlich von Hakodate, ist eine faszinierende Stadt mit einer spannenden Geschichte. Bis 1590 überließ Japan Hokkaidō den Ainu, dann erlaubte der Shogun Toyotomi Hideyoshi dem Matsumae-Clan aus dem Norden Honshūs, sein Gebiet um Ezo im Süden zu erweitern, um Japan vor „Barbaren"-Überfällen aus dem Norden zu schützen. Genau das taten die Matsumae auch; ihr nördlicher Vorposten Matsumae, westlich des Kaps Shirakami an der Südspitze Hokkaidōs, wurde zu einer blühenden Stadt und durch eine Garnison auf der Burg Matsumae bewacht. Sie war die einzige Burg auf Hokkaidō in japanischer Bauart, in Sichtweite des nur 20 km entfernten Honshū jenseits der Tsugaru-Straße. Mit der japanischen Kolonisation nach der Meiji-Restauration ging der Wettlauf nach Norden an Matsumae praktisch vorbei.

Heute ist Matsumae eine friedliche Kleinstadt, die wegen ihrer abgelegenen Lage von ausländischen Reisenden selten besucht wird. Die jetzige dreistöckige **Burg Matsumae** ist zwar nur eine Rekonstruktion, prägt aber das Stadtbild. Auf dem Burggelände wachsen 10 000 Kirschbäume mit 250 Sorten, die von Ende April bis Ende Mai für eine Blütenexplosion sorgen. Im Tempelbezirk hinter der Burg stehen historische Bauten, wie man sie nirgendwo sonst auf Hokkaidō sieht, da der Rest der Insel erst Mitte bis Ende des 19. Jhs. von Japan besiedelt wurde.

Sumō-Fans kommen im **Yokozuna-Museum** in der östlichen Nachbarstadt **Fukushima** (福島) auf ihre Kosten. Aus diesem Städtchen kommen gleich zwei Großmeister *(yokozuna)*: Chiyonoyama, der erste *yokozuna* aus Hokkaidō, der in den 1950ern kämpfte, und sein Landsmann und Schüler Chiyonofuji, genannt „der Wolf", eine Legende von 1981 bis 1991.

Entspannung im Ōnuma-Quasi-Nationalpark

FRIEDLICHE NATUROASE NAHE HAKODATE

Mit dem Schnellzug sind es nur 30 Minuten von Hakodate in den Norden zum Ōnuma-Quasi-Nationalpark (大沼国定公園), der für die Küstenstadt ein Erholungsgebiet darstellt. Unterhalb des eindrucksvollen Vulkans **Komaga-take** (1131 m) entstanden der zauberhafte See **Ōnuma** („Großer Teich") und seinen Bruder **Konuma** („Kleiner Teich"), als Schlammlawinen während früher Ausbrüche einige Senken am Fuß des Vulkans aufstauten. Seit der frühen Meiji-Zeit, als Hakodate zu den wenigen japanischen Häfen mit Außenhandel zählte, war

ÜBERNACHTEN & ESSEN IN MATSUMAE

Onsen Ryokan Yano
Tolles Gasthaus gleich unter der Burg. Großes Gemeinschaftsbad und japanisch eingerichtete Zimmer. ¥¥

Yokohama-sō
Ein echtes familiengeführtes *ryokan* mit Futons, gemeinsamer Badbenutzung und regionaler Küche. ¥¥

Ogura
Kleines Lokal unterhalb der Burg mit jeder Menge Soba-Nudelgerichten; täglich mittags geöffnet. ¥

MAKOTO_HONDA/SHUTTERSTOCK ©

Der Ōnuma-See und der Vulkan Komaga-take

das Gebiet um Ōnuma ein Paradies für Reisende aus aller Welt. Ende des 19. Jhs. kamen Angehörige des italienischen Königs- und deutschen Kaiserhauses hierher, aber erst der Besuch von Kaiser Meiji persönlich erweckte 1881 die Aufmerksamkeit der Nation.

In wärmeren Jahreszeiten gibt's hier eine Menge Angebote. Es warten Seerundfahrten oder Wanderungen auf einem der vier Trails, die über die 18 Brücken zwischen Ōnumas vielen Inselchen führen. Mit dem Rad – beim Bahnhof zu mieten – gibt's viele Optionen; eine entspannte Runde um den See (14 km) dauert gut zwei Stunden und bietet fantastische Blicke über den Ōnuma zum Komaga-take und auf eine Menge Wasservögel. Rundum gibt's mehrere gute Campingplätze, die im Sommer gefragt sind. Im Winter ist Ōnuma bekannt für Eisfischen, Schneemobiltouren und Schneeschuhwandern.

Neben dem JR-Bahnhof Ōnuma-kōen befindet sich eine exzellente Touristeninformation und alle attraktiven Gegenden lassen sich leicht zu Fuß erreichen. Nicht vergessen: ein erfrischendes Bier im Bräuhaus Onuma, nur ein paar Schritte vom Bahnhof.

ŌNUMA-CRAFT-BRAUEREI

Bierbegeisterte haben im **Bräuhaus Onuma**, nahe dem JR-Bahnhof Ōnuma-kōen, jede Menge Spaß. Die Fassade der Ōnuma-Craft-Brauerei ist deutschen Vorbildern nachempfunden und verheißt Bier, und wer zu Fuß, mit dem Rad oder auf Schneeschuhen unterwegs war, bekommt hier seine Après-Belohnung. Der Fokus liegt auf kleinen Produktionsmengen und Gemeinschaftsorientierung, zum Einsatz kommen regionale Zutaten aus Südhokkaidō wie Äpfel aus Nanae, Reis und Frühlingszwiebeln aus Hokuto oder das Wasser vom Fuß des nahen Berges Yokotsu. Es gibt Kölsch und Alt mit je 5% oder das mit 8% stärkere India Pale Ale. Auf der Speisekarte stehen Wurst und Käse aus Hokkaidō. Das Negi-Bier aus Frühlingszwiebeln testen, wenn es das noch gibt!

ÜBERNACHTEN & ESSEN IM ŌNUMA-QUASI-NATIONALPARK

Hakodate-Ōnuma Prince Hotel
Üppige Ferienoase und Shuttle zum Bahnhof. Gute Preise außerhalb der Hochsaison. ¥¥

Pension Kaza
Gute Option für kleinere Budgets beim JR-Bahnhof Ōnuma-kōen. Zimmer im westlichen Stil, freundliches Betriebsklima. ¥¥

Numa-no-ie
Gegenüber vom Bahnhof. Hier gibt's *Ōnuma Dango*, die bekannte Lokalversion leckerer süßer Dumplings. ¥

HOKKAIDŌS PIONIERSTÄDTE

Die Zuwanderung nach Hokkaidō nahm in den 1870ern Fahrt auf, als Hokkaidōs Regierung einen Leitfaden für Einwandernde herausgab und sogar Reisekosten subventionierte. Gruppen kamen aus ganz Japan, blieben in vielen Fällen zusammen und gründeten neue Gemeinden. Als Naturkatastrophen ihre Heimatstadt Totsukawa-go in der Präfektur Nara verwüsteten, siedelte sich 1890 eine Gruppe am Fluss Ishikari nördlich von Sapporo an und nannte ihre neue Stadt Shin-Totsukawa (Neu-Totsukawa). Eine andere aus Hiroshima wurde nahe Sapporo ansässig und nannte ihre Stadt Kita-hiroshima (Nord-Hiroshima). Die Menschen, die sich in Obihiro niederließen, kamen aus Shizuoka, die von Yakumo in Süd-Hokkaidō dagegen aus Nagoya.

Mizunashi-Kaihin-Onsen

Onsen-Baden mitten im Meer

WOHLIGE WÄRME IM MIZUNASHI-KAIHIN-ONSEN

So sehen Geheimtipps aus: ein abgelegener Onsen in Steinbecken am Meer, der nur bei Niedrigwasser zum Vorschein kommt. Bei Flut bedeckt das Meer die Becken vollständig, aber zur richtigen Tageszeit wartet etwas ganz Besonderes. Schon das Hinkommen ist ein Spaß. Abenteuerlustige mit einem Auto nehmen die Straße 278 zur Halbinsel Kameda östlich von Hakodate. Der Straße ins Inland bis zur Küste folgen, dann rechts abbiegen auf die Straße 231 und ihr südöstlich bis ans Ende folgen. Von Hakodate dauern die 52 km etwas über eine Stunde.

Hier wartet der **Mizunashi-Kaihin-Onsen** (水無海浜温泉) mit spartanischer Umkleide und Steinstufen hinunter zum offenen Heißwasserbecken im Meer. Hier herrscht *kon-yoku* (gemischtgeschlechtliches Baden), nichts für Schüchterne. Manche baden nackt, andere in Badezeug. Das entscheidet jeder selbst, und anders als in anderen japanischen Onsen löst Badekleidung hier kein Stirnrunzeln aus. Die Benutzung des Onsen ist kostenlos, Amtspersonen gibt's keine. Um nicht enttäuscht zu werden, die Gezeitentabelle auf der Website Travel Hakodate unter „Hot Springs" oder in der Tourismusinformation prüfen.

Der Onsen-Besuch kann mit einer Tour zum Ōnuma-Quasi-Nationalpark (60 km nordwestlich) kombiniert werden. Dann geht's 34 km zurück nach Hakodate im Süden – ein toller Tagesausflug.

UNTERWEGS VOR ORT

Wer den Süden von Hokkaidō erforschen möchte, braucht ein Auto, besonders für den Weg von Hakodate nach Matsumae im Südwesten oder zum Mizunashi-Kaihin-Onsen im Osten. Der Ōnuma Regional Park hat eine Haltestelle auf der JR-Linie nach Hakodate, ist also leicht mit der Bahn erreichbar.

FURANO

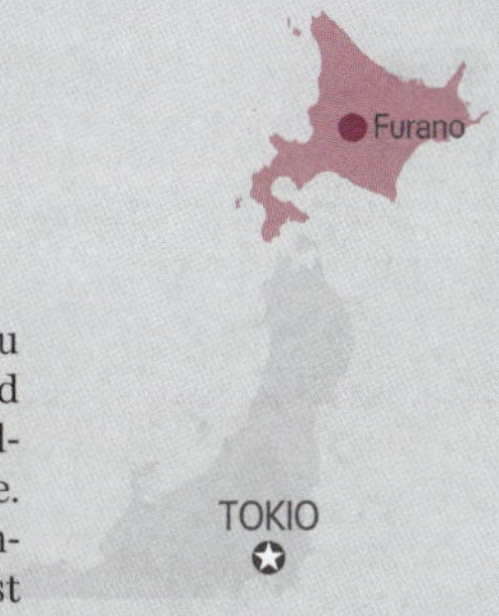

Furano (富良野) ist in jeder Jahreszeit eine Wonne. Es zählt zu den am weitesten landeinwärts gelegenen Städten Japans und wird als Hokkaidōs Zentrum betrachtet, was ihm den niedlichen Spitznamen *Heso-no-machi* (Bauchnabelstadt) einbrachte. Mit 43,3 Grad Nord liegt Furano überraschenderweise auf demselben Breitengrad wie Marseille in Südfrankreich, und das ist nicht die einzige Parallele. Furano produziert Wein, Käse und frische Farmprodukte, punktet im Sommer mit Blumenfeldern, vor allem Lavendel, und bietet Spaziergang-, Wander- und Radfahroptionen. Die Winter sind kalt mit Riesenmengen Pulverschnee und machten Furano zu einem der gefragtesten Ski- und Snowboardziele Japans.

Die nahe Kleinstadt Biei ist landesweit für ihre zwei Rundwege Patchwork und Panorama bekannt, die auf dem Rad oder im Auto durch herrliche Landschaften führen. Ebenfalls in der Nähe liegt Fukiage Roten-no-yu, Hokkaidōs bester kostenfreier Freiluft-Onsen in Gebirgslage.

TOP TIPP

In Furano ist das Angebot an Unterkünften geteilt: Die Häuser für den Winter liegen am Fuß der Skilifte im Westen. Einige Hotels gibt's auch im eigentlichen Furano in Bahnhofsnähe, einige Kilometer östlich des Skigebiets.

Patchwork-Straße (S. 534), Biei

FURANO

SEHENSWERTES
1 Furano Winery

WINTERSPORT
2 Furano-Gebiet
3 Kitanomine-Gebiet

SCHLAFEN
4 Cottage Morino Nakamatachi
5 Hotel Furano Natulux
6 Hostel Tomar

ESSEN
7 Bus Stop
8 Haus von Frau Kurosawa
9 Ice Milk Factory
10 Kumagera
11 Masaya
12 Yuiga Doxon

SHOPPEN
13 Käsefabrik Furano
14 Furano Marché
15 Ningle Terrace

Käse aus Furano

Weinkellerei Furano

Verkostungen von Wein, Käse & Eis

EIN STÜCKCHEN SÜDFRANKREICH IN HOKKAIDŌ

Mit Ähnlichkeiten mit Südfrankreich bezüglich geografischer Breite, Klima und verschiedenen Attraktionen spricht viel für Furano, wenn die Skisaison vorbei ist. Fast das gesamte Angebot der Stadt lässt sich beim Schlendern durch den Einkaufskomplex **Furano Marché** entdecken; hier warten Cafés, eine Weinboutique, frisch gebackenes Brot (das japanische Wort für Brot ist *pan*!) und ein Lebensmittelmarkt. Aber am besten lernt man Furano auf einer Fahrt durch Außenbezirke kennen – mit dem Auto oder einem E-Bike, das vor dem JR-Bahnhof Furano gemietet werden kann.

Auf einem Hügel einige Kilometer nordwestlich liegt mit herrlicher Aussicht aufs Tal der Ziegelbau Château Furano der **Furano Winery**. Die Kellerei ist der beste Ort für einen Einblick in die Weinherstellung und einen Gratisschluck. Dieses städtische Weingut wurde in den 1970ern gegründete, wird von der Stadt Furano betrieben und verarbeitet Furano-Trauben. Die Auswahl an Weiß-, Rot- und Roséweinen ist erstaunlich groß.

Rund 2 km südlich des Bahnhofs liegt die **Käsefabrik Furano**, die Butter, Eiscreme und Käse aus heimischer Milch herstellt. Es gibt ein sehr gutes Pizzarestaurant, das natürlich selbst er-

NINGLE TERRACE

Dieses sehr niedliche Zentrum für Kunst und Kunsthandwerk besteht aus 15 durch Holzwege verbundenen Blockhütten im Wald beim Hotel New Furano Prince zu Füßen des Furano-Skigebiets. Jede Hütte ist auf ein anderes Handwerk spezialisiert, es gibt alles von Holzspielzeug über Lederwaren und „Waldkerzen" bis zu handgeschöpftem Papier. Das „Kaleidoscope House" ist einfach faszinierend. Die meisten Kunstschaffenden stellen vor Ort neue Stücke her, während sie auf ihre Studios aufpassen. Ningle Terrace ist in jeder Jahreszeit zauberhaft und täglich von Mittag bis 20.45 Uhr geöffnet – nachts beleuchten Lichterketten die Wege. Der Name stammt aus dem Roman *Ningle* von Sō Kuramoto, in dem das kleine, weise Wesen Ningle einen Wald in Hokkaidō bewohnt.

ÜBERNACHTEN IN FURANO

Furano Natulux Hotel
Preisgekröntes modernes Hotel in Blickweite des Bahnhofs Furano; erstklassiger gemeinsamer Badebereich. ¥¥¥

Hostel Tomar
Beliebtes Hostel im Zentrum von Furano mit Schlafsälen, Gemeinschaftslounge, Küche und nettem Personal. ¥

Cottage Morino Nakamatachi
Cottages in guter Lage nahe den Skiliften der Kitanomine-Zone mit Küche, Parkplatz und mehr. ¥¥

Farm Tomita

FLUGHAFEN ASAHIKAWA

Der Flughafen im Haupttal, 15 km südlich von Hokkaidōs zweitgrößter Stadt Asahikawa (旭川; 330 000 Ew.) und 40 km nördlich von Furano, ist ein praktischer Eingangsort für Hokkaidō. Besonders bequem ist er für alle, die im Winter zum Skifahren und Snowboarden nach Furano reisen oder im Sommer den Daisetsuzan-Nationalpark besuchen wollen. Von Tokio und anderen japanischen Städten gibt's Direktflüge, außerdem landen auf dem Flughafen Asahikawa seit 2018 internationale Kurzstreckenflüge aus verschiedenen Städten Asiens. Vom Flughafen fährt man mit einem Mietwagen oder dem Bus nach Asahikawa (30 Minuten), oder über Biei nach Furano (eine Stunde).

zeugten Käse verwendet, und man kann sich nach vorheriger Online-Anmeldung im Käse- oder Eismachen versuchen.

Zwei lokale Spezialitäten sind als Gaumenkitzel zu empfehlen. *Omu-kare,* eine Curry-Omelett-Fusion, hat Legionen von Fans in Furano, während für *Chīzu-ramen* unter anderem heimischer Käse über eine Schale Ramen gerieben wird.

Skifahren & Snowboarden in Furano

FÜR FAMILIEN RICHTIG GÜNSTIG

Furano hat exzellenten Schnee, leicht und trocken, doch verglichen mit Niseko ist es unter ausländischen Ski- und Boardingfans relativ unbekannt. Ein großer Anreiz für Familien ist, dass Kinder bis 12 Jahre hier kostenlos Ski fahren. Die Hänge in zwei zusammenhängenden Skigebieten westlich der Stadt haben zusammen neun Lifte und sind zu 40 % für Neulinge, zu 40 % für Fortgeschrittene und zu 20 % für Erfahrene ausgewiesen. Das Gebiet **Kitanomine** im Norden reicht bis 943 m hinauf und hat an seiner Basis einen großen Gästebereich mit Hotels, Pensionen, Restaurants, Bars und Cafés. Das südliche **Gebiet Furano** hat Lifte bis auf 1074 m und liegt oberhalb des Hotels Shin-Furano Prince und zugehörigen Einrichtungen. Beide Zonen sind nahe dem Berggipfel verbunden und derselbe Ski-

ESSEN IN FURANO

Masaya
Nahe dem Bahnhof Furano. Spitzengerichte und englische Speisekarte – an den Tresen setzen und genießen. ¥¥

Yuiga Doxon
Rustikales Blockhaus in Furano, serviert Currys, hausgemachte Wurst, Wild und *omu-kare.* ¥

Kumagera
Leckere Ainu-Wurst, Rindfleisch, Salzhering und mehr unweit des Bahnhofs Furano; es wird Englisch gesprochen. ¥¥

pass gilt für beide. An guten Tagen ist die Aussicht über die Gemeinde Furano und das Tal nach Osten auf die Tokachi-Berge und den Daisetsuzan-Nationalpark sensationell.

Skisport in Furano gibt's seit 1931, der erste Lift wurde 1962 installiert. Saison ist üblicherweise je nach Schneemenge von Ende November bis Anfang Mai. Furano hat viele internationale Sportereignisse ausgerichtet und sich in Übersee wachsendes Ansehen erworben. Niseko ist zwar weiterhin die Nummer eins in Hokkaidō für ausländische Ski- und Boardinggäste, aber Furano ist eine tolle Option, wenn man sich auch anderswo umsehen will. Die Basis der Kitanomine-Zone liegt 3 km vom JR-Bahnhof Furano und dem Ort mit einigen ordentlichen Unterkünften entfernt.

Furanos famose Blumenfelder

EINE AUGENWEIDE FÜR DEN GANZEN SOMMER

Inzwischen sind sie eine wichtige touristische Attraktion – Furanos Lavendelfelder haben sich seit den 1950ern verändert, als Lavendel noch einfach ein lukratives Landwirtschaftsprodukt war. Als in den 1970ern billigerer Importlavendel nach Japan kam, entwickelten Furanos Lavendelzuchten die Idee, systematisch angelegte, bepflanzte und weit ausgedehnte Blumenfelder nicht nur mit Lavendel zu schaffen, die im Sommer Reisende nach Furano locken sollten. Das Farbenspiel ist umwerfend und die unterschiedlichen Blütezeiten sorgen für die schönsten Anblicke von Juni bis September. Lavendel zeigt sich von Mitte Juli bis Anfang August von seiner besten Seite, im Juni sieht man Mohn, Lupinen und Raps, ab Juli Lilien und im August und September Kosmeen, Salbei und Sonnenblumen. Eine einzige sommerliche Farborgie!

Wer die **Farm Tomita** (ファーム富田) nicht gesehen hat, glaubt es nicht. Sie ist mehr als nur etwas touristisch und produziert Begeisterungsjauchzer von japanischen Gästen. Das offensichtliche Highlight sind zwar Felder und Blumen, aber das Café und der Geschenkshop verkaufen Lavendel in jeder Form einschließlich Softeis, Pudding, Gelee, Gebäck und Softdrinks. Die Farm Tomita ist so populär, dass JR von Juni bis September sogar seinen saisonalen Haltepunkt Lavender-Batake (Lavendelfeld) anfährt, der fünf bis zehn Gehminuten entfernt liegt. Eintritt und Parken sind frei.

Blumenfelder blühen überall, und wer ein Auto hat, wird Freude daran haben, durchs Tal zu kurven. Ebenfalls spektakulär ist der zweite Standort der Farm Tomita, **Lavender East**, während das **Flower Land Kami-Furano** sagenhafte Blütenfelder in Hanglage mit einem atemberaubenden Berghintergrund bietet.

BAUCHNABEL-FESTIVAL

Da Furano mitten in Hokkaidō liegt und den Spitznamen *Heso-no-machi* (Bauchnabelstadt) hat, ist es nur natürlich, dass man dort eins der schrägeren Feste in Japan feiert, das ***Heso Matsuri*** (へそ祭り), das alljährlich am 28. und 29. Juli stattfindet – das Furano-Bauchnabelfestival. Diese Spaßaktion kreist seit 1969 um alles, was mit dem Nabel zu tun hat. Höhepunkt ist der *Heso-odori* (Bauchnabeltanz), bei dem sich gut vorgeglühte Tanzende einmalige Gesichter, *zubara* genannt, auf den Bauch malen lassen. Der Gesichtsausdruck auf ihm wechselt im Rhythmus der Musik. Auf dem Kopf sitzen riesige Strohhüte und verdecken die richtigen Gesichter, mit urkomischem Resultat. Rund 5000 Menschen tanzen und weitere Tausende schauen zu. Auf ins Vergnügen mit einem lustigen Gesicht in der Mitte.

LECKEREIEN IN FURANO

Ice Milk Factory
In der Käsefabrik Furano; es gibt Eiscremes der Saison wie etwa Spargel, Kürbis und Mais zu probieren. ¥

Bus Stop
Auf dem Furano Marché in der Stadt. Hausgemachte *manjū*, eine traditionelle japanische Süßigkeit, gefüllt mit Azukibohnen. ¥

Haus von Frau Kurosawa
Stille dein Heimweh nach deutschem *Baumkuchen*, der auch in Japan beliebt ist. Zwei Filialen in Furano. ¥¥

BLAUER TEICH VON SHIROGANE

20 Kilometer südöstlich von Biei liegt der Blaue Teich von Shirogane (白金青い池), der weltweit auf Computermonitoren zu sehen ist, seit er 2012 bei der Vorstellung des Apple MacBook Pro und anschließend als Bildschirmhintergrund für Macs verwendet wurde. Das Bild des japanischen Fotografen Kent Shiraishi vom aufregend blauen Teich, aus dessen Wasser kahle Bäume ragen, war ein Riesenhit und setzte Biei auf die Wunschliste vieler Reisender. Der Teich selbst ist ein Kunstprodukt, das Ergebnis von Schutzmaßnahmen gegen vulkanische Schlammlawinen. Die spektakuläre Farbe kommt vermutlich vom kolloidalen Aluminiumhydroxid im Wasser. Die Stadt Biei legte einen 20 km langen (Einbahn-)Radweg am Ufer zum Blauen Teich an, der zu einer sehr beliebten Route wurde.

Rund um Biei auf zwei Rädern

DURCH DIE LANDSCHAFT AUF DER PATCHWORK UND DER PANORAMA ROAD

33 km talaufwärts liegt nördlich von Furano die Kleinstadt Biei (美瑛), die in Japan als malerisches Radlerziel vor der dramatischen Bergkulisse des Daisetsuzan-Nationalparks gerühmt wird. In der Umgebung mäandern Landsträßchen durch Felder mit Sonnenblumen und Lavendel und Birkenpflanzungen. Biei ist primär ein Sommerreiseziel, wenn Reisende die Landschaft entdecken, vielleicht in einem Hofladen einkaufen und ein, zwei putzige Cottage-Cafés besuchen können. Die Szenerie, besonders die hübschen Bäume und Felder mit Bergen im Hintergrund, wird seit Jahren für beliebte Werbespots genutzt und viele japanische Gäste schauen nach, wo sie gedreht wurden.

Zur Orientierung startet man im hervorragenden **Tourismuszentrum Biei** neben dem JR-Bahnhof Biei. In der Nähe gibt's mehrere Vermietungen für Straßenräder und E-Bikes. Wer nicht regelmäßig im Sattel sitzt, nimmt lieber ein Elektrorad, weil manche Routen sehr bergig sind. Jedes Leihrad kommt mit Kartenmaterial und die Beschilderung ist gut verständlich. Die Route über die **Patchwork Road** nordwestlich der Stadt ist 18 km lang und dauert mit dem Rad zwei bis drei Stunden. Tipp: Auch mit dem E-Bike auf Autos achten, denn auch die benutzen diese Straße. Die längere Route auf der **Panorama Road** südöstlich von Biei ist 24 km lang und dauert vier Stunden; auch hier teilt man die Straße mit anderen Fahrzeugen. Auf beiden Strecken liegen unterwegs viele spannende Orte, also Zeit lassen und genießen.

Dampfend heißes Wasser im Wald

GENÜSSLICHES BADEN IM FUKIAGE ROTEN-NO-YU

Dieses wirklich japanische Erlebnis ist etwas Besonderes! Wer mitten im Urwald gerne nackt in kleinen Becken mit heiß dampfendem Wasser sitzt, steuert den **Fukiage Roten-no-yu** (吹上露天の湯) an. Für Schüchterne ist das allerdings nichts. Man zieht sich aus und setzt sich ins Wasser. Der Onsen ist *kon-yoku,* das heißt, Männer und Frauen baden gemeinsam, Kabinen gibt's nicht. Tatsächlich gibt's hier überhaupt nichts. Wenn verfügbar, ist ein kleines Handtuch als Sichtschutz nützlich.

An diesen halb geheimen Spot kommt man kaum ohne eigenes Auto. Die Fahrt von Furano dauert 45 Minuten: hoch hinauf in die Berge östlich des Tals, in die Südwestecke des

ÜBERNACHTEN & ESSEN IN BIEI

B Cycle
Hostel nahe dem Bahnhof Biei mit sauberen, bequemen Räumen; eine gute Option für kleine Budgets. ¥

Hotel Lavenir Biei
Nur einen Steinwurf vom JR-Bahnhof Biei. Gute Zimmer und ein warmer, herzlicher Empfang. ¥¥

Kame Tsuru
Nachts verwandelt sich das kleine, bei Einheimischen beliebte Lokal von einem Restaurant in ein *izakaya.* ¥

RETIREMENTBONUS/SHUTTERSTOCK ©

Fukiage Roten-no-yu

Daisetsuzan-Nationalparks, nur wenige Autominuten vom Tokachi-dake-Onsen. An der Hangseite der Straße 966 steht ein Schild am Parkplatz, dann führt ein Pfad 200 m bergab durch stillen Wald. Im Winter wartet ein stimmungsvolles Bad in dampfenden Teichen mitten im Schnee; Vorsicht ist auf dem Weg geboten, der vereist und glatt sein kann. Noch einmal: Außer zwei heißen Pools ist da nichts. Beide können sehr heiß werden, also vor dem Hineinsteigen die Temperatur prüfen. Der untere Pool ist meist nicht so heiß wie der obere.

Bei Dunkelheit ist eine Taschenlampe mitzubringen, weil es keine Beleuchtung gibt. In klaren Nächten sind Mond und Sterne eigentlich hell genug, um sich an den Becken zurechtzufinden. Personal gibt's nicht, der Fukiage Roten-no-yu ist rund um die Uhr geöffnet. Viel Spaß!

WARUM ICH ONSEN IM FREIEN LIEBE

Craig McLachlan, Autor

Ins heiße Wasser zu steigen, hat einfach etwas! Besonders in der Natur draußen, wo es nichts kostet, *kon-yoku* (gemischtgeschlechtlich) ist und Nacktsein zum guten Ton gehört. In Hokkaidō gibt's jede Menge solcher Onsen. Eins meiner liebsten ist Fukiage Roten-no-yu. Ich liebe es, den Waldweg hinabzuspazieren, bis vor mir zwei dampfend heiße Pools liegen und womöglich keine Menschenseele da ist. Wenn noch Schnee auf dem Boden liegt, umso besser, das steigert die Atmosphäre.

UNTERWEGS VOR ORT

Furano ist mit Sapporo per Bahn und Bus verbunden, außerdem mit Asahikawa weiter nördlich; es gibt Haltestellen in Kami-furano, Bibaushi und Biei. Wer in Furano unterkommt, braucht im Winter wahrscheinlich keinen Mietwagen zu den Pisten. Aber nach der Schneeschmelze ist ein Fahrzeug für den Aufenthalt von Vorteil. Leihräder einschließlich E-Bikes gibt's vor den Bahnhöfen Furano und Biei.

DAISETSUZAN-NATIONALPARK

Die Ainu nennen ihn „Nutakukamushupe", „großer Schneeberg". Japans größter Nationalpark Daisetsuzan (大雪山国立公園) wurde 1934 designiert und bedeckt riesige 2270 km². Das „Dach Hokkaidōs" ist eine riesige Wildnis aus aufragenden Bergen mit aktiven Vulkanen, abgelegenen Onsen, klaren Seen und dichten Wäldern.

Weil es im Park wenig Infrastruktur gibt, quartieren sich die meisten Reisenden in den Thermalbadeorten an seiner Peripherie ein. Für Outdoor-Begeisterte ist es ein Paradies mit exzellenten Wanderwegen, großartiger Flora und Fauna, Onsen und sogar Wintersportangeboten. In den beiden nördlichen Zugangsorten, Asahidake-Onsen im Nordwesten und Sōunkyō-Onsen im Nordosten, fahren Seilbahnen in die Höhe und bieten ein wunderbares Hochgebirgserlebnis. Ein toller Geheimtipp ist Daisetsu-Kōgen-Onsen mit rustikaler Unterkunft und einem für Braunbären berühmten Wanderweg.

TOP TIPP

Wer kann, übernachtet im Park, aber nicht unvorbereitet. Im Asahidake-Onsen sind die Mahlzeiten vorab zu buchen. In Sōunkyō-Onsen gibt's einige öffentliche Restaurants, während die Mahlzeiten in Daisetsu-Kōgen-Onsen in den Übernachtungskosten enthalten sind.

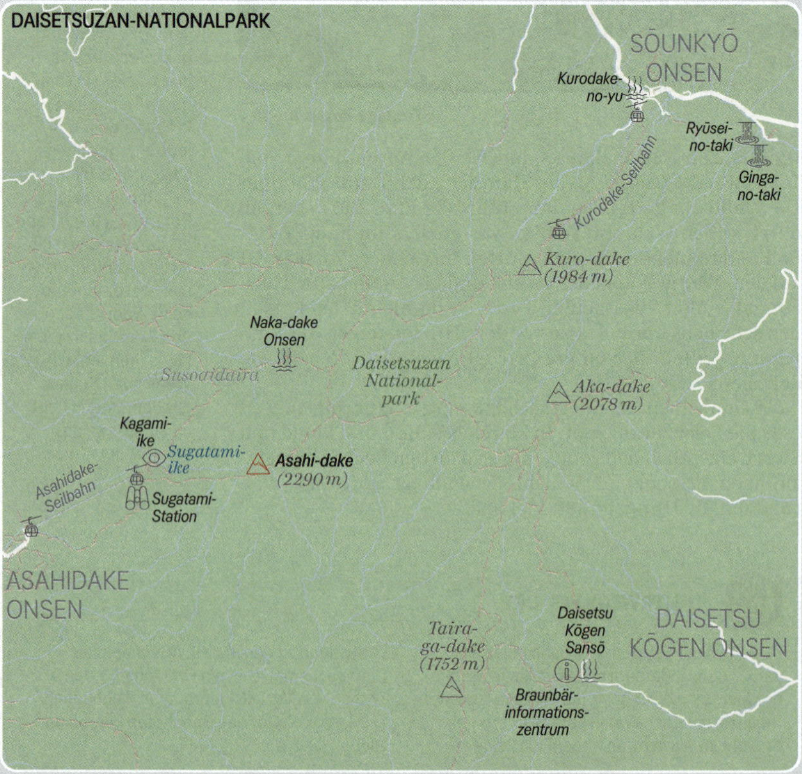

DAISETSUZAN-NATIONALPARK

SŌUNKYŌ ONSEN
Kurodake-no-yu
Ryūsei-no-taki
Ginga-no-taki
Kurodake-Seilbahn
Kuro-dake (1984 m)
Naka-dake Onsen
Susoaidaira
Daisetsuzan National-park
Aka-dake (2078 m)
Kagami-ike
Sugatami-ike
Asahi-dake (2290 m)
Asahidake-Seilbahn
Sugatami-Station
ASAHIDAKE ONSEN
Taira-ga-dake (1752 m)
Daisetsu Kōgen Sansō
DAISETSU KŌGEN ONSEN
Braunbär-informations-zentrum

Asahi-dake

Hokkaidōs höchster Gipfel Asahi-dake

VON ASAHIDAKE-ONSEN NACH NORDWESTEN

In der Nordwestecke des Nationalparks liegt auf 1100 m Höhe **Asahidake-Onsen** (旭岳温泉) und ist mit Bus und Auto relativ leicht erreichbar. An der Talstation der **Asahidake-Seilbahn** gibt's eine Reihe Unterkünfte und ein gut ausgestattetes Besucherzentrum, aber weder Läden noch Tankstellen und nur ein Restaurant (nur Mittagessen). Wer hier bleibt – es ist ein wunderbarer Übernachtungsort in den Bergen – sollte Mahlzeiten im Quartier einplanen.

Die Seilbahn trägt Schau- und Wanderlustige bis **Sugatami** (1600 m), wo sich hervorragende Ausblicke bieten und zum **Asahi-dake** (旭岳; 2290 m) ein sehr machbarer vier- bis fünfstündiger Rundweg führt. Die Bergstation liegt über der Baumgrenze in einer tundraartigen Berglandschaft. Der Trail besteht vorwiegend aus Vulkangeröll und auf dem Weg zum Gipfel sind jede Menge qualmende, schweflige Vulkanspalten zu sehen, besonders rund ums Jigoku-dani (Höllental).

Wer tatendurstig, fit und erfahren ist, macht auf dem Rückweg vom Gipfel des Asahi-dake zur Seilbahn vielleicht einen Abstecher über den Mamiya-dake (2185 m) zum **Naka-dake-Onsen,** einem potenziell kochend heißen kleinen Teich. Vor dem Fußbad unbedingt die Temperatur prüfen! Mit diesem Extra kommt man auf sechs bis acht Stunden. Für einen etwa

SKIOPTIONEN

Es ist definitiv kein Anfängerort, aber sonst lässt sich im Winter in Asahidake-Onsen Außergewöhnliches auf Skiern erleben. Die **Asahidake-Seilbahn,** der einzige Lift, befördert Ski- und Boardfans von 1100 m auf 1600 m Höhe. Die Abfahrten sind je zur Hälfte für Fortgeschrittene und Erfahrene gelistet. Es gibt trockenen Pulverschnee und eine tolle Aussicht. Die Begleitung erfahrener Berg-Guides ist zu empfehlen, denn die Strecken sind nur minimal markiert und werden nicht überwacht.

Zu Ski- und Boardingpisten führt auch der Sessellift am oberen Ende der **Kurodake-Seilbahn** über dem Sōunkyō-Onsen (S. 538). Mit 50% Anfänger-, 30% Fortgeschrittenen- und 20% Erfahrenen-Pisten bieten die Abfahrten ausgezeichnete Schneeverhältnisse und optionales Ski- und Schneeschuhwandern.

Infos zu beiden Gebieten auf snowjapan.com.

ÜBERNACHTEN & ESSEN IN ASAHIDAKE-ONSEN

K's House
Anständige Option für kleines Budget mit Schlafsälen, westlichen und japanischen Zimmern, Küchennutzung und Onsen. ¥

Hotel Bearmonte
Top-Hotel mit Onsen-Bädern, guten Zimmern und Restaurant in der Nähe der Seilbahn-Talstation. ¥¥¥

Sugatami Restaurant
Im 2. Stock der Seilbahn-Talstation. Nur Mittagessen, einfache Kost. ¥

KRZYSZTOF BARANOWSKI/GETTY IMAGES ©

Sōunkyō-Onsen

LÄNGERE WANDERUNGEN

Unbedingt recherchieren, bevor es auf die legendäre ***Daisetsuzan Grand Traverse*** geht, eine 80 km lange Route quer durch den Park in fünf bis acht Tagen. Sie ist definitiv kein Spaziergang! Die komplette Ausrüstung muss mitgeschleppt werden und es geht durch „Bärenland“ – nichts für Unerfahrene.

Eine erstklassige Tagestour für Interessierte und gut Organisierte: mit der Seilbahn ab Asahidake-Onsen, Wanderung auf und über den Asahi-dake (2290 m) zum Kuro-dake (1984 m), mit der Seilbahn hinunter nach Sōunkyō-Onsen. Zu berücksichtigen sind die Start- und Schlusszeiten der Seilbahnen, dazwischen liegen sechs bis acht Stunden Wanderzeit.

einstündigen Bummel gibt's einen netten, 1,7 km langen Rundweg von der Seilbahnstation rund um Sugatami-daira mit dem **Kagami-ike** (Spiegelsee) als Highlight, der herrliche Spiegelbilder des Asahi-dake zeigt.

Ratschläge und Wetterberichte gibt's im hervorragenden Besucherzentrum am Fuß der Seilbahn.

Ausflüge von Sōunkyō-Onsen

ONSEN-DORF IM NORDOSTEN

Das Haupteinfallstor zum Nationalpark im Nordosten ist Sōunkyō-Onsen (層雲峡温泉) auf 670 m Höhe, ein wunderschönes kleines Dorf und guter Ausgangspunkt für Streifzüge in den Park. Es gibt die geschäftige Fußgängerzone Canyon Mall, einige Übernachtungs- und Essoptionen und jede Menge heißes Wasser, wie es sich für einen abgelegenen Thermalbadeort gehört. Das **Kurodake-no-yu** hat hübsche Bäder, darunter das *rotemburo* (Außenbad) mit Aussicht im 3. Stock. Im *ashi-yu* neben dem Hotel Yumoto Ginsenkaku gibt's kostenlos Fußbäder.

Die beliebte **Kurodake-Seilbahn** bringt zum Sightseeing und Wandern auf 1300 m für herrliche Aussichten und spek-

ÜBERNACHTEN & ESSEN IN SŌUNKYŌ-ONSEN

Yumoto Ginsenkaku
Gute Zimmer in japanischem Stil. Dieses gehobene Onsen-Hotel liegt gleich unterhalb der Seilbahn. ¥¥

Sōunkyō Hostel
Schlafsäle und Privatzimmer, kostenlose Fahrräder und Gemeinschaftslounge in dieser preisgünstigen Top-Option. ¥

Beer Grill Canyon
Pasta, Pizza, Currygerichte und Bier zum Mittag- und Abendessen am hinteren Ende der Fußgängerzone Canyon Mall. ¥¥

takuläre Farben vor allem im Herbst. Von dort trägt ein Sessellift weiter auf 1520 m, wo ein ausgetretener Trail eine leichte Wanderung auf den 1984 m hohen Kuro-dake verspricht und Gebirgspflanzen und Blumen begeistern. Die meisten Reisenden von Sōunkyō-Onsen steigen in die Seilbahn, deutlich weniger in den Sessellift. Auf dem Pfad sind wahrscheinlich mehr Hörnchen als Menschen zu sehen.

Die Schriftzeichen für Sōunkyō (層雲峡) bedeuten „Schichtwolken-Schlucht". Eine 13 km lange Reihe schmaler, malerischer Schluchten entlang des Ishikari-gawa offenbart Wasserfälle, atemberaubende senkrechte Klippen und faszinierende Felsformationen. Es ist derselbe Ishikari-Fluss, der nördlich von Sapporo ins Japanische Meer mündet. Unterwegs gibt's viele schöne Stellen und Aussichtspunkte. Ein kurzer Abstecher zum **Ryūsei-no-taki** (Sternschnuppenfall) und zum **Ginga-no-taki** (Milchstraßenfall) lohnt.

Abgelegen: Daisetsu-Kōgen-Onsen

EMPFOHLENE BERGABENTEUER MIT BÄREN!

Nach zehn Kilometern unbefestigter Straße im Nirgendwo zählen im Herzen des Nationalparks ein paar Gebäude zu den abgeschiedensten in Japan. Daisetsu Kōgen Sansō (大雪高原山荘) ist eine weitläufige Berghütte, die ab ca. 20. Juni an genau 123 Tagen im Jahr offen ist. Sie bietet ein „Berghüttenabenteuer" ohne Bergsteigen, da man herfahren kann, wenn auch auf einer abgelegenen, holprigen unbefestigten Straße. Im Preis inbegriffen sind hübsche Tatami-Zimmer, zwei Mahlzeiten und Zugang zum Onsen. Nichtgäste können den Onsen für 900 ¥ nutzen. Wer reserviert hat und übernachtet, fährt kostenlos mit dem Shuttlebus, der zweimal täglich in beide Richtungen mit dem 25 km entfernten Sōunkyō-Onsen verbindet. Nicht vergessen bei Anreise mit dem Auto: Es gibt weder Läden, Geldautomaten noch Tankstellen.

Viele japanische Reisende kommen her, um auf dem **Kōgennuma Meguri** zu wandern, die vier- bis fünfstündige Strecke bietet die beste Chance, einen *higuma* (Braunbär) in freier Wildbahn zu sehen. Das ist sehr durchorganisiert, um allzu nahe Begegnungen zu vermeiden. Vor der Wanderung steht ein obligatorischer Vortrag im **Braunbären-Informationszentrum;** der Aufbruch findet nur zwischen 7 und 13 Uhr statt, die Rückkehr bis 15 Uhr. Das Parkpersonal ist täglich auf dem Trail, gibt per Funk Bärenstandorte durch und behält Bären und Gäste im Auge. Ein wunderbarer Tagesausflug. Geübte brauchen für die Runde vier bis fünf Stunden, nach Midori-numa und zurück sind es rund zwei Stunden.

HIGUMA: USSURI-BRAUNBÄREN

Hokkaidō ist das Land der Bären, und zwar nicht der kleinen Schwarzbären wie auf Honshū. Diese hier sind *higuma*, viel größer, viel aggressiver, die mutmaßlichen Vorfahren der amerikanischen Grizzlys und der Albtraum auf Hokkaidō-Wanderungen. Wer wandern geht, sollte auf jeden Fall einen *kuma-yoke* (Bärenschreck) in Form eines Glöckchens am Rucksack dabeihaben. Theoretisch geht der Bär in die andere Richtung, wenn er es hört – viel besser als ein Überraschungstreffen um die Ecke! Im Frühling und Frühsommer sind die Bären am aktivsten. Richtig mit dem Feuer spielen Wildpflanzen sammelnde *Sansai-tori*, denn sie konkurrieren aktiv mit den Bären um deren Lieblingsessen!

UNTERWEGS VOR ORT

Es gibt öffentliche Verkehrsmittel nach Asahidake-Onsen und Sōunkyō-Onsen, aber für die Entdeckung der Umgebung ist ein fahrbarer Untersatz hilfreich. Nach Daisetsu-Kōgen-Onsen verkehrt ein Shuttle von Sōunkyō-Onsen, aber auch hier ist es günstig, selbst mobil zu sein.

RISHIRI-REBUN-SAROBETSU-NATIONALPARK

Rishiri-Rebun-Sarobetsu-Nationalpark

TOKIO

Wer Abenteuer auf einer einsamen Insel an Japans äußerster Nordspitze sucht, reist nach Rishiri-tō und Rebun-tō, die der Küste um die Stadt Wakkanai westlich vorgelagert sind. Den Großteil des Jahres verbringen diese Inselchen praktisch im Dornröschenschlaf, erwachen aber von Mai bis August zum Leben und ziehen Wanderfans, Outdoor-Aktive und Wildblumenbegeisterte an. Das ist die perfekte Jahreszeit, um auf den Rishiri-zan (1721 m) zu steigen, der fast perfekte Kegel ragt wie ein Mini-Fuji aus dem Meer, oder mit dem Rad einmal die Insel zu umrunden.

Ganz anders ist das nahe Rebun – lang und flach, ein Mekka für alle, die Blumen lieben, besonders im Juni und Juli. Beide Inseln steuert die Fährgesellschaft Heartland von Japans nördlichster Stadt Wakkanai aus an. Zum Nationalpark gehört das Feuchtgebiet Sarobetsu auf dem Hokkaidō-Festland, 40 km südlich von Wakkanai, das für seine prächtigen Wildblumen im Sommer bekannt ist.

TOP TIPP

Für die Besteigung des Rishiri-zan sind ein paar Tage einzuplanen, denn das Inselwetter könnte am ausgesuchten Datum nicht kooperieren. Vorher informieren und gut vorbereiten. Nach dem Abstieg belohnt ein heißes Bad im Rishiri-Fuji-Onsen.

Wakkanai (S. 542)

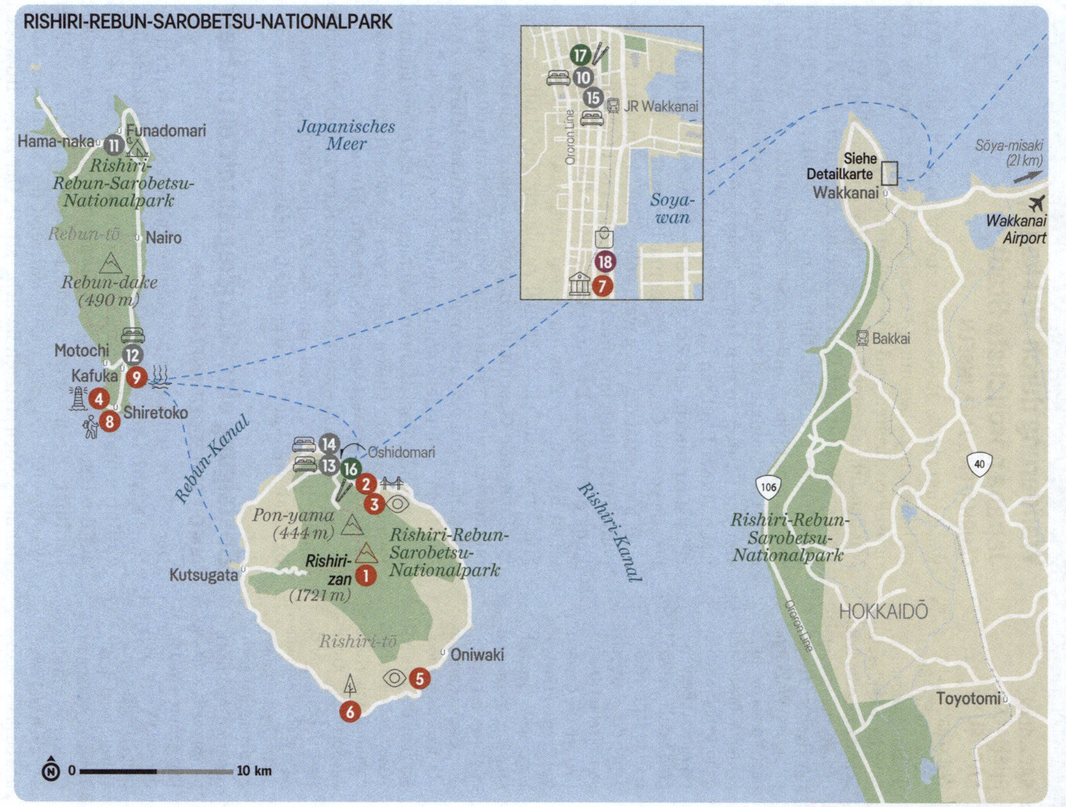

HIGHLIGHTS
1 Rishiri-zan

SEHENSWERTES
2 Fujimio Bridge
3 Himenuma Pond
4 Motochi Lighthouse
5 Otatomari Swamp
6 Senhoshi-misaki Park
7 Wakkanai Karafuto Museum

AKTIVITÄTEN
8 Momoiwa Course
9 Usuyuki-no-yu Onsen

SCHLAFEN
10 Dormy Inn
11 Kushu-kohan Campground
12 Pension Ūnii
13 Rera Mosir
14 Rishiri Greenhill Inn
15 The Stay

ESSEN
16 Maruzen Shokudō
siehe 9 Robata Jidori
17 Take-chan Izakaya

SHOPPEN
18 Fukuko-ichiba

SACHALIN, EHEMALS KARAFUTO

Wakkanai hat eine starke Verbindung zu Russland, wie die Schilder in kyrillischer Schrift in der Stadt zeigen. Vor der Pandemie fuhr Heartland regelmäßig von Wakkanai nach Korsakow auf Sachalin. Tatsächlich gehörte Süd-Sachalin bis zum 50. Breitengrad Nord von 1905 bis 1945 zu Japan. Als Japan den Russisch-Japanischen Krieg (1904–1905) gewann, trat Russland im Vertrag von Portsmouth Süd-Sachalin ab und es wurde das japanische Gebiet Karafuto. Als die Sowjetunion am Ende des Zweiten Weltkriegs einfiel und es zurückeroberte, lebten dort 400 000 Menschen, überwiegend japanische Eingewanderte. Die meisten wurden später nach Hokkaidō repatriiert, obwohl viele auf Karafuto geboren waren, dort *ohaka* (Familiengräber) hatten und sich der Insel stark verbunden fühlten. Ob der Fährverkehr zwischen Wakkanai und Sachalin wieder aufgenommen wird, ist noch offen.

Wanderung durch Wakkanai, Japans nördlichste Stadt

FÄHRHAFEN ZU DEN INSELN

Wakkanai (稚内; 35 000 Ew.) scheint am Nordende der Welt zu liegen, hat aber mit 45 Grad Nord überraschenderweise denselben Breitengrad wie Portland, Oregon und Mailand. Mit den Jahreszeiten ändert sich das Wetter radikal. Von November bis März ist Wakkanai eine Art sibirischer Außenposten mit durchschnittlich 6,6 m Schneefall. Es gibt Fischerei, Seetangfarmen und eine Sattelrobbenkolonie. Außerhalb der Wintermonate ist es eine angenehm milde Hafenstadt, von der Fähren zu den Inseln Rishiri-tō und Rebun-tō ablegen. Außer Englisch ist auf Schildern in der Stadt auch Kyrillisch zu finden, ein Zeugnis der vielen russischen Traveller, die vor der Covid-19-Pandemie hier vorbeischauten.

Bis hierher ist der Weg weit, volle fünf Zugstunden ab Sapporo und ähnlich lang mit dem Auto. Es ist buchstäblich das Ende des Weges. Die Inseln sind zwar der Hauptgrund für einen Besuch, doch es lohnt sich auch, etwas Zeit für einen Spaziergang durch Wakkanai zu planen. Die Stadt hat eine faszinierende Geschichte, besonders bezüglich ihrer Verbindungen mit Karafuto (jetzt Sachalin) kaum 60 km weiter nördlich. Nicht verpassen: Auf dem **Fukuko-ichiba** (Fukuko-Markt), zehn Gehminuten südlich des Bahnhofs, befinden sich in einem überdachten Komplex ein Lebensmittelmarkt, Restaurants, ein Onsen und faszinierende historische Ausstellungen im **Wakkanai-Karafuto-Museum**.

Vom Hafen aus steuert Heartland Ferry täglich Rishiri-tō und Rebun-tō an, von April bis Oktober häufiger. Vom JR-Bahnhof Wakkanai sind es nur fünf Minuten dorthin.

Besteigung eines Bergkegels mitten im Meer

AUF DIE SPITZE DER INSEL RISHIRI

Der Schriftsteller und Bergsteiger Fukada Kyūya verhalf der Insel **Rishiri-tō** (利尻島), 40 km westlich von Wakkanai, 1962 zu Ruhm und Wohlstand, als er den **Rishiri-zan** (利尻山) auf die Liste seiner *Nihon Hyakumeizan*, „Japans hundert berühmte Berge“, setzte. Heute ist der Rishiri ein populäres Wanderziel und garantiert während des gesamten Nordsommers einen stetigen Besucherstrom. Der Berg wird wegen seiner Ähnlichkeit mit dem Fuji auch Rishiri-Fuji genannt und ist eine große Aufgabe. Der Haupttrail beginnt 4 km landeinwärts vom Fähranleger Oshidomari auf 220 m über dem Meeresspiegel. Der Gipfel erreicht 1721 m, also sind 1500 Höhenmeter zu überwinden. Die Wanderung lohnt und die

ÜBERNACHTEN & ESSEN IN WAKKANAI

The Stay
Schlafsäle und Privatzimmer im beliebten Hostel gleich gegenüber dem JR-Bahnhof Wakkanai. ¥

Dormy Inn
Standardhotel für Geschäftsreisen, aber tolle Lage zwischen den Restaurants in Bahnhofsnähe. ¥¥

Take-chan Izakaya
Toller Ort für Frischfisch, Meeresfrüchte und Getränke, englische Speisekarte mit Bildern; nahe dem Bahnhof. ¥¥

MIT DEM AUTO VON WAKKANAI NACH ABASHIRI

Die 325 km entlang der Küste von Japans nördlichster Stadt Wakkanai bis Abashiri an Hokkaidōs Ostküste dauern etwa fünf bis sechs Autostunden und werden die Vorstellung von Japan als dicht besiedeltem, gedrängtem Land erschüttern. Von **1 Wakkanai** (S. 542) geht's Richtung Osten auf der Straße 238 um die Sōya-Bucht, vorbei am Wakkanai Airport und zu Japans nördlichstem Punkt **2 Sōya-misaki**, dem Ziel aller, die „einmal durch Japan" laufen oder radeln. Weitere 43 km nördlich und jenseits der La-Pérouse-Straße, benannt nach dem französischen Entdecker, der sie 1787 durchsegelte, ist an klaren Tagen das russische Sachalin zu sehen. Nach der Umrundung des Kaps wartet eine lange, gerade Strecke entlang des Ochotskischen Meers in Hokkaidōs Nordosten. Wer Tokio-Verkehr gewöhnt ist, findet hier einen Traum vor: kaum Autos, Städte oder Ampeln. Die Höchstgeschwindigkeit ist leicht überschritten, also Fuß vom Gas, wer nicht mit Bußgeldern die Wirtschaft ankurbeln will.

Die wenigen windzerzausten Hafenstädte liegen weit verstreut zwischen breiten Flächen Ackerland und Nichts. In den Städten **3 Esashi** und **4 Mombetsu** gibt's Unterkünfte, südöstlich von Mombetsu auch einen Flugplatz mit Verbindungen nach Sapporo. Einsamkeit ist Trumpf. Ab und zu bietet ein *michi-no-eki*, eine Raststätte, ein paar Speisen und Getränke, Toiletten und WLAN. Die Straße windet sich vorbei an **5 Saroma-ko** und später **6 Notoro-ko**; die riesige Lagune ist bekannt für das hellrote „Korallengras", das im September blüht. Schließlich führt die Straße in die Stadt **7 Abashiri** (S. 547), das Ende einer wohl unvergesslichen Fahrt.

AUF DEN INSELN BLEIBEN

Auf Rishiri-tō und Rebun-tō befinden sich Zeltplätze, Hostels, Pensionen und Hotels, allerdings sollte man mit entweder einer Reservierung oder einem Plan aufbrechen, da beide Inseln von Mai bis Anfang Oktober stark besucht sind, besonders zur Ferienzeit im Juli und August. **Oshidomari** (鴛泊) ist der Haupthafen und die größte Siedlung auf Rishiri-tō mit den meisten Unterkünften und sonstigen Annehmlichkeiten. **Kafuka** (香深) ist ihr Pendant auf Rebun-tō. Rebun ist auch im Juni voll, wenn die Wildblumen blühen. Wem die Übernachtungspreise auf den Inseln die Tränen in die Augen treiben, bedenke, dass sich beide als Tagestour eignen. Heartland Ferry startet frühmorgens von Wakkanai zu beiden Inseln und bringt am späten Nachmittag zurück.

Aussicht ist sagenhaft, aber die nötige Fitness oder das launische Wetter auf dem exponierten Vulkan sind nicht zu unterschätzen. Hin und zurück braucht man acht bis zehn Stunden.

Vom Zeltplatz Hokuroku geht's stetig bergauf, zuerst durch Wald, dann an einem Berggrat entlang. Auf 1230 m steht hinter der achten Station eine Notunterkunft, dahinter wird es auf einem Bergrücken Richtung Gipfel anstrengend. Ein kleiner Schrein auf dem Kita-mine (Nordgipfel) markiert auf 1719 m die höchste Stelle für Bergwanderungen. Eigentlich ist der Minami-mine (Südgipfel) auf 1721 m noch 2 m höher, aber aufgrund von Erosion gesperrt. An schönen Tagen ist der Panoramablick atemberaubend: das Festland von Hokkaidō im Osten, Rebun-tō im Nordwesten. Meist erfolgt der Abstieg auf demselben Weg, möglich ist er aber auch nach Kutsugata an der Westküste.

Blumenwandern auf der Insel Rebun

WILDBLUMEN LOCKEN BESUCHERSCHAREN

Vom benachbarten Rishiri-tō mit einem Vulkan im Meer unterscheidet sich **Rebun-tō** (礼文島) völlig – es gleicht mehr einem langen, getrockneten Tintenfisch auf der Meeresoberfläche. Hier wandert man nicht in die Höhe, sondern entlang der Insel zu Feldern voller Wildblumen und ihren Farbexplosionen im Sommer. Ganz oben auf der Liste der Wunschkandidaten steht das *usuyuki-sō,* das „Rebun-Edelweiß", das nur hier vorkommt und der ganze Stolz der Insel ist.

Der Fähranleger ist in **Kafuka** (香深) im Süden; von Wakkanai dauert die Überfahrt etwa zwei Stunden, einige Fähren verbinden Rebun-tō in 40 Minuten mit Rishiri-tō. Öffentliche Busse fahren eher unregelmäßig über die Insel zur Nordspitze **Sukuton-misaki,** daher ist der Fahrplan am Fähranleger zu prüfen, bevor das Rebun-Abenteuer losgeht. Vor der Fährstation gibt's Scooter und Fahrräder zu mieten. Wer noch Zeit hat: Der **Usuyuki-no-yu-Onsen** steht direkt am Ufer in Kafuka.

Rebun Tourism bietet online eine englischsprachige Karte mit sieben Tipps für Wanderwege an. Der südlichste ist der **Momoiwa Course**, eine ziemlich einfache Strecke über 5,3 km durch eine wunderschöne Landschaft in zwei bis drei Stunden. Der Bus bringt zum Anfang des Weges bei Momoiwa oberhalb von Kafuka, von dort geht's hoch bis zum Aussichtspunkt, dann Richtung Süden durch Blumenfelder mit Blick auf die Westküste. Vom **Motochi-Leuchtturm,** der nach Süden auf Rishiri-tō blickt, landet man zum Abschluss im Dorf Shiretoko und nimmt den Bus zurück nach Kafuka.

ÜBERNACHTEN & ESSEN AUF REBUN-TŌ

Campingplatz Kushu-kohan
Camping und urige Hütten am See. Liegt am Nordende der Insel, mit Bus erreichbar. ¥

Pension Ūnii
Freu dich auf einen herzlichen Empfang in diesem Familienbetrieb am Ende von Kafuka; Essen im Preis inbegriffen. ¥¥

Robata Jidori
Unbedingt probieren: *hokke chanchan-yaki,* Atka-Grünling frisch aus dem Ochotskischen Meer, gegrillt mit Miso. ¥¥

Rebun-tō

Rund um Rishiri auf zwei Rädern

FAHRT UM DEN VULKANKEGEL

Für die 60 km lange Umrundung des Rishiri-tō gibt's Mieträder und -Scooter vor dem **Fähranleger im Hafen Oshidomari.** Die Route führt zwar meist an der Küste entlang, aber es gibt eine Fahrzeugauswahl. Bei **Yukiguni Rentals** an der Fähre können Räder und Scooter nicht reserviert werden, sondern werden vermietet, solange der Vorrat reicht, und sind bei Öffnung um 8 Uhr praktisch sofort weg. Die Vorabbuchung eines Rads oder E-Bikes ist über die Website (auf Englisch) des **Rishiri Greenhill Inn** möglich. In diesem Hostel lässt sich auch gut übernachten.

ESSEN AUF DEN INSELN

Die in Japan berühmte Inselspezialität ist *uni* (Seeigel). Zu probieren gibt's zwei Arten: *kita-murasaki uni* (Juni bis September) und *Ezo bafun uni* (Juli und August). Die frischen Meeresfrüchte sind köstlich, aber auch an der Quelle nicht zum Sonderpreis zu bekommen. Aktuell beginnen die Preise für *uni-don* (Seeigeleier auf Reis) bei 4000 ¥. Die Tourismussaison ist kurz und fast alle, die aus Japan auf die Inseln fahren, wollen mindestens einmal *uni-don* essen. Beliebt sind auch *kombu* (Seetang) aus lokaler Ernte und *hokke* (Ochotskischer Atka-Grünling, „Makrele"). In Oshidomari (Rishiri-tō) und in Kafuka (Rebun-tō) gibt's Restaurants und einen Seicomart-Laden, aber die meisten Reisenden essen in ihrem Quartier oder bringen ihr Essen aus Wakkanai mit.

ÜBERNACHTEN & ESSEN AUF RISHIRI-TŌ

Rera Mosir
Saubere Zimmer, ausgezeichnetes Essen, buchbare Guides und ein Onsen – ein Paradies für Outdoor-Aktionen. ¥¥

Rishiri Greenhill Inn
Gute Option für kleines Budget mit Schlafsälen, Abholservice am Hafen, Gemeinschaftsküche und Mieträdern. ¥

Maruzen Shokudō
Überraschend gutes Restaurant in der Fährstation mit englischsprachiger Speisekarte und Blick auf den Rishiri-zan. ¥¥

DIE FEUCHTGEBIETE VON SAROBETSU

Die Sarobetsu-Feuchtgebiete (サロベツ湿原) sind zwar Teil des Nationalparks, liegen aber auf dem Festland 40 km südlich von Wakkanai und waren vor gut 10 000 Jahren ein großer See mit Verbindung zum Meer. Heute zählen sie zu Japans wichtigsten Feuchtgebieten. Im **Sarobetsu-Feuchtgebietszentrum** (サロベツ湿原センター) blühen von Mai bis September die Wildblumenfelder und können von Holzstegen über den Marschen bewundert werden. Auch für Vogelbeobachtungen ist dies ein Hotspot. Im Sommer brüten hier Steinschmätzer und Schwarzschwanz-Steinschmätzer, im Frühjahr und Herbst rasten Zugvögel wie Pfeifgänse und Pfeifschwäne und im Winter ziehen Seeadler und Riesenseeadler durch. Eine beliebte Winteraktivität sind Schneeschuhtouren übers Eis.

DAH_KEN/SHUTTERSTOCK ©

Otatomari-Sumpf mit Rishiri-zan

Rund um den Norden von Rishiri verläuft ein 25 km langer „Radweg" zwischen den beiden Häfen **Oshidomari** (鴛泊), wo die Fähre aus Wakkanai anlegt, und **Kutsugata** (沓形) an der Westküste. Der Rest der Tour findet auf der Küstenstraße statt. Scooter haben auf dem Radweg Fahrverbot und müssen auf der Straße bleiben. Am besten ist die Umrundung des Rishiri im Uhrzeigersinn, um morgens und nachmittags Sonne zu haben. Beide Richtungen bieten auf dem ganzen Weg einen fantastischen Blick auf den aufragenden Rishiri-zan im Landesinneren.

Zu den Highlights zählen der Blick von der **Fujimio-Brücke** auf dem Radweg, der **Himenuma-Teich**, der **Otatomari-Sumpf** mit tollen Spiegelungen des Rishiri-zan und der **Senhoshi-misaki-Park** an der Südspitze. In Oshidomari und Kutsugata gibt's Esslokale, im Süden ist die Auswahl ziemlich begrenzt.

UNTERWEGS VOR ORT

Nach Ankunft mit Flugzeug, Bus, Bahn oder Auto in Wakkanai bringt Heartland Ferry nach Rishiri-tō und/oder Rebun-tō. Die Fähren im Voraus buchen, besonders für die Sommerferienzeit im Juli und August. Auf den Inseln gibt's Busse plus Mietautos, -motorräder und -fahrräder. Für das Sarobetsu-Feuchtgebiet ist ein Fahrzeug nötig. Rishiri-tō hat einen eigenen Flugplatz mit Verbindungen nach Sapporo.

Abashiri
TOKIO

ABASHIRI

In Japan steht Abashiri (網走) ebenso für „Gefängnis“ wie Alcatraz in den USA. Die Nennung des Namens der Stadt reicht aus, um ein Schaudern hervorzurufen, denn härter können Winter nicht sein und auch nicht der schreckliche Ruf des Gefängnisses, teilweise dank des Filmklassikers *Abashiri Bangaichi* (Abashiri-Gefängnis) von 1965. Die Stadt an Hokkaidōs Ostküste ist auch für das *ryūhyō* (Packeis) im vereisten Ochotskischen Meer berühmt, das sich in kälteren Monaten von Eisbrechern im Hafen erkunden lässt.

In der wärmeren Jahreszeit dient Abashiri aber als Sprungbrett in die Nationalparks Akan Mashū und Shiretoko. Möglich sind auch der Besuch des erstaunlich interessanten Abashiri-Gefängnismuseums, der Genuss von *yaki-niku* (Grillfleisch) und vortrefflichen örtlichen Bieren im Abashiri Bīru-kan sowie eine Tour auf der Fahrradroute Okhotsk Cycling Road.

TOP TIPP

Die Touristeninformation (TIC) im Michi-no-eki Ryūhyō-kaidō Abashiri am Hafen ist sehr hilfreich. Es gibt englischsprachiges Personal und Mieträder hier, wo auch im Winter die „Packeis“-Fahrten ablegen. Zwei Türen weiter steht das wunderschöne Ryūhyō-Glasmuseum.

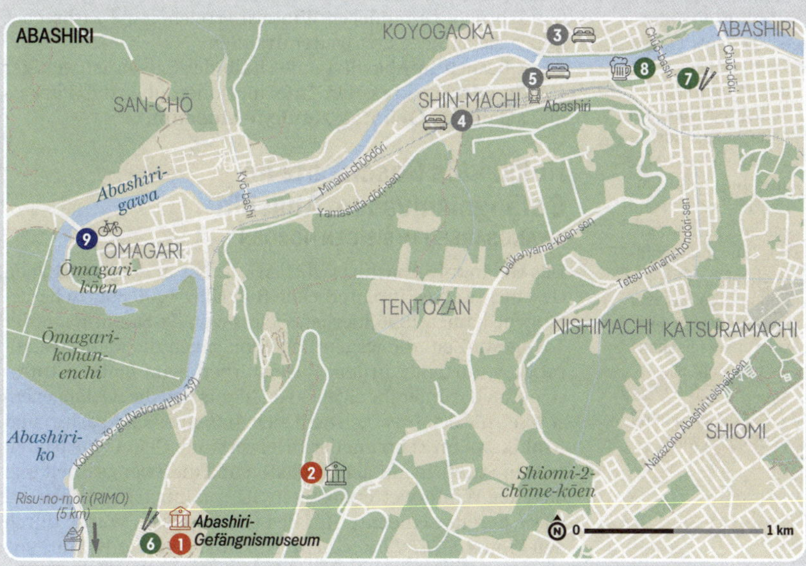

HIGHLIGHTS
1 Gefängnismuseum Abashiri

SEHENSWERTES
2 Ochotsk-Ryūhyō-Museum

SCHLAFEN
3 Abashiri Royal Hotel
4 Minshuku Lamp
5 Route Inn Abashiri

ESSEN
6 Kangoku Shokudō
7 Sushi Dining Kiyomasa

TRINKEN
8 Yakiniku Abashiri Bīru-kan

UNTERWEGS
9 Okhotsk Cycling Road

DAS OCHOTSKISCHE MEER

Es ist richtig, dass der Name Ochotsk nicht sehr japanisch klingt. In Japan gab es nie einen Namen für das Meer vor Hokkaidōs Ostküste, also wurde der russische übernommen (und angepasst). Das Ochotskische Meer liegt zwischen Sachalin (früher bekannt als Karafuto und von 1905 bis 1945 ein Teil Japans), einem langen Streifen Ostsibiriens, der Halbinsel Kamtschatka, den Kurilen (mit den Nördlichen Territorien, um die Japan und Russland noch streiten) und Hokkaidō. Selbst sein Name kann Kälteschauer auslösen, schließlich ist es im Winter zu 80% mit Packeis bedeckt und war im Kalten Krieg der Schauplatz zahlreicher Operationen. Seltsam, dass dieser Teil Japans mit dem sehr unjapanischen Namen Ochotsk-Region (オホーツク地方; Ohōtsuku-chihō) bezeichnet wird.

Packeisfahrten im Winter

ÜBER DAS VEREISTE OCHOTSKISCHE MEER

Ein absolutes Winter-Highlight ist die Fahrt auf einem Eisbrecher, der sich vom Hafen Abashiri durch das „Packeis" *(ryūhyō, „drift ice")* auf dem Ochotskischen Meer in ein buchstäblich „weißes Meer" schiebt. Das Eis bildet sich, wo der Amur in Russland nördlich von Sachalin ins Meer mündet, ein gefrorener Mischmasch aus Süß- und Salzwasser entsteht, in Form von Mini-Eisbergen und Eisschollen als Treibeis mit Winden und Meeresströmungen nach Süden zieht und sich vor Hokkaidōs Küste zwischen Abashiri und der Halbinsel Shiretoko aufstaut. Normalerweise baut sich das Packeis ab Ende Januar auf und schmilzt Ende März oder Anfang April.

In dieser Zeit starten bis zu sechsmal täglich von der *michi-no-eki* (Raststätte) in der Innenstadt von Abashiri die beliebten einstündigen Eisbrechertouren. Die großen Aurora-Eisbrecher schieben sich durchs Eis, hinterlassen eine deutliche Spur und erlauben einen Panoramablick auf die weiße Weite ringsum. Die Schiffe sind bequem, gut geheizt und auf die Elemente eingestellt. Mit etwas Glück zeigen sich Seehunde und Seeadler. In strengen Wintern lässt sich das Packeis auch von der Küste beobachten, doch seit den 1980ern verringern sich mit dem Klimawandel Eismenge und -dicke beträchtlich. In milderen Wintern erreichen die Eisbrecher die Packeisgrenze erst weiter draußen.

Ein Besuch in Abashiri außerhalb der Saison ist weniger spaßig oder spektakulär, Informationen über das Packeis gibt's dann im **Ochotsk-Ryūhyō-Museum.**

Hokkaidōs Geschichte im Gefängnismuseum Abashiri

ZWANGSARBEIT IM EISIGEN NORDEN

Das Gefängnis Abashiri (網走刑務所) hat in der japanischen Geschichte einen fürchterlichen Ruf. Über 1000 politische Gefangene kamen 1890 hierher, viele davon Ex-Samurai aus der Tokugawa-Zeit, die wegen Rebellion gegen die Meiji-Restauration verurteilt wurden. Viele starben beim Bau der Infrastruktur, darunter ihr eigenes Gefängnis und die „Gefangenenstraße", die den frostigen östlichen Außenposten Abashiri und Asahikawa im Zentrum der Insel verband. Gefangene bauten 163 km Straße in nur acht Monaten und die Zwangsarbeit und das raue Winterwetter kosteten 211 von ihnen das Leben.

Der bereits schlechte Ruf des Gefängnisses wurde durch den Film *Abashiri Bangaichi* (Abashiri-Gefängnis) von 1965 verstärkt, dem ersten Kinoerfolg im Yakuza-Genre. Er wurde

ÜBERNACHTEN IN ABASHIRI

Route Inn Abashiri
Ordentliches Businesshotel gegenüber vom Bahnhof. Gutes Frühstück und Gemeinschaftsbad. ¥¥

Abashiri Royal Hotel
Gehobenes Hotel mit japanischen und westlichen Zimmern, Restaurant und Gemeinschaftsbad. ¥¥

Minshuku Lamp
Schlichte, günstige Option mit einfachen japanischen Zimmern hinter dem JR-Bahnhof Abashiri. ¥

LUCAS VALLECILLOS/ALAMY STOCK PHOTO ©

Gefängnismuseum Abashiri

so populär, dass er der Erste von insgesamt zehn *Abashiri-Bangaichi*-Filmen war, die aus Ken Takakura den Clint Eastwood Japans machten und die japanische Vorstellungskraft ebenso fesselten wie *Flucht aus Alcatraz* die der USA. Noch heute ist bei der älteren Generation der Film die erste Assoziation mit dem Wort *Abashiri*.

Das weitläufige Freilichtmuseum ist in Anbetracht seiner Vergangenheit ein seltsam angenehmer Ort und zeigt Tore, Wachstuben und Zellentrakte in fünf einstöckigen Holzbauten, die strahlenförmig vom einstöckigen Hauptwachhaus ausgehen. Sie entstanden 1912, als die ursprünglichen Bauten niedergebrannt waren. Zu sehen sind der Bestrafungsraum, das Bad und sogar ein „Gefängnisessen“ in der Kantine. Als das neue Gefängnis, das weiterhin in Betrieb ist, 1983 in einen modernen Betonbau umzog, wurde aus dem alten dieses faszinierende Stück Inselgeschichte.

Die innovativen Farben des Abashiri-Biers

WIE WÄRS MIT EINEM HELLEN BLAUEN?

In Abashiri sollten Bierfans, außer vielleicht den puristischen, die Gelegenheit zum Besuch des innovativen Abashiri Bīru-kan (網走ビール館) nutzen, wo auch das „Bilk“ erfunden wurde. Das faszinierende Gebräu aus 70 % Bier und 30 % Hokkaidō-

OKHOTSK CYCLING ROAD

Für eine tolle Tour holt man sich ein Mietrad (E-Bikes erhältlich) beim *michi-no-eki* Rent-a-cycle in Abashiri und nimmt die Okhotsk Cycling Road In Angriff. Dieser 40 km lange Radweg entstand 1987 nach der Schließung der alten Yumō-Bahnlinie der Japan National Railways, also sind die Steigungen ziemlich sanft und die Strecke für praktisch alle geeignet. Die Route verläuft zunächst westlich am Abashiri-gawa entlang, folgt dem Ufer des Abashiri-ko, wendet sich dann nach Norden und umrundet das Ufer des Notoro-Sees. Entlang der Küste des Ochotskischen Meeres führt er westlich bis Saroma-ko. Anderen Bikern begegnet man kaum, und wenn 80 km hin und zurück zu viel sind, kann man jederzeit umdrehen.

ESSEN & TRINKEN IN ABASHIRI

Sushi Dining Kiyomasa
Abashiris ausgezeichnete Sushi-Bar ist leicht zu finden und außerdem fremdenfreundlich. ¥¥

Kangoku Shokudō
Mittagessen beim Gefängnismuseum Abashiri. Es gibt eine Gefängnismahlzeit. ¥

Risu-no-mori (RIMO)
Die beliebte kleine Eisdiele südlich der Stadt serviert preisgekrönte hausgemachte Gelati. ¥

JR-LINIE SENMŌ

Bahnreisende wollen in der Regel die JR-Linie Senmō (釧網本線) erleben, die Abashiri mit Kushiro an der Südküste verbindet. Heute fahren manchmal nur wenige Züge pro Tag, aber es gibt ein paar schöne alte Bahnhöfe aus den 1920ern und 1930ern. Einige sind nicht mehr mit Bahnpersonal besetzt und haben ihre Büros und Wartesäle in charmante Cafés umgebaut. Der Bahnhof **JR Kitahama**, die vierte Station südlich von Abashiri, beherbergt den attraktiven Kaffeestopp Teishaba, die nächste Station **JR Genseikaen** bietet einen beliebten Landstrich mit Wildblumen und Küstenblick. Das wunderbare Orchard Grass Cafe liegt im Bahnhof **JR Kawayu Onsen** (S. 559) im Akan-Mashū-Nationalpark und südlich davon führt die Strecke durch den **Kushiro-Wetlands-Nationalpark**.

AFLO CO., LTD./ALAMY STOCK PHOTO ©

Bahnhof JR Kitahama

Milch überstand zwar seine erste Saison nicht, weil es sich nicht verkaufte und die Kritiken ziemlich garstig waren, aber die Köpfe dahinter bleiben am Ball.

Im Angebot sind heute Biere mit dem umwerfendsten Farbspektrum auf dem ganzen Planeten. Das Ryūhyō Draft symbolisiert den Winter, wird mit Treibeiswasser aus dem Ochotskischen Meer gebraut und ist grellblau, das Oto-no-Shizuku enthält Kirschen aus der Region und ist hellrot und das Shiretoko Draft repräsentiert mit sattem Grün die Farben des Welterbe-Nationalparks. Keinen Traditionsbruch riskierte die Brauerei bei ihrem Kangoku-no-kuro (Gefängnis-Stout), es blieb bei einem extremen Schwarz, und sie bemüht sich, die lokale Wirtschaft durch den Einsatz von Kitahonami-Weizen aus Hokkaidō bei der Produktion ihres Abashiri White Ale zu unterstützen.

Diese Biere und mehr stehen neben leckeren *yaki-niku*-*Gerichten* auf der Karte des stimmungsvollen Brauhaus-Restaurants **Yakiniku Abashiri Bīru-kan** rund zehn Gehminuten östlich des JR-Bahnhofs Abashiri. Zur Wahl stehen *wagyū*-Rind aus Abashiri oder Shiretoko, Schwein, Hühnchen, Lamm oder Fisch und Meeresfrüchte der Region, dazu alle Biere vom Fass. Bilk ist zwar nicht verfügbar, doch das Erlebnis ist unvergesslich.

Abashiri-Bier in Flaschen und Dosen gibt's in Supermärkten, Convenience Stores und Souvenirläden in der ganzen Region.

UNTERWEGS VOR ORT

Ein Mietauto ist im östlichen Hokkaidō eindeutig von Vorteil. Mieträder (und E-Bikes) gibt's beim Touristenzentrum *Michi-no-eki*.

Die JR-Senmō-Linie verbindet Abashiri mit Kushiro an der Südküste und die JR-Sekihoku-Linie mit Asahikawa in Hokkaidōs Zentrum.

SHIRETOKO-NATIONALPARK

Den Ainu als „Ende der Welt" bekannt, bildet die Halbinsel Shiretoko-hantō die Welterbestätte Shiretoko-Nationalpark (知床国立公園) und sieht wie ein prächtiger Finger aus Wildnis im Meer aus. Sie ist überwiegend unzugänglich und daher ein Wander- und Kajakziel für Abenteuerlustige. Reisende können Natur-Bootsfahrten entlang der Küste unternehmen, auf kurzen Routen um Seen und zu Wasserfällen spazieren, im Wald in heißen Quellen baden und generell die Natur im äußersten Osten Hokkaidōs genießen. Es ist keine Besonderheit, wenn sich 30 bis 40 Leute aufgeregt auf einer Brücke drängen, denn Shiretoko soll in Hokkaidō die höchste Population an *higuma* (Braunbären) haben und japanische Fotograf:innen sind leidenschaftlich hinter ihnen her. Die zwei Eingänge des Parks liegen in Utoro im Nordwesten und in Rausu im Südosten.

TOP TIPP

Das Naturzentrum Shiretoko, 5 km nordöstlich von Utoro, hat exzellente Anlagen, Mitarbeitende und jede Menge Infos zum Park und seiner Flora und Fauna. Die TIC im *michi-no-eki* in Utoro ist auch gut. Dort sind Mieträder erhältlich.

SEHENSWERTES
1 Kamuiwakka-yu-no-taki
2 Rausu-dake
3 Shiretoko-Pass

ERLEBEN
4 Iwaobetsu-Onsen
5 Kuma-no-yu
6 Shiretoko-go-ko Field House

SCHLAFEN
7 Iruka Hotel

HEISSE WASSERFÄLLE

Buchstäblich am Ende der Straße im Inselwesten sind die **Kamuiwakka-yu-no-taki** (Kamuiwakka-Fälle) seit Langem der Stoff von Legenden und nun ein bürokratisches Opfer ihrer Popularität. Früher konnte man einfach am Fluss hinaufwandern, durch warmes Wasser und kleine Wasserfälle waten, wobei das Wasser immer wärmer wurde, bis am Ende ein heißes Bad in einem Naturbecken belohnte. Seit 2023 sind die Fälle jedoch nur noch vom 1. Juli bis zum 1. Oktober für maximal 210 Personen pro Tag geöffnet, Vorabbuchung ist Pflicht, der Eintritt kostet 2000 ¥, man muss einen Schutzhelm tragen und an einer Sicherheitsbelehrung teilnehmen. Vor dem Besuch online reservieren.

Mit dem Boot um die Halbinsel Shiretoko

BLICK AUF HERRLICHE LANDSCHAFTEN

Eine der besten Arten, um die spektakuläre Wildnis dieser Welterbestätte kennenzulernen, ist eine Bootstour vom kleinen Hafen **Utoro** (ウトロ) entlang der zerklüfteten Westküste der Halbinsel. Mehrere Anbieter veranstalten von April bis Oktober Naturfahrten, wobei **Aurora Cruises** dieselben bequemen Schiffe einsetzt, die in den Wintermonaten von Abashiri zu Packeisfahrten starten. Die kleineren Boote von **Godzilla-iwa Sightseeing** kommen bei Tiersichtungen näher an die Küste heran. Es gibt die Wahl zwischen der 1½-stündigen Fahrt bis zum Wasserfall Kamuiwakka-yu-no-taki und der 3¾-stündigen zum Ende der Halbinsel (hin & zurück).

Die Vulkankette entlang der Halbinsel und sonst unzugängliche Klippen, Meereshöhlen und Wasserfälle sind vom Wasser aus leicht zu sehen, zusätzlich sichtet man möglicherweise wilde Tiere wie *higuma* (Braunbären), Hirsche und Füchse am Ufer. Außerdem ist Shiretoko die Heimat zahlloser Seevögel und beherbergt Kolonien von Kamtschatkamöwen, Japanmöwen und Japankormoranen. Ausschau halten nach Seeadlern und Riesenseeadlern, mit etwas Glück stehen auch Robben, Delfine und vielleicht sogar ein, zwei Wale auf dem Programm. Die besten Chancen auf viele Tiere gibt's auf der langen Schiffsfahrt zum Ende der Halbinsel und zurück. Vor einer Buchung die aktuellen Wetter- und Wellenbedingungen berücksichtigen.

Wandern auf dem Naturweg Shiretoko-go-ko

BEQUEME WANDEROPTIONEN IM PARK

Die besten und zugänglichsten kurzen Wandertrails im Nationalpark sind die Naturwege Shiretoko-go-ko (知床五湖; Shiretoko-Fünf-Seen) 18 km nördlich von Utoro. Sie starten beim **Shiretoko-go-ko Field House** nach der Devise „Safety first“ und im Bewusstsein, dass in nächster Nähe eine Menge *higuma* leben. Frei benutzbar ist ein Holzsteg mit hohem Spaßfaktor, der in 2 m bis 5 m Höhe 800 m weit zum ersten der fünf Seen führt und zur Bärenabwehr durch Elektrozäune geschützt ist. Der Steg ist rollstuhltauglich, bietet eine sagenhafte Aussicht auf die hohen Berge der Halbinsel und das Ochotskische Meer und lässt sich in 45 Minuten leicht hin und zurück begehen.

Abenteuerlustige melden sich für die „Ground Pathways“, entweder für die kurze 1,6-km-Schleife oder die längere über 3 km, die alle fünf Seen einbeziehen. Allerdings ist mit der Teilnahme ein ziemliches Brimborium verbunden, besonders

ÜBERNACHTEN IM SHIRETOKO-NATIONALPARK

Iruka Hotel
Hinreißendes, etwas älteres Haus in Utoro, gleich am Wasser. Gute Aussicht, Gemeinschaftslounge und -küche. ¥¥

Shiretoko Campground
20 Gehminuten von der Bushaltestelle in Utoro. Zeltplätze und einfache Hütten. ¥

Kiki Shiretoko Natural Resort
Großes, weißes familienfreundliches Onsen-Hotel oberhalb von Utoro mit gehobener Ausstattung. ¥¥¥

OKIMO/SHUTTERSTOCK ©

Utoro

während der „aktiven Bärensaison" vom 10. Mai bis zum 31. Juli. Die Anmeldung erfolgt für eine Tour mit einem lizenzierten, japanischsprachigen Natur-Guide und einer Gruppe mit bis zu zehn Personen. Die kurze Tour (1½ Std.) kostet 3500 ¥, die lange (3 Std.) 5000 ¥. Die „Ground Pathways" auf eigene Faust begehen kann man von Ende April (Parköffnung) bis 9. Mai und vom 1. August bis Mitte November (Parkschließung) für 250 ¥ und eine kurze Sicherheitsbelehrung. Wenn es zu viele Bären gibt, sind die „Ground Pathways" geschlossen.

Mit dem Auto über die Halbinsel

DER SHIRETOKO-PASS UND DIE HEISSEN BECKEN VON KUMA-NO-YU

Ein Großteil der Halbinsel Shiretoko ist zwar unzugänglich, wenn man nicht gerade abenteuerlustig zu Fuß unterwegs ist, aber die Straße 334 ist eine fabelhafte Chance, mit dem Auto quer über die Halbinsel zu fahren und die fantastische Aussicht vom **Shiretoko-Pass** (知床峠), 740 m über dem Meeresspiegel und erstaunlich nahe der Südflanke des Rau-

BESTEIGUNG DES RAUSU-DAKE

Ein toller, harter Wanderweg führt auf den Rausu-dake (羅臼岳; 1660 m), einen eindrucksvollen Vulkan, der sich über die Halbinsel Shiretoko erhebt. An einem Sonnentag ist diese Tour einfach spektakulär. Sie dauert allerdings hin und zurück sieben bis neun Stunden über rund 1300 m Höhenmeter. Der Trail beginnt beim **Iwaobetsu-Onsen** am Ende einer Sackgasse. Hier gibt's jede Menge *higuma*, also ein Bärenglöckchen mitnehmen. Der Aufstieg ist anstrengend, aber vom Gipfel sieht man im Osten die Kurilen und im Westen das Ochotskische Meer. Gut zu wissen: Im Wald beim Iwaobetsu-Onsen warten drei kleine *rotemburo*.

ESSEN & TRINKEN IM SHIRETOKO-NATIONALPARK

Cowberry
Wildburger und Preiselbeereis gibt's im kombinierten *michi-no-eki* und Informationsbüro am Straßenrand in Utoro. ¥

Namishibuki
Ramen-Bar bei Tag, beliebtes *izakaya* bei Nacht. Hier essen und trinken auch Utoros Einheimische. ¥¥

Utoro Fishermans' Wives Co-operative
Leckere Meeresfrüchte gibt's mittags und abends im Hafen am Godzilla Rock in Utoro. ¥¥

STREIT UM DIE NÖRDLICHEN TERRITORIEN

Kaum zu glauben, aber die große Insel, die man vom Shiretoko-Pass aus im Osten sehen kann, ist Russland! In Japan heißt sie ***Kunashiri-tō***, es ist die südlichste große Insel der Kurilen, eines Vulkanarchipels, der sich von der Halbinsel Kamtschatka über 1300 km erstreckt und das Ochotskische Meer vom Pazifik trennt. Seit dem 19. Jh. disputieren Japan und Russland, was davon wem gehört, aber die südlichen Kurilen waren bis zum Ende des Zweiten Weltkriegs japanisch. Die Sowjetunion war kein Unterzeichner der Potsdamer Erklärung, zu deren Bedingungen Japan kapitulierte, und holte sich die Kurilen, nachdem Japan annahm, der Krieg sei vorbei. Seitdem sind die Inseln ein Zankapfel und beide Länder haben noch immer keinen Friedensvertrag für den Zweiten Weltkrieg geschlossen.

Shiretoko-Pass

su-dake (1660 m), zu genießen. Die Straße windet sich von Utoro an der Westküste zum Städtchen Rausu an der Ostküste 30 km durch die Halbinsel und der Pass liegt fast genau auf halber Strecke. Die Tour ist sehr zu empfehlen und macht besonders an schönen Tagen Spaß. Vom Aussichtspunkt blickt man im Westen aufs Ochotskische Meer, im Norden auf den hohen Rausu-dake und im Osten auf Russlands südliche Kurilen. Der Tenchō-zan und noch mehr Wildnis erstrecken sich nach Süden. In der Dämmerung vorsichtig fahren, weil gerne *Ezo-jika* (Hokkaidō-Sikahirsche) auf der Straße laufen.

Etwa 15 Minuten östlich vom Aussichtspunkt trifft die Straße einige Kilometer vor der Gemeinde **Rausu** (羅臼) auf einen der besonderen Freiluft-Onsen, **Kuma-no-yu** (熊の湯; Bären-Thermalquelle), zwei dampfende Becken auf der anderen Seite des Flusses. An der Straße parken und die Brücke überqueren zu den kostenlosen *rotemburo,* die engagierte Einheimische instand halten. Dieser öffentliche Outdoor-Onsen ist geschlechtergetrennt und verfügt über Umkleiden. Manche Ortsansässige kommen täglich und schwören auf die verjüngende Wirkung des Wassers.

UNTERWEGS VOR ORT

Der nächstgelegene Bahnhof ist Shiretoko-Shari auf der JR-Senmō-Linie, 50 Busminuten von Utoro und eine Stunde vom Naturzentrum Shiretoko. Die öffentlichen Verkehrsmittel sind gut, für den Nationalpark ist ein Mietwagen vorteilhaft. Während der belebten Ferienzeit im August sind manche Straßen für Privatfahrzeuge gesperrt.

AKAN-MASHŪ-NATIONALPARK

Einer von Japans ersten Nationalparks ist der 1934 gegründete Akan Mashū (阿寒摩周国立公園). Er umfasst 905 km² Vulkankegel, große Kraterseen, dichte Wälder und belebende Onsen. Ein Highlight ist die Möglichkeit, einen Blick auf das heutige Leben der Ainu in einem *kotan* (Dorf) in Akanko-Onsen und einem kleineren am Südende des Kussharo-ko (Kussharo-See) zu werfen. Das Letztere bietet eine Reihe heißer Quellen am Ufer, die man nach Herzenslust nutzen kann. Der Mashū-ko im Osten gilt als Japans klarster und schönster See, der Iō-zan ist ein rätselhafter zischender Schwefelberg und am winzigen JR-Bahnhof Kawayu Onsen gibt's einige erstklassige Möglichkeiten zum Essen. Der Akan-ko (Akan-See) im Westen ist in ganz Japan bekannt für seine merkwürdigen, *marimo* genannten grünen Algenkugeln, sein Ainu-Dorf und die großartige Wanderung auf den fauchenden Vulkan Meakan-dake.

TOP TIPP

Ein paar Tage Zeit zum Erkunden des Parks einplanen, am besten mit einem eigenen Fahrzeug. Die Ortschaft Teshikaga ist ein gutes Quartier. Der Akanko-Onsen liegt 40 km westlich davon, Kussharo-ko, Iō-zan, Mashū-ko und der JR-Bahnhof Kawayu-Onsen 20 km nördlich.

Meakan-dake (S. 560)

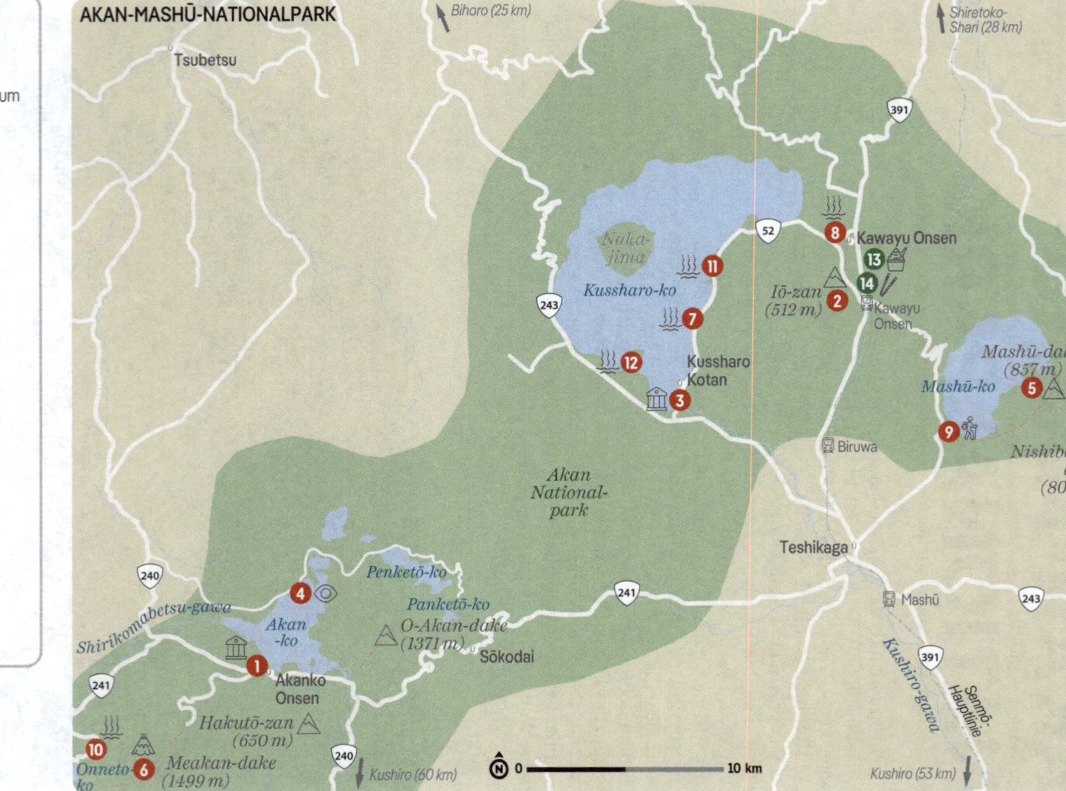

SEHENSWERTES
1 Ainu Folklore Museum
2 Iō-zan
3 Kussharo Kotan Ainu Folk Museum
4 Marimo Observation Centre
5 Mashū-dake
6 Meakan-dake

AKTIVITÄTEN
7 Ike-no-yu
8 Kawayu Onsen
siehe 3 Kotan-no-yu
9 Mashū-dake Trailhead
10 Nonaka Onsen
11 Suna-yu
12 Wakoto-yu

SCHLAFEN
siehe 1 Akankohan Camping Ground
siehe 3 Marukibune
siehe 11 Recamp Sunayu
siehe 1 Recamp Wagoto

ESSEN
13 Cream Dōwa
14 Mori-no-hall
siehe 14 Orchard Grass Cafe
siehe 14 Pana Pana
see 1 Poronno

Ainu-kotan, Akanko-Onsen

Ainu-Kultur in Akanko-Onsen

BESTAUNE AINU-KUNSTHANDWERK IM KOTAN

Der Ferienort Akanko-Onsen (阿寒湖温泉) im Westteil des Parks ist die Heimat des Ainu-*kotan* (アイヌコタン), einer Ansammlung von Geschäften und Wohnhäusern, die die beste Chance bieten, die heutige Ainu-Kultur und ihr Gemeinschaftsleben kennenzulernen. Die rund 120 Ortsansässigen leben davon, ihre Kultur bekannt zu machen, sie singen und tanzen täglich auf der Bühne im Theater Ikor, kochen *pochie* (Dumplings aus fermentierten Kartoffeln) in Restaurants und verkaufen Holz- und Lederarbeiten mit traditionellen Motiven. Das winzige, liebevoll geführte **Poronno** präsentiert gleichzeitig die Handwerks- und die Kochkunst der Ainu. Zu empfehlen ist das *yaku-don* (Wild auf Reis). Oben auf dem Hügel im Dorf steht das **Ainu-Folkloremuseum** mit Wechselausstellungen zeitgenössischen Ainu-Kunsthandwerks und einigen Wohngebäuden.

Manche ausländische Reisende mögen das Dorf ein bisschen zu touristisch finden, doch ist zu bedenken, dass das Ainu-Volk ein Comeback versucht nach über einem Jahrhundert Assimilationsversuchen durch die japanische Regierung, die ihnen eine Erziehung auf Japanisch aufzwang. Offiziell als ein indigenes

AINU-ORTSNAMEN

Leider sprechen heute nur noch wenige Menschen Ainu, aber auf der Landkarte Hokkaidōs hat die alte Sprache bleibende Spuren hinterlassen. Viele Berge heißen nicht „-san“ oder „-yama“ (wie auf Japanisch), sondern „-nupuri“, etwa Nisekos Dorf und das Skigebiet Annupuri. „Nupuri“ ist das Ainu-Wort für „Berg“. Der Iō-zan ist auf Ainu als Atosa-nupuri (nackter Berg) bekannt. Ebenso sind „-nai“ und „-pet“ Wörter für einen Fluss. Wakkanai heißt auf Ainu wörtlich „Kaltwasserfluss“. Das „-pet“ wurde in japanischer Aussprache zu „-betsu“, ein häufiges Suffix in den Ortsnamen auf Hokkaidō, etwa Memanbetsu (Fluss mit einer Quelle) und Noboribetsu (dunkler Fluss). „Shir“ heißt auf Ainu „Insel“ und Rishiri bedeutet „hohe Insel“!

ÜBERNACHTEN IM AKAN-MASHŪ-NATIONALPARK

Marukibune
Das Ainu-Zimmer im *kotan* am Südende des Kussharo-ko ist ein wunderbares Erlebnis. ¥¥¥

Lake Akan Tsuruga Wings
Erstklassiges Haus am Ufer in Akanko-Onsen mit westlich und japanisch eingerichteten Räumen. ¥¥¥

Mashū Onsen Hotel Mashū
In die Jahre kommendes Hotel mit japanischen Zimmern und Privatbad in Teshikaga; eine günstige Option. ¥¥

DIE FREILUFT-ONSEN AM KUSSHARO-SEE

Für alle, die gern im Freien in heißem Wasser liegen:

Suna-yu
Am Ostufer des Sees; das heiße Wasser steigt durch den Sand auf. Füße darin vergraben oder ein Loch graben und sich suhlen.

Ike-no-yu
Dieses Becken mag am Ostufer schwer zu finden sein, aber deshalb hat man es womöglich für sich allein!

Wakoto-yu
Liegt am Ausgangspunkt des Wakoto Peninsula Nature Trail im Süden des Sees. Umkleiden vorhanden.

RAYINTS/SHUTTERSTOCK ©

Mashū-ko

Volk Japans anerkannt wurden sie erst 2019. Nur wenige sprechen noch die eigene Sprache, und während große Anstrengungen für eine Ainu-Renaissance unternommen werden, ist das *kotan* in Akanko-Onsen eine Möglichkeit für die örtlichen Ainu, sich mit ihrer Kultur den Lebensunterhalt zu verdienen. Der preisgekrönte Film *Ainu Mosir* von 2020, mit einer einheimischen Besetzung in Akanko-Onsen gedreht, gewährt einen ausgezeichneten Einblick in die Ainu-Kultur einst und jetzt.

MEHR AINU-KULTUR

Das **Nationale Ainu-Museum & Park Upopoy** (S. 519) eröffnete 2020 in Shiraoi an der Küste nahe dem Shikotsu-Tōya-Nationalpark.

Ainu-Dorf am Kussharo-See

ENTSPANNTES ÖRTCHEN AM UFER

Das kleine Ainu-*kotan* am Südende des Kussharo-ko (屈斜路湖) wirkt verglichen mit dem eher kommerziellen Dorf in Akanko-Onsen sehr entspannt. Doch es gibt hier ein paar echte Highlights, allen voran das **Kotan-no-yu** *rotemburo,* ein hervorragendes kostenloses Thermalbad am Seeufer unter freiem Himmel, das einige Einheimische zum Wohl der ganzen Gemeinde pflegen. Eigentlich besteht es aus einem einzigen großen heißen Becken direkt am See mit einem Riesenfelsen in der Mitte zur Geschlechtertrennung. Es gibt Umkleiden und bei Bedarf kann Badekleidung getragen werden, aber die

ESSEN IN AKAN MASHŪ

Mori-no-hall
Vor dem JR-Bahnhof Kawayu-Onsen. Hier gibt's zu Mittag Sandwiches, Pizza, hausgemachten Kuchen und Kaffee. ¥

Bar de Pan
Diese „Bakery & Bar" in Akanko-Onsen gleich hinter der Uferzeile serviert gutes für Mittag- und Abendessen. ¥¥

Teshikaga Ramen
Top-Ramen, *gyōza* (Dumplings) und mehr gibt's im Stammgeschäft der Marke Teshikaga Ramen in Teshikaga. ¥

meisten Einheimischen und japanischen Gäste sind nackt und verwenden „Anstandshandtücher". Dies ist zu jeder Jahreszeit eine unvergessliche Erfahrung, besonders aber im Winter und Frühling, wenn der See teils zugefroren ist und große Singschwäne sich dem wärmeren Wasser nähern. Abends gibt's wunderschöne Sonnenuntergänge über dem See und den Bergen.

Einige Schritte weiter wartet im enthusiastisch betriebenen **Marukibune** ein tolles Ainu-Erlebnis. Im Erdgeschoss serviert ein stimmungsvolles Restaurant leckere Ainu-Gerichte, etwa Sashimi vom *parimomo* (einem Flussfisch), und wird abends zu einem Musiklokal mit spontanen Ainu-Musiksessions. Im Obergeschoss gibt's hübsche Gästezimmer, darunter ein Onsen mit Blick über den See und ein Luxusdoppelzimmer im Ainu-Stil, das einem Kunstmuseum ähnelt. Online auf Englisch anschauen und buchen!

Das **Kussharo-Kotan-Ainu-Volksmuseum** weiter südlich ist zwar klein, zeigt aber interessante Ainu-Werkzeuge und Handwerksprodukte.

Auf Entdeckungstour im Osten des Parks

MASHŪ-SEE, IŌ-ZAN UND KAWAYU-ONSEN

Mit eigenem Fahrzeug lohnt es sich, den Ostteil des Akan-Mashū-Nationalparks zu besuchen. Der Kratersee **Mashū-ko** (摩周湖) gilt vielen als Japans schönster See und hielt einmal den Weltrekord in Wasserklarheit. Die Insel in der Mitte heißt bei den Ainu „Insel der Götter". Auf den See hinabschauen kann man vom Kraterrand auf der Westseite. Man kann zwar nicht direkt bis zum See fahren, aber es gibt zwei offizielle Aussichtspunkte, Viewpoint 1 und Viewpoint 3 (keinen Viewpoint 2!); am zweiten ist Parken kostenlos. Wanderbegeisterte ersteigen den **Mashū-dake** (857 m), auf Ainu Kamui-nupuri. Los geht's am Viewpoint 1 (400 m) am Südende des Sees. Die 14 km lange Wanderung dauert fünf bis sieben Stunden (hin und zurück). An klaren Tagen ist die Aussicht umwerfend.

Der dampfende **Iō-zan** (硫黄山, „Schwefelberg") verdient einen Besuch. Dieses 512 m hohe vulkanische Wunderland, auf Ainu *Atosa-nupuri* (nackter Berg), ist stellenweise vom Schwefel sonnengelb gefärbt. Überraschenderweise gilt die berühmte japanische Devise „Sicherheit um jeden Preis" hier nicht und man kann ganz nahe an dampfende, fauchende Spalten herangehen, aus denen kochend heißes Wasser sprudelt.

Der Iō-zan liefert das heiße Wasser für den Thermalbadeort **Kawayu-Onsen** (川湯温泉) 2 km weiter nördlich. *Kawayu* heißt „Heißwasserfluss", und wie der Name andeutet, durchfließt ein warmes Flüsschen die Stadt. Es gibt schöne *ashi-yu* (Fußbäder), um kostenlos die Füße zu wärmen.

ORCHARD GRASS CAFE

Im hübschen Bahnhofsgebäude von JR Kawayu Onsen (JR 川湯温泉) von 1936, 2 km östlich vom Iō-zan, befindet sich das Orchard Grass Cafe. Dieses eigenwillige Lokal hat sich viel vom ursprünglichen Charme des Gebäudes bewahrt: hohe getäfelte Holzdecken, antike Hängelampen, Buntglasfenster und einen Eisenofen. Zur Vintage-Einrichtung passen die leckeren Gerichte wie Hacksteak, Rindercurry und *omu-raisu* (Omelette mit Reis). Der Service ist hervorragend. Nicht vergessen, den noch betriebenen Teil des Bahnhofs anzuschauen, der auf der JR-Senmō-Linie liegt, die Abashiri mit Kushiro an der Südküste verbindet. Zum Abschluss wärmt man die Füße im *ashi-yu* im Bahnhof.

DIE BESTEN LECKEREIEN IM AKAN-MASHŪ-NATIONALPARK

Cream Dōwa
Wirklich gutes hausgemachtes Eis, 1,2 km vom JR-Bahnhof Kawayu Onsen; empfehlenswert: Haskap (Blaue Heckenkirsche). ¥

Pana Pana
Leckere hausgemachte Snacks auf japanische Art, süß oder herzhaft, im JR-Bahnhof Kawayu-Onsen. ¥

Pan de Pan
Windbeutel, Donuts und andere Kuchen und Süßigkeiten, gleich hinter der Uferzeile in Akanko-Onsen. ¥

SAKURA-FÄLLE: SPRINGENDE LACHSE

Jedes Jahr schwimmen von Anfang Juni bis Ende August die *sakura-masu* (Masu-Lachse) zum Laichen flussaufwärts. Zusehen kann man ihren Sprungversuchen an den **Sakura-no-taki** (桜の滝; Kirschfälle) am Shari-gawa, 24 km nördlich vom JR-Bahnhof Kawayu-Onsen (außerhalb des Nationalparks). Die 3,7 m hohen Fälle verlangen einen großen Sprung und es ist einfach faszinierend, wie die Lachse gegen die Schwerkraft ankämpfen und den Wasserfällen entgegenschnellen. Die Sakura-no-taki liegen gut 5 km neben der Straße 391 und sind schwierig zu finden – trotz japanischer Schilder.
Achtung: Nicht nur Menschen interessieren sich für Lachse; ein Hinweisschild am Wasserfall sagt (auf Englisch!): „Bären können erscheinen".

Marimo: erstaunliche grüne Algenkugeln

BIOLOGISCH RÄTSELHAFT UND SUPERNIEDLICH

Wem die Idee, Kugeln aus grünen Algen süß zu finden, merkwürdig vorkommt, wird hier eines Besseren belehrt. In ganz Japan ist der Akan-ko berühmt für seine *marimo,* sonderbar vollkommene grüne Kugeln, die 200 Jahre brauchen können, bis sie die Größe eines Baseballs haben. *Marimo* findet man weltweit nur in wenigen Seen, darunter im Akan-ko, dessen Wellengang sie zu beinahe perfekten Kugeln aus weichen grünen Algen mit samtiger Textur formt – in Japan gelten sie als sehr, sehr *kawaii* (niedlich). Seit die *marimo* in Japan zum nationalen Kulturgut erklärt wurden, sind sie gefährdet – plötzlich wollten alle eine haben. Da sie Glück bringen sollen, leicht zu pflegen und sehr langlebig sind, verwundert es nicht, dass sie sogar zu Familienerbstücken wurden und beinahe ausgestorben wären.

Zum Glück hat sie die örtliche Ainu-Community gerettet und das **Marimo Matsuri** angeregt, ein jährliches Festival vom 8. bis 10. Oktober, bei dem feierlich *marimo* zurück in den Akan-ko gesetzt werden. Man kann zwar *marimo* in Aquarien im **Akan-Kohan-Ökomuseum-Zentrum** in Akanko-Onsen sehen, aber viel schöner ist eine 85-minütige Tour auf dem See mit Besuch des **Marimo-Beobachtungszentrums**, wo Livebilder die samtigen Kugeln unter Wasser zeigen. Vom See aus ist die Umgebung an schönen Tagen spektakulär. In der Stadt unbedingt *marimo yokan* probieren, das traditionelle Dessert ist geleeartig, süß und hat natürlich die Form und Farbe einer kleinen *marimo.*

Tour auf den Meakan-dake, einen fauchenden Vulkan

AUSSERGWÖHNLICHE, ZERKLÜFTETE VULKANLANDSCHAFT

Eine Aufgabe für Wander- und Abenteuerlustige: die Besteigung eines erstaunlich lauten, aktiven Vulkans 7 km Luftlinie südwestlich von Akanko-Onsen. Der höchste Berg im Park Meakan-dake (雌阿寒岳; 1499 m) zählt zu den Hyakumeizan, Japans 100 berühmtesten Bergen. Meakan-dake heißt „weiblicher Berg Akan", im Gegensatz zum „männlichen Akan" Oakan-dake (雄阿寒岳), der östlich des Akan-Sees 1371 m hoch aufragt. Die Ainu-Namen für beide Berge, Mat-ne-sir und Pinne-sir, heißen „weiblicher" und „männlicher Berg" und diese Bedeutungen wurden ins Japanische übertragen.

Zum Anfang des besten Trails fährt man von Akanko-Onsen auf der Straße 241 nach Westen und dann nach links auf die Straße 949 bis Nonaka-Onsen (auch Meakan-Onsen ge-

DIE BESTEN CAMPINGMÖGLICHKEITEN IM AKAN-MASHŪ-NATIONALPARK

Recamp Sunayu
Camping am Seeufer des Kussharo-ko bei Sunayu, wo heißes Wasser aus dem Sand kommt. ¥

Recamp Wagoto
Camping am Fuß der Halbinsel Wakoto am Südende des Kussharo-ko. ¥

Akankohan Camping Ground
Beliebter Platz gleich westlich vom Ainu-*kotan* in Akanko-Onsen mit eigenem Fußbad. ¥

Marimo

nannt). Der Weg beginnt gleich nördlich der Onsen-Gebäude auf 720 m Höhe. Erst geht's durch dichten Wald, oberhalb der Baumgrenze zeigen flüchtige Blicke den Onnetō-See weit unten. Das letzte Stück bis zum Gipfel ist ein stellenweise steiler, felsiger Weg, dann blickt man plötzlich in den Krater mit ockerfarbigem Pool und fauchenden, dampfenden Schloten. Ein unglaublicher Anblick! Der Gipfel ist kahl und steinig, die reinste Mondlandschaft.

Man kann auf demselben Weg zurückgehen und braucht dann insgesamt drei bis vier Stunden. Alternativ geht man rund um den Krater und hinunter zum Onnetō-See, danach nordwärts zum Meakan-Onsen und dem Auto (etwa vier bis sechs Stunden). So oder so kann man sich drinnen und draußen im milchigen Schwefelwasser des **Nonaka-Onsen** entspannen (400 ¥).

MANDSCHUREN-KRANICH

Der elegante *tanchō-zuru* (丹頂鶴), auch Rotkronenkranich genannt, soll 1000 Jahre alt werden und wurde zum Symbol für Langlebigkeit und für Japan. Anfang des 20. Jhs. hielt man die Kraniche für ausgestorben, weil sie rücksichtslos überjagt wurden und ihr Lebensraum verschwand. 1926 jedoch entdeckte man etwa 20 Vögel in den Sümpfen nördlich der Stadt Kushiro. Dank intensiver Schutzbemühungen sind es inzwischen über 1000. Kraniche kann man das ganze Jahr sehen, am besten aber im Winter, wenn sie Futterplätze aufsuchen. Zu besuchen sind mehrere Aussichtspunkte rund um den **Kushiro-Shitsugen-Nationalpark**, Japans größtes naturbelassenes Feuchtgebiet südlich von Akan Mashū. Eine kleine standorttreue Population lebt im **Japanischen Kranichreservat Kushiro.**

UNTERWEGS VOR ORT

Der Nationalpark ist riesig. Zwar durchquert ihn die JR-Linie Senmō im Osten von Nord nach Süd und hält am Bahnhof Kawayu Onsen, aber richtig entdecken kann man dieses Gebiet nur mit einem Mietwagen.

SHIKOKU

ANTIKE KULTUR UND MODERNE KUNST

Von Bergtempeln und historischen Burgen bis zu zeitgenössischen Kunstinstallationen und epischen Abenteueraktivitäten – all das bietet Shikoku.

Shikoku (四国) ist die kleinste und am dünnsten besiedelte von Japans vier Hauptinseln und liegt unscheinbar zwischen ihren größeren Nachbarn Honshū und Kyūshū im Südwesten des Landes. Die oft übersehene Region besteht aus vier modernen Präfekturen, die an die Inlandsee (Seto-nai-kai) grenzen, und hat eine Anziehungskraft, die in keinem Verhältnis zu ihrer Größe steht.

Von den zwölf in Japan noch existierenden originalen Burgen befindet sich immerhin ein Drittel hier, und dank des weitverzweigten Wegenetzes zu den 88 alten Tempeln bietet Shikoku die ungewöhnlichsten Pilgerrouten der Welt. Wer nicht alle 88 Tempel besichtigen will, kann sich für ein paar der historischen, kulturellen und Naturstätten entscheiden und sich eine maßgeschneiderte Pilgerreise zusammenstellen.

Wie viele abgelegene Regionen ist auch Shikoku von einem rapiden Bevölkerungsrückgang betroffen, doch es wurden keine Mühen gescheut, um die Insel als Reiseziel bekannt zu machen. Die 2010 ins Leben gerufene Setouchi Triennale zählt heute zu den größten Festivals für zeitgenössische Kunst in Japan. Sie findet alle drei Jahre etwa 100 Tage lang auf zwölf einst unbekannten Binnenmeerinseln statt und ist Shikokus größte Erfolgsgeschichte.

Bei einem Trip nach Shikoku geht's vor allem um die Verbindung zur Natur, zur Vergangenheit und den Menschen. Es gibt nicht überall 24-Stunden-Komfort, aber genau darin liegt der Reiz.

DIE WICHTIGSTEN ZIELE

TAKAMATSU Küche, Kunst und Bergblick. **S. 572**

TOKUSHIMA Kultur und Surfküste. **S. 583**

IYA-TAL Abgeschiedene Natur. **S. 591**

KŌCHI Essensmärkte und gewundene Flüsse. **S. 596**

MATSUYAMA Historischer Onsen und Burgen. **S. 602**

Shikoku-Pilgerweg (S. 568)

Erste Orientierung

In den vier Präfekturen Shikokus gibt's jede Menge zu erleben. Die Art der Fortbewegung entscheidet darüber, wie viel man entdecken kann, und bietet verschiedene Blickwinkel auf das Inselleben.

Matsuyama, S. 602
Standort des historischen Dōgo-Onsen und der Burg Matsuyama. Erkunde die Insel mit Fähre oder Fahrrad.

Kōchi, S. 596
Eine warme, von Palmen gesäumte Stadt mit umtriebiger Gastro- und Partykultur. Außerhalb der Stadt entspannt man an gewundenen Flüssen.

Takamatsu, S. 572

Heimat der *udon*-Nudeln und des berühmten Ritsurin-kōen-Gartens aus der Edo-Zeit. Schöner Ausblick und moderne Kunstinseln in der Nähe.

Tokushima, S. 583

Zentrum der traditionellen Künste und der beliebtesten Farbe des Landes, des „Japanblaus". Im August dreht sich alles um das lebhafte Awa-odori Matsuri.

Iya-Tal, S. 591

Das ehemalige Versteck für besiegte Krieger bietet aufregende Lianenbrücken, Rafting-Abenteuer und abgelegene heiße Quellen.

WANDERN

Shikokus Pilgerkultur ist einzigartig. Viele Reisende kommen mit der Absicht, die gesamte Insel in sechs bis acht Wochen auf dem Shikoku-Pilgerweg zu erwandern. Nimm eine gute Karte für abgelegene Abschnitte mit.

ZÜGE & BUSSE

Züge und Busse verbinden alle größeren Städte, mit Ausnahme von Kōchi und Matsuyama, zwischen denen nur ein unregelmäßiger Bus verkehrt. In den Städten gibt's Züge, Busse und Straßenbahnen. Fahrpläne immer vorab prüfen, da die Abfahrten mitunter unregelmäßig sind.

AUTO

Mit einem eigenen Auto kannst du deine Zeit in Shikoku optimal nutzen, aber stell dich auf viele enge Bergstraßen ein. Parkplätze an den Unterkünften sind nicht selbstverständlich; bei manchen muss man vorab reservieren oder weiter entfernte Parkplätze nutzen.

Perfekte Tage

Shikoku ist klein, doch die Hauptorte liegen an den entgegengesetzten Enden der Insel. Entscheide dich bei Kurztrips für eine Ausgangsbasis; bei längeren Aufenthalten kannst du dir alles in Ruhe ansehen.

ROSHITO/SHUTTERSTOCK ©

Ikumi, Tokushima-Kōchi-Küste

Drei bis vier Tage zum Erkunden

- Widme die ersten Tage den Highlights **Takamatsus** (S. 572). Schlendere durch den spektakulären **Ritsurin-kōen** (S. 574) und erkunde die historische **Burg Takamatsu** (S. 574).

- Am zweiten Tag kannst du bei einem Tagesausflug Kotohira mit dem **Konpira-san** (S. 580) und die Kulturattraktionen des **Berges Zōzu** (S. 580) besuchen. Mehr Geschichte und Kultur bieten die Städte **Marugame** (S. 578) und **Zentsū-ji** (S. 579).

- Am dritten Tag lockt das abgeschiedene **Iya-Tal** (S. 591) mit der **Iya-no-Kazura-bashi-Lianenbrücke** (S. 593) und Aktivitäten in Schluchten. Bleib am besten über Nacht, um die besondere Morgenstimmung im Tal zu erleben.

Saisonale Highlights

Frühling und Herbst haben meist gemäßigte Temperaturen, perfekt für Outdoor-Erkundungen. Beachte die Termine der Setouchi Triennale, die alle drei Jahre stattfindet.

JANUAR

Die ruhigen Wintermonate, wenn die Berge mit Schnee bedeckt sind, eignen sich perfekt für ein Bad im **Dōgo-Onsen**.

MÄRZ–APRIL

Die Kirschblüten erstrahlen und die Pilgernden packen ihre Wanderstiefel für den **Shikoku-Pilgerweg** aus.

MAI

Wandernde begeben sich auf die Bergtrails des **Ishizuchi** und **Tsurugi**. In der Goldenen Woche wird es trubeliger und teurer.

VON LINK NACH RECHTS: TOPPHOTOIMAGES/GETTY IMAGES ©, AMEHIME/SHUTTERSTOCK ©, RYOLEMON/SHUTTERSTOCK ©,

Eine Woche zum Wandern

- Nach **Takamatsu** (S. 572) und dem **Iya-Tal** (S. 591) geht's nach **Matsuyama** (S. 602) in Ehime. Dort kannst du einen Tag lang die Burg **Matsuyama-jō** (S. 604) entdecken, im historischen **Dōgo-Onsen** (S. 603) baden und die Höhlen des **Ishite-ji** (S. 604) erkunden.

- Wandernde können den höchsten Berg im Westen Japans, den **Ishizuchi-san** (S. 607), besteigen. Geschichtsfans zieht es ins historische **Uchiko** und **Ōzu** (S. 607) oder zur **Burg Uwajima** (S. 607).

- Runde deinen Trip mit einer gemütlichen Radtour von **Imabari** nach **Ōshima** (S. 606) ab. Abenteuerlustige können bis nach **Onomichi** (S. 394) in Hiroshima radeln (S. 380).

Mehr Zeit

- In **Tokushima-Stadt** (S. 583) kann man sich eine Tanzshow ansehen, mit regionalem Indigo Stoffe färben und ein Puppentheater besuchen. Danach geht's zu den Strudeln und dem Kunstmuseum in **Naruto** (S. 588). Wer Lust auf Strand hat, kann im Süden an **Tokushimas Surfküste** (S. 587) schwimmen oder paddeln und das abgelegenere **Kap Muroto** (S. 590) erkunden.

- Danach geht's nach **Kōchi-Stadt** (S. 596), das eine tolle Marktkultur und eine Burg bietet. Weiter außerhalb laden gewundene Flüsse zum Wandern, Bootsfahren oder abenteuerlichen Aktivitäten ein.

JUNI

Der Regen durchkreuzt die Pläne von Pilgernden; Schirm mitnehmen und sich übers Wetter informieren.

JULI

Die offizielle Klettersaison für Ishizuchi-san beginnt mit dem 10-tägigen **Oyama Biraki Matsuri**. Etliche Meeres- und Flussaktivitäten.

AUGUST

Die Sommerferien und die bekannten **Tanzfestivals** der Region sind in vollem Gange. Lange im Voraus planen.

SEPTEMBER–NOVEMBER

Die Temperaturen werden milder. Im September sollte man auf Taifune achten; im November sind die Herbstfarben am schönsten.

AMEHIME/SHUTTERSTOCK ©

HIGHLIGHT

DIE 88 HEILIGEN TEMPEL VON SHIKOKU

Der alte Shikoku-Pilgerweg führt zu 88 buddhistischen Tempeln und umrundet die gesamte Insel Shikoku. Jedes Jahr begeben sich Tausende auf diesen herausfordernden Rundweg und auf die Spuren des großen Kōbō Daishi (Kūkai), des Begründers der Pilgerreise und der buddhistischen Shingon-Schule in Japan.

NICHT VERSÄUMEN

- Tairyū-ji (Tempel 21)
- Ishite-ji (Tempel 51)
- Zentsū-ji (Tempel 75; siehe Bild oben)
- Unpen-ji (Tempel 66)
- Yakuri-ji (Tempel 85)
- Iwamoto-ji (Tempel 37)
- Iwaya-ji (Tempel 45)
- Yakuō-ji (Tempel 23)

Hintergründe

Um Shikoku zu verstehen, muss man *ohenro* verstehen, wie sowohl die Pilgerreise selbst als auch die Pilgernden genannt werden. Letztere sind weiß gekleidet, mit Stöcken und kegelförmigen Hüten ausgestattet und täglich zu sehen. Die religiöse Pilgerfahrt sollte als solche respektiert werden, doch es sind auch viele moderne *henro* unterwegs, die dem Alltag entfliehen, die Natur genießen und sich besinnen wollen.

Die Tempel haben jeweils einen Namen und eine Nummer von 1 bis 88, die der Reihenfolge auf dem Rundweg entspricht. Die Pilgerreise beginnt offiziell an Tempel 1 (Ryōzen-ji) in Tokushima, endet am Tempel 88 (Ōkubo-ji) in Kagawa und führt im Uhrzeigersinn rund 1140 km um die Insel. Doch man kann die Tempel auch in beliebiger Reihenfolge besuchen und die Abschnitte angesichts der Entfernungen in mehreren Etappen zurücklegen. Neben dem Hauptweg gibt's noch 20 *bekkaku* (Zusatztempel), die die Originalroute um ca. 160 km verlängern.

Grundlegendes

Der traditionelle Wanderweg dauert im Durchschnitt 40 bis 50 Tage (25 km pro Tag), doch die Strecke lässt sich auch mit dem Fahrrad, Motorrad, Skateboard, den öffentlichen Verkehrsmitteln oder dem Auto zurücklegen, wobei man mit Letzterem nur 10 Tage braucht. Es gibt spezielle Bustouren, jedoch eher für Einheimische. Einige der abgelegenen Bergtempel sind inzwischen dank moderner Seilbahnen viel einfacher zu erreichen.

Vorbereitung auf die Pilgerfahrt

Der *Shikoku Japan 88 Route Guide* (Buyodo Co Ltd.; henro.co/route-guide-book) gilt als die Pilgerbibel und enthält wichtige logistische Informationen, Tempel-Etikette und Karten für die gesamte Route.

Die detaillierten Wanderkarten in *The Pilgrimage Map Made By Everyone* (min88.jp/shikoku88map_en) sind ebenfalls unverzichtbar für alle, die zu Fuß gehen wollen.

Wer eine Pilgergemeinschaft und aktuelle Informationen über den Weg sucht, kann der Facebook-Gruppe „Shikoku 88 Ohenro Pilgrimage" beitreten.

Pilgerkleidung

Es gibt eine ziemlich umfangreiche „Uniform" für Pilgernde: eine weiße Weste, ein Schilfhut, eine Stola, ein Holzstock und verschiedene Gebetsutensilien. All dies ist im Laden am Tempel 1 (Ryōzen-ji) erhältlich, ebenso der *Shikoku Japan 88 Route Guide*, in dem die einzelnen Stücke, ihre Bedeutung und ihre Verwendung erklärt werden.

Es besteht kein Kaufzwang, aber diejenigen, die zumindest ein paar Stücke tragen, werden leichter als Pilgernde erkannt. Die Einheimischen geben den *henro* oft *osettai*, alle möglichen Zeichen der Gastfreundschaft – von einem Sitzplatz oder einem Getränk bis hin zu Geld oder Snacks –, in dem Glauben, dass sie symbolisch mitreisen und gutes Karma erhalten.

Übernachten

Einige Tempel bieten *shukubō* (Tempelunterkünfte) an, in denen man auch an religiösen Ritualen teilnehmen kann. Seltener sind die weniger formellen Tempel- und Privatunterkünfte, die *tsuyadō* und *zenkonyado*, die man nur als letzte Möglichkeit nutzen und in denen man mindestens 1000 ¥ spenden sollte (mehr für einen Futon).

Neben den *shukubō* greift man am besten auf reguläre Unterkünfte wie Hotels, *minshuku* (Pensionen), *ryokan* und organisierte Campingplätze zurück. Von Wildcampen, das in den Gemeinden entlang des Pilgerwegs umstritten ist, wird dringend abgeraten. Übernachte, wenn möglich, in Unterkünften, die etwas kosten, um die Gemeinden zu unterstützen. Die Website Henro House (henrohouse.jp/en) ist eine nützliche Quelle, um geeignete Unterkünfte entlang des Weges zu finden.

PILGER-REISEBUCH

Es ist üblich, dass Pilgernde ein Buch, das *nōkyōchō*, mit sich führen, um Tempelstempel zu sammeln. In feudalen Zeiten, als Reisen nur unter bestimmten Umständen erlaubt war (etwa religiöse Pilgerreisen), dienten die *nōkyō* (Stempel) als „Beweis" für den Besuch. Jeder zeichnet sich durch wunderschöne Kalligrafie aus und ist in jedem Tempel einzigartig. Sie sind meist von 8 bis 17 Uhr erhältlich (500 ¥).

TOP TIPPS

- Informiere dich über die aktuelle Wetterlage; von einigen Bergpfaden ist bei schlechtem Wetter abzuraten.
- Nimm immer genügend Wasser, Lebensmittel, Ersatz-Handyakkus und Notfallausrüstung mit und sag jeden Tag jemandem, wohin du gehst.
- Plane mehr Zeit ein, als du meinst zu brauchen, um die Tour wirklich zu genießen, und rechne mit Hindernissen.
- Verlasse dich auf Bergpfaden nicht auf Google, sondern nutze detaillierte Karten der Region.

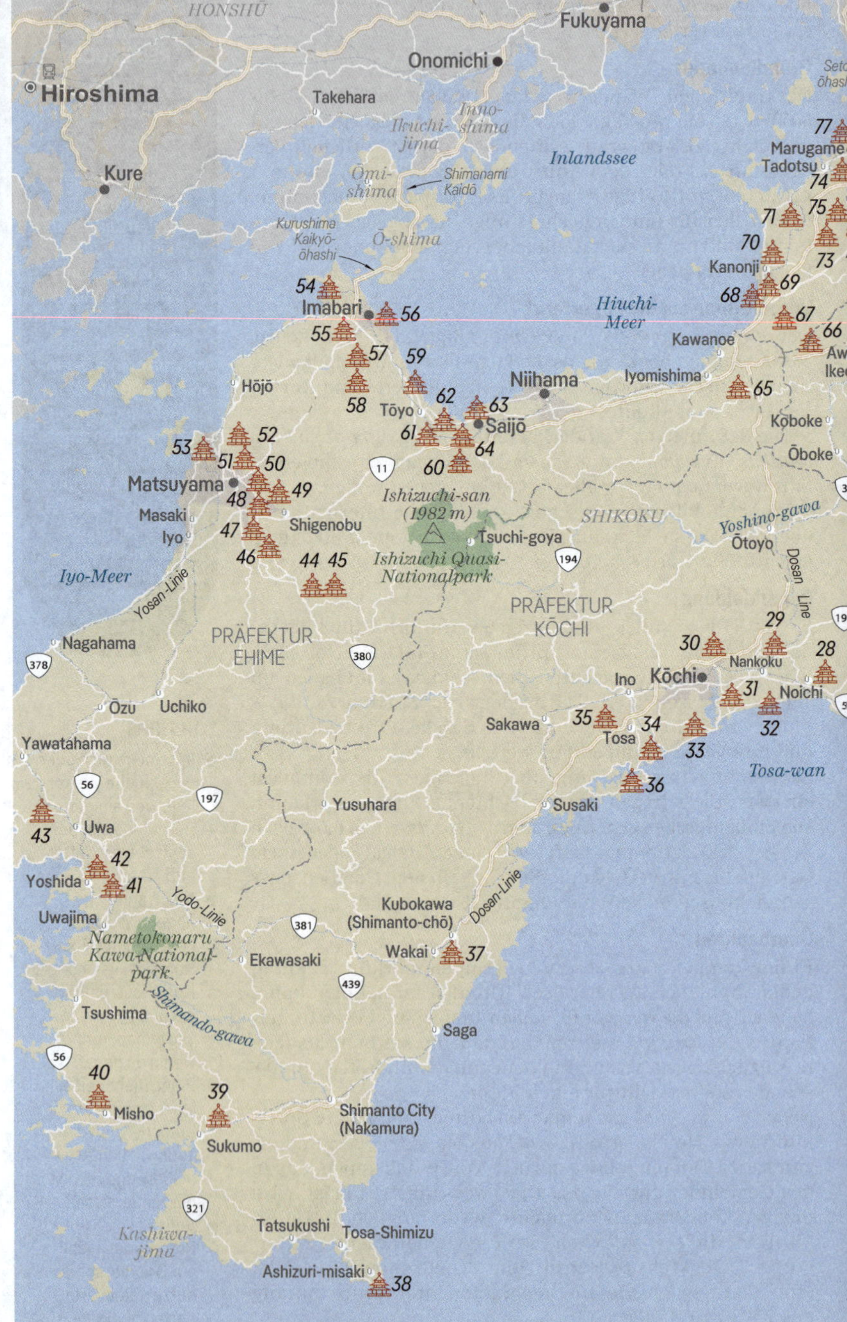
HONSHŪ
Fukuyama
Onomichi
Hiroshima
Takehara
Innoshima
Ikuchi-jima
Kure
Ōmi-shima
Shimanami Kaidō
Inlandssee
Kurushima Kaikyō-ōhashi
Ō-shima
Marugame
Tadotsu
Kanonji
Hiuchi-Meer
Imabari
Kawanoe
Iyomishima
Niihama
Hōjō
Tōyo
Saijō
Koboke
Ōboke
Matsuyama
Masaki
Iyo
Shigenobu
Ishizuchi-san (1982 m)
Tsuchi-goya
Ishizuchi Quasi-Nationalpark
SHIKOKU
Yoshino-gawa
Ōtoyo
Dosan Line
Iyo-Meer
Yosan-Linie
PRÄFEKTUR EHIME
PRÄFEKTUR KŌCHI
Nagahama
Nankoku
Ino
Kōchi
Noichi
Ōzu
Uchiko
Sakawa
Tosa
Yawatahama
Tosa-wan
Yusuhara
Susaki
Uwa
Yoshida
Yodo-Linie
Uwajima
Kubokawa (Shimanto-chō)
Dosan-Linie
Nametokonaru Kawa-Nationalpark
Ekawasaki
Wakai
Shimando-gawa
Tsushima
Saga
Misho
Shimanto City (Nakamura)
Sukumo
Kashiwa-jima
Tatsukushi
Tosa-Shimizu
Ashizuri-misaki

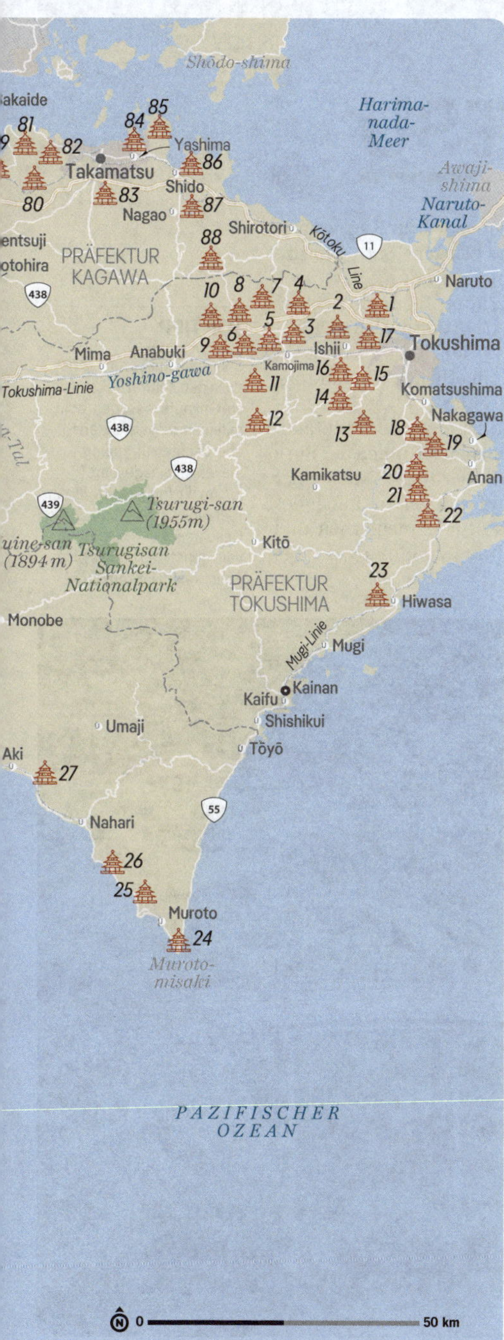

TEMPEL

1 Ryōzen-ji
2 Gokuraku-ji
3 Konsen-ji
4 Dainichi-ji
5 Jizō-ji
6 Anraku-ji
7 Jūraku-ji
8 Kumadani-ji
9 Hōrin-ji
10 Kirihata-ji
11 Fujii-dera
12 Shōsan-ji
13 Dainichi-ji
14 Jōraku-ji
15 Kokubun-ji
16 Kanon-ji
17 Ido-ji
18 Onzan-ji
19 Tatsue-ji
20 Kakurin-ji
21 Tairyū-ji
22 Byōdō-ji
23 Yakuō-ji
24 Hotsumisaki-ji
25 Shinshō-ji
26 Kongōchō-ji
27 Kōnomine-ji
28 Dainichi-ji
29 Kokubun-ji
30 Zenraku-ji
31 Chikurin-ji
32 Zenjibu-ji
33 Sekkei-ji
34 Tanema-ji
35 Kiyotaki-ji
36 Shōryū-ji
37 Iwamoto-ji
38 Kongōfuku-ji
39 Enkō-ji
40 Kanjizai-ji
41 Ryūkō-ji
42 Butsumoku-ji
43 Meiseki-ji
44 Taihō-ji
45 Iwaya-ji
46 Jōruri-ji
47 Yasaka-ji
48 Sairin-ji
49 Jōdo-ji
50 Hanta-ji
51 Ishite-ji
52 Taisan-ji
53 Enmyō-ji
54 Enmei-ji
55 Nankō-bō
56 Taisan-ji
57 Eifuku-ji
58 Senyū-ji
59 Kokubun-ji
60 Yokomine-ji
61 Kōon-ji
62 Hōju-ji
63 Kichijō-ji
64 Maegami-ji
65 Sankaku-ji
66 Unpen-ji
67 Daikō-ji
68 Jinne-in
69 Kannon-ji
70 Motoyama-ji
71 Iyadani-ji
72 Mandara-ji
73 Shusshaka-ji
74 Kōyama-ji
75 Zentsū-ji
76 Konzō-ji
77 Dōryū-ji
78 Gōshō-ji
79 Tennō-ji
80 Kokubun-ji
81 Shiromine-ji
82 Negoro-ji
83 Ichinomiya-ji
84 Yashima-ji
85 Yakuri-ji
86 Shido-ji
87 Nagao-ji
88 Ōkubo-ji

TOKIO

TAKAMATSU

Takamatsu

Takamatsu (高松) ist die Hauptstadt der Präfektur Kagawa und gilt als das Tor zu Shikoku; die nahe gelegene Seto-Ōhashi-Brücke ist die einzige regionale Zugverbindung zur Insel. Kagawa (einst Provinz Sanuki) ist berühmt für seine *sanuki-udon*, herrlich weiche Weizennudeln, die in den etwa 540 *udon*-Restaurants der Präfektur serviert werden. Takamatsu lockt mit einem angesagten Stadtzentrum mit etlichen Restaurants, lebhaften Bars und Geschäften sowie einer üppigen Natur direkt vor der Stadt. Der Ritsurin-kōen ist einer der spektakulärsten Gärten des Landes, und zwischen den Ruinen der Burg Takamatsu entdeckt man die Wurzeln der Stadt. Nach einer kurzen Fahrt gen Osten kann man auf den Felsengipfeln des Yashima und Goken Geschichte und Kultur kennenlernen, und eine kurze Bootsfahrt gen Norden führt zu einigen der berühmtesten Kunstinseln Shikokus.

TOP TIPP

Shoppen und essen kannst du in den Zentral-Takamatsu-Einkaufspassagen, acht miteinander verbundenen, überdachten Shoppingmeilen, mit insgesamt 2,7 km die längsten in Japan. Hier gibt's etwas für jeden Geschmack und Geldbeutel – vom günstigen Imbiss bis zu gehobenem Einzelhandel.

Ritsurin-kōen (S. 574)

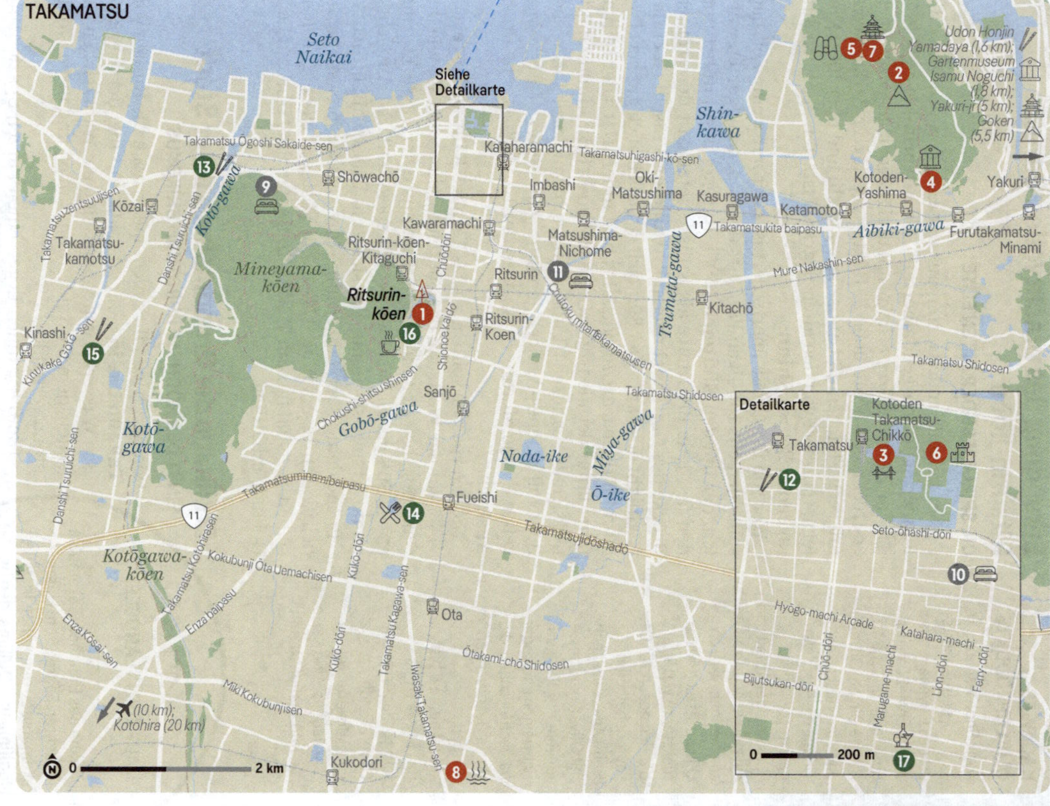

HIGHLIGHTS
1 Ritsurin-kōen

SEHENSWERTES
2 Yashima
3 Sayabashi
4 Shikoku-mura
5 Aussichtspunkt Shishi-no-Reigan
6 Takamatsu-jō
7 Yashima-ji
siehe 5 Yashimāru

AKTIVITÄTEN
8 Busshōzan-Onsen

SCHLAFEN
9 Hanajyukai
10 Sunny Day Hostel
11 Wakabaya

ESSEN
12 Meriken-ya
13 Sanuki-men Ichiba
14 Steak House Ichigo
15 Uehara-ya

AUSGEHEN
16 Kikugetsu-tei
17 Bar Ajisai nur für Frauen

KAGAWAS OLIVENPRODUKTE

Dank Shōdo-shima (S. 408), dem Geburtsort des Olivenanbaus in Japan, genießt man in der Präfektur Kagawa frische Oliven, Olivenöl und das Fleisch von Tieren, die mit Oliven gefüttert wurden.

Um weniger Abfall und ein innovatives Produkt zu erzeugen, wird oft Oliventrester (Pressrückstand) verfüttert, der den gesunden Ölsäuregehalt erhöht. Halte Ausschau nach mit Oliven gefütterten Rindern, Hühnern, Schweinen und sogar *hamachi*-Fischen, die oft für Sushi verwendet werden.

In Takamatsu bietet das **Steak House Ichigo**, das erste auf Oliven-Rindfleisch spezialisierte Restaurant Japans, eine Karte mit Informationen zum Rind.

Erkundung des prachtvollen Gartens Ritsurin-kōen

DIE SPIELWIESE DER ALTEN ELITE

Dieser bezaubernde Garten aus der Edo-Zeit war einst die Flaniermeile von Feudalherren. Der Ritsurin-kōen (栗林公園), im *Michelin Green Guide* mit drei Sternen ausgezeichnet, erstreckt sich heute über 75 Hektar gepflegter Parkanlagen mit sechs Teichen, 13 Landschaftshügeln und über 1000 Kiefern, flankiert von den alten Begräbnisstätten des hoch aufragenden Berges **Shiun**.

Wer von der Größe überfordert ist oder nur wenig Zeit hat, sollte den einstündigen Parcours durch den Südgarten wählen, der um den **Südteich** (南湖; Nan-ko) herumführt und den fast jede Broschüre als Kulisse zeigt. Mit der größten Brücke des Gartens (Engetsu-kyō) und drei Inseln ist er das Highlight des Parks. Der Südteich lässt sich auch gut bei einer 30-minütigen *wasen*-Bootsfahrt bestaunen. Nach der Durchfahrt unter der niedrigen Geishun-kyō-Brücke hindurch öffnet sich die Landschaft und man treibt zur Insel Token-sho, liebevoll „Liebes-Azalee" genannt. Zur Blütezeit Ende Mai geben die herzförmigen Azaleen der Landschaft einen rosa Anstrich.

Nicht verpassen sollte man das Teehaus **Kikugetsu-tei** (掬月亭) auf der Westseite des Südteichs, das so alt ist wie der Garten selbst; der Eintritt besteht aus einer Tasse Tee und etwas Süßem. Danach geht's zum spektakulären Aussichtspunkt Kikugetsu-no-ma, der sich zum Wasser hin öffnet.

Buche deine Bootsfahrt online (my-kagawa.jp/ritsuringarden/wasen/reserve) bis 17 Uhr am Vortag. Tickets für denselben Tag sind nur am Ticketschalter (ab 8.30 Uhr) auf dem Gelände erhältlich.

AUF ZUR INLANDSEE!

In Fußnähe des Bahnhofs Takamatsu verkehren Fähren vom Hafen Takamatsu zu den nahen Inseln **Megijima** und **Ogijima**, den berühmten Kunstinstallationen **Naoshimas** (S. 404) und der Oliveninsel **Shōdoshima** (S. 406).

Erklimme die Grundmauern einer Stadt

EINST DER HÖCHSTE BURGTURM SHIKOKUS

Den Bergfried gibt's nicht mehr, doch die Ruinen von **Takamatsu-jō** (高松城), (高松城), einer der drei großen Wasserburgen Japans, sind ein Wahrzeichen am Hafen, dem die Stadt ihren Namen und ihren Wohlstand verdankt.

Die Burgruinen liegen einen kurzen Spaziergang vom JR-Bahnhof Takamatsu entfernt und fügen sich im heutigen **Tamamo-Park** (玉藻公園) nahtlos in die Stadt ein. Vom Bahnhof Takamatsu-chikko Kotoden aus kann man sogar die überdachte **Sayabashi**-Brücke (鞘橋) und den umliegenden Wassergraben sehen.

DIE BESTEN UNTERKÜNFTE IN TAKAMATSU

Wakabaya
Gemütliches Hostel mit Holzinterieur, Privatzimmern und Gemeinschaftsanlagen. Parkplätze nach Reservierung gratis. ¥

Sunny Day Hostel
Kleines Boutique-Hostel in Fußdistanz zur Burg Takamatsu. Optionales Picknick-Frühstück im Zimmer. ¥¥

Hanajyukai
Luxushotel am Hang mit Privat- und Gemeinschafts-Onsen und Fußbad mit schönem Blick am Abend. ¥¥¥

JESSICA KORTEMAN/LONELY PLANET ©

Bootsfahrt um die Burg, Takamatsu-jō

Nach Betreten des 80 000 m² großen Parks überquert man die Sayabashi und gelangt zu dem Ort, wo einst der Burgturm (*tenshukaku*) stand. Hier kann man die unebenen Stufen zur Aussichtsplattform auf dem 13 m hohen Steinsockel hinaufsteigen und einen herrlichen Blick auf den Hafen und das Schleusentor genießen. Da das Wasser im Graben aus dem Meer kommt, erfüllt das Tor die Funktion, den Wasserstand zu regulieren, der sonst mit den Gezeiten stark schwanken würde.

Der Graben ist voller kleiner Meeresbewohner, die von der Flut hereingeschwemmt werden und in den Burggewässern zu ausgewachsenen Tieren werden. Auf seinem Wasser finden 30-minütige **Bootsfahrten um die Burg** statt, die an der Schleuse (水門) beginnen. Man bekommt Fischfutter, um die Brassen anzulocken, und kann die beeindruckenden Steinmetzarbeiten des Sockels aus der Nähe sehen. Der Ticketverkauf beginnt 10 Minuten vor der Abfahrt (max. 5 Passagiere) – die Abfahrtstafel überprüfen und auf Warteschlangen einstellen.

Eine heiß umkämpfte Aussicht

EIN BERG MIT TAUSENDJÄHRIGER GESCHICHTE

Ein markantes Merkmal in der Landschaft Takamatsus ist der **Yashima** (屋島), übersetzt „Dachinsel“, ein Tafelberg im Seto-nai-kai-Nationalpark mit herrlicher Aussicht und historischen Stätten. Berühmt ist er als Schauplatz der Schlacht von Yashima zwischen dem Genji- und dem Heike-Clan, die hier während des Genpei-Krieges im späten 12. Jh. stattfand.

SANUKI-UDON

Kagawa Masaaki, Mitglied der Honba Sanuki Udon Cooperative, verrät, wo man diese regionale Spezialität probieren sollte.

Sanuki-men Ichiba (さぬき麺市場 (高松郷東店) Nudelrestaurant westlich der Gōtō-Brücke mit frischen Zutaten aus der Region Kagawa. Die *bukkake-udon* probieren. ¥

Meriken-ya Direkt gegenüber dem Bahnhof Takamatsu; hier dreht sich alles um Nudeln und eine perfekte Textur. Empfohlenes Gericht: *niku-udon*. ¥

Uehara-ya In günstiger Lage am Ritsurin-kōen bietet das Uehara-ya köstliche *kake-udon* mit leicht gekochten Nudeln, Dashi-Brühe aus Sardinen sowie exquisiter Sojasoße. ¥

AKTIVITÄTEN IN TAKAMATSU

Mamehana Wasanbon
In dieser lustigen englischen Werkstatt stellt man *wasanbon*-Bonbons in traditionellen Formen her.

Busshōzan-Onsen
Komfortable Innen- und Außenbäder, nur 15 Zugminuten (plus 10 Gehminuten) vom Zentrum entfernt.

Bar Ajisai nur für Frauen
Stilvolle Tatami-Bar nur für Frauen im Zentrum von Furubaba-chō. Nicht japanisch Sprechende und Alleinreisende sind willkommen.

GOKEN-HIGHLIGHTS

Auf dem Berg Goken gibt's einige Highlights, die man erwandern kann, wenn man die Steigungen bewältigt.

Vom Bahnhof Yakuri aus gelangt man in 25 Minuten mit der Yakuri-Tozanguchi-Straßenbahn zum **Yakuri-ji** (Tempel 85). Unterhalb der obersten Felswände beten Pilgernde für Geld und Glück in der Liebe.

Auf einem 20-minütigen Spaziergang (meist bergab) geht's durch Ackerland zum **Isamu Noguchi Garden Museum**. Mit Anmeldung kann man das japanische Atelier und Wohnhaus des bekannten Bildhauers Isamu Noguchi mit 150 Werken in natürlicher Umgebung besuchen.

Nach weiteren 15 Gehminuten erreicht man das **Udon Honjin Yamadaya**, ein renommiertes *sanuki-udon*-Restaurant. Das Tempura-Menü hält, was es verspricht.

Shikoku-mura

Am unteren Ende des Berges befindet sich **Shikoku-mura** (四国村), ein beliebtes Freilichtmuseum mit umgesiedelten und restaurierten historischen Gebäuden aus ganz Shikoku. Auf dem Berggipfel Yashima-sanjō kann man den **Yashima-ji** (屋島寺), den 84. Tempel auf dem Shikoku-Pilgerweg, besuchen und am **Blutteich** vorbeischauen, wo der siegreiche Genji-Clan nach der Schlacht das Blut von seinen Schwertern gewaschen haben soll. Der Yashima-ji aus dem 8. Jh. ist ein Wichtiges Kulturgut Japans, und das Schatzhaus bietet eine kleine Sammlung von Tempel- und Schlachtartefakten sowie eine tausendarmige Kannon-Statue.

Der **Aussichtspunkt Shishi-no-Reigan** (獅子の霊巌展望台) ist für seinen Blick auf den Sonnenuntergang berühmt, weshalb er in der Abenddämmerung besonders beliebt ist. Eine Tonscheibe zu kaufen und sie vom Berghang zu werfen – ein als *kawarake-nage* bekannter Brauch – soll Glück bringen und symbolisiert Genji-Krieger, die im Sieg ihre Kopfbedeckung abwarfen. Direkt dahinter befindet sich der wellenförmige, erhöhte **Yashimāru**-Glasweg.

UNTERWEGS VOR ORT

Im Zentrum Takamatsus fahren die elektrischen JR- und Kotoden-Züge. IC-Karten können verwendet werden, doch an den Automaten ist nur die regionale „Iruca"-Karte aufladbar. Pasmo- oder Suica-Karten werden auf Nachfrage im Bahnhofsbüro aufgeladen. Nicht alle Bahnhöfe sind besetzt, also im Voraus planen und an größeren Bahnhöfen wie Takamatsu-chikko oder Kawaramachi aufladen oder Papiertickets kaufen.

Ein Shuttlebus (100 ¥ pro Fahrt) verbindet die JR-Bahnhöfe Yashima und Kotoden-Yashima mit Shikoku-mura und Yashima-sanjō. Zum Goken geht man zu Fuß (teils bergauf) oder nimmt zusätzlich ein Taxi.

Rund um Takamatsu

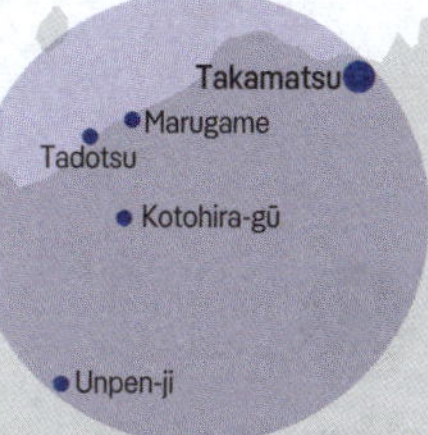

Kagawa ist zwar flächenmäßig die kleinste Präfektur Japans, aber es gibt viel zu sehen und zu erleben.

Von Takamatsu aus lassen sich dank der recht kurzen Entfernungen viele andere Attraktionen leicht auf einem Tagesausflug erreichen. Bei der Erkundung einiger der beliebtesten Pilgerstätten Shikokus genießt man einen herrlichen Ausblick auf Berge, Städte und die Inlandsee.

In Kagawa liegen die größten und höchstgelegenen der 88 Tempel des gesamten Pilgerweges: der Zentsū-ji in der gleichnamigen Stadt, der zugleich der Geburtsort von Kōbō Daishi ist, und der Unpen-ji, der „Tempel in den Wolken", wo die Seilbahn auf 900 m über dem Meeresspiegel fährt. Wer etwas für die Beinmuskeln tun möchte, steigt die mehr als 1000 Stufen zum alten Konpira-san-Schrein hinauf.

TOP TIPP

In Kagawa verkehren die Züge nicht so häufig, wie man es vielleicht aus anderen Teilen des Landes kennt. Die Fahrpläne im Voraus prüfen.

Unpen-ji (S. 582)

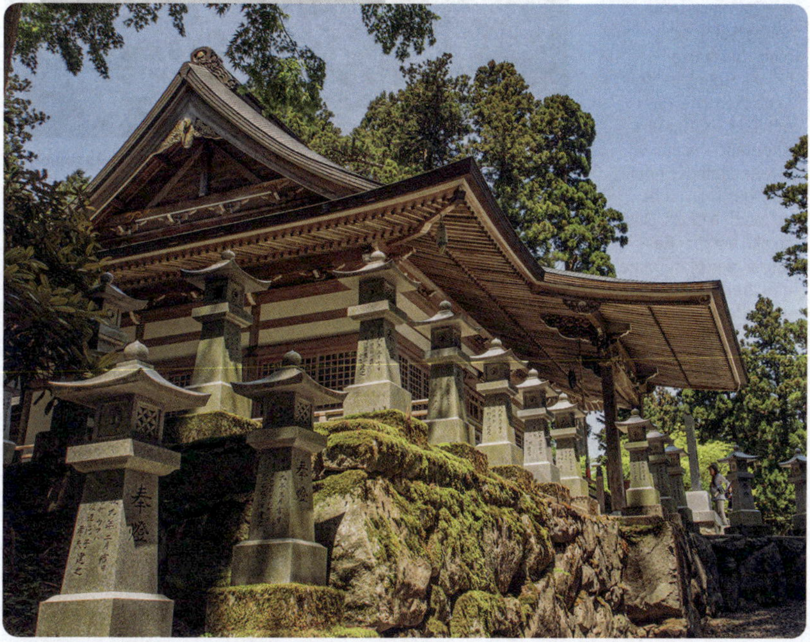

ESSEN WIE EIN HÖHLENMENSCH

Marugame ist der Geburtsort von Kagawas berühmtem *honetsuki-dori* (骨付鳥), Hühnchen am Knochen, und die regionale Institution **Ikkaku** setzte es erstmals auf die Speisekarte. Dieses handgroße, im Ofen gebackene Hühnchen wird am Knochen gegriffen und à la *Flintstones* gegessen. Es gibt zwei Arten von *honetsuki-dori*: *oya-dori* (festeres, erwachsenes Huhn) oder *hina-dori* (zarteres, junges Huhn), beide verlockend gewürzt mit Salz, Pfeffer und Knoblauch. Nimm im Zweifelsfall das *hina-dori*, das man nicht schneiden muss. Das Ikkaku hat drei Restaurants in Marugame und drei in Takamatsu, außerdem zwei in Osaka (S. 306), eins in Yokohama (S. 139) und eins in Fukuoka (S. 614).

Marugame-jō

Marugame-jō: Geschichte mit Aussicht

SHIKOKUS ÄLTESTER URSPRÜNGLICHER BERGFRIED

Eine 25-minütige Zugfahrt von Takamatsu entfernt liegt die Küstenstadt Marugame; von dort sind es 15 Gehminuten bis zu ihrer berühmten Burg. Hoch über den Straßen thront die Burg Marugame-jō (丸亀城) mit einem der 12 erhaltenen originalen Bergfriede in Japan und dem ältesten auf Shikoku. Es ist ein 10-minütiger, steiler Aufstieg, aber auf dem spektakulären Aussichtsplatz auf halber Strecke kann man ver-

MEHR KULTUR IN MARUGAME

Marugame Uchiwa Museum
Kleines, kostenloses *uchiwa*-Museum mit kostenpflichtigen Workshops zur Fächerherstellung (vorab online reservieren).

Nakazu-Banshōen
Ein feudaler Garten aus dem 17. Jh. mit einem *torii*-(Tor-)Tunnel neben dem Uchiwa-Museum.

MIMOCA
Kleines, aber geräumiges Museum für zeitgenössische Kunst; Werke von Genichirō Inokuma und anderen modernen Kunstschaffenden.

schnaufen und die Aussicht auf die umliegende Stadt und die Inlandsee genießen.

Die Aussicht von der Burg ist ebenso beeindruckend; hier kann man gut Fotos vom Bergfried schießen. Im Inneren des kleinen Burgturms aus dem 17. Jh. ist nicht viel zu sehen, doch es gibt einen erhöhten Blick auf den Wassergraben. Zwei schwierige Treppen sind in Hausschuhen zu bewältigen.

Wer keine Lust hat, sich anzustrengen, kann mit dem Komiker Ooki Kamemaru eine **Rikschafahrt** über das Burggelände unternehmen. Ooki-sans halbstündige Tour beginnt am Informationszentrum der Burg und umfasst eine Fotosession (mit deiner eigenen Kamera).

Im Informationszentrum kannst du deine Erkundung der Burg mit einem *uchiwa*-Workshop (runder Blattfächer) im **Take** (竹), einer Außenstelle des Marugame-Uchiwa-Museums, verbinden. In Marugame-Stadt werden heute noch 90 % der *uchiwa* in Japan hergestellt. Sieh dir eine traditionelle Handwerksdemonstration an und stelle deinen eigenen Fächer her (50 Min., vorab reservieren).

AUF JEDER PILGERLISTE

Der **Zentsū-ji** (善通寺) ist der größte der 88 Tempel und wird als der Geburtsort von Kōbō Daishi verehrt. Vom Bahnhof Zentsūji aus gelangt man in den östlichen Bereich vor dem Haupttempel mit fünfstöckiger Pagode und zwei riesigen Kampferbäumen, die aus Kōbō Daishis Kindheit stammen sollen.

Im westlichen Bereich liegt im Untergeschoss der **Mieidō** (御影堂) der **Kaidan Meguri** (戒壇めぐり) genau dort, wo Kōbō Daishi geboren worden sein soll. Lege deine linke Hand auf den kühlen Stein und taste dich in der Dunkelheit durch den 100 m langen, von Mandalas gesäumten Gang, der zu innerer Einkehr einlädt.

Fahrt mit der Panoramabahn

EINE ANDERE ART ZU REISEN

An Bord der drei *monogatari*-Sightseeingzüge in Shikoku – *monogatari* werden epische japanische Erzählungen genannt – erleben Fahrgäste eine Reise durch malerische Landschaften und genießen regionale Küche sowie die einzigartige *omotenashi* (Gastfreundschaft), was diese Zugfahrten unfassbar reizvoll macht.

Einer der Züge ist der **Shikoku Mannaka Sennen Monogatari**, was „eine Geschichte von 1000 Jahren durch Zentral-Shikoku“ bedeutet. Der Panoramazug beginnt etwa 30 Zugminuten von Takamatsu entfernt in der Stadt **Tadotsu** und schlängelt sich bis ins abgelegene Iya-Tal (S. 591) tief im Inneren Shikokus. Auf der Fahrt, die drei- bis viermal langsamer ist als reguläre Fahrten, genießen Passagiere den Blick auf die Landschaft und eine Mahlzeit in Restaurantqualität mit regionalen Zutaten.

Ein besonderer Aspekt dieser Wochenend- und Feiertagsfahrten sind Einheimische, die an der Strecke warten – sie tragen Kostüme, halten Schilder hoch und winken enthusiastisch. Manche fahren sogar die gesamte Strecke, um die Fahrgäste an jedem Halt zu begrüßen. An manchen Bahnhöfen gibt's Aufführungen oder andere Gesten der Gastfreundschaft. Man weiß nie, was passieren wird, und genau darin liegt der Spaß.

DER AUFSTIEG LOHNT SICH

Verpasse nicht die Gelegenheit, die 1368 Stufen zum **Konpira-san-Schrein** (S. 580) hinaufzusteigen und die vielen Bergattraktionen zu besuchen.

ESSEN AM KONPIRA-SAN

Hemp Heart (Magokoro)
Einladendes Café mit leckeren Gemüsecurrys und Fokus auf gesunder Ernährung. ¥

Nakano Udon School
Stelle in diesem lustigen, dynamischen Workshop auf der Omotesandō *sanuki-udon* her (mit Reservierung). ¥¥

Kotohira Terrace
Probiere *oiri* (runde, bunte Süßigkeiten) im Kotohira Terrace, gegenüber dem kostenlosen Fußbad. ¥

WANDERTRIP

Erforschung des Konpira-san

Kotohira-gū (金刀比羅宮), liebevoll Konpira-san genannt, ist ein Shintō-Schrein für die Gottheit der Seefahrer und steht im Wald des Berges Zōzu. Der Konpira-san wird seit Jahrhunderten als Kultstätte verehrt und ist der wichtigste aller Kotohira-Schreine des Landes mit einem stetigen Pilgerstrom auf seinen 1368 Stufen.

1 Omotesandō

Der Weg hinauf zum Konpira-san ist voller kultureller Attraktionen; nimm dir daher mindestens einen halben Tag Zeit. Vom Bahnhof Kotohira sind es 10 Gehminuten zur Omotesandō, der Hauptstraße zum Schrein, an der es vor allem Kagawas Spezialität *sanuki-udon* gibt.

Die Wanderung: Gehe bis zum Fuß der Treppe. Von hier aus sind es etwa 20 Minuten bis zum ersten Wahrzeichen, vorbei an vielen Souvenirläden.

2 Ōmon & die Gonin Byakushō

Etwa auf halbem Weg zum Hauptschrein erreichst du das Ōmon (大門), ein großes Holztor mit zweistufigem Ziegeldach. Gleich dahinter bieten fünf Süßwarenstände unter weißen Sonnenschirmen die traditionelle harte Süßigkeit *bekkō-ame* an, die aus Zucker, *mizuame* (süßem Stärkesirup) und Yuzu besteht. Sie sind als die Gonin Byakushō (Fünf Landwirt:innen) bekannt und symbolisieren nach einer alten Tradition die fünf Familien, die einst auf dem Schreingelände handeln durften.

Ōmon und die Gonin Byakushō

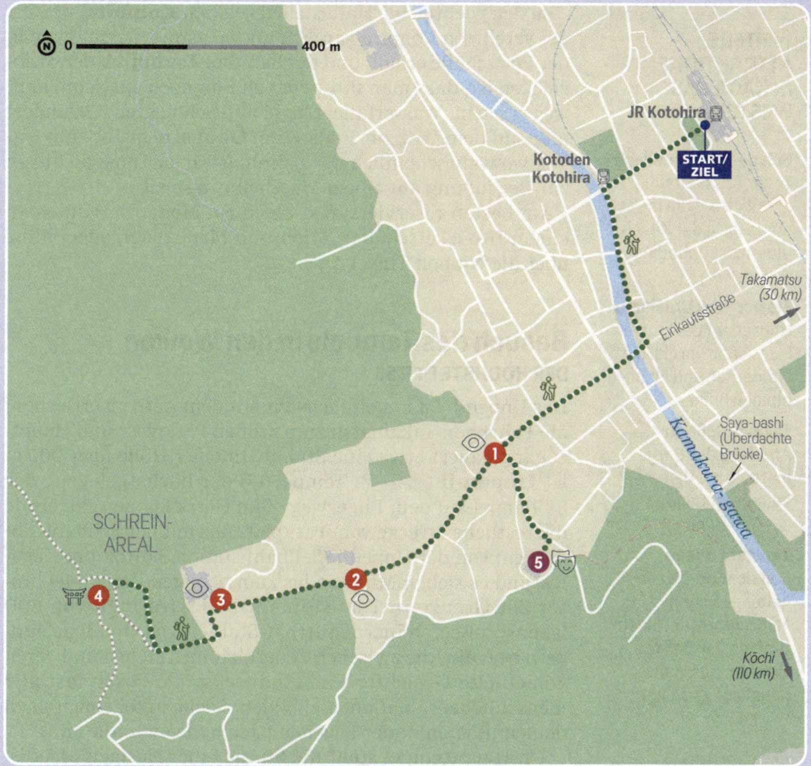

Die Wanderung: Ein Stück weiter oben gelangt man zu einem Podest vor einem großen *torii*.

3 Schreinpferde & die Shoin

Zu deiner Linken findest du die heiligen Schreinpferde (神馬) in ihren Ställen. Sie gelten als göttlich und sind für die Götter zum Reiten bestimmt, daher solltest du sie weder berühren noch füttern. Durch das *torii* und die Treppe hinauf erreichst du die Shoin (書院), das Herzstück des Kunstbezirks des Berges und Wichtiges Kulturgut aus der Edo-Zeit mit beeindruckenden Leinwandmalereien.

Die Wanderung: Folge weiter dem Weg zum Schrein.

4 Der Hauptschrein & der Innere Schrein

Bei der 785-Stufen-Marke (ca. 45 Min.) erreichst du den Hauptschrein. Die meisten kehren hier um, nachdem sie ihren Respekt gezollt und die Aussicht bewundert haben. Ab 9 Uhr kann man jedoch noch weitere 583 Stufen (30 Min.) bis zum inneren Schrein Okusha (奥社) erklimmen. An der linken Felswand erwarten dich ein Stein-*tengu* (geflügelter Dämon) und der vogelartige *karasu tengu*.

Die Wanderung: Der Weg nach unten verläuft vom Hauptschrein aus etwas anders. Er beginnt auf der anderen Seite des Tempelbüros.

5 Kanamaru-za (Konpira Kabuki)

Biege, kurz bevor du unten ankommst, an der 22-Stufen-Marke rechts zum Kanamaru-za, Japans ältestem Kabukitheater, ab. Du kannst es selbst oder mit einem ehrenamtlichen Guide erkunden.

WEITERE ATTRAKTIONEN IN KAGAWAS WESTEN

Shiude-Aussichtsdeck
Toller Aussichtspunkt mit Blick auf die Inlandsee. In der Kirschblütenzeit unbedingt sehenswert.

Flower Park Urashima
Hübscher Fotospot am Meer, wenn im Mai die Margeriten und Mohnblumen blühen.

Takaya-Schrein
Am Hang des Berges Inazumi, mit dem atemberaubenden „*torii* im Himmel".

Zenigata Sunae
Seit der Edo-Zeit erhaltenes Sandbild in Münzenform mit einem Umfang von 345 m. Gut vom Aussichtspunkt aus zu sehen.

Zu den wichtigsten Haltestellen gehören **Kotohira**, der Ort des verehrten Konpira-san (S. 580), wo man Erfrischungen in der Wartehalle erhält, und der Bahnhof **Tsubojiri**, der so abgelegen ist, dass man ihn weder zu Fuß noch auf dem Landweg erreicht. Wasserfälle, Flüsse und Schluchten bewundert man auf dem Weg zur Endstation **Ōboke**, dem Tor zum Iya-Tal, wo wahrscheinlich der Bahnhofswärter Yamaguchi-san zur Begrüßung auf einem Muschelhorn spielt.

Am besten reserviert man ab einem Monat im Voraus an einem JR-Ticketschalter (Midori-no-Madoguchi) oder online über die Nippon Travel Agency.

Besuch des Tempels in den Wolken

DER HÖCHSTE DER 88

Der Unpen-ji ist am einfachsten mit dem Auto zu erreichen; die Fahrt von Takamatsu zum großen Parkplatz und Hauptzugang dauert etwa eine Stunde. In einer Höhe über 900 m ist **Unpen-ji** (雲辺寺; Tempel 66) der höchstgelegene der 88 Tempel auf dem Pilgerweg. Zum Glück können Pilgernde die restliche Strecke vom Parkplatz aus mit der Seilbahn abdecken; von der Unpen-ji-Seilbahnstation Sanroku in Kagawa sind es sieben Minuten bis zum nebligen Berggipfel hinter der Grenze in Tokushima. Oben wird man von 500 lebensgroßen steinernen Arhat-Statuen von Buddhas Jüngern begrüßt, die zwischen Zedernbäumen stehen und deren gemeißelte Gesichter und eindrucksvolle Posen fast alle menschlichen Emotionen abbilden. Suche unter ihnen nach deinem Ebenbild; der Legende nach haben wir alle eins.

Am Haupttempel steht die Statue einer riesigen Meeresschildkröte, die den Ehrennamen des Tempels trägt: Kyogō-zan (Schildkrötenberg), nach der schlafenden Schildkrötenform des Berges benannt. Kaufe eine Gebetskugel aus Ton, schreibe den Anfangsbuchstaben deines Wunsches darauf und versuche, sie in den Topf hinter der Statue zu werfen. Wer trifft, soll viel Glück haben, aber selbst diejenigen, die verfehlen, sollen von Glück gesegnet sein. Von der Seilbahnstation aus geradeaus (rechts halten) geht's zum **Sanchō-kōen** (山頂公園), der über das Snow-Park-Gebäude zugänglich ist. Der grasbewachsene Hügel am Hang bietet mit Panoramaschaukeln, Fotorequisiten und einem Airstream-Kaffeewagen alles, was das Social-Media-Herz begehrt.

Sanchō-kōen

UNTERWEGS VOR ORT

Marugame, Zentsūji und Kotohira sind mit Tagesausflügen von Takamatsu aus mit JR-Zügen leicht zu erreichen (IC-Karten werden akzeptiert). Die Attraktionen an der Westküste Kagawas lassen sich am besten mit dem Auto erkunden, allerdings sind die Bergstraßen schmal und bei Gegenverkehr etwas knifflig. Die Straße zum oberen Parkplatz des Takaya-Schreins (5 Gehminuten zum Hauptschrein und dem *torii*) ist am Wochenende und feiertags für private Fahrzeuge gesperrt (nutze den Shuttlebus oder den unteren Parkplatz und gehe 50 Minuten zu Fuß). Die Shiude-Aussichtsplattform erfordert eine Reservierung (mitoyo-kanko.com/shiude-access); in der Kirschblütenzeit zahlt man eine Parkgebühr.

TOKIO

TOKUSHIMA

Tokushima

Tokushimas Innenstadt (徳島) konzentriert sich auf eine leicht begehbare, kürbisförmige Sandbank zwischen den Flüssen Suketō und Shinmachi. Hyōtan-jimas (Kürbisinsel) breite Uferpromenaden locken zu entspanntem Bummeln mit Wochenendmärkten, Straßenmusik und Hyōtan-jima-Flussfahrten.

Das Awa-odori Matsuri, Tokushimas bekanntester Kulturexport, versetzt die Stadt in Aufruhr, wenn im August mehr als eine Million Reisende zum viertägigen Tanzspektakel strömen. Doch es ist nicht nur ein jährliches Festival, sondern ein allgegenwärtiges Kulturgut, das kaum zu übersehen ist.

Jedoch ist der Tanz nur eine von vielen reichen Kunstformen in Tokushima, die überwiegend im Zuge des erfolgreichen Indigo-Handels entstanden. Die Präfektur verantwortet heute 80% der Indigo-Produktion in Japan und steht hinter dem charakteristischen Farbton, den wir als „Japanblau" kennen.

TOP TIPP

Das Team in Tokushimas Besucherzentrum berät zu Sehenswürdigkeiten, Restaurants und aktuellen Fahrplänen. Es kann sogar Reservierungen in deinem Namen vornehmen. Die Innenstadt liegt nur zwei Gehminuten vom JR-Bahnhof Tokushima entfernt.

Awa-odori (S. 584)

EINE LEKTION IN STADTGESCHICHTE

Im Zentralpark von Tokushima hinter dem Hauptbahnhof befinden sich die historischen Ruinen der Burg Tokushima. Für einen tieferen Einblick besucht man das **Burgmuseum Tokushima** auf der ehemaligen Palastanlage. Dort gibt's einen guten kostenfreien englischen Reiseführer mit Infos zur Burggeschichte und den Ausstellungsstücken sowie eine Karte mit den Standorten der Ruinen, die man auf eigene Faust erkunden kann. Nicht versäumen: Der ehemalige **Schlossgarten** (freier Eintritt mit Museumsticket) ist ein exquisiter Garten mit abenteuerlichen Trittsteinen, Steinbrücken und einem angesiedelten Fischreiher.

Tokushimas Sommertanz

DAS GANZE JAHR ÜBER EIN HAUCH VON AUGUST

Theorien über die Ursprünge des Awa-odori in Tokushima gibt's zuhauf, eine davon ist eine spontane trunkene Straßenparty nach der Fertigstellung der Burg. Geschichtsbüchern zufolge ist es wahrscheinlicher, dass sich der Tanz langsamer entwickelte und aus regionalen *bon-odori*-Sommer-Volkstänzen hervorging, mit denen die Ahnen in die Welt der Menschen gerufen wurden. Was zu Feudalzeiten als Akt der Rebellion galt, sorgte in der Nachkriegszeit für neuen Aufschwung. Die heutige dynamische Tanzform ist anmutig und wild und lässt sich im fünfstöckigen **Awa Odori Kaikan** (阿波おどり会館) ganzjährig bei einer von fünf täglichen Aufführungen erleben.

Bei den Liveshows in der **Awa-Odori-Halle** (2F) mit 250 Plätzen sieht man, wie sich der Stil des Awa-odori im Laufe der Jahrhunderte verändert hat. Man kann auf die Bühne gehen,

TEMPEL EINS

Tokushima ist ein besonderer Ort für Pilgernde auf dem **Shikoku-Pilgerweg** (S. 568), denn am Ryōzen-ji, dem Tempel 1, beginnt für viele die Reise.

DAS BESTE ABENDESSEN IN TOKUSHIMA

Hassun
Eklektische Nachbarschaftsbar mit Hausmannskost, einem Hauch Nostalgie und Vinyl-Musik. **¥**

Domannaka
Gehobenes *izakaya* (Kneipenrestaurant) mit Meeresfrüchten, Fleisch und Gemüse sowie Theken- und Tischplätzen. **¥¥**

Toritori
Beliebtes regionales *yakitori*-Lokal für zwanglose Drinks und Spieße, berühmt für seine *kimo* (Hühnerleber). **¥**

Das Puppentheater Awa Jūrōbē Yashiki

die Schritte ausprobieren (es ist schwieriger, als es aussieht!) und einen tollen Vorgeschmack auf das Festival im August erhalten. Wer mehr über die Geschichte des Tanzes erfahren will, besuche das **Awa-Odori-Museum** (3F) mit ausführlichen englischen Übersetzungen über QR-Codes.

Von der nahe gelegenen **Bizan-Seilbahnstation** (5F) fährt eine 290 m lange Seilbahn auf den Berggipfel des **Bizan** mit herrlichem Stadtblick. Ermäßigte Tickets für zwei oder alle drei Attraktionen an den 1F-Verkaufsautomaten.

Besuch im Puppentheater

EINE UNVERGESSLICHE SHOW

Tokushima ist die Heimat und das Zentrum des *ningyō jōruri* (人形浄瑠璃), einer fesselnden Form des Puppentheaters mit lyrischen Geschichten, bei der drei Performer gleichzeitig eine Puppe bewegen. Bis heute ist Tokushima führend im japanischen Puppenspiel, das vermutlich dank des Wohlstands durch die Indigo-Färberei florierte. Hier gibt's mehr Puppentheater als irgendwo sonst im Land und etliche Freilichtbühnen in ländlichen Gemeinden.

Ningyō jōruri erscheint auf den ersten Blick wie eine Nischenattraktion, hat jedoch auf emotionaler Ebene eine enorme Anziehungskraft. Der beste Ort, um es zu erleben, ist das **Puppentheater und Museum Awa Jūrōbē Yashiki** (徳島県立阿波十郎兵衛屋敷), 15 Busminuten vom Bahnhof Tokushima entfernt. Es bietet täglich zwei Aufführungen von *Keisei Awa no Naruto,* dem meistgespielten Puppendrama Tokushimas, mit der Geschichte eines Kindes, das seine Eltern sucht. Englischsprachige können die 30-minütige Szene über die Untertitel auf der Leinwand über der Bühne verfolgen.

FÜR RAMEN-FANS

In der Präfektur Tokushima gibt's drei einzigartige regionale Ramen-Sorten. Die aus Tokushima-Stadt sind eine unverkennbare braune Suppe aus *shōyu* (Sojasoße) und *tonkotsu* (Schweineknochen) mit Schweinebauch, grünen Zwiebeln, fermentierten Bambussprossen und optional einem rohen Ei.

Für Tokushima-Ramen empfiehlt sich das **Men-oh**, ein unauffälliger, bis Mitternacht geöffneter Ramen-Laden mit Ticketautomat am Bahnhof Tokushima; dank des Englisch-Knopfes lässt sich die Karte entziffern.

DIE BESTEN UNTERKÜNFTE IN TOKUSHIMA

Hostel Coliberty
Trendiges Hostel mit Dachterrasse und Gemeinschaftsflair in Fußdistanz zum Awa Odori Kaikan. ¥

Petit Hotel 017 Reina
Kleine Unterkünfte im Apartmentstil, am besten zur Selbstversorgung. ¥¥

Hotel Sunroute
Komfortables Drei-Sterne-Hotel mit Onsen gegenüber dem Bahnhof Tokushima. ¥¥

WEITERE REGIONALE HANDWERKS-PRODUKTE

Eine weitere Kunstform der *aizome*-Industrie war *Ōtani-yaki*, die Herstellung großer Tongefäße, in denen Indigo gelagert wurde. Sie wurden mit einer *nerokuro* (liegenden Töpferscheibe) hergestellt; eine Person lag auf dem Boden und drehte die Scheibe mit den Füßen, eine andere fügte von oben den Ton hinzu und formte ihn.

Da es immer weniger Indigo-Färbereien gibt und die Töpfe selten ersetzt werden, stellt man heute nur noch kleinere Töpferwaren für den Hausgebrauch her. Sie sind in einer von sechs verbliebenen Werkstätten erhältlich; die nächstgelegene ist **Mori Tōki** (森陶器), fünf Gehminuten vom Bahnhof Awa-Ōtani entfernt.

Nimm dir Zeit, um die Kunstfertigkeit der Puppenspieler:innen zu bewundern, die ihre Bewegungen gekonnt synchronisieren und einschließlich der Gesichter komplett schwarz verhüllt sind. Neben der Aufführung lohnt sich das kleine Museum mit englischen Erklärungen (im Eintritt inbegriffen).

Nur eine Minute zu Fuß entfernt befindet sich eine weitere Puppenattraktion, das **Awa Deko Ningyō Kaikan**, wo mehr als 50 Puppen ausgestellt sind und der hauseigene Puppenspieler eine 20-minütige Erklärung (auf Japanisch) über ihre Herstellung gibt.

Stelle dein eigenes „Japanblau" her

DEN INDIGOHANDEL IN TOKUSHIMA ERLEBEN

Der Indigo-Farbton „Japanblau" ist charakteristisch für Japan und eines der berühmtesten Exportgüter Tokushimas. Für den Handel mit *aizome* (Indigo) bedanken sich die Ansässigen oft beim Yoshino-Fluss – wegen der regelmäßig überschwemmten Ufer war das umliegende Ackerland nicht für den Anbau von Reis, aber für den von Indigo geeignet. Tokushima ist seit der Edo-Zeit die Nummer eins, was die Herstellung des Naturfarbstoffs *sukumo* betrifft; dabei werden die Indigoblätter zunächst getrocknet und dann etwa 100 Tage lang fermentiert. Wegen der extrem hohen Qualität des *sukumo* aus Tokushima, auch bekannt als „Awa Ai", sind die Indigo-Stoffe der Präfektur und das Know-how der traditionellen Handwerker:innen seit Jahrhunderten begehrt.

Das **Historische Museum Aizumi-chō** (Ai-no-Yakata; 藍住町歴史館 藍の館) liegt etwas abseits, bietet aber hervorragende *aizome*-Exponate im ehemaligen Wohnsitz und der Fabrik der örtlichen Indigo-Händlerfamilie Okumura. Praktischerweise kann man hier ohne vorherige Reservierung beim Indigo-Färben mitmachen – von Taschentüchern bis zu großen Seidenschals und anderen Stoffen (die dünnen *tenugui*-Baumwollhandtücher sind sehr zu empfehlen) – und selbst beobachten, wie sich das grüne Material unter fließendem Wasser in das charakteristische Awa-Blau verwandelt. Einige private Indigo-Fabriken in Stadtnähe bieten ebenfalls *aizome*-Workshops, doch meist muss man lange im Voraus reservieren. Eine der zugänglichsten ist **Ruafu** (藍染工房ルアフ), wo man oft auch einen Tag vorher buchen kann.

UNTERWEGS VOR ORT

Die meisten Attraktionen Tokushimas sind mit einer Kombination aus Zügen, Bussen und Spaziergängen erreichbar. Da es kein IC-Karten-System gibt, muss man überall Papiertickets kaufen. An unbesetzten Bahnhöfen steigt der Fahrer aus und sammelt die Tickets von den Aussteigenden ein. Wer nicht den korrekten Fahrpreis bezahlt hat, muss ihn in bar nachzahlen; man sollte also das richtige Ticket kaufen, um keine Verspätung zu verursachen.

Wer kein Ticket vorab kaufen kann, sollte sich mit dem *seiri-ken*-System vertraut machen: Man zieht ein Ticket am Automaten an der Hintertür und bezahlt beim Aussteigen an der Vordertür.

Rund um Tokushima

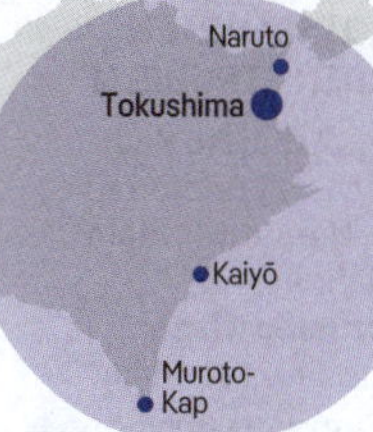

Außerhalb der Stadt lockt die Küste Tokushimas mit vielen Möglichkeiten zum Surfen, Schwimmen oder Chillen auf dem Sand.

Von Tokushima-Stadt aus ist es ein Katzensprung nach Naruto, wo die Strudel in der Naruto-Straße zu bewundern sind, während nur 20 Autominuten vom Zentrum entfernt am Surfstrand der Komatsu-Küste gesurft wird. Weiter draußen bietet sich ein Roadtrip auf den windigen Bergstraßen ins Iya-Tal oder entlang der Küstenlinie Tokushimas an. An dieser dem Pazifik zugewandten Südküste an der Grenze zu Kōchi tritt offen zutage, warum die Region in Japan als Surfparadies gilt. Egal, ob du auf der Suche nach herausfordernden Wellen bist oder einfach nur schwimmen willst, die Strandorte rund um Kaiyō eignen sich ideal für ein paar entspannte Tage.

TOP TIPP

Für einen Rabatt und einen reibungslosen Einlass sollte man die Tickets des Ōtsuka-Kunstmuseums vorab online kaufen.

Naruto-Strudel **(S. 588)**

BOOTSFAHRTEN ZU DEN STRUDELN

Es gibt drei Möglichkeiten, mit Booten zu den Naruto-Strudeln zu fahren.

Uzushio Kisen fährt direkt vor dem Naruto-Park ab und bietet 20-minütige Fahrten in einem kleinen Boot mit Aussicht auf Wasserhöhe.

Eine fünfminütige Fahrt westlich betreibt das größere **Uzushio Kanchōsen** zwei Boote: die *Aqua Eddy*, ein kleines Schnellboot mit Unterwassersicht (25 Min.), und die *Wonder Naruto*, eine größere Fähre mit zwei Decks (30 Min.).

Die *Aqua Eddy* muss man vorab reservieren, aber je nach Verfügbarkeit gibt's auch spontan Tickets. Für die *Wonder Naruto* ist keine Reservierung nötig; der Aufpreis für die erste Klasse auf dem Oberdeck mit besserem Blick lohnt sich. Ein Kombiticket Erste-Klasse/Uzu-no-Michi-Aussichtsplattform ist nur am Bootsschalter erhältlich.

Wirbel in Naruto

EINE UNGEWÖHNLICHE NATURATTRAKTION

Die **Naruto-Strudel** (鳴門の渦潮), etwa 40 Autominuten nordöstlich von Tokushima, sind ein Naturphänomen, das durch ein einzigartiges Zusammenspiel von Gezeitenströmungen und Unterwassertopografie entlang der schmalen Naruto-Straße entsteht. Vielleicht hast du ihn schon in deiner Ramen-Schüssel gesehen, den rosa Fischkuchen-Wirbel *naruto-maki*, der oft die Nudelsuppe krönt und nach den Strudeln hier benannt ist.

Bei dieser Attraktion kommt es auf das richtige Timing an, denn entweder sieht man riesige Strudel mit einem Durchmesser von bis zu 20 m oder gar nichts. Schau in der Gezeitentabelle (online verfügbar) nach, wann die Strudel am Tag deines Besuchs am aktivsten sind. Im besten Fall stimmt dein Zeitplan mit einem der „Springflut"-Tage (etwa alle zwei Wochen) überein, an denen die Strudel am größten sind.

Die Strudel sind aus der Nähe vom Boot aus und durch die Glasscheiben des 45 m hohen **Uzu-no-Michi-Aussichtsraums** der Ōnaruto-Brücke zu sehen. Am besten besucht man die Aussichtsplattform während des Höhepunkts der Südströmung, die direkt unter der Brücke auftritt. Die nördliche Strömung, etwa 300 bis 400 m entfernt, sieht man gut vom Boot aus.

Ein Kunstmuseum für die Ewigkeit

INTERNATIONALE MEISTERWERKE

Das herausragende **Ōtsuka-Kunstmuseum** (大塚国際美術館) in Naruto zeigt mehr als 1000 westliche Meisterwerke, die maßstabsgetreu auf Keramikplatten nachgebildet wurden. Für die größten Werke der Kunstwelt müsste man normalerweise 190 Museen in 25 Ländern besuchen, doch in Ōtsuka kann man sie innerhalb eines Tages alle an einem Ort sehen.

Dank eines langwierigen Prozesses mit Druckverfahren, Brennen und manuellem Pinseln sollen diese originalgetreuen Nachbildungen 2000 Jahre halten, gegen Verblassen und Schäden resistent sein und für zukünftige Generationen erhalten bleiben. Zudem dürfen die Werke im Gegensatz zu vielen Originalen fotografiert werden.

Auf fünf Ebenen kann man klassische Werke von Da Vinci, Van Gogh, Vermeer, Monet und weiteren großen Namen bewundern und ebenso historische Rekonstruktionen berühmter Gebäude in Originalgröße, darunter die Sixtinische Kapelle. Kunstfans sollten einen Tag für die 4 km lange Strecke einplanen. Alternativ besorgt man sich eine kostenlose Karte mit den Highlights.

ESSEN AN DER SURFKÜSTE

Bahati
Einladendes Restaurant direkt am Strand mit Curry, Pasta und *teishoku* (Menüs). ¥

Grill Join
Restaurant am Shirahama-Strand mit niedrigen Tischen, bekannt für sein Shimanto-Kotelett. ¥¥

inBetweenBlues Café
Bietet mit Bio-Indigoblättern aufgebrühten Tee, süße Spezialitäten und Boutique-Kaffee. ¥

Ōtsuka-Kunstmuseum

Fahrt mit dem DMV

EINE ANDERE ART DER FORTBEWEGUNG

Nach einer Stunde und 45 Minuten mit dem Auto oder gut zwei Stunden mit dem Zug erreicht man das Surfer-Mekka **Kaiyō**, wo ein einzigartiges Verkehrsmittel fährt. Ist es ein Bus? Ein Zug? Hier im Süden der Präfektur Tokushima ist es beides. Der DMV kann sowohl auf der Straße als auch auf Schienen fahren und ist das weltweit erste kommerziell betriebene Fahrzeug mit zwei Betriebsarten. Das innovative Fahrzeug fährt seit Dezember 2021 und soll den Tourismus vor Ort und das angeschlagene Bahnunternehmen ankurbeln. Man kann einzelne Abschnitte oder die gesamte Strecke (ca. 35 Min.) zurücklegen.

Die Fahrt beginnt in Kaiyōs Kulturdorf. Im Busbetrieb sind es fünf Minuten bis zum Bahnhof Awa-Kainan, wo der DMV seinen ersten „Betriebswechsel" vollzieht. Die Fahrgäste bleiben an Bord, während die stählernen Leiträder herunterfahren und ihn in einen Zugwaggon verwandeln. Die Leiträder heben die Vorderreifen von der Schiene, während die Hinterreifen unten bleiben, sodass das Fahrzeug auf der Schiene vorwärtsfahren kann. All das geschieht zu den Klängen einer Melodie und innerhalb von 10 bis 15 Sekunden. Der DMV fährt 10 km auf Schienen, bevor er am Bahnhof Kannoura in der Stadt Tōyō wieder in den Busbetrieb wechselt. Dann geht's über die Grenze in die Präfektur Kōchi und zurück zum **Shishikui-Onsen** in Tokushima.

DIE BESTEN SURFSPOTS AN DER TOKUSHIMA-KŌCHI-KÜSTE

Nagahara Leki, renommierter Indigo-Färber, Surfer und Besitzer des innovativen Indigo-Studios inBetweenBlues (inbetweenblues.jp), das die *aizome*-Kunst mit der Surfkultur der Küstenstadt Kaiyō verbindet, empfiehlt folgende Spots.

Ikumi
Surfparadies für Novizen bis Fortgeschrittene mit ganzjährig guten Wellen.

Shirahama
Die geschützte Bucht, 2 km nördlich von Ikumi, ist von Juli bis August ein Badestrand und den Rest des Jahres ideal für Newcomer geeignet.

Shishikui
Ein Hit für alle, die surfen, tauchen und Kajak fahren oder sich einfach nur am Strand aalen wollen.

DIE BESTEN UNTERKÜNFTE AM MEER

Pension Shishikui
Komfortable Zimmer und Blockhütten mit geteilten Familienbädern und Tennisplatz. ¥¥

Haryugetu Guesthouse
Gemütliches Gasthaus mit gutem Essen, günstigen Preisen und vielen Pilgernden. ¥

Pavilion Surf & Lodge
Schlafe zum Wellenrauschen ein; einfache, saubere Zimmer mit Surfbrettverleih. ¥

SONSTIGE HIGHLIGHTS

Tairyū-ji
Den Tairyū-ji, Tempel 21 der 88 und Stätte von Kōbō Daishis Askeseübungen, erreicht man nach einer 10-minütigen Seilbahnfahrt auf den Tairyū.

Meeresschildkrötenmuseum Hiwasa
Museum der Meeresschildkröten, die ihre Eier am Strand Ōhama ablegen. Nach großer Renovierung wird es im April 2024 wieder eröffnet.

Yakuō-ji
Der Tempel 23 soll das Unglück in vermeintlichen Unglücksjahren – bei Männern mit 42 und bei Frauen mit 33 – abwehren.

DMV-Fahrzeuge

Der DMV sieht aus – und fühlt sich an – wie ein Bus, doch auf Schienen ist er ein ganz normaler Zug. Der „Betriebswechsel" ist kaum zu spüren, der eigentliche Kick ist das *Wissen*, dass man in einer Weltneuheit sitzt. Online buchen oder ohne Reservierung einsteigen, falls es noch Plätze gibt.

Murutos „Grundschul-Aquarium"

EINE NEUE ART ZU LERNEN

Am Kap Muroto in der Präfektur Kōchi befindet sich eine einzigartige Attraktion, das Muroto-Schulhaus-Aquarium. Diese ehemalige öffentliche Grundschule, die wegen Schülermangels geschlossen wurde, ist heute ein Aquarium und eine Forschungseinrichtung.

Beim Erkunden der verlassenen Schule sieht man, dass die alten Flure mit Aquarien versehen und die Projektoren zu Fischbecken umfunktioniert wurden. Das Schwimmbecken, in dem einst Schwimmunterricht stattfand, ist mit Hammerhaien gefüllt. In der alten Bibliothek sieht man die Haie von oben; sie werden hierhergebracht, nachdem sie sich in Fischernetzen verfangen haben.

OUTDOOR-ABENTEUER

Beim *shinrin-yoku* (Waldbaden) soll man im Rhythmus der Natur entschleunigen, aber mancherorts dreht sich alles um Beschleunigung. Ob Surfen, Canyoning oder Seilrutschen – Japan hat für jeden Outdoor-Fan etwas zu bieten (S. 48).

UNTERWEGS VOR ORT

Naruto erreicht man vom Zentrum Tokushimas nach knapp 40 Autominuten (oder in 1 bis 1½ Std. mit dem Zug/Bus). Mit dem Zug (mit einmal Umsteigen) kommt man in etwa zwei Stunden nach Ōboke im Iya-Tal. Die Surfküste erkundet man am besten mit dem eigenen Auto, um unterwegs anhalten zu können.
Mit einem Direktzug auf der Mugi-Linie fährt man bequem von Tokushima zum Bahnhof Awa-Kainan und von dort mit dem DMV weiter nach Shishikui in Kaiyō.

IYA-TAL

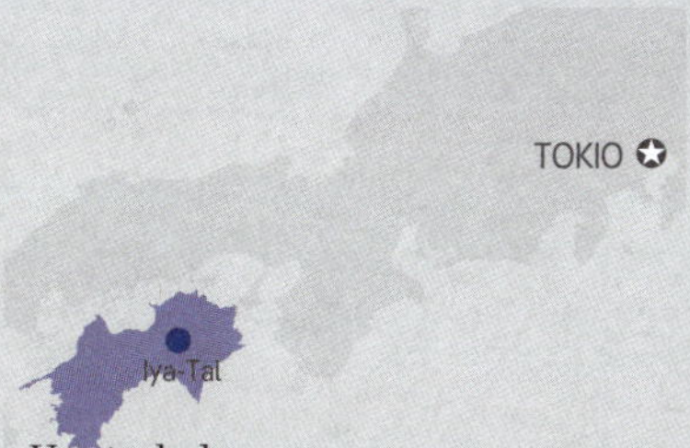

Das Iya-Tal (祖谷渓) war einst das berüchtigte Versteck des Heike-Clans, der sich im 12. Jh. nach seiner Niederlage gegen die Genji in diese Bergregion zurückzog und den jahrzehntelangen Clan-Streit beendete, der als Genpei-Krieg bekannt wurde.

Die Abgeschiedenheit der Region im äußersten Westen Tokushimas und die Art und Weise, wie Menschen in dieser bergigen Gegend überlebten, sind bis heute faszinierend. Von den Lianenbrücken des Tals bis zu Weilern an steilen Berghängen – die topografischen Herausforderungen sind zur Visitenkarte der Region geworden.

Wer einen Adrenalinkick sucht, wird die berühmten Lianenbrücken, das Wildwasser-Rafting auf Japans schnellstem Strom Yoshino oder die Ziplines in 50 m Höhe genießen. Wer es ruhiger angehen möchte, kann sich auf Ausflugsbooten, Bergwanderungen und in heißen Quellen vergnügen.

TOP TIPP

Iss am besten in deiner Unterkunft. Die Abende im Iya-Tal sind sehr ruhig, denn nach Einbruch der Dunkelheit sind nur wenige Restaurants geöffnet und die Bergstraßen sind stockfinster. Mit Lebensmitteln kann man sich im Boke Mart nahe dem Bahnhof Ōboke eindecken.

Der Yoshino-Fluss (S. 594)

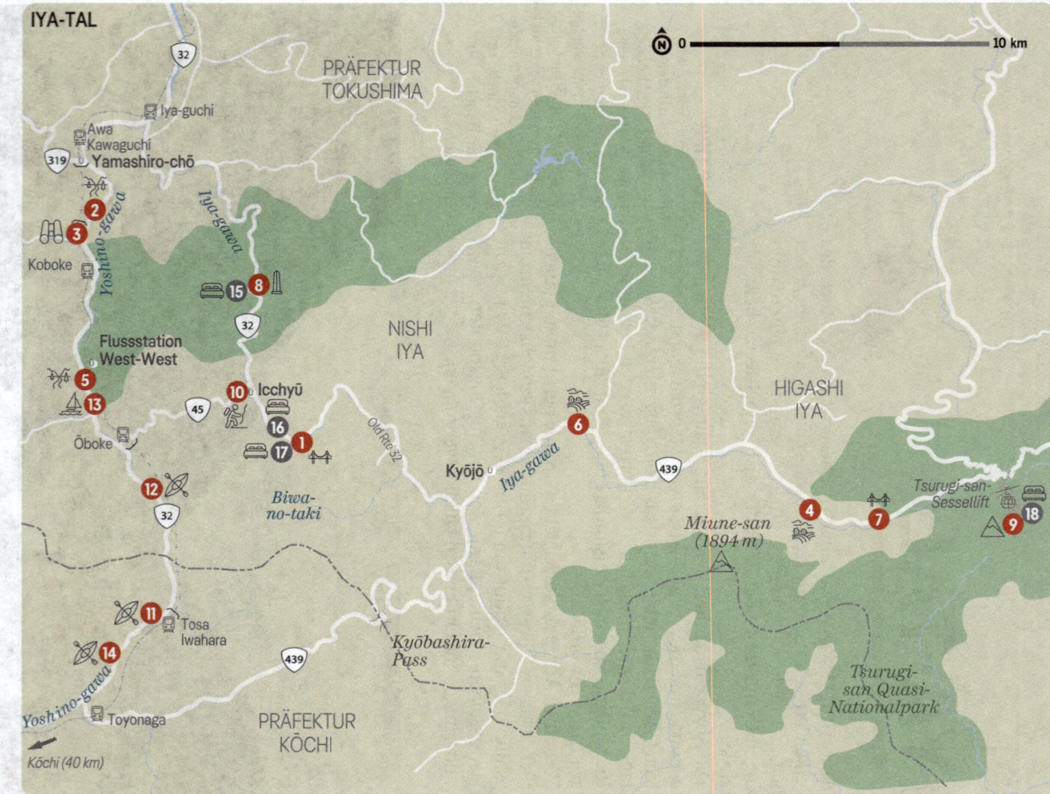

SEHENSWERTES
1 Iya-no-Kazurabashi
2 Koboke-Schlucht
3 Koboke-Aussichtsplattform
4 Nagoro Scarecrow Village
5 Ōboke-Schlucht
6 Ochiai Village
7 Doppelte Lianenbrücke Oku-Iya
8 Statue des pinkelnden Jungen
9 Tsurugi-san

AKTIVITÄTEN
10 Forest Adventure
11 Happy Raft
12 New Yard Rafting
13 Ōboke-Schlucht-Sightseeingboot
14 You Me Rafting

SCHLAFEN
15 Hotel-Iya-Onsen
16 Hotel Kazurabashi
17 Matoba
18 Tsurugi-san Chōjō Hyutte
siehe 10 Yoki Guesthouse

Iya-no-Kazurabashi

Auf Lianenbrücken übers Tal

EINE URALTE ART DER FORTBEWEGUNG

Der Brauch, den Iya-Fluss im Tal auf *kazura-bashi* (Lianenbrücken) zu überqueren, reicht über 800 Jahre zurück. Die Brücken wurden wohl zuerst vom Heike-Clan aufgehängt, der sich nach dem Verlust der Yashima-Festung (S. 575) im großen Genpei-Krieg des 12. Jhs. tief in die Berge zurückzog. Sie ermöglichten es dem Clan, freier durch die Landschaft zu ziehen, und konnten im Falle eines Angriffs abgeschnitten werden.

Einst gab es im ganzen Tal 13 dieser Lianenbrücken, bis heute überdauerten nur drei. Alle drei Jahre verbringen die Einheimischen sechs Wochen damit, die robusten Kiwi-Ranken zu ersetzen, die im Winter in den nahen Bergen gesammelt werden. Erst in jüngerer Zeit wurden die Brücken wegen der Hunderten Reisenden, die täglich den Fluss überqueren, zur Sicherheit mit Brettern und Draht verstärkt.

Die größte und meistbesuchte Brücke ist die 45 m lange **Iya-no-Kazurabashi** (祖谷かずら橋) in Nishi-Iya. Bei der Überquerung kann man durch die Sprossen auf den Iya-gawa in 14 m Tiefe blicken. Wer genug Zeit hat, sollte 30 km nach Osten zur **Doppelten Lianenbrücke Oku-Iya** (奥祖谷二重かずら橋) fahren. Jenseits der meisten Reisebusrouten über-

WARUM ICH DAS IYA-TAL LIEBE

Jessica Korteman, Autorin

Ein Tag im Iya-Tal ist toll, aber eine Nacht dort zu verbringen, ist noch besser. Dieser besondere Ort hat etwas, das man erst in der Abenddämmerung spürt, wenn die Reisebusse abfahren, sich Dunkelheit über das Tal legt und es sehr, *sehr* ruhig wird. Aber am besten gefällt es mir am Morgen, wenn man die faszinierenden Nebelschwaden, die *kiryū*, beobachten kann, die wie aus dem Nichts tief im Tal auftauchen, den Berghang hochwirbeln, sich auflösen und wieder neu bilden.

UNTERKÜNFTE IM IYA-TAL

Hotel Kazurabashi
Schönes Hotel mit tollem Freiluft-Onsen, nur drei Autominuten von der Lianenbrücke entfernt. ¥¥¥

Matoba
Gemütliche Glamping-Hütten in den Bergen mit Grillplätzen und herrlichem Talblick. ¥¥¥

Yoki Guesthouse
Privathaus im japanischen Stil, ideal für Familien und Gruppen (per E-Mail reservieren). ¥¥¥

DIE ŌBOKE- & KOBOKE-SCHLUCHTEN

Die benachbarten Schluchten **Ōboke** und **Koboke** am Eingang des Iya-Tals sollen im Laufe von 200 Millionen Jahren vom **Yoshino-Fluss** ausgehöhlt worden sein. Ihre Namen bedeuten „große gefährliche Schritte" und „kleine gefährliche Schritte", denn das Klettern über das felsige Gelände war einst ein gefährlicher Weg für jene, die hier ihren Lebensunterhalt verdienten.

Heute können sich Reisende bei Bootstouren und Wildwasser-Rafting vergnügen und Aussichtspunkte besuchen. Das beliebte **Ōboke-Schlucht-Sightseeingboot** (30 Min.) ist eine schnelle, einfache Möglichkeit, die Schlucht vom Fluss aus zu sehen. 10 Fahrminuten entfernt bietet die **Koboke-Aussichtsplattform** einen herrlichen Blick.

MITUMAL/GETTY IMAGES ©

Tsurugi-Sessellift

spannt dieses „Mann und Frau"-Brückenpaar je 44 und 22 m und macht die *kazura-bashi*-Erfahrung in größerer Abgeschiedenheit möglich.

Aufstieg auf den Tsurugi-san

SHIKOKUS ZWEITHÖCHSTER GIPFEL

Eine 15-minütige Fahrt von der doppelten Lianenbrücke Oku-Iya entfernt befindet sich der Ausgangspunkt zu einem der höchsten Berge Shikokus, dem Tsurugi-san (剣山). Mit 1955 m ist er nur 30 m niedriger als der Ishizuchi (S. 607), aber deutlich einfacher zu besteigen. Die direkteste Route dauert nur 40 Minuten – nach einer 15-minütigen Fahrt mit dem **Tsurugi-Sessellift** (Mitte April bis Ende Nov.). Verzichtet man auf den Lift, verlängert sich der Aufstieg um 50 Minuten.

Wie der Berg Ishizuchi gehört auch der Tsurugi-san zu den „100 berühmten japanischen Bergen". Der Legende nach soll der Heike-Clan nach seiner Niederlage in der Seeschlacht von Dan-no-ura, dem letzten Gefecht des jahrzehntelangen Genpei-Krieges, das Schwert seines Kaisers auf diesem Gipfel vergraben haben. Noch heute ist der Tsurugi-san als Ken-zan (Schwertberg) bekannt.

RAFTING AUF DEM YOSHINO-FLUSS – JAPANS SCHNELLSTEM STROM

New Yard Rafting
Ōboke- und Koboke-Rafting mit gut ausgebildeten, freundlichen, englischsprachigen Guides.

Happy Raft
Etablierter Abenteueranbieter mit vielen ausgezeichneten Touren und englischsprachigen Guides.

You Me Rafting
Dieser Rafting-Anbieter mit englischem Support zaubert dir ein Lächeln ins Gesicht.

Der Gipfelweg führt über felsige Stufen und Schotterwege und wird auf den letzten hundert Metern zu einem Bohlenweg. Etwa fünf Minuten vom Gipfel entfernt liegt die Berghütte **Tsurugi-san Chōjō Hyutte**, wo auch Nichtgäste in der Saison (Ende April bis Ende Nov.) von 6 bis 16 Uhr eine warme Mahlzeit und eine Tasse *ameyu* bekommen. Dieses dicke, köstlich süße Getränk aus Zucker, *katakuriko* (Kartoffelstärke) und Ingwer ist ein typisches Rezept und wird müden Kletterern seit fast 70 Jahren serviert. Über die schmale Treppe zwischen der Unterkunft und dem Schrein gelangt man zum Bohlenweg auf den Gipfel.

Entspannung in einzigartigen Onsen

AUSSERGEWÖHNLICHE HEISSE QUELLEN

Es überrascht wohl nicht, dass das malerische Iya-Tal die perfekte Kulisse für heiße Quellen ist, doch es bietet mehr als entspanntes Baden. Hier hat man die Chance, in zwei Hotels Freiluft-Onsen auszuprobieren, die nur mit der Seilbahn zu erreichen und zu bestimmten Tageszeiten auch für Nichtgäste geöffnet sind.

Im **Hotel Kazurabashi** (ホテルかずら橋), das nicht weit von der Lianenbrücke entfernt ist, fährt man mit der Seilbahn in zwei Minuten zu den Freiluftbädern mit Talblick. Sie ist komplett selbst betrieben: einfach einsteigen und den grünen Knopf betätigen, um zum Onsen zu fahren. Anschließend fährt die Seilbahn automatisch wieder zurück, und nach dem Baden ruft man sie per Knopfdruck wieder herbei. Scheinbar unbedeutende Details, die aber dazu beitragen, dass man Abenteuer und Abgeschiedenheit im eigenen Rhythmus erlebt.

Eine 15-minütige Fahrt entfernt, in der Nähe der Statue des pinkelnden Jungen, liegt das **Hotel-Iya-Onsen** (ホテル祖谷温泉). Mit der ebenfalls selbst betriebenen Seilbahn erlebt man eine fünfminütige, spektakuläre, 170 m lange und 42 Grad steile Abfahrt in die Talsohle mit Blick auf den immer näher rückenden Iya-Fluss. Die alkalische, heiße Schwefelquelle am Flussufer fließt direkt aus der Quelle und hat eine fast sofortige lindernde Wirkung auf die Haut. Das Wasser hier ist lauwarm, sodass man lange baden kann, ohne dass es zu heiß wird.

WEITERE ATTRAKTIONEN IM IYA-TAL

Statue des pinkelnden Jungen
Das Wahrzeichen zeigt eine alte Tradition: Jungen stellten sich an den Rand dieses 200 m hohen Abgrunds und urinierten ins Tal, um ihren Mut zu testen.

Ochiai Village
Historischer Weiler, der an einem steilen Hang auf 390 m Höhe liegt. Den besten Blick hat man vom Ochiai Village Observatory.

Nagoro Scarecrow Village
Das Dorf hat mehr Vogelscheuchen als Menschen; die über 100 lebensgroßen Puppen sind aufgestellt, als würden sie alltäglichen Arbeiten nachgehen.

Seilrutschen im Iya-Tal
Mit **Forest Adventure** erlebt man (zweimal!) eine 360-Meter-Zipline hin und zurück durch das Tal.

UNTERWEGS VOR ORT

Das Bahntor zum Iya-Tal ist der Bahnhof Ōboke. Ein Mietwagen ist die einfachste Möglichkeit, sich fortzubewegen. Man kann ein Auto in Ōboke oder größeren Orten in Shikoku mieten, sollte aber vorab reservieren. Wer nicht Auto fährt, kann bei einigen Unterkünften einen Abholservice arrangieren. Zwar fahren Busse zu den Sehenswürdigkeiten im Tal, aber nur selten, Taxis sind eine gute Ergänzung. Am Bahnhof gibt's einen Taxistand, an dem man Halb- oder Ganztagestouren buchen kann.

KŌCHI

Die von Palmen gesäumten Straßen Kōchis könnten das entspannte Flair der Präfekturhauptstadt nicht besser widerspiegeln. Auf dem lebhaften Hirome-Markt erhält man einen Eindruck von den regionalen Bräuchen und der gastfreundlichen *okyaku*-Kultur. Während der Begriff im Rest des Landes einfach „Gast" bedeutet, beschreibt er in der Präfektur Kōchi eine Party oder ein Treffen, bei dem man Fremde spontan zum Essen und Trinken einlädt. Auch bei einem Abendessen auf dem Markt zeigt sich Kōchis unbeschwerte Natur.

Auf eins legen die Einheimischen sehr viel Wert: ihren Sake. Eine Wendung lautet: Kōchi-Sake oder Pleite. Die Einheimischen der Präfektur Kōchi haben den landesweit höchsten Pro-Kopf-Verbrauch an Sake und schwören auf ihren Reiswein. Wer mit Ansässigen trinkt, darf sich auf einzigartige Trinkspiele gefasst machen.

TOP TIPP

Das MY-YU-Tagesticket für Busse gilt auch in Straßenbahnen. Auf Vorlage eines ausländischen Passes erhält man es zum halben Preis. Es ist billiger als das Tagesticket für Straßenbahnen (nur für Straßenbahnen). In einer der beiden Touristeninformationen Kōchis erhältlich.

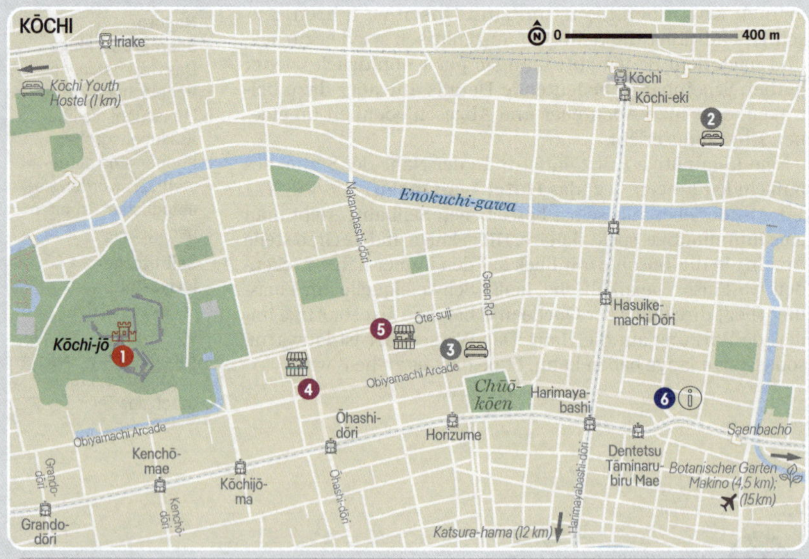

HIGHLIGHTS
1 Kōchi-jō

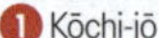

SCHLAFEN
2 Comfort Hotel
3 Dormy Inn

SHOPPEN
4 Hirome Ichiba
5 Sunday Market

INFORMATION
6 Yosakoi-Informationszentrum

MARLON TROTTMANN/SHUTTERSTOCK ©

Kōchi-jō

Besteigung des Kōchi-jō

400 JAHRE GESCHICHTE

Selbst unter Japans 12 originalen Bergfrieden ist Kōchi-jō (高知城) der Einzige, der noch über eine Empfangssuite und eine Hauptzitadelle mit der ursprünglichen Architektur aus der Edo-Zeit verfügt.

Der direkteste Weg zum Eingang des Burgturms führt über mehrere Stufen und Podeste (ca. 10 Min.). Im Gegensatz zu einigen von Shikokus kleineren Burgen bietet Kōchi-jō einen langen Innenweg über sechs Ebenen. Hier findet man große Schilder mit detaillierten Erklärungen zu den architektonischen Merkmalen und der Burggeschichte sowie interessante Exponate zum Leben während der Tosa-Domäne.

Das Highlight der Tour ist der *mawari-en*, ein Freiluftbalkon im *bōrō*-Stil der Burg, der die gesamte obere Ebene der Hauptzitadelle umgibt und einen weiten Blick zu allen Seiten bietet. Wichtige Merkmale der Burg sind auch die verzierten Dachgiebel und die „Ninja-Spikes" an der Mauer der Nordostecke, die Angriffe abschwächen sollten.

ESSEN AUF DEM HIROME-MARKT

Hirome Ichiba (hirome.co.jp) ist an jedem Abend der Woche *der* Ort für ein Abendessen in Kōchi. In dieser lebhaften (manchmal chaotischen) Markthalle treffen sich Einheimische und Reisende, um zu plaudern, zu trinken und regionale Gerichte zu genießen. Einen Tisch zu ergattern ist schwer, aber dank der Gemeinschaftstische kommt man schnell in Kontakt. Finde einen Platz, stell dich an und bestelle an einem der Stände. Wer Fisch essen möchte, kann *katsuo-no-tataki* oder gebratenen Bonito probieren, eine Kōchi-Spezialität.

Hirome Ichiba ist von Montag bis Samstag von 10 bis 23 Uhr und am Sonntag von 9 bis 23 Uhr geöffnet.

DIE BESTEN UNTERKÜNFTE IN KŌCHI

Kōchi Youth Hostel
Gemütliches Hostel mit Privatzimmern, Gemeinschaftseinrichtungen und Sakeverkostungen. ¥

Comfort Hotel
Komfortables Drei-Sterne-Hotel mit tollem Frühstück in Fußdistanz zum Bahnhof Kōchi. ¥¥

Dormy Inn
Hotel im Zentrum mit heißer Quelle und kostenlosen Ramen am späten Abend. ¥¥

ESSEN AUF DEM SONNTAGSMARKT

Mit mehr als 400 Ständen auf einer 1,3 km langen Straße ist der **Kōchi-Sonntagsmarkt** der größte Straßenmarkt Japans. Probiere folgende regionale Spezialitäten:

Imo-ten
Die mundgerechten Süßkartoffel-Tempura-Stücke sind so beliebt, dass sie zum Synonym für einen Marktbesuch geworden sind. Wie ein frischer Donut.

Inaka-zushi
Kōchis Version von Sushi mit eingelegtem Gemüse, gebratenen Tofutaschen und Reis mit Yuzu-Aroma.

Aisukurin
Diese für Kōchi typische Leckerei auf Milchbasis ist irgendwas zwischen Eis und Sorbet.

Ginger Ale
Würzige Ingwergetränke (mit oder ohne Kohlensäure) aus regionalem Tosa-Ingwer.

Spaziergang durch den Botanischen Garten Makino

ODE AN EINEN PIONIER

Der acht Hektar große Botanische Garten Makino (高知県立牧野植物園) ist eine Grünanlage, die dem in Kōchi geborenen Botaniker Dr. Tomitarō Makino gewidmet ist. Letzterer gilt als Japans „Vater der Botanik" und hat zu Lebzeiten mehr als 400 000 Spezies gesammelt und über 1500 neue Pflanzenarten benannt. Der Garten umfasst mehr als 3000 Arten, die mit Dr. Makinos Arbeit in Verbindung stehen, und erfreut sich seit der 2023 ausgestrahlten Fernsehserie *Ranman* großer Beliebtheit. Die Serie basiert auf dem Leben und der Zeit von Dr. Makino und stellt in jeder der 130 Folgen eine andere Pflanze vor.

Wer noch nicht viel über den Botaniker weiß, kann zuerst den **Ausstellungsraum des Makino-Museums für Pflanzen und Menschen** aufsuchen. Selbst diejenigen, die keinen grünen Daumen haben, werden von seiner Arbeit beeindruckt sein, zu der auch detaillierte Zeichnungen gehören. Sein Buch *Makino's Illustrated Flora of Japan* (1940) ist noch heute ein wichtiges Botanik-Nachschlagewerk.

Am beliebtesten ist das große **Konservatorium** am Südtor. Das Gewächshaus mit kaskadenförmiger Flora, hoch aufragenden Palmen, strömenden Wasserfällen und riesigen *Victoria-amazonica*-Seerosen auf drei Ebenen ist ein Muss. Die verschiedenen Aussichtspunkte erreicht man über die Wendeltreppe oder den Aufzug.

Kōchis berühmtester Tanz

REIN INS PARTYOUTFIT

Wer das viertägige Yosakoi Matsuri im August verpasst, erhält im kostenlosen **Yosakoi-Informationszentrum** (高知よさこい情報交流館) ganzjährig einen Vorgeschmack auf Kōchis berühmtes Tanzfest. Die Informationen sind meist auf Japanisch (manchmal Englisch), aber in der Regel braucht man keine Sprachkenntnisse.

Geh in den 2. Stock, schmeiß dich in die Festtagskleidung und lerne den Tanz bei einem interaktiven Video. Du kannst auch die Holzklapper des Festivals (*naruko*) spielen. Gegen Aufpreis kannst du dir selbst ein Paar anfertigen und mitnehmen (an der Kasse im 2. Stock fragen).

UNTERWEGS VOR ORT

Am bequemsten fährt man mit der Tosaden-Straßenbahn zwischen den Sehenswürdigkeiten im Zentrum hin und her. Es gilt das *seiri-ken*-System (Papierticket hinten im Fahrzeug ziehen, vorne in bar zahlen). Eine Fahrt in der Flatrate-Zone kostet 200 ¥ (kein Wechselgeld).

Die Linien Ekimae-Sambashi und Ino-Gomen laufen an der Harimayabashi-Kreuzung zusammen. Wer hier in eine andere Linie umsteigen will, sollte beim Aussteigen den Fahrer bezahlen und informieren, um ein Umsteigeticket zu erhalten und kostenfrei in der Flatrate-Zone weiterfahren zu können. Der Botanische Garten Makino ist mit dem Auto oder dem Bus zu erreichen (15 Min. ab Harimayabashi).

Rund um Kōchi

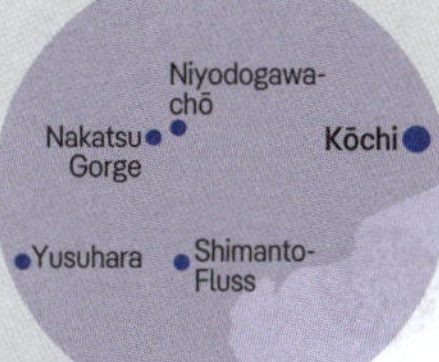

Ob auf dem Wasser oder außerhalb, die Präfektur Kōchi eignet sich für einen inspirierenden Naturtrip.

In der Region Kōchi dreht sich alles um die gewundenen Wasserwege und die von ihnen abhängige Industrie. Vom Teeanbau über Sakebrauereien bis zu *washi* (Papierherstellung) – die kristallklaren Flüsse Niyodo und Shimanto sind das Lebenselixier der Region.

Wer es lieber langsam angehen lässt, kann erholsame Wanderungen oder unbeschwerte *yakatabune* (Bootsfahrten) genießen. Actionreicher geht's bei den vielen Anbietern von Kajak- und SUP-Touren und adrenalingeladenen Canyoning- und Rafting-Abenteuern zu.

All dies basiert auf einem großen Respekt für die Umwelt, denn die Leute hier leben schon seit Jahrtausenden im Einklang mit den reichhaltigen Gewässern und üppigen Wäldern.

TOP TIPP

Einige der versenkbaren Brücken des Shimanto sollte man zu Fuß überqueren; dieses Gefühl fängt kein Foto ein.

Nikobuchi (S. 601)

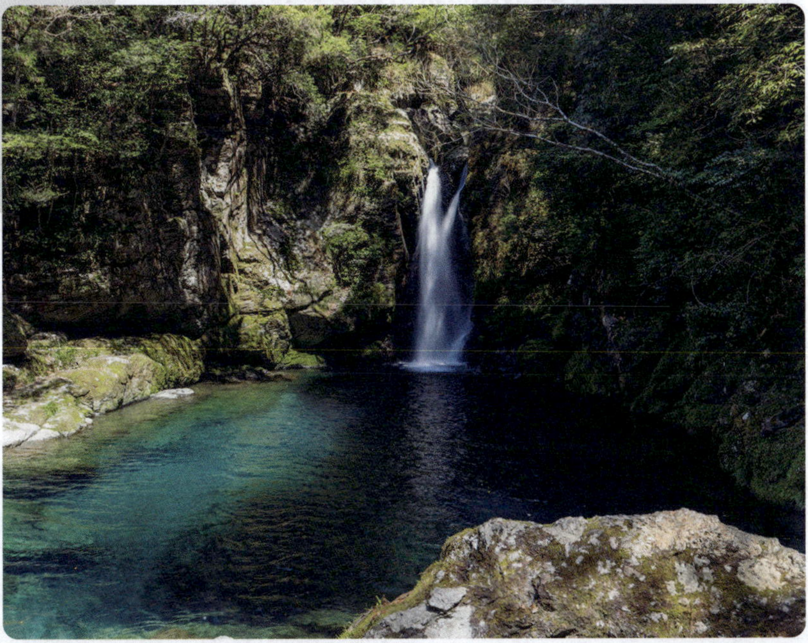

SPAZIERGANG DURCH KUBOKAWA

Tempel 37
Der Iwamoto-ji ist ein lebhafter Tempel auf dem Shikoku-Pilgerweg und bietet Unterkünfte und Tempelerlebnisse (siehe 40010.jp), darunter Zenmeditation im Fluss, *goma* (Feuerrituale) und Sutra-Kopieren.

Fumimoto-Brauerei
Fumimoto (fumimoto.jp), die einzige verbliebene Sakebrauerei der Gegend, macht Altes wieder cool und bietet Mittagessen, Sakeverkostung an der Bar und (auf Anmeldung) Brauereiführungen.

Kōchis Panoramabahn
Am Wochenende und feiertags überzeugt der nachmittägliche Sightseeingzug vom JR-Bahnhof Kubokawa zum Bahnhof Kōchi mit Gastfreundschaft und Küstenblick.

MITUMAL/GETTY IMAGES ©

Chinkabashi, Shimanto-Fluss

Baden im „Niyodo-Blau"

KŌCHIS MARKENFARBE

In weniger als 1½ Autostunden erreicht man einige der bekanntesten Orte am **Niyodo-gawa** (仁淀川). Der 124 km lange Fluss, der an den Ausläufern des Ishizuchi (S. 607) in Ehime beginnt und in der Tosa-Bucht in Kōchi endet, gilt als die reinste Wasserquelle Japans. Das Wasser ist so makellos und farbenprächtig, dass es den Namen „Niyodo-Blau" erhielt. Es hat viele Schattierungen, die sich je nach Tageszeit, Wetter und – manchen zufolge – Betrachter ändern.

Die ganze Farbenpracht zeigt sich in der **Nakatsu-Schlucht** (中津渓谷), wo sich eine Flusswanderung zum 20 m hohen Wasserfall **Uryu-no-Taki** anbietet, der nach Regenfällen eine große Kraft entfaltet. Der Rückweg dauert eine Stunde. Ein weiterer beliebter Wanderweg führt zur **Yasui-Schlucht** (安居渓谷), die für das **Suishōbuchi**-Becken mit dem klarsten Wasser des Niyodo-Flusssystems sowie mehrere Wasserfälle bekannt ist.

ABENTEUERAKTIVITÄTEN AUF DEM NIYODO-FLUSS

Niyodo Adventure
Canyoning- und Packrafting-Anbieter bei der Nakatsu-Schlucht mit guten englischsprachigen Guides.

Niyodogawa Outdoor Centre
Kajakabenteuer entlang des Oberlaufs des Niyodo-Flusses.

Suggoi Sports
Stand-up-Paddeln im flussabwärts gelegenen Abschnitt, 30 Zug-/Autominuten von Kōchi entfernt.

Weiter westlich liegt das **Nikobuchi**-Becken (にこ淵), einer der besten Orte, um das geheimnisvolle Blau zu sehen. Der Zugang erfolgt über eine lange Treppe von der Straße aus. Für Einheimische ist es ein heiliger Ort, wo angeblich eine Wasserschlangen-Gottheit wohnt. Schwimmen, Essen oder Trinken sind hier verboten.

Besuch einer Craft-Bierbrauerei

DRINKS FÜR EINEN GUTEN ZWECK

Eine 1½-stündige Fahrt von Kōchi entfernt liegt die Craft-Bierbrauerei **Mukai Craft Brewing** (BLUE BREW クラフトビール醸造所&タップルーム), die das kleine, fast ausgestorbene Dorf **Niyodogawa-chō** wiederbeleben will. Sie bietet im Schankraum **Blue Brew** sieben Flaschen- und 12 Fassbiere.

Alle Biere haben aussagekräftige Namen und werden mit regionalen Zutaten wie grünem Tee, Süßkartoffeln, Ingwer und *kuromoji*-Wildkräutern hergestellt – Biertrinken ist hier ein besonderes Erlebnis. Man kann Knabbereien kaufen oder den Grill reservieren und mit ein, zwei Drinks zum Flussufer gehen, wo man die Füße von einer Treppe aus ins Niyodo-Blau halten kann. Wer keinen Fahrer hat oder etwas länger die frische Bergluft genießen möchte, kann im Hotel oder auf dem Campingplatz nebenan übernachten.

Die Brücken des Shimanto-Flusses

JAPANS EINZIGER UNGEDÄMMTER FLUSS

Über eine Distanz von 196 km ist der unglaublich lange, gewundene Shimanto-Fluss (四万十川) der letzte frei fließende Fluss Japans. Eine Besonderheit sind die vielen *chinkabashi*, versenkbare Brücken ohne Geländer, über die Wasser und Geröll ungehindert fließen können, wenn der Fluss anschwillt. Es gibt 22 dieser malerischen Bauwerke über den Hauptfluss und 26 über die Nebenflüsse. Die Überquerung ist zu einer Touristenattraktion geworden; die nächstgelegene von Kōchi aus erreicht man nach zwei bis 2½ Autostunden.

Im weiter flussabwärts gelegenen Gebiet sind die Brücken meist größer; dort ist Autoverkehr in eine Richtung möglich. Die sanften Strömungen und weite Landschaft bilden die perfekte Kulisse für entspannte *yakatabune*. In den mittleren und oberen Flussabschnitten gibt's nur Fußgängerbrücken; die schnelleren Stromschnellen laden zu Abenteueraktivitäten wie Rafting, Kanu-, Kajakfahren und SUP ein.

BESUCH IN DER „STADT ÜBER DEN WOLKEN"

Yusuhara, die „Stadt über den Wolken", ist ein nebelverhangenes Bergdorf in Kōchis Inland, wo steigende Besucherzahlen die fünf vom japanischen Architekten Kengo Kuma entworfenen Gebäude ansehen. Das beliebteste ist die **Yusuhara-Gemeindebibliothek** mit beeindruckenden Holzbalken und einer Boulderwand für Kinder.

15 Autominuten weiter liegt **Kamikoya**, eine Pension und ein *washi*-Studio, in dem man die japanische Papierherstellung in nachhaltiger Umgebung erlernt. Weiter nördlich kann man das **Karstland von Shikoku** zu Fuß über die Tengu-Hochland-Waldtherapiestraße oder mit dem Fahrrad/Auto über die Straße 383 (im Winter geschl.) erkunden.

UNTERWEGS VOR ORT

Die bequemste Art, sich in den ländlichen Gebieten Kōchis fortzubewegen, ist ein eigenes Fahrzeug. Allerdings sind die Bergstraßen schmal, und auf manchen gelten zeitliche Fahrverbote, d.h., sie sind nur zu bestimmten Tageszeiten für den Verkehr geöffnet. Wer nicht fahren möchte, kann sich in der Touristeninformation am Bahnhof Kōchi über aktuelle Busfahrpläne informieren.

MATSUYAMA

Matsuyama ist die Hauptstadt der Präfektur Ehime und bietet die perfekte Balance zwischen modernem Komfort und Nostalgie. Die Stadt hat ein romantisch-historisches Flair – von der großen erhaltenen Burg aus der Edo-Zeit bis zum historischen Dōgo-Onsen und den dazwischen verkehrenden Straßenbahnen.

Das berühmteste Badehaus der Stadt kommt in einem Roman vor, der vor mehr als 100 Jahren geschrieben wurde: *Der Tor aus Tokio* (坊ちゃん, *Botchan*) von Natsume Sōseki. Wie der Roman heißen auch die Wahrzeichenuhr der Stadt, der Wochenend-Dieselzug und das Eisenbahnmuseum in einem Starbucks.

In den Supermärkten oder Souvenirshops versteht man, warum Ehime als „Zitrusstaat" gilt. Das wärmere Küstenklima ist ideal für den Anbau von *mikan* (Satsuma) und der säurehaltigeren *iyo-kan* (eine Anspielung auf Iyo, den alten Namen der Region), weshalb es hier Zitrussaft vom Fass gibt.

TOP TIPP

Mit den Bahnhöfen kommt man leicht durcheinander. Der Bahnhof Matsuyama ist der JR-Bahnhof; der Städtische Bahnhof Matsuyama der örtlichen Iyo Railway liegt auf einer anderen Strecke und heißt auch *shi-eki*.

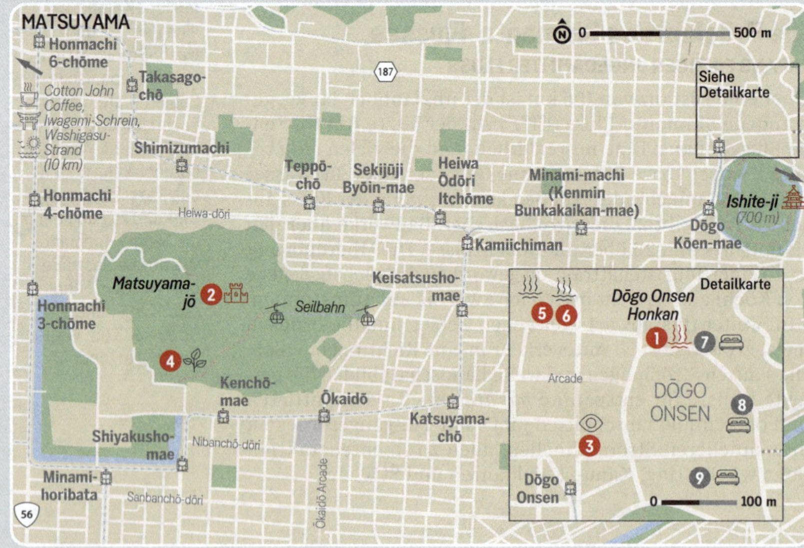

HIGHLIGHTS
1 Dōgo-Onsen Honkan
2 Matsuyama-jō

SEHENSWERTES
3 Botchan-Karakuri-Uhr
4 Historischer Garten Ninomaru

AKTIVITÄTEN
5 Asuka-no-Yu
6 Tsubaki-no-Yu

SCHLAFEN
7 Chaharu
8 Cinnamon Hostel
9 Funaya

MTAIRA/SHUTTERSTOCK ©

Dōgo-Onsen Honkan

Bad im Dōgo-Onsen

JAPANS ÄLTESTE HEISSE QUELLEN

Der Legende nach ist der **Dōgo-Onsen** (道後温泉) seit dem Zeitalter der Götter eine Quelle der Stärkung. Das 1894 errichtete Hauptbadehaus **Dōgo-Onsen Honkan** (道後温泉本館) ist das meistfotografierte Gebäude Matsuyamas. Hinter der hölzernen, schlossähnlichen Fassade verbirgt sich ein traditionelles Inneres mit zwei beliebten und extrem heißen öffentlichen Bädern: Kami-no-Yu (Götterbad) und Tama-no-Yu (Geisterbad).

Seit Anfang 2019 erfährt der Dōgo-Onsen Honkan eine umfangreiche Restaurierung, die den Betrieb beeinträchtigt. Die Anlage ist bis Juli 2024 teilweise geöffnet, mit Zugang zum Tama-no-Yu. Danach ist das Badehaus voraussichtlich wieder vollständig zugänglich.

Weitere Bademöglichkeiten im Dōgo-Onsen sind zwei Nebengebäude (1 Gehminute entfernt). Das **Tsubaki-no-Yu** ist bei Einheimischen sehr beliebt, das **Asuka-no-Yu** nebenan bietet neben den normalen auch zwei private Bäder, die man buchen kann. Letztere sind Nachbildungen des Yūshinden-Bads im Dōgo-Onsen Honkan, das ausschließlich der kaiserlichen Familie vorbehalten ist. Mach auf Royal und trage ein *yuchō*, ein besonderes Kleidungsstück, das der Adel beim Baden trägt.

EIN KOSTENFREIES FUSSBAD

Zur schnellen Stärkung ist ein Besuch in einem der vielen kostenlosen *ashi-yu* (Fußbäder) des Dōgo-Onsen genau das Richtige.

Sky Walkway & Fußbad
Mit direktem Blick auf den Dōgo-Onsen Honkan; hier ist es am Abend besonders stimmungsvoll.

Botchan Karakuri Clock
Beliebtes Fußbad am berühmten Wahrzeichen gegenüber dem Bahnhof Dōgo-Onsen. Die Uhr ist eine Ode an den berühmten Roman *Der Tor aus Tokio* (坊ちゃん, *Botchan*) von Natsume Sōseki aus dem Jahr 1906. Jede Stunde tauchen Figuren aus dem Roman in einer melodischen Show auf.

Funaya
Im *ryokan* Funaya dürfen auch Nichtgäste das *ashi-yu* im wunderschönen zentralen Garten mit fließendem Bach benutzen.

DIE BESTEN UNTERKÜNFTE NAHE DEM DŌGO-ONSEN

Cinnamon Hostel
Schön, gute Preise, nur eine Gehminute vom Geschehen entfernt. Schlafsäle gemischt/für Frauen und Privatzimmer. ¥

Funaya
Das schöne historische *ryokan* mit Onsen und beeindruckendem Garten ist den Preis wert. ¥¥¥

Chaharu
Gegenüber dem Honkan bietet dieses gehobene Hotel Freiluftbäder auf dem Dach. ¥¥¥

RADELN AUF DER INSEL MATSUYAMA

Ohmoto Naoki ist ein Barista aus Matsuyama, der mit seiner Frau Hitomi auf dem nahen Gogoshima die Kafferösterei Cotton John Coffee betreibt. @cotton_john_coffee

Washigasu-Strand
Der Strand ist leicht zu erreichen und bietet einen tollen Blick auf die Inlandsee.

Yūhigatoge Pass
Der erhöhte Aussichtspunkt mit Blick auf Seto-nai-kai ist bei Sonnenuntergang beliebt.

Iwagami-Schrein
Ein kleiner, aber stimmungsvoller Schrein mit Steinstufen, der an Hayao Miyazakis Film *Prinzessin Mononoke* erinnert.

Cotton John Coffee
Am Yura-Hafen von Gogoshima, knapp 15 Minuten mit der Fähre von Matsuyama entfernt.

Ausflug zur Burg Matsuyama

MATSUYAMAS ERHABENES WAHRZEICHEN

Matsuyama-jō (松山城) wurde über ein Vierteljahrhundert lang erbaut, 1627 fertiggestellt und gehört zu den 12 originalen Burgen Japans. Dieser schöne Wachturm auf dem Berg Katsuyama heißt offiziell Iyo-Matsuyama und ist nicht mit der Burg Bitchū Matsuyama in Okayama (S. 400) zu verwechseln, die ebenfalls zu den erhaltenen Zwölf gehört.

Interessanterweise hat in Matsuyama-jō nie jemand gewohnt; es war ein rein strategisches Bauwerk, eine letzte Verteidigungslinie. Das Innere der Burg, die zu den größeren Japans zählt, ist gut ausgeschildert. Es gibt ein englischsprachiges VR-Erlebnis und die Möglichkeit, eine Rüstung anzuprobieren. Ein unerwarteter Höhepunkt ist die Fahrt zur Burg selbst. Die meisten Reisenden fahren von der Seilbahnstation hinauf, entweder in einem aufregenden Sessellift oder in einer geschlossenen Gondel. Alternativ gibt's vier schöne Wanderwege (20 bis 30 Min.), wobei man von Süden her zum **Historischen Garten Ninomaru** an der äußeren Zitadelle der Festung gelangt.

Erkundung einer Tempelhöhle

EINE EINZIGARTIGE ANDACHTSSTÄTTE

Der **Ishite-ji** (石手寺) ist Tempel 51 der 88, liegt nahe dem Dōgo-Onsen auf der anderen Seite der Stadt und zeichnet sich durch seinen eklektischen Stil aus. Schon die wahllose Ansammlung von Statuen am Eingang hat etwas Besonderes. *Ishite* (steinerne Hand) bezieht sich auf die Entstehungsgeschichte des Tempels, der zufolge ein Mann, der erste *henro*, wiedergeboren wurde, als er einen Stein umklammerte.

In der weitläufigen Anlage gibt's viel zu entdecken. Sehenswert ist die 200 m lange Höhle, die die Rückseite der Haupthalle mit dem inneren Tempel verbindet. 88 Statuen der buddhistischen Schutzpatrone der Kinder und Reisenden (*jizō*) stehen in dem kalten, nassen Gang, wo man sich links halten sollte. Auf dem Rückweg gelangt man in einen weiteren dunklen Gang voller Mandalas und kommt auf der anderen Seite des Haupttempelgeländes wieder heraus.

UNTERWEGS VOR ORT

Matsuyama hat ein gut ausgebautes Straßenbahnnetz, sodass man bequem zwischen Zentrum und Dōgo-Onsen hin- und herfahren kann (180 ¥ pro Fahrt, Kinder zahlen die Hälfte). In den Straßenbahnen wird nur die regionale Iyotetsu-IC-Karte akzeptiert. Wer eine Pasmo oder Suica hat, muss in bar bezahlen (kein Wechselgeld). Vorne und hinten in den Bahnen gibt's Wechselgeldautomaten. Mindestens ein Automat akzeptiert in der Regel 1000-Yen-Scheine. Für die Gogoshima-Fähre nimmt man den Zug von der Matsuyama City Station (Iyotetsu-Linie) zum Bahnhof Takahama am Hafen.

Rund um Matsuyama

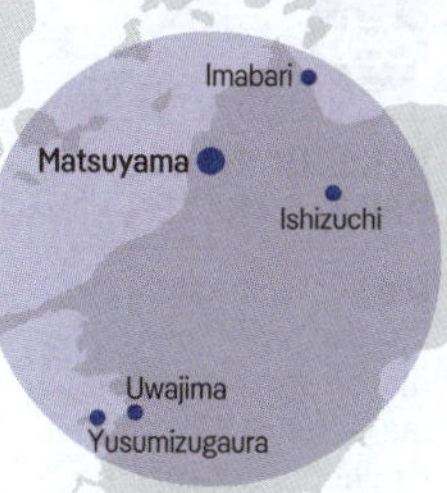

Sei es ein zwangloser Bummel durch Geschichte oder eine Klettertour – in Ehime dreht sich alles um die freie Natur.

Abseits der Onsen-Hauptstadt zeigt sich die unendliche Vielfalt der Präfektur Ehime. In der Nähe von Uwajima befindet sich eine der schönsten Küstenlinien des Landes, wo tief liegende Fischerdörfer, Perlenfarmen und Terrassenlandwirtschaft für eine reiche Kultur und Industrie sorgen.

Geschichtsfans werden sich an den gut erhaltenen Orten Uchiko und Ōzu erfreuen, die von einer wohlhabenden Vergangenheit zeugen. In Uwajima steht eine weitere der zwölf originalen Burgen Japans. Aktivreisende können den Ishizuchi-san, den höchsten Berg Westjapans, erklimmen und von Imabari aus dem atemberaubenden Shimanami-Kaidō-Radweg über eine Inselbrücke folgen.

TOP TIPP

Plane mehr Zeit ein, als du meinst zu brauchen, um diese Region wirklich zu genießen, denn es gibt viel zu sehen.

Ishizuchi-san (S. 607)

IN IMABARI IN DIE PEDALE TRETEN

Die Küstenstadt Imabari (今治) nordöstlich von Matsuyama ist für Handtücher, Grillhühnchenspieße und den Shimanami-Kaido-Radweg über die Inlandsee bekannt.

Sunrise Itoyama
Bei Sunrise Itoyama (sunrise-itoyama.jp) leiht man ein Fahrrad aus, um dem Brückenradweg über die Kurushima-Straße zu folgen; ein einfacher 15-Kilometer-Rundweg nach Ōshima, wo man ein Lunchpaket kaufen oder lebende Meeresfrüchte auswählen und grillen kann.

Towel Museum
Wer sich für Textilien interessiert, erfährt im Handtuchmuseum (towelmuseum.com), wie sie hergestellt werden, und kann sich interessante Handtuchkunst ansehen.

Yakitori
Für Drinks und Spieße kehrt man nach der Radtour in Imabaris *yakitori*-Lokalen ein (oideya.gr.jp/yakitori/index.html).

M ANDY/SHUTTERSTOCK ©

Yusumizu-gaura-no-Danbata

Ungewöhnliche Landschaft auf der Yusu-Halbinsel

DIE KARTOFFELTERRASSEN VON YUSUMIZUGAURA

Zwei Autostunden von Matsuyama entfernt ist **Yusumizu-gaura-no-Danbata** (遊子水荷浦の段畑), eine Reihe terrassenförmiger Kartoffelfelder auf einem 5 ha großen Hügelabschnitt mit Blick auf das Uwa-Meer. Diese Art des Terrassenanbaus wurde hier erstmals in der Edo-Zeit angewandt, als Familien in Ermangelung geeigneter Reisanbauflächen übereinanderliegende Süßkartoffelfelder anlegten.

In der Blütezeit um die Wende zum 20. Jh. bestanden die 30 ha großen Terrassen aus fast 9000 Parzellen und viele der Erdhügel wurden in Steinmauern umgewandelt. In den letzten 100 Jahren durchliefen die Felder Phasen des Niedergangs und des Aufschwungs, und seit den 2000er-Jahren wird viel dafür getan, sie als wichtige Kultur- und Agrarlandschaft zu erhalten. Reisende können die 80 m hohen Terrassen kostenlos selbst erkunden; Treppen und Wege führen über den gesamten Hang.

Was man sieht, hängt stark von der Jahreszeit ab. Wer nach der Ernte kommt, sieht kahlere, ungepflegtere Felder als zu anderen Zeiten. Heute werden hauptsächlich *jaga-imo*

ESSEN IN IMABARI

Iyo Suigun
Beliebtes Restaurant mit regionalen Meeresfrüchten und preiswerten Menüs. Probiere *tai-meshi* (Seebrassenreis). ¥¥

Shigematsu Hanten
Leger und bekannt für *yakibuta-tamago-meshi* (gegrilltes Schweinefleisch auf Reis mit zwei Spiegeleiern). ¥

Café Magnolia
Makrobiotisches Café mit veganen Gerichten und englischsprachigem Personal. ¥¥

(Kartoffeln) angebaut, die im November gepflanzt und im April bis Mai geerntet werden. In der Nebensaison (Aug. bis Sept.) werden *satsuma-imo* (Süßkartoffeln) in kleineren Mengen angebaut. Am Wochenende und feiertags serviert das Restaurant **Dandan Chaya** leckere Mittagsmenüs mit regionalen Produkten.

Kleine Reise zurück in die Edo-Zeit

UWAJIMAS CHARMANTE BURG

Uwajima-jō (宇和島城), ein malerischer Burgturm aus der Edo-Zeit und eine der zwölf originalen Burgen Japans, lässt sich leicht mit einem Trip zu den Terrassen kombinieren. Die Burg, die ursprünglich Itajima hieß, wurde um die Wende zum 17. Jh. fertiggestellt und gehörte ab 1615 zum Feudalbesitz des Date-Clans, bevor sie während der Meiji-Restauration zu Staatsbesitz wurde.

Im Inneren des kleinen, dreistöckigen *donjon* (Bergfrieds) gibt's heute nicht viel zu sehen, aber man gelangt nach einem 10- bis 15-minütigen, sehr idyllischen Waldspaziergang dorthin. Es gibt drei Wege, sich der Burg zu nähern: einer über das Südtor und zwei über das Nordtor. Am Nordtor liegen das Informationszentrum, moosbewachsene Steintreppen und der längste durchgehend gepflasterte Weg am Hang.

An Stahlketten auf den Ishizuchi-san

DER HÖCHSTE BERG IN WESTJAPAN

Etwa 1½ Autostunden von Matsuyama entfernt liegt das Tor zum **Ishizuchi** (石鎚山). Mit 1982 m ist er der höchste Berg in Shikoku und Westjapan. Den Gipfel kann man von Ende Mai bis Ende Oktober besteigen, im Winter je nach Wetterbedingungen. Die beliebteste Route führt über Saijō-Stadt; von dort fährt von einer verfallenen Bergstation aus der Shōwa-Zeit eine Seilbahn in sieben Minuten von 455 m auf 1300 m.

Am besten recherchiert man vorher und besorgt sich eine Karte in Matsuyama. Eine Rundtour zum **Jōju-Schrein** dauert etwa sechs Stunden. Eine Besonderheit sind die in die Felswand eingelassenen *kusari* (Stahlketten) und das letzte Stück entlang des scharfen Grats zum Gipfel des Tengu-dake. Wer pausieren oder den Sonnenaufgang erleben möchte, buche ein Bett in der **Chōjō-Sansō Lodge** auf dem Gipfel.

SONSTIGE HIGHLIGHTS

Uchiko
Historischer Ort aus der Meiji-Zeit, der durch die Produktion von Sumachwachs reich wurde; mit tollem Kabukitheater.

Ōzu-jō
Restaurierter Bergfried aus dem 14. Jh. im historischen Ōzu, wo Leute mit *sehr* tiefem Geldbeutel übernachten können.

Garyu Sanso
Wunderschöne Bergvilla mit Garten und Blick auf den Hiji-Fluss, in der sich einst Feudalherren entspannten.

Taga-jinja & Sexmuseum
Ein Fruchtbarkeitsschrein mit Phallusstatuen und einem dreistöckigen Sexmuseum voller Erotik.

MIT DEM FAHRRAD ÜBERS MEER

Insel-Hopping mit dem Fahrrad über den **Shimanami Kaidō** (S. 392) von Imabari nach **Onomichi** (S. 394) in West-Honshū an einem (wenn auch langen) Tag.

UNTERWEGS VOR ORT

Züge verbinden Matsuyama mit den JR-Bahnhöfen Uchiko, Iya-Ōzu und Uwajima. Von dort gelangt man zu Fuß oder mit Bussen oder Taxis zu den wichtigsten Sehenswürdigkeiten. Die Kartoffelterrassen erreicht man am besten mit dem Auto, es sei denn, man erwischt den seltenen öffentlichen Bus von Uwajima aus.

Vom Bahnhof Imabari fährt ein Bus (ca. 20 Min.) nach Sunrise Itoyama; das Handtuchmuseum ist nur mit dem Auto/Taxi (25 Min.) erreichbar. Zur Ishizuchi-Seilbahn gelangt man vom JR-Bahnhof Saijō aus mit dem Auto/Bus über eine kurvenreiche Bergstraße.

RECHTS: SEAN PAVONE/SHUTTERSTOCK ©; GANZ RECHTS: TANYA JONES/SHUTTERSTOCK ©

Oben: Nagasaki (S. 632); Rrechts: Burg Shimabara (S. 643)

DIE WICHTIGSTEN ZIELE

FUKUOKA
Kulturelles Zentrum der Region.
S. 614

BEPPU
Pflichtprogramm: heiße Quellen.
S. 625

NAGASAKI
Charmant, eindrucksvoll, malerisch und geschichtsträchtig.
S. 632

KYŪSHŪ

WENIGER BESUCHT, JEDE MENGE ZU SEHEN

Beim ersten Japan-Besuch viel zu oft ausgelassen, belohnt Kyūshū alle reichlich, die tatsächlich auf die südlichste Hauptinsel des Landes kommen.

Kyūshū ist wirklich eine ausführliche Erkundung wert, denn ein Großteil dessen, was das moderne Japan ausmacht, hatte hier seinen Ursprung. In Kagoshima läutete Saigō Takamori mit der Meiji-Restauration die Wandlung ein, aus der das moderne Japan hervorging. Der grüne Tee aus China erreichte Japan zuerst über die abgelegene Insel Hirado. Der einzige Ort, wo Fremde (meist Niederländer) sich legal aufhalten oder Handel treiben durften, war die Insel Dejima in Nagasaki, das durch den Abwurf der Atombombe einen unvergesslichen Platz in der jüngeren Geschichte einnimmt.

Aber diese Region bietet weit mehr als nur ihre Geschichte. Es gibt riesige Nationalparks, aktive Vulkane, spektakuläre Wanderwege, mystische Tempel, sprudelnde Onsen und sogar anständige Surfbreaks – alles im Umkreis weniger Autostunden und meist mit einem JR-Bahnpass erreichbar. Seit 2011 die Kyūshū-Shinkansen-Linie in Betrieb ging, ist die Insel Reisenden zugänglicher denn je und lohnt die zusätzliche Anreise – weniger Warteschlangen, überfüllte Tempel und Attraktionen und fast überall eine freundliche, einladende Atmosphäre. Mehrere von Japans beeindruckendsten Burgen (Karatsu, Kumamoto und Shimabara) stehen hier, und Foodies haben die Gelegenheit, echte Kagoshima-Ramen und Kagoshimas *shōchū* zu probieren (einst berüchtigter Fusel, heute sehr gepriesen).

KUMAMOTO
Begeisternde Burg und mehr.
S. 646

MIYAZAKI
Surfen, Küste und Tempel.
S. 656

KAGOSHIMA
Aktive Vulkane, ländliches Wunderland.
S. 663

Erste Orientierung

Japans südlichste Hauptinsel lässt sich leicht per Zug, Auto, oder sogar Fähre erkunden. Auf dem Weg liegen aufregende Entdeckungen und ein Eindruck beispiellos schöner Natur. Oft übersehen, ist Kyūshū dennoch auf jeden Fall eine Reise wert.

Fukuoka, S. 614

Die regionale Hauptstadt ist bekannt für ihre unglaubliche Küche und ihr pulsierendes Nachtleben, ebenso wie für Museen, Tempel, Berge und Spaß an Strand.

Beppu, S. 625

Hier dreht sich alles um die sprudelnden Thermalquellen: Den Dampf der hunderten Bäder kannst du schon aus mehreren Kilometern Entfernung aufsteigen sehen.

Kumamoto, S. 646

Kumamoto, wo eine von Japans „Großen Drei" Burgen steht, ist idyllisch und entschleunigt. Im Hintergrund thront der mächtige Aso-san, einer von Japans größten aktiven Vulkanen.

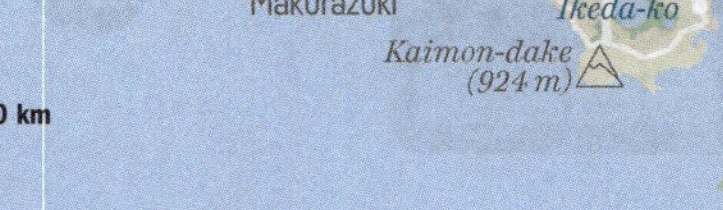

Nagasaki, S. 632
Oftmals wird Nagasaki von seiner düsteren Vergangenheit als Abwurfort der Atombombe überschattet, doch die moderne Stadt hat einen charmanten Hafen, sehenswerte Museen und eine atemberaubende Aussicht vorzuweisen.

Miyazaki, S. 656
Surfer aus ganz Japan kommen hierher, um den unvergleichlichen Wellengang auszunutzen, doch neben der spektakulären Küstenszenerie locken auch faszinierende Tempel und bewegende Naturlandschaften.

Kagoshima, S. 663
Der Sakurajima, ein überaus aktiver Vulkan, ist hier das A und O. In dessen Nähe ist eine tolle Stadt, ein paar sehenswerte Dörfer und eine reizende Umgebung.

ZUG
Die meisten Besucher kommen mit einem JR Pass hierher und ziehen nach Lust und Laune von Ort zu Ort, bis der Pass abläuft. Nur Hirado liegt außerhalb des Geltungsbereiches, doch auch hier kommt man mit den privaten Eisenbahnen hin.

AUTO
Hier fährt man auf sauberen und gepflegten Straßen. Obwohl es zu dichtem Verkehr kommen kann, sind die Japaner zurückhaltende Fahrer, die auf Regeln achten, dies jedoch auch von dir erwarten. Lerne den Unterschied zwischen europäischen und japanischen Straßenschildern.

FÄHRE
Warum nicht mit der Fähre zu den wichtigsten Orten reisen? Nach Fukuoka oder Beppu gelangt man vom Norden der Insel oder sogar von Busan (Südkorea) aus. Auch zu den Inseln südlich von Kagoshima gibt es Fährverbindungen.

Perfekte Tage

Man startet entweder in Fukuoka und reist südwärts Richtung Kagoshima oder so weit südlich wie möglich und arbeitet sich nach Norden hoch.

KPG-PAYLESS/SHUTTERSTOCK ©

In einem Haus auf Dejima (S. 634)

Wenig Zeit

● Fahre nach **Nagasaki** (S. 632), das ein ganz anderer Ort ist als erwartet. Ja, das **Atombombenmuseum** (S. 636) ist ein bedrückendes Muss, ebenso der **Friedenspark** (S. 635) und andere Plätze, die Bezug zum Abwurf der Atombombe haben. Es ist aber auch eine Stadt des guten Essens, die Gourmets begeistert und erstaunt; es gibt Inseln (wie das geheimnisvolle **Hashima**, S. 639) und umwerfende Aussichten von den **Berggipfeln** (S. 638). Seine Geschichte reicht Jahrhunderte bis in die Zeit zurück, als Japan nur in **Dejima** (S. 634) Außenhandel erlaubte.

Beste Reisezeit

Kyūshū ist im Winter nie zu kalt, kann aber heiß, feucht und regnerisch sein. Die besten Zeiten sind Herbst (Ende September bis Anfang November) und Frühling (Februar bis Mitte April).

JANUAR

Das **neue Jahr** wird mit feierlichen Tempelbesuchen und jeder Menge köstlichen Essens eingeläutet.

FEBRUAR

Warme Tage, frische Nächte, blühende Bäume. Japans ***hanami*** (Kirschblüte) kann auf Kyūshū schon Ende Februar beginnen.

MÄRZ

Beim Fest **Hina-Matsuri** (Mädchentag) wird für Gesundheit und Wohlstand der Töchter gebetet.

VON LINKS NACH RECHTS: KPG-PAYLESS/SHUTTERSTOCK ©, ALEXANDER GATSENKO/SHUTTERSTOCK ©, BRIAN KENNEDY/GETTY IMAGES ©

Drei Tage Kyūshū

● Mit drei Tagen Zeit kann man an Rosen schnuppern ... oder Schwefel riechen, da sich hier einige der aktivsten Vulkane Japans befinden. Für Letzteres geht's nach **Beppu** (S. 625), einem tollen Ort zum Onsen-Baden, denn der **Takegawara-Onsen** (S. 626) hat sich seit Jahrhunderten kaum verändert.

● Weitere vulkanische Wunder warten am **Aso-Krater** (S. 653) oder in **Kagoshima** (S. 663) mit seinem eigenen aktiven Vulkan **Sakurajima** (S. 668) im fernen Süden.

● Im Norden eignet sich **Unzen** (S. 644) für einen kurzen Tagestrip von **Nagasaki-Stadt** (S. 632).

Über eine Woche Zeit

● Mit einer vollen Woche wirst du Kyūshū richtig gerecht. Verbringe ein paar Nächte in **Fukuoka** (S. 614), koste dich durch die **Imbissstände** (S. 617) und schau dir vom **Fukuoka Tower** (S. 618) alles aus der Vogelperspektive an. Ein Abstecher zur faszinierenden **Insel Hirado** (S. 642) zeigt ihre historischen Straßen und die Burg.

● Genieße **Nagasaki** (S. 632), reise weiter nach Kumamoto mit einer **sagenhaften Burg** (S. 647) und von dort nach **Kagoshima**.

● Von dort besichtigst du den wunderschönen Inseltempel auf **Aoshima** (S. 660) und die **Takachiho-Schlucht** (S. 660), bevor du nach Norden reist und die Runde in Beppus herrlichen **heißen Quellen** (S. 626) beschließt.

APRIL

Tsuyu (die Regenzeit) bringt Nieseln, Regen und Wolkenbrüche, die schon mal die Stimmung drücken (und durchnässen) können.

JUNI

In Kagoshima findet das fröhliche **Rokugatsudō**-Festival (Juni oder Juli) mit bunten Inszenierungen und tollem Streetfood statt.

SEPTEMBER

Das **Nakasu-Jazz-festival** bringt jeden September tollen Jazz, Essen und Spaß nach Fukuoka.

DEZEMBER

Ab Mitte Dezember ist das Lichterspektakel **Yu-Akari** im **Kurokawa-Onsen** eine Augenweide: Laternen leuchten über den Bädern.

FUKUOKA

Keine Frage, die Stadt **Fukuoka** (福岡市) ist in vieler Hinsicht Kyūshūs Tokio, sie hat sogar eine kleinere Ausgabe des Tokyo Tower (Fukuoka Tower genannt!). Es gibt tolle Museen, eine Universität, exquisite Spitzenrestaurants und hervorragenden Jazz – aber alles eine Nummer kleiner, intimer und weniger versnobt als im Kantō-Doppelgänger. Es ist bekannt für seine Verkaufswagen (*yatai* genannt), die wunderschöne Szenerie und Ramen – es gibt mehrere berühmte Sorten; wer eine besonders lobt, kann fast einen Aufruhr verursachen. Die Stadt rühmt sich auch einer Vielzahl von Bars, Clubs und Restaurants. Sie hat die ganze Energie einer viel größeren Stadt und trotzdem das Flair einer idyllischen Kleinstadt. Hier gibt's mehr als nur die Stadt zu sehen: Wenige Zugminuten entfernt liegen tolle Wanderziele oder man nimmt eine Fähre zu einer hübschen Insel vor der Küste.

TOP TIPP

Man ist gut beraten, sich eines von verschiedenen Tickets für die Stadt zu besorgen. Mit Hakakaken, Pasmo, SUGOCA, Nimoca & Co. ist das Ein- und Aussteigen in Bus, U-Bahn, Straßenbahn und Zug ein Kinderspiel.

Yatai (S. 617)

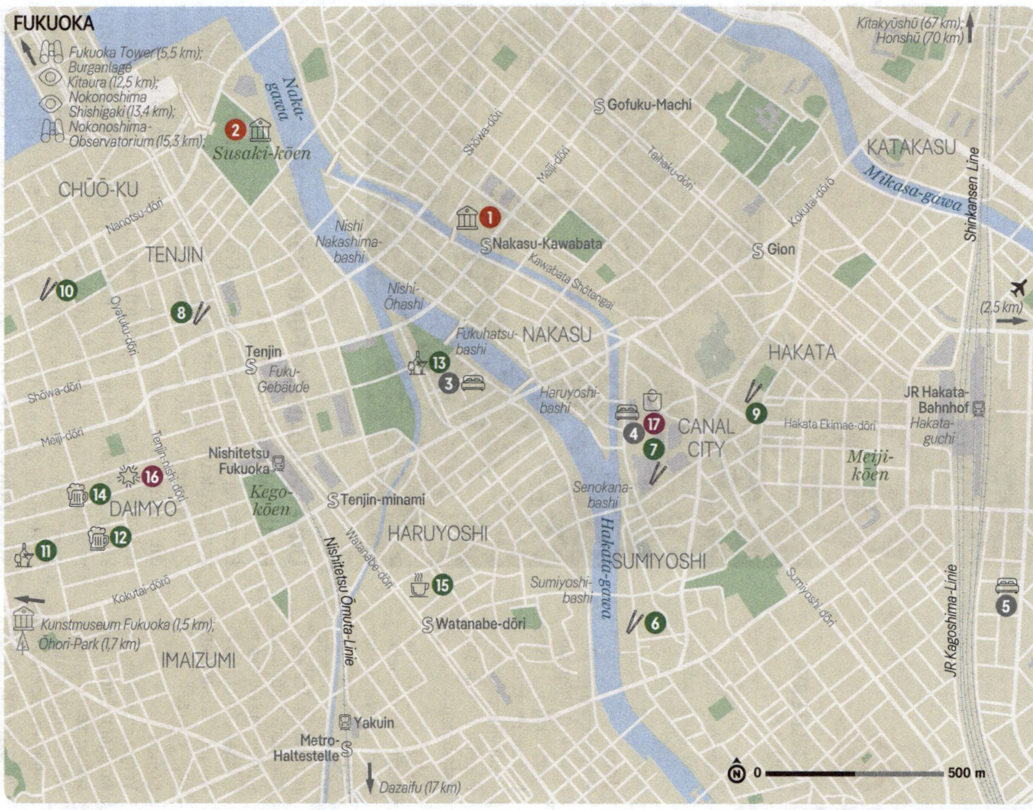

SEHENSWERTES
1 Museum für asiatische Kunst, Fukuoka
2 Kunstmuseum der Präfektur, Fukuoka

SCHLAFEN
3 Fukuoka Floral Inn Nishinakasu
4 Grand Hyatt Fukuoka
5 With the Style

ESSEN
6 Furukawa
7 Rāmen Stadium
8 ShinShin
siehe 7 Tomato Rāmen Sanmi
9 Umeyama Teppei Shokudō
10 Yamachan

TRINKEN
11 Citadel
12 Fukuoka Craft
13 International Bar
14 Morris' Black Sheep
15 Stereo Coffee

UNTERHALTUNG
16 Coyote Ugly Fukuoka

SHOPPEN
17 Canal City

NUDELN ÜBER NUDELN

Ramen sind hier nicht die einzige Nudelsorte, auch folgende sind beliebt und lecker:

Udon
Gibt's heiß und kalt (*zaru*-Art). Udon sind dick, eckig und bissfest mit markanter Textur. Besonders populär sind sie an Bahnhöfen.

Soba
Buchweizennudeln, ebenfalls warm oder kalt, sind dünner, eckig und manchmal mit grünem Tee aromatisiert. Traditionell sind sie ein Glücksbringer-Gericht an Neujahr, schmecken aber jederzeit.

Sōmen
Vergleichsweise weniger bekannt sind *sōmen*, sehr dünne, weiße, runde Nudeln, normalerweise in einer Soße. Sie werden häufig auf *nagashi*-Art serviert: wirbelnd in eiskaltem Wasser oder durch eine Bambusrinne rutschend.

Ichiran-ramen

Unvergleichliche Fukuoka-Ramen

FUKUOKAS PARADEGERICHT

Keins der berühmten Fukuoka-Gerichte, und das sind nicht wenige, kann sich mit seinen Ramen messen. In jüngerer Zeit erlebt Kyūshū eine Art kulinarische Renaissance, aber die Stadt wurde schon immer mit diesen unglaublichen Nudeln gleichgesetzt. Es gibt allerhand Arten, doch der Klassiker ist *tonkotsu*, eine weiße Brühe aus Schweineknochen mit reichlich Umami, die oft auch als „Hakata-Art" bezeichnet wird. Die Nudeln unterscheiden sich von denen anderswo, sind mehr dünn und gerade als dick, fest und gewellt. Es gibt Hunderte, wenn nicht Tausende Ramen-Läden, aber drei riesige Megaketten sind fast so etwas wie Fußballvereine: Man ist entweder Team **Ippūdō oder Ichiran** oder **Ikkōsha**. Letztere Kette ist relativ jung, entwickelt sich aber rasch zu einer angesagten internationalen Marke und hat Filialen in ganz Asien. Ichiran bietet komische „Privat-

WEITERE RAMEN-SPOTS IN FUKUOKA

Tomato Rāmen Sanmi
Richtig geraten: Tomaten-Ramen zählen zu den vielen Angeboten – und lecker sind sie auch. ¥

ShinShin
Die Kette mit blauen Markisen löst Begeisterungsstürme aus und zieht oft lange Schlangen an. ¥

Yamachan
Eine köstliche *tonkotsu*-Brühe und preiswerte extra Nudeln machen dieses Lokal beliebt. ¥

nischen" für Einzelgäste, die auf ein oder zwei Schalen vorbeikommen und wieder gehen. Vor diesen Läden, die bei Leuten mit Achtstundenjobs angesagt sind, bilden sich in den Stoßzeiten lange Schlangen.

Wer sich gern den Landessitten anpasst, sollte westliche Tischmanieren vergessen und die Schüsseln laut schlürfend leeren, um zu zeigen, dass das Essen gut schmeckt. Und keinen Gedanken an natriumarme Ernährung verschwenden, denn es gilt als unhöflich, am Ende die Brühe zurückzulassen (dafür gibt's den Löffel!). Wer den Gedanken nicht ertragen kann, den Jahresbedarf an Natrium in einem Zug zu decken – keine Sorge. Solange du die Mahlzeit mit einem zufriedenen Nicken und (idealerweise) einem herzhaften „*Gochisōsamadeshita!*" („Das war köstlich!") beendest, ist in diesen gesundheitsbewussten Zeiten alles verziehen.

Streetfood auf Fukuoka-Art

JEDE MENGE YATAI-IMBISSBUDEN

Während es sie auch in anderen Teilen Japans gibt, sagen Eingeweihte bei der Erwähnung von Fukuoka nur ein Wort: *yatai* (屋台). Diese besonderen Imbisswagen reihen sich entlang bestimmter Straßen und Boulevards und sind besonders beliebt bei Nachtschwärmern, die bei einem *yatai* haltmacht, bevor es nach Hause geht. Es gibt sie von ziemlich schick bis eher abgetakelt, aber die Qualität des Essens ist gleichbleibend hoch: *oden* (Fleisch- und Gemüsespieße in herzhafter Brühe), Ramen, *yakitori* (Grillspieße), Tempura, Udon, *okonomiyaki* (herzhafte Pfannkuchen mit Kohl), *tako-yaki* (Oktopusstücke im Teigmantel) und vieles, vieles mehr. Die Gerichte sind köstlich, und die Erfahrung, ein paar Minuten mit Fremden beim gemeinsamen Essen zu sitzen, gleicht der an einem Gemeinschaftstisch, wo es nie beim bloßen Essen bleibt. Neue Freunde kennenzulernen ist unvermeidlich. Jemand fragt, wo man herkommt, auf der anderen Seite besteht jemand darauf, eine unverzichtbare Delikatesse zu spendieren, und schon taucht man in etwas ein, was Kyūshū von Tokio unterscheidet: Hier nehmen sich Menschen Zeit für ein paar Worte mit Leuten, die sie nicht kennen.

Auch wenn das Essen noch so viel Spaß macht, ist zu bedenken, dass die Uhr läuft und ein Platz nicht stundenlang belegt werden darf, der drei, vier neue Kunden gebracht haben könnte. Essen, Plaudern, Kontakte knüpfen und auf zum nächsten Stand – sonst kommt ein Wink mit dem Zaunpfahl: „Hier ist die Rechnung. Noch einen schönen Abend ... aber woanders."

CANAL CITY

Zu Fukuokas eindrucksvollsten Touristenattraktionen zählt **Canal City**. Das 1996 eröffnete Zentrum ist ein Megakomplex (okay, eine größere Mall), die alles bietet, was von einem mehrgeschossigen Einkaufszentrum erwartet wird – Gastronomie, Kinos, eine Unmenge Shops, Supermärkte und so weiter. Den Namen hat es von dem Kanal, der buchstäblich mittendurch führt und eine Art eigene Uferpromenade schafft. Bei Events wie etwa besonderen Festbeleuchtungen können die Lichter und Reflexionen im Wasser sehr stimmungsvoll sein. Besonders beliebt sind die „Fountain Shows" (10.00–22.00 Uhr) und das Aqua-Panorama (Bild- und Lichtprojektionen aufs Wasser). Nicht verpassen: die irreal wirkende Glücksfrosch-Statue.

ÜBERNACHTEN IN FUKUOKA

Grand Hyatt Fukuoka
Spitzenoption nahe Canal City, also nicht weit von Tenjins Nachtleben. ¥¥¥

With the Style
Schickes Designhotel mit jeder Menge Stil und wunderschönem Brunnenhof. Frühstück im Preis enthalten. ¥¥¥

Fukuoka Floral Inn Nishinakasu
Sauberes, freundliches Business-Hotel in netter Lage nahe beim Tenjin-Viertel. Frühstück inklusive. ¥

ŌHORI-PARK

Ein wunderschöner Ort für einen Spaziergang am Morgen oder Nachmittag: Der **Ōhori-Park** (大濠公園) liegt westlich von Fukuokas Zentrum und ist leicht mit der U-Bahn erreichbar, nur zwei Haltestellen hinter Tenjin. Er wurde von einem hiesigen Adligen angelegt und nach einem Wassergraben benannt, der zu einem Park mit Teichen wurde, indem man ihn auffüllte und einen nahen Fluss umleitete. Trotz des menschengemachten Ursprungs ist er ein sehr friedlicher, erholsamer, atmosphärischer „Man fühlt sich wie in Japan"-Park mit hübschen Brücken und Lauben, einige davon im klassischen Rot eines Shintō-Schreins. Hier kann man umherstreifen, Enten, Gänse und Reiher sichten und Menschen beim Joggen, mit Kinderwagen und Hunden an der Leine sehen.

Überragende Aussicht

360-GRAD-FUKUOKA-SKYLINE

Wer die Stadt aus der Vogelperspektive sehen möchte, ist auf dem **Fukuoka Tower** goldrichtig. Der untere Teil des Turms ist bis zur Aussichtsplattform in 123 m Höhe auf drei Seiten mit Spiegeln verkleidet. Insgesamt ist er fast zweimal so hoch und damit das höchste küstennahe Gebäude Japans. Von oben ist dic Aussicht großartig: Fukuoka und seine Vororte gehen im Süden und Westen allmählich in üppig grüne Hügel und die Sefuri-Berge und im Norden und Nordwesten die strahlend blaue Hakata-Bucht über. Dahinter liegen die Tsushima-Straße und außer Sicht in Nordnordwest die Stadt Busan in Südkorea. Aufgrund dieser Nähe war Busan häufig das Ziel japanischer Invasionen.

Der Fukuoka Tower ist ein beliebter Treffpunkt für Dates und deshalb oft ziemlich voll. Wer flexibel ist, geht frühmorgens oder abends unter der Woche hin und steht vermutlich auch dann an. Mit dem Ticket wartet man, um zur Aussichtsplattform hochzufahren – oben ist beliebig viel Zeit fürs Umschauen, Selfies oder Fotos. Toiletten gibt's ebenfalls.

Mach die Nacht zum Tag

INTERNATIONALE PARTYVIBES IN TENJIN

Anfühlen mag sich Fukuoka wie eine Kleinstadt, aber die Einheimischen wissen, wie man Party macht. Weil es eine große Universität mit einer ganzen Menge Studierender aus aller Welt gibt, haben die hiesigen „*gaijin*-Bars" (Fremdenbars) eine nette Bandbreite internationaler Kundschaft, und die Gegenden mit japanischem Nachtleben sind praktisch jeden Abend der Woche voll. Ein gewisser Teil von Tenjin am Kanal hat sogar Betrieb bis morgens. Ruhig ist es nur zwischen Sonnenaufgang und etwa zehn Uhr. Wer gerne trinkt, durch Bars zieht und feiert, hat in Fukuoka keine Langeweile.

Praktisch jede Nacht gibt's einen Abstecher nach Tenjin, wo schon das Beobachten von Leuten spannend ist, angefangen bei den Jungs und Mädels, die für Snackclubs werben und bunt kostümiert sind, von Dienstmädchendress und Hexenschuhen mit aufgebogener Spitze bis zu Elvis-Haartollen. Englischsprachige Leute hinter (und an) der Bar finden sich vermutlich im **Citadel**, wo es Cocktails aus hausgemachten Spirituosen gibt. Die Bierauswahl im **Morris' Black Sheep** mit britischer Pub-Atmosphäre – dunkles Holz, braune Sitzkojen – ist nicht riesig, deckt aber die Basics eines Pubs ab. Wenige Minuten weiter gibt's so viele Craft-Biere, wie man verkraftet, im **Fukuoka Craft,** eine Kombination von mexikanischem

ESSEN IN FUKUOKA

Umeyama Teppei Shokudō
Englischsprachiges Personal macht das Bestellen leichter, aber mit einem festen Gourmet-Menü ist man gut bedient. ¥

Rāmen Stadium
Hier stehen Dutzende Ramen-Lokale zur Auswahl. Such dir die mit Warteschlange aus. ¥

Furukawa
Kaiseki-Restaurant (japanische Haute Cuisine) mit kunstvoll angerichteten Speisen in elegantem Ambiente. ¥¥¥

EQROY/SHUTTERSTOCK ©

Fukuoka Tower

Lokal und Craft-Bier-Pub. Von da an ist man auf sich selbst gestellt. Alles Mögliche kann passieren – und tut es auch oft.

Tagestour zur Insel

PALMENSTRÄNDE UND AUSSICHT

Zur nahen Insel **Nokonoshima** (能古島) muss man eine Fähre nehmen, aber der Trip lohnt sich. Vom Schiff aus ist der Blick auf die Hakata-Bucht umwerfend, und auf der Insel gibt's eine Menge zu tun und zu sehen, was sich vom Touristenprogramm auf dem Festland unterscheidet. Die meisten steuern direkt das Wahrzeichen an, das kastenartige **Nokonoshima-Aussichtsdeck** auf dem höchsten Punkt der Insel mit hübschem Blick auf die Hakata-Bucht vor der Skyline von Fukuoka. Die markanten Gebäude wie der **Fukuoka Tower** sind leicht auszumachen. Von dort geht's meist an den Strand. Nokonoshima ist für seine palmengesäumten Sandstreifen berühmt, die im Sommer ganze Menschenschwärme anziehen. Kinder bauen Sandburgen und

DIE BESTEN MUSEEN IN FUKUOKA

Fukuoka ist mehr als nur Nachtleben – es hat auch kulturell eine ganze Menge zu bieten.

Kunstmuseum der Präfektur Fukuoka
Dieses eher kleine Museum zeigt Kunstwerke Ortsansässiger aus Fukuoka, von Gemälden und Skulpturen bis zu einheimischem Kunsthandwerk.

Museum für asiatische Kunst Fukuoka
Asiatische Kunst (sogar ägyptische!) in leicht mit der U-Bahn erreichbarer Lage. Ideal für Regentage.

Fukuoka-Kunstmuseum
Beeindruckendes Museum mit Werken von Yayoi Kusuma, Warhol, Chagall und vielen, vielen anderen.

TRINKEN IN FUKUOKA

Stereo Coffee
Hippe Espresso- und Bieradresse ohne Stühle. Der große Hit ist der Coffee Jelly Latte.

International Bar
Die *gaijin*-Bar gibt's schon seit den 80ern. Legere Atmosphäre zum Sitzen und Quatschen; anständige Getränke.

Coyote Ugly Fukuoka
Tanzen auf Tischen in einer Kettendisco mit Ablegern in ganz Japan. Macht trotzdem Spaß und ist voller Energie.

KERAMIK

Wer japanische Keramik schätzt, kann hier wunderschöne Beispiele sehen. Die Sammlung des **Museums für orientalische Keramik Fukuoka** (福岡東洋陶磁美術館) zeigt Gefäße aus der Jōmon-Zeit bis zur Gegenwart und gibt einen netten Überblick über Kyūshūs Rolle in der japanischen Keramikgeschichte. Koreanische Einflüsse sind unverkennbar, vor allem weil japanische Herrscher die koreanische Keramik so schätzten, dass sie ins Land einfielen und Töpfer:innen hierher verschleppten.

SANGA PARK/SHUTTERSTOCK ©

Nokonoshima-Aussichtsdeck (S. 619)

planschen, Paare sonnen sich und lesen dabei in einem Taschenbuch oder E-Reader – ein zwangloses, für Japan untypisches Strandfeeling. Im Süden liegt die Stätte der **Burg Kitaura**, die einst auf einem Hang mit prächtigem Blick über den Hafen stand. Viel ist heute nicht mehr übrig, aber der Strand und der Steg sind hübsch und ein schöner Ort, wenn die anderen Strände überfüllt sind.

Ein interessantes, beinahe schon niedliches verfallendes Wahrzeichen ist das ungewöhnliche **Nokonoshima Shishigaki** (能古島鹿垣), eine Mauer zur Abwehr des einheimischen Wildes, das die hiesigen Felder und Gärten bedroht. Die Tiere wurden für den Jagdsport ausgesetzt und rasch zur Landplage, daher die Mauer. Heute ist sie nur an wenigen Stellen sichtbar, aber abseits des Wassers einen Blick wert.

JŌMON NO MORI

Um mehr über die Jōmon-Zeit zu erfahren, sollte das **Jōmon no Mori** (S. 670) in Kagoshima auf dem Reiseplan stehen, ein beeindruckendes Museum der Jōmon-Fundstätte an einem Hang mit Blick auf die Kinkō-Bucht und den Vulkan Sakurajima.

UNTERWEGS VOR ORT

Fukuoka ist schnell, bequem und pünktlich zu erreichen. Der Hakata International Airport bedient jedes japanische oder internationale Ziel, am Bahnhof Hakata hält ein Shinkansen, das Regionalzugnetz versorgt das gesamte nördliche Kyūshū, und die Stadt selbst verfügt über ein ausgezeichnetes Bus- und U-Bahn-Netz. Wer nicht in die Berge möchte oder eine spezielle Reiseroute plant, braucht wahrscheinlich keinen Mietwagen.

Rund um Fukuoka

Fukuokas Umland ist ein einziger großer Abenteuerspielplatz mit alten Burgen, wunderschönen Töpferdörfern, grünen Hügeln und uralten Tempeln.

Jenseits der großstädtischen Komfortzone Fukuokas liegt das, was viele das wahre Kyūshū nennen – eine herrliche Gegend, die im Norden Japans oft als rückständig angesehen wird. Ironischerweise leitete Kagoshima im tiefen Süden die Meiji-Restauration und damit den Beginn des modernen Japans ein. Die meisten Orte eignen sich für einen entspannten Tagestrip von der Stadt, und es ist erstaunlich, dass man nach nur einer Zugstunde in einem winzigen Dorf ist oder über einen Berg wandern kann, der einen ganzen Tag entfernt scheint. Mit Zeit und Lust bietet sich eine Übernachtung (oder ein Wochenende) an, um all das Schöne richtig auszukosten.

TOP TIPP

Genau auf Zug- und Busfahrpläne achten. Wenn du einen Anschluss verpasst, kann das den ganzen Zeitplan über den Haufen werfen.

Dazaifu Tenmangū (S. 623)

CHUCK HSU/SHUTTERSTOCK ©

FRISCHER, HANDGEMACHTER TOFU

Ob du Tofu liebst oder hasst – den Ruf, ein spannendes Lebensmittel zu sein, hat er normalerweise nicht.

Doch diese Ansicht ändert sich vielleicht nach einem Besuch in Karatsu. **Kawashima Tofu** ist ein berühmtes Tofu-Lokal, wo eine erstaunliche Vielfalt von Tofu auf der Speisekarte steht. Tofu mit Sesamsamen ist nur der Anfang; er kann eine weiche, beinahe cremige Paste sein, er kann gesüßt auf Obst serviert werden oder in allen Farben und Formen ... die durchweg köstlich sind. Wenn du kein Tofuhasser bist (und sogar dann!), komm nach Karatsu und lass dich von den Möglichkeiten dieser abgefahrenen Speise überraschen, ja begeistern.

Karatsu – Keramik & Waldlandschaft

TÖPFEREI, BURG UND KIEFERN

Berühmt ist **Karatsu** (唐津) für seine Töpferwaren mit koreanischem Einfluss. Für alle mit einem Auge für japanische Keramik ist ein Besuch ein Muss – und sei es auch nur zum Schauen und Bestaunen der Preise, die manchmal den eines Luxusautos übertreffen. Karatsu-Keramik mag nicht bemerkenswert erscheinen, sie ist häufig in gedecktem Braun und anderen Erdfarben gehalten und manchmal grob glasiert. Doch Aficionados ist sie eine Offenbarung und wird weltweit gepriesen. Viele Studios liegen ziemlich fern von Galerien, deshalb am Informationsstand fragen, welche Studios gerade Publikum bei ihrer Arbeit zulassen. Viel einfacher ist es, eine Galerie aufzusuchen, manche haben makellose Zengärten und schöne Räume für Teezeremonien. Für exquisite Keramiken besonders Ausschau halten nach **Nakazato Tarōemon** (中里太郎右衛門).

Schon aus der Ferne ist die imposante, noble **Karatsu-jō** (Burg Karatsu) zu sehen, die den berühmten Kiefernwald der Stadt und die geschützte Bucht überblickt, ein schönes Beispiel für die jahrhundertelang dominante Bauweise in Japan. Dies ist eine Replik aus dem frühen 17. Jh., die innen besichtigt werden kann; an den Aussichtspunkten ist Fotografieren möglich.

Karatsus wunderbarer, geheimnisvoller **Kiefernwald** zieht sich hinter dem bildhübschen Strand entlang und ist einen Blick wert. Die plastische raue Kiefernrinde, die beinahe menschliche Form mancher Äste und friedvolle Grüntöne machen den Aufenthalt denkwürdig. Achtung: Das Parken ist schwierig, es gibt nur wenige Stellen zum Zurücksetzen. Besser in der Stadt parken und ein Taxi nehmen, um zwischen den Kiefern herumzustreifen und den Strand zu genießen.

Wanderung in die Geschichte

GEHEIMNISVOLLER BERGTEMPEL

Um Abstand von der Großstadthektik zu gewinnen, lohnt sich ein Besuch auf dem **Hiko-san** (英彦山) mit einem der ältesten Tempel der Region am Ende eines einschüchternden Bergpfades. Seile oder Karabiner sind nicht vonnöten, wohl aber feste Schuhe, auch ein Bergstock ist nicht verkehrt. Den Aufstieg unternahmen Shugendō-Mönche, die den Berg als Trainingsort nutzten. Ein Teil des Mönchsordens, *yamabushi* genannt, glaubte, dass rigoroses Wandern und Ausdauer zur Erleuchtung führten. Der Berg ist voller Schreine, es gibt ein Wanderwegenetz und zahlreiche Ruheplätze, die Mönche frü-

ÜBERNACHTEN & ESSEN IN KARATSU

Yōyōkaku
Bezauberndes Spitzenklasse-*ryōkan* mit herrlicher Holztäfelung, Zengarten und sagenhafter Karatsu-yaki-Keramik. ¥¥¥

Karatsu Bāgā
Trendiger Burgerbus im Kiefernwald; wahnsinnig beliebte Burger mit Käse, Ei, Schinken und allem Möglichen. ¥

Rāmen Taishō
Ramen-Shop mitten im Ort mit wenigen Sitzplätzen; knackige kleine *gyōza* (Dumplings) und leckere Nudeln. ¥

MATTHIEU TUFFET/SHUTTERSTOCK ©

Kiefernwald bei Karatsu

her zum Teil selbst benutzten, und blendende Aussichten. Der mystische Wald ist reich an grünem Moos, hohen Zypressen, herrlichen Azaleen (im Frühling) und gelegentlich Singvögeln. Einige bemerkenswerte Bäume sind über tausend Jahre alt.

Vom Haupttempel nahe dem Parkplatz aus nimmt man wohl zuerst die Hikosan-Standseilbahn zum **Hikosan-jingū** (英彦山神宮), einem schönen Tempel am Anfang des Wanderwegs. Von dort erklimmt man die hundertfach betretenen Steinstufen, die den ersten Teil des Pfades bilden. Zwar erleichtern die Stufen das Gehen etwas, doch es ist kein gepflegter Weg. Diese Steine wurden vor Jahrhunderten gesetzt, also achtgeben. An einigen Stellen muss man an festen Seilen über kleine Klippen kraxeln. Oben wartet ein reizender verlassener Tempel – ohne Schuhe darf man eintreten, allerdings gibt's drinnen wenig zu sehen. Bei diesem Rundweg heißt es aufpassen: Die Wanderzeiten können beträchtlich variieren – am besten frühmorgens aufbrechen, damit genügend Tageslicht für den Rückweg bleibt.

ATEMBERAUBENDER TEMPEL

Von Fukuoka aus ist der **Dazaifu Tenmangū** (太宰府天満宮) ein beliebter Tagesausflug mit dem Zug. Der prächtige Tempel besteht aus vielen schönen Elementen, darunter eine klassische rote Brücke über einen Teil des Gartens. Fürs Fotografieren muss man eventuell Schlange stehen, denn sie ist inzwischen ein ikonischer Ort für Selfies. Schön ist sie trotzdem – und besonders populär bei Studierenden, die in der Aufnahmeprüfung gut abschneiden wollen, denn sie ist einem Gott der Gelehrsamkeit geweiht; wahrscheinlich sind Lerneifrige beim hingebungsvollen Beschreiben von *ema* (Gebetstafeln) zu beobachten, die an einer gut sichtbaren Stelle angebunden werden, um den Notendurchschnitt zu verbessern. Unbedingt sehenswert sind im April die spektakulären Schwertlilien, die im Koiteich blühen.

ÜBERNACHTEN & ESSEN IN DAZAIFU

Hotel Cultia Dazaifu
Hochpreisiges *ryōkan* nur wenige Schritte vom Tempel mit herrlichen Gärten und tadellosen Zimmern. ¥¥¥

Uguisu Chaya
Teehaus an einem bildschönen Teich. Serviert Dazaifus süße Spezialität, frische *umegaemochi.* ¥¥

Yasutake
Schickes Lokal für Dazaifus beliebte *umegaemochi,* mit den Pfannen, in denen sie zubereitet werden. ¥¥

DIESE KÖSTLICHEN JAPANISCHEN SÜSSIGKEITEN

Fast alle, die das Land besuchen, lieben japanische Süßigkeiten, aber was ist da eigentlich drin? Hier ein paar typische Zutaten und ihre Namen:

Anko
Bohnenpaste aus roten Bohnen, der Zucker zugesetzt wird, bis sie eine dicke Paste ist. Kann auch mit grünen Erbsen oder weißen Bohnen gemacht werden.

Gyūhi
Die hauchdünne weiße Hülle von Leckereien wie *daifuku* (runde gefüllte „Kuchen"). Sie besteht hauptsächlich aus Reismehl, das geknetet und dünn ausgerollt wird.

Yomogi
Fast überall sonst auf der Welt ist es Unkraut, hier wird es geerntet, gehackt und als grüner Farbstoff in *gyūhi* verwendet.

Dango
Reisbällchen aus süßem Reismehl und Wasser.

PROMO_LINK/GETTY IMAGES ©

Ogi yōkan

Süße Verlockungen in Ogi

ABSTECHER IN EIN MALERISCHES DORF

Ogi (小城) ist eine kleine Stadt außerhalb von Fukuoka in der Präfektur Saga. Es liegt abseits der Touristenrouten, ist aber einen Umweg wert. Auch ohne Mietwagen ist es ein netter Tagestrip, denn vom Bahnhof Hakata erreicht man Ogi in etwa 90 Minuten. Dort geht's zu Fuß oder mit dem Taxi zum **Museum Muraoka Sōhonpo Yōkan** (村岡総本舗 羊羹資料館). Hier widmet sich ein ganzes Gebäude der Kunst, Schönheit und Köstlichkeit der japanischen Süßigkeit *yōkan*, einer zähen Süßbohnenpaste, die zu rechteckigen Riegeln geformt wird. Diese sind so kompakt, dass sie bei der Kontrolle am Flughafen womöglich als „verdächtig" konfisziert werden. Manche sind groß, andere nur Häppchen, und zu einer Tasse heißem Grüntee schmecken sie köstlich. Ogis spektakuläres *yōkan* wird in ganz Japan gerühmt. Bei der Tour durchs Museum gibt's meist ein kleines *yōkan* und Tee zum Probieren.

Von dort geht's über den Fluss und die schönen Treppenstufen zum **Suga-Schrein** empor, die – allerdings steil – zu einer sagenhaften Aussicht aufs Tal führen. Das *torii* (Tor) oben mit riesigem Flechtdekor ist ebenfalls eindrucksvoll.

UNTERWEGS VOR ORT

Jenseits von Fukuoka ist ein Auto wünschenswert. Busse fahren zwar fast überall hin, aber die Fahrpläne zwingen oft entweder zu langem Warten oder zur Hetze, bevor der nächste Bus kommt.

TOKIO

BEPPU

Die Küstenstadt **Beppu** (別府) ist nicht gerade für ihre Strände berühmt, wohl aber fürs Baden. Mit Hunderten Badeorten und dem berühmten, uralten Badehaus Takegawara – so etwas wie die Pilgerstätte für wahre Thermalquellen-*otaku* (Nerds) – zählt sie zu den besten Onsen-Städten des Landes. Beppu selbst ist klein, bietet hervorragenden Fisch und Meeresfrüchte und hat dank der nahen Universität einen jugendlichen Vibe wie sonst nur wenige Orte auf Kyūshū. Es gibt viele fremdenfreundliche Restaurants, Speisekarten auf Englisch und – Ausländer:innen. Im Winter ist eine klassische Beppu-Szene der Blick von einem nahen Gipfel auf zahllose Dampfsäulen, die weiß werden, wo der heiße Dampf auf die Kälte trifft.

TOP TIPP

Viele japanische *higaeri*-(Tages-)Onsen bieten Hand- und größere Trockentücher gegen Gebühr entweder leihweise oder gleich zum Kauf an. Geld sparst du, wenn du Handtücher und auch eine eigene Seife mitbringst.

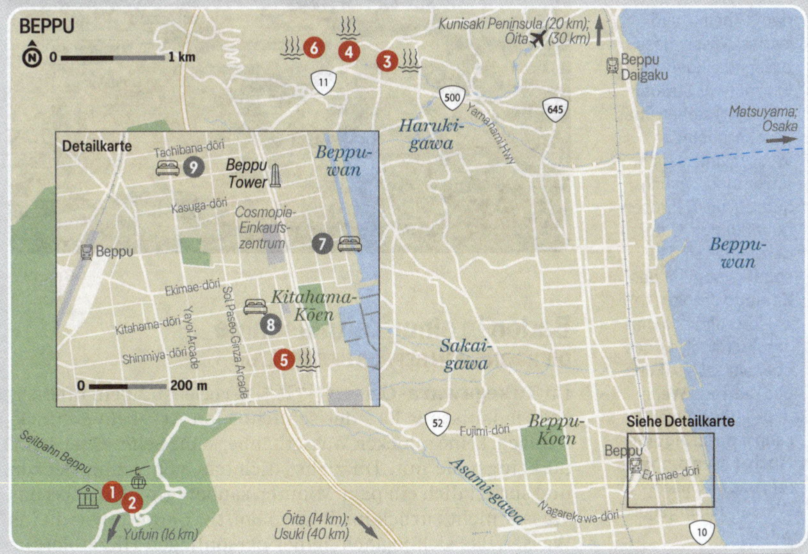

SEHENSWERTES
1 Shōchū-Museum Kyūshū

BADEN & TOUREN
2 Beppu-Seilbahn
3 Jigoku Mushi
4 Kamado Jigoku
5 Takegawara-Onsen
6 Umi Jigoku

SCHLAFEN
7 Guest House Sunline Beppu
8 Nogami Honkan
9 Yamada Bessō

DIE HÖLLEN VON BEPPU

Beppus **Jigoku** (地獄) ist eine Serie von sieben Onsen, die nicht zum Baden, sondern Touristenattraktionen sind und Spaß am Nachmittag bieten. Man zahlt einzeln Eintritt oder kauft ein Alle-Höllen-Ticket, das Jigoku Meguri. Jede Hölle hat ein anderes Thema, und oft ist das Wasser dazu passend eingefärbt. Ein paar *oni*-Statuen (Monster) stehen über dem sprudelnden Wasser, und manche davon sind wirklich hübsch, mit Seerosen oder Blumen. Unter den sieben sind besonders populär das **Kamado Jigoku** (かまど地獄) und das **Umi Jigoku** (海地獄), das über ein *ashiyu* (Fußbad) verfügt. Wenn der Hunger kommt, kannst du im **Jigoku Mushi** Essen probieren, das im Onsen-Wasser dampfgegart wird.

Beppu

Baden in einer Zeitmaschine

DIE KRONE VON BEPPUS BADEKULTUR

Im **Takegawara-Onsen** (竹瓦温泉) erlebst du ein öffentliches japanisches Bad der schlichtesten Art: kein Schnickschnack, keine schicken Wasserhähne, keine Seife, es sei denn, du bringst sie mit. Du ziehst dich aus, gehst zum Becken und spritzt dich ein paar Minuten sauber (gib Acht, dass das Wasser nicht zurück ins Becken läuft!). Dann steigst du ins Wasser, das sich je nach deiner persönlichen Hitzetoleranz

ÜBERNACHTEN IN BEPPU

Yamada Bessō
Ryōkan in Familienhand mit Onsen und privatem *rotemburo* (Außenbad); meist Gemeinschaftsbad. ¥¥

Nogami Honkan
Gute Lage, eigener Onsen und preiswerte Zimmer. Japanisches Frühstück kann zugebucht werden. ¥

Guest House Sunline Beppu
Saubere Schlafsäle und Einzelzimmer in einer zentral gelegenen Pension am Wasser und beim Beppu-Turm. ¥

irgendwo zwischen sehr, sehr heiß und kurz vor kochend heiß anfühlt. Bleib sitzen, so lange du willst (oder kannst), dann geht's zurück in die Umkleide. Wenn es scheint, als ob dir das Luxuriöse am Baden entgeht, denk daran: Das Wichtige hier – und eigentlich in allen japanischen Onsen – ist das Wasser, das *yu* (湯、ゆ). Beim Verlassen von schickeren Orten fühlst du dich vielleicht verwöhnt, doch hier zählt das Bad selbst. Das hat sich über die Jahrhunderte wenig geändert, und im Takegawara-Onsen wirst du in eine Zeit zurückversetzt, als der Luxus darin lag, ein Becken mit heißem Wasser zu haben, während viele andere überhaupt nicht baden konnten.

Wenn noch Zeit ist, komm zurück und erlebe den **Sandbad**-Bereich des Takegawara. Nach dem Ausziehen legst du einen Baumwoll-*yukata* an, legst dich in eine sarggroße Vertiefung im dunklen Vulkansand und wirst mit heißem Sand bedeckt. Es fühlt sich in etwa wie eine beschwerte Decke an – warm, schwer, gemütlich. Aber nicht übertreiben, Dehydration ist ein Risiko, und beim Aufstehen droht Schwindel.

Fahrt mit der Beppu-Seilbahn

AUSSICHT VOM BERG TSURUMI

Beppu ist ein dicht bebautes Städtchen auf einer Schwemmlandebene, die auf drei Seiten rasch in Berge übergeht. Am Stadtrand steht eine Bausünde (wie ein riesiger Mittelfinger über Beppu), die ein Aussichtsturm sein soll, doch den besten Blick bietet eine Fahrt mit der **Beppu-Seilbahn** (別府ロープウェイ), gut 15 Autominuten außerhalb der Stadt. Es lohnt sich, dafür einen Morgen oder Nachmittag zu reservieren – an klaren Tagen belohnt eine spektakuläre Aussicht auf die Stadt, die Bucht dahinter und die Berge. Die Seilbahn bringt dich im Handumdrehen vom Parkplatz bis nahe an den Gipfel des Berges **Tsurumi**. Oben kann man auf dem Aussichtsdeck bleiben, Souvenirs im Shop kaufen oder in 10 bis 15 Minuten zum Gipfel laufen. Der ist durch einen großen Funkturm etwas verschandelt, hat aber trotzdem eine der hübschesten Aussichten dieser Gegend zu bieten. Beim Aufstieg ist eventuell Wild zu sehen, im Frühling blüht eine bestimmte Azaleenart, die Miyama Kirishima, und überzieht die Hänge mit breiten Streifen in fröhlichem, grellem Pink.

Wer gern einen trinkt, ist vielleicht interessiert daran, dass neben der Seilbahn das **Shōchū-Museum Kyūshū** (九州焼酎館) liegt, wo eine Vielzahl leckerer *shōchū* (Spirituosen) zu bewundern und viele auch zu kaufen sind.

DIE SIEBEN GLÜCKSGÖTTER

Wer auf den Tsurumi mit der Seilbahn fährt oder auf die harte Tour zu Fuß klettert, sollte nach den Sieben Glücksgöttern Ausschau halten – und wer weiß, wenn alles klappt, geht vielleicht dein Wunsch in Erfüllung. Von jedem Gott steht an verschiedenen Orten eine Statue an den Berghängen. Zur Erfüllung des Wunsches musst du alle sieben entdecken und einzeln zu ihnen beten. Ob du Erleuchtung suchst oder dich ein bisschen amüsieren möchtest, dieses Ziel ist eine angenehme Weise, den Berg zu umrunden, und bietet mehr, als nur ein Selfie zu schießen, die Aussicht zu bewundern und die nächste Gondel zum Parkplatz zu nehmen.

UNTERWEGS VOR ORT

Beppu hat einen JR-Bahnhof in zentraler Lage und wird von mehreren Fernbuslinien angefahren. Von Osaka ist es mit der Fähre erreichbar, allerdings ist die Fahrt lang und ziemlich teuer. Wer aber Fukuoka unbedingt vermeiden möchte, kommt mit der Fähre direkt hierher.

Rund um Beppu

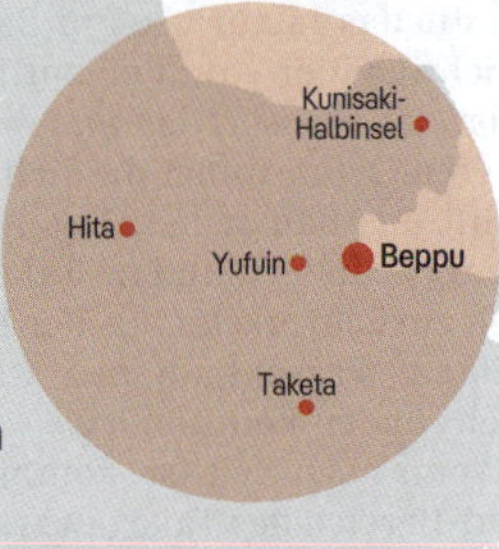

Unvergleichliche ländliche Idyllen, versteckte urbane Kleinode und uralte Traditionen warten auf alle, die sich über Beppus Grenzen hinaus begeben.

Jenseits vor Beppu liegt die vielfältige, vielseitige und schöne Präfektur Oita, eine von Japans weniger bereisten Regionen. Wer sich für ihre Erkundung Zeit nimmt, stößt auf eine Fülle faszinierender Gebräuche, Traditionen, Kunstformen und auf Schönheit, die Durchreisenden auf dem Weg von Beppu nach Osten oder Süden entgehen. Sie ist berühmt für ihre Keramik, aber auch ihr unerreichtes Bambuskunsthandwerk, uralte Tempel und herrliche Wander- und Naturerlebnisse, darunter Kyūshūs höchster Gipfel in der eindrucksvollen Kujū-Bergkette. Man mag vielleicht daran denken, diese Region auszulassen (viele tun es), aber wer sich Zeit für sie nimmt, ist dankbar, es getan zu haben.

TOP TIPP

Viele der Regionen sind so abgelegen, dass sich ein eigenes Auto bezahlt macht.

Hita

SUCHART BOONYAVECH/SHUTTERSTOCK ©

OASIS2ME/SHUTTERSTOCK ©

Takezaiku

Traditionelle Künste & moderne Mangas

HITA, DAS KYŌTO VON KYŪSHŪ

Die hübsche Oita-Stadt **Hita** liegt im Landesinneren, hat aber ein anderes Flair dank mehrerer Flüsse, die sich vereint durch die Stadt schlängeln und die engen Straßen an jeder Brücke auflockern. Sie ist berühmt für ihre schönen historischen Straßen mit Häusern, die fast wie vor Jahrhunderten aussehen. Man kann shoppen, Süßigkeiten suchen, essen oder beim Herumschlendern alles auf sich wirken lassen. Die Herstellung von *Geta* (japanische Holzsandale) ist eine traditionelle Kunst, viele Schaufenster sind voll mit diesen farbenfrohen, bequemen Schuhen. Die Luft ist manchmal schwer vom Aroma frisch gesägten Zypressenholzes, obwohl die Sägewerke weit entfernt sind.

In jüngster Zeit hat die Stadt aus einem neuen Grund an Ansehen gewonnen – als Heimat von Hajime Isayama, dem Autor der postapokalyptischen Megahit-Mangaserie *Attack on Titan*. Fans lieben es, auf einer Tour durch die Stadt Orte mit Bezug zu Isayamas Leben und Werk zu ent-

DIE KUNST DES TAKEZAIKU

Du hast vielleicht schon Beispiele dieser erstaunlichen Kunstform gesehen, aber nicht bemerkt, dass sie aus Bambus waren, so fein und edel sind die fertigen Stücke. Die Webereien in **Taketa** (竹田), in den Bergen südwestlich von Beppu versteckt, beherrschen die Kunst des *takezaiku* meisterhaft und erschaffen atemberaubende Teile. Ein Bambusstück wird in winzige, fadenartige Streifen geschnitten, die durch Wässern biegsam werden. Diese werden wie Palmfasern in unglaubliche Muster gewoben. Weil Bambus so stark ist, sind manche Objekte gigantisch, größer als ein großer Mensch. Die Formen reichen vom Vertrauten (Schalen, Vasen, Tiere) bis zum wild Abstrakten. Wenn dir Taketa zu weit ist, schau dir in Beppu Beispiele im **Zentrum für traditionelles Bambuskunsthandwerk der Stadt Beppu** (別府市竹細工伝統産業会館) an.

WEITERE SEHENSWERTE TEMPEL RUND UM BEPPU

Fuki-ji
Dieses nationale Kulturgut ist das älteste Holzbauwerk in Kyūshū, herrlich geformt und in moosbewachsener Umgebung.

Maki Ōdō
Ein Tempel aus der Edo-Zeit mit mehreren Heian-Skulpturen des Amida Buddha.

Rakan-ji
Wunderschöner Tempel für verlorene Kinder am Berghang mit Blick in ein ruhiges ländliches Tal.

MADE IN USA

Frage: Wie kann etwas „Made in USA", aber gleichzeitig aus Japan sein? Antwort: Wenn eine japanische Stadt **Usa** (宇佐) heißt. Nach dem Zweiten Weltkrieg, als Japans Wirtschaft es schwer hatte und viele ausschließlich Produkte aus den Vereinigten Staaten wollten, machte man sich diese Verwirrung zunutze. Heute ist die Stadt allerdings wegen des **Usa-jingū** (宇佐神宮) bekannt, einem massiven und schönen Schrein, der das Zentrum der Hachiman-Sekte ist. An Neujahr zollen Abertausende Mönche dem Haupttempel Respekt. Das Gelände ist riesengroß und umfasst hübsche, malerische Brücken und viele Tempel in strahlenden Orangetönen. Einige Bauten (darunter die Haupthalle) sind zum japanischen nationalen Kulturgut erklärt worden.

SAN HOYANO/SHUTTERSTOCK ©

Kumano Magaibutsu

decken. Es gibt sogar das **Museum für ‚Attack on Titan' in HITA** (進撃の巨人 in HITA ミュージアム) etwas stadtauswärts in der Nähe des Ōyama-Staudamms.

Ein lohnendes Ausflugsziel von Hita aus ist **Onta** (小鹿田), eine schöne Töpferstadt hoch in den Bergen an einem malerischen Bach. Vielstufige Brennöfen sind zu sehen und Plätze, wo Ton gesiebt, getrocknet und schließlich meisterhaft geformt wird, wie es seit Generationen gemacht wird. Die wasserbetriebenen Tonmühlen sind ebenso einmalig wie die faszinierende Slipware-Keramik mit Tausenden feiner Striche.

Straßenbummel & Vulkankletterei

LIEBENSWERTE BERGSTADT

Yufuin (湯布院) hat so viel zu bieten und wird oft übersehen, wenn die Leute von Beppu nach Fukuoka durchrasen. Mach mal Pause und schnuppere an Rosen oder, wie hier, an Onsen-Dämpfen. Es gibt einige schöne öffentliche Bäder und bezaubernde *ryōkan* in der hübschen Stadt – dank der nahen Vulkanaktivität. Im Zentrum ist die **Yunotsubo Kaidō** (湯の坪街道)-Einkaufsstraße, Wahrzeichen und Stadtpark zugleich. Schwer zu finden sind nur Parkplätze, vor allem wäh-

ESSEN RUND UM BEPPU

Soba Cafe Yuuhi
Kleines Soba- und Süßwarenlokal über dem Wasser mit perfektem Westblick auf den Sonnenuntergang. ¥

Kappō Satō
Klassische japanische Delikatessen wie Hühnchen-Tempura, Brathühnchen oder das berühmte *Bungo-gyu*-Rind. ¥¥

Izumi Soba
Beim Warten kann man zusehen, wie die Nudeln zubereitet werden. ¥¥

rend touristischer Spitzenzeiten wie der Goldenen Woche (Anfang Mai). Doch in der Nebensaison ist es still, friedlich, ruhig und schön – mit Wolken über den grünen Berggipfeln.

Wer gern wandert, wird vom nahen Berg **Yufu** (由布岳) begeistert sein, einem schönen Vulkankegel, der sich aus grünem Weideland erhebt und dessen Gipfel den Krater überblickt. Der Aufstieg ist fast durchgängig steil, aber für Wandererfahrene nicht besonders fordernd. Tagesausflügler mögen ihn etwas ermüdend finden, doch für Aktivreisende ist er eine großartige Tageswanderung mit herrlicher Aussicht. Am besten startet man frühmorgens, falls wie so oft das Wetter umschlägt. Busse aus der Stadt bringen zum Startpunkt des Trails etwas außerhalb, ein eigenes Auto oder ein Taxi mit vereinbarter Abholzeit ist praktischer.

JEDE MENGE BUDDHAS

In Usuki (臼杵), 30 km südöstlich von Beppu, befinden sich weitere uralte Buddhas. Riesengroß sind sie in diesem Fall nicht, aber doch aus einem Berghang gehauen und schätzungsweise über 1000 Jahre alt. Noch faszinierender sind die ausdrucksstarken Gesichter dieser Statuen, jedes davon anders und einmalig, manche so gut erhalten, dass man schwören könnte, von ihnen angesehen zu werden. Das ist unheimlich und spirituell zugleich. Einen Besuch macht man möglichst frühmorgens, spät am Tag, oder mit einem Schirm bei Regen, denn laute Bustouren und Touristenschwärme können den Ort weniger transzendent machen.

Geheimnisvolle Berggottheiten

FASZINIERENDE TEMPEL DER KUNISAKI-HALBINSEL

Nördlich von Beppu liegt die **Kunisaki-Halbinsel** (国東半島), eine fast kreisrunde Landzunge, die wie so vieles in der Gegend Vulkanen zu verdanken ist. Sie ist felsig, steil, gebirgig und beherbergt eine ungewöhnlich hohe Zahl eindrucksvoller Tempel und einige massive Steinbuddhas, die in eine Felswand gehauen wurden. Reisebusse halten hier, also kann man mit einer Tour herkommen, aber ein eigener Zeitplan hat auch seine Vorzüge.

Ein Muss ist der **Kumano Magaibutsu** (熊野磨崖仏), der tief in einer üppig bewaldeten Schlucht mit einem grünen Flussbett sitzt. In ruhiger Meditation starren zwei Riesengestalten hinaus auf Bäume, Moos und Ranken, ihre Stirne sind zur Hälfte von Wurzeln verdeckt. Der Dainichi-Buddha ist 6 m und der größere Fudō-Myō-o umwerfende 8 m hoch. Entsprechend klein fühlt sich ein Mensch beim Betrachten der größten buddhistischen Steinbildnisse dieser Art in Japan. Die Treppe hinauf soll über Nacht von einem Oger erbaut worden sein. Neben den Buddhas gibt's noch mehr zu sehen, wenn man weiter aufsteigt, immer höher und höher. Wer nicht wandergeübt ist, spürt beim Abstieg seine Beine.

Nahe dem höchsten Gipfel auf der Halbinsel liegt der **Futago-ji** (両子寺). Dieser 718 gegründete Tempel steht am Ende eines rauen Schotterweges, der teilweise an einem schönen Bach voller Moos und Felsen entlangläuft. Wer auf Heilung aus ist, kauft eine der hölzernen *ema* (Votivtafeln), die wie ein Körper geformt sind. Zeichne darauf die schmerzende Stelle und leg sie aufs Tablett: Sie wird prompt als Opfergabe verbrannt.

UNTERWEGS VOR ORT

Alle diese Orte sind mit öffentlichen Verkehrsmitteln erreichbar; mit genügend Zeit kann man ruhig einen halben Tag für die Anreise spendieren und übernachten, weil der nächste Bus erst am folgenden Tag abfährt. Wenn der Zeitplan enger ist, fragt man nach Tourangeboten zu den Wunschzielen oder leistet sich einen Mietwagen.

NAGASAKI

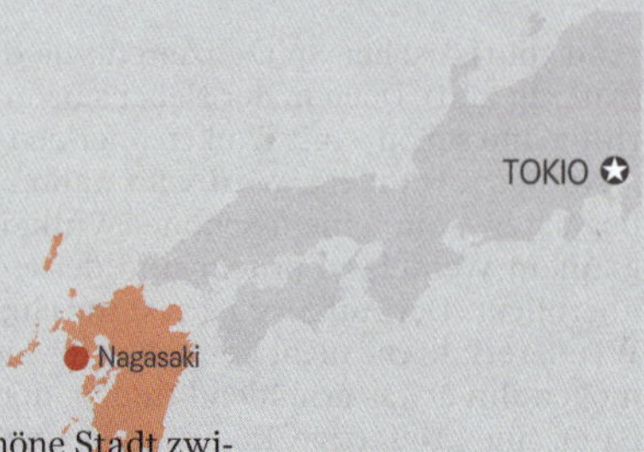

TOKIO

Ihre Topografie unterscheidet diese wunderschöne Stadt zwischen sanften Hügeln von vielen anderen Kyūshū-Regionen. Unglücklicherweise machte die Bevölkerungsdichte Nagasaki zum idealen Ziel für den Abwurf der Atombombe „Fat Man“, die die Stadt dezimierte. Die Folgen und das Grauen dieses Ereignisses können nicht unterbewertet werden, doch die Stadt wurde wiederaufgebaut und erholt sich. Wären nicht die zahlreichen Mahnmäler und ergreifenden Museen, wäre nichts von dem Schrecklichen zu ahnen. Nagasaki ist charmant, macht Spaß, ihr Zentrum sprüht vor Leben und ihre Geschichte reicht über den Zweiten Weltkrieg hinaus. Die Insel Dejima war der einzige Ort in Japan, wo Außenhandel (offiziell) erlaubt war. Nachts sorgt eine ganze Reihe Bars und Clubs für tolle Partys. Und die Stadt ist eine gute Basis für Touren in die Umgebung.

TOP TIPP

Die öffentlichen Verkehrsmittel sind ausgezeichnet, mit einer tollen Straßenbahn, zu vielen deiner Ziele. Plane nicht, viel mit dem Fahrrad zu unternehmen, da die steilen Hügel das Hochfahren anstrengend und das Herunterfahren gefährlich schnell machen.

Atombombenmuseum Nagasaki (S. 636)

HIGHLIGHTS
1 Atombombenmuseum Nagasaki

SEHENSWERTES
2 Dejima
3 Glover-Garten
4 Friedensstatue
5 Shinchi Chinatown
6 Urakami-Kathedrale

SCHLAFEN
7 CasaNoda
8 Hotel Belleview Nagasaki Dejima
9 Hotel New Tanda
10 S Peria Hotel Nagasaki

ESSEN
11 Butaman
12 Kairaku-en
13 Ryōtei Kagetsu
14 Sakamoto-ya

TRINKEN
15 Bar Iwi
16 Hayama Coffee
17 Juma Cafe
18 Panic Paradise
19 Restoran Bar Inokuchi-ya

KIMBERRYWOOD/SHUTTERSTOCK ©

Dejima-Modell im Maßstab

WAS WAR SAKOKU?

Sakoku (鎖国) war die japanische Politik, das Land vom Außenhandel abzuschotten. Sie bestand jahrhundertelang, einschließlich der ganzen Edo-Zeit. Fremde durften Japan nicht betreten und umgekehrt niemand Japan verlassen. Erst mit der Ankunft von US-Kommandeur Matthew C. Perry fand sie 1858 ein Ende, als das Tokugawa-Shogunat zur Unterzeichnung des Vertrags von Kanagawa genötigt wurde. Obwohl die Abschottung schon so lange vorbei ist, sind manche ländlichen Regionen isoliert geblieben – in Teilen Kyūshūs kann es passieren, dass man angestarrt oder belacht wird. Das ist selten unhöflich gemeint, sondern ein Zeichen dafür, wie wenige Möglichkeiten es für manche Menschen gab, mit Fremden in Kontakt zu kommen.

Der einzige Ort, wo Fremde erlaubt waren

DEJIMAS INSELMUSEUM

Einst war Japan für den Außenhandel gesperrt, weil man vermutete, dass das Christentum Probleme machte und gemieden werden musste. Deshalb wurde das Land isoliert (bekannt als *sakoku*) und der Handel verboten – außer auf dem fächerförmigen **Dejima** (出島). Die winzige Insel, die in fünf Minuten abgelaufen werden kann, war fürs ganze Land der Ort des Außenhandels, exklusiv mit den protestantischen Niederlanden. Heute ist Dejima kaum noch als Insel zu erkennen, weil die Wasser rundum aufgefüllt und bebaut wurden, obwohl eine Rückgabe ans Meer im Gespräch ist. Trotzdem scheint man auf Dejima einen Schritt in die Vergangenheit zu machen. Es gibt wunderschön restaurierte Lager- und Handelshäuser, niederländische Händlerresidenzen und sogar ein putziges maßstabsgetreues Modell von Dejima, wie es vor Jahrhunderten aussah. Erkunde die Insel, lerne ihre Geschichte kennen, erfreu dich an alten Holzhäusern oder leihe einen Kimono für ein echtes, nur ein bisschen gestelltes japanisches Selfie. Fotogen ist der kleine japanische Garten links vom Kassenhäuschen.

ÜBERNACHTEN IN NAGASAKI

Hotel Nagasaki
Betagtes, aber gastliches Hotel in Bahnhofsnähe, Hügellage mit tollem Blick auf Urakami oder den Hafen. ¥¥¥

S Peria Hotel Nagasaki
Gehobenes Business-Hotel mit sauberen Zimmern und richtig leckerem Frühstücksbüfett. ¥¥

Nagasaki Nisshokan
Ryōkan auf einem Hügel; überwiegend westliche Zimmer, großes Büfett und herrlicher Stadtblick. ¥¥¥

SPAZIERGANG DURCH NAGASAKIS FRIEDENSPARK

Der düstere, besinnliche Weg beginnt vor der großen, unübersehbaren **1 Friedensstatue** (平和祈念像), deren Arme laut ihrem Schöpfer Seibō Kitamura nach oben auf die Atombombe und nach außen auf den Frieden zeigen. Häufig ist die Statue mit Kränzen aus Papierkranichen behangen, aber der **2 Orizuru-no-Turm** (折鶴の塔) gleich links wurde eigens gebaut, um diese handgefalteten Vögel aufzunehmen. Ergreifend und traurig scheint er die neue Farbe zu symbolisieren, die sich aus der Asche der Zerstörung erhebt. Der Rundgang gegen den Uhrzeigersinn führt zur **3 Jungfrau des Friedens** (乙女の像), die schöne weiße Skulptur eines Mädchens mit Tauben schenkte die Volksrepublik China der Stadt über den Verein für chinesisch-japanische Freundschaft. In ihrer Nähe hängt die **4 Nagasaki-Friedensglocke** (長崎の鐘), die am neunten Tag jedes Monats um 11.02 Uhr zur Erinnerung an den Moment geläutet wird, der so viele ihr Leben kostete. Von der Friedensstatue geht's zum **5 Friedensbrunnen** (平和の泉), eine hübsche, stille Erinnerung an den verzweifelten Durst der Überlebenden nach der Explosion und dem folgenden Inferno. Als Nächstes führen Stufen hinab, doch vor der Straße links und oft übersehen, wird die unglaubliche Geschichte der **6 Bauarbeiter des Luftschutzbunkers** (平和公園 松山町防空壕群跡) erzählt, die zum Zeitpunkt der Explosion im Stollen waren. Obwohl keine 500 m vom Epizentrum entfernt, überlebten die meisten. Von hier ist es ein kurzer Weg zur **7 Stätte des Atombomben-Hypozentrums** (原子爆弾落下中心地碑) mit konzentrischen Ringen um einen dunklen Obelisken, wo alles begann und endete.

DIE URAKAMI-KATHEDRALE

Vor der Detonation der Bombe war die **Urakami-Kathedrale** das größte, prächtigste christliche Bauwerk in Asien; seine riesigen Doppeltürme und der große Kirchenraum feierten das Ende der Christenverfolgung. Viele Gläubige in Nagasakis Stadtteil Urakami mussten ihren Glauben jahrhundertelang verheimlichen. Der Bau der Kirche dauerte über zwei Jahrzehnte, in Schutt und Asche gelegt wurde sie binnen Sekunden, und die große Gemeinde, die in ihr zum Gottesdienst versammelt war, verbrannte. Als Mahnmal liegen noch immer Teile der eingestürzten Apsis am Boden. Die Kathedrale ist wiederaufgebaut und in Benutzung, aber ihre Zerstörung wird stets in Erinnerung bleiben.

Über 17 verschiedene Gebäude verteilte Exponate zeigen viele Aspekte von Dejimas Geschichte, darunter Karten der Insel, wie sie einst war, den Hafen von Nagasaki und viele Artefakte. Interessant sind die Wohnhäuser mit Zimmern, die den Wohnstil der niederländischen Kaufleute nachbilden. Anders als in vielen anderen Museen in Japan gibt's reichlich englische Beschriftungen und Zusatzinfos in weiteren Fremdsprachen.

Das Atombombenmuseum Nagasaki

MÖGE SICH DAS GRAUEN NIE WIEDERHOLEN

Weniges ist so düster und bedrückend wie ein Besuch im **Atombombenmuseum Nagasaki** (長崎原爆資料館), aber es ist ein Muss. Man sollte darauf vorbereitet sein, sich hinzusetzen, wenn es zu überwältigend wird, und andere Menschen aufgewühlt zu sehen. Das Museum beeindruckt nicht durch das sorgsame Konzept, sondern auch die Art, wie der Weg vom Eingang wie ein Abstieg in die Hölle in einer Spirale hinunterführt, ganz abgesehen von den Details, Artefakten und drastischen Fotos. Diesen Ort verlässt man nicht unverändert. Selbst wenn man mit Geschichtsbüchern über das Ereignis groß geworden ist, nichts bereitet auf diese Geschichtsstunde vor. Worte können nicht vermitteln, was dieses Museum ausdrückt: Zu den dargestellten Ereignissen zählen die eigentliche Explosion der Bombe (um genau 11.02 Uhr am 9. August 1945), ihr Typ (Fat Man, nicht Little Boy) und die Sofort- und Langzeitschäden durch die Strahlung, zahllose Artefakte zeigen die unvorstellbare Intensität der Bombe und der anschließenden Brände. Glas verschmolz mit Stein, die Schatten von Menschen brannten sich in Wände und Treppenhäuser, Kleidung und Haut entzündeten sich wie Papier.

Erstaunlicherweise gelang es Nagasaki, an das verheerende Ereignis zu erinnern, ohne davon vernichtet zu werden. Die mutigen Geschichten – manche von ihnen dauern an – und der unverwüstliche Charakter von Nagasakis Bevölkerung sind ein Zeugnis menschlicher Resilienz und Durchhaltekraft. Trotz aller Düsternis werden hier auch Hoffnung und Optimismus ausgedrückt.

Nagasakis Shinchi Chinatown

LEBHAFTER CHINESISCHER EINFLUSS

Wer an einem chinesischen Feiertag in Nagasaki ist, kann sich auf etwas Besonderes freuen. Die Stadt hat eine quicklebendige, aufregende Chinatown und die Feste an vielen chinesischen Feiertagen vergisst man nicht so schnell. Über den Straßen hängen Laternen, die Menschen kostümieren sich und

ESSEN IN NAGASAKI

Sakamoto-ya
Bessere als die traditionellen japanischen Abendessen im jahrhundertealten Gasthof gibt's nicht. ¥¥¥

Ryōtei Kagetsu
Hochpreisige *shippoku-ryōri* (traditionelle Nagasaki-Küche) in einem ehemaligen Bordell. Unbedingt reservieren. ¥¥¥

Kairaku-en
Stehimbiss in Shinchi Chinatown mit südchinesischer Küche. Im Zweifelsfall die Pekingente bestellen. ¥¥

TOMO/SHUTTERSTOCK ©

Shinchi Chinatown

Fenster und Schaufenster sind wunderschön geschmückt. Nagasakis Chinatown heißt Shinchi und ist das älteste Viertel seiner Art in Japan. Es gibt Dutzende köstlicher Restaurants, Straßenimbisse, Teigtaschenstände und andere Shops. Immer der Nase nach geht's zur nächsten Delikatesse, deren Aromen die Straßen erfüllen. Fünfzehn Tage nach dem Neujahr des Mondkalenders ist das Shinchi Matsuri eine Festzeit mit eindrucksvollen Darbietungen, Feiern und Dekorationen. Auch das Fest Kunchi Matsuri im Oktober zieht alle Register einschließlich *mikoshi* (tragbarer Schrein) und Tanz.

Auch wenn gerade kein besonderes Fest ansteht, macht es Spaß, an der Haltestelle Shinchi Chinatown aus der Straßenbahn zu steigen und über die Hauptstraßen am Kanal zu flanieren. Brücken, Tore und Ladenfassaden unterscheiden sich von allem, was man in Japan erwartet. Laufe beide Seiten des Kanals ab, dann tauche in verschiedenen kleineren Straßen unter und entdecke unterwegs Schräges, Schönes oder Köstliches.

DIE FRIEDENS-STATUE

Ein verbreiteter Irrglaube besagt, dass der rechte Arm der Friedensstatue auf Gott zeigt. Die Absicht des Bildhauers Seibō Kitamura war jedoch, dass er als auf die Atombombe zeigend gesehen wird. Darüber schreibt er sehr deutlich in seinem Gedicht „Worte des Bildhauers", das gut sichtbar neben der Statue zu lesen ist. Tatsächlich verbindet das Gedicht, nachdem es den erdwärts gerichteten linken Arm auf den Frieden bezogen hat, die Statue sowohl mit Gott als auch mit Buddha.

ÜBERNACHTEN IN NAGASAKI MIT KLEINEM BUDGET

CasaNoda
Preiswertes Hostel mit Selbst-Check-in und schönem Blick vom Dach. ¥

Hotel Belleview Nagasaki Dejima
Blitzsauber, freundlich und in toller Lage – nur die Zimmer sind klein. ¥

Hotel New Tanda
Dieses Business-Hotel liegt gegenüber von Hafen und Uferpromenade. Hauseigener Parkplatz. ¥

KÖSTLICHE BUTAMAN

Die *nikuman* (gedämpfte Teigtasche) ist zwar in ganz Japan verbreitet (sogar in den meisten Convenience Stores zu finden), aber die von **Nagasaki Butaman** (長崎ぶたまん) sind etwas Besonderes. Diese kleine, wahnsinnig beliebte Kette in Familienbesitz gibt's seit 1960; ihre Teigtaschen sind kleiner als üblich und haben eine dünnere Hülle. Die unwiderstehlichen, mit Schweinefleisch gefüllten Leckerbissen kosten nur 80 ¥, und man kann unmöglich nur eine davon haben. Nagasaki Butaman hat in der Stadt mehrere Ableger, die alle einen Besuch lohnen. Das *honten* (Original) steht nahe der **Bar IWI** in Shianbashi.

CHANAWIN TEPPRASITSAKDA/SHUTTERSTOCK ©

Blick von der Inasayama-Seilbahn

Eine Vogelperspektive

DIE NAGASAKI-SEILBAHN

Die **Inasayama-Seilbahn** liegt merkwürdig eingebettet im kleinen Fuchi-Schrein und bringt dich im Handumdrehen aus dem Tempel auf den Gipfel des nahen Berges **Inasa**, der eine wunderbare Sicht auf Stadt, Hafen und Ozean bietet. In der dunstigen Ferne ist sogar die Insel Hashima (S. 639) zu erkennen.

Das Anstrengendste ist der Weg zum **Fuchi-Schrein**, gute 10 bis 15 Fußminuten von der nächsten Straßenbahnhaltestelle Takaramachi. Dort überquerst du den Fluss Uragami und biegst rechts ab – selbst mit GPS erwischt man leicht die falsche Straße und muss ein Stück zurück. Einige Hotels bieten Busse direkt zum Schrein an und es gibt einen Halt am Bahnhof JR Nagasaki; Details an der Rezeption erfragen. Am Tempel siehst du die Seilbahnstation. Alle 20 Minuten fährt eine Gondel, Ankunft und Abfahrt solltest du entsprechend planen oder auf die nächste Gondel warten. Die Kabinen sind schön und sauber, ihre gebogenen Plexiglasfenster bieten fast einen 180-Grad-Blick auf die Welt darunter, es geht

FRÜHSTÜCK & MITTAGESSEN IN NAGASAKI

Juma Cafe
Sauber, putzig und so gemütlich. Kaffee, Snacks, Süßes und Sandwiches. ¥

Butaman
In der ganzen Stadt gibt's zahlreiche Butaman-Läden, die tolle *nikuman* für nur 80 ¥ pro Stück servieren. ¥

Hayama Coffee
Kaffeekette aus Nagasaki, die ihre Bohnen maximal zwei Wochen vor der Verwendung röstet. ¥

etwa 300 m in die Höhe auf einem mehr als 1 km langen Kabel. Oben geht's in fünf Minuten weiter zum eigentlichen Gipfel mit einer großen **Aussichtsplattform** und einem Panoramablick. An sonnigen Tagen ist die Aussicht hübsch, aber nachts über die erleuchtete Stadt hat sie eine ganz andere Dimension – neben Hongkong und Monaco gilt sie als eine der drei schönsten Nachtansichten der Welt.

NAGASAKIS KASUTERA

In einem Souvenirladen fallen dir vielleicht eckige Kuchen auf, die entweder leuchtend gelb oder Matcha-grün ist – Nagasakis berühmte, heiß begehrte Kasutera. Dieser lockere Kuchen gelangte ursprünglich aus Portugal hierher, aber mit der Zeit ist er zum Symbol eines Nagasaki-Besuchs geworden. Wenn du schon mal hier bist, wäre es nachlässig, nicht ein, zwei Riegel mit nach Hause zu nehmen. Kasutera hat einen milden Geschmack mit leichter Ei-Note, die Textur ist weich, aber nicht zu pappig. Du bekommst es in der Originalversion (gelb) oder neuerdings mit Matcha-Geschmack (grün). Beide sind lecker. Mit etwas Glück verteilt gerade einer der Läden am JR-Bahnhof Nagasaki Kostproben.

Gartentour am Berghang

GESCHICHTSTRÄCHTIGER BUMMEL DURCH DEN GLOVER-GARTEN

An einem Berghang (wie alles in Nagasaki) befindet sich der **Glover-Garten** (グラバー園), eine wunderschöne Anlage und ein Museum mit historischen Häusern, die zur Meiji-Zeit europäischen Ansässigen gehörten (nicht alle Häuser standen früher hier!). Benannt ist der Park nach dem schottischen Eisenbahnunternehmer Thomas Glover. Hierher fährt eine Straßenbahn; Kluge nehmen die Rolltreppen nach oben und nutzen ihre Füße (und die Schwerkraft) auf dem Weg nach unten, unterwegs sieht man so viel oder wenig, wie man möchte. Am weitesten vom Wasser entfernt liegt das Mitsubishi Nr. 2 Dock mit einem hübschen Blick auf den Hafen aus der oberen Etage. Walker-, Ringer-, Alt- und Glover-Haus sind populäre Stationen, Letzteres steht nahe einer Statue der japanischen Opernsängerin Tamaki Miura alias Madame Butterfly. Am unteren Ende des Parks sieht man fantasievoll geschmückte Festwagen und Drachen, die alljährlich beim Kunchi-Matsuri-Fest erscheinen und im Museum für traditionelle darstellende Kunst in Nagasaki untergebracht sind. Viele Artefakte sind Schenkungen der Familien Walker und Glover.

Die Museen sind hier nur der halbe Spaß. Auch ohne Interesse an Geschichte ist es schön, über das makellos gepflegte Anwesen zu schlendern, die Aussicht zu genießen und im Frühling oder Sommer die bunte Blütenpracht der Gärten zu bewundern.

Die Geisterinsel

DAS GEHEIMNISVOLLE, VERLASSENE HASHIMA

Wenn du den James-Bond-Film *Skyfall* gesehen hast, kennst du **Hashima**. Es ist die unheimliche verlassene Stadt, die Javier Bardems Figur als Versteck nutzte. Normalerweise muss ein Filmset-Desinger einem Ort erst etwas „Unheilvolles" einhauchen – nicht so im Fall Hashima, das auch als Schlachtschiff-Insel (軍艦島) bekannt ist, weil es aus der Ferne einem Kriegsschiff ähnelt. Es war einst die am dichtesten bevölkerte

AUSGEHEN IN NAGASAKI

Bar Iwi
Tolle Bar, betrieben von einem Neuseeländer. Beliebt dank netter Bedienung und moderater Getränkepreise.

Panic Paradise
Freut euch, Musikfans: Diese Kellerbar hat eine Riesenauswahl und freut sich über Musikwünsche.

Restoran Bar Inokuchi-ya
Versteckt in einem alten Haus; köstliches Restaurant mit Bar, die viele Weine und *shōchūs* serviert.

TOUREN NACH HASHIMA

Besuchen kannst du Hashima nur mit einer amtlich genehmigten Tour; zu den empfehlenswerten Anbietern zählen **Gunkanjima Concierge**, **Gunkanjima Cruise Co** und **Yamasa-Kaiun**. Einzelbesuche sind nicht gestattet und kein Privatboot läuft die Insel ohne Genehmigung an. Denk daran, dass die Touren aus Witterungsgründen oft kurzfristig abgesagt werden. Die Guides sprechen nicht unbedingt Englisch, also kannst du manchmal dein Japanisch üben. Die Touranbieter sitzen nahe der Hauptpier, ausgenommen **Gunkanjima Concierge mit** einem eigenen Anleger südlich des Uferparks Nagasaki. Wenn du auf der Insel an Land gehst, darfst du die gekennzeichneten Wege nicht verlassen, weil die Gebäude jederzeit einstürzen können.

MORTEN FALCH SORTLAND/GETTY IMAGES ©

Hashima (S. 639)

Landfläche in Japan, weil tief unter ihrer Oberfläche ergiebige Kohlevorkommen lagen. Hier lebten über 5000 Menschen in engen, gedrängten Unterkünften, manchmal mit fünf Personen pro Raum. 1974 wurde die Zeche über Nacht geschlossen, weil die Kohleflöze nicht mehr genug Ertrag lieferten. Diese Geschichte wäre einer Hollywood-Bearbeitung würdig; an einem Punkt plante man, die verlassene Insel als Müllhalde der Stadt Nagasaki zu nutzen. Dank Denkmalschutzbemühungen erhielten die Ruinen 2015 den UNESCO-Welterbe-Status.

Ein Inselbesuch ist nichts für schwache Nerven. Die Bootsfahrt dauert pro Strecke eine Stunde und der Seegang macht eine Landung oft unmöglich (dann zieht das Boot eine weite Schleife um die Insel). Nach einer Landung kann es auf dem etwa einstündigen Rundgang mörderisch heiß sein. Doch die Ruinen sind wahrhaft eindrucksvoll. Selten hat man ohne Kriege oder Naturkatastrophen so einen Anblick. Die Mauern sind rissig, zerbröckelt oder vollkommen eingestürzt, man sieht Räume, die so hastig geräumt wurden, dass in den Kühlschränken noch Flaschen stehen und auf den Betten Kissen liegen. Die Farbe schält sich von den Wänden, und Stufen führen zu Türen, die mit Ranken zugewuchert sind. Unter den vielen Touristenmagneten Nagasakis zählt dieser Halbtagesausflug zu den einmaligen.

UNTERWEGS VOR ORT

In Nagasaki-Stadt deckt die Straßenbahn fast alles inklusive der wichtigen Sehenswürdigkeiten ab und ist das bevorzugte Transportmittel. Für einige Orte (wie Hashima) sind ein Boot oder sonstige besondere Transportmittel (wie die Seilbahn) nötig. Um viel sehen zu können, lohnt sich eine Tageskarte, die billiger als viele Einzelfahrten ist. Beachte: Die Straßenbahn erfordert passendes Münzgeld und die Ticketautomaten akzeptieren keine großen Geldscheine.

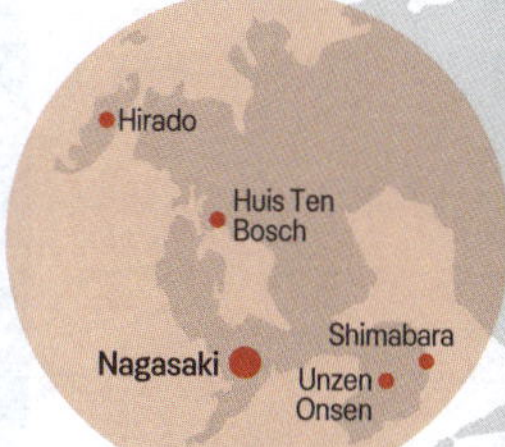

Rund um Nagasaki

In der Präfektur Nagasaki sind bezaubernde Schätze zu entdecken, am einfachsten als Tagestrips von Nagasaki-Stadt aus.

Mit „Nagasaki" ist nicht nur die Stadt gemeint (so wunderbar sie auch ist). Tatsächlich ist die Präfektur Nagasaki bemerkenswert vielseitig, schön und macht einfach nur Spaß – an jeder Ecke wartet eine Überraschung. Sie bietet einmalige historische Stätten, herrliche Naturwunder und viele interessante, versteckte Besonderheiten. Noch dazu liegt alles einen Katzensprung von Nagasaki-Stadt entfernt, ist also gut erreichbar, vor allem wenn man sich für ein, zwei Tage einen Wagen mietet. Daher raus aus der Stadt zu bizarren Themenparks, fernen Inseln, stolzen Burgen und herrlichen Onsen.

TOP TIPP

Wer während seiner Reise jemanden in Japan besuchen möchte, tut gut daran, als *omiyage* (Souvenir) die echte *kasutera* (Kuchen) aus Nagasaki mitzubringen.

Burg Hirado (S. 643)

DAS CHRISTENTUM IN KASUGA

Dank des heimlichen Handels mit der Außenwelt war die Insel Hirado einer von vielen Orten um Nagasaki, wo es christliche Untergrundsekten gab. Die „verborgenen Christen", die oft verfolgt und umgebracht wurden, mussten zum Überleben oft vorgeben, anderen Religionen anzuhängen. Ein Versammlungsort war der winzige Hafen **Kasuga,** der nicht nur wegen seiner Geschichte (mehr Informationen im Besucherzentrum) das Vorbeischauen lohnt, sondern auch wegen der bildschönen Reisterrassen an den Hügeln. Wer ein ikonisches Foto mit japanischen Reisfeldern machen möchte, ist hier an der richtigen Adresse.

TOMOYUKI3/SHUTTERSTOCK ©

Huis ten Bosch

Das verborgene Hirado

ABGELEGEN UND OFT VERGESSEN

Leider wird **Hirado** (平戸), die kleine Insel im äußersten Westen von Kyūshū (offiziell Teil der Präfektur Nagasaki), meist übersehen, wenn mit JR-Pass bewaffnete Reisende ihrem nächsten Ziel entgegenflitzen. Das ist schade, denn während Dejima das Verdienst hat, *der* Ort für Japans Außenhandel gewesen zu sein, war auch Hirado ein geheimer Handelsposten, und einige der anerkanntesten Künste Japans stam-

ÜBERNACHTEN IN HIRADO

Hirado Kaijō Hotel
Hotel an der Küste; etwas mitgenommen, aber toller Meerblick und nette Innen- und Außenbäder. ¥¥

International Sightseeing Hotel Kishōtei
In Hanglage mit Blick auf den Hafen, tolles *rotemburo* und große Zimmer. ¥¥¥

Nakaze Campsite
Campingfans lieben den ländlich gehaltenen Platz auf dem Festland – teuer, aber tolle Aussicht. Mit Schafen. ¥

men von hier, beispielsweise *sadō* (die Kunst, grünen Tee zuzubereiten). Dieses wenig besuchte Fleckchen ist bezaubernd und lohnt den Weg. Der Hafen hat ein hübsches kleines Besucherzentrum, und gleich gegenüber liegt ein Viertel mit alten Läden und Bauten, die das vergangene Hirado lebendig werden lassen. Die **Burg Hirado** liegt auf der anderen Seite der Hängebrücke. Zum Wandern ist die Insel einfach toll – mehrere Wege führen über Felder und sanfte Hügel, die fast europäisch wirken. Hierher kann man der Hektik des übrigen Japans entfliehen, und die Aussicht aufs Meer und die Küste ist (an klaren Tagen) hinreißend.

Entlang des Hafens und in der Nähe des Besucherzentrums steht die schöne Statue eines Mädchens, die für westliche Augen fast einer Jungfrau Maria ähnelt. Trotz der *sakoku-Politik* (Japans Abschottung) waren genug niederländische Seeleute in Hirado, dass eine Anzahl gemischtrassiger Kinder geboren wurde. 1639 verhaftete man diese jungen Frauen und Kinder und exilierte sie nach Batavia (das heutige Jakarta, Indonesien). Die Statue, das **Mädchen von Jagatara** genannt, gedenkt dieser aus dem Land verbannten Kinder.

Oranje boven!

THEMENPARK HUIS TEN BOSCH

Wer schon immer mal in die Niederlande wollte, es aber nie schaffte, fühlt sich vielleicht im merkwürdigen Themenpark **Huis Ten Bosch** (ハウステンボス) wohl. Dort gibt's Holland im Überfluss – mit riesigen Tulpenwiesen, Windmühlen und Leuten in Holzschuhen. Klischees? Aber hallo. Jedenfalls ist es eine abgefahrene, geschmacklose, witzige Art, einen Nachmittag lang „Europa zu besuchen". Als Japans größter Themenpark beworben, lockt er mit Sonnenblumenblüte, verschiedenen Lichtspektakeln bei Nacht und natürlich einer Menge Fahrgeschäfte und anderen Themenattraktionen. Das Essen nicht zu vergessen: Waffeln und andere niederländische Spezialitäten.

Samurai-Vergangenheit & sprudelnde Onsen

MIT DER FÄHRE NACH SHIMABARA

Shimabara (島原) ist eine Nasaki-Halbinsel, die über die Ariake-See Richtung Kyūshū-Kernland blickt. Viel weiter weg von allem geht's kaum. Zum Glück gibt's eine Fähre. Die Stadt Shimabara besitzt eine wirklich beeindruckende, rekonstruierte sechsstöckige **Burg** mit einem herrlichen Wassergraben voller Lotus, wo Reiher mit glücklosen Fröschen kurzen Prozess machen und schöne Goldfische die Schildkröten

GELIEHENE WÖRTER

Du sprichst vielleicht mehr Japanisch, als du meinst. Japans Begeisterung für fremde Länder hat dafür gesorgt, dass viele Wörter aus Fremdsprachen entlehnt wurden. Zu den portugiesischen, die du womöglich wiedererkennst, zählen *kasutera (castela)* für den köstlichen Biskuitkuchen aus Nagasaki (S. 632), *pan* als Wort für „Brot", *saboten* für „Kaktus" und sogar *tempura* – alle haben Bezug zum Portugiesischen. Auch englische Lehnwörter sind gängig: *pasokon* kombiniert *paso* von „personal" und *kon* von „computer". *Takushī* kommt direkt von „Taxi" und *miruku* von „milk". Das japanische *gomu* (Radierer) kommt vom niederländischen „gom", während *penki* „Farbe" heißt und auf ein vor Jahrhunderten importiertes niederländisches Wort zurückgeht.

ÜBERNACHTEN & ESSEN IN SHIMABARA

Hotel Nampuro
Resort-Haus mit vielen Angeboten für Kinder und tollem Freiluft-Onsen. ¥¥¥

Shimabara Station Hotel
Das schnörkellose Hotel ist eine gute Option für Leute ohne Auto, die mit dem Zug kommen. ¥

Himematsu-ya
Guzōni und andere japanische Delikatessen gibt's gleich gegenüber der Burg. ¥

EINE PREKÄRE LAGE

Vor wenigen Hundert Jahren war diese Halbinsel alles andere als friedlich, als ein **Mayuyama**-Ausbruch Tausende Kubikmeter Asche und Gestein in die Ariake-See schleuderte und einen Megatsunami auslöste. Am 21. Mai 1792 raste eine 100 m hohe Welle durch die Bucht und traf Higo auf der anderen Seite, kam wieder zurück und überflutete Shimabara. Über 15 000 Menschen kamen ums Leben. Erst in den frühen 1990er-Jahren verursachte eine Serie von **Unzen**-Eruptionen einen Erdrutsch, Asche und Gestein zerstörten Häuser und töteten um die 50 Menschen, darunter mehrere angesehene Vulkanolog:innen. Über die Details informiert das düstere, aber anrührende **Museum & Observatorium zur Schlammlawinen-Prävention in Onokoba** oder das **Unzen-Katastrophenmuseum**.

beim Sonnenbaden ärgern. Ein Bummel übers Burggelände und am Graben entlang ganz ohne Besichtigung mag schon Spaß genug sein. Das Burginnere ist nicht original, hat aber ein nettes Museum; das kostümierte Personal ist *genki* (enthusiastisch) und freut sich über einen Besuch.

Die Burg ist nicht der einzige Grund für einen Abstecher in diesen fernen Teil der Präfektur. Es gibt einen herrlichen **historischen Samurai-Straßenzug** mit jahrhundertealten Häusern, die zeigen, wie Wohlhabende einst lebten: in mehrstöckigen Häusern mit Räumen, die (nach der japanischen Art, Raumgrößen anzugeben) groß genug für zehn oder mehr Tatami-Matten waren. Auch die Straße selbst verdient Beachtung, denn ihr Abwasserkanal und fließendes Wasser galten damals als sehr fortschrittlich. Heute ist die Pflasterstraße nur wenige Hundert Meter lang, dann beginnt der Asphalt. Einige Häuser sind noch bewohnt, also die Schilder beachten und nicht in die Privatsphäre eindringen, über Zäune spähen oder Plätze betreten, die nicht eindeutig besichtigt werden können.

Das reichliche saubere Frischwasser machte Shimabara zu einem populären Zentrum für Tee, Nudeln und sogar geschabtes Eis. Onsen-Fans sollten das zwar lauwarme, aber einzigartig erfrischende kohlensäurehaltige Bad im **Shimabara-Onsen** testen. Im Wasser sammeln sich Gasbläschen auf der Haut und werden immer größer, bis sie an die Oberfläche steigen. Ein bisschen fühlt man sich wie ein Eiswürfel in lauwarmer Limo.

Manche mögen's heiß in Unzen

EINER DER ERSTEN NATIONALPARKS IN JAPAN

Hoch über der Halbinsel thront der pittoreske Weiler **Unzen-Onsen** (雲仙温泉), ein herrliches Ziel für Tagestouren oder ein ruhiges Wochenende. Sein Dasein verdankt es den unverkennbar schwefligen heißen Quellen, die man riecht, bevor man sie sieht. In der Ortsmitte sind die Bohlenwege um **Unzen Jigoku** (Unzen-Hölle) sehenswert, das selbst ziemlich höllisch aussieht. Sprudelnde Schlammtümpel glucksen und blubbern und die Pfade mäandern zwischen feinen Gräsern und malerischen Kiefern. Nach dem Bummel gibt's Eier und Gemüse als Stärkung, die in Onsen-Dampf gegart wurden.

Der **Unzen-Nationalpark** von 1934 gehörte wie sein „Schwesterpark" Kirishima in den Präfekturen Miyazaki und Kagoshima zu den ersten drei Nationalparks des Landes. Er ist ein besonderer Ort zum Wandern, für Vogelbeobachtungen und natürlich Bäder in einem der Onsen. Die meisten Hotels

ÜBERNACHTEN IN UNZEN

Azumaen
Reizendes Spitzenresort am Oshidorino-Teich. Super Sonnenuntergänge und *kaiseki*-Küche. ¥¥¥

Fukudaya
Ein stylisher Ort mit schönem Freiluftbad und einem Bach. Die Bar in der Lobby lädt zum Chillen ein. ¥¥

Kyūshū Hotel
Der Inbegriff der Gastfreundschaft in Unzen, gleich neben den *jigoku* (Höllen). Köstliches Essen, tolles Ambiente. ¥¥¥

Unzen Jigoku

bieten *higaeri* (Tagesnutzung), um beliebig zwischen den Badehäusern zu wechseln. Wenn dir der Sinn nicht nach einem Gipfelsturm steht, bringt dich die **Unzen-Seilbahn** bis zur Gipfelstation Myōken; von dort nimmst du einen der vielen Trails bergab und siehst unterwegs Wild, andere Tiere und seltene Azaleen. Das älteste, malerischste Hotel ist das ehrwürdige **Kyūshū Hotel**, das trotz seines Alters immer noch zu den Spitzenhäusern der Region zählt. An seinen Wänden zeigen viele schöne Schwarz-Weiß-Fotos den Ort und das Hotel von früher.

EIN PRÄSIDIALER ONSEN?

Vielleicht überrascht es dich, wenn du tief im ländlichen Nagasaki auf die ersten „Obama"-Schilder und sogar sein Porträt stößt. Ähnlich wie in Usa (S. 630) handelt es sich um ein japanisches Wortspiel mit dem Namen **Obama-Onsen**. **Obama** (小浜) heißt „kleine Bucht", klingt aber wie der berühmte US-Präsident. Immer darauf bedacht, aus jeder Gelegenheit Kapital zu schlagen, finden sich an dieser kleinen Bucht mit netten Onsen (viele davon mit Meerblick) Handtücher, Schlüsselanhänger und andere Souvenirs. Nebenbei behauptet Obama seinen Anspruch, das längste Fußbad Japans zu besitzen.

UNTERWEGS VOR ORT

Solange du größere Städte besuchen möchtest, sind die meisten rund um Nagasaki mit JR-Zügen erreichbar – mit Ausnahme von Hirado. Dorthin bringt dich eine Privatbahn bis zum Bahnhof Tabirahiradoguchi, anschließend ein Taxi über die Brücke auf die eigentliche Insel Hirado.

TOKIO

KUMAMOTO

Kumamoto

Diese hinreißende, vielfältige Region hat einen fesselnden Küstenverlauf, brodelnde Vulkane, umwerfendes Weideland, malerische Onsen-Städte und die gastfreundlichen Vibes des allgegenwärtigen Präfekturmaskottchens Kumamon, ein Schwarzbär mit markanten roten Wangen. Ihr überraschendes Kulturangebot verdankt Kumamoto-Stadt zum einen mehreren Hochschulen, zum anderen ihrer Bedeutung als wichtiger Handelshafen. Hier steht eine von Japans schönsten Burgen, Kumamoto-jō, ein Pflichtstopp bei jedem Besuch. Es gibt schöne japanische Gärten, fabelhafte Sonnenuntergänge und ein lockeres, junges Nachtleben. 2016 trafen verheerende Erdbeben mit Stärken von bis zu 7,0 auf der Richterskala die Region; die materiellen und seelischen Folgen sind heute noch spürbar. Zwar sind viele Schäden inzwischen behoben, doch die Restaurierung großer Teile der Burg Kumamoto dauern an.

TOP TIPP

Basashi (rohes Pferdefleisch) ist eine regionale Spezialität. Viele Reisende probieren es aus und finden es köstlich. Wenn dich das Essen von Pferd nicht reizt, gehe nicht davon aus, dass ein durchwachsenes rotes Fleischstück Rind ist.

Kumamoto-jō

KUMAMOTO

HIGHLIGHTS
1 Kumamoto-jō

SEHENSWERTES
2 Zentrum für traditionelles Kunsthandwerk der Präfektur Kumamoto
3 Lafcadio-Hearn-Haus
4 Wakuwakuza-Museum zur Geschichte und Kultur Kumamotos

SCHLAFEN
5 GR Hotel Suidochō
6 Hotel Carna A
7 Hotel MyStays Kumamoto Riverside
8 Hotel Nikkō Kumamoto
9 Kumamoto Hotel Castle
10 Sōtetsu Grand Fresa

ESSEN
11 Kōran-tei
12 Rāmen Komurasaki
13 Yokobachi

AUSGEHEN
14 And Coffee Roasters
15 Jeff's World Bar
16 Yakoboku

Eine Top-Drei-Burg

KUMAMOTO-JŌ IST EIN MUSS

In Japan ist Listenschreiben ein Hobby und es gibt „Top Three"-Aufzählungen zuhauf – von diversen Tourismusstätten, Lebensmitteln, Aussichten, Onsen und Wundern. Jede Region beherbergt stolz eins von drei Besten irgendeiner Kategorie, und Kumamoto rühmt sich einer der drei besten Burgen im Land. Ihre Gräben, Mauern, Gärten, Türme

ÜBERNACHTEN IN KUMAMOTO

Kumamoto Hotel Castle
Dieses Hotel hat alles: Lage, Sauberkeit, Service und Preis. Sogar die Kaiserfamilie stieg hier schon ab. ¥¥¥

Hotel Nikkō Kumamoto
Sauber, stylish und nahe der Burg. Zimmer mit Blick auf die Burg oder nach Osten auf den Aso-san. ¥¥¥

Sōtetsu Grand Fresa
Freundliches Business-Hotel; kontaktloser Check-in, nettes Frühstück und gute Lage zum Ausgehen und Shoppen. ¥¥

DIE ANDEREN TOP-BURGEN

Viele Burgen konkurrieren um einen „Top-Drei"-Platz, und das Rennen geht mal so, mal so aus. Aber wenn diese Top-Burgen auf deinem Weg liegen, solltest du sie unbedingt ansehen.

Burg Nagoya Castle
Die sechsstöckige Burg (S. 187) liegt über Nagoya und bietet Living-History-Vorführungen.

Burg Osaka
Die prächtige Burg (S. 310) dominiert Osakas Innenstadt und lockt durch ihre Höhe und das wunderschöne Gelände.

Burg Himeji
Der zauberhafte, weiß gestrichene Bau (S. 327), auch als „Burg des weißen Reihers" bekannt, bekam den UNESCO-Welterbe-Status zuerst.

Burg Matsumoto
Großartig (S. 228) während der Kirschblüte im Frühling, herrliche Brücken und penibel gepflegte Grünflächen.

Suizenji-Park

und Tore sind alle spektakulär. In dieser Stadt gehört die Burg zum Pflichtprogramm.

Die **Kumamoto-jō** (熊本城) hat mehrere Eingangstore, die populärste (mit den meisten Bussen) ist auf der Südseite. Von hier geht's hoch zum Burggelände, durch eindrucksvolle Tore und entlang sagenhafter Mauern, deren Steine wie Puzzleteile zusammenpassen. Wegen der glatten Oberflächen war die Burg schwer anzugreifen, allerdings schaffte es Saigō Takamori (S. 663) trotzdem. Leider sind die meisten Gebäude, die zu sehen sind, Rekonstruktionen. Eine sehenswerte Ausnahme ist der Uto-Turm, der auf der Liste der wichtigen Kulturgüter Japans steht. Die Säle, Gänge und Zimmer sind rekonstruiert, aber faszinierend. Sogar ein Spaziergang im Freien ist wie ein „Nur in Japan"-Moment – mit etwas Fantasie und Imagination fühlt man sich in die Blütezeit der Burg im 19. Jahrhundert zurückversetzt.

Leider wurde die Burg im April 2016 beim 7,0-starken Erdbeben erheblich beschädigt. Der Wiederaufbau läuft zwar, wird aber wohl nicht vor Mitte der 2030er-Jahre abgeschlossen sein; derzeit sind sichtbare, entstellende Arbeiten im Gang. Große Mauerteile sind mit Planen oder Schutzschichten überzogen, einige Gebäude mussten aus Sicherheitsgründen abgerissen werden und sind in Planung. Es ist ernüchternd, wie fragil selbst die eindrucksvollsten Monumente sein können.

ESSEN IN KUMAMOTO

Yokobachi
Herrlicher Innenhof unter Bäumen, leckere Tapas-artige Speisen. Ein schöner Ort für einen Bissen. ¥¥

Kōran-tei
Chinesisches Restaurant, berühmt für *taipien* (Nudelsuppe) auf Kumamoto-Art. Täglich Specials, große Speisekarte. ¥¥

Rāmen Komurasaki
Spottbilliger, sehr beliebter Ramen-Laden. Zu den Spezialitäten zählt *tonkotsu*, „Königs-Ramen". ¥

Alles über Japans Edgar Allan Poe

BESUCH IM WOHNHAUS LAFCADIO HEARNS

Der Schriftsteller **Lafcadio Hearn**, auch als Koizumi Yakumo bekannt, ist eine faszinierende Gestalt, deren Artikel und Erzählungen, vor allem die Spukgeschichten, die japanische Kultur einem westlichen Publikum näherbrachten. Er lebte mehrere Jahre in Kumamoto, um an der späteren Universität zu lehren. Sein **Wohnhaus** (小泉八雲熊本旧居) ist ein kleines, aber interessantes Museum nahe der Burg, das Hearns Aufenthalt in Kumamoto klarere Konturen verleiht. Hier verfasste er mehrere berühmte Werke – darunter *Glimpses of Unfamiliar Japan,* das im Westen viel Zuspruch fand. Das Museum ist mehrere Tatami-Räume groß und zeigt eine Reihe exzellenter Fotos und Beschriftungen, der Großteil wendet sich jedoch an ein japanischsprachiges Publikum. Wie sein Zeitgenosse Edgar Allan Poe führte Hearn ein stürmisches Leben und erschrieb sich einen Ruf als Autor des Makabren mit Titeln wie *Gespenstergeschichten aus Japan* oder *Japanese Fairy Tales* (viele davon sind herrlich finster und unheimlich). 1904 erlag er in Tokio einem Herzanfall.

Alles ist Zen

STILLE UND FRIEDEN IM SUIZENJI

Wenn du das Gefühl hast, dein Japanbesuch ist etwas zu hektisch, ziehe in Betracht, zum Stressabbau und Herunterkommen in die wunderschönen, stillen Gärten des **Suizenji-Parks** (水前寺公園) zu gehen. Dieser Zengarten zählt zu Kumamotos Perlen und war ursprünglich allein dem dortigen Hosokawa-Clan vorbehalten. Eine Tour durch das weitläufige Grün führt zu Fotomotiven wie herrlicher Formschnittgärtnerei, Brücken und Zierteichen und vielen Karpfen in seichten Weihern. Besonders sehenswert ist die einmalige Nachbildung des Fuji, die sich in derselben Kegelform wie das Original erhebt. Das feinsäuberlich gemähte Gras, das glitzernde Wasser und die gebogenen, manikürten Bäume machen dies zu einem spektakulären Ort. Man begreift sofort, wieso der Park offiziell zu Japans Stätten von Historischer Schönheit zählt.

Nach den Erdbeben von 2016 wurde mit Entsetzen festgestellt, dass die Teiche sich plötzlich leerten und zum Teil nur noch einen Bruchteil ihrer alten Tiefe hatten. Zum Glück wurden Aberhunderte Karpfen, die dort lebten, von Hand an die tiefste Stelle umgesetzt und gerettet.

LITERARISCHE PROMINENZ AUS KYŪSHŪ

Kumamotos Schriftsteller:innen zählen zum Inselkanon der verehrten literarischen Größen. Eine kleine Auswahl mit Bezug zu Kyūshū:

Natsume Sōseki
Lebte in Kumamoto, gilt als einer der größten Schriftsteller Japans.

Kazuo Ishiguro
Der in Nagasaki geborene Brite gewann 2017 den Literaturnobelpreis.

Nagai Takashi
Die Glocken von Nagasaki des Atombombenopfers wurde zum Bestseller.

Umezaki Haruo
Die berühmte Novelle *Sakurajima* beschreibt die Erlebnisse des Autors als Militär-Kryptologe in Kagoshima.

Hayashi Fumiko
Feministische Schriftstellerin, geboren in Kitakyūshū, deren Werke nationales Ansehen erlangten.

Nogami Yaeko
Ein literarisches Kraftpaket, geboren in Ōita, errang internationales Renommee.

AUSGEHEN IN KUMAMOTO

And Coffee Roasters
In Kumamoto gegründete Kette mit Kaffeespezialitäten. Ideal für die morgendliche Koffeindosis.

Jeff's World Bar
Freundliche, superentspannte Bar eines Ausländers, wo immer irgendwas abgeht.

Yakoboku
Erlesene Craft-Cocktails mit hausgemachten Likören und Extrakten (wie Absinth mit *ume*-Auszügen, wow!).

DIE BESTEN MUSEEN IN KUMAMOTO

Für noch mehr Kultur, Kunst und Geschichte sind hier noch ein paar weitere gute Tipps.

Zentrum für traditionelles Kunsthandwerk der Präfektur Kumamoto
Faszinierender Ort für regionales traditionelles Kunsthandwerk, darunter Keramik, Schnitzerei, Ikebana und mehr.

Wakuwakuza-Museum zur Geschichte und Kultur Kumamotos
Gehört zur Burg Kumamoto. Lego™-Modell der Anlage, Informationen zum Wiederaufbau und viele andere Exponate.

Shimada-Museum
Privatmuseum über Kumamotos Samurai-Geschichte, -Schwerter, und -Kultur, einschließlich Miyamoto Musashi und andere historische Figuren.

Ein eigener Kumamoto-Sonnenuntergang

TRAUMSPOT FÜR INFLUENCER

Ein Blick auf die Karte zeigt, dass Kumamoto zum größten Teil an die Ariake-See im Westen grenzt und nordnordwestlich der Stadt eine Hügelkette liegt. Besonders gefragt für Dates, Rad- und Motorradausflüge ist einer dieser Hügel. Dank all der hier geknipsten Selfies wurde ihm der Namen **Hügel der Narzissten** (ナルシストの丘) verliehen – ein etwas gemeiner Spitzname für so einen schönen Ort bei Sonnenuntergang. Wer kein Auto hat, kommt mit dem Taxi in rund 45 Minuten hierher. Oben warten eine grasbewachsene Kuppe, einige kleine Bänke und jede Menge herrliche Landschaft mit Orangenhainen im Vordergrund darunter. Sanft sinkt die Sonne hinter der Shimabara-Halbinsel und wird vom Wasser golden reflektiert. Mit ein paar tiefen und hohen Wolken (die magische Sonnenuntergangsmixtur) ist die Show perfekt. An klaren Tagen gibt's einen guten Blick auf den Unzen im Westen.

Solltest du Sorge haben, zu, na ja, narzisstisch rüberzukommen, lässt du das Handy einfach im Rucksack, in der Tasche oder gleich im Hotel. Übrigens kann die Szene auch analog festgehalten werden – es ist ein schöner Ort für Skizzen oder Aquarelle. Achtung: Manchmal ist der eigentliche Ort zeitweise gesperrt wegen Anwohnerbeschwerden und nicht zugänglich. Doch über Nebenstraßen lassen sich durchaus noch gute Aussichtspunkte finden.

Sakeverkostung

DIE SAKEBRAUEREI ZUIYŌ

Südlich des Stadtzentrums liegt in einer unscheinbaren Seitenstraße mitten in einem Wohngebiet die **Sakefabrik Zuiyō** (瑞鷹), wo verschiedene Sakesorten probiert und gekauft und alles über sie gelernt werden kann. Die Öffnungszeiten variieren und nicht immer ist jemand für eine Führung verfügbar, aber mit etwas Glück kann man hinter die Kulissen schauen – die Sakeherstellung ist ebenso faszinierend wie komplex. Obwohl oft „Reiswein" genannt, erinnert der Brauvorgang mehr an den von Bier, wo Stärke (Reis) sich teilweise in Zucker umwandelt, bevor die Fermentation beginnt. So verzwickt das Verfahren ist, so leicht verständlich sind die grundlegenden Schritte.

Erst wird der Reis poliert und vom Großteil der harten Hülle befreit, anschließend gewaschen und gedämpft. Danach sorgt *kōji* (eine Lebendkultur) für die Gärung der wei-

ÜBERNACHTEN MIT KLEINEM BUDGET IN KUMAMOTO

Hotel MyStays Kumamoto Riverside
Preiswertes, sauberes, freundliches Business-Hotel, je nach Saison so billig wie ein Hostel. ¥

GR Hotel Suidochō
Business-Hotel mit winzigen, aber sauberen Zimmern und einfachem Frühstück. ¥

Hotel Carna A
Kapselhotel mit separatem Frauenbereich, Waschküche, Fernsehlounge und mehr. ¥

IMAGE NAVI - QXQ IMAGES/ALAMY STOCK PHOTO ©

Hügel der Narzissten

chen Reismasse. Nach rund einem Monat ist dieser Vorgang abgeschlossen. Nun reift der Sake noch etwa sechs Monate und wird anschließend pasteurisiert und abgefüllt. Anders als Wein, der über Zeit oft besser wird, wird Sake wie Bier bald nach dem Abfüllen getrunken.

Die Qualität des Sake hängt zum größten Teilen von der Menge der wegpolierten Hülle vor der Weiterverarbeitung ab. Je weniger, desto höher die Qualität – das ist etwas kontraintuitiv. Beispielsweise sieht man 65%, 60% oder bei *junmai ginjō* (der als allerbester gilt) 55%, ja sogar 50%. Diese Zahl besagt letztlich, wie viel vom Reiskorn dem guten Geschmack zuliebe verschwendet wird. Ein 50%-Produkt benötigt doppelt so viel Reis wie eins, für das gar nicht poliert wurde. Neben all dem Technischen ist die Hauptsache aber, ob der Sake schmeckt oder nicht.

Wenn du nicht sicher bist, ob eine Führung (auf Japanisch) was für dich ist, oder wenn die Brauerei zu weit weg ist, halte Ausschau nach Zuiyō in Spirituosenläden oder am Bahnhof im Laden mit lokalen Produkten und nimm eine Flasche mit. *Kampai!*

MIYAMOTO MUSASHI

Auch ohne in Japan gewesen zu sein, hast du vielleicht von Miyamoto Musashi oder seinem berühmten *Buch der fünf Ringe* (五輪書) gehört. Eigentlich ist es ein Lehrbuch der Kampfkunst, hat aber nicht nur in deren verschiedenen Disziplinen ein Publikum gefunden, sondern auch unter Geschäftsleuten, die die Kunst des Deals als Kampf betrachten. Die letzten Jahre seines Lebens verbrachte Miyamoto Musashi im Tempel **Unganzenji** (雲巌禅寺), einem moosbedeckten Bau um eine heilige Höhle. Du kannst einen Tag damit verbringen, erst den Tempel zu besichtigen und dann den Sonnenuntergang am Narzisstenhügel zu erleben. Sehenswert sind die Höhle und mehrere benachbarte Statuen von Miyamoto-Schülern.

UNTERWEGS VOR ORT

Kumamoto hat einen Shinkansen-Bahnhof und eine gute JR-Anbindung in die weitere Umgebung, und Busse legen den Rest des Weges zurück. Der internationale Flughafen liegt weit außerhalb der Stadt, gut 40 Autominuten entfernt.

Rund um Kumamoto

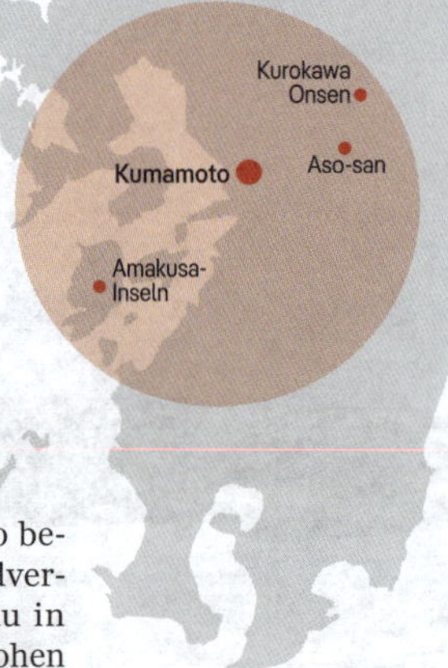

Die Präfektur Kumamoto ist eine riesige Spielwiese mit Lustigem, Schrägem, Spannendem und Großartigem aller Art.

Was Kyūshū im Allgemeinen und speziell Kumamoto so besonders macht, ist, dass du in sehr kurzer Zeit Grundverschiedenes erleben kannst. Mit dem Auto kommst du in einer guten Stunde von der strahlend blauen Küste zu hohen Vulkankegeln, und dank des Bus- und Bahnnetzes ist das auch ohne Auto möglich. Eins der größten Kratersysteme der Welt wartet, überragt vom ruhelosen Vulkan Aso-san. Der Vulkanismus lässt tolle Thermalquellen wie im bezaubernden Ort Kurokawa-Onsen sprudeln. In der anderen Richtung befinden sich unglaubliche Inselketten (und auch heiße Quellen), wo T-rex-Fossilien gefunden wurden. Die Präfektur steckt voller Entdeckungen, und es gibt immer noch mehr.

TOP TIPP

Wenn Walfleisch (鯨) nicht auf deinem Speisezettel steht, schau dir die Speisekarte genau an – da es oft als Delikatesse serviert wird.

Amakusa **(S. 655)**

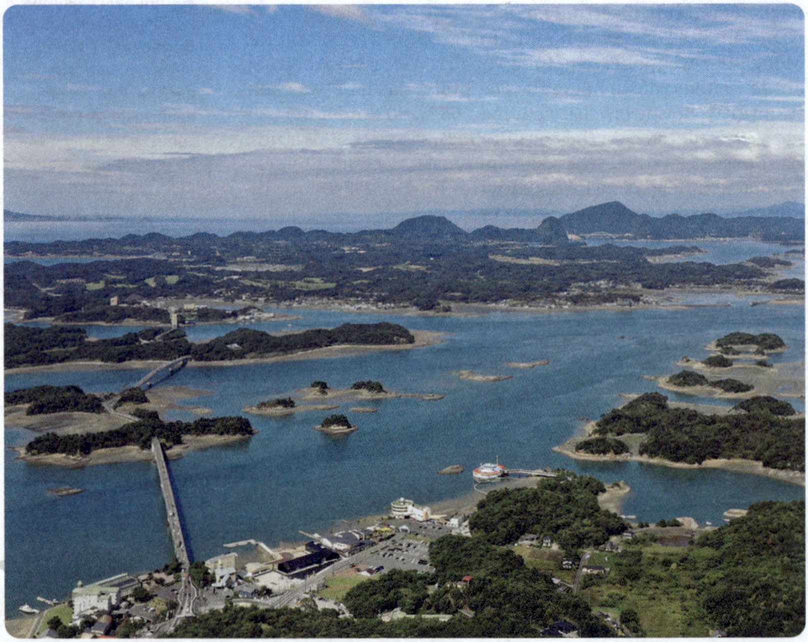

MAI.CHAYAKORN/SHUTTERSTOCK ©

Aso-kusasenri

Mächtig & gefährlich: Aso-san

VULKAN IN BESTFORM

Auf einen Besuch im Aso-Kujū-Nationalpark kann nichts vorbereiten. Dort ist der Berg **Aso-san** regelmäßig gesperrt, weil sein riesiger Krater Giftgaswolken ausspuckt. Auch wenn kein Aufstieg zum Kraterrand und ein Blick in den Schlund möglich sind, kommt man wahrscheinlich nahe genug heran, um die Gewaltigkeit dieser Riesenbestie von Vulkan zu würdigen. An klaren Tagen locken schöne Wanderwege in die Grasebene **Aso-kusasenri** (阿蘇草千里) mit flachen Lagunen inmitten schlafender Nebenkegel. Die Strecken sind mäßig anstrengend, eine ist sogar asphaltiert und zugänglich für Kinderwagen und Rollstühle. Asche und Dunst können jedoch ein Thema sein, und zeitweise sind auch ferne Gebiete wegen giftiger Gase gesperrt. Andernfalls läuft man am Kusasenri-Gebiet vorbei bis zu einer Mautstraße, die zum eigentlichen Kraterrand führt. Dort führen befestigte Wege zwischen Schutzbunkern zu Aussichtspunkten am Rand. Wenn der Wind plötzlich dreht, Mund und Nase abdecken – Schwefeldioxidgas ist giftig und schädigt die Atemwege.

PECHVOGEL ASO-SEILBAHN

Jahrelang trug eine Seilbahn Reisende über die Krater hinweg (es gibt mehrere, der aktivste ist der Nakadake) – die Aussicht war atemberaubend. Eine Verkettung mehrerer Umstände macht es jedoch unwahrscheinlich, dass diese einst so populäre Tourismusoption zurückkehrt. Schwefeldämpfe und andere Gase ließen das Material schnell altern und verteuerten den Unterhalt. Dann beschädigten die Kumamoto-Erdbeben 2016 und eine Eruption 2019 die Seilbahn irreparabel. Ausgeschildert ist sie immer noch, und mit genug Interesse und Geld könnte sie ja wie der Phönix aus der (Vulkan-)Asche auferstehen.

ÜBERNACHTEN RUND UM KUMAMOTO

Aso Base Backpackers
Fantastische, freundliche Jugendherberge im Zentrum der Stadt Aso, jede Menge Infos und Aktivitäten. ¥

Shukubō Aso
Spitzenklasse in einem wunderschönen alten Samurai-Haus, 500 m vom Bahnhof Aso. ¥¥¥

Amakusa Shimoda Onsen Boyokaku
Unglaubliche Sonnenuntergänge auf einer Dachterrasse, köstliche Austern auf *kaiseki*-Art. ¥¥¥

AUGENFÄLLIGE EVOLUTION

Ob du mit Kindern reist oder nicht: Die interessantesten Entdeckungen sind leicht zu übersehen. Tatsächlich bist du vielleicht gerade an ihnen vorbeigefahren. Wenn du eine gute Stelle findest, um am Straßenrand zu halten, lass das Auto stehen und geh hinunter zur Felsküste. Dort kannst du alle möglichen faszinierenden Meereswesen vorfinden: Seeigel, Seeanemonen, Seesterne, Fische und sogar Oktopusse machen es sich in den seichten Pfützen gemütlich. An Land findest du schöne Krabben, Schnecken und sogar Schlammspringer, eine Fischart, die eine Übergangsform zwischen Meeres- und Landleben darstellen soll. Diese süßen, glupschäugigen Fische klammern sich an Felsen fest und „laufen" sogar außerhalb des Wassers auf zu „Beinen" umfunktionierten Flossen herum.

Traditionelles Bad, Kurokawa-Onsen

Doch der Aso-Vulkan ist nicht der einzige Grund, diese schöne Gegend zu besuchen. Die sichtbare riesige flache Ebene (auf ihr liegt die Stadt **Aso**) ist tatsächlich der Boden einer Caldera, die vor 300 000 bis 90 000 Jahren mindestens viermal explodierte. Heute ist sie traumhaft schön, die Stadt und die Reisfelder erstrecken sich kilometerweit zwischen steilen, grasbewachsenen Klippen. Hier wurde der Fantasyfilm *Die fliegenden Monster von Osaka* gedreht.

ESSEN IN ASO

Sanzokutabiji
In der Gegend berühmt für *dagojiru* (Dumpling-Suppe). Die Decke ist farbenfroh verziert. ¥

Oshimaya Kagu Cafe
Retro-Vibes, toll für Smoothies, Kaffee, Kuchen und Snacks. Souvenirs im Angebot. Schließt am Spätnachmittag. ¥

Yamaichi
Die richtige Wahl für Fleischfans: köstliches Rind, gefragte *dagojiru* und eine lustige japanische Pickles-Bar. ¥

Sagenhafte Inselkette

DAS GEHEIMNISVOLLE AMAKUSA WARTET

Die **Amakusa**-Inselkette liegt südwestlich der Stadt Kumamoto und ist wegen ihrer Abgelegenheit touristisch kaum erschlossen. Eine der leichtesten Anreisemöglichkeiten ist die Fähre ab Shimabara (S. 643); so können erst die Inseln erforscht werden, bevor man nach Kumamoto oder ins südlich Kagoshima weiterreist. Für etwas Ruhe abseits der ausgetretenen Pfade ist dies für ein paar Tage genau der richtige Ort. Man kann fantastisch schnorcheln, großartigen Fisch und Meeresfrüchte essen und einige interessante Plätze sehen. Zum Faulenzen und Entspannen geht's nach Shimoda-Onsen auf **Shimoshima** (die größte, westlichste Insel) mit beispiellosen Sonnenuntergängen, entspannenden Fußbädern, mehreren netten *ryōkan* (alle mit tollen Bädern) und leichtem Zugang zu Wanderungen, Sehenswertem und schönen Küstenstraßen.

Ein Onsen-Dorf wie kein anderes

KUROKAWA-ONSEN: BESTNOTEN IN JAPAN

Es ist zwar abgelegen, aber genau richtig, wenn auf Kyūshū nur Zeit für einen einzigen Onsen-Ort ist. **Kurokawa-Onsen** (黒川温泉) liegt auf beiden Seiten des gewundenen Flusses Tanoharu und steht auf Japans Onsen-Bestenlisten immer oben. Es ist sehr populär und in Ferienzeiten oft ausgebucht. Trotzdem lohnt sich das Herkommen, denn es hat sich die Atmosphäre eines kleinen Dorfes bewahrt und seine Bäder sind wundervoll. Es gibt Dutzende öffentliche oder *higaeri*-(Tagesgäste-)Bäder; am Informationsstand im Zentrum gibt's einen „Onsen-Pass" (入湯手形, *nyūtō tegata*), der ermäßigten Zugang zu bis zu drei Bädern gewährt und ein nettes Souvenir ist – eine Scheibe Zypressenholz mit eingebrannten Buchstaben. Nur drei sind für ernsthaft Onsen-Süchtige nicht genug, aber für Neulinge eine gute Methode, die Wunder kennenzulernen. Achtung: Vielleicht sind nicht alle Bäder offen, also vorher informieren.

Außer Bummeln und Bäder-Hopping gibt's hier wenig zu tun. Die Preise bewegen sich zwischen 200 ¥ und dem Zehnfachen. Nicht verpassen: **Yamamizuki**, **Kurokawa-sō** und das beliebte **Shinmei-kan** mit Höhlenbad und *rotemburo* am Flussufer. Im Ort existiert noch eine Reihe *konyoku* (gemischtgeschlechtliche) Bäder, in denen Männer und Frauen gemeinsam baden; wer scheu ist, schaut sich vor Verlassen der Umkleide gründlich die Schilder an.

KÖSTLICHES DENGAKU

Es gibt ein regionales Gericht namens *dengaku,* das viel Spaß macht und superlecker ist. Man sitzt rund um glühende Holzkohle und brät Spieße mit Appetithappen, bis sie gar sind, dann werden sie in Soße getaucht und – Mmh! – runter damit. Die verschiedenen Soßen reichen von dicker Misopaste bis zu dünnen auf Sojabasis, aber genussreich und köstlich sind sie alle. Eine Topadresse für diese Art Küche ist **Takamori Dengaku no Sato** (高森田楽の里) mit einem grünen Garten, Sitzplätzen auf mehreren Ebenen und jeder Menge schmackhafter Speisen auf der Karte.

UNTERWEGS VOR ORT

Die meisten dieser Ziele rund um die Stadt Kumamoto sind mit Bahn und/oder Bus erreichbar, aber die Fahrpläne können ungünstig sein. Wenn Zeit ein Thema ist, kann man mit einem Mietwagen für einen Tagestrip oder über Nacht mehr aus ihr herausholen. Zu den Amakusa-Inseln fährt die Fähre ab Shimabara.

MIYAZAKI

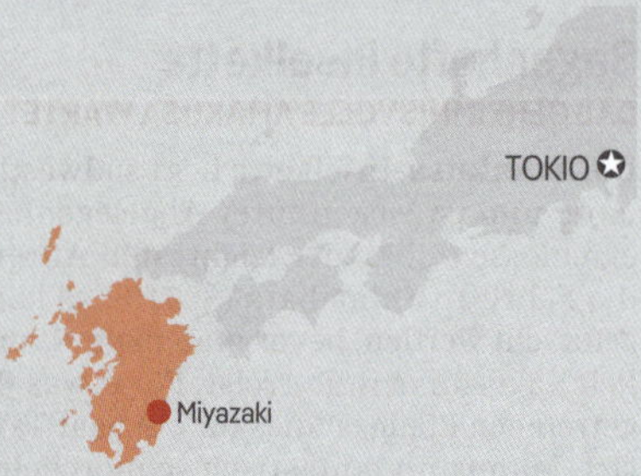

Miyazaki ist die größte Stadt an der Pazifikküste im Süden Kyūshūs und ein Mix aus typischen japanischen Megastores, Ketten und Einkaufszentren und einigen einmaligen Besonderheiten wie jeder Menge Palmen und der Nähe zu einer der schönsten Küsten Japans, Nichinan Kaigan (日南海岸), die auch ein Surferziel ist. Hier trifft man alle Sorten von Leuten, von Surferhippies über Studierende bis zu Angestellten, die wirklich daran interessiert sind, durchreisende Traveller zu treffen, und mit ihrer Begeisterung anstecken. Allerdings sprechen die meisten nur wenig Englisch – das kann ein Hindernis sein, aber ebenso gut für angeregte Diskussionen mit Serviettenzeichnungen beim Bier sorgen. Die Topattraktion ist der eindrucksvolle Miyazaki-Schrein (宮崎神宮), aber die Stadt ist auch eine tolle Basis für Touren in die Umgebung.

TOP TIPP

Wenn du hier bist, schau dir den Friedenspark an, dessen kurioses Monument mit Steinen aus aller Welt gebaut wurde. Es entstand 1940, kurz vor Japans Eintritt in den Zweiten Weltkrieg.

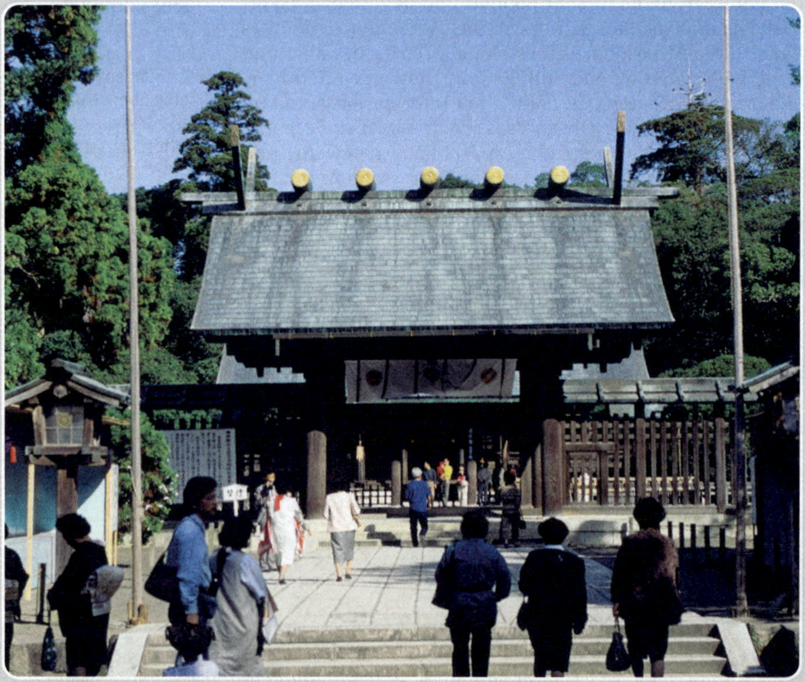

Miyazaki-jingū

HUSSAIN WARRAICH/SHUTTERSTOCK ©

Mangos aus Miyazaki

MIKANS, MANGOS & MEHR

Es wird schnell deutlich, dass *mikan* (eine Art Mandarine) und Mangos die *meibutsu* (Spezialitäten) Miyazakis sind. Wenn diese Früchte Saison haben, sind sie überall spottbillig zu haben, manchmal ein Beutel mit sechs Stück oder mehr für nur 100 ¥. Zusätzlich findest du eine witzige Auswahl an essbaren Souvenirs, in denen beides enthalten ist, zum Beispiel Mangoblätterkuchen (besteht nicht aus Mangoblättern, sondern ist eine Art Keks) und Eis mit Mango- oder *mikan*-Geschmack. Wenn du das volle Spektrum sehen möchtest, schau dir in einer **Miyazaki Michi-no-Eki** (Raststätte) die verblüffende Vielfalt an.

Eindrucksvoller Schrein in der Stadtmitte

EINE OASE DER RUHE

Auch wenn du schon viele Schreine gesehen hast – und an diesem Punkt der Reise hast du das wahrscheinlich –, hat der **Miyazaki-jingū** eine besondere, schwer zu beschreibende Qualität und lohnt einen Besuch. Er ist einer der südlichsten Tempel des Landes und musste wegen seiner Nähe zum Meer über die Jahrhunderte schon zahllose Stürme und Taifune überstehen. Die Glyzinienranken, manche sind dicker als ein Oberschenkel, verleihen dem Tempel im Frühjahr eine wundervolle Lavendelfarbe, und ihre welken Blütenblätter bedecken den Boden manchmal wie ein Teppich. Erbaut wurde der Schrein zu Ehren von Kaiser Jinmu, dem halb mythischen Gründer des Yamato-Hofes und erstem Kaiser von Japan. Das Highlight des Schreins, eine Replik von Jinmus Schiff Okiyomaru, wird beim alljährlichen Herbstfest durch die Stadt getragen.

ÜBERNACHTEN & ESSEN IN MIYAZAKI-STADT

Hotel Route Inn
Praktisches Business-Hotel gegenüber dem Nishitachi-Viertel, nettes Frühstück und ziemlich große Zimmer. ¥¥

Miyazaki Kankō Hotel
Großes Hotel mit zwei Türmen (einer älter, einer jünger), Onsen und ordentlichem *rotemburo* auch tagsüber. ¥¥¥

Ogura Honten
Einfacher Laden mit rot-weißer Markise, hier gibt's Miyazakis Hühnerspezialität *chikin nanban*. ¥

AFFENTHEATER

Wenn du von Miyazaki aus an der Nichinan-Küste entlang nach Süden fährst oder vorhast, von dort zur Sata-Halbinsel in Kagoshima zu reisen (S. 670), halte Ausschau nach japanischen Makaken. Diese hinreißenden Primaten leben in den Ur- und Sekundärwäldern der Miyazaki-Berge. Häufig spielen sie auf der Straße oder überqueren sie ganz unerwartet. Wenn du sie siehst, pass auf: Sie sind flink, und falls du das Autofenster offen hast, klauen sie dir vielleicht Sonnenbrille, Essen, Schmuck und andere leicht erreichbare Gegenstände, ehe du weißt, was los ist. Du darfst sie niemals füttern oder anfassen. Bleib im Wagen!

Der Hauptschrein ist überraschend unscheinbar, sogar klein im Vergleich mit der Pracht von Heiligtümern in Kyoto oder dem Dazaifu bei Fukuoka-Stadt. Doch nach einhelliger Meinung ist die tiefe, beschauliche spirituelle Atmosphäre hier wohltuender als in vergleichbaren Schreinen. Sehenswert sind die verschiedenen Wasserbecken und Nebengebäude, eins schöner als das andere.

Eine Zeitreise

MIYAZAKIS HISTORISCHE BAUERNHÄUSER

In vieler Hinsicht ist Miyazaki-Stadt so modern, wie Japan nur sein kann – überall Neonröhren und LED-Schilder, Automatiktüren und Omas, die auf schicken E-Bikes zum Shoppen fahren. Da vergisst man leicht das historische ländliche Miyazaki-Leben, doch die Zeit der Ochsenpflüge und des Reispflanzens von Hand ist erst wenige Jahrzehnte her und manche japanische Farmhäuser (viele sind leider verlassen) waren jahrhundertelang bewohnt. Ein paar Häuser blieben erhalten, werden Stück für Stück in die Stadt Miyazaki versetzt und sind zu besichtigen.

Diese faszinierenden alten Bauten, viele davon mit Originaleinrichtung, stehen im **Bauernhaus-Freilichtmuseum Miyazaki** (宮崎民家園), nur 1 km Fußweg vom Bahnhof Miyazaki Jingū und nahe dem Tempelareal. (Tatsächlich kann man beide in einem Aufwasch besuchen, wenn man nicht zu müde ist.) Das Museum ist Teil des **Natur- und Geschichtsmuseums der Präfektur Miyazaki**, aber die Bauernhäuser liegen getrennt und können auch außerhalb der Öffnungszeiten ganztägig besucht werden.

Strohdächer, abgewetzte Balken und Holzdielen (falls vorhanden, manche haben keine!) und zenbuddhistische Zimmerformen vermitteln zusammen sehr eindrucksvoll das einfache Bauernleben, das in der Edo-Zeit vor wenigen Jahrhunderten noch die Norm war. Fans des Ghibli-Films *Mein Nachbar Totoro* erkennen sofort die Ähnlichkeit mit dem Bauernhaus, in das die Filmfamilie zieht.

Auf dem Gelände stehen mehrere stimmungsvolle Kakibäume, ein Foto vor einem voller Früchte sieht leicht so aus, als wärst du in der Zeit zurückgegangen.

UNTERWEGS VOR ORT

Miyazaki-Stadt verfügt über JR-Bahnhöfe im Zentrum und beim Miyazaki-jingū und ist kompakt genug, um den restlichen Weg mit einer kurzen Taxi- oder Busfahrt zurückzulegen, wenn man nicht gut zu Fuß ist. Ein kleiner internationaler Flughafen liegt mitten in der Stadt an der Küste. Wer ein Auto mitbringen, aber nicht den ganzen Weg fahren will, kann von Kōbe aus eine Fähre nehmen.

Rund um Miyazaki

Die Präfektur Miyazaki bietet herrliche Tempel, aromatische Speisen, umwerfende Naturschönheit und entspannte Vibes.

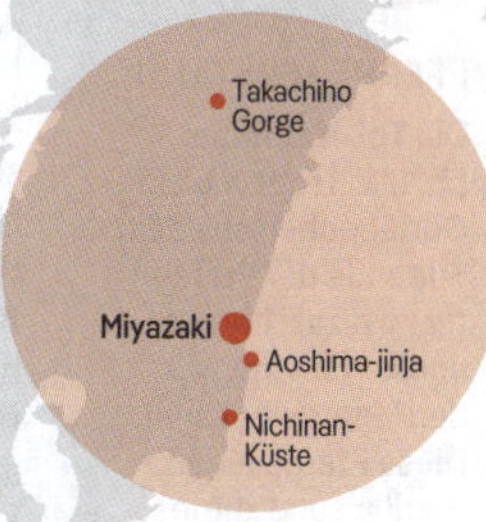

Auf der Route entlang der gewundenen Nichinan-Küste (日南海岸) sind winzige Inseln, Waschbrettfelsen, grüne Dschungel und fröhliche *mikan*-Haine zu bestaunen. Der Aoshima-jinja (青島神社) und der geheimnisvolle Udo-jingū (鵜戸神宮) erinnern an die Spiritualität des Meeres. An der unglaublichen Takachiho-Schlucht kann man oben entlanglaufen und dann in sie hinabsteigen wie in die Kulisse eines Hollywoodfilms – hübsche kleine Brücken zwischen moosbedeckten Wänden und Ruderboote für romantische Ausflüge. Das wenig besuchte Miyazaki hat die kleinste Bevölkerungszahl aller Kyūshū-Präfekturen, aber die zweitgrößte Fläche nach Kagoshima, also gibt's viel zu entdecken.

TOP TIPP

Es wird leicht vergessen, wie weit südlich Miyazaki liegt, also kann die Sonne sehr heiß sein. Ohne Sonnenschutz riskierst du elende Tage, bis die Haut abheilt.

Takachiho-Schlucht (S. 660)

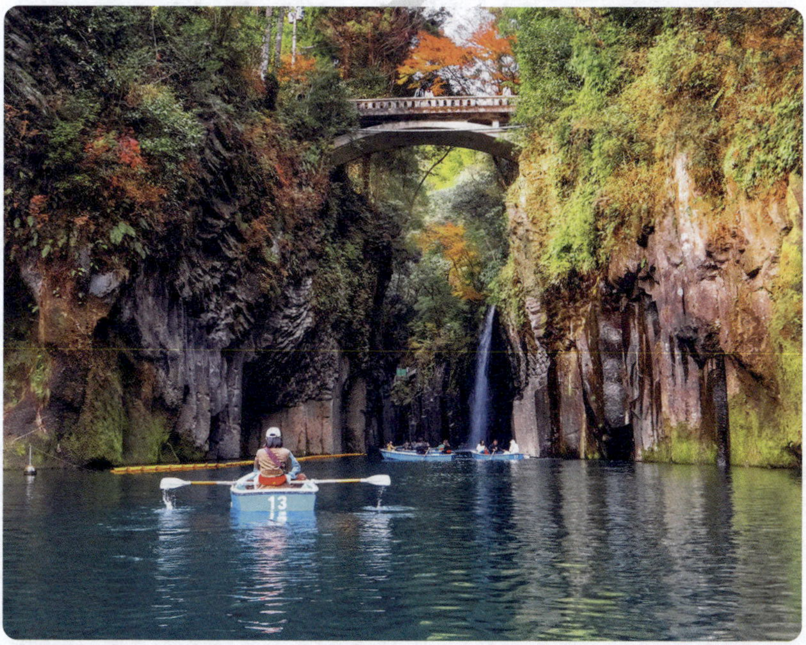

PFERDEVERSTAND

Die **Toi-Halbinsel** (都井岬) ragt wie ein Ohrläppchen aus dem Südende der Präfektur Miyazaki heraus und ist für ihre „wilden" Pferde bekannt. Diese Pferde leben friedlich und zufrieden; du siehst sie am Straßenrand grasen, manchmal auch auf der Straße, und kannst problemlos für ein Foto anhalten: Sie sind zwar technisch gesehen wild, aber an Menschen gewöhnt. Gib nur Acht, dass du sie nicht erschreckst, überraschst oder in Reichweite für einen Biss oder Tritt kommst.

Die Takachiho-Schlucht von unten

RUDERBOOTE UND DREISTE ENTEN

An diesem Ort (nicht zu verwechseln mit dem Berg Takachiho in Kagoshima) steigst du auf feuchten, glitschigen Stufen zum Wasser hinunter, wo die sanften Strömungen des Flusses Gokase sich verlangsamen und eine pittoreske Schlucht füllen. Dabei kannst du es belassen, aber die meisten setzen ihrem Besuch der Takachiho-Schlucht eins drauf, mieten ein Boot und rudern 30 bis 60 Minuten lang herum. Ihre Schönheit ist vom Wasser aus kaum zu überbieten – du wirst ehrfürchtig staunen. Ein Naturpfad führt einige Hundert Meter am Rand entlang und bietet tolle Fotomotive. Das glasklare Wasser, die steilen moosbedeckten Felsen und das gedämpfte Licht unter den Baumkronen machen diesen Ort zu einem der schönsten in ganz Kyūshū.

Du kannst zwar einen Beutel Entenfutter kaufen, aber sei gewarnt: Gerade noch träge im Hintergrund, flattern die Enten beim Anblick des Futters heran, schnattern und umzingeln dein Boot. Manche springen sogar hinein und beißen das Futter aus deiner Hand, wenn du zu langsam streust. Diese bemerkenswerte Entenraserei hat zwar sehr viel Comedy an sich, aber Eltern mit kleinen Kindern möchten sich den Tumult sicher nicht antun. Zur Verteidigung der Enten sei gesagt, dass sie nicht gezielt nach Fingern schnappen, nur ist eben manchmal eine Hand im Weg beim Kampf um Pellets gegen die hungrige Konkurrenz.

Ein Inselschrein auf dem Waschbrett des Teufels

FÜR VERLIEBTE & VERHEIRATETE

Am Ende eines langen, schmalen Dammes steht auf einer Insel, die nur ein, zwei Meter aus dem Meer ragt, der **Aoshima-jinja** (青島神社) – ein bildschöner, oranger Bau mit bestechenden Verzierungen, hübschen Schnitzereien, einem Gebetstafeltunnel und einem Schreintor mit Meereshintergrund. Hierhin pilgern gern Verliebte, und der Schrein ist auch für Hochzeiten beliebt, weil er für eine gute Ehe sorgen soll. Tatsächlich sind viele Gebetstafeln herzförmig und mit Bitten um eine glückliche Ehe und so weiter beschriftet. Besonders schön ist das Heiligtum, weil es auf einem Felsen namens „Waschbrett des Teufels" steht. Viele Reisende halten ihn für den schönsten Schrein ihres Besuchs. Nimm dir viel Zeit zum Entdecken des Geländes, dann umrunde die kleine Insel, was nur 30 Minuten dauert (mit vielen Fotopausen eine Stunde). Das „Waschbrett" entstand, als rie-

ÜBERNACHTEN RUND UM MIYAZAKI

Minshuku Misaki-sō
Tolle Surferunterkunft in Aoshima: preiswerte Zimmer und Ausrüstungsvermietung. ¥¥

Holiday Inn Resort
Aoshimas größtes Hotel hat einen tollen Meerblick und liegt gleich am Strand. ¥¥¥

Kiraku
Nächtige in einem Samurai-Haus in Obi, dem „Klein-Kyoto" von Miyazaki. ¥¥¥

Aoshima-jinja

siger Druck das Gestein flach auslegte, dann schräg aufrichtete und die Meereserosion schließlich lange, gezackte Reihen hinterließ, die von Weitem einem alten Handwaschbrett ähneln. In den Vertiefungen lebt jede Menge spannendes Getier, und es macht Spaß, herumzuklettern und in die Priele zu gucken. Halte nur nach besonders hohen Wellen Ausschau, sonst wirst du schnell nass!

Wenn du von der ganzen Anstrengung hungrig bist: Diese Gegend ist für *isa-ebi* (Langusten) berühmt. Vielen Restaurants an der Hauptstraße von Aoshima-Stadt bieten diese Delikatesse an.

Spektakuläre Küstenlinie

DIE UNVERGLEICHLICHE NICHINAN-KÜSTE

Nur wenige Küsten Japans können sich mit **Nichinan in der Präfektur Miyazaki messen**, einem langen Küstenstreifen am Pazifik mit verstreuten wunderbaren Inseln, eindrucksvollen Felsen, herrlichem Wasser und – manchmal – beinahe perfekten Wellen. Japans Surfergemeinde pilgert hierher; einige kommen in der Erwartung, ein, zwei

JINGŪ ODER JINJA?

Zwischen einem *jingū* und einem *jinja* gibt's zwar Unterschiede, aber die sind nicht leicht zu erklären. Wenn du am selben Tag den **Aoshima-Schrein** *(jinja)* und den **Uo-Schrein** *(jingū)* besuchst, kratzt du dich am Kopf, denn beide sind Shintō-Schreine, aber trotzdem ist der eine ein *jinja* und der andere ein *jingū*. Für Laien sehen sie sich sehr ähnlich. Beide liegen am Meer, sind leuchtend orange gestrichen und haben etwas mit Liebe und Ehe zu tun. Aber der Titel *jingū* weist auf eine innigere religiöse Beziehung hin, eine Stätte, die Gläubigen wichtiger ist.

ESSEN RUND UM MIYAZAKI

Aoshima Beach Park
Die nette Gruppe Pop-up-Restaurants bietet etwas für jeden Geschmack. ¥

Minato Aoshima
Fischerkooperative mit preiswerten Meeresfrüchten und frischen, köstlichen *isa-ebi* (Langusten). ¥

Obiten
Obi-Restaurant, Spezialität: leckere *Satsuma-age* (S. 665), am besten auf dampfenden Udon. ¥¥

EVERYBODY'D BE SURFING …

Wenn du die Brandung siehst und von einem Hang Ten träumst, aber deine Bretter zu Hause gelassen hast, keine Sorge. Die Gegend ist gespickt mit kleinen Vermietungen, die für dich ein Brett, Wachs und Kleidung bereithalten. Mitten im Zentrum von Aoshima gibt's sogar eine Surferpension. Und **Minshuku Misaki-sō** (民宿みさき荘), gleich gegenüber vom riesigen Holiday Inn Resort, ist ein freundlicher All-in-one-Anbieter mit Essen, Zimmern und Surfverleih. Der Inhaber röstet sogar seinen eigenen Kaffee aus frischen Bohnen.

KAN_KHAMPANYA/SHUTTERSTOCK ©

Nichinan Coast

Wochen Wellen zu jagen … und gehen nie wieder. Populär sind die Breaks vor **Aoshima** und **Nango**, aber an vielen namenlosen Spots parken Surfervans am Straßenrand und eine Handvoll Leute reihen sich am Wasser. Andere fahren weite Strecken aus dem übrigen Kyūshū hierher, ihre Bretter im Van oder auf dem Dach, wenn die Wellenvorhersage vielversprechend ist. In einer Kultur, die der Arbeit solchen Vorrang im Leben gibt, müssen Japans Surfbegeisterte in vieler Hinsicht mehr opfern als anderswo, wo ein überraschender freier Tag akzeptiert wird. Auch ohne zu surfen ist die Fahrt entlang der Küstenlinie mit Blick aufs Wasser und die Brandung herrlich. Fischerdörfer, Reisterrassen, schöner Dschungel und sogar Meeresbewohner wie Delfine und Wale sind nur ein Teil dessen, was ein Besuch hier zu bieten hat.

Achtung: Wegen Erdrutschen können Teile der Straße gesperrt sein, also vorab prüfen, ob du bis ans Ende durchfahren kannst. Entlang der Straße gibt's Parkbuchten zum Halten und Fotografieren, ebenso Michi-no-Eki (Raststätte) mit Süßwarenverkauf, Toiletten und Platz, um sich die Beine zu vertreten.

ANDERE SURFSPOTS

Auch auf der **Izu-Halbinsel** (S. 158) gibt's jede Menge Surfspots und gute Wellen, und sie ist von Honshū aus leichter erreichbar.

UNTERWEGS VOR ORT

Miyazaki kann zwar mit öffentlichen Verkehrsmitteln bereist werden, das beinhaltet aber viele Wartezeiten an Bushaltestellen oder Hetze durch Sehenswürdigkeiten, um die letzte Rückfahrt nicht zu verpassen. Wenn möglich, miete ein Auto. An der Nichinan-Küste fahren Tourbusse; aktuelle Fahrpläne und Preise gibt's am Informationsschalter im nächsten JR-Bahnhof.

TOKIO

KAGOSHIMA

Kagoshima

Majestätisch, verspottet, geachtet und sogar gefürchtet – Kagoshima nimmt in der japanischen Psyche einen besonderen Platz als Sitz der Meiji-Restauration ein, des Bürgerkriegs, der den Adel stürzte und die Ära des sogenannten „modernen Japans“ einleitete. Unter der Führung von Saigō Takamori zogen Bürger in die Schlacht, um Rechte und Freiheiten einzufordern, und obwohl Takamori am Ende besiegt wurde, zahlte sich sein Einsatz aus. Kagoshima erntet in ganz Japan widerwilligen Respekt. Die südlichste Präfektur der Hauptinseln hat ein einmaliges Tropenklima, herrliche Strände, eine interessante Geologie und exzellente Nationalparks. Seit der Eröffnung einer Shinkansen-Linie 2011 ist diese ferne Gegend zugänglicher denn je, und ihre Schönheit wird von immer mehr Reisenden entdeckt. Niemand wird bereuen, so weit nach Süden gereist zu sein.

TOP TIPP

Halte Ausschau nach Ausbrüchen des Sakurajima, die regelmäßig, oft mehrmals täglich passieren. Der Anblick ist erstaunlich, oft spektakulär, auch wenn Einheimische jammern: „Ich habe grade mein Auto gewaschen ...“ Die graue, pudrige Asche liegt überall. Nicht in die Augen kommen lassen, das brennt!

Shiroyama-Park (S. 665)

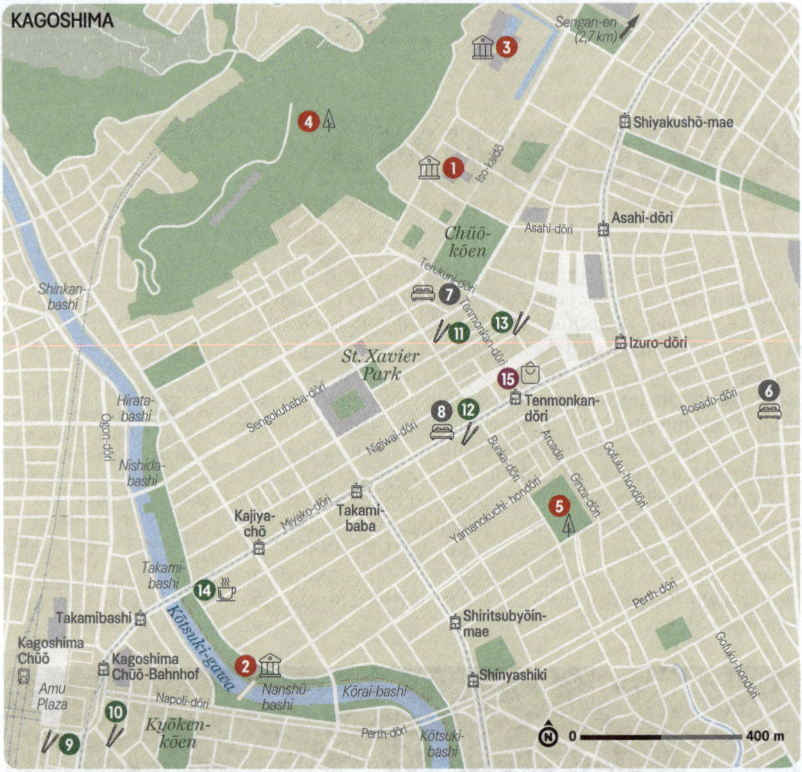

KAGOSHIMA

SEHENSWERTES
1 Kunstmuseum der Stadt Kagoshima
2 Museum der Meiji-Restauration der Stadt Kagoshima
3 Kagoshima Reimeikan
4 Shiroyama-Park
5 Tenmonkan-Park

SCHLAFEN
6 Green Guest House
7 Onsen-Hotel Nakahara Bessō
8 Remm-Hotel

ESSEN
9 Kagoshima-Furusato-Yataimura
10 Kagoshima-Furusato-Yataimura
11 Kumasotei
12 Yamauchi Nōjō
13 Yokaban

AUSGEHEN
14 recife&Tereza

SHOPPEN
15 Tenmonkan

Tenmonkan

ÜBERNACHTEN IN KAGOSHIMA

Onsen Hotel Nakahara Bessō
Gut gelegenes *ryōkan* mit schöner Kunst, nettem Onsen, Zugang zur Tenmonkan und englischsprachigem Personal. ¥¥

Remm Hotel
Mitten im Zentrum und so durchgestylt, dass es beinahe wie ein Love Hotel wirkt. ¥¥

Green Guest House
Kostet wenig und liegt perfekt, um früh aufzustehen und tagsüber den Sakurajima zu besuchen. ¥

Entdeckungen im Tenmonkan

RIESIGES ÜBERDACHTES EINKAUFSZENTRUM

Überdachte Einkaufszentren gibt's überall in Japan, aber das **Tenmonkan** (天文館) wird besonders geschätzt, weil der nahe Vulkan Sakurajima regelmäßig Asche spuckt. Der Irrgarten aus Shops, Restaurants, Läden, Spielhallen, Eisdielen, Bars und Clubs scheint endlos; hierher kommen Einheimische meist nach der Arbeit oder am Wochenende. Es mag unscheinbar sein, ist jedoch ein so zentraler Bestandteil des Lebens in Kagoshima, dass ein Besuch hier ein Muss ist. Schlürfe eine leckere Schale Udon, schnapp dir ein erfrischendes geschabtes Eis oder finde eine gemütliche Bar und trinke *shōchū* mit neuen Bekannten. Hier sind Menschen jeder Couleur zu beobachten – gebeugte Omas transportieren ihre Einkäufe im 1950er-Kinderwagen, Büroangestellte flitzen zwischen Terminen hin und her und schlampige Teens hängen mit Zigarette und Gitarre ab. Beginne ein Gespräch, und du siehst, dass die Leute erst überrascht, dann dankbar sind, mit Fremden zu reden. Wenn du nach dem Weg fragst, begleiten sie dich vielleicht sogar ans Ziel (manchmal an der Hand). Wenn die Sonne scheint (und es nicht zu heiß ist), suche den friedlichen **Tenmonkan-Park** auf, eine Wiese unter freiem Himmel mit Sitzbänken, die während Festivals nachts oft farbenfroh beleuchtet und saisonal dekoriert ist.

Gang durch die Geschichte

SCHÖN UND HISTORISCH: DER SHIROYAMA-PARK

Anscheinend haben viele Orte in Japan einen **Shiroyama-Park**: Gleich nebenan in Kirishima gibt's einen im Kokubu-Viertel. In Kagoshima war der Park der Schauplatz einer wichtigen Schlacht während der Meiji-Restauration. Es war das letzte Gefecht des Rebellen Saigō Takamori, der mit 500 Mann eine Armee von 30 000 Mann aufhielt, obwohl die Niederlage unvermeidlich war. Heute kann man hier toll spazieren gehen. Gehe vom Chūō-Park bis zum Tor des Schreins, das man nicht verfehlen kann, und von dort nach rechts. Biege bei erster Gelegenheit links ab, folge der engen Straße rechts am Tempelgelände entlang und an ihrem Ende rechts auf einen Fußweg, der in einer halben Stunde zum **Aussichtspunkt** auf dem Gipfel des Shiroyama-Parks führt. Von dort ist alles zu sehen, was Kagoshima so besonders macht: Der majestätische Vulkan Sakurajima (wenn er ausbricht, während du hinguckst, gibt's Pluspunkte!) dominiert den Horizont, davor liegen die Kinkō-Bucht und die Stadt. Hier kann man Zeit verbringen, Gedenkstätten und Denkmäler ansehen und Landschaftsfotos machen.

DORT ISST KAGOSHIMA

Englischlehrerin **Miki Hiranosono** hat Tipps fürs Abendessen in der Stadt. *@millybox55*

Allen, die Kagoshima besuchen, empfehle ich das Essen und Trinken bei **Kagoshima-Furusato-Yataimura**, das zwei Lokale beim Bahnhof Kagoshima-Chūō hat. Da gibt's kleine Imbissstände, die ordentliche Lokalküche und *shōchū* verkaufen. Viel Spaß beim Bar-Hopping! Schön ist auch **recife&Tereza**, ein beliebtes Café, das ein Brite betreibt. Er kocht leckere Speisen und serviert gewärmten Wein. Dort kannst du auch nur auf einen Drink hingehen. Und wenn du ein berühmtes Kagoshima-Dessert kosten möchtest, geh zu **Tenmonkan Mujaki** – da gibt's **Shirokuma-Geschabtes-Eis** mit einmalig leckeren Toppings wie Grüntee und *azuki*-Bohne.

ESSEN IN KAGOSHIMA

Kumasotei
Kagoshima-Spezialitäten wie *satsuma-age* (frittierte Fischkuchen), *kurobuta* (schwarzes Schwein), Fisch und Meeresfrüchte. ¥¥

Yokaban
Dieses *izakaya* (Pub-Lokal) serviert tolle Drinks und lokales gegrilltes Huhn auf *Satsuma-yaki*-Tellern. ¥¥

Yamauchi Nōjō
Spezialisiert auf *Kuro Satsuma-dori* (schwarzes Satsuma-Hühnchen). Nicht verpassen: die *tsukune*-(Hühnerwurst-)Spieße. ¥

SAIGŌ-SAN – EIN EHRENWERTER HELD

Nur wenige Figuren erreichten im japanischen Gedächtnis einen höheren Rang als Saigō Takamori, Edelmann und Samurai, dessen Rebellion im damaligen Satsuma das *han*-System beendete und Japan in die Moderne führte. Ausgerechnet Saigōs konservative Weltsicht brachte die alte Ordnung zu Fall. Nach der gescheiterten Belagerung der Burg Kumamoto zog sich Saigō auf den Shiroyama zurück und wurde dort eingeschlossen. Gegen eine Übermacht von 60 zu 1 kämpften er und seine treuen Samurai an – und nach echter Samurai-Art bis zum Tod. Saigō soll *seppuku* begangen oder um die ehrenvolle Enthauptung durch einen Mitkämpfer gebeten haben. Nach dem Tod ihres Anführers leisteten die wenigen Überlebenden Widerstand, indem sie sich den Hang des Shiroyama hinunter auf Hunderte Gegner stürzten.

Wer mehr über Kagoshima oder „Saigō-san" erfahren möchte, wie Takamori von Einheimischen liebevoll genannt wird, kann zurückgehen und die Museen am Fuße des Berges anschauen. Das **Kunstmuseum der Stadt Kagoshima** (鹿児島市立美術館) ist eine Schatzkammer und zeigt unter anderem berühmte Impressionisten wie Monet und Cézanne, aber auch einheimische Kunstschaffende aus Kagoshima. Die nahe **Kagoshima Reimeikan** (黎明館) erklärt ausgezeichnet – überwiegend auf Japanisch – Ereignisse aus der Stadtgeschichte, besonders die Satsuma-Rebellion. Das Museum liegt auf dem Grund der Burg Kagoshima. Schau dir die Einschusslöcher an, die in den Burgmauern immer noch zu sehen sind.

Ein Museum über das Ende Japans

MUSEUM DER MEIJI-RESTAURATION

Kagoshimas Bürgerschaft ist stolz auf ihre Rolle während der Meiji-Restauration, und das zu Recht. Eine Topattraktion ist deshalb das **Museum der Meiji-Restauration der Stadt Kagoshima** (鹿児島市維新ふるさと館), das sich diesem historischen Ereignis widmet. Im Innern gibt's lebensgroße Figuren von Saigō Takamori und anderen Schlüsselpersonen der Zeit und detailreiche Dioramen und Geländemodelle der Kämpfe. Für Kinder sind die stündlichen Animatronik-Vorstellungen toll. Viele erfahren erst hier, dass Kagoshima ein wichtiger Ort des Kulturaustauschs war, weil viele Studierende Europa oder Amerika besuchten, lange bevor das Konzept der Gastfamilie populär war. Obwohl die meisten Beschriftungen auf Japanisch sind, erklärt eine Smartphone-App auf Englisch die wichtigsten Punkte, und viele Objekte der Dauerausstellung erklären sich von selbst: Schwerter, Schalen, Teller und anderes, natürlich auch Zeichnungen und Fotos. Es gibt Informationen über die Vorgeschichte von Saigō Takamori, der unter anderem eine Privatschule gründete. Viele falsche Annahmen über ihn räumt das Museum durch die sorgfältige Dokumentation seines Lebens und seiner Zeit aus. Es war eine komplizierte Phase der japanischen Geschichte; dass Saigō erst als Gefahr, dann als Held galt, sagt ebenso viel über das Umdenken bei der japanischen Bevölkerung aus wie über ihn. Es ist nicht übertrieben zu sagen, dass ein Besuch dieses Museums dabei helfen kann, Japan, seine Geschichte und seine Menschen zu verstehen.

UNTERWEGS VOR ORT

Kagoshima ist eine kompakte Stadt, und mit der Straßenbahn kommt man leicht an die beliebtesten Orte. Es gibt Tagespässe, wenn man viele Fahrten plant. Der Shinkansen verkehrt direkt nach Fukuoka und ins restliche Japan. Der Name Kagoshima Airport täuscht: Der Flughafen liegt viel näher an Kirishima als an Kagoshima.

Rund um Kagoshima

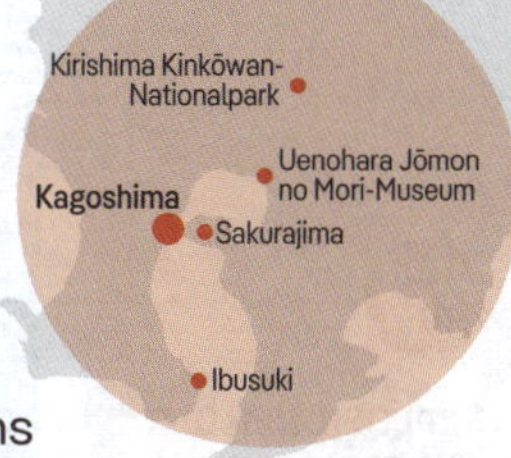

Die Präfektur Kagoshima ist eine der vielfältigsten und interessantesten Regionen Japans und hält jede Menge Überraschungen bereit.

In Kagoshima dreht sich alles um den Sakurajima, das unübersehbare Wahrzeichen der Region. Zu seinen sanften Hängen auf der anderen Seite der Bucht zu kommen, ist ein eigenes Erlebnis. 1914 brach der Vulkan so plötzlich aus, dass Lavaströme über 1000 Häuser verschlangen und eine Landbrücke von der Insel zur Ōsumi-Seite entstand. Von Kagoshima-Stadt ist es noch eine kurze Fährfahrt. Die Sandbäder von Ibusuki südlich der Hauptstadt sind berühmt für ihre Heilkraft. Die Grünteefelder der Präfektur sind auffälliger als die Reisfelder, die man in anderen Teilen Japans sieht, und ihr Marken-*shōchū*, ein starker Schnaps, der früher als etwas für Bauern galt, wurde landesweit en vogue.

TOP TIPP

Hol dir eine CUTE-Transit-Karte. Sie gilt für Straßenbahnen, die Busse in Kagoshima und Busse auf der Westseite des Sakurajima.

Begrabenes Tor des Kurokami-Schreins (S. 668)

EXPLOSIONEN DER ANDEREN ART

Normalerweise sorgt der Sakurajima für ein vulkanisches Feuerwerk, aber ab und zu dreht **Uchinoura** auf Kagoshimas Ōsumi-Halbinsel im tiefen Süden richtig auf und schießt Raketen ab. So ein Ereignis ist ganz schön spektakulär und mit dem Auto kann man ziemlich nahe ans Abschussgebiet heranfahren. Fast wie bei einem Sommerfeuerwerk sammelt sich langsam eine gut gelaunte Menschenmenge, dann wird gestaunt, gejubelt und viel fotografiert, wenn die Rakete in den Nachthimmel steigt und einen Feuerschweif zurücklässt. Es ist eine wenig bekannte, aufregenden Aktivität. Siehe global.jaxa.jp/about/centers/usc/index.html für Informationen zum nächsten Abschuss.

Sakurajima

Besuch bei Kagoshimas aktivem Vulkan

DER SAKURAJIMA IN VOLLER PRACHT

Der **Sakurajima** ist fast ein Pflichtbesuch in dieser Präfektur, die so häufig von Asche bedeckt wird. Von Kagoshima-Stadt geht's mit der Fähre zum Westhang des Giganten, wo das Sakurajima-Besucherzentrum wartet und ein Spaziergang imposante Lavaformationen und schöne Aussichten auf die Hauptstadt auf der anderen Seite der Bucht bietet. Man kann eine Tour zu den wichtigsten Orten rund um den Vulkan buchen, darunter das **Begrabene Tor des Kurokami-Schreins** (黒神埋没鳥居), das 1914 beim letzten großen Sakurajima-Ausbruch fast verschüttet wurde. Heute ragt es so weit aus dem Boden, dass man es überspringen

ÜBERNACHTEN RUND UM KAGOSHIMA

Ryokan Ginshō
Wunderschöne Herberge im japanischen Stil mit Außenbad, gut gelegen in Ibusuki. ¥¥¥

Tsukimi-sō
Schönes, gemütliches *ryōkan* mit sieben Zimmern, gleich gegenüber dem Sandbad in Ibusuki. ¥¥

Kirishima-jingū-mae Youth Hostel
Kostengünstig und praktisch für Reisende mit kleinem Budget. Frühstück und Abendessen erhältlich. ¥

könnte, aber früher war es ein ausgewachsener Tempeleingang. Es ist ernüchternd, dass Lava und Asche so schnell einen ganzen Tempel bedecken können. Der Kraterrand ist leider nicht zugänglich. Auf halbem Weg zwischen Ufer und Gipfel liegt der ihm nächste Aussichtspunkt **Yunohira** (湯之平展望所) in sicherem Abstand zu den giftigen Dämpfen. Von der **Arimura-Lava-Aussichtsplattform** (有村溶岩展望所) auf der Südseite sind die Lavaformationen zu sehen, die eine Verbindung der Vulkaninsel zum Festland formten und der Bucht ihre markante Form gaben. Am Besucherzentrum ist eine Busfahrt zu buchen. Wenn alles gut läuft, kann man all diese Orte sehen und trotzdem abends noch eine Fähre bekommen.

An zweiter Stelle nach dem Sakurajima

HUT AB VOR DEM TAKACHIHO

Der faszinierende **Nationalpark Kirishima-Kinkōwan** (霧島錦江湾国立公園) liegt am Nordende der Bucht von Kagoshima und umfasst mehrere schlafende Vulkane; der höchste ist der **Takachiho,** nicht zu verwechseln mit der Takachiho-Schlucht (S. 660) in der Präfektur Miyazaki. Der Takachiho ist spektakulär und bietet großartige Wandermöglichkeiten. Im riesigen Park gibt's unberührte Wälder, verlockende Onsen (einige im Freien ohne Badebekleidung) und eine ganze Reihe Tagestouren zum Wandern. Berühmt ist der Park auch für seine einmalige Azaleenart, die Miyama Kirishima, die im Frühjahr die Hänge grellpink färbt. Wahrscheinlich lässt sich in den Wäldern und auf Lichtungen äsendes Wild blicken. Während des Aufstiegs zum Gipfel wird das Blätterwerk gedrungener und tiefe Erosionsspalten öffnen sich im sanften Hang. Unbedingt solides Schuhwerk anhaben, denn das scharfe Vulkangestein wird ihm richtig zusetzen. Oben bietet sich ein einmaliger Rundblick auf die Präfekturen Miyazaki und Kagoshima. Bekannt ist der Takachiho als auch der Berg, von dem die Götter auf die Erde hinabstiegen und zum japanischen Volk wurden – mit direkter Verbindung zur kaiserlichen Familie.

James-Bond-Fans erkennen in der Bergkette vielleicht den Schlupfwinkel des Spectre-Schurken Ernst Stavro Blofeld aus *Man lebt nur zweimal*. Bond umkreist den Shinmoedake und lässt sich von seinem unschuldigen Krater täuschen. Später erweist sich die Wasseroberfläche als Tarnung eines Raketenstützpunktes. Wanderungen sind zu vielen der Gipfel möglich, auch zum Takachiho, doch die Bedingungen ändern sich, und die jüngsten Ausbrüche des Shinmoedake, zuletzt 2021, machen die Definition von Bergsicherheit schwierig.

KIRISHIMA-JINGŪ & DER SCHÖPFUNGSMYTHOS

Kirishima-jingū (霧島神宮) ist dem japanischen Schöpfungsmythos geweiht: Der Enkel der Sonnengöttin Amaterasu, Ninigi-no-Mikoto, stieg vom Himmel auf den Berg Takachiho herab und brachte drei Gegenstände mit: ein Schwert, einen Spiegel und ein Juwel (das mehr wie ein kommaförmiger Stein aussehen soll). Hinweise darauf finden sich in der ganzen Präfektur Kagoshima, die sehr stolz darauf ist, der Ort zu sein, wo alles begann. Zusammen sind die drei Schätze als Japans Reichsinsignien bekannt. Im Kirishima-jingū kann man zu Ninigi-no-Mikoto beten, und die riesigen, jahrhundertealten Zedern und Kampferbäume, Bambushaine und wunderschönen Schreine sind einen Abstecher wert – ob man nun glaubt, dass das japanische Volk aus dem Himmel kam oder wie die Jōmon-Menschen vom Meer.

ESSEN RUND UM KAGOSHIMA

Taketora
Ramen-Lokal in Ibusuki; berühmt für *Kaimon-dake* mit schwarzer Schweinebrühe und in heißen Quellen gekochtem Ei. ¥

Tōsenkyō Sōmen Nagashi
Köstliche *sōmen*-Nudeln tanzen im Wasser, und du versuchst, sie mit Stäbchen zu erwischen. Ein Riesenspaß. ¥

Kurobuta no Yakata
Bei Kirishima, spezialisiert auf schwarzes Schweinefleisch; Platten mit Fleisch und Gemüse in Sojamilch-Brühe. ¥¥

WARUM ICH KAGOSHIMA LIEBE

Autor **Ray Bartlett**

Ich hatte das Glück, hier von 1993 bis 1995 zu leben und dabei einige meiner engsten, lebenslangen Freundschaften zu schließen. Ich liebe die Schönheit dieser Präfektur, so natürlich, so wild, so dramatisch. Nachdem ich ankam, löste eine 100-Jahre-Flut (die inzwischen alle zwei, drei Jahre auftritt) Erdrutsche aus, die Kokubu von der Außenwelt abschnitten. Ich kam in Kontakt mit Japaner:innen und war froh, so eng zu einem wunderschönen Stückchen Welt zu gehören.

ANDERE JŌMON-STÄTTEN

Mehr über die Jōmon-Kultur erfährst du am Fundort **Sannai Maruyama** (S. 467) in Aoyama, wo einst eine etwa 40 Hektar große Siedlung stand. Heute gibt's dort einige rekonstruierte Jōmon-Bauten und ein Museum.

Leben zur Jōmon-Zeit

UENOHARA JŌMON NO MORI

Mitte der 1990er wurde bei Bauarbeiten für einen Industriepark auf dem **Uenohara**, einer Klippe über der Kinkō-Bucht, ein unglaublicher Fund gemacht: die Überreste einer Jōmon-Siedlung. Nach der Datierung der Artefakte war die Forschung dem Rätsel einen Schritt nähergekommen, wie das japanische Volk nach Japan kam. Heute glauben viele, dass der Weg über die Kette der Ryūkyū-Inseln im Süden führte, zu der Okinawa gehört. Diese frühen Reisenden werden durch die typische „Schnurkeramik" identifiziert. Man vermutet, dass sie Plätze wie Uenohara aus offensichtlichen Gründen wählten: Er war gut zu verteidigen und bot eine exzellente Sicht auf die Umgebung. Es mag auch Kontakte, wie bei den Kulturen Mesoamerikas, zu ähnlichen Zivilisationen um die Kagoshima-Bucht gegeben haben.

Heute widmet sich das spannende **Jōmon-no-Mori-Museum Uenohara** (鹿児島県立埋蔵文化財センター) dieser Entdeckung mit interaktiven Objekten und jeder Menge Aktivitäten (etwa Bogenschießen wie das Jōmon-Volk). Zu sehen sind auch Nachbildungen ihrer Behausungen und Informationen über die Geologie und Geografie, die ihre Entscheidung zu bleiben beeinflussten. Uenohara liegt etwas abseits. Ein Zug fährt nach Kokubu, von dort bringt dich ein Taxi oder ein Bus nach Uenohara. Ein paar englische Beschriftungen bietet das Museum zwar, aber nicht zu allen Exponaten. Dennoch ist es ein faszinierender Halt, um etwas über Japans Vorgeschichte zu erfahren.

Begräbnis gefällig?

IBUSUKIS GENIALES SANDBAD

Die ganze vulkanische Aktivität bedeutet, dass gute Onsen nicht weit entfernt sind. Tatsächlich ist die Präfektur Kagoshima voll davon. Wenn es dir zu eintönig wird, in heißes Wasser zu steigen, wie wäre es damit, in heißen *Sand* zu steigen? Das gibt's zwar auch anderswo, etwa im Takegawara-Onsen in Beppu (S. 626), aber besser ist es hier in **Ibusuki**. Die Stadt Ibusuki ist hübsch und friedlich; die meisten Einkaufszentren aus einer Zeit, als japanische Scharen Ferien an der Küste machten, sind geschlossen. Aber im **Sand-Onsen Ibusuki Hakusuikan** (指宿白水館砂むし温泉) ist immer noch gut Betrieb.

Erst zahlst du Eintritt und gehst in die Umkleide. Anders als in den meisten Onsen, wo du dich erst waschen

MEHR SEHENSWERTES RUND UM KAGOSHIMA

Chiran
Diese Samurai-Stadt hat hervorragend erhaltene alte Häuser, von denen mehrere zu besichtigen sind.

Kap Sata
Am südlichsten Punkt von Kyūshū gibt's einen Leuchtturm und einen wunderbaren Meerblick.

Tarumizu
Putziges Fischerdorf an der Nordostseite der Kinkō-Bucht, berühmt für sein *biwa*-Softeis.

BRIZE99/SHUTTERSTOCK ©

Sand-Onsen in Ibusuki

musst, ehe du ins Becken steigst, ziehst du dich hier einfach aus, legst die Kleider in einen Korb und ziehst einen Baumwoll-*yukata* an. Folge den Schildern aus dem Gebäude und einige Stufen abwärts zu einem bedeckten Stück dunklen Sandstrand. Das Personal mit Schaufeln und Kopftüchern gräbt eine sarggroße Kuhle in den Sand. Auch ohne Japanischkenntnisse ist der nächste Schritt klar: ins Loch legen. Mit geübten Schaufelbewegungen, die deinen Zehen und anderen Körperfortsätzen gefährlich nahe kommen, bedecken sie dich bis zum Hals und legen dir sanft ein Onsen-Handtuch auf die Stirn, damit der Schweiß nicht in die Augen läuft. Denn der läuft. Der heiße, schwere Sand wirkt sofort, und meist wird geraten, wegen des Risikos von Schwindel und Dehydrierung nur ein paar Minuten liegen zu bleiben. Bleibst du länger drin, kommst du krebsrot aus der Grube. Stehe langsam auf, trinke das Eiswasser und reinige dich im Badebereich vom Sand, bevor du in den Wasser-Onsen und schließlich in die Kleider steigst.

VORTREFFLICHES, ÜBERRASCHENDES SOFTEIS

Wenn du in die Gegend von Ibusuki kommst, halte Ausschau nach dem dortigen Softeis mit Spezialaroma: Okra. Ja, hier steckt man die grüne Schote, bei der man sonst an Gumbo und Cajun-Küche denkt, gern in die Eiscreme. Und das schmeckt! Auf vielen Eistüten sitzt als Topping ein Stück Okra. Während du in Kagoshima bist, kannst du noch andere schräge Sorten testen. In Tarumizu auf der anderen Seite der Bucht ist *biwa* (Loquat) beliebt. Lustig ist auch *amendoro,* Vanille-Softeis mit süßem Kartoffelsirup obendrauf. Köstlich sind sie alle, besonders in der sengenden Hitze von Kagoshima. Guten Appetit!

UNTERWEGS VOR ORT

Ein Busnetz verbindet die meisten Kleinstädte und Städte mit größeren Orten, in die Züge fahren. Nur eine Bahnlinie durchquert die Halbinsel bis Ibusuki, eine andere führt von Kagoshima nach Kirishima und weiter bis Miyazaki-Stadt. Am bequemsten reist du mit einem Leihwagen oder Taxi für einen halben oder ganzen Tag.

OKINAWA & DIE SÜDWEST-INSELN

HIMMLISCHE STRÄNDE UND VERZAUBERTE WÄLDER

Wandern, schnorcheln, schwimmen und in die Inselkulturen eintauchen.

Die Archipele der Südwestinseln, oder Nansei-shotō (南西諸島), gehören zu den Präfekturen Kagoshima und Okinawa. Während die Ōsumi-Inseln (einschließlich Yakushima mit üppigem Moos und uraltem Immergrün) historisch mit Japan verbunden sind, war das Gebiet von Amami-Ōshima bis Yonaguni (fast einen Steinwurf von Taiwan entfernt) im Süden einst das Ryūkyū-Köngireich, und die Spuren dieser Kultur – eng mit den Gezeiten und dem Mond verknüpft – prägen die lebendigen, korallengesäumten Inseln. Die Strände in der Präfektur Okinawa sind ein Publikumsmagnet, doch auch die Kultur verdient etwas Zeit. Die ethnische Vielfalt Okinawas spiegelt ihre wichtige Rolle im Handel und der Politik zwischen ost- und südostasiatischen Ländern über Jahrhunderte wider, die Militärpräsenz der Vereinigten Staaten seit dem Zweiten Weltkrieg sowie die Verlockungen der schönen Inseln zu Tauch- und Wassersportaktivitäten. Für gewöhnlich schwimmen Ortsansässige im Winter nicht, doch für Leute aus kühleren Gefilden ist die Wassertemperatur das ganze Jahr über genau richtig. Auf allen Inseln ist auch in schicken und sauberen Hotels mit harmlosen Insekten und Geckos zu rechnen – das ist einfach Teil des naturnahen Lebens.

DIE WICHTIGSTEN ZIELE

YAKUSHIMA
Prähistorische Bäume und moosbedeckte Lichtungen.
S. 678

AMAMI-ŌSHIMA & DIE AMAMI-INSELN
Von Wasserfällen bis Walbeobachtung.
S. 684

OKINAWA-HONTŌ
Ryūkyū-Geschichte und -Kultur.
S. 689

Links: Sanshin-Spieler (S. 694); Oben: Mantarochen, Ishigaki (S. 711)

ZAMAMI
Spektakuläre Riffe im Kerama-Nationalpark.
S. 698

MIYAKO-INSELN
Ein Traum für Strandbegeisterte.
S. 703

YAEYAMA-INSELN
Kultur und Natur im Einklang.
S. 708

Erste Orientierung

Eine Reise zu diesen entlegenen Inseln erfordert einiges an Planung, vor allem, wenn du dich auf die nur begrenzt verfügbaren öffentlichen Verkehrsmittel verlassen musst. Während der Taifun-Saison, meistens zwischen Juni und November, kann das Wetter deine Pläne durchkreuzen. Plane in diesem Fall, wenn möglich, mehr Zeit ein.

Yakushima, S. 678
Waldbaden zwischen tausendjährigen, immergrünen Bäumen, dramatisch-schöne Landschaften erkunden, in originellen Geschäften einkaufen und verborgene Schreine entdecken gehört hier zum Programm.

Amami-Ōshima & die Amami-Inseln, S. 684
Paddele, wandere, surfe, schwimme oder radle durch die einzigartige Flora und Fauna in diesem unberührten Paradies für Abenteuerlustige.

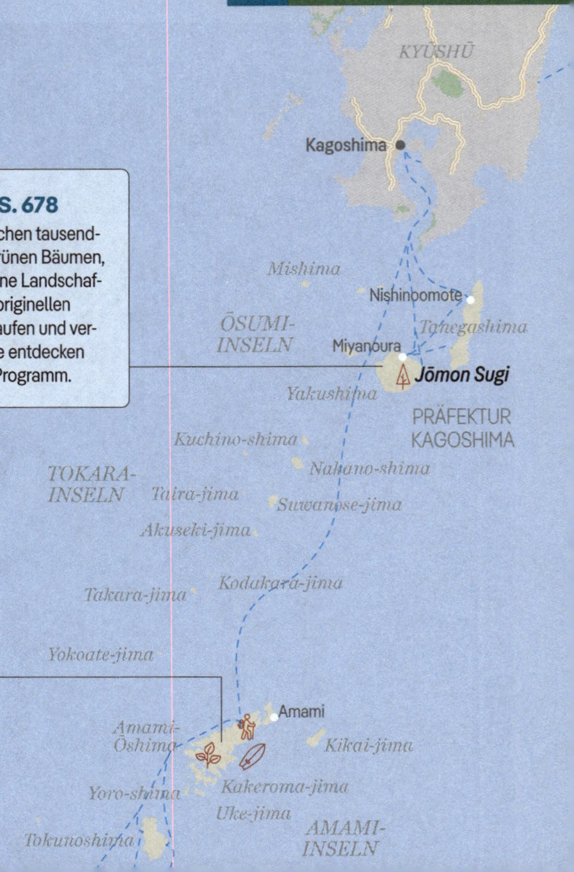

OKINAWA-INSELN
PRÄFEKTUR OKINAWA
Iheya-jima
Izena-jima
Ie-jima
Aguni-jima
Okinawa-hontō
Nago
Kume-jima
Okinawa City
Naha
Tonaki-jima
Aka-jima
Tokashiki-jima
Kerama-Inseln
MIYAKO-INSELN
Shimoji-jima
Irabu-jima
Hirara
Tarama-jima
Miyako-jima
YAEYAMA-INSELN
Yonaguni-jima
Kohama-jima
Ishigaki-jima
Iriomote-jima
Ishigaki
Taketomi-jima
Hateruma-jima
Kuro-shima
PAZIFISCHER OZEAN

Zamami, S. 698

Schnorchle durch das atemberaubend blaue Wasser in ein anderes Universum: die beschützten Riffe im Kerama-Nationalpark, eine bis zwei Stunden entfernt von Okinawas Hauptinsel.

Okinawa-hontō, S. 689

Entdecke die Vielfalt und die Faszination hinter der Ryūkyū-Kultur, wenn du ihren heiligen Naturstätten einen Besuch abstattest oder eine Tour durch die kulinarische Landschaft von Okinawas Hauptstadt machst.

Miyako-Inseln, S. 703

Abgeschiedene Buchten und lange, weiße Sandstrände mit sanftem, aquamarinfarbenem Wasser, das sich für Anfänger perfekt zum Schnorcheln eignet, machen die Miyako-Inseln zum perfekten Ort für Strand-Genießer.

Yaeyama-Inseln, S. 708

Breche auf zu Paddelboot-Touren durch die Mangrovenwälder, einem Ausflug auf einem traditionellen Segelboot oder entdecke seltene Vögel auf diesem äußerst abgelegenen Archipel.

FÄHRE

Fähren sind eine schöne und auch günstige Weise, zwischen den Inseln zu verkehren, leider bedienen sie aber nicht mehr das ganze Archipel. Nimm Okinawa-hontō oder Ishigaki als Ausgangspunkt für Fahrten zu anderen Inseln.

FLUGZEUG

Budgetfluggesellschaften machen es möglich, preiswert von Insel zu Insel zu kommen, auch Japan Airlines und ANA bieten hier Flüge an. Nach Yakushima gibt es keine Verbindungen zu anderen Inseln, also sollte man diese Insel mit einem Trip nach Kagoshima kombinieren.

AUTO & MOTORRAD

Mit der Ausnahme von Naha, wo es guten ÖPNV gibt, und Ishigaki, wo man mit dem Boot hinkommt, gibt ein Auto oder Motorrad dir die meiste Freiheit bei der Reiseplanung. Die besten Preise findest du vermutlich bei lokalen Autovermietungen, aber wahrscheinlich nur auf Japanisch.

Perfekte Tage

Wähle eine Insel als Ausgangsbasis: Yakushima zum Wandern, Amami-Ōshima für Natur, Okinawa-hontō für Kultur, Miyako-jima für Strände, Ishigaki oder Zamami zum Schnorcheln. Von dort geht's zu den nahen Inseln.

KOENIG_K/SHUTTERSTOCK ©

Okinawisches Shortbread

Wenig Zeit

- Fliege nach Naha, der Hauptstadt von Okinawa-hontō, koste dich durch die kulinarische Szene um den **Makishi-Markt** (S. 692) und kaufe okinawisches Shortbread oder *awamori* (Reislikör) als Souvenir.

- Am folgenden Tag bringt dich die Fähre nach **Kudaka-jima** (S. 695) zu heiligen *utaki*-Stätten oder das Schnellboot für eine Übernachtung nach **Zamami** (S. 698), um zwischen Korallen, tropischen Fischen und Meeresschildkröten zu schnorcheln.

- Vor dem Rückflug gibt's morgens fangfrischen Thunfisch auf dem quirligen *Iyumachi*-**Fischmarkt** (S. 691).

Beste Reisezeit

Regen im Mai und Juni behindert Wandern und Schnorcheln. Es gibt gute Schnäppchen und wenige Menschen. Der Herbst ist wunderschön.

FEBRUAR

Sichtung von Buckelwalen, besonders um Amami-Ōshima und **Zamami** (S. 698).

MAI

Drachenboote rasen über die Wellen; beim **Hārii-Festival** in Naha kann man sogar in einem fahren.

MAI

Auf **Iriomote** (S. 714) zwischen rosa *sagaribana*-Blüten in den Flüssen paddeln und schwimmen.

VON LINKS NACH RECHTS: OTTO-FOTO/SHUTTERSTOCK ©, KALAPANGHA/SHUTTERSTOCK ©, MUKKUN/GETTY IMAGES ©

Vier oder fünf Tage

- Der Hafen von Ishigaki ist eine gute Basis für **Vogelbeobachtungen** (S. 711), Schnorchelgänge und Ausflüge auf andere Yaeyama-Inseln.

- Ein bis zwei Nächte im ruhigen Dorf auf **Taketomi,** wo Steinmauern und traditionelle Häuser an eine vergangene Zeit erinnern, und ein Ausflug mit einem **Sabani-Segelboot** (S. 712).

- Auf einem Tagestrip nach **Iriomote** (S. 714) kann man durch Mangroven in den Dschungel paddeln.

- Die lebhaften Restaurants und Bars lassen **Ishigaki** (S. 708) großstädtischer wirken, als das Städtchen wirklich ist.

Länger Zeit

- Auf **Amami-Ōshima** (S. 684) heißt es Ausschau halten nach Wasserfällen und Walen.

- Lege auf dem Weg nach **Okinawa-hontō** (S. 689) einen Zwischenstopp am sensationellen Küstenstreifen von **Yoron-tō** (S. 688) ein und verbringe die Nacht in Naha.

- Fahre dann mit dem Mietwagen gen Norden nach **Yanbaru** (S. 694) und verweile einige Tage in einem Dorf, in dem alte Lebensweisen den Ton angeben. Schließlich geht's mit dem Flugzeug nach **Miyako-jima** (S. 703) zum Ausspannen an Stränden, den schönsten Ostasiens, heißt es.

JULI
Zu heiß fürs Sightseeing, also ab zum Strand und ins kristallklare Wasser in **Miyako** (S. 703).

SEPTEMBER
Die riesigen **Tug-o-war-Festivals** bei Vollmond laufen in jedem Dorf auf Yakushima etwas anders ab.

OKTOBER
Beim **Pāntu-Festival** in Miyako-jima verkleiden sich Männer als übernatürliche Wesen und exorzieren mit Schlamm böse Geister.

DEZEMBER
Rund um **Ishigaki** (S. 708) tauchen und farbenprächtige Nacktkiemer sehen.

YAKUSHIMA

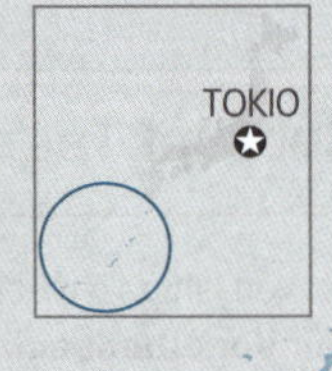

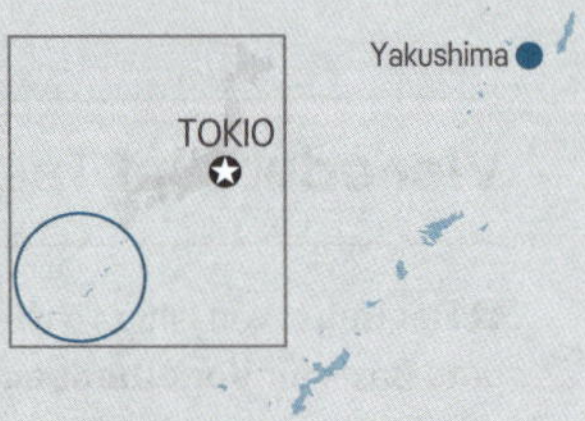

Yakushima (屋久島) ist die meistbereiste vulkanische Ōsumi-Insel (大隅諸島) in der Präfektur Kagoshima, ihre Nachbarinsel Tanegashima ist zum Surfen beliebt. Durch ihre Lage an der Spitze der Präfektur ist Yakushima kulturell (und logistisch) stärker mit Japan als den Inseln des einstigen Ryūkyū-Königreichs weiter südlich verbunden. Welterbe-Urwälder voller uralter *sugi*-Bäume (*Cryptomeria japonica*) und grünem Moos locken mit Bergabenteuern. Zitrusfrüchte wie *tankan* und *karin* und sogar Mangos und Drachenfrüchte gedeihen an der milden Küste, doch die fast 2000 m hohen Gipfel im Inland sind im Winter schneebedeckt. Bei der Anreise mit der Fähre ist vielleicht ein *tobiuo* (fliegender Fisch) zu sehen; er wird frittiert als Sashimi und in Dashi (Brühe) serviert. Im Vergleich zu Okinawa sind die Strände hier (wo Meeresschildkröten ihre Eier ablegen) selbst zur Hochsaison im Juli und August relativ ruhig.

TOP TIPP

Es regnet häufig, und viele Shops haben unregelmäßige Schließtage, also flexibel bleiben. Für eine große Wanderung besser ein oder zwei Tage extra einplanen, falls das Wetter schlecht ist.

SHIKEMA/SHUTTERSTOCK ©

Jōmon Sugi

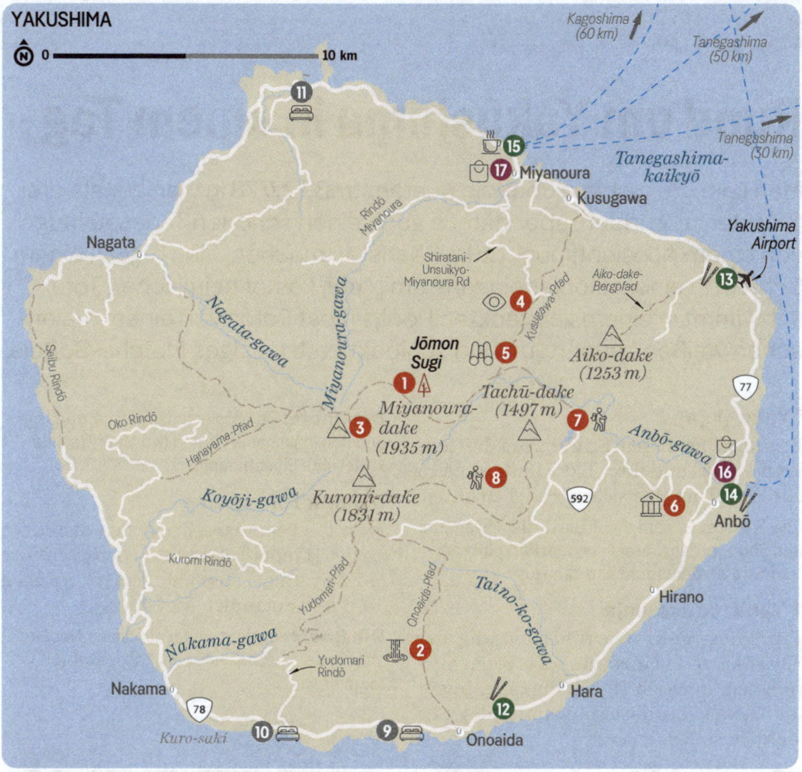

YAKUSHIMA

Auf zu einem prähistorischen Baum

DER GEIST DES WALDES

Das berühmteste Wanderziel auf Yakushima ist der prähistorische **Jōmon Sugi** (縄文杉), eine zwischen 2000 und 7000 Jahre alte Sicheltanne (auch Japanische Zeder genannt). Sie liegt fast im Zentrum der Insel und ist nur über einen Trail erreichbar, der in den Bergen oberhalb des Hafens Anbō startet. Traditionell wurden die alten Bäume der Insel als Götter verehrt, und spirituelle Pilgerreisen führten in den tiefen Wald, während die Baum-

ZIMMER MIT AUSBLICK AUF YAKUSHIMA

Yakusugirou Shichifuku
100 Jahre altes Gebäude im Fischerdorf Isso; wenig Privatsphäre, aber ganz viel Charme. ¥

Ananda Chillage
Große Badewannen und bequeme Sessel mit Aussicht auf den Ozean an der Südküste. ¥¥

Umi no Cottage Tida
Private Cottages nahe dem Yudomari-Onsen; Bäder halb im Freien und ein feines Restaurant. ¥¥¥

ROADTRIP

Rund um Yakushima in einem Tag

Man kann Yakushima über die Küstenstraße 77/78 in weniger als drei Stunden umrunden, aber daraus auch einen schönen Tagesausflug von einem Aussichtspunkt zum nächsten machen. Man hält an einem Schrein in einem Höhleneingang am Meer, kostet heimischen Tofu, schwimmt in einem versteckten Pool, knipst Fotos von einem malerischen weißen Leuchtturm und schleckt erstklassiges Matcha-Softeis.

1 Yaku-jinja

Beginn ist an diesem Schrein, um die Geister der Insel und ihrer Flora und Fauna zu ehren und um eine sichere Fahrt zu bitten.

Die Route: Es geht durch die Dörfer Miyanoura und Shitogo, dann direkt vor dem Parkplatz am Isso-Strand rechts zum Kap Yahazu.

2 Yahazudake-jinja

Ein befestigter Weg führt entlang der Felsenküste zu einem zinnoberroten *torii* in einem dunklen Höhleneingang, in der die Geister des Fischfangs und der Ehe wohnen sollen.

Die Route: Du passierst das Fischerdorf Isso und den Inakahama-Strand (wo Meeresschildkröten ihre Eier ablegen).

3 Shiba Tofu

Man folgt handgeschriebenen Schildern ab der Hauptstraße zum Laden (sieht wie ein Privathaus aus) und genießt frischen Tofu und Sojamilch im Freien.

Die Route: Es geht weiter auf dieser Nebenstraße, der Beschriftung zum Yakogawa-Tal folgen.

SHOJI NAKAMURA/SHUTTERSTOCK ©

Ōko-Wasserfall

4 Yokogawa-Tal

Ein sechsminütiger Fußweg vom Parkplatz bringt dich zum spektakulären Spot zwischen Felsbrocken. (Nicht schwimmen nach starkem Regen oder wenn Holzklötze im Becken liegen.)

Die Route: Zurück auf der Hauptstraße führt kurz vor dem Welterbe-Wald eine schmale Straße rechts zum Yakushima-tōdai.

5 Yakushima-tōdai

Die Felsklippe hinter diesem idyllischen Leuchtturm bietet eine grandiose Aussicht.

Die Route: Vorsicht beim Passieren des Welterbe-Waldes, wo man auf Affen und Wild treffen kann.

6 Ōko-Wasserfall

Wenn die Zeit nur für einen Yakushima-Wasserfall reicht, ist diese 88 m hohe Kaskade die eindrucksvollste.

Die Route: Nun folgt das dichter besiedelte Gebiet Yudomari.

7 Yudomari-Onsen

Yudomari hat rund um die Uhr geöffnet. Die 300 ¥ Eintrittsgeld sind auf Vertrauensbasis zu entrichten. Zelte trennen Männer- von Frauenbädern, ein Weg führt zum Gemeinschaftsbad am Ufer. Vor dem Einstieg ins Wasser mit einem Eimer abwaschen.

Die Route: Es geht um die Südspitze der Insel.

8 Sarukawa Banyan

Ein einzelnes rotes Schild markiert den Abzweig zum Ausgangspunkt. Der anstrengende 3-minütige Marsch führt zu einem imposanten Banyan-Hain.

Die Route: Weiter geht's über die Brücke nach Anbō und durch die Stadt.

9 Yakushima Hachimanju Tea Garden

Der Bio-Grüntee hier ist jedes Jahr die erste Ernte in ganz Japan und das Matcha-Softeis hier ist der Hammer.

CHILLEN IN ISSO

Kimika Baba,
Inhaberin der Pension Yakusugirou Shichifuku in Isso. @yakusugirou_shichifuku

Ich habe jede Präfektur in Japan mit dem Motorrad besucht und kam in meine Heimatstadt zurück, um sie zu beleben (die Bevölkerungszahlen sind rückläufig). Hier hat jedes Dorf seine eigene Kultur. Die Dialekte waren früher so verschieden, dass meine Großmutter die Leute aus dem Nachbardorf nicht verstand. Im Süden schwinden diese Unterschiede, denn das milde Klima zieht viele Menschen von anderswo an. Doch hier im Norden sind die Winter hart und das Gemeinschaftsgefühl ist noch ausgeprägt. Traveller sollten mindestens drei Nächte hier relaxen. Ich empfehle den Kaffee in der **Isso-Kafferösterei** und die handgefertigten Ohrringe und lokalen Snacks von **Shelly Coco.**

bestände am Rand der Insel auch Brennstoff und Bauholz lieferten. Im 17. Jh. wurden jedoch 70 % der über 1000 Jahre alten *yakusugi* – *Cryptomeria japonica* – gefällt; verschont wurde der Jōmon Sugi, wahrscheinlich der älteste Baum Japans, womöglich wegen seiner eigenartigen Form, nicht gerade gewachsen und groß genug für gutes Bauholz. Heute bedecken Wälder 90 % von Yakushima, und fast die Hälfte der Insel ist geschützter Nationalpark, ein Teil davon als UNESCO-Welterbe. Jōmon Sugi bleibt ein spiritueller „Kraftort" für sowohl für Einheimische als auch für Reisende aus aller Welt.

Um zum Jōmon Sugi zu wandern, übernachtet man am besten in einem der vielen *minshuku* (japanischer Gasthof), die Frühstück und Lunch für einen Aufbruch vor Sonnenaufgang packen (um die 8- bis 10-stündige Rundwanderung vor Einbruch der Dämmerung zu schaffen).

Von März bis November ist die Straße zum **Arakawa-Trailhead** (Ausgangspunkt) für Privatfahrzeuge gesperrt. Vom Parkplatz des Yakusugi-Museums fährt ein Bus dorthin (2400 ¥ hin & zurück; den aktuellen Fahrplan bei der Touristeninformation holen). Zunächst geht's im Schein einer Stirnlampe 8 km entlang einer alten Bahnlinie und über Brücken oberhalb steiniger Flussbetten. Bei Sonnenaufgang lassen sich vielleicht *yakushika* sehen, eine indigene Wildart, die im Unterholz grast. Vor dem Aufstieg auf den Berg über einen treppenartigen Trail besteht die letzte Möglichkeit, eine Toilette zu benutzen und die Wasserflaschen aufzufüllen.

Der Anstieg auf den Gipfel ist nicht mal 3 km lang, aber steil. Der Weg windet sich durch alten Waldbestand, in dem die größten Bäume über 800 Jahre alt sind, und Flüsse, die von Bergquellen gespeist werden. Der Jōmon Sugi ist an den schützenden Aussichtsplattformen erkennbar. Er ist zwar nicht so groß wie die Bäume ringsum, doch der Umfang des knorrigen Stamms beträgt mehr als 16 Meter. Es ist ratsam, den Rückweg vor 13 Uhr anzutreten (die Knie sind dankbar für Wanderstöcke). Wer unterwegs auf Affen trifft, sollte große Distanz wahren.

Weniger alltägliche Wanderrouten

MEGALITHEN, WASSERFÄLLE UND ALPINE MARSCHEN

Die Insel hält neben den Wanderungen zum Jōmon Sugi und dem Mooswald, der Details von *Prinzessin Mononoke* inspirierte, noch andere Routen bereit. Einheimischen zufolge sind es nicht mal die besten. Wer sie also abgehakt hat und auf weniger begehrte Strecken aus ist, versuche es mal hiermit:
Tachū-dake ist eine 8 km lange Tour, die im Park **Yakusugi-Land** beginnt, an Alpenrosen vorbei aufsteigt und schließlich an einem massiven Monolithen gipfelt. **Hananoego** ist eine alpine Marsch

ESSEN AUF YAKUSHIMA

Kobako (こばこ)
Im blauen Schiffscontainer neben dem Karin Snack Studio; täglich gibt's Snacks und *onigiri* (Reisecken) zum Mitnehmen. ¥

Warung Karang
Mittagsmenüs mit viel Gemüse bis 15 Uhr (eine der wenigen Optionen in Anbō nach 14 Uhr). ¥¥

Mori Cafe
Bunte Hütte am Straßenrand nahe dem Flughafen, die für Eisparfaits und Burger bekannt ist. ¥

und kann ein Zwischenhalt auf dem Weg zum Gipfel des **Miyanoura** sein oder wegen des Kontrasts von nebligem Hochland zu subtropischer Küste selbst ein Ziel. Als Belohnung für den 3,5 km langen Aufstieg vom Onoaida-Onsen zum **Janokuchi-no-taki** kann man unter dem Wasserfall schwimmen (Vorsicht vor Blutegeln). Den kostenlosen Reiseführer *Welcome to Yakushima* gibt's in der Touristeninformation am Flughafen oder Fähranleger.

Ins Land von Mononoke

EIN MAGISCHER MOOSGARTEN

Bei einer Tour durch die **Shiratani-Schlucht** (白谷雲水峡, Shiratani-unsuikyō) betreten Fans des Filmemachers Hayao Miyazaki und seiner Studio-Ghibli-Meisterwerke die Kulisse eines seiner Filme: Das Moos hier inspirierte den fantastischen Wald in *Prinzessin Mononoke*. Es bedeckt den Boden und hängt von Ästen in einem magischen Grün, das auf Fotos kaum festzuhalten ist. Der Trickfilm soll mindestens 200 Grünschattierungen für den Hintergrund in *Prinzessin Mononoke* verwendet haben.

Wer zum Jōmon Sugi wandern möchte, sollte vorher diesen kürzeren Halbtagestrip machen (um nicht zu erschöpft von der längeren Strecke zu sein). Der Eingang zum Park Shiratani Unsuikyō liegt ca. 30 Fahrminuten von Miyanoura entfernt; vereinzelt fahren Busse vom Hafen ab. Am Stand, wo 500 ¥ Eintritt zu berappen sind, liegen Karten mit möglichen Routen aus. Zum moosbedeckten Wald sind es etwa vier Stunden hin und zurück, es gibt noch längere, anstrengendere Strecken (der 10-minütige steile Anstieg am Ende des **Taikoiwa-Felsen**-Rundwanderweges beschert eine phänomenale Aussicht).

Wer die Erfahrung und Ausrüstung für eine Mehrtagestour hat, kann den Mooswald und den Jōmon Sugi in einer Zwei-Tage-Tour verbinden, wobei Campen auf einige Hütten beschränkt ist.

AUSRÜSTUNG

Die Kardinalregel „Keine Spuren zurücklassen" gilt hier auch für menschliche Abfälle, um viel besuchte Wälder gesund zu halten. Vor der Bergtour besorgst du im Supermarkt oder im Informationszentrum tragbare Toilettenpacks. Beliebte Strecken verfügen über Kabinen und Entsorgungsbehälter am Startpunkt. Wappne dich für plötzliche Regengüsse: Wer keine Regenkleidung hat, leiht sie im **Sangaku Tarō Shop**. Im **Yakushima Karin Snack Studio** gibt's regionale Fruchtsäfte und Gebäck, oder du bestellst am Tag davor *bentō* von **Kamogawa Bentō** (neben dem Restaurant Kamogawa). Eine Karte ist unerlässlich, und am Start füllt man einen *tōzan todokede* (Routenplan) aus.

Surfen auf Tanegashima

MIT DEN EINHEIMISCHEN AUF DIE WELLEN

Die heruntergekommenen Resorts auf Yakushimas Nachbarinsel Tanegashima (種子島) lassen erkennen, dass ihr Höhepunkt als Urlaubsdestination passé ist, doch die Insel ist ein Surfer-Hotspot! (Zwischen Kagoshima und Yakushima kann dies ein Zwischenhalt sein.) Sie ist unter den Südwestinseln einer von wenigen Orten, wo man nicht zu fernen Wellenbrechern paddeln oder mit dem Boot fahren muss. Die japanische Surfgemeinde reist für die Tubes und großen Wellen an, doch es gibt auch gute Anfängerplätze. Tanegashima hat 15 verschiedene Surfspots zur Auswahl, je nach Wetter und Saison.

Shiratani-Schlucht

UNTERWEGS VOR ORT

Von Kagoshima starten Boote und Flugzeuge nach Yakushima. Das Flugzeug ist verlässlicher als die Fähre (die bei stürmischem Meer ausfällt), doch auch hier gibt's oft wetterbedingte Verspätungen. Auf der Insel fahren unregelmäßig Busse, und viele Orte sind ohne Auto schwer zu erreichen. Ohne Mietwagen sucht man sich eine Unterkunft in Hafen- oder Flughafennähe und plant gut, um nicht irgendwo zu stranden.

AMAMI-ŌSHIMA & DIE AMAMI-INSELN

Amami-Ōshima (奄美大島) ist die größte der Amami-Inseln (奄美諸島 Amami-guntō) im Ostchinesischen Meer zwischen Kyūshū und Okinawa und muss nicht mehr lange auf ausländische Reisende warten. Seit sie 2021 zum UNESCO-Weltnaturerbe erklärt wurde, strömen aus Japan Scharen in dieses subtropische Paradies für Outdoor-Aktivitäten wie Wandern, Surfen, SUP und Vogelbeobachtungen. Im Winter schnorchelt man hier neben Walen und im Sommer zwischen Schildkröten. Auf Kajaktouren durch Mangroven oder einer Nachtfahrt sind endemische Spezies zu entdecken. Nicht zu vergessen die Sumō-Ringe in fast jedem Dorf, *fukugi*-Hecken und Mondrituale, die auf die kulturellen Verbindungen mit dem ehemaligen Ryūkyū-Königreich hinweisen.

Von Amami-Ōshima sind kleinere, entlegenere Inseln des Archipels erreichbar; auf Okinoerabu-jima gibt's Sandsteinhöhlen, auf Tokunoshima Hasen, auf Kakeroma-jima Korallenwände, und auf Yoron-tō entspannt man am Strand.

TOP TIPP

Am Flug- oder Fährhafen von Amami-Ōshima den Führer *Amami Islands Rules* zum Schutz des einmaligen natürlichen Lebensraums mitnehmen. Grundregeln: Müll einpacken, auf ausgeschilderten Trails bleiben, Pflanzen stehen lassen und zu Tieren Distanz halten.

MIZ/SHUTTERSTOCK ©

Mangrovenwald

AMAMI-INSELN

Kagoshima (350 km)
Ostchinesisches Meer
Sani
Amami
Kise
Amami (Naze)
Naha (280 km)
Amami-Ōshima
Uken
58
PAZIFISCHER OZEAN
Koniya
Sesō
Kakeroma-jima
0 10 km

SEHENSWERTES
1 Kuninao
2 Mangrovenpark
3 Saneku-Strand
4 Dorf Yamato

AKTIVITÄTEN
5 Leap Scuba Amami

SCHLAFEN
6 Denpaku-Amami-Hotel
7 Hub a Nice Inn
8 Miru Amami

ESSEN
9 Aji no Sato
10 Amami Yakuzen Tsumugi-An
11 Hisakura
12 Minatoya
13 Natsukashaya
14 Yamato Mahorobakan
siehe 7 Yoru no Obanzai

Paddeltour durch unberührte Mangroven

EINFACHE KAJAKFAHRTEN

Die einfachste und günstigste Variante, durch Japans zweitgrößten Mangrovenwald zu paddeln, ist eine einstündige Gruppentour. Dazu mindestens 20 Minuten vor Beginn in der Halle von Amami-Ōshimas **Mangrovenpark** (マングローブパーク) eintreffen (Reservierung empfohlen, aber nicht erforderlich. Achtung: Privattouren starten von einem anderen Parkplatz). Sie werden Kanutouren genannt, erfolgen aber im Plastikkajak mit Regenschutz und Badeschuhen, wenn nötig. Bei Flut paddelt man durch den

ÜBERNACHTEN AUF AMAMI-ŌSHIMA

Hub a Nice Inn
Rustikale Unterkunft mit großartiger Plattensammlung, pfiffiger Ausstattung und einer freundlichen Katze. ¥

Denpaku Amami Hotel
Hippes, unpersönliches (und etwas modriges) Hotel, zehn Autominuten vom Flughafen entfernt. ¥¥

Miru Amami
Familienfreundliche Villen am Meer mit großen Patios, Blick auf den Sonnenuntergang und lokalen Speisen. ¥¥¥

KOKUTO SHŌCHŪ

Setouchi Shuhan in Koniya ist der einzige Shop, der alle 120 Sorten des *kokutō shōchū* anbietet, der Zuckerrohrschnaps wird nur auf den Amami-Inseln hergestellt (300 ¥ pro Kostprobe). Echter *shōchū* wird aus *kōji* (der Schimmelpilz verwandelt Stärke in fermentierbaren Zucker), Hefe und einer Hauptzutat gebraut (Reis, Gerste oder Süßkartoffel) und nur einmal gebrannt (er hat mehr Geschmack als mehrmals destillierter Alkohol wie Wodka). *Shōchū* ist 70%iger Alkohol, wird aber üblicherweise bis auf 25% verdünnt und hat keinen Restzucker. Manche *kokutō shōchū* behalten den grasigen Geschmack des Zuckerrohrs oder Melassenoten, andere schmecken nussig und voll. Lecker mit Soda, kaltem oder sogar heißem Wasser.

Mangroventunnel mit niedrig wachsenden Bäumen im salzigen Mündungsgebiet. Bei Ebbe kann man aussteigen und verschiedene Krabbenarten sehen und ebenso Küstenvögel, die sie fressen. Der Guide erzählt (meist auf Japanisch, danach eine Kurzfassung auf Englisch) von den zwei Arten Mangrovenbäumen, die hier wachsen, und den Lebewesen, die sie bewohnen. Wer sich vorher in der Ausstellung des **Welterbe-Schutzzentrums** (奄美大島世界遺産センター) im Neubau nebenan mit der örtlichen Flora und Fauna vertraut macht, hat mehr vom Ausflug.

Natur trifft auf Kultur

WASSERFÄLLE, STRÄNDE UND SUMŌ-RINGE

Das Dorf **Yamato** (大和村) im Westen von Amami-Ōshima umfasst tatsächlich 11 winzige Weiler und die Berge und das Meer ringsum. Hier kann man je nach Jahreszeit traditionellen Tanz erlernen, natürliche Färbetechniken ausprobieren oder auf lokalen Fischerbooten hinausfahren. Mit etwas Glück findet eins der zahlreichen Festivals statt, die das Jahr über in den Weilern ausgetragen werden. In **Hōnensai** führt eine *noro*-Priesterin im achten oder neunten Monat des Mondkalenders ein Ritual aus, das in einem Sumōkampf gipfelt. Aktivitäten, Events und Unterkünfte sind auf der Tourismuswebsite (amami.org) des Dorfes gelistet. Wer nur am Strand ausspannen, schnorcheln oder ein Paddelboard leihen möchte, begibt sich zu den ruhigen Gewässern von **Kuninao**. Hier gibt's Duschen und Umkleiden am Sandstrand und eine **Leihfirma** in einem blauen Schiffscontainer, die nur bei gutem Wetter öffnet oder mit einer Reservierung (0997-57-2828); nebenan steht eine schrullige Snackhütte namens **Bee Lunch**.

Abseits der Touristenpfade

DAS GEMÄCHLICHE LEBEN AUF KAKEROMA

Wenn man **Kakeroma** (加計呂麻島; Kakeroma-jima) auch nur betritt, verlangsamt sich die Zeit. Auf der Insel mit rund 1000 Ansässigen wird der Mobiltelefonempfang schlechter, je weiter man sich von der Hauptstraße entfernt. Es gibt nichts zu wünschen oder zu tun, außer den Vögeln und Wellen zu lauschen, im glänzend türkisen Ozean zu baden, sich unter uralten Banyan-Bäumen zu aalen und die Aussicht zu genießen. Doch Anreise und der Transport vor Ort erfordern gute Planung. Traveller unterschätzen oft die Größe der Insel und den Mangel an touristischer Infrastruktur. Die Inselbevölkerung begrüßte in den letz-

DIE NORO VON OKINAWA

Auf der heiligen Insel **Kudaka-jima** (S. 695) waren *noro* Frauen, die zu Zeiten des Ryūkyū-Königreichs als höchste, spirituelle Instanzen der Gemeinde galten.

ESSEN AUF AMAMI-ŌSHIMA

Yoru no Obanzai Snacks und *izakaya* (Kneipenessen) in einer aufpolierten Garage in Setouchi. Nur an Wochenenden. ¥

Natsukashaya (なつかしゃ家) Heimeliges Restaurant in Naze mit nostalgischen lokalen Speisen. Unbedingt reservieren! ¥¥¥

Amami Yakuzen Tsumugi-An Gute Lunchoption nahe dem Mangrovenpark, von wilden Kräutern grün gefärbte Soba. ¥¥

Saneku-Strand

ten Jahren meist den Besucherstrom, im Gegenzug sollen keine Blumen gepflückt und kein Müll zurückgelassen werden.

Für einen Tagestrip packt man am besten ein Lunchpaket ein und geht zum **Saneku-Strand.** Fähren und Wassertaxis fahren von **Koniya** an Amami-Ōshimas Südspitze zu den Häfen **Sesō** und Ikenma auf Kakeroma (Ersterer ist zu empfehlen). Im Hafen Koniya gibt's keine englischen Hinweise, doch das Personal am Infostand spricht Englisch und hilft mit den Boot- und Buszeiten (damit man nicht irgendwo strandet). Fürs Wassertaxi (12 Personen pro Boot) mindestens 15 Minuten vor Abfahrt kommen und 400 ¥ bereithalten, die man in eine kleine Holzschachtel neben dem Kapitän wirft. In nur 20 Minuten ist der Kanal überquert. Am Sesō-Hafen gibt's nichts außer einem Warteraum und einem Laden gegenüber, der *bentō* verkauft (falls er geschlossen hat, gibt's an diesem Ende der Insel keine Alternative). Die Bushaltestelle auf dem Parkplatz ist ein nicht beschilderter Unterstand mit einer Bank. Die Fahrt nach Saneku dauert 50 Minuten.

Der Saneku-Strand schmiegt sich in eine kleine Bucht des Kanals zwischen Kakeroma und Amami-Ōshima. Das ruhige, klare Wasser glitzert hier in Aquamarinblau. An diesem Ort lernen die Schulkinder (nur zwei zur Zeit der Recherche) der Grundschule an der Straße zu schwimmen. Muscheln und Meerglas liegen auf dem weißen Sandstrand, den man an einem bewölkten Tag auch mal ganz für sich hat.

AMAMI-HAUSMANNSKOST

Keihan-Reis repräsentiert eins der wichtigsten Agrarprodukte der flachen Nordhälfte von Amami-Ōshima: Huhn. Die Hauptzutaten sind Reis, der in heißer Hühnerbrühe badet, und eine Reihe von Toppings, meist Hühnergeschnetzeltes, gedünstete Shiitake, Omelettstreifen, eingelegte Papaya und Zitronenschale. Serviert wird die Suppe meist mittags. Das **Hisakura** in Tatsugo ist eins der beliebtesten *keihan*-Lokale. Allerdings soll das Gericht in **Minatoya**, nahe der Küste von Akakina, seinen Ursprung haben. In Supermärkten und Souvenirshops findet man *keihan*-Sets, mit denen man die Speise zu Hause leicht zubereiten kann.

SÜSSE LECKEREIEN AUF AMAMI-ŌSHIMA

Yamato Mahorobakan
Stand an der Küstenstraße; *sumomo*-Tarte (saure Pflaumen) und schön bitteres *tankan*-Softeis (heimische Zitrusfrucht). ¥

Aji no Sato
Markt unweit des Flughafens; lokale Produkte und ein süß fermentierter (nicht alkoholischer) Drink namens *miki*. ¥

Little Bay
Das Café in Koniya verkauft saisonale Eissorten wie gesalzenes Zitroneneis und Backwaren, etwa Karottenkuchen. ¥

TOUREN & GUIDES

Megumi Kanazawa, Fotografin und lizenzierte Reiseleiterin und Dolmetscherin. *@travel.richwoman*

Ich bin nach Amami-Ōshima gezogen, weil es Berge, Wald, Flüsse und schöne Strände gibt; die Kultur ist einzigartig und die Bevölkerung warmherzig. Es gibt nicht viele englische Schilder oder öffentliche Verkehrsmittel. Daher ist ein Guide oder eine Tour eine gute Idee. Orte wie der Urwald Kinsakubaru können nur mit lizenziertem Guide betreten werden. Ich empfehle folgende Touren:

Leap Scuba Amami
Es gibt auch Schnorcheltouren.

Amanico Amami Tour Guide
Seiya Kokabu nimmt dich mit zum Paddelboarding.

Ganso Night Tour
Die originale Nachttour, um Amami-Hasen zu sehen.

Mit etwas Zeit wandert man die Straße entlang, wo die Häuser vor Taifunen mit Korallenwänden geschützt sind, die (ohne Mörtel) gebaut wurden, um die Brise durchzulassen und die Häuser im Sommer zu kühlen. In den Lücken verstecken sich gerne Habu-Schlangen, daher liegen in regelmäßigen Abständen Stöcke zum Schutz bereit. Eine weitere interessante Innovation der Insel sind an Pfosten gebundene, umgedrehte Plastikflaschen ohne Boden für Zeitungen, die der Busfahrer jeden Morgen nach dem ersten Boot verteilt.

Für die Rückfahrt bringt dich der Bus direkt vor Abfahrt zur Fähre zurück. Fürs Wassertaxi muss man 40 Minuten vorher kommen, um sich anzustellen (die Abendboote füllen sich rasch). Ist der Laden gegenüber geöffnet, versüßt ein Maracuja-Eis die Wartezeit. Anstellen muss man sich bei den Stufen, die ins Nichts führen, und aufpassen, dass man nicht auf eins der gecharterten Privatboote steigt. Das richtige Boot wird an diesen Stufen zur planmäßigen Zeit anlegen.

Zwei Stunden auf der Insel Yoron

DIE SÜDLICHSTE AMAMI-INSEL

Etwa 100 km nördlich von Okinawa-hontō bietet **Yoron** (与論島; Yoron-tō) die ideale Unterbrechung auf der Reise zwischen Amami-Ōshima and Okinawa-hontō oder auch für einen reinen Entspannungsurlaub. Das Eiland ist mit Flugzeug und Fähre zu erreichen und so klein, dass es in 90 Minuten mit dem Fahrrad umrundet ist; ein Moped oder E-Bike gibt's bei **Yoron Rental Car** (ヨロンレンタカー). Schon ein 2½-stündiger Aufenthalt reicht für ein kurzes Mittagessen und einen schönen Bummel an der felsigen Westküste.

Ein knapp zehnminütiger Fußmarsch bringt dich vom Flughafen zum **Blue Coral Reef**, wo sich ein Teller *gyōza* mit Schweinefleisch und eine Schüssel Soba mit *mozuku* (glitschige, lila-grüne Algenfäden) anbieten. Vom Fenster ist der **Paradiesstrand** zu sehen (hinter dem Restaurant führt ein Pfad durchs Dickicht um mehrere Schaukeln am Strand).

Zu einem Bummel geht's vom Restaurant rechts über Stufen auf einen Weg an der Küste entlang. Es duftet nach wilden Kräutern und Gischt von den Wellen, die gegen dunkelgraue Klippen schlagen. Nach knapp einer Stunde sind mehrere tolle Aussichtspunkte und ein Bahnhof nach Nirgendwo erreicht. Der Weg endet am Fährhafen, von dort zum Flughafen sind es 10 Minuten zu Fuß an der Straße entlang. Wenn noch Zeit ist, bestellt man sich im einzigen Flughafenrestaurant eine Erfrischung und sieht dem Treiben auf dem Rollfeld zu.

UNTERWEGS VOR ORT

Die Stadt Naze auf Amami-Ōshima, wo die Fähre einläuft, ist nicht gerade die hübscheste, doch hier starten Busse ins Dorf Yamato an der Westküste und Setouchi im Süden nahe Koniya (Anbindung an Kakeroma-jima). In Naze beginnen auch zahlreiche Touren und Aktivitäten. Es gibt einen Direktbus vom Flughafen nach Setouchi. Mit einem Mietwagen ist mehr von der Insel zugänglich, doch Vorsicht auf schmalen, kurvenreichen Straßen im Inneren und vor Wildtieren auf der Straße: Die einfachste Strecke nach Yamato führt durch Naze.

OKINAWA-HONTŌ

Die Hauptinsel der Präfektur Okinawa ist Okinawa-hontō (沖縄本島), oft einfach Okinawa genannt, deren Popularität als sonnenverwöhnte, semi-tropische Destination es mit Hawaii aufnehmen kann. Flitterwöchner verbringen hier einen romantischen Strandurlaub, was zwar auch anderswo geht, doch die Strände der äußeren Inseln (wie Miyako oder Zamami) sind unberührter (und einsamer). Okinawas reizvolle, reiche Kultur unterscheidet sich vom Rest Japans. Die Menschen auf Okinawa-hontō – jahrhundertelang das politische und religiöse Zentrum der Ryūkyū – sind stolz darauf, ihre Kultur trotz der früheren Ausbeutung durch China, Japan und die USA bewahrt zu haben. Japan erzwang die Assimilation im 19. Jh., doch die Muttersprache prägt heute noch die Art, wie gesprochen wird, und die Ryūkyū-Kultur ist in Textilien, Architektur, Essen und Ritualen sichtbar.

TOP TIPP

Im Yanbaru (S. 694) im Norden gibt's indigene Wildtiere und traditionelles Dorfleben. In Kudaka-jima (S. 695) wartet das beunruhigende Nichts der heiligen Stätten. Naha punktet mit vielfältiger Kulinarik. Auf die äußeren Inseln geht's zum Schnorcheln und Tauchen in klaren, weniger vollen Gewässern.

Shuri-jō (S. 693)

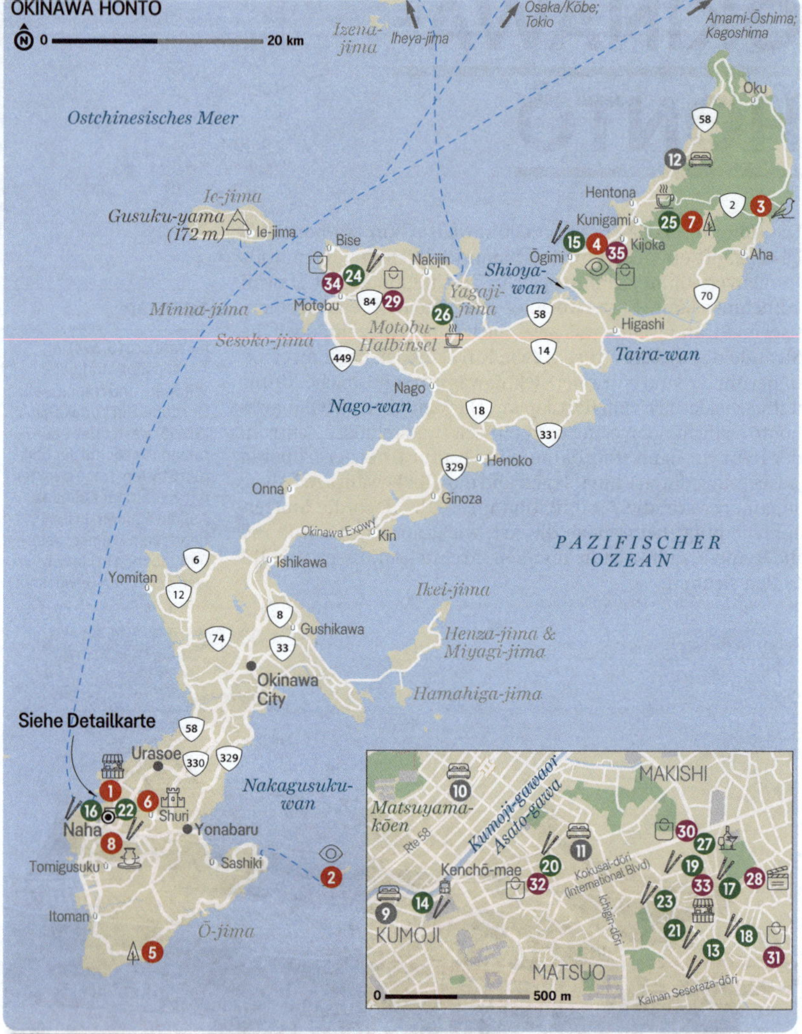

SEHENSWERTES
1 Iyumachi-Fischmarkt
2 Kudaka-jima
3 Kuina no Mori
4 Ōgimi Bashofu Centre
5 Okinawa Friedens-park
6 Shuri-jō
siehe 6 Suikara
7 Yanbaru-Nationalpark

AKTIVITÄTEN
8 Okinawa-Zentrum zur Förderung des Handwerks

SCHLAFEN
9 Kitchen Hostel Ao
10 Omo5
11 Southwest Grand
12 Yanbaru Hotel Nanmei Shinshitsu

ESSEN
13 Aka Tombo
siehe 33 Ayumi
14 Better Girl
15 Emi no Mise
16 Kame Kame
17 Le Bois
18 Natural Food and Snack Mana
19 Pork Tamago Onigiri
20 Ryuness
21 South Indian Dining Malayalam
22 Urizun
23 Yafuso Chicken
24 Yume no Ya

AUSGEHEN
25 Buchcafé Rail
26 Fifi Parlor
27 Gurumaw

UNTERHALTUNG
28 Sakurazaka-Theater

SHOPPEN
29 Aikaze
30 Kokutōya
31 Kuganiyaa
32 Kuusuya
33 Makishi-Markt
34 Motobu-Markt
35 Yanbaru-Kunst-handwerk

Iyumachi-Fischmarkt

Restaurant-Hopping in Naha

DURCH DIE HAUPTSTADT DEGUSTIEREN

Die traditionelle okinawische Ernährungsweise (hoher pflanzlicher Anteil, ergänzt mit etwas Fisch) wird allgemein mit Langlebigkeit in Verbindung gebracht, doch japanische Traveller reisen nach Okinawa-hontō für Tacos und Pizza. Die Küche Okinawas umfasst Einflüsse aus China, Südostasien, Polynesien, Nordamerika und den japanischen Hauptinseln sowie heimische Zutaten und Speisen.

Zur Thunfischauktion am **Iyumachi-Fischmarkt** muss man früh kommen (gegen 6 Uhr). Inmitten von Marinas und Schiffscontainern ist Iyumachi wie eine Miniversion von Tokios Tsukiji-Fischmarkt. Schon draußen ist der Holzrauch vom *yaki-imo*-Stand (gebratene Süßkartoffel) zu riechen, drinnen überwiegt der Geruch von frischem Meerwasser. Wegen der Nähe zu den Fanggründen – für Roten, Gelbflossen-, Großaugen- und Weißthun – ist der Thunfisch hier meist frisch und nicht tiefgefroren. Für's Frühstück gibt's Sashimi oder gegrillten oder gebratenen Fisch an einem der Stände.

DIE BESTEN KONBINI

Sogar große Supermarktketten wie 7-Eleven und Family Mart bedienen den Geschmack vor Ort und führen regionale Produkte. In Okinawa gibt's Schinken-*onigiri* und viele neuartige Snacks und Drinks.

Orion Watta
Die fruchtigen *chūhai*-Cocktails aus der Dose mit *shiikuwāsā*- und Maracuja-Geschmack sind meist sehr süß, aber es gibt eine neue zuckerfreie Variante, ähnlich einem Hard Seltzer.

Sabachi
Der salzige Snack aus Makrelen hat die Textur von Krabbenchips und passt gut zu Bier oder *awamori*.

Suppaiman
Ein Wortspiel aus *suppai* (sauer) und einem gewissen berühmten Superhelden. Die *umeboshi*-Süßigkeiten (eingelegte Pflaumen) sind süß, salzig und sauer zugleich.

One-Cup Awamori
In Einzelportionen abgefüllter *awamori*, die regionale Spirituose, ist ideal für Picknicks und klein genug, dass man ihn leicht verstauen kann.

HIPPE HOTELS IN NAHA

Omo5
Kleine, stylishe Zimmer, Café im 1. Stock und eine große Bücherei (perfekt für mobiles Arbeiten). ¥¥

Kitchen Hostel Ao
Stockbetten mit Vorhängen in großen, gemischten und reinen Frauenschlafsälen über einem lebhaften Café. ¥

Southwest Grand
Geräumige Zimmer mit modernem Touch. Zugang zu Pool und Sauna im Dachgeschoss. ¥¥¥

PIXHOUND/SHUTTERSTOCK ©

Makishi-Markt

WAS IST AWAMORI?

Schon mal *awamori* mit Eiswasser oder eine scharfe Soße auf *awamori*-Basis probiert? Was ist dieser regionale Alkohol eigentlich? Die Hauptzutat ist thailändischer Indica-Reis, ein Erbe des Handels zwischen dem Ryūkyū-Königreich und Siam (heute Thailand). Der Reis wird mit schwarzer *kōji* (die Pilzart verursacht die Fermentierung von Miso bis Sake) geimpft, mit Wasser und Hefe zu Maische gebraut, die einmal gebrannt und auf 30 bis 40 % Alkoholgehalt verdünnt wird. Traditionell lagert *awamori* sechs bis zwölf Monate im Tontopf, bevor er abgefüllt wird. *Awamori*, der älter als drei Jahre ist, heißt *kūsu*. Zur Ryūkyū-Ära wurde er chinesischen Gesandten serviert und als Tribut an den japanischen Shogun geschickt. Bis heute ist er ein integraler Bestandteil von Ritualen und Feierlichkeiten.

Spätkommende gehen stattdessen zum **Kame Kame** (ab 10.30 Uhr), einem altmodischen Nudelshop in einem pinkfarbenen Gebäude. Okinawa-Soba sind dicke Weizennudeln, die hier in Bonitobrühe serviert werden. In Japan ist Beifuß fast ausschließlich eine Süßspeisenwürze, doch in Okinawa wird es in allen möglichen Gerichten verwendet – im Kame Kame kann man beliebig viel in die Nudelsuppe geben. Zum Abschmecken stehen auf den großen hölzernen Picknicktischen rote Chilipaste, eingelegter roter Ingwer und *kōrēgusu* (Chilisoße mit *awamori*).

Der **Makishi-Markt** liegt etwas abseits des touristischen Kokusai-dōri (Internationale Straße). Früher wurde hier noch der tägliche Einkauf erledigt, heute ist man meist auf der Suche nach einem speziellen Fisch für ein Fest. Er zog 2023 in ein neues Gebäude, doch die meisten alten Läden kamen mit und verkaufen Fisch, Meeresfrüchte, Eingelegtes und Algen im 1. Stock. Im 2. Stock befinden sich die Restaurants und auch **Ayumi**, ein kleiner Shop mit ausschließlich klassischen *sata andagi*, leicht süßen Okinawa-Donuts.

In den umliegenden Passagen ersetzen trendige Cafés und Boutiquen zunehmend die älteren Gemüse- und Kleider-

NAHAS VEGANE KÖSTLICHKEITEN

Natural Food and Snack Mana
Kräutertees, vegane Süßspeisen und Mittagsmenüs mit heimischen Produkten und braunem Reis. ¥¥

South Indian Dining Malayalam
Elegantes Bistro im Souterrain, das Dosa und vegane Kerala-Currys offeriert. ¥¥

Ryuness
Lokal im Obergeschoss; essbare Blüten und frisches Gemüse zieren veganes „Brathühnchen" und Sushi. ¥¥

geschäfte und beleben die Gegend. Es gibt jede Menge Orte für Okinawa-Gerichte wie etwa *tamago onigiri* mit Schweinefleisch im **Pork Tamago Onigiri** oder Taco-Reis im **Aka Tombo** und sogar einen Verkaufsautomaten der *awamori*-Bar **Gurumaw**, der für 200 ¥ einen Plastikbecher mit *awamori* nach Wahl befüllt. Am späten Nachmittag leuchten Papierlampions der *senbero* (besonders östlich des Marktes) auf, die für 1000 ¥ zwei Getränke und eine Speise oder drei Getränke anbieten. In der Ukishima Street, bekannt für Modeboutiquen, genießt man Tacos auf hausgemachten Tortillas aus blauem Mais und Cocktails mit frischgepresstem Saft für 500 ¥ beim **Yafuso Chicken,** das tagsüber ein Beschäftigungsprogramm betreut.

Fürs Abendessen wählt man zwischen moderner und klassischer okinawischer Kost. Das **Le Bois** (ル・ボワ) im 2. Stockwerk eines unprätentiösen Gebäudes mit Blick auf den Kibogaoka-Park serviert *maguro*-Tatar (Roter Thun) und -Bolognese mit *shiikuwāsā*-Zitrus verfeinert und eine umfangreiche Sammlung japanischer Weine – hin und wieder auch *awamori* aus der Heimatstadt des Chefkochs. Reservierung empfohlen! Seit Jahrzehnten ist **Urizun** (fünf Minuten vom Bahnhof Asato) ein Hotspot für lokale Küche und *awamori*. An der klobigen Holztheke kostet man *kusu*, altes *awamori* und Speisen wie *jimami-dōfu* (Erdnusstofu), *tōfu-yō* (*awamori*-Tofu), *umi-budō* (Meeres-„Trauben") und *chanpuru*.

Die Struktur der okinawischen Kultur

DEM FADEN DER RYŪKYŪ-TEXTILIEN FOLGEND

Die Vielfalt und Komplexität der Ryūkyū-Textilien sind erstaunlich. Im Shuri-Färberei- und Webereimuseum **Suikara** nahe Shuri-jo kann man einen *bingata*-Workshop besuchen und Blumenmuster kreieren. Das **Ōgimi Bashofu Centre** im Norden von Yanbaru ist eine aktive lokale Produktionsstätte, wo Kunstschaffende Bananenfasern zu geometrisch gemusterten Stoffen in Beige-, Braun- und Goldtönen weben und unterrichten – das Publikum sollte hier still beobachten. Eigene Versuche des Indigo-Färbens sind in Ganztageskursen im **Okinawa-Zentrum zur Förderung des Handwerks** möglich, unweit der Burg Tomigusuku am Rand von Naha. Auf anderen Inseln sind schlammgefärbte Ōshima-*tsumugi* zu sehen, tiefblaue Miyako-*jōfu*, helle Yaeyama-*minsah* und aufwendig gemusterte Yonaguni-*hanaori*. Das Traditionelle Handwerkszentrum von Miyako-jima-Stadt (S. 706) zeigt den aufwendigen Prozess zur Herstellung von Miyako-*jōfu* aus indigenen Nesselpflanzen.

RELIKTE AUS DEM RYŪKYŪ-KÖNIGREICH

Shuri-jō (首里城; Shuri-Burg) ist ein Denkmal des Ryūkyū-Königreichs. Es ist eine Replik der Burg aus dem 15. und 16. Jh., als das Königreich durch den Handel mit China, Südostasien und Japan und die Tribute von den Amami-, Miyako- and Yaeyama-Inseln florierte. Diese Einflüsse reflektiert die Architektur in der Funktion als königliche Residenz, Regierungs- und Religionszentrum sowie Zentrum des Handwerks und der darstellenden Künste. Japan annektierte Okinawa 1879 und machte die Burg zum Militärstützpunkt. Die US-Streitkräfte legten es während des Zweiten Weltkriegs in Schutt und Asche. 1992 und erneut nach einem Brand 2019 wurde die Burg wiederaufgebaut (aktuell geöffnet, aber Renovierungen sind im Gange). Shuri-jō symbolisiert Okinawas Assimilation an Japan und die Resilienz der abgrenzbaren Ryūkyū-Kultur.

LECKERE SOUVENIRS AUS NAHA

Kokutōya
Nascherei aus braunem Zucker von den Südwestinseln.

Kuusuya
Eine der größten *awamori*-Selektionen Okinawas, inkl. Geschenksets mit kleineren Fläschchen.

Kuganiyaa
Okinawa-Shortbread verpackt in blumige *bingata*-Stoffe.

RUNTER VOM GAS

Die *Yanbaru-kuina* oder Okinawaralle hat einen roten Schnabel, lange Beine und schwarz-weiße Streifen am Bauch. Sie kann nicht fliegen, deshalb hüpft sie zum Schlafen in die Bäume. In Yanbaru, dem einzigen Ort der Welt, wo diese gefährdete Spezies zu finden ist, markieren Straßenschilder Übergänge für die *kuina*. Autos zählen neben verwilderten Haustieren und Mangusten zu den größten Bedrohungen für diese Vögel. Zur Brutzeit im Frühling sollte man besonders vorsichtig fahren. Die Ralle lässt sich nur schwer aus nächster Nähe anschauen. Doch wer dieses nationale Kulturgut (offiziell seit 1982) näher beobachten möchte, begibt sich ins **Kuina no Mori** (クイナの森) im Dorf Kunigami. Dort gibt's ein Zuchtprogramm und eine informative Ausstellung.

In den Tiefen von Okinawa

EINBLICK INS LEBEN VOR ORT

Das Yanbaru Hotel Nanmei Shinshitsu (やんばるホテル南溟森室) im Norden an der Küste, am Rand des **Yanbaru-Nationalparks** (やんばる国立公園), umfasst eine Reihe alter Häuser, die zu stilvollen Unterkünften renoviert wurden. Das kleine Personal agiert als Brücke zwischen Gästen und der Gemeinde, schafft Reisenden einen Zugang zur Kultur, der sonst nicht möglich wäre, um diese für die nächsten Generationen zu erhalten. Mindestens zwei Tage Zeit nehmen.

Check-in ist in einem kleinen Büro abseits der großen Küstenstraße, von wo ein „Sherpa" (ihr Begriff) bis zum Check-out zum persönlichen Guide wird. Für Gäste im Dorf Jashiki (die anderen Häuser sind eine kurze Fahrt entfernt in Kijoka) lädt der Sherpa das Gepäck in einen Schubkarren und führt dich durch ein Labyrinth aus Hecken zum schick aufpolierten traditionellen Haus mit Bose-Soundsystem und Balmuda-Ofentoaster. Der *tōtōmē*-Altar im Haus ähnelt einem *butsudan* zur Ahnenverehrung in buddhistischen Haushalten, ehrt allerdings auch die Geister des Landes unterhalb des Hauses. Etwas Zeit nehmen, um anzukommen und mit dem WLAN zu verbinden. Es gibt kaum Mobilservice.

Der Sherpa führt dich durch die winzige Gemeinde, die nicht mal 30 Menschen zählt, und erläutert die praktische und spirituelle Bedeutung von Landschaftsgestaltung und Architektur, darunter die dichten *fukugi*-Hecken, die Häuser vor Wind und Feuer schützen, und den Schrein, in dem die Ansässigen zweimal im Monat Rituale abhalten, um Berge und Meer milde zu stimmen. Die Menschen hier leben in enger Verbindung miteinander und zum Land, wie es nicht nur in Okinawa, sondern weltweit immer seltener wird.

Mit etwas Glück hört man den Klang einer *sanshin,* ein Saiteninstrument ähnlich einer *shamisen*, und den Gesang okinawischer Lieder, bevor es zum Abendessen in ein nahes Restaurant geht (wahrscheinlich Fisherman's Dining mit täglich frischem Fang). Später beim Einschlafen auf einem Futon kann man den Flughunden im Mangobaum lauschen.

Am Morgen serviert der Sherpa kleine Gerichte, die eine Großmutter im Ort zubereitet hat. Unter Umständen besteht die Möglichkeit, gemeinsam am traditionellen *kamado* (Holzofen) Reis zu kochen. Je nach Interessenlage finden Tagesaktivitäten statt: eine ethnobotanische Wanderung durch den Wald, eine Segeltour auf einem traditionellen Holzboot, oder man schneidet die heiligen *fukugi*-Bäume zurück und färbt mit dem Baumschnitt einen Stoff gelb ein. Der Sonnenuntergang über dem Ostchinesischen Meer ist ein Erlebnis, und

KÖSTLICHER ABSTECHER RICHTUNG YANBARU

Emi no Mise
Buntes Menü aus heimischem Gemüse, das auf der anderen Straßenseite angebaut wird. ¥¥

Fifi Parlor
Straßenstand mit Kaffee und Thunfischsandwiches; Schaukeln mit Blick auf einen Hafen. ¥

Yume no Ya
Traditionelle Okinawa-Soba auf einer sehr schmalen Bergstraße; aktuelle Öffnungszeiten erfragen. ¥

FEATHERCOLLECTOR/SHUTTERSTOCK ©

Kuina

Abendessen gibt's beim Grillfest im Garten. Wer etwas trinken möchte, besorgt tagsüber *awamori* oder lokales Bier. Danach tut ein Bad in der Wanne im Freien unter dem Sternenhimmel richtig gut.

Der nächste Tag beginnt beim Frühstück (Brot und Smoothie von einer Bäckerei vor Ort) mit Vogelgesang auf der Veranda. Nach dem Check-out winkt der Sherpa zum Abschied, bis die Gäste außer Sichtweite sind.

Gespenster & Geister auf Kudaka-jima

WO VERGANGENHEIT UND GEGENWART AUFEINANDERTREFFEN

Das Schreckgespenst des Zweiten Weltkrieges spukt in Okinawa nach wie vor, und das offensichtliche Vermächtnis der Gräuel, die Japan und die USA der Insel zufügten, sind das Generationentrauma (Leseempfehlung: *Speak, Okinawa*) und die Armut. Der **Okinawa-Friedenspark** ist ein Ort des Gedenkens. Trotz des Widerstands vieler Einheimischer beanspruchen die USA immer noch einen Teil dieses Landes.

MEHR ALS NUR EIN BOXENSTOPP

Japans *michi-no-eki* (Raststätten) sind mehr als ein Zwischenstopp. Lokale Erzeugnisse und handgefertigte Souvenirs stehen hier zum Verkauf, und in den Cafeterias gibt's regionale Gerichte und Softeis mit heimischen Zutaten, etwa *mikan*-Orangen in Ehime, Blaubeeren auf der Noto-Halbinsel oder *beni imo* (violette Süßkartoffel) in Okinawa. Einige der besten *michi-no-eki* des Landes findet man auf Okinawa-hontō. Im Ōgimi *michi-no-eki* in Yanbaru kann man sich mit reifer Ananas und günstigen Packungen *shiikuwāsā* eindecken, oder man langt bei den *sata andagi* (Donuts) und Schinken-*onigiri* für unterwegs zu. In Itoman, 20 Minuten vom Naha Airport entfernt, beinhaltet die *michi-no-eki* einen Fischmarkt. Und die Raststätte in Ginoza, im Zentrum der Insel, hat einen großen Wasserspielplatz für Kinder.

COOLES KUNSTHANDWERK IN KUNIGAMI

Yanbaru Craftworks
Kunstateliers und Läden in einer alten Grundschule.

Motobu Market
Retro-Markt mit heimischem Kunsthandwerk, darunter Okinawa-Glaswaren.

Aikaze
Indigo-Farm, Café und Kleiderboutique. Nur nach Vereinbarung.

RYŪKYŪ-SPIRITUALITÄT

Shōko Tsuruta, Stadträtin von Nanjō-Stadt, erläutert: „In Okinawa ist die Verehrung von Ahnen und Natur Teil des täglichen Lebens. Events wie das Tsuitachi-jūkunichi-Ritual richten sich nach den Mondphasen und Gezeiten. Das Ritual ist eine Danksagung an den Feuergott in der Küche und die Ahnentafeln am Hausaltar. Wir verfügen über keine großen Flüsse, deshalb ist Trinkwasser kostbar: Rituale zur Geburt und zu Neujahr werden bei ausgewählten Brunnen und Quellen abgehalten. Wenn wir mit unseren Vorfahren oder Gottheiten kommunizieren wollen, konsultieren wir eine Yuta als Medium. Einige Redewendungen repräsentieren unsere spirituelle Kultur: ,*Ichariba chōdē*' – Einmal getroffen, sind wir wie Geschwister. ,Yuimāru' – Brauchst Du Hilfe, dann hilf anderen. ,*Nuchi du takara*' – Das Leben ist ein Schatz."

Kudaka-jima (S. 695)

Doch der Geist der Ryūkyū-Kultur bleibt stark, vor allem auf **Kudaka-jima** (久高島), wo die königliche Familie und die höchste Priesterin zu beten pflegten.

Etwa 40 Autominuten oder eine gute Stunde mit dem Bus von Naha liegt östlich der **Azama-Hafen** in Nanjō. Von dort fahren täglich vier Fähren in 20 Minuten über glitzernd blaues Wasser nach Kudaka-jima. Eine Karte vom Ticketschalter mitnehmen. Hut und Sonnenschutz nicht vergessen! Die kleine Insel mit 8 km Umfang ist perfekt für einen Tagesausflug. Die meist älteren 200 Ansässigen pflegen den traditionellen

MAL WAS ANDERES

Better Girl
Hippes Restaurant in Naha, das den ganzen Tag leckeres, frisches Frühstück serviert. ¥

Sakurazaka Theater
Indie-Filme, Craft-Bier, Bücher und Kunsthandwerk zum Betrachten. ¥

Buchcafé Rail
Autarkes Café in Yanbaru mit exzellentem Cheesecake, aber extrem kurzen Öffnungszeiten. ¥¥

Lebensstil und erweisen Himmel, Erde und Wasser täglich ihren Dank.

Von der Fähre geht man links am Wasser entlang bis zum Ende des Parkplatzes, bevor die Straße bergauf führt. Rechts zeigt ein kleiner **Markierungsstein** die heilige Stelle an, wo Ankömmlinge niederknien und still ihr Eindringen bekennen sollen, bevor sie die Insel betreten. Auf Kudaka-jima gibt's viele *utaki,* Naturplätze, an denen Götter und Ahnengottheiten verehrt werden. Der Künstler und Theoretiker Tarō Okamoto beschrieb ihre schwindelerregende Leere, und jedem scheint eine Schwingung innezuwohnen, die sich nicht in Worte fassen lässt (ob man an übernatürliche Wesen oder die Kraft der Natur glaubt). Niemand sollte die *utaki* hier betreten – meist markiert nur ein dünnes Seil die Grenze. Teile der Insel schließen zu Ritualen gemäß dem Mondkalender, und es kann knifflig sein herauszufinden, wo man hindarf und wo nicht. Auf Schilder mit der Aufschrift 立入禁止 (Eintritt verboten) achten und umkehren, wenn jemand schimpft!

Ein Fahrrad eignet sich am besten für die schmalen Dorfstraßen zwischen Steinmauern und unbefestigten Straßen am unbewohnten nordöstlichen Inselende. Mietfirmen gibt's am Hafen, und das nahe **Shokudō Tokujin** serviert eine wohltuende Suppe mit Schweinefleisch und *irabu* (geräucherte Seeschlange). Im **Gemeinschaftszentrum** (公民館集会場) hängen auffällige Schwarz-Weiß-Fotografien von Frauen bei Ritualen; die *noro* sind spirituelle und Gemeindeführerinnen in weiblicher Erbfolge. Nachdem Japan Okinawa annektiert hatte, nahm ihre gesellschaftliche Bedeutung ab, heute sind es nur noch wenige in ihren 80ern und 90ern. Jenseits des Ortes gehört die Insel den Geistern, dort liegen auch die meisten heiligen Stätten und *utaki.* Schwimmen ist verboten, doch der steinige Strand **Piza Hama** ist ein netter Fleck, um die Priele mit grellblauen Fischen und Seesternen zu betrachten. Auf Kudaka-jima darf man fotografieren, aber keine Steine, Muscheln oder Pflanzen mitnehmen.

Vor der Rückfahrt kann man sich mit Guavensaft in **Rumi's Cafe** abkühlen. Die ältere Generation (und streunende Katzen) kommt am Tisch unter dem großen Baum auf der anderen Straßenseite zum Picknicken und Plaudern zusammen. Womöglich trifft man auf eine der letzten *noro.*

DIE WIEGE DES KARATE

Karate stammt aus Okinawa. Es entwickelte sich über Jahrhunderte und umfasste Ryūkyū-Kampfkünste namens *te* und Einflüsse aus China und Südostasien. Während der Regentschaft von König Shō Shin (1477–1526) praktizierten Mitglieder der Führungsschicht *te* in Shuri, der Ryūkyū-Hauptstadt. Als die Satsuma vom japanischen Festland in Okinawa einfielen, untersagten sie dem Ryūkyū-Volk, Waffen zu tragen. Es wird vermutet, dass aufgrund dessen die Kampfkunst als Karate, geschrieben mit den Schriftzeichen für „leere Hand", bekannt wurde.

UNTERWEGS VOR ORT

Okinawa-hontō fungiert als Knotenpunkt für die Erkundung der äußeren Inseln und südlichen Orte. Seit dem Aufkommen der Billigfluglinien sind Fährfahrten nach Süden zu den Miyako- und Yaeyama-Inseln nicht mehr möglich. Doch einige nähere Inseln wie die Kerama-Inseln, Kume-jima und Yoron-tō werden noch von Booten bedient, und es gibt sogar eine Fähre bis nach Amami-Ōshima (die einen ganzen Tag braucht).

Der Naha Airport liegt 15 Minuten mit dem Taxi vom Stadtzentrum entfernt, etwas länger mit dem Bus (Navigations-Apps ignorieren, die zu einer Haltestelle außerhalb des Flughafens lotsen, und Schildern vor dem Terminal folgen). In Naha ist man ohne Wagen besser dran; Parken ist eine Qual, und man kommt leicht mit Monorail, Bus oder Fahrrad voran. Doch für Touren außerhalb der Stadt ist ein Mietwagen die beste Option.

ZAMAMI

Okinawas Hauptstadt Naha liegt in Reichweite einiger der weltweit besten Schnorchelspots im Kerama-Shotō-Nationalpark (Kerama Shotō Kokuritsu Kōen; 慶良間諸島国立公園), wo das Wasser so klar und die Farbe so strahlend ist, dass es einen eigenen Namen hat: Kerama-Blau. Zamami-jima (座間味島) ist eine der drei bewohnten Hauptinseln im Park (neben Aka-jima und Tokashiki-jima) und bietet die beste Mischung aus Infrastruktur und Natur, eine quirlige kleine Hafenstadt, einen Michelin-besternten Strand (Furuzamami) und große unberührte Wälder. In den geschützten Gewässern um diese Inseln leben Meeresschildkröten, Wale und eine bunte Palette tropischer Fische, die sich von über 400 Korallenarten ernähren. Wer in Naha eine Schnorchel- oder Tauchtour bucht, landet hier. Oder man fährt selbst nach Zamami und bucht einen Guide. Am besten bleibt man mindestens über Nacht.

TOP TIPP

Wer auf Zamami übernachten und selbst kochen möchte, sollte das Obst und Gemüse mitbringen: Die Minimärkte hier führen nur das Notwendigste (und jede Menge Snacks), aber kaum Frischwaren.

HIGHLIGHTS
1 Ama-Strand
2 Furuzamami-Strand

AKTIVITÄTEN
3 Irie
4 Noah

SCHLAFEN
5 Ama Beach Campsite
6 Guest House Iyonchi
7 Kānusuba

ESSEN
8 Ao no Umi
9 Gypsy
10 Nana-maru
11 Sabaidee Cafe
12 Santa
13 Shokudō Jirobē
14 Wayama Mozuku

INFORMATION
15 Ao no Yukuru-kan

Zamami-Fähre

Slow Boat nach Zamami

DER WEG IST DAS HALBE URLAUBSZIEL

Die Bootsfahrt von Naha ist bereits Teil der Zamami-Erfahrung. Das Schnellboot **Queen Zamami** braucht fast nur die halbe Zeit, doch die Zweistundenfahrt auf der **Zamami-Fähre** macht mehr Spaß. Es gibt Loungebereiche zum Dösen, Aussichten vom Beobachtungsdeck (im Winter sieht man womöglich Wale) und Kaffee vom Automaten zum Chillen. Noch besser ist es, wenn man ein Picknick und Getränke dabeihat. Unterwegs wirft man einen Blick auf die Inseln Tokashiki und Aka und kommt entspannt auf Zamami an.

Schnorcheltrip in ein anderes Universum

BOOT ODER BOARD, DAS IST HIER DIE FRAGE

An der Riffkante, wo das Wasser tiefer und dunkler wird, scheint ein anderes Universum mit Galaxien von leuchtenden Fischen und in Form und Farbe unendlich mannigfaltigen Korallen zu beginnen. Das Wasser ist unglaublich klar, und bis in 30 m Entfernung lassen sich Blaue Korallenfische, Gelbe Falterfische, orangene Clownfische (Nemo) und bunte Papageienfische ausmachen.

HIER GIBT'S ... ALLES

Im Besucherzentrum **Ao no Yukuru-kan** (青のゆくる館) bekommt man alles, was man braucht – von Bustickets bis Kaffee –, es sollte die erste Anlaufstelle auf der Insel sein und liegt gleich am Fähranleger. Interaktive Ausstellungen informieren über die Ökosysteme der Insel und Verhaltensweisen zu ihrem Schutz. Es gibt Gezeitentafeln, die besten Zeiten für Schildkrötensichtungen am Ama-Strand, Ferngläser zur Miete für Vogel- und Walbeobachtungen, die Telefonnummer eines Tauchguides, Leihkinderwagen und Münzschließfächer zur Gepäckaufbewahrung. Außerdem gibt's Duschen und Toiletten. Die Snacks (Meeresfrüchtebrötchen, *sata andagi*) sind lecker und der Hafenblick vom 2. Stock ist fabelhaft.

ÜBERNACHTEN AUF ZAMAMI

Ama Beach Campsite
Campingplatz am Strand, kalte Duschen und Bereich zur Essenszubereitung, Mietzelte und -ausrüstung. ¥

Guest House Iyonchi
Frisch renovierte und ältere (billigere) Zimmer. Buchung von Hochseeangeltouren direkt beim Inhaber. ¥¥

Kānusuba
Adrette, moderne Zimmer, ein feines Restaurant und ein Shop mit allem Nötigen. ¥¥¥

DIE BESTEN IZAKAYA IN ZAMAMI

Santa
In einem kleinen braunen Haus ist dies der lokale Favorit für Sashimi. Ein Hit ist auch *Ebi-mayo* (Shrimps in Mayonnaise). Unbedingt reservieren!

Nana-maru
Die offene Küche und ungezwungene Atmosphäre wirken wie jemandes Zuhause. Schweinefleischgerichte sind populär, aber Brathühnchen und *nanbanzuke* (Bratfisch mit Essig) exzellent.

Ao no Umi
Vegetarierfreundlich! Das *dashimaki tamago* ist hervorragend und es gibt witzige Drinks wie den *shiikuwāsā*-Highball. ¥

Shokudō Jirobē
(食堂じろべえ)
Kneipe in der Nähe des Ama-Strandes mit Speisen wie Tintenfisch-*yaki-soba* und köstliche Tages-Specials. ¥

D3_PLUS/SHUTTERSTOCK ©

Clownfisch, Kahi-jima, Zamami

Am einfachsten erreicht man dieses Alternativuniversum mit dem Boot. **Irie** ist einer von mehreren Betreibern unweit des Hafens. Kapitän Takayuki Suzuki bringt dich in wenigen Stunden zu zwei oder drei Spots (9000¥) mit unterschiedlichen Ökosystemen. Er kennt die besten Orte für Fische, Korallen und Meeresschildkröten. Ein Mitglied seines Teams schwimmt sicherheitshalber nebenher und macht tolle Fotos! Das Boot fasst bis zu 15 Leute, doch die meisten Touren finden mit weniger statt. Mitzubringen sind ein Handtuch, eine Flasche Wasser und Schwimmkleidung (empfohlen mit Rücksicht aufs japanische Schamgefühl und als Sonnenschutz). Wer mag, bringt einen Schnorchel mit, doch die angebotenen sind von hoher Qualität. Vor allem im Sommer vorab reservieren!

APRÈS-STRAND-LUNCH IN ZAMAMI

Gypsy
Chilliger Hof; *gapao*-Reis und Tacos, im Sommer Mittagessen bis 16 Uhr (Abendessen/Drinks 20 bis 23 Uhr). ¥

Wayama Mozuku
Okinawa-Soba mit heimischen *mozuku*-Algen. Nur Mittagessen, und oft muss man warten. ¥

Sabaidee Cafe
Ein nettes Lokal für Smoothies und Sandwiches sowie Fahrradverleih. ¥

HOCH HINAUF

Man muss Berge lieben (oder das Motorrad), um Zamami auf zwei Rädern zu erkunden, doch die Szenerie ist es wert. Nimm vom Hafen die Hauptstraße am glitzernden Wasser des Furuzamami-Strandes hinauf. Biege nach dem Weiler Asa an der Gabelung links ab und folge den Schildern zum **1 Chishi-Aussichtspunkt** mit Blick auf schroffe, windige Klippen (und einer Toilette). Es geht auf der gewundenen Hauptstraße weiter bis an ihr Ende. Dort führt ein dreiminütiger Fußmarsch den linken Schotterweg hinab (an der Gabelung links) durch üppiges Grün zum **2 Ino-Strand** (auch *Tōma*). Auf dem Rückweg sind *uguisu* (Japanbuschsänger) in stämmigen Kiefern zu hören und Schmetterlinge zwischen den Wildblumen zu sehen. Passiere den Hafen und fahre am Friedensturm vorbei (Achtung, Schlaglöcher) nach Norden (rechts halten) bis zum **3 Takatsuki-Aussichtsdeck**, wo du Trails testen und den Hafen unterhalb fotografieren kannst, der Handelsschiffen zwischen China und Okinawa Schutz bot. Nimm denselben Weg zurück und die erste Abzweigung rechts, dann erneut rechts bis zum **4 Inazaki-Aussichtsdeck**, wo man im Winter Wale sieht. Folge dann der gewundenen Küste zum **5 Unajinosachi-Aussichtsdeck** mit beeindruckenden Felsformationen und schließlich zum **6 Kaminohama-Aussichtsdeck**. Wenn das Timing stimmt, ist dies der beste Ort, um die Sonne über den fernen Inseln untergehen zu sehen. Jetzt geht's eilig zum Hafen zurück, bevor es dunkel wird, vorbei an einem Feuchtgebiet, wo Reiher schlafen, und der Marilyn-Statue, die der Liebesaffäre zwischen zwei Hunden gedenkt (ihr geliebter Shiro schwamm von der Insel Aka her, um sie zu sehen).

WEITERE KERAMA-INSELN

Tokashiki-jima ist die größte, bevölkerungsreichste und fortschrittlichste Kerama-Insel. Die Schnellfähre von Naha braucht 35 Minuten, ein schöner Tagesausflug. Wie Zamami bietet sie schöne weiße Strände, türkises Wasser, tolle Schorchel- und Tauchspots und die Chance, Schildkröten oder Wale zu sichten, je nach Saison. Doch die Angebote liegen hier weiter auseinander und es gibt wenig Nachtleben. **Aka-jima** ist winzig (die 5-km-Radrunde macht Spaß) und ruhig: Hier möchte man ausspannen und die Natur genießen. Es gibt nur wenige Bars und Restaurants, also am besten eine Unterkunft mit Verpflegung buchen. Von Naha fahren Boote nach Aka, ebenso von Zamami und Tokashiki – vorab buchen!

Alternativ schlagen SUP- und Kajaktouren (8000 ¥) zwei Fliegen mit einer Klappe (Anfänger sind willkommen): Paddeln und Schnorcheln! Adil Hayasaka, der englischsprachige Inhaber von **Noah**, bringt einzeln oder mehrere zum wetterbedingt besten Startpunkt für die Paddeltour und gibt eine kurze Einführung. Dann geht's übers kristallklare Wasser zu einem atemberaubenden Abschnitt des Korallenriffs. Sonnenschutz und Getränke nicht vergessen! Nach ausgiebigem Schnorcheln – und vielleicht der Sichtung einer Meeresschildkröte – folgt eine Verschnaufpause an einem Strand, der nur vom Wasser zugänglich ist. Hier genießt man die Aussicht, lauscht roten Eisvögeln, sammelt Meerglas oder macht vor der Rückfahrt ein Nickerchen. Die Ausrüstung ist im Preis inbegriffen und Noahs Fotos sind super (also Handy trocken halten). Den besten Preis erzielt eine Direktbuchung.

Ab ins Kerama-Blau

DIE BESTEN PLÄTZE ZUM SCHWIMMEN UND SONNENBADEN

Der **Ama-Strand** ist die Toplocation, um prächtige Meeresschildkröten zu sehen, doch Schwimmen und Schnorcheln sind nur bei Flut möglich. Das Besucherzentrum **Ao no Yukuru-kan** informiert über die besten Zeiten, dann geht's mit dem Leihrad 1,5 km über einen kleinen Hügel. Ein Schild am Strand zeigt Fotos und Namen von hiesigen Schildkröten und gibt Verhaltensregeln: generell ausreichende Distanz wahren und langsame Bewegungen. Die Tiere sind an Menschen gewöhnt und widmen sich wahrscheinlich dem Seegras, während sie beobachtet werden.

Zum Baden oder Abhängen am Strand geht's in die andere Richtung zum weißen, Michelin-besternten Sandstrand **Furuzamami**, wo man selbst bei Ebbe ins blaue Wasser kann. Es gibt einen Imbissstand und Schnorchel, Luftmatratzen und Strandstühle zu mieten. Auch wenn er gut besucht ist, wirkt er nicht überfüllt (der Standstreifen ist lang und die tägliche Besucherzahl auf der Insel begrenzt). Die meisten haben hier ihren Schnorchelspaß, Schnorchel- und Freitaucherfahrene fühlen sich durch den mit Seil begrenzten Schwimmbereich womöglich eingeschränkt (eine Boots- oder Boardtour ist dann besser). Vom Hafen sind es nicht mal 2 km zu Fuß über den Hügel, doch es scheint länger und kann heiß werden. Busse fahren unregelmäßig, ein E-Bike oder Scooter von der Stadt kann sich also lohnen.

UNTERWEGS VOR ORT

Nach Zamami fahren die schnelle *Queen Zamami* und die langsame, aber vergnügliche *Zamami-Fähre*. In der Sommerhitze kommt man am besten mit dem E-Bike zu Stränden und Aussichtspunkten, doch der Winter ist großartig fürs Radfahren. Wer über die Strände Furuzamami oder Ama hinaus möchte, kommt mit den Drahteseln auf der hügeligen Insel nicht weit, also besser ein Geländerad von Okinawa Ringyo in Naha mitbringen. Der Maejima-Laden liegt Minuten vom Hafenentfernt, und man kann direkt auf die *Zamami-Fähre* rollen, solange man einen Tag vorher anruft; für die *Queen Zamami* muss das Bike allerdings zerlegt und verpackt werden.

MIYAKO-INSELN

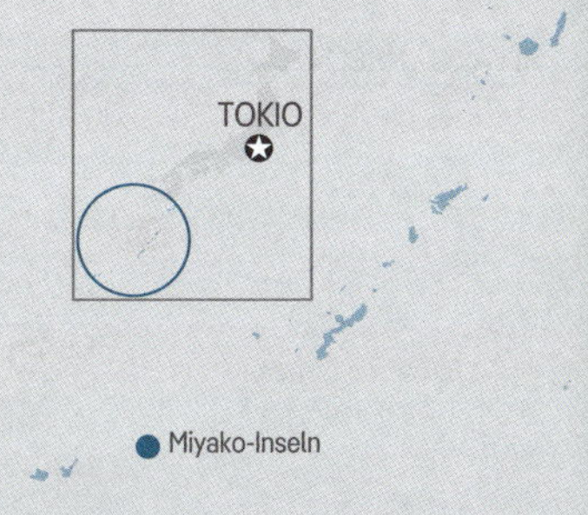

Wer Strände liebt, ist in Miyako goldrichtig. Die Hauptinsel Miyako-jima (宮古島) ist flach, mit Zuckerrohr-, Mango- und Viehzuchtfarmen in der Mitte und Bade- und Schnorchelspots an den Rändern. Die Landstraßen sind nachts stockdunkel, mit Ausnahme von gelegentlichen leuchtenden Verkaufsautomaten. Es gibt hier so viele tolle Strände mit weichem weißem Sand und türkisem Wasser, dass der beste meist der nächste ist. Für Gruppen und Familien ist oft ein Ferienhaus bequem: Die Vermieter können auf entlegene Strände in der Nähe hinweisen oder freundliche Einheimische verraten ihre Geheimtipps. Die kleineren Inseln Kurima, Ikema, Irabu und Shimoji sind über Brücken mit Miyako-jima verbunden. Jede Insel hat ihren eigenen Charme (farbenfrohe Fischerhäuschen am Sarahama-Hafen auf Irabu und niedliche Cafés auf Kurima). Wer sich allerdings ein reges Nachtleben wünscht, ist auf den Miyako-Inseln an der falschen Adresse.

TOP TIPP

Es gibt etliche familienfreundliche Plätze zum Schwimmen und Schnorcheln, doch wichtig ist, sich über gefährliche, stechende Meereskreaturen zu informieren, um ihnen auszuweichen (an den Hauptstränden hängen Hinweistafeln), nicht alleine zu schwimmen und Warnungen vor heftigen Strömungen zu beachten.

Imugyā-Meerespark (S. 705)

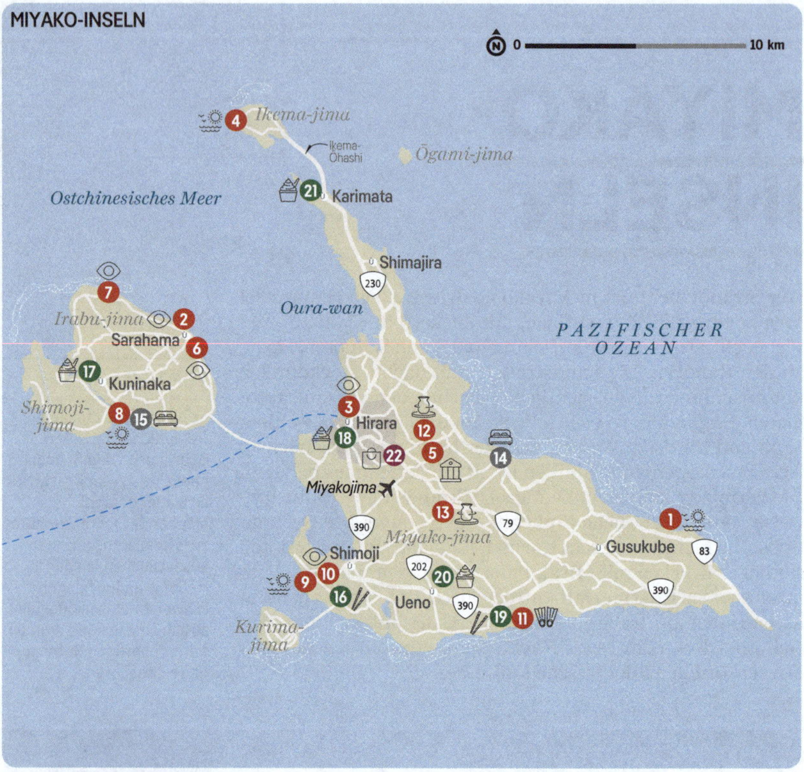

MIYAKO-INSELN

N 0 10 km
Ikema-jima
Ikema-Ohashi
Ōgami-jima
Karimata
Ostchinesisches Meer
Shimajira
Oura-wan
Irabu-jima
Sarahama
Kuninaka
Shimoji-jima
PAZIFISCHER OZEAN
Hirara
Miyakojima
Miyako-jima
Gusukube
Shimoji
Ueno
Kurima-jima

Meeresschildkröte nahe Miyako-jima

KHUN TA/SHUTTERSTOCK ©

SEHENSWERTES
1 Aragusuka-Strand
2 Blaue Höhle
3 Harimizu Utaki
4 Ikizu-Strand
5 Miyako-jima Stadt-Museum
6 Sarahama
7 Shinbiji
8 Toguchi-no-hama
9 Yonaha Maehama

AKTIVITÄTEN
10 Alternative Farm Miyako
11 Imugyā-Meerespark
12 Miyako-jima-Stadt Taiken Kōgei Mura
13 Miyako-jima-Stadt Zentrum für Traditionelles Kunsthandwerk

SCHLAFEN
14 Glory Island
siehe 2 Guest House Ocean
15 Iraph Sui

ESSEN
16 Minaaiya
17 Nakayukui Shoten
18 Ricco Gelato
19 Sima Cafe Tounkaraya
20 Utopia Farm Miyako-jima
21 Yukishio

AUSGEHEN
siehe 18 Island Brewing

SHOPPEN
22 Don Quijote

FROSTIGE GAUMENKITZEL

Ricco Gelato
Lokales und saisonales Gelato sowie Sorbets mit Aromen wie Mango und *shiikuwāsā*. ¥

Nakayukui Shoten
Die *sata andagi* (Donuts) aus violetten Süßkartoffeln mit Eiscreme sind ein Hochgenuss. ¥

Yukishio
Meersalzfabrik; man kann seine Eiscreme mit aromatisierten Salzen verfeinern. ¥

Sichtung von Meeresschildkröten am Aragusuka-Strand

DER BESTE STRAND FÜR EINFACHE SCHNORCHELGÄNGE

Für mehr als zwei Schnorcheltage ist es günstiger, die Ausrüstung bei **Don Quijote** zu kaufen (2000 bis 4000 ¥), als eine zu leihen (1000 ¥ pro Tag). Entspannte Schnorcheltrips warten in der bewaldeten Hügellandschaft am **Aragusuka-Strand** auf Miyako-jima. Der Kontrast zwischen tiefgrünem Laub, weißem Sand und türkisem Wasser ist irre. Im Hochsommer ist hier einiges los, und es gibt Stände mit Currys, Okinawa-Soba und Orion-Bier und Verleihe von Paddelboards, Schnorchelausrüstung, Schwimmwesten, Flossen und mehr. Ein einsames Fleckchen gibt's zur Dämmerung an einem nieseligen Junitag. Das ruhige, seichte Wasser vor dem langen Sandstreifen ist herrlich für Kinder und Neulinge, die Korallenriffe (nicht vergessen: die Korallen nicht berühren oder darauf treten!) und tropische Fische sehen möchten. Seegras knabbernde Meeresschildkröten sind morgens da – bitte große Distanz halten. Toiletten und Duschen mit Münzeinwurf und Mietsonnenschirme für 1000 ¥ gibt's beim Parkplatz; es ist daher leicht, den Tag hier zu verbringen.

Zu Fuß oder schwimmend durch den Meerespark

ETWAS FÜR JEDEN GESCHMACK

Ein weiterer toller Schnorchelspot auf Miyako-jima ist der **Imugyā-Meerespark** (Ingyā für Einheimische), wo Felsen einen aquamarinfarbenen Pool vor den Wellen schützen und sich zahllose Anemonen und Anemonenfische tummeln. Schnorcheln ist auch auf der Ozeanseite möglich, aber Vorsicht vor starker Strömung am Riffende (nicht ohne Guide dorthin wagen). Das Wasser hier ist so klar, dass die Korallen sogar von den Wanderpfaden auszumachen sind. Wer nicht gern nass wird, bummelt über den befestigten Uferpfad zu einem malerischen Aussichtspunkt mit Blick über Insel und Meer.

Posieren zwischen Obst und Blumen

PAUSE VOM STRAND

Wenn Regen die Pläne durchkreuzt oder eine Strandpause fällig ist, wartet im Landesinneren die **Utopia Farm Miyako-jima**. Die Mangofarm ist eine populäre Fotolokation mit Shop für fruchtige Parfaits und Softeis, das man im klimatisierten Café oder einem (warmen, aber schattigen) Gewächshaus inmitten von rosa und weißen Bougainvilleen genießen kann. Es gibt eine Tour (350 ¥) durch Gewächshäuser voller Bananen- und

ZUCKERROHR-ANBAU

Auf Miyako-jima findet die Zuckerrohrernte zur Blütezeit von Dezember bis April statt. Zuckerrohr ist das wichtigste Agrarprodukt der Präfektur Okinawa, dessen Wurzeln bis ins 17. Jh. zurückreichen, als die Kenntnisse zur Zuckerverarbeitung aus China hergebracht worden sein sollen. Das Ryūkyū-Königreich ernannte 1662 einen Zuckermagistrat, um die Qualität des *kokuto* zu kontrollieren; der dunkle Rohrzucker verhalf dem Königreich eine Zeit lang zu Reichtum und ist immer noch ein gefragtes Mitbringsel. Zuckerrohr wird auch als Viehnahrung gepflanzt und wird an Rinder verfüttert, die für das Miyako-Fleisch gezüchtet werden. Die **Alternative Farm Miyako** baut Zuckerrohr biologisch an und bietet interaktive Farmführungen.

HOTELS AM STRAND

Guest House Ocean
Einfache Zimmer auf Irabu. In der Nähe gibt's Plätze zum Schnorcheln und Sternegucken. Freundliche Betreiber. ¥

Glory Island
Vor der Stadt auf Miyako-jima; minimalistische Motelzimmer im Shabby-Chic mit Blick auf den Sonnenuntergang. ¥¥

Iraph Sui
Ruhiges Luxushotel auf Irabu in Weiß- und Blautönen; beheizter Infinitypool und Schaumwein zum Sonnenuntergang. ¥¥¥

MIYAKO JŌFU

Dieser aufwendig gemusterte Stoff ging jahrhundertelang als Tribut an die Ryūkyū-Königsfamilie, später als Steuer an den Satsuma-Klan. Die Fasern werden aus den Stängeln der *ramie*-Pflanze, einem heimischen Brennnesselgewächs, gewonnen. Sie werden von Hand zu Fäden gesponnen, mit Indigo gefärbt und zu geometrischen Mustern gewoben. Danach wird der Stoff mit einem Fixiermittel gekocht und gehämmert, bis er mit einer wachsartigen Textur schimmert. Die moderne Produktion von Miyako *jōfu,* den man für stilvolle Sommerkimonos verwendete, erlebte Anfang des 20. Jhs. ihren Höhepunkt und ging dann unter der amerikanischen Okkupation Okinawas stark zurück. Das **Miyako-jima-Stadtzentrum für Traditionelles Kunsthandwerk** (宮古島市伝統工芸品センター) beleuchtet den Herstellungsprozess und zeigt Arbeiten innovativer, unabhängiger Designer:innen.

Mangobäume, noch mehr Bougainvillea-Ranken und ungewöhnlicher Hibiskusblüten (und womöglich Influencer, die für Social-Media-Schnappschüsse posieren). Die Mangos, die man in Geschenkboxen erwerben kann, sind köstlich, aber kostspielig.

Ein unvergesslicher Strand

SIEBEN HIMMLISCHE KILOMETER

Yonaha Maehama gilt als der schönste Strand der Präfektur Okinawa – sogar der schönste Ostasiens –, doch an geschäftigen Sommertagen können die vorbeibrausenden Jetskis, laute Musik vom Café und das Bewerben von Sonnenschirmen bis Jetskis ziemlich ablenken. Wer jedoch nach einem Strand sucht, der alle Annehmlichkeiten bietet (ganz zu schweigen von makellosem Sand und Wasser), wird hier fündig.

Auszeit auf Kurima

MANGO-SMOOTHIES UND VERSTECKTE BADEPLÄTZE

Wer entzückende Cafés und ruhige Strände bevorzugt, geht über die Brücke nach **Kurima** (来間島; Kurima-jima), eine Insel in Tränenform von 9 km Umfang. Direkt gegenüber von Miyako-jimas populärem Strand Yonaha-Maehama liegt der **Strand** am Kurima-Hafen, ist fast genauso schön, weitaus entspannter, und sein ruhiges Wasser ist fabelhaft zum Schwimmen. Im Städtchen oberhalb des Hafens gibt's winzige Pizzas und grellviolette Drachenfrucht-Smoothies im **Pani Pani** oder einen der begehrten Mango-Smoothies im **Aosora Parlor** (der zugehörige Shop verkauft eine wechselnde Auswahl an Kunsthandwerk aus Miyako). Der Strand unterhalb des **Tako-Parks,** wo vielleicht ein Foto mit einem gigantischen Cartoon-Oktopus gewünscht wird, eignet sich wegen der vielen Fische toll zum Schnorcheln. Wer den Massen entfliehen möchte, macht sich auf zum Strand **Nagahama** im Westen von Kurima am offenen Meer. Der Parkplatz ist nicht mehr als eine Schuttfläche und es gibt keine Toiletten oder Duschen. Das Schnorcheln bei Flut ist hier super, doch bei Wind oder Ebbe kann die Strömung gefährlich werden. Also vorsichtig sein und niemals alleine schwimmen.

Strand, Nickerchen – und von vorn

AUF IRABU-JIMA EINEN GANG RUNTERSCHALTEN

So verbringt man einen Urlaub auf **Irabu** (伊良部島; Irabu-jima): morgens schwimmen oder schnorcheln, nachmittags ein Nickerchen machen und nachts den Sternenhimmel bewundern. Irabu-jima ist die zweitgrößte Miyako-Insel und über eine von Japans längsten Brücken (3,5 km) mit Miyako-jima verbunden – die selbst eine Sehenswürdigkeit ist und Parkbuchten zum

MIYAKO-GESCHMACK

Minaaiya
Tofu-Restaurant in der Nähe des Yonaha-Maehama-Strandes mit preiswerten Okinawa-Soba und Menüs. ¥

Sima Cafe Tounkaraya
Farbenfrohe Smoothies, Miyako-Beef-Burger und Currygerichte mit Blick aufs Meer unweit des Imugya-Meeresparks. ¥

Island Brewing
Craft-Brauerei im Zentrum mit Tacos auf winzigen, handgemachten Tortillas. ¥¥

OKIMO/SHUTTERSTOCK ©

Yonaha Maehama

Fotografieren hat. Auf Irabu ist nicht viel los, und genau darum geht's. Im Landesinneren gibt's Zuckerrohrplantagen, die mit Steinmauern und *fukugi*-Bäumen umrandet sind. Mit Schiffslack gestrichene Fischerhäuser färben den Hang des Bonito-Fischereihafens **Sarahama**. Hinter einer Reihe neuer Resorts im Südwesten laden der weiche Sandstrand und das klare blaue Wasser von **Toguchi-no-hama** zum Sonnenbaden und Schwimmen ein (kein Schnorchelspot). Um **Shinbiji** und die **Blaue Höhle**, nördlich des Sarahama-Hafens, bilden schroffe Felsen die Kulisse für spektakuläre Schnorchel- und Tauchplätze (am besten Einheimische nach dem Weg fragen oder eine Tour buchen).

Ikema-jimas Naturschätze

FÜR TURTELTAUBEN UND VOGELBEOBACHTUNGEN

Der herzförmige Felsen am **Ikizu-Strand** (tatsächlich ein Felsenloch, das aus der richtigen Perspektive wie ein Herz aussieht) ist Ikema-jimas berühmteste Attraktion. Das Fotografieren macht Spaß und der Strand ist grandios. Die gesamte Insel ist ein Tierschutzgebiet mit dem größten Feuchtgebiet in der Präfektur Okinawa im Zentrum, wo Einsiedlerkrebse und Vögel wie Pfeifenten, Dommeln und Blässhühner leben.

AKTIVITÄTEN ABSEITS DER STRÄNDE

Miyako-jima City Taiken Kōgei Mura
In diesem Kunsthandwerksdorf im Botanischen Garten kann man sich im Herstellen von Strohsandalen, Weben oder Kochen versuchen. Der Eintritt in den Garten und ins Dorf ist frei, doch jede Unterrichtseinheit hat einen Preis.

Miyako-jima-Stadtmuseum
Von der Geologie, Geschichte, den Bräuchen und der Natur der Insel erzählt dieses kleine örtliche Museum. Die Beschriftungen sind auf Japanisch, doch es gibt Broschüren auf Englisch.

Harimizu Utaki
Obwohl er Elemente eines japanischen Schreins enthält, war dieser *utaki* bereits ein heiliger Ort, bevor Miyako-jima Teil des Ryūkyū-Königreichs wurde. Normalerweise betritt man *utaki* nicht, doch dieser ist eine Ausnahme.

UNTERWEGS VOR ORT

Auf Miyako herrscht seit der Pandemie ein harter Wettbewerb im Bereich Autovermietung, daher weit im Voraus buchen. Einige Unterkünfte stellen Leihautos zur Verfügung. Wer mit öffentlichen Verkehrsmitteln unterwegs ist, sollte auf Lebensmittelläden in der Nähe der Unterkunft achten oder vor einem Trip aufs Land einkaufen. Miyako-jima ist relativ flach, doch die Attraktionen liegen fürs Fahrrad zu weit verstreut, besonders unter der harschen Sommersonne. Es gibt zwei Flughäfen. Von Naha dauert der Flug weniger als eine Stunde.

YAEYAMA-INSELN

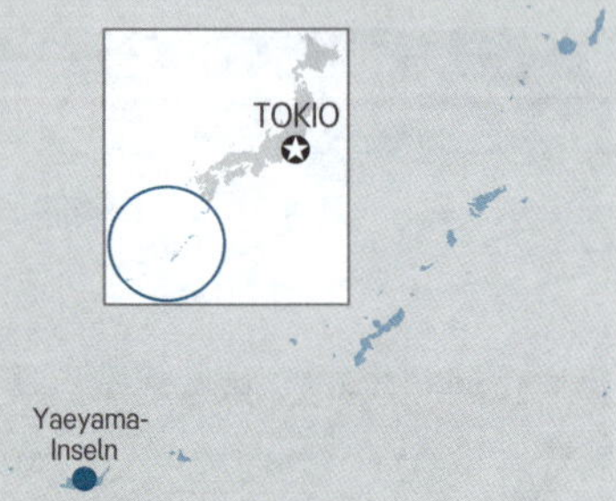

Der südlichste Archipel Japans, die Yaeyama-Inseln (八重山諸島; Yaeyama-shotō), zählt unter den Südwestinseln zu den besten Natur-Reisezielen. Hier gibt's ein aktives Nachtleben und eine alte traditionelle Kultur mit einmaligen Festivals, Textilien und Musik sowie eine überraschende Vielfalt von Menschen und Küchen.

Die Inseln wurden vom Ryūkyū-Königreich und später von Japan mit Zöllen belegt; bis heute identifizieren sich die Ansässigen mehr mit Yaeyama als mit Japan oder Ryūkyū. Unter fünf Menschen hier soll einer zumindest teilweise taiwanesisch sein: Während der japanischen Besatzung Taiwans herrschte Reisefreiheit und viele pendeln noch heute zur Arbeit.

Ishigaki (石垣島; Ishigaki-jima) ist mit dem internationalen Flughafen das Tor zu Iriomotes weitläufigem Nationalpark, Taketomis charmanter traditioneller Architektur und den friedvollen Stränden kleinerer Inseln wie Hateruma und Yonaguni.

TOP TIPP

Um die malerischen Straßen rings um die Insel zu erforschen, mietet man bei GoShare ein Elektro-Mofa (abzuholen am Flughafen oder Hafen), zum Halt locken Imbissstände und Kunsthandwerksshops am Straßenrand. Auf Schlaglöcher und *shirohara kuina* (Laufvögel) achten.

STEFANO COSTANZO PHOTO/SHUTTERSTOCK ©

Yonehara-Strand (S. 710)

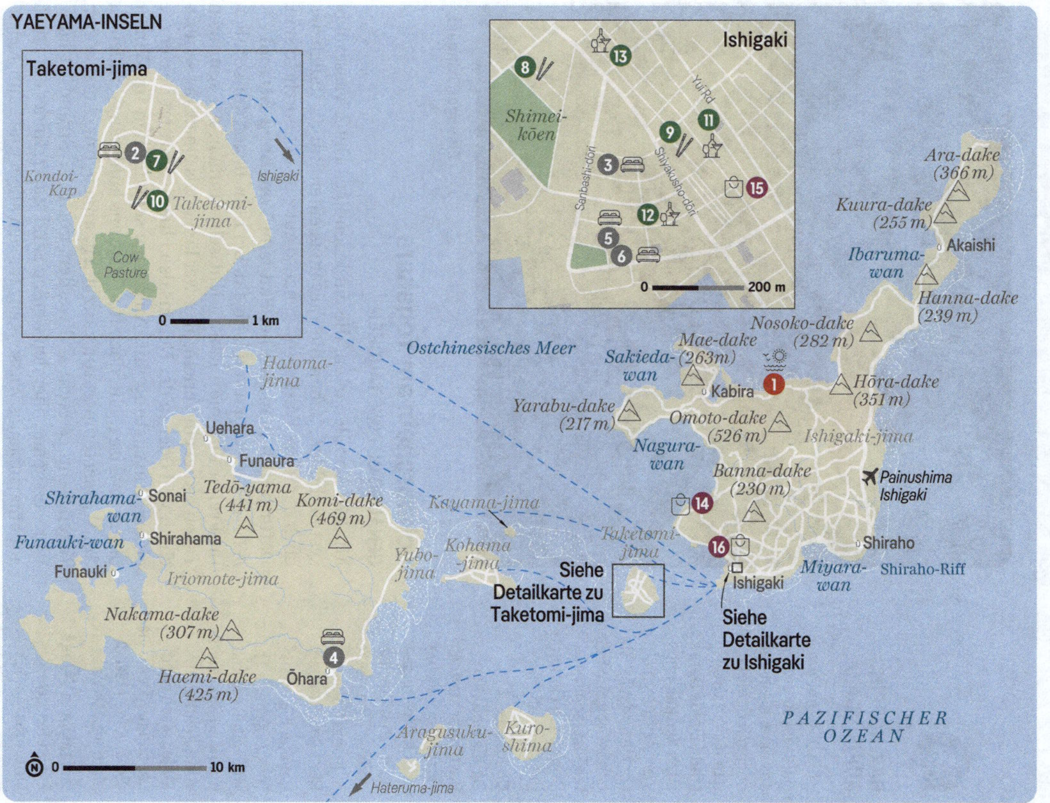

SEHENSWERTES
1 Yonehara-Strand

SCHLAFEN
2 Cago
3 Guest House Hive
4 Guesthouse Shimaotoya
5 Hotel Miyahira
siehe 4 Kotchi
siehe 4 Shinminka Villa
6 Third Ishigaki

ESSEN
7 Kanifu
8 Shabu-Shabu Taiyo
9 Tony Soba
10 Yaaraa Cafe

AUSGEHEN
11 Cocosone
12 Ishigakijima Village
13 Revolucion

SHOPPEN
14 Miyara Farm
15 Shimaai
16 Usagidō

BAR-HOPPING AUF ISHIGAKI

Ishigakis Zentrum am Hafen ist so groß wie das einer Kleinstadt, doch mit dem Nachtleben einer Großstadt. Einige Bars im alten Vergnügungsviertel öffnen nicht vor Mitternacht. Sie gehören zu den besten Plätzen für einen Drink nach Einbruch der Dunkelheit.

Cocosone
Der Eigentümer-Bartender stellt einzigartigen, mit Tee oder Kaffee angereicherten Rum her und hat eine stolze Ska- und Soul-Plattensammlung.

Revolucion
Die gekachelte Theke und Tequila-Sammlung sind Souvenirs von alljährlichen Pilgerreisen nach Lateinamerika. Nicht die würzige Mezcal-Margarita verpassen!

Ishigakijima Village
Ein lautes, zweistöckiges, hochprozentiges Wunderland aus *izakaya* und Bars (auf einigen Karten als Ishigaki Island Village eingetragen).

Eisvogel, Ishigaki

Schnorcheln am Yonehara

GENAUSO GUT WIE TAUCHEN

Mit 370 Korallenarten, die ein lebendiges Unterwasserökosystem bilden, haben die Yaeyamas einen Ruf als Tauchziel, doch das klare Wasser soll genauso gut zum Schnorcheln sein. Dafür begibt man sich bei Flut zum **Yonehara-Strand** (米原海岸) im Norden von Ishigaki. Bei Ebbe liegen die Korallen im Freien und man kann nicht schwimmen. An sonnigen Tagen öffnet ein Verleih, aber wer länger als einen Tag schnorcheln will oder in der Nebensaison hier ist, bringt besser die eigene Ausrüstung mit. Ansässige schwimmen im Winter üblicherweise nicht, doch für Gäste aus kühleren Gefilden ist die Wassertemperatur ganzjährig angenehm. An schönen Tagen kann es recht voll werden, doch der Strand ist lang. Wer weit genug über den weißen Sand stapft, findet ein Stück aquamarinblaues Wasser ganz für sich allein und kann seelenruhig die farbenprächtigen Fische studieren, ohne auf Schnorchelkonkurrenz zu stoßen. Das Wasser ist ruhig, aber ohne Guide bleibt man im Seichten. Nicht vergessen: Keine Korallen berühren, um sie für zukünftige Generationen zu erhalten.

ÜBERNACHTEN RUND UM DEN HAFEN VON ISHIGAKI

Guest House Hive
Stockbetten, die wie ein Spielplatz anmuten, und eine helle, saubere Gemeinschaftsküche. ¥

Hotel Miyahira
Eins der wenigen Hotels in einheimischer Hand; veraltete, aber bequeme Zimmer und aufmerksame Gastfreundschaft. ¥¥

Third Ishigaki
Boutique-Hotel, barrierefreie Zimmer und Gruppenunterkünfte, Bibliothek und DJ-Events auf der Dachterrasse. ¥¥¥

Destination Vogelbeobachtung

MIT BESTGELAUNTEM GUIDE

Rund 300 Vogelarten leben auf den Yaeyama-Inseln oder nutzen sie als Zwischenstopp, darunter Zugvögel und gefährdete Spezies. Damit sind sie ein Ziel für Vogelbeobachtungen. Man könnte meinen, dass die riesigen Mangrovensümpfe und der unberührte Dschungel auf Iriomote dafür perfekt wären, doch Masahiro Kobayashi erklärt, dass es auf **Ishigaki** viel einfacher ist, Vögel (ohne anstrengende Wanderung) zu sichten. Kobayashi ist ein Guide von **SeaBeans** mit scharfem Blick und guter Laune, und seine Touren auf Ishigaki (12 000 ¥ pro Person) sind so beliebt, dass er eine Buchung der Tour noch vor der Flugbuchung empfiehlt. Meistens sind seine Gäste japanische Naturfotografie-Aficionados mit teuren Kameras und riesigen Teleobjektiven. Und Kobayashi weiß genau, wie man damit zum perfekten Schnappschuss kommt. Man muss aber nicht verrückt nach Vögeln sein oder eine schicke Ausrüstung haben. Kobayashi verleiht ein Fernglas, wenn man vorab Bescheid gibt. Er spricht kein Englisch, doch man kann mit einer Übersetzungs-App reservieren und per E-Mail kommunizieren. Bei der Tour hat er Handbücher dabei, um beim Englischen auszuhelfen.

Die Tour ist kein gemütlicher Naturspaziergang. Es gilt, eine gute Sicht auf so viele Vogelarten wie möglich zu ergattern, und man sitzt die meiste Zeit im Auto. Mitzubringen sind Wasser und Snacks (und Fotoausrüstung, so vorhanden). Kobayashi holt seine Gäste morgens ab und chauffiert sie bis zum späten Nachmittag oder frühen Abend. Die genaue Route und mögliche Sichtungen hängen von der Jahreszeit ab. Vielleicht sieht man im Park Eisvögel mit himbeerrotem Gefieder und langem orangenen Schnabel oder eine Schlangenweihe, die nahe ihrem Nest jagt, oder eine grün-lila Graukappen-Glanztaube zwischen Ästen. Am Ufer sieht man durch ein Teleskop Wasservögel. Und vermutlich prescht die ikonische *shirohara kuina* (Weißbrust-Kielralle) über die Ackerränder. Kobayashi kann nicht garantieren, dass ein bestimmter Vogel zu sehen sein wird (sie haben schließlich ihr eigenes Leben), doch er kennt die Insel und Gewohnheiten der Vögel. Es gibt auch Nachttouren, um Eulen, Fledermäuse, Insekten und Reptilien aufzuspüren.

STERNGUCKEREI OHNE LICHTVERSCHMUTZUNG

Ishigaki gilt offiziell als International Dark Sky Place, Teil einer Initiative zur Minderung der Lichtverschmutzung und dem Erhalt von Lichtschutzgebieten. Ein Paradies für alle mit einer Passion für Astronomie! Überall auf der Insel sieht man in klaren Nächten Sterne, doch je weiter man von den Lichtern der Stadt entfernt ist, desto klarer sind sie. Es gibt auf der Insel Observatorien mit großen Teleskopen, und eine Handvoll Unternehmen bieten Sternbeobachtungstouren an, die dich an dunkle Outdoor-Orte bringen, um weit entfernte Galaxien zu bewundern und Planeten und Konstellationen zu identifizieren.

Tauchen mit Mantarochen

TAUCHTOUREN UND -KURSE

Es ist verblüffend, wie gut man kommunizieren kann, ohne dieselbe Sprache zu sprechen, doch beim Gerätetauchen sollte man es nicht ausprobieren. **Prime Scuba** hat erfahrene Eng-

ESSEN IM ZENTRUM VON ISHIGAKI

Tony Soba
Spezialität: Ziegen-Soba. Mit „Tony" plaudern und einige Fotos und Auszüge über Ishigakis Geschichte sehen. ¥

Uminchu izakaya Gen
(海人居酒屋 源 総本店)
Das Sashimi (und gegrillter oder gedünsteter Fisch) beim *izakaya* ist nicht zu überbieten. ¥¥

Shabu-Shabu Taiyo
Eintöpfe mit Ishigaki-Fleisch von Schweinen, die mit Ananas gefüttert wurden (zwei Standorte). ¥¥

ISHIGAKI SOUL

Tsuyoshi Yamada, lokaler Guide

Ich bin hier geboren und aufgewachsen. Ich bin in über 30 Länder gereist und stellte fest, Ishigaki zählt zu den schönsten Orten. Im Ozean gibt's Meerestiere und in den Bergen schöne Vegetation; alles wächst auf Korallen (da dies eine Koralleninsel ist). Das Leben im Wasser und auf Land helfen einander. Das Yaeyama-Volk hat seine eigene Kultur und Feiertage, die sich am Mondkalender orientieren. Auf Anagama veranstalten Leute mit Großvater- oder Großmutter-Masken eine unterhaltsame Q&A-Session: Auf die Frage „Wie ist das Leben im Himmel?" antworten sie etwa „Jeder Tag ist ein Fest und wir haben eine tolle Zeit". Tsubarama ist ein Gesangswettbewerb, wo Texte zu einer vorgegebenen Melodie erfunden werden.

lisch sprechende Guides und ein großes Boot, das dich zu Gewölben, Schluchten und Tunneln bringt, die das Taucherwunderland der Yaeyama-Inseln ausmachen. Mit etwas Glück trifft man auf Mantarochen, Meeresschildkröten, Langflossen-Fledermausfische und Riesensepien.

Reise in die Vergangenheit

DIE SCHMUCKEN STRASSEN VON TAKETOMI

Nur eine 15-minütige Fährfahrt von Ishigaki entfernt liegt **Taketomi** (竹富島; Taketomi-jima), wo die Zeit stillzustehen scheint. Beim Bummel durchs Dorf (nahe dem Hafen) sieht man die roten Ziegeldächer der traditionellen Häuser, die von Korallenwänden geschützt und mit Blumen geschmückt sind. Straßen sind mit weißem Sand bedeckt (um Schlangen im Dämmerlicht auszumachen, bevor es eine Straßenbeleuchtung gab). Die Insel ist in drei Stunden erradelt, und es gibt auch reizende Strände, die ohne Auto von der Stadt zugänglich sind. Die Inselbevölkerung bittet Strandgänger darum, nicht in Badezeug oder mit sichtbaren Tattoos durch die Stadt zu laufen. Es gibt weder Ambulanz noch Klinik, also Vorsicht beim Schwimmen und in der Sonne. Damit die Insel unberührt bleibt, sind alle gefragt, den eigenen Müll mitzunehmen.

April bis Juni ist die beste Reisezeit (weniger überfüllt); die „Goldene Woche"-Ferien im Frühling und Juli und August meidet man besser, da die Leihräder nicht ausreichen und vor den Restaurants Schlangen stehen. Die meisten machen einen Tagesausflug hierher, und der Reiz Taketomis wird offenbar, wenn die letzte Fähre abgelegt hat und mit der Dämmerung Ruhe einkehrt. Es gibt nur begrenzt Unterkünfte, die weit im Voraus zu buchen sind. Es gibt keinen Supermarkt oder Laden, und manchmal schließen fast alle Restaurants am selben Tag wegen einer Gemeindeveranstaltung. Deshalb bucht man das Abendessen in der Unterkunft oder lässt sich bei einer Reservierung helfen – und immer Snacks dabeihaben.

Segeln auf einem Sabani

HÖLZERNE BOOTE MIT GESCHICHTE

Taketomi ist einer der wenigen Orte, wo man auf einem traditionellen *sabani*-Holzboot segeln kann. Da Taketomi wenig Farmland hatte, pendelten die Menschen nach Iriomote, um Reis anzubauen. Es gibt noch einen Ausguck, wo Ausschau nach Booten gehalten wurde, die mit Getreide beladen zurückkehrten. Anfangs wurden *sabani* wie Einbaumkanus aus Baumstämmen geschnitzt, als solch große Bäume seltener

SHOPPEN & SNACKEN AUF ISHIGAKI

Miyara Farm (宮良農園)
Keramikstudio und Outdoor-Café, Frucht-Smoothies und geschabtes Eis ; an der westlichen Küstenstraße.

Usagidō
Buchladen und Café beim Arakawa-Park. Café au Lait mit schwarzem Zucker und Yaeyama-Führer zum Schmökern.

Shimaai
Boutique im Zentrum mit Stoffen, Bekleidung und Accessoires direkt von der Indigo-Farm.

Taketomi

wurden, verwendete man zur Konstruktion *sugi-Holz (Cryptomeria japonica)* aus der Präfektur Miyazaki. Mit ihren flachen Körpern können die Boote in nur 40 cm Wassertiefe über Korallenriffe fahren. Ausleger waren nicht üblich, heute werden sie zur Stabilisierung zugefügt, besonders mit Personen an Bord. Wer an einer Tour übers blaue Wasser zu einer Sandbank teilnehmen möchte, kann bei **Shu-kaji** buchen; ihr Inhaber Akira Uesedo stammt von Taketomi. Der andere Guide Hiroyasu Funakoshi spricht fließend Englisch, beide sind erfahrene Segler. Ihre Trips sind besonders bei Flitterwöchnern beliebt; es gibt ein spezielles Paket inklusive Fotos.

DIE SÜDLICHSTE SPITZE

Wer davon träumt, allein auf einem weißen Sandstrand vor üppig grünen Pflanzen am türkisen Wasser zu liegen, ist auf **Hateruma** am richtigen Ort. Zur südlichsten bewohnten Insel in Japan setzt die Fähre von Ishigaki in etwa 80 Minuten über – ein idealer Tagesausflug – und am Hafen sind Räder zu mieten. Sonst gibt's nicht viel auf der Insel, daher muss man alles mitbringen, was für den Tag benötigt wird, und den eigenen Müll wieder mitnehmen, um die Ansässigen nicht zu belasten. Im Juli und August kommen zwar mehr Leute her, doch es ist immer noch einer der weniger überfüllten Orte in den Yaeyamas, an denen man den Strand genießen kann.

ÜBERNACHTEN & ESSEN AUF TAKETOMI

Cago
Lokalkolorit pur. In den Gartenzimmern schläft man wie in einem luxuriösen Gewächshaus. ¥¥¥

Yaaraa Cafe
Awamori-Cocktails und hausgemachte Pizza mit lokalem Thunfisch und Kräutern. ¥

Kanifu
Curry und Taco-Reis im größten Restaurant auf Taketomi mit verlässlichen Öffnungszeiten. ¥¥

KLEINE PFERDE, GROSSE FELSEN, STARKER ALKOHOL

Yonaguni, Japans westlichste Insel, liegt nur 111 km von Taiwan entfernt und ist kein großes Touristenziel, weshalb manche sie so lieben. Sie hat jedoch einiges zu bieten.

Yonaguni Ponies
Diese *shima uma* oder Ryūkyū-Pferd genannten kleinen, aber starken Arbeitspferde transportierten Reis und Zuckerrohr, bis Lastwagen und Traktoren sie ersetzten. Heute gelten sie als vom Aussterben bedroht, doch Erhaltungsbemühungen zeigen erste Erfolge.

Yonaguni Monument
Die Felsformation unter Wasser ist eine Taucherdestination und geometrisch so perfekt, dass debattiert wird, ob sie ein natürliches oder von Menschenhand geschaffenes Phänomen ist.

Yonaguni Awamori
Einige Brennereien auf Yonaguni produzieren die *awamori*-Sorte *hanazake*, die ursprünglich zeremoniellen Zwecken diente und 60 % statt sonst 30 bis 40 % Alkoholgehalt hat.

MATT MUNRO/LONELY PLANET ©

Iriomote

Paddeln im Dschungel

SUP AUF IRIOMOTE

Selbst Abenteuererfahrene sollten einen Guide buchen, um das dichte subtropische Dschungelgebiet von **Iriomote** (西表島; Iriomote-jima) zu erforschen, um Verletzungen zu vermeiden und sich nicht zu verirren. Fast die ganze Insel ist ein Nationalpark und seit 2021 als UNESCO-Welterbe ge-

ÜBERNACHTEN & ESSEN RUND UM DEN ŌHARA-HAFEN, IRIOMOTE

Guesthouse Shimaotoya
Ein früheres Pflegeheim wurde zu diesem Hostel mit einfachen Zimmern in friedlicher Umgebung. ¥

Shinminka Villa
Kleine, stylishe, moderne japanische Häuser (Shinminka-Villen gibt's in der ganzen Präfektur Okinawa). ¥¥¥

Kotchi
Herzhaftes Kneipenessen auf einem überdachten Patio. ¥

listet. Sie ist berühmt für ihre Mangroven, Wasserfälle und Wildkatzen. Ins Innere der Insel gelangt man am besten auf dem Wasser mit dem SUP oder Kajak. Ikkei Suzuki, Inhaber des Tourveranstalters Iriomote St East, ist ein SUP-Guide mit genug Englischkenntnissen, um seine Gäste zu unterhalten (und hat weitere Englisch sprechende Guides). Die Halbtagestouren für drei bis vier Personen (nie mehr als sechs) und alle Level bringen dich an unbekanntere Orte mit großartiger Natur.

Mit der Fähre geht's in rund 50 Minuten von Ishigaki zum Guide in Iriomotes Hafen Ōhara, wo weniger Reisende sind als in Uehara. Wasser, Snacks und UV-Schutz mitbringen und Kleidung und Schuhe, die nass werden dürfen. An einer Flussmündung demonstriert der Guide wichtige SUP-Techniken, und dann geht's los. Die Tour führt über ruhiges, brackiges Gewässer in einen der größten, unberührten Mangrovensümpfe Japans mit einigen Mangrovenspezies, die es nur hier gibt, alle haben sich an salziges Wasser angepasst. Rote Eisvögel pfeifen in den Bäumen und Fische schwimmen im klaren Wasser. Stromaufwärts, wo das Süßwasser nicht mit Meereswasser vermischt ist, ändert sich die Vegetation. Plötzlich gibt's im Dschungel Banyanbäume und *sagaribana (Barringtonia racemosa)*, die nur eine Nacht lang blühen und dann ihre rosa Blüten abwerfen. Wer den Ausflug im Juni macht, sieht vielleicht abgefallene, bauschige Blüten im Fluss treiben.

Wo der Fluss sich verengt, gibt's ein nettes kleines Schwimmbecken. Für die Pause hängt der Guide Hängematten an Äste am Fluss, sodass man nach dem Ausruhen ins Wasser springen kann, bevor es zurückgeht. (Der Guide wählt vielleicht eine andere Route, je nach Wetter und Kenntnisstand der Gruppe.) Die Tour endet gegen Mittag und kann also gut auf einem Tagesausflug gemacht werden.

WARUM ICH DIE YAEYAMA-INSELN LIEBE

Hannah Kirshner,
Autorin

Ich gehe auf Ishigaki abends mit Freund:innen aus (mein Stammlokal ist das Cocosone, wenn ich hier bin) und bin am nächsten Morgen auf einer Fähre zum SUP durch die Mangroven auf Iriomote – was für ein Kontrast! Diese Inseln haben erstaunliche Natur und eine Kultur, die sich vom Rest Japans unterscheidet, sogar von der restlichen Präfektur Okinawa. Ich dachte zunächst, es sei eine Übertreibung, wenn von der wunderschönen Farbe des Meeres die Rede war, bis ich mit eigenen Augen sah, wie klar und blau es ist.

UNTERWEGS VOR ORT

Auf Ishigaki braucht man kein Auto, es sei denn, man plant eine bestimmte Aktivität, für die es nötig ist (viele Touren bieten die Abholung an). Am besten nimmt man den Expressbus vom Flughafen zum Ishigaki-Fährhafen (500 ¥ bereithalten) und kommt in der Nähe unter. Beim Hafen gibt's Restaurants, öffentliche Verkehrsmittel und das Nachtleben. Die Überfahrt nach Iriomote dauert nur 50 Minuten, die nach Taketomi 15 Minuten. Fähren werden von zwei Unternehmen betrieben, manchmal legen Boote zur selben Zeit mit demselben Ziel ab, also aufgepasst, für welches das Ticket gilt. Wer einen Wagen mietet, bedenke, dass die Schotterstraßen ohne Überspannleitungen gewöhnlich Privatbesitz sind; und bitte immer langsam fahren, um Zusammenstöße mit Wildtieren zu vermeiden.

PRAKTISCHES

Die wichtigsten Informationen für die perfekte Reise nach Japan.

Zug der Gotemba-Linie und Kirschblüten

Ankunft

Die meisten internationalen Gäste kommen über den Luftweg nach Japan. Tokio verfügt als wichtigster Knotenpunkt über zwei internationale Flughäfen: Narita (NRT), 60 km östlich von Zentral-Tokio, in der Präfektur Chiba, und Haneda (HND), 15 km südlich vom Hauptbahnhof. Der Kansai International Airport (KIX) bedient Osaka und die Region Kansai, während an einigen kleineren Flughäfen auch Direktflieger aus Übersee landen.

Visa

Angehörige von 69 Staaten, einschließlich Deutschland, Österreich und der Schweiz, erhalten bei Einreise ein temporäres Besuchervisum für 90 Tage.

Gepäcktransport

Gepäcktransportdienste (takkyūbin) sind in Japan sehr gefragt. Von Flughäfen, Bahnhöfen und Hotels schickt man das Gepäck vorab weg und reist so mit freien Händen. Preis je nach Größe und Gewicht.

Einreise

Reisende aus dem Ausland werden bei der Ankunft fotografiert und es werden Fingerabdrücke genommen. Eventuell muss man ein Ticket zur Weiterreise oder ausreichend finanzelle Mittel vorweisen.

WLAN

Flughäfen bieten gratis WLAN an. Man kommt in Japan mit kostenlosem WLAN durch, viele Reisende leihen aber ein mobiles Internetgerät für die Dauer ihres Aufenthalts.

Vom Flughafen in die Stadt

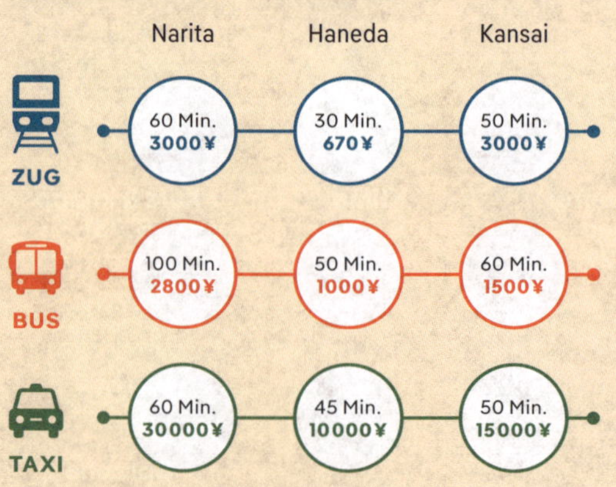

INNERSTAATLICHE WEITERFLÜGE

Wer über Tokio eine Weiterreise zu einem regionalen Flughafen in Japan bucht, tut gut daran zu kontrollieren, ob der Flieger überhaupt am selben Flughafen startet. Einige internationale Airlines bedienen sich örtlicher Anbieter mittels Codesharing, und wenn man nicht darauf achtet, bucht man womöglich einen Flug mit Ankunft am Haneda, während der Weiterflug vom Narita Airport startet (oder umgekehrt). Ein Shuttle zwischen beiden Flughäfen braucht für die Strecke mindestens 70 Minuten und kostet 3200 ¥.

Unterwegs vor Ort

Rund 125 Millionen Menschen in einem Land, das flächenmäßig kaum größer als Deutschland ist! Kein Problem! Japan hat eins der effizientesten Verkehrsnetzwerke der Welt.

REISEKOSTEN

Mietwagen
Ab 7000 ¥ pro Tag

Tanken
Ca. 160 ¥ pro Liter

Shinkansen (Hochgeschwindigkeitszug)
Tokio–Osaka 14 000 ¥

Leihrad
Ca. 2000–3000 ¥ pro Tag

Zug

Japans Zugnetz ist legendär. Shinkansen (Hochgeschwindigkeitszüge) brausen durchs Land. Kleinere Zuglinien verkehren an allen möglichen Orten, und nach dem ganzen System kann man die Uhr stellen. Eine Überlegung wert ist ein Japan Rail (JR) Pass für praktisch unlimitierte Zugreisen.

Mietwagen

Für Reisen in die Berge oder entlegene Orte ist ein fahrbarer Untersatz gefragt, besonders in Gegenden wie Hokkaidō. Mehrsprachige Navigationsgeräte bieten problemlos Orientierung. Die größeren Verleihfirmen haben englischsprachige Websites.

TIPP

Von Juni bis Oktober kann ein Taifun die Reisepläne erheblich durchkreuzen. Die Wettervorhersage im Blick behalten!

RADFAHREN IN JAPAN

Während es in einigen großen Städten wie Tokio, Osaka und Sapporo Bikesharing gibt, werden in vielen Tourismus- und Resortgegenden Räder zum Verleih angeboten, oft in Bahnhofsnähe. Wuchtige Einkaufsräder sind die Norm, aber E-Bikes werden immer beliebter. Und man sieht häufiger Radtouristinnen und -touristen auf Japans Straßen. Hokkaidō lässt sich wunderbar auf zwei Rädern erkunden, außerdem stellen die regionalen Behörden den hervorragenden Hokkaidō Cycling Tourism Guide online bereit.

UNBEDINGT BEACHTEN

Es herrscht Linksverkehr.

Stoppschilder sind umgedrehte rote Dreiecke.

.03

Die Promillegrenze liegt bei 0,03 %.

Bus

Wer nicht so tief ins Portmonnaie greifen will, ist mit Japans Langstreckenbusnetz gut bedient. Zudem kann man bei der Unterbringung sparen, indem man über Nacht fährt. Ein umfangreiches Busnetz verbindet die großen und viele kleinere Städte im ganzen Land.

Fähre

Japan zählt mehr als 14 000 Inseln, und Fähren binden einen Großteil davon an die Hauptinseln an. Eine Langstreckenfahrt, etwa bis nach Okinawa oder Hokkaidō, ist schon ein Erlebnis für sich. Es gibt Gemeinschaftsräume mit Tatami-Matten, Bäder und Restaurants. Der Weg ist das Ziel!

Flugzeug

Mit immer mehr Billiganbietern kann ein Flug die kostengünstigste Option sein, speziell über größere Distanzen. Alle lokalen Carrier haben englischsprachige Websites, wo man Preise nachsehen und Tickets buchen kann.

Geld

WÄHRUNG: **YEN (¥)**

Kreditkarten

Karten von den wichtigsten internationalen Anbietern wie Visa und MasterCard werden in Hotels, Restaurants, Autoverleihfirmen, Supermärkten und größeren Geschäften angenommen, besonders in Großstädten und Touristenzielen. Immer mehr Betriebe rüsten sich für kontaktloses Bezahlen.

Bargeld

Nur Bares ist Wahres. Man sollte immer Bargeld dabeihaben, besonders in den Bergen, in abgeschiedenen Gegenden und auf kleinen Inseln. Tempel oder Schreine akzeptieren nur Bargeld. Geldautomaten findet man in Kaufhäusern wie Family Mart, Lawson und 7-Eleven.

Sicherheit

Diebstähle und Überfälle sind in Japan selten. Es ist wahrscheinlicher, dass einem Geld unabsichtlich aus der Tasche fällt, als dass es jemand entwendet.

Trinkgeld

Trinkgeld ist in der japanischen Kultur nicht üblich. Wer dennoch etwas gibt, sorgt wahrscheinlich für Verwirrung.

WIE VIEL KOSTET ...

ein U-Bahn-Ticket
220 ¥

ein Museumseintritt
1000 ¥

die Taxigrundgebühr
600 ¥

die Benutzung einer öffentlichen Toilette
gratis

WIE ... Ein paar Yen sparen

Es ist zwar nicht gängige Praxis, aber einige Bars in den Vergnügungsvierteln haben das Konzept der Happy Hour eingeführt, meist am späten Nachmittag. Zwei wichtige Vokabeln für Sparfüchse sind *tabe-hōdai* (iss so viel du willst) und *nomi-hōdai* (trink so viel du willst), die in Kombination zur Völlerei einladen, allerdings immer mit einem Zeitlimit, meist 90 Minuten.

LOCAL TIPP

In Japan gibt es keine aufgerundeten Preise, deshalb sollte man die kleinen 1 ¥-Aluminiummünzen im Geldbeutel lassen, sonst kriegt man nur noch mehr davon!

YEN ODER EN?

Die japanische Währung ist weltweit als Yen (¥) bekannt, Einheimische sprechen das Wort aber als ohne den „j"-Laut aus. Das liegt daran, dass die ersten Japanisch-Englisch-Wörterbücher den japanischen „e"-Laut mit „ye" umschrieben und seither das Wort Yen für die japanische Währung verwendet wird. Neben dem Währungssymbol ¥ ist auch das Kanji-Zeichen 円 (ausgesprochen „en") zu sehen. 250 ¥ entsprechen also 250 円.

Übernachten

Kapselhotels

Viele kennen sie aus internationalen Medien: Hotels aus gestapelten „Kapseln“. Jedes „Zimmer“ hat die Größe einer Futon-Matratze und ist ca. 2 m lang, 1,20 m breit und 1 m hoch. Dazu gibt's eine feine Mischung aus Gemeinschaftseinrichtungen. Ursprünglich wurden die Hotels für japanische Geschäftsreisende entwickelt, die eine günstige Unterkunft in Bahnhofsnähe suchten.

Businesshotels

Einfache Zimmer im westlichen Stil mit eigenem Bad waren zunächst für Geschäftsreisende gedacht, die mehr als eine Kapsel wollten. Man findet sie rings um Bahnhöfe oder Verkehrsknotenpunkte. Oft sind es große Ketten mit Niederlassungen in ganz Japan. Einige bieten Frühstück, andere große Gemeinschaftsbäder. Generell sind sie recht preiswert.

Tempel

Manche buddhistischen Tempelanlagen, vor allem in Wallfahrtsorten, betreiben ein *shukubō*. Dieses verfügt meist über einfache Zimmer im japanischen Stil mit Gemeinschaftstoiletten und -bädern sowie *shōjin-ryōri* (vegetarische Mönchskost). Ein paar sind luxuriöser als andere. Gäste dürfen normalerweise den Abend- und Morgengebeten beiwohnen. Eine Reihe von Tempeln in Kōya-san (S. 348) nutzt *shukubō* als zusätzliche Einkommensquelle.

Love Hotels

In Japan gibt's schätzungsweise 30 000 Love Hotels, die Zimmer zum kurzzeitigen „Ausruhen“ (ein Euphemismus für „Vergnügen“) vergeben. Dabei geht es schlichtweg darum, den Gewinn zu maximieren. Das Geschäft mit den Zimmern zum Ausruhen wird durch Einnahmen von Übernachtungsgästen ergänzt. Überraschenderweise kann man über die üblichen Suchmaschinen buchen.

WIE VIEL KOSTET EINE NACHT IN EINEM ...

Kapselhotel
4000 ¥

Love Hotel
7000 ¥ pro Zimmer

Tempel
12 000 ¥ pro Person

Ryokan

Dies ist die Art von Unterkunft, die man sich vor einer Japanreise ausmalt: eine Art japanisches Gasthaus, in dem man auf einem Futon mit Tatami-Matten schläft und köstliches Essen kredenzt wird. *Ryokan* gibt's in allen Größen und Formen, von luxuriösen Onsen-*ryokan* mit riesigen *daiyoku-jō* (Gemeinschaftsbäder) über spektakuläre *kaiseki-ryōri*-Mahlzeiten bis zu günstigen kleinen familiengeführten Unterkünften *sudomari* (ohne Essen).

CAMPING & BERGHÜTTEN

Im ganzen Land gibt's gute Campingplätze, besonders in der Nähe von Stränden, Seen und Bergen. In den Sommermonaten ist Campen äußerst beliebt, genauso wie das „Autocampen“ am Campingplatz, wo man ein Zelt neben dem Wagen aufschlägt. Auch hoch in den Bergen kann man campen, was meist günstiger ist, als in *yama-goya* (Berghütten) zu nächtigen. Der Vorteil von *yama-goya* ist jedoch, dass hier meist Bettwäsche und zwei Mahlzeiten inbegriffen sind. Man muss also auf einer Bergwanderung weniger schleppen.

VON LINKS: STOCK_SHOT/SHUTTERSTOCK ©, SAKARIN SAWASDINAKA/SHUTTERSTOCK ©, EXOPIXEL/SHUTTERSTOCK ©

Reisen mit Kindern

Japan eignet sich großartig für Familienreisen: Es ist sicher, sauber, interessant und gut angebunden. Ältere Kinder sind meist von der völlig andersartigen Umgebung, der populären Jugendkultur und all dem Komfort fasziniert, während Eltern von jüngeren Kindern das Land als sicheres Reiseziel schätzen.

Übernachten

Eine Handvoll günstigerer Hotels bietet zwar Drei- und Vierbettzimmer, doch ein *ryokan* oder *minshuku* (Gästehaus) mit großen Tatami-Zimmern, die bis zu vier oder fünf ausgerollte Futons in einer Reihe fassen, kann eine lustige kulturelle Erfahrung für die ganze Familie sein. Hostels und Gästehäuser haben meist Familienzimmer oder Vier-Personen-Schlafsäle, die eine Familie buchen kann.

Unterwegs vor Ort

Kinder zwischen sechs und zwölf Jahren zahlen in Zügen den halben Preis, Kinder unter sechs Jahren fahren kostenlos mit. Für Schwangere und Familien mit kleinen Kindern müssen bei Bedarf Sitzplätze freigemacht werden. Auf dem Land lohnt sich ein Mietwagen, um die Reise mit Kindern und Gepäck zu erleichtern. Viele Anbieter stellen auf Anfrage Kindersitze bereit.

Essen gehen

Einheimische Familien gehen gern in Familienrestaurants, die Kindermenüs und große Tischnischen haben und überraschend günstig sind. Häufig gibt's Salatbüfetts und Softdrinks zum Selber-Nachschenken. Am besten packt man kleine Gabeln und Löffel ein, falls die Kids mit Essstäbchen nicht so gut zurechtkommen.

Babys & Kleinkinder

Einkaufszentren, Kaufhäuser, Bahnhöfe und *michi-no-eki* (Raststationen) haben meist Wickel- und Stillräume. In Japan stillt man generell nicht in der Öffentlichkeit, wobei sich einige Mütter mit einem Stillschal in eine ruhige Ecke zurückziehen.

AKTIVITÄTEN FÜR KINDER

Tokyo Disneyland & Disney Sea
Kinder lieben die klassischen Disney-Attraktionen ebenso wie den in Japan einzigartigen Disney Sea ganz in der Nähe.

Universal Studios Japan, Osaka
Die japanische Version des amerikanischen Themenparks (S. 316) für Cineast:innen.

Strände
Als Inselnation gibt's Strände allerorts, die besonders im Sommer begeistern. Am besten erkundigt man sich vor Ort nach einem nahe gelegenen familienfreundlichen Strand.

Baseball
Wilden Horden von Japaner:innen dabei zuzusehen, wie sie ihre Mannschaft anfeuern, kann mindestens genauso viel Spaß machen wie das Spiel selbst.

SKIAUSFLUG FÜR DIE GANZE FAMILIE

Wintersportresorts, die von ausländischen Reisenden auf Ski- oder Snowboardausflügen besucht werden, etwa Niseko (S. 514) und Furano (S. 532) in Hokkaidō, sowie Hakuba (S. 243) und Nozawa-Onsen (S. 246) in der Präfektur Nagano, sind gut auf Familien eingestellt. Während ältere Kinder nur noch wenig Beaufsichtigung benötigen, warten auf die Jüngeren Aktivitäten und Snowparks. Etliche Resorts bieten zumindest Englisch sprechende Skilehrkräfte und Kinderbetreuung. Manche Familien fühlen sich in Selbstversorgerunterkünften wohl, z. B. in Apartments oder Ferienhäusern, wo sie in Ruhe essen können und dafür nicht immer rausgehen müssen.

Sicher reisen

KRANKENHÄUSER & APOTHEKEN

Japan hat eine gute medizinische Versorgung, aber in Krankenhäusern, Kliniken und Apotheken spricht möglicherweise niemand Englisch. Apotheken führen nur wenige anerkannte ausländische Marken, obwohl lokale Ersatzpräparate für gängige Medikamente erhältlich sein dürften. Vor der Reise sollte man sich vergewissern, ob benötigte Arzneimittel in Japan zugelassen sind. Möglicherweise darf man nur so viel mitnehmen, wie man für die Aufenthaltsdauer braucht, selbst bei gängigen Medikamenten.

Naturkatastrophen

Japan ist ein Land der rauchenden Vulkane, Erdbeben, Tsunamis und Taifune. Zwischen Juni und Oktober sollte man die Wettervorhersagen regelmäßig prüfen, denn jedes Jahr ziehen 20 bis 25 Taifune durch, von denen einige direkt auf das Land treffen und Reisepläne durcheinanderbringen. Wer Aufnahmen des Tsunamis von 2011 gesehen hat, der die Pazifikküste der Region Tōhoku verwüstete, wird das nie vergessen.

Versicherung

Japanische Kliniken und Krankenhäuser akzeptieren nur japanische Krankenversicherungen. Wer also eine Behandlung benötigt, muss diese im Voraus bezahlen, Quittungen sammeln und die Erstattung bei der im Vorfeld der Reise abgeschlossenen Auslandskrankenversicherung beantragen.

LEITUNGS-WASSER

Kann bedenkenlos getrunken werden.

WARN-APP

Die „Safety Tips"-App (Android & iOS) der JNTO für Erdbeben, Tsunamis und Wetterwarnungen runterladen.

SICHERHEIT AN STRÄNDEN

Notfall-Evakuierung
Bei Notfällen wie einem Tsunami muss das Wasser verlassen werden.

Schwimmbereich
In der Sicherheitszone zwischen den beiden Flaggen schwimmen.

Schwimmverbot
Die Strömungsverhältnisse machen das Schwimmen zu gefährlich.

Vorsicht
Höhere Wellen und stärkere Strömungen als gewöhnlich. Dort bleiben, wo man stehen kann.

Sicher
Sichere Bedingungen, um zu schwimmen und das Meer zu genießen.

Gefährliche Tiere

In der Wildnis von Hokkaidō gibt's *higuma* (Ussuri-Braunbären) und auf Honshū asiatische Schwarzbären. In ganz Japan ist die giftige *mamushi* (Grubenotter) verbreitet, während die giftige *habu* (gelb gefleckte Grubenotter) auf den okinawanischen Inseln vorkommt. Werden in bestimmten Gebieten *suzumebachi* (Mordhornissen) gemeldet, sollte man dort Wanderungen vermeiden.

EXTREME HITZE

Der japanische Sommer wird extrem heiß und schwül. Die Monate Juni bis August sind nicht die beste Reisezeit, außer man ist in den kühleren, höher gelegenen Bergregionen und in höheren Breitengraden wie Hokkaidō unterwegs. Im Sommer sollte man regelmäßig Wasser trinken und bei Temperaturen von 35 bis 39 °C auf die Gefahr eines Hitzeschlags achten.

PRAKTISCHES

Essen, Trinken & Feiern

Verhaltensregeln

Essstäbchen Die Essstäbchen steckt man nicht aufrecht in eine Schüssel Reis, zudem wird Essen niemals von Stäbchen zu Stäbchen weitergereicht.

Sich selbst einschenken (Alkohol) Gilt als Unart. Stattdessen füllt man die Gläser aller anderen, und jemand anderes wird dann dein Glas füllen.

Schlürfen Es ist vollkommen in Ordnung und wird sogar erwartet, dass man Nudeln schlürfend isst; am besten die Locals ringsum beobachten und lernen.

Im Restaurant: Gut zu wissen

Irasshai! Ausruf des Restaurantpersonals, wenn ein Gast hereinkommt; heißt so viel wie „Willkommen!"

Nan-mei sama? Wie viele Personen? (Frage vom Servicepersonal)

Osusume wa nan desu ka? Was können Sie empfehlen?

Omakase de onegai shimasu Das überlasse ich Ihnen (für abenteuerlustige Gäste).

Kampai! Prost!

Itadakimasu Das sagen die Gäste, bevor sie zulangen.

Okaikei kudasai Die Rechnung, bitte.

Gochisō-sama deshita Danke fürs Essen (sagt man beim Verlassen).

KULINARISCHES

Soba Dünne braune Buchweizennudeln; heiß in einer Suppe oder kalt serviert

Udon Dickere weiße Weizennudeln; heiß in einer Suppe oder kalt serviert

Ramen Weizennudeln nach chinesischer Art; normalerweise in heißer Brühe serviert

-don In einer Schüssel auf Reis serviert; z. B. *oyako-don* (Huhn und Ei auf Reis)

-katsu In Bröseln paniertes und herausgebackenes Fleisch; z. B. *tonkatsu* (gebackenes Schweineschnitzel)

-age Frittiert; z. B. *karaage* (frittiertes Huhn)

-yaki Gegrillt oder gebraten; z. B. *yakitori* (gegrillte Hühnerspieße) oder *yaki-soba* (gebratene Nudeln)

-karē Curry nach japanischer Art; z. B. *karē-raisu* (Curry auf Reis) oder *katsu-karē* (Schweineschnitzel auf Reis mit Curry)

-tempura In leichter Panade frittiert; z. B. *ten-don* (Tempura auf einer Schüssel Reis)

-teishoku Menü mit Reis, eingelegtem Gemüse und Misosuppe; z. B. *tonkatsu teishoku* (Menü mit gebratenem Schweineschnitzel)

-sarada Salat; z. B. *yasai-sarada* (Gemüsesalat)

WIE ... Ein Restaurant aussuchen

Wer nur über rudimentäre oder gar keine Japanischkenntnisse verfügt, ist gut mit einem Restaurant beraten, das eine englische oder bebilderte Speisekarte hat oder Plastikmodelle der Gerichte zeigt. Wenn alle Stricke reißen, kannst du in letzterem Fall das Servicepersonal mitnehmen und mit dem Finger auf das jeweilige Modell zeigen.

Falls schon von draußen nichts auf ein internationales Publikum hindeutet, wird es aller Wahrscheinlichkeit nach schwierig. Restaurants sind zwar bestrebt, ihren Umsatz und die Kundenzufriedenheit zu steigern, sie wollen aber auch zeitraubende Unannehmlichkeiten umgehen. Und wenn sich niemand vom Personal mit nicht Japanisch sprechenden Gästen verständigen kann, wird es schwierig, nicht zuletzt auf dem Land, wo weniger Leute mit Englischkenntnissen zu finden sind. Es ist keine große Sache, aber hier ist von beiden Seiten etwas Verständnis gefragt.

Tabelog ist die beste Onlinequelle in englischer Sprache, um ein Restaurant zu finden.

Wie viel kostet ...

eine Schüssel Ramen
800–1000 ¥

ein Softeis
400–500 ¥

ein *onigiri* (Reisecken-Snack)
150 ¥

ein Gourmetmenü
nach oben gibt's keine Grenze!

ein *okonomiyaki*
1000 ¥

ein *teishoku* (Tagesmenü)
1200 ¥

ein Bier vom Fass
500–600 ¥

ein Kaffee
400–500 ¥

WIE ... Bestellen

Japan bereitet sich auf einen Tourismusboom vor, und Restaurants, die Gäste aus dem Ausland anzulocken versuchen, wollen sich die Sache so einfach wie möglich gestalten.

Ein neuer Trend ist etwa, dass die Gäste, sitzen sie mal am Tisch, von einem Tablet aus bestellen, das meist sowohl die englische Übersetzung als auch Bilder zeigt. Alles ganz ohne Interaktion mit dem Servicepersonal. Man sucht sich aus, was gut aussieht, und bestellt via Klick. Achtung: In Japan ist es geradezu unmöglich, Kellner:innen nach Inhaltsstoffen zu fragen oder um Abänderungen der Speisen zu bitten.

In preiswerteren Kneipen steht man gleich nach dem Eingang vor einem Verkaufsautomaten. Hier wählst du aus, wirfst das Geld ein, nimmst deinen Bon und reichst diesen an das Servicepersonal weiter. Dann wartest du am Tisch, bis das Essen fertig ist. Das ist eigentlich narrensicher, aber bitte keine lange Schlange aufkommen lassen, weil man am Automaten ewig fürs Auswählen braucht.

Kaiten-zushi (Sushi vom Band) ist das Nonplusultra eines reibungslosen Restaurantbesuchs für ausländische Gäste. Kommt was vorbei, das dir zusagt, langst du einfach zu und isst es.

Und dann gibt's natürlich auch noch das andere Ende der Fahnenstange: elegante Restaurants in internationalen Hotels. Das Servicepersonal spricht fließend Englisch, und es gibt keine Probleme, zu bestellen, was das Herz begehrt. Alles nur eine Frage, wie experimentierfreudig du bist!

Kurzinfo

Die Präfektur Kagawa auf Shikoku ist derart verrückt nach Udon-Nudeln, dass die lokale Spezialität als ***sanuki-udon*** bekannt ist (Sanuki ist der alte Name für Kagawa), und der Spitzname der Präfektur lautet ***udonken*** (Udon-Präfektur).

ESSEN & TRINKEN FÜR ABENTEUERLUSTIGE

Japan ist richtiggehend besessen vom Essen, und die lokale Cuisine gehört sicherlich zu den Highlights einer Japanreise, vor allem für die Mutigen. Man kann hier durchaus ein paar Wochen in Hotelrestaurants essen und niemals die eigene Komfortzone verlassen, doch du hättest wirklich was verpasst! Denn da warten ein paar aufregende neue Geschmacksrichtungen (und Konsistenzen).

Zunächst kannst du dich im Supermarkt umsehen, was das heimische Volk so isst, etwa im Untergeschoss eines Kaufhauses in der Großstadt oder in lokalen Läden in den Vororten. Du wirst staunen, denn wahrscheinlich siehst du Produkte, die du nicht mal als Lebensmittel identifiziert hättest.

Auf den morgendlichen Fischmärkten wird Sushi oder *kaisen-don* (Meeresfrüchte auf Reis) gleich zum Frühstück gereicht. Günstige Leckerbissen sind etwa *tako-yaki* (Oktopusbällchen), *dango* (Klößchen am Spieß) oder *onsen-tamago* (Eier gegart in Onsen-Wasser). Oder wie wär's mit *natto?* Das sind teilweise fermentierte Sojabohnen, mit denen Japaner:innen die Abenteuerlust von Besucher:innen auf den Prüfstand stellen.

Wer auf Nummer sicher gehen will, bleibt einfach beim Bier. Doch da gibt's auch noch Sake (die Japaner:innen kennen ihn als *nihonshū*) aus Reis, der gekühlt, auf Zimmertemperatur oder erwärmt serviert wird, je nach Jahreszeit und Vorlieben. Oder vielleicht möchtest du auch *shōchū* kosten, einen destillierten Alkohol aus Kartoffeln, und *awamori,* den Stolz von Okinawa. Und nicht zu vergessen: der preisgekrönte Whiskey aus Japan!

Nachhaltig reisen

Reisen & Klimawandel

Die Auswirkungen des Reisens lassen sich nicht bestreiten, genauso wenig wie die Notwendigkeit, etwas zu verändern, wo es möglich ist. Lonely Planet bittet alle Traveller, ihre CO_2-Bilanz beim Reisen zu bedenken. Auf Websites wie resurgence.org/resources/carbon-calculator.html kann man mit CO_2-Rechnern ermitteln, wie das persönliche Emissionskonto nach einer Reise aussieht. Zahlreiche Fluglinien und Buchungsseiten bieten zudem die Möglichkeit, mit einer Spende für Umweltprojekte eine Art Wiedergutmachung zu leisten. Auch Lonely Planet spendet Gelder, wenn Mitarbeiter:innen auf Reisen gehen, wobei uns bewusst ist, dass das allein noch keine Lösung ist.

Heimische Speisen & Getränke

Mit einem Marktbesuch unterstützt du heimische Farmer:innen und Fischer:innen und kannst die lokale Spezialität *meibutsu* verkosten. In Hakodate (S. 523) warten die frischesten Meeresfrüchte zum Frühstück, in Niigata (S. 484) gibt's japanischen Sake.

Umweltbewusstes Wandern

Japan ist ein bergiges Land und ein Paradies für Wanderungen. Die ultimative Strecke für Umweltbewusste wird seit 1200 Jahren von Wallfahrer:innen beschritten: der Pilgerpfad zu den 88 Heiligen Tempeln von Shikoku (S. 568).

Outdoor-Abenteuer

Japan bietet eine ganze Palette an nachhaltigen Outdoor-Aktivitäten: Rafting in Minakami (S. 250), Schnorcheln auf den Zamami-Inseln (S. 699) oder Tauchen auf Okinawas Yaeyama-Inseln (S. 711).

Abseits der ausgetretenen Pfade

Vor allem für Reisende, die zum ersten Mal nach Japan kommen, drängt sich die gängige Touristenroute auf. Doch es lohnt sich, neue Orte zu ergründen. Tokio, Kyoto und Hiroshima können nämlich ganz schön überrannt sein.

Ist dir nach einer Erkundungstour auf dem Rad zumute? Sei es für einen Tag, wie etwa eine Runde um den Tōya-See (S. 518), oder auch für einen längerer Trip. Am besten wirfst du online mal einen Blick in den Hokkaidō Cycling Tourism Guide.

Ein Festival gewährt Einblicke in die örtliche Kultur. So kannst du im Februar einen Skiausflug nach Niseko (S. 514) mit einem Besuch des Sapporo Snow Festival (S. 507) verbinden.

IN EINEM TEMPEL ÜBERNACHTEN

Wer sich eine Unterkunft in einem buddhistischen Tempel in Kôya-san (S. 348) in der Präfektur Wakayama, südlich von Osaka, nimmt, lernt dabei etwas über die japanischen Glaubenssätze, kann an den Gebeten teilnehmen und *shōjin-ryōri* (vegetarische Mönchsküche) probieren.

SICH AN DIE REGELN HALTEN

In Japan sind Regeln da, um eingehalten zu werden. Und alle, die sich darüber hinwegsetzen und etwa bei Rot die Straße überqueren, werden von den Locals mit hochgezogenen Augenbrauen missbilligend angesehen.

Geschützte Dörfer auskundschaften

In ganz Japan erzählen wundervoll erhaltene Dörfer die einzigartige Geschichte des Landes. Vielleicht ist ja Trekking am Nakasendō-Trail, etwa zwischen den alten Poststädtchen Tsumago und Magome (S. 197), etwas für dich.

Lokale Kunst fördern

Der ästhetische Ausdruck der Japaner:innen durch einmalige Kunst und Kunsthandwerksarbeiten findet weltweit Anklang. Hier kannst du lokale Talente treffen und sie mit dem Kauf hochwertiger Souvenirs unterstützen.

Etwas über die Ainu in Erfahrung bringen

Wer nach Hokkaidō kommt, kann etwas über die Ainu lernen, die schlussendlich 2019 per Gesetz als indigenes Volk Japans anerkannt wurden. In Shiraoi (S. 519) wartet Upopoy, das nationale Ainu-Museum, auf Besucher:innen.

Ein guter Gast sein

Es lohnt sich, ein paar Wörter Japanisch zu lernen und sich an den kulturellen Normen zu orientieren.

Fehlende Mülleimer

Deinen Müll solltest du wieder einpacken und bis zu einem geeigneten Ort mitnehmen, wo du ihn entsorgen kannst.

24 Milliarden

In Japan werden ca. 24 Milliarden Paar *waribashi* (Einwegstäbchen) pro Jahr verbraucht! Das sind etwa 185 Paar pro Person. Am besten benutzt du eigene wiederverwendbare Stäbchen.

WEITERE INFOS

japan.travel
Ein tieferer Einblick: nachhaltige Reiseerlebnisse in Japan.

theinvisibletourist.com
Dos and don'ts in Japan: die wichtigsten Verhaltensregeln.

web-japan.org
Alles über Japan.

LGBTIQ+

Laut einer nationalen Umfrage von 2020 sehen sich 9 % der Bevölkerung als Mitglieder der LGBTIQ+-Community. Allerdings bekannte sich 2023 nur eins von 713 Regierungsmitgliedern offen zur Homosexualität. Japan mag von konservativen, älteren, männlichen Gesetzgebern regiert werden, doch diese haben nichts mit der Allgemeinbevölkerung zu tun und werden kaum Einfluss auf deine Reise haben.

Ni-chōme

Tokio beherbergt die größte Schwulen- und Lesbenszene Japans, die sich um den Stadtteil Shinjuku-nichōme (kurz Ni-chōme) konzentriert. Hier soll die weltweit größte Dichte an Schwulenbars zu finden sein. Andere Teile Tokios wie Ueno, Asakusa und Shimbashi umfassen kleinere homosexuellenfreundliche Gegenden. In Osaka konzentriert sich die Szene um Dōyama-chō. Obwohl man außerhalb dieser geschützten Orte auf zunehmende Akzeptanz trifft, fürchten viele LGBTIQ+ in Japan immer noch mögliche soziale und wirtschaftliche Konsequenzen eines öffentlichen Outings.

KEINE EINSCHRÄNKUNGEN

Es gibt keine gesetzlichen Einschränkungen gegenüber sexueller Aktivitäten zwischen Gleichgeschlechtlichen, abgesehen von einer Altersbeschränkung, die 2023 auf 16 Jahre festgelegt wurde. Auch die traditionellen Shintō-Religionen und der Buddhismus erheben keine expliziten religiösen Verbote gegenüber Homosexualität.

Tokyo Pride

Das erste Pride-Event wurde 1994 in der Hauptstadt abgehalten. 2023 fand die Veranstaltung an einem Wochenende Ende April mit über 200 000 Besucher:innen unter dem Motto „Press on till Japan changes“ statt. Die Parade zählte mehr als 10 000 Teilnehmer:innen, zum Großteil Japaner:innen mit unmaskierten Gesichtern – ein starkes Zeichen dafür, dass die Rechte der LGBTIQ+ in Japan nicht mehr nur abstrakte Konstrukte darstellen.

TOUREN & WEITERE INFOS

Out Adventures arrangiert geführte Gruppentouren durch Japan für Schwule, deren Freunde und Familien. Out Asia Travel stellt individuelle Reiserouten für Japan-Besuche zusammen. Am besten siehst du dich auf dem Blog der Japan National Tourism Organisation unter LGBT Friendly Japan um.

NEIN ZUR GLEICHGESCHLECHTLICHEN EHE

Seit 1955 regiert die konservative Liberaldemokratische Partei (LDP) Japan beinah ohne Unterbrechung. Es ist das einzige Land unter den G7, das gleichgeschlechtliche Partnerschaften nicht rechtlich anerkennt, obwohl Meinungsumfragen zeigen, dass ca. 70 % der Bevölkerung dies befürworten würden. Es zeichnet sich eine immer größere Kluft zwischen der LDP, wo sich nur 11 % für die Legalisierung der gleichgeschlechtlichen Ehe aussprechen, und der öffentlichen Meinung zu dem Thema ab.

Zärtlichkeitsbekundungen in der Öffentlichkeit

Unabhängig von der sexuellen Ausrichtung stellen Japaner:innen ihre Zuneigung nicht öffentlich zur Schau. Man sieht Pärchen Händchen halten, aber nicht beim Küssen oder Umarmen in der Öffentlichkeit.

Barrierefrei reisen

Über die letzten Jahrzehnte hat das Land enorme Fortschritte in puncto barrierefreies Reisen gemacht. Japaner:innen sind sehr gut darin, Bedürfnisse anderer zu erkennen, und zu Recht ist die Dienstleistungsbranche für ihren erstklassigen Service bekannt. Dennoch gilt es, ein paar Dinge zu berücksichtigen.

Transport

Zug- und U-Bahn-Netze sind gut ausgestattet. Es gibt Aufzüge zu den Bahnsteigen, und mobile Rampen bieten Zugang zu den Waggons. Die Busse in Großstädten sind rollstuhlgerecht. Barrierefreie Taxis bucht man am besten weit im Voraus.

Am Flughafen

Accessible Japan informiert über Japans größte internationale Flughäfen. Generell bieten alle Elektrofahrzeuge für den Transport, Hilfe beim Ein-/Ausstieg ins/aus dem Flugzeug, Rollstühle, behindertengerechte Toiletten und eigens zugewiesene Parkplätze.

Übernachten

Zahlreiche Unterkünfte haben barrierefreie Zimmer, doch oft ist die Info darüber online nur auf Japanisch zu finden. Barrierefreie Hotels in Japan sucht man am besten über die Website Accessible Japan.

ESSEN

Wer mit Essstäbchen nicht hantieren kann, sollte eigenes Besteck mitbringen, denn viele Lokale haben keins. In kleineren Restaurants ist womöglich kein Platz für einen Rollstuhl, doch es dürfte kein Problem sein, geeignete Speiselokale zu finden.

Toilettenanlagen

Toiletten mit Haltegriffen, erreichbaren Waschbecken und Notruftasten sind in den meisten Bahnhöfen und U-Bahn-Stationen, Touristenattraktionen, öffentlichen Gebäuden, Kaufhäusern und größeren Supermärkten sowie einigen Parks vorhanden.

Attraktionen

Die wichtigsten Sehenswürdigkeiten sind gut zugänglich, selbst wenn das nicht den Anschein hat. In Schreinen und Tempeln gibt's meist einen Hintereingang mit Rampe. Traveller könnten allerdings mit steilen Hängen und langen Kieselsteinwegen konfrontiert werden, was Rollstuhlfahrer:innen Schwierigkeiten bereiten kann.

WEITERE INFOS

Barrierefrei heißt auf Japanisch *bariafuri* (バリアフリー). Die meisten Leute sind sehr hilfsbereit.

Accessible Japan (accessible-japan.com; QR siehe unten) ist die beste Internetquelle mit detaillierten Infos und Listen von barrierefreien Hotels, Attraktionen und Touren durch Japan. TabiFolk ist die Online-Community, die sich dafür einsetzt, Reisen allen zugänglich zu machen. Hier kann man Fragen stellen und sich austauschen.

Rollstühle

Elektrischer oder manueller Rollstuhl zur Auswahl? Am besten entscheidest du dich für die kompaktere Variante, da du damit einfacher in kleineren Restaurants, Geschäften und Attraktionen Platz findest.

Klima

Japan erstreckt sich vom 25. Breitengrad im Süden (Okinawa) bis zum 45. im Norden (Hokkaidō). Als Land der nördlichen Hemisphäre entsprechen die Jahreszeiten denen Europas und Nordamerikas, wobei es im Norden kühler und im Süden wärmer ist.

Sommerhitze

Der Sommer kann unerträglich heiß sein, vor allem in größeren Städten, wie Tokio und Osaka, wo der Asphalt die Hitze noch verstärkt. Temperaturen von über 35 °C werden immer mehr zur Normalität, besonders von Ende Juli bis Anfang September. Die Sommerurlaubszeit ist auch die Zeit der Hitzschläge, und in Wettervorhersagen werden regelmäßig Hitzewarnungen ausgesprochen. Darum immer auf ausreichend Flüssigkeitszufuhr achten.

Regenzeit

Die meisten Japaner:innen erzählen stolz von den vier Jahreszeiten *(shiki)* in ihrem Land, doch sie verschweigen gern die fünfte – *tsuyu*, die Regenzeit, die für eine Reise hierher nicht besonders geeignet ist: Dann ist es nämlich heiß, schwül, feucht und es regnet viel. *Tsuyu* fegt von Süden nach Norden übers Land (zuerst kommen die südlichen Gebiete dran), etwa von Juni bis Mitte Juli. Alle freuen sich, wenn diese Zeit vorüber ist und der Sommer beginnen kann.

Schnee

Im zentralen Gebirge von Honshū fällt an der Seite zum Japanischen Meer hin mehr Schnee als an der Pazifikseite, und je weiter nördlich man sich befindet, desto mehr Schnee gibt's. Niseko auf Hokkaidō verbucht jeden Winter sagenhafte 15 m Schnee, und auch die höheren Gipfel von Shikoku und Kyūshū sind weiß. Die Skisaison dauert länger auf Hokkaidō, von Dezember bis April. In den meisten Jahren schränkt Schneefall bis Anfang Juli den Zugang zu den hohen Gipfeln der Japanischen Alpen ein.

DER KLIMAWANDEL

Einst galt als Faustregel, dass Hokkaidō von der Regenzeit *tsuyu* und Taifunen verschont bleibt. Doch Taifune werden immer häufiger und stärker, selbst im Norden. Die Küste am Ostmeer war berüchtigt für starken, dichten Schneefall im Winter. Heute gibt's hier viel weniger Schnee. Und Okinawas farbenfrohe Korallenriffe sind durch die wärmeren, tropischen Gewässer der Korallenbleiche zum Opfer gefallen. Ebenso wie der Rest der Welt spürt auch Japan die Auswirkungen des Klimawandels.

TAIFUNE

Rund 20 bis 25 Taifune erreichen Japan jährlich zwischen Juni und Oktober. Sie kommen von den Tropen im Südosten. Generell liegen Okinawa, Kyūshū und Shikoku auf ihrem Weg. Hokkaidō ist seltener betroffen. Die Unwetter können Reisepläne ganz schön durcheinanderwirbeln, wenn Flug-, Fähr- und Zugfahrpläne gestört sind. Ist ein Taifun im Anmarsch, bekommst du das vermutlich mit, da seine Entwicklung in ganz Japan beobachtet wird.

ALLERGIESAISON

Die hübschen Kirschblüten, für die Japan in aller Munde ist, sind nicht die einzigen Frühlingsboten. Dank der Aufforstungspolitik nach dem Zweiten Weltkrieg sind weite Teile des Landes mit *sugi* (Zedern) und *hinoki* (japanische Zypressen) bedeckt. Diese produzieren reichlich Pollen, welche bei rund 40 % der japanischen Bevölkerung allergische Reaktionen wie Heuschnupfen hervorrufen. Wer dazu neigt, sollte sich entsprechend wappnen.

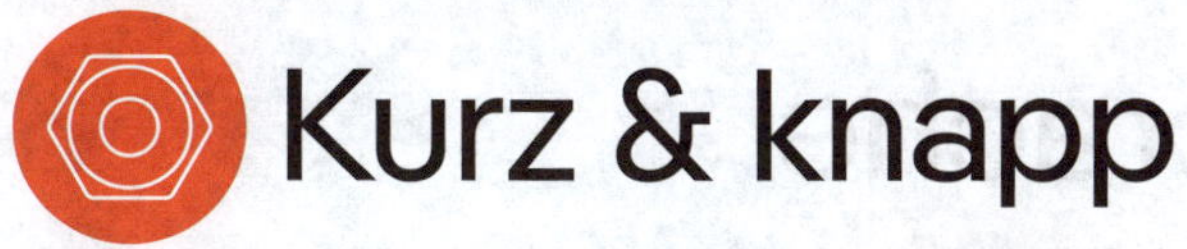

Kurz & knapp

Kaufhäuser

Konbini gibt's überall, und sie sind wirklich praktisch. Einige sind stolz darauf, 24/7/365 geöffnet zu haben!

Toiletten

In modernen Gebäuden und Privatwohnungen gibt's meist Sitztoiletten im westlichen Stil, doch in älteren öffentlichen Einrichtungen findet man auch noch Hocktoiletten nach japanischer Tradition.

Frauenabteile

Zur Rush Hour haben die Züge in den großen Städten eigene Abteile nur für Frauen. Üblicherweise sind diese in Pink auf Japanisch und Englisch gekennzeichnet.

Zeitungen

Die *Japan Times* (japantimes.co.jp) liegt in Kaufhäusern, Bahnhofskiosken und ausgewählten Hotels aus und ist Japans langjähriges Tagesblatt in englischer Sprache. Daneben gibt's *Asia & Japan Watch* (asahi.com/ajw), ein englischsprachiges Onlineportal für Japans Mitte-links-Zeitung *Asahi Shimbun* mit Nachrichten und Kommentaren.

GUT ZU WISSEN

Zeitzone
MEZ +8 Std.

Ländervorwahl
81

Polizeinotruf
110

Bevölkerung
125 Millionen

FEIERTAGE & FERIEN

Ganjitsu (Neujahrstag) 1. Januar

Seijin-no-hi (Tag der Volljährigkeit) 2. Montag im Januar

Kenkoku Kinembi (Tag der Staatsgründung) 11. Februar

Tennō Tanjōbi (Geburtstag des Kaisers) 23. Februar

Shunbun-no-hi (Frühlingsanfang) 20. oder 21. März

Shōwa-no-hi (Shōwa-Tag) 29. April

Kempō Kinembi (Tag der Verfassung) 3. Mai

Midori-no-hi (Tag des Grüns) 4. Mai

Kodomo-no-hi (Tag des Kindes) 5. Mai

Umi-no-hi (Tag des Meeres) 3. Montag im Juli

Yama-no-hi (Tag des Berges) 11. August

Keirō-no-hi (Tag des Respekts vor dem Alter) 3. Montag im September

Shūbun-no-hi (Herbstanfang) 22. oder 23. September

Taiku-no-hi (Tag des Sports) 2. Montag im Oktober

Bunka-no-hi (Tag der Kultur) 3. November

Kinrō Kansha-no-hi (Arbeitsdanktag) 23. November

Maße & Gewichte
Japan benutzt das metrische System.

Rauchen
Nicht gestattet außerhalb ausgewiesener Bereiche, was streng durchgesetzt werden kann.

Strom
100 V/50 Hz

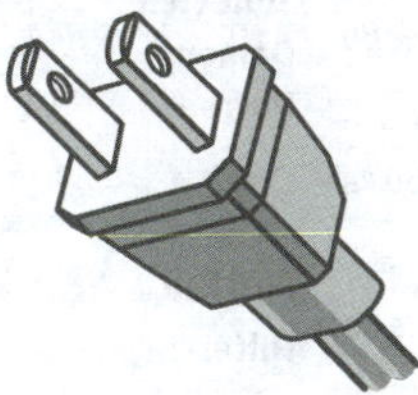

Sprache

Man kann eine fantastische Zeit in Japans Großstädten haben, ohne Japanisch zu sprechen, doch nur ein paar Phrasen genügen, um neue Freundschaften zu schließen, dem Gegenüber ein Lächeln auf die Lippen zu zaubern und Ratschläge von Locals zu bekommen.

Nützliches

Hallo こんにちは *kon·ni·tschi·ua*

Auf Wiedersehen さようなら *ßa·jō·na·ra*

Ja はい *hai*

Nein いいえ *ī·e*

Bitte (in Fragen) ください *ku·da·ßai*

Bitte (wenn man etwas anbietet) どうぞ *dō·so*

Danke ありがとう *a·ri·ga·tō*

Entschuldigung (um jds. Aufmerksamkeit zu wecken) すみません *ßu·mi·ma·ßen*

Tut mir leid ごめんなさい *go·men·na·ßai*

Wie heißen Sie? お名前は何ですか? *o·na·ma·e ua nan deßu ka*

Mein Name ist ... 私の名前は … です *ua·ta·schi no na·ma·e ua ... deßu*

Wie geht es Ihnen? お元気ですか? *o·gen·ki deßu ka*

Gut. Und Ihnen? はい、元気です。 あなたは? *hai, gen·ki deßu a·na·ta ua*

Sprechen Sie Englisch? 英語が話せますか? *eigo ga ha·na·ße·maßu ka*

Ich verstehe nicht. わかりません *ua·ka·ri·ma·ßen*

Spricht irgendjemand Englisch? どなたか英語を 話せますか? *do·na·ta ka eigo o ha·na·ße·maßu ka*

Unterwegs

Wo ist ... ? …はどこですか? *... ua do·ko deßu ka*

Wie lautet die Adresse? 住所は何ですか? *dschū·scho ua nan deßu ka*

Könnten Sie das bitte aufschreiben? 書いてくれませんか? *kai·te ku·re·ma·ßen ka*

Können Sie es mir (auf der Karte) zeigen? (地図で)教えて くれませんか? *(tschi·su de) o·schi·e·te ku·re·ma·ßen ka*

Schilder

Eingang	入口
Ausgang	出口
Geöffnet	営業中/開館
Geschlossen	閉店/閉館
Information	インフォメーション
Gefahr	危険
Toiletten	トイレ
Damen	女
Herren	男

Notfall

Hilfe! たすけて! *taßukete*

Gehen Sie weg! 離れろ! *ha·na·re·ro*

Rufen Sie die Polizei! 警察を呼んで! *kē·ßa·tsu o jon·de*

Rufen Sie einen Arzt! 医者を呼んで! *i·scha o jon·de*

Ich bin krank. 私は病気です *ua·ta·schi ua bjō·ki deßu*

ZAHLEN

1 一 *i·tschi*

2 二 *ni*

3 三 *ßan*

4 四 *schi/jon*

5 五 *go*

6 六 *ro·ku*

7 七 *schi·tschi/na·na*

8 八 *ha·tschi*

9 九 *ku/kjū*

10 十 *dschū*

AUS DEM JAPANISCHEN ÜBERNOMMEN

Es gibt einige Wörter: Bonsai, Futon, Harakiri, Karaoke, Tsunami und Manga, um ein paar zu nennen.

TIPPS ZUR AUSSPRACHE

Die japanische Aussprache ist für Deutschsprachige nicht schwierig. Japanisch ist im Gegensatz zu anderen asiatischen Sprachen keine Tonalsprache, und die meisten Laute findet man auch im Deutschen.

Vokale

Vokale können im Japanischen kurz oder lang sein. Lange werden doppelt so lang wie kurze gehalten und mit einer horizontalen Linie über dem Vokal dargestellt.

Konsonanten

Die meisten Konsonanten werden ähnlichen ihren deutschen Pendants ausgesprochen. Doppelkonsonanten spricht man mit einer kleinen Pause dazwischen aus, da sich sonst die Bedeutung ändern kann.

Wie ein Local klingen

Alles okay? – Daidschōbu?
Wirklich? – Madschi?
Großartig! – ßugoi!
Uncool! – Daßai!
Süß! – Kauaii!
Lächerlich! – Jabai!
Ärgerlich – Usai
Das Letzte! – ßaitey!
Gemein! – Surui!
Witzig! – Ukeru!

Wichtige Phrasen

Was ist die örtliche Spezialität?
dschi·mo·to·rjō·ri ua na·ni ga a·ri·maßu ka
Die meisten Gegenden haben ein spezielles Gericht, und die Locals unterhalten sich liebend gern übers Essen.

Können Sie hier in der Gegend Touristenattraktionen empfehlen?
dschi·mo·to no kan·kō ßu·pot·to o o ßu·ßu·me schi·maßu ka
Japaner:innen empfehlen gern Plätze, die einen Besuch wert sind, und geben Tipps, wie man am besten hinkommt und was es zu beachten gilt.

Wie komme ich nach ...?
...e ua dō i·ke·ba ī deßu ka
Adressen beziehen sich meist auf eine Gegend, nicht auf die Straße, und es ist oft gar nicht so einfach, hinzufinden. Übung macht die Meisterin oder den Meister!

WO WIRD JAPANISCH GESPROCHEN?

Mehr als 125 Millionen Menschen sprechen Japanisch. Es hat gewisse Ähnlichkeiten mit altaischen Sprachen wie Mongolisch und Türkisch. Die Grammatik ist mit der koreanischen vergleichbar, doch die Ursprünge sind unklar.

STORYBOOK

Mit sieben Reportagen tief in den japanischen Alltag eintauchen.

Japanische Keramik (S. 751)

DIE GESCHICHTE JAPANS IN 15 ORTEN

Jahrhundertelang schottete sich Japan von der Außenwelt ab. Als es Mitte des 19. Jahrhunderts gezwungen wurde, seine Grenzen zu öffnen, wurde es zum Gegenstand weltweiten Interesses. Die Geschichte Japans ist aber durchaus auch von internationalen Beziehungen geprägt, denn schon vor Jahrtausenden wurden kulturelle Einflüsse vom asiatischen Festland importiert. Von Simon Richmond.

JAPANISCHEN SCHÖPFUNGSMYTHEN ZUFOLGE wurde Jimmu, der Ururenkel der obersten Shintō-Gottheit, der Sonnengöttin Amaterasu, im Jahr 660 v. Chr. zum ersten Kaiser von Japan. Der derzeitige Kaiser, der 126., gilt als sein direkter Nachfahre. Das ist natürlich eine schöne, zugleich aber auch vielsagende Geschichte, da sie die Wurzeln der Nation in der berühmten Antike verortet anstatt in der wüsten Realität eines Archipels, das vermutlich in der Jungsteinzeit von Menschen aus dem heutigen China und Korea besiedelt wurde. Die einzelnen Königreiche und Stämme wurden allmählich zu einer kaiserlichen Dynastie vereint, die sich bis in die Nara-Epoche im 8. Jahrhundert n. Chr. zurückverfolgen lässt.

Seitdem hat Japan zehn große historische Epochen durchlebt – von der höfischen Kultur in Heian-kyō (dem heutigen Kyoto) bis zur Reiwa-Ära (etwa: „schöne Harmonie"), die begann, als Akihito im Jahr 2019 abdankte und sein Sohn Naruhito den Chrysanthementhron bestieg. Auf einen jahrzehntelangen Bürgerkrieg folgte im 16. Jahrhundert mit der Edo-Ära eine mehr als 250 Jahre währende Militärregierung, angeführt von den Tokugawa-Shogunen. Edo (das heutige Tokio) wurde zur größten Stadt der Welt und die einzigartige Kultur Japans stetig verfeinert. Das heutige Japan trägt das Vermächtnis all dessen und noch viel mehr in sich.

1. Sannai-Maruyama

KULTUR DER JUNGSTEINZEIT

Als die früheste Kultur Japans gilt die Jōmon-Kultur der Jungsteinzeit. Ab ca. 10 000 v. Chr. besiedelten die Jōmon Küstengebiete im Osten Japans. Der Name des halbnomadischen Volks aus Jägern und Sammlern leitet sich von historischen Fundstücken handgefertigter Keramik ab, die mit Abdrücken von Schnüren verziert ist (Jōmon bedeutet „Schnurmuster"). 1992 wurden bei Vermessungsarbeiten für ein geplantes Baseballstadion die Ruinen einer 40 Hektar großen, zwischen 3900 und 2200 v. Chr. bewohnten Jōmon-Siedlung mit Langhaus südwestlich von Aomori entdeckt. 2021 wurde die Siedlung in die Liste der besonderen historischen Stätte Japans aufgenommen.

Mehr dazu auf Seite 467

2. Ise-jingū

DER HEILIGSTE SCHREIN

Die Grundauffassung des Shintō, Japans ältester Religion, besteht darin, dass verschiedene Gottheiten (*kami*) über alle natürlichen Dinge herrschen. Die *kami* wohnen in Schreinen. An der Spitze der *kami* steht Amaterasu. Ihr Schrein befindet sich in Ise-jingū. Die mythische Sonnengöttin wird seit etwa 2000 Jahren an diesem Ort verehrt, und der Legende nach beherbergt ihr Schrein einen heiligen Spiegel, der ihr gehört haben soll. Traditionell werden alle 20 Jahre exakte Nachbildungen des *Inneren* und *Äußeren Schreins* sowie der hölzernen Uji-Brücke, die den heiligen Ort mit der Außenwelt verbindet, neu aufgebaut.

Mehr dazu auf Seite 357

3. Tōdai-ji

JAPANS ERSTE PERMANENTE HAUPTSTADT

Bereits im 6. Jahrhundert n. Chr. kam der Buddhismus aus Korea nach Japan und wurde vom kaiserlichen Hof in Yamato übernommen. Im Jahr 710 wurde eine ständige Hauptstadt namens Heijō-kyō („Kaiserliche Residenzstadt Friedensburg") errichtet – das heutige Nara. Obwohl diese Hauptstadt nur etwas mehr als 70 Jahre bestand, bildete sich in dieser Zeit eine eigenständige japanische Kultur heraus. Es wurden bedeutende buddhistische Denkmäler erbaut, wie 752 der bronzene Riesenbuddha in Tōdai-ji. Die 16 Meter hohe Statue steht in der Halle des Großen Buddha, Daibutsuden genannt – bis 1998 das größte Holzgebäude der Welt.

Mehr dazu auf Seite 333

Sannai Maruyama (S. 467)

4. Heian-jingū

DER NACHBAU DES KAISERPALASTES VON HEIAN-KYŌ

Kaiser Kammu gründete im Jahr 794 Heian-kyō – das heutige Kyoto, welches über 1000 Jahre lang ohne Unterbrechung Japans Hauptstadt war. Die Stadt wurde nach den Vorstellungen der chinesischen Geomantie errichtet. Ihr Herzstück bildeten der Kaiserpalast sowie das Verwaltungszentrum Heian-kyū. 1227 brannte der Palast ab und wurde nicht wieder aufgebaut. Einen Eindruck, wie Teile des früheren Palastes ausgesehen haben, vermittelt der 1985 errichtete Schrein Heian-jingū. Die Gebäude des Schreins sind Nachbildungen des Palastes im Maßstab von zwei Dritteln. Zwei Kaiser der Heian-Zeit werden hier verehrt.

Mehr dazu auf Seite 279

5. Tsurugaoka Hachiman-gū

DIE BURG DES KÖNIGREICHS RYŪKYŪ

Zwischen 1180 und 1185 kämpften die mächtigen Clans der Minamoto (Genji) und Taira (Heike) im Gempei-Krieg um die Vorherrschaft. Der Sieger, Minamoto Yoritomo, wurde Japans erster Shogun (Militärherrscher). Er und seine Nachfahren regierten Japan in den nächsten 150 Jahren von Kamakura aus, während die entmachteten Kaiser in Kyoto residierten. Durch Verlegung und Vergrößerung eines bestehenden Schreins in Kamakura schuf Yorimoto den Schrein Tsurugaoka Hachiman-gū, der dem Kriegsgott Hachiman gewidmet wurde. An diesem Ort zwang Yorimoto die schwangere Geliebte des Samurai Minamoto no Yoshitsune, Shizuka Gozen, für ihn zu tanzen – er hoffte, sie würde den Aufenthaltsort seines verhassten Halbbruders verraten.

Mehr dazu auf Seite 151

6. Shuri-jō

DIE BURG DES KÖNIGREICHS RYŪKYŪ

Im 15. Jahrhundert wurden die Okinawa-Inseln zum Königreich Ryūkyū vereinigt und von der Burg Shuri im heutigen Naha aus regiert. In der goldenen Ära der Ryūkyū-Kultur blühte der Handel mit China und anderen Ländern Südostasiens. Samurai aus Satsuma, dem heutigen Kagoshima, drangen 1609 in die Festung ein, um das Königreich zu einem Vasallenstaat zu machen.

Auch Commodore Perry tauchte hier auf, doch wurde ihm die Audienz beim König verweigert. Am 31. Oktober 2019 zerstörte eine Feuersbrunst den Großteil der Ryūkyū-Burg. Nach diesem fünften Brand in der Geschichte der Burg sind die Wiederaufbaumaßnahmen in vollem Gange und sollen bis 2026 abgeschlossen sein.

Mehr dazu auf Seite 693

7. Osaka-jō

DIE RIESIGE GRANITFESTUNG

Von 1467 bis 1568 herrschte in Japan nahezu ununterbrochen Bürgerkrieg. Mächtige *Daimyō* (regionale Fürsten unter den Shogunen) kämpften um die Kontrolle über das Land. Nach der Einigung Japans im späten 16. Jahrhundert erbaute Toyotomi Hideyoshi, ein General des ermordeten Kriegsherrn Oda Nobunaga, eine riesige Granitfestung in Osaka. Sie wurde 1597, ein Jahr nach seinem Tod, fertiggestellt und galt als uneinnehmbar. Doch im Jahr 1614 wurde die Burg von den Truppen von Tokugawa Ieyasu, dem Anführer des Tokugawa-Shogunats, zerstört. Er ließ sie ab 1620 wiederaufbauen. Die Mauer aus mörtellos zusammengesetzten Granitblöcken steht noch heute.

Mehr dazu Seite 310

8. Kaiserpalast Tokio

DIE NEUE HAUPTSTADT EDO

Tokugawa Ieyasu siedelte seine Regierung nicht in Kyoto, sondern in seinem Herrschaftsgebiet im Osten Japans an. Die kleine Burgstadt Edo (das heutige Tokio) wurde zur Hauptstadt und Namensgeberin der Edo-Zeit (1603–1868), in der Tokugawa-Shogune regierten. Die ursprüngliche Burg Edo wurde 1457 vom Samurai Ōta Dōkan erbaut. Zu ihrer Blütezeit war sie die größte Festung der Welt. Nach der Meiji-Restauration wurde sie abgerissen und in den Kaiserpalast Tokio umfunktioniert. Einige der alten Gräben und Steinmauern sind erhalten, darunter der Sockel des Donjun (Hauptturm) in den östlichen Gärten des Kaiserpalastes.

Mehr dazu auf Seite 63

9. Tōshō-gū

DAS GROSSE MAUSOLEUM FÜR TOKUGAWA

Nach dem Tod von Tokugawa Ieyasu im Jahr 1616 wurde die Bergstadt Nikkō, seit über 1000 Jahren ein Wallfahrtsort, ihm zu Ehren in einen Schrein umgewandelt. Der Sohn und Erbe des Shoguns, Hidetada, setzte diesen Wunsch seines Vaters um. Ieyasus Enkel Iemitsu veranlasste, den Schrein zu dem beeindruckenden Ensemble umzugestalten, das es heute ist. Gekonnt schob er die enormen Kosten dafür den Daimyō zu, um ihre Kassen zu leeren und sie in Schach zu halten. Eine jahrzehntelange Restaurierung des Tōshō-gū wurde 2019 abgeschlossen.

Mehr dazu auf Seite 172

10. Dejima

EIN HOLLÄNDISCHER HANDELSPOSTEN IN NAGASAKI

Über 200 Jahre lang war eine künstliche Insel im Hafen von Nagasaki der einzige geduldete Verbindungspunkt zwischen Japan und der Außenwelt. Nach ihrer Errichtung im Jahr 1634 diente die 120 mal 75 Meter große Insel Dejima als Umschlagplatz für den Handel mit Portugal, bevor dieser 1639 beendet wurde. Danach wurde sie zur Handelsstation mit der Niederländischen Ostindien-Kompanie. Der Roman *Die tausend Herbste des Jacob de Zoet* von David

Dejima (S. 634)

RYUSHI/SHUTTERSTOCK ©

Mitchell porträtiert das damalige Leben. Ende des 19. Jahrhunderts wurde Dejima an die Stadt angeschlossen. Im Rahmen eines Restaurierungsplans soll das Kulturerbe wieder zur Insel werden.

Mehr dazu auf Seite 634

11. Motomachi, Hakodate

JAPAN ÖFFNET SEINE GRENZEN

Im Jahr 1853 erreichte Commodore Matthew Perry von der US-Marine mit vier Kriegsschiffen Japans Küste und forderte, dass das Land seine Tore für den Handel öffnete. Die Macht des Tokugawa-Shogunats war am Ende, und ein Jahr später gab Japan nach und erlaubte die Öffnung der Häfen von Shimoda und Hakodate. Auf dem Friedhof im Motomachi-Viertel von Hakodate befinden sich die Gräber von zwei Seeleuten aus Perrys Flotte. Zu den denkmalgeschützten Gebäuden in Motomachi gehören die russisch-orthodoxe Kirche (von 1916, die ursprüngliche Kirche von 1860 brannte 1907 nieder), das alte britische Konsulat und die chinesische Gedenkhalle.

Mehr dazu auf Seite 522

12. Bahnhof Tokio

DAS INDUSTRIEZEITALTER

Die Meiji-Restauration läutete weitreichende Veränderungen in Japan ein. Die Ständegesellschaft wurde abgeschafft, ausländische Ideen und Technologien wurden willkommen geheißen, und die Städte verzeichneten einen Bevölkerungsanstieg. Die neue Regierung wollte das Land so schnell wie möglich modernisieren und ergriff Maßnahmen zur Schaffung von Industrie und Infrastruktur. Dazu gehörte auch die Eröffnung der ersten Eisenbahnlinie Japans zwischen Shimbashi und Tokio im Jahr 1872. Das elegante Backsteingebäude des Bahnhofs Tokio wurde 1814 nach einem Entwurf von Kingo Tatsuno, einem Pionier der modernen japanischen Architektur, erbaut.

Mehr dazu auf Seite 62

13. Atombombenkuppel

SCHOCKIERENDER HÖHEPUNKT DES ZWEITEN WELTKRIEGS

Das Bestreben Japans, den Westen einzuholen, lenkte es zu Beginn des 20. Jahrhunderts auf einen gefährlichen und verheerenden Weg des Imperialismus und Militarismus. Der Angriff auf Pearl Harbour im Jahr 1941 hatte den Eintritt der USA in den Zweiten Weltkrieg zur Folge und führte zum schicksalhaften Atombombenabwurf im Jahr 1945 auf Hiroshima, wo sich das Hauptquartier der 2. Hauptarmee befand. Die Bombe explodierte in der Nähe der *Halle zur Förderung der Industrie der Präfektur Hiroshima* mit ihrer charakteristischen Kuppel. Sofort wurden alle darin befindlichen Personen getötet, das erdbebensichere Gebäude selbst hielt stand.

Mehr dazu auf Seite 382

14. Regierungsgebäude der Präfektur Tokio

WIEDERAUFBAU NACH DEM KRIEG

Im Jahr 1949 gewann der junge Kenzō Tange einen internationalen Wettbewerb für den Entwurf des Friedensmuseums Hiroshima. Zeitgleich mit dem Aufschwung seiner Karriere ging es auch mit der japanischen Wirtschaft bergauf. Tange wurde 1964 für die Olympischen Spiele in Tokio mit dem Entwurf der Nationalen Sporthalle Yoyogi erneut beauftragt. Im Jahr 1987 erhielt er den renommierten Pritzker-Architekturpreis. Eines seiner größten Projekte, das Regierungsgebäude der Präfektur Tokio, wurde 1991, kurz bevor die Wirtschaftsblase platzte, eröffnet. Das Design des 48-stöckigen Zwillingsturms (das größte Rathaus der Welt) erinnert an eine gotische Kathedrale.

15. Ghibli-Park

LEBENDER NATIONALSCHATZ

Japan ist vielleicht nicht mehr die Wirtschaftsmacht, die es einmal war, aber im 21. Jahrhundert findet seine Popkultur inklusive Animes, Mangas, Computerspielen und Mode weltweit großen Anklang. Ein lebender Nationalschatz ist Hayao Miyazaki, der Oscar-prämierte Regisseur von Anime-Klassikern für das Studio Ghibli. Die Veröffentlichung von *How Do You Live?*, der als Miyazakis letzter Film angekündigt wurde, war eine der am meisten herbeigesehnten kulturellen Veranstaltungen des Jahres 2023. Im selben Jahr wurde für Fans von *Mein Nachbar Totoro* und *Chihiros Reise ins Zauberland* der Ghibli-Park eröffnet.

Mehr dazu auf Seite 195

TRIFF DIE LOCALS

Erwarte eine freundliche Begrüßung, aber sei nicht überrascht, wenn die Japanerinnen und Japaner nicht den Stereotypen entsprechen. ROB GOSS stellt die Menschen seiner Wahlheimat vor.

JAPAN KANN SICH wie ein anderer Planet anfühlen. Andererseits sind viele Gemeinsamkeiten mit dem Westen so offensichtlich, dass man sie gar nicht als solche erkennt. Klar, es gibt die Tendenz, in der Öffentlichkeit reserviert und höflich zu sein, und es gehört zu den höchsten Werten Japans, Harmonie zu wahren, Konflikte zu vermeiden und vorsichtig mit Meinungen zu sein. Besuchst du aber Festivals wie das Awa-Odori oder das Nebuta oder hängst etwas in einer lokalen *izakaya* ab, wirst du sehen, dass auch die Japanerinnen und Japaner gerne lachen, tanzen, trinken und Party machen. So wie wir eben auch.

Auch untereinander hat man Vorurteile. Die Menschen von Kyoto sollen gebildet und etwas hochnäsig sein. Die aus Osaka sind, so sagt man zumindest, laut und immer in Feierlaune, während man in Tokio trocken und immer in die Arbeit vertieft ist. Die negativen Vorurteile kann man vergessen, würde ich sagen. Eine meiner Lieblingseigenschaften Japans ist, dass die meisten Orte zuallererst mit Essen konnotiert werden. Erzählst du Bekannten, dass du nach Osaka gehst, wird ihre Antwort bestimmt etwas mit *tako-yaki* oder *okonomiyaki* zu tun haben. Sapporo hingegen gehört zu Miso Ramen oder *jingisukan*. Wenn man wie ich aus Großbritannien kommt, ist die erste Assoziation der Locals vermutlich Fish 'n' Chips, wobei sie wahrscheinlich zu höflich sein werden, ihre wahre Meinung über die britische Kochkunst kundzutun ...

Wer und wie viele?

Rund 98 % der 125 Mio. Menschen Japans sind japanischer Abstammung. Die vergleichsweise kleine ausländische Bevölkerung kommt vorwiegend aus anderen Staaten Asiens, vor allem aus China, Vietnam und Korea.

Gemessen an der Menge an Tempeln und Schreinen könnte man meinen, dass Japan zutiefst religiös sei. Buddhismus und Shintō sind tief in der Kultur verwurzelt, vom Shintō-Ritual zur Geburt bis zur buddhistischen Beisetzung. Für viele Menschen hier sind religiöse Aktivitäten jedoch eher eine Form von Tradition als ein Ausdruck von Glaube. Auch zu Hochzeiten gehören Shintō-Traditionen, etwa die Zeremonien, die du vielleicht sehen wirst, wenn du den Mejii-Schrein in Tokio besuchst.

Ebenso wirst du feststellen, dass in Japan zahlreiche Ältere leben: 29 % der Japaner sind über 65 Jahre alt, damit hat das Land den zweitgrößten Anteil an Senioren weltweit (nach Monaco). Dazu kommt noch die sinkende Geburtenrate. Man schätzt, dass Japans Bevölkerung bis 2070 um 30 % geschrumpft sein wird.

Dieser demografische Wandel (siehe S. 744) ist am stärksten in ländlichen Gegenden sichtbar, wo verlassene Häuser und verwilderte Reisfelder zunehmend das Landschaftsbild prägen, da immer mehr junge Menschen in die Städte ziehen und ihre Dörfer zurücklassen.

Dennoch gibt's auf dem Land viele Dinge zu bewundern. Nicht zuletzt ist das Leben dort langsamer, traditioneller und findet eher im Einklang mit den Jahreszeiten statt. Man fühlt sich willkommen, auch wenn die Sprachbarriere außerhalb der Großstädte größer ist. Wohin du aber in Japan auch gehst: Mit genug Zeit und Geduld im Gepäck ist keine Barriere zu hoch.

SCHON FAST JAPANER

Ich kam nach Japan, um ein Jahr Englisch zu unterrichten. Letztendlich haben die Liebe und die japanisch-britische Familie, die aus dieser entstand, mich hier festgehalten. Inzwischen habe ich mein halbes Leben in Japan verbracht. Noch besitze ich zwar meinen britischen Pass und leide unter dem Schicksal, Fan des englischen Fußballs zu sein, doch wie so viele, die im Land geblieben sind, bin auch ich ein Stück weit Japaner geworden. Ich merke zum Beispiel immer öfter, dass mir japanische Wörter rausrutschen – ein *genki* hier und ein *aho* da –, genauso wie die Antwortlaute: *Un* bedeutet, dass man zuhört, *heee!* drückt freudige Überraschung aus, und nicht zuletzt das gereizte *ha?*. Diese kulturelle Veränderung besteht eher aus vielen kleinen Dingen als aus wenigen großen. Die Stille in der U-Bahn und im Shinkansen fühlt sich inzwischen ganz normal an, genauso wie im Restaurant Essen zu teilen und nicht verwundert zu sein, wenn ich unbegleitete Grundschulkinder zur Rushhour auf dem Schulweg sehe: Das ist der japanische Alltag.

UNERSCHÜTTERLICH: JAPANS UMGANG MIT KATASTROPHEN

Das nächste Unheil ist immer nur eine Erschütterung entfernt – kein Wunder, dass Katastrophen in der Psyche des japanisches Volks tief verwurzelt sind. Von Thomas O'Malley

IN EINEM LAND, das so oft wie kein anderes von Erdbeben, Tsunamis, Taifunen und Vulkanausbrüchen heimgesucht wird, haben Naturkatastrophen das kollektive Bewusstsein und die Denkweise der Bevölkerung tief geprägt. Ob in der Kunst, Architektur, Regierungspolitik, Religion oder Unterhaltungsbranche – die Gefahr des Unheils hat unauslöschliche Spuren hinterlassen, die sowohl praktische Lösungen inspirieren als auch als Katalysator der Katharsis und der Verarbeitung der Geschehnisse dienen.

Japan liegt am westlichen Rand des sogenannten Pazifischen Feuerrings, eines 40 000 km langen Vulkangürtels, in dem sich etwa 90 % aller Erdbeben weltweit ereignen. Er befindet sich an einem geologischen Schnittpunkt, an dem sich vier Lithosphärenplatten begegnen: die Eurasische Platte, die Nordamerikanische Platte, die Philippinische Platte und die Pazifische Platte. Die erhabene Topografie des Landes mit den vielen Bergen und Inseln ist selbst ein Resultat der unablässig unter der Oberfläche wirkenden geologischen Kräfte – der Fuji, die Ikone Japans, ist ein aktiver Vulkan (einer von mehr als 100) und wird engmaschig beobachtet, obwohl der letzte bestätigte Ausbruch im Jahr 1707 stattfand.

Wer ein paar Tage in Tokio verbringt, wird wahrscheinlich irgendwann merken, wie sich die Erde unter den Füßen bewegt. An einigen Teilen der Küste sind an Kirchtürme erinnernde Tsunami-Evakuierungstürme und Ufermauern aus Beton zu sehen. Der Katastrophenschutz ist in Japan allgegenwärtig.

Im Uhrzeigersinn von oben links: Fuji (S. 128), Tsunami-Evakuierungsturm, Sendai; Tsunami-Trümmer, Kesennuma; Meeresschutzmauer aus Beton

Eine kurze Geschichte der Erdbeben

Das erste dokumentierte Erdbeben in Japan ereignete sich 599 bei Nara und führte zur Errichtung von Schreinen für den *nai no kami* (Erdbebengott) an verschiedenen Orten. Später tauchte in der japanischen Mythologie das Wesen Namazu auf, ein riesiger Wels, von dem man glaubte, dass er unter der Erde lebte. Nur die Gottheit Kashima konnte Namazu mithilfe schwerer Steine bewegungsunfähig machen, doch manchmal war Kashima abgelenkt, und Namazu konnte dann mit seinem Schwanz schlagen und so Erdbeben auslösen.

Diese mythischen Erklärungen hielten sich jahrhundertelang. Erst nach dem starken Ansei-Edo-Erdbeben 1855 in Edo (heute Tokio) wurden ernsthafte Bemühungen unternommen, seismische Aktivitäten aufzuzeichnen und zu untersuchen. Die Erdbebendaten der Japan Meteorological Agency reichen bis zum Beginn der Meiji-Zeit zurück und dokumentieren zwischen 1872 und 1995 19 größere Erdbeben, bei denen über 100 Menschen starben.

Am 1. September 1923 um 11.58 Uhr wurden Tokio und Yokohama vom Großen Kantō-Erdbeben erschüttert, damals die schwerste Naturkatastrophe, die Japan erlebt hatte. Der Tsunami und die Brände, die darauf folgten, trugen zur Zahl von mindestens 105 000 Toten bei. In den 1960er-Jahren wurde der Jahrestag des Unglücks zum „Katastrophenvorsorgetag" erklärt, Schulen und Unternehmen in ganz Japan führen dann Notfallübungen durch.

Das stärkste je in Japan aufgezeichnete Erdbeben war jedoch das Tōhoku-Erdbeben mit der Stärke 9,0 im März 2011 vor der Nordostküste. Das Beben und die nachfolgenden Tsunamis führten dazu, dass sich die Erdachse um etwa 25 cm verschob und Honshū 2,4 m näher an die USA rückte. Etwa 20 000 Menschen verloren durch den Tsunami, der dem Erdbeben folgte und auch den Ausfall des Kernkraftwerks Fukushima Daiichi bewirkte, ihr Leben.

Vorbereitung auf den Ernstfall

Nach jeder neuen Katastrophe werden bittere Lektionen gelernt und Vorbereitungen auf kommende Ereignisse verbessert. Japan hat die strengsten Bauvorschriften weltweit in Bezug auf erdbebensicheres Bauen und verschärft die Anforderungen kontinuierlich.

Frühwarnsysteme und eine erdbebensichere Infrastruktur können viel dafür tun, Auswirkungen von Beben zu verringern, bieten aber keine hundertprozentige Sicherheit. Niemand weiß, was bei der nächsten Naturkatastrophe geschehen wird, gewiss ist nur, *dass* sie sich ereignen wird. 2015 verschickte die Stadtverwaltung Tokios ein Handbuch an die Einwohner:innen inklusive Manga mit dem Titel *X-Day*, dem Namen für das nächste größere Erdbeben in Tokio. Seine erschütternde Geschichte der Zerstörung endet mit den Worten: „Dies ist keine Was-wäre-wenn-Geschichte. Diese Geschichte wird mit Sicherheit Realität werden."

Katastrophen in der Kunst

Mangas, Animes, Filme und das Fernsehen haben sich alle mit der drohenden Zerstörung Japans durch Naturkatastrophen (und manchmal auch menschengemachten Katastrophen) beschäftigt. Die Anime-Serie *Tokyo Magnitude 8.0* von 2009 folgt zwei Kindern, die nach einem Erdbeben, das die Hauptstadt zerstört, versuchen, nach Hause zu kommen. In dem 1973 erschienenen Roman *Japan sinkt* beschreibt der Autor Sakyō Komatsu, wie der japanische Archipel durch eine Serie verheerender Erdbeben und Vulkanausbrüche im Meer versinkt. Galt das gleichnamige Monster aus dem Film *Godzilla* ursprünglich als Metapher für die im Zweiten Weltkrieg eingesetzten Atombomben, so war *Shin Godzilla*, die Neuauflage von 2016, die auch vom Erdbeben und Tsunami von 2011 inspiriert war, eine Satire auf die bürokratische Ineffektivität in Katastrophenzeiten. Beiden gemeinsam ist das vorherrschende Thema der Widerstandsfähigkeit, sowohl auf der individuellen Ebene als auch der gesamten japanischen Nation.

Die berühmteste künstlerische Darstellung einer Naturkatastrophe ist jedoch zweifellos *Die große Welle vor Kanagawa* von 1831, ein Farbholzschnitt im *ukiyo-e*-Stil von Katsushika Hokusai. Das Bild der hohen Welle, die sich vor der Kulisse des Fuji über einem kleinen Fischerboot auftürmt, ist so ikonisch, dass der Druck als das am häufigsten reproduzierte Bild der Kunstgeschichte gilt.

Natürlich darf nicht unerwähnt bleiben, dass Japan eines der sichersten Reiseländer der Welt ist. Während der Reise ein größeres Naturereignis zu erleben, ist unwahrscheinlich. Es ist jedoch immer gut, vorbereitet zu sein. Eine offizielle Anleitung zum Verhalten vor und während eines Erdbebens sowie danach veröffentlicht die Japan National Tourism Agency unter jnto.go.jp/safety-tips/eng.

Älterer Handwerker bei der Arbeit
YOSHIE HASEGAWA/GETTY IMAGES ©

IM LAND DER UNTERGEHENDEN SONNE

Geburten im Land können längst nicht mehr mit den Todeszahlen mithalten: Japan verschwindet Stück für Stück. Gibt es eine Möglichkeit, diese demografische Zeitbombe zu entschärfen?
Von Thomas O'Malley

JAPAN SCHEINT IN einer Sache keinen Mangel zu haben: bei der Anzahl der Menschen. Nicht zuletzt ist es das Land, in dem eine der bekanntesten Sehenswürdigkeiten die gewaltige Menschenmenge ist, die die verkehrsreichste Kreuzung der Welt in Tokios Bezirk Shibuya überquert. Und wenn du dich nur einmal zur Rushhour durch die Bahnhöfe von Tokio und Osaka gedrängelt hast, wirst du ganz stark das Gefühl bekommen, dass Japan etwas, na ja, überlaufen ist.

Die Realität zeigt jedoch, dass Japans Demografie tief in der Krise steckt. Im Jahr 2022 sank die Bevölkerung zum zwölften Mal in Folge um eine halbe Million. Es wurden nur gut halb so viele Menschen geboren, wie gestorben sind. 2023 kündigte das Ministerium für Gesundheit, Arbeit und Soziales an, dass die Bevölkerung in fünfzig Jahren um gut 30 % geschrumpft sein wird. Die 123 Mio. Menschen im Jahr 2023 werden voraussichtlich bis 2056 auf 100 Mio. und bis 2070 auf 87 Mio. fallen. Ganz nüchtern ausgedrückt: Japan verschwindet.

Um ohne Einwanderung eine stabile Bevölkerungszahl beizubehalten, ist es für ein Land erforderlich, dass jede Frau in ihrer Lebzeit im Schnitt 2,07 Kinder zur Welt bringt. Diese Zahl wird als Fruchtbarkeitsziffer bezeichnet. In Japan lag diese im Jahr 2023 bei 1,35 – und damit niedriger als in fast allen anderen Ländern.

In Würde altern

Fallende Geburtenraten sind nur ein Teil dieser demografischen Zeitbombe. Der Grund für die Beunruhigung ist nicht nur, dass Japans Bevölkerung schrumpft, sondern auch, dass sie älter wird. Nach dem Mikrostaat Monaco hat Japan die zweitälteste Bevölkerung der Welt. 29 % der Menschen sind über 65 Jahre alt (gefolgt von Italien mit 24 %). 2022 war einer von 1300 Japanern mindestens 100 Jahre alt. Eine Statistik übertrifft jedoch alle anderen in ihrer Schlagkraft: Seit circa 2013 gehen landesweit jährlich mehr Windeln für Senioren als für Babys über die Ladentheke.

Die Langlebigkeit der Bevölkerung ist ein Zeugnis von Japans hohem Lebensstandard und seiner Fürsorge für Ältere, von seiner einzigartig gesunden und ausgewogenen *washoku*-Küche und seinem fortschrittlichen Gesundheitssystem, in dem besonders viel Wert auf Vorsorgeuntersuchungen gelegt wird.

Die Kehrseite davon ist jedoch, dass die umgekehrte Bevölkerungspyramide Japans dramatische Gefahren birgt. Eine immer kleiner werdende arbeitende Bevölkerung bedeutet weniger Steuereinnahmen. Diese werden aber dringend benötigt, um die ältere Bevölkerungsschicht zu versorgen, die von den Leistungen des Sozialstaates, den Kranken- und Rentenversichrungen abhängig ist. Arbeitskräftemangel könnte

zum Alltag werden, Wachstum und Wohlstand ins Stocken geraten und das Land in wirtschaftliche Stagnation schicken.

Das Problem ist am dringendsten auf dem Land, wo Städte und Dörfer so sehr dahinschwinden, dass viele Schulen bereits nicht mehr betrieben werden können. Zwischen 2002 und 2020 verschwanden bereits 9000 Schulen und mit ihnen die Anreize für junge Familien, aufs Land zu ziehen. Im März 2023 machte die Yumoto-Mittelschule im Dorf Tenei in der bergigen Präfektur Fukushima Schlagzeilen: In den Klassenzimmern, konzipiert für über 20 Kinder, wurden nur noch eine Schülerin und ein Schüler unterrichtet. Nach ihrem Abschluss schloss die Schule nach 76 Jahren ihre Türen. Im Januar 2023 warnte Premierminister Fumio Kishida davor, dass Japan kurz davor stehe, die Funktionen der Gesellschaft nicht mehr erfüllen zu können. Die nächsten Jahre, mahnte er, seien die letzte Chance, die fallende Geburtenrate nach oben zu korrigieren. Was geht hier also vor sich? Und wie kann Japan sich aus dem Schlamassel befreien?

Moderne Liebe und der Preis der Elternschaft

Japan ist ein teurer Ort, um Kinder großzuziehen. Die kaum bezahlbaren Mieten, dazu die hohen Gebühren für Kindergärten und Schulen, besonders in Städten wie Tokio, machen vielen Paaren einen Strich durch die Familienplanung. Zusatzausgaben wie Nachhilfeunterricht sorgen für noch mehr Rechnungen und dafür, dass ein nicht unbeachtlicher Teil des Budgets für die Kinder eingeplant werden muss.

Wohl noch wichtiger als Geld sind jedoch die sich ändernden soziokulturellen Umstände. In der Vergangenheit galten in Japan traditionelle Geschlechterrollen, Männer sollten Geld verdienen und Frauen sich um den Haushalt kümmern. Heiraten galt als Pflicht, oft wurden Ehen von den Eltern arrangiert. Wie in anderen Ländern gibt es heute jedoch mehr arbeitende Frauen, die sich vielleicht dazu entscheiden, ihre Karriere zu priorisieren und Kinder – wenn überhaupt – erst später zu bekommen. Dank seiner erbitterten Arbeitsmoral ist Japan eins der Länder mit den längsten Schichten und den wenigsten Urlaubstagen, was es für viele Frauen und Männer nahezu unmöglich macht, Karriere und Familie unter einen Hut zu bekommen.

Dazu kommt, dass Japaner:innen heute im Durchschnitt zehn Jahre später heiraten als in den 1970er-Jahren. Sie nehmen sich mehr Zeit, einen passenden Partner oder eine passende Partnerin zu finden, anstatt sich den Erwartungen der Familie zu beugen. Ebenso ist die Anzahl der Hochzeiten von einer Million im Jahr 1972 auf knapp unter 600 000 im Jahr 2019 gefallen. Nach einer Moralpanik in den Medien entfiel jede Menge Sendezeit auf Phänomene wie *niito*, die japanisierte Form von NEET, eine Bezeichnung für unverheiratete 15- bis 35-Jährige, die sich gemäß der Abkürzung „not in education, employment or training" (nicht in der Schule, einem Arbeitsverhältnis oder in Ausbildung) befinden. Eine weitere Gruppe sind die „Freeters": Sie lehnen die Erwartungen ab, Vollzeitarbeitskräfte zu sein, und nehmen Teilzeitjobs an, um mehr persönlichen Freiraum zu haben. Viele von ihnen leben bei ihren Eltern und haben Schwierigkeiten, langfristige Beziehungen einzugehen.

Noch extremer sind die *hikikomori* („Zurückgezogene"), die sich zu Hause einschließen, ihre ganze Freizeit Hobbys widmen und sozialen Kontakt vollständig vermeiden. Eine Umfrage im Auftrag des Kabinetts aus dem Jahr 2023 ergab, dass 1,46 Mio. Menschen im arbeitsfähigen Alter als *hikikomori* leben, eine Zahl, die sich seit 2016 mehr als verdoppelt hat. Ursprünglich als soziales Problem angesehen, wird das Phänomen der *hikikomori* immer mehr als Frage von Entwicklungsstörungen und geistiger Gesundheit erachtet. Dann gibt es noch die *sōshoku danshi* („Pflanzenfresser"), ein Trend unter japanischen Männern, aus dem Familienleben und traditionellen Verantwortungen auszuscheiden und gar keine romantischen Beziehungen mehr einzugehen.

Ob diese Phänomene in ihrer Relevanz überschätzt werden oder nicht, sie haben gemeinsam, dass sie einen Wandel weg von Japans traditionell kollektivistischer Kultur aufzeigen, in der Wert auf Gruppenharmonie, Kooperation und Interdependenz gelegt wird. Stattdessen führt der Weg zu einer individualistischeren Kultur, in der eigene Interessen priorisiert werden. Dies wiederum macht es schwerer, Familien dafür zu begeistern, mehr Kinder zu bekommen.

Die Suche nach des Puzzles Lösung

Japan ist vielleicht am ärgsten dran, doch es haben viele Länder dasselbe Problem. Die WHO schätzt, dass sich die Anzahl der Menschen im Alter von 65 und mehr bis 2050 auf 2,1 Mrd. verdoppeln wird. Neu ist das Problem nicht: Die japanische Politik warnt seit den 1970er-Jahren davor, bis jetzt wurde allerdings noch nichts Ernsthaftes dagegen getan. Ende der 1980er erlebte das Land den „1,57-Schock", als die Geburtenrate auf den Tiefststand in ihrer Geschichte fiel. Weiter ging es nur in eine Richtung.

Einige Kampagnen mit wenig Erfolg wurden über die Jahre ins Leben gerufen, und seit 2005 ist der Angelegenheit ein ganzes Ministerium gewidmet. 2015 wurde ein großes Hilfspaket aus Gesetzen beschlossen: Kindergärten sollten für Kinder von drei bis fünf kostenlos sein, Grundschulen für alle Kinder. Die Geburtenrate sank dennoch weiterhin. 2023 versprach Premier Kishida, die Ausgaben für Kinder zu verdoppeln. Seine Regierung erhöhte Zuschüsse für Kinderbetreuung, weitete Angebote zur Nachmittagsbetreuung aus und reformierte die Elternzeit, auch wenn die Finanzierung und Effektivität dieser Projekte unklar waren.

DURCH INVESTITIONEN IN ROBOTER, KI UND AUTOMATISIERUNG IN FELDERN WIE LANDWIRTSCHAFT, MASCHINENBAU UND IM GESUNDHEITSSEKTOR IST JAPAN FÜHREND UNTER WIRTSCHAFTSMÄCHTEN, DIE SICH VOM WACHSTUMSMODELL WEG- ZU EINEM MODELL HINBEWEGEN, DAS LEBENSQUALITÄT PRIORISIERT.

MILATAS/SHUTTERSTOCK ©

Meguro Yoriko, eine prominente Soziologin und Pionierin der Geschlechterforschung, sagte dazu, dass ein Aufhalten des Abwärtstrends eine vollumfängliche Umstrukturierung der Sozialsysteme und der auf alten Geschlechterrollen basierenden Arbeitseinteilung in Japan erfordere. Das Bild der „modernen Familie" aus der Nachkriegszeit – der Mann arbeitet bei einem Konzern, die Frau bleibt zu Hause – wirft bis heute einen Schatten über die Gesellschaft, auch durch die patriarchalischen Hierarchien in vielen Großkonzernen.

Es gibt keinen Königsweg heraus aus dem Missstand, jedoch wird Einwanderung immer mehr als Teil der Lösung akzeptiert. Japan ist ein ethnisch sehr homogenes Land, doch das Bild ändert sich. Ende 2022 stieg die ausländische Bevölkerungszahl auf eine Rekordhöhe von drei Millionen Menschen an, ein Anstieg von 11,4 % zum Vorjahr und eine Verdreifachung der Zahl von 1990. Rund die Hälfte davon kommt aus China, Korea und Vietnam. Der befürchtete Widerstand von Rechts blieb aus, jedoch sind nur 2,4 % der Menschen in Japan ausländische Staatsangehörige: In Deutschland sind es 16,7 % und in der Schweiz sogar 26 %. Eine große Einwanderungswelle wäre notwendig, um den demografischen Wandel mithilfe von Immigration aufzuhalten, allerdings wäre das in einem Land, das so stolz auf seine kulturelle und soziale Einheitlichkeit ist, kaum mehrheitsfähig.

Man kann das Problem aber auch einfach annehmen und versuchen, Wege zu finden, in einem kleineren Maßstab Glückseligkeit und Wohlstand zu erreichen. Ein Bevölkerungsrückgang bringt schließlich auch Vorteile, etwa eine geringere Belastung natürlicher Rohstoffe sowie weniger Müll und Verschmutzung. Am wichtigsten ist jedoch, dass Japan in der Vergangenheit immer den Willen gezeigt hat, sich neu zu erfinden. Durch Investitionen in Roboter, KI und Automatisierung in Feldern wie Landwirtschaft, Maschinenbau und im Gesundheitssektor ist Japan führend unter Wirtschaftsmächten, die sich vom Wachstumsmodell weg- zu einem Modell hinbewegen, das Lebensqualität priorisiert. Egal, wie Japan das Problem in den Griff bekommen wird: Die Augen der Welt richten sich auf das Land.

Benesse House Museum (S. 405)
TETSU SNOWDROP/SHUTTERSTOCK ©

DIE KUNST DER WIEDERBELEBUNG

Wie ein seit Jahrzehnten bestehendes Kunst- und Kulturprojekt auf Naoshima zum Vorbild für die Bekämpfung der Landflucht wird.
Von Simon Richmond

IM AUGUST 2021 wurde eine kaputte gelbe Skulptur, die vor Naoshima auf den Wellen schaukelte, zum viralen Hit in den sozialen Medien. Der gepunktete Kürbis von Yayoi Kusama, ein Wahrzeichen der Insel, war während des Taifuns Lupit ins Meer gespült worden. Das weltweite Medienecho zeugt nicht nur vom Interesse an einer der bedeutendsten zeitgenössischen Künstlerinnen Japans, sondern auch von der Entwicklung Naoshimas zu einer wichtigen Touristenattraktion.

Von der Industrie- zur Kunstinsel

Vor fünfzig Jahren war Naoshima (S. 404) nur wenigen Japaner:innen, geschweige denn Menschen im Ausland ein Begriff. Wenn man die Insel überhaupt kannte, dann wegen der ältesten und größten Kupferhütten Japans. Die Fabrik von Mitsubishi Materials an der Nordküste Naoshimas ist seit 1917 fast ununterbrochen in Betrieb. Ihre Hafenanlagen und das verwüstete Land drumherum (Kupferschmelze ist giftig für die Umwelt) sind das Erste, was man sieht, wenn man vom Hafen von Uno in der Präfektur Okayama auf die Insel zusteuert.

Mitsubishi ist nach wie vor der größte Arbeitgeber der Insel, aber seine Wirtschaftskraft hat nachgelassen. Als der berühmte Reiseliterat Donald Richie, u. a. Autor von *The Inland Sea,* Naoshima in den 1960er-Jahren besuchte, beschrieb er sie als „traurige kleine Insel". Wie viele andere ländliche Gebiete Japans leidet die Insel seither unter Bevölkerungsschwund (S. 744).

In den 1970er-Jahren erkannte der Bürgermeister von Naoshima, Miyake Chikatsugu, das Problem und bat den wohlhabenden Geschäftsmann und Gründungsvorsitzenden von Fukutake Publishing (1985 in Benesse Corporation umbenannt), Fukutake Tetsuhiko, um Hilfe. Die beiden konzentrierten sich auf die Südseite der Insel, die als Teil des Setonaikai Nationalparks geschützt war, und planten dort ein „internationales Feriencamp für Kinder".

1986 verstarb Tetsuhiko inmitten der Vorbereitungen für das Projekt und hinterließ die Leitung seinem Sohn und Erben Soichiro. Dieser hatte deutlich ehrgeizigere Pläne. Gemeinsam mit dem Architekten Tadao Ando machte er sich daran, Naoshima allmählich in eine „Kunstinsel" zu verwandeln.

Wirtschaftliche Regeneration

Das Projekt „Kunstinsel" ist in vielerlei Hinsicht ein voller Erfolg. Zwar beträgt Na-

oshimas Einwohnerzahl mit derzeit etwa 3000 nur halb so viel wie zu Beginn der 1970er-Jahre, aber durch Benesses Kunst- und Kulturförderung hat sich die Insel völlig verändert. Der Tourismus ist heute ein boomender Wirtschaftszweig, der den Niedergang von Fischerei und Industrie ausgleicht. Seit Eröffnung des Benesse House Museums im Jahr 1992 sind die jährlichen Besuchszahlen von 36 000 auf über 750 000 im Jahr 2019 gestiegen. Die ebenfalls von der *Benesse Art Site* organisierte Triennale hat mehrere umliegende Inseln sowie die Häfen von Uno und Takamatsu mit Kunstinstallationen ausgestattet.

Naoshima ist längst keine „traurige, kleine Insel" mehr. Inzwischen haben sich junge Leute aus ganz Japan hier niedergelassen, um ein neues, vielversprechendes Leben zu beginnen – so wie der Künstler Shitamachi Motoyuki, der im März 2020 mit seiner Familie auf die Insel zog. „Genau an dem Tag, als mir zum ersten Mal vorgeschlagen wurde, auf Naoshima zu arbeiten, wurde meine Tochter geboren", sagt Shitamachi. „Ich beschloss, dass ich auf der Insel arbeiten und meine Tochter großziehen wollte."

Kunst in verlassenen Häusern

Naoshima ist nicht die einzige ländliche Region Japans, die versucht, der Abwanderung mit zeitgenössischer Kunst entgegenzuwirken. 1994 wurde in der Präfektur Niigata ein Masterplan erstellt, der die Reize der Reisanbauregion Echigo Tsumari hervorheben sollte. Unter der Beratung des Artdirectors Fram Kitagawa startete das Projekt im Jahr 2020 mit der ersten Echi-go-Tsumari Art Triennale.

Seitdem hat die ETAT sieben Mal stattgefunden und so unterschiedliche Kunstschaffende wie Marina Abramović, James Turrell und die preisgekrönte Ikebana-Künstlerin Akiyama Miharu sowie etwa 500 000 Kunstinteressierte pro Triennale angelockt. Die Kunstwerke sind über 200 Dörfer verteilt, und viele bleiben zwischen den Festivals vor Ort, was diesem idyllischen, entlegenen Landstrich Japans einen konstanten Zulauf beschert.

Etwa 100 der ETAT-Werke sind in *akiya* (verlassene Häuser) untergebracht, wie auch die Art-House-Projekte auf Naoshima, Teshima und Inujima. Auch die Biwako-Biennale, die 2001 zum ersten Mal stattfand, verwandelt Akiya rund um den Biwa-See in Ausstellungsorte und bewahrt so charmante Holzgebäude für künftige Generationen.

Der Restaurierungsboom

Nicht nur Kunstinteressierte und -schaffende erkennen das Potenzial von *Akiya* und *Kominka* (alte Holzhäuser auf dem Land). So trugen etwa im Dorf Ōmori (S. 419) in der Präfektur Shimane die Einheimischen dazu bei, dass in den letzten 40 Jahren zahlreiche alte *Kominka* gerettet und restauriert werden konnten.

Im abgelegenen Iya-Tal in Shikoku wurde der US-amerikanische Schriftsteller und Japanologe Alex Kerr in den 1970er-Jahren zum glühenden Verehrer der *Kominka,* als er ein strohgedecktes Haus aus dem 18. Jahrhundert namens Chiiori restaurierte. Die Geschichte erzählt er in seinem preisgekrönten Buch *Lost Japan.* In der Folge restaurierte Kerr weitere Häuser in ganz Japan, darunter zehn *Machiya* (alte Stadthäuser) in Kyoto. Andere haben es ihm gleichgetan, und heute gibt es über 1200 renovierte *Machiya*, die meist als Ferienhäuser eine romantische Version des japanischen Lebens vermitteln.

Die Pandemie hat die Träume vieler Stadtmenschen befeuert, aufs Land zu ziehen und ein preiswertes, aber heruntergekommenes *Akiya* oder *Kominka* zu restaurieren. In diesem Zusammenhang sei der YouTube-Kanal von Tokyo Lama empfohlen. Dahinter verbirgt sich der Australier Jaya Thursfield, der Millionen von Aufrufen für seine Videos von der Restaurierung eines verlassenen Bauernhauses erhalten hat. Seine Frau und er hatten es 2019 in der Präfektur Ibaraki für etwas mehr als drei Millionen Yen (etwa 27 000 US-Dollar) gekauft – ziemlich günstig für ein 1400 m² großes Anwesen, eine Dreiviertelstunde von Tokio entfernt, könnte man meinen.

Aber wie bei allen alten Häusern – vor allem solchen aus Holz, die schon länger leer stehen – können die tatsächlichen Kosten schnell ins Unermessliche steigen. „Wir werden mit diesem Haus keinen Gewinn erzielen. Es ist keine Geldanlage", sagt Jaya in einem Video. Dafür können sie das Leben in einem traditionellen japanischen Haus genießen.

FREUDEN DER JAPANISCHEN KERAMIK

Plastisch, mysteriös, überwältigend: Die japanische Töpferkunst hat eine lange Geschichte und ist mit ihren zeitlosen Formen eines der Highlights jeder Japanreise. Von Ray Bartlett

SCHON ALS KIND war ich immer von japanischer Keramik fasziniert. Meine Großeltern waren weit gereist und sammelten leidenschaftlich gern schöne Dinge. Weihnachten besuchte ich sie und war begeistert von den verschiedenen Kunstwerken, die sie von ihren Reisen mitgebracht hatten. Ich liebte die griechischen Masken, die gerahmten indonesischen Marionetten und die verschiedenen Bilder, doch am meisten liebte ich die Töpferwaren aus Asien und Japan. Sie sprachen zu mir, wie Kunst es immer tun sollte. Beim Anblick der sanften Kurven der Gefäße, ob es nun eine Vase oder eine Teetasse war, fühlte ich mich irgendwie mit dieser Welt verbunden. Ich glaube, diese Begegnung mit der Kunst, die ich schon lange vor meiner ersten Reise nach Japan erlebte, weckte in mir den Traum, dorthin zu reisen. Viel später, in der Highschool und im College, entdeckte ich meine Liebe zum Töpfern selbst, was wiederum mein Interesse an Japan verstärkte. Und als ich schließlich tatsächlich auf Kyūshū lebte, hatte ich das Glück, dass einige der bekanntesten und renommiertesten Töpferstädte Japans in der Nähe waren.

Faszinierende Geschichte

Um japanische Keramik zu verstehen, muss man ein wenig über ihre Geschichte wissen. Viele Stile, denen man begegnet, darunter die berühmtesten wie die Karatsu-Keramik, weisen einen starken koreanischen Einfluss auf. Tatsächlich wurden koreanische Töpfer:innen manchmal von den japanischen Invasoren gewaltsam nach Japan umgesiedelt. Dies ist ein dunkles Kapitel in der Geschichte der japanischen Keramik. Wenn man ein Keramikgefäß betrachtet oder aus einer perfekten Tasse Tee trinkt, dann trinkt man nicht einfach nur Tee, man erlebt einen Teil der japanischen – und vielleicht auch koreanischen – Kultur. Die bei der Herstellung dieser Stücke angewandten Techniken werden schon seit Jahrhunderten, ja, Jahrtausenden genutzt. Tatsächlich gab die Töpferei und Keramik der ältesten bekannten japanischen Kultur ihren Namen: der Jōmon-Zeit, benannt nach den Gefäßen, die mit einem ungewöhnlichen, sehr markanten Schnurmuster verziert waren.

Viele Menschen sind überrascht, wie teuer manche recht eintönige, vielleicht sogar unförmig wirkende Schalen sind. Doch die Preise von Keramikarbeiten bestimmter Töpfer:innen oder aus bestimmten Städten können mit denen von Luxusautos vergleichbar sein. Zum Teil ist der Status der Stadt oder der Künstler:innen für die hohen Preise verantwortlich, doch hauptsächlich sind es der Herstellungsprozess, die Meisterschaft der Formen und der Glasuren und die Art der Verwendung der Stücke. Es heißt zum Beispiel, dass bei der Teezeremonie, einer der bekanntesten und raffiniertesten Künste Japans, zuerst eine Raku-Keramik, danach ein Stück aus Hagi in der Präfektur Yamaguchi und schließlich ein Stück aus Karatsu auf Kyūshū verwendet werden sollte. Letztere Keramik ist oft braun, grau oder ähnlich unauffällig und

weist irgendeine sichtbare „Unvollkommenheit" auf. Das klassische Beispiel einer solchen „Unvollkommenheit" ist ein stiller Teich, in den ein Frosch springt. Die Gefäße und die Töpferkunst der Städte stehen also nicht isoliert für sich, sondern sind integraler Teil einer umfangreichen Tradition der Töpferei und der Anwendung der Töpferwaren in anderen Teilen Japans.

Worauf man in einer japanischen Töpferstadt achten sollte

Zunächst sollte man versuchen, zu verstehen, was die jeweilige Stadt so besonders macht und von anderen unterscheidet. Töpferei aus Shino zeichnet sich z. B. durch dicke, milchige Glasuren, oft mit zarten Rosatönen, und eine raue, grobkörnige Oberfläche aus. Karatsu-Keramik ist braun, glatt, glänzend und weist häufig dünne Risse in der Glasur auf. Bizen ist für seine braunen Gefäße in Erdfarben bekannt, die oft nicht glasiert sind und bei hohen Temperaturen gebrannt werden; manchmal werden die Rohlinge vorher mit Gras oder anderen Materialien umwickelt, um Muster zu erzeugen. Es ist ein schönes Gefühl, wenn man beim Betrachten eines Stücks Keramik darauf schließen kann, aus welcher Stadt es wahrscheinlich kommt.

ES HEISST, DASS BEI DER TEEZEREMONIE, EINER DER BEKANNTESTEN UND RAFFINIERTESTEN KÜNSTE JAPANS, ZUERST EIN STÜCK RAKU-KERAMIK, DANACH EIN STÜCK AUS HAGI IN DER PRÄFEKTUR YAMAGUCHI UND SCHLIESSLICH EIN STÜCK AUS KARATSU AUF KYŪSHŪ VERWENDET WERDEN SOLLTE.

Als Nächstes sollte man, wenn möglich, Ateliers besuchen. Einige sind recht modern und verfügen über elektrische Töpferscheiben und andere Hightech-Geräte. Doch meistens kann man Techniken sehen, die sich seit Jahrhunderten nicht verändert haben. Noch heute sind Töpferscheiben in Gebrauch, mit denen im feudalen Japan Töpferwaren für die Kaiser und Adeligen hergestellt wurden, ebenso wie die Rezepturen für die Glasuren, die man in Museen findet. Einige Töpferdörfer existieren nicht mehr, weil der Ton in den vorhandenen Tonlagerstätten aufgebraucht worden war. Andere Orte importieren Ton, um die Tradition am Leben zu erhalten.

Es lohnt sich auch, auf die traditionellen Gerätschaften zu achten. In Onta etwa, einer schönen Töpfereistadt außerhalb Hitas in der Präfektur Ōita, kann man *karausu* sehen, riesige Schöpfkellen, die an einem beweglichen Balken hängen und sich mit Wasser füllen und wieder leeren. Wenn sich die Schöpfkelle hebt, fällt gleichzeitig ein Stößel am anderen Ende des Balkens nach unten in einen mit Ton gefüllten Mörser. Dadurch wird der harte Ton in feinen Staub verwandelt, der mit Wasser gemischt wird und dann trocknet. In den Bergen sieht man manchmal merkwürdige Ziegelbauten, die sich den Hang hinaufziehen und ein wenig an eingeschlossene Treppen erinnern. Das sind Hangöfen, eine alte Technik des Brennens von Töpferwaren, bei der die Gefäße in den vielen „Stufen" des Hangofens gebrannt werden. Beim Brennvorgang herrscht in jeder Brennkammer eine andere Temperatur, von heiß bis relativ kühl – verschiedene Glasuren und das unterschiedliche Tempo des Oxidationsvorgangs in den Brennkammern führen zu verschiedenen Farben, auch bei Gefäßen, die aus identischen Zutaten bestehen. Selbst wenn man gar nichts kauft, ist es ein Vergnügen, durch diese malerischen Städte zu spazieren und sich umzuschauen, denn hinter jeder Ecke wartet etwas Schönes.

In meinem Roman *Celadon,* der in einer fiktiven Töpferstadt im Süden Kyūshūs spielt, sagt eine der Romangestalten: „Im Ton verbergen sich vier Freuden: die Freude des Formens, die Freude des Brennens, die Freude des Glasierens und die Freude des Verschenkens." Ich glaube, man findet diese vier Freuden, wenn man tiefer in die japanischen Töpferdörfer eintaucht. Ich schätze mich glücklich, dass ich als Traveller in Japan so viele dieser magischen Städte besuchen und entdecken konnte. Nur wenige Souvenirs bedeuten so viel wie ein Stück japanische Keramik, und sei es noch so klein, denn beim Benutzen oder Betrachten erinnert es nicht nur an die Reise, sondern es ist auch eine Erinnerung daran, wie dieses Gefäß in ein größeres, umfassenderes Bild dessen passt, was Japan ausmacht.

Japanischer Töpfermeister
CHAMELION STUDIO/SHUTTERSTOCK ©

KONBINI: 24-STUNDEN-ERSATZELTERN

Japans Kaufhäuser spenden die ganze Nacht Licht und die Gewissheit, rund um die Uhr versorgt zu sein. Wie Ersatzeltern versorgen sie Singles, Senior:innen und Katastrophenopfer. Von Phillip Tang

WENN JAPANISCHE STUDIERENDE von zu Hause ausziehen, checken sie zuallererst die Entfernung zwischen ihrem möglichen neuen Wohnbezirk und einem *konbini* (Kaufhaus). Die Immobilienanzeigen weisen diese sogar extra aus, denn der *konbini* wird zur neuen Rund-um-die-Uhr-Konstante im Leben der Studierenden, das ist gewiss. Er versorgt sie mit Essen, Bargeld und WLAN. Aber es sind nicht nur Studierende, auch scharenweise Arbeiter:innen, die fernab ihrer Liebsten oder einfach allein wohnen, bauen auf die Fürsorge eines *konbini*. Das Kaufhaus bietet einen Rundumservice, neben Nahrung spendet es Sicherheit und einen Ort, um herauszufinden, was man mag, ganz so wie bei Okā-san (Mama) oder Otō-san (Papa).

Kassenschlager in den *konbini* sind verführerische Drinks, Einzelportionen an Brotsnacks, die vertrauten *onigiri* (Reisecken) und verzehrfertige *bentō*-Mahlzeiten. Die Snacks können ein schnelles Abendessen für vielbeschäftigte Paare ergänzen, ebenso wie für alleinstehende Senior:innen. Sie stehen alle für *nakashoku*, „Mahlzeitenersatz für zu Hause". Und *konbini* übernehmen noch unzählige weitere Aufgaben: In einigen kann man Bargeld abheben, Rechnungen bezahlen, Konzert- und Flugtickets buchen, Pakete versenden und Fotokopien anfertigen. Die Geschäfte sind die Erweiterung eines japanischen Zu-

Lawson-Kaufhaus

hauses, oftmals eine Einzimmerwohnung. Winzige Küchenzeilen bieten nicht genug Stauraum für einen großen wöchentlichen Einkauf, daher sind *konbini* kein Ersatz für den Supermarkt. Mit der kleinen Fläche Land und dem Meer ringsum war es schon immer gängige Praxis, täglich frischen Fisch und Lebensmittel zu kaufen. Der *konbini* baut auf diesem Gedanken auf und verkauft Obst und Gemüse gleich nebenan.

Abgesehen davon zielen *konbini* direkt auf die Bedürfnisse der älteren Generationen ab, die zunehmend allein leben. Im 7-Eleven Japan Corporate Profile führt die Kaufhauskette als Ziel die „Abwandlung des örtlichen Kaufhauses in ein sicheres Zentrum für die Gemeinschaft“ an. In einer Vereinbarung von 2005 präsentierten sich Kaufhäuser (inkl. Lawson, Family Mart und Daily Yamazaki) als „Schutzstationen“, Zufluchtsorte für Frauen, verlorene Kinder und Senior:innen in Not. Und das ist nichts Neues. Die Lichter der Kaufhäuser brennen rund um die Uhr und sind von Weitem zu sehen. So machen sie im ganzen Land jedes Jahr für Tausende Hilfsbedürftige die Tore auf.

FÜR JAPANS STUDIERENDE BIETEN DIE KAUFHÄUSER EINEN RUNDUMSERVICE, NEBEN NAHRUNG AUCH SICHERHEIT UND EINEN ORT, UM HERAUSZUFINDEN, WAS MAN MAG, GANZ SO WIE BEI OKĀ-SAN (MAMA) ODER OTŌ-SAN (PAPA).

Onigari, Family-Mart-Kaufhhaus

Japan verzeichnet eine alternde Population, und bis 2040 wird die Zahl der über 65-Jährigen auf über ein Drittel steigen. *Konbini* werden zur Stütze für Senior:innen, die allein und nicht in Pflegeheimen wohnen. 2019 sprach man zum ersten Mal den Gedanken laut aus, das *konbini*-Personal auszubilden, Senior:innen zur Seite zu stehen, die das Kaufhaus in verwirrtem Zustand oder in einem Notfall betreten, und Gemeindeschutzzentren zu kontaktieren. Für viele Einwohner:innen von kleineren Vororten und Städten vermittelt allein die Präsenz eines immerzu beleuchteten Kaufhauses ein Gefühl von Sicherheit.

Kaufhäuser können in Zeiten von Naturkatastrophen als Rettungsanker fungieren, wenn sich die Regierung ihrer Omnipräsenz bedient, um die Notversorgung sicherzustellen. Dies war etwa nach den Erdbeben von Awaji-Shima 1995 und Tōhoku 2011 der Fall, als sich etliche *konbini* in Notversorgungszentren verwandelten und ihre Waschräume und Toiletten für Betroffene öffneten. Nach dem Erdbeben von Niigata 2004 verteilten Kaufhäuser 11 000 Flaschen Wasser und 170 000 *onigiri* an die Opfer. Einige Läden aktivierten ihre mobilen Verkaufsstationen, um Vorräte in schwer zugängliche Gebiete zu liefern, während die Kette Lawson Drohnen losschickte, um Senior:innen in den strahlungsbelasteten Gebieten rund um Fukushima mit Essen zu versorgen.

Nach der COVID-19-Pandemie spielten *konbini* eine wichtige Rolle in der Bewerbung weniger bekannter heimischer Zutaten, um die Abhängigkeit von ausländischen Importen zu verringern. Tatsächlich dienten *konbini* schon immer als Trendsetter. Sie laden zum kulinarischen Abenteuer und führen neue Geschmacksrichtungen ein. Wenn eine *konbini*-Kette einen neuen Drink oder eine Sushisorte mit der in Ōita geernteten *kabosu* (japanische Limette) einführt und Millionen von Menschen vorstellt, dann schaffen sie nicht nur Absatzmöglichkeiten für lokale Bauern, sondern gewöhnen auch die Geschmacksknospen von Menschen in ganz Japan an neue Aromen. Genauso wie es eine Mutter tun würde.

REGISTER

Karten **000**

Karten **000**

Karten **000**

Karten **000**

Karten **000**

HINTER DEN KULISSEN

Verantwortlicher Redakteur
James Smart

Produktion
Saralinda Turner

Layout
Gwen Cotter

Kartografie
Rachel Imeson

Kartengrundlagen
© Lonely Planet
© OpenStreetMap http://openstreetmap.org/copyright

Redaktionsassitenz
Simon Williamson, Janet Austin, Michael MacKenzie, Anne Mulvaney, Karyn Noble, Charlotte Orr, Fionnuala Twomey

Sprachberatung
Yuriko McLachlan

Dank an Ronan Abayawickrema, Sofie Andersen, Hannah Cartmel, Karen Henderson, Kate James, Esther Luettgen, Darren O'Connell, Katerina Pavkova, Mazzy Prinsep

„Du weißt, dass du in einem ganz besonderen Teil von Japan bist, wenn du allein mit einer Schildkröte am Bahnsteig stehst.“

JESSICA KORTEMAN

„Ich werde mich nie daran sattsehen, wenn eine Aschewolke vom Sakurajima aufsteigt.“

RAY BARTLETT

„Nichts übertrifft das Gefühl der Erleichterung festzustellen, dass das Bärenbaby auf dem Kōya-san-Wanderweg ein Tanuki (Japanischer Marderhund) ist …“

THOMAS O’MALLEY

„Irankarapte! Ich fand es toll, einige Ainu-Wörter in Upopoy in Hokkaidō zu lernen.“

CRAIG MCLACHLAN

LINKS: T-MIZUGUCHI/SHUTTERSTOCK ©; RECHTS: QUESERASERA/SHUTTERSTOCK ©

ÜBER DIESES BUCH

Lonely Planet Global Limited
Digital Depot, Roe Lane (off Thomas Street)
Digital Hub
Dublin 8
D08 TCV4
Ireland

Verlag der deutschen Ausgabe:
MAIRDUMONT
Marco-Polo-Str. 1
73760 Ostfildern

www.lonelyplanet.de, www.mairdumont.com, lonelyplanet-online@mairdumont.com

Japan
7. deutsche Auflage August 2024, übersetzt von *Japan 18th edition,* March 2024, Lonely Planet Global Limited

Deutsche Ausgabe © Lonely Planet Global Limited, August 2024
Fotos © wie angegeben 2024

Printed in Germany

Redaktion und Satz: Verlagsbüro Wais & Partner, Stuttgart – Meike Diekmann, Birgit Ender, Michaela Franke, Michelle Giffels, Maximilian Göbel, Anna Grieser, Juliane Hansen, Julia Kant, Bea König, Max Maucher, Rainer Maucher, Edeltraud Wais

Übersetzung: Anne Cappel, Jörg Fündling, Ulla Gerber, Sonja Hofmann, Gabriela Huber Martins, Britt Maaß, Max Maucher, Julie Rinkel-Bacher, Svenja Tengs, Carina Wurzinger

Dieses Buch wurde auf FSC® zertifiziertem Papier gedruckt. FSC® ist ein internationales Zertifizierungssystem für nachhaltigere Waldwirtschaft. Das Holz für dieses Papier kommt aus Wäldern, die verantwortungsvoller bewirtschaftet werden.